萧湘识人相法全集

（一）

骨相　面相之部

（台湾）萧湘居士　著

中国商业出版社

图书在版编目(CIP)数据

萧湘识人相法全集. 1 / 萧湘居士著.—北京：中国商业出版社，2010. 4
ISBN 978-7-5044-6792-8

Ⅰ. 萧… Ⅱ. 萧… Ⅲ. 命相—通俗读物 Ⅳ. B992. 3-49

中国版本图书馆 CIP数据核字（2010）第 051469 号

责任编辑　孙启泰

中国商业出版社出版发行
010-63180647　www.c-cbook.com
(100053 北京广安门内报国寺 1 号)
新华书店总店北京发行所经销
北京龙跃印务有限公司印刷
*
710×1000 毫米　1/16 开　71 印张　965 千字
2010 年 4 月第 1 版　2010 年 4 月第 1 次印刷
总定价：148.00 元(全三册)

* * * *

目　录

序　言 …………………………………… 萧湘居士
引　言 …………………………………… 萧湘居士

第一章　头面骨骼 …………………………………… (1)
头面骨骼相法之意义 …………………………………… (1)
前山三十八骨注解 …………………………………… (3)
后山三十四骨注解 …………………………………… (6)
十二起骨注解 …………………………………… (8)
其他有关头面骨骼之理论 …………………………………… (12)
前山三十八骨图 …………………………………… (15)
后山三十四骨图 …………………………………… (25)
十二起骨图 …………………………………… (34)
十二起骨成就分析表 …………………………………… (37)

第二章　各种杂论相理分析 …………………………………… (38)
三停相法之意义 …………………………………… (38)
上停相理分析 …………………………………… (38)
中停相理分析 …………………………………… (39)

下停相理分析 …………………………………… (40)
三关四隘相理分析 ………………………………… (41)
四渎相理分析 …………………………………… (42)
五岳相理分析 …………………………………… (43)
五星相理分析 …………………………………… (43)
六府相理分析 …………………………………… (44)
六曜相理分析 …………………………………… (45)
四学堂与八学堂相理分析 ………………………… (46)
八卦九州相理分析 ………………………………… (47)
面相三停六府图 …………………………………… (48)
面相五岳四渎图 …………………………………… (49)
面相五星六曜图 …………………………………… (50)
面相四学堂八学堂图 ……………………………… (51)
面相八卦九州图 …………………………………… (52)
面相五官图 ……………………………………… (53)

第三章　十二宫、十三部位 …………………………… (54)
十二宫相法之意义 ………………………………… (54)
命宫相理分析 …………………………………… (54)
财帛宫相理分析 …………………………………… (55)
兄弟宫相理分析 …………………………………… (57)
田宅宫相理分析 …………………………………… (57)
男女宫相理分析 …………………………………… (58)
奴仆宫相理分析 …………………………………… (59)

妻妾宫相理分析 …………………………………… (60)
疾厄宫相理分析 …………………………………… (62)
迁移宫相理分析 …………………………………… (63)
官禄宫相理分析 …………………………………… (63)
福德宫相理分析 …………………………………… (64)
父母宫相理分析 …………………………………… (65)
十三部位相法之意义 ………………………………… (66)
十三部位相理分析及相理好坏标准休咎 ………… (67)
面相十二宫图 ……………………………………… (71)
十三部位紧要关限图 ……………………………… (74)

第四章 五 形 ……………………………………… (75)
五形相法之意义 …………………………………… (75)
木形人相理分析 …………………………………… (76)
火形人相理分析 …………………………………… (78)
土形人相理分析 …………………………………… (80)
金形人相理分析 …………………………………… (81)
水形人相理分析 …………………………………… (83)
五形人示意图 ……………………………………… (86)

第五章 形、神、声音、器识 ………………………… (87)
形与神之相法意义 ………………………………… (87)
形之有余者 ………………………………………… (88)
形之不足者 ………………………………………… (88)

神之有余者 …………………………………………………………… (89)
神之不足者 …………………………………………………………… (89)
形神与遗传之关系 …………………………………………………… (90)
声音好坏标准及相理休咎 …………………………………………… (91)
器识相法之意义 ……………………………………………………… (93)
形、神、声音、气色之连带休咎关系 ……………………………… (94)
木形人成就差异原因分析表 ………………………………………… (96)

第六章 耳 …………………………………………………………… (97)
耳之部位特性 ………………………………………………………… (97)
耳相看事业成败及攻守时机 ………………………………………… (98)
耳相看家族关系及婚姻子女 ………………………………………… (102)
耳相看健康智慧及个性品德 ………………………………………… (105)
女性耳相之独特相理休咎 …………………………………………… (108)
耳各部名称图 ………………………………………………………… (110)
各式耳相图 …………………………………………………………… (111)

第七章 额 …………………………………………………………… (117)
额之部位特性 ………………………………………………………… (117)
额相看事业成败及攻守时机 ………………………………………… (117)
额相看家族关系及婚姻子女 ………………………………………… (121)
额相看健康智慧及个性品德 ………………………………………… (124)
女性额相之独特相理休咎 …………………………………………… (127)
各式额相图 …………………………………………………………… (130)

各式额纹图 …………………………………………………… (133)

第八章 印 堂 …………………………………………………… (136)
印堂之部位特性 …………………………………………… (136)
印堂看事业成败及攻守时机 …………………………… (138)
印堂看家族关系及婚姻子女 …………………………… (139)
印堂看健康智慧及个性品德 …………………………… (141)
女性印堂之独特相理休咎 ……………………………… (142)
各式印堂纹图 ……………………………………………… (144)

第九章 眉 ………………………………………………………… (147)
眉之部位特性 ……………………………………………… (147)
眉相看事业成败及攻守时机 …………………………… (149)
眉相看家族关系及婚姻子女 …………………………… (153)
眉相看健康智慧及个性品德 …………………………… (158)
女性眉毛之独特相理休咎 ……………………………… (164)
眉各部名称图 ……………………………………………… (167)
各式眉相图 ………………………………………………… (167)

第十章 眼 ………………………………………………………… (171)
眼之部位特性 ……………………………………………… (171)
眼相看事业成败及攻守时机 …………………………… (173)
眼相看家族关系及婚姻子女 …………………………… (179)
眼相看健康智慧及个性品德 …………………………… (185)

女性眼相之独特相理休咎 …………………………… (196)
眼各部名称图 ……………………………………… (203)
各式眼相图 ………………………………………… (203)

第十一章 鼻 ………………………………………… (209)
鼻之部位特性 ……………………………………… (209)
鼻相看事业成败及攻守时机 ……………………… (212)
鼻相看家族关系及婚姻子女 ……………………… (217)
鼻相看健康智慧及个性品德 ……………………… (220)
女性鼻相之独特相理休咎 ………………………… (224)
鼻各部名称图 ……………………………………… (229)
各式鼻相图 ………………………………………… (229)

第十二章 颧 ………………………………………… (235)
颧之部位特性 ……………………………………… (235)
颧相看事业成败及攻守时机 ……………………… (236)
颧相看家族关系及婚姻子女 ……………………… (237)
颧相看健康智慧及个性品德 ……………………… (238)
女性颧相之独特相理休咎 ………………………… (240)
颧各部名称图 ……………………………………… (242)

第十三章 人 中 ……………………………………… (243)
人中之部位特性 …………………………………… (243)
人中看事业成败及攻守时机 ……………………… (245)

人中看家族关系及婚姻子女 …………………… (246)
人中看健康智慧及个性品德 …………………… (247)
女性人中之独特相理休咎 …………………… (249)
各式人中图 …………………… (252)

第十四章　法　令 …………………… (253)
法令之部位特性 …………………… (253)
法令看事业成败及攻守时机 …………………… (254)
法令看家族关系及婚姻子女 …………………… (255)
法令看健康智慧及个性品德 …………………… (256)
女性法令之独特相理休咎 …………………… (258)
各式法令图 …………………… (259)

第十五章　口、唇、舌、齿 …………………… (262)
口之部位特性 …………………… (262)
口相看事业成败及攻守时机 …………………… (264)
口相看家族关系及婚姻子女 …………………… (266)
口相看健康智慧及个性品德 …………………… (267)
女性口相之独特相理休咎 …………………… (270)
唇之相理休咎 …………………… (272)
舌之相理休咎 …………………… (274)
齿之相理休咎 …………………… (275)
口各部名称图 …………………… (279)
各式口相图 …………………… (279)

各式齿相图 …………………………………… (283)

第十六章　**地阁、腮骨** …………………………………… (285)
地阁与腮骨之部位特性 …………………………………… (285)
地阁与腮骨看事业成败及攻守时机 …………………………………… (286)
地阁与腮骨看家族关系及婚姻子女 …………………………………… (288)
地阁与腮骨看健康智慧及个性品德 …………………………………… (289)
女性地阁与腮骨之独特相理休咎 …………………………………… (291)
各式地阁图 …………………………………… (292)

第十七章　**面相流年观看法** …………………………………… (295)
定位流年法 …………………………………… (295)
九执流年法 …………………………………… (296)
业务流年法 …………………………………… (296)
三停流年法 …………………………………… (297)
耳鼻流年法 …………………………………… (297)
八仓二库流年法 …………………………………… (297)
八仓二库流年法表解 …………………………………… (331)

第十八章　**婴儿、幼儿、儿童相之观看法** …………………………………… (334)
面相十三部位总图 …………………………………… (338)
面相十三部位总图名称表 …………………………………… (339)
面相七十五部位流年图 …………………………………… (340)
面相七十五部位名称表 …………………………………… (341)

面相内外五行联属图 ………………………………（342）
面相三十六宫图 …………………………………（343）
面相头相各部位与父母祖辈遗传关系表 ………（344）

附　录 …………………………………………………（345）
相理浅谭 …………………………………………（345）
人相学的命运观 …………………………………（348）
人的命运能改变吗能掌握吗？……………………（349）
真正认识自己才能理性立命 ……………………（350）
整形美容能改变命运吗？…………………………（352）
人相学与手面相民俗相法休闲相法有何不同 …（353）

后　记 …………………………………………………（355）

序 言

余生性好奇，尤其对宇宙万物人生命运存有冥思奇想，例如宇宙到底有没有“边”？余虽冥思到极致仍不得其答案，因为宇宙有边颇不符合真理，宇宙没有边尤不符合真理。又如“幽浮”到底是不是存在？物理学及天文学家均异口同声认为根本不可能有幽浮的存在，但各国研究幽浮的人们却能提出许多的人证物证来证明幽浮确实存在，只是欠缺官方的证明而已。同样令余疑惑的问题是人生在世到底有没有命运？依照宿命论的说法，人生在世一切吉凶福祸生老病死均是命中注定，他们不但相信命运确实存在，同时相信命运可以借法术或鬼神加以改变补强。余虽好奇，但因余所受教育，向来排斥迷信之说，加以余个性固执，除非余亲眼看到的事物，并且具有“逻辑性”与“一般性”的事物，殊难令余相信。

三十年前余自军中退役进入社会，历经商场起伏，最后彻底失败，在穷途末路之情况下，老师训示不要相信迷信的告诫已抛诸脑后，绝不向命运低头的信念也动摇了，最后终于走进了余一生最忌讳的地方——命相馆，并连续有两年之久，每隔七八天最长也不过半个月就看相算命一次，无论贵至一万元摸一次骨或批一次流年，便宜的如十块钱在新公园看一次手相或是测一个字，余乐此不疲，最后余终于用时间和金钱换到以下数点心得。

第一，人生根本没有命运。世上之人为何会有不同的人生际遇呢？乃导因于每个人的遗传不同，遗传优良者，其人之健康智慧个性必佳，因此一生际遇（即一般人所谓的命运）良好，一生收获必多，并鲜少灾疾。又根据“有诸内必形诸外”的道理，其人的头相、面相、体相、四肢相以及精神气质必也优于常人。反之，健康智慧个性不良，容貌气质庸俗，一生际遇坎坷，收获递减，并常有灾疾或夭寿，甚至婚姻不美满，六亲多刑克。此乃永恒不变的真理，不但人生如此，其他动植物亦莫不同一道理。故生辰八字地理风水姓名等对人一生之际遇实在影响微小。

第二，吾人的健康智慧和个性既然与遗传有关，那么，遗传即为吾人一生际遇的先天根本，出生前父母的胎教，出生后父母的培育，成人后自身的修持即为后天根本，后天根本是无法改变先天根本的，好比你种的是普通西瓜，绝对不会变成哈密瓜是同一道理，故先天根本在人生际遇上要占七分，后天的栽培施肥与灌溉，固然可以促使种子的发育和成长，但只占人生际遇的三分而已。人定胜天的说法只能适用于人类生活环境的改造上，而不能引喻于人生际遇上。昔袁了凡先生，深谙“立命之学、改过之法、积善之方、谦德之效”，但终其一生仍只官至知县而已。究其原因，乃因后天能改变的人生际遇，仅占整个人生际遇的三分而已。由此可知，如缺乏先天大富大贵之遗传资质，即使袁了凡先生在世，也莫可奈何也！

第三，人生际遇除有先天与后天之别外，另一影响人生际遇的根本因素为“周天环境”或谓之“周天际遇”，例如在实行共产主义的国度，只有大贵的人生际遇，而无大富的人生际遇。在君主立宪的国度，皇室的嫡长子天生就是帝王的际遇。在遭逢水灾旱灾风灾地震或战乱或原子弹袭击的地区，不论遗传好坏，手面相好坏，生辰八字好坏，住宅风水和姓名好坏，均逃不过倾家荡产甚至性命不保的际遇。另外，出生地的地理环境因素，父母家庭及族群因素，宗教信仰及风俗习惯因素，社会福利制度因素，以及国家甚至世界的政治经济因素等“周天际遇”，也均会影响一个人的人生际遇。所以，周天际遇应优先于个人的先天际遇和后天际遇论断。

第四，或谓某种偶发事件所造成的生命财产损害，而此种损害又不是吾人的健康智慧个性所能抗拒，应该算是“命运”使然吧？例如隔邻失火殃及自己家屋被毁，走在马路上突然被高楼掉下的重物击伤击毙，或因火灾车祸沉船空难山难而死亡等等。余认为似此情形，仍不可以虚幻的“命运”二字来解释，大部分仍是周天环境的因素所招致。因为古早人口稀少的渔猎社会，只有兽伤、殴斗、闪电、洪水、台风、疫疠等因素招致意外死亡，因时代的变迁才会有火灾、车祸、沉船、空难、山难、枪击和谋杀暴动及治安恶化等意外死亡的情形发生。另有部分因素仍是自身的健康智慧个性不足所招致，因为健康智慧个性没有缺陷的人，较能在意外情况中逃生或减少财产损失，甚至预防工作（含心理预防）也做得比较妥当。

在长达两年到处看相算命的时间里，除获得以上四点心得外，另一最大的收获就是“认识自己”，在没有认识自己以前，余一直有一种奇怪的想法，就是某大富是父母所生所养，余萧某人也同样是父母所生所养，某大富只是小学毕业而已，余萧某人的学历相当于大学毕业，某大富每天工作八小时，余萧某人每天工作十小时，那么，余的收获应比某大富要多要大才对，但结果恰恰相反，其道理安在？当余认识自己的健康、智慧和个性后，深知学历与智慧根本无法比拟，前者有如一口小井，后者则如汪洋大海。再以健康与个性来说，余更不如某大富者多多，从此以后余即不再怨天尤人，并生活快乐而又满怀着希望的人生观。但此时余亦希望进一步学习“见相识人”，此乃余矢志研究人相学的原始动机，于是有关古今相书无不加以搜集钻研，在兼顾营生的情况下，不限时地逢人即加以印证，五年后经验日丰，论断益准，余终于就人相学无师自通困而知之了，并进而公开为人论相。随后又于十二年前开班传授人相学，从此以人相学为安身立命之本，随余学习人相学之学友亦有三千余人（注：加函授学友共五千人），此种人事变化，诚非余当年立志从军报国之宿愿，更非余本来志趣之所在。回忆余当年一心追求富贵却屡战屡败，连连正打歪着，中年后却能在人相学的研究上歪打正着，实非余所始能料及。但仔细端详余之手相、面相、体相、骨相及内相，却是“异路财荣”胜过“正路财荣”，与目前之人生际遇相吻合。若三十年前能早日“认识自己”，则至少可少走二十年的迂回路，或许这就是余的人生际遇吧！更正确地说，这就是余的健康智慧尤其是个性使然吧！

余早在开班传授人相学之时，即编撰有“实证相理学”讲义一种，虽未公开在坊间销售，但迄今已印行八版共万余册，唯以内容简略，印刷装订均嫌简陋，故早在数年前，即计划就实证相理学讲义加以重写重编，只因琐事缠身，未能如愿。六十生日初度时，深感时不我予，乃下定决心，动笔写书，经二年又半，上册初稿底定，再经半年之缮正、修改、打字、绘图、编排、印刷，本书终于有幸与读者见面，如内容仍有不妥之处，尚祈各位先进及各位读者不吝指正。

本书内容，无一不在探讨人之健康、智慧、个性显现在面相手相体相骨相及内相之内外部特征，然后再依据其特征之优劣，而论断其事业成败和攻守时机，家族关系和婚姻子女，以及健康智慧和个性品德，此种相书编写模式乃余所独创，故余将本书命名为《萧湘识人相法》。撰写期间，承内子王黛蒂女士协助缮稿，贤棣黄友辅先生王福广先生协助校正，蔡秀纹小姐协助绘图，谨此一并申谢。

余本姓萧，籍贯湖南省湘乡县，故道号萧湘居士。又余无任何宗教信仰，既非佛教徒，也非道教徒，余自称居士，乃因余系居家研究中华民族文化道统之人士也，谨此告白。

萧湘居士序于台湾省台北市

一九八一年十月五日

引　言

一、人相学的精华几乎已为历代先贤发掘殆尽，故本书的内容大部分系参考历代古相书所写成，小部分系作者积二十余年观相讲学之经验心得及参考少数现代相书之内容所写成。但在休咎的解释上，则是根据现代遗传学、生理学、中医学的论点。

二、笔者不迷信，但书中引用“命运”、“刑克”之字甚多，究其原因，乃笔者迄今为止，尚未能在现今之中文词汇中找到能替代“命运”、“刑克”二字的适当词汇。余曾试着以人生际遇”四字来代替“命运”二字，以“要注意父母之健康”、“要注意夫之健康”、“要注意妻之健康”、“要注意子女之健康”等词汇来替代“刑克”二字，但总是感觉词不达意或字句太长，还不如用“命运”“刑克”二词来得恰当。又本书中亦用了许多“陷”字，除少数场合当作“凹陷”解释外，绝大多数场合应当作“瑕疵”二字解释。

三、本书所论及之各种相理休咎，不论东方人或西方人均一律适用，因人类肤色虽有别，但所有人种均出自共同的老祖宗已为科学家所证实，故各色人种之脑髓组织及五脏六腑的构造均相同，是以其相理观看方法亦相同。

四、本书之特点是将女性之独特相理休咎分别论列，尤着重“夫子财”三项，读者在作印证时，切不可因女性貌美（色相美）即断之为吉相，女性貌丑（相理美）即断其为凶相，必须先察五形格局，再及头面骨骼和五官六府五星六曜，然后再观其精神气色和声音气质等综合论断。

五、“相不独论”，此为先贤提示吾人观相时最要注重之点，否则必有失出失入之误。例如鼻相缺财，其他眉相手相均佳者，仍以聚财之相论断，故观看任何一位相理时，必须就相关部位加以配观。

六、气色与部位要同时合观，部位虽佳，但气色不佳者，仍断其当年流年不佳。

七、本书论述人相之各项相理休咎，可谓相当详尽，但读者如果只研读而不作印证，则收获必定有限。余尝谓“学相理气色重在实体印证，学八字斗数重在纸上演练”，假如能实际印证一千人次以上，你即成为人相学大师矣。

八、读者在读完本书后，如认为自己的面相与书中所论及的相理标准不符时，千万不可也无必要借美容方法加以补足改正。因为后天的补足改正，只能美化表面的容貌，而不能美化与生俱来的健康智慧和个性，故不会发生丝毫相理效果的。假如真能借美容方法将面相的缺陷加以补足改正就能变成一个大富大贵的人，那么世界上的人岂不均可以变成大富大贵了，人类的生态岂不要为之改变了。

再说得实在一点，假如真能花三五千元或三五万元新台币就能改变一个人的人生际遇，变贫贱为富贵，世界上那有这样便宜的事？所以我建议读者“改相不如改心”，改心之法，可参照拙著“气色大全”各章所述方法试着实行。

萧湘居士识于台湾省台北市

辛未年仲秋

第一章　头面骨骼

头面骨骼相法之意义

麻衣云“头为百骸之主，面为诸部之灵”，此言道尽了头面骨骼在相法上之重要性。因头骨所覆盖者为脑髓组织，而头骨与脑髓组织有如蛋壳与蛋黄蛋白的关系，凡蛋壳大的蛋，蛋壳内的蛋黄必大，蛋白必多，此种大蛋亦必系健康良好的优良种鸡所生。同样道理，一个人的遗传如果优良，脑髓发育必良好，脑细胞必多，脑髓组织必重，头骨的形状必佳，聪明智慧也就胜过常人。例如爱因斯坦的脑髓比一般人的脑髓要重数百克，智慧低的动物如猿猴的脑髓就要比人类的脑髓为轻，愈低等动物，其脑髓愈小，其智慧也就相对递减。虽然也有少数人的头颅特大，而智慧并不高，这是因为脑髓组织各部分发育不均衡所致，例如头大不圆，额大无角，后脑特大前额则小，或前额高大后脑扁平，或头大颈小身躯也短，状似侏儒的人，当然不能相提并论。

“有诸内必形诸外”为观相之最高理论基础。一般人误以为替人观相，仅以他的三停、四渎、五官、六府、五星、六曜、十二宫为观相的标准，其实非也，观相的内涵应包括脑髓组织及内在骨骼结构和五脏六腑。也可以说，观相在表面上好像是观看一个人的面相手相，其实是在检查他的脑髓组织及内在骨骼结构和五脏六腑的优劣。举例言颧相不好，乃因为颧骨本身“不起”所至，其他头相面相不好，也均是因为其所附丽的骨骼不好所致，先贤云“容貌为骨骼之余”其道理即在此。先贤又云“骨属精成，肉乃血就”，此言父母之精血构成吾人身体之骨肉，但因每个人遗传优劣不同，故每个人之骨肉均有所差易，正如房屋之结构，有的为钢架大理石构造，有的为钢筋水泥构造，有的为竹木砖泥构造，因此而有价值上的差别。先贤又云骨为“主”，肉为“副”，骨为“形”，肉为“容”，骨的优劣可以影响肉的好坏，反之，肉的好坏不能代表骨的优劣，由此更说明头面骨相的重要性。骨在肉内，如何能察知骨骼之优劣呢？先贤云：“骨气若青，其气青彻，骨气若紫，其气秀媚，骨滋者气润，骨枯者气乾，骨弱者气薄，骨焦者气冷，骨莹者气明，气明者则肉润，肉润者则皮滋，皮滋者则色华，色华者则气秀。”以上除说明“青紫”及“纯紫”之来源外，更说明了内在之骨骼优良者，外表之肉质及气色亦必佳。庸俗之人，其骨必劣，骨髓中焉能有足量“青”“紫”之成份？故终其一生，亦未曾发过“青紫”或“纯紫”气色，由此更深一层阐明观相必先观看头面骨相的道理。（注：何谓青紫纯紫详拙著《萧湘识人相法全集(三)气色大全》第二章。）

又者，中国相法，特别着重“五部相法”即头、面、身、手、足五部均要一体观看，始符合观相的法则，但其中以揣摩头面骨相之优劣最为优先重要。因为人的身体可概略区分为“思维系统”及“运作系统”两大系统，头骨所覆盖的即为思维系统，而思维系统为运作系统的司令部，运作系统如有损伤，对一个人的生命和工作能力影响尚小，如果思维系统有了损伤，严重时必有生命之危，遑论工作能力之丧失。例如一个人，被砍断双足双手，或割除一部分内脏，或割除双耳、双眼、鼻子、舌等，其人均不会有生命之危，但割除其人一部分脑髓组织其人必死无疑，是以中国人相学特别重视头面骨相其理甚明。但以头面骨骼相法，历代所传不多，或秘而不传，加以观看头面骨相不如观看面相手相来得方便好学，再以头面上长有“奇骨”的人，乃千不得一，实例难觅，头面骨骼之相法乃日渐式微。凡头面长出一块或数块“奇骨”之人，象征其人的脑髓也比一般人多数十克或是数百克，是以其智慧当然也比一般人高明一阶甚至数阶，因此，其人一生的收获成就也比一般人多一倍或是数倍，所以先贤有“头无恶骨”之说。（注：女性要面如满月，面上不宜有奇骨，如有奇骨：主凶恶孤寡，但头有奇骨不忌。）

按照生理学解剖学的说法，人的头面骨骼共有二十九块，计颅骨八块，面骨十四块，舌骨一块，听骨六块，不论东方人西方人，任何人种的头面骨骼结构均是如此，无多寡好坏之分，但中国人相学却有“头有奇骨”，及“头无恶骨”之说。其说到底是何所指？前面说过是指颅骨、面骨、听骨上另外“突起”的部分而言，如果颅骨、面骨、听骨上没有长出突起之骨骼，当然也就没有人相学上所言之“奇骨”之名称了。中国人相学谈及头面骨法者计有太清神鉴、麻衣相法、水镜集、月波洞中记、石室神异赋、人伦大统赋、相门精义、神相铁关刀、冰鉴、公笃相法等书，归纳各家所言，可区分为前山（面部）三十八骨，后山（脑枕）三十四骨，总计七十二骨。人相学前辈关山月先生，在所著人则学骨法篇中，曾就七十二骨详为注释（但未绘详图）。兹参考先贤之著述及笔者观相之心得，就七十二骨再详为论述并绘图如下：

前山三十八骨注解

五柱骨——即单犀骨、左右龙翎骨、左右武库骨上耸入顶为五柱骨起之总称，有此五柱骨起者，古时可贵为国王皇帝，今则可官至元首总统。

龙角骨——即中正两边有骨向左右横出入后脑，古时可贵为宰辅，今则可官至首相总理。

朝天犀——即山根伏犀骨贯入脑顶，古时可贵为宰辅，今则可贵为首相总理或方面大员。但年寿不宜凸露，鼻孔不宜缺露，否则主凶死。（注：平庸之人反而不忌）

巨鳌骨——即两耳畔骨起下连虎耳，上贯玉堂位入脑，古时可贵为尚书，今则可贵为部长级或省长级官员。

金城骨——即朝天犀、武库犀骨、日月角之总称，古时可贵为王侯，今则可贵为元首或首相总理。

武库犀骨——即有骨自准头上贯印堂分两股斜入左右武库，主武职大贵。

辅犀骨——即辅角骨起入顶主贵，如今之省主席（省长）及部长级以上官员。如仅辅骨起而未入顶者，亦可贵至相当简任级和荐任级以上官员，或民意代表，或杂贵人士。

单犀骨——即有骨自准头贯顶入枕，惟鼻孔必须圆收，眉高印宽，额阔颏方，顶骨高隆，头长面方相配，始能大贵特贵，如仅有单犀骨者，乃清高名士而已。如鼻孔缺露，则主凶死。

朝天犀骨——即日月角双耸入顶，可贵为中上级官员，如后山再有奇骨或眼伏真光者，甚至贵为国之元首。

双峰骨——即山根起骨分左右横入天仓位，主逢贵得贵，有中上官职之贵。

三峙骨——即山根起骨上耸天庭、天仓、驿马三位，古时可贵至三公，今则可贵为首相总理级官员。

龙翎骨——又名内驰驿马骨，即两颧骨上耸天仓、驿马、战堂三位，可贵为君王之侍臣，今则可贵为元首秘书长之类职务。

八方骨——即鼻伏犀起，日月角起，边地隆起，福堂肉起，印堂骨连眉骨起，古时可贵为封疆大吏，今则可贵为省长或方面级官员。

悬犀骨——即额角骨起横入山林位，古时可贵为国师，今则可贵为大学校长以上职位。

将军骨——即辅骨或日月角横入耳上，主千军勇将武职大贵。

匿犀骨——即命门骨丰满而藏，古时可因功勋封为王侯，今则可贵为省主席或方面大员。

天成骨——即整个前额骨宽广圆大。主天福早贵，且逢凶化吉。

凤尾骨——又名外驰驿马骨，即两颧插入鬓中，主杂贵有实权且长寿。

印绶骨——即在耳轮之下接近腮颐起骨，形似三角形，主聪明奇巧而有慧根，通今博古，多才艺而好辩，有大志但才华外露，中年多挫折。

悬胆骨——即鼻自年寿以下，含准头兰台廷尉皆圆大，鼻孔又有收者为悬胆骨，主白手横发，可贵可富，若山根细小，初年欠顺。

天柱骨——即顶脑与后枕之间起骨，圆大如鸡蛋者，主少年大发。

悬鼓骨——即额头起骨，圆大如鼓，如再鼻准方大，主有中上等官职之贵。如仅准方者，亦主有小贵小富之成就。

先色骨——即年寿隆起上贯山根印堂，再加准头丰圆起，主中年事业顺利有成，但鼻之气色必须黄润明亮始验。

福荫骨——即顶脑骨似龟状平伏起，主得父母福荫可早发，30岁前多属顺境。

神佑骨——即顶脑骨高隆起或尖起，主一生履险如夷，遇难有救，但高隆者事业成就大，尖露者常患小人，难有成就。

圆兔骨——即顶脑中端有小骨圆起，若软若硬，主一生衣食不缺。

佐串骨——即额头两边邱陵冢墓之位骨起，又名人仓骨，愈大愈聪明福寿，子孙繁衍。

玉琢骨——即顶脑有骨突出如梭状，主孤贫，晚景凄凉，此为前山三十八骨中之唯一恶骨。

玉梁骨——即耳上有骨横起，主清贵又文章传世。

玉楼骨——即耳后有骨丰圆起，又名“寿根骨”，亦名“根灵骨”“灵阳气”，主有寿且老运亨通。但过高过露者主晚年孤寿而已。

玉阶骨——即耳上有骨高平起，亦名华阳气，主发达早并享高寿。

隐逸骨——即山林骨起，主性恬淡，不求名利，乃隐逸之高士。

仙桥骨——即山林骨横入发际，主孤寒，多为宗教信徒。

金阙玉山骨——即山林起骨斜插天中入顶脑位，主孤寿，多为宗教长老。

晚福骨——即颐颏骨方圆起，主晚景荣华，或享子孙之福。

天禄骨——即天仓丰满骨起，主一生不穷，衣食无虞。

扶桑骨——即后脑起骨与天仓位相连，主为官长久，子孝妻贤。

罗汉骨——即头长不圆，或耳后方起骨多块或一大块，主孤寒，多为僧尼之人。

后山三十四骨注解

连山枕——又名三山枕，即三骨相连如笔架形，主聪明富贵。

一字枕——又名一阳枕，即后脑正中横起一大条，主个性优良，学有大成，骨大主大富且寿，骨小主小富，骨露则孤贫。

双龙枕——即后脑两骨竖起，骨大者主文武大贵，骨小者亦可官至部次长等职。

川字枕——即后脑三骨并列竖起，骨大者主官至特任，骨小者可官至简任。

崇方枕——即后脑骨起四方有棱，古时可官至馆殿清职，即今之委员、顾问、参议等职。

大品字枕——即后脑有六骨叠起有棱角，古时主贵为王侯，今则可贵至总理级以上官员。

小品字枕——又名三台枕，即后脑三骨叠起有棱角，主学问名高文职清贵。

七星枕——即后脑有七骨圆起，排列如星状，主文职清贵。

五花枕——又名五岳枕，即后脑四周各起一圆骨，中央所起之圆骨略尖高。古时主贵为王侯，今则可贵至总理级以上官员。

三才枕——即后脑自上至下三骨成线叠起，骨大者主贵至将相，骨小者亦主中贵。

回环枕——又名车轴枕，即后脑骨中央凹周围高，古时可贵为王侯，今则可贵至总理级以上官员，并祖孙父子皆贵。

三星枕——即后脑上一骨下二骨皆圆起，主文职清贵。

虎颈枕——即后颈脊骨上连枕骨成长方形名虎颈，主武职大贵。

连光枕——即后脑有三骨横叠起，骨大者古时可贵为卿相，骨小者贵为刺史，并一门数贵。今则可官至部长级职位。

双环枕——即后脑起骨如双环并列状，骨周围高而中空，主文职贵显，如双环距离较远者小贵。

连环枕——又名连珠枕，即后脑三骨并起，骨大者主大贵，骨小者近贵无实权。

酒樽枕——即后脑起骨上大下小而中空如酒杯，主有禄无官，例如今之民意代表。

玉樽枕——即后脑起骨，上小圆下半圆，似盆之有棱，古时可贵为卿相，骨小者刺史，今则可贵至部长级官员。

垂露枕——又名承露枕即后脑起骨上方下圆，古时可贵为员外，今则如政府聘任之委员、参议、顾问等职。

天地枕——又名叠玉枕，即后脑上起一骨圆，下起一骨横方，主一生既富且荣。

四角枕——又名四方枕，即后脑起一四方骨并有角，与崇方枕有别，主武职中贵，但非正官正印。

圆月枕——即后脑起骨圆而不露，骨大者大富，骨小者小富，若骨小而尖露则名“鸡子枕”，又名“自克骨”，主个性顽固，喜钻牛角尖，但心地善良。

仰月枕——又名偃月枕，或文曲枕，即后脑之下半部起骨如仰月状，古时主贵为卿监，今则可贵为部长级官员。

覆月枕——又名金水枕，即后脑起骨如覆月状，古时可贵为朝郎，今则可官至司长级官员。若骨起于后脑之下半部则名覆船枕，主一生事业多成多败，且防水厄。

背月枕——即后脑之上半部起骨如两个半月左右相背，骨大不露者主一生事业大发，骨隐约不显者主早发小贵。

相背枕——即后脑起骨如两个半月上下相背，主一生有中等成就，并文武才能。

腰鼓枕——即后脑起骨两头大中间小形似哑铃，主一生事业多成多败，最多小贵小富。

十字枕——即后脑起骨如十字形，主其人不善处人际关系，心直口快，一生事业漂浮不定。

丁字枕——即后脑起骨如丁字形，主其人个性宽和，一生受贵人提携，但难大发。

上字枕——即后脑起骨如上字形，主其人志高胆大，但亦好高骛远终归失败。

巨字枕——即后脑起骨如巨字形，主其人一生事业虽有中等发达之际遇，但因个性太过刚正耿直，而难获正官正印。

象牙枕——即后脑起骨耸直如象牙形，主武职中上贵，如骨露则主孤贫。

悬针枕——即后脑起骨上宽下尖，状似倒立之象牙，但悬针枕较象牙枕长方，古时可贵为卿监，今则可官至部长级官位。

撇骨枕——即后脑左边或右边起骨如撇状，或左右皆有向耳后撇去，主其人有寿不贵，如骨露者则一生多波折。

十二起骨注解

十二起骨即作者在原九起骨后，增列“印堂骨开阔起”“耳根骨圆起”“侧脑骨丰隆起”等三骨而成。九起骨观看人生际遇事业成就较之七十二骨实用，并容易学习又好记忆。又九起骨不分男相女相人人均有，仅区分为“起”“露”“陷”三个标准，但七十二骨则绝大部分出现在大富贵者之男相头上，观看既不易，记忆更难，颇不实用。然九起骨亦有不足之处，譬如面相上最重要的印堂部位，以及头相最重要的耳根骨及侧脑骨两部分均未论及，笔者根据观相教学二十余年之经验心得，特将原九起骨增列为十二起骨，以符人相骨法之实际情况。相门精义九起骨及冰鉴九起骨之原文均颇为简要，未论及现代人相学最著重之健康、智慧、个性、事业、婚姻等内涵，休咎方面亦仅作提示性之简单说明，如“一骨起则不穷，二骨起则不贱，三骨起则动履稍胜，四骨起则贵矣，五骨起柱石之器也”。笔者除增列三骨外，并就每一骨之正确部位及每一骨之“起、露、陷”三种标准所呈现之健康、智慧、个性、事业、婚姻详加注释，俾应用方便，学习亦简单。另就休咎方面亦改为“一骨起不穷，二骨起不贱，三骨起只要行动就有相当收获，四骨五骨六骨起可小贵或小富，七骨八骨九骨起可中贵或中富，十骨十一骨十二骨起可大贵或大富。”但要注意者，一骨起不穷，二骨起不贱，三骨起只要行动就有相当收获，四骨以上骨起则可小贵小富，其所指之“起骨”，应包括“天庭骨”，“眉棱骨”，“太阳穴”，“颧骨”而言，读者不可不知，如以上四骨无一骨起，则既穷又贱。又上述四骨虽均有起如眼神混浊，或重要部位有纹痣冲破者仍不能富贵，最多有若干异路财荣而已。又所言之小贵小富，中贵中富，大贵大富之三级位阶，每一级位阶应再区分为大中小三级，即自“小贵小富”“中贵中富”“大贵大富”应再区分为九级，如此才能符合社会实际人事状况。至于一至三骨有起者，只能评为普通“平常”之人。如一骨均未有起者，则评为“贫贱”之人（见附表）。以下就十二起骨分别注释如下：

天庭骨隆起——即前额骨隆然而起，平正而又方阔，其峻有似悬壁，其势又如覆肝，主其人有宏大之理想与志向。赋性聪明机警，富创造、模拟、鉴识能力，能就事物加以推因比较。处事则谨慎专注，执行能力强。处人则手法圆通，对长上尊敬及服从性强。又学习快，记忆力强，并具有审美观及幽默感和第六感。个性则仁慈温和，常怀着美丽的憧憬心情面对事物。同时身体健康，一生事业有成并高寿。如额骨凸露者，主其人个性不良，言语夸大，对功名富贵作不切实际之妄想，一生事业多波折少收获，老年孤苦，女性则婚姻不美满。如额骨削陷者，主其人思维愚钝，信心不足，事业上稍遇挫折即感沮丧失望，个性则内心急躁，执拗偏激，一生事业少成。女性天庭骨以秀圆而不高不宽不陷不凸为吉相。

眉随骨起——即眉毛附随眉棱骨而起，主其人精力强能彻夜工作，如眉形再好主考运佳，人际关系良好，常有贵人提拔，处事则有远见，富策划能力，必英年早发。个性则不温不火，喜过理性生活，具有秩序、轻重、大小、方位观念，又有第六感，对音乐、色彩亦有良好感受，一生事业必有成就。如眉棱骨高露，眉毛未附于眉棱骨上者，主其人倔强偏执，志高气焰，嚣张刻薄，知进不知退，骄傲乏修养，往往偾事后悔，甚或遭遇凶险，女性则欠孝心又克夫。眉棱骨陷而不起者，主妻子兄弟不得力，精力不充，不能熬夜，有惧高症，又易晕车晕船，一生事业少成，老年孤苦。女性眉棱骨以平满为吉，如高过印堂骨，主克夫不孝。

佐串骨角起——即额之两侧丘陵冢墓二位起骨，亦即头角峥嵘之谓，其骨愈大愈好，即使额窄亦可贵可富，男性初运即佳，女性则属女强人型人物。个性则极为聪明，读书成绩必名列前茅，又口才亦佳，能见机行事，富临时警戒心，有因果观念，有幽默情操，重视人和，如丘陵冢墓二位凹陷者，主其人性急，居无定所，一生多灾厄，又刑克六亲。

太阳穴线起——即天仓部位饱满隆起，主其人父德极佳，荫被终身，个性积极，有时间、数字、预算观念。又眼光敏锐，富第六感，有宏大之理想，有科技头脑，能处理细密事务，又讲究生活品质，喜欢美食醇酒，在外常有贵人提携。如天仓露骨者，主其人有孤独感，有宗教热忱，常有出家念头，并易破相。如天仓部位凹陷者，主其人个性愚昧，食欲不佳，终身运蹇，刑克父母，六亲少助。女性天仓骨以丰满者为吉相，忌凹陷，尤忌高广横凸，主刑克并赋性凶恶。

鼻骨芽起——即山根至准头之鼻梁骨隆起，形状似豆芽首尾圆长。主其人英明而有胆识，果决而意志力坚强，又心性爽直，有正义感。处人处事斗智不斗力，理财手法高明，并有祖荫。又身体健康少病，精力充沛，毅力耐力均强，对过往事物之记忆力也强，必配贤慧美丽之配偶。如山根高过印堂者，主其人刑克父母配偶，自身破相孤独，女性尤忌。如山根年寿细窄而露骨者，主其人个性倔强，劳碌少成。如山根细小年寿低陷者，主其人胆识不足，体弱多病，幼少运艰苦，破祖离乡，六亲刑克少助。又对事物欠果决之判断力，记忆力不良，一生劳碌少成，如年寿再不佳，必招容貌丑陋个性不良之配偶。女性忌山根太高，乃“丈夫相”也。

颧骨丰起——即双颧丰圆而起，主其人个性收放自如，不卑不亢，颇有担当，能付重托，对事物能高瞻远瞩，对人事则能领袖群伦。若颧柄上插天仓，主其人志行高洁，再鼻相有配，中运必大发。如独颧无面（无禾仓），主其人一生事业多成多败。如颧骨低陷者，主其人志行不高，一生无权无勇。如颧骨尖露或横张者，主其人个性急个性强又欠包容心，一生劳碌少成，女性并克夫孤寒。

顶骨平伏起——即头之顶骨既高隆又宽平而起，状似“伏龟”，主其人福禄寿俱全，个性正直仁慈，思维宽宏，理想崇高，重视名誉，有正义感，自尊心自信心均强，意志力也强，有百折不挠不畏艰难挫折之任事精神。同时处事稳健，讲原则，有分寸，善理财，可早发。如顶骨尖露，主其人骄傲自大，顽固执拗，智慧道德两差，并刑克父母，一生事业无成，老必孤寒。如顶骨凹陷者，主其人脑部发育不良，神经衰弱，多愁善感，懦弱无能，欠缺独立性及自立性，并刑克父母，自身促寿。（女性同论）

枕骨强起——即后枕骨横强起或高隆起，并有肉包覆者，主其人祖德厚、祖寿高、祖荫多（*左为祖父、右为外祖父*）如横起一大条主大贵兼大富大寿，一般有起者，亦主中老运佳，享高寿，子孙荣显，但起而无肉包覆者主孤寿。凡后枕骨有起之人，主其人有国家社会家庭责任观念，又喜结交朋友，急公好义，并富创造性、持久性、忍耐性，意志力亦坚强。如后枕骨尖露如喉结者，名“自克骨”，主其人个性急躁，好高骛远，骄傲轻敌，喜钻牛角尖，常有小人为害。如露而上翘者为“反骨”，露而下伏者为“殃骨”，均主刑克孤独，个性不良，事业少成，殃骨并主夭寿。如后枕骨陷或扁者，

猾多变，中年败业，一生劳碌刑克，青少年多病有灾，并有自杀倾向。（女性同论）

侧脑骨丰隆起——即两边耳上侧脑部位（颞颥叶）丰隆起，主其人个性聪慧仁慈，富有正义感，能尊敬他人，必有贤内助，又重名誉，实行力强，说服力强，秘密性也强，能临机应变，一生事业有成，富而守财，贵而清正。如额头再高广宽隆者，主其人可为发明家。但侧脑骨过于突出者，主其人个性自私自利，奸诈虚伪，心性残酷，刚愎任性，好淫贪婪，刑克六亲，惟能刻苦奋斗。如侧脑骨不起者，主其人实行力不足，有姑息因循心态，秘密性及长期警戒心两缺，配偶不得力，又主迟婚或婚姻欠美满，一生事业难成，贫贱促寿。（女性同论）

其他有关头面骨骼之理论

有奇骨必须有奇神相应——《水镜集》云“头为诸阳之首，百骸之主，目为一身之精，通诸窍之美，一身精神存乎两目”。如头面有奇骨，而两目混浊无神者，主其人自身或父祖先人必损阴骘，仍须防破败夭亡之厄。是以头有奇骨者，必须取精神气魄相辅，方能贵能富。若头面有奇骨，而眼无奇神相应，最多只是获得少许异路财荣而已。假如其人长寿，则不孤即贫，或既孤又贫矣。

鼻有伏犀必须准头丰隆相应——山根丰隆骨起，上贯印堂入顶，谓之“伏犀骨”，如自准头起骨上贯印堂入顶，则谓之“单犀骨”，均主大贵，但必须准头丰隆并齐如截筒，兰台廷尉亦圆起有收而不露孔者始相应，否则，虽大贵而凶死。因山根内五行属火，准头上端内五行属土，下端属水，山根高起为“强火”，准头高起为“土中藏水”不畏强火来袭，故相得益彰，反之，火不但不能生土，并有害于土了。又山根骨起不能高过印堂骨及眉棱骨，如高过者不以奇骨论，反而刑克父母兄弟妻子。

骨起并非骨露骨露主凶——“奇骨”即“起骨”之谓，但要注意者，奇骨只隐隐约约呈现，如骨有尖露之状，则不以奇骨论，不但不主吉，反而主凶。又所有奇骨均可名“伏犀骨”，并非仅起自山根及年寿准头之骨才名伏犀骨，但为方便辨识起见，故先贤分别就各种奇骨加以命名，并此说明。

奇骨要上下左右对称——奇骨如属上下叠起或左右并起者，则必须讲究上下左右对称，否则不吉反凶，贵亦不久，或有刑克，前者如三才枕，后者如日月角。

骨骼定一世荣枯——柳庄云“骨骼定一世之荣枯，部位看流年之休咎，气色断一时之吉凶”。因人之发育完全，男子在外肾长毛完成之时，女子在癸水来潮正常之时，既已发育完全，则人之骨骼是优是劣也就定形，但骨骼之优劣，却影响附丽于骨上之五官六府及五星六曜之优劣，故云骨格定一世之荣枯。

前山好不如后山好——铁关刀云“前山好不如后山好，前山坏尤忌后山坏”。前山所指为初运以额为主，中运以鼻为主，末运以颏为主等前山三主。后山初运以顶为主，中运以脑为主，末运以枕为主等后山三主。又云“前山骨起其后山不可陷，陷则似富非富，似贵非贵。后山骨起其前山不可侧，侧者纵有富贵不免艰辛”。又云“宁可有枕无额，不可有额无枕”。

问贵在额问富在鼻——先贤达摩云：“问贵在额问富在鼻”，此处所言额并非专指前额，乃指额头而言，此处所言鼻，并非专指山根有伏犀骨而言，而是泛指年寿鼻准兰台廷尉及双颧而言。换言之，如欲在公职上求得大发展，必须额头有奇骨。（但南人北相或北人北相者例外），如欲在商场上获得大收获，则必须鼻如截筒、悬胆鼻、双颧朝拱。但不论贵与富，亦不论南人北相或北人北相，眼睛一定要有神，否则贵而多凶，富而不久。又鼻相虽好，但额相不圆而窄亦不能致大富，仅小富而已，如后脑扁平，则似富非富，此种吊用关系不得不察。又七十二骨中亦有部分奇骨主富。

骨有三要——一要心窝骨平滑，平者公平，滑者心恕，陷者心贪，凸者心暴，尖者心毒。二要尾闾骨（即尻骨）长大，尾闾骨凸露坚硬者，体健长寿，富贵有成，尖小或不见者一生平庸少成，摸之既软又陷者，一生多病促寿。三要枕骨有肉包，无肉包者，虽有成就而劳碌，虽可高寿但孤独。

观相感言

人之初是性本善还是性本恶，儒、法两家说法不同，人相学则认为人之初性有善亦有恶。因为世上之人口数量数十亿，每个人的祖先父母遗传及成胎过程均不同，是以每个人的脑髓、骨髓和五脏、六腑的基因结构及器官机能亦不相同，表现于外的心性行为自然各异，因此，社会上有好人亦有坏人，有智慧高的人，亦有智慧低的人。又因社会人口数量继续增加，社会现象不断转型，乃导致社会犯罪率日渐升高，此乃定理。

但社会学家则强调社会犯罪率日渐升高乃因教育失败所致，人相学不认同此种说法。人相学认为教育的作用，只在启发智慧，传授知识技能，或改变受教者若干气质习性而已，绝对无法根本改变受教者的心性行为。即使偶而改变受教者三成的心性行为，那也是百不得一难能可贵。如果教育真有改变人之心性行为的作用，那么，作奸犯科者的名单中，就不应该有受过大学教育得过博士学位甚或受宗教洗礼的人。人相学认为提倡优生学才是根本解决社会犯罪率日渐升高的良策，教育、宗教及法律手段均是治标而已。

萧湘居士　撰

前山三十八骨图(一)

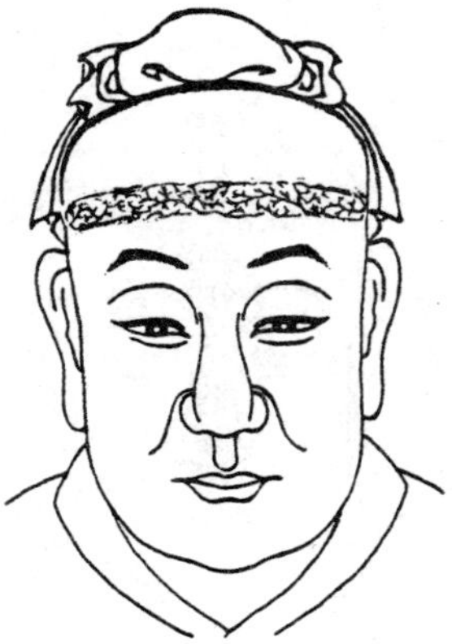

龙角骨

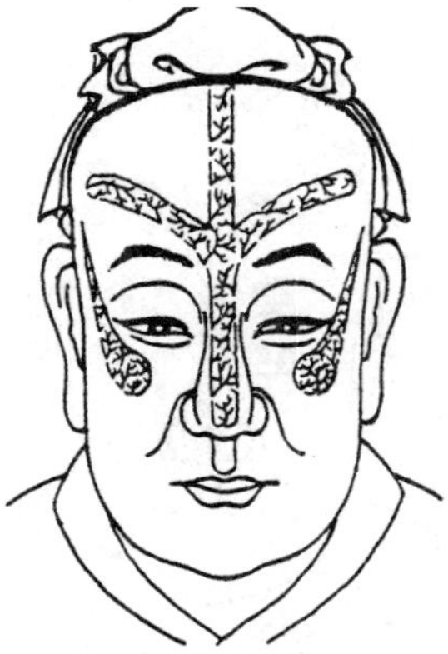

五柱骨

巨鳌骨

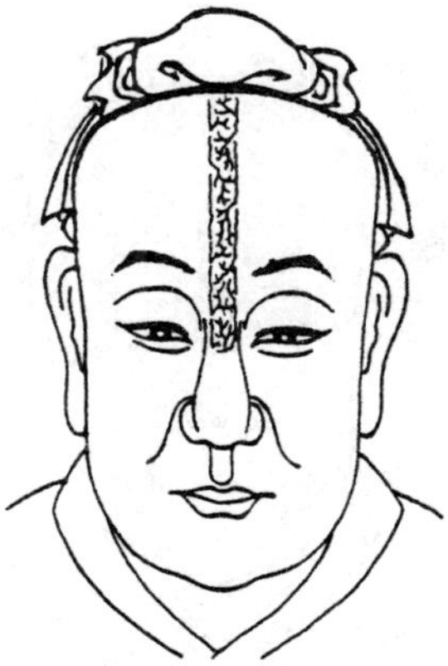

朝天犀

前山三十八骨图(二)

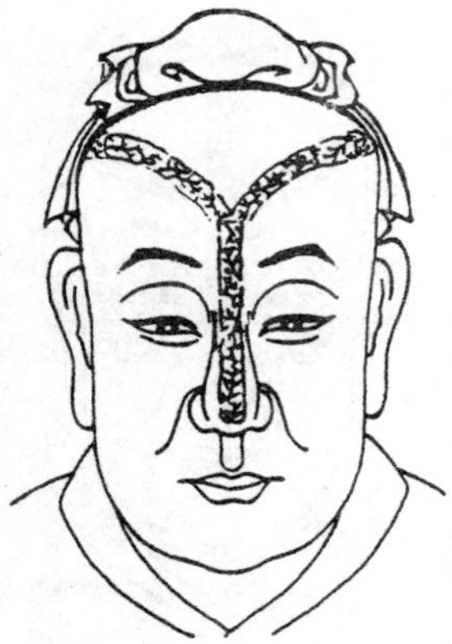

武库犀骨

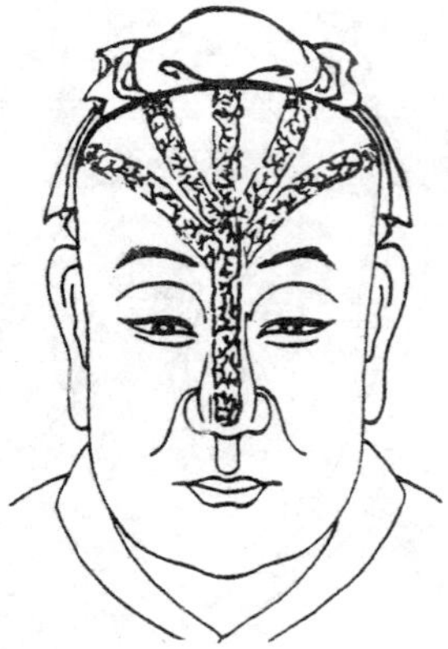

金城骨

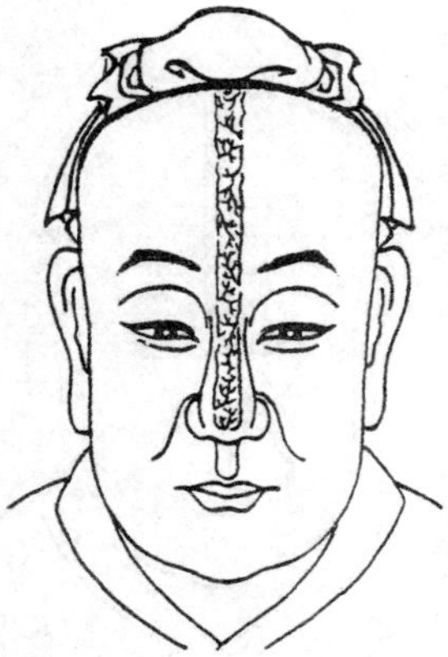

单犀骨

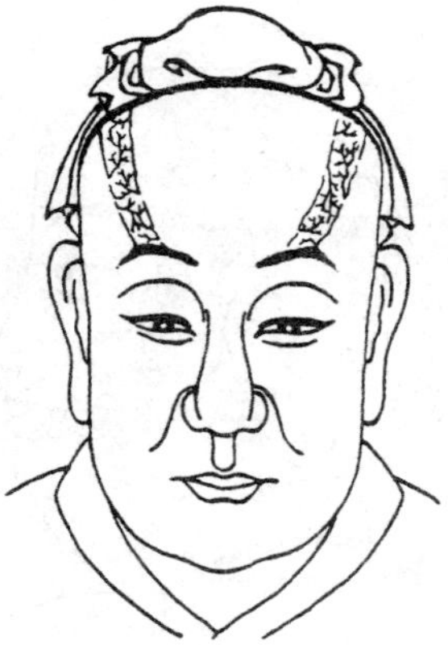

辅犀骨

前山三十八骨图(三)	
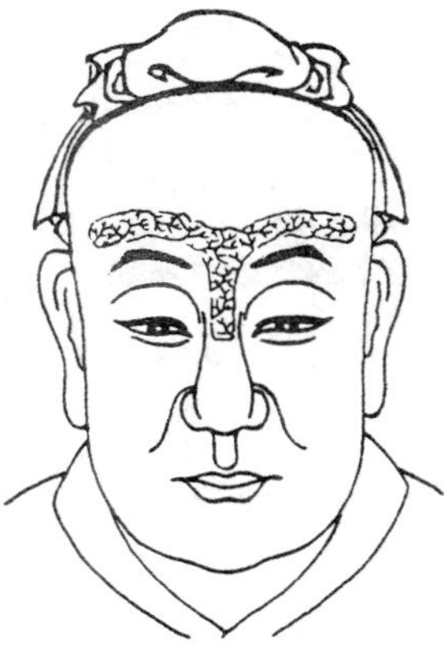	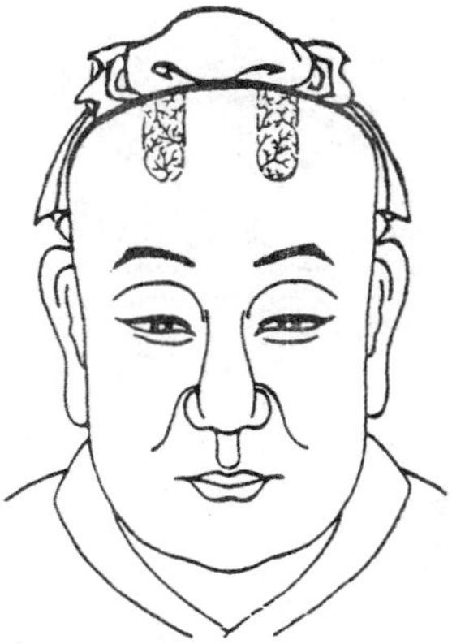
双峰骨	朝天犀骨
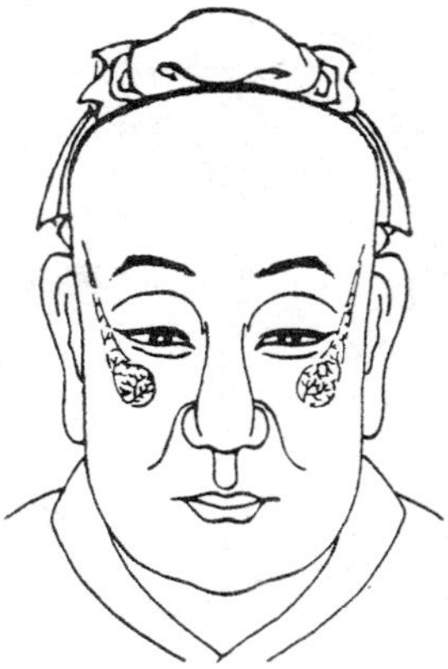	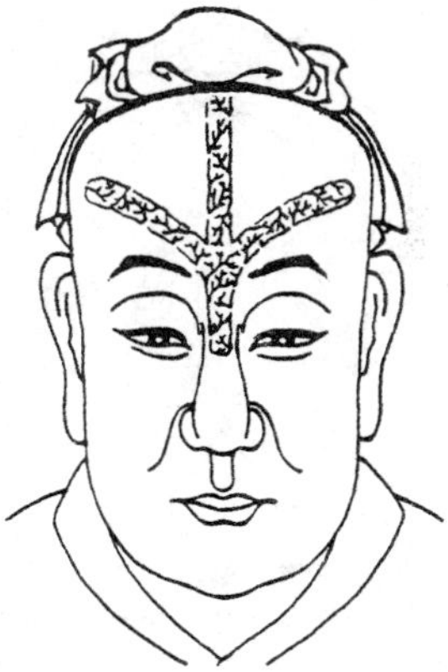
龙翎骨	三峙骨

前山三十八骨图(四)

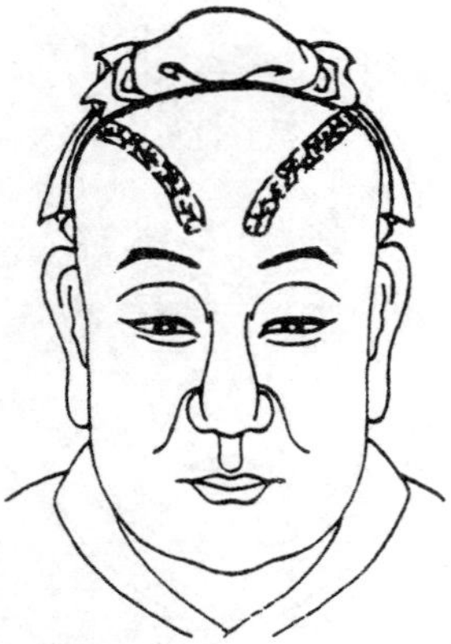

悬犀骨

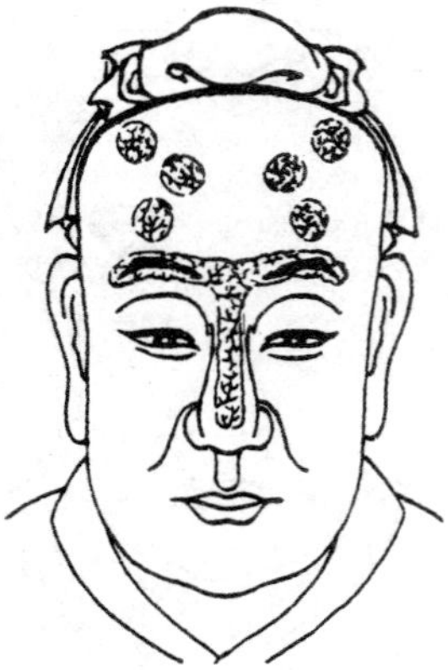

八方骨

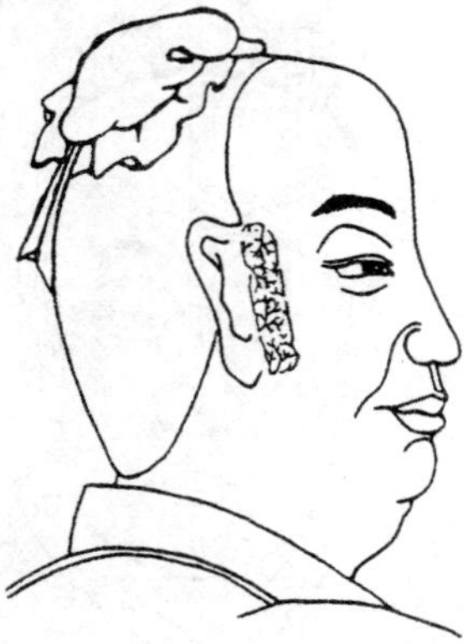

匿犀骨

将军骨

前山三十八骨图(五)

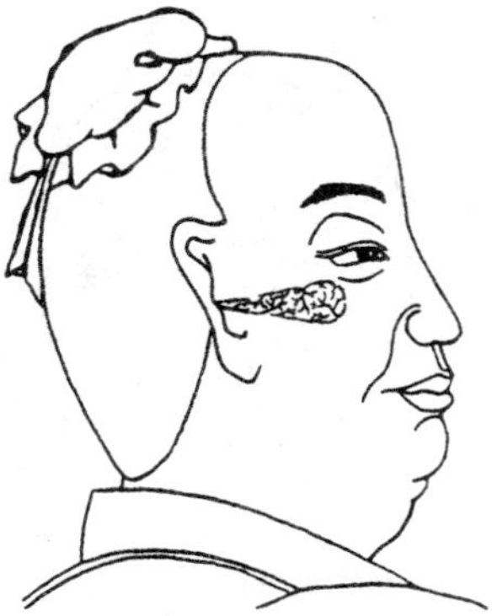	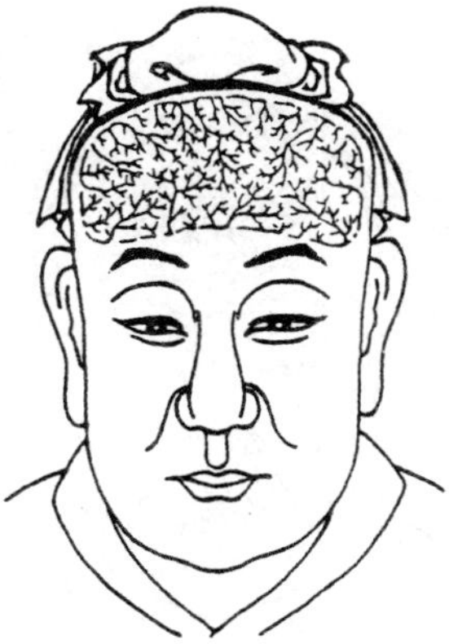
凤尾骨	天成骨
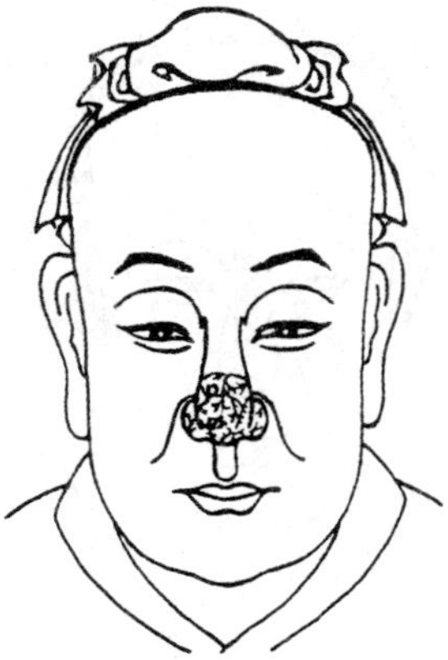	
悬胆骨	印缓骨

前山三十八骨图(六)

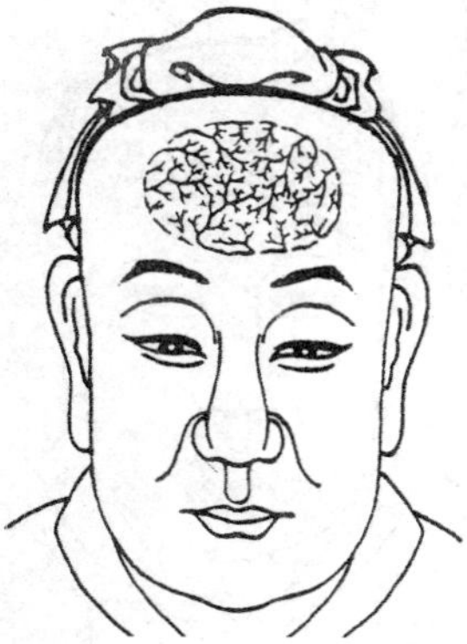	
悬鼓骨	天柱骨
	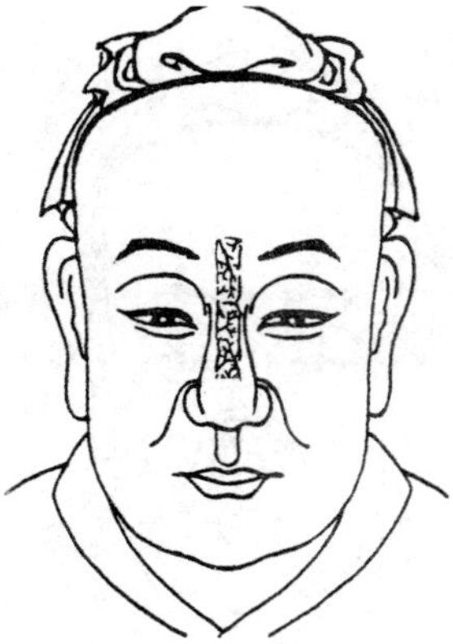
福荫骨	先色骨

前山三十八骨图（七）	
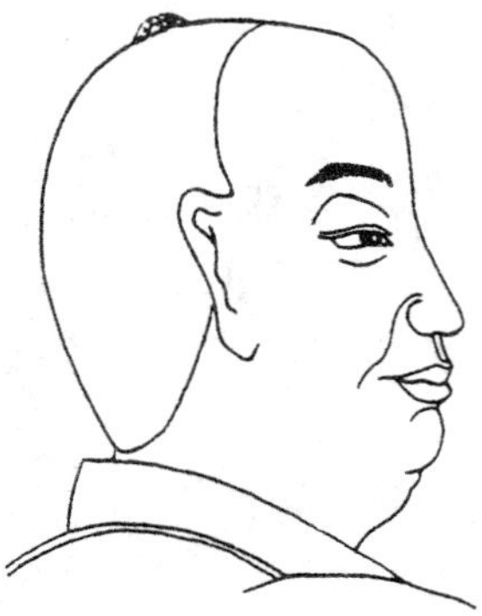	
圆兔骨	神佑骨

玉琢骨	佐串骨

前山三十八骨图(八)

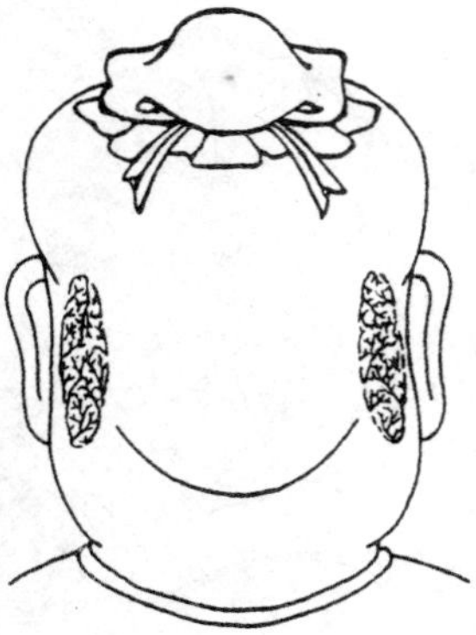

玉楼骨

玉梁骨

隐逸骨

玉阶骨

前山三十八骨图(九)

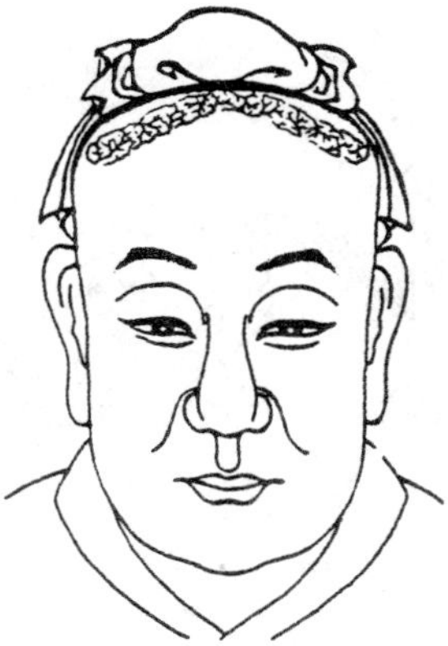

金阙玉山骨

仙桥骨

骨禄天

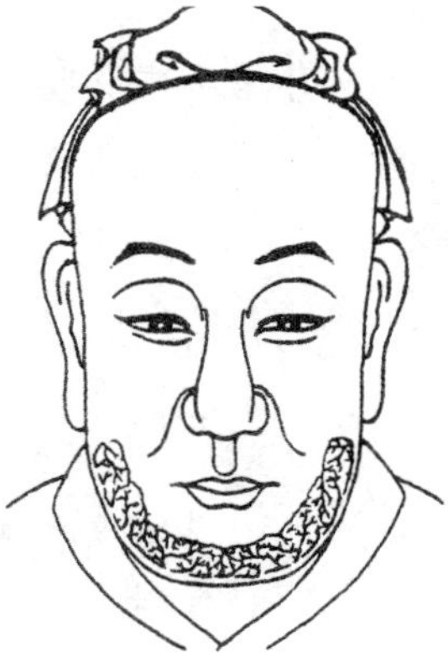

晚福骨

前山三十八骨图(十)	
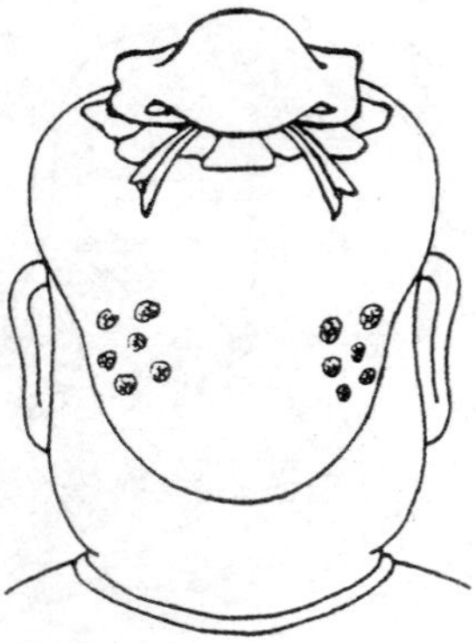	
罗汉骨	**扶桑骨**

附注：以上前山三十八骨图式，系按照标准贵骨绘成，如比标准贵骨为低为短为小者，则休咎减分论。

观相感言

上等人发财不发身，只发神而已。

中等人身发财亦发，神不发不验。

下等人身发财不发，其人有狗肚。

女性三十岁前发身，主拖累夫运。

萧湘居士　撰

后山三十四骨图(一)

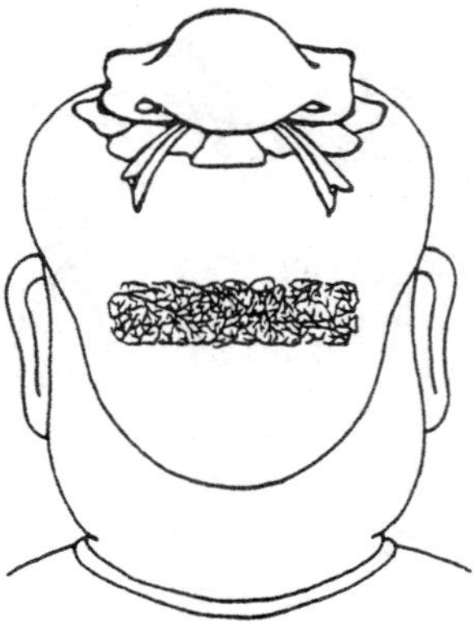

一字枕

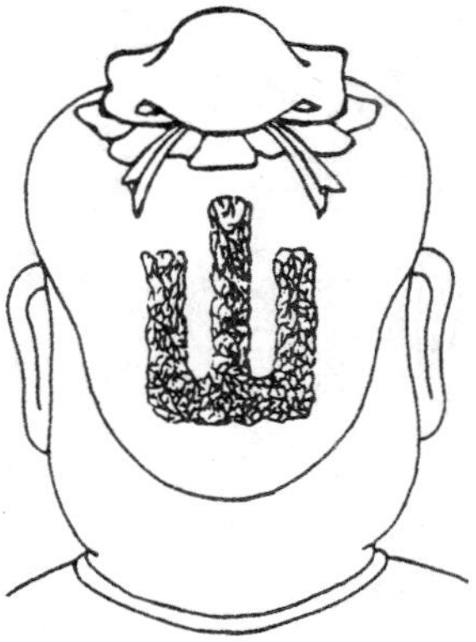

连山枕

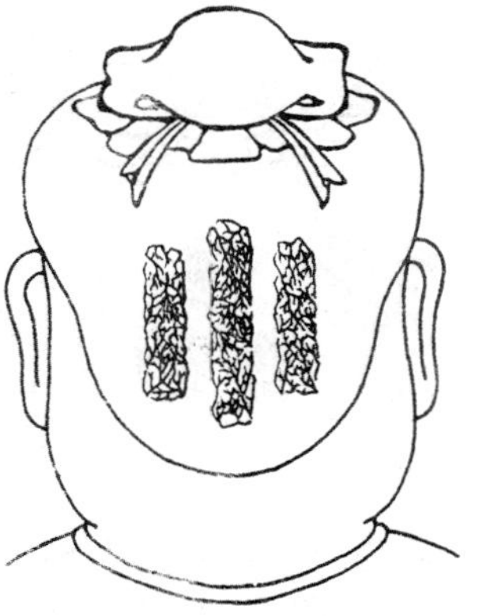

川字枕

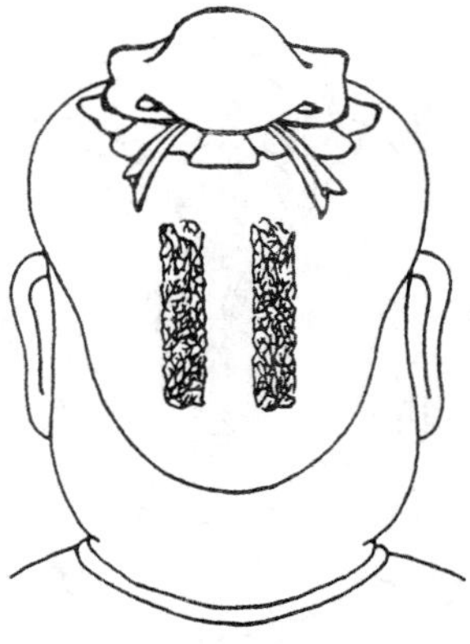

双龙枕

后山三十四骨图(二)

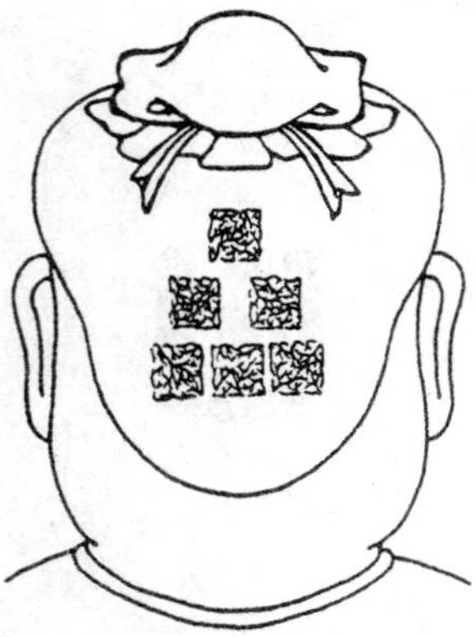

大品字枕

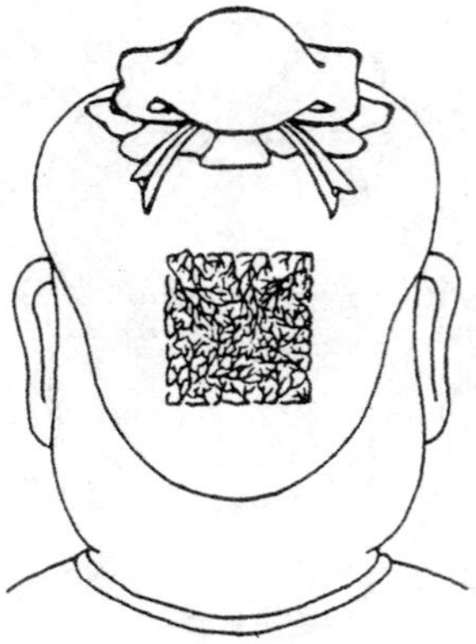

崇方枕

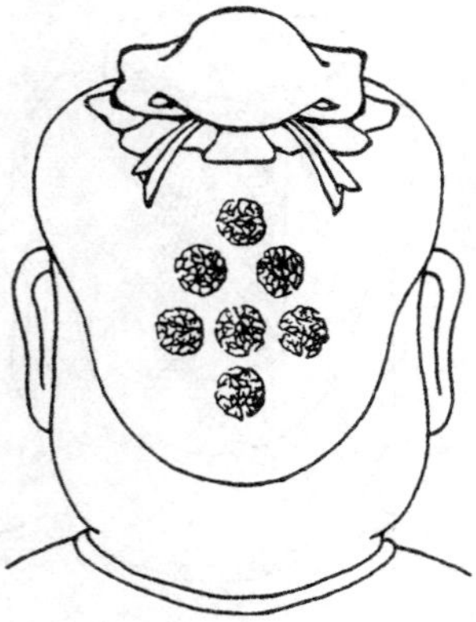

七星枕

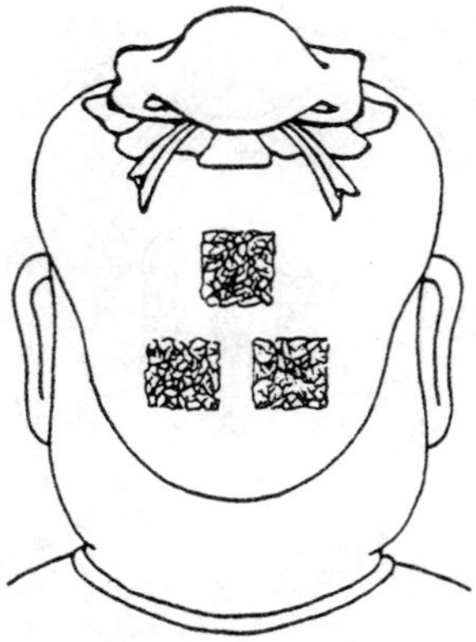

小品字枕

后山三十四骨图(三)	
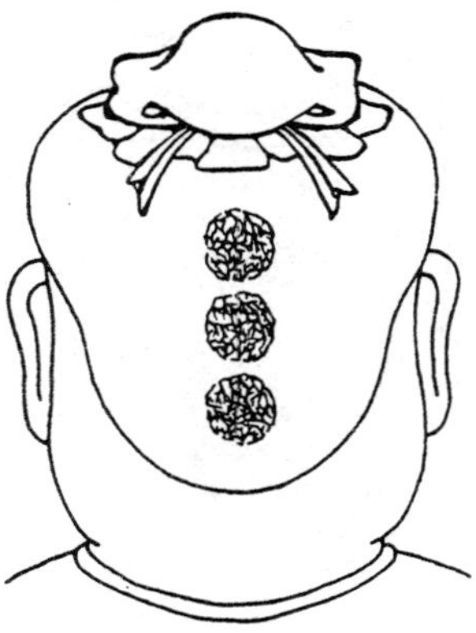	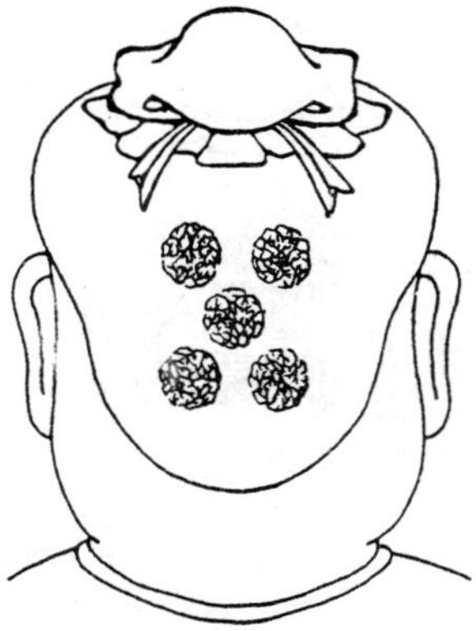
三才枕	**五花枕**
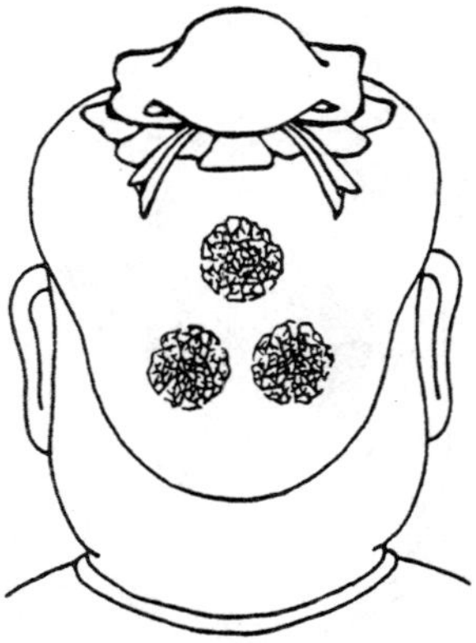	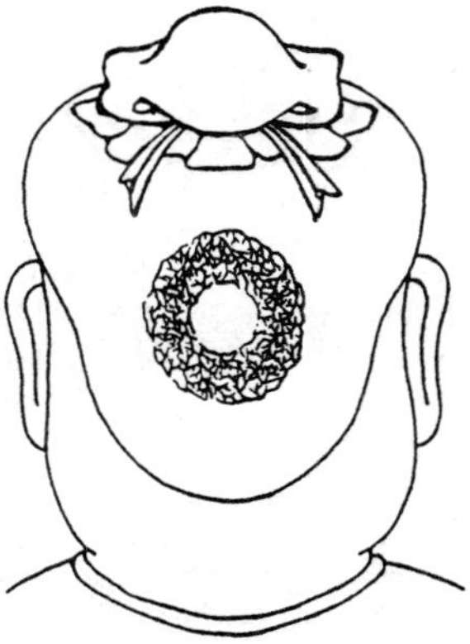
三星枕	**回环枕**

后山三十四骨图(四)

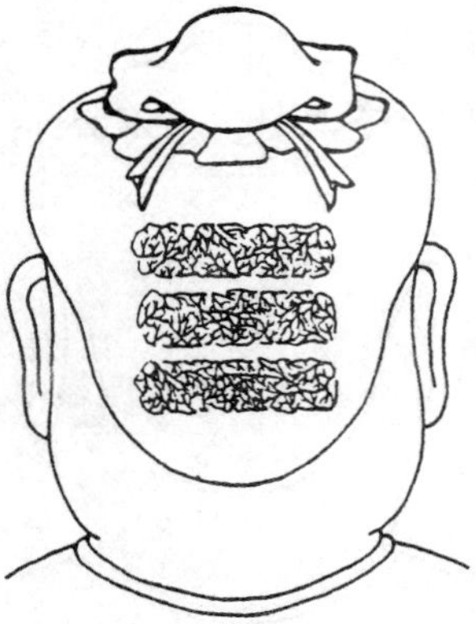

连光枕

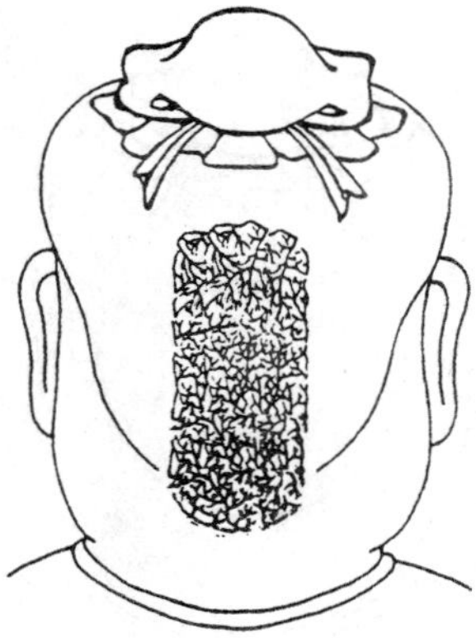

虎颈枕

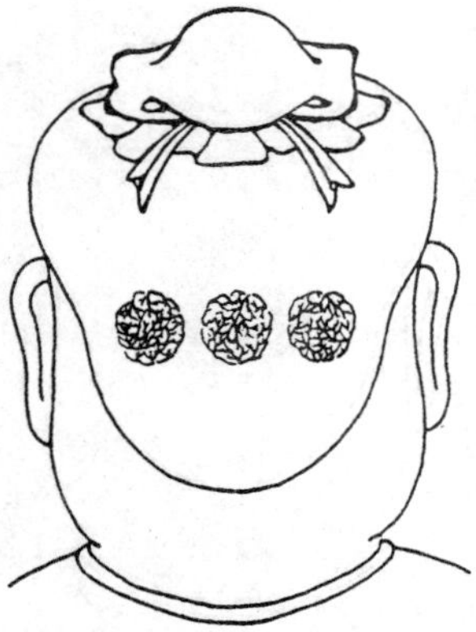

连环枕

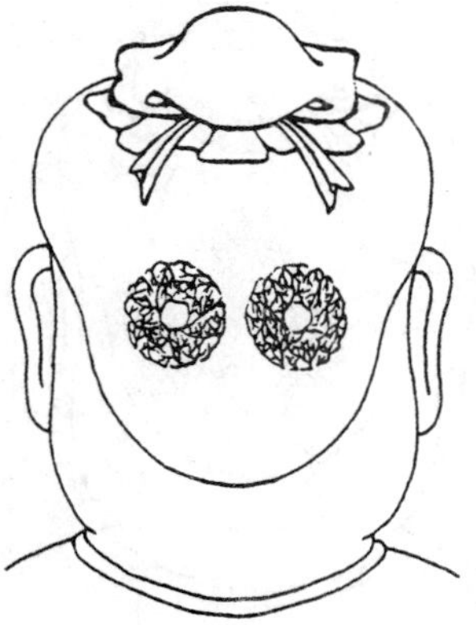

双环枕

后山三十四骨图(五)

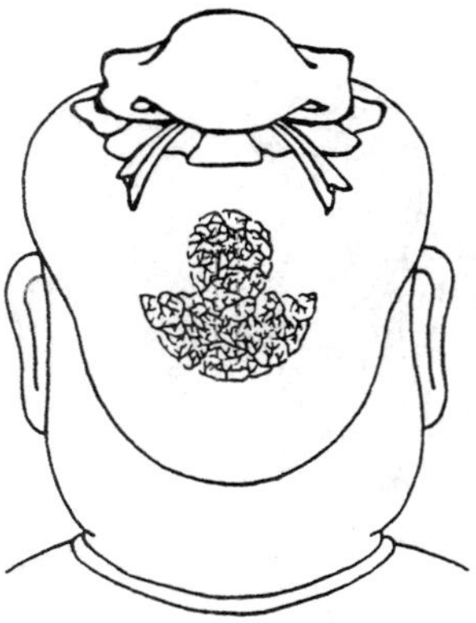

玉樽枕

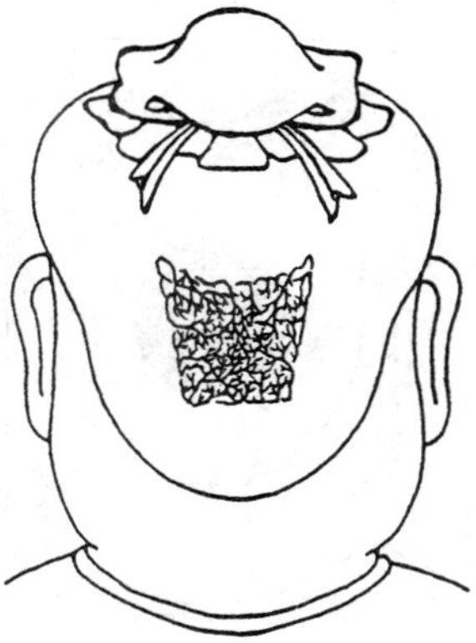

酒樽枕

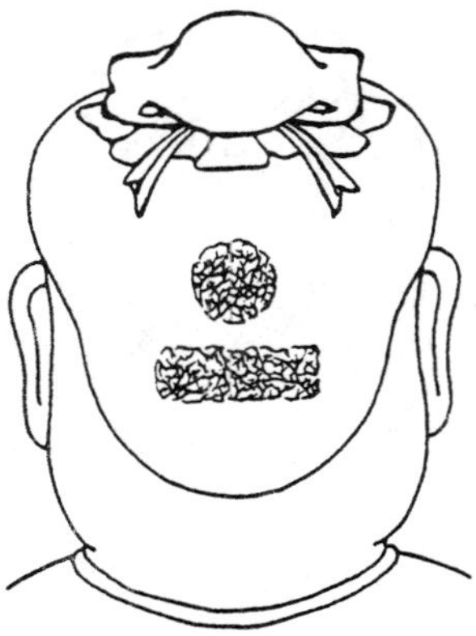

天地枕

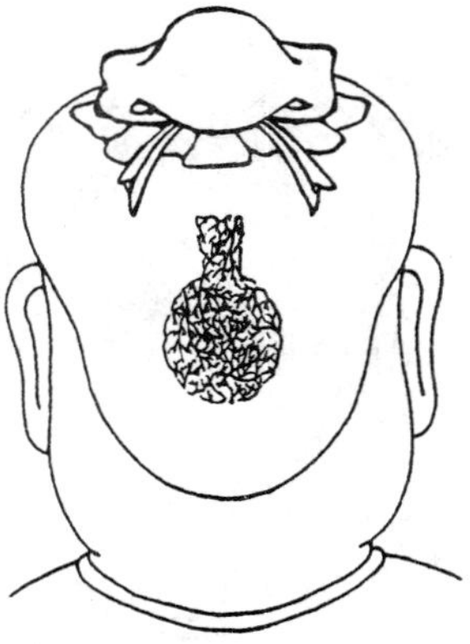

垂露枕

后山三十四骨图(六)

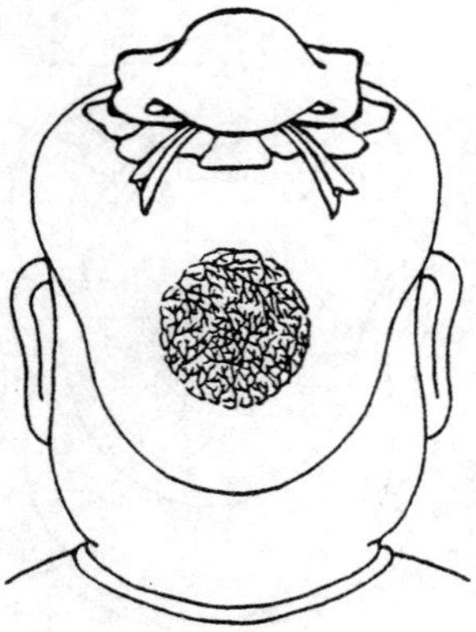

圆月枕

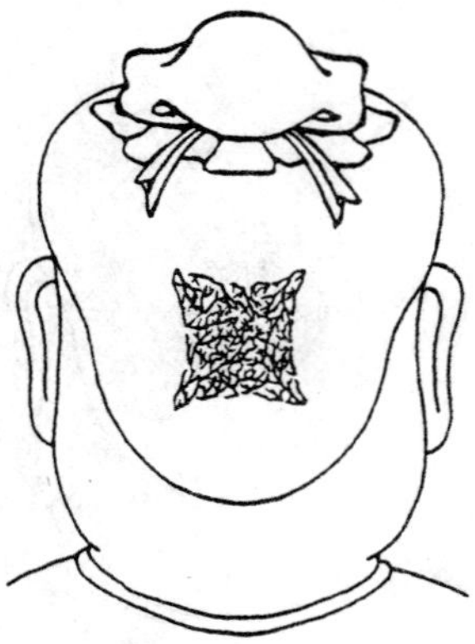

四角枕

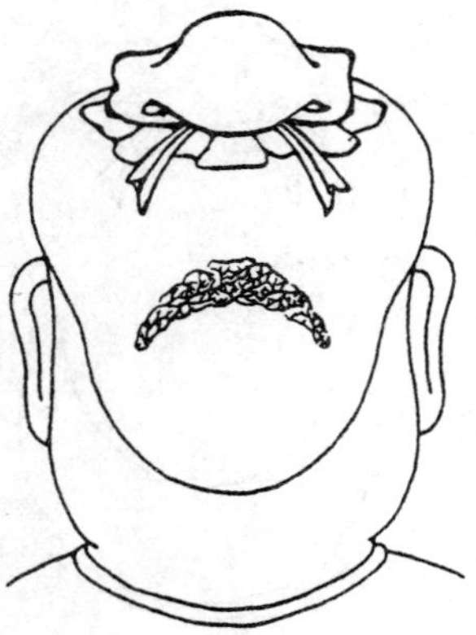

覆月枕

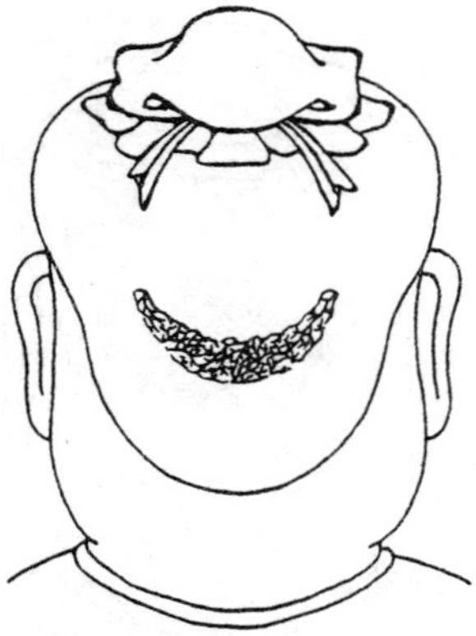

仰月枕

后山三十四骨图(七)	
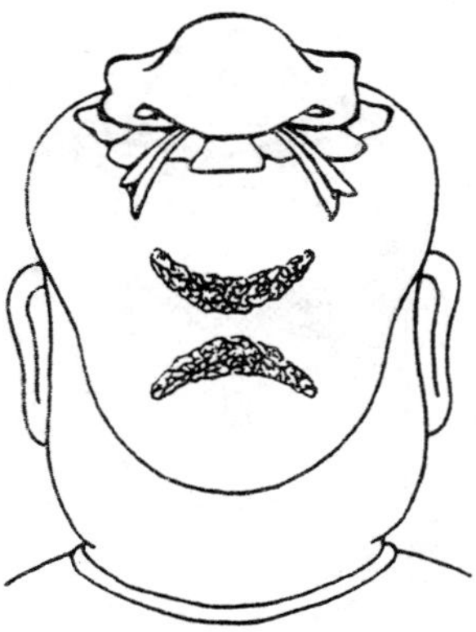	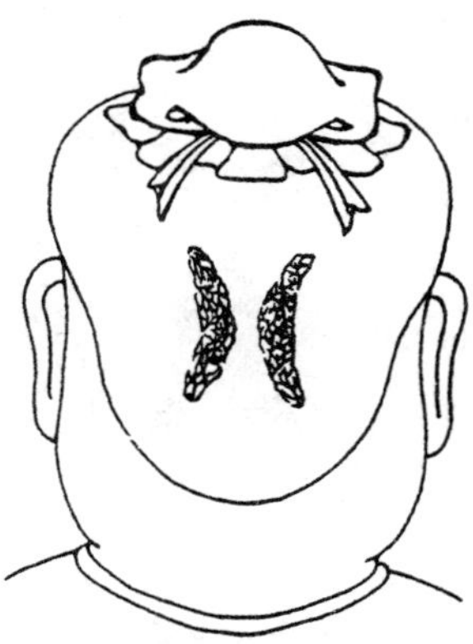
相背枕	背月枕
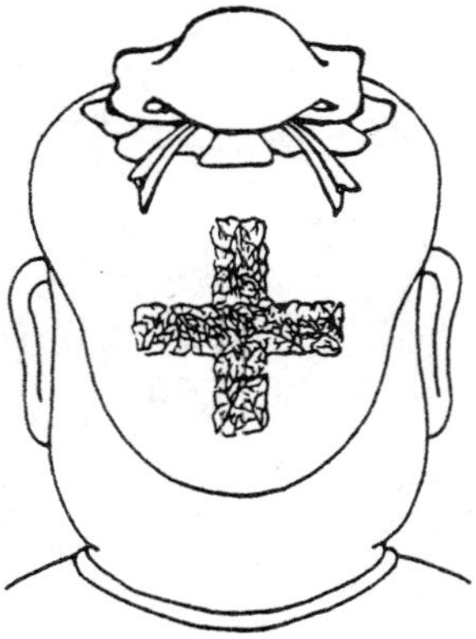	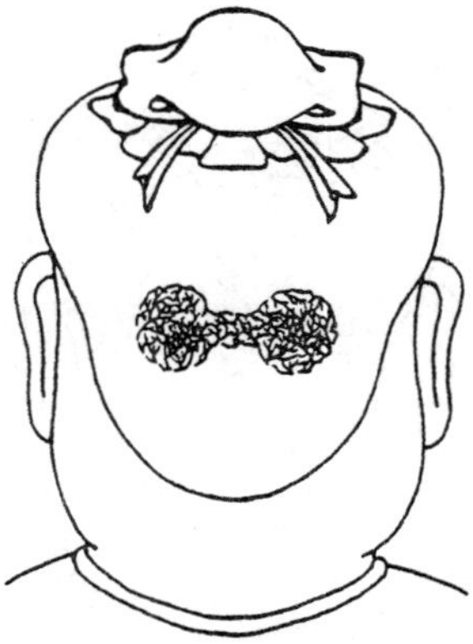
十字枕	腰鼓枕

后山三十四骨图(八)

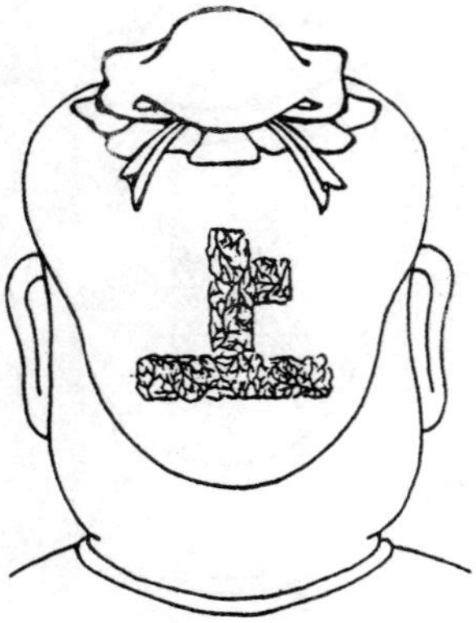

上字枕

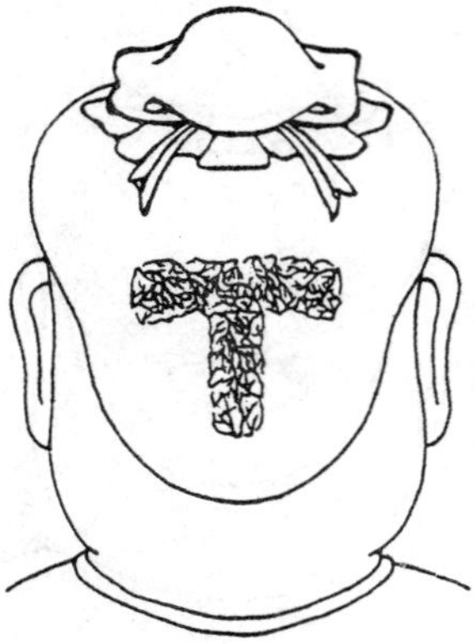

丁字枕

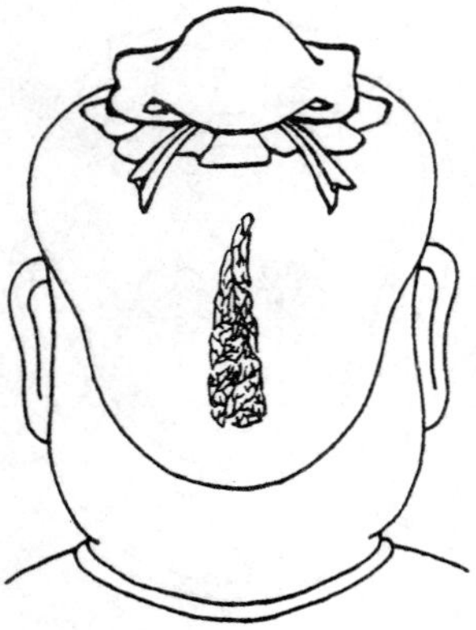

象牙枕

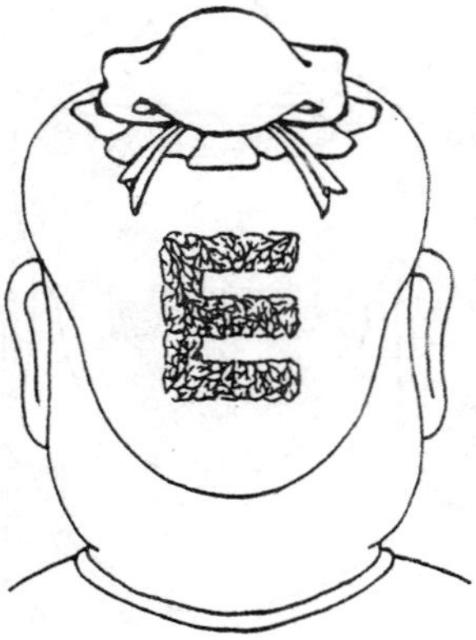

巨字枕

后山三十四骨图（九）	
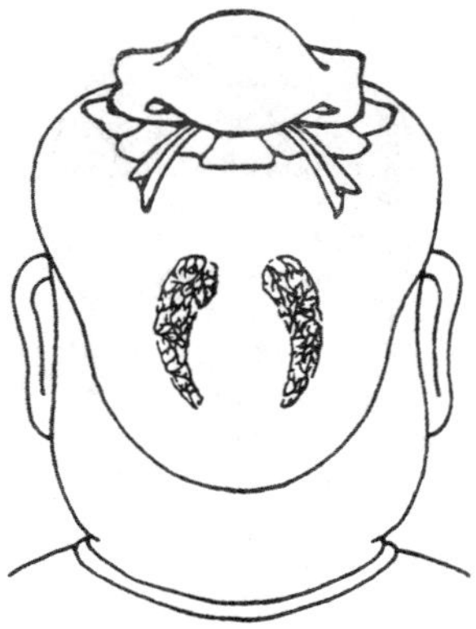	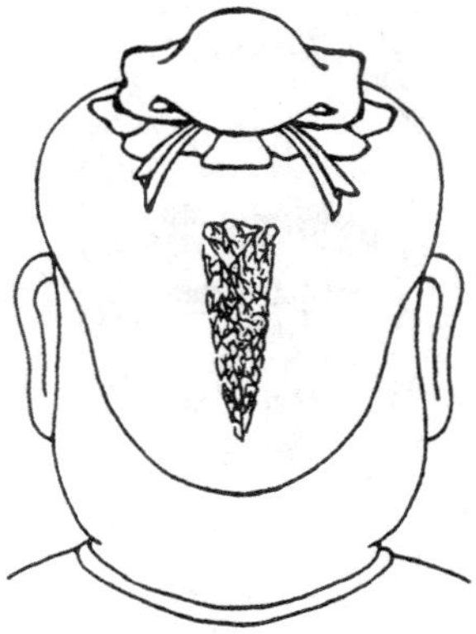
撇骨枕	悬针枕

附注：以上后山三十四骨图式，系按照标准贵骨绘成，如比标准贵骨低为短为小者，则休咎减分论。

观相感言

证严法师谈摸头

报载有人问台湾证严法师："一般人请法师、喇嘛摸头灌顶，是否真有治病和改运的效果?"证严法师回答说："假如摸摸头就有这么好的效果，那我何必这样辛苦盖慈济医院，到全世界各地去做救灾济贫工作。"

萧湘居士　辑

十二起骨图(一)

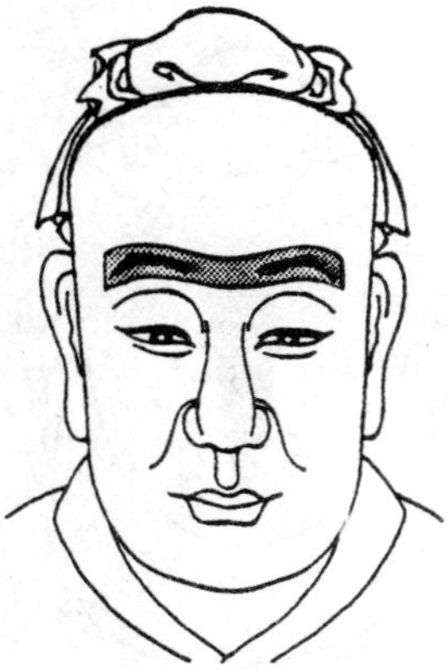

眉随骨起

天庭骨隆起

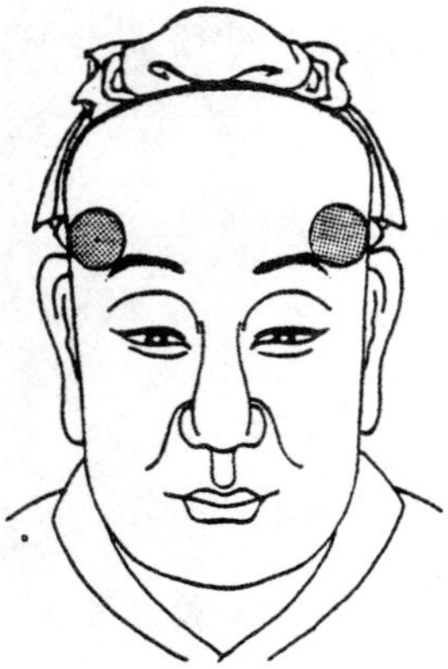

太阳穴线起

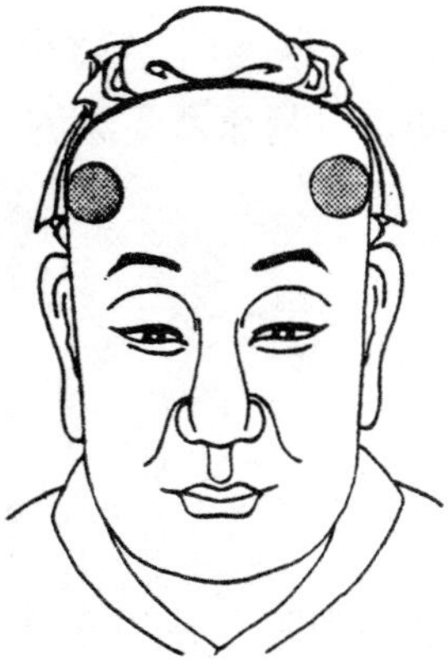

佐串骨角起

十二起骨图(二)

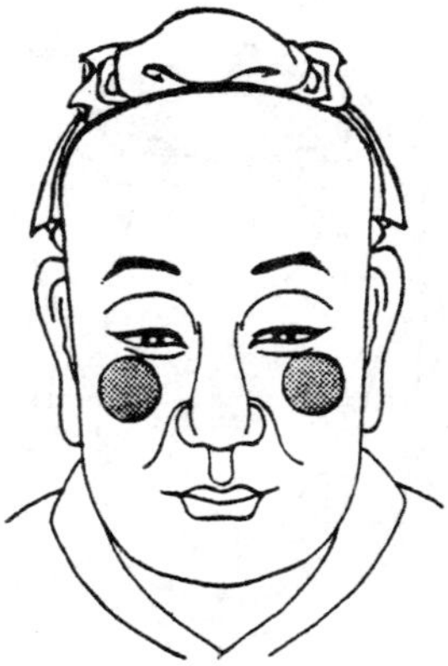	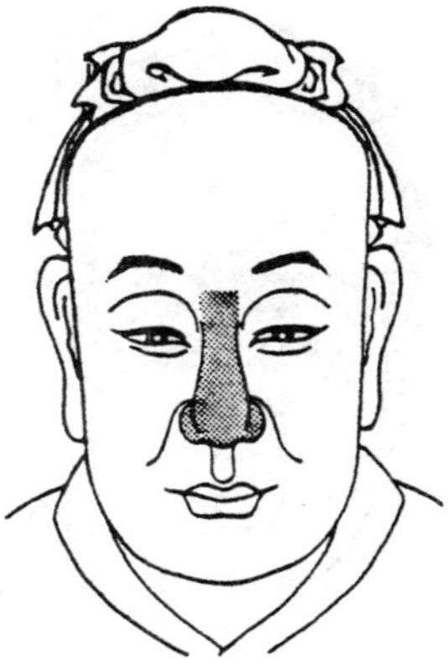
颧骨丰起	**鼻骨芽起**
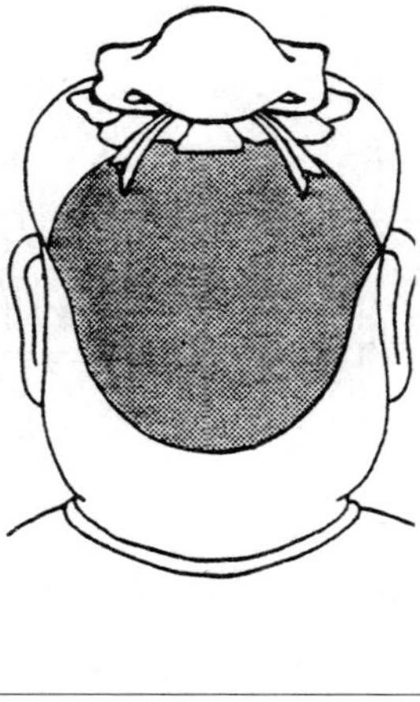	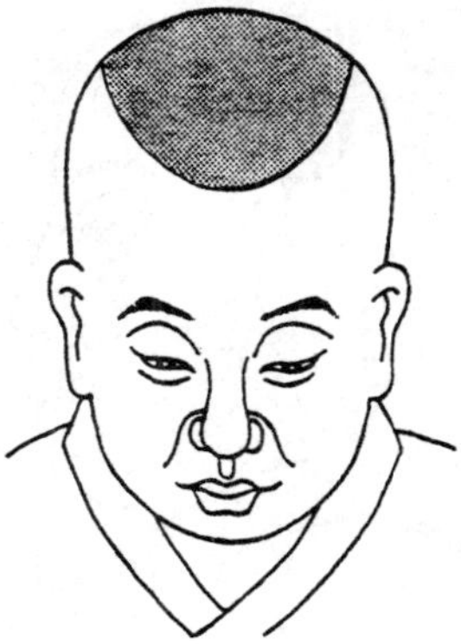
枕骨强起	**顶骨平伏起**

十二起骨图(三)

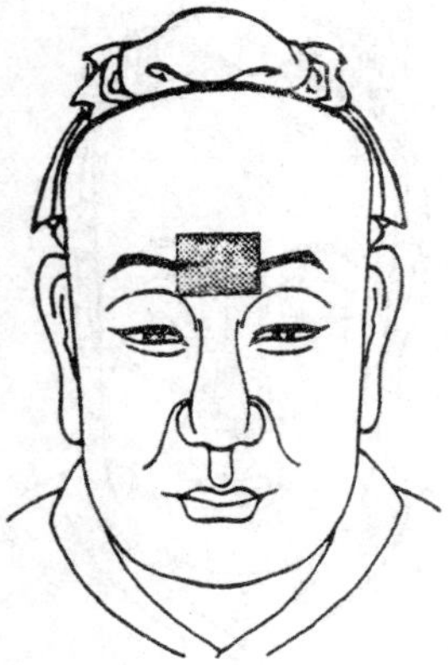

印堂骨开阔起

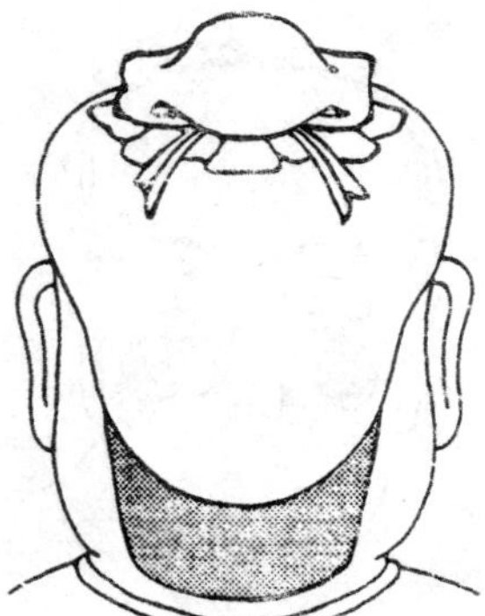

项骨平阔起

侧脑骨丰隆起

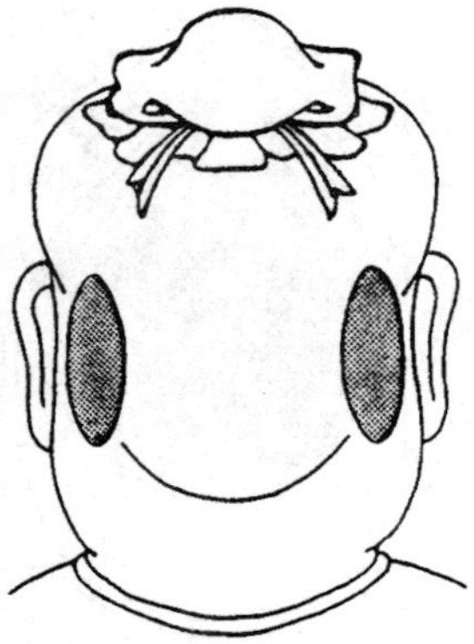

耳根骨圆起

<table>
<tr><th colspan="6">十二起骨成就分析表</th></tr>
<tr><th>成就</th><th>等第</th><th>骨起状况</th><th>假定电能位阶</th><th>健康智慧个性</th><th>富贵标准</th></tr>
<tr><td rowspan="3">大富或大贵</td><td>大</td><td>十二骨均有起</td><td>1500 瓦</td><td rowspan="3">三者平衡，鲜有瑕疵。</td><td rowspan="3">富：台币一佰亿以上再分大中小
贵：特任级官吏以职位分大中小</td></tr>
<tr><td>中</td><td>十一骨有起内含天庭骨眉棱骨太阳穴颧骨枕骨</td><td>1400 瓦</td></tr>
<tr><td>小</td><td>十骨有起内含天庭骨眉棱骨太阳穴颧骨枕骨</td><td>1300 瓦</td></tr>
<tr><td rowspan="3">中富或中贵</td><td>大</td><td>九骨有起内含天庭骨眉棱骨太阳穴颧骨枕骨</td><td>1200 瓦</td><td rowspan="3">三者稍欠平衡，有些微瑕疵。</td><td rowspan="3">富：台币一佰亿以下再分大中小
贵：简任级官吏以职位分大中小</td></tr>
<tr><td>中</td><td>八骨有起内含天庭骨眉棱骨太阳穴颧骨枕骨</td><td>1100 瓦</td></tr>
<tr><td>小</td><td>七骨有起内含天庭骨棱骨太阳穴颧骨枕骨</td><td>1000 瓦</td></tr>
<tr><td rowspan="3">小富或小贵</td><td>大</td><td>六骨有起内含天庭骨眉棱骨太阳穴颧骨枕骨</td><td>900 瓦</td><td rowspan="3">三者有欠平衡，略有瑕疵。</td><td rowspan="3">富：台币十亿以下再分大中小
贵：荐任级官吏以职位分大中小</td></tr>
<tr><td>中</td><td>五骨有起内含天庭骨眉棱骨太阳穴颧骨枕骨</td><td>800 瓦</td></tr>
<tr><td>小</td><td>四骨有起即天庭骨眉棱骨太阳穴颧骨</td><td>700 瓦</td></tr>
<tr><td rowspan="3">平常之人</td><td>大</td><td>三骨有起即天庭骨眉棱骨太阳穴</td><td>600 瓦</td><td rowspan="3">三者颇不平衡，有相当瑕疵。</td><td rowspan="3">富：台币五千万上下再分大中小
贵：委任级官吏或一般受薪人员一般小生意人</td></tr>
<tr><td>中</td><td>二骨有起即天庭骨太阳穴</td><td>500 瓦</td></tr>
<tr><td>小</td><td>一骨有起即太阳穴</td><td>400 瓦</td></tr>
<tr><td rowspan="3">贫贱之人</td><td>大</td><td>无一骨有起十二骨中并有三分之一不陷即露</td><td>300 瓦</td><td rowspan="3">三者很不平衡，有严重瑕疵。</td><td rowspan="3">贫贱之人，终身无富贵可言，以一生灾难刑克之多少分大中小。</td></tr>
<tr><td>中</td><td>无一骨有起十二骨中并有三分之二不陷即露</td><td>200 瓦</td></tr>
<tr><td>小</td><td>无一骨有起十二骨中全部不陷即露</td><td>100 瓦</td></tr>
<tr><td>附注</td><td colspan="5">一、表列之富贵标准，以 1991 年之台湾官制及社会财富分配状况和币值为准。
二、表列之富贵标准，以盖棺论断为准，如系先富后贫或先贵后贱另有标准论断，各类富贵相格标准，请参阅《萧湘相法(二)》附录篇。
三、有起骨而神不足者，乃贵中贱格，不宜追求富贵，只宜追求异路财荣，并能享高寿。
四、有起骨亦有骨陷骨露之相者，主其人一生事业成败迭见。
五、民意代表及社团负责人及科技学术人员，可比照贵格或富格或异路财荣格论断。
六、如十二起骨与七十二奇骨竞合并存时，以奇骨优先论断。</td></tr>
</table>

第二章　各种杂论相理分析

三停相法之意义

停者，“阶段”也，“部位”也，三停相法在时间言，即将吾人之面相区分为三个阶段评鉴其一生之穷通得失，妻财子禄，吉凶祸福，寿夭灾疾等相理休咎。在空间言，即将吾人之面相区分为三个横断面来评鉴其健康智慧个性的观相方法。此种观相方法，只能观看到一个人三个时期的大概休咎而已，如要观看一个人的详细休咎则嫌不足，但颇适合初学相理者作印证之用。

上停相理分析

部位特性——上停乃系将面相分为三个横断面来判断一个人之人生际遇顺逆的第一个横断面，上自头发边沿，下至两眉中间之印堂，包括额头之全部，在三才言又称“天位”。此部位为吾人先天智力遗传是否优良，脑组织“前头叶”之功能是否发达，脑部健康是否良好之观察点。亦为吾人智慧、艺术、宗教、道德、感情之表现点，又为吾人１５～３０岁之青少年时期人生际遇是否顺畅及是否能受到长上亲友提携之着力点。

好的相理标准及休咎——不论额头有无奇骨，额部必须丰隆宽广（有如覆肝）、没有伤疤、痣斑、凹陷，皱纹少而整齐，发际整齐不冲印堂，日月角不偏高不偏低，整个额之色泽光润，两耳金木不克而又三星拱照者，为好的相理标准。主其人青少年时期诸事顺利，头脑聪明，健康幸福，父母健在，可享亲情祖荫，出身必早，同时具有明朗的个性，开阔的胸襟，富推理创造能力，有分辨是非善恶之判断力，因此，青少年时期人生际遇收获多成就大。如再将额头分上中下三个等分来看，额之上部相理无瑕疵者，象征其人脑功能及神经运作功能均佳，具有天生的求知欲望和思索理解能力，求学过程必很顺利。额之中部相理无瑕疵者，主其人具有天生强大的记忆力，象征其人知识丰富，因此常有贵人赏识提拔。额之下部相理无瑕疵者，象征其人具有天生的直觉力和实行力，因此在30岁前事业上获得成就。（注：三停以均等为吉相，上停略长不忌。）

坏的相理标准及休咎——额部高低倾侧，上下左右狭窄，或有凹陷、伤疤、痣斑，发际不整齐又低削冲印，印堂有恶纹恶痣，额纹多又杂乱，日月角偏高偏低，或发际遮盖日月角，整个额部毫无光润色泽（注：女性额头忌太过高广光亮），金木两星（即两耳）不照火星（即额头）者，为坏的相理标准。主其人先天之遗传及后天之培育均不佳，智力及实行力均不足，因此，个性表现不优良，人生观欠正确。家境欠富裕，双亲欠和睦，求学过程不顺利，青少年时期之人生际遇逆多顺少难有收获，甚至孤苦奔波多灾多难，身心两受折磨，如耳相再不好者并刑克父母，不享亲情祖荫。凡上停相理欠佳者，必须学习忍耐，屈就保守，不可莽撞好强，不可怨天尤人，不可贪多急进，以便等待中停好运之到来，否则必偾事后悔，遑论收获。

中停相理分析

部位特性——中停上自两眉之间的印堂下端开始，下至鼻端的鼻中隔为止，包括眉、目、鼻、颧等部位，在三才言，又称“人位”。此部位为吾人脑组织“颅顶叶”是否发达，脊椎骨之结构是否良好，及循环系统、呼吸系统、代谢系统、消化系统、上肢系统先天是否发育良好，后天是否运转正常之观察点。亦为人社会适应力，家庭凝聚力，自力更生力，以及对事业之企图心和实行力，对金钱之追求力和掌握力之表现点。另外吾人之健康、气力、精力及意志力、决断力之良窳也在此部位表现无遗。吾人31~50岁之人生际遇是否顺逆，包括婚姻、金钱、社会地位等均奠基于此部位。

好的相理标准及休咎——眉弯长过目，昂扬秀润，两眉开展居额，不锁印堂不压眼睛，两眼黑白分明，秀长藏神，鼻丰隆不露孔，其势有如悬胆，两颧丰圆有势，有颧有面（面即禾仓），鼻颧相配，耳鼻颧贯气者为符合相理标准。主其人如上停相理亦合标准，则30岁过后，定然锦上添花，如上停相理不好，亦必在步入31岁后否极泰来，深得贵人朋友帮助，社会人际关系良好，家庭及婚姻生活美满，金钱物质生活充裕。

坏的相理标准及休咎——眉形恶劣无彩，或眉压眼锁印，眼形恶劣无神，鼻塌无势或独耸，双颧无势或露骨横张，耳鼻颧气势不贯者为坏的相理标准。主其人上停相理虽好，待步入中年运后，亦必慢慢步入逆境，如上停相理不佳，则必然运程坎坷拂逆，纵然偶有所得终必破败，家庭及婚姻生活亦欠美满，社会关系不佳，常有小人为害。凡中停相理欠佳之人，在31~50岁之间，最好是屈就固定收入之职业为佳，切忌贪多急进投资创业，否则，必见挫败。

下停相理分析

部位特性——下停上自鼻中隔开始，下至地阁为止，包括人中、法令、口、地阁、腮颐等部位，在三才言，又称“地位”。此部位为吾人脑组织“后头叶”是否发达，及生殖系统、泌尿系统、排泄系统、下肢系统功能是否优良，以及后天内部器官运转是否正常之观察点。亦为吾人生活文化水准，待人接物作风，饮食生殖能力，爱情物欲品位，晚年体能强弱之表现点。当然最重要的特性，还是在此部位观察50岁以后人生际遇之顺逆，寿年之长短，子女之成就等。

好的相理标准及休咎——人中深长上窄下宽，法令明朗圆而深正，眉出长毫，胡须有情（黑亮或白亮之谓），口形良好，开大合小，有棱有势，口角不下垂，色泽鲜艳，地阁宽厚有朝，腮颐丰隆饱满，耳珠又朝口者为符合相理标准。主其人大器晚成，50岁后好运来临，必能把握人生最后一段旅程，大有收获，同时妻贤子孝，在社会上必有地位。

坏的相理标准及休咎——下停特长或特短（三停以均等为吉相切忌下停特长特短），人中浅歪短细或有恶纹恶痣，上唇无须或胡须困口，法令短而不见或螣蛇锁口，口形恶劣小如一撮或口角下垂，地阁尖削凹陷或天地不朝，腮颐陷削枯瘦，耳色暗黑耳珠不朝口者为坏的相理标准。主其人虽然中少运良好，老年亦不免破败或疾病缠绵，妻子儿女少缘或有子不肖。如中少运劣，则老年更为孤苦凄凉，贫病交迫，寿年亦不高。凡老年运不好之人，唯有认识自己（即认识自己相理有缺点之谓），才能乐享天年。

三关四隘相理分析

部位特性——三关四隘乃喻人生旅途中有三道关卡四道险阻之谓也。易言之，三关四隘乃系吾人一生中心理生理之转换基点也。例如第一关（15岁），为接受父母保护之幼少年心理生理时期，转换为自我鞭策学习的青年心理生理时期。第二关（25岁），则转换为如何面对社会各种人事物的成熟青年心理生理时期。第三关（35岁），再转换为如何调整人生旅途脚步，适应自青年步入中年的心理生理时期。四隘中的第一隘（41岁），则紧接着第三关转换为如何面对不论成败仍要在人生旅途上再出发的成熟中年心理生理时期。第二隘（51岁），则转换为如何面对进入老年时期，人生旅途的再出发再冲刺的心理生理时期。第三隘（61岁），则转换为一生事业之整理守成或接受失败事实的心理生理时期。第四隘（71岁），则转换为面对晚年之健康疾病和寿命长短的心理生理时期。以上不论三关或四隘，在纯人生际遇而言，关系重大，不吉则凶，相当应验。但三关的休咎以心理因素（例如个性智慧）为主，生理因素（例如健康灾疾）为辅，而四隘的休咎因素则相反，以生理因素为主心理因素为辅。

相理好坏标准及休咎——第一关行年15岁，位在火星，第二关行年25岁，位在中正，第三关行年35岁，位在太阳（左眼头）。第一隘行年41岁，位在山根，第二隘行年51岁，位在人中，第三隘行年61岁，位在承浆，第四隘行年71岁，位在地阁。以上共计七位，如各位无任何相理瑕疵，主心理生理转换过程顺利，当年行运必主有吉。反之，任何一位相理有低陷、伤疵、露骨、偏削、恶纹、恶痣者，主当年心理生理转换过程不顺，必主不吉。又三关之吉凶，除与自身之人生际遇有关外，并与父母六亲之否泰有关，而四隘之吉凶，则以自身之金钱运及健康寿命最有关系，而与六亲之否泰关系较少。

四渎相理分析

部位特性——渎者，河流也，沟渠也。先贤观相，系从各种角度来评鉴，以各种宇宙星体名称和地理山河名称来比喻，四渎即为比喻之词，其意为眼窍、耳窍、鼻窍、口窍，要像黄河（喻眼），长江（喻耳），济水（喻鼻），淮河（喻口）一样的长而宽，远而畅流，然后经过“人中”这个四水的总汇（即沟通四水的运河）流入大海（即口），以象征其人一生福寿富足以终老。也可以说四渎是观看五脏六腑之内分泌系统是否优良，而五官则是观看五脏六腑本身构造是否优良。

相理好坏标准及休咎——眼窍深者主寿，长者主贵，光者主聪明，浅露者主短寿，昏浊者主蹇滞。耳窍要阔而深，有重城之副，主幼少年聪明，家境佳，反之主愚，家业有破。鼻窍要光圆，不破不露，主一生富裕，反之一生难聚钱财。口窍要方而阔，上下唇有覆有载，主有晚福，反之无晚福亦无寿。但四渎相理虽符合标准，如人中相理欠佳者，仍主老年事业破败或健康不佳。

五岳相理分析

部位特性——五岳亦为先贤观相之引喻词，意即喻鼻为中岳，喻额为南岳，喻地阁为北岳，喻右颧为东岳，喻左颧为西岳。其意义为鼻、额、颏、双颧要像中岳嵩山、南岳衡山、北岳恒山、东岳泰山、西岳华山（*以上均男左女右*）一样的高耸矗立，形成“面有重城”之势，亦象征其人主要骨骼结构发育良好均衡。反之如五岳不起，则象征其人整体骨骼结构发育欠佳，当然影响其人一生的健康与收获。（*注：有相书谓左颧为东岳右颧为西岳乃谬误之说*）

相理好坏标准及休咎——先贤云“五岳最怕无主”，亦即中岳最为重要，因中岳丰隆高耸，象征其人脊椎骨骼系统特别强健。但其他各岳也要相朝拱，否则中岳独高者为“孤峰独耸”亦非吉相，主一生难有成就并有孤独之相。如其他各岳高而露骨也非善相，主其人骨重肉少，一生必劳碌少成。如五岳均低陷不起，主其人骨轻肉多，一生事业少成并促寿。如有一岳不起者，则主二十年蹇滞，即使五官相好，也不发运或收获减半。又五岳像山，四渎像水，山明水秀者才为相之大格局，如仅有山高但四水不秀者，为“清中浊”之格局，主其人一生事业终败，一生际遇失意多过得意，如眼浊者，其人必为贩夫走卒。五岳朝起，四渎明秀，非贵即富。

五星相理分析

部位特性——五星亦为先贤观相之引喻词，意即喻左耳为金星，右耳为木星，额头为火星，鼻为土星，口部为水星，其意义为各星在面部中央上下左右各个方位的排列角度，彼此间是否起相互拱照的作用，或是有互相排挤压制的现象。如以人体内部结构来说，五星乃象征其人内部的五行器官着床位置是否良好？如内部五行器官着床位置良好者，则面相上的五星就如同天空中的金、木、火、土、水五星一样的排列位置适当，并运转正常，相互拱照而大放光明。如内部五行器官著床位置不良，则面相的五星不但暗淡无光，相互间亦会有排挤压制的现象，主其人一生的际遇也就得少失多了。

相理好坏标准及休咎——五星中有一星不明（不合标准之谓）者，人生际遇（即一般人俗称之命运）即有二十年蹇滞拂逆，其中又以火土二星最为重要，如火星不明（即额相不好），不但30岁前之人生际遇欠佳，甚至中年际遇也不好，因五行之火不能生土也。土星若不明（即鼻相不好），则不但中年际遇欠佳，晚运亦难言转佳，因五行土克水也。如水星不明（即口相不好），则老年际遇堪怜。如金木二星不明（即左右两耳相不好），则幼年运程坎坷，尤以金星克木星（即左耳相坏过右耳相），情况更为严重。如金木火土水五星在面部排列角度适当，相互拱照有势，五星相理无缺陷者，则一生之际遇即使没有大富大贵，也能一生过着幸福美满富裕快乐的生活。因火星明亮，主火能生土又不克金。土星明亮，主土不克水又能生金。水星明亮，主水不克火又能生木。金星明亮，主金不克木又能生水。木星明亮，主木不克土又能生火。尤以金木火三星均明亮为“三星照”主早岁发达。

六府相理分析

部位特性——先贤以五岳引喻人体主要骨骼先天结构之良窳，那么六府则系引喻人体次要骨骼先天结构之良窳。上二府自辅角至天仓，包括日月角等部位，中二府自命门至附耳包括颧骨等部位，下二府自腮骨至地阁包括地库等部位。五岳系观察其人本身在人生旅途上之奋斗条件，六府则系观察其人在人生旅途上之外力辅助条件，二者相理均佳者，主其人在人生旅途上必事半功倍，收获良多，否则，事倍功半劳多获少。

相理好坏标准及休咎——六府各部位欲充实，与五岳成相辅相成之势，如上二府相理符合标准者，主其人在青少年时期可得父祖荫被，出外则得贵人提携。中二府相理符合标准者，主其人中年时期社会人际关系良好，家庭帮助亦多，中年事业有成。下二府相理合符标准者，主其人老年时期老运弥坚，深受下属及晚辈之敬重，人伦大统赋云“一府就十载富丰”即此之谓也。反之，六府与五岳间支离不辅，或六府本位凹陷露骨斑痕痣纹者，则谓之六府不成，主其人一生事业虽奋发努力但少收获，如五岳再有缺陷则更加运逆寿促。惟相不独论，五岳六府相理虽佳，如三停、四渎、五星、六曜相理有缺陷者仍主不吉，其中以六曜之相理尤为重要，读者不可不知。

六曜相理分析

部位特性——六曜者，六星也，亦为先贤观相之引喻词，意即喻印堂为紫气星，山根为月孛星，左眉为罗喉星，右眉为计都星，左眼为太阳星，右眼为太阴星，如六曜齐明者，乃象征其人体内“上焦系统”之内脏器官，先天发育优良，同时又着床位置良好，有相互照应之利，而无互相压制之弊，象征其人一生健康而无凶险，智慧优良而不闭塞，个性明朗而不急躁，主其人之青中年际遇有如六曜一样的大放光明。

相理好坏标准及休咎——六曜以紫气星（印堂），月孛星（山根）为主星，位居中央为六星之首。因为印堂乃系吾人思维系统（脑组织）之总开关，山根则为吾人运作系统（五脏六腑）之总开关，为面相之主体，乃吾人面相最关紧要之处，是以印堂山根本身相理不但不可有缺陷，同时要天人有接（即山根不低陷），其他各星更不可来侵犯。例如两眉（即罗喉计都二星）不可眉锁印堂，或眉冲山根。又如两眼不可日月争辉（即两眼靠近形成山根窄狭)，眉与眼不可龙虎相斗（即眉压眼或眉细眼大或眼小眉粗)，否则，即谓之诸星相侵，六曜不明，尤以眉锁印堂为凶星侵命宫主大为不吉，一生之妻财子禄均受影响，其他各星相侵亦无不影响一个人的健康智慧和个性，进而影响其25~45岁之人生际遇自然不在话下，又五星与六曜亦有相互关系，前者为边陲之星，后者为中央之星，最宜相互照应。但在人生际遇之作用而言，前者不及后者之作用大，因印堂（紫气星）为命宫，为一生福禄寿之中心点，又相书云“贵人有好眼不一定有好耳”，由此说明五星六曜最好是全都明亮，如有取舍，则宁可取后者而舍前者。

四学堂与八学堂相理分析

部位特性——四学堂与八学堂，亦为先贤观相之引喻词，以观看吾人之聪明才智为主，一生收获为辅的观相方法。惟四学堂又为观看官运及为官之道之相理所在，八学堂又为观看一生的福禄寿与心性品德之相理所在。兹分述如下：

四学堂相理好坏标准及休咎——眼睛为官学堂，又为官星，如黑白分明，秀长有神，主其人文章学问出众，来日官运亨通并为官清正。前额为禄学堂，又为天爵之位，如额头丰隆，中正饱满，主其人考运好，官运早，青少年有成。耳朵为外学堂，又为金马玉堂之位，如轮廓分明，厚圆贴脑，色白过面，主其人为官声誉好，名声远播。门牙为内学堂，如当门二齿长大整齐，其余各齿周正而密，莹洁如玉，主其人学问好，口才也好，为官重视教化，为人则忠信仁厚。以上眼睛、前额、耳朵、牙齿四部位，如相理不合好的标准，则谓之学堂不成，主其人聪明才智均非上品，一生考运官运均欠佳，难在官途求得大发展，尤以官学堂不成为甚。

八学堂相理好坏标准及休咎——头为高明学堂，头圆并有奇骨者主有福。额为高广学堂，天庭高广有角者主有富。印堂为光大学堂，印堂开阔平满如镜者主有官。眼睛为明秀学堂，眼睛黑白分明神强而藏者主有贵。耳朵为聪明学堂，耳朵轮廓分明色白珠红者主有名。口唇为忠信学堂，上下唇覆载均匀，唇红齿白者主有禄。舌头为广德学堂，舌长而厚色红有蕾者主有德。眉毛为班笋学堂，眉弯长过目，昂扬有势者主有寿。以上八位如有一位瑕疵破绽者，主其人之聪明才智即有一分不逮，并损其该学堂之福份。如八学堂俱成者，不但其人聪明才智为上品，同时心性品德俱佳，一生中必享五福之庆。（即寿、富、康宁、攸好德、考终命五福。）

八卦九州相理分析

部位特性——八卦九州亦为先贤观相时之引喻词。八卦原系方位名词，九州则为地理名词，亦即观看吾人先天之吉利方位以八卦为观察点（后天方位则以气色为准请参阅拙著《萧湘识人相法全集(三)气色大全》)，而观看出外贵人之所在方位则以九州为观察点（实际上二者作用相同只以九州多出鼻部一位而已）。又八卦九州亦为观察父祖遗传优劣及祖荫祖德厚薄之所在点。

八卦九州相理好坏标准及休咎——八卦九州各部位丰隆饱满，主其人父祖遗传优良，祖德祖荫深厚，一生不论在家乡发展，或出外（含外国）发展，亦不论为官或业商，均有贵人提携并顺利有成，尤以为官者迁调之吉利方位及时机，更以八卦九州当时呈现之气色为准，如气色未开，则迁调之时机未到，吉利之方位亦未出现。八卦九州各部位尖削、凸露、凹陷、伤痕、恶纹、恶痣者，主其人先天遗传不良，祖德祖荫不厚，一生不论在家乡发展或出外发展，均难有贵人提携（含长上部属及配偶朋友)，并鲜少有为官和创业机会，多属从事技艺劳作之人，一生事业劳多少获，同时常有凶险伴随，如无凶险则主疾病促寿。

面相三停六府图

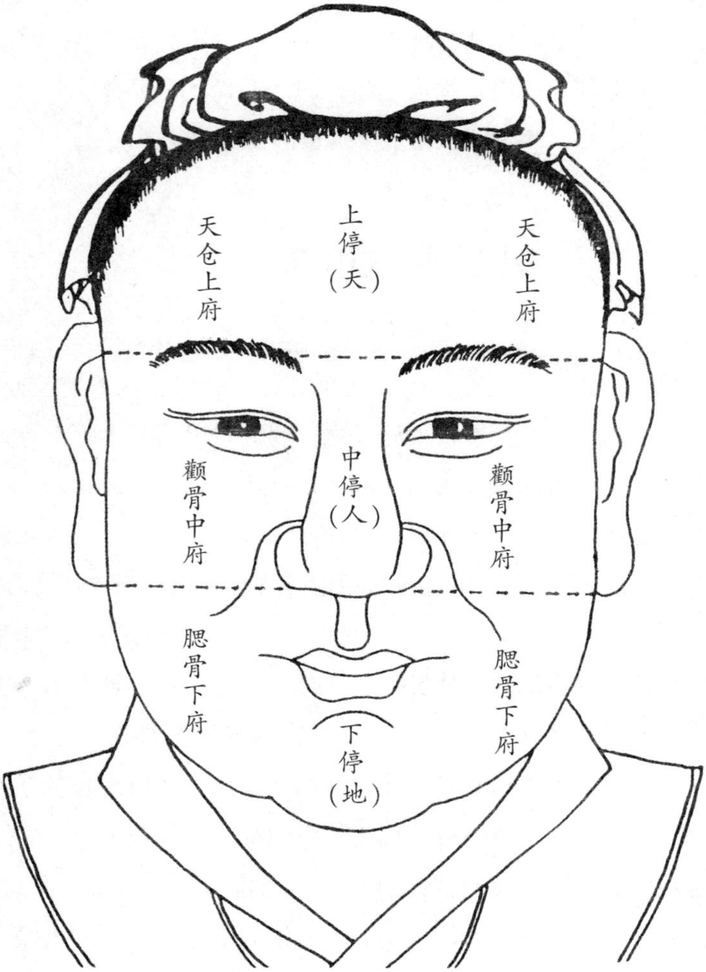

面相五岳四渎图

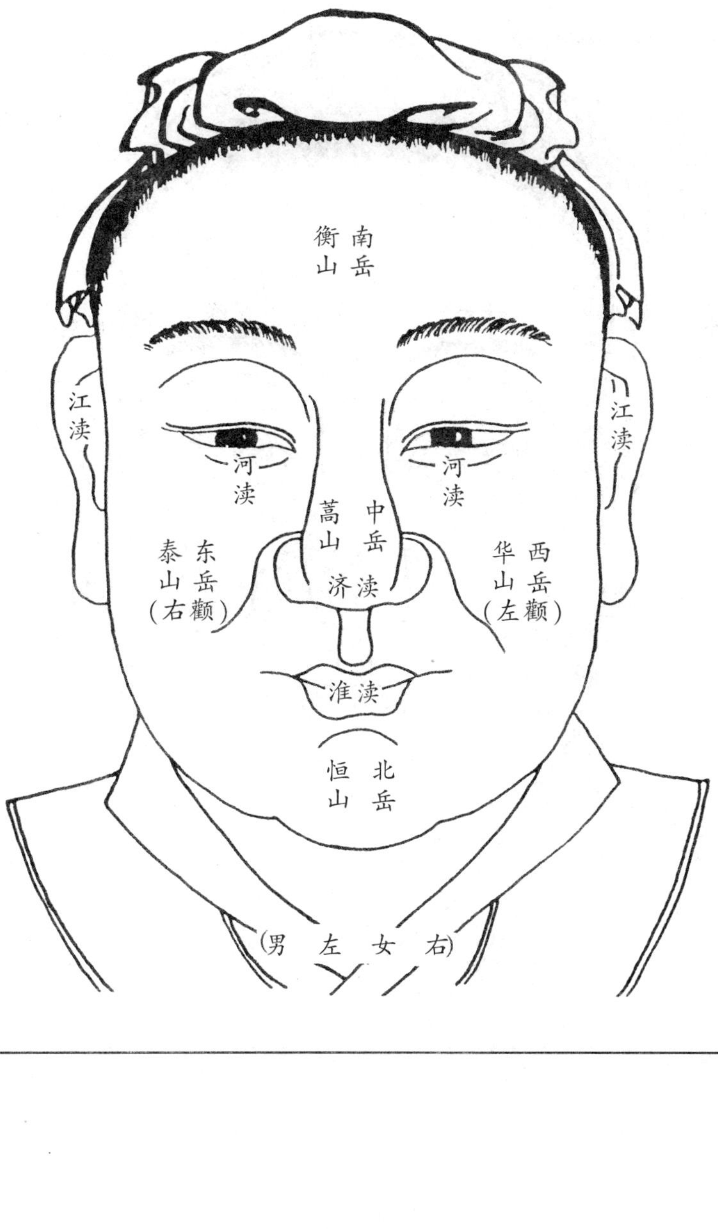

面相五星六曜图

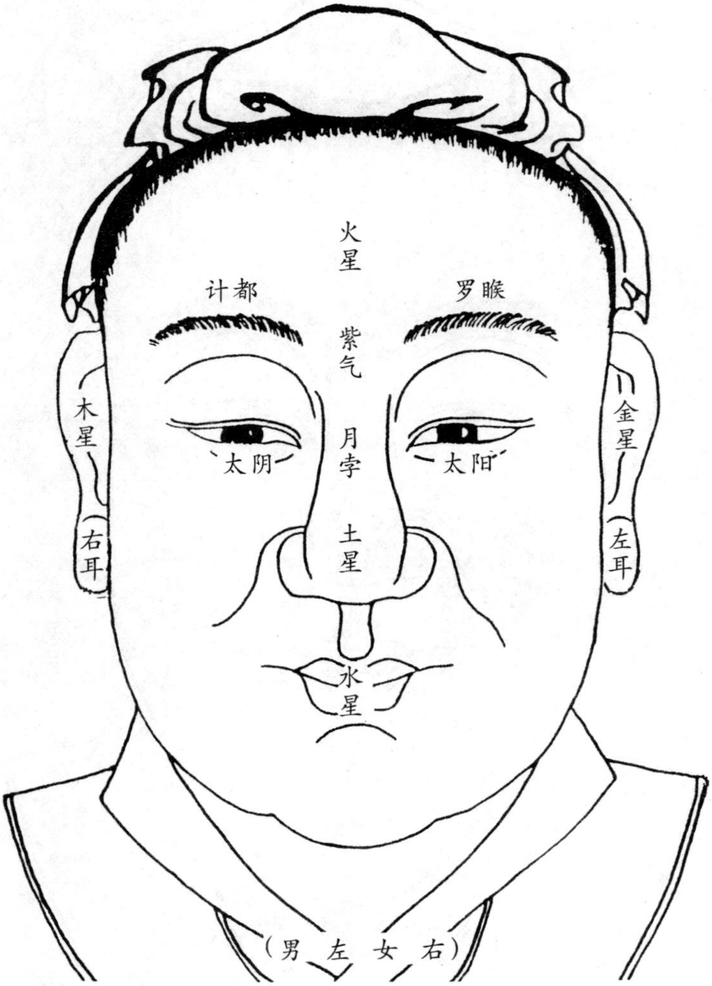

面相四学堂八学堂图

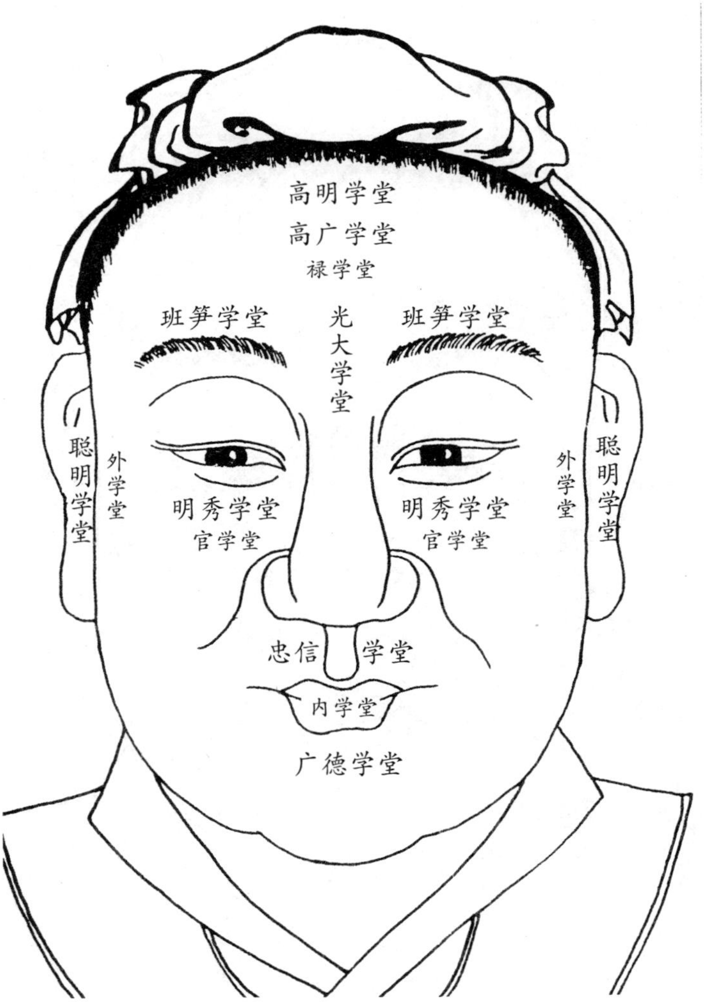
高明学堂
高广学堂
禄学堂
班笋学堂
光大学堂
班笋学堂
聪明学堂
外学堂
明秀学堂
官学堂
明秀学堂
官学堂
外学堂
聪明学堂
忠信学堂
内学堂
广德学堂

面相八卦九州图

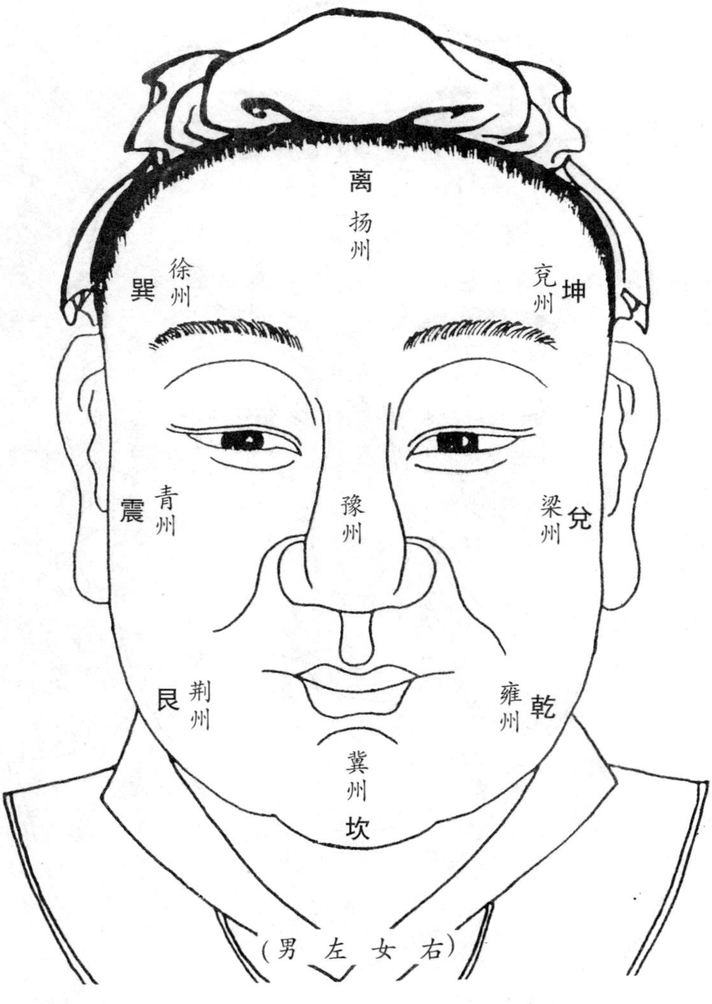

面相五官图

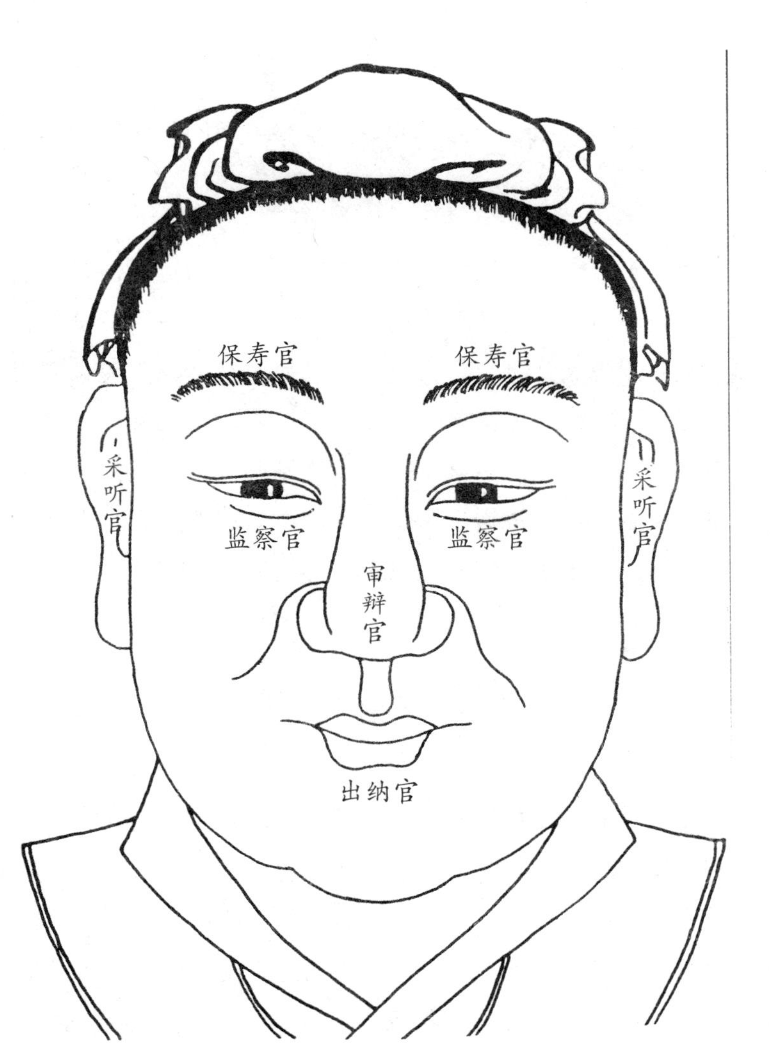

第三章　十二宫、十三部位

十二宫相法之意义

十二宫者，十二部位之谓也，或十二种休咎之谓也。前章所述之各种杂论相法，均以自身之际遇休咎为论点，而十二宫相法则除论述自身之际遇休咎外，进一层论及父母兄弟夫妻子女部属及社会人际关系和周边环境之休咎。也可以说十二宫相法是从十二种角度或以十二种因素来分析探讨人一生际遇的顺逆和收获的多寡。但其立论基础，仍是根据“有诸内必形诸外”为原则，意即完全根据中医学、生理学、遗传学为出发点，与命理学之十二宫以星象学玄学为理论基础完全不同，兹分别论述如下：

命宫相理分析

部位特性——命宫（即印堂）者，顾名思义乃观看人一生际遇（即命运）之顺逆，收获之多寡，以及愿望之能否达成之相理所在。人生际遇与收获大抵可分为“少劳多获”“多劳少获”“有劳有获”三个等级。吾人同为父母所生，国家社会所养，为何会有如此不同的际遇与收获等级？只要观看命宫相理的良窳即可获得答案。因命宫为吾人思维系统（脑组织）之总开关，为观察吾人智慧个性及精神意识之窗户，凡吾人之喜、怒、哀、惧、爱、恶、欲等七情，及眼、耳、鼻、舌、身、意等六欲，均先在印堂凝聚或扩散，同时亦为吾人吸收知识，及接收外界各种人事物讯息的门窍。

凡命宫相理佳者，在处理七情六欲时能恰如其份，在收集知识时能少学多成，在接收讯息时能举一反三，故一生际遇顺多逆少，并少劳多获。反之，命宫相理不佳者，则处理七情六欲时往往过或不及，在吸收知识时则多学少成，在接收讯息时则反应迟钝，导致一生际遇逆多顺少并多劳少获，先贤将命宫列为十二宫之首，其重要性可想而知。

相理好坏标准及休咎——命宫宽阔平满，无恶纹恶痣为符合相理标准，主其人父祖遗传优良，脑组织及呼吸系统先天发育良好，功能正常，主其人一生鲜有灾难，身体健康而又精神生活平衡，智慧高气量亦大，意志力及体力均坚强，事业上不论为官业商均有收获，六亲关系和社会人际关系亦必良好。如命宫气色再明润如镜，则主其人目前正处顺境，同时身心两健。反之，如命宫低陷、狭窄（两眉之间距离少于自己二指之宽度），或有恶纹恶痣，则不符合相理标准，主其人先天遗传不良，健康智慧个性均欠优良，尤其在个性上易致忧郁、愁思、紧张、敏感、性急、偏执、暴躁、倔强、易怒、怨恨、或神经质等现象不一而足，因而影响其人的健康和寿命及一生事业的收获和婚姻的美满（注：痣大纹深两眉交接者情况愈加严重）。有悬针纹的人更易遭凶险，一生事业多成多败。如印堂旁生有牢狱痣，并主一生必坐牢一次。如命宫气色暗滞者，则目前无论为官业商或就业，均难遂意，应忍耐保守并注意保健。如黑气来袭，则要注意外出车马安全及意外灾厄，赤气来袭，则要注意口舌是非，严重时会有官非牢狱之灾。（注：相不独论，当论及命宫之相理休咎时，尚须参照其他部位之相理休咎综合论断，以下其他各宫均准此以观。）

财帛宫相理分析

部位特性——鼻之准头为财帛宫，此为一般相书之通说，但天仓地库亦与财帛有关，前者为父祖之遗产，后者为子女之孝敬供养及部属之帮助成全，故很多相书亦将天仓地库列入财帛宫范围，但是真正影响吾人一生财帛多寡者乃是眼睛。因为眼睛为“财之缘”，一个人如果无财缘（即眼相不好)，仅仅是理财有方并节俭省用，最多可致小富而已，如果是财缘广大而又深远（即眼好)，再加上理财有方，虽不节俭省用也可致大富。为什么先贤均将准头订为财帛宫呢？其中的道理何在？一般的说法是，鼻为土星，有土斯有财，鼻子丰满，表示土地肥沃，因而必定生出大财。惟笔者根据中医学生理学的道理，发现鼻之准头及左右鼻翼与消化系统及生殖系统(见本书后页内外五行联属图）均有联属关系，如消化系统生殖系统先天发育无缺陷，后天无功能上的障碍，主其人身体机能“土系统不压制水系统，而水系统又能滋润土系统”，进而影响其人之个性必稳定有恒，不急躁，有计划，因此再影响其人的理财观念与守财方法为良性循环。反之，消化系统生殖系统如有先天性之结构瑕疵或后天性之功能障碍，均会影响其人之个性变为“即兴”，不但行为言语即兴，尤其在工作上、事业上、及金钱投资使用上即兴，而即兴乃为理财之最大致命伤，因而导致理财观念与守财方法为恶性循环。所以一个人之准头与鼻翼如果相理不好必不能“聚财”，先贤将鼻准鼻翼定为财帛宫之道理即在此也。

相理好坏标准及休咎——鼻如截筒悬胆，耸直丰隆，中正不偏，准头圆满不坠，鼻孔不仰有收，谏台廷尉及两颧相辅相应有势，是谓财帛宫相理符合标准，先贤谓之“财星得地”，主其人善于理财，更善于守财，财产越聚越多，如眼睛相理再好，必臻大富之境界。反之，鼻偏平、短小、瘦削、露骨、起节或孤峰独耸，两鼻翼狭小，鼻孔仰露（木形人或五露格不忌)，或鼻梁鼻准鼻翼各位有痣斑伤疵，再加两颧低平不辅无势，主其人一生运程不如意的时候多，收获成功的时候少，即使偶有所得，也因缺乏理财观念和守财妙方，到最后仍是财来财去。又财帛宫的气色最为重要，如财帛宫气色不好，即使财帛宫相理好仍主不聚财甚或损财。（有关十二宫气色请参阅拙著《萧湘识人相法全集（三）·气色大全篇》。)

兄弟宫相理分析

部位特性——两眉为兄弟宫，除观看兄弟多寡和兄弟感情外，同时亦为观看家族亲戚及交友状况和社会人际关系之相理所在，故亦可称为“交友宫”。眉毛的后半部，先贤又称为“妻子财帛之宫”，眉尾有聚，象征妻子财帛之缘份多，眉尾散乱象征妻子财帛缘份少。为何先贤要把双眉订为兄弟宫呢，原因是双眉为观看父系遗传之最佳处所，相书云“藏精于骨，现精于眉”，如父系精髓强壮，则眉随骨起，眉长过目，因此兄弟姊妹必多。又眉头与肺有联属关系，眉尾与肝有联属关系，前者与一个人之气量大小有关，后者与一个人的脾气急缓有关，如眉形好，象征其人不但气量大，脾气也好，因此兄弟姊妹间的感情自然就好，进而立足社会结交朋友亦顺利，夫妻相处和睦，子女没有代沟，也可以说其人一生贵人多，小人少，当然事业有成，财帛收获多。

相理好坏标准及休咎——双眉以清秀有扬，弯长过目，退印居额，毛顺有聚，光亮有彩，覆盖有致者为符合相理标准。主其人兄弟姊妹多，朋友多，能得到兄弟姊妹朋友的帮助又无刑克，社会人际关系良好。反之，如眉毛黄薄、粗浓、竖起、逆生、倒生、散乱、不聚，或眉头锁印，眉势压眼，短不过目，眉身间断，左高右低，左长右短，眉棱骨不起，或眉有恶痣恶纹等，均系不符合相理标准，主其人兄弟姊妹少，或兄弟分离不睦没有帮助，在社会上则坏朋友多好朋友少，不善处理人际关系，同时性情急躁怪癖，很难立足社会，也得不到家庭幸福和美满的婚姻生活。

田宅宫相理分析

部位特性——田宅宫位于眉与眼之间的上眼睑，为面相观看田宅财产以及家运与名望的部位，但田宅宫与父祖遗产有密切关系，财帛宫则为自身能否创造财富之观察点。又田宅宫在生理学言，亦为消化系统机能反射区，尤其与父母祖父母之消化系遗传有关。又田宅宫除了观看田宅财产外，并可观看个人及家族生活状况，个人之心性品德和异性之相处关系等。

相理好坏标准及休咎——上眼睑饱满丰腴，高广清朗，无伤疵痣斑者为符合相理标准，主其人可继承祖产，即无祖产亦能自置产业，家庭生活安定快乐。同时重视精神生活，宅心公正仁厚，待人处事，正规正矩。又可获得异性好感，婚姻生活美满，女子则可早婚，容易觅得合意对象。又精力旺盛，人缘亦佳，易得长辈上级的提携，如系影艺人员，则易获得观众的捧场。反之，两眼深陷（木形人及广东人原住民不忌），上眼睑狭窄（眉眼间距不足一指宽），或有伤疵痣斑者，主其人自身有遗传性消化系统疾病。亦象征其自身及父母亲虽个性积极进取，但个性即兴急躁，人缘不佳，纵有才智，但心性或品德欠佳。又主无祖业可承，即使有少许祖业，亦会在青年时期将祖业败光。又家族关系亦欠亲密，早离双亲，在社会上创业艰难，不利置产购屋，容易吃亏上当，或居无定所常常搬家。如田宅宫气色污浊，主其人个性贪婪背信，德行均差，家中常有不愉快之事发生（甚或发生凶案），或与异性或和夫妻家人相处不睦。眉眼之间距离过宽者（超过二指宽度），有富贵之相相得益彰，主其人心性宽广，仁慈愉快长寿，并有远见。但一般之人如田宅过于宽广者，主其人没有进取心，没有营谋观念和理财手法，喜空想没有主见，处人处事不能收放自如，女人尤忌过宽，主个性嚣张。惟西方人则不忌田宅宫狭窄，因民族性迥异也。

男女宫相理分析

部位特性——男女宫即子女宫之谓，位于下眼睑，即自眼之下弦起约二公分宽隐隐高起的部位，又名泪堂、阴骘宫、龙宫、凤袋、卧蚕、三阳三阴、六阳等。此处为“心肾之交”，即以小脑为主的内分泌系统，及心脏为主的血液循环系统之气血循环和神经感应在此交会，而吾人成胎又源于“父精母血”，故先贤乃将此部位命名为男女宫（即子女宫）。又吾人心性是否优良，行为是否符合道德标准，尤其是男女性关系是否正当，均与小脑之性神经作用有关，故此部位又名为阴骘宫，或称为心性之宫。

相理好坏标准及休咎——下眼睑平满光润色黄，年满 40 岁以上之人并有阴骘纹或阴骘色出现者，为符合相理标准，主其人身心两健仁厚公正，夫妻感情恩爱，子女多而贤能，事业如意，不遭凶险。如下眼睑有恶纹恶痣或皮肉乾枯者，表示其小脑内分泌系统曾有病变或内分泌失调，即可能终身不育或生育不健康之儿女。如下眼睑有斑痣和伤疵，则主一生为子女忧虑或刑克子女。（男左女右）如年未过 40 岁，下眼睑有蠹肉堆集或枯陷无肉，则表示其人因沈溺色欲耗损过度，或心性品德欠佳，常做不道德之事，致影响血液循环系统和内分泌系统之正常功能，不论男女主无子女或子女不肖，严重时会永久失去生殖能力，事业不顺，婚姻不美满。如蠹肉再下垂成袋状者，则已无性能力，小脑已失性爱发动之功能矣（注：老年人如泪堂不下垂成袋状表示其性机能尚正常）。如下眼睑色暗污浊，表示夫妻感情不睦，或子女发生问题，或事业运欠佳，或健康欠佳。如眼睛四周均色暗污浊，则表示其人心性不正，小脑性神经有乱动之象，应注意家庭不和及桃色纠纷，此时如妻怀孕，所生之儿女眼必三白四白。如下眼睑有损阴骘纹（直纹或罗网纹）出现，则表示其人心性品德欠佳，常做有亏良心之事，或曾做了严重损阴德之事。如泪堂出现青筋红脉，乃心地有不良意念的警讯，应及早修心养性，俾纯洁其小脑，青赤气色自然渐渐消褪。

奴仆宫相理分析

部位特性——奴仆宫包括地阁地库及腮颐等下颚部位，为观看老年运及平生与部属子女关系之相理所在，故亦有人称之为统御宫或管理宫。地阁地库与下元系统及内分泌系统（小脑）及消化系统关系密切，腮颐部位则与下肢系统有密切关系。

相理好坏标准及休咎——地阁地库有势，腮颐丰满端正，整个下颚部位无缺陷为符合相理标准，主其人意志坚决，智慧超群，对事物之处理英明果决，对部属子女则公正又奖惩严明。因此用人得力，统御有方，德能服众，部属乐与追随，子女贤能孝顺，晚年身体健康，小脑功能正常，事业运久远弥坚，衣食财帛有余，家庭及婚姻生活美满。如地阁尖削、扁薄、纹痣、或是向后退缩，向前突出，过长过短，地库及腮颐部位陷斜伤疵者，为不符合相理标准，主其人意志薄弱，决断力不足，智力亦不高，个性偏执不良，小脑功能欠正常，爱情及家庭生活欠美满，尤以晚年健康欠佳，生活条件不足而多劳苦，平生不独无下可御，即能有之，亦必为其属下倾覆。尤其奴仆宫有恶纹恶痣，或腮骨尖而突出之人，则主无君子之风，老年孤苦贫寒，六亲少缘。如下巴特别突出如戽斗状者，主个性固执，自信心太强，晚年潦倒多病，慎防高血压心脏病之症。凡地阁相理有瑕疵缺陷者，不论其人一生之成就大小，41岁一定有是非损财，71岁一定在健康上有关限，百验不爽。（注：相学所谓之年龄，是以出生时之年月日为准，不是以每年的生肖为准。）

妻妾宫相理分析

部位特性——妻妾宫乃眉尾眼尾（即鱼尾）延伸而靠近鬓发一带部位之合称，又名奸门，但亦有将天仓列入妻妾宫者。从时代意义来说，应将妻妾宫改称为夫妻宫或婚姻宫较为恰当。奸门一带为小脑与肝脏神经之交会反射区，小脑为性欲之发动中枢，肝脏则为脾气之发动中枢，也可以说前者为肉欲生活的主宰者，后者为精神生活的主宰者。而夫妻关系为六亲关系之最亲密者，亦可以说肉欲生活与精神生活为夫妻关系之两大内涵，故先贤将天仓奸门定为夫妻之宫实深含道理也。惟亦有先贤将印堂眉尾以及年上左右两旁列为夫妻宫者，查其部位亦与肝脑有联属关系。

相理好坏标准及休咎——奸门部位肌肉丰实，皮肤润泽，无恶纹恶痣，鱼尾不凹陷，鱼尾纹不多不少并整然有序者，为符合相理标准，象征其小脑及肝脏均发育正常功能允当，主其人个性优良，不急不徐，情绪稳定，不乱发脾气，同时性欲正常，容易满足，是以夫妻相处恩爱和睦，家庭生活快乐美满。又因其小脑及肝脏发育正常功能允当，其人体内所发射的电质素不论频率、速率、波段亦必优良正常，不论男女亦必与具有相同优良正常电质素的异性来电，然后结为夫妻，故夫妻宫相理符合标准者，男必娶得贤淑貌美之妻，女必嫁得有成就的好丈夫。反之，奸门露骨不丰，或奸门深陷，鱼尾（即眼尾）凹陷，或奸门有灰黑之痣及交叉之纹者，为不符合相理标准，主其人小脑及肝脏分泌之内分泌及电质素均不优良，因而影响配偶身心不健康，事业上判断错误导致失败，或使配偶遭遇凶险，严重时导致配偶死亡（含配偶色痨亡身），此即先贤所谓之“克妻”“刑夫”也。如双方均肝脑发育不良，双方个性均偏执急躁，夫妻之间常生龃龉，因此夫妻感情不睦，最后导致夫妻分居离异，或导致他方向外发展，或寻花问柳，或有外遇等，此即为夫妻双方电质素相斥所致也。又古相书谓“奸门纹交主妻妾缢死”，证之虽验，但未说明道理，故被讥为迷信。笔者印证男性奸门有纹，其人之肝与小脑必曾有病变，内分泌必不正常，其人之脾气必乖张，性欲不是过强就是过弱。因此，女方在既不能得到丈夫肉欲方面的满足，又受到丈夫精神方面的虐待，在专制封建社会里，既不能提出离婚要求，只好一死以求解脱。现在属开放社会，夫妻相处发生问题，大多以离婚为解决方法，并往往由女方主动提出，故亦绝少再发生妻子缢死之情事。至于天仓奸门有黑痣疤痕，夫妻婚姻当然亦有影响，古相书谓“左边妻妾宫有痣主克妻（男左女右）右边妻妾宫有痣主婚姻不美满并易致外遇”（同样男左女右）。依笔者之观相经验，确有九成以上之应验，其他不应验者，或是聚少离多，或是有夫妻同床异梦等婚姻不美满的情形。至于鱼尾纹多而杂乱或奸门露骨，则象征其情欲甚盛，又主劳碌。如年过40岁鱼尾纹尚不明显者，则象征其人心性乐观而积极性不足，或象征其人情欲甚盛。如二十多岁就见到明显的鱼尾纹者，主其人早熟或劳碌而又奸猾。另有关妻妾宫之气色变化亦关系重要，读者请参阅拙著《萧湘识人相法全集(三)气色大全》。

疾厄宫相理分析

部位特性——山根、年上、寿上三位为疾厄宫，乃观看一个人健康和寿命的部位，以及对疾病未发生前之免疫力和疾病已发生后之抵抗力，对灾难未发生前之警戒心和灾难已发生后的应变力也均在此部位观看，故有相书将疾厄宫称为健康宫。原因乃疾厄宫之山根与心脏血液循环系统相联属，年寿则与肝胆代谢系统相联属，山根年寿又系消化系统神经反射区，整个鼻梁骨则与脊椎系统相联属，故先贤将山根年上寿上三位定为疾厄宫。

相理好坏标准及休咎——整个鼻柱丰隆端正，气色明润，无恶纹痣斑，无歪斜曲折凹凸之象，山根无断折低陷之象者为符合相理标准，主其人一生健康良好，鲜有疾病，又可应付任何突发的灾难，并应变有方化险为夷。反之，如山根低陷，鼻柱平塌无势，主其人一生健康欠佳，意志不够坚强，性格亦颇怪异，缺乏忍耐力，常常变换事业目标或工作岗位，一生事业鲜有成就。如山根之底部靠近年上之部位有痣，或是山根断陷年寿骨有裂痕者，一生均要注意外出车马安全，勿开快车，尤以山根断陷之人，对灾害的应变力不足，如山根两侧有痣斑，则主其人有肠胃方面的痼疾。年寿正面及两侧如有痣斑，则主其人有肝胆代谢系统的痼疾。如印堂下方山根上方靠近上眼睑部位有痣斑，主其人心脏循环系统欠健康。如印堂的悬针纹下破山根年寿，则主其人一生大灾大凶难免，如无阴骘纹或阴骘色出现，必难逃一死。山根有横纹者均为事业或婚姻失败的注记。年寿直纹主养他人之子，年寿凸起或有结节状者，主一生定有一次大失败，同时个性偏执倔强。年上有薄黑之气引至山根，则主其人家内有久病之人。

迁移宫相理分析

部位特性——迁移宫乃天仓、福堂、驿马、山林等部位之合称，乃观看居家迁徙，远行旅游，投资创业，及工作职位变动之相理所在，故有相书谓迁移宫为变动宫。迁移宫与吾人之侧脑系统有联属关系，因侧脑系统为主管声音、方位、时间、光觉之机关，而吾人之一切变动顺利与否，无不与声音、方位、时间、光觉息息相关，是以先贤将额头左右之天仓、福堂、驿马、山林等部位定为迁移宫。

相理好坏标准及休咎——天仓福堂驿马山林各部位饱满明润，无缺陷痣伤者为符合相理标准，主其人有出外或出国发展之机会，不论就业经商均主顺利，事业上劳少而获多。反之，如天仓、福堂、驿马、山林各部位偏高偏低，缺陷痣伤，气色灰暗，主其人不利远行，居家亦难言吉利，在职之人，则主工作环境不理想，出外经商洽公之人，则主周边环境欠配合。尤其迁移宫有恶痣伤疵的人，出门在外，难得贵人提携，并常有小人为害，本身亦对周边环境缺乏警觉心和适应力，故迁移宫相理不佳之人，最好是从事周边环境较单纯的静态固定领薪工作，而不宜从事外务、公关、旅游、贸易等动态性及接触面广的工作。又迁移宫相理欠佳或气色不好之人，应特别注意外出车马安全。若迁移宫出现红黄之气色，乃即将有好的变动之佳兆。

官禄宫相理分析

部位特性——官禄宫一词，在从前封建时代用之尚可，现在为多元民主社会，任何行业均可出人头地，而不拘限于做官一途，因此，官禄宫涵义已不合实际，应以事业宫名称替代较为恰当。官禄宫位于天中以下印堂以上的额头中央部位，此处为吾人脑组织优良与否之象征，脑组织优良者，此处之长相亦佳，主其人学习能力，思考能力，记忆能力，创新能力，鉴识能力，判断能力，处事能力，识人能力，反应能力均强，以及有自尊心仁慈心及奋斗精神，又善处人际关系，因此一生官运亨通，或在商业界学术界出人头地。

相理好坏标准及休咎——由正面看，整个额呈四平八稳高广丰满，由侧面看，中央部位丰隆稍高，同时无痣斑杂纹冲破者为符合相理标准，主其人一生名利易得，尤其易得贵人或长上之赏识提拔，又一生不到讼堂，即有官司也可贵解。反之，如额的中央部位凹凸不平，左右两侧歪斜，或有伤疤斑痣者为不符合相理标准，主其人一生名利贵显无份，虽经奋发努力，但名利贵显仍是如过眼烟云，可望不可即，并在人生的旅途上，虽有才华，亦主怀才不遇，职业屡变，波折重重，劳多获少，坎坷一生。作者是不相信命运的人，但在印证数万人的额相后，不得不承认有好的额相，才有好的健康智慧和个性，因此在事业上必定胜过额相不好的人的际遇和收获，此乃定理，中外一致，不得不相信。至于女性的额头如过高过宽者，主其人个性男性化，待人处事太过精明干练，自尊心及事业心均强，婚姻方面除非迟过 30 岁后结婚，或配额头更高更宽之男士，否则，婚姻难得美满，非生离即死别。

福德宫相理分析

部位特性——顾名思义，福德宫就是观看一个人是否一生金钱不匮乏，一生不会颠沛劳苦，而能平安享用到老的面相部位。但是“福”在“德”上，一个人如果没有道德作基础，其享福是不能持久的，先贤之所以将福堂、天仓、地库、五岳、四渎定为福德宫（但现今相书仅以眉上福堂部位称为福德宫），乃因这些部位与父祖之德性及自身之修持均有连带关系，也可以说这些部位都是阴骘出入之神路，如果一个人的父祖积有阴德，其自身上述部位相理必佳，如果一个人自身积有阴德，上述部位的气色必佳，两者交替观看，就明白其一生之是否福薄或福厚了。又福德宫又名为贵人宫，凡是福厚之人，所到之处均有贵人相劝，反之，福薄之人，所到之处必有小人为害。

相理好坏标准及休咎——福堂、天仓、地库、五岳、四渎肉厚骨实、丰隆饱满，相互朝揖扶拱，气色明润者为符合相理标准，主其人父祖及自身均德行良好，为人心地善良，乐善好施，喜做阴德（注：为善不欲人知谓之阴德，见功得名谓之功德，两者意义迥然不同）。其人必有祖业可继承，平生有禄有财，坐享富贵，无凶无险，福泽深远，享用到老，子孙满堂，善始善终，而享五福之庆。反之，福堂、天仓、地库、五岳、四渎尖削缺陷，或有恶痣恶纹，主其人父祖德行欠佳，或无祖业可承，或有祖业亦必破败，一生福薄，劳多获少。如福德宫每一部位均有缺憾，则一生贫苦劳碌到老，并多灾多难，诸事不利。如福德宫各部位相理虽好，但气色不佳，则要提高警觉，深自检讨，俾消灭灾祸于无形。福堂位于眉上一公分处，近印堂者为内福堂，近眉尾者为外福堂，内福堂之气色为观看目前财运旺衰之相理所在，外福堂之气色为观看未来财运旺衰之相理所在。

父母宫相理分析

部位特性——父母宫位于七十五部位之日角月角两位，此处为观看父母遗传基因是否相辅相乘之最佳相理所在，故先贤将此二部位定为父母宫（另先贤又以骨与神代表父，肉与血代表母）。假如父母遗传良好，此二部位之额骨即会隐隐圆起，面相其他各部位亦不会有缺陷，因此，不但父母宫有成，相貌宫亦有成。（按相貌宫为多数相书所未列，认为有画蛇添足之嫌。）

相理好坏标准及休咎——日角月角隐隐圆起，骨开肉润，不偏高偏低左右相称者，主其人父母必健康高寿，事业有成，自身必接受父母优良之遗传，与良好之栽培，并深受父母疼爱，可享父母之余荫。如额两边再有辅骨相衬者，主有中等成就（即中富中贵），如日角月角圆起入顶脑，再加边地隆起六曜齐明者，主其人有大成就（即大富大贵），如仅有日月角者，一生仅有小成就（即小富小贵），或贵在浮沉之间。相理衡真云："日月角生低主幼失双亲，日角有偏者主父亲健康寿命有差，月角有偏者主母亲健康寿命有差，或同父异母或随母嫁父。额左偏高者损父，额右偏高者损母。鼻偏左先损父，鼻偏右先损母，左颧高先损父，右颧高先损母，左耳短小先损父，右耳短小先损母。重罗叠计者，主重拜父母或父乱母淫。头侧额窄多是庶出或外室所生。左眉低右眉高父死母再嫁。发浓发际低或发脚冲眉早别双亲"。以上所述各点均象征父母身体健康有差异，故有先损父或先损母之情事。父母健康既有差异，子女承受之遗传当然亦有差异，因此在子女面相各部位，按照男左女右的阴阳原理而显现出来。如子女承受父母两人的遗传同样优良，则不但日月角两部位相理符合标准，其他各部位的相理亦符合标准，因此，子女的健康、智慧、个性亦必优良，进而子女在事业上必有成就自不在话下，这就是遗传学、优生学的道理。但应注意者，女性不可有日月角，主在家不利父母，出嫁不利夫婿，因为女性如有日月角，主个性男性化，事业心重，以现代社会的眼光言，主其人有独立性，不依赖父母丈夫，但在古代封建社会而言，乃违反男主外女主内的礼俗。一说女性有日月角主克父刑夫，依笔者之阅人经验颇为应验。（注：日月角有恶色痣瘤不但刑克父母，并主一生考运不佳，斑点减半论。）

十三部位相法之意义

为人观相，可从各种部位及各种角度加以观察分析，十三部位相法，是就面相中央的垂直线，区分为十三点，然后就各“点”相理之好坏而评断其人之际遇休咎。相理衡真云：“十三部位为面相‘紧要关限’之所在，行运至此，如丰隆明润必主吉，若有痣斑、纹疵、凸露、凹陷、破伤、偏斜、扁塌者必主凶”。先贤之所以将十三部位喻为紧要关限之所在，实因十三部位乃吾人五脏六腑及脑组织和脊髓神经各系统，在母体中成长过程之表征。如天中、天庭代表胎儿最先形成的神经系统及血液循环系统（即脊髓与脑髓），司空、中正、印堂代表咽喉及呼吸系统，山根代表心脏循环系统，年上寿上代表代谢（肝与胆）系统，准头代表消化系统，人中代表内分泌及生殖系统，水星承浆代表消导排泄系统，地阁代表骨骼结构完美与否及小脑发育优良与否。其中任何一部位相理有瑕疵均必影响其人之际遇休咎是不在话下。

十三部位相理分析及相理好坏标准休咎

天中——天中平伏丰起为符合相理标准，主其人青少运佳，父母健在，出仕早或创业早，并利远行，一生不犯典刑。如低陷主无祖业可享，并有官刑牢狱之灾。如有灰黑之痣及斑纹者，主刑克父母。凡天中相理有瑕疵者，行运至此（16 岁）必主不吉，另附丽在天中上下左右各部位在行运时亦受影响。

天庭——天庭要丰隆骨起，主青少运佳，如再日月角及边城山林骨起，主大贵之格。如骨陷色恶，主幼少年运程不顺，难得长上之爱护。凡天庭相理有瑕疵者，行运至此（19 岁）必主不吉，另附丽在天庭上下左右各部位在行运时亦受影响。

司空——天中天庭多主与父母之关系，司空则多主自身之事。司空丰隆骨起者为符合相理标准，主立身早，易得贵人之提携，如平塌低陷者，主青年时期事业多波折而少成，一生功名无份，如再有恶纹恶痣者，则主一生均处于坎坷之境地。如气色不佳，则主有惊恐或不测之灾祸。凡司空相理有瑕疵者，行运至此（22 岁）必主不吉，另附丽于司空上下左右各部位在行运时亦受影响。

中正——中正亦主自身之事，凡丰隆骨起者为符合相理标准，主其人立身早，功名易得，事业易成，如低陷者，主鲜有才智，一生难成事业，不易获得贵人之提携，如再有恶纹恶痣者，则不但一生难成事业，并常遭社会众人之嫌恶。凡中正相理有瑕疵者，行运至此（25 岁）必主不吉，另附丽在中正上下左右各部位行运时亦受影响。

印堂——印堂为观看一生命运之中心点，印堂宽平明润如镜者为符合相理标准，主其人一生运途通达，事业有成，可承祖业，同时其人智高量大。如印堂狭窄塌陷，主其人个性不良，多学少成，一生难有好运，也难承受祖业，双眉锁印者尤甚。其他如印堂有痘痕者主为他人养子女，有灰黑之痣或有悬针纹者，均为命宫陷破而影响一生之命运。凡印堂相理有瑕疵者，行运至此（28 岁）必主不吉，另印堂当令之年（即 28~32 岁，41~43 岁，52 岁、53 岁、56 岁、57 岁）亦主不吉。另附丽于印堂上下各部位行运时亦受影响。

山根——山根为天部与人部交接之所在，亦为三阳与三阴相会之处所，宜高不宜低，低则天人之气不接，行运至此必主灾祸，宜宽不宜窄，窄则阴阳之交不畅，行运至此必主小人是非。其他恶纹恶痣均主刑克灾祸。山根恶色来侵，更是疾病之前兆。凡山根相理有瑕疵者，行运及当令之年（即 26 岁、30 岁、34 岁、41 岁）必主不吉，另附丽在山根上下左右各部位行运时亦受影响。

年上——年上丰隆明润为符合相理标准，主其人一生健康少病，衣食丰盛。塌陷凸露者，主其人中年多病，事业有损。如有直纹者，则难生育而养他人之子。如有横纹者，则要注意外出车马安全。凡年上相理有瑕疵者，行运及当令之年（即 31 岁、32 岁、37 岁、38 岁、44 岁、45 岁）必主不吉。另附丽在年上左右上下各部位行运时亦受影响。（注：以生日年龄为准）

寿上——寿上之相理标准及休咎与年上之标准休咎相同。年上寿上有痣者，男主一生有一次桃花劫，或因女色而招祸，女则多嫁病夫，或一生为夫辛劳。又年上寿上起节者，一生难免有一次大破败。凡寿上相理有瑕疵者，行运及当令之年（与年上同）必主不吉。另附丽在寿上左右上下各部位行运时亦受影响。

准头——准头端圆肉厚者为符合相理标准，主个性仁厚，富贵必有，准头尖薄者，主心毒奸贪，并有刑克，准头气色黄亮如粟者，主见财见喜，如有斑点或有垢秽之色者，乃辛劳一生而少收获之人。凡准头相理有瑕疵者，行运及当令之年（即 19 岁、28 岁、48 岁）必主不吉。另附丽在准头上下左右各部位行运时亦受影响。

人中——人中以上窄下宽，深而长直者为符合相理标准，主老年行运佳健康好，子女多而优秀，又主心性善良，才华高而有恒心。反之，人中短浅，上宽下窄者，主心性不正，寿年不永，同时子女少，有亦顽劣。人中平坦若无者主无子，一生难有好运（注：有须者减半论）。人中如生纹痣者均主不吉。凡人中相理有瑕疵者，行运及当令之年（22 岁、51 岁、56 岁）必主不吉。另附丽在人中上下左右各部位在行运时亦受影响。

水星——口要棱角分明，形如角弓，开大合小，唇部有纹，上下唇相副，唇之色泽鲜润者为符合相理标准，主其人聪明仁厚，文化水准生活水准及社会地位均高人一等，如口相不成或脸大口小者，主其人老年无好运可行。凡水星相理有瑕疵者，行运及当令之年（即 21 岁、30 岁、39 岁、48~50 岁，57 岁、66 岁、75 岁）必主不吉。另附丽水星上下左右各部位行运时亦受影响。

承浆——承浆肉厚两边有骨起，中心有凹有须而又耸上者为符合相理标准，主有千杯不醉之量，并主其人可贵可富，承浆有缺陷者主有水厄，亦主服药或饮食中毒，或服药之药效较差。凡承浆相理有瑕疵者，行运至此（61 岁）定主不吉，另附丽在承浆上下左右各部位行运时亦受影响。

地阁——地阁以端方厚实天地朝揖者为符合相理标准，主可贵可富，老年健康福寿。如尖薄凹削，主个性不良劳碌终身，如有恶纹恶痣或凹陷者，主晚年破败，老运坎坷。凡地阁相理有瑕疵者，行运至此（71 岁）必主不吉，另附丽在地阁上下左右各部位行运时亦受影响。

附注：以上十二宫十三部位在面相上之正确位置请参阅后页附图。

观相感言

短命男儿自有克夫之妻（注：此乃劣质电与劣质电来电之故）。
夫星不旺莫怨郎君贫穷（注：此乃弱电能与弱电能来电之故）。
妻不贤子不孝尧舜难治（注：此乃本身电劣并遗传不良之故）。
能知命又认命其奈我何（注：此乃认识自己改变人生观之故）。

萧湘居士　撰

面相十二宫图(一)

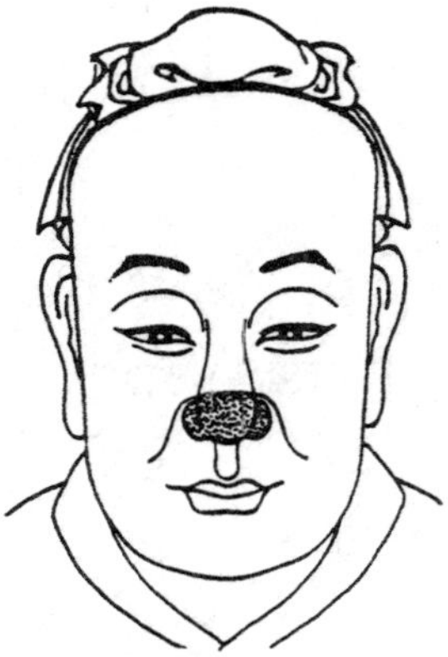

财帛宫

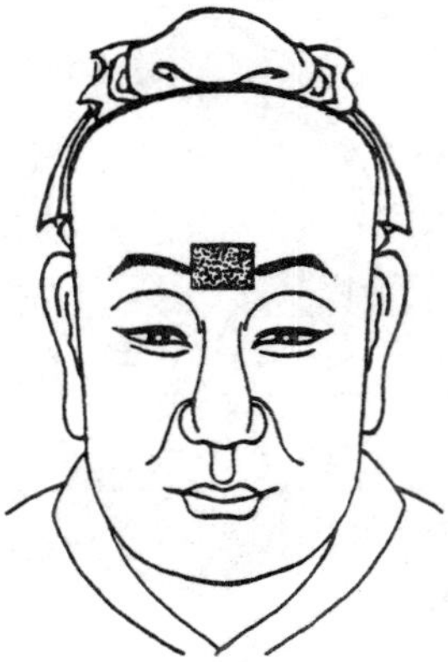

命宫

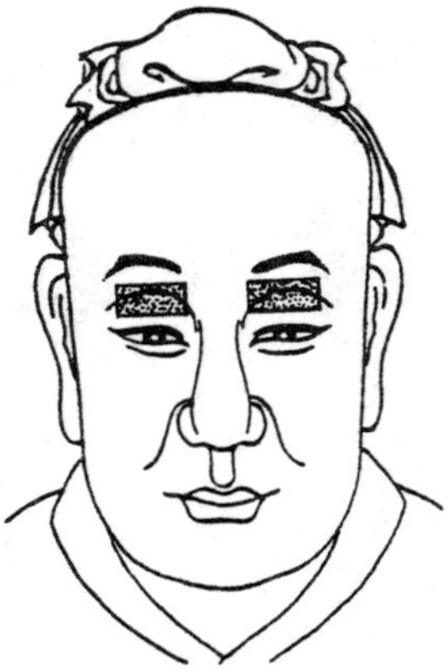

田宅宫

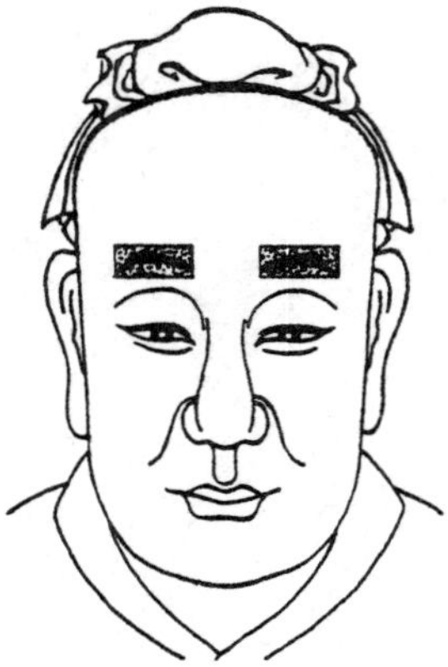

兄弟宫

面相二十宫图(二)	
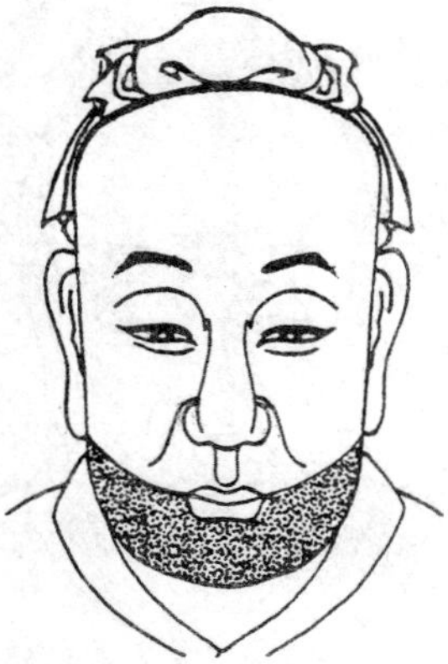	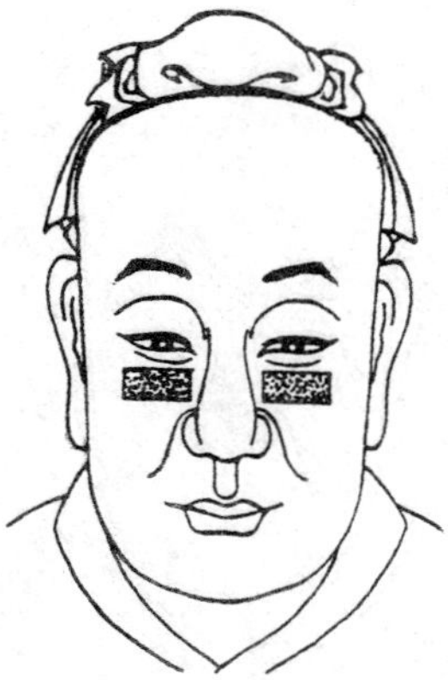
奴仆宫	男女宫
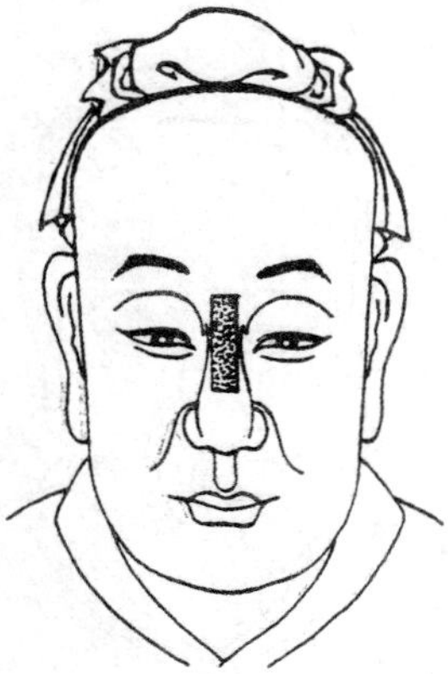	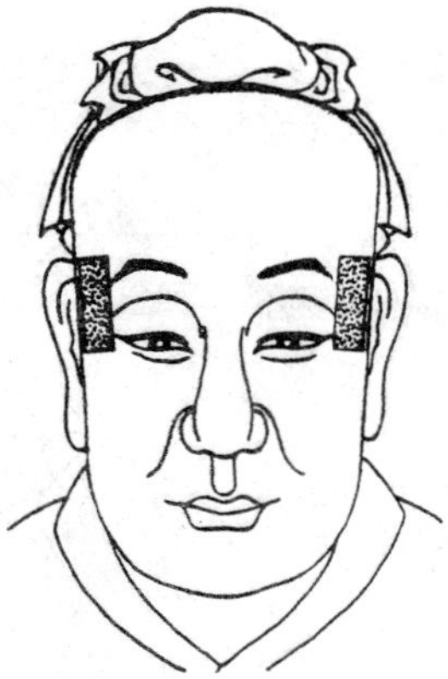
疾厄宫	妻妾宫

面相十二宫图(三)

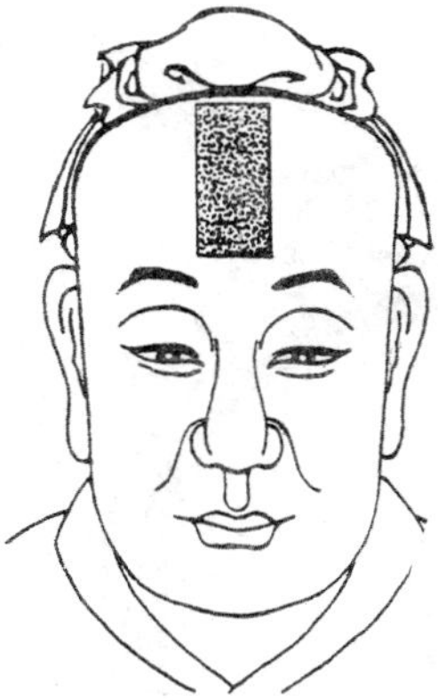

官禄宫

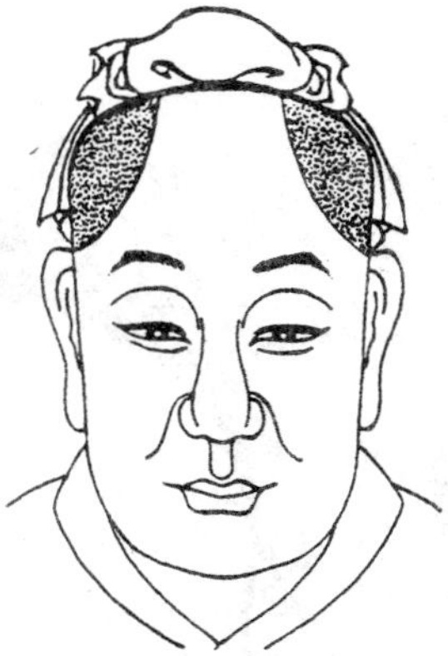

迁移宫

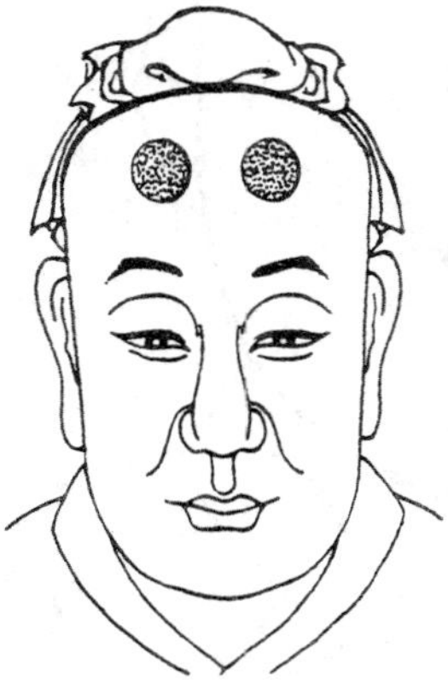

父母宫

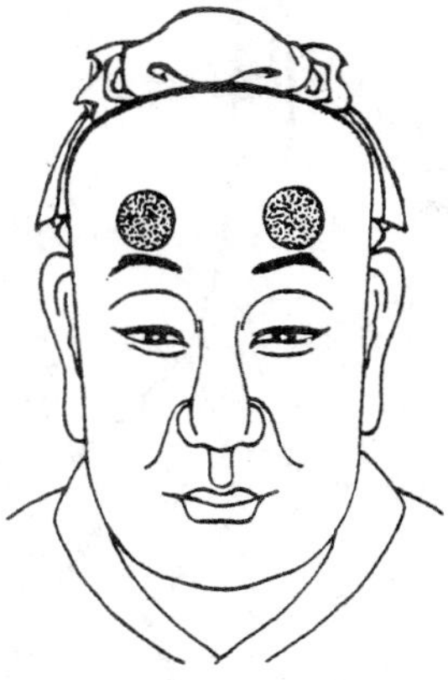

福德宫

十三部位紧要关限图

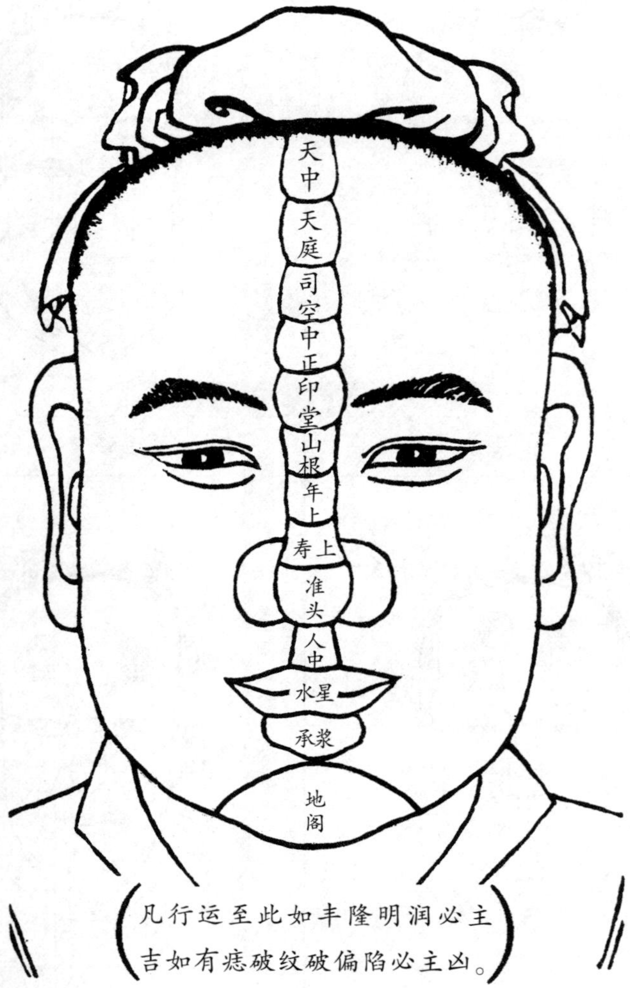
天中
天庭
司空
中正
印堂
山根
年上
寿上
准头
人中
水星
承浆
地阁
凡行运至此如丰隆明润必主
吉如有痣破纹破偏陷必主凶。

第四章　五　形

五形相法之意义

与人谈相，首先要分辨其人之五形，（注：五形为人相学用语，命理学则用五行），而非先观看其人之五官，或是拘泥于一痣一纹一手一足等小家一偏之见。其意义正如评鉴一部机器，先看它是用何类材质所铸造的，其所用材质是高级品？或中级品？或低级品？然后再评鉴机器之内部组件和外部式样，是否设计优良？是否制造精密？最后再加以操作测试，审察其性能之优劣与马力之强弱。五形相法即是用以辨别其人身体五部是用何类材质所构成的，辨别的方法，系根据吾人周身之骨骼所形成之头、面、身、手、脚五部之外形，及周身之肤色而判定。如木形不嫌瘦长，肤色喜青润：火形不嫌尖露，肤色喜红润；土形不嫌厚重，肤色喜黄润；金形不嫌方正，肤色喜白润；水形不嫌圆肥，肤色喜黑润；得其正者为正局，得其兼者为兼局，得其杂者为杂局。先贤云："五形得一形真者，不贵亦富，五形得一形性者，不富亦寿。"五形相法，由来甚早，医书"灵枢"形态说，实为滥觞，历代相书演绎其说，对人相学之发扬裨益甚大。但五形纯真者易辨，休咎易明，兼局或兼多局之杂局则难明，其休咎更不易判定，可谓差之毫厘，失之千里。每有崇尚西洋相法者，将西洋相法中之"营养质""筋骨质""心性质"等形质分类法比喻我国之五形相法，实属肤浅之论。因形质分类法系根据生理学及病理学而立论，五形相法系根据宇宙生命的起源而立论，形质分类法虽然也可分辨人之外形与健康情形，以及疾病个性等，但中国之五形相法，除了能观察人的外形与健康、疾病、个性外，另可应用于男女配婚及一生运程之顺逆等现象之观察。尤其五形兼局及五形兼多局所衍生的五行生克制化，以及手面五形配观等相法，更是西洋形质相法望尘莫及。笔者在拙著《萧湘识人相法全集(三)·气色大全篇》附录“相理奥秘十五讲”中曾就五形相法之理论与方法有详尽的论述，兹再就最基本的五形人三十局之简单辨别法及一般性休咎分析如下（注：形与父之遗传有关，局与母之遗传有关）：

木形人相理分析

木形正局——甲木周身五部皆长大，昂藏而瘦，挺直身长，腰瘦而圆，唇红纹细，颈有喉节，鼻略露节，头部隆起而额耸，眉眼清秀，人中有须（忌须困口），精神充足，手掌瘦长而多纹者为甲木正局。乙木正局较短小，气度较甲木正局为逊。又甲木不忌秃头，但忌开顶（即鬼剃头），开顶即死，否则亦运程大穷大败，木形人之发际亦不宜过高（注：金水土形发际越高越好）。又甲木之人不忌悬针，但有悬针之人，仍难免少年奔波及克长子，妇女则损胎不利夫婿并有孤相。乙木则忌秃头悬针露节。又不论甲木乙木，不忌颏小颐削，色喜青黑忌焦黄，声喜高畅中显清幽忌嘶破，背喜脊椎挺直忌背曲偏歪，否则难成大器。又木形人形寒如鹤难发大运，五宫尖露必主孤刑，眼神不足难有兴创，气色焦黄孤刑败退，色白气清短命夭寿。木形人为五形人中最多之人，占十分之七，但发达较迟，往往非经过一番磨练后始能成为栋梁之材。惟木形正局之人，大多只能立言独善，清贵而享大名而已，凡享大权大财者，多系木形兼局之体。（注：乙木减等不可同论）然兼局必须主客分明（他形兼局之体同论），如相生相化或相克相化均为可取，如主客各半相争，乃生而不化，或克亦不化，则无可取，虽五官五岳奇特，亦难发运也（他形兼局之体同论）。木形人的职业公商文学艺术均可。木形人的个性详本书下册手相篇。（注：木形人再依其外形及体质可分为坚木、节木、软木、曲木，休咎各有不同，详见拙著《萧湘识人相法全集(三)·气色大全篇附录》。

木形兼火局——木形兼火之人，乃相生相化之格。其人不论甲木乙木，头顶尖，耳高提，色红润，乃木火通明之相，天资英明，奇巧聪慧，事业早发，必然富贵，但个性好动急躁。甲乙木均不可带火过重，如五官尖露，面色焦赤，眼神昏蒙，声破音急为火重伤身，乃相生不化之格，主其人心性凶暴，幼克六亲，奔波劳碌，事业无成，身有暗疾，不贫则夭。

木形兼土局——木形兼土之人，乃相制相化之格。其人面长横，眼大藏神，鼻大颧横，背腰端圆，如系甲木配合气色红润，主其人可贵至入阁拜相或富甲一方。甲乙木均忌带土过厚，再加骨粗肉涩，目欠真神，乃相制不化之格，主无大成就，因枝木不能制土也。

木形兼金局——木形兼金之人，乃相克相化之格。其人面微见方白，如系甲木，木为金斫，中晚年必有成就，若任公职，主其人必贵又有实权，木形如不兼金，虽贵而欠实权。如方白过甚，额方骨横，鼻露节，体态多肉，眼大无神，五宫不贯通接气，乃相克不化之格，主其人一生营谋不遂，到老难成。乙木带金过重，再气色寒白者，主其人一生难发达，又刑克六亲，多凶促寿之相。

木形兼水局——木形兼水之人，乃相生相化之格。其人目大有神，鼻正准丰，耳明唇厚，面形长圆，须眉粗浓，形貌秀奇，身躯挺直，气色青黑而润，此为木水相滋之格，不论甲木乙木必然富贵（文贵者居多）。如带水过重者，乃相生不化之格，其人体型高大浮肥而圆，五官庸俗不奇，神昏气滞，肤色浓黑，主其人心性不宽，身带暗疾，一生运蹇潦倒，事业即使有小成也欠风光，同时刑克又多灾厄，晚年孤贫。女性木形水局为“凤脸”（注：男贵方面即金形、女贵长圆即凤脸），主旺夫兴家，大多嫁贵夫。

木形杂局——木形杂局之人，除身体一部分显现瘦长之特征外，其他木形人五部应有之特征与个性均隐藏而模糊不明，反而程度不等显现火、土、金、水等形人之特征与个性，其显现之部位不一而足，主客不分，其所兼之局，大多兼二局兼三局兼四局而无定数，甚或有重叠而兼者，例如木形兼金金、土土局。木形杂局之人，因五形质素配合不当，质素不真不纯，质素与质素之间多相互克制，故影响其人之健康、智慧和个性，进而影响其人事业上鲜少收获并促寿。

火形人相理分析

火形正局——周身五部上尖下阔，上锐下丰，性格躁急，眉发焦黄，鼻梁起节，白睛红色，颧尖骨露，筋骨俱露，眉骨口齿亦露，手掌瘦而指尖，声音刚烈中显紧急者为正火。如再气色红活，双耳高提，发达必早，未到中年即可飞黄腾达，但事业险阻多，乃艰难中发达也。但丁火之人发达有限，创业艰难。火形人的职业，男性以军职为佳，女性以从事艺术工作为佳。火形人忌气藏色静，忌体圆肉肥。声忌气短，主一生不发运。忌耳尖，主刑克早，忌面色赤燥，主破财败业，忌口大，主终身运蹇。火形人之个性详本书下册手相篇。（注：火形人再依其外形及体质分为纯火、野火、微火、烈火，休咎各有不同，详见拙著《萧湘识人相法全集(三)气色大全》附录篇。）

火形兼木局——火形兼木之人，乃相生相化之格。其人身瘦长而有精神，鼻丰准隆，山根略低，印堂平宽，耳口稍露，眉须清奇，气足神稳，面尖起而气色青黑射光者，主其人才智过人，性情孤傲怀才不遇，虽享大名但无实权，可立言而流芳，或有艺术成就。但丁火兼木之人成就递减。如气色黄滞，为相生不化之格，主一生贫贱无成。

火形兼土局——火形兼土之人，乃相生相化之格。其人面上尖而腮颐横厚，但六府角度不明，体虽肥而不相称，眼虽长而无神，鼻虽高而上翘，再眉须不秀者，主其人心性奸贪，刑克重。如气色黄润主有寿考，并先贫而后小富小就。如过于痴肥，乃相生不化之格，因带土过重，主难发运，一生多劳多累，子女不孝，族戚为患。丁火兼土之人尤忌。

火形兼金局——火形兼金之人，乃相克相化之格。其人面带微方余尖起，五官俱露，色白润透红者，主其人智慧谋略高超出众，但多狐疑，中末年有中小型成就，丁火兼金之人成就递减。如方白过甚又欠红阔，乃相克不化之格，主早发晚困，并有破家亡身之危险，丁火兼金尤忌。火形兼金之人，不论丙火丁火，亦主早刑六亲，幼少年离乡奔走，常涉凶险。

火形兼水局——火形兼水之人，乃相克相生之格。其人面圆三浓（即眉、须、鬓俱毛多而密），五官俱露，面色红润者，为水火既济之格，主有中小成就，但丁火兼水之人成就递减。如身体浮肥，眼大无神，鼻大无梁，口大无角，口如吹火，神昏气短，性情古怪异于常人，面色赤黑滞涩者，为带重水之相，乃相克不化之格，主其人刑克六亲，离乡奔走而无成，如系丁火兼重水之人，主不贫则夭。

火形杂局——火形杂局之人，除身体一部分显现尖露之特征外，其他火形人五部应显现之特征与个性均隐藏而模糊不明，反而程度不等显现木、土、金、水等形人之特征与个性，其显现的部位不一而足，主客不分，其所兼之局数，为兼二局兼三局兼四局也无定数，甚或有重叠而兼者，例如火形兼金金、水水局。火形杂局之人，因五形质素配合不当，质素不真不纯，质素与质素之间多相互克制，故影响其人之健康、智慧和个性，进而影响其人在事业上鲜少收获并促寿。

土形人相理分析

土形正局——头圆项短，背高皮厚，身短腰圆，腮颐宽厚，耳大唇厚，地阁方厚，五岳相朝，步稳语迟，敦厚重实，厚发浓眉，鼻准丰隆，手掌指节亦方厚，声音沉厚中显迟缓者为真土形人。土形人气色黄润黑润必主富贵寿考，己土正局之人亦主有相当发达，女性则主旺夫兴家。但土形人忌鼻梁起节，颈有喉结，尤忌须多浓密，主个性急而偏执。忌声音浊杂，主难发运。土形人的职业以业商为佳。土形人的个性详本书下册手相篇。(注：土形人再依其外形及体质，可分为硬土、砂土、粘土，薄土，休咎各有不同，详见拙著《萧湘识人相法全集(三)·气色大全》附录篇。)

土形木局——土形兼木之人，乃相克相化之格，其人身躯不宜长大，不宜露骨浮筋，否则土被木克，主其人终生难发运并促寿。如系己土兼木之人主小有成就，如再兼微金者则有中等成就。如容貌须发浊乱，神昏气寒，面色青黑，声低音破，六府不明，五官不扬者，为相克不化之格，主心性不良，一生事业成少败多，常处逆境，六亲难靠。

土形火局——土形兼火之人，乃相生相化之格。面上端微尖余厚实，皮肉红润，五官丰隆，贯气透神，眉须有情，坐如磐石，立似栋梁，心性忠厚重义，先苦后甜，戊土之人乃大富贵之格，己土之人亦主小富。如面色燥赤乃带火过重，乃相生不化之格，主其人个性拘泥而贪，愚诚而妄，一生劳碌奔波，烦扰不休，孤刑到老。如肤色过青则主终生破败贫苦。

土形金局——土形兼金之人，乃相生相化之格。其人面微方横，面色白润者，乃土里藏金，主白手起家，创业有成，福泽深厚，主有中等富贵。如面色寒白，辅须过多，神情虚沉，中气不足，乃带金过重，金多土虚，为相生不化之格，主其人身体健康欠佳并有暗疾，不论戊土己土终生难发运。

土形水局——土形兼水之人，乃相克相化之格，其人身躯魁梧，头面微圆，五官丰厚，气色黑润者，为土带微水，滋生万物，主其人初年即顺，多为巨富之人。如头面五官过圆，眼大露神，气促神昏，面色暗黑者，主带水过重，为相克不化之格，不论戊土己土，主其人一生难发运并有暗疾。如面色黄润，眼大而不露神者，则主有小就，可丰衣足食。

土形杂局——土形杂局之人，除身体一部分显现厚实的特征外，其他土形人五部应显现的特征与个性均隐藏而模糊不明，反而程度不等的显现木、火、金、水形的特微与个性，其显现的部位不一而足，主客不分，其所兼之局数，为兼二局兼三局兼四局也无定数，甚或有重叠而兼者，例如土形兼木木、水水局。土形杂局之人，因五形质素配合不当，质素不真不纯，质素与质素之间相互克制，故影响其人之健康、智慧和个性，进而影响其人在事业上鲜少收获并促寿。

金形人相理分析

金形正局——周身五部皆方正，眉清目秀，声韵清朗，骨肉坚实而又白皙银亮，额部、额鼻、下颚、三停均有方正之感，整个头部圆形，耳色白润，唇红齿白，体形匀称，发须疏而不密，腹部圆垂，背部宽厚，颧部骨起，胸平有肉，行动时身体不轻浮，手掌也属方厚，声音明朗中显铿锵者为真金形人。如气色再白润者主文贵，大多为开国之帝王，或中兴之主，惟亦有大富者。如气色黑润则主武职大贵，乱世尤主倍发。金形人大多自律严，要求亦严，精力充沛奋斗不懈，属能者多劳贵亦辛苦型人物，但辛金之人中小成就而已。金形人忌鼻尖准赤，忌色白如枯骨，主一生贫寒，忌鼻小耳小，主一生虽有小成但得来辛苦。忌声音尖锐主一生难有成就并多破败。忌鼻梁起节主其人性急而有刑克。忌气色赤燥主官非败退。金形人大多见义勇为，乐于助人，处事踏实，值得信赖，可从事公职或自由职业。女性金形者为“虎面”，主其人智慧颇高，精明干练，才华不输异性，有或多或少之成就，但多刑克，惟声音低弱沙哑者不可同论。金形人之个性详本书下册手相篇。（注：金形人再依其外形及体质分为纯金、生金、砂金、杂金，休咎各有不同，详拙著《萧湘识人相法全集（三）·气色大全》附录篇。）

金形木局——金形兼木之人，乃相克相化之格。其人面方正身长大，鼻直口耳俱正，眼秀神足，眉清须秀，色白兼微青者为金形兼甲木，此为栋梁之材，性英明略有傲气，有大志能出奇冒险制胜，多武贵兼领文职。但初运欠顺，成就于中末年。如身面瘦小露骨者为金形兼乙木成就有限。金形兼木之人最忌面如扪鼓（即五岳五星不明），为相克不化之格，主夭折促寿。

金形火局——金形兼火局之人，乃相克相化之格。其人面方、顶尖、耳尖、面色白中带红，眉须轻清，双目有神，智慧颇高，干练而性急，此为微火炼金之格，主其人早岁孤贫，发在35~45岁之间，乱世因危难而成大功致富贵，盛世减等论之，但亦可享大名。如面形尖方，鼻尖肉少，年寿起节，眼神急露，耳露轮廓，面色赤滞，此乃带重火之相，为相克不化之格。主火旺金熔，一生多灾多难，不贫则夭。

金形土局——金形带土之人，乃相生相化之格，为兼局中最难得之格。其人面方背厚，肩横步迟，身躯厚重壮实，五官端正，神足气爽，面色黄润，个性忠义，谨慎持重，如系庚金兼土局之人，盛世必主大富贵或享大名又寿考，乱世减等论之，如系辛金兼土亦主有小富贵。如背高痴肥，面肉横生，五官庸俗，声音低破，面色黄黑焦滞，乃带土过重，土厚金埋，为相生不化之格，主其人智慧不高，处境多逆，终生难发运。如印堂破陷痣纹为带土兼带火，主其人一生饱经忧患而后始能发达，但仍然无实权，只宜从事异路事业，名多于利。如掌薄指疏，气色暗滞，主其人手脑不能并用，一生难发运，并往往成事不足，败事有余，辛金尤甚。

金形水局——金形兼水之人，乃相生相化之格。其人面方而肥，面色黑润或白润，气宇轩昂，一生多厚福，平步青云，可武职大贵。乱世可武贵而司政柄，盛世可文职而领武权，遇合均佳，乘时而发达。如肉浮气虚，肉色暗黑为带水过重，为相生不化之格，主水多金淹，一生运蹇，辛金尤甚。

金形杂局——金形杂局之人，除身体一部分显现方正之特征外，其他金形人五部应有之特征与个性均隐藏而模糊不明，反而程度不等显现木、火、土、水各形人之特征与个性，其显现的部位不一而足，主客不分。其所兼之局数为兼二局兼三局兼四局也无定数，甚或有重叠而兼者，例如金形兼火火，木木局。金形杂局之人，因五形质素配合不当，质素不真不纯，质素与质素之间多相互克制，故影响其人之健康、智慧与个性，进而影响其人在事业上鲜少收获并促寿。

水形人相理分析

水形正局——面短色黑，五部均圆肥，甚至上下眼泡及腹臀亦圆肥，声音圆润中显余韵者为真水形。如口形方阔，眉粗眼大，腰圆厚垂，主个性宽大，能随遇而安，又胸怀磊落，不善与人争强斗狠，个性不急不徐，圆通多智，一生福泽深厚，安享成功，乃大富贵又厚福之格。如五部瘦小微圆为癸水正局，亦主有中小富贵。水形人最忌面色黄浊，声音不聚，主个性呆滞，一生贫贱。忌鼻起节或有喉结，主性急刑克。忌耳缺、目昏、鼻空、唇掀为四水泛滥之格，主一生运蹇，多灾多难。女性水形人者为“满月脸”，如眉形弯秀，大多嫁富夫，主其人圆通多智，富开创力，有经营头脑，如配金木二形之男性，主旺夫兴家。水形人的个性详见《萧湘识人相法全集（二）·手相篇》。（注：水形人再依其外形及体质分为活水、死水、泉水、浊水，休咎各有不同，详见拙著《气色大全》附录篇。）

水形兼木局——水形兼木之人，乃相生相化之格。其人身长大，但面肥不圆，眉须不浓无彩，腰欠丰圆又无臀部，整个身躯形貌缺乏气势，主其人个性急，一生欠大成就，小富小贵而已，癸水之人减等论之。不论壬水癸水，如肉浮下垂主促寿。面色青滞者为带木过重，为相生不化之格，主木多水涸，一生多凶险终必夭亡。

水形兼火局——水形兼火之人，乃相克相化之格。其人面微圆，头耳带尖，眉轻无须，身躯坚实，眼神充足，为水火既济之相，主聪慧绝伦，灵巧异常，遇事机警，长于谋略，可为圣为贤，但一生命蹇运乖，平生多穷困，仅文章傅世而已。但如面色紫红，则有中等富贵，此即“紫面无须亦荣”之道理。如面色过赤，为相克不化之格，主早克六亲，一生孤刑。如面色滞黑，眼神昏浊，主其人有暗疾，不贫即夭，晚年困苦。

水形兼土局——水形兼土之人，乃相克相化之格。其人步迟腮阔，肩横背厚，身躯短圆，如面色黄润，唇红齿白者，为有源之水，主其人忠诚而福寿，一生闲逸富裕有余。女性为水形兼土局者，主旺夫兴家。如神昏气促，五官不秀，背高腰肥，骨粗肉横，体态痴肥，眉须不聚，为带土过重，为相克不化之格，如面色再焦黄或滞黑者，主其人少年刑克六亲，破祖离乡，并性暴招凶，常处逆境。

水形兼金局——水形兼金之人，为相生相化之格。其人手面微方，色微白或微黑，肥而不浮，气足神充，五官丰隆端正，眉须适中有情，个性坚忍耐劳，允文允武，有大作为，不论男女主其人发达必早，最终可至大富贵，癸水之人减等论。但女性主婚姻欠美满，有或多或少之刑克发生。如面色白如敷粉，面手过于坚实，为相生不化之格，主金多水溢，一生灾祸多端。

水形杂局——水形杂局之人，除身体一部分显现圆肥的特征外，其他水形人五部应显现的特征与个性均隐藏而模糊不明，反而程度不等显现木、火、上、金各形人的特征与个性，其显现的部位不一而足，主客不分，其所兼的局数为兼二局兼三局兼四局也无定数，甚或有重叠而兼者，例如水形兼火火，土土局。水形杂局之人，因五形质素配合不当，质素不真不纯，质素与质素之间相互克制，故影响其人的健康、智慧和个性，进而影响其人在事业上鲜少收获并促寿。

附注：有关甲木乙木、丙火丁火，戊土己土、庚金辛全、壬水癸水之区别标准，历代古相书均未有所说明。笔者依据现今社会人身高矮之实际情况，以及观相数万人次之阅人经验中得到概念，认为身高在 160 厘米（含）以上者为甲木、丙火、戊土、庚金、壬水之人，身高在 159 厘米以下者为乙木、丁火，己土、辛金、癸水之人（女性酌减数厘米论），但符合五短、五小格相理及年老骨缩之人另当别论。至于其他各色人种之标准亦可视实际情况而调整。又读者如欲更深一层研究五形相法，或欲印证自己是属于强势质素之坚木、节木、纯火，野火、硬土、砂土、纯金、生金、活水、死水？或是属于弱势质素之软木、曲木，微火、烈火、黏土，薄土、砂金、杂金、泉水、浊水？则尚须参阅拙著《气色大全》附录篇相理奥秘十五讲之内文。

五形人示意图

金形人示意图

火形人示意图

木形人示意图

土形人示意图

水形人示意图

附注：

五形人示意图为纯真之五形人形相，一般人皆为兼局之体，本图只提供读者作为印证时之参考标准而已。

第五章　形、神、声音、器识

形与神之相法意义

前章曾论及辨别“五形”有如评鉴一部机器所用材质之类别及材质之品级。而观看“形”、“神”，前者有如评鉴机器内部组件与外部式样之设计是否优良，制造是否精密，后者则如测试机器之性能是否完美与马力是否强大。人之受孕成胎，及其呱呱坠地而成为一个完全的人，正如一部机器经过构思、设计、选材、成型、精制、组合，然后出厂成为成品。制造一部机器属于材料学、机械绘图学、工业技术学的范畴，而制造一个人则属于遗传学、优生学、生理学的范畴。伸言之，人相学所谓之“形之有余”及“神之有余”，乃象征其人符合遗传学、优生学、生理学的原理原则，其所呈现的健康、智慧和个性，亦必优于常人，他日在事业上的收获也就多于常人。如系“形之不足”“神之不足”，乃系不符合遗传学、优生学、生理学的原理原则，其所呈现的健康、智慧和个性亦必差过常人，他日在事业上的收获也就少于常人。因为“形”为骨骼及五脏六腑是否优良之具体表征，“神”即精神与气质以及体内放射之电能强弱之具体表征。人之相貌，形固要好神也要强，否则不敢言吉，尤以“神”最为重要。《太清神鉴》云：“人之相貌除形格之外，尤以精神最为重要，盖形以养血，血以养气，气以养神，故形全则血全，血全则气全，气全则神全，是以形能养神，托气而安，气不安则神不安，能安其神，是为君子。寤则神游于眼，寐则神处于心，神出犹日月之光和照万物，而其神固在日月之内也。眼明则神清，眼昏则神浊，清则贵，浊则贱，气壮血和神安固，血枯气散神光奔，英姿清秀心神爽，气血和调神不昏，神之清浊为形表，能定贵贱最堪论。神不宜露，露则神游，游则必凶。神贵藏内隐隐然，望之有畏服之心。凡相貌宁可神有余而形不足，不可形有余而神不足也。神有余者贵，形有余者富，形神俱佳，富贵全矣。”先贤论及神之有余与不足，及形之有余与不足者颇多，惟以《太清神鉴》一书所论较为具体，兹将原文诠释如下：

形之有余者——头顶圆厚（象征其脑组织优良思想智慧高超），腹背丰隆（象征其内脏器官健康），额阔口方（象征其记忆力强口才亦好），唇红齿白（象征其骨骼及消化循环系统发育良好），耳圆成轮（象征其肾水系统发育良好），鼻直如胆（象征其背椎循环代谢消化各系统均优良），眼分黑白（象征其肝肺心肾均功能良好），眉秀而长（象征其骨骼内精髓充足及肝肺功能良好），膊宽脐深（象征其颈项及上肢系统发育良好及成胎过程良好），胸前平广（象征其胸腔内器官发育着床良好），腹圆垂下（象征其消导排泄系统发育着床良好），声音宏亮（象征其人中气充足），行坐端正（象征其神经平衡系统优良及个性不急不徐），五岳朝起（象征其骨骼发育结构良好），三停相称（象征其前脑及上焦中焦下焦各系统发育平衡），肉润骨细（象征其骨肉发育良好同时父母遗传良好），手长足方（象征其四肢发育良好），望之巍巍然而来（象征其人为强势五形质素所制造，其人必系甲木丙火戊土庚金壬水等魁梧轩昂之人），视之怡怡然而生（象征其体内发射之电质素具有亲和力）。此皆谓形之有余也，形之有余者，其人长寿无病，富贵之人也。

形之不足者——头顶尖小（象征其脑髓组织发育不良思想智慧低俗），肩膊狭斜（象征其颈项及上肢系统发育不良），腰肋疏细（象征其胸腔内部器官发育着床不良），肘节短促（象征其上肢系统发育不良），掌薄指疏（象征其身躯五形质素配合不平衡及头部五脏六腑发育不良），唇掀额塌（象征其体内水火两系统发育不良），鼻仰耳反（象征其呼吸系统及肾水系统发育不良），腰低胸陷（象征其五脏六腑发育不良及着床不良），一眉曲一眉高（象征其肝肺两器官强弱欠平衡及父系母系遗传不平衡），一眼仰一眼低（象征其脑组织左右两半发育不平衡及父系母系遗传不平衡），一睛大一睛小（象征其五脏六腑发育不平衡及父系母系遗传不平衡），一颧一高一颧低（象征其骨骼系统发育不平衡及父系母系遗传不平衡），一手有纹一手无纹（象征其内分泌系统发育不平衡及父系母系遗传不平衡），睡中眼望（象征其脑神经系统发育不良），男作女声（象征其体内男女两性荷尔蒙不平衡），齿黄龈露（象征其骨骼系统发育不良及肾水系统发育不良），鼻偏而尖（象征其体内五脏六腑发育不良），秃头无丝发（象征其血液循环系统发育不良），眼深不见眼（象征其内部器官着床不良尤其肾气不足），行状欹侧（象征其内部器官两半组织及神经布建不平衡），神气不足（象征其内部器官功能不彰运转欠正常），头小身大（象征其脑组织与五脏六腑不相称），上短下长（象征其内部器官发育与下肢之发育不相称）。此皆谓形之不足，形之不足者，其人多病而短寿，福薄而贫贱矣。

神之有余者——眼光清莹顾盼不妄（象征其脑组织及五脏六腑均构造精良并能发出强大的电力表现于眼），眉秀长有彩精神耸动（象征其骨骼发育优良骨内充满精髓表现于眉），容色澄澈举止汪洋（象征其身心两健气量恢宏精神气色均处于正常状态），俨然远视若秋月之照霜天，巍然近瞩似和风之动春花（象征其气质风度高雅令人乐于追随亲近），临事刚毅如猛虎之步深山（象征其毅力坚强有勇往直前的处事魄力和决心），处众逍遥似丹凤而翔云路（象征其亲和力强有领导才华）。其坐也如介石不动，其卧也如栖鸦不摇，其行也洋洋如平水之流，其立也昂昂然如孤峰之耸，言不妄发，性不妄躁，喜怒不动其心，荣辱不改其志，万态纷错于前而心常一（以上各语象征其身心之修持已达化境，身体中充满着浩然正气，其人必为正人君子，有作为有担当，乃国家社会贤良才俊之士），此皆谓神之有余也，神之有余者，皆为上贵之人，凶灾难入其身，天禄永保其终矣。

神之不足者——似醉非醉，常如病酒。不愁似愁，常如忧戚。不睡似睡，稍睡便觉。不哭似哭，常如惊恐。不嗔似嗔，不喜似喜。不惊似惊，不痴似痴。不畏似畏，容止昏乱，色浊似染癫痫。神色凄怆，常如大失。恍惚张惶，常如恐怖言语涩缩似羞，隐藏如遭凌辱。色先鲜而后暗，语先快而后讷（以上各语象征其先天身心不足后天身心失调，体能、心灵、道德、学问均欠修持，或目前正霉运当头或即将步入霉运之前奏）。此皆谓神之不足，神之不足者，多招牢狱枉厄，有官亦主失位也。（注：以上有关形之有余，形之不足，神之有余，神之不足和吾人之脑组织及骨骼、五脏、六腑之联属关系，如有注释错误之处，尚祈高明不吝指正，因作者究非遗传学生理学解剖学之专家也。）

形神与遗传之关系——同样是人，为何有人神有余形亦有余，有人神不足但形有余，有人形不足但神有余，有人神与形均不足，究其原因，总括一言，乃祖先父母之遗传与成胎过程之优劣不同所导致也。这是不争的事实，不论持何种命运观的人，均不能否定遗传学、优生学、生理学的科学定律。笔者于 1989 年 3 月 14 日，曾剪下当日《中国时报》第十版转载香港报纸的一则报导。可佐证作者有关“命运之好坏基于遗传成胎之良窳”理论之不谬。原文载称：“本报香港 13 日电，山东省济南一位出生仅八天的女婴，居然开口叫了妈妈。以后的事态发展更令人震惊，这位取名蒋世瑾的女孩满月之前接着叫出了爸爸、妈妈、奶奶、姑姑，并且会数 1、2、3、4、5。百日之内认识了鼻、睑、耳等十多个字。据相关科研人员对蒋世瑾父母的调查研究，他们是经过精心策划，按照优生学的方法，才创造出这个天才婴儿的。首先他们按照优生学的要求标准安排食物，牛肉是低脂肪高蛋白的最佳食品，每周最少吃两次，小白菜含大量维生素，对未来的胎儿再好不过。接着他们又定出了下一步的计划和打算，房事要严格控制，月经来时的前七天为保险期，保险期过后到下次月经到来之前只能进行一次房事，这次房事必须选择最佳的天候和最佳的精神状态，一般最好选择在春暖花开的四、五月份，因为这时的气候和环境，以及各种青菜和水果等都对人的身体有很大的好处。进行房事时，二人的心情必须相当舒畅，情绪亢奋要达到最高峰。待妻怀孕后，他们又定出了下一步的方案，她坚持不休息，而且要迫使自己干一些力所能及的事情。苹果和葡萄在营养学上是营养成份较齐全的水果，特别是对胎儿的皮肤和大脑的发育有好处，从怀孕到分娩，蒋太大吃下了 7 筐苹果，200 斤葡萄。她从怀孕到分娩没请过一天假，没休过一天班，早晨早起晚上早睡，早晚保持一定距离的散步，他们严格遵守自己定的种种戒律。早晨起床，轻轻拍拍肚子，喊一声，“孩子快起床吧，可不能做个懒孩子。”中午晚上听听音乐，把收音机或录音机放在肚子上，让孩子和自己一起听，”孩子，妈妈唱一句你跟一句，好孩子长大了要当歌唱家。”先生下班回来了，摸着妻子隆起的肚子，“孩子，爸爸回来了，叫爸爸。”夫妻俩出外散步，看到外景好物，看到过往的汽车人潮，也总要柔声细语地给孩子讲解一番。一番辛苦，他俩夫妇的用心终无白费，他们靠“优生学”生出了一个天才的女婴。”上文与东汉先贤王充及清朝先贤曾国藩和笔者所强调的“凡人受命，在父母施气之霎时已得吉凶矣，其关于母性者尤大”之说颇为吻合。由此亦证明要生贵子，绝不可能求助神明保佑，或选择吉时良辰剖腹分娩等手段可以达成愿望的。(注：有关遗传影响健康、智慧、个性三者之其他道理，请参阅拙著《萧湘识人相法全集(三)·气色大全》附录篇［相理奥秘十五讲］全文。)

声音好坏标准及相理休咎

先贤云：“上相相声韵，中相相精神，下相相形色。”由此可见声音在人相学上所占之份量。相理衡真一书，曾就一般人之声音好坏标准及休咎，及五形人之声音好坏及休咎有深入详尽之论述，兹录之如下：“天有雷鸣之声，地有风烈之声，山有涧泉清流之声，海有波涛浩瀚之声。人则有上、中、下丹田之声也，声出于下丹田者上也，发于中丹田者次也，发于上丹田者下也。出下丹田者，根深表重，和而声润，远而圆畅，乃聪明达士富贵中人也。出中丹田者，根浅表微，轻重不均，嘹亮无节，或有成有败，或先贫后富，或先富后贫也。出上丹田者，发于舌端，急促不和，乾湿不齐，震而鸣，焦而破，必劳苦贫贱中人也。若夫清而圆，坚而亮，缓而烈，急而和，长而有力，勇而有节，大如龙吟虎啸，洪钟腾韵，鼍鼓振音，小如涧水飞鸣，琴征奏曲，或如瓮中之响，浩瀚之韵，或如笙簧之音，埙篪之声，或人小声洪，五行合音，皆富贵福寿之人也。乃若急而嘶，缓而溜，深而滞，浅而燥，大而散。或如破锣之声，败鼓之鸣，寒鸦哺雏，饿雁哽咽。或如病猿求侣，孤雁失群，细如黄蜂喧吟，青蝇声惨，狂如秋蝉晚噪，蚯蚓夜吟，如羊之哀，如牛之哞。或男带女声，身大声小。或声未止而气先绝，言未举而色先变者，皆下愚刑克贫夭也。君子之声，总是祥缓清澈，和畅响亮，沉远宽厚，大小有力，有声有音有韵。小人之声，懦弱轻薄，浊硬软滞，快悦无端，俗虽可听，其实贫贱。破锣声音，成败孤克，断续声音，成败寿促，滞者阻滞，响者快利，清者清高，浊者愚鲁。女带男声，刚强再嫁，男带女声，懦而无权。人大声小者，贫贱命夭，人小声大者，富贵福寿。声弱者懦弱，声薄者微薄，声破者作事无成，声轻者断事无能，声硬者刚强毒害，声软者口甜心苦。声先低弱而后琅琅者，先贫后富，先琅琅而后低弱者，先富后贫。夫声音乃相理中一大关键，最为紧要，审辨端详，庶得其真，不然，何以闻声而识君子小人哉。”又论五音：“夫人之相，形既成其五形，声亦辨其五音，金声响，木声燥，水声急，火声烈，土声沉，此五音之正象也，各具五形，各得其音者吉，相养相生者亦吉，相反相克者凶。故木音嘹亮条达，激越清漂。火音焦烈燥暴，如火炎轰之声。金音远而不戾，润而不枯，响而不散，高而不暴，如调簧奏曲，玉磬流音。水音圆而得清，急有余韵，小如涧泉湍湍，大如海涛浩浩。土音深厚沉重，若滞而响，如瓮底之音，山谷之韵。成五形之体，能得其本体之音，则无不富贵寿考矣。”笔者观相经验，深以金声要明亮中显铿锵忌尖锐，木声要高畅中显清幽忌嘶破，水声要圆润中显余韵忌不聚，火声要刚烈中显紧急忌气短，土声要沉厚中显迟缓忌浊杂。一般吉声大都有刚、柔、宽、响、聚之感，而劣声则有轻、破、滞、低、散之感。此乃角（木）、征（火）、宫（土）、商（金）、羽（水）五音之正与不正者也。

器识相法之意义

人之相理分为有形之相理与无形之相理，前者如身体五部以及精神气色声音等均属之，可以主观地看到听到和触摸到。后者如“器识”一项，则是无法主观看到听到和触摸到。据先贤开示，要观察其人是否具有器识，必须与其人共同生活长则三年，短则三月，至少三天，才可以从其思想观念和生活言行中体会得到。“器”与“识”有所不同，前者以“器量”为范畴，后者以“远识”为范畴。有成就的人，可能有气量，有知识，但不一定有器量，有远识。因气量并不等于器量，知识也不等于远识。一个人假如具备了器量，则有民胞物与之心怀，视天下一家，中国一人，然后事能容而德乃大。再具备了远识，则高瞻远眺而心乃通，其思想与行为必超越僵化之意识形态与民粹主义，超越国界与民族文化，超越历史包袱，最低限度也必超越党派和地域观念。其人未必能做到一国之元首，甚至未曾做过官员，或拥有过财富，但其人所留下之道德文章与思想言行，足为后世人们数百年甚至数千年所尊崇，似此唯有具有器识之圣人能为也。反之，虽身为国家元首，器量既不宏大，远识尤其缺乏，终日死抱着僵化的意识形态和民粹、党派、地域观念不放，或是为了既得利益而私心自用，动辄兴起战乱，抗拒潮流，倒行逆施，迫害人民，分裂国土，置世界和平和国家民族久远之利益而不顾，虽自诩为救国救民之君，英明之主，但其器卑识浅的行径，终必为历史学家评为小人也。前任美国总统里根在其就职演说中曾说：“美国每一年可诞生一位得诺贝尔奖的科学家，每四年可诞生一位新总统，每十年可诞生一位富可敌国的亿万富翁，每二十年可诞生一位音乐家，每五十年可诞生一位艺术家，每一百年可诞生一位哲学家，但美国立国迄今二百余年尚未诞生过一位圣人，我当选四年一任的美国总统，有什么了不起？”（演说大意如此）此言深深值得当今世界各国之当政者及一般具有大志向的人所深思体会也。

形、神、声音、气色之连带休咎关系

笔者尝言“命理乃是算术而相理则属艺术”，因相理注重“配观”与“加减乘除”。吾人观相除察其形体外，尚须配观其精神、气色与声音。大体言，形体为一生名利富贵荣枯之关键，精神为一生才华智慧寿夭之关键，声音为一生事业健康及六亲完美与否之关键，气色为当时之转机及吉凶祸福之关键，此为观相者之绝妙心法也。兹就有关形、神、声音、气色相互间之连带休咎简要说明如下：

(一)形有余而精神不足者——主其人事业上虽可小发，但主短寿夭亡，或虽有寿而多疾病缠身，或主事业中途破败而发不足。

(二) 形有余而气色不足者——主其人虽有才智有能耐，但常把握不住机会而难成事业，或在事业上多成多败而难奠下富贵之基础。

(三) 形有余而声音不足者——主其人每多困顿，名利虚浮不实而难收全功，或一生勤劳奋斗而劳多获少。

(四) 神有余而形不足者——主其人富贵而有寿，事业上可离奇发达，但其人必多忧思劳心，一生招疑招嫉。

(五)神有余而气色不足者——主其人多智慧才华，但一生多劳碌奔波，事业上有小成，衣禄丰足并有寿，但常犯小人，常做好不讨好。

(六) 神有余而声音不足者——主其人事业上多成多败，难竟全功，小富小贵而已，但心性不良并好淫，以致恶疾缠身，金钱体力常多无形消耗。

(七) 气色有余而形不足者——主其人可短暂发达而致小富小贵，惟难持久。因气色好而发达者，乃系破船遇顺风之故也。

(八) 气色有余而神不足者——主其人在事业上常遇良好机会及贵人协助，而能有中小之富贵，但常多疾病，寿数不高，往往夭折于一生事业高峰之时。

(九) 气色有余而声音不足者——主其人一生因贪淫好色，奸邪秽行，故在事业上难有大发展，仅能依人作嫁，有劳有获而已，寿数亦仅平常。

（十）声音有余而形不足者——主其人可致小贵小富，但贵多于富，大多为辅佐参谋人材。

（十一）声音有余而神不足者——主其人一生事业多成多败，个性不良，有偏颇嗜好。又智小谋大，力轻任重，奸妄喜贪，常有小人为害，即使发达一时，也难持久。

（十二）声音有余而气色不足者——主其人可致小富小贵，但多疾病，又多劳碌奔波及困苦。另性傲不群，自视不凡，事业上多成多败。

（十三）形与神有余而声音与气色不足者——主其人可贵可富，性聪慧而多才智，并主高寿。但一生劳多获少，难有惊人事业，同时事业成败迭见，难收全功。

（十四）形与气色有余而神与声音不足者——主其人一生多机会多贵人，事业成功，名利双收。但多疾病而不寿，并刑克六亲，常受族戚之牵累。

（十五）形与声音有余而神与气色不足者——主其人大旺六亲，但事业上多成多败，常处于困迍境地，或劳多而少获，惟一生衣禄尚丰足。

（十六）神与气色有余而形与声音不足者——主其人有异路财荣（注）与名利，事业上可发达但难持久，一生常多小疾，人丁不旺但享高寿。

（十七）神与声音有余而形与气色不足者——主其人事业上欠收获，一生颇不得志，名利虚浮，成功有限，但六亲发达有助，本身健康少病高寿。

（十八）气色与声音有余而神与形不足者——主其人事业上有昙花一现之发达，但发而旋败。又主常多疾厄，寿数不高，并刑克子女。

附注：精神气色之观看法则，请参阅拙著《萧湘识人相法全集（三）·气色大全》。

木形人成就差异原因分析表

		王某某	刘某某	李某某	谢某某	蔡某某
例如		王某某	刘某某	李某某	谢某某	蔡某某
成就		大贵大富	中贵中富	小贵小富	平常之人	贫贱之人
差异原因	主质素体内	纯真百分之百	纯真百分之八十	纯真百分之六十	纯真百分之四十	纯真百分之二十
	辅助质素体内	全部相生	其他不克大部相生	小部相克大部相生	又相克既相生	全部相克
	外在形相	五部均无瑕疵头面身手足	五部些微瑕疵头面身手足	五部略有瑕疵头面身手足	五部相当瑕疵头面身手足	五部严重瑕疵头面身手足
	声音精神气色	符合标准百分之百	符合标准百分之八十	符合标准百分之六十	符合标准百分之四十	符合标准百分之二十
附注	其他金水土火各形人均可以表列标准论断。					

第六章　耳

耳之部位特性

先贤云："富贵之人不一定有好耳，但一定有好眼，贫贱之人不一定无好耳，但一定无好眼。"达摩相法亦云："面相十分，眼占其五，额鼻颧颏各占一分，眉耳口齿共占一分。"由此说明耳相之好坏对一个人一生收获之多寡影响不大，但吾人又不得不注意"耳为面之关锁""耳为福星"之说。试观一个有大成就大收获的人，如果耳朵相理符合标准，不但其幼少年时期生活优裕又深享亲情，其一生之成就与收获，亦来得自然轻松而不必刻意强求，同时一生享福闲逸到老。反之，如果耳朵相理不符合标准，即使一生有大成就大收获，得来也非常勉强，即使不出生入死，也必备尝艰辛困苦，历尽凶险危难而后始抵于成，同时一生劳劳碌碌死而后已。如果世间真有所谓"厚福""傻福""庸福"的说法，那么耳之相理合乎标准的人，一生即使没有什么成就收获，其人也必一生无凶险，并享闲逸之福，尤以女性为甚。耳又与吾人之心性亦有特别关联，因耳司闻，耳善者所闻皆善，脑中所藏者皆善念，耳恶者所闻皆恶，脑中所藏者皆恶念。故顽劣不化之徒，即使与其说尽好话，或哀哀求告，仍充耳不闻，最终仍呈其兽欲或致人于死地。

耳又系吾人身体内部器官的缩影，从耳的长相和气色，可以清楚地反映吾人先天内部器官的发育优良与否，以及后天的健康情况。如耳垂部位与脑组织、神经系、内分泌系及眼睛等内部器官组织相联属。中耳部位与心、肺、肝、胆、脾、肾、胃、大小肠等内部器官组织相联属。上耳部位与生殖系统、泌尿系统等内部器官组织相联属。外耳轮及内耳廓则与脊髓胸腔颈项腰腹及四肢等内部器官组织相联属，整只耳朵并布满各种微血管及神经组织。又吾人在未满15岁骨骼及内部器官尚未发育完全以前（注：男孩以外肾长毛完全、女孩以癸水来潮正常，表示发育完全），面形及体形均有若干不同程度的改变，但吾人之耳则自出生一直到死亡始终形状不变(注：不论男女，在发育完全以后，面形及体形即不再改变，但精神、气魄、气质、性格，须眉、肤发、气色、肉色、肥瘦、甲齿、声音、纹痕、痣斑等则随心而改，时时在变。另外，耳垂部分会因修持而变长变大，并此说明。)。因此，耳拥有“以静制动”的属性，当然对吾人一生之健康智慧与个性深具影响力量，进而影响吾人一生之收获与成就。兹就耳的各种相理及其休咎分述如下：

耳相看事业成败及攻守时机

▲耳长大坚厚形美贴脑，垂珠圆大又长到鼻准以下者，谓之“垂肩耳”，主其人大贵并高寿。但必须口角朝上，人中上窄下宽，地阁有朝，头圆额隆，凤眼龙鼻等配观条件无缺陷者始验，否则，只可言高寿而已。

▲耳不论大小，只要轮廓分明（外耳轮为轮，内耳轮为廓），两耳厚大整齐端正，垂珠软厚有朝，耳的肤色白过于面，即为标准之耳（左耳白右耳硬亦佳）。其他各官再配合得当者，主其人有或大或小之成就，永不颠沛，并性格优良，循良正派。

▲耳形高耸如茶壶之提把（即天轮向后高耸），垂珠厚大朝天仓者，谓之“提耳”，主其人青少年时期即可名利双收。

▲耳生长的位置最好高过于眉，主其人思想高雅，智力高超，中少年运佳。如其他五官配合得当，主其人大有成就并高寿。如耳高于眼，并其他各官配合得当者，主其人有统御才能，其人行眼运时，官运或财运亨通。如低过于眼为虎欺龙之格，主青中年难发运并促寿，无耳珠者尤甚。

▲耳门（即耳孔）宽大又深邃者，主其人智谋远大性情豁达，一生运佳有成。但人中过狭，舌条过尖，声音过弱，颈项过细者，均应减分论，主其人难成大器。（注：耳孔又名耳门，与耳洞有别）

▲耳肉薄，再加山根低，嘴翘，胸凸者，主其人一生受人差使没有出头之日。

▲耳坚厚形美而贴附于脑者，谓之“贴脑耳”，主其人思虑缜密，机谋深藏，善于营谋，一生富足福寿。如身躯肥胖之人，耳不贴附于脑者，即使大富大贵之人，中年事业必见波折。

▲耳贴脑（正面看不到耳朵）垂珠气色亦鲜润者，主其人目前运程亨通（肥人一定要耳贴脑，瘦人则不忌）。如再耳高于眉，主其人英明贤达，必能出类拔萃。但唇不红、齿不白者减分论。

▲耳生的位置高低不一，再两眼歪斜者，主其人41~45岁损财败业，或损健康或有外伤。

▲耳生的位置高低不一，再加鼻之山根低陷，年寿歪曲露骨者，主其人31~40岁破财败业。

▲耳有轮无廓又倾前，但形秀有扬，状似莲瓣，红润鲜明，耳门宽大者，谓之“鹿耳”，主其人有奇巧，可在某种事物上颇有成就，但一生难聚大财。

▲耳无轮又无廓者，谓之“猪耳”，主其人终身运蹇难成事业，并不善终。

▲耳轮廓分明，但耳肉薄削者，主其人一生名多于利，不宜业商，只宜朝文学艺术方面发展。又耳相好但鼻准不丰者，亦主一生名高于利。

▲耳轮不可反，耳廓不可露，如轮反廓露，主其人虽精明干练，但不守财，往往破败于刹那之间，如耳珠再不朝口，必贫无立锥之地，耳贴脑者情况稍佳。

▲耳轮杂乱突出谓之“金木开花”，再轮飞廓反者，主其人幼小家贫，一生艰辛。

▲耳有天轮而无地轮者，主其人一生事业成败无常。

▲耳露廓，但贴脑又有垂珠者，主其人一生仍主有成。

▲耳廓反又无轮，再额部横纹乱生山根断折者，主其人青少年皆难发运。

▲耳廓耳轮或耳孔内生有黑子再加眉鼻相理欠佳者，主其人感情胜过理智，30~50岁防家运及事业运转为败退，同时防诉讼或是非之累。

▲耳形过大，但唇过薄者，主其人少福禄，晚年尤甚。

▲耳形过大，但眼小者，主其人一生运蹇，事业少成。

▲耳两边大小高低不一者，主其人终身阻碍多，事业难成。耳之形状如左耳劣，右耳佳者为“金克木”，主幼运坎坷，终身运蹇。（注：男左女右，以下均同论）

▲耳形虽大但耳形恶劣又无垂珠，生的位置又特别高者，谓之“箭耳”，主其人虽有才智，但好大喜功，浮夸不实，恃才傲物，眼高手低，刚愎自用，一生潦倒的时候多。

▲耳形过大肉质松软，轮廓微明，垂珠不朝，风当不起，孔大色滞者，名为“驴耳”，主其人心蒙无能又贪淫，六亲少助，如系木水二形人，中年可小发。

▲耳之风当（又名风门）一定要有起，但不能外翻，否则，中年不吉。

▲耳形过小，但鼻过大者，主其人终生劳碌，五小格者例外。

▲耳形过小，但眼过大者，主其人一生难聚财。

▲耳形虽小，但轮廓紧收，肉质厚实细致，有如拉紧的弓弦，并垂珠朝口，色白过面，贴脑又高过于眉者，谓之“棋子耳”，亦谓之耳有“气”，主其人白手成家，富贵可期，中年大发，配“五小格”者尤佳。

▲耳极小又斜，耳轮收而下放又无垂珠者，名曰“鼠耳”，主其人易犯官非，多为盗贼之流。

▲耳旁之“命门”鬓毛过多（超过耳朵二分之一），人中又无髭者，主其人35岁后运程蹇滞，同时多小人是非，严重时则主刑克破败，为官失职。

▲耳形好，耳孔宽大，耳垂厚大又朝额者，主其人15岁前即可发运，

如从事影艺事业之童星，可名利双收。

▲耳贴脑，耳垂厚大，眉清目秀，鼻颧又托者，主其人40岁前发大运。

▲耳垂珠朝口者，主其人50岁后运程平顺。如其他各官配合得当者，主老运亨通，女性则主旺夫，但耳之垂珠背面空凹者不可同论。

▲耳无垂珠者，主其人晚年创业艰难，金钱上较难有收获。如其人已有富贵，则晚年有破产失官之虞，或病灾难免。（注：有德之人耳垂会慢慢变长变大）

▲耳垂珠生黑痣者，主其人终必有财，财之大小以其人之格局大小而定。

▲耳在青年时期枯暗者主其人大穷大败，中年时期枯暗者终生无运，老年时期枯暗者一、二年内死亡。老年人耳白者主其人之子女有或大或小之成就。

▲耳色润白，耳之垂珠红润者，主其人盛运当头。如整只耳色鲜红又润者，再加官禄宫及迁移宫气色亦明者，公教人员必主升迁，一般庶民也鸿运当头。

▲耳的气色坏过面的气色者（尤以耳门为甚），主其人运程不顺事业失败。反之，耳的气色莹洁，面的气色平平，亦主运吉。

▲金形人喜耳白而方长（金耳），忌尖小露廓（火耳），主早年刑伤。如耳形圆厚（水耳或土耳）主一生名利双收。

▲木形人喜耳长坚瘦（木耳），如尖露（火耳）为木形带火主吉。忌方白（金耳），为木形带金主早年刑伤。

▲水形人喜耳圆贴脑（水耳），如形似扇风状（扇风耳）为犯水，一生多刑多败。

▲火形人喜耳尖长高露（火耳），或耳长坚瘦（木耳）均主吉，如圆厚而黑（水耳），为火形带水，主贫穷短寿。

▲土形人喜耳大珠厚（土耳），如形状瘦长（木耳），为土形带木，主一生逆挫。

▲“相不独论”当论及耳之各种休咎时，尚须参照其他各部位综合论断之。例如耳相显示事业婚姻健康个性不好，如眉相眼相鼻相口相显示事业婚姻健康个性很好，则耳相之缺点应减分论，反之，应加分论，以下各章均同。

耳相看家族关系及婚姻子女

▲左耳象征父之遗传，右耳象征母之遗传（男左女右），凡耳相佳者，主其人受胎时，父母之身心健康必佳，父母个性品德亦优良，尤以有垂有珠之人，更象征其父母祖先积有阴德。耳相劣者，主其人受胎时，不是父母之身心健康欠佳，就是父母之个性品德欠优良所致。

▲左耳轮缺损者主克父，右耳轮缺损者主克母，并主其人幼少离家，难享亲情，客死异乡。两耳形状一致者为吉相，形状不一致者为金木相克定主不吉。但左耳白过右耳，右耳硬过左耳者不忌，因左耳为金星不忌白润，右耳为木星不忌坚硬（男左女右）

▲两耳轮廓分明坚实莹净，印堂平满，两眉清秀，印堂无恶纹恶痣或凹陷，两眉不锁印堂，颈项强直，乃骨（父）肉（母）有气，主其人 14 岁前父母健在。如两耳软薄，轮缺廓反，鬓角压眉，乃神（父）昏气（母）浊，主其人 14 岁前父母有损。

▲耳之天轮过尖或有廓无轮者，主其人终生难有安定之家，同时一生辛劳。

▲耳无廓或无轮者，主其人无子嗣或有子即克。无廓又无轮者尤验。

▲耳廓露出耳轮之外者，主其人虽未出继，亦主与家庭少缘，与父母少缘，甚或离祖别乡。

▲耳反轮又无根灵骨者，主其人刑克父母。但有耳垂耳珠者减半论。

▲耳之两耳均无廓者，男性主懦弱无能，无妻缘或迟婚，如左耳有廓右耳无廓者，主其人克母，反之克父。

▲耳贴脑轮廓又无缺陷者，主其人家族繁衍，骨肉情深，家运亦佳。

▲耳形好，耳肉厚实，耳色莹白，再加额相亦好者，主其人出身官宦富裕之家，青年得志一生忠信。同时其子辈及孙辈均优秀。

▲耳色白过面，再加鼻之气色亦黄润者，主其人家有贤慧旺夫之妻。

▲耳门有青筋者，主其人妻有病，或房事不协调。

▲耳小口大或口相好过耳相者，主其人生女多生男少。反之，主生男多生女少。（另配观眉，眼、鼻、颧，人中、泪堂等位百验不爽，但本条只论男相。）

▲耳小又薄又无垂珠者，主其人子缘薄，耳黑者更验。耳薄但长大有垂珠者，仍主有子。

▲耳肉薄又前倾不贴脑者，谓之“扇风耳”，主其人破祖离乡，亲情薄，不得祖产，有亦卖尽败光方休（燮眉者更验）。如耳薄后倾者，主其人处事无能，难有子嗣。（注：耳肉厚但前倾不贴脑者，虽不以招风耳论，惟仍主初运不佳。）

▲耳相一好一坏，如额相好山根高隆者，主其人幼运家境富裕，但刑克父母（左父右母）。如额相不好再山根低陷者，主其人家境不佳又刑克父母。

▲耳之左耳比右耳丰腴者，主其人同性缘良好。如右耳比左耳丰腴者，主其人异性缘良好。

▲耳一大一小者，主其人受到两位母亲抚养长大，或出生时难产，又主二婚。

▲耳轮反廓露者，主其人对配偶付出多回收少，甚或终必反目离异。

▲耳形劣生的位置又低，主其人才智低下，刑克父母（左耳为父右耳为母，男左女右，亦象征其父母遗传不良），不享祖业，乃贫贱无能之辈。

▲耳轮上半部尖削者，主其人刑克父母，并常常迁居。耳轮上半部垂缩者为“耳无气”，主其人父母老年艰困。

▲耳轮与耳廓间之沟，名为“亲沟”，愈深者，幼少年所享亲情愈浓厚，亲沟不深或不成型者，主亲情不足。

▲耳垂上方之空隙，名为“耳沟”或谓“亲穴门”，凡耳沟太过宽阔者，主其人幼少年时期，个性不羁，不听管教。耳沟外翻者，主其人幼少时期虽顽皮，但颇早熟懂事，一生能者多劳。如耳沟窄小者，主其人幼少年时期乖巧颇受宠爱。日本相书谓耳沟象征男女生殖器之大小深浅，笔者因反对“相书黄色化”故不认同此种说法。

▲耳垂珠朝天仓者，主其人祖运佳，自身幼运亦佳，但山根不起者减分论。

▲耳垂有深纹将耳垂划分为两半者，乃属“有垂有珠”之相，主其人祖上积德逢凶化吉，为人热诚而有孝心，并有奇才奇智，如面相手相佳，必有或大或小之成就。若纹浅或有网状纹者，则主一生辛劳，并主心肾机能不佳。

▲耳无垂珠者，主其人缘欠佳，生平很容易遭遇忧烦之事，晚年难免孤寂。

▲耳垂珠反后，或耳垂珠背面空凹者，男主子女男少女多，女主夫缘薄，早婚主离克。又不论男女均有孤寂感，或对异性感受不良，恋爱不顺。

▲耳孔内（即耳门）生有黑亮如漆之痣者，主其人生贵子，并守信重诺，但黑子减半论。（注：贵子在现今社会言，应男孩女孩同论。凡身体健康，智慧优秀，个性优良之男女儿童，均以贵子论。）

▲耳旁之“命门”低陷者，主其人婚姻欠美满，子女缘薄，身带隐疾。

▲耳旁之“命门”与耳之间隔愈宽愈佳，主其人量大智大，“命门”窄者，主其人性愚而短寿。

▲耳边之“命门”无鬓毛者，主其人冷漠阴毒，自私自利，夫妻感情空疏，并受妻累。鬓毛生长至耳垂者，主其人感情用事，中年败业并好淫，但眉浓须亦浓为“三浓”格者不忌，主其人发达颇早，惟仍忌发浓，最宜秃发。鬓毛生长至耳朵之一半者，主个性优良，再加眉清、须清为“三轻”格，主其人一生好运。鬓浓无须者，多为娼优隶卒之流，或劳苦之辈。若颧高无鬓毛者，主其人一生难得社会及朋友之助力。若发粗鬓浓者，主一生劳苦，夫妻感情不睦，并受妻累。若眉疏无鬓毛者，主老年孤贫。鬓毛

乱生至面颊者为“野狐鬓”，主其人个性狡猾多猜疑心。

▲“相不独论”当论及耳之各种休咎时，尚须参照其他各部位综合论断之。

耳相看健康智慧及个性品德

▲耳为肾脏的门窍，假如肾脏健康不良，耳的肤色会慢慢变为青黑、寒白、枯乾、焦黑，听觉亦会受到影响，大体言青黑或寒白为肾病，枯乾、焦黑为肾水枯竭，二年内死亡，老年人耳色既枯暗又黑滞者一月内死亡。耳轮萎缩为肾气不足。凡耳有不好的气色均是健康不良之表征，同时亦影响其人之运气不佳，甚至大穷大败。若耳色红赤色者，则主有高血压之征。

▲耳大肾大，耳小肾小，耳正肾正，耳坚肾坚，耳薄肾脆，耳低肾下。耳大而薄，主其人易患腰酸背疼之疾，耳低者易患坐骨神经之疾，耳薄之人主排尿功能差，耳形厚实端正者肾功能佳。

▲耳门（即耳孔）宽大者，主其人聪明好学。耳门窄小难容一指者，主其人智能有障碍，愚昧短寿之相。

▲耳门大者，主其人有多方面之才华，智慧高，能举一反三，理解力特别强，记忆力也强。（注：耳门大而深邃者固佳，但若形如“张弓”者尤佳。）

▲耳厚实而长者，主其人长寿，如耳内再生出长毫者，主寿高 80 岁以上，再有颈条并神清者主寿高 90 岁以上。

▲耳后灵阳骨（即根灵骨）过于高大者，主其人可享高寿，但寿而劳碌，并主孤寂。

▲耳厚硬形佳而倾前不贴脑者，谓之“招耳”，与招风耳即扇风耳有别，主其人性聪明干练，记忆力强，喜欢表现，但投机取巧，多言语多是非。其人如系木形人，体形瘦高，再五官配合得当者，仍主有或大或小之成就。

▲耳后提（即提耳）者，主其人很会保护自己，并有荣誉心，学习心及领悟力也强。

▲耳长大而口细小者，谓之“水克火”，主其人寿年难过49岁。

▲耳形过大，耳形又劣，又无垂珠者，主其人个性倔强，主观意识强，刚愎自用，难得人和。

▲耳形短小者，主其人信心不足，意志不坚，并主胆小。耳肉再薄者主促寿。

▲耳形过小，不论其形状之优劣，均主其人儿时尿床时间颇长（即垫尿布时间）。耳轮不明显耳肉又薄者，亦主尿床时间颇长或有疝气。

▲耳形过小而面型过大者，主其人个性奸猾，为人欠忠实，再鼻歪眼斜者，乃不忠不义不孝不贤之徒。

▲耳前后生有青筋者，主其人有横祸之征。

▲耳轮尖小又无垂珠者，主其人性情怪异残忍，气量小，个性顽劣，自私自利，孤苦贫穷到老。如其他五官再配合不当者，必罹法网而亡。

▲耳轮外翻又上尖，耳生的位置又低，耳再前倾不贴脑者，主其人品德低劣又短寿。如六曜紧蹙眉眼又带杀者，主其人属盗贼之徒。

▲耳轮丰圆肉厚耳廓又不露者，不论男女，主其人人际关系佳，交际手腕灵活，有组织统合能力。反之，耳轮有缺损耳廓又露者，主其人个性不良，固执倔强，人际关系不佳，难作领导人物。

▲耳后见腮（即腮骨凸露于耳后之谓），再加天轮高耸者，主其人不仁不义，恩将仇报。如再眼带杀者，主个性凶暴中年横死。

▲耳上半部之宽厚度超过下半部者，主其人处事思虑欠周详，但行动快速，责任心强。如下半部之宽厚度胜过上半部者，主其人处事思虑慎密周详后再付诸行动。耳之中部宽厚者，主其人很有创造力，同时勇敢又讲究实际效果。

▲耳廓突出者，主其人个性外向，倔强好胜，但聪明积极，自立心强。

▲耳之风当过小或不起者，主其人幼少年健康欠佳，难享高寿。

▲耳轮廓分明，尤以天轮无缺又不外翻，再眉毛出毫，年寿丰隆，人

中分明，地阁宽厚者，主其人寿高80岁以上。

▲耳无轮无廓谓之“猪耳”，主其人难善终，短寿之相。

▲耳大眼小者，谓之“金伤木”，主其人愚昧无知天资愚拙。

▲耳旁之鬓毛超过耳之长度二分之一者，谓之鬓毛过长，愈长愈主劳碌，但为人侠义，喜打抱不平，惟颇为好色。

▲耳垂厚大又朝口者，主其人个性热诚爽朗，外向而好动，多福多寿亦多智慧，耳垂薄小又向后者，主其人个性冷漠内向而被动，多忧疑愁思，心性欠开朗，亲和力不足，晚年福寿堪虞。

▲耳垂紧贴脸部者，主其人多机智有小聪明，无耳垂者，主其人为人悭吝拘谨，很会保护自己。

▲耳垂有痣者，主其人聪明奇巧，有多方面才华，并孝顺父母，但应防水厄。

▲耳垂发达之人，其耳后根灵骨（即灵阳骨）及后颈柱阳骨亦必发达，象征其小脑及肾机能功能良好，主其人乐观进取，头脑清晰，精神愉快，健康长寿。反之耳垂细小之人，或无耳垂之人，主其人内分泌系统及肾机能欠发达，其人必多愁思烦恼，即使长寿，亦难健康，其人易患高血压症或中风症。

▲耳旁之“命门”出现直纹者，主其人肾机能及元气渐趋衰退，同时听觉亦有障碍之征，处事时，有心有余而力不足之感。

▲耳旁之“命门”有恶痣者，主其人一生中必有一次火厄或火惊，并易感染传染病，做事时有始无终，有头无尾，欠一贯性及恒心毅力，黑斑减半论。

▲耳背面生痣者，主其人主观意识强，往往忠言逆耳，儿时不听管教，并主客死他乡。耳轮耳廓及耳门有疤痕痣斑者，主其人中年官非破财。

▲耳门内生有黑亮如漆之痣者主其人长寿，黑亮之痣生在耳轮上者主其人聪明并重感情信诺，黑色斑点减半论。又不论痣斑均主其人幼年时生过重病。

▲“相不独论”当论及耳之各种休咎时，尚须参照其他部位综合论断之。

女性耳相之独特相理休咎

▲女性耳大肉厚贴脑，有轮有廓，生的位置高过于眉，垂珠又长过鼻准者，主其人不为后妃或一品夫人，亦必享大富大寿。但长有驴耳者不能同论。

▲女性耳垂朝脑后者，主其人婚姻不美满，即使不离婚，亦难享夫福，无婚姻乐趣可言。同时主其人小脑发育畸型，内分泌不足，个性上亦有孤独心态。

▲女性耳旁之鬓毛不宜超过耳长二分之一，鬓毛愈长愈主其人好淫并克夫，发多骨重者尤验（女性以骨轻发轻为吉相）。

▲女性耳小面大者，主其人刑克丈夫劳碌贫贱。

▲女性之耳坚实圆小，厚硬垂珠（棋子耳）者，主其人生性贤慧，必生贵子，夫妻感情弥坚。

▲女性生有“水耳”者，除火形人外均主吉，主其人节俭守财，旺夫兴家，又心性温良，夫妻感情弥坚。

▲女性生有“土耳”者，除木形人外均主吉，主其人心性慈善，勤俭持家，不慕虚荣，富贵长寿。

▲女性生有“火耳”者，五形为木形人者最宜，其他各形人均主不吉。

▲女性生有“木耳”者，主其人气血不旺，有妇女病，难享高寿。又主个性不良，刑克六亲，难得公婆丈夫宠爱。

▲女性生有“金耳”者，主其人聪明干练，心性刚柔兼而有之，可助夫创业致富。

▲女性耳大无收，轮廓不明，风当又不起者（即猪耳），主其人心性愚蒙不聪敏，个性亦暴躁，刑克六亲，子女不优秀，婚姻不美满，自身亦多凶险。

▲女性耳薄，再加鼻高、胸凸、嘴翘、汗臭者，主其人乃半生奴婢之

相，难嫁富贵之夫，又主克夫。

▲女性左耳厚者，主其人先生男，右耳厚者先生女。

▲女性右耳轮反珠反者，谓之“金克木”，主其人刑克丈夫。若左耳轮反珠反者，则主夫妻不睦，婚姻不美满。左右两耳全反者，亦主刑克丈夫子女。

▲女性耳轮若无者，主其人克子刑夫，乃带杀之相。

▲女性耳廓露出者，主其人刑克父母，或与父母早别，难享亲情。又个性躁急偏执，嫉妒心重，婚姻难得美满，有离克之相，但耳贴脑者减半论。

▲女性耳无廓（鹿耳除外）者，主其人克夫或嫁为妾。又主生女多生男少。

▲女性耳有垂珠者，主其人性格明朗，感受良好，易为男性所爱。

▲女性耳无垂珠或耳垂不明显者，主其人有孤独心态，婚姻必迟或婚姻不美满。

▲女性耳色过红而面色过白者，主其人好淫。如再鬓浓发厚者，主其人淫贱至极。

附注：女性耳相除上述之独特相理及休咎外，其他一般性耳相之相理及其休咎与男性同论，但有关男性耳相独特之相理及其休咎例外，因男性属阳，女性属阴，故在休咎解释上有所不同，读者不可不察。

观相感言

破相虽在表面，但真正受伤的是在内部。

受伤部位如在七十五部位的正位上。流年行运至此。当然有或多或少的不利影响。

萧湘居士　撰

耳各部名称图

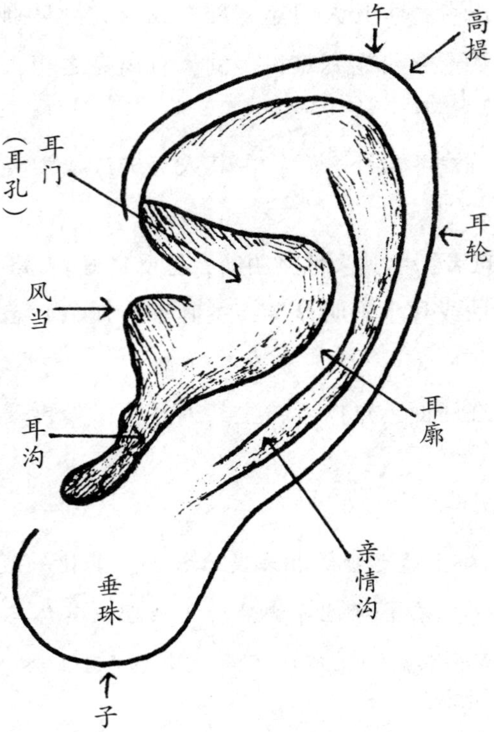

本章所绘之耳图，以神相全编所记载者为准，读者作印证时，千万不可拘泥，只印证其特征即可。

<table>
<tr><th colspan="2">各式耳相图（一）</th></tr>
<tr><td>
（贴脑耳）</td><td>“贴脑耳”的特征为耳紧贴脑不放，耳生退后有如抱头，轮收廓露，位高于眉，色白于面，孔大有毫男女均宜。主其人贤良忠信，配眉清目秀之人有中上富贵，如五官再好，六亲有助，如眉低眼昏，虽富亦劳。</td></tr>
<tr><td>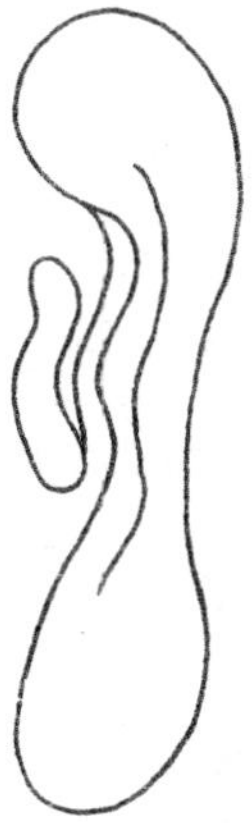
（垂肩耳）</td><td>“垂肩耳”的特征为，耳厚廓硬，耳形长大端正，垂珠到达口角，耳色鲜润不滞，耳孔宽大生毫。主其人必是相貌堂堂，如配头圆额隆凤眼龙鼻之人，必主大贵甚或国之元首，同时寿年近百，福寿双全，女则为后妃。一般之人长有垂肩耳者，亦主一生衣禄丰盛，得来自然，同时高寿。</td></tr>
<tr><td>
（金耳）</td><td>“金耳”的特征为耳高于眉，色白过面，天轮虽小但有垂珠，轮廓分明厚而端直。主其人聪明干练，文武才能。配金形人必享富贵，声誉远扬，多福多寿。配水形土形人亦吉，配木形老克妻子，事业有波折。</td></tr>
</table>

各式耳相图（二）	
 （棋子耳）	“棋子耳”之特征为耳形圆小，轮廓分明，位高于眉，抱头贴耳，耳门宽大，垂珠朝口，色白过面。主其人个性聪慧白手起家，中年有发可得妻助，配金形水形人可贵可富又生贵子，配木形人宜科技界发展。
 （水耳）	“水耳”的特征为耳圆而厚，贴脑抱头，高过于眉，垂珠圆大朝口，内廓微现，耳孔较小。白润或红润又肉坚者为真水耳，主其人学问出众，圆通多智，机谋莫测，能屈能伸，配水形人或金形人可名驰海外，配火形或土形人难有开创，水耳软长又色不鲜者，一生虚名而已。
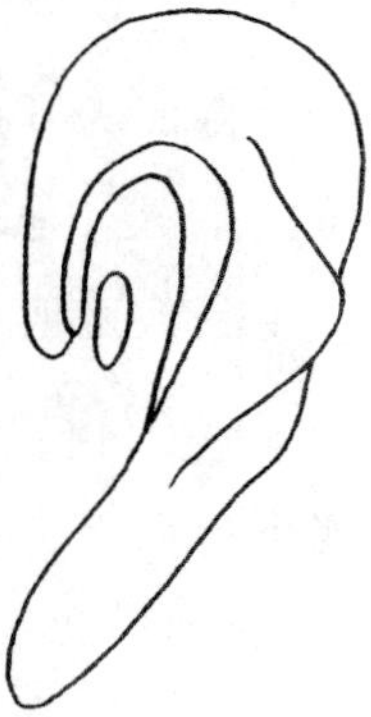 （木耳）	“木耳”的特征为轮飞廓反，天轮大地轮小，耳薄无珠，孔大无毫，子午不直。配木形人幼运必佳。配水形火形人中年有发。配金形土形人早年刑伤六亲。木耳忌额尖顶尖鼻短神滞，主其人个性怪异，刑克劳碌奔波孤独。

各式耳相图（三）

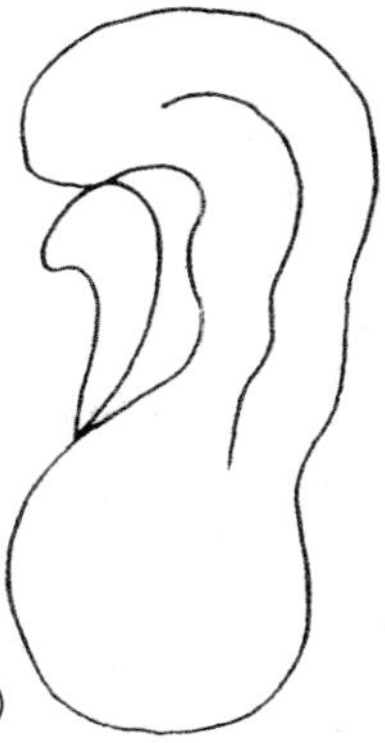 （土耳）	“土耳”的特征为坚厚肥大，耳色红润，垂珠朝口。主其人秉性耿厚，处事执著，如配土形人福寿双全，子孙满堂，富贵绵绵。如配金形人火形人仍主有小成。如配木形人则主奔波劳碌，一生事业多成多败。
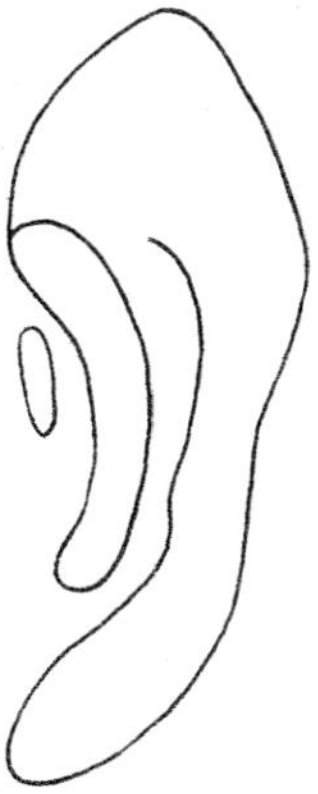 （火耳）	“火耳”的特征为耳长大坚硬不厚，耳高于眉，天轮上尖，耳廓外露反出，垂珠低小后反。如配火形人木形人发达颇早，可至中贵小富。如配金形人水形人不贫则夭。火耳之人，心性古怪，孤寂不群，为人刁滑，性躁少情，六亲刑克少助。
 （扇风耳）	“扇风耳”的特征为两耳向前有如兜风，耳薄如纸又无垂珠，有耳轮但耳廓若无，耳孔细小肉色不鲜。主其人父母遗传不良，不得祖产，有亦卖光，男主贫贱刑克六亲，女主克夫又刑子女。

<table>
<tr><th colspan="2">各式耳相图（四）</th></tr>
<tr><td>
(开花耳)</td><td>“开花耳”的特征为耳轮损缺故名开花，左耳开花为金克木尤为不佳，耳廓似有似无而不明，耳虽坚硬但肉薄色滞，垂珠细小或无垂珠。主其人幼运坎坷六亲有克，纵有资财亦必破尽，末年贫苦尤甚。</td></tr>
<tr><td>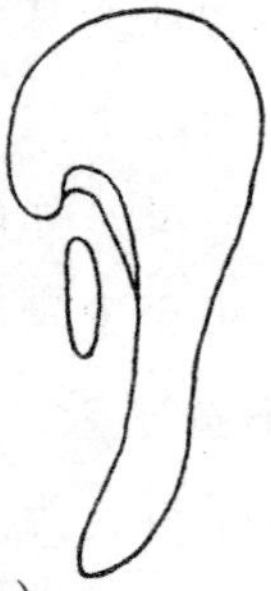
(箭羽耳)</td><td>“箭羽耳”的特征为耳形有如箭羽之状，又名胎箭耳，轮飞廓反下无垂珠，位高于眉色滞不鲜，耳孔细小耳肉坚硬。主其人幼年多病，刑克六亲，祖业虽丰，但全数破败，离乡奔走难有收获，若面部丰满中年小发，但仍主不寿。</td></tr>
<tr><td>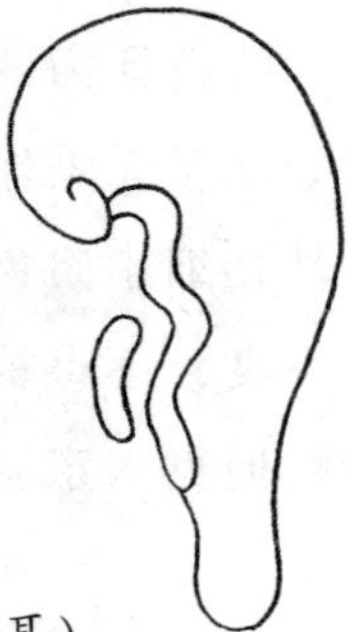
(倾前耳)</td><td>倾前耳又名“低反耳”，其特征为天轮大而向前倾倒，地轮无珠反后，轮廓不明，耳色不鲜，一生灾疾风险颇多，事业少成，如耳薄如纸，又主促寿。</td></tr>
</table>

各式耳相图（五）

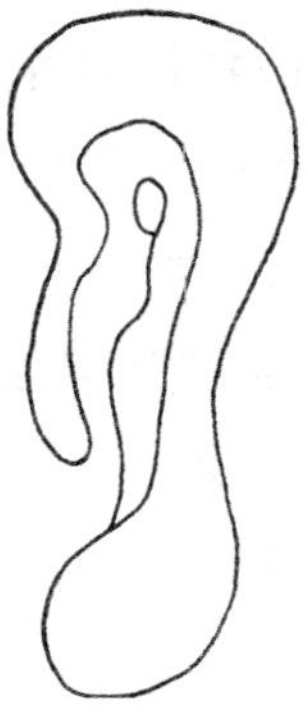

（驴耳）

“驴耳”的特征为耳形长大贴脑而厚，但柔软如绵肉色不鲜，轮廓微明珠不朝口，风当不起孔大无毫。主其人出身贫苦，如配木水形人，眼又有神者，中年可小发，如配火形人主孤而无子，男性有驴耳者主贪淫但有寿。

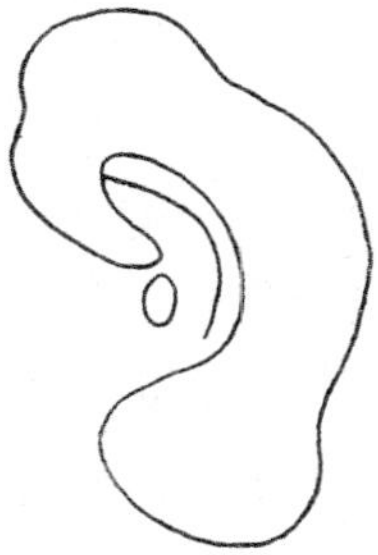

（虎耳）

“虎耳”的特征为耳虽小，抱头贴脑，轮廓缺破，但厚而坚实，耳孔细小，耳色红润。主其人个性奸贪威严莫犯，富冒险精神，亦多蹈凶履危。配高大肥胖之人，主事业难成又夭寿。配五短五小之人主事业有成。

（鼠耳）

“鼠耳”的特征为耳形尖薄短小，有廓无轮，子午不直，下无垂珠。主其人做事多疑，多为偷盗之徒，而习性难改，易犯官非。有牢狱之灾，虽能稍有积蓄，但仍属于卑鄙顽劣的小人物，晚景多凶。

<table>
<tr><th colspan="2">各式耳相图（六）</th></tr>
<tr><td>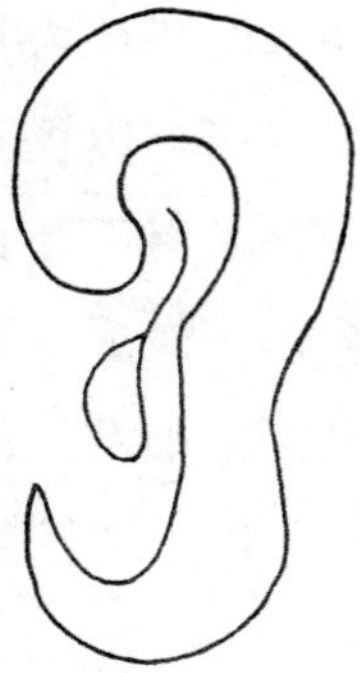
(猪耳)</td><td>“猪耳”的特征为耳虽大但肉软不坚，耳孔虽大但耳色滞而不鲜，轮廓不明似有似无。主其人生性愚昧庸俗，性贪婪又懒散，即使偶有所得，亦为过眼烟云，如配肥胖之人主刑克重，自身凶险夭寿。如配瘦小之人情况则略佳。</td></tr>
</table>

观相感言

按照西洋相法的说法是手相比头面相重要，但以中国固有相法言，绝对是头面相比手相重要。因为“面为百部之灵”　“头为诸阳之首”翻译成白话，就是说“面为人体内部器官的仪表板”，“头骨及头骨内脑髓为人体最重要的东西。”手掌手指仅仅是人体的枝叶而已。

中国相法，是以头、面、身、手、足“五部俱看”为原则，但以观看头面相最为重要。例如一个人砍断了双脚不会死，砍断了双手也不会死，挖掉身体内一个肾或半个胃也不会死，割掉面上的耳朵也不会死，但割除一小块头骨及脑髓，人马上就会死去，所以说手相不但不能与面相相提并论，尤其不能与头骨相提并论。只可惜头骨相法懂的人不多，教授头骨相法的人更少。

萧湘居士　撰

第七章　额

额之部位特性

人伦大统赋云“欲察人伦先从额相”，由此证明人相学以观看额相为判断其人一生命运之重要相理所在。因为额之内部蕴藏着人无价之宝的智慧和知识（智慧为先天，知识为后天），吾人可依据额之骨骼宽窄高低及额之纹痣气色等项，即可判别其人资质之优劣和各种心理和病理现象。例如脑组织功能优良与否？及脑神经运作顺畅与否？以及颜面神经及咽喉和上呼吸道功能优良与否等，均可在额相中明白显示。麻衣云“无额不贵”（即额无奇骨之意），额头的确能明白显示其人一生之贵贱，依据笔者之阅人经验，问“贵”固然额相要好，问“富”更不可额窄不圆，其他从事科技及自由职业之人，如不具有美好的额相亦不能获得显著的成就，尤其那些30岁以前就在事业上或学问上有所成就的人，更不可不具有好的额相。兹就额之各种相理及休咎分述如下：

额相看事业成败及攻守时机

▲额有“三要”，一要“天中”平起，二要“边城”丰起，三要“山林”隆起，凡符合此额相标准者，主其人智慧学养俱优，处事慎谋能断，如五官再配合得当，必为领袖人物。

▲额有日月角骨而无辅角骨者，主其人一生贵在浮沉之间，难掌正官

正印。

▲额有日月角骨又有辅角骨者，主其人既贵又久，如辅角骨大者乃大贵之格。如再配以佐串骨者，主其人既贵又富。

▲额有辅角骨而无日月角骨或后山无奇骨者，主多属清贵杂贵官员或民意代表。前程大小仍以辅角骨大小为断。

▲额无日月角骨又无辅角骨，但额如覆肝（即额有天成骨）者，仍主中小贵，再加五岳相朝六曜配合得当者则主大贵。

▲额无日月角骨又无辅角骨，但边城丰起山林隆起者（合称边地骨起），主其人亦可大贵，并多为乘时而起（例如风云际会或因竞选获胜等）之人物，而不必攀附营谋，然必须枕骨强起，否则昙花一现而已。

▲额有日月角骨辅角骨及边地骨者，主其人早发大贵，甚或贵为政府元首，如再枕骨强起者，主事业长久，愈老愈荣。（注：以上所述日月角、辅角骨、边城骨为时下当权人物常见之“前山起骨”，亦为额相看贵格之重要相理标准。）

▲额平正方阔，峻似悬壁，丰隆明润，势如覆肝（覆肝即天成骨），此乃标准之额，主其人必能青年发达。如面相五岳五官（着重口大眼神清）再配合得当，主其人至老荣昌，一世荣华富贵。如再有奇骨相辅奇神相应者，乃大贵特贵之格。如仅额如覆肝，但眉恶眼神衰，鼻气不贯顶，五岳五官庸俗者，则主万事不成，并少年有灾。（注：奇神即最好的眼神）

▲额低窄，但地阁宽隆，其人如为北方出生或南人北相，再加前山或后山有第一章之奇骨，并有奇神相应者，仍属大贵特贵之格。

▲额低窄，但头圆，仓库丰隆，鼻骨有气，两福堂饱满者，主其人仍属贵格之相，惟幼年有刑克。

▲额低，但额宽又皮肉细润，福堂饱满，眉清眼秀，天仓地库丰隆，山根伏犀骨起者，仍主其人聪明富贵，反之，主劳碌刑克。

▲额窄，但地阁宽隆，腮颐饱满者，主其人青中年难有好运，50岁后老运必佳。

▲额窄，再眉枯印陷者，主其人一生贫穷，难有好运。

▲额尖又窄者，主其人一生欠缺成就与收获。再加颏大为“水克火”，主其人一生劳碌刑克。

▲额方又有奇骨者，最宜仕途发展，额圆而无奇骨者，最宜商途发展。先贤云“额方主贵，额圆主富，额窄不圆，经商必败。”即此意。（注：额方如无奇骨奇神相辅，谓之“额如块石”，主招凶灾。）

▲额高广宽隆，再两耳高提照额，先贤谓之“金木火三星朝拱”主其人青中年运势如虹，但印堂过窄及眉压眼者减半论。

▲额虽高，但耳陷者，纵然印堂宽平，山根骨起，40岁前仍难逃虚花之命运，同时男克妻（或离），女克夫（或离）。

▲额虽高，但从侧面看，气势欠隆挺者，主其人官途发展有限，惟可做学术研究工作。

▲额虽高，但头发如乱草者，主其人乃平庸之辈，一生难有出头之日。

▲额两侧之发脚压住眉毛者，主其人性情愚鲁，一生穷困无好运可行。

▲额发际中央凹入者，主其人最宜从事宗教或教育工作。

▲额发际在30岁前即秃至头顶者，不论金、木、水、火、土各形人，均主行运不顺，头顶中央忽秃（谓之鬼剃头）者尤忌，30岁后渐秃者，主有福之人，尤以金水土形最宜秃发。晚年头发仍乌黑者，主子女自立者少，或难享子女福。

▲额两边之边城、山林、驿马等部分一边高一边低者，主其人思想偏激事业有波折。

▲额发际下方长有黑亮之痣，为数五颗或七颗者，谓之“五星”或“七星”，乃大贵之相。但灰白或褐黑之痣均主不吉，斑点减半论。

▲额大头亦大，再加手短足薄者，主其人一生绝不能贵显。（注：此乃头部畸型发育之征。）

▲额大口小者，为“水火不济”格，主其人青运中运均难有成就收获。

▲额相及口相均合标准者为“水火既济”格，主其人青年中年均有好运，无论男女均有成就。

▲额小头小再加足薄无肉者，主其人贫贱一生。（注：此为思维系统

及运作系统全部发育不良之征。)

▲额阔再加地阁宽者，主其人虽从未做过官，晚年也有为官出仕或被选为民意代表之机会。

▲额凸准翘为“火土成格”，虽不能大富大贵，但在家受父兄庇荫，出外能自创事业。（注：美国影星依丽沙白泰勒即为此格。)

▲额之福堂骨高隆丰起，但山林边城破陷者，主其人破梓离乡，惟可创业于外地而有小成，如山林边城亦丰隆高起，则主其人创业外地而有大成。

▲额及颧、颏四部骨起，唯独鼻骨塌陷者，谓之“四岳无主”，主其人一生多凶灾多刑克。

▲额之司空、中正、部位丰隆，主其人少年得志，反之，事业难成，其人亦鲜有才智，反应迟钝，或刑克长上配偶，此乃象征其人承受先人之遗传不良所致。

▲额之中正部位有灰黑之痣者，主其人一生难享官禄，同时欠忍耐心并脾气执拗，一生职业屡变（注：黑子减半论)。

▲额之天庭至司空，有竖纹或露筋，中正部位再有凹陷者，主其人青年时期创业维艰，偶有小收获，亦得来艰辛，最宜担任固定领薪工作。

▲额之驿马或日月角部位有伤痕者，主其人一生常有不幸之事伴随。

▲额之左右山林及邱陵冢墓一带长有暗黑色痣斑者，主其人青中年时期难聚财，一生事业多变换，并应注意外出车马安全。

▲额及面庞其他部位长有肉瘤者，朱红色主吉，白色及褐色主不吉，从生瘤开始，主运程蹇滞。但眼秀有神者减半论。

▲额在 30 岁后即应有纹，如 40 岁后仍无额纹者，主其人懒散或欠成熟稳健，42 岁开始防破产败业。无产可破者，则主生活艰难。

▲额上有深刻之纹者，主其人个性多忧疑愁思，或在事业上饱经风霜患难。但老年人额纹深者主高寿。

▲额纹乱生，再加山根断折，主其人青年及中年均难有好运。

▲额纹一条长而有势、纹尾向上者，名“华盖纹”，二条名“偃月纹”，

三条名“伏犀纹”，均主贵而有寿。但纹短、歪曲，纹尾向下无势者，主其人寿征事业均有所不如，并中年挫折刑克人丁。

▲额相有缺陷再纹多而杂者，主其人一生多波折劳碌，事业多成多败，同时言行常多错失，常生口舌是非。

▲“相不独论”当论及额之各种休咎时，尚须参照其他各部位综合论断之。

额相看家族关系及婚姻子女

▲额相高广丰隆者，主其人遗传优良，父母交媾时，身心俱佳，两情欢愉，母体生命力旺盛，父祖三代以上必为积善人家，父母运吉又高寿。男性又主青年发达，可承祖业，无祖业者亦可自创基业，同时，子女多而优秀。女性主旺夫兴家并生贵子（注：女性忌额太高）。

▲额相有缺陷者，主其人父系遗传欠优良，母体衰弱或营养不良，或母体怀孕时精神感受痛苦，致使额之中央部位凹陷薄弱狭窄露骨。尤以父母二人年龄相差24岁以上者最验，其人发际不齐或额头低窄定居其一，此因父母二人心理生理未能“和合”之故也。

▲额有日月角者，主其人承受父母之优良遗传，深受父母爱护栽培，亦主其人父母高寿。但日角双重者主过房，月角双重者主双母。（男左女右）

▲额之日月角偏高偏低，或一大一小一陷一露，或日月角部位生汗毛，有纹痕痣斑者，主其人父母遗传不良，或父母无德之征，其人必妨克父母，严重时父母有恶死之虞，亦主与父母少缘。（注：日月角15岁前较为明显）

▲额中央部位有凹陷或凸突者，主其人妨克父母，或与父母少缘。

▲额形不美者，乃“火星”有陷，主其人兄弟子女少又不得力，一生衣食平常，亦无大寿。

▲额过于前突者，主刑克孤独，一生波折，此乃“古”相也，但享高

寿。

▲额有三纹纹尾向下者，谓之“孤独华盖纹”，主其人孤独无子嗣。

▲额上多青筋者（尤忌额之中央），主其人少年刑克父母，本身健康亦欠佳。

▲额高而广，印堂宽平，日月角有起，辅角有势，天仓饱满者，主其人15岁后父母健在。反之，任何一部位有严重缺陷，均为父母促寿之征。

▲额虽高但不够宽广，再加耳小者，主其人虽有祖业亦难享受，即使勉强承受祖业，也难再传下一代。（注：额高而窄者，又主与母少缘或克母）

▲额虽高，但耳反者为“火克金”，主其人破败祖业刑克父母。即使印堂山根相好也不例外。额广头尖者同论。

▲额虽高，但向前削泻者，主其人无祖业可承，须自己创业。

▲额左边偏低者克父，右边偏低者克母。（男左女右）

▲额高，再加桃花眼者，主其人一生桃花运不绝，婚姻欠美满，女人尤甚。

▲额之发际左边低下者，主其人刑克父母或假养出继。

▲额之发际生有旋毛者（天中位更忌），主刑克父母或假养出继，妇女并防灾厄。

▲额发际中央突出者（俗称美人尖），不论男女，主其人个性积极，毅力坚强，勇敢好奇，但幼少年家境平平，早年克父或与父少缘，或早与父母家庭分离，或与父母家庭有代沟，或远离家乡使父母忧伤成疾。（注：有发尖者乃属血多气少之体质，先贤铁关刀谓，可将发尖拔去以改变命运，笔者不以为然。）

▲额之发际三凹者（即分三岔），再日角陷，土星左颧偏左，不论男女，幼少年即克父。如发际分五岔者，克父尤早。但有例外情形，如不刑父而刑母，此乃庶母所生。如父母均未刑克，则主幼少年家有变故，父产有破，或早与亲离，必居其一。如两耳平匀，日月角不陷不露，山林丰满无痕，山根高起不陷，两颧不削不突无高低，则刑克不在幼年之初运，而

在中年之眉运。

▲额之发际三凹，再加中正有陷痕，右边城倾陷，两眉分高低，鬓发双曲，主其人为庶母所生。

▲额之发际低窄或三凹者，主其人性情不是偏执就是愚鲁。如个性聪慧贤良，则主其人定非元配正室所生，或主其人父母年龄相隔24岁以上，如其人为女性，则主其人嫁为妾（鼻尖者更验），或30岁前婚姻欠美满。

▲额之发际成锯齿状者，主其人幼年妨克父母或遗腹而生，并一生多劳少获，额多汗毛者更验。

▲额两边发脚尖垂压眉者，左主克父右主克母（男左女右）。

▲额偏侧再天仓低陷者，主其人30岁前与父母少缘或不得父母之助。

▲额窄而顶脑尖者，主其人幼少年刑克父母兄弟，一生绝不能贵显。

▲额虽窄，但耳高于眉，山根丰隆者，主其人仍可享祖荫并幼少运佳。

▲额尖如三角形者，主夫妻感情不睦，妇女并主克夫。

▲额之福堂及天仓有痣者，主其人必定迟婚，不能承继父产，并男女同论。

▲额之天中部位有起者，主其人崇敬祖先父母，青运即佳，事业可正路发展。额之天中部位凹陷或有痣斑者，主其人有宗教和因果报应观念，喜研究五术玄学但青运不佳，有牢狱之灾，又主刑父或离祖别乡，平生虽有孝心，但无缘尽孝道，事业宜异路发展。额之天庭司空部位有灰黑色痣斑者，主其人刑克父母，欠孝心，一生中有火惊一次，又男主一生少贵人，女主一生为夫劳。额之高广、司空、日月角部位有痣者亦主克父母。

▲额之边地、尺阳、上墓、耳根等部位有灰黑色痣斑者，均主其人客死异乡。

▲额之山林部位不起或长有灰黑色痣斑者，主其人不享祖业，常常搬迁居处，最终死于外乡。但痣色黑亮者，主出外发展而得大财。

▲额山林不起者，主其人均因各种主观客观因素而未能负担家计，即使身为长子亦然。反之，山林有起之次子甚或为女儿身亦必能负担家计。

▲“相不独论”当论及额之各种休咎时，尚须参照其他各部位综合论

断之。

额相看健康智慧及个性品德

▲额之大小与智力之大小成正比，故额相美好之人，在作推因、鉴识、观察、比较时，有异于常人的思考力及逻辑力。故在研究高深微妙之道理，容易获致成功，并在学术上或其他领域获得高位。

▲额高广宽阔，再五岳五官亦配合得当者，主其人思想高尚，道德心重，又富同情心及正义感。

▲额头宽阔者，主其人脑之颞颥叶（侧脑）发达。如果从顶脑（颅顶叶）到后脑（后头叶）渐渐缩小者，则主其人个性自私自利无情无义，而不关怀他人的需要和兴趣，往往喜擅权，越俎代庖。

▲额头高耸，但双颧、鼻、颏欠发达者，主其人头脑冷静中带有冲动的个性。

▲额头高广，有如斜壁，又欠丰满无肉，再加鼻不正者，主其人往往刻薄寡恩，以小博大，吝啬狠毒，无恶不作。

▲额头高广宽阔，但地阁尖削者，主其人思想高尚，思考力颇强，但实行力则不足。

▲额头低窄狭小，但地阁宽广者，主其人模仿力有余，创造力不足。

▲额头高过顶脑，从侧面看前高后低者，主其人缺乏主见，对事物欠缺决断力，意志不够坚决，有时犹豫不决。

▲额头低过顶脑，从侧面看前低后高者，主其人颇有坚强的决断力和意志力，对事物有独断独行之心态。

▲额头太大，额角（即人仓位）过凸，与面型显然不相称者，主其人虽有智力，但个性孤僻固执，刚愎自用，不能合群。

▲额头低窄偏削露骨污陋者，主其人智短才缺，个性偏执自私，不易合群，但眼相及其他学堂相佳者减半论。

▲额头偏斜不正者，不论男女，主其人好淫，但从外貌看其人颇为庄重正派。

▲额头欠宽阔，由前额至后脑形状很长，同时后脑又宽大隆起者，主其人心胸宽广，气量也大，不会自私自利，很会关怀他人，有宗教家慈善家之心怀。

▲额头形成方块状者，主其人重视实际，不尚空谈，最宜从事科学实业等工作。如额过方再额角狭小者，主其人思想太过偏激，或有神经质，主先成后败，从政者尤忌，易遭政敌陷害。

▲额头前端圆而突出者，主其人脑容量必大，生性聪慧，记忆力强，思想丰富而喜学问多研究，但刑克六亲。

▲额头与地阁均前突，唯独鼻凹者，主其人心机颇多，难有成就。

▲额之发际线整齐，同时天中、边地、山林均起者，主其人出身官宦或富裕之家庭，同时思考力强，读书顺利。反之，智慧有差，读书少成。

▲额发际成英文M字形，但额两边边城山林部位饱满高隆者，主其人出身官宦或富裕之家（注：亦有出身贫苦家庭者）。其人感觉敏锐，思虑缜密，冷静沉着，作风稳健，最宜从事政治工作而大有成就。

▲额发际成英文M字形，但额两边边城山林部位未有隆起者，主其人感觉虽敏锐，思虑虽缜密，但干劲及意志力不足，而又任性，喜怒常形于色。其人只宜从事小本经营，或从事美术音乐、文艺、戏剧等工作。又主其人幼少年家境不佳，曾有劳苦生活或童工经验（即半工半读之谓）。

▲额发际中间凹入成拱形者，不论男女，为人处事得体，又有爱心，妇女则个性温柔贤慧。

▲额发际低，再加面庞皮肤粗，六曜挤迫者，主其人乃愚顽之辈，终身难有成就，甚或惹事生非。

▲额之发际不整齐者，主其人不是劳心之人，就是劳力之人，愈杂乱愈甚。同时个性固执不听忠言，常有失败或挫折。

▲额之发际中央有美人尖者，主其人易患头疼之疾，其人之脑神经运转不佳，个性虽积极但好强好胜好奇。

▲额丰隆，上窄下宽者，主其人个性中正，脚踏实地，循规蹈矩地在人生旅途上前进。如上宽下窄者，主其人个性表现极端，往往所作所为不是留芳百世，就是遗臭万年。对人类社会、政治经济不是有举足轻重的建设，就是严重的破坏。

▲额扁平又上窄下宽者，主其人脑前头叶不发达，智力及感情均属于粗鄙型。

▲额窄小而头亦小者，主其人智力发育不全，胸襟亦狭小，个性表面温顺，内心急躁，同时主短寿。

▲额之天中部位突然出现赤红色之斑疹者，主其人应防火厄。（注：有赤色出现，象征其人对“火”失去警戒心、警觉心故应防火厄、火警。）

▲额生有肉瘤者，色紫、色红、及色黑亮、白亮者吉。色灰白色淡黑及色褐者不吉，主其人多忧惊刑厄或耗损或刑克六亲。但瘤上长出毫毛者不吉情况减分论。

▲额生有胎记者，红紫色者吉，主其人遗传优良，智慧高超能成大器。黑色褐色者不吉，主其人遗传不良，健康、智慧、个性有瑕疵，一生难有成就。（注：红紫色胎记之形成，乃系母亲在怀孕时，母体年岁轻，身体健康良好，血液量多质佳之象征。黑色或褐色胎记之形成，乃系母亲怀孕时，母体年岁大，或母体生理心理健康情形不佳，或母体血液量少质浊之象征，其他部位有胎记者同论。）

▲额生有痣斑者，（司空中正部位尤忌）大多幼年时患热病，或脑组织曾有疾病。主其人心神欠宁静，多忧疑愁思，有自卑感，易与长上摩擦，又欠忍耐力和恒心毅力，一生职业屡变，难食官禄，难继祖业。

▲额部气色光润明亮者，主其人脑组织运转正常，头脑清楚，思虑缜密，因而运气亦佳。反之，额部气色暗滞，皮肉粗糙，或出现赤斑疹者，主其人目前不是神经衰弱，就是脑神经运转不良，导至脑压过大，常常头痛或失眠，其人之运气亦处于低潮状态。如额之气色暗黑者，则主事态严重，主其人有死亡之危险，至低限度亦主事业大败运程大蹇。（其他有关额之气色休咎请参阅拙著《萧湘识人相法全集(三)·气色大全》。）

▲“相不独论”当论及额之各种休咎时，尚须参照其他各部位综合论断之。

女性额相之独特相理休咎

▲女性以额为父母，鼻为夫星，口为子星，眼主贵贱。凡相夫旺子之妇，必一面无亏，眼神澄澈。三尖六削眼神混浊之妇不贫即贱，婚姻亦不美满，或刑夫克子。

▲女性额圆头圆（即山林、丘陵、枕骨各位俱饱满）者，为女子九善之首，主其人嫁贵夫，并生贵子。（女性九善：头圆额圆为一善，骨细肉滑为二善，唇红齿白为三善，眼长眉秀为四善，指尖掌厚掌纹细秀为五善，声音清柔如水为六善，笑不露齿为七善，行步徐缓坐卧端静为八善，神清气和肤色润泽为九善。）

▲女性额太高太宽者必迟婚（以自己手指的三指高度为合标准，超过者为过高不足者为过低），如早婚主其人一生婚姻难得美满，非克即离，如系木形人再眉浓、眼大、面长之女性更早验，此乃火焰上炎之相，女性大忌。但事业心重，有或多或少之成就。

▲女性额高再加眼有艳光者，主其人一生有桃花运，但婚事难成。

▲女性额高再加声音过于宏亮大声，或尖锐刺耳者，主其人克夫再三。

▲女性额高广或凸露，再加口大或口薄，主其人30岁前拖累夫运并婚姻不美满。（注：如迟过30岁后结婚，或配额头更高之男士，休咎减半论。）

▲女性额方者，主其人个性男性化，婚姻不美满，克离再嫁。

▲女性额高再加唇掀者，主其人克夫刑子。（注：额高之女性主克夫但善于诞男，身高不足150厘米者也善于诞男。）

▲女性额之天中部位有深长竖纹，或额有三横纹或纹多而杂，主其人婚姻不美满，克离再嫁。

▲女性有日月角者，主其人未出嫁前克父，出嫁后克夫。克夫之年，

大多应在 23~42 岁之间。（注：夫生病外伤或生意失败或聚少离多，或夫妻离异均谓之刑克。）

▲女性额两边人仓（即邱陵冢墓二位）饱满者，主其人 25 岁后即旺夫兴家。

▲女性额头长有灰色或白色之肉瘤者，主其人一生感情再三波折。

▲女性额凹陷，再加印堂有恶纹恶痣者，主其人不识大体，有迫使丈夫作奸犯科之可能。

▲女性额一边高一边低者，或额偏斜不正者，主其人嫁人作妾或填房，同时个性轻浮好淫。

▲女性额尖再耳反者，主其人婚姻不美满，有三嫁四嫁之可能。

▲女性额尖再额露骨者，主其人婚姻不克即离。

▲女性额尖再鼻尖口尖又无眉者，主其人性急如火，难育子女，婚姻不克即离。

▲女性额窄而低，并地阁腮颐宽而大者，主其人在家损父运，出嫁损夫运。

▲女性额低额窄者，主其人娘家家业不旺，父祖不贵不富，又主早婚。

▲女性额低额窄，再发际不齐，头发浓密，面细身粗，或腰扁臀宽者，或额头凹凸不平，再天仓凹陷，印堂太窄或印堂恶纹恶痣者，主其人有沦落为妓女之可能。

▲女性额宽者，主其人有家庭责任感，如再眉浓黑者，主其人有男儿之志向，才华不输异性，必可负担家计并有孝心。

▲女性额低者，主其人早婚，但 30 岁前拖累夫运。30 岁前发胖者更验。（女性 30 岁后发胖者不忌）

▲女性额之气色过于光亮者，谓之“照夫镜”，主其人本身事业有成，但夫运不佳。

▲女性之发际成锯齿状或成三个美人尖者，主其人一生劳心劳力，个性十分顽固，很难接受善意的忠告和长辈的教诲，常常遭遇挫折，婚姻亦难美满。

▲女性额之发际有旋者，主其人刑克父母，个性不良，婚姻不美满，克离再嫁。

▲女性额两侧多寒毛者，主其人克父，随母改嫁，或父母感情不佳，常有口角争斗，或父母分离。

▲女性额两侧之天仓位过于凸露高广者，主其人少年刑克父母一生贫苦。

附注：女性之额相除上述之独特相理及休咎外，其他一般性之相理及其休咎与男性同论，但有关男性额相独特之相理及其休咎例外，因男性属阳，女性属阴，故在休咎解释上有所不同，读者不可不察。

观相感言

用人相学的“面相八仓二库流年法”为人断流年，为何比用八字和紫微斗数及其他以出生之年月日时等算命术（包括西洋占星术）所断的流年要准？究其原因，乃上述的算命术均不能突破子平前辈袁树珊所谓：“每二十五万九千二百人之外的人命格相同”的瓶颈，以及忽略“周天命运”对人生命运的影响所致。又人相学系根据“有诸内必形诸外”的道理，以及生理学、遗传学、优生学、中医学的科学原理算流年，与现在科学家正在研究发展的“基因算命”的原理和方法，实有“异曲同工”“不谋而合”之妙，是以人相学为人断流年每断必准。

萧湘居士　撰

各式额相图（一）

此亦为美好之额相，即额虽不高隆，但颇宽广，事业仍有成就，但比标准之额成就稍逊，男女同论。

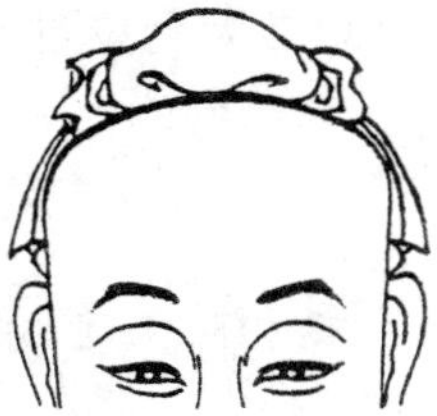

此为标准之额相，一般政治人物，实业家、科学家、文学家多具有此型额。惟女性具有此型额者，婚姻必然不美，非克即离，但事业上有成就。

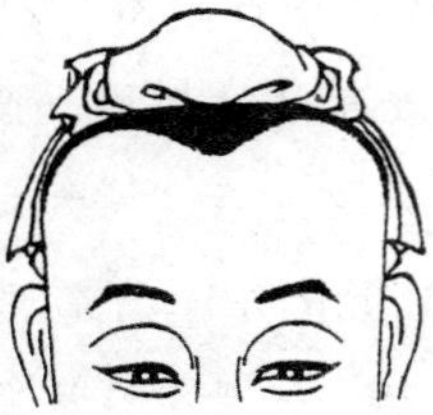

此额之特征为左右两边发际凹入而形成英文M字形，如边城山林骨有起者，主有大成就，否则其成就普通而已，同时幼少年家境不佳。

此额之特征为额部成圆形，为女性标准之额，个性温柔贤慧，乃天生之贤内助。男性额圆者，亦象征个性人品均优良，但比较欠缺开创性。

<table>
<tr><th colspan="2">各式额相图(二)</th></tr>
<tr><td>
此额发际不整齐，形成三个“美人尖”，为其最大缺点，幼少年家境不佳或家庭发生重大变故。如发际形成“锯齿”状者，则主其人为遗腹子。</td><td>
此额之特征为发际中央突出，俗称“美人尖”，主个性好奇好胜机警，其人必离开出生地发展，男女同论。</td></tr>
<tr><td>
此额之特征为额低又窄，两边发脚盖住眉尾，有此额之人，大多少年处境贫苦，六亲缘薄，劳多获少，多属体力劳动人物，男女同论。</td><td>
此额之特征为额之上半部后退，与额之下半部形成“正梯形”，主其人智力欠发达，感情欠精致，事业上难有大发展。</td></tr>
</table>

各式额相图(三)	
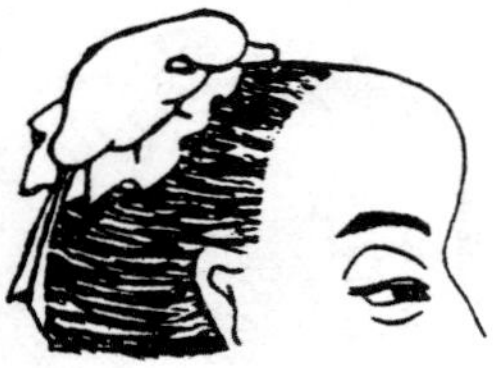	
此额之特征为前额骨前凸，其人可学习专门技术，或作研究工作，但眼不秀者主愚鲁。有此额之人，大多个性古怪孤独，刑克六亲，女性尤甚。	此额之特征为发际中央部位凹入，主其人颇富爱心，最宜从事教育及宗教工作，男女同论。
	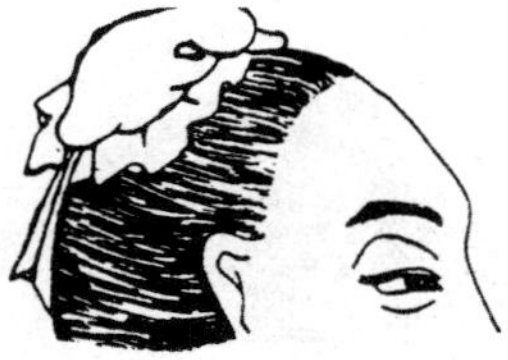
此额之特征为发际既低额骨又平，主其人智能发育欠佳，又缺乏道义仁惠之心，一生命运困厄，难有成就，男女同论。	此额之特征为前额后缩，眉棱骨高起，如下颚部位发达，五官配合得当，主其人仍有小型成就，但个性粗俗鄙陋，行动快速，但理性不足。

各式额纹图(一)

此种额纹名“偃月纹”，贵而长寿，性格明朗，但刑克子女。纹尾向下或有间断者不可同论。

此种额纹名“华盖纹”，最宜武职发展，主有大成，但有刑克，纹尾向下或有间断或蛇行者不可同论。如纹痕深刻者主孤独。

此种额纹名“孤独华盖纹”，三条四条五条不等，纹尾向下，纹痕愈深刻者，愈加孤独辛劳，但享高寿。

此种额纹名“伏犀纹”，贵而长寿，得人钦敬，一生少灾厄，但颇劳心。纹尾向下或有隔断者不可同论。

各式额纹图(二)

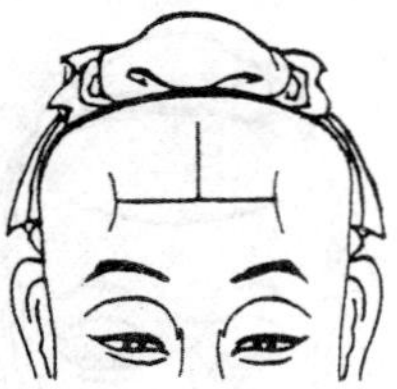

此种额纹名“山字纹”，主早年出仕，发达颇早，但一般庶民有此纹者，虽长寿而孤独。

此种额纹名“王字纹”，为权力名位之象征，大贵之人相得益彰，一般庶民主凶厄。

此种额纹名“川字纹”，纹长者主事业有成，并享高寿，纹短者主有凶厄并克子孙。

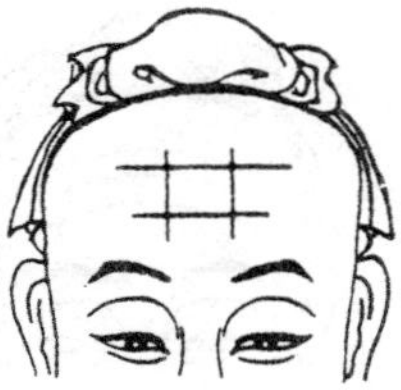

此种额纹名“井字纹”，主其人一生事业问富不问贵，但富而多惊险波折，婚姻亦欠美满，有二婚之相。

各式额纹图(三)	
 此种额纹名“交叉纹”，主大凶，必死于刑罚，不得善终。	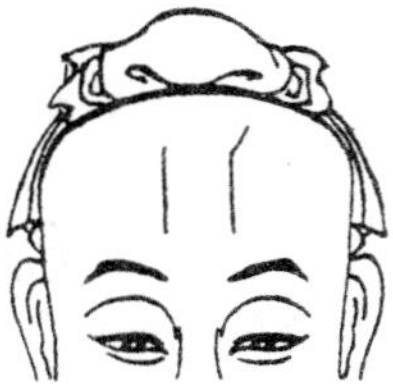 此种额纹名“双直纹”，主破祖离乡，六亲无助少缘，虽有才华并享高寿，但一生多险难，事业少成。
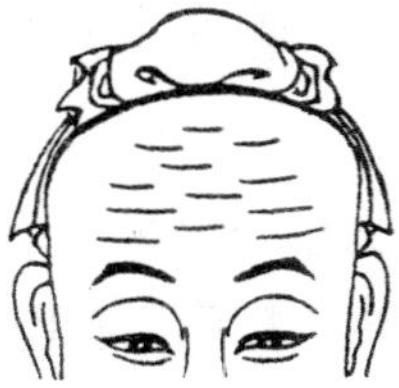 此种额纹为额之凶纹，主其人离乡背井，波折重重，多劳少获，但寿年颇高。如额相佳，纹有势者，另当别论。	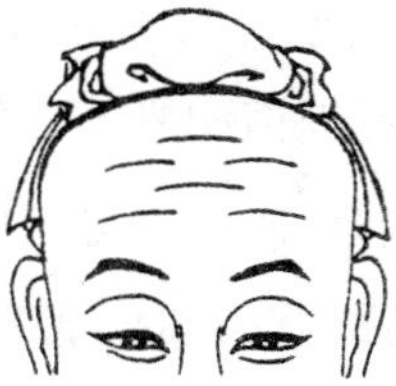 此种额纹为额之凶纹，主其人一生事业诸多阻碍，常有波折，劳碌终生，难有收获。但额相佳，纹有势者，另当别论。

第八章　印　堂

印堂之部位特性

先贤将印堂喻之为“命宫”，意谓凡一个人一生命运之否泰，均可在印堂相理之良窳中求得答案。笔者则喻印堂为“思维系统之总开关”，因吾人之喜、怒、哀、惧、爱、恶、欲七情，及眼、耳、鼻、舌、身、意所衍生的六欲，均在印堂凝聚与扩散。也可以说吾人脑海中意念之传播，外界资讯之收集均须经过印堂的输入和输出，凡意念资讯输出输入顺畅者，印堂皮肉之表面亦随之宽松，反之，印堂皮肉之表面亦随之紧蹙，故笔者又喻印堂为“精神生活之气象台”，“脑神经活动之总枢纽”，或谓之为吾人“收集知识之门户”。佛教则谓印堂为“第三只眼”。

先贤又谓印堂为“九阳气”，“九”者数字也，“阳”者骨也，“气”者气势也，其原意为如欲观看一个人头骨之好坏，只要观看印堂骨之气势就知道了，因为“头为诸阳之首”，而印堂则为“九阳气聚之所”。换言之，如果其余八块头骨（详附注）长得好，印堂骨一定长得好，如果印堂骨长得不好，其余八块头骨不是好坏参半就是不足为论了。而头骨内所覆者为脑组织，根据“有诸内必形诸外”的道理，头骨若长得好，脑组织自然发育良好，其人之健康智慧个性必然优良，因此，其人一生之命运也就自然通达。而印堂为通往脑组织之门户，所以笔者喻印堂为思维系统之总开关其理在此。

印堂相理之良窳，不但与父母之遗传有关，亦与父系母系三代以上之遗传有关，印堂开阔平整者，其人之遗传必佳，亦象征其人健康、智慧、个性三者均优于常人，是以其人一生之成就与收获也较一般人为大为多。笔者虽不相信命运之说，但不得不承认成就大收获多即象征命运好，因此先贤将印堂订为“命宫”，以观其天命（即遗传）之厚薄实有其道理。作者将收获之多寡分成三个等级，第一等为少劳多获的人，当然算是好命运。第二等为有劳有获的人，则为普通命运。第三等为多劳少获的人，当然算是坏命运的人了。

至于印堂气色之好坏，亦是由于脑部组织运转之正常与否所招致，如脑组织运转正常，脑波及脑压亦均正常，脑部所发出之“电能”必强大，而“能量可发热”，“热可发光”，因此，印堂外表所出现的气色必系“黄、红、紫”气色，此时，其人之运气必佳。因为强大电能才能与同样具有强大电能的人“来电”，因此，不论求官求财，必然事事顺利。又强大电能可反制不正常电能，故可避免是非口舌及小人损财。反之如脑组织运转不正常，其人之脑波及脑压亦必不正常，脑部所发出之电能亦必弱小，此时印堂就会出现“青、赤、黑”气色，当然运气也就不佳了，甚至会遭遇意外凶险或发生疾病败业等情事。（注：其他各部位之气色变化亦是同一原理）

印堂为吾人面相中最为当阳显眼之处，与“眉”“眼”同为面相三大主体，凡观看一个人一生之贵贱贫富，健康寿夭，心性品德及女性是否相夫旺子，均以印堂相理之优劣作为主要观看之点。往往一个人的面相除印堂相理美好外，其他部位实无甚可取之处，但其一生收获还算差强人意。反之其他部位纵然相理美好，如印堂相理恶劣者，定然运逆而寿促。再以印堂出现之气色，关系一个人之事业财运及灾厄祸福，更是应验不爽。兹就印堂的各种相理休咎分述如下：

附注：九阳气之名称及在解剖学之对应名称为（一）景阳气（即前额骨）。（二）太阳气（即蝶骨）。（三）龙阳气（即鼻骨）。（四）天阳气（即顶骨）。（五）后阳气（即枕骨）。（六）柱阳气（即颈椎）。（七）华阳气（即颅骨）。（八）灵阳气（即乳突骨）。（九）九阳气（即颞颥部眉间）。

印堂看事业成败及攻守时机

▲印堂开阔平正，丰润圆满如镜者，为符合相理标准。主其人乃“天生福厚”之人，如其他各部位相理再配合得当者，主其人可贵可富，30岁前即可渐露头角。

▲印堂相理符合标准，再加双眼秀长，山根鼻柱有势，两颧饱满，主其人权柄在握，功名显达，乃大贵之格。

▲印堂起骨如“印”者，主其人乃大贵之格。

▲印堂宽平丰润，再加双眉开阔清秀者，主其人“官禄星照命宫”一生官运亨通，大有成就。

▲印堂低陷，再加双眉侵入印堂者，主其人“凶星侵命宫”，一生宦途无望，终身贫苦。（注：左眉为罗睺星右眉为计都星，乃二十八宿中之凶星。）

▲印堂深陷成坑，或恶纹恶痣，再加面方正两耳尖露者，为“烈火化金”，主其人穷困一生，凶灾连连。

▲印堂陷破，眉头交促者，主其人一生劳碌难成事业，如下停相理佳者，尚有若干晚运可行，下停相理差者，晚运堪怜。

▲印堂两侧在40岁后必须有纹，如纹理不乱不杂，不斜不曲，主其人一生事业顺利。

▲印堂有十字纹，天字纹、王字纹、金印纹、仰月纹者，主其人乃大贵有大权之相格，惟一般庶人或面相有瑕疵者，反主不利或凶厄。

▲印堂有悬针纹者，木形人不忌，仍可在正路（即仕途）发展，其他金、土、水、火各形人，均不宜正路发展，只宜追求异路财荣，因从事异路事业，与其执著而又喜自由发挥的个性较吻合之故。（注：印堂悬针纹之成因依据生理学之解释，乃其人之脑系统及心肺系统有先天性缺陷，或后天脑系统及心肺系统受到家庭或社会国家不良讯息之刺激及疾病之损伤，或自身

个性躁急倔强常常蹙眉所致。而日本相书则谓其人青少年时期过度手淫引致脑系统受损伤所致。)

▲印堂痣色灰白或淡黑者，主其人意志薄弱，作事有始无终，一生难有成就收获，但痣色珠红或漆黑者，主其人有宗教及哲学上之慧根，如从事宗教、哲学、五术之研究必有成就，宦途仍主不宜。

▲印堂相理美好，谓之属“阳”，破陷痣纹谓之属“阴”，阳相之人，利于操实权作负责人，无论从事军政工商业均能大有成就。阴相之人，则不利作负责人，如从事实权及枱面工作，不论才高八斗，努力奋斗亦属事倍功半，甚或失败，其验至爽，不得不相信。故一般印堂阴相之人多为怀才不遇之人。

▲印堂阴相之人，如从事幕僚谋略工作或研究规划工作则不忌而有成。

▲印堂阴相之人，如从事宗教、教育、体育、科技、文学、传播、艺术、音乐、戏剧、医学等行业，或从事无上司无部属，完全凭个人智慧取向并富挑战性可自由发挥的个人工作坊，或其他自由职业，例如律师、建筑师、会计师、设计师、代书业，以及从事相理命理五术之研究均可获得成就，此即人相学之“异路财荣”，但仍然一生劳碌难免，六亲负累难免。究其原因，此种人电能虽强，但强而不聚（因印堂漏电），不能反制小人，如在“正路”上发展，必然劳多获少，常常做好不讨好。如从事异路业则不忌。

▲印堂破陷痣纹或印堂过于狭窄者（不容一指），主其人在事业上即使小有成就并衣食丰盛，但一生快乐的日子少，内心忧烦的日子多。

▲印堂有纹痣及伤痕者，主其人一生职业常多变动，劳多获少。

▲“相不独论”，当论及印堂之各种休咎时，尚须参合其他部位综合论断之。

印堂看家族关系及婚姻子女

▲印堂丰满眉清眼秀额骨隆起者，主其人30岁前父母健在，反之，额

陷成坑两眼无神两眉不秀，印堂低陷恶纹恶痣，虽额有日月角，亦主父母有损。

▲印堂有恶纹恶痣或破陷者，主其人青少年离乡别祖，在外又多波折凶险，学业中途辍断，幼少年及晚年大多欠六亲照应，或刑克六亲，或与六亲少缘。

▲印堂痣纹陷破或狭窄者，主其人一生不得长上六亲之助，难承祖业。

▲印堂低陷或两眉侵入印堂者，主其人难报亲恩。同时早婚无缘，妻迟子晚(起码28岁后)。

▲印堂有悬针纹者，主其人刑妻克子，应妻迟子晚才吉。如30岁前结婚者，主其人即使不生离死别，亦主婚姻不美满。(注：印堂有悬针纹或恶纹为漏电之征，招致配偶健康不佳，并生育身心不健康之子女，先贤谓之为刑妻克子。)

▲印堂纹理过于杂乱者，主其人父母祖先有恶行或有恶死之人，自身亦难长寿或死于非命，印堂山根有痘痕者更验，应修身积德以补之。

▲印堂痣色灰白淡黑者，主其人刑克父母或出继，亦不得祖产。

▲印堂或山根有痘痕者，主其人必为养子女或与父母少缘。(其他观看养子女相法请参阅《萧湘识人相法全集(二)》附录篇)

▲印堂痣纹陷破者，主其人婚姻欠美满夫妻情薄，严重者非离即克，二婚不休。再加鼻相亦痣纹陷破者，主娶挥霍之妻。

▲印堂狭小，再加山根折断，鱼尾纹下垂，天仓凹陷者，主其人一生命运逆滞，男主克妻，女主克夫。

▲印堂宽平，再加山根隆挺者，主其人不论男女所生子女必优秀，如印堂宽平，山根欠隆挺者，主其人28岁前所生子女优于29岁后所生子女，反之印堂破陷山根隆挺者，主其人29岁后所生子女优于28岁前所生。

▲“相不独论”，当论及印堂之各种休咎时，尚须参合其他部位综合论断之。

印堂看健康智慧及个性品德

▲印堂宽平圆润如镜者，主其人头脑发育良好，个性英明贤良，气量宽宏而有远见，精力充沛而愉快长寿。又主其人德望高，一生贵人多小人少。亦象征其人肺活量大，身体健康，不易感冒。

▲印堂狭窄痣纹者，主其人心胸狭窄，个性好胜急躁，对事物缺乏透彻之观察力，又易患得患失，并易患感冒、忧郁病或有神经过敏之倾向。

▲印堂骨高突者，主其人有奇特之才能及性格。

▲印堂有悬针纹者，主其人通情达理，气概刚毅，意志坚强，不畏困难，做事彻底；但个性顽强固执，欠缺圆通，喜吹毛求疵，因此不得人和，常招是非甚或官非。如悬针纹深长者，则主有牢狱凶灾，一生事业多挫折失败。悬针纹在木形人而言，事业上不忌，金土水火形人则大忌。

▲印堂细毛丛生者，主其人幼少年多感冒，呼吸系统欠健康。

▲印堂之悬针纹深长又无吉纹破解者（如悬针生脚），主其人终必凶死。印堂之悬针纹浅者，亦主生平多危险，常有孤寂感，常多无名之烦恼。

▲印堂破陷及恶纹恶痣谓之“印堂带杀”，如眉毛亦带杀者（即眉尾上翘之谓），主其人一生虽多凶险危难，但能逢凶化吉。

▲印堂右侧靠近刑狱部位有灰黑之痣者，主其人一生难逃一次牢狱之灾（有牢狱纹者同论），有黑子者则主有痼疾。左侧名为“伤害纹”，主一生常有小伤。

▲印堂旁之交锁有痣斑者，主其人心肺系统有隐疾或心脏衰弱无力。

▲印堂有恶纹恶痣，或印堂狭窄凹陷者，主其人虽有读书，但多学少成，或虽有才华，但有志难伸，一生波折起伏不定，劳多获少，同时心胸狭窄。

▲印堂出现淡红气色或脱屑者，主其人肺部火气过旺或发炎。如出现块状或条状赤气色者，则主有中风之危险。

▲印堂气色发黑者，乃脑部病变之讯号，主其人有暴毙或大凶之危。(其他有关印堂气色之休咎，请参阅拙著气色大全)。

▲“相不独论”，当论及印堂之各种休咎时，尚须参合其他部位综合论断之。

女性印堂之独特相理休咎

▲女性印堂平满、开阔、色润，山根有托，又无任何瑕疵者，主其人必配有成就之夫，同时相夫旺子，一生福厚又来得自然。

▲女性印堂有恶痣者，主其人刑克六亲，婚姻欠美满，非克即离。

▲女性印堂有悬针纹者，主其人孤寿，刑克丈夫子女，或无子女，同时一生劳碌欠收获，又个性刚强，但眉眼鼻相佳者减半论。

▲女性印堂有川字纹者，主其人刑克败家，一生贫贱，夫星不旺，易招凶险，又个性阴毒恶狠，但眉眼鼻相佳者，或自身有宿疾者减半论。

▲女性印堂纹理杂乱者，主其人智慧不高，一生下贱贫苦，丈夫亦无好运，与公婆相处不睦，身体健康欠佳，但眉眼鼻相佳者减半论。

▲女性印堂凹陷者，主其人夫妻缘份薄，婚姻欠美满，夫妻感情疏淡。

▲女性印堂凹陷，再加额头亦凹陷者，主其人必嫁贫贱之夫。

▲女性印堂肉多而起者，主其人个性男性化，喜欢做女强人。

▲女性印堂宽过二指者，主其人早婚，额低者更验。如女性印堂超过三指以上宽度者，则主其人个性男性化，贞操观念淡薄，处事缺乏主见与定力。

▲女性以印堂及鼻为夫星，如印堂破陷痣纹者，主其人压夫运，夫有志难伸。

▲女性印堂气色佳，再加鼻之气色亦佳者，主其人丈夫正处盛运，事业顺利，健康亦佳。如其夫参加竞选，主竞选成功，如其夫参加公职考试，则主金榜题名。(先贤云：印堂火土常明，相夫及第)

附注：女性之印堂除上述之独特相理及休咎外，其他一般性之相理及其休咎与男性同论，但有关男性印堂独特之相理及休咎例外，因男性属阳，女性属阴，故在休咎解释上有所不同，读者不可不察。

观相感言

吾人不相信命运，但不能不相信有什么样的遗传（含隔代及多代遗传），就会有什么样的脑细胞数量和脑细胞的排列程式，以及什么样的五脏六腑质量和五脏六腑的著床位置，以及什么样的血液质量和内分泌质量和骨骼外形和骨骼精髓。然后形成什么样的头、面、身、手、足长相和什么样的健康、智慧和个性。

有什么样的健康、智慧和个性，就会有什么样的收获和成就，以及什么样的婚姻、子女、寿命和祸福，后天能改变的最多三分而已。先贤云："江山易改，个性难移。"何况健康与智慧耶？

或谓智慧可以受教育启发，但有智慧的人，小学毕业也可以成为大学问家、大企业家、大政治家，反之，有博士学历的人不一定能成为大学问家、大企业家、大政治家，因为先天生成的智慧有如大海，后天的学历只是小井而已。至于后天锻炼身体的确可以祛病延年，但与先天遗传的健康不能相提并论。例如落后国家所生产的汽车飞机，怎能和先进国家生产的汽车飞机相比？不论怎样的加以保养，也不能改变劣质汽车飞机内部零组件的设计标准和制造材质的差异，最多只能延长若干使用年限而已。

萧湘居士 撰

各式印堂纹图(一)	
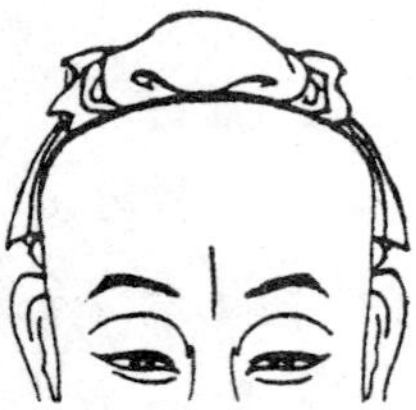	
此纹名“悬针纹”，主难享祖荫亲情，一生奔波少成，多凶多险，功名无份，婚姻不美，男女同论。印堂有此纹之人，最宜追求异路财荣。	此纹为印堂之唯一善纹，主其人脑组织发育良好，神经运转正常，有中心思想，富正义感，一生事业有成，男女同论。
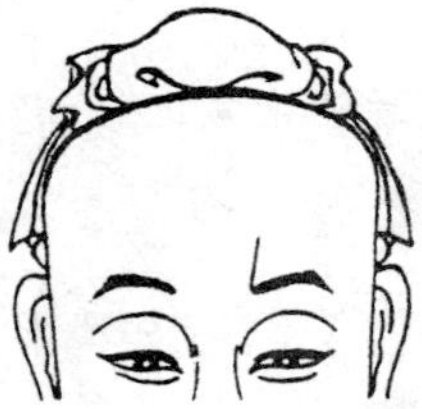	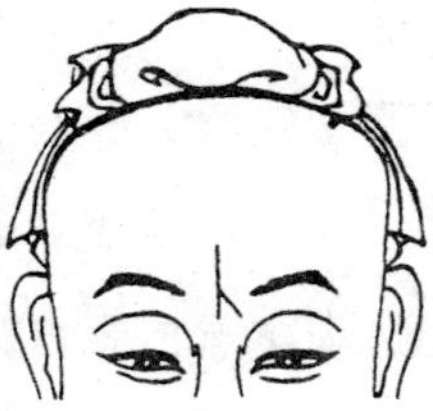
此纹如在左眉头旁者名“伤害纹”主其人易遭袭击伤害，或易患关节风湿之疾。如在右眉头旁者名“牢狱纹”，主其人一生必有一次牢狱之灾。	此纹名“悬针生脚”，主祖产无靠，但祖德深厚。一生中虽波折凶险颇多，但可逢凶化吉转危为安。印堂有此纹之人，最宜追求异路财荣。

各式印堂纹图(二)	
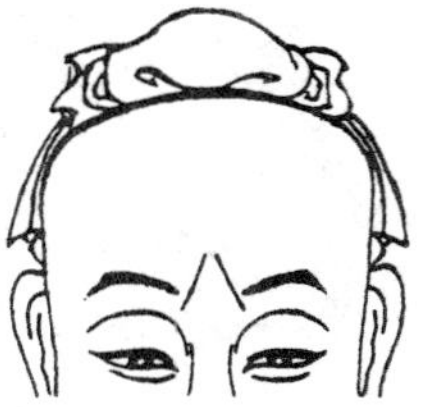 此纹名“八字纹”，主一生难有扬名吐气之时，必然劳碌奔波，成就微小，女性主嫉妒心重，难安于室，一生辛劳，一嫁再嫁。	 此纹名“川字纹”，主破败祖业，奔波劳碌，中年灾难多端，并克妻再三，晚年难享子福，女性主克夫再嫁。
 此纹为印堂之恶纹，纹深者不吉之至，无论男女，主早克父母，一生事业无成，再加其人乖谬乱行，定然遇凶险而丧命。	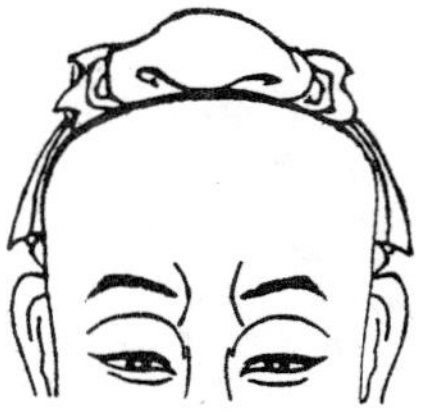 此纹为印堂之恶纹。主生性愚昧，智能低下，无论男女，常怀怨天尤人之心，做人失败，做事亦少成。

<table>
<tr><th colspan="2">各式印堂纹图(三)</th></tr>
<tr><td>
此纹为印堂之恶纹，无论男女，主妨父母，刑妻克子，一生劳多获少，破祖败家，如不存心向善，三十岁前后定有大灾难。</td><td>
此纹为印堂之恶纹，纹形杂乱又纹深者不吉之至，无论男女，主败祖辱身，如行为不自检点，一生中定然灾难凶险难逃。</td></tr>
</table>

相理真言

为何暴疾而殁，纵欲奢情。
为何毒疮而终，肥甘凝腻。
为何老后无嗣，性情孤僻。
为何盛年丧子，心地诈欺。
为何多遭火盗，刻薄寡恩。
为何时犯官非，强梁作胆。

萧湘居士　辑

第九章　眉

眉之部位特性

神相水镜集云“藏精于骨，现精于眉”，精者“精华”也，或谓之“精神”，先贤在千百年前，即知晓吾人一身之“精华”乃藏在吾人骨髓之中。一般来说，男性眉毛浓眉棱骨又起的人，骨髓内的精华亦多（女性重血不重精），眉毛黑亮眉棱骨形状良好，骨髓内的精华亦必优良。古人谓眉之“有彩”，即为骨髓精华之具体表征，例如眉毛长者起伏如乘风飘秀，眉毛短者毫光如远山郁秀，眉毛浓者细发如貂毫闪光，眉毛淡者色华如羊毛润泽，均是“有彩”之眉。现代人喻眉为一面之丰采，最能表征吾人精神威仪之所在，与古人所说可谓同一道理。

西谚云“眉毛看个性，鼻子看健康”。世界上的人多达五十多亿，为何每个人的个性不同？实因为眉毛长得不一样所致。为何每个人的眉毛长得不一样？实因为每个人的骨髓和肝肺的遗传发育组织结构不一样所致。（注：眉之前端与肺相联属，眉之后端与肝相联属，眉棱骨则与骨髓相联属。）同样道理，家庭中的兄弟姐妹个性不一样，也是由于眉毛长得不一样所致，如有两兄弟（例如双胞胎）的眉毛长得一样，其个性爱好就不会差异太多。又眉毛为人类所独有，动物则无，故眉毛愈美好者，个性与资质愈优良，眉毛欠美好者，则人性中杂有兽性也。

眉毛的行运流年从 31~34 岁，亦为吾人真正走上“奋斗人生”的开始。张群先生虽说：“人生七十才开始”，此话当作老年人自勉的话，用以形容其“老当益壮”的精神，或是进一步解释古谚“活到老，学到老”之句的确意义深远。但在人相学言，作者认为“人生31岁才开始”最为恰当。因为人在30岁以前，家境富裕者，必深受父母宠爱，百般呵护，不知五谷之所出，不知穷苦是何指，直到23岁、24岁，或27岁、28岁进入社会后，始悟及世界之伟大，世事之多变，世人之多险，应付此“伟大”“多变”“多险”的事物，已非仅凭父母宠爱及金钱所能济，而必须自行面对事实，接受考验，在30岁以前，领略了做人做事的道理，立下了继承祖业的宏愿，故在31岁之时，是他人生开始之年。或虽有祖荫，但生为纨袴子弟，30岁前，将祖业败光，其人果能立志重振家声，亦必在31岁之年开始。又或家境贫寒，幼年失怙，15、16岁进入社会，备尝艰辛苦难，因能奋斗不懈，贫贱不移，30岁前已能洞察世情，并略有积蓄，31岁矢志创业，是以其光明的人生从此开始。又或家贫如洗，幼少流浪在外，沦为窃盗者有之，与流氓莠民为伍者有之，终日醉生梦死吸毒者有之，女子则沦为娼妓者有之，婚姻失败或被弃堕落者有之，30岁前备尝人间辛酸，或做尽人间坏事，31岁开始，突然浪子回头，痛改前非，一切从头做起，重新创造快乐幸福的人生。又或出身普通家庭，接受普通教育，从事普通工作，30岁前按步就班，没有突出的表现，没有升迁的机会，没有创业的资金，31岁开始，时来运转，遇到有力贵人援引，或升官，或创业：或在婚姻方面人财两得。又或在30岁前事业顺利，31岁开始，每况愈下，一败涂地，家破人亡，至老未能东山再起。以上六种类型，均乃作者观相多年来，所实际接触到的真人真事，故余认为“人生31岁才开始”实有其来自也。为何有此下同之类型，不同之境遇，有人大走鸿运，有人灾祸连年，有人一筹莫展，有人妻离子散，有人由好变坏，有人由坏变好呢？此乃因各人“眉”之相理不同，因此31~34岁各人之命运也就迥异了。

眉尾又为“妻子财帛之宫”，与吾人之肝及小脑相连属，肝好之人，眉尾必聚，必弯下，必过目，是以个性优良，个性优良则事业有成，事业有成财富则聚。同样道理，小脑健康之人，内分泌必正常，内分泌正常，则夫妻生活美满，则子女多而优秀。眉又为“保寿官”，因眉棱骨与骨髓相联属，骨髓中“精华”多的人，眉毛必浓秀，眉毛必随骨而起，是以眉毛浓秀眉毛随骨而起象征健康长寿，故“问寿在眉”。“眉”，一般人只知其对兄弟姐妹交友有影响，其实眉对一个人命运之影响既多且大。所谓“扬眉吐气”，关键在“眉”。先贤云：“少年一轮眉，老年一林须”，人之命运自7岁（九执流年法）开始，就与“眉”之相理关系密切，一直到97岁，每一重要部位之流年，均要参合“眉”之相理论断。兹就眉的各种相理休咎分述如下：

眉相看事业成败及攻守时机

▲眉有八项要件：一要“退印”（即眉头相距两指以上宽度）。二要“居额”（即眉毛要长在眉棱骨上）。三要“毛顺”（即铺陈有致浓中细发）。四要“过目”（即眉尾要长过眼尾）。五要“尾聚”（即眉尾不可散乱）。六要“有彩”（即眉毛有亮光、眉肉有翠润或白润之色）。七要“有扬”（即自眉头至眉身三分之二处略略向上再缓缓下弯）。八要“根根见肉”（即眉毛虽浓但不可浓如泼墨或杂乱无章）。如符合八项要件，即相学上所谓之“龙眉”，面相其他各部位再配合得当者，主其人大有成就，诚大富大贵之相格也。

▲眉形美好（即眉毛符合八项相理标准），再加印满、眼秀、鼻隆、口阔者、主其人青年发达“扬眉吐气”终身。（注：如眼浊者则仅小聪明小收获而已。）

▲眉形美好，眉毛光亮有彩，眉内之肉白润成翠色，再加耳色红润，眼睛神光充足，主其人好运来临，不论求官求职，竞选创业均可成功，即使眉形不好，亦主求职就业顺利，或小本经营得利。

▲眉长者（即眉尾比眼尾略长）富贵，眉短者（即眉尾不能盖住眼尾）贫寒，眉短而印堂眼睛相理佳者减半论。

▲眉有彩者富贵（即眉毛有多层光亮或眉肉有白润翠润之色之谓）。

▲眉疏而不密，清秀有致者，主其人一生衣食丰足富裕。

▲眉浓居额，眉眼间之距离达一寸以上，再加山根丰隆两眼长大者，主

其人一生顺运，财禄有余，金形水形或木形兼水者，更是相得益彰。其人如系南人北相必主大贵或大富。

▲眉轻眉尾又上扬入鬓者，谓之“卧蚕眉”，主其人如生逢乱世，再配丹凤眼者，可成就大事业，但眼浊神弱者，虽发达而不善终。

▲眉长入鬓者，乃大贵之相，但眉毛上竖，则主其人残忍成性，虽有智勇，易损阴德，一生中必有一度大险。

▲眉一字形者，主其人宜在军警界发展或文领武职。如前平尾弯则先武后文，如前弯尾平，则先文后武。

▲眉尾如剑者，谓之“剑眉”，主其人个性急躁、英明勇猛，最宜从事职业军人，必有成就。

▲眉形虽好，但山根低陷，鼻柱不丰隆，鼻准不隆挺者，主其人25~34岁之眉仓运难发运又不聚财，并多灾疾。（注：眉相与鼻相要互为“吊用”，眉相好鼻相不好，主眉运不发。）

▲眉“黄薄”者为六害眉之一，主其人终身不发，一生贫困，又多奸计，如眼相再不佳者，主孤苦凶死。

▲眉“散乱”者（大多为眉尾散乱）为六害眉之一，主其人一生难聚钱财，或多败少成，如眼相再不佳者，主刑克贫苦。

▲眉“逆生”者为六害眉之一，主其人大刑六亲，个性暴躁，常犯官非，自以为是，一生多成多败。如眼相再不佳者，一生劳碌贫苦。如眉棱骨再高露者，主其人个性粗暴，不忠不孝，不仁不义，终必招凶险而亡。

▲眉“交加”者（即眉身两层重叠）为六害眉之一，主其人大刑六亲，破祖离乡，多招小人，常犯官非，如眼相再不佳者，主其人一生劳碌贫苦。

▲眉“锁印”者为六害眉之一，主其人大刑六亲，妻迟子晚，多学少成，一生无官禄，如业商则有破败，尤以28~32岁及36~43岁运程最为不顺。如眼相再不佳者主促寿。

▲眉“压眼”者为六害眉之一，主其人26~46岁，运程蹇滞难有收获，如印堂山根再陷破者，主其人破祖离乡，一生劳碌贫苦，并防灾凶。

▲眉“倒生”又毛粗毛长者，主其人一生贫贱招凶，晚年必陷于穷困孤

苦之境地。

▲眉如“一撮”者，主其人个性不良事业难成，并主孤独贫贱。

▲眉形不好，莫问功名，先贤云“发科一双眼，及第两道眉”，眉头之毛顺生，眉毛平立，眉形再秀者，主其人读书考运均顺利。

▲眉毛似覆盖一层黑色油垢者，主其人陷于穷途末路，或处于“吃软饭”之境地。

▲眉形有扬有势，但眉尾散而不聚者，主其人行眉运时（含九执流年法当令之年），事业上收获平平，如面相其他部位再配合不当者，必见损财或破败。

▲眉头尖小而眉尾宽大者，主其人初运欠佳，但晚景荣华，愈老愈佳，同时主其人必有某方面专业知识，如面相其他各部位再配合得当者，必有相当成就而享盛名。如眉头圆而眉尾宽大有聚者亦同论。

▲眉头之毛浓密，但眉尾之毛稀疏若无者，主其人 33 岁后，至迟 39 岁后事业运转差。如面相其他部位再配合不当者，主其人晚景凄凉，孤独贫贱以终。但五十后眉尾生出长毫者可减半论。

▲眉之前半截，如长出单独一根竖生之长眉毛者，谓之“眉毛带箭”，主自生长箭毛之日起运程不顺，或刑克家人，应将箭毛拔去并多行阴骘以补运。

▲眉毛浓而不浊（即浓中细发），鬓毛、胡须亦浓，眉毛与胡须上下相照应者，谓之“三浓”格，主一生福寿，但必须秃发者才相得益彰。

▲眉粗浓又浊，密而凝滞者，主其人易陷于穷困潦倒之境界。如再头发亦浓厚者，主其人终身运蹇，名行亦差，遭人嫌恶。

▲眉毛粗浓而倒下，再加面方者（金脸），主其人纵有学问才华，亦属寒儒或虎落平阳之辈，终身难有发展。

▲眉毛粗浓又浊，如再眉压眼，眼神又昏浊者，主其人 19~39 岁之间定有牢狱之灾。（注：眉粗浓之人即使无牢狱之灾，亦难青年发达。）

▲眉毛竖生，再加眼内红筋缠绕者，主其人 19~39 岁之间定见官讼牢狱。

▲眉毛黄薄，再加眼暗无神者，主其人有牢狱之灾，并有死于牢狱内之可能。

▲眉梢开叉者，主其人正处霉运。眉痒者主其人有远信至。

▲眉浊而不清，再加眼不秀者，主其人 31 岁后运程渐趋逆境。

▲眉毛稀疏再加鬓毛亦秃者（鬓毛未过耳谓之鬓秃），主其人晚年孤独贫寒。

▲眉毛无故变为杂乱不聚者，主其人应在事业上保守前进，防损财挫败，并谨言慎行，避免口舌是非和意外灾难之发生。如仅眉头之毛变乱者，则主其人心情欠宁静。（注：眉彩无故消失同论）

▲眉毛无故掉落者，主其人吉运转为霉运，即使没有经营事业亦属不吉，应注意自身及六亲之保健，防损财。（眉毫掉落者同论）

▲眉不过目或眉头交促者，主其人不宜从事“正路”行业，无论服官业商均主劳多获少，小人为害。

▲眉不过目或眉头交促者，主其人最宜从事服官业商以外之“异路”行业。或就固定领薪工作，可保生活无虞。

▲眉头之毛顺生，眉尾之毛平直者，主其人考运佳可早发。

▲眉头有细毛竖生者，主其人有医药方面之天份，最宜学医、学药，如手有天医纹者更验。（天医纹请参阅《萧湘识人相法全集(二)》手相篇）

▲眉粗又眉毛垂缩者谓之“眉寒”，纵有学问终属寒儒，主其人难成大器。

▲眉上有乱纹或凹凸不平者，主其人一生劳碌，事业上劳多获少，难成大器。

▲眉中生有漆黑之痣者，先贤谓之“草里藏珠”，象征聪明有才艺，如面相其他部位再配合得当者，主其人有或多或少之成就，但在事业上仍主有一次大波折，并应防手部受伤。（注：另说左眉黑痣主财，右眉黑痣主寿）

▲眉上端有痣者，主其人行眉运时（含九执流年法行眉运之年）运程蹇滞事业上应保守前进，贪多急进者必见破败。有斑点者减半论。

▲眉头有肉瘤恶痣或凹陷者，主其人中年有官讼缠身或事业失败。

▲“相不独论”，当论及眉毛之相理休咎时，尚须参合其他部位综合论断之。

眉相看家族关系及婚姻子女

▲眉毛（含眼）形状之优劣与父母之遗传关系至为密切，如父母生理心理年龄相当，父母健康智慧品性优良，父母婚姻美满，父母曾受良好教育，其所生之子女眉形含眼形必佳，同时健康聪明而又个性优良，思想高雅而又感情理智平衡。反之，父母所生之子女眉形含眼形必劣，或带“六害眉”，其验至爽。（注：眉与父之遗传因素较多，眼与母之遗传因素较多）。

▲眉有彩，再加眼有真光者，主其人父子兄弟均贵，三代显赫。（注：眼有真光，请参阅拙著《气色大全》第八章。）

▲眉清有扬，额正而圆，双颧有势，地阁有朝，主其人45岁前父母不伤。如颧骨失陷，额偏不正，无须或须无情者，主父母有伤。（注：须有情即须的形状和须的气色均符合人相学的标准，须无情则否）

▲眉清眼秀，眉尾弯下，印堂宽平，山根又丰隆者，主其人夫妻恩爱，婚姻美满，同时子女亦聪明优秀。

▲眉毛浓浊锁印，谓之“重罗叠计”，再加眼大者，主其人出继假养为佳，否则，主其人夭折或刑克父母兄弟。（注：重罗叠计多因父乱母淫因奸而生。出继乃是送与他人作养子女，先贤当初著重之意义，乃在使出继者变换生活环境以利养育，以及因出继阻隔与父母兄弟相互间之电质素干扰，对自身及父母兄弟姐妹彼此间均有利。）

▲眉毛若无，再加双眼深陷者，主其人无子嗣。

▲眉毛粗而浊，又短不盖目者，主其人性情刚愎自用，兄弟不多，六亲少助。

▲眉毛粗而浊，再加山根低陷者，主其人破祖离乡，同时34岁前多灾

厄。

▲眉毛竖生，再加太阳穴陷者，主其人刑克六亲，自身常有灾难，终身运蹇。

▲眉毛垂下，再加耳亦低过于眼者，主其人偏生庶出。

▲眉毛浓密，但覆盖有致者，不论男女，主其人家庭观念浓厚，能善尽家庭责任。（注：后枕高隆，地阁丰厚亦主有家庭责任观念）

▲眉毛倒生或竖生逆生者，左妨子，右妨妻，亦主其人青中年时期家运不好，夫妻不和，女性尤甚。

▲眉前半截上竖，后半截垂下，或左边眉毛上竖右边眉毛垂下者，主其人父不善终母再嫁，反之，则母死父再娶。

▲眉头冲向山根者，主其人刑克父母。（注：父母运程蹇滞，亦谓之刑克父母。）

▲眉头有少许之毛逆生者主其人不为父母送终。有细毛者则主子女男少女多。

▲眉头有乱毛丛生者，主其人一生劳碌，背井离乡，难有大成。

▲眉头有纹冲破者，左眉头主与兄弟不睦，右眉头主与姐妹不睦。（男左女右）

▲眉头高过眉尾者，主其人兄弟之成就不如自己。眉头之毛交逆者则主不孝。

▲左眉低陷者，主其人克父，右眉低陷者，主其人克母。

▲眉棱骨高，罗汉眉，八字眉，眉疏鬓疏，面大无眉，鼻高无眉，颧高无眉，鬓厚无眉，须浓无眉，或眉头常蹙，均主其人无子嗣，虽高寿亦多为孤相。

▲眉浓，但眉毛垂下，眉之下半截亦斜下，谓之“罗汉眉”。如再鼻短者，则谓之“罗汉面”，主其人不为僧道，亦必刑克六亲，妻迟子晚。（注：面貌臃肿，五官凸露，眉毛低平者谓之“判官面”，亦主子女迟少或无子。）

▲眉浊压眼者，主其人初年妨克父母，中年妨克妻子。

▲眉形美好，但眼神混浊眼又带刹者，主其人犯刑章而害妻儿。

▲眉上之福堂部位，或眉尾之天仓部位有灰黑之痣者，主其人早婚不利，或早婚少缘，或无缘继承父产，三者定有其一。

▲眉尾为妻子财帛之宫，眉虽过目但眉尾不秀不聚者，主其人虽有妻缘子缘但欠情缘，虽有财缘但欠聚大财之缘。

▲眉尾斜上天仓者，主其人因婚姻失败而破家。天仓部位有痣者同论。

▲眉尾压住奸门者，主其人婚姻不美满，非离即克。

▲眉尾奸门多青筋者，主其人妻之健康情形不佳，严重时主刑克。

▲眉尾奸门丰起平阔，再加鱼尾纹上仰，双颧饱满者，主其人可得妻财之助，或娶妻贤能，助夫经营有成。

▲眉尾有斜纹者，主其人有娶妾心态，同时克子，子嗣多凶险。

▲眉尾有双纹直下奸门者，主其人难享齐人之福，妻妾竟日纷争。女性则主妯娌不和。

▲眉尾眼尾及上眼胞一带出现桃红色气色者，主其人异性缘动，结交异性朋友顺利如愿。

▲眉尾上翘，再颧露骨，又声音嘶哑者，主其人婚姻不美满，晚年鳏寡孤独。

▲眉尾天仓部位丰隆高起，主其人可享父祖余荫，或继承偏受之财。

▲眉尾天仓部位有乱纹者，主其人克妻再三。

▲眉尾散而不聚，再加鬓秃者，主其人老年孤独。

▲眉尾有旋涡形卷毛者，左眉主父先亡，右眉主母先亡，左右均有者为孤儿。

▲眉右边形劣左边形优，主其人妾夺妻权（右眉高于左眉者同论），或前妻个性优良，后妻个性不如前妻。反之，妻强悍妾温柔，或前妻个性不如后妻。

▲眉毛中间有断或有疵痕者，主其人脾气躁急，难为妻子，严重时有离婚之可能。同时早岁离家，六亲无缘。

▲眉压眼，再颐高颧低者，主其人妻夺夫权。

▲眉短不过目，再眉尾上翘者，主其人妻性倔强泼辣，夫妻时有争吵，

如面相、其他部位再配合不当者主离异。

▲眉不过目者，主其人与子女情份薄，或无子女，一生难享子女之福，并为子女辛苦。

▲眉毛若无者，主其人夫妻缘薄，即使结婚，亦主夫妻感情空疏。

▲眉形弯长者，主其人较眉形平促者多子女，亦多子女福。

▲眉左边长者多子，右眉长者多女。（男左女右）

▲眉毛如柳条者，主其人生女多，生男少。

▲眉毛弯长，再加眼睛秀长，印堂宽平，山根隆起，左颧阔，耳相好过口相，人中深明，主其人子女七八人，并男多女少。（注：以不节育而言）。

▲眉少又不过目者，主其人子女稀少，但印堂相佳者，子女可多至四五人。

▲眉虽过目，但印堂破陷者，主其人无子嗣，但有阴骘相者，仍主有子。

▲眉虽过目，但山根断陷者，主其人多生少成。

▲眉清目秀，泪堂平满，山根隆起，人中深明者，主其人多子而少女。

▲眉毛稀疏，再加眼珠黄者，主其人难育子嗣，喉结过露者尤验。

▲眉毛薄，眉中又长箭者，主其人即使不刑克子女，亦与子女少缘。

▲眉毛曲生者，主其人子女个性不良，面相其他部位再有缺陷者，则主刑克子（注：本章所言子女及兄弟之多寡以男相为准，女相可参照论之）。

▲眉上有直纹者吉相，但直纹长在眉头上者，主其人刑克兄弟姐妹。眉尾上端有横斜之纹者，主其人刑妻克子，男女同论。

▲眉上生有横纹者，主其人少子缘或克子，老年运蹇。

▲眉为兄弟宫，父精强者，眉毛必随眉棱骨而起，眉毛必秀长过目，故兄弟多而无刑克，主其人人缘好，朋友也多。左眉为兄弟，右眉为姐妹（男左女右）

▲眉秀长过目，印堂丰满宽平，山根隆起，两颧耸秀者，主其人兄弟优秀，可得兄弟之助，兄弟之间无刑克。

▲眉毛内有痘痕者，主其人兄弟缘薄，又少子嗣。

▲眉毛忽然缺落一撮者，主其人之兄弟姐妹，必有重大事故发生。

▲眉中有灰黑之痣者，主其人兄弟姐妹有人会遭意外凶险。又主左眉中有痣克妻，右眉中有痣婚姻不美满。

▲眉毛清秀弯长，印堂丰满者，主其人可得兄弟金钱之援助，或在事业上得兄弟之提携。

▲眉毛中如有纹冲破者，主其人刑克兄弟姐妹，或与兄弟姐妹不合无助。

▲眉内有疤痕疵痕者，主其人与兄弟姐妹亲戚朋友甚至与家庭少情少缘。

▲眉弯长过目，山根亦隆起者，主其人自身与兄弟姐妹均有成就。

▲眉短不过目者，主其人多为独生子，性情孤独怪癖。然眉清眼长印宽有颧者，则主有兄弟三四人。（注：以父母未节育者为准，以下准此以论）

▲眉毛不一样者，主其人克父或克母，或有异母或异父兄弟。（或主二婚）

▲眉毛与眼齐者，主其人兄弟二人，但印堂平满，山根隆起，眼秀而长，双颧有起者，则主兄弟可多至五六人。

▲眉毛过目，再印堂平满，山根隆起，眼秀而长，双颧有起者，主其人兄弟可多至八九人。如再眉毛浓秀者，兄弟可多至十余人。

▲眉毛过目但颧不起者，主其人无兄弟，或兄弟一人。

▲眉毛过目又弯长者，主其人有兄弟七八人，但眉尾不聚者则无兄弟。

▲眉毛过目者，主其人有兄弟五六人，但眉粗浓锁印者，则主其人无兄弟。

▲眉毛过目者，主其人有兄弟五六人，但印堂双颧有破陷者，主其人兄弟二三人。眉尾再不聚者，主其人无兄弟。

▲眉毛如扫帚者，主其人兄弟虽多，但必有刑克，如印堂双颧再破陷者，则主其人无兄弟。

▲眉毛间断者，主其人刑克兄弟，或与兄弟少情少缘。

▲眉毛锁印堂，或有眉无山根者，主其人兄弟感情疏空。但眉尾有聚

者，老来兄弟团圆。

▲眉毛稀疏若无，再加无颧者，主其人兄弟相害。有颧无眉者，则主兄弟结冤结仇。

▲眉毛不过目，虽有兄弟，但兄弟各奔前程，难有照顾。

▲眉少发厚，额高无眉，须浓无眉，面大无眉，鼻高无眉，腮骨太露，横纹破颧，皆主刑克兄弟姐妹，六亲少助少缘，孤独之相也。

▲眉秀长过目者，主其人有兄弟，但观看兄弟之多寡，应配观印堂颧骨相理之优劣而增减之。山根则为观看兄弟优秀与否之配观点。

▲眉毫竖生或上翘者，主兄弟感情空疏或刑克兄弟，亦主老年个性固执。

▲眉相有任何瑕疵，均主其人与夫妻或兄弟或子女少缘，寿亦难永，纵有朋友，终难和睦相处，如与人合伙，则互损运气。

▲“相不独论”，当论及眉毛之相理休咎时，尚须参合其他部位综合论断之。

眉相看健康智慧及个性品德

▲眉毛清而不浊，眉尾弯长过目，眉毛不上竖下垂，眉身不中断，眉棱骨不高露，再加印堂开阔者，主其人性格聪慧优良，同时高寿。

▲眉毛全部竖生者，主其人个性乖戾狠毒，虽有智勇，易损阴德，终其一生，必见大险。与人交往则重视现实讲功利，部分竖生者减半论。

▲眉毛全部逆生者，主其人气量小，骄傲躁急，好斗嗜杀，常自以为是，难得长上之欢心提携，容易在朋侪同事间树敌，终其一生，灾多害大。(注：部分逆生者减半论。眉毛向前直生者亦主个性不良但较逆生者减分论。)

▲眉毛成一字形并过目者，主其人有大志，有男子汉之气概，气宇不凡，处人处事，循规蹈矩，心口如一，性情择善固执，不够圆融，但不失积

极进取，允文允武，如面相其他部位配合得当，主其人事业上可贵可富，其人之兄弟亦多。但缺乏运动、艺术、音乐兴趣，或至少三者缺二。

▲眉毛成三角形者（即单弓眉），主其人个性奸诈，不孝不义，决断力不足，一生事业少成，刑克六亲。

▲眉毛粗浓，但退印过目居额，并覆盖有致者，主其人个性稳重，气量亦大，知进知退，一生事业必有大成就。

▲眉毛纤细形如柳条者（又名春心眉），主其人聪明有才华，不论男女，个性好色贪淫。男人生有此种眉者，主其人异性缘特别多，常受女人金钱帮助，但防色痨。

▲眉毛一根一根婆娑垂下者，谓之“婆娑眉”，主其人重色欲，喜偷香，如眼未带刹者，主胆小性懦，又主惧内少子嗣。如眉毛又稀疏者，则主其人无自力更生能力，女性尤甚。

▲眉如帚者，谓之“扫帚眉”，主其人个性不良，事业多成多败，如眼相再有严重缺陷者，必罹法网而亡。

▲眉毛中间间断或成波浪形者，主其人爱出风头，虚伪狡诈，好勇斗狠，主观意识强，喜争是非。如眼相再有缺陷者，主其人喜轻启诉讼，最终为了诉讼而卖尽田园。又主其人情绪不稳定，个性孤癖，与朋友好的时候，可两肋插刀，当意见不合时，立即翻脸无情。

▲眉毛中间有间断者，男性主上肢容易受伤，女性则下肢容易受伤。

▲眉毛“有扬”者，主其人精力充沛，意志坚定，健康长寿。

▲眉毛轻疏短散，再加眼波成双者，主其人性急任性。反之眉毛浓密，再加眼波成单者，主其人个性缓慢内敛。

▲眉毛稀疏色淡形劣者，主其人个性狡诈，自私自卑，性急任性，气量狭小。

▲眉毛稀疏又断续者，主其人计划不周详，处事欠条理，一生难有大成就。

▲眉毛浓浊压眼者（即杂乱无章之谓），主其人容易自寻烦恼，多忧疑愁思而善变。

▲眉毛上下左右交错密生，眉尾又开叉不聚，俗称“鬼眉”者，主其人心性怪异，残忍狠毒，常怀强暴偷盗为非作歹之心，有犯罪倾向。

▲眉身成卷曲状者，主其人生活孤独，与俱有“罗汉眉”之人同样适宜出家为僧为道。

▲眉毛曲生者，主其人聪明，喜研究，好学问，但亦贪色好淫。

▲眉毛平促又短不过目者，主其人吝啬之至，为守财奴。

▲眉毛稀薄，再眼浮露无神者，主其人中年事业破败，寿命难过45岁，同时无子息。

▲眉毛上下成合抱状者，主其人胆怯害羞。

▲眉毛稀疏，再嘴型阔大又不收者，主其人应注意水险。

▲眉毛粗，但毛色带黄者，主其人短寿（注：寿年未过30岁者谓之夭寿，寿年未过50岁者谓之短寿或促寿)。

▲眉毛左右两边不一样者，主其人才高胆大，感觉敏锐，能深谋远虑，但心机很重，颇为感性自私。又眉毛较稀疏一边之上肢容易老化。（女性与脚有关)

▲眉毛掉落者，乃因疾病引至内分泌失调，或免疫力减弱，或骨内之精髓电能减弱所致，应特别注意保健。

▲眉锁印堂，眉尾又不聚者，主其人个性急躁，心胸狭窄，德难服众，难付重托，不宜担任主官职务。如眉尾有聚，则主其人守分不贪，认真不苟，同时又急功好义，但仍个性急躁，叛逆性重。

▲眉形如尖刀状，谓之“尖刀眉”，再眼带刹者，主其人有兵亡之险。

▲眉头过于靠近（不足一指宽）者，主其人个性急躁任性，偏执耿介，气量狭窄，爱计较，眉锁印堂者尤甚。因此在25~34岁之间，行事不顺，容易遭受挫折，同时主促寿。

▲眉头过于靠近，又蹙眉者，主其人个性消极，遇事犹豫不决，并心胸狭窄，喜钻牛角尖，中年必败业或工作不顺。同时，其人健康亦欠佳。

▲眉头之毛杂乱者，主其人气量狭小偏激，不善言词表达，心情常有郁闷。

▲眉头之毛粗浓上竖者，主其人个性残暴，好勇斗狠，杀人放火均能为之，25~32 岁，必招凶横死不得善终。眉压眼、眼睛红筋缠绕者更验。

▲眉头之毛粗浓眉尾之毛稀疏者，主其人个性躁急冲动，乃“妻子财帛宫”破陷。

▲眉头之上端有小直纹者，主其人在 30 岁前应注意外伤。

▲眉头低而眉尾高者，主其人有犯上欺尊之心理倾向。

▲眉头下弯冲山根，眉尾亦垂下而形成覆月状者，主其人虽有才华，但遇事优柔寡断。

▲眉头生有黑子者，主其人个性刚强，亦象征呼吸系统曾有病变，如有黑色善痣者，则主其人喜清闲风雅，喜研究道术，一生不畏鬼神，不惹官非。

▲眉头及眼头四者过于接近者，谓之“罗计日月交征”，主其人 30~40 岁之间要特别注意保健及外出车马安全。（注：如系出家修道之人可以免灾。）如眉头毛逆若旋者，主其人个性暴躁，身带宿疾，一生少收获并促寿。

▲眉尾短不过目，眉身稀疏轻淡，眉棱骨又不起者，主其人个性急躁，气量亦小，往往感情用事，缺乏理性，在 31~45 岁之间，应特别注意夫妻间之容忍。一生只宜为人作嫁，领固定薪水，不宜创业，不宜急进贪多，否则，必见是非失败。同时其人胆识心力均有所不足，为人奸猾，容易疲劳，应多注意保健，锻炼体魄。

▲眉尾短不过目者，主其人有孤独心态，常有孤寂感。

▲眉尾斜上之天仓位饱满者，主其人富贵寿考，低陷者主其人贫贱促寿。

▲眉尾过于浓密宽大而又不弯下过目者，主其人精力旺盛，但个性刚愎自用。

▲眉尾弯下而又收聚者，主其人心口如一，处事执著，有始有终，同时血液循环良好，健康少病。但自眉之中端即垂下者，主性懦无能。

▲眉尾不聚者，主其人个性豪爽热诚，但自不量力，常为小人所趁。或是创业精神有余，经营手法不足，故中年成败难免。（注：眼波成单者减半

论。)

▲如眉尾不聚再加眼珠黄色者，主其人易患肝炎，严重者易患肝肿瘤。

▲眉尾上翘者，主其人个性倔强傲慢，好胜心强，犯上欺尊，如面相其他部位尚佳者减半论。

▲眉尾生有漆黑之痣者，主其人有野心，企图心旺盛，具有大智慧，处人处事手法高超。但为人奸猾，喜弄权术，先贤谓之为“奸贼”。

▲眉尾生出毫毛三、五根者，主其人好运来临，健康进步。尤以43~52岁之间更应出毫，60岁后则应生出白毫，60岁前生白毫主不寿。但眉毫不宜早生，先贤谓，“二十出毫三十死，三十出毫四十亡。”（注：出毫乃象征身体健康，有如老干生出新枝，但过早出毫，则象征其人身体不健康，老化现象提早到来。但眉须鬓三轻者，或腮颐如翼者，或紫面者，眉未出毫不忌。)

▲眉棱骨高耸圆起者，主其人精力充沛，敢作敢为，个性优良，志向远大，青年发达，晚年高寿，亦象征其出生时，其父正值身强体壮之年。

▲眉棱骨太过高耸突起者，主其人个性刚烈，急躁易怒，骄傲乏修养，有偏见，六亲不和，缺乏朋友。又主其人有大志喜大言，不能成大事，不能从俗，自以为是，勇敢而富自信心，知进不知退，往往偾事后悔。如眉棱骨高如刀背状者，乃大恶无道德欠理性之人。

▲眉棱骨低陷者，主其人个性自卑，阴险狠毒，刚愎任性，为危险人物。

▲眉浓之人，个性受父之遗传较多，眉淡之人，个性受母之遗传较多。

▲眉身宽大而色枯焦，再眼圆露光者，虽出身富有，亦主有窃盗之癖。

▲眉身宽大者，主其人胆大量大。反之，眉身窄小者，主其人胆小量小。

▲眉身宽大虽属佳相，但眉尾过目太多，形成眉身过长者，主其人个性懒散，遇事犹豫不决，动作则较常人慢半拍。

▲眉生的位置高居额中，形成田宅宫宽广丰腴者，主其人给人第一印象良好。其人又不拘小节，待人推心置腹，人缘好，朋友多。同时思想高雅，

个性不急不徐，精神物质并重，乃愉快长寿之相。

▲眉生的位置过低、形成田宅宫狭窄无肉者，主其人不善阿谀奉迎，人际关系不良，常做好不讨好，多劳而收获少。同时其人思想虽积极，个性则急躁，物质重于精神，如眼睛再黄色者，主其人唯利是图。但白种人因民族性不同，不忌眉生过低，反而象征其个性颇为进取。

▲眉生的位置斜过目者，谓之"吊丧眉"，主其人好色贪淫，并有懦弱心态。

▲眉毛生的位置，左右两边一高一低者，主其人个性自私。心机颇重。

▲眉形美好又"退印""居额"，但其生长形状与位置有如"八字"者，主其人有高度文化修养，注重生活情趣，讲究生活享受，如眼鼻相理亦佳者，主其人福泽深厚。（注："眉形八字"与"八字眉"不同，见本章图解。）

▲眉形"八字"，但眉毛柔细压眼者，主其人多忧多愁，个性欠慷慨，有时表现懦弱怕事，处事欠缺决断力。

▲眉粗浓如泼墨，主其人一生少快乐，命运蹇滞，但精力旺而贪淫。

▲眉内有伤痕者，主其人易遇意外危险，伤痕在眉上者同论。

▲眉与天仓之间，有三条横纹者，主其人死于兵灾战乱。

▲眉毛中有黑子者，主其人应防水险，并易与女性发生口舌是非。

▲眉毛薄，眉尾又有黑子者，主其人有腰脊之痼疾。

▲眉毛黄，眉毛中间有红子者，主其人应防火险。

▲眉上方生有乱纹者，主其人智慧不足，虽有衣食，但难有成就。

▲眉尾天仓部位及面颊生斑者，老年人主有大寿大福（体肥之老年人更宜有斑），但斑宜大宜黑宜高方好，面白而斑黑亮者更佳，主老年风流享福。斑粒小而褐色者，仍主不寿少福。如面白斑黄者亦主不吉。少年或瘦人起斑者为色斑或痨斑，夭寿之相。

▲"相不独论"，当论及眉毛之相理休咎时，尚须参合其他部位综合论断之。

女性眉毛之独特相理休咎

▲女性长有“新月眉”者，主其人个性优良，娴静贤慧，持家有方，必配有成就之夫，并旺夫相子，孝顺翁姑，婚姻美满。此即相学上所谓之“贵女无贱眉”也。

▲女性眉毛形佳，主其人必配贤能有成之夫。如眉形恶劣者，主其人必嫁颟顸无能之夫，或主婚姻不美满。

▲女性以眉为夫妻关系之“情份宫”，眉毛轻淡者，配男眉亦应轻淡，眉毛浓密者，配男眉亦应浓密，主其人夫妻情份必浓，永浴爱河。鬓毛腋毛阴毛亦相配者更佳。

▲女性之眉纤细如“柳条”状者（又名春心眉），主其人个性聪明，感情丰富，有艺术眼光。如配桃花眼者，则主淫荡，婚姻不美满。

▲女性眉形一字，再加头发生来卷曲，鼻梁起节，双颧骨露者，主其人刑克三夫。

▲女性之眉棱骨以平起为佳相，如眉棱骨高耸者，主其人个性强，不得人和，性情孤僻，不享夫福，又不孝顺父母翁姑，易遭凶险。如婚姻宫再有瑕疵者，主不离则克。

▲女性眉旁之天仓以平满为佳，不宜凸露，若宽广露骨者，主其人个性凶恶，并刑克六亲。（注：男性之天仓愈宽愈好，女性不宜超过二指宽。）

▲女性眉旁天仓部位饱满或有黑亮之痣者，主其人善于生男，体形小者尤验。

▲女性之眉粗浓似男眉，但眉形清秀弯长者，主其人有男儿之性向，工作能力不输异性，并有家庭责任感又富孝心。但个性好强好胜，有女强人心态，大多为职业妇女，婚姻欠美满，难享夫福。

▲女性之眉过于粗浓，眉形又恶劣者，主其人个性偏执倔强又贪淫，难嫁有成就之夫，一生劳碌少福，婚姻不美满，非离即克。如其人眼恶声雄气

浊及鬓毛多者尤甚。

▲女性之眉粗浓又紧蹙垂缩者，谓之“眉寒”，主其人乃孤独刑克之相，即不一嫁再嫁，亦难享丈夫子女之福。

▲女性之眉稀薄者，主其人夫缘夫福均薄，子女福子女缘亦薄，同时贪淫损胎，亦象征其御夫无术，尤其无法约束丈夫的婚外情。当其发胖时，即为克离之时。

▲女性眉毛稀疏若无，谓之“白虎眉”，如腋毛阴毛亦稀疏若无者，乃发育不全之征，内分泌必异常，故有克夫之可能，如其人再一身痴肥，则定必克夫刑子，难有生育，婚姻必破裂，或遭丈夫恶意遗弃。

▲女性之眉毛稀疏若无，再加奸门部位深陷者，主其人早婚少缘，要34岁后才有姻缘，如早婚必克离。又主婚后夫运不佳，难嫁富婿，亦少子嗣。

▲女性眉毛似浸油，面亦成滑艳之色者，主其人丈夫运程欠佳，有志难伸，甚或作奸犯科（注：滑艳色之特征，请参阅拙著《萧湘识人相法全集(三)气色大全》第十章。）

▲女性眉头之毛浓，眉尾之毛稀疏者，主其人性急，感情胜过理智，婚后往往忽略丈夫，容易导至丈夫外遇。又主其人多嫁市井小民为夫。

▲女性眉头常蹙缩者，主其人不相夫亦不旺子。

▲女性眉尾斜下，而眉头指向中正印堂之位者，主其人个性不良，有偶发性之“忘我症”，因而具有杀夫害妾之心理倾向。

▲女性眉毛成螺旋状者，主其人有双母或为他人之养女，同时个性强又好淫。

▲女性眉毛短不过目者，主其人婚姻不美满，非克即离，眉毛稀疏者更验。

▲女性两眉相距过狭者（不足一指宽），主其人一生财运欠佳，婚姻也欠美满，迟婚者减半论。

▲女性眉低压眼，再眉毛又乱者，主其人克夫刑子，难配有成就之夫，一生贫贱，不善持家。

▲女性眉毛不散不乱，聚附紧贴于肉，毛色光润，触摸鼻准时又无裂开之感者，主其人尚属处女之身，已婚女性则否。

▲女性在月讯来潮时，因“水”“火”二经的生理变化，不论处女或已婚女性，眉毛均会浮散直立，而不紧附贴肉，乃正常现象。

▲女性之眉过于生高，或竖生逆生，或眉毛过长，或眉尾上翘者，均主其人个性乖张，婚姻不美满，非离即克，同时好淫。

▲女性之眉过于生高，再加颧亦生高近眼者，主其人个性偏执之至，有逼迫丈夫犯法之可能。

▲女性之眉“有扬”者，主其人有男儿之志向及气概，同时欲望高，私心重，婚姻难得美满。

▲女性无眉又发多者为带刹，主其人品性低下，克子刑夫，一嫁再嫁，孤独到老。（注：女性发多无眉为吕洞宾所云女性七刹之一，另外六刹为眼大眉粗，美妇黄睛，面大口小，鼻上生纹，耳无轮，极美面如银色。）

▲女性无眉，再加眼睛深陷，唇色青黑或淡白者，主其人难育子嗣。

▲女性眉黄者，主其人丈夫性机能特别旺盛，其夫必纳妾或外遇或寻花问柳。

▲女性眉上福堂位有痣者，主其人在家压父运，出嫁压夫运，两边福堂均有痣者，主其人与父母少缘。

▲女性眉毛长出长毫者，主其人个性不良，刑克六亲，婚姻不美满晚岁孤独。

▲女性眉尾生有黑痣，婚姻宫再有瑕疵者，主其人必定克离再嫁。

▲女性眉毛、鬓毛、腋毛均浓密者，谓之女性“三浓”，主其人个性男性化，事业心重，有家庭责任感，但主好淫。

附注：女性之眉除上述之独特相理及休咎外，其他一般性之相理及其休咎与男性同论，但有关男性眉相独特之相理及其休咎例外，因男性属阳，女性属阴，故在休咎解释上有所不同，读者不可不察。

眉各部名称图

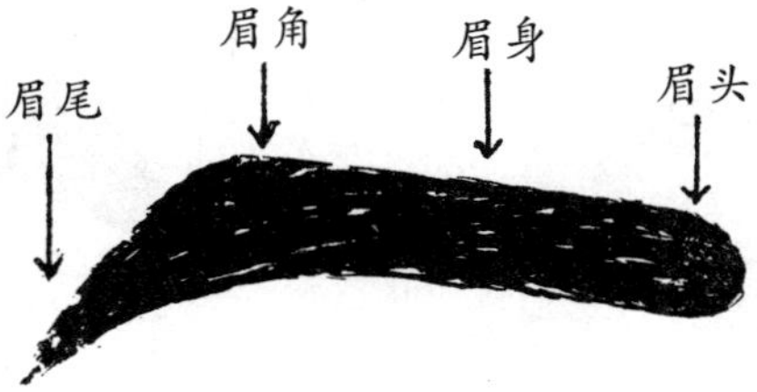

（注：本章所绘之眉图，以神相全编所记载者为准，读者作印证时，千万不可拘泥，只印证其特征即可。）

名式眉相图（一）

新月眉

“新月眉”的特征为眉似月初之月亮，眉细弯长居额过目，故名新月，此为女性最标准之眉，主其人一生好运，家庭幸福美满，夫婿非富即贵。

龙眉

“龙眉”为男性最标准之眉，其特征为眉头圆，眉身弯弯势上，眉尾有聚过目，主其人出类拔萃，大贵特贵。如眉尾上竖，则贵亦心毒。

剑眉

“剑眉”的特征为眉之毛长又浓，尾部向上翘起，主其人富智力胆识，可军职发展，终必声威远播。

卧蚕眉

“卧蚕眉”的特征为形似卧蚕之状，其眉头既圆又弯下，似卧蚕之头动，眉尾上扬有聚。主其人满腹文章，成名颇早。

名式眉相图（二）

清秀眉

“清秀眉”的特征为眉退印清秀，弯长过目，眉身不宽，眉毛不浓不稀，主其人聪明干练，发达颇早，宦途有成。

虎眉

“虎眉”的特征为眉头窄而眉尾特宽，但尾聚有势，虎虎生威。主其人有胆有识，大贵而权重，又享遐龄。

柳叶眉

“柳叶眉”的特征为眉毛粗，眉身宽，但粗而毛顺尾聚，主其人为人忠信，忠义之士多有此眉，终必发达扬名。

狮子眉

“狮子眉”的特征为眉毛粗浊但有威仪，眉毛长而蓬松，主其人发达较迟，愈老愈荣华。

短促秀眉

“短促秀眉”的特征为眉毛退印，印堂特宽，眉身虽短，但眉尾过目，主其人成就不凡，忠孝高寿。

轻清眉

“轻清眉”的特征为眉毛清秀弯长，但眉尾略疏，主其人理智胜过感情，有中等成就。

名式眉相图（三）

一字眉  “一字眉”的特征为眉头眉尾齐平，但眉毛清秀。主其人发达颇早，可文兼武职，个性爽直果断，夫妻白头偕老。	柳条眉  “柳条眉”为柳叶眉之别种，前者眉身宽眉毛粗，后者眉身窄眉毛细，又名春心眉，主其人不论男女，虽聪明而风流好淫。
罗汉眉  “罗汉眉”的特征为眉身宽短，眉尾下垂，状似罗汉而得名，主其人早年艰难，妻迟子晚，兄弟刑伤，不得子力，晚年孤独。	扫帚眉  “扫帚眉”的特征为眉形又大又浓，但前浓尾稀，主其人刑克兄弟，事业小就而已。
婆娑眉  “婆娑眉”的特征为眉毛似婆娑起舞，眉毛眉身均下垂。生活无忧，但无能惧内，好色贪淫。	旋螺眉  “旋螺眉”的特征为眉尾有螺旋之状，武将有此眉相得益彰，平常之人得之遭凶厄，主其人妨克父母兄弟，骨肉少情，个性刚躁量狭但性巧有寿。

名式眉相图（四）

尖刀眉  “尖刀眉”的特征为眉毛粗，眉身长，眉尾上翘但尾端稀疏。主其人心性奸恶凶暴，为非作歹，兄弟刑克，不得善终。	鬼眉  “鬼眉”的特征为眉粗压眼，短不过目，眉尾散乱。主其人心性不善，假仁假义，暗藏奸计，有偷盗淫乱心态。
八字眉  “八字眉”的特征是眉头稀疏，眉尾分开成八字形，与“眉形八字”有所不同。主其人一生劳碌而少收获，婚姻非克即离，子息终须螟蛉。	交加眉  “交加眉”的特征为眉分两层上下交加，乃大凶之眉。主其人刑克六亲，破家败业，中年末年牢狱之灾难免。
间断眉  “间断眉”的特征为眉毛色黄，眉身虽宽，但眉尾间断又不过目。主其人刑克父母兄弟，六亲少情。	疏散眉  “疏散眉”的特征为眉毛稀疏散乱，眉尾不过目。主其人一生庸庸碌碌，财来财去，难有称心如意之时。

第十章　眼

眼之部位特性

笔者研究人相学及教授人相学前后已二十余年（迄 2010 年已四十余年），深深体认印堂为吾人思维系统（即脑组织）之“总开关”，而山根则为吾人运作系统（即五脏六腑）之“总开关”。总开关构造优良者，即代表其内部之组织结构亦优良，反之亦然。而吾人之眼则为思维系统及运作系统之交汇点，凡吾人思维系统所激发之心性和智慧及运作系统所激发之精神和体能均汇集于眼，也可以说眼为吾人健康、智慧、个性之缩影。是以吾人喻眼为“灵魂之窗”实有其来自也。

笔者又体认人相学乃遗传学、生理学、中医学之融会学术，一个人的眼睛是善是恶，与其父母祖先之遗传因子密不可分，尤其与父母之遗传关系重大，是以眼之善者，其父母祖先及自身之健康智慧个性必善；眼之恶者，其父母祖先及自身之健康智慧个性必有瑕疵。例如眼正心正，眼善心善，眼恶心恶，眼斜心邪。性格端正之人，眼平正而不斜视，心术不正之人，眼上下左右顾盼不止。所以孟子说：“观人莫良于眸子，眸子不能掩其恶，胸中正眸子瞭焉，胸中不正，眸子眊焉。”

达摩将面相分为十分，眼占其五，其他颧、鼻、颧、颏各占一分，眉、耳、齿、口共占一分，由此可见眼相在面相中的重要性。达摩又以眼“秀而正”，“细而长”，“定而出”，“出而入”，“上下不白”，“视久不脱”，“遇变不眊”等七项为观眼七法。根据“有诸内必形诸外”的道理，凡眼相能符合此七法之标准者，主其人思维系统与运作系统之结构及性能亦必优于常人。是以“问贵在眼”，贵人不一定有好耳，但一定有好眼，吾人假能具有一对好眼，必主名扬而志伸，不为达官，定系富贾。

五脏六腑好比一部机器，虽然各部组件每个人均相同，但各部组件所用之材质（即五形质素）则人各不同，故有的人五脏六腑坚实无比，使用了八九十年甚至百余年仍完整无损，有的人使用了二三十年就坏了一部分或全部。有的人体能（即电能）状况极佳，精力充沛，精神旺盛。有的人体能状况极差，精力不足，精神萎靡。而控制此机器正常运作之“枢纽”，即为吾人脑组织中之神经中枢系统，眼睛即为整个机器之“仪表板”或谓之“电灯泡”，如果整部机器之神经枢纽系统及各部组件，先天材质优良结构精良，后天之运作亦正常者，马力必强大，电能必充足，显现于外者，眼睛必符合“达摩观眼七法”之标准，眼之神光必澄澈，如晓星之明亮，耀山川之文秀，其人之成就亦必大于常人。故先贤云“问神在眼”，人有一分神，即有一分衣禄，人有十分神，即有十分衣禄。但神要藏而不露始可言吉，如神光外露，神光变成凶光，使人见了有恐怖之感，其人的命运一定多灾多难，同时刑克六亲，到老孤苦。若是整部机器之神经枢纽系统及各部组件先天材质不良，结构亦拙劣者，其后天之运作绝不会正常，不是时生故障，就是电能马力不足，显现于外者，必是眼小而黑白混浊，眼神既昏又弱，其人不短寿已是难得，焉能冀望其有所成就？

又眼睛与大脑小脑亦有密切关系，凡有瑕疵之眼，其大脑小脑亦会有瑕疵，大脑小脑之间必会发生运作不良的现象，例如小脑分泌过多之内分泌促使性欲冲动，而大脑又不能及时下令压抑，因此而发生越轨淫乱之事，是以先贤云“眼有一分病。心有一分病，眼有十分病，心有十分病。”或谓“眼有一分病，命有一分凶，眼有十分病，命有十分凶。”（注：心者心性行为之谓，病者毛病之谓，凶者不吉之谓。）眼相不能符合上述“达摩观眼七法”之标准，即谓之眼有毛病，当然每个人的毛病多寡大小不一，但影响一个人之命运则是一定的。例如劳多获少，事业挫败，或个性不良，智慧不高，常有疾病。或刑克六亲，婚姻不美。或水惊火惊，跌扑扭伤。或意外灾害，血光兵亡。或牢狱官非，短寿夭死等不一而足，均是因为眼有毛病而引致的。

所以先贤谓“问凶在眼”，眼露凶光必定死于非命，赤脉贯瞳必定猝然横死。其他有关妇女是否相夫旺子，均可就眼之相理一览无遗。

先贤又云：“眼之善者，其遗传亦善，眼之恶者，其遗传亦恶。”此项遗传可上溯至第八代第九代（即隔代遗传），其父母祖先在健康、智慧和个性品德方面必定有缺陷。反之，一个伟大人物之诞生，其父母及祖先虽非大富大贵，但在健康、智慧、个性、品德各方面，必鲜少有缺陷，并一代胜过一代，此为不争之事实，亦为生理学家及遗传学家所证实，其他动物植物之蕃衍改良，莫不同一道理。“眼”与“印堂”及“眉毛”，同为面相三大主体之一，但眼为主体中之主体，除眼当令之流年外，并能管到一生，吾人如有一对好眼，定有出头之日，绝不致终身埋没，反之眼若不好，绝无富贵可言。

眼与婚姻子女之关系亦非常密切，奸门虽为婚姻宫，人中泪堂虽为子女宫，但夫妻的情缘要看眼睛，夫妻的情份要看眉毛，夫妻的情爱要看嘴巴，夫妻的恩情要看耳朵，夫妻的情欲要看鼻准鬓胡（女性不看须要看腋毛），故谓眼为“情缘宫”，眉为“情份宫”，口为“情爱宫”，耳为“情恩宫”鼻准鬓胡为“情欲宫”。至于看子女的多寡，及子女的健康情形，当然要看人中和泪堂，但看子女的智慧和个性则要看眼睛。例如父母均为双眼皮，则生下的子女必系双眼皮，如父母均为单眼皮，则生下的子女必为单眼皮，如父母眼皮单双各异，则生下的子女眼皮亦有单有双。兹就眼之各种相理休咎分述如下：

眼相看事业成败及攻守时机

▲眼要秀而正；眼前背钩圆后梢刀裁，黑白分明如点漆，神强而藏，灼然有光者谓之“秀”，主其人聪明而多才华，策划及执行能力均强。两眼间距均匀，两眼大小一致，黑睛位于眼之正中，不偏左偏右，不偏上偏下者，谓之“正”，主其人不乱用聪明，事业往正途发展。如秀而不正，则才偏自

用，智邪行歪，为相法之忌。

▲眼要细而长；眼圆谓之大，眼扁谓之“细”，眼细并非眼小。眼大者黑睛多欠收藏，眼波多成双，眼细者黑睛多深藏眼眶之内，眼波多内双或单波而有栏，前者主其人个性浮躁勇多于智，后者主其人个性内敛智勇平衡。眼长者即“河目”之谓，能自顾其耳者最佳（孔子能自顾其耳）。眼大之人虽有才艺但难见贵（即难在官场发展之谓），眼小之人虽贵亦属小品，惟有眼细而长之人，能成大器享大寿。如眼长不细，则既愚又恶，如眼细而不长，则属器小之人。（注：如眼、鼻、口、耳均大者，谓之“四大”，仍主贵。）

▲眼要定而出。目光有聚谓之“定”，目光不聚谓之“露”，目光有聚者，主其人志向远大，体能超群，乃大寿之相。但目光必须聚而“出”，令人感觉眼内有神光射出，始能与社会之机会相遇合，然后成就事业。如目光聚而不出，谓之不流通之死水，虽有大志，亦难发挥，虽有机会，亦难掌握，事业上难望有所成就也。

▲眼要出而入。眼内之神光有出，犹如太阳之光照耀大地万物，凡目光所及之处，亦即机会遇合之所，但其神光要令人有出而“入”之感觉。因“出”者为震摄力及奋发力，亦为信心、毅力与才华、智慧之表征。而“入”者，则为亲和力及信用感，乃公正仁惠与谦让合群之表征，如此，机会之遇合始能历久不衰。如出而不入，主其人为浪荡子，易招凶厄枉死，如系事业有成之人，则招嫉结怨而遭小人暗害，事业必见阻碍挫折。

▲眼要上下不白。不论男女，眼之黑睛应多于白睛，如黑睛少于白睛，其人眼必浮白矣。不论“上白”“下白”“一白”“三白”“四白”，均主招凶而有刑克，即使其眼形秀而长亦属恶眼，主其人健康、智慧、个性上必有瑕疵，因此而影响其人事业上之收获，婚姻上之美满，甚或促寿凶亡，或虽高寿而孤独。

▲眼要视久不脱。久视后神光愈充足愈皎洁有威，而又眼光逼人者，谓之“不脱”，亦谓之“神足”“神壮”，主其人遗传优良，身体健康而长寿，事业上必有成就自然不在话下。如久视后，神光渐缩而怯，年少者频频眨

眼，年老者则两眼昏蒙，主其人欠缺恒心毅力，身体羸弱而促寿，事业上中年主有挫败。

▲眼要遇变不眊。变者即突然到来的灾厄险境，眊者即减损昏暗之谓，假如吾人能处变不惊，心静而神定，眼睛不昏花乱眨，有泰山崩于前而心常一之气概，主其人之元神元气不会损耗，因此，其人必非凡器，来日在事业上必大有成就而寿考。假如遇到灾险，眼睛中立即现出张惶恐怖之神态，元神元气因而大受损耗，主其人乃凡夫俗子也。（注：眼能符合上述七项标准者，即谓之为“凤眼”，主其人事业上大有成就，不大贵也必大富而又高寿，或为圣为贤。）

▲眼长而秀，黑白分明，瞳孔润泽而有光彩者，亦谓之“凤眼”，主其人可致大贵或大富或为圣为贤，并享高寿。

▲眼秀而正细而长，眼势上入天仓者，谓之“丹凤眼”，主其人重义轻利，正气凛然，大贵而名扬四海，最宜担任司法工作。如任行政工作，必系贤能清官。如任武职，必为忠烈之将。

▲眼虽非凤眼，但眼神藏而不露，黑睛灼然有光者，主其人富机智而有决断力，事业上主有中等成就，有中等富贵。

▲眼虽非十分藏神，但眼神清而不浊者，主其人聪慧而有才华，事业上主有小成就，有小富贵，或在异路事业上有成就。

▲眼神既不藏又不清谓之神浊，凡神浊之人，其健康、智慧、个性，必有严重瑕疵，主其人一生事业难成，或多成多败，既不能贵，又不能富。

▲眼睛黑白混浊，黑睛灰暗无光，白睛呈泛泛之色又满布红筋者，此乃贫贱之相，终身没有通达之日。如系暂时性白睛布满红筋者，亦主其人多烦恼，求谋不遂，或有是非，应诸事保守忍耐，切忌急进贪多。

▲眼、眉、印堂、山根六曜齐明，再加额圆地方者，乃“形局全”，主其人青年早发，一生事业亨通，并有晚福。

▲眼之黑睛黑亮如漆，眼内神光射人，再加额高额宽者（木形人最宜），主其人个性聪慧贤良，事业上必有成就，可贵可富。

▲眼之黑睛占满整个眼眶者，乃奸雄之相，主其人有大智慧，有谋国篡

位之野心，必为大奸臣或开国英雄。

▲眼之黑睛虽大，但眼形大而无栏，神光散而不聚，主其人促寿，儿童更验。

▲眼睛黑白分明者，主其人终身财旺，少劳多获。如黑白不分明（含上眼睑遮盖的部分）者，主其人多劳少获，即使略有积蓄，其财也来得非常辛苦。

▲眼之黑睛有白云遮盖，或眼胞有痣斑者，眼形再好亦应减分论，主其人成就递减。不论男女，一生中必见破耗灾厄。

▲眼之黑睛少而白睛多，形成一白眼、上白眼、下白眼、四白眼者，主其人肝及脑组织发育欠完美，影响其健康智慧与个性，因此常遇凶险，事业上鲜有成就，或即成即败。

▲眼之黑睛有夜光者，主其人乃大富大贵之相格。此乃“真光”，白昼看时如虹彩如紫电。

▲眼睛有“真光”者，主其人虽瘦骨嶙峋，其貌不扬，仍可在无意中登极贵极富之境。（注：真充分四种，请参阅拙著《萧湘识人相法全集(三)气色大全》第八章。）

▲眼之黑睛白睛有若浮露者，主其人事业上纵有小成，但40岁前后难逃一死。（注：眼浮露系乃五脏六腑著床不良之征）

▲眼与眼之距离过近，构成山根狭小者，谓之“日月争辉”，军职人员不忌。其他之人，不论男女，主其人中年败业，事业少成。

▲眼头破缺者（内眥破裂），主其人中年事业破败。时在生日年龄（下同）32岁、35岁、36岁、41岁、44岁。

▲眼形不秀再加眉毛短散者，主其人40岁前虚花度日。

▲眼尾垂下，再加耳形歪斜及鼻骨弯曲凹凸者，主其人40~50岁难有好运，事业不顺破败损财。

▲眼圆大有神，再加双颧有势者，主其人能大贵，但终凶死。

▲眼长大有神，再加眉毛亦宽大过目者，主其人事业上有或大或小之成就，尤以从事影艺工作最宜。但眉尾短散者则难言成就，并中年有灾。

▲眼大而额头又窄小者，主其人一生难发运，并主促寿。

▲眼大而黑睛又凸眼神又露者，主其人野心大，欲望高，但不善终。尤以马脸，尖刀眉，剑鼻，猪头，吹火嘴，招风耳之人更验。一般之人眼凸者，亦主眼睛当令之年不利，终身不荣，并因妻儿子女致讼。

▲眼大睛露而鼻又过小过尖者，谓之“木克土”，主其人终身难有富裕之时，并中年波折凶险。

▲眼大睛露而耳又过于薄小者，谓之“水不生木”，主其人多学少成，终身运蹇，同时促寿。

▲眼大而口又过小者，谓之“木不生火”，主其人 49 岁有关限，如事业顺利必主促寿。

▲眼大而面过小者，主其人难聚钱财。

▲眼小而面过大者，主其人应防血光之灾。

▲眼小耳大者，主其人一生贫苦又孤独。

▲眼小口大者，主其人富贵难求，贫穷到老。

▲眼虽小，但眼神充足，同时眉须鬓“三轻”者，主其人仍有相当成就。

▲眼小而眉毛粗浓者，主其人因龙（眉）虎（眼）互欺，不但眉、眼运不发，而且终身运蹇，灾厄连连。

▲眼虽佳，但眉相不佳者，乃“龙欺虎”之格，主其人 30~40 岁之间难发运。如眉相佳，但眼相不佳者，则谓之“虎欺龙”之格，亦同样难发运，此即眉眼互相吊用之理也。

▲眼之大小形状要左右平衡，如左眼劣者（女性则忌右眼劣），主其人 32 岁，41 岁，48 岁，50 岁之年，事业上必见挫折或小人损财，或健康有损，如系受薪阶层之人，亦主是非或小人损财。如系右眼劣者，则主其人 26 岁，35 岁，44 岁之年，事业上必见挫折或小人损财，或健康有损，不论男女，均甚应验，其不吉程度，尚应参照山根年寿地阁垂珠之相理综合论断。（注：本书所言之年龄均以生日年龄为准，非生肖年龄为准）

▲眼瞎之人（不论左眼右眼）曰“眇目”，读书之人最忌（尤忌左眼

瞎)，谓之陷了“文星”，主其人终身难有功名。如再头尖齿露，即使有大学问，也难有出头之日。但眇目之人如从事军职则不忌，谓之“独眼龙”，主其人大有成就。但个性好色，主有桃花劫，婚姻不美满。

▲眼虽凸露，但眼露神不露，再黑白分明者，谓之“恶形善眼”，主其人仍可发达，事业上仍有成就，惟多劳多险，或因婢妾致讼招凶。如露而欠威，或眼露神亦露者，谓之“恶形恶眼”，主其人刑克劳碌，一生无成就可言，并多危险凶灾。

▲眼角之鱼尾纹上拂天仓者，主其人白手兴家，贵而有寿，如面相其他部位再配合得当者，主其人大有成就。

▲眼角之鱼尾纹过长而又垂下者，主其人一生事业劳多获少，难有大收获。

▲眼角之鱼尾纹过多者，虽富贵亦主其人至老劳碌不休。

▲眼旁之奸门深陷或凸露者，主其人 39 岁及 40 岁必见是非或破败损财。

▲眼睛深陷者，主其人一生难聚大财。如再眉毛短散者，41 岁前均主虚花。

▲眼被眉压，或左眉毛有缺憾者，主其人 37 岁事业破败，即使不业商，亦主是非破财。

▲眼黑睛黄色又带刹者，主其人破败无成，但眼神有威，处于乱世者仍主贵而有成。(注：眼带刹者，即眼睛露白、或其他瑕疵之谓)

▲眼黑睛黄色之人，如眼睛混浊灰暗眼神又不强，即使得了横财亦会招致横祸。

▲眼睛有两个瞳仁者谓之“重瞳”，主其人非圣贤亦必大贵，但身体必须高大魁梧者始验。(注：重瞳有上下与左右之分，前者如舜帝，后者如项羽)

▲眼黑睛周围有多重蓝圈如蚯蚓盘绕者，主其人一生劳碌，但仍主成就事业而享福禄。(注：多重蓝圈象征其人体内所发出之电力强，蓝圈乃系电渣堆积而成。)

▲眼露威者，乃大贵之格，不可与露神，露光者同论。但五官相理庸俗者，不可同论。（注：豁然视之神光炯然谓之露威。黑睛之神露出眼眶者谓之露神，白睛之神露出眼眶者谓之露光。神光毕露系指黑睛白睛之神均外露。）

▲眼神光毕露者，主其人32~44岁破败退财，如系公教人员，则主小人为害，官非缠身。如未破败退财官非缠身者，则主有灾厄。（女性同论）

▲眼目光呆滞无神者，主其人32~44岁，防小人损财，如系公务人员则常代人受过，处义生非。

▲眼之相理佳，再加鼻柱贯气双颧有托者，主其人35~55岁发大运。

▲眼相理有瑕疵者，主其人不宜从事官宦工商等“正路”行业，只宜从事“异路”行业，或担任受薪工作，否则中年波折难免，得失迭见。（注：何谓异路事业请参阅《萧湘识人相法全集（二）》附录篇。）

▲眼之白睛要白亮中隐隐约约透黄亮蓝亮者为佳，如白睛呈枯白色并干涩者，先贤谓之“白干”，一生运蹇难成大器，仅止于“白丁”而已。

▲眼下有骨起者，谓之“奴隶骨”，主其人终身贫贱。

▲“相不独论”，当论及眼之相理休咎时，请参合其他部位综合论断之。

眼相看家族关系及婚姻子女

▲眼露一白、三白、四白或眼睛凸露者，主其人祖先三代之内有恶死之人，或有损阴骘之人，最低限度亦有短命夭寿之人。（注：眼善象征父祖遗传优良。）

▲眼之鱼尾及眼旁之奸门为夫妻宫，为观看男女婚姻夫妻感情之主观察点，但要配观额、印堂、眉、眼、耳、鼻、颧、口、鬓、发、胸、腹、腰、臀、手形、手纹等部位，因为上述各部位均为影响男女婚姻夫妻感情之“五形格局”“品性个性”“电能强弱”“血液质量”“内分泌质量”“第二性征”等之表征所在。（有关手相体相部分请参阅《萧湘识人相法全集(二)》）

▲眼旁之奸门（即夫妻宫）阔平无纹者，主其人娶妻贤慧美丽。（注：奸门为“肝脑穴”，奸门阔平无纹象征肝脑（小脑）发育良好，因此，吾人之个性及性机能亦必优良正常，并外形英俊挺拔，是以吾人所发之电能必强大，电质素之波段、频率、速率亦必正常，所接触之女性，亦必个性贤慧，外形美丽，并电能强大正常者，才会与之来电。同样道理，奸门狭小者，与之来电之对象，个性必不良，外形必庸俗，电能不强又欠正常。）

▲眼旁之奸门凹陷者，主其人克妻再三。（注：奸门凹陷象征其人肝与小脑先天发育不正常，因而导致个性不良，房事要求过多或不足，或分泌不良之内分泌，妻方连年屡月遭受精神与肉体的折磨，或因夫之不良内分泌影响健康，严重时妻方因而死亡，此即先贤所谓之“克妻”也。惟现今为开放社会，在妻尚未致病前已大多离婚矣，女性克夫之理亦同。）

▲眼旁之奸门有交叉纹者（即十字纹），主其人虐妻，应防妻妾缢死。（注：奸门有恶纹恶痣出现，均系其人肝与小脑有病变或分泌不良内分泌的象征，因而导致其人的个性品性变为不良，性机能不是不足就是过强，因此其妻在精神生活及肉体生活均不能满足的情形下，又碍于封建社会不能离婚，只有寻求自杀，以求解脱。因古人有全尸观念，故以自缢方式为之。但现今为开放社会，夫妻婚姻生活不协调，多以协议离婚方式解决。）

▲眼旁之奸门位尖起者，主其人娶娼妓或欢场女子为妻。奸门位有杂色者亦同。

▲眼旁奸门有豆痕成片者，主其人必迟婚，或婚姻欠美满。

▲眼旁奸门有直纹上达眉尾，主其人有娶妾心态，眼斜视者更验。

▲眼旁之左边奸门有灰黑之痣，或有黑斑（非老人斑），主其人克妻（男左女右），痣斑生在右边者，主其人婚姻不美满，或有外遇（男右女左）。

▲眼旁奸门平满者，主其人子多而贤。（注：奸门平满象征其人肝与小脑先天发育良好，故而其人之遗传亦佳。）

▲眼角之鱼尾平满，眼细而长，秀而正者，主其人婚姻易成，娶妻美丽贤慧，可得妻助。（注：女性则嫁贤能之夫）

▲眼角之鱼尾凹陷色暗者，主其人刑克妻子。（注：鱼尾亦与肝脑有

关，克妻之原因与奸门相同。)

▲眼角之鱼尾凹陷、乱纹、恶痣、枯干者，主其人婚前恋爱不顺，难早婚。(注：因肝脑先天发育不良，导致其个性不良或电质素过弱过劣，因此难与异性来电之故。)

▲眼角之鱼尾及奸门均饱满润泽者，主其人虽家境清寒，但婚后夫妻生活恩爱，同时妻能帮夫。

▲眼角之鱼尾纹上拂天仓，再奸门平满者，主其人可娶妻得财。(注：天仓奸门气色红润时即验。)如鱼尾纹向上者，则主其妻善于理财或有事业基础。

▲眼角之鱼尾纹过长又垂下者，主其人婚姻不美满，终日为妻子儿女辛劳。

▲眼角之鱼尾纹太多大乱者，主其人劳碌终身，愈老愈辛劳，同时刑妻克子，奸诈好色。(注：因其人脑海中欲念多，歪点子多，故影响小脑内分泌不正常，因而形成多而杂乱的鱼尾纹。)

▲眼角之鱼尾纹长至奸门者，主其人一生迁徙无常，妻难偕老。

▲眼角之鱼尾有黑气色者，主其人应防妻室病灾。

▲眼角之鱼尾气色黄中透黑，或生黑斑黑点者，主其人妻室好淫。

▲眼角之鱼尾纹成梅花形者主其人因妻破产，有直纹者主其人中年大穷大困。

▲眼尾肌肉丰腴，年龄逾四十岁仍无鱼尾纹者，主其人好淫，并婚姻不美满。

▲眼尾有直纹者，主其人婚姻不美满，非离即克。

▲眼尾下弦有三纹斜向奸门者，主其人花言巧语，腹藏奸计，耽溺女色，刑克妻室，到老贫穷。如纹短而细者为劳碌纹，主其人一生劳碌。

▲眼尾垂下，再加婚姻宫相理不佳者，主其人性邪而奸淫，婚姻不美满，非克即离。

▲眼尾上翘者，主其人婚姻不美满，但丹凤眼眼尾上翘者不忌。

▲眼尾左上靠近天仓部位(男左女右)长痣者，主其人夫妻刑克或离

异。眼尾左下靠近颧骨部位长痣者，主其人夫妻互有私情。眼尾右上靠近天仓部位长痣者（男右女左），主其人风流成性，一生桃花运不断，严重时夫妻必离异。

▲眼尾下端有乱纹者，主其人子女忤逆不孝。

▲眼上之田宅宫深陷者，主其人少子嗣。（注：木形人不忌）

▲眼上之田宅宫气色灰暗者，主其人家运不佳或家中发生变故。严重污浊色黑者，则主家中发生变故并破产败业。

▲眼上之田宅宫有痣斑、痘痕、伤疵者，主其人难得祖产，如购买或建筑房屋时，则容易吃亏上当。并常常迁移居处，一生为妻小或丈夫辛劳，家中常发生令人烦恼之事。如田宅宫忽生小疮小疱者，则主家中有财产是非之事发生。

▲眼之下弦（即卧蚕）丰满者，主其人生殖系统发育良好，不论男女，异性缘佳，并多诞男。

▲眼之下弦无栏（即卧蚕不起）者，主其人子女少缘，或刑克子女。又主其人异性缘少，对异性之追求不感兴趣，即使结婚，亦家庭观念淡薄，婚姻生活不美满，无臀之人更验。

▲眼之下弦有痣者，主其人疼爱子女，子女有成就。

▲眼之下弦外翻又色黑者，主其人有子即克。

▲眼之下弦生有长毫者（非眼睫毛），主其人无子女送终。另矗肉垂下，卧蚕低暗者同论。

▲眼下有三条直纹者，主其人老年不享子女之福，纹在右眼下者，则主克妻。

▲眼下卧蚕常年气色青惨或有纹破者，主其人刑克子女。

▲眼睛凸露，再加眉毛稀薄者，主其人少子，如眉毛若无者，则主无子。

▲眼睛凸神又露者，主其人刑妻克子，愈富贵之人愈验。

▲眼睛凸露而神不露者，主与配偶少缘，即使恩宠有加，配偶仍然要求离去。（注：耳廓又露出者更验）

▲眼大睛又突出，再加鼻高无肉而露骨者，主其人刑克子女或与子女无缘。

▲眼大又圆又露，再加鼻小准尖者，主其人刑妻克子。

▲眼大之人，男女均易为对方所喜欢，亦每多恋爱或婚姻失败之人。

▲眼大无神，眼又有双波者，男性主其人易招女人口舌。

▲眼大有神，再眉毛粗浓者，主其人妻室贤淑。

▲眼之左眼大者，主其人克妻或虐妻。左眼小者，主其人父先亡、惧内有女祸。右眼小者，主其人母先亡，同时晚运欠佳，子孙少缘。

▲眼一大一小者，不论男女，主其人婚姻定欠美满。

▲眼形恶，再加眉压眼，山根又断者，主其人刑妻克子。（注：此乃五脏六腑先天发育不良又著床不良，影响其人之个性及内分泌不良所致。）

▲眼睛黄，白睛有红筋者，主其人刑妻克子。如再语结者，主其人好色贪淫。

▲眼睛黄，再加眉毛稀疏，喉结又过露者，主其人有绝嗣之虞，同时命带劳碌，难聚钱财。

▲眼睛黄，再加豺声、背弓、井灶露者，主其人生不肖之儿。

▲眼四周浮白者，谓之“四白眼”，眼上边露白者，谓之“上三白眼”，眼下边露白者，谓之“下三白眼”，均主其人刑妻克子，婚姻亦难美满。

▲眼神短漫者，主其人妻夺夫权。

▲眼神眼形似怒者，主其人无子嗣，声焦性躁者更验。

▲眼呆滞无神，或神清如水者，主其人子女迟生，或少子女。

▲眼无神或眼睛混浊者，主其人难育子嗣。

▲眼似羊眼，再禾仓（即正面）陷削者，主其人不论男女，中年鳏寡孤独，刑妻克子。同时轻言寡信，好勇斗狠，性淫乱又贪逸乐，多不得善终。（注：羊眼的特征为眼眶短小，眼有双波，眼珠微凸，黑少白多，眼露四白，瞳仁淡黑，目光上视，眼神外射，白睛有红筋又带绿色，黑暗中视之有车轮之状。）

▲眼不哭而泪汪汪者，主其人命带劳碌，晚年刑克妻子儿女，孤独之

相，或与子女无缘，眉常蹙者更验。

▲眼及山根、两眉、泪堂、人中为子息之宫，但要配观耳朵、胡髭、唇齿、乳脐、腹臀及手之动脉纹（即手腕线）为准。

▲眼下泪堂深陷者，主其人刑克子女，与子女无缘。（注：泪堂为心肾之交，心为火为血属母，肾为水为精属父，父精母血相合而成胎，故先贤定眼下泪堂为子女宫。如泪堂深陷，象征其人之循环系统及生殖系统有缺憾，不是所生子女身体欠健康而夭折，就是根本无法生育子女，所以谓之刑克子女，或与子女无缘。)

▲眼下泪堂浮肿或暗黑，再加天地不朝，臀部尖削，满面气色光浮者，主其人晚年丧子或与子女少缘。

▲眼下泪堂平满润泽，神态安和者，主其人子女多而贤，如泪堂急泻而不饱满者，主其人子女不肖而愚。

▲眼下泪堂平满润泽者，主其人身体健康，精力充沛，夫妻恩爱，子女乖巧孝顺，亲子关系良好。

▲眼下泪堂有痣者，主其人刑克子女，如有斑点或小肉瘤者，则主其人为子女烦恼担忧（男左女右)。

▲眼下泪堂有直纹者，谓之“哭子纹”，主其人克子，女性尤验。泪堂有两条直纹者，则主刑克配偶。泪堂有井字纹者亦主刑克子女。

▲眼下泪堂虚肿或肉坠如袋形者，主其人克子或子女稀少，夫妻感情淡薄。

▲眼下泪堂有隐约可见之横纹者，谓之“阴骘纹”主其人积有阴德而子女发迹，纹内有黄红色盘绕者更验。但纹粗深而长，主其人刑克子女，纹内气色青黑污浊者更验。

▲眼秀眉清，再泪堂平满，山根隆起，人中分明者，主其人多子女，同时子女优秀。

▲眼睛深陷者，主其人子女少缘，到老孤独。但眉毛清秀，额骨有起，地阁厚圆，后脑隆起者，仍主子孙繁荣。

▲眼有痴醉之状者（即白睛红色黄色混沌之谓)，主其人事业少成，妻

儿受苦。

▲眼左右长相显然不相同，主其人有异母兄弟。

▲“相不独论”，当论断眼之相理休咎时，请参合其他部位综合论断之。

眼相看健康智慧及个性品德

▲眼睛黑白分明，再加眼神澄澈者，主其人乃贤良有为之士，健康长寿之人。

▲眼睛黑白分明，黑睛深藏者，主其人享高寿，富孝心。

▲眼细长有栏又不浮白不露神者，主其人遇险不险，逢凶化吉。

▲眼细长者，主其人比眼短小者气量宽大。

▲眼之黑睛有蓝圈环绕者，主其人聪明干练，勤劳奋发，乱世出外发展有成。

盛世受六亲连累，但享高寿。（注：蓝圈乃体内放射之电质素堆积而成。）

▲眼黑睛成碧绿之色者，主其人既贵又寿，再瞳方者乃得道仙人或宗教长老。

▲眼睛黄亮灼灼有光者，主其人个性急，有急才急智，乱世时主有相当成就。

▲眼睛有“重瞳”者，主其人内脏结构异于常人，例如两个心脏或四个肾脏等现象。（或两个心臟两个肾藏）

▲眼之内眥如钩者，主其人聪慧富机智，善营谋策划，富恒心毅力，同时很会念书过目不忘。

▲眼之内眥如钩，再加眉秀弯长，手掌巽宫有进步线，大拇指或食指有“夫子眼”者，主其人之学历最低有大专程度，如额高广，发际又整齐，手掌巽宫有两条以上进步线，人纹亦佳者，主其人有硕士或博士学历。

▲眼之内眥成圆形者，主其人不会念书，缺少机智，胆小又喜虚张声

势。

▲眼之内眥内之“怒肉”成紫色者，主其人心毒。

▲眼之内眥内之“怒肉”露出过多色又赤红者，主其人有深仇大恨未消，官场事业或感情上必曾遭受打击挫败。怒肉略露者，主其人个性急躁，常招是非官讼，又喜急进贪多而自招烦恼。如怒肉收藏不露者，主其人个性优良又有修养，事业上名利双收，一生享厚福。

▲眼之外梢收藏如刀裁者，主其人很有才华，允文允武，有为有守，文思快速，善于写作，同时个性宽宏雅儒，乃非寻常之人，一生必有成就，又可得贤内助。

▲眼之外梢露出过大者，主其人有隐疾，好色而又刑妻。露出过小者，主其人有偏好又惧内，常有是非口舌。外梢成圆形者，主其人欠诚实，喜弄是非，作事拙劣，每贻后悔又主有女祸。

▲眼之外梢上仰者（非眼角上翘），主其人英明多智，有大志，自尊心强，有领导能力，临危不乱，有随机应变的能力，最宜从事军职或司法官，一生事业主奇贵而有贤名，其人对爱情亦作风明快，敢爱敢恨。

▲眼无前眥又无后梢者，主其人之眼多属“猪眼”、“羊眼”、“狗眼”、“鸡眼”、“蛇眼”之类，一生劳碌少成，多惊险凶厄，疾病破相，同时刑克六亲，处事每多失败后悔。

▲眼之黑睛周边有红筋缠绕似火轮者，谓之“火轮眼”，主其人心性狠毒，有弑父犯上之心态，终必死于非命。

▲眼神强者，主其人除有富贵外，并享大寿。

▲眼神蒙昧再偷视者，主其人有偷盗之嫌疑。

▲眼神昏如醉，再眼光流散者，谓之“淫眼”，主其人好色贪淫。

▲眼露凶光者，主其人必死于非命，三角眼、四白眼、上白眼、下白眼、一白眼者更验。

▲眼光流视，再加眉似柳条（即春心眉），满面白嫩红艳者，谓之“郎君面”，主其人自命风流，好色贪淫。亦主其人刑克孤独，婚姻不美满。

▲眼睛黄，再加眉毛稀薄，面无四两肉，面多青蓝之色者，谓之“青鸡

面”，主其人心性狡猾刻薄贪婪，愈老愈孤寂贫穷。

▲眼睛凸露，山根年寿亦低陷者，主其人 17 岁、26 岁、30 岁、32 岁及 35 岁、37 岁、38 岁及 41 岁、44 岁防血光车祸之灾。

▲眼睛凸露之人，如非因甲状腺症状所引至者，主其人个性反常又喜多言，耐力毅力不足，对事物常有不单纯的看法和想法。如再唇掀口翘者，不论男女，主其人寡情薄义，男性又容易招小人损财或盗贼劫财。

▲眼睛凸露，再眼眶内水光泛泛者，主其人 41 岁前后事业挫败，性命难保。（注：眼内水光泛泛乃肾水泛滥不固之征。）

▲眼睛凹陷在眼眶内者，主其人易患肝病。（注：睛黄眉乱者更验）

▲眼在转动时才显现凸露者，主其人个性暴躁，凶悍无情，事业少成。

▲眼露四白者谓之“四白眼”，不论男女主其人个性暴躁，心狠手辣，可作出弑君弑父之事，乱世可发于一时。但好色贪淫刑克六亲，虽富贵不能善终。

▲眼虽非四白通见，但看来显然黑睛过小者，主其人个性急躁，负气任性，处事则贪多急进，轻率妄动，常弄巧成拙。

▲眼左右及上端露白者，谓之“上三白眼”，不论男女，主其人心性刚愎自用，野心颇大，目中无人，喜弄机智，心性奸诈，一生多成多败，常遇凶险，又欠孝心，大多不得善终。

▲眼左右及下端露白者，谓之“下三白眼”，主其人即使事业有成，心性亦狠毒狡诈，大多不得善终。一般有下三白眼之人，大多离乡奔走，贪淫好色。

▲眼之黑睛斗于眼头，而其他部位露白者，谓之“一白眼”或“斗鸡眼”“斗角眼”，不论男女，性急奸猾，待人无礼，虽富贵也招凶灾，必主短寿。如仅有一只眼斗者，谓之“瞟眼”，反主其人极为聪慧，多才多艺，事业亦主有小成就，但心性恃才而骄，个性狡诈贪淫好色，并有血光之灾。

▲眼之黑睛斗于眼尾者，亦谓之“一白眼”，主其人个性轻浮无信，狡猾奸诈，事业少成。（注：以上之凸露眼、三角眼、四白眼、上三白眼、下三白眼、一白眼，如眉毛粗浓有致，眉棱骨高起有覆者，可减免其凶灾和不

良个性。)

▲眼圆大再睛凸者，主其人勇悍难驯，个性刚愎躁急。

▲眼圆大神光又露者，主其人32岁、35岁、37岁、38岁、41岁、44岁、48岁、50岁防凶厄，或犯官非甚或极刑（注：以生日年龄为准）。

▲眼圆大再神壮光正者，谓之“虎眼”，主其人视死如归，最宜从事军职。

▲眼大而神光射人者，主其人斗志坚毅，精力充沛，手法高超，活动力强，才华也高，勇于面对任何难关。其人眼中充满震慑之灵动，因此，在社会上能做领导人物，但喜自由发挥，不喜拘束，事业发达颇早。（注：女性同论但有刑克灾厄并防婚变）

▲眼大之人，主其人个性爽直胆大，热诚开朗，如再眼又有神，眉毛浓秀者，则主其人必享高寿。

▲眼大睛如黑漆者，主其人多才多艺，个性循良。

▲眼大黑睛又活泼溜转者，主其人有孩子脾气，持久力不足，在处人处事上表现欠成熟稳健，但学习力强，心地热诚而无心机。

▲眼大而又四边浮白者，主其人性情偏傲乖戾，常招女人口舌，内戚失和。

▲眼大再额头窄小者，主其人学问不成，无禄促寿。

▲眼大而口如一撮者，主其人49岁有关限。

▲眼小之人，主其人个性保守胆小，器量亦小，才能低下，寿命亦短。但眼小藏神者，主其人心思细密，可做研究工作和财务工作。

▲眼小而黑睛深藏者，主其人不喜多说话，城府颇深，但持久力强。

▲眼小有神，再配额高鼻起，眉须鬓三轻者，主其人精明干练，可贵可富，但发达较迟。（注：鼠眼亦眼小，但睛凸眼圆，黑多白少，光流视斜，低头视物，瞳仁转动迅速，意态彷徨。其人性懒，嫉妒心也重，虽聪明而不上进，自甘堕落之徒。)

▲眼睛圆小者，主其人心地善良，志向平凡，没有野心欲望，安份守己，衣食无虞。如眼睛昏暗缺少神采者，则应防凶灾横祸。

▲眼睛圆小，再瞳仁黄色，白睛微带青色，眼内满布红筋者，谓之“蛇眼”，主其人奸诈毒辣，卑劣无耻，六亲不认，利之所在，虽父母也视若路人。

▲眼睛圆小，但圆而露，或深而短者，主其人个性懒散执拗，运程多舛，寿亦不长，如配恶眉者，主其人活不过43岁。

▲眼一大一小者谓之“雌雄眼”，或谓之“阴阳眼”，主其人母亲怀孕时，精神不稳定，心理欠平衡，或父母感情不佳所导致。其人颇有才华和野心，但个性喜怒无常，情绪不稳，老运不佳，富而多奸诈，一生事业多成多败。

▲眼一高一低者，主其人个性不稳定，对事物之看法往往失之偏颇。

▲眼波成双者（双眼皮），主其人感情脆弱，易受感动，有时冲动，遇事拿得起放不下，但个性开朗热诚。

▲眼波成单者（单眼皮），主其人冷静沉著，忍耐力强，谋而后动，遇事拿得起放得下。但有时表现冷漠，待人不够热诚。

▲眼波成内双者（即眼皮内双），主其人感情理智平衡，处事圆通，面面俱到。又能体谅他人的看法与批评，对异性的感情亦能全心全意。

▲眼波成一单一双者，主其人感情常处于自我矛盾之中，或有双重个性，情绪必欠稳定。

▲眼之上眼波成直线者，主其人头脑冷静，判断力强。上眼波成圆形者，主其人性情爽朗，易被人利用，眼波成双者更验。

▲眼内有红筋缠绕者，主其人个性急躁刚烈，一生事业少成，常赁屋而居。如再神光流散，鼻尖而钩，或鼻梁不正者，则主其人既奸又恶。

▲眼内终年有赤脉纵横者，主其人赋性凶恶，有杀人偷盗之心理倾向。

▲眼下泪堂有横向之细纹，多而不乱，再加眼细而长，神光不露，主其人修仁尚义，心地光明，子孙繁衍，一生富贵，即使未致富贵，亦必能以学术技能名闻于世，善始善终。

▲眼下泪堂有井字纹者，主其人有自杀倾向，喉结有痣者更验。（注：斜形井字纹及横向之细纹乃阴骘纹主大吉）

▲眼下泪堂有川字纹者，主其人面善心恶，表面花言巧语，但腹藏奸计，欠缺恻隐之心及乐善好施之心，并好女色。

▲眼下泪堂有罗网纹者，主其人自身或父母祖先做过有损阴德之事，终身不荣，常有凶险。

▲眼下泪堂丰满高超者，主其人性机能旺盛，又见识广博，理解力强，分析事理清楚，处事老练，手法高明，待人接物，心平气和，虽遇拂逆，亦鲜少发脾气。但泪堂虚肿成蠹肉状者不可同论。

▲眼下泪堂丰满者，主其人一生福寿又少灾厄，或逢凶化吉，同时个性乐观，内心充满希望。

▲眼下泪堂干涩无肉者，主其人心性狠毒，健康运程均欠佳。

▲眼下泪堂青暗，再加准头肉少者，主其人心机深沈莫测，时思贪图便宜。

▲眼下泪堂突有青气横陈者，主其人三日内有眼前之忧或灾厄。

▲眼下泪堂气色暗浊者，主其人事业不顺，身心操劳过度，精神不济。或是健康欠佳心肾不交，或是感情婚姻有变，或是内心有压力感。

▲眼头部位滞黑者，主其人常多忧疑愁思，或压力感，或思虑过度所致。

▲眼之下弦有薄黑之气色者，主其人失眠或工作过度，或酒色过度精力透支。如眼之上下弦均出现薄黑气色者，则主有不正常之男女关系亦即有偏桃花。

▲眼之下弦饱满（即卧蚕肉堆），中央部位又引上，再眼有含露者，谓之“桃花眼”，亦谓之“笑眼”，主其人温柔亲切，男女均主淫荡。

▲眼之下弦常年赤红色者，主其人喜争是非，心火过旺。

▲眼上之田宅宫宽广丰腴者，主其人精力旺盛，消化功能及吸收功能均强，心性仁厚，能获得长上赏识提拔，异性缘亦强，婚姻易成。如凹陷肉薄者，异性缘少，婚姻难成，又难获长上赏识提拔，如系影艺人员，则难获得捧场，上眼睑肉色污浊者尤验。另上眼睑肉色污浊之人，身心必欠健康，睡时易做梦，或系纵情色欲之人。（注：田宅宫以眼睛睁开时可容一指以上者

为标准宽度)

▲眼上之田宅宫特别高广者，主其人颇有修养，颇有学问，持心平正，有宗教观念。但务实精神差，又少营利观念。但颇讲究居住环境之品质。

▲眼上之田宅宫中央有痣斑者，主其人个性聪明干练，但喜贪婪，同时象征其父母有消化系统疾病，并已遗传给自身。如再眼神斜视流视则主作贼。

▲眼上之田宅宫狭窄者，主其人个性急，处事积极，有时难免轻率，但进取心强，颇有知识，观察力敏锐，务实观念强，营利观念亦强，有时重利而轻义（例如欧美人氏)。

▲眼角之鱼尾纹一上一下形如剪刀状者，主其人个性偏执倔强。

▲眼角之鱼尾纹青少年时即有者，主其人命带劳碌，性情奸诈，寿命不长。

▲眼角之鱼尾纹过于庞杂者，主其人情欲重，好色贪淫，很难做到清心寡欲，并多愁思。

▲眼角之鱼尾纹中年以后尚无者，主其人不是不求长进，终日无所事事，很少用脑，即是好色贪淫之人。（注：“皱”与“纹”不同，皱是皮肤收缩，乃是一种老化现象，纹是因内分泌作用而形成，内分泌正常者，则面与手掌出现吉纹，内分泌不正常者，则面与手掌出现凶纹。假如吾人不常用脑思考问题，则脑的活动减少，面上手掌亦因此不会出现纹理。但过于劳碌或脑子乱动的人，同样也会出现过多不好的杂纹。)

▲眼睛上翘如丹凤眼者，主其人个性豪迈，忠信重义，不拘小节，不善修词。（注：眼睛上翘与眼尾上翘主前者乃忠义之士，后者婚姻不美满。)

▲眼尾出现赤脉接近瞳孔者，乃灾祸之预兆，赤脉穿过瞳孔者，主灾祸即将发生，白睛全红者，亦主意外灾害之预兆。（注：赤脉贯睛系肇因肝肺相火之故，因肝肺火气上升，使脑压过大，导致事物之判断错误，或因肝肺相火，导致脾气变坏，故易发生灾祸。又赤脉贯瞳分为两种，由眼尾横贯入瞳者，主凶死，由上或下直贯者，主危险伤残。)

▲眼睑跳者，左主有吉，右主有凶，男左女右。（注：此乃民俗相法)

▲眼之黑睛带黄色，白睛又有红筋缠绕者，主其人个性急躁偏执，恶毒奸诈，贪多急进，易犯官非。

▲眼之黑睛带赤色，再加胡须带黄色者，主其人个性极端暴躁易怒，终遭横祸。

▲眼之黑睛呈淡咖啡色（即茶褐色）者，主其人热诚爽朗，有或多或少之才华，但行事略嫌轻率。

▲眼之黑睛呈金黄色，睛又凸露，但白睛贯神者，主其人为勇猛之人。如头角再峥嵘者，谓之“虎眼金睛”，主其人乱世时可大贵，如在军中发展可立战功。

▲眼之黑睛带黄色，睛又凸露，白睛又灰暗者，主其人患有颠狂之症。

▲眼之黑睛灰暗，眼神又不足者，主其人短寿，如再白睛如泥者，主寿命不过25岁。

▲眼之白睛先天呈红色，再加黑睛似金黄色者，谓之“火眼金睛”，主其人个性狠毒，有取人性命吸人骨髓之心，为人处世，六亲不认，逆伦犯上，面呈黑色者尤验。（注：此乃基因突变所致，例如白蛇、白象、白鳖、白猴等动物，均为基因突变所致。）

▲眼白睛昏浊，黑睛带黄色，再加眉乱者，主其人死于战乱兵灾。

▲眼之白睛带青蓝之色，眼神又弱者，主其人身有隐疾，或患有神经衰弱之症，又应注意水惊。（注：未满10岁之少年人或幼儿不忌，因其脑神经尚未发育成熟也。）

▲眼之白睛带赤红色，再加声音沙哑者，主其人应防火厄。

▲眼之白睛忽变红色，面色又赤红者，谓之“朱雀色”，主其人即将有官非或祸事发生，以不与交往为宜，以免连累。

▲眼之白睛常带黄滞色者，主其人寒湿生痰，乃好色贪淫之人。如白睛过黄者，为肝胆有病。

▲眼形恶再加眉压眼，山根又低陷者，主其人个性不良，有牢狱之灾，而以32岁之年几率最大。

▲眼内有痣者，主其人非常聪明干练，但中年有是非损财，同时主其人

内脏器官有隐疾。

▲眼如含露（水汪汪样），上弦下弦均眼波成双，眼常左右转动，表情诸多者，不论男女，主其人好色贪淫，未语先笑者更验。女性再发黑又浓者，必为娼妓。

▲眼形如鸡之眼睛者，主其人好色，同时有偷窃习性。（注：鸡眼形圆小，睛淡黄，惯作瞪视，甚少瞬动、性急贪色。）

▲眼浮又露睛者（即眼珠如悬空之状），主其人事业纵有小成，40岁前后仍难逃一死，甚或狱亡。

▲眼之瞳孔过大者，谓之“散瞳”，主其人感情丰富，但情绪不稳定，同时肾水不固，当其浮光之时，即死期至矣。但临时受刺激惊吓或女性月经来潮时，瞳孔因而放大者不论。

▲眼之瞳孔小者，谓之“聚瞳”，主其人身体健康，事业顺利，如瞳孔散大者，不是身体健康有问题，就是事业不顺利。

▲眼之黑睛上端有部分被白云遮盖者，主其人中年败业，或是非官讼，一生中并有意外惊险。如上下左右均有白云遮盖者，主其人一生难成事业又不善终。

▲眼与眼之间距离过近，构成山根狭小者，谓之“日月争辉”主其人好勇斗狠，个性急躁，易招小人，邻居不睦，亦主六亲感情空疏。如两眼距离过宽者，亦主其人性格怪异，如再山根又低者，则处事不积极，动作比常人慢半拍。

▲眼在沉睡时张开者，主其人有神经质，脑力超载，或消化机能欠佳，不得善终，声音破锣者更验。（注：眼在沉睡时张开者，主其人神经和脾胃不健康，消化系统气弱，而不能贯注于上眼睑。）

▲眼之睫毛过长过粗者，乱世主贵而好淫，盛世不贵而又劳碌。男性睫毛以柔细而短主吉，盛衰均主清闲而多福禄。

▲眼之睫毛天生即无者，主其人应防火厄，鼻色红黑时即验。

▲眼与眉相连者，主其人性喜嫉妒，狡猾奸诈，并克长子。

▲眼头上方“精舍”“光殿”宽平饱满者，主其人先天胸腔乳房功能良

好，后天胸襟宽广，包容力强，决断明快，个性爽朗。如气色暗滞者，主其人内心有压力感，胸腔血液循环不良，或胸腔神经作痛。

▲眼形三角形起自眼头，再眼神强，眉毛又粗浓有覆者，谓之“龙虎得配”，主其人个性刚正，精明干练，有为有守，敢做敢当。事业有大成，乃贵相。

▲眼之三角形起自眼头，再眼神强者，谓之“有神三角眼”，主其人有或大或小之成就，但心性奸诈，缺少情义，刻薄寡恩。如眉毛轻淡不配者，主其人中年事业失败，或招牢狱之灾，又主其人刑克妻儿，并不得善终或短寿。

▲眼之三角形起自眼上弦之中段者，主其人工于心计，忘恩负义，难成大器。

▲眼之三角形起自眼下弦之中段者，谓之下三角眼，主其人有艺术天才，可从事工艺美术工作。

▲眼形三角再加“吊丧眉”者，主其人虽有小富贵，亦心性不良，待人处事，奸险狡诈。

▲眼形三角但无神者谓之“无神三角眼”，主其人身带隐疾刑克妻儿或无子。

▲眼睛深陷者，主其人欠缺公关才能，口才不佳，不善推销自己，但毅力强韧，处事能贯彻始终。（注：眼睛深陷乃元气不足之征）

▲眼在死前（正常病死）之七日内之眼神，与初生婴儿七日内之眼神相似，有呆滞似脱之象。

▲眼闭而后语或俯而后语者，主其人死无葬身之地，或遭凶险而亡。

▲眼看人时左右飘摇不定者，主其人犹豫心重，作事无主见。

▲眼冷眼看人，再目光冷峻，面色黝黑者，主其人心性冷静、冷漠、冷酷、毒辣，常做出损人利己的勾当。

▲眼在看人时，习惯从脚看到头者，主其人猜疑心重，性傲而偏，常招人厌恶，但最宜担任刑事侦查工作。

▲眼在看人时，顾上觑下者，主其人遇事犹豫不决，瞻前顾后。

▲眼在与人对谈时而急速转动眼珠者，主其人乃奸小虚妄之人。

▲眼在与人对谈时不望著对方者，主其人多猜疑心，并私欲甚重。

▲眼常上视者，主其人优柔寡断，意志不坚，又自傲多疑。

▲眼常下视者，主其人多阴险奸诈，个性倔强，城府深，自卑重。

▲眼近视者，主其人视神经衰弱，性急主观，兄弟姐妹不和少助，但喜学问多研究，乱视者同论。

▲眼远视者，主其人智慧高，如五官配合良好，必有或大或小之成就。

▲眼斜视者，主其人异常淫乱，并存嫉妒心态。

▲眼偷视者，主其人奸淫，个性狡猾多疑，处事则欠良策。

▲眼连续眨动者，主其人心有城府，老谋深算。再斜视者，则主口是心非，话多虚妄，待人接物，警觉性高。

▲眼半开半合者，主其人个性愚蠢。

▲眼旁之奸门平阔无瑕疵者，主其人个性耿直，心地光明，而少淫邪之念。

▲眼之四周终年气色暗黑者，主其人酒色夹寒，德行不好，自身及家运不顺。

▲眼之四周终年黄明红润，眼下有阴骘纹者，主其人积有阴德，男则运程通达，女则生贵子，同时遇凶不凶，遇险不险。（注：有关阴骘之道理及眼神之观看法则请参阅拙著《萧湘识人相法全集（三）·气色大全》第八章、第九章、第十一章。）

▲眼要湿而干，“湿者”指黑睛及白睛均有湿润之感，主其人肾水既不枯竭亦不泛滥，“干者”指眼眶内不可有水汪汪之感，如有水汪汪之感，主其人肾水泛滥，必好淫短寿。

▲“相不独论”，当论断眼之相理休咎时，请参合其他部位综合论断之。

女性眼相之独特相理休咎

▲女性眼长眉秀，眼神明媚，声音清脆，山根隆起，奸门丰满，双颧隐圆，主其人必配富贵之夫并生贵子。再加眼睛黑白分明，鼻准丰圆，鼻翼有收，唇红齿白者，主其人不但配贵夫，生贵子，并自出嫁之日起相夫旺子终身。

▲女性眼若辰星，唇如涂朱，手绵手暖，威严厚重，虽面貌丑陋，亦主夫贵子荣。

▲女性眼大眉粗为带刹，主其人夫妻克离，一嫁再嫁。迟婚者减半论。

▲女性眼有凤目者，主其人必嫁贵夫，子女亦贵显。（注：女性子星在眼）

▲女性眼细而长，秀而正，黑白分明，再加新月眉，六府丰腴者，主其人子女成群并优秀，又享高寿。

▲女性以眼为夫妻关系之“情缘宫”，眼大者配偶亦宜眼大，眼小者配偶亦宜眼小，女眼有双波（即双眼皮）者，配偶亦宜有双波，女眼单波者，配偶亦宜单波，如此配婚，夫妻情缘必长必久，乃上上之绝配。如情缘宫不相配，而夫妻情缘长久者，则夫妻一方之眼波一定有变，例如夫或妻之双眼波变为单眼波或变为内双眼波，形成夫妻眼波一致。反之，眼波原系一致而变为不一致者，则夫妻情缘一定变坏。（注：其他有关男女配婚法，请参阅萧湘相法(二)男女形相配婚篇。）

▲女性眼神要有三分娇媚（非艳光），但要娇而有威，媚而有态始吉。

▲女性眼神有神静、神藏、神和之相者，主其人身心两健，贤淑温良，持家有方，夫妻恩爱有加，并旺夫兴家，子女优秀。

▲女性眼神浊，再加腮骨过露，命门过凸，头发过硬，腰围过大者，主其人刑克丈夫。

▲女性眼神露者，主其人应防产厄。

▲女性眼无神者，主其人应防产厄。

▲女性眼光神缩，白睛赤红，眼下有青紫气色者，主其人家庭不和，夫妻反目。如系未出嫁之女子，则主爱情不顺。上述情形再加命门发暗，口角有青气色者，则主有自杀之倾向。

▲女性眼光锐利，再加鬓发多而漆黑，口唇肥厚，地阁圆厚者，主其人刑子克夫。（注：女性眼神宜和惠不宜锐利。眼光锐利乃白睛露光再加黑睛眼神强发之谓）

▲女性眼有艳光又太过美丽，或眼神混浊又太过丑陋者，均主其人克夫或离异。（注：眼有艳光乃白睛露光再加眼眶内有水汪汪样之谓。）

▲女性眼之黑睛带黄色，白睛昏浊，再加眉毛纷乱者，主其人婚姻不美满，克夫或离异。

▲女性眼睛大，眼波外双者，主其人有艺术方面的才华，个性爽朗大方，在社会上活动力不输异性。但个性不稳定，脾气说来就来，往往感情用事。因此，婚姻欠美满，离婚者居多。

▲女性眼睛大，但眼形秀长，眼波内双者，主其人个性温惠娴静。

▲女性眼大又圆，再马面者（即面长），主其人一生奔波劳碌，难享夫福，如再眉疏项细，则主贪淫并嫁为妾。

▲女性眼大浮光，再口大无收，蹙眉掀唇者，主其人喜弄是非个性贪淫，并刑克丈夫子女。

▲女性眼大，再眉毛粗横者，主其人从事军职大有成就。

▲女性眼大颧高者，主其人必夺夫权，牝鸡司晨。

▲女性眼大颧高，再颧骨粗者，主其人克夫孤苦。

▲女性眼小，再神浊者，主其人心胸狭窄，一生贫贱，难享夫福子福。

▲女性眼小，再加鼻尖口尖者，主其人不守妇道，贪淫偷情。

▲女性眼小，眼眶又圆者，主其人有产厄并促寿。

▲女性眼小，但眼形美好者，主其人诚实又守本份，处事有持久力，最宜担任财务会计等定型又细心的工作。

▲女性眼小，眼形相理又不佳者，主其人个性懒散，短寿产厄。

▲女性眼睛一大一小者，主其人心情矛盾不服输，善察言观色，但有神经质倾向。如左眼小者，主其人一生克夫为夫劳，右眼小者，主其人畏夫亦克夫。

▲女性眼尾垂下者，主其人对异性之吸引力及蛊惑力均强，同时好淫，婚姻不美满，非离即克。

▲女性眼尾垂下再加额高者，主其人必然迟婚，否则夫妻克离一嫁再嫁。

▲女性眼尾之上下弦气色污浊者，主其人性冷感难生育，有妇科隐疾。

▲女性眼尾之鱼尾纹多，再眼大又眼有双波者，主其人容易有婚外情。

▲女性眼尾上翘者，主其人主观意识强，个性嚣张，婚姻难得美满，非离即克，但非常聪慧。

▲女性眼尾之鱼尾纹过长又垂下者，主其人背夫逃走。

▲女性眼尾之鱼尾纹过多过长者，主其人犯孤神，克夫孤苦。

▲女性眼尾之鱼尾纹上拂天仓者，主其人个性倔强，自我意识太强，个性男性化，欠缺女人味。

▲女性眼尾下方青气色成条者，主其人恋爱失败或婚姻触礁，正处于异常伤心之境地，或有其他方面之远虑深忧。

▲女性眼尾有赤脉贯睛者，主其人应防产厄或车马安全。

▲女性鱼尾气色莹静润泽者，主其人尚属处女之身（眉毛聚附贴肉者更验），如气色忽呈嫣红色者，主其人婚姻缘动，或近日失身。

▲女性奸门丰满又不过宽者，主其人善于诞男，子女优秀贤良。

▲女性奸门深陷者，再加山根低，颧高声破，主其人婚姻非离即克，夫缘屡变。

▲女性奸门凸露再加眼光流射（即抛媚眼）者，主其人克夫，早熟多淫。

▲女性奸门过宽者（超过三指宽度），主其人夫缘屡变，婚姻不美满。（注：此为女性小脑分泌男性荷尔蒙过多之征，主其人个性男性化，事业观念重于家庭观念，同时贞操观念淡薄，故影响其婚姻。）

▲女性奸门有黑气色笼罩者，主其人个性好淫，刑夫克子。奸门青黑同现者则主离异。

▲女性右边奸门鱼尾一带生黑痣黑子者，主其人克夫。左边奸门鱼尾一带生黑痣黑子者，主其人淫荡。

▲女性眼下泪堂有阴骘纹者，主其人旺夫兴家，并生贵子，子女有成。如卧蚕肉实又厚者，主其人善于诞男，并优秀有成。（注：泪堂在卧蚕之下）

▲女性眼下泪堂一带气色青黑混杂者，主其人贪淫好色，家运不佳，刑夫克子。如再手软绵无骨者，主其人红杏出墙。如泪堂气色暗黑色或暗赤色（即赤浊）者，则主身带隐疾，家运不佳，刑夫克子，如怀孕则有产厄之虞。

▲女性泪堂深陷者，主其人即不克子，亦主中年与子女分离。

▲女性眼下有罗网纹者，主其人克离再嫁。（注：罗网纹乃横纹直纹交织之谓）

▲女性眼下有直纹者（名哭子纹），主其人克子并有产厄血光之灾。

▲女性眼下突现青脉者，主其人丈夫有厄。孕妇眼下有赤红色者，主有产厄。

▲女性眼下有疤痕者，主其人克子女。（男左女右）

▲女性眼下卧蚕生黑子者，主其人生贵子并疼爱子女。泪堂生痣则主克子。

▲女性眼之下弦无栏（即卧蚕不起）者，主其人克子刑夫，下弦外翻者尤甚。

▲女性眼下卧蚕肉堆者，主其人异性缘重，性欲强。卧蚕肉实又厚者，性欲正常，善于诞男。卧蚕深凹血枯者，主其人性冷感难受孕。

▲女性眼上之田宅宫及泪堂饱满丰腴，再加颧骨隐圆者，主其人家族观念重，家庭及夫妻生活均美满，未婚者婚姻易成。

▲女性眼上之田宅宫及泪堂虚肿者，主其人夫妇感情不睦。

▲女性眼上之田宅宫及泪堂青气盈盈者，主其人夫有灾厄。

▲女性眼上之田宅宫凹陷者，主其人恋爱欠顺，婚姻难成，如再颧高

者，即使结婚，亦主其人家庭及夫妻生活不美满，甚或离异。有痣斑痘痕者减分论。

（注：田宅有伤疵乃漏电之征，而肇致电能不聚，故难与异性来电。）

▲女性眼上之田宅宫如有严重伤疵者，主其人恋爱不顺，婚姻不美。

▲女性眼上之田宅宫过于窄小者，主其人纵有才智，亦少妇德。（性急性强）

▲女性眼上之田宅宫过于高广者，主其人热诚爽朗，心直口快，有男性的志向和心性，但婚姻不美满。

▲女性眼斜视、上视、下视、偷视者，主其人心性欠仁厚，贪婪无厌，喜存私房钱，同时欠贞操观念，乃孤独之相。

▲女性眼露四白，并带赤脉红筋者，谓之带“杀剑”，主其人心毒性悍，有毒夫杀妾之倾向。否则必克夫刑子，自身寿命亦短，并主产厄。

▲女性眼露三白四白者（不论上下三白），主其人刑夫克子及产厄，同时心性不良不孝。女性如有一白眼或瞟眼者，则主克子或少子。

▲女性眼形三角者，主其人性阴沉，心机多，虽富贵，亦主夫妻不睦，非离即克。乃孤独之相，眉毛清秀者减半论。（注：克离之年多在32岁，35岁，37岁，38岁，41岁，44岁，48岁，50岁。）

▲女性眼睛深陷者，主其人心恶不仁。如再眼睛又圆又大者，则主一嫁再嫁。

▲女性眼睛深陷，又黑睛带黄色，白睛又有红筋者，主其人心性急躁偏执，克子刑夫。

▲女性眼睛露又眉黄者，主其人克离再嫁，并防产厄损胎。

▲女性眼睛露又睛黄者，主其人心性不良，狠毒阴险，人瘦肤白之人尤甚。

▲女性眼睛浮露（即眼珠摇晃），再加口反者，主其人应防产厄血光。

▲女性眼凸露者，如非甲状线症所引至者，主其人易损胎产厄。

▲女性眼凸露再加颧露者，主其人产厄克子。

▲女性眼凸露再加声粗者，主其人婚姻不美满，非离即克。

▲女性眼圆睛凸又露白者，主其人克夫刑子，并防产厄。又主与翁姑不睦。

▲女性眼不哭而流泪者，主其人婚姻不美满，不克即离。

▲女性眼形恶劣再加面方者（即金面），主其人常常招惹是非，刑夫克子。如夫妻宫相理再不佳者，嫁即克夫。

▲女性眼睫毛过长过多者，主其人个性骄傲，婚姻欠美满。睫毛过短过少者，则主其人个性冷漠，热情不足。睫毛凌乱者，主其人个性欠优良不稳定。

▲女性眼睫毛不多不少者，主其人聪明灵活，颇有艺术方面的兴趣和才华。

▲女性眼无睫毛者，主其人性格怪僻，聪明过份，有时失之狡猾，对下一代遗传不良，畸型儿比例高。（注：女性睫毛特长者，主其人有自怜心态）

▲女性有眯缝眼，再加鱼尾纹长，眼珠带黄色者，主其人心性狡猾贪淫。如再眉不盖目者，主其人婚姻非克即离。仅有眯缝眼者主奸诈。

▲女性眼中生痣者，主其人聪明干练，主有小成，但拖累夫运，严重者有淫乱倾向，婚姻不美满，中年亦主失财。

▲女性眼有“狼顾”（即行路时快时慢并常回头）之习惯者，主其人心性狠毒，阴险狡诈，刑克六亲，孤独之相。

▲女性有桃花眼者（即笑眼），主其人待人亲切，最宜担任公关及外勤工作。

▲女性有桃花眼，再配柳条眉（即春心眉）者，主其人水性杨花，淫贱之至。

▲女性黑睛略带褐色者，主其人比黑睛靛黑色者，身体健康。

▲女性黑睛呈黄色，而面貌又秀丽者，谓之“带刹”，主其人克子刑夫，并防产厄血光婚变。如仅黑睛黄色而面貌不秀丽者，亦主妨害夫之事业。

▲女性眼之上弦平直，下弦中央垂下形成倒三角形者，主其人寡情薄义，生理期间并有发狂伤害丈夫的心态。

▲女性眼头斜上指向印堂者，主其人个性凶残，有杀夫毒妾之心态。

▲女性眼竖眉粗者，主其人“犯孤神”，克夫刑子女又主孤苦。

▲女性眼在对话时视下者，主其人心理欠健康，忧郁寡欢。

▲女性眼在对话时含情脉脉者，主其人淫乱多情。

▲女性有“羊眼”者，主其人贪淫孤独。

▲女性怀孕时（以三个月后为准），眼下卧蚕泪堂及左手掌心均红中泛青，脸色憔悴而欠明润者，主其人诞男。如眼下卧蚕泪堂泛红及右手掌心红中泛青，脸色明润而不憔悴者，主其人诞女。

▲女性眼有“重瞳”者，主其人极端好淫。

附注：女性之眼除上述之独特相理及休咎外，其他一般性之相理及其休咎与男性同论，但有关男性眼相独特之相理及其休咎例外，因男性属阳，女性属阴，故在休咎解释上有所不同，读者不可不察。

观相感言

凡从事异路行业并有若干成就与名声的人，或死后才扬名的人，大多是智慧高，有远见，有强烈国族观念和正义感，以及有悲天悯人的胸怀者。其人之思想、言论、个性、行为和对事物的看法与作法，往往与众不同而特立独行。同时爱恨分明，喜谈是非，刚正不阿，择善固执，喜自由发挥，不喜拘束。又有某种僻性，欠理财概念，一生事业多波折，然意志坚定，不畏失败。其人大多有孤寂感，大多享高寿，婚姻及家族关系亦大多欠美满，甚至有少数人贫困潦倒以终。（注：何谓异路行业请查阅《萧湘识人相法全集(二)》增订各种相理格局中之“异路财荣格”专条。）

萧湘居士　撰

眼各部名称图

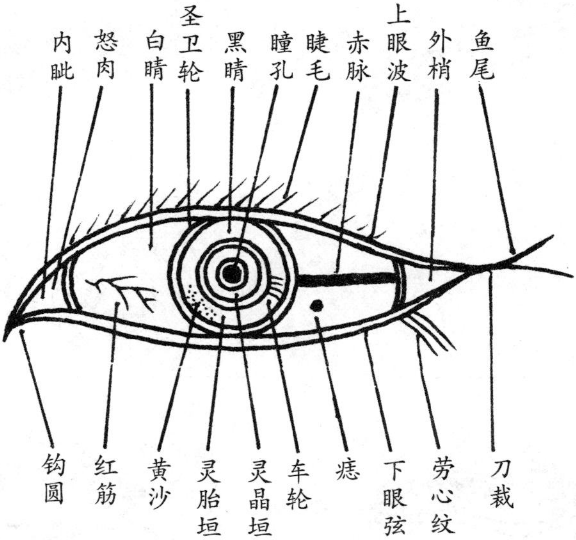

本章所绘之眼图，以神相全编所记载者为准，读者作印证时，千万不可拘泥，只印证其特征即可。

各式眼相图（一）

鸣凤眼

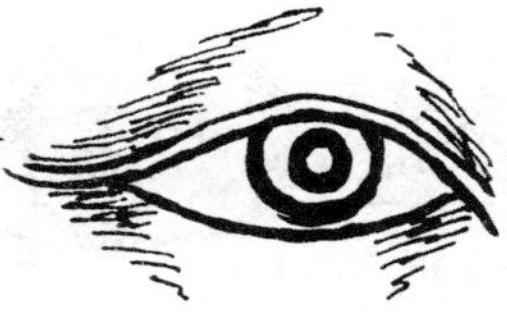

“鸣凤眼”的特征为黑睛如漆，黑白分明，眼神藏而不露，眼波内双，前眦钩圆，后梢刀裁。男主大贵，女主一品夫人，此为女性最佳之眼。

龙眼

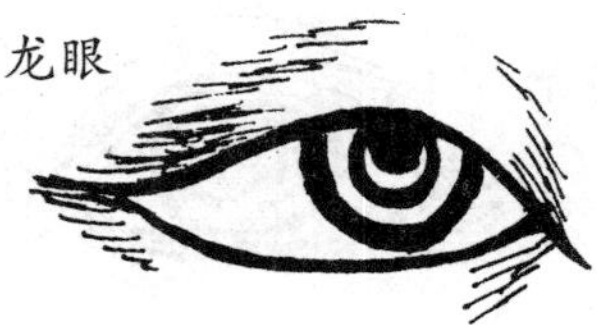

“龙眼”为男性最佳之眼，其特征为黑白分明，神采奕奕，眼有真光，眼波成单但波长，下弦丰厚有栏，主其人天纵英明，大贵特贵。

各式眼相图（二）	
丹凤眼 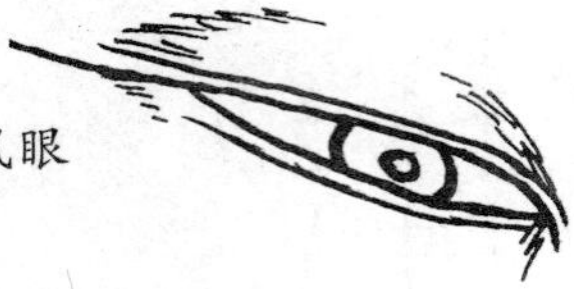 “丹凤眼”的特征为眼形细长，斜上天仓，眼波内双，黑睛隐藏眼内，但神光逼人，主其人忠义大贵。	伏犀眼  “伏犀眼”的特征为眼大长圆，黑睛大又黑亮如漆，眼波内双，神强神藏。主其人心性仁慈，智高量宏，能领袖群伦，终必大贵，福禄寿三全。
睡凤眼  “睡凤眼”的特征为眼形细长，睛大而藏神，眼波内双，瞻视平正，气度华贵，赋性正直，男主可贵可富，女主夫人。	瑞凤眼  “瑞凤眼”的特征为眼角齐整，黑白分明，黑睛藏神，眼波成双。主其人个性娴逸文静，男主文贵，女主夫人。
狮眼  “狮眼”的特征为眼大露威，黑白分明，眼上下均有双波。主其人个性狂急，但心地仁厚，不贪钱财，如配虎眉，可大贵特贵。	虎眼 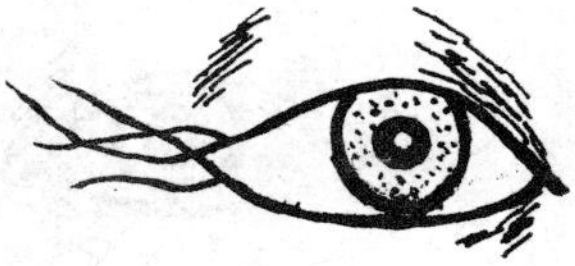 “虎眼”的特征为眼大单波，黑睛呈金黄色而有威，瞳仁时短时长，主其人如额角峥嵘（虎额），必主武职大贵，性刚毅果断，但晚年克子。

各式眼相图（三）

鹿眼  “鹿眼”的特征为黑睛清澈见底，眼波成双又长，眼神强而不露。主其人性急而刚，但重情义，事业有成可贵可富。	猴眼  “猴眼”的特征为黑睛上仰，狂痴流视，上眼波高耸，下眼波成双，眨眼频频又迅速。主其人心机深，多疑多诈，配猴相者大贵否则事业多成败。
熊眼 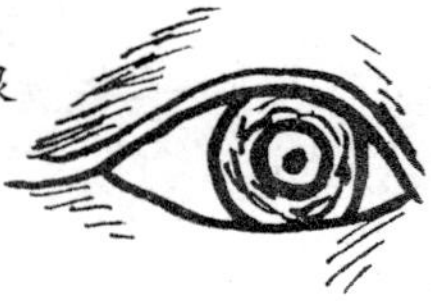 “熊眼”的特征为眼睛长圆，眼波外双，与猪眼相似。主其人勇敢愚鲁，性情偏执，好胜逞强，贪多急追，有犯罪心态，难有善终。	牛眼  “牛眼”的特征为眼大睛圆，眼波内双。主其人问富不问贵，甚至大富，一生事业平顺到老，福寿双全。
象眼  “象眼”的特征为眼形细长视下神昏，上下眼波多重。主其人个性温和，动作迟缓，处事被动，有大寿但事业平平。	马眼  “马眼”的特征为眼皮宽松，睛小微露，终日眼眶有泪湿感。主其人为人忠直无诈，一生奔波劳碌少成，并刑克妻子。

各式眼相图（四）

猪眼 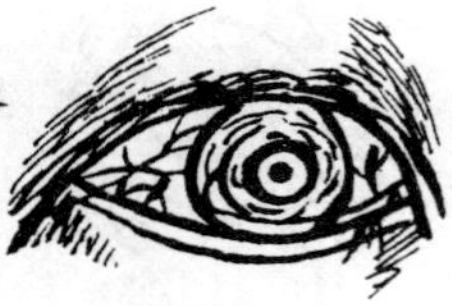 “猪眼”的特征为黑睛黄色，黑睛白睛朦胧不分，眼波特厚，眼内有红筋。主其人既愚又凶，心术不正，事业少成，多死非命。	狼眼  “狼眼”的特征为眼露下白，黑少白多，又名下白眼，其黑睛黄色，常低头反顾，蹙眉而视。男主刑克奔波，女主产厄，性贪好色，不得善终。
猫眼  “猫眼”的特征为眼圆又大，黑睛黄色，白睛略带水蓝色。主其人个性外表温顺，内心急躁，会甜言蜜语，常口是心非，事业问富不问贵。	羊眼 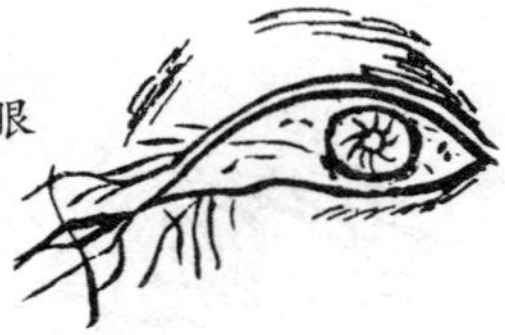 “羊眼”的特征为眼眶短小，眼露四白，又名四白眼，黑睛淡黄，瞳仁如纱，眼光上视外露，主其人性淫乱又好勇斗狠，虽富贵不得善终。
桃花眼 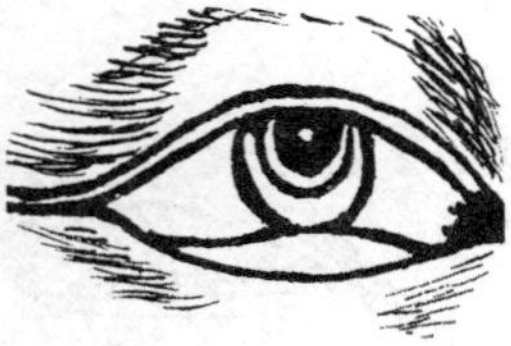 “桃花眼”的特征为眼波成双，下弦丰满，眼中含露，略有斜视，逢人未语先笑，故又称笑眼。主其人异常聪明，待人亲切，不论男女均淫荡。	蛇眼  “蛇眼”的特征为黑睛圆小色黄，黑睛中有红砂，白睛带青布满红丝，转动时黑睛近下，又名上白眼。主其人狠毒刑克，为非作歹，不得善终。

各式眼相图（五）

火轮眼

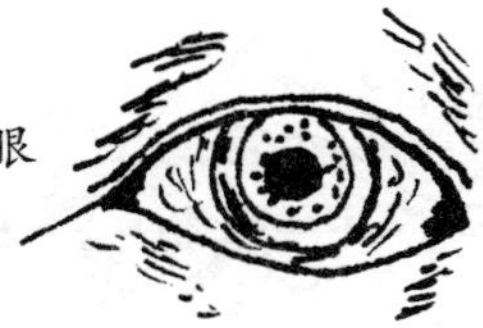

“火轮眼”的特征为眼有双波，眼大神昏，黑睛周边布满红筋似火轮一般。主其人性暴心毒，有弑父犯上之心态，终必死于非命。

醉眼

“醉眼”的特征为黑睛小色黄神昏，斗向山根，与上白眼斗角眼有三分相似，白睛布满红丝而黄浊。主其人心朦无能，贪酒纵欲，事业难成。

鹤眼

“鹤眼”的特征为上弦双波，下弦单波，前背钩圆，后梢刀裁，眼秀神藏，黑白分明。主其人性徐量宽，志向高尚，配鹤形体可大贵，并高寿。

孔雀眼

“孔雀眼”的特征为眼有双波，眼尾斜上，黑睛略偏山根又清澈明亮，白睛呈青色。主其人可贵可富，性正直清廉，一生少灾，夫妻恩爱。

雁眼

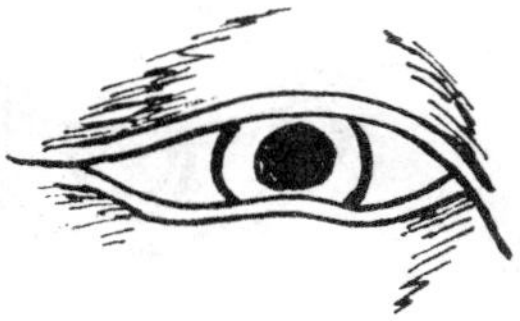

“雁眼”的特征为黑睛带金黄色，上下眼波均为内双。主其人处人处事，循规蹈矩，颇重仁义，事业有中等成就。

鹊眼

“鹊眼”的特征为眼波内双，眼形细长眼尾上扬，黑白分明有神。主其人个性忠良，作风信实，发达颇早，一生事业平顺到老，有中等富贵。

各式眼相图（六）

鹭鸶眼

“鹭鸶眼”的特征为眼小波长成双，黑睛半现半藏。主其人个性既循良天真，又奸诈狡猾，即使富有亦复贫穷，一生难有成就并老来孤独。

鸳鸯眼

“鸳鸯眼”的特征为眼有双波，眼睛圆大，黑睛微露，黑睛中有赤砂，白睛中有红筋。主其人夫妻恩爱，可贵可富但贪淫。

鱼眼

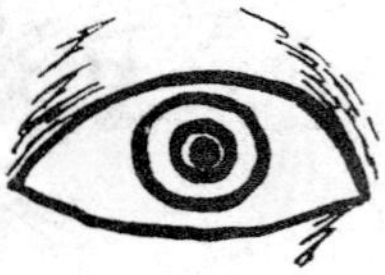

“鱼眼”的特征为眼睛圆小，前眦无钩，眼尾无梢，黑睛外露，痴呆无神，眼眶有泪湿感，主其人多病早夭。

燕眼

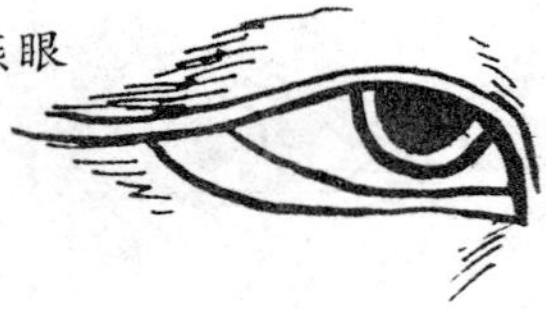

“燕眼”的特征为眼波内双，黑白分明，黑睛带赤纱，睛小而略近山根，瞻视昂然。主其人性机警，守信诺，重名誉，发达早，一生衣禄周全。

虾眼

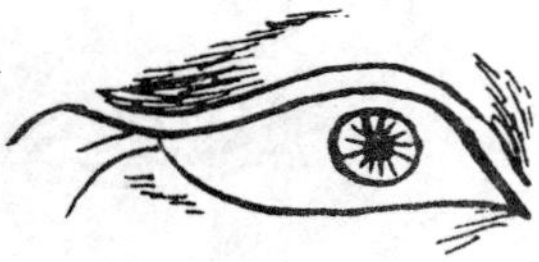

“虾眼”的特征为黑睛小，四周略露白与四白眼相似，但眼波内双。主其人心性勤劳急躁，晚岁虽荣但不寿。

蟹眼

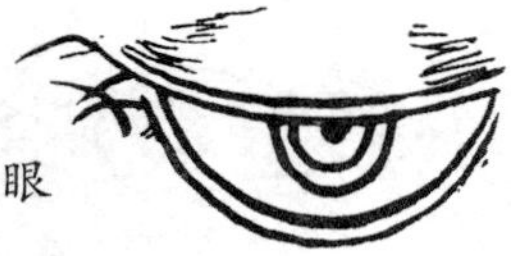

“蟹眼”的特征为上眼弦下坠，眼睛圆露，故又名金鱼眼。主其人大多有乱视，斜视，散光等视力故障，心性愚顽，生平难有成就。

第十一章　鼻

鼻之部位特性

先贤曾国藩云："邪正看眼鼻，真假看嘴唇，功名看气概，富贵看精神，寿夭看指爪，风波看脚跟，若要看条理，尽在言语中。"鼻子除了观看其心性之邪正外，更重要的相理意义是鼻为吾人一生健康的缩影。根据中医针灸鼻针图解，小小的一管鼻，竟与吾人体内除脑以外所有五脏六腑均有经络联属关系。试观一个健康长寿的人，无不具有一管好鼻，反之，一个健康不良或夭寿的人，他（她）的鼻子一定气势不足，并在相理上有严重瑕疵。

笔者的阅人经验是"问财在眼，问富在鼻"。前者言"财缘"之广狭要看眼睛相理之良窳，后者言"聚财"之多寡则要看鼻子相理之优劣。凡眼睛相理不佳之人，"财缘"必欠广大，赚大钱的机会少之又少，不论理财手法如何高明，亦难积聚大财富。同样道理，凡鼻子相理不佳之人，虽赚到了大钱，也因欠缺理财方法而难积聚大财富。先贤将鼻准称为"财星"，但"财库"则在两鼻翼又名"谏台""廷尉"二部位，凡守财有方偏财横财机会多的人，谏台廷尉二位必圆厚有收。

"问贵在额"，但"问官在眼"，"问职在鼻"，"问权在颧"。额头眼睛相理同佳的人，其最终官职的高低，则要以鼻子相理好坏为断。因为鼻子为意志力行动力坚强与否之表征，缺乏意志力行动力的人，虽然思维发达，眼光敏锐，但在人生战场上仍是有所不及。鼻子代表官职的高低，颧则代表权力之有无，鼻子与颧相配者必主有职亦有权。

鼻为"夫星"亦为"妻星"，鼻之相理无缺陷瑕疵者，男可娶得贤慧又貌美之妻，女可嫁得有成就又英俊之夫，因此，没有任何一位达官富翁及其夫人的鼻子是凹塌曲勾的，尤以女子纵有花容月貌，如果鼻子长得不好，也觉失色。

为何鼻之相理美好，男就可以娶得貌美贤妻，女就可以嫁得富贵丈夫呢？原因是吾人之五脏六腑有如一部机器已于前述，内脏器官优良者，机器性能必佳，所放射的电能必强，马力必大。内脏器官欠优良者，机器性能必差，所放射的电能必弱，马力必小。而男女两性之聚合均系于彼此间体内所放射的电能的大小强弱为断，电能大者强者必与大者强者“相正吸”“相和合”，电能小者弱者必与小者弱者“相正吸”“相和合”（即彼此仰慕来电之谓）。反之，电能大者强者与小者弱者“相负吸”（即一方单恋之谓），或“相排斥”（即彼此不来电之谓）。因此之故，世间男女婚姻数十亿对，鲜少发生“乌鸦配凤凰”之事。如按照宿命论的说法，这就是命中注定，然而人相学是不相信宿命论，故笔者提出电质素（即电能）“相正吸”“相负吸”“相和合”“相排斥”之说加以印证。但男女双方必须彼此均处于“婚姻正缘期”，其来电才是“真性来电”，结婚后才会白首偕老。如男女双方或一方处于“非婚姻正缘期”，其来电乃属“假性来电”也，迟早仍会离婚。过去在封建时代的男女婚姻大事，均系凭媒妁之言，或买卖婚姻，甚至指腹为婚，完全没有经过“仰慕”“来电”的心路历程，而古人的婚姻仍是成功的多，失败的少，原因何在呢？笔者认为古人婚姻成功的原因乃在于“周天命运”所致，因为封建时代的周天环境，合理婚姻固属合理婚姻，不合理婚姻也是合理婚姻。个人命运是拗不过周天命运的，是以婚后感情有好有坏。（注：何谓婚姻正缘期请参阅拙者《萧湘识人相法全集（二）》附录“男女形相配婚法篇”）

鼻为肺之灵苗，鼻之通塞可知肺之虚实，故鼻在五宫中称为“审辨官”。鼻之准头与脾脏相联属，脾在五行中属土，故鼻在五星中称为“土星”。又鼻居于面庞之中点，象征五岳中之中岳，故鼻称为“中岳”。鼻与颧之关系犹如“君与臣”之关系，故鼻不宜孤峰独耸，颧不宜高过于鼻。又鼻为自己，颧为兄弟，为朋友，为家庭，为亲族，为社会，鼻颧不配，绝非吉相，主其人一生单打独斗，因而收获少，成就亦小。先贤铁关刀云：“鼻之气由颧来，颧之气由命门来，命门之气由耳来。”当行鼻运时，除鼻相要好，鼻颧有配，眉鼻有配，同时要鬓毛不闭命门，木星不克土星，如此在行鼻运时，始能财星高照，或官运亨通。

鼻准与鼻翼又与消化系统相联属，亦与肾水生殖系统相联属。如鼻准扁平者，主其人脾脏或生殖系统先天发育不良，以五行来说，乃土不藏水之相格，主其人欠缺生财之道，亦少理财之方。鼻翼过小或有痣或鼻孔仰露者，主其人先天之肠胃系统，及男性睾丸膀胱与女性卵巢膀胱发育不良，或后天上述内脏发生病变，以五行来说亦为土不藏水之相格，因“土濁”而影响其人之个性变为“即兴”，进而影响其人在作金钱投资及金钱之花用上缺乏周全之计划，而多即兴之作，道致一生事业败多成少，劳多获少，其人焉能积聚大财？

鼻之种类繁多，人相学前辈曹镇海先生将鼻分为六种类型，其说颇有道理。第一型为“善鼻”，外形端正莹洁，主其人学识品德俱优，心胸宽宏大量，有济世救民之心。第二型为“贵鼻”，外形通天有势，主其人仕途成就非凡，不为邦国之主宰，亦为方面之大员。第三型为“富鼻”，外形丰满藏孔，主其人一生事业多方面发展，富裕多金。第四型为“恶鼻”，外形鹰鈎结节，主其人心性奸诈恶毒，不得善终，死于非命。第五型为“贱鼻”，外形面大鼻小，主其人一生难有出头之日，并健康不佳，刑克孤苦。第六型为“贫鼻”，外形凹陷露孔，主其人一生没有富裕之日，并个性不良，多灾多难。上述六型之鼻，再配观其他五官相理之优劣区分为大中小三类或兼型之鼻，例如“大善兼大贵”，“大富兼小善”，“大恶兼中小富”，“大贫兼大贱”等等。“富型”与“善型”之鼻，可以男女同论，“贵型”之鼻男者主吉，女者则不一定主吉。又富、贵、善三型之鼻，有颧相配吉上加吉，恶、贫、贱三型之鼻，如无颧相配则益彰其凶。其他有关鼻之各种相理及其休咎分述如下：

鼻相看事业成败及攻守时机

▲鼻以直如截筒，丰隆润泽，准头圆满，不仰不露，谏台廷尉相辅相应，上下贯通有气，再加两颧拱照，此乃“土星入命”，是为第一等好鼻，主其人可大贵或大富，福禄寿俱全。

▲鼻相虽佳，但耳相、眉相、眼相、口相任何一位恶劣不相配者，主其人仍难发运，或成败迭见。

▲鼻如悬胆者，谓之“悬胆骨”成，主其人横财横发，白手成家。如再耳厚、口厚、手厚及头圆、腰圆者，主其人富而长久。

▲鼻梁丰隆贯顶，再眼秀藏神，眉秀伏彩，主其人31~50岁好运连年，一生有贵人提携。

▲鼻隆颧拱鼻颧相配者，主其人中年事业顺利，自助人助。鼻好而无颧相辅者，中年不发。

▲鼻颧相配，额有辅骨，主其人因官禄之财而至富。如两眼藏神，颧骨插天，主其人先官后商，可致大富。

▲鼻颧均佳，但印陷目昏者，只宜作嫁衣人，或从事异路行业，否则中年仍主失败。

▲鼻好颧差，或有鼻无颧，或颧有疵痣者，主其人一生不宜合伙，否则，主其人与合伙人发生是非或遭受金钱上之损失。

▲鼻相虽佳，但天仓凹陷者，谓之“来龙不旺”，主其人行鼻运时仍主易成易败，颧再不拱鼻者尤甚。以41~47岁为最。

▲鼻之相理有缺陷，但枕脑及天仓眉毛相理佳者，主其人仍可发达。反之，鼻之相理虽好，但枕脑及天仓眉毛相理不佳者，仍主行鼻运时是非破败或健康不佳，此即先贤所强调之“吊用观相法”。

▲鼻虽短小但无缺陷，再加四岳峻拔者，主其人仍有大成就。（注：先贤郑和即合此相格。）

▲鼻虽低小，但为水形金局之人，再加眼内藏神，形体恢宏，眉鬓须三轻者，主其人仍可致富。

▲鼻直而肉薄露骨者，谓之“剑鼻”，主其人一生奔波，劳碌少福，事业少成。如鼻再高耸者，即父祖遗产丰厚亦将破败。

▲鼻扁、曲、凹、塌者，主其人 41~50 岁，因中年多病而事业破败，但眉伏有彩，眼秀藏神者减分论。

▲鼻梁左右三曲谓之“反吟”，鼻梁上下三凹谓之“伏吟”，主其人不论男女均主刑克破败，但前者刑克多过破败，后者破败多过刑克。（注：反吟伏吟即呼天唤地的哭喊之谓。）

▲鼻瘦而赤者，主其人不论男女终身坎坷。

▲鼻有二三凹凸之处者，主其人不论男女灾疾有份，事业无成。

▲鼻之大小要与面形相配合，额低、面小、颧平、颏尖而鼻非常丰隆者，谓之“孤峰独耸”，主其人不论男女不能聚财并有破财之虞，上唇无髭者尤验。

▲鼻从正面看端正丰隆，从侧面看准头不起者，主其人 38~48 岁败业。

▲鼻与脸形相比而显然短小者，主其人在官途发展难有前途。如业商则中年运蹇，事业失败。但眼秀藏神者减半论。

▲鼻小面大，或鼻瘦面肥者，主其人如业商，一生多成多败，财难入库，劳多获少。如从事军公教职业则难掌正权，并往往功归他人过归自己。

▲鼻小孔大或鼻翼显然一大一小者，主其人一生破败少成，难聚钱财，五十岁后必贫穷度日。

▲鼻小再人中细窄者，主其人一生事业多波折而少收获，但上唇有髭者略好一筹。

▲鼻大口小，再加准头下垂者，谓之“土伏水”，主其人 50 岁左右破败。

▲鼻小又扁塌者，主其人一生难成事业，孤苦贫贱。

▲鼻小山根又低者，主其人生来辛苦劳碌，难享六亲之助，眼有神，耳大有贴者减半论。

▲鼻翼大而肉厚者，主其人可早发，同时生财有道，颇善理财。

▲鼻之谏台（即左鼻翼）较廷尉（即右鼻翼）略显丰厚者，主其人一生多偏财浮财。如廷尉较谏台略显丰厚者，主其人一生多交际财、合伙财、仲介财、转手财。（男左女右）

▲鼻无翼者，主其人一生不能聚财，无理财观念。但准头丰满，眼秀藏神者减半论。（注：鼻翼之宽度以与自己之眼黑睛内侧成一直线者为符合标准。）

▲鼻翼有灰黑之痣者，主其人曾患有消化系统疾病，50岁前很难聚财，中年败业他乡。但眼秀藏神人中有髭者减半论。

▲鼻翼有红筋者，主其人损财或财务情况欠佳，同时家有耗财之妻，女性则主夫财运不佳。

▲鼻之左鼻翼有缺陷者，主其人33岁、44岁、49岁、防是非破财，鼻之右鼻翼有缺陷者，主其人34岁、45岁、50岁防是非破财。

▲鼻翼过薄者，主其人一生难聚财。（注：鼻翼薄，乃消化系统发育欠佳之征。男性又主睾丸发育欠佳，女性又主卵巢发育欠佳。）

▲鼻孔缺露者，为不聚财之相。但五形为木火二形人，再加三停平等，六府充盈者，主其人一生虽不能致大富，但财禄不虞匮乏。如系甲木形人，再眼秀神强额圆准大者，仍可致大富。

▲鼻孔无毛者为凶相，主其人一生寅吃卯粮。（注：鼻孔长毛，先贤谓之有余粮，但鼻毛外露者主不吉，先贤谓之为长枪。）

▲鼻孔仰露者，主其人难聚钱财，或易聚易散。若仰露见鼻梁者，则主贫穷一生并客死他乡。

▲鼻孔下端有纹冲出者，谓之“仓流”，主其人中年有是非损财。如鼻翼出现红丝红筋者，乃破财是非之兆。

▲鼻之山根为吾人体内运作系统之总开关，凡山根丰隆端正无痣纹者，象征先天循环系统发育良好，传导功能佳，主其人意志坚定，决断正确，故一生运程通达，直上青云，鲜有灾疾或事业不顺之事发生。

▲鼻之山根丰隆齐眉，额头再饱满者，主其人可继承祖业之财而致富。

如天中平起，边城丰起，山林隆起，祖业富甲一方。

▲鼻之山根丰隆，再加发际整齐山林天仓饱满者，主其人六亲有靠，家世富裕，可享父祖余荫。（注：缺一即不足论）

▲鼻之山根隆而不丰者（即有骨无肉之谓），主其人徒有清高，一生运途蹇滞。（注：不论蒙古人种或罗马人种均同论。）

▲鼻之山根丰隆，再加眉形亦好者，谓之“山根有来龙”，主其人自身可贵可富，兄弟姐妹亦优秀有成。

▲鼻之山根断折，再加眉眼不秀者，主其人青中年事业少成，但眉毛浓秀再加地阁方圆者，主其人晚年仍有成就。

▲鼻之山根断折，再加眉眼不秀者，主其人青中年败业，老年穷困，但眼有藏神者，可逢凶化吉减半论。

▲鼻之山根断折者，主其人30岁前难早发，即使有发，41岁前仍将虚花殆尽。（注：山根低与山根断折不同，山根中心点与眼之前背同高才算山根断折）

▲鼻之山根丰隆，但有横断纹、八字纹者，主其人41岁事业挫败损财。

▲鼻之山根既高又大，直下到准头者，主其人一生不聚财，事业亦难成。

▲鼻之山根有一横纹二横纹者，主其人中年事业挫败，但有三横纹者，主其人可白手起家，生平颇劳碌，惟享高寿。

▲鼻之山根有灰黑之痣斑者，主其人远离家乡，在外地才有发展，同时，一生之中均有做好不讨好之感。

▲鼻之山根上端有灰黑之痣斑者，主其人一生必有一次官非。

▲鼻之山根相理休咎，必应验于26岁、30岁、41岁。

▲鼻之年寿丰隆黄润，面部其他各官无大瑕疵者，主其人即使不贵不富，也可致福寿。如年寿陷薄气色黑暗者，不贫即夭。

▲鼻之年寿丰隆黄润，准头又圆厚者，主其人可白手创业而致富。如其人五形五官得配，眼伏真光者富可敌国。

▲鼻之年寿有横斜深刻之纹（名羊刃纹），或有显著损伤者，主其人一

生定有一次事业破败。年寿皱纹过多者，亦主中年损财。（注：鼻之年寿为一般庶民之大运位。）

▲鼻之年寿骨凸起者，主其人一生中必遭受一次严重挫败，时在29岁、31岁、32岁、37岁、38岁、44岁、45岁、47岁并客死他乡。

▲鼻之年寿有灰黑之痣者，主其人命运蹇滞之征，尤以行鼻运时最验。一痣主失败一次，二痣主失败二次，一生即使收入丰盛，亦难聚财。（注：善痣减半论）

▲鼻之年寿歪曲不正者，主其人31~47岁事业挫败。

▲鼻之年寿塌陷者，虽准头丰隆，亦主其人44~47岁失官败业。

▲鼻之准头圆肥者，除非年寿有严重缺陷，主其人中年挫败后仍可至小富。

▲鼻之准头圆肥，再加山根低小，鼻翼左右横张者，谓之“狮子鼻”，主其人精力强，财运亦强。如额头高广者，亦可发贵。

▲鼻之准头破陷痣纹者，主其人一生事业成败迭见。（注：准头、印堂、地阁三者为面之前山三主，如有破陷痣纹，必见反覆成败。）

▲鼻之准头尖而带鈎状形如鹰嘴者，谓之“鹰鈎鼻”，主其人44~48岁事业失败，或有官非破财灾厄。

▲鼻之准头尖而小者，主其人一生贫贱。

▲鼻之准头垂下伏在水星（口）上，再上唇无髭者，主其人欠缺统御能力。如从公主官职不大，如从商则主小收获而已。

▲鼻之准头虽圆厚，但山根折断者，主其人不但不能致富，同时劳碌一生。

▲鼻之准头起骨直上天庭者，谓之“单犀贯顶”，比之“伏犀贯顶”更为难得。但鼻孔仰露或无鼻翼者，反主中年大败凶险。

▲鼻之准头常有赤红气色者，主其人一生不聚财，晚年尤穷。（注：准头气色应黄润中透白光）

▲鼻之准头突然出现黑斑者，主其人当年失财失官，48岁之年尤忌。

▲鼻之准头突然出现赤斑者，主其人当年有官非。

▲鼻之准头有黑点或有垢污之感者，主其人一生为金钱劳苦而又少收获。又主其人48岁是非破败。

▲鼻之准头斑点丛生者，主其人运程蹇滞，一生虚花到老。

▲鼻之准头不论寒暑而频频出汗者，主其人一生劳碌到老，难聚钱财，同时身世飘零，个性孤独怪僻。

▲“相不独论”，当论断鼻之相理休咎时，应参合其他部位综合论断之。

鼻相看家族关系及婚姻子女

▲鼻直丰隆，山根有势，颧起朝拱，两腮照应，此乃骨髓有气有神，主其人四十五岁前，父母无伤，如有一失，主父母有伤。（注：左颧左腮应父，右颧右腮应母，男左女右）

▲鼻直如截筒，丰隆润泽，准头圆满，鼻孔不仰不露，谏台廷尉相辅相应，上下贯通有气，再加天仓奸门饱满，两颧圆耸者，主其人男可娶得貌美贤妻，女可嫁得富贵之夫。（注：年寿山根为夫妻座，愈圆满愈验）

▲鼻显然过短者，主其人姻缘亦短。

▲鼻短孔露者，主其人生女多，生男少。

▲鼻大口小者，主其人破梓离乡，不宜在家乡发展，否则，必受六亲之累。

▲鼻大而面小颧平者，谓之“孤峰独耸”，主其人无子息，或一子多女。

▲鼻小而扁塌者，主其人夫妻不能偕老，子女无缘，但眼秀者减半论。

▲鼻小，再加须多或须赤者，主其人克妻。鼻小面大亦主克妻。

▲鼻柱肉薄而高耸，鼻准鼻翼亦薄小，再加眉毛亦稀薄者，主其人克星太重，不但无兄弟姐妹，夫妻缘亦薄，不克即离，同时个性不良。

▲鼻歪斜者，主其人有家破人亡之厄，如其人出生南方者不忌，因“南方无正土”。

▲鼻骨起棱起峰者，主其人幼少年刑克父母，中年刑克妻子儿女。

▲鼻直而肉薄露骨者，谓之“剑鼻”，主其人不论男女刑妻（夫）克子，到老孤寒。

▲鼻孔掀露上仰者，主其人不论男女，配偶其貌不扬，如再眼斜者，其配偶容貌更丑。

▲鼻似山羊之鼻（即鼻翼似削）者，主其人必然迟婚，早婚主夫妻离异刑克。

▲鼻有二三凹凸之处者，主其人不论男女，夫妻缘薄，刑克子女。

▲鼻无翼但准头高方者，谓之“界方鼻”，主其人无子息，或一子多女。

▲鼻上皱纹过多者，主其人少子息，或生劣子。

▲鼻端正丰隆，再加山根隆起印堂平满者，主其人子女聪明优秀。

▲鼻之山根丰隆，再加腹圆臀丰者，主其人不论男女可享闺房之乐。

▲鼻之山根隆而无肉，或山根窄细者，主其人刑妻克子，或有女无子。

▲鼻之山根有横断纹、八字纹者，主其人克妻刑子。（注：山根低平者更验）如未刑克，则感情必疏，如面相各部位相理再配合不当者，则主离异。

▲鼻之山根有三横纹者，主其人克母，如有三直纹者主克妻。

▲鼻之山根断折者，主其人不得祖业，不得父母助力，并刑克六亲。(尤其克母)

▲鼻之山根断折者，主其人兄弟少缘，亦不得兄弟之助力。

▲鼻之山根断折者，主其人得子必晚，晚年不享子福。

▲鼻之山根高过印堂，而鼻准又有缺陷者，主其人刑克父母配偶，自身主外伤破相，半生孤相。

▲鼻之山根中央有灰黑之痣者，主其人克妻再娶并克子，同时又破祖离乡。

▲鼻之年寿丰隆者，主其人子女多而优秀。

▲鼻之年寿夫妻二人均丰隆者，主其人郎才女貌夫妻白首偕老。鼻之夫妻座丰满者，主其人喜欢体形丰满之配偶，如瘦削者，主其人喜欢体形亦瘦削之配偶。（注：夫妻座在年寿两侧下）

▲鼻之年寿低陷或凹折者，主其人刑妻克子，中年丧偶而续弦。

▲鼻之年寿有直纹者，主其人乏嗣或养他人之子。

▲鼻之年寿有横纹或伤疵者，主其人之配偶容易受到身体伤害，男性甚至可能促使配偶难产死亡。（注：年寿有纹疵痣斑亦为漏电之征）

▲鼻之年寿骨凸起，或年寿骨起棱起峰者，主其人青少年刑克父母或与父母无缘，中年刑克配偶。

▲鼻之年寿陷者，主其人44岁有孝服。

▲鼻之年寿有灰黑之痣者，主其人刑克妻室，又主一生中有一次桃花劫。

▲鼻之年上结节者，主其人祖上曾出继改姓。如寿上有结节者，则主自身出继改姓。同时刑克六亲，破梓离乡，死于外地。

▲鼻之准头尖而带鉤状如鹰嘴者（鹰鉤鼻），主其人刑妻克子，六亲无靠，头大者尤验。

▲鼻之准头终年红赤者（即酒糟鼻），乃“土”“水”二系统不协调之征，主其人难育子息或刑克子女，财运亦欠佳。

▲鼻之准头偏左者，主其人克父克妻，婚姻不美满。准头偏右者，主其人克母有女祸，老年贫穷。又鼻之左边肥大者兄好，右边肥大者弟好。

▲鼻之准头正中（男女同论）破损或有纹痕者，主其人刑克子女，或育残障子女。如面部其他各部位再配合不当者，则主孤独贫贱，并应注意保健。

▲鼻之准头前端及鼻中隔内收者，谓之“回回鼻”，不论男女，主其人均迟婚或终身不嫁娶，如早婚定主离异刑克。

▲鼻之准头有恶痣者，主其人好色，有女祸，晚年孤独。寿上有痣主克兄弟。

▲鼻之山根年寿准头均多斑点者，主其人因娶妻而丧命亡身。

▲“相不独论”，当论断鼻之相理休咎时，应参合其他部位综合论断之。

鼻相看健康智慧及个性品德

▲鼻直如截筒，丰隆润泽，准头圆满，不仰不露，谏台廷尉相辅相应，上下贯通有气，主其人先天内脏系统发育良好，精力充沛，工作认真负责，为人讲求信义，不论男女必享瑕龄。

▲鼻虽有富贵之相，如眉眼耳有夭寿之相者，主其人仍难享富贵，或虽有富贵而英年早逝。

▲鼻虽有富贵之相，如眉眼耳有凶恶之相者，主其人虽有富贵，但必死于非命。

▲鼻直而长，坚硬有肉，主其人意志坚强，健康高寿。

▲鼻直而肉薄露骨者，谓之“剑鼻”，主其人心性刻薄寡恩，缺乏同情心，办事能力虽强，但喜争是非，有理不饶人。

▲鼻有肉而无骨者，主其人意志薄弱，恒心毅力不足，同时多病短寿。

▲鼻虽丰隆，但有斑痣者，主其人后天健康欠佳，并有血痔。

▲鼻大而眼小者，主其人寿命不长。（注：此为机器虽大，但材质不佳马力不强，故不能负重致远。）

▲鼻高耸，主其人意志力坚强，富有毅力及创造力，但印堂窄者，主其人计较小节，心胸欠宽宏。

▲鼻扁平低陷者，主其人在事业上果断力不足，缺乏创造力及恒心毅力，在工作上努力不足，遇事优柔寡断，并有若干自卑感。

▲鼻扁平低陷，再加鼻小者，主其人懦弱无能，一生供人指使而已。但个性自卑外，并贪鄙狡诈。

▲鼻高耸，但双颧低平不配者，谓之“孤峰独耸”，主其人缺乏修养，个性骄傲，冷漠无情，不能从善如流，与亲戚朋友均难以相处。

▲鼻骨起棱起峰者，主其人个性阴险倔强，刻薄寡恩，胆大妄为，六亲不睦，为社会上之危险人物。又主其人身带隐疾。

▲鼻常掀动者，主其人个性不良，情绪不稳，狡诈贪婪。

▲鼻短又塌陷者，主其人五脏不坚，体弱多病，寿年难过 50 岁。如眼神再弱，山根年寿再断折低陷者，寿年更短。

▲鼻过短者，主其人先天呼吸排泄功能较弱，个性亦较别扭不爽快。

▲鼻形与脸形相比显然过大过长者，主其人富冒险创造性，个性主观，欲望亦大，喜自我夸张膨胀。

▲鼻孔过小者，主其人小气，如四渎再小，并掌厚指短者，加倍小气。同时有神经过敏之倾向，处事异常小心有时装糊涂。

▲鼻孔过小者，主其人易患睾丸炎，或输精管系统之毛病，但过大之鼻孔，则主膀胱泌尿功能不足。

▲鼻孔圆形者为吉相，主其人个性优良。长方形者，主其人性刚。横形者，主其人难聚财。八字形者，主其人钱财易聚易散。三角形者，主其人个性吝啬。

▲鼻小孔大，或鼻翼一大一小者，主其人个性急躁而又“即兴”，并生性嗜赌逢赌必输。

▲鼻孔特大者，主其人性喜投机，爱说大话，即发即败，但后脑枕骨强大者减半论。

▲鼻孔大而鼻翼肉厚者，主其人个性开朗，作风正派，胸襟开阔，决策快速，具有做领袖的才华，同时寿命亦长。

▲鼻孔仰露者，主其人个性开朗，心直口快，难得保守秘密。

▲鼻孔仰露，再加山根高鼻准尖者，主其人因横祸而死。

▲鼻孔朝上者，西洋人谓之“孩子鼻”，或称之为“猿猴鼻”，主其人个性天真、乐观、随便、好问，女性则易受诱惑。

▲鼻孔之毛，不可露出鼻孔之外，露出者谓之“长枪”，主其人喜弄是非，贫穷劳碌。

▲鼻长又藏孔者，主其人处事有原则，责任心亦强，爱情专一。但鼻子长过面部三分之一长度者，主其人性格固执保守而又高傲，不善通融。

▲鼻短又露孔者，主其人粗心大意，不计小节。一般鼻子过短之人，主

其人为乐天派，个性开朗，不固执己见。

▲鼻翼大而薄者，主其人个性即兴爽朗，心直口快，处人处事颇爱面子，用钱欠节制而喜铺张，常做些做好不讨好和徒劳无功的事，一生难聚大财。

▲鼻翼有灰黑之痣者，主其人个性即兴爽朗。（注：痣为曾患肠胃病之征。）

▲鼻翼生红白筋者，主其人不论男女必好酒色。

▲鼻中隔（即两鼻孔中间之肉条）偏斜者，主其人泌尿系统发育着床不良，容易患膀胱结石症。

▲鼻有二三凹凸之处者，主其人脊椎有疾或弯曲，个性亦颇怪癖。

▲鼻向左右歪斜者，主其人极端自私，寡情薄义，心术不正，事业有成终败。

▲鼻之山根丰隆骨起，但顶脑凹陷，枕脑扁平，眼睛昏浊者，主其人不夭即孤。

▲鼻之山根丰隆者，主其人意志力坚强，并爱惜名誉，但欲望亦高。

▲鼻之山根虽高隆，但窄细无肉者，主其人性急热诚，求好心切，有责任心，事业难大成，并有先天性循环系统之隐疾。（注：山根底部之标准宽度等于自身眼睛之长度。鼻之标准长度则以自身面相三停为准。）

▲鼻之山根低小扁平或歪斜者，主其人常有灾疾或有暗疾，寿年难长。又主其人意志薄弱，有自卑感，常逃避困难，自尊心及名誉心不足。

▲鼻之山根低平而有深刻之横纹者，主其人41岁左右有夭亡之虞，至低限度应有血光疾病之灾。

▲鼻之山根破损疵痕，再加眼睛黄色，眉粗印陷，颧破发硬者，主其人应防兵灾，或在战乱中死亡，或有意外之横祸。

▲鼻之山根两旁有青筋浮露者，主其人有疾病在身，小孩尤验。如仅浮现青黑气色者，则主其人内心有压力感。

▲鼻之山根有灰黑之痣斑者，主其人有严重胃疾。

▲鼻之山根下端（即靠近年寿之处）有灰黑之痣斑者，主其人一生必遇一次凶险。

▲鼻之山根两侧有灰黑之痣斑者，主其人有痼疾之征。

▲鼻之山根有直纹者，主其人凶厄难免。如直纹下破年寿者，主其人有横祸。

▲鼻之山根及年寿软若无骨者，主其人早夭。

▲鼻之年寿歪斜不正者，主其人先天性消化系统著床不良，功能不佳（含肝），或脊椎骨歪斜不正。

▲鼻之年寿先天凹陷，再加后天色泽暗浊，主其人心神不宁，魂魄不安，遇事多疑，处事不果决。

▲鼻之年寿部位有横斜深刻之纹，或有显著损伤者，主其人心神恍惚，一生中定有一次严重凶险造成破相，又主其人有遗传性隐疾。

▲鼻之年寿骨有裂断之状者，主其人常流鼻血，严重者则有血光之灾，应特别注意外出车马安全，鼻侧有痣者尤应注意大凶灾。

▲鼻之年寿露青筋者，主其人31~45岁之间应防横祸。如临时起赤气色成条者，则应防水火之灾。

▲鼻之年寿凸起而又横张者，谓之“结节鼻”，主其人性强心毒，事业无成。

（注：黑社会领袖人物多有结节鼻。）

▲鼻之年寿凸起但未横张，主其人个性急躁倔强，任性好辩，并好面子，不愿认错，不肯妥协。

▲鼻之年寿塌陷软弱者，主其人意志薄弱，缺乏独立奋斗之气魄，但心地善良，乐与助人，惟难享大寿。

▲鼻之年寿在笑时有皱纹者，谓之“虚花纹”，主其人个性深沉，善于机变，常因小失大，又主其人自傲自大，喜欢抬杠唱反调，缺少朋友，虽父子夫妻之亲亦难同心。

▲鼻之年寿有川字纹者，主其人智慧超群，不贵即富，但性多诡诈。

▲鼻之准头丰厚肥大者，主其人为人热诚，仁慈厚道，乐善好施，心地善良，同时个性随和，能识大体。但面色过白者，则主贪多而奸诈。

▲鼻之准头尖而带勾状形如鹰嘴者，主其人心性恶毒阴险，不可论交，

如眼再恶者，主其人心如蛇蝎。

▲鼻之准头尖小而斜者，主其人心性奸诈恶毒，不可论交。

▲鼻之准头上翘者，主其人喜欢争辩是非，又喜欢批评他人，猜疑心强，很少有知心朋友。

▲鼻之准头圆大不足，色泽又暗浊者，主其人消化功能有先天性之障碍，同时精神涣散，个性即兴，见异思迁，常改变主意和立场。

▲鼻之准头破裂者，主其人多疑而又胆小，应注意外出车马安全，及肾水系之保健。

▲鼻之准头有直纹者，主其人应防凶死横祸，纹浅者，亦应注意事业破败。如多横直杂纹者，则主有生理生殖方面之疾病。

▲鼻之准头垂肉或准头横张者，主其人贪淫（注：贪淫之人不一定是坏人，反之，英雄好汉或事业有成之人，性机能往往比常人强。）

▲鼻之准头过小者，主其人胆量小，不能成大事。

▲鼻之准头前端或鼻中隔有灰黑之痣者，主其人年轻时多淫，中年有自杀心态（注：痣生鼻之前端或鼻中隔者，乃因肾水系及生殖系曾有病变，影响其人之行房能力，故萌生自杀之念。痣小颗者主刑克配偶，或为配偶辛劳。）

▲鼻之准头气色赤而焦红者，谓之“火烧中堂”，主其人易招凶险而亡，尤应注意火险，命门天中有痣者更验。（注：此非酒糟鼻，此乃一时之气色变化。）

▲鼻之准头突然出现红筋者，主其人当年有是非凶灾或损财。

▲鼻之准头气色暗黑，再加嘴唇命门气色亦暗黑者，主其人必死无疑。

▲“相不独论”，当论断鼻之相理休咎时，应参合其他部位综合论断之。

女性鼻相之独特相理休咎

▲女性以鼻为夫星，但应配观印堂、额颧、眉毛和眼睛之相理，如印堂

丰满，眉清目秀，额颧圆秀，再加鼻柱丰隆，准头丰圆，廷尉分明，鼻孔有收，主其人虽容貌丑陋，亦必配富贵之夫，并相夫旺子。（注：此即“人不可貌相”之道理，尤其为女性观相，不能只重“色相美”，而忽略了“相理美”。）

▲女性鼻正眼秀，再加面庞椭圆形者，谓之“凤脸”，此乃“夫人”之相格，主其人必嫁高官为妻，或自为高官。

▲女性鼻正眼秀，再加面庞圆形者，谓之“满月脸”，主其人一生富裕，永远不缺金钱，如其他各官配合得当，主其人必嫁大富之人为妻，或自己致富。

▲女性鼻高颧大，再加印堂丰满者，主其人为女强人，为职业妇女，或与夫共同创业而有成，但夫之鼻颧应稍低稍小，否则冲突摩擦难免，甚或离异。

▲女性鼻颧不论冬夏而频频出油，再加发臭者，主其人难获丈夫爱怜，并有被遗弃之可能。

▲女性鼻孔过小，或鼻孔不整齐者，主其人卵巢系统先天发育不良。如鼻孔周围有痣斑者，则主卵巢系统曾有病变。

▲女性鼻形高大，准头再横张者，主其人个性刚强，婚姻不美满。

▲女性鼻扁平再口薄者，主其人伶牙俐齿，喜弄是非，贫贱劳碌，如再面大面方者，婚姻非离即克。

▲女性鼻露骨者，主其人难享夫福夫运不佳，严重者必克夫或离异。（注：女性之鼻有任何瑕疵，均会影响夫之命运，即使勉强嫁一富夫，终必拖累夫运。）

▲女性鼻凹，再加山根断者，主其人常受夫欺。

▲女性鼻小，再加头亦小者，主其人丈夫容易有外遇。

▲女性鼻小，再加面方者，主其人欠孝心，丈夫多灾多难，难有旺夫之日。

▲面大鼻小，则终身难享夫福，必须自力更生，如再有其他瑕疵者则主克夫。（注：凡面大鼻小的女性大多为职业妇女。）

▲女性鼻小，再加面横张者，主其人无理欺夫，喜弄是非，终必婚姻不美满而离异再嫁。

▲女性鼻左右歪斜者，主其人必三嫁四嫁。

▲女性鼻孔大，再加鼻孔仰露，主其人嫉妒心重，醋劲也大，又欠缺储蓄理财的观念及手法，一生难聚钱财，甚至败尽夫家产业，同时个性即兴，使用金钱常常打破预算，如再两颧尖露者尤甚，晚年必定孤贫，无依无靠。

▲女性鼻孔如八字形者，主其人必嫁贫穷之夫。（注：此乃贫穷者与贫穷者来电之故）

▲女性鼻孔仰露，再加山根断者，主其人丈夫应防牢狱之灾。

▲女性鼻孔下端气色赤红，再加眉毛散乱不聚者，主其人正值月讯来潮，或即将月讯来潮。

▲女性鼻毛过长而露出者，主其人一生贫贱，婚姻不美满，如其他各部位再有缺陷者，则主克离再嫁。

▲女性鼻有三弯者，主其人六亲无缘，多刑多克，累夫害子或无子，终身奔波劳苦。

▲女性鼻尖、额偏、额低，或面部偏斜，子午不正（即火星与地阁不成直线），独颧出面（即一颧高一颧低），主其人嫁人作妾或作继室。（注：女性面相有以上任何一项缺陷者，主其人难作元配。）

▲女性鼻直，再加鼻翼亦端正饱满者，主其人为人正直，持家有方。

▲女性鼻翼不起者，主其人一生贫穷。如鼻翼丰腴色泽黄明者，主其人旺夫兴家。

▲女性鼻有黑气色笼罩者，主其人丈夫性命危在旦夕。

▲女性鼻之山根丰隆者，主其人必嫁有祖产之夫家，但年寿有凸者难享夫家产业之利。山根折断者，主难嫁有祖产之夫，必须由夫自己创业。（注：女性山根不宜过高，尤忌超过夫之山根高度，否则，主婚姻不美满或克夫。）

▲女性鼻之山根高阔者，谓之“女有丈夫相”，再加露睛、露神、露光、三角眼、多白眼、斜视、偷视、眼睛黄色等任何一项相理瑕疵者，主其人婚

姻不美满，非离即克。

▲女性鼻之山根高阔，准头鼻翼相理不佳者，主其人41岁不是婚姻触礁，就是重病重灾。（注：山根属火系，准头鼻翼属土系，准头前端及鼻翼内沿属水系，两者相理不相称，主火土不生，或水来克火。）

▲女性鼻之山根断折，再加印堂破陷者，主其人夫妻感情不佳，婚姻生活欠美满。

▲女性鼻之山根有伤疵裂痕者，主其人爱情无善果，不是中途分手，就是对方事业失败或灾病死亡，即使结婚亦必克夫，如未克夫，其夫之事业必失败，夫妻必离异。（注：女性山根有伤疵裂痕，主其人运作系统之总开关有损，体内电能顺著伤疵裂痕之处无节制放射，与其接触亲近之男性生理心理必受其害，故而发生事故，对方命硬者，则分手离异，否则，对方难逃灾病死亡事业失败之命运。）

▲女性鼻之山根有灰黑之痣者，主其人克夫损胎再嫁，亦主身罹宿疾。

▲女性鼻之山根有横纹者，主其人35~43岁不利夫运，同时有性冷感症之可能。如山根有直纹三条者，则主淫荡私情。

▲女性鼻之山根年寿均低平者，主其人见异思迁，个性即兴又急躁，易招血光之灾，婚姻难得美满，一生不聚财。

▲女性鼻之年寿丰隆者，主其人少疾病，旺夫益子。

▲女性鼻之年寿凹陷，而额头高广者，主其人婚姻不美，非离即克。

▲女性鼻之年寿部位有横斜之纹或钩纹者，谓之“带刹”，主其人克子刑夫。（注：年寿有横斜纹或钩纹象徽其人内分泌不良，遗传也不良，故刑夫克子。）

▲女性鼻之年寿平塌而准头圆肥者，主其人夫妻同床异梦，志趣不投。

▲女性鼻之年寿骨凸起者，主其人个性倔强，独立性强，有男儿气概，敢做敢为，但个性怪异，克夫刑子，29岁、31岁、32岁、37岁、38岁、44岁、45岁、47岁，均应防小失，防婚变，注意保健。（注：年寿骨略凸起者减半论。）

▲女性鼻之年寿骨像“剑脊”一样凸起者，主其人一生劳碌到老，欺夫

妨子，难享夫福及子女福，婚姻欠美满。（注：此种女相个性不良至极）

▲女性鼻之年寿起节（结节鼻）者，主其人多嫁病夫，克夫寡居。

▲女性鼻之年寿瘦削无肉或凹扁塌陷者，主其人克夫败家，个性即兴不良，自身健康亦欠佳，山根低平者尤甚。

▲女性鼻之年寿突发青筋冲上印堂者，主其人有谋夫杀妾之心态。青筋未冲上印堂者，主自身有灾难发生。

▲女性鼻之年寿有赤脉上侵印堂者，主其人刑夫克子。

▲女性鼻之年寿有灰黑之痣者，主其人多嫁病夫，为夫辛劳，难享夫福，或克夫再嫁。

▲女性鼻之准头圆厚者，主其人个性温柔随和并相夫旺子。

▲女性鼻之准头尖，再加牙龈露又有喉结者，此种女相俗称“扫把星”，主其人败家克夫，但准圆者不克夫只败家。（注：准头尖牙龈露，表示内分泌不良故克夫。女性有喉结者，表示个性男性化，牝鸡司晨，整天吵闹不休，焉得不败家。有上述相理之女性，亦大多不能生育子女，或生育身心有瑕疵之子女。）

▲女性鼻之准头有恶痣者，主其人一生为夫劳，不享夫福。

▲女性鼻准垂肉者，主其人婚姻不美满，甚或一嫁再嫁。

▲女性鼻准鼻翼丰满者，主其人胸部及乳臀亦丰满。（注：因鼻准前端及鼻翼前端均与女性之生殖系统有联属关系，而胸乳臀则为女性第二性征之所在。另参照女性脚跟之肥瘦，印证女性乳臀之丰满与否则更验。）

附注：女性之鼻除上述之独特相理及休咎外，其他一般性之相理及其休咎与男性同论，但有关男性鼻相独特之相理及其休咎例外，因男性属阳，女性属阴，故在休咎解释上有所不同，读者不可不察。

鼻各部名称图

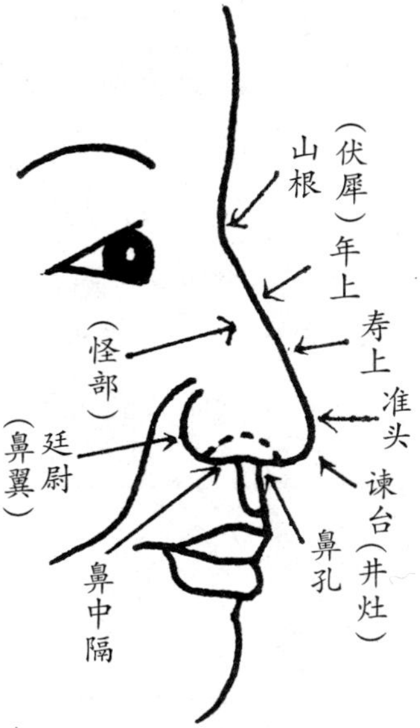

本章所绘之鼻图，以神相全编所记载者为准，读者作印证时，千万不可拘泥，只印证其特征即可。

各式鼻相图（一）

（截筒鼻）

“截筒鼻”的特征为鼻直如竹，鼻齐如筒，山根略低，年寿肉丰，准头丰盈饱满，鼻孔圆厚有收，侧看有如截断之竹筒一样整齐。主其人盛世则精于投资理财，可暴发大富，乱世时擅于战略战术，因军功而主贵。

<table>
<tr><th colspan="2">各式鼻相图（二）</th></tr>
<tr><td>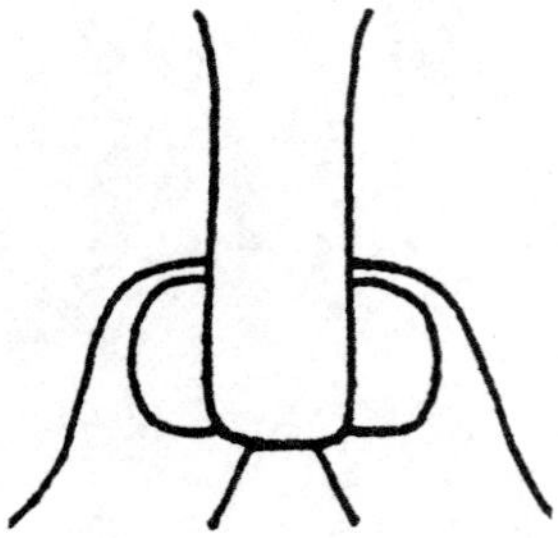
（龙　鼻）</td><td>“龙鼻”为男性最佳之鼻，其特征为山根丰隆阔起，上贯印堂天庭，故又名“通天鼻”，再加准头丰隆圆起，谏台廷尉相辅相应，其势有如悬胆。故又名“悬胆鼻”，凡具有龙鼻之人天纵英明，能领袖群伦，必大贵特贵而又福禄寿俱全。</td></tr>
<tr><td>
（胡羊鼻）</td><td>“胡羊鼻”之鼻形特大为其特征，准头虽丰圆但略下垂而尖，年寿骨圆而不露，山根略低而有气势。主其人富多于贵，甚至可臻大富。如鼻准大而方，则贵多于富，甚至可臻大贵。</td></tr>
<tr><td>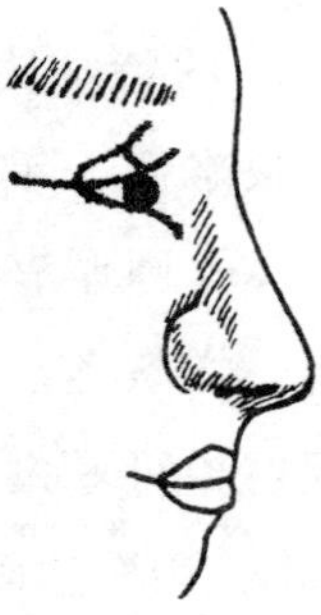
（盛囊鼻）</td><td>“盛囊鼻”之特征为山根之气势略逊于龙鼻，但鼻长有势，谏台廷尉分明，井灶不露。主其人个性善良，勤劳节俭，公正清廉，可贵可富，故又名“守本鼻”，逢凶化吉，妻美又贤。</td></tr>
</table>

各式鼻相图（三）

 （鹿　鼻）	“鹿鼻”的特征为准头及谏台廷尉特别丰厚圆收，但山根年寿略平主其人个性急公好义，心性仁慈，尤重情感，不逞强好胜，可贵可富，必得美妻，生平逢凶化吉高寿之相。女性有鹿鼻者，必嫁贵失。
 （狮　鼻）	“狮鼻”之特征为准头及谏台廷尉特大，井灶不露，山根细小低平。如年寿骨弓起又鼻短者，主军职发展而有成，但不善终。如年寿平而鼻长者，则可文职发展而有成，但须配狮形体始能久发，否则难善终。
 （三弯鼻）	“三弯鼻”的特征为整只鼻塌弱弯曲无势，山根低平，年寿凸起，准头又尖，无论从正面看或从侧面看，均有三道弯曲之感。主其人一生灾速祸结，六亲有刑，同时性格怪异，不得人缘，事业鲜有成就。

<table>
<tr><th colspan="2">各式鼻相图（四）</th></tr>
<tr><td>
（露灶鼻）</td><td>“露灶鼻”又名露孔鼻，其特征为鼻梁虽直，山根虽不低，准头及台尉亦丰厚，但鼻孔大而不收，鼻毛外露，此鼻因鼻孔有如风口，故又名“开风鼻”。主其人性强好胜，敢做敢冲，但成功的时候少，失败的时候多，到老一无所成，六亲少缘。</td></tr>
<tr><td>
（鹰嘴鼻）</td><td>“鹰嘴鼻”的特征为年寿骨略弓，准头尖而下钩，谏台廷尉小而内收。主其人心毒如蛇蝎，不宜为友，一生事业无成，即使偶有收获，终必破败，同时刑克六亲。</td></tr>
<tr><td>
（扁凹鼻）</td><td>“扁凹鼻”之特征为山根低平，年寿塌凹，准头扁平，鼻翼露孔，整只鼻短弱无气势，故名“扁凹鼻”，或名“塌弱鼻”“无能鼻”，主其人胆小无能，一生事业无成，中年灾病难免。</td></tr>
</table>

各式鼻相图（五）	
 （孤峰鼻）	“孤峰鼻”的特征为年寿略低，准头特别尖凸高耸，谏台廷尉小而内收，但两颧低平，故曰孤峰。主其人个性孤傲不群，六亲少助，一生多学少成，多劳少获，并好色贪淫。
 （剑　鼻）	“剑鼻”又名剑脊鼻剑峰鼻，其特征为鼻梁成剑背形，年寿直但瘦削露骨，准头高而无肉，谏台廷尉欠圆收。主其人一生奔波劳碌，事业少成，个性冷酷无情，待人刻薄寡恩。克妻刑子，到老孤寒。
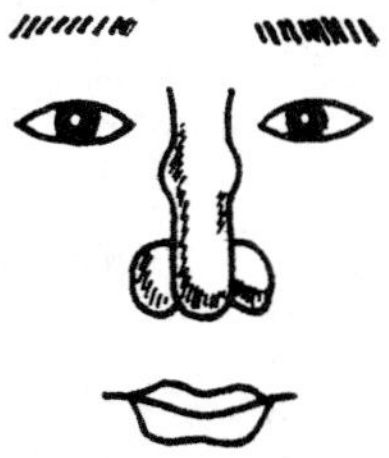 （结节鼻）	“结节鼻”的特征为年寿骨凸起又向左右横张，正面看状似打结故名。主其人个性倔强之至，一生劳碌少成，如其他各宫尚有可取之处，则多为黑社会之领袖人物。但中年病灾，或事业失败，或官非牢狱，并刑克六亲，婚姻不美，女性尤甚。

<table>
<tr><th colspan="2">各式鼻相图(六)</th></tr>
<tr><td>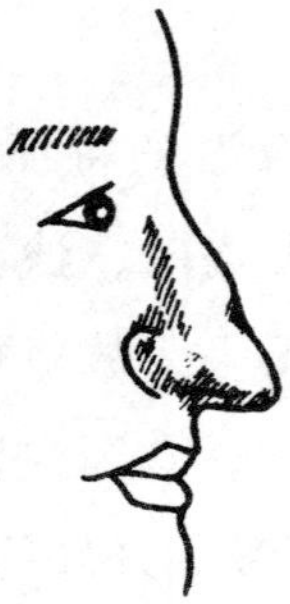
(凸梁鼻)</td><td>“凸梁鼻”的特征为年寿骨凸起，鼻虽大但肉不丰，此鼻配木形人虽不忌，但自私心重，配其他形人，主中年有一次以上之大失败，女性则主克夫，同时个性倔强，性格怪异，人缘不佳，有孤寂感。</td></tr>
</table>

观相感言

萧湘居士曰：假如坏竹能出好笋，那么，世界各国政府及各大学的植物改良研究机构，都可以全部关门，各类植物改良研究人员都可以全部遣散或勒令转行改业，有关植物改良研究的书籍也可以全部烧毁。为什么在台湾仍有人高喊“坏竹出好笋”呢？那只是老师们、长辈们勉励出身穷苦人家孩子的安慰话，用心良苦也。或谓某某大人物即出身贫苦农村，但是，某某大人物祖宗八代以来都没有做过坏事，代代奉公守法，乐善好施，怎能谓之是“坏竹”？假如作奸犯科男盗女娼这种“坏竹”家庭，不论贫富贵贱，绝对是不能出好笋的。因为前者遗传优良后者遗传不优良也。

萧湘居士 撰

第十二章　颧

颧之部位特性

先贤云："问贵额眼颧，问富鼻颐颏"。又云："颧者权也"。凡是拥有大权力的人，无不具有一对好颧。究其原因，颧与一个人的奋斗力及担当力魄力有关，颧骨完美者，在事业上有勇往直前的奋斗精神，和肯担当责任的魄力，不屈服于任何恶劣的环境，能克服任何困难险阻，同时在工作上全力以赴，精明而又干练，因而获得上司赏识而获得擢升，最终而得到权力。

先贤又云："颧为骨之府，颧秀则骨莹，颧恶则骨劣。"尤其是一个人的肩骨、臂骨、手骨之优劣可在颧骨上反映无遗，颧骨完美者，其肩、臂、手之机能亦完美，主其人在行为心性上表现有担当，有拥抱宇内之魄力，待人处事应对手法高超。反之，颧骨不佳之人，不但在行为上表现懦弱，欠缺担当和魄力，尤其缺乏不屈不挠的韧力，待人处事的手法亦欠高明。

颧的正确位置在眼尾下端约 3 厘米处，过于靠近眼睛者，则颧与眼争，其人之个性既强又急。过于下坠者，则主其人欠缺进取心，满足于虚名假利。过于靠近鼻梁者，则主其人观念十分闭塞，心胸欠开朗，对人处事欠缺热诚。过于外张者，主其人有自我膨胀之心态，喜管闲事而又自以为是。至于颧骨中心点之高度，以等于自己鼻之年寿高度的三分之一至二分之一为符合相理标准。

颧骨分为两部位，一为颧之本身，一为颧之柄。一般言，男以颧骨高大饱满者为上乘，女以颧骨隐平圆秀者为上乘，颧柄则以上插入天仓者为吉相，但男吉女不吉，如颧柄横扫入耳鬓者，则无论男女均主高寿。又颧之表面肌肉（即颧大肌）则反映胸肺、肝胆、颜面神经之健康情形。其他有关颧之各种相理休咎分述如下：

颧相看事业成败及攻守时机

▲颧以饱满、高耸、圆秀、不低、不散、不露骨者为佳，再加眼神澄澈，鼻部端正丰隆，地阁有朝，印堂光洁如镜者，主其人中年事业有成权力在握（注：木形人尤吉，相得益彰，因一般木形之人，大多颧骨不起）。如后脑扁平，则主其人发在浮沉之间，似有实无。

▲颧本身不宜高过泪堂，但颧柄则不忌高，颧柄高插入天仓者，谓之“龙翎骨”成，亦谓之“颧有来龙”，主其人可文官兼任武职，例如文职国防部长，保安警察首长等。（注：眉形一字者尤验）

▲颧柄虽未能高插入天仓，但能斜插入鬓者，谓之“凤尾骨”成，仍主杂贵，或中小贵中小富，又主其人高寿，但鬓耳之间有空隙者不验。

▲颧本身位置生的过高（高过泪堂），再加鼻低颐削者，主其人一生多成多败。

▲颧本身位置下坠至与鼻准平行者，主其人难掌正权，一生只有虚名假利。

▲颧大鼻隆者，主其人最宜官途发展，可掌正权。如面相其他部位再配合得当者，则主大有成就。

▲颧左右大小高低不一者，主其人 37 岁、38 岁及 46 岁、47 岁，事业破败或见是非损财。

▲颧骨尖露者，主其人 37~47 岁有是非，严重者破败失官。

▲颧骨高而鼻塌者，主其人一生事业多成多败，并常受部属欺辱或牵制倒戈。

▲颧骨高而天仓陷者主其人难握大权，33~47 岁防是非失官。

▲颧骨高而颧柄又上插天仓者，再加法令部位丰起，法令纹长，主其人

一生甚得亲族朋友之帮助，事业有成。（注：颧又名社会宫、朋友宫、亲族宫）

▲颧骨高而无“禾仓”者，谓之“独颧无面”，主其人多学少成，中年败业。如“禾仓”丰腴而颧平陷者，谓之“有面无颧”，主其人难得社会及朋友之助力。

▲颧本身低平不起者，谓之“面无关锁”，主其人一生难掌大权，不宜合伙。

▲颧、颊及额头多凹洞者谓之“月球面”，如其人五岳有朝六曜齐明，身体皮肤细白润滑，主其人非富即贵，甚至贵至特任官。如额头颧颊之皮肤沙粒点点、状似鸡皮者则谓之“沙皮面”，主初运不佳中晚年白手兴家。如颧颊及额有似橘子之皮者则谓之“橘皮面”，主一生难有成就，并主孤刑而无子嗣。

▲颧颊狭窄，再加面长者，主其人35~48岁事业上有破败之虞。

▲颧颊及禾仓部位有须者，主其人37~48岁刑克六亲或官非损财。

▲颧相虽好，但有纹破、痣伤，再加眼无神印堂破陷者，主其人鼻运颧运均不发。

▲颧有纹破痣伤者，主其人不论任官业商，37~47岁必见破败。同时常有小人为患，不宜担任主官，合伙则不宜担任负责人并易不欢而散。

▲颧忽生小疮者，主其人愿望难成，并防小人是非或损财之事。

▲“相不独论”，当论断颧之相理休咎时，应参合面相其他部位综合论断之。

颧相看家族关系及婚姻子女

▲颧柄高插入天仓者，主其人可娶旺夫之妻，亦主可得妻财或妻助。

▲颧骨本身位置生的过高，再鼻低颐削者，主其人刑克六亲，晚年孤寒。

▲颧骨高耸，但眉毛若无者，主其人无子嗣。

▲颧骨本身高突超过年寿者（侧面看），主其人不论男女晚年鳏、寡、孤、独，颐削无肉者更甚。

▲颧骨左右高低大小不一者均非吉相，如左颧高者主克父，右颧高者主克母。

▲颧骨一大一小，形成脸颊一边大一边小者，主其人父母遗传不平衡，或主其人为养子女，或早与亲离，同时一生运气多反覆。如右边脸颊大过左边者主其人惧内，其妻必牝鸡司晨，或不享妻福妻财，终日为家事烦心，并主子女男少女多。如左边脸颊大过右边者，主其人受妻子之敬畏可享妻福甚或妻财，不必为家事烦心，并主子女男多女少。（男左女右女性可比照论断）

▲颧骨左边有纹冲破者，主其人子女不肖，并受族戚欺侮。右边有纹冲破者，主其人妻妾不睦，兄弟仇怨。（男左女右）

▲颧骨低陷，再加额偏或额骨不起者，主其人30岁后父母有伤。

▲颧骨左边有痣者，主其人常为亲族朋友之借贷是非所烦累，右边颧骨有痣者，主其人常为家属晚辈之需索口舌所烦累。（注：有斑者减半论）

▲“相不独论”，当论断颧骨之相理休咎时，应参合其他部位综合论断之。

颧相看健康智慧及个性品德

▲颧骨高大完美者，主其人意志坚强，有克服困难之决心与毅力，择善固执，性格豪爽而有担当，可托重任。同时主其人有奇特之才华，如面相其他部位配合得当者，主其人可立非常之功业而留芳百世。

▲颧骨高，再加准头大者，主其人赋性贤良，公忠体国，最宜为官。

▲颧柄高插入天仓者，主其人志行高洁，奋斗力强，自信心强，敢做敢当。但五部瘦小之人颧骨插天者，主其人心性阴毒，个性偏执，又缺乏正义

感。

▲颧柄插入耳旁鬓部之中间，又与耳连接者，谓之“凤尾骨成”，主其人意志坚定，奋斗力强，如再命门悬壁一带平坦饱满者，则又主老年福寿。

▲颧柄仅插入耳旁鬓部之下半部者，主其人志行不高，奋斗力欠强，如颧本身再低陷者，主有堕落之虞。

▲颧骨高露，再加眉毛不过目者，主其人个性急躁，中年主有是非官讼。

▲颧骨高露又尖者，主其人破坏性强，自私偏执，个性倔强，与世不和，亲人不睦，终身劳碌。

▲颧骨大，但面颊细小者，主其人心绪不宁，尤其不能专心学习，终其一生多学少成。

▲颧骨横张，再加两腮骨突出，眼睛白多黑少，眼神尖锐者，主其人防御性及攻击性均强，看法偏执，做法过激，终生难有收获。如仅颧骨横张亦主其人行为乖张。（注：颧与眼角应成垂直线，否则即为颧骨横张。）

▲颧骨尖露瘦削，再加无禾仓，鼻准尖削，两腮深陷者，主其人无情少义。

▲颧骨高露，再加下颚骨亦突出者，主其人除意志坚强外，并主双重个性，喜欢挑剔。

▲颧骨低平者，主其人无勇无谋，欠决断力，依赖心强，德难服众。

▲颧骨隐而不见但颧颊部位肉厚者，主其人奋斗力不足，寿数不长，性多庸俗。

▲颧骨高低大小不一，左颧高大形佳者，主个性外向，富开创能力，右颧高大形佳者，主个性内向，只宜守成，欠开创力。

▲颧骨生的位置，上下左右偏歪不正者，主其人多言而无信，不能付重托。

▲颧骨之肌肉横生者，主其人个性凶暴常有祸端。（注：肌肉横生即颧颊有横纹之谓。如自龙宫泪堂来纹玻颧者，则象征不享子力并为六亲牵累。）

▲额骨破裂者，主其人一生灾祸连连。

▲颧颊及禾仓部位有须者，谓之“野狐鬓”，主其人多猜疑，很会保护

自己，很难信用他人。

▲颧颊布满许多雀斑者，主其人好色贪淫。（女性尤甚），但亦可能为肝肺不健康之征兆。

▲“相不独论”，当论断颧骨之相理休咎时，应参合其他部位综合论断之。

女性颧相之独特相理休咎

▲女性颧骨以圆秀隐藏为合格，如再眼鼻亦秀者，主其人为贤妻良母，可嫁有成就之夫，婚后旺夫兴家。(注：隐藏即笑时有颧，不笑时平满之谓。)

▲女性颧柄高插入天仓者，主其人为人干练，但难育子息，婚姻不美满，不克即离。

▲女性颧骨丰圆，但无眉毛者，主其人难育子息。

▲女性有颧无腮者，主其人晚年孤寒，无夫无子息。

▲女性颧骨凸露者，主其人终身贫贱并刑夫克子。（注：眼神和惠者减半论）

▲女性颧骨低陷者，主其人无帮夫运。

▲女性无颧骨又无禾仓者，主其人多为人婢妾，鼻小嘴尖者更验，即使嫁人为妻，亦不旺夫兴家并无子息。

▲女性颧骨过于粗大者，主其人个性倔强，赋性凶恶，婚姻不克即离，其人又欠孝心，终身劳碌，晚年孤独穷困。

▲女性颧骨高耸者，主其人精力旺盛，有男儿性格，看法极端，妻夺夫权，逆夫反目，终身不荣，生活辛勤，不克即离，一嫁再嫁。如眼再有艳光者，则主有吸引男性之魅力并主他恋。

▲女性颧骨本身生的位置高，再加眉亦生高者，主其人个性执拗，累夫受牢狱之灾。

▲女性颧骨高突（侧面看颧骨高于年寿骨），再加额亦高突者，谓之

“三颧面”，主其人刑克三夫，同时性淫而贱。

▲女性颧骨高露，再加声粗声破者，主其人有三度克夫五度再嫁之相。

▲女性颧骨高大，再加鼻高又瘦削无肉者，主其人刑克三夫。（注：其人为骨多肉少，骨重肉轻之体形，骨属阳，肉属阴，阳胜阴弱，主其人个性男性化，内分泌亦欠平衡，故影响其夫之健康寿命。）

▲女性独颧出面，子午不正，鼻尖额低者，主其人嫁为妾或为人之情妇。（注：子午不正，即额之火星部与地阁不成直线之谓）

▲女性颧骨高大，再加手掌亦粗大者，主其人能耐劳苦，乃作生涯之能手，但难享丈夫子女之福。

▲女性颧骨高耸而又鼻小者，主其人逆夫反目，夫婿多难，婚姻不美满。

▲女性颧骨横张而又鼻小者，主其人个性既急又强，喜插手丈夫之事，无理欺夫，行为乖张，喜弄是非，贪心大，警戒心也强，婚姻不美满。

▲女性颧骨过于下坠者，主其人有妇女病。如颧大肌退化，则主其人生殖机能亦退化。

▲女性颧颊气色黄润，再加唇红齿白者，主其人相夫旺子，富裕到老。如颧颊气色滞黄者，则主贫贱疾病。

▲女性颧颊多青蓝之色者，主其人性毒克夫破家。

▲女性颧颊白里透红者，谓之“桃花面”，主其人个性好淫，水性杨花。桃花色再引至鼻柱者，主其人有私奔之念，或系风尘女子。

▲女性颧颊及面部其他部位白如枯骨者，主其人身带宿疾，婚姻不美满，刑夫克子。

▲女性颧颊及其他部位多汗毛者，主其人内分泌系统失调，严重时克离再嫁。

▲女性颧颊多雀斑者，主其人好淫又无子息，但年老者及有疾病者例外。

附注：女性之颧骨除上述之独特相理及休咎外，其他一般性之相理及其休咎与男性同论，但有关男性颧骨独特之相理及其休咎例外，因男性属阳，女性属阴，故在休咎解释上有所不同，读者不可不察。

颧各部名称图

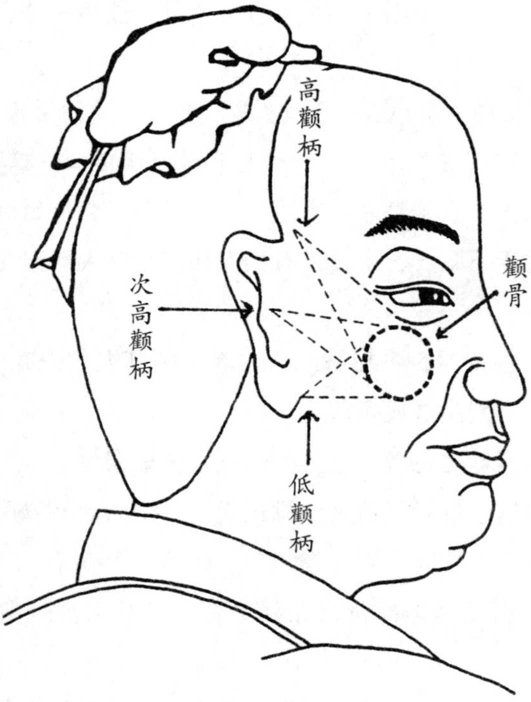

第十三章 人 中

人中之部位特性

先贤谓人中为“四渎”汇集而成的“沟洫”，沟洫不通则人之命运有阻。按沟洫者运河也，运河者乃沟通河海或江湖之间的通渠也。而人中生长的位置，正好在眼鼻之下方，口之上方，亦即先贤所谓之江渎（耳）、河渎（眼）、济渎（鼻）与大海（口）之中间，因此而具有沟通四水的功用。

依据中医学的理论，人中乃人之生殖下阴系统及消导排泄系统之神经反射区与经络通过区，如果人中之形相有缺陷，即证明其人之生殖下阴系统及消导排泄系统，不是先天有结构性之瑕疵，就是后天有机能性的毛病，上述瑕疵与毛病，尤其在51岁后之老年时期表现特别显著，例如肠胃消化吸收功能衰弱，长年便秘或溏泄，小便频数或小便艰涩，肾结石，膀胱结石，尿道结石，输精管结石，摄护腺肥大或癌症，睾丸炎或癌症，以及各种精神症候群，例如疲倦、心悸、不安、孤寂等。妇女除上述病症外，并会出现不同程度的妇科疾病。以上各种生理心理疾病，先贤均谓之“四水不通”所致，一个人既然健康上有了毛病，必然影响其事业上或职业上的收获与成就，先贤则谓之“命运有阻”。

先贤又谓人中为“寿堂”，因为一个人在51岁后患了上述生殖下阴系统与消导排泄系统的毛病，当然会影响一个人老年时期的健康和寿命，所以先贤谓“人中长一寸，寿命过百岁”，证诸长寿的老年人，不但很少罹患上述生殖下阴系统和消导排泄系统的疾病，同时其人的人中的确较一般人的人中为长为深为广。所以，人中又为51岁后之健康与寿命主要观察之点，如果人中长得不好，老年时期必定健康欠佳，难享高寿，命运亦坎坷而蹇滞。

先贤又谓人中为“子庭”，其道理亦是根据人中与生殖下阴系统有关连的缘故，如果生殖下阴系统先天发育不良，或后天机能有了毛病，轻则生育身体不健康、智慧闭塞、个性欠优良的子女，重则男性不能生育而绝嗣，妇女则不能受胎或难产，此乃遗传学与生理学不变的真理。

先贤又谓人中为“心性之宫”，因为人心性活动之良窳，面相各部位之纹痕均会有记录性之显现，人中为纹痕之一种，故人中长相之优劣，即代表吾人心性活动之良窳，假如吾人生殖下阴系统之心性活动，欠缺理性与不符道德标准，人中即会变为歪斜或生出恶痣恶纹来。

人中又名“人冲”，其意义在喻人中为人生旅途中“四隘”之一，因51岁开始之年，乃中壮年时期到此结束，老人时期从此开始，在人生旅途中，无论事业健康各方面，均应预防在此关键之年而有所“冲击”。凡人中长相不佳，再加额头长相亦有缺陷者，乃“水火相克”之相，51岁之年，必然在事业或健康方面遭受到或大或小的冲击，依据作者的观相经验，其验至爽。

老年时期自51岁开始，在此之前，历经两大战役（三十年代及四十年代），成功失败，局面已经非常明朗，成功的人，固然值得庆幸，失败的人，如果人中相理符合标准，自有转败为胜的机会，例如青中年时期屡战屡败，待进入五十年代老运亨通者所在多有。再说三十年代四十年代成功事业的人，并非此人有三头六臂的通天本领，也非此人每天工作16小时甚或20小时，实因他的眉、眼、鼻、颧相理优良之故，而五十年代事业成败的关键，同样系于人中相理的美恶，故人必须“知命”（注：知命即认识自己面相、手相、气色、骨相相理好坏之谓），知命而后才能乐天认命，才能在事业上知所进退，才能调整人生观及老年时期的人生计划。生活才会过得快乐，才不会自暴自弃怨天尤人，才有勇气再接再厉奋斗下去。人中之形状不一，兹将各种人中之相理休咎分述如下：

人中看事业成败及攻守时机

▲人中深长，上窄下阔，明如破竹，肉质鲜润，并有棱线，轮廓清晰如剑，再面相其他部位（尤着重额相）亦无瑕疵者，主其人发达必早，功名早立，必享高官厚禄，即使不为官，亦可在其他方面获得成就，但人中无髭者减半论。（注：如人中上半部过窄而下半部阔者，则主一生际遇乃先苦后甜，愈老愈荣。）

▲人中为四渎总汇而成之沟洫，故欲长欲深，欲上窄下宽，俾水畅其流。如人中狭细短浅，谓之四水不通，主其人一生命运有阻，多劳少获，衣食不丰，晚年尤甚。（注：人中的正常长度为2~3厘米）

▲人中平满者，主其人一生事业少成，常多灾逆，但有髭并有重颐者减半论。

▲人中沟底凹凸不平者，主其人51~56岁，应注意保健是非损财。

▲人中有靥舌中亦有靥者，主其人一生财喜不断。（注：大而凸色黑或色红者谓之“痣”，略小者谓之“黑子”或“红子”，青黄色或褐黑色平而不起者谓之“斑”，大而无色并成窝状者谓之“靥”。痣生毛者吉，黑痣与红痣长于隐处者吉，痣如生在当阳之处，除非痣色漆黑或朱红或白如玉，其余一律主凶，皮肤生长之肉芽肉瘤不可谓痣。）

▲人中髭毛柔美，浓淡有致并有光泽者，主其人一生富裕到老。

▲人中髭毛红色者，主盛世可蓄须，乱世则不宜蓄须。

▲人中及上唇均无髭者，先贤谓之空亡格，主其人一生事业少成并乏子嗣。

▲人中无髭者（三轻格不忌），虽非“空亡”格，但仍不宜从事纯公纯商等正路行业，否则常有小人是非，易遭诽谤中伤，一生发达有限，又不聚财。如从事异路行业则较有前途与收获，但仍主劳碌。（注：异路业的范围包括宗教、教育、文学、传播、科技、艺术、音乐、戏剧等职业，以

及可独立执业之医生、律师，会计师、咨询师、设计师，以及从事相理命理之研究或其他自由职业均属之。)

▲人中虽有髭（含上唇），但髭粗浓逆乱，眉毛则稀疏柔细，额头太窄太低，头发太粗太浓者，主其人御下无方，不宜担任主官之职，或公司行号之负责人，否则做好不讨好，有被属下颠覆之虞。在家亦常受妻子儿女奚落，及常有亲族牵累之事发生。如眉毛亦粗乱逆浓，或有双下巴及重颐者减半论。

▲“相不独论”，当论及人中之相理休咎时，请参照其他部位综合论断之。

人中看家族关系及婚姻子女

▲人中深长上窄下宽者，主其人遗传优良，子孙满堂。

▲人中上下俱直而深者，主其人遗传优良，子孙满堂。

▲人中上下皆深而中间浅者，主其人得子甚晚。

▲人中上下俱狭而中间阔者，主其人子息虽有难成，或子女灾疾败业不孝。

▲人中上广下狭者，主其人难育子女，有亦难成，成亦不肖。

▲人中平满者，主其人子息难求，或克长子。但人中有须或有双下巴及重颐者，减半论。

▲人中细如悬针者，主其人绝嗣，晚年孤寒贫贱。

▲人中有渎者（即有凹洞之谓），主其人母亲产难。

▲人中浅而泪堂深陷者，主其人遗传不良，有子须过房才能育成。(注：先贤所谓之过房，并非拜义父母或送与神明作契子之谓，乃系将初生之婴儿送与他人为养子，藉饮食及生长环境之改变而利于养育，俾使遗传不良之婴儿改变体质而育成。)

▲人中深长而泪堂深陷者，主其人子息多灾。

▲人中略偏左者，主其人男多女少，略偏右者，则主其人女多男少，同时老年不享子女福。如偏斜过多，则主刑克子女。或因奸生子，或子女多生理畸型，或子女多顽劣不肖。（注：刑克子女，含子女灾病死亡，或与子女无缘均属之。）

▲人中偏左者父先亡，人中偏右者母先亡。

▲人中无髭者克母（上唇下唇全无髭须者尤验），又主其人老年不得子力，难享子女之奉养。

▲人中（含上唇）髭须逆旋者，主其人夫妻反目，婚姻不美满。

▲人中有疵痕者，主其人育不肖之儿或子女有宿疾，一生为儿女忧虑。

▲人中有十字纹者，为“孤绝纹”，主其人克子又克女。

▲人中有横纹者，谓之“绝子纹”，主其人有子即克，老年孤独，严重时饿死他乡。（注：50 岁前有纹者始验）

▲人中有直纹者，主其人得子甚迟之征，或养他人之子。

▲人中有漆黑之痣者主吉，但一般人人中有痣均主母难，即出生时母亲难产或母在坐月子期间病故，但自身主寿而终鳏（女主寡）。如痣色灰黑者，则为促寿之征，同时不享子女福。

▲人中上端有黑子者主多子，下端有黑子者主多女，中端有黑子者，主娶妻容易养儿难（意即克子）。

▲人中成双者，男主赋性聪慧，又享祖业。女主赋性骄傲，婚姻克离再嫁。不论男女均主子女倍多。（注：此乃天赋异禀，例如男有 3 个或 4 个睾丸，女有两个子宫四个卵巢之类的生理现象所致。）

▲“相不独论”，当论及人中之相理休咎时，请参照其他部位综合论断之。

人中看健康智慧及个性品德

▲人中主人之寿命及心性品德，50 岁前多行不义，人中会变为歪斜狭

短并生凶纹凶痣，反之，存心积德为善者，人中之相理亦为之变好。

▲人中长再加耳朵亦长者，主其人必享期颐之寿，反之，人中与耳朵俱短者，主其人必定短寿。

▲人中端而直者，主其人为人忠信重义，心地光明磊落。

▲人中厚而宽者，主其人待人宽厚，社交能力及随机应变能力均强。

▲人中上狭下宽又长又深者，主其人聪慧好学，有恒心毅力，又有独立见解，处事积极，工作努力。

▲人中短浅者，主其人56岁有关限。如面相其他部位再有缺陷者，离死期更速。

▲人中短浅又狭小者，主其人即使聪明亦欠缺毅力和恒心，工作懒散。

▲人中短浅，再加鼻小而塌者，主其人非常现实，有自卑感，喜欢被人赞美，淫贱短寿，并懒散贪睡，处事欠积极欠毅力恒心，生活迷糊，不知自我充实，再长痣者倍之。一般人中短浅之人，亦喜被人赞赏恭维，虚荣心重。

▲人中平满者，除非其人双下巴及重颐，否则，主其人思想闭塞，欠缺志向和抱负，个性不开朗又拘泥，并有贪心。

▲人中上下俱浅而中间深者，主其人个性急，处事忙乱又无条理，为人亦欠和睦。

▲人中上广下狭者，主其人为人奸巧，处事虎头蛇尾，后劲不足，一生事业难成，愈老愈艰困。

▲人中上下俱狭而中间阔者，主其人为人奸猾，刻薄起家。

▲人中细如悬针者，主其人器量狭小，好钻牛角尖，生命力不强。

▲人中屈曲或歪斜过多者，主其人为人虚伪，常使诡计，端直者则为人忠信厚道。

▲人中略歪左或歪右者，主其人不是患习惯性便秘，便是肠胃过敏常常便溏，同时脊椎亦偏斜，容易患腰酸背疼之疾。

▲人中有十字纹或交叉纹者，主其人应注意水险。

▲人中有横纹者主其人应防凶灾（尤其水厄）或饿死，亦象征有性抑

郁现象。

▲人中有直纹者，主其人心性奸猾。

▲人中无髭者，主其人聪慧多谋，富策划能力，但喜贪多急进，除非眉鬓二者均轻，否则，50岁前运途多舛，很难聚财，常处义生非，做好不讨好。（注：据《黄帝内经》云，凡消导排泄系统气血循环均正常者，主其人上唇（尤其人中）髭毛柔美，血少气多者，主其人髭毛杂乱逆旋，长短不一，血多气少者，主其人髭毛少，气血均少者，主其人上唇根本无髭毛，或髭毛稀疏，三根五根点缀而已。因为气能激发前阴系统男性荷尔蒙之分泌，荷尔蒙分泌正常与否，则影响男性第二性征（如须髭）之显著与否，血则有滋养髭毛使之毛色润泽之作用。人相学先贤谓“须为肾之余”，与黄帝内经之说颇为吻合。再以上唇所生之毛曰“髭”，下唇下端所生之毛曰“须”，两腮所生之毛曰“胡”，地阁所生之毛曰“髯”，耳旁所生之毛曰“鬓”，满颊满颐所生之毛曰“虬髯”，虬髯为气血太过旺盛之征，男女阴毛过多过乱亦同理。）

▲人中气色黑者，主其人病情严重，若口唇再青或枯黄，双目又失神者即刻死亡。

▲“相不独论”，当论及人中之相理休咎时，请参照其他部位综合论断之。

女性人中之独特相理休咎

▲女性人中深长上窄下宽者，主其人前阴系统发育正常，牝户阴毛浓密，阴道及子宫发育良好，多诞男而又分娩容易，一生少有妇科病，旺夫兴家富裕到老。又主其人个性优良，才华不输异性，婚姻大多美满。（注：据作者三十余年之观相经验，凡患有妇科病之妇女，人中相理必不佳，或手之动脉纹断续曲折，个性方面大多急躁偏执而欠理性稳定，因此婚姻生活亦大多欠美满。）

▲女性人中狭窄者，主其人前阴系统（尤其子宫）发育不良，大多有妇科病。

▲女性人中前端有卷珠或上唇卷起形成人中过短者，主其人应防产厄或自杀或个性不良。

▲女性人中上下同宽者，主其人克子刑夫，心性不良。

▲女性人中上宽下窄者，主其人喜管闲事，不贤慧，少妇德，少子女，并防产厄，又主短寿。

▲女性人中上下均尖，而中间宽者，主其人克子损胎，心性不良。

▲女性人中有直纹者，主其人到老孤独。

▲女性人中平满者，主其人诞男少，诞女多。并有子宫发育不良现象，易流产。

▲女性人中有横纹者，主其人夫缘薄，纹浅者主产厄，纹深者主克十夫。

▲女性人中有小伤痕者，主其人子宫曾承受一次或多次人工堕胎手术，伤痕为人工堕胎时留下之记录。（注：堕胎手术精良者则否。）

▲女性人中与法令之间汗毛过长过黑者，主其人 50 岁前克夫寡居或婚姻不美。（注：象征其人气血过旺，激发出之男性贺尔蒙过多因而克夫，但迟婚者减半论。）

▲女性人中歪斜者，主其人子宫不正，有妇女病，受孕机率极低，50 岁左右防妇科疾病，同时心性不良。

▲女性人中两曲者，主其人水性杨花，好淫败德，可能因奸生子，或子女多畸形变态，或生子不肖。

▲女性人中有赤丝赤气色出现，再相带淫妇格者，主其人目前行为淫荡，子宫或牝户发炎。（注：相未带淫妇格者，则主有妇科疾病。）

▲女性人中生小疮小疹者，乃生殖系统病变之警兆。

▲女性人中有两个黑子者，主有生双胞胎的机会。

▲女性人中有痣者，主其人曾有妇科病（如子宫病变），难育子女，或应防产厄。同时婚姻不美满，常欺夫害夫。

▲女性人中左右两旁有痣者，乃淫荡之相，主其人婚前无媒自嫁，婚后红杏出墙，欺夫害夫。（注：淫妇格之其他相理，请参阅《萧湘识人相法全集（二）》）

▲女性人中有靥者，主其人应防产厄，亦主欺夫害夫，又象征其母曾有产难。

▲女性子宫割除者，则原来分明之人中亦会变为隐平。

附注：女性之人中除上述之独特相理及休咎外，其他一般性之相理及其休咎与男性同论，但有关男性人中独特之相理及其休咎例外，因男性属阳，女性属阴，故在休咎解释上有所不同，读者不可不察。

观相感言

同年同月同日同时同在一间医院出生，甲出生时是一个健康的婴儿，乙出生时是连体婴或低能儿残障儿，似此情形，如何用命理来解释？余认为只能用相理来解释了。因命理是一种“算术”，而相理则是一种“艺术”。以上情形，按照人相学的说法，是因为两个婴儿其祖先父母的遗传基因不一样所致，尤其是父母授胎之时，身心精神状况及事业和职业状况和生活环境状况均不一样所致。因此，两个婴儿虽系同年同月同日同时出生，但一生际遇（即命运）定必完全不一样，何况每一个时辰之内，全中国诞生的婴儿就有数十万人。

萧湘居士　撰

各式人中图

上宽下窄  性恶克子	上下同宽  高寿克子	上窄下宽 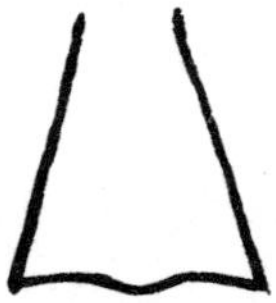 子孙满堂
人中横纹  有子即克	人中直纹  得子甚迟	细如悬针  老年孤贫
人中疵痣  不吉之征	人中屈曲  虚伪奸诈	人中交纹  刑克重重

第十四章　法　令

法令之部位特性

法令者，法制号令之谓也。凡领袖群伦之人，无不讲求法制之严密，号令之严明，否则，统御上必然发生无力感，业务上则发生窒碍感。是以领导有方统御有术之领袖人物，其相貌必然非同凡响，不但眉相严峻，眼睛有神，尤其法令纹开阔深长，其形如钟，因此，人相学以法令纹为观看社会地位及事业成就的象征。（注：法令又名印绶、带令，其意义与法制号令同义。）

先贤又将法令定为“业务流年法”之观察点，意即评鉴一个人对本身业务是否全心投入，其法令纹必见长短深浅宽窄之不同。例如左右法令长短一致者，象征其人一生均兢兢业业投入其工作事业。如左右长短不一或法令纹显然过短者，则主其人不是常常见异思迁变换工作，就是一生对事业和工作投入之不足。如法令纹自鼻翼而出外，又自两口角再出现法令者，则主其人一生之事业到晚年时还有重大转变。又如法令纹过短者，不是一生事业无成，就是大器晚成。

先贤又将法令纹称为“寿带”，意即法令纹之长短深浅宽窄，亦象征生命之久暂荣枯。因为法令之良窳，乃象征脑神经之传导，消化系统之运转，及股肌伸缩优良与否之缩影，凡法令纹长相佳者，一生鲜少发生神经衰弱、头疼、消化系机能失调、以及腿疾足疾等毛病，自然其寿命亦高矣。

先贤谓长相不佳之法令纹为“螣蛇”，尤忌“螣蛇入口”，其人必主饿死。在人相学未经科学诠释之前，饿死之说往往被认为迷信的无稽之谈，或被归纳为一种统计现象而已。在具有现代科学知识的知识份子参与中医学及人相学的研究后，螣蛇入口之说，已找到了它的科学根据。原来法令纹弯入口中，乃是消化系统有严重病变之原故，最后因不能饮食或不思饮食而饿死，此说亦经参加笔者举办之相理班及气色班听课之多位西医师和护理人员所证实。故凡是螣蛇入口之人，大多是消化系发生病变，尤以个性即兴、浮躁、敏感及容易紧张激动的人，发生病变的几率最高。先贤在汉文帝的时候就发现了螣蛇入口为饿死之相（例如邓通），足证我国之人相学，不但历史悠久，同时经得起当今科学之考验。法令之形状不一，兹就各种法令之相理休咎分述如下：

法令看事业成败及攻守时机

▲法令纹圆而深正、广大、厚实形状如“钟”者，主其人事业运长久，33岁后，事业即渐渐有成，并福寿双全。（注：形神庸俗纹沟暗滞者不验。）

▲法令纹末段（不论左右）分出枝纹者，谓之“金缕”，主其人自枝纹长出之日起，声望地位益隆，如业商，则同时经营两种以上事业，劳少获多。（注：双重法令亦同论。）

▲法令纹长到“金缕”之位者，主其人可贵至方面大员，威镇江山。

▲法令纹不明显或有恶痣者，主其人中年事业不利，尤以33岁、34岁、37岁、38岁、44岁、45岁、54~57岁为甚。

▲法令纹在50岁时仍未过口者，主其人上半生在事业上谈不上风光和收获。但五星六曜五官六府俱佳者不忌，眉须有情之三浓格尤为不忌。

▲法令纹长短不称或不显明者，主其人一生事业多所变化而少收获。

▲法令纹细窄者，主其人一生不能扬名又终生劳碌。

▲法令纹短者，主其人一生不能担任主官或枱面人物，否则必多小人是非。（注：眉相严峻眉须有情，眼睛有神者不忌。）

▲法令纹短者，最宜担任幕僚工作或从事异路事业，如面相其他各部位配合得当，主其人有异路功名和异路财荣，甚至死后留芳。

▲法令纹未过口，如其人系大富大贵，则主其人必系大器晚成，同时其口角必另长出小法令纹，亦主其人一生事业有重大转变，或先公后商或先军后政。

▲法令纹因面庞由胖变瘦致隐而不见者，主其人正处困境，必须待纹深形秀后方能转运。

▲法令纹穿破兰台廷尉者，谓之“法令挂鼻”，主其人一生辛劳而少收获。

▲法令纹中断或歪曲者，主其人中年事业挫败或中年失业。

▲法令纹有痣者，主其人易发生工作或业务上之疏失，左法令尤验。

▲法令纹忽生小疮小痘者，主其人业务不顺或见是非损失。

▲法令纹气色佳者，主其人事业上正处旺境，或有新机会发展新事业，同时财运亦佳，出现黑气色时，应特别注意失窃。

▲“相不独论”，当论及法令纹之相理休咎时，请参合其他部位综合论断之。

法令看家族关系及婚姻子女

▲法令纹宽广肉质又厚实者，主其人有广大之家族，或有广大之社会关系，愈宽广者愈验。（注：观察家族时，应参合人中之优劣综合论断，因人中为观察家族之中心点。）

▲法令纹宽广，但长度不出口角者，主其人晚年刑克子孙，并孤寒贫穷疾病连年（女性不忌）。

▲法令纹细长又窄狭者，主其人晚年刑克子女，自身贫病相加。

▲法令纹长短不齐或有缺陷者，主其人家业屡变，早与亲离。

▲法令纹一边单纹一边双纹者，主其人别祖出继，或有异性父母。（男

左女右)

▲法令纹左边纹深者主得父助，亦象征其人专于正业。右边纹深者主得母助。

▲法令纹虽未入口，但过于靠近口角，或口角两边另生直纹者，主其人婚姻生活欠美满，尤以初次婚姻为甚。

▲法令纹虽长，但绕口而行者，主其人晚年孤独，或婚姻生活欠美满，或家庭成员不和。

▲法令纹有痣者，主其人不能承袭父母之职业。

▲法令纹左边有痣者，主其人父先亡，右边有痣者，主其人母先亡，并不为父母送终。（注：黑子同论）

▲“相不独论”，当论及法令纹之相理休咎时，请参合其他部位综合论断之。

法令看健康智慧及个性品德

▲法令纹长至地阁者，主其人老年健康少病，并主高寿。

▲法令纹圆而深正广大厚实如“钟”者，主其人自律严谨，思考周密，处事执著，有始有终，个性随和稳重，待人不卑不亢，身旁趋炎附势者众多。

▲法令纹旁另有深秀直纹者，谓之“双重法令”，亦谓之“寿带”，主其人老年福寿愈老愈荣。

▲法令纹双重者，主其人处事感情理智并重，虽处逆境，或遭遇不愉快的事物时，亦能自我克制，自我舒解。

▲法令纹内再长出小法令纹者，主其人个性保守拘谨，不善表达内心的真实感受和实际需要，但颇重情趣，亦有女人缘。

▲法令纹明显又左右相称者，主其人有法律秩序之观念，亦表示其喜欢安定之职业与生活。反之，其心情及职业均欠安定。

▲法令纹锁口者，人相学谓之“螣蛇入口”，主其人 33 岁后有灾难，65 岁前必因病或其他原因饿死。如舌端生痣者，谓之“双龙抢珠”，反而主吉。（注：舌端生痣乃象征火土相生故主吉。）

▲法令纹锁口，但自口角另生出法令纹者，谓之“螣蛇生角变龙”而主吉。（注：此乃消化系统病变痊愈之征。）

▲法令纹锁口，如口角生出之法令纹又再下游绕口者，谓之“双重锁口”，仍主其人饿死。（注：此乃消化系统病变痊愈后再复发之征。）

▲法令纹过于深刻（即型深沟亦深）者，主其人欠缺人情味，待人过于严峻刻薄，其至性酷杀生，如系军公人员，又主专制独裁，嫉妒猜疑，但责任心重。

▲法令纹细长狭窄（即有沟无形）者，主其人心性不开朗，事业上亦少收获少风光，一生庸庸碌碌。

▲法令纹在年过 40 岁后仍然不明显者，主其人个性急躁偏执，虚妄自大，对事业或职业喜见异思迁，自我认识不足，处人处事不够踏实。

▲法令纹长短不称，或隐约不明者，主其人个性不稳定难捉摸，同时易患头疼之疾。

▲法令纹虽短或断，但另生枝纹者，谓之“阴鹭纹”或“金缕纹”，主其人积有阴德，不论富贵贫贱之人，自枝纹出现之日起，健康变佳，寿命亦延长。

▲法令纹出自泪堂者，主其人应注意饮食服药中毒，或其他凶灾。

▲法令纹长出之年龄以 33 岁、34 岁为准，如 30 岁前长出者，主其人早熟，事业早发，同时为人精明而又奸猾。过晚长出者，则主其人不是脑神经系统或消化系统不健康，就是处事欠积极欠奋发，早岁无成。

▲法令纹有灰黑之痣及斑点者，主其人患有腿足之疾，或腿足容易受伤。（注：黑子同论，女性则主手部有疾，或手部容易受伤）

▲“相不独论”，当论及法令纹之相理休咎时，请参合其他部位综合论断之。

女性法令之独特相理休咎

▲女性之法令纹又深又长者，谓之犯“孤神”，主其人夫运不佳，或夫缘薄，有独身主义倾向。如面相其他部位再有缺陷者，主克夫刑子，晚年孤苦，同时嫉妒心重。但其人独立心强，工作能力亦强。（注：女性犯孤神尚有下述各项：（一）眼圆四白，再加眼竖、眉竖、鱼尾纹多者。（二）唇掀龈露，再加口纹多及喉结暴露者。（三）耳朵轮飞廓反，再加耳朵缺损者。（四）额削或额高额凸，再加额纹多，头又大者。（五）鼻剑，或鼻结节、曲折、鹰钩、仰露又颧高者。（六）身躯太高，再加面大或面方者）

▲女性在 30 岁前就有法令纹者，主其人乃女中豪杰，女强人型人物，必系女企业家或高级职业妇女。

▲女性法令纹若无者，主其人绝非职业妇女，乃过著平淡安静生活的家庭主妇。

▲女性法令纹末端（不论左右）长出枝纹者，主其人婚姻不美满，乃二嫁之相。

▲女性法令纹生恶痣者，主其人不甘寂寞，不安于平淡，婚姻欠美满。

附注：女性之法令纹除上述之独特相理及休咎外，其他一般性之相理及休咎与男性同论，但有关男性法令纹独特之相理及其休咎例外，因男性属阳，女性属阴，故在休咎解释上有所不同，读者不可不察。

各式法令图（一）	
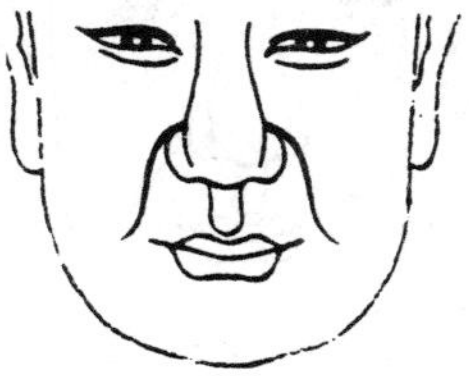 此种法令宽广成钟形，但未长及地阁，主其人事业有成，是否高寿须配观后断定。	 此种法令既宽广成钟形，又长达地阁，主其人必然富贵寿考。
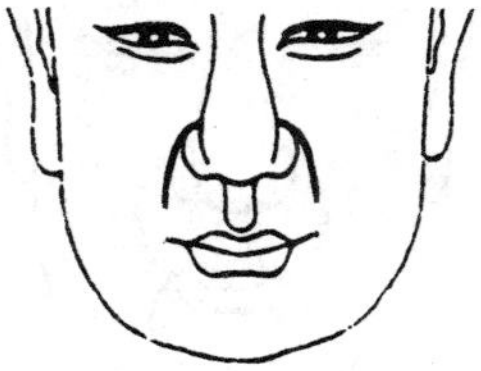 此种法令长度不出口角，主其人自身健康不佳。短寿之相，又遗传不良，刑克子孙。	 此种法令长及地阁，但宽广度不足，主其人可享高寿，事业难有大成。

各式法令图（二）

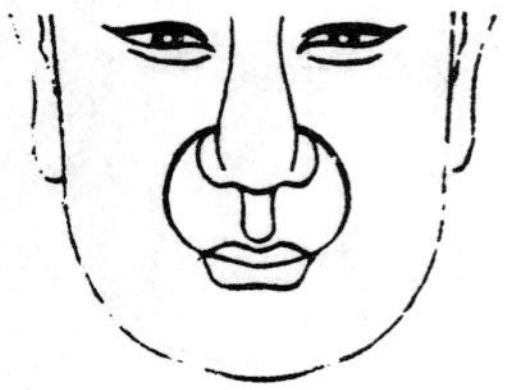

此种法令为标准之螣蛇入口，必因暴食而致肠胃病，终因不能饮食而饿死。但口角生出短纹者为螣蛇变龙者不忌。

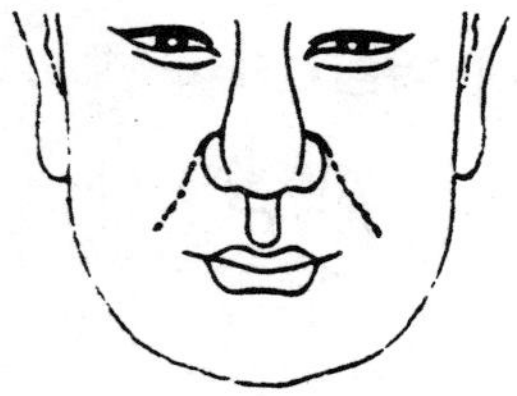

此种法令隐而不见，主其人一生常处困境，事业上难有成就，并健康平平。

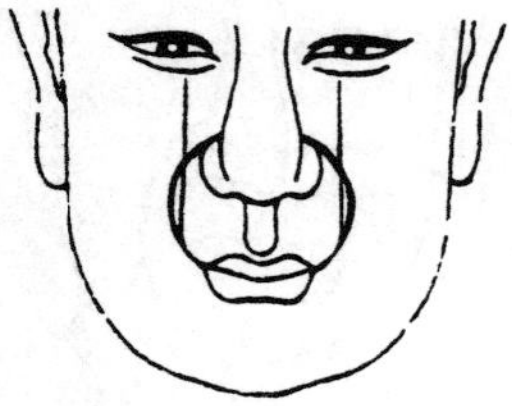

此种法令为螣蛇入口，又自泪堂起纹入口，主其人因饮食或服药中毒而死。

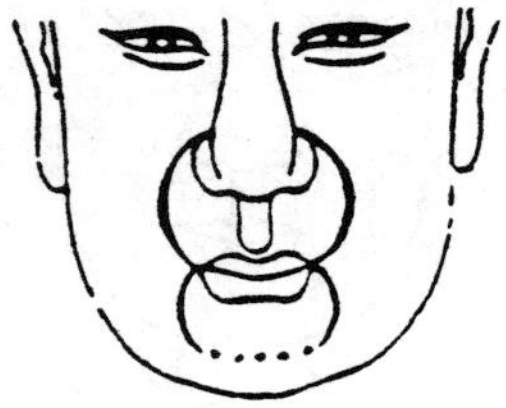

此种法令为双重螣蛇入口，终必因消化系统有病或因穷困饿死。

各式法令图（三）

此种法令为一边双纹，一边单纹，主其人出祖承继或有异姓父母，一生事业变化不迭。

此种法令为法令纹上再生枝纹，此乃阴骘纹，主其人有行功德、心德、阴德，老运佳并高寿。

此种法令左边有痣者主与父少缘，右边有痣者主与母少缘，并有足疾，又主婚姻欠美满。（男左女右）

此种法令两边深度不一，左边深者，主得父之蔽荫，右边深者主得母之蔽荫。（男左女右）

第十五章　口、唇、舌、齿

口之部位特性

人类为感情的动物，脸上的五官则为表达感情的工具，故谓“眼为情缘宫”、“眉为情份宫”，“耳为情恩宫”，“鼻为情欲宫”，“口为情爱宫”，五官各有所司，将人类的感情表达完美无缺，尤其是口的功用最为突出，比之“眉目传情”表达感情的方式更为具体真实。凡是口形不正，左歪右陷，或口唇过厚过薄的人，不论男女，不是不懂得何谓“情爱”，就是情爱生活和婚姻生活不美满，据笔者观相经验，诚谓百验不爽。

口在人相学又称为“出纳官”，顾名思义口乃系言语所出之门，饮食所纳之处。口又像大海，容纳百川，上通五岳四渎，下通周体百谷，接纳万物饮食，以济五脏之造化。又因口司言语之门，故为祸福之柄，是非之所会也。

先贤云：“口为心之外户”，但经科学印证，口除了与心脏有联属关系外，口（含唇）又与内脏器官有密不可分的关系，例如上唇与大肠及生殖泌尿系统相联属，下唇与胃及消导系统相联属，上下唇之内缘则与肝胆相联属，口四周之棱线则与脾脏相联属，口内的牙齿则与骨骼相联属，牙龈则与肾脏及内分泌系统相联属，口内之舌亦与心脏相联属，口内之喉管则与呼吸系统相联属。凡唇之厚、薄、大、小、尖、垂、揭、缩、扁、平、歪、陷及唇色之美恶，均与以上各系统之器官的先天结构和后天机能有密切关系，进而影响吾人之生理健康及心理意识状态。

口的相理年龄严格来说，应系指56~65岁的十年流年，但亦有谓从50~

60 岁等不同的说法。行运至口，已是中年时期的结束，老年时期的开始则是不争的事实，象征著生命的光和热已经到了巅峰，过此巅峰，就有“力不从心”“时不我予”之感了。过去五、六十年的岁月里，经历了无数的得意和失意，尝尽了人间的冷暖和辛酸，面临这老年时期的开始，内心里充满了许多的怀念和感伤。有钱有儿的人，会有退休的打算，好好享享老福，没钱没儿的人，则益加感到人生的乏味，不知如何去渡过这凄凉的晚年。贫病交迫的人，则更加感到悲伤凄惨，只希望早日了此残生，以求解脱。读者诸君，持宿命论的人，一定会说这就是命运。然而人相学是不相信空幻虚渺的命运之说，人相学的观点是，不论“成功失败贫富寿夭”，均与一个人与生俱来的“健康、智慧、个性”相关连，尤其是一个人个性的良窳关系最为重大。笔者与人谈相，虽属从不相识，然一见之下，即可从容道出他的个性，并说出他一生的休咎得失。吾人要改变命运，首先就是要改变不好的个性，惟个性是与生俱来，俗语云：“江山易改个性难移”，因此要改变个性又谈何容易，即使持之有恒，最多改变三分而已。所以笔者尝谓，如果真的有命运，那么，先天命运要占七分，后天能掌握的仅只三分，也可以说，吾人一生命运是好是坏，完全系于祖先父母遗传之是好是坏。例如患了肺痨病的父亲和患了白痴症的母亲，绝不可能生出一个健康好，智慧高，个性优良的子女来，也绝不可能因祖坟风水好，或出生的八字好，甚或名字取得好就会出现奇迹。有人说健康可藉锻炼获得，但锻炼决不能改变先天遗传的缺陷，最多少生一点病，延长寿命若干年而已。又有人说，智慧可借读书启发，但现今有许多大企业家，均是低学历而高成就，反之，拥有博士、硕士学位不一定有成就的人很多。由此得知，智慧是“无止境的大”，学问和智慧相比，前者仅仅是一口或大或小的井，后者却是一片江洋大海，有智慧的人虽未读书亦会有成就。何况读书并不一定要去学校就读，随时随地均可以借自修而得到学问。

论口更要配观眉须，麻衣相法云：“口相有十，须眉居七”，如须眉相理不佳，即使口之相理符合标准，亦应减分论。人伦大统赋亦云：“肥马轻裘由方成于四域”，意即论口之休咎，除了口相要如四字外，尚须配观准头、人中、法令、耳珠、承浆、地阁、须眉等部位，其中任何一位相理有缺陷，均足以影响口之休咎。

假如人生战场从 31 岁开始，15~30 岁只能算是前哨战，31 岁开始为第一次战役，41 岁开始为第二次战役，51 岁开始为第三次战役，那么，60~75 岁则为最后的扫荡战。前哨战也可以说是一种遭遇战，往往歪打正着，或是正打歪着，易胜易败，战况不易掌握。扫荡战则不然，乃是一种有计划的有限行动，胜算的机会多，战果易于保住，此乃因为人生已经历了五六十载的寒暑，阅历丰富，做人处事稳健保守，往往谋定而后动，只可惜“夕阳无限好，但已近黄昏”了。读者或许要说，此话并不尽然，50~60 岁以后出任部长升任阁揆，或组织大公司出任董事长的人仍然很多，此话虽然不错，但他在三十年代四十年代及五十年代均是连续打了胜仗的人，根基已稳，故而步步高升，雪球越滚越大。换句话说，此种人乃是人相学所谓之“大贵格”或“大富格”也，大贵大富之人“万不得一”，平常之人，岂可一概而论。下文就有关口之相理休咎分述如下：

口相看事业成败及攻守时机

▲口要棱角分明，形如角弓，开大合小，唇上有纹，上下唇相副，唇之色彩鲜艳，再加小水星有成（即人中下端成三角形）者，此乃最上乘之口。主其人通达事理，聪明仁厚，心口如一，言必有物，工作能力强，文化生活水准及社会地位均高人一等。如面相其他部位再配合得当者，主其人事业上大有成就。（注：出纳官成谓之口德，令人敬佩，出纳官不成谓之口劳，招人嫌恶。）

▲口大有收（即开大合小），正而不偏，口角朝上，唇厚而正，齿齐而白者，主其人豪放大胆，精力充沛，富于行动力及决断力，大多为领导人物，主 55~65 岁定行大运。（注：口之大小以口角在闭合状态时略宽于自己之鼻，与自己眼之黑睛中心点能成一直线时为符合相理标准。）

▲口在说话时而不见齿者，主其人非富即贵。笑不露齿者尤佳。

▲口出声悠扬有力者，主其人非富即贵，出声嘶哑低弱者非贫即夭。说话时声音屡变者，谓之“病言”，主其人目前运程不顺，百事蹇滞。

▲口之形状比鼻之形状为小为劣者，主其人 50 岁后运程多逆滞。

▲口下之承浆部位平满无势者，主其人 61 岁防破财防灾病，老运亦差。

▲口下之承浆部位可容指又有须者，主其人老运佳，酒量亦佳。

▲口宽舌大者，主其人一生衣食丰足。

▲口大能容拳者，主其人官禄荣贵，但必须身材魁梧之人始验，瘦小者不验。

▲口大舌亦宽者，主其人一生财帛富足，金水土形人尤验。

▲口大唇红者，主其人一生衣禄丰盛，愈老愈荣，同时又喜美食，有口福。

▲口大耳小又耳薄者，乃“水多木漂”之格，主其人一生事业飘零，难有成就，欠缺福禄。但耳小又厚，轮廓分明者另当别论。

▲口大鼻小者，乃“水反克土”之格，主其人一生常因言语贾祸，是非多端，壮年中年皆难有成就。

▲口大眼小者，主其人一生不宜求官，如再口大不收，眼小又无鈎无梢者，主其人死无葬身之地。

▲口大无棱者，主其人难聚钱财，并喜投机。（注：棱者，即口唇周边棱起之一圈黄色唇肉。）

▲口大而身小者，主其人可贵可富。口小而身大者，主其人一生难有成就。

▲口小再加口尖口反又唇黑者，主其人一生贫寒，同时招凶促寿。

▲口小额大者，乃“火多水涸”之格，主其人初中年运程蹇滞，晚年孤寂。

▲口小而头大者，主其人早岁贫苦，晚年运蹇促寿。

▲口小鼻大者，乃“土克水”之格，主其人一生劳碌而少收获。

▲口如吹火者，谓之“吹火口”，如再言多言急，主其人一生破败贫贱，

言缓者减半论。

▲口如覆船者，谓之“覆船口”，主其人一生贫穷劳苦。

▲口在无人时自言自语者，主其人贫贱孤苦。如口再薄者，主其人言行不良。

▲口不言而口动者谓之“马口”，其人大多一生劳多获少甚或饥寒贫苦。

▲口无痰而常吐者，乃气衰之征，主其人先富后贫。吐而不收者，乃无用之辈未受善教。

▲口四周有胡须锁（困）口者，主其人口形再佳亦难发大运，尤以老年辛劳运蹇。

▲口角两边有井字纹者，主其人初年劳苦，中年得贵人之助而略有发达，晚年虽福寿但刑克子女。

▲口角两边有直纹者，主其人晚年破家败业，亦主性凶罹法网。

▲口上边食禄仓有痣者，主其人一生不聚财，50岁后尤易耗财，同时生性风流，但一生颇有口福。

▲“相不独论”，当论断口之相理休咎时，请参合其他部位综合论断之。

口相看家族关系及婚姻子女

▲口形完美，唇红齿白者，主其人夫妻恩爱，家运隆昌，子孙贤孝。

▲口型完美，不论男女，虽好色而不淫，精神肉体均能兼顾，主其人夫妻白首偕老。

▲口左歪右陷者，主其人夫妻不和或刑克配偶，子女缘薄或晚年刑克子女。

▲口在说话时，吐气不清新而有异味者，主其人婚姻不美满，男性尤验。

▲口角下垂者，主其人老年孤苦，夫（妻）缘子缘均薄。

▲口之上唇包下唇者，谓之“雷公嘴”，主其人个性不良，无子嗣。

▲口上下有直纹（非唇纹），口角又垂下者，谓之“皱纹口”，或名“布袋口”，不论男女，主其人一生劳禄少成，常有凶险，老年孤寒，无子女缘，即使有子女亦外出他乡。

▲口形似吹火者，主其人刑克子女，到老孤独。

▲口形偏左者，主其人克妻（男左女右）。

▲口四周有胡须锁（困）口者，主其人不享子女福。如年过 65 岁胡髭仍然黑亮未变白者，主其人子女必幼小而不能自立，或不享子女福。如头发再黑亮者，则主晚年辛劳又刑克子女。

▲口角生有短纹多条者，谓之“孤寿纹”，主其人晚年运蹇，子女少缘。

▲“相不独论”，当论断口之相理休咎时，请参合其他部位综合论断之。

口相看健康智慧及个性品德

▲口为脾窍，舌为心苗，齿为骨之余。口正脾正，口歪脾偏，口小脾小，口大脾大，口上脾高，口下脾低。口唇肌肉紧实又有弹性者，主其人脾脏先天发育良好，后天功能亦佳。脾脆脾虚者，则口常开。

▲口在闭合状态下成弯弓形者，谓之“仰月弯弓口”，主其人意志坚定，工作认真，生活规律，很懂得调剂身心，对异性则爱情专一。

▲口似四字形者，谓之“四字口”，主其人口才便给，最宜从事律师公关等自由职业。

▲口阔再加眼神清者，主其人文章盖世，才气横溢。

▲口齐唇厚再加齿正而密者，主其人有孝心。

▲口常紧闭者，主其人工作认真负责，意志坚定，机谋深藏。口常张开者，主其人浮躁欠耐心，意志薄弱，并少机谋。（注：患有鼻蓄脓症者不在此限）

▲口开齿露或睡中口开者，主其人短寿，（但神安并五露格者不忌）如再眼睛露白，胸口长乱毛者，必死非命。（注：此为脾脏虚弱之征）

▲口水在睡时外流者，谓之“夜漕”，70岁以上有者主高寿，中年有者主短寿。（注：口水乃系一种综合性内分泌，70岁以上老人流口水，象征其人内分泌正常，但因年老口腔内之自律神经松弛，或牙齿缺落故而外流。如中年人流口水，象征其未老先衰，故短寿。）

▲口下之承浆无须或有痣，主其人消化系统有隐疾，不宜饮酒过量，否则醉死。又不宜游泳，易遭水厄，有波纹者更验。（注：承浆有痣之人，主其人之胃曾有病变之征，承浆无须，则主胃之中气不足，均易导致脚容易抽筋，故有水厄。）

▲口形似吹火之状者，不论男女，主其人个性狡诈贪婪自私，又喜拨弄是非。

▲口之上唇中端有“口珠”者，不论男女，主其人个性倔强而不认输。

▲口形过于平扁又口角下垂者，谓之“鱼口”，不论男女，主其人喜弄是非，自私护短，出言刻薄，一生劳碌无成。

▲口宽舌薄者，主其人喜好音乐歌唱。

▲口形大者，主其人意志力坚强，行动积极，个性热诚爽朗。但口形过于广大者（即口大无收），则主其人自私，个性强，有野心，好冒险，兴趣多端，知进不知退，往往偾事后悔，一生事业多成多败。

▲口形过于肥大者，主其人生殖（即好淫）饮食能力均强，惟缺高尚之思想及宗教哲学之兴趣，同时生活品味亦要求不高，女性尤忌。（注：进化程度较低之民族，口形多比较肥大，有如猩猩人猿之口形。）

▲口大唇厚者，主其人重情欲，性欲颇强。

▲口大唇薄者，主其人多自私自利，花言巧语，缺少真诚，个性冷漠少情。

▲口大面小者，主其人性喜投机，喜贪便宜。

▲口小唇厚者，主其人人缘佳，肯奉献付出，不会固执己见。

▲口小唇薄者，主其人言词锐利诡诈，讲求功利，个性冷漠，刻薄寡恩，无责任心，一生破败飘零。

▲口小眼亦小者，主其人胆量亦小，积极性不够，依赖性重，适合理财

会计或细密工作。

▲口小而眼大者，主其人寿命难过 50 岁。

▲口尖如鸟嘴者，主其人说话刻薄，喜多言，欠口德，很难相处，在社会上人缘不佳。

▲口角下垂者，主其人欠斗志，喜贪便宜，往往恩将仇报。又主无口德多猜疑，喜挑剔，个性刚愎自用，孤僻自私，无廉耻观念，往往为人所嫌，口形阔又薄者尤甚。但口型肥大而口角下垂者，则主其人生性厚道，待人热诚。

▲口角过份上翘者，主其人个性骄傲，有虚荣心，有大男人和女强人心态，事业多成多败。

▲口角左右高低不一者，主其人个性乖谬，喜强词夺理，又喜贪便宜。

▲口四周胡须过于浓密，连口角亦有胡须包围者，主其人肠胃系统健康欠佳。

▲口左边有损者，主其人贫而奸诈（男左女右）。

▲口说话急，再加走路急，吃饭急，性情急者，主其人成家快，败家亦快。

▲口先动而后语者，主其人不是城府过深，拘谨慎言，就是心术不正，心机过多。

▲口欲言又止者，主其人寡情少义，处事有头无尾。

▲口就食而食不就口者，主其人性贪，乃破家无用之辈。

▲口吃食时，状似猴食鼠餐者，为“口寒”之格，主其人终身贫寒，鄙俗悭吝。

▲口薄再加睛露者，主其人主观意识强，个性不良。

▲口常作冷笑状者，主其人善于讥笑讽刺他人。

▲口说话时含糊不清（口结），再加白睛呈现红丝，头发又自然鬈曲者，主其人非常好色贪淫。

▲口歪斜不正者，主其人心术不正，虚荣心强，个性也强，喜强词夺理，不肯认输，往往招惹是非或得罪人。并妻不贤子不孝，晚年运蹇。

▲口角生有横向短纹一二条纹尾向下者，谓之“覆舟纹”，主其人应防凶死。

▲口角生有黑痣者，主其人有水险，亦主其人善于诡辩，或说话容易伤人。（黑子减半论）

▲“相不独论”，当论断口之相理休咎时，请参合其他部位综合论断之。

女性口相之独特相理休咎

▲女性以“口为子星”，口唇无纹者主其人无子嗣。纹多而正，主子多而秀。

▲女性之口唇红齿白，再加面色正土（即面色黄润）者，主其人必嫁富贵之夫，婚后相夫旺子。

▲女性口红而面白者，主其人水性杨花。如面颊闪红者，谓之“面带桃花”，主其人既淫又个性不良。

▲女性口笑时不见齿，再加额圆，眼睛黑白分明，手似干姜，娇而有威者，主其人秉性贞洁。

▲女性口笑时，面颊有酒窝者，主其人个性温柔贤淑，但有消化系统之隐疾。

▲女性口笑时，用手掩口并偷视者，主其人水性杨花。

▲女性有“樱桃口”者，主其人个性聪慧，温柔贤良，有情有义，必嫁富贵之夫。（注：各种口之形状特征请参阅附图）

▲女性有“雷公嘴”者，主其人心性恶毒，刑夫克子。

▲女性有“吹火嘴”者，主其人克夫产难，心性狡诈，缺少妇德。

▲女性口大有收者，主其人为人干练，行动积极，敢做敢当，领袖欲强，可做职业妇女，有社会适应力，愈复杂的工作环境，愈有活跃的空间，如其他各官配合得当者，必为女强人。但婚姻必迟，早婚必离。

▲女性口大无收者，主其人好吃懒做，先甜后苦一生贫穷，刑克子女。

▲女性口大无收，再加口形歪斜者，主其人刑克产难，婚姻不美满，心性狡猾又促寿。仅口形歪斜者，主婚姻不美满。

▲女性口大无收，再加手骨粗大又面长（马面）者，主其人克夫再三。

▲女性口大无收，再加额窄者，主其人拖累夫运。

▲女性口大无收，再加唇厚又眉粗者，主其人个性男性化，性淫性急，任性偏执，生性懒散，先富后贫，刑夫克子，婚姻不美满。如口角再松弛下坠者，则贞操观念淡薄。（注：口大无收即口在闭合状态时口角超过自己鼻之宽度过多之谓）

▲女性口大无收，再加唇薄，主其人喜弄是非，多为长舌妇，婚姻不美满。

▲女性口小，再加唇掀者，主其人淫贱，刑夫克子。

▲女性口小，再加眼亦小者，主其人被动内向，自我防卫观念强，不是敢爱敢恨之人。

▲女性口小，再加唇暗耳小者，主其人容易流产。

▲女性口小再加面横大者，谓之“带刹”，主其人刑夫克子。

▲女性口高龈露者，主其人无妇德并刑夫克子。（仅龈露者主刑夫克子而已）

▲女性口尖龈露者，主其人贫贱招非短寿。

▲女性口薄，说话时唇掀者，主其人强词夺理，喜弄是非，一生劳碌贫贱。（注：鼻塌鼻尖者尤甚）

▲女性两边口角生纹者，主其人淫贱，婚姻不美满。

▲女性口上下及口角生痣者，主其人不安于平淡，婚姻不美满。亦主有生殖系统及消导系统之隐疾。

▲女性口角下垂者，主其人晚年贫寒，孤独之相。

▲女性口角偏右或口部左歪右陷者，主其人克夫或婚姻不美满。

▲女性口内生有“虎牙”者，主其人性情温柔，善解人意，其他五官再配合得当者主有成就，最宜从事影艺表演事业。但地阁尖削者减半论。

▲女性口常冷笑者，主其人嫉妒心重，个性阴险。

▲女性口在说话时如男子声音，或声音特别高响者，主其人虽聪明干练，但个性急躁，作事任性妄为，克夫淫乱，破家累夫。如声音沉而无韵者，主其人有孤独之相，平生命运多逆。

▲女性口四周皆有青色者，主其人刑夫克子又促寿。（注：此为内脏器官不健康之征。）

附注：女性之口相除上述之独特相理及休咎外，其他一般性之相理及其休咎与男性同论，但有关男性口相之独特相理及其休咎例外，因男性属阳，女性属阴，故在休咎解释上有所不同，读者不可不察。

唇之相理休咎

▲唇宜稍厚，并上唇如弦下唇如弓，主其人重忠信，有才华，富机智，多情多义，待人亲切。但唇太过厚者，主其人愚鲁无智，缺少心机，意志薄弱。上下唇俱薄者，则主其人个性不良，喜狂言妄语，乃无口德之人。

▲唇为口之城廓，故欲厚。上唇又名“金覆”，下唇又名“金载”，上下唇覆载均匀者，主其人一生衣禄丰盛。覆载不均匀者，不吉之相。（注：唇之厚度，男性以1~1.3厘米为合标准，女性以0.8~1厘米为合标准。）

▲唇色红润，主其人夫妻缘佳，婚姻美满，如齿再白者，主有孝心，子孙满堂，性欲正常（女性尤验）。色淡者，主其人夫妻缘薄，性亦乖谬。

▲唇红须白者，主其人忠贞报国之心，至死不渝。

▲唇之上唇前突者，主其人长寿，但克父孤苦，或与亲离（男上女下）。下唇前突者，主其人克母孤苦，或与亲离并短寿。

▲唇之上唇过于薄过下唇者，主其人出言必薄，欠口德，语多狡诈，又克父。

▲唇之上唇阔而尖又盖住下唇者，谓之“鸟喙”，主其人奸诈并心狠手辣。

▲唇之下唇过于厚过上唇者，主其人个性自私偏执，占有欲强，对他人之利益尊严缺乏尊重，但往往拥有大财富的人，均为下唇厚过上唇。下唇又厚又歪者则主其人个性不良，并性欲强，一生难有大成就。

▲唇之下唇在说话时外翻（即掀唇）者，主其人有叛逆性，桀骜不驯，自以为是，在社会上难以立足，不论男女，婚姻缘薄，即使结婚，亦必离异。

▲唇之下唇似坠下者，主其人一生孤寒，与妻子儿女少缘。

▲唇之下唇长而薄者，主其人喜美食。如下唇过薄又窄，则主运蹇又克母。

▲唇平不起似无者，主其人一生贫贱，老年孤寒。

▲唇尖薄者，主其人头脑冷静，狡猾善诈，终必贫夭。

▲唇不能盖齿者，主其人招非惹嫌终身运蹇。唇掀再人中短浅者主破家短寿。

▲唇掀龈露者，主其人孤苦刑克，如再加喉结高起者，主其人死于他乡郊野。

▲唇有先天性缺损者，谓之“兔唇”。乃因母亲怀孕时，遗传基因突变，或母亲服食不当药物食物，致使唇部发育有障碍而形成。主其人自卑感重，最宜从事技艺工作，或从事带技艺性的商业活动，同时不易孕育子嗣。

▲唇色青紫者，主其人个性贪婪倔强，运程坎坷。唇色青黑者，主其人多病，如鼻再有黑子者，主其人暴死。唇色苍白者，主其人患贫血之症，欠缺生殖能力。唇色柴黑者，主其人久病未愈，或事业运家运不吉，或夫妻不睦。

▲唇上多纹又整齐者（下唇更要有纹），主其人父祖或自己积有阴德，又待人热诚，富同情心，见义勇为，子孙满堂。无纹者，主其人心性不良，自满不谦，个性喜挑剔，一生难有善举。又主其人缺乏子嗣，老年孤寂。纹明秀深细者，主其人聪明仁厚，衣禄丰盛。纹粗浅不秀者，主其人终身劳苦，劳多获少。

▲唇上有黑子者，主其人应注意饮食服药中毒及消化系统之保健。

▲女性唇红齿白者，主其人夫妻恩爱，婚姻美满，相夫旺子。

▲女性唇红身高体瘦者，主其人夫妻恩爱又多诞男。

▲女性唇白体瘦者，主其人夫妻感情不佳，生育困难或常流产，又主促寿。如唇白口尖，寿命难过30岁。（注：此乃女性血不旺之征，先贤强调“男看神强，女看血旺”。）

▲女性唇色紫黑色者，主其人刑夫克子。

▲女性唇掀龈露，再加唇齿不相盖者，主其人克夫并有产厄。如再体瘦面黑者，主其人心机深，难以捉摸。

▲女性唇掀龈露，再加无腮者，主其人淫贱，婚姻不美满。

▲女性唇掀龈露，再加舌尖者，主其人性狠淫贱，婚姻不美满。

▲女性唇无人自动者，主其人有神经质并好淫，婚姻不美满。

▲女性上下唇不紧闭者，主其人个性懒散，有堕落之虞。

▲女性下唇过于前突者，主其人不旺夫，又性悍奴夫，下唇外翻者尤甚。

▲女性下唇略突略厚者为吉相，主其人晚运通顺，子女优秀，但下唇不宜包上唇，下唇包上唇主克夫。

▲女性下唇有痣者，主其人容易发生不正常男女关系。

▲女性上唇厚过下唇者，主其人工作能力强，但个性倔强，大多属女强人型人物，一生感情生活欠美满，同时孤寂不寿。

▲女性唇蹇缩者，主其人有妇科病并防产厄。

▲女性唇上无纹者，主其人难育子息。

▲女性有兔唇者，主其人刑夫克子，但眉清目秀者减半论。

舌之相理休咎

▲舌以长、大、方、利、鲜红为吉相，短、小、薄、钝、尖、暗黑、灰白为劣相。但木火形人之舌不忌尖。金水土形人之舌则宜圆厚。

▲舌色鲜红者，主其人运程得意，舌色黯紫者，主其人贫病交加。

▲舌上有川字纹者，主其人可大富。舌上有十字纹，或有直纹，或有锦纹绕舌者，主其人可大贵。有横纹者（非断折），主其人可中小富贵。

▲舌中间有断者，主其人一生大穷大蹇。

▲舌吐满口者，主其人可贵可富。但舌过于粗大者则主饥寒。

▲舌能舔准者，主其人可大贵，但体形瘦小五官庸俗之人不可同论。如鼻相眼相有缺陷，再有舌能舔准者，乃不吉之相。

▲舌有粟粒（即味蕾）者，主其人荣华贵显。舌秃平者，主其人一生贫贱。

▲舌先出而后语，或舌先舔唇而后语者，主其人多淫逸妄谈。

▲舌小口大者，主其人快人快语。舌大口小者，主其人辞不达意。

▲舌小又短者，主其人愚贫。舌短又粗者，主其人愚鲁。

▲舌小又尖者，主其人贪婪，舌尖而白者，主其人喜弄是非，舌小又长者，主其人贫寒。

▲舌大又薄者，主其人妄谬。

▲舌大又长者，主其人可贵可富，但为人奸猾。舌长似蛇出者，主其人性毒。

▲舌底生横梗者，主其人老年破败。

▲舌有黑子者（非黑痣），主其人个性虚伪，罹患恶疾之征。

▲舌中央有黑痣者，主其人非富即贵。

▲女性舌厚大色艳者，主其人婚姻美满，可贵可富。如未言先伸舌，或舌如蛇状，或舌短秃薄小者，主其人个性不良，一生贫苦。

齿之相理休咎

▲齿以当门二齿最为重要，凡当门二齿白莹长大（如龙齿）者，主其人少学多成，发达颇早（注：证之早发之公职人员科技人员及影艺人员最验）。

▲齿之当门二齿缺落（含龋齿）者，主其人个性不良，多学少成，青少运不佳，如口形再不佳者，则主一生运程阻滞。如仅左当门齿缺，主中年成败。（注：男左女右）

▲齿之当门二齿与父母之遗传关系密切（左父右母，男左女右），凡当门二齿长大整齐者，主其人父母及自身均多福多寿。

▲齿之当门二齿缺损者，主其人妨克父母，左当门齿倾前者父先亡，右当门齿倾前者母先亡。当门二齿自然脱落者主妨克六亲（男左女右）

▲当门二齿及龋齿全部脱落者，主其人晚年孤苦，死亡时甚至无子女送终。

▲齿之下列当门二齿长短大小不一者，主其人家境不佳，幼少年运滞。

▲齿在说话时，齿上列不露出者，主其人可贵可富。（火形人露齿不忌）

▲齿白唇红者，主其人多才多艺，或学有专长，如口形再佳者一生运程通达。

▲齿整齐紧密如“榴子”如“编贝”，或齿长如“龙齿”者，主其人善良忠信高寿。参差不齐疏落间缺者，主其人倔强怪僻，狡猾伪善，恃才傲物，鲜有成就，同时短寿。（注：尤重当门齿白莹长大，当门齿佳者为内学堂成）

▲齿数在30颗以上者，主其人可贵可富，齿数不满30颗者，主其人为平常之人或贫贱之人。（注：大体言，血气强者齿多，血气弱者齿少，骨质佳者齿白莹坚牢，骨质差者齿易龋易落。）

▲齿过尖又不足28颗者，主其人一生贫贱。

▲齿过小又不足28颗者，主其人夭折贫寒。

▲齿长而白莹（即当门二齿长度达1厘米以上）者，主其人身体健康长寿，个性开朗，智慧优良，魄力精力均强，成就亦较齿短者为大。如当门二齿长达1.5厘米以上者，谓之“龙齿”，如其人再身长、面长、鼻长、耳长、手长者，谓之“龙形”，主其人必大贵。

▲齿短（不足三分之二公分）者，主其人不能成大事，如不足0.5厘米

又龋者，主其人体力智力均不足，一生福薄寿促。

▲齿上尖下阔者，主其人个性鄙陋。齿下尖上阔者，主其人个性粗犷。

▲齿有湾状者，主其人谋虑深远，亦主有隐疾。

▲齿漏缝者，主其人喜妄言。齿漏缝如倒三角形者，主其人贫困灾险，又主与六亲关系淡薄，欠孝心，幼少年身体羸弱。（当门齿尤验）

▲齿肉（即牙龈）不宜露（大笑时例外），露龈者，命薄刑克（女性尤验）。下齿列露龈者，主其人冷酷无情。

▲齿之上列下列咬合不正而成上掩下或下掩上之状者，主其人非出身富官之家，青少年时期运蹇，或与父母家庭少缘。另下掩上者，又主晚岁鳏寡，或婚姻不美满。

▲齿下列内凹者，主其人为人悭吝，视钱如命，但一生不缺钱用。

▲齿上列外倾者，谓之“爆牙”，主其人一生孤苦贫寒，夫（妻）缘子女缘均薄，并贪淫欠孝心。又主其人难守秘密，女性尤忌。

▲齿爆者（专指当门二齿），主其人惧内，并少年运蹇。女性则主产厄刑克，并欠公婆缘。

▲齿前后上下交错，形状尖方不一者，名为“鬼牙”，主其人贫贱灾险夭寿。

▲齿在30岁前脱落者，主其人促寿，50岁前脱落者，主其人多刑劫，中年生齿或缺齿复生者均主添寿，晚年生齿或缺齿复生者虽主添寿但刑克子孙。

▲齿列有双排者，谓之“重城齿”，主其人有特殊才智，但刑克父母子女。

▲齿在无事时咬牙若怒者，谓之“虎吻”，主其人个性凶狠，如再有“狼行”者，主其人既凶狠又机深莫测。

▲齿在睡梦中相磨擦者，主其人骨肾相火，对妻子、儿女不利。

▲齿龈呈黑色者，主其人有肾病，或内分泌失调。

▲齿之犬齿重叠而生者，谓之“虎牙”，主幼少年刑伤父母或兄弟，重生在当门二齿者，主其人中年灾厄。但有虎牙之人，均有或多或少之成就，

尤具艺术表演才华，女性尤验。

▲齿喜白净色莹，忌焦黄黑枯，惟黄如璞玉，黑而光亮者，主其人福寿富裕。（注：齿为骨之余，骨之结构成份佳，牙齿自然白莹或黄璞或黑亮，同时也不易被虫蛀。）

▲齿白枯或黑枯黄枯者，不论男女，主其人刑妻（夫）克子。常有灾疾，齿列漏缝者尤甚。亦主其人破祖离乡。

▲女性当门二齿不忌长大，如犬齿及臼齿亦长大者，主其人骨骼必粗，个性男性化，一生劳碌刑克。

▲女性当门二齿过白过长者，主其人聪明干练，少学多成，发达颇早，但个性强，性淫逸，婚姻难得美满。

▲女性当门二齿漏缝或爆牙者，主其人青少年运蹇，难嫁有成就之丈夫。

▲女性齿参差不齐者，主其人个性不良又多淫。

▲女性长有“虎牙”者，主其人易为人所喜爱，如从事影艺事业必有成。

▲女性分娩后落牙者，主其人先天气血不旺之征。先天气血旺者，不会产后落牙。

观相感言

为何两人既相爱结婚又离婚？乃两人结婚当时为“假性来电”之故，亦即“非结婚之正缘期”而结婚也。待一方或两方结婚正缘期来到，体内之电质素发生变化，此时双方之电荷如相差20%以上，立即发生“真性不来电”，两人勃谿难免，严重者最后必然走上离婚之路。因此余常建议未婚男女应选择“正缘期”结婚。（注：何谓结婚正缘期请查阅《萧湘识人相法全集(二)》男女形相配婚法篇。）

萧湘居士　撰

口各部名称图

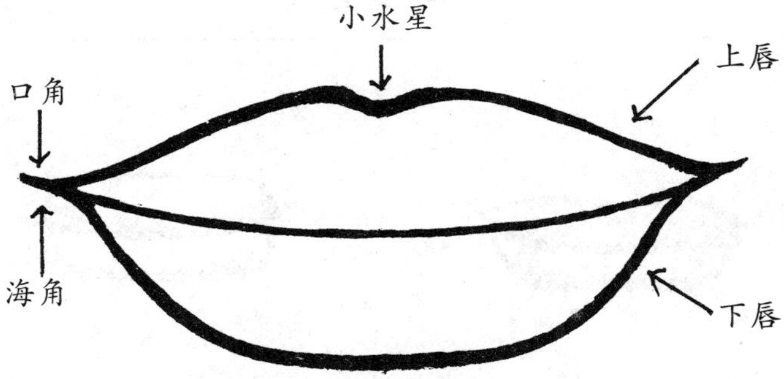

本章所绘之口图，以神相全编所记载者为准，读者作印证时，千万不可拘泥，只印证其特征即可。

各式口相图（一）

“樱桃口”的特征为口圆唇厚小而方正，口角朝上色红鲜艳，齿如榴子，笑时似莲花开放。主其人聪慧温良，有情有义，女性有此口必配富贵夫。

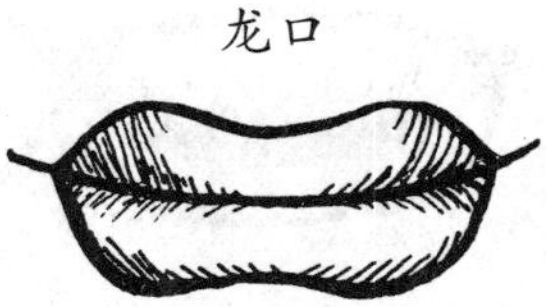

“龙口”为男性最佳之口，其特征为两唇丰厚整齐，口角清奇上仰，主其人领袖群伦乃大贵特贵之格。已亡故之巴勒斯坦总统阿拉法特之嘴形最符合龙口之标准。

各式口相图（二）

仰月口

“仰月口”的特征为口如仰月上弯，齿白唇红。主其人文学超群，责任心强，主文贵，发达早，晚运亦荣。

四字口

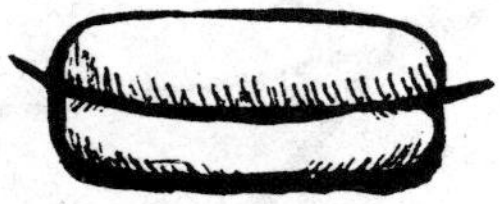

“四字口”亦名方口，其特征为上下四方有棱，口角两齐，唇如抹朱，笑不露齿，主其人福寿双全，乃大贵之格。

牛口

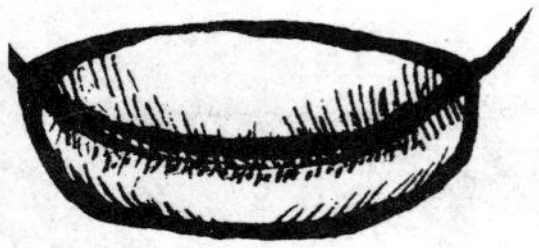

“牛口”的特征为双唇特别丰厚，口形又大，舌长齿白。主其人心性灵巧，有情有义，可贵可富，福寿绵绵。

弯弓口

“弯弓口”的特征为口形似弯弓向上，口唇丰厚，红润色鲜。主其人神清气爽，有鹏程之志，可贵可富，福寿自然。

各式口相图（三）

皱纹口	虎口
	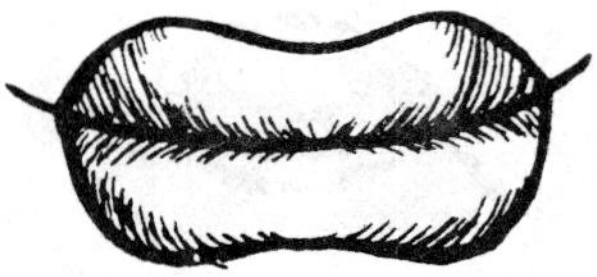
“皱纹口”又名布袋口，其特征为双唇紧缩，口角朝下，唇上下皱纹满布，面容似哭。主其人妻子俱迟，少年辛苦，老年孤贫。	“虎口”的特征为口形润而有收，大可容拳，口角朝上。主其人不贵即富，并可臻大富或大贵。
鲫鱼口	覆船口

“鲫鱼口”的特征为口薄唇阔，口角尖而下垂，唇色滞暗不鲜，牙齿大小参差不齐。主其人一生漂荡，衣食不丰。	“覆船口”的特征为口角特别弯下，状似覆船，唇色不鲜，色似牛肝。主其人少年流离颠沛，一生贫苦孤独。

各式口相图（四）

猪口

“猪口”的特征为上唇肥厚前突，并覆盖下唇，下唇则尖小薄短内缩，两口角则下垂。主其人个性愚蠢，生性凶暴，不得善终。

羊口

“羊口”的特征为口长又尖，唇薄上下无须，主其人不得人缘，常惹人嫌，一生事业无成，年华虚度，终必有凶。

歪斜口

“歪斜口”的特征为口形不正，上下不齐，唇上少纹，大而不收，但中风口歪者不论。主其人不妨父即妨母，妻不贤子不孝，短寿之相。

吹火口

“吹火口”的特征为口尖不收，唇掀龈露，口角下垂，状似吹火，再上唇包下唇者，则名雷公嘴。主其人心性不贤，一生孤单贫困，女性尤忌。

各式齿相图（一）

榴子齿

“榴子齿”为女性最佳之齿，其特征为齿如石榴之子，短方紧密，坚而白莹，主其人聪明贤良，男性可贵可富，女性必嫁贵夫。（麻衣相法）

龙齿

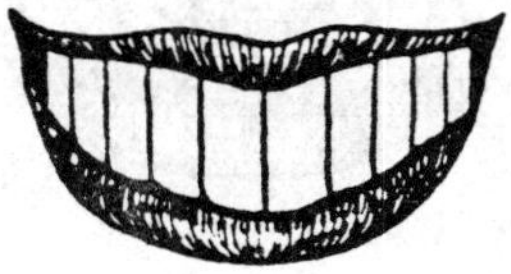

“龙齿”为男性最佳之齿，其特征为门齿特别长大白莹，齿数三十二颗以上。主其人如身长面长鼻长耳长乃龙形得真，必主大贵特贵（相理衡真）。

虎牙齿

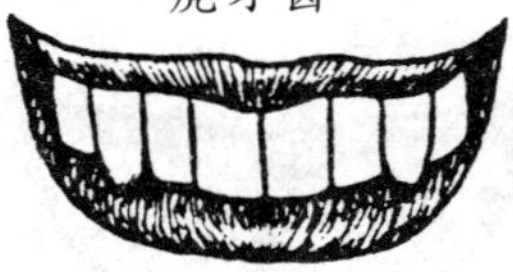

“虎齿”俗称虎牙，其特征为上齿列门齿旁之犬齿前突暴出。主其人如口形好唇色鲜，犬齿长大白亮，必然少年发达，尤以从事影艺人员最宜。

牛齿

“牛齿”的特征为门齿白莹长大整齐，齿数三十二颗以上。主其人富多于贵，子孙繁衍优秀，自身亦福寿绵绵。（相理衡真）

各式齿相图（二）

鬼齿 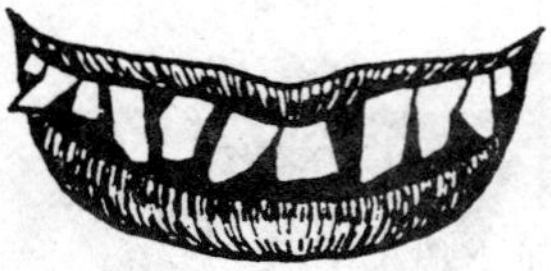 “鬼齿”的特征为门齿犬齿均长短大小参差不齐，每颗牙齿的形状亦尖削偏斜不一，并唇掀龈露，主其人生性欺妄虚伪，言行欠检点。（相理衡真）	狗齿  “狗齿”的特征为门齿长短大小参差不一，有如锯齿状，犬齿则既长又尖，有如立锥。主其人个性刁钻古怪，妄诞无信，事业无成。（人伦大统赋）
漏缝齿 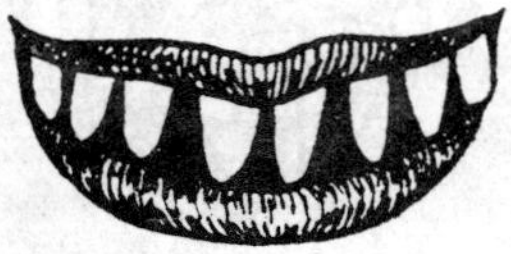 “漏缝齿”的特征为齿上宽下窄，大小不一，齿与齿之间形成空隙，主其人多言虚伪，常多是非，难聚钱财，刑克父母或不孝。（公笃相法）	暴齿 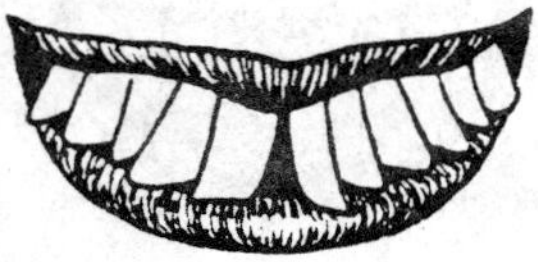 “暴齿”的特征为上齿列大小错乱向外突出，或门齿重叠相挤向外突出。主其人初年破败刑克六亲，一生即使富贵，但得来艰辛。（公笃相法）

第十六章　地阁、腮骨

地阁与腮骨之部位特性

地阁与腮骨两部位在生理学言，统称为“下颚”部位，如在解剖学言，地阁为“后头部甲状软骨部”，腮骨则为“后头部颞颥叶下部”。在人相学内外五行连属关系而言，则地阁与整个“水系统”如生殖、内分泌诸系统相联属，腮骨则与股胫、下肢系统相联属，而上述生理系统尤其是水系统与吾人老年时期之健康、智慧、个性有绝对密切关系，因此先贤定地阁与腮骨为观看老年时期运程之相理观察点。

地阁又名“下颏”“下颔”“下巴”，腮骨又名“颐”“腮颐”“面颊”“面庞”，但只有“地阁”与“腮骨”二名称为人相学75部位之专门名词。

神相铁关刀云：面部“额、鼻、颏”为前山三主，头部之“顶、脑、枕”为后山三主，三主者，即为观看面相和头相之三个主要观察点之谓，亦可谓前山三主与后山三主乃观看初、中、老运最重要的相理标的。如观看初运以面部的额和头部的顶脑为主，观看中运以面部的鼻和头部的后脑为主，观看末运以面部的颏和头部的枕脑为主。铁关刀又云：“前山好不如后山好，前山坏尤忌后山坏。”引伸而言，额坏顶好衣食尚丰，如额好顶坏则衣食难周，鼻坏脑好不见其坏，如鼻好脑坏则定见其坏，颏坏枕好尚有退步，如颏好枕坏则老年艰辛，如颏枕俱坏则老年一定孤苦贫贱以终。由此更进一步阐明地阁的相理与吾人之老年运的确有密切重要的关系，同时亦说明吾人观相时，应面相与头相加以配观，才不致有误。

地阁又名“奴仆宫”，奴仆者下属之谓也，下属乃亲属与部属之统称，奴仆宫相理好，即地阁（应含腮骨）相理好之谓，地阁相理好即象征其水系统（主要为小脑）发育优良，因此其人必子孙成群，又因其遗传优良，其子孙必子孝孙贤。凡水系统先天发育优良者，老年时期之内分泌必定正常，因此老年时期的健康智慧个性亦必佳，也可以说老年时期仍有事业企图心，及旺盛的斗志和良好的记忆力和分析力，对事物分析判断正常，待人处事协调领导有方，部属乐与追随，向心力强，所以奴仆宫又名“统御宫”或“管理宫”。

地阁在五岳，位居“北岳”，在五星言，与口等下颚部位统称“水星”。地阁之良窳，不但与吾人之晚年运及亲属部属之间的人际关系有密切关系，同时与吾人一生之根基，意志之强弱，家运之美恶，爱情之厚薄，健康之好坏，智慧之优劣，道德之有无等亦关系密切。兹就地阁腮骨之相理特征及休咎分述如下：

地阁与腮骨看事业成败及攻守时机

▲地阁与腮骨相连形成下颚部位既方阔又圆厚者，主其人晚年事业发达，事业运老而弥坚。

▲地阁与腮部有恶痣者，主其人之晚辈和部属欠得力，一生之居处也欠安定。

▲地阁与口型大小平衡相称者，主其人一生必有成就可富可贵或有异路财荣。

▲地阁与火星（即15岁位）成一直线（正坐侧面看为准）者，谓之“天地朝揖”，主其人不富即贵，即使额相有所不如，一生事业仍主有或大或小之成就，如天仓与地库再成一直线（正面看为准）者，成就更为非凡，同时老年福寿。（注：地阁与火星成一直线之相，不论“燕颔”之人或“厍斗”之人均可能具有或不具有，但必须正坐侧面看为准。）

▲地阁及腮部丰厚圆满者谓之“奴仆宫”成，主其人一生用人得利事业

有成。

▲地阁及腮部虽丰厚圆满，但上停尖弱不相称者，谓之“火星受克于水星”，主其人一生穷困，事业难成。

▲地阁有重颐者（即双下巴），主其人终其一生必有二处以上不动产。如其他各官再配合得当者，主其人有小富以上财富，一生财运亨通，生活富裕，愈老愈荣。如因其他相理不佳而无不动产，亦主终其一生不虞金钱匮乏。

▲地阁长者（非犀斗），主其人比地阁短小者有成就。

▲地阁长但肉薄而无势者，主其人缺乏财运，一生辛勤劳碌，事业难有成就。

▲地阁圆小者，主其人易在职业上或所好上获得成功，但只宜从事异路行业，不宜从事军公教和工商业。

▲地阁过于短小者，主其人御下无术，一生不宜创业或担任主管职务，只宜受雇于人，否则，事业易为属下所倾覆，职务上易为属下所取代。有重颐、燕颔、人中长、口唇厚者减半论。

▲地阁尖小者，主其人一生难成事业，同时愈老愈困，子女亦欠孝心，难享子女福，颐削者尤甚。

▲地阁上翘者（即犀斗），除非其人“天地朝揖”，否则，不论男女，主其人老年不宜再担任领导职务或企业管理人，否则有被其属下诽谤、攻击、欺骗、出卖甚或被推翻颠覆之可能。同时愈老愈运蹇艰辛，又难享子女福。

▲地阁有严重偏斜、凹陷、破损、痣纹瑕疵者，主其人生日年龄（即生日过后起算）41 岁、51 岁、61 岁、71 岁，要防灾厄疾病破财败业，或因财产、产业兴讼，晚年时期易为家属部属所烦所累，如面相其他部位再配合不当者，主其人必贫病以终。应加强四修（修身、修心、修德、修行）以补之。

▲地阁无胡须者，除非其人为“银面”或“赤面”再加“暴腮”者，否则，主其人勤其一生也不能奠下生活基础。（注：银面即面色白润，赤面即面色红润，暴腮即腮部丰满圆厚。）

▲地阁有横纹直纹者，谓之“破福纹”，均非吉相，主其人纵然地阁丰隆亦无好果可言，70岁及71岁生日后，健康上或事业上必有一差。（注：颂堂有纹同论）

▲腮颐部位，不宜尖削露骨，尤忌腮颐部凹入，主其人晚年孤寒辛劳。

▲腮颐部位特别丰厚圆满者，谓之“地如翼”，或谓之“暴腮”，主其人必发晚运（50岁后），愈老愈荣，但面色忌枯白忌青黑忌黄滞，必须面色白润红润始验。

▲腮颐部位有明朗整齐之长纹二三条者，谓之“捧场纹”，主其人中晚年吸引力大，统御力强，能创造惊人的声誉和事业。

▲“相不独论”，当论断地阁腮颐之相理休咎时，请参照其他部位综合论断之。

地阁与腮骨看家族关系及婚姻子女

▲地阁连腮骨丰厚圆满者，主其人子孙满堂，同时子孙贤孝，晚年福寿，侍立成群。（注：以金土水形人为准，木火形人不论。）

▲地阁与天中不对称者（正面看），谓之“子午不直”，主其人一生迁徙不定。

▲地阁过长再加口歪者，主其人晚年刑克子女。

▲地阁有两凹三凹者，主其人为承继或出养之人。

▲地阁尖小再加腮部瘦削者，主其人家庭责任观念颇为淡薄，如后枕部位扁平者更验。

▲地阁有痣者，主其人不享祖业，有亦破败，并一生中常搬迁住所，又主不享子女福，或常为子女部属之事忧烦。如系出身承继或出养者不忌。地阁有小斑、小黑子者。

▲“相不独论”，当论断地阁腮骨之相理休咎时，请参照其他部位综合论断之。

地阁与腮骨看健康智慧及个性品德

▲地阁丰厚圆满，肌肉结实又有弹性者，主其人处事脚踏实地，个性温和，并心胸宽宏，御下有术，乐于照顾他人，能集众望于一身，最宜担任领导公关工作，必能成就大事业。

▲地阁宽阔或成四方形者，主其人处事有原则，不畏失败，统御能力强，对工作执著而有责任感，能适应任何工作环境。如再有“燕颔”者，主其人最宜担任武职。同时主其人意志力决断力均强，并重视现实，富忍耐力。（注：燕颔者，乃系指重颐（即双下巴）再加前颈粗大如燕之颈也。）

▲地阁与口平衡相称者，主其人性格稳健中庸，平易近人。

▲地阁有双重（即双下巴）者，主其人个性温和仁厚，气度恢宏，乃福寿之相。

▲地阁长者，主其人有冒险精神，外向好动，精力旺盛，意志坚强，并富有耐心和判断力，乃长寿之相，但其人之个性颇为固执。

▲地阁之71岁部位左右高低不一，或尖小露骨，或戽斗凹入，或有疵痕、痣纹者，主其人生日年龄之71岁夏冬两季，应特别注意保健，尤其患有心脏病及高血压症者多注意保健。

▲地阁有痣或有疵纹者，主其人一生中难免遭遇凶险，如血光水险及外出车马安全等。

▲地阁过于短小者，主其人促寿，41岁开始即应特别注意保健。但有重颐者（即双下巴）无碍。

▲地阁短小者，主其人体质较弱，个性不稳定，任性冲动，欠缺持久力及忍耐力。但有重颐者减半论。

▲地阁圆小者，主其人有艺术眼光及审美观，并有崇高的理想，但个性急又任性偏执，喜走极端，对于社会家庭甚至亲人均有失望感，循环系统及小脑　发育亦较弱，地阁尖而反者尤甚。

▲地阁尖小又后反者，主其人小脑发育不良，因而影响其人之情爱淡薄，欠缺坚强的意志力，旺盛的活动力，同时个性急，容易冲动，晚年生活艰辛。

▲地阁突出者（即戽斗），主其人自视甚高，喜权势好独裁，性情固执刻薄，勇敢而富自信心。如天地有朝再其他各官配合得当者，主其人有或大或小之成就，反之，愈老愈运程蹇滞。如嘴唇再厚者，又主其人情欲中枢颇为发达而好淫。如天地不朝者50岁后即应注意保健。

▲地阁凹入（即下巴后缩）者，主其人见异思迁，性格懦弱，往往被人支配，但天地相朝者减半论。

▲地阁显然若无者，主其人自私心重，奸诈少情，处事则欠恒心毅力，晚年难有好运，如嘴唇再薄者尤甚。

▲地阁特别肥厚者，主其人情欲重，工作时虽有冲劲，但有时作法手段带点残忍。

▲地阁中心点有凹陷状者，主其人颇有艺术才华，工作热诚认真，全心投入自己喜欢的行业，但70岁后应注意保健。

▲地阁有凹凸不平之状者，主其人处人处事认真而严格，个性偏执而欠缺人和。

▲地阁下之颈条明显者，主其人寿年高而享晚福，但颈条宜双不宜单，单条主孤寿。（注：颈条之形成乃注重四修之结果，在生理学言，乃皮下未积聚脂肪之征，故而长寿。）

▲地阁下有喉结者，木形火形人不忌，但仍忌过于凸露，主其人劳碌孤寒。如系金形、水形、土形等肥胖之人则主有刑克灾难。（注：女性尤忌结喉）

▲地阁之下胡须生在喉结上或生过喉结者，主其人应防意外灾险，同时诞男少诞女多。

▲腮骨部位成圆形者，主其人个性随和圆通，讲究人和，不大坚持己见。（注：大多为水形人）

▲腮骨部位有角度（角度不宜太大）者，主其人意志坚强，个性固执，

对国家社会，家庭朋友，均有责任感及爱心。（注：大多为金形或金形兼土之人）

▲腮骨尖削又向后突出超过耳垂者（侧面看），谓之“脑后见腮”，主其人不善言词，忘恩负义，恩将仇报，破坏性强，半生孤相。如系木形人或火形人，再加五官无缺点者，则主其人有奇巧特智，偶有中小贵格者。

▲腮骨外张者，虽不以脑后见腮论，仍主其人个性偏执急躁，工作能力差，欠缺责任感，不善合群，不能从俗，体形矮小者尤甚。

▲“相不独论”，当论断地阁腮骨之相理休咎时，请参合其他部位综合论断之。

女性地阁与腮骨之独特相理休咎

▲女性地阁腮骨相理比天庭相理好者为贵，因“男贵天庭，女贵地阁”。

▲女性地阁腮骨丰满圆厚者，主其人必系贤妻又系良母，又与公婆姑嫂相处和睦。

▲女性地阁圆而小者，主其人喜爱艺术，如从事表演事业必有成就。

▲女性地阁呈四方形（多为金形人）者，主其人个性男性化，任性偏执，不够温柔，但颇为干练（注：腮骨过宽者同论）。

▲女性地阁下结喉者，乃大忌之相，主其人个性怪异，刑夫破家。

附注：女性之地阁腮骨除上述之独特相理及休咎外，其他一般性之相理及休咎与男性同论，但有关男性地阁腮骨独特之相理及其休咎例外，因男性属阳，女性属阴，故在休咎解释上有所不同，读者不可不察。

<table>
<tr><th colspan="2">各式地阁图（一）</th></tr>
<tr><td>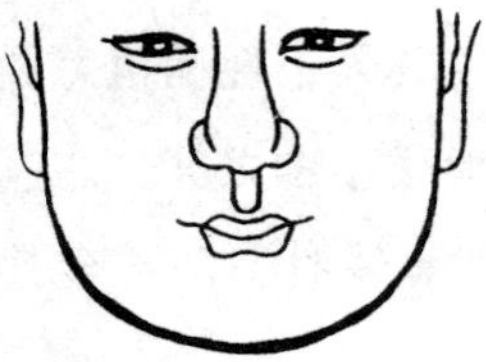
此种地阁为下巴丰满圆厚，五形大多为水土二形人，主其人处事踏实，个性温和，多为成功的领导人物。如系女性，则必定为贤妻良母。</td><td>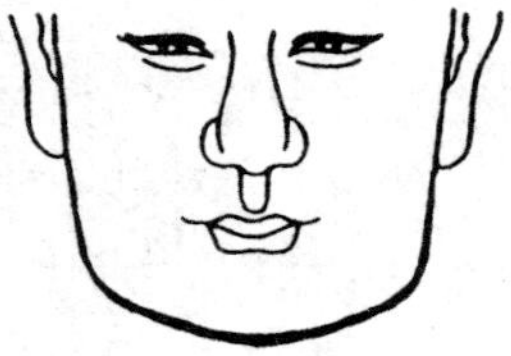
此种地阁成四方形，五形多为金形人。主其人勤劳奋发，终身为理念而奋斗，不屈服于外在环境，最后终于成功并享高寿，惟女性不宜。</td></tr>
<tr><td>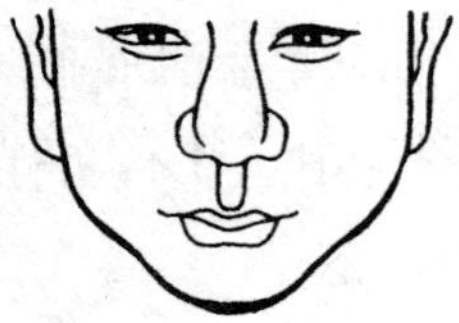
此种地阁圆而小，五形多为木形人或火形人。主其人对艺术表演事业颇有兴趣，如眼睛再圆而大者，可在艺术表演事业上获得成就，女性尤验</td><td>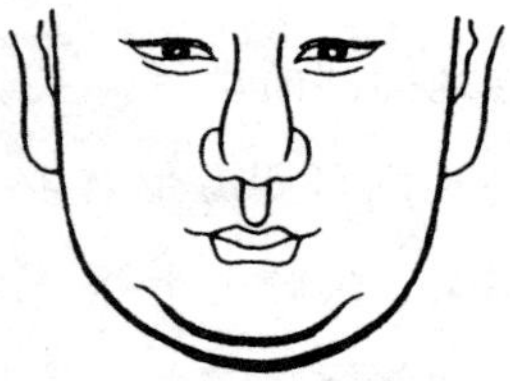
此种地阁谓之双下巴，五形多为水形或土形人。主其人性情温和，心胸宽大，生活富裕，妻贤子孝，福寿绵绵。晚年仍有事业运。</td></tr>
</table>

各式地阁图（二）

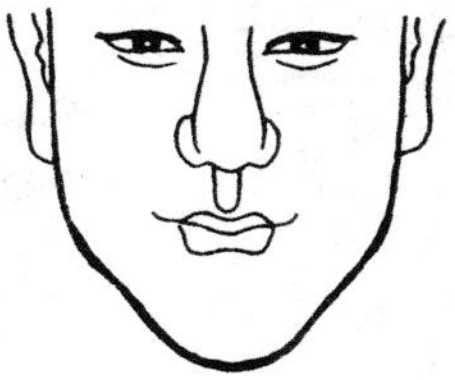

此种地阁特长，五形多为木形人。主其人个性固执，颇为自负，即使不劳力亦必劳心到老，但富判断力及观察力。此种地阁必定高寿。

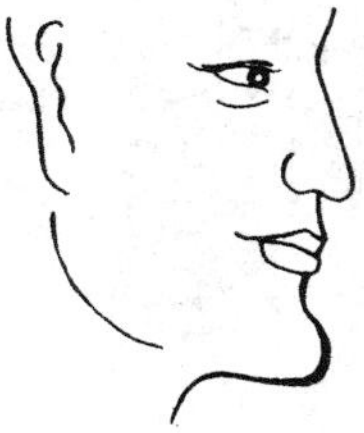

此种地阁为下巴向前突出，俗称“戽斗”。主其人个性好强，顽固偏执，五形多为木形人，中年时期虽有所获，但愈老愈孤寂，贫病度日。

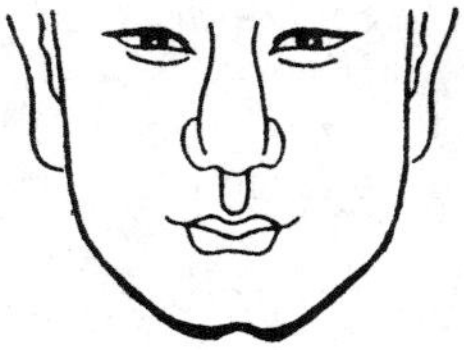

此种地阁为下巴中央凹入一线或一边高一边低，其原因亦为小脑有瑕疵所致。主其人生日年龄四十一岁七十一岁流年不利，甚至大病大灾。

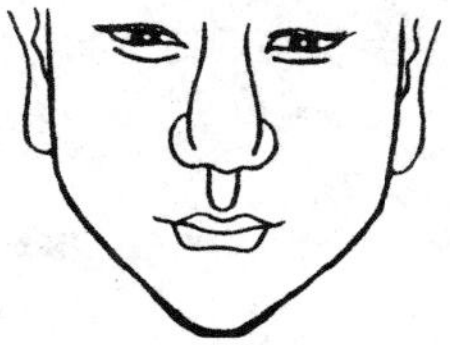

此种地阁为下巴既短又小，五形多为混合形。主其人小脑发育不全，缺乏爱心，亦不为人所爱，一生居所难得安定，事业难有基础，不贫即夭。

天地不朝图

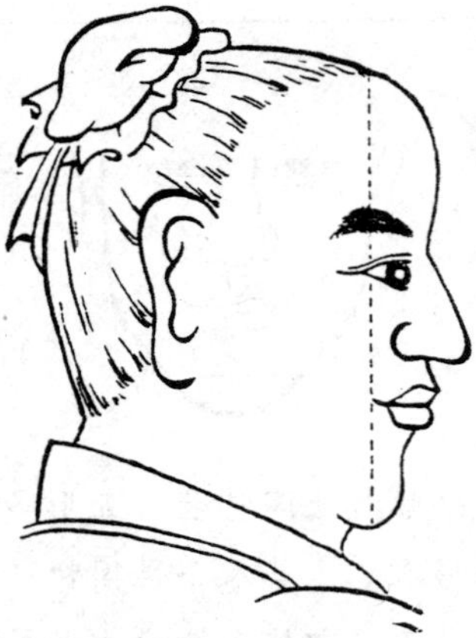

天地相朝图

脑后见腮图

说明：

一、天地相朝的标准为眼睛水平前视，然后从侧面看发际中心点与地阁中心点成一直线。如天仓再与地库成一直线为双重天地相朝。

二、天地不朝则与天地相朝的标准相反。其人必为犀斗或凸额。

三、脑后见腮的标准为侧面看，其人的腮骨长到耳朵之后。

第十七章　面相流年观看法

我国人相学起源于“中医学”，融会“遗传学”及“生理学”为理论基础，再运用“流年”及“气色”为验证方法。因此，我国之人相学可谓历史悠久而又博大精深，不仅能观察其人之健康、智慧与个性，同时能判定其人之富贵贫贱、妻财子禄、寿夭凶灭，六亲刑克及流年运程，不仅能为中国人作分析判断，也能为世界所有人类作分析判断。因人相学在科学的检验下，已证明其具备“逻辑性”及“一般性”，也可以说人相学乃是一种没有国界不分种族，为全世界全人类所共通共有的学术。（注：中国人相学与西洋相人术有所不同，西洋相人术乃起源于性向学，并以性向学作理论基础，而以统计学与心理学为验证方法，以分析其人之个性为主要任务，而中国人相学则以分析其人一生之穷通得失及六亲否泰为主要任务，前者鲜少论及流年和气色，后者则以流年和气色为验证方法。）

人相学起源虽早，但观看流年的方法却只有在宋代以后的相书中述及，而最通行并流传迄今的为“七十五部分流年法”，亦即所谓“定位流年法”。其他尚有“九执流年法”，“业务流年法”，“三停流年法”，“耳鼻流年法”等多种观看流年的方法。兹将各种流年法之优劣及使用方法分述如下：

（一）定位流年法——即系根据面相七十五部位本位的优劣而定其命运流年的吉凶，此乃最普遍通行之流年法，简单易学为其最大优点。举例言之，31岁为左眉前端部位（见附图），视其左眉前端部位相理之优劣而定其命运流年之吉凶。此流年法如用在观看大富大贵或大凶大败之相格可谓相当准确，如用在观看普通相格则准确度相对递减，但世间之人，普通相格者占绝大多数，大富大贵或大凶大败之相格只占万分之一而已。又定位流年法只能观看每岁之流年运程，而不能观看数年或十数年之阶段性流年运程为其最大缺点。

（二）九执流年法——即系根据面部左右眉、左右眼、左右耳、额、鼻、口等九个部位相理之优劣，而断其该部位当令年岁流年运程之吉凶，各部位当令年岁固定不变，此流年法发明于何时、何人已不可考，为何要以左眉主1岁，右眉主7岁，其原因何在亦无法解释，当一个人上述九个部位有显著缺陷瑕疵时，该部位之当令年岁流年运程一定欠顺利则颇为准确。九执流年法要熟背死记为其缺点。举例如下：

左眉：主1岁、10岁、19岁、28岁、37岁、46岁、55岁、64岁、73岁、82岁、91岁流年之吉凶。

右眉：主7岁、16岁、25岁、34岁、43岁、52岁、61岁 、70岁、79岁、88岁、97岁流年之吉凶。

左眼：主5岁、14岁、23岁、32岁、41岁、50岁、59岁、68岁、77岁、86岁、95岁流年之吉凶。

右眼：主8岁、17岁、26岁、35岁、44岁、53岁、62岁、71岁、80岁、89岁、98岁流年之吉凶。

左耳：主4岁、13岁、22岁、31岁、40岁、49岁、58岁、67岁、76岁，85岁，94岁流年之吉凶。

右耳：主9岁、18岁、27岁、36岁、45岁、54岁、63岁 、72岁，81岁，90岁、99岁流年之吉凶。

额部：主6岁、15岁、24岁、33岁、42岁、51岁、60岁、69岁，78岁、87岁、96岁流年之吉凶。

鼻部：主2岁、11岁、20岁、29岁、38岁、47岁、56岁、65岁、74岁，83岁、92岁流年之吉凶。

口部：主3岁、12岁、21岁、30岁、39岁、48岁、57岁、66岁、75岁、84岁、93岁流年之吉凶。

（三）业务流年法——即系根据面部左右法令优劣而定其流年运程之吉凶，例如左法令形优，则主1~30岁事业上顺利有成，右法令形优，则主

30~60 岁事业顺利有成。业务流年法在观看其人上半生和下半生运程有显著差异时确有道理，但无法观看每岁之细部流年为其缺点。（注：依现今社会情况，其年龄应修正为左法令主 20~50 岁之流年运程，右法令主 50 岁以后之晚年运程。）

（四）三停流年法——即系根据面相三停之优劣而定其流年运程之吉凶，上停主 15~30 岁之流年运程吉凶，中停主 31~50 岁之流年运程吉凶，下停主 51 岁后之流年运程吉凶，其缺点同样是无法观看面相细部流年运程之吉凶。

（五）耳鼻流年法——即系根据两耳及鼻形之优劣而定其流年运程的吉凶，其方法是先以左耳算起主行运二十年，次以鼻主行运二十年，最后以右耳主行运二十年，缺点仍是只能观看一生运程之梗概，而不能用作观看细部流年之方法。

（六）八仓二库流年法——乃是笔者有鉴于上述五种流年法之缺点，及笔者观相数万人之印证经验而制作的流年法，其最大特点是将面相流年分为十个“大运”及三十六个“小运”，十个大运名之曰“八仓二库”，其仓或库之名称均系沿袭古籍所列一百三十部位之“仓”或“库”位名称。每一个大运之年限最长为十四年，最短为三年。每一个小运的名称系根据面相三停六府、五岳四渎、五星六曜，以及十二宫十二起骨与三十六宫的名称而来。小运的年限最长为 14 年，最短为 1 年，而不似子平八字紫微斗数之机械式固定为大运 10 年，小运 5 年。上述大运与小运之名称虽各异，但均与头相面相之骨法有关，因“观相首重骨相，肉只是附丽于骨，骨法不如，其相自然不如。”八仓二库流年法之另一特点，是注重“吊用法”与“配观法”，例如观看眉运时要吊用鼻，观看鼻运时要吊用眉，观看眼运时要配观颧，观看颧运时要配观后枕，然后再以“加减折除”之法综合论断其流年休咎。因人体有如一部机器，机器之构造分为主要和次要两种零件，各有其一定的功用，同时主要零件与主要零件之间，次要零件与次要零件之间，主要零件与次要零件之间，均会发生相辅相成的互补作用。（注：如发生相制相斥现象则主流年不吉而发生生理短路现象）。人之面相则好比机器之仪表板，五官、六府、四渎、五岳、五星、六曜、十二宫、十二起骨、三十六宫、七十五部位等部位，即代表著人体机器的内在各部大小零件的外在仪表。故吾人观相时亦必须吊用或配观“上下”“左右”“前后”诸部位之相理良窳，然后加以综合论断，其准确度自然相对提高。至于论断方法，大运看“仓库位”，小运看“小运位”，流年则以“九执位”无缺陷者，以“本位”为主观察点，“九执位”及“配观位”为辅观察点，如“九执位”有缺陷者（如破陷、疵纹、扁平、凹凸、前突、后反、歪斜、倾侧、痣斑等），则以“九执位”为主观察点，“本位”及“配观位”为辅观察点（详见附图），读者如能揣摩熟练，运用得法，可谓百验不爽。但计算年岁时，应以“生日年龄”为准，不可以“生肖年龄”为准，例如七月一日生，那么，第二年七月一日以前为1岁，第二年七月一日之后方为2岁，不是过了年就算2岁。至于观看“流月”则以子、丑、寅、卯、辰、巳、午、未、申、酉、戌、亥十二月令宫之相理优劣为准，流日则以气色深浅浓淡断之。至于断其应发生何种吉凶事项，则根据其人面相十二宫相理之优劣而判断之。兹就八仓二库流年法之论断方法及诀窍分述如下（注：面相十二月令宫图请参阅拙著《萧湘识人相法全集(三)气色大全》所附图解）：

（一）外仓运

年　龄：1~14岁

大运位：左耳、右耳（特别着重左、右耳垂）

小运位：山根、地库

九执位：详附图

配观位：详附图

1、2岁——本位名“天轮”，五官名“采听官”，五星名“金星”，四渎名“江渎”，四学堂名“外学堂”，又名“禄堂”，位于左耳上边部位（男左女右以下均同论），生理学属“耳部”，解剖学为“颞颥部耳翼”。最宜轮廓分明，圆而厚实，色泽鲜艳。最忌薄而倾前，轮反廓露，天轮破缺，色泽枯暗。前者主1~2岁流年运佳，后者主1~2岁流年不佳。（注：1~14岁之流年休咎，应再配合第十八章“婴儿相、幼儿相、儿童相之观看法则”综合论断。）

3、4岁——本位名“人轮”，即左耳中凹之处。最宜轮廓厚实，耳孔（亦名风门、人门）宽大，色泽鲜艳，主3~4岁流年运佳聪慧过人。如色泽暗惨、枯燥、赤青者，不夭即病。最忌耳孔过小，廓高于轮（木火形人不忌），主3~4岁流年运不佳，成年后离家发展而少子息，有轮无廓，主一生孤贫（鹿耳之人不忌）。

5、7岁——本位名“地轮”，即左耳下边之厚肉，又名“垂珠”。最宜垂珠朝口，主5~7岁流年运佳，健康少病，中老年富贵寿考。最忌垂珠上大下小，或无垂珠，主5~7岁流年运不佳，并一生操劳。耳无垂珠者，主幼年家境不佳，一生难聚大财，或虽有财富而晚年灾病孤独。

8、9岁——本位名“天轮”，即右耳上边部位（男右女左），五星名“木星”，观看标准同左耳天轮。

10、11岁——本位名“人轮”，即右耳中凹之处，又名“命门”，观看标准同左耳人轮。

12、13、14岁——本位名“地轮”，即右耳下边之厚肉，又名“垂珠”，观看标准同左耳地轮。

论断要诀：观看外仓运1~14岁之流年，除应着重本位之相理外，尚须观看大运位（即两耳）左右形状高低大小一致，金星木星不相互克制。小运位（即山根地库）山根不断，地库不亏，1~14岁九执位相理无瑕疵，再配观额头丰隆，天仓骨起，始可断定1~14岁流年运佳，幼少年聪明好养，家境富裕，亲情浓厚，可享父祖福荫，甚至幼年大发（如童星及资优儿童），即使自身不发，其父母亦必好运连年，任何一位相理不佳者，均以不吉减分论，可依十二宫相理之优劣断其发生何种不吉事故。如金木相克（即左耳坏右耳好），天仓骨陷，额头形劣，山根有断，地库有亏，耳色再枯暗者，则主其人刑克父母及灾凶夭折。（注：耳轮和亲情特别有关，耳廓和健康特别有关，耳门和智慧特别有关。)

外仓运流年部位图

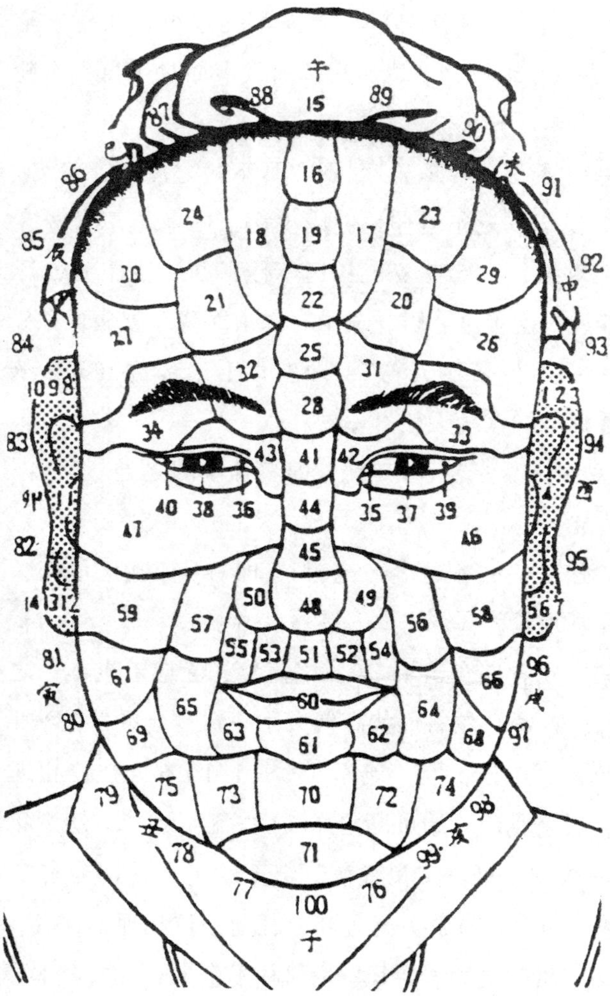

（二）人仓运

年　龄：15~24 岁

大运位：丘陵、冢墓

小运位：中正、华阳、准头、天仓、人中、额头（华阳即侧脑）

九执位：详附图

配观位：详附图（天阳即头顶）

15、16 岁——本位名“火星”及“天中”，三才名“天才”，三停名“上停”，五岳名“南岳”，四学堂名“禄学堂”。火星位在发际正中之上端，天中位在发际正中之下端，生理学属“额部”，解剖学名“前头部”。须高隆平起，无凹陷痣纹，发际整齐无尖出者为符合相理标准。

论断要诀：观看 15 岁、16 岁之流年，除应著重本位之相理外，尚须观看大运位（即丘陵冢墓）之骨法有起，小运位（即中正）饱满丰隆，九执位（即额与右眉）无缺陷，高起有托，再配观天阳（即头顶）平伏起，华阳（详十二起骨）气势不弱，两耳高耸照额，日角月角丰圆者，始可言 15 岁、16 岁之流年运佳，主聪明上进，健康少病，又有胆识。任何一位相理不佳者，均以不吉减分论，可依十二宫相理之优劣断其发生何种不吉事故。如天阳华阳中正三位骨陷，发尖冲印，双耳低弱者，必主大不吉，不贫即夭，或破祖离乡刑克灾厄。

17、18 岁——本位左名“日角”右名“月角”，十二宫为“父母宫”，日角位于左额眉头之上，月角位于右额眉头之上（男左女右），生理学属“额部”，解剖学名“前头叶结节”。额须高耸明净，无斑痕、疵痣、低陷、倾斜者为符合相理标准。

论断要诀：观看 17 岁、18 岁之流年，除应着重本位之相理外，尚须观看大运位（即丘陵冢墓）之骨法有起，小运位（即华阳）骨势隆起，九执位（即右眼右耳）无缺陷，再配观两眼有神，两耳有托，两眉形秀，发际不闭日月角，天仓饱满者，始可言17岁、18岁之流年运佳，主学业名列前茅，并得长上师长之爱护和提携。如任何一位相理不佳者，均以不吉减分论。可依十二宫相理之优劣断其发生何种不吉事故。如两眼无神光，再加两耳金木相克，华阳骨气弱，两眉形劣者，必主大不吉，非贫即夭，或刑克灾厄。

19岁——本位名“天庭”，位于天中之下，司空之上，生理学属“额部”，解剖学名“前头部”，须平阔而又骨起，气色光明为符合相理标准。

论断要诀：观看19岁之流年，除着重本位之相理外，尚须观看大运位(即丘陵冢墓)之骨法有起，小运位（即准头）圆满藏孔，九执位（即左眉）无缺陷，再配观眉目有势，日月两角光明圆秀，鼻气势上贯于脑顶，发脚不冲双眉者，始可言19岁流年运佳，考试及第，为人生一大转折点。任何一位相理不佳者，均以不吉减分论，可依十二宫相理之优劣而断其发生何种不吉事故。如眉目无气势（尤重左眉），再加日月角破陷或偏斜，发脚冲眉，鼻准扁塌气弱者，纵然天庭本位相理佳亦不发运。如天庭狭窄缺陷恶痣乱纹者，则主妨克父母，并防火厄，或学业不成误入歧途。

20、21岁——本位名“左辅骨”“右辅骨”亦名“辅角”，位于左右额日角月角之旁。十二宫为“福德宫”，六府为“上二府”，生理学属“额部”，解剖学名“上顶部两侧”，须起骨而形势充实，气色黄明为符合相理标准。

论断要诀：观看20岁、21岁之流年，除应着重本位之相理外，尚须观看大运位（即丘陵冢墓）之骨法有起，小运位（即天仓）气势饱满，九执位(即鼻与口）无缺陷，再配观年寿丰隆，口形有托，火星不陷，始可言20岁、21岁流年运佳，可遇贵人，诸事逢凶化吉。任何一位相理不佳者，均以不吉减分论，可依十二宫相理之优劣而断其发生何种不吉事故。如年寿塌陷凹凸歪曲，水星形劣不托，天仓凹陷或露骨者，则运多逆滞阻碍或刑克灾厄。

22岁——本位名“司空”亦名“司徒”，位于前额天庭之下，中正之上。生理学属“额部”，解剖学名“前头部”。须平正起骨，色泽光明，无恶纹恶痣者为合符相理标准。

论断要诀：观看22岁之流年，除应着重本位之相理外，尚须观看大运位（即丘陵冢墓）之骨法有起，小运位（即人中）四水有通，九执位（即左耳）无缺陷，再配观两耳照眉照额，山根丰隆者，始可言22岁流年运佳，尤其是青年人之考试运，可保金榜提名。任何一位相理不佳者，均以不吉减分论，可依十二宫相理之优劣断其发生何种不吉事故。如金木二星相克，两耳生低垢暗，山根折断，人中细窄短浅者，则主22岁有大凶，要特别注意保健及外出车马安全。但眉秀有彩，眼伏真光者，则减半论，主逢凶化吉。

23、24岁——本位名“左边城”“右边城”，又名“边地”，位于发际线之两侧，生理学属“额部”，解部学名“前头部颞颥腺”。须骨愈隆起愈佳，不宜欹侧凹陷，无恶纹恶痣，发际亦整齐者，为符合相理标准。

论断要诀：观看23岁、24岁之流年，除应著重本位之相理外，尚须观看大运位（即丘陵冢墓）之骨法有起，小运位（即额头）额如覆肝，九执位（即左眼与额头）无缺陷，再配观两眼有神，华阳有势，天庭饱满，发脚不冲眉，始可言23岁、24岁之流年运佳，尤其是青年们就业顺利创业成功，劳少获多，工作如意，晋级加薪。任何一位相理不佳者，均以不吉减分论，可依十二宫相理之优劣断其发生何种不吉事故。如两眼昏浊无神，或两眼形恶带刹，华阳骨气弱，额窄有坑，本位骨势不起，发际不整齐者，主本两岁流年大为不吉，多凶厄灾疾，或刑克六亲。

观相感言

有大成就的人，均有三分傻气，此即“大智若愚”“深藏不露”之谓。反之，一般影艺人员显得特别聪明花俏，逗趣可爱，但到后来他们只是船过水无痕，又如天上一片浮云，稍纵即逝，什么也没有留下。

萧湘居士　撰

人仓运流年部位图

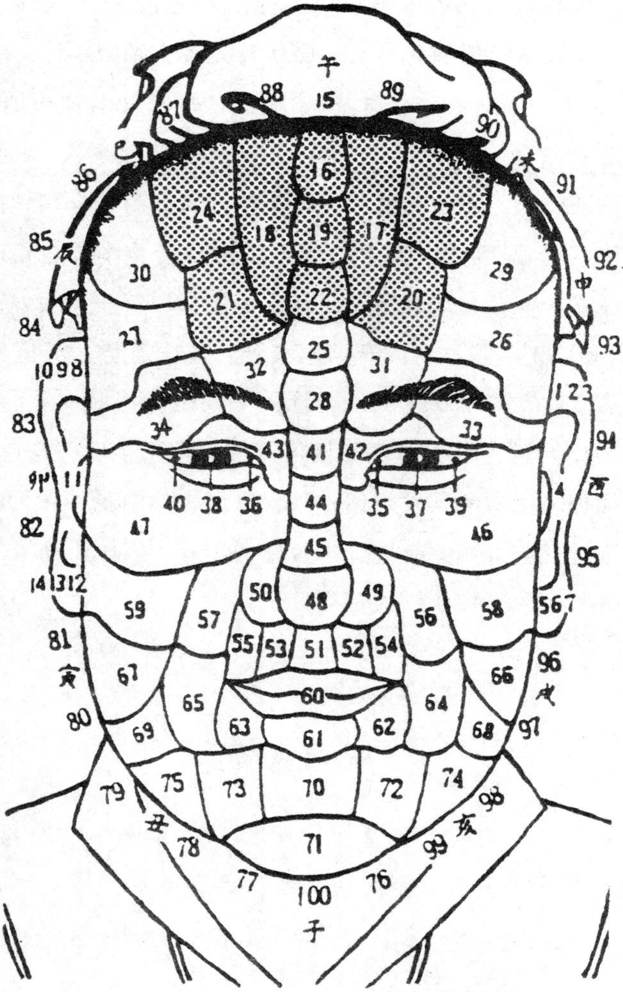
午
88
15
89
87
90
巳
未
86
16
91
24
23
18
19
17
85
辰
30
29
92
申
21
22
20
84
27
25
26
93
1098
32
31
28
123
83
34
33
43
41
42
94
卯
11
4
酉
40
38
36
44
35
37
39
82
47
46
45
95
141312
50
48
49
567
59
57
56
58
81
55
53
51
52
54
96
寅
67
66
60
戌
65
64
80
63
62
97
69
61
68
79
75
73
70
72
74
98
丑
亥
78
71
99
77
76
100
子

(三) 眉仓运

年　龄：25~34 岁

大运位：眉仓（即一百三十部位之嫔门至巷路位）

小运位：木星、景阳、后阳、口形、年寿、法令（景阳即天庭后阳即后枕）

九执位：详附图

配观位：详附图

25 岁——本位名“中正”，位于司空之下，印堂之上，十二宫为“官禄宫”，生理学属“额部”，解剖学名“前头部”。须丰满骨起，色泽光润，不宜凹陷成坑，亦无恶纹恶痣者，为符合相理标准。

论断要诀：观看 25 岁之流年，除应着重本位之相理外，尚须观看大运位（即眉仓）之饱满有势，小运位（即木星）高耸照眉，九执位（即右眉）无缺陷，再配观两眉势上退印有彩，山根丰隆不断，两耳形状一致，轮廓不露（木火形人不忌），垂珠朝口者，始可言 25 岁之流年运佳，可成家创业，或转行改业，百般顺利，见财见喜，任何一位相理不佳者，均以不吉减分论，可依十二宫相理之优劣而断其发生何种不吉事故。如两眉形状不一，尤其右眉带刹（即眉尾上翘不聚有旋等）山根断折，金星克木星，两耳形恶无珠者，必主大不吉。如本位再骨陷则主大凶（因 15 岁、22 岁、25 岁、35 岁为关限之年不吉则凶）。

26、27 岁——本位左名“丘陵”右名“冢墓”，位于左右额眉梢之上，生理学属“额部”，解剖学名“前头部”，亦为人仓运之大运位，须骨起高隆峥嵘，愈大愈好，同时气色明朗，无低陷色恶为符合相理标准。

论断要诀：观看 26 岁、27 岁之流年，除应著重本位之相理外，尚须观看大运位（即眉仓）饱满有气，小运位（即景阳）天庭骨隆阔，九执位（即右眼右耳）无缺陷，再配观两眼神藏形秀，两耳照眉照额，印堂宽平，山根不断，发脚不冲眉者，始可言26岁、27岁流年运佳，并连年好运。任何一位相理不佳者，均以不吉减分论，可依十二宫相理之优劣而断其发生何种不吉事故。如天庭骨陷，两眼形恶神滞，两耳薄而无珠，轮飞廓反，山根断折，发脚冲眉者，则主26岁、27岁之流年大为不吉，如本位再骨陷者必见凶厄刑克。

28岁——本位名“印堂”，又名“明堂”，六曜名“紫气星”，十二宫名“命宫”，中医学名“眉心”，位于两眉中央，生理学属“眉部”，解剖学名“颞颥部眉间”。须骨方起或圆平如镜，无乱纹恶痣者为符合相理标准。

论断要诀：观看28岁之流年，除应着重本位之相理外，尚须观看大运位（*即眉仓*）饱满有气，小运位（*即后阳*）骨法高隆起或横强起，九执位（*即左眉*）无缺陷，再配观两眼形佳神定，两眉退印居额无六害眉之缺陷，天仓丰满不陷不露，准头圆厚隆起，地库不陷不削者，始可言28岁之流年大吉大利，为官者官星大旺，必晋级加薪，或竞选公职成功，业商者可投资创业马到成功。任何一位相理不佳者，均以不吉减分论，可依十二宫相理之优劣而断其发生何种不吉事故。如左眉尾散乱逆旋，或眉形六害，天仓气弱或露骨，本位虽好，亦不发运，如再本位有破陷纹痣，后阳扁平，则定主大不吉，主有凶厄刑克，是非损财。

29、30岁——本位名“左山林”“右山林”，又名“驿马”，六府为“上二府”，十二宫为“迁移宫”，位于边城之旁，邱陵冢墓之上方，生理学属“额部”，解剖学名“顶侧部颞颥叶”。须骨肉饱满，色泽光明，左右山林无高低倾侧坑陷恶痣者为符合相理标准。

论断要诀：观看29岁、30岁之流年运程，除应着重本位之相理外，尚须观看大运位（*即眉仓*）饱满有气，小运位（*即口形*）口之上下唇整齐色鲜，九执位（即鼻与口无缺陷，再配观印堂不陷，山根不断者，始可言29岁、30岁之流年运吉，可见财见喜，更宜出外经商发展。任何一位相理不佳者，均以不吉减分论，可依十二宫相理之优劣断其发生何种不吉事故。如鼻形恶劣气弱，印堂破陷或有恶纹恶痣，山根低陷或有恶纹恶痣，再加口形恶劣者，则主败业凶灾或刑克六亲。

31、32 岁——本位左名“凌云”右名“紫气”，五官名“保寿官”，六曜左眉名“罗喉星”，右眉名“计都星”，十二宫名“兄弟宫”生理学属“眉部”，解剖学名“前头部颞颥腺”。须双眉清长，双分入鬓，或如悬犀新月，首尾丰盈，高居额中，无六害眉之各种缺陷，眉上无乱纹者为符合相理标准。

论断要诀：观看 31 岁、32 岁之流年运程，除应着重本位之相理外，尚须观看大运位（即眉仓）饱满有气，小运位（即年寿）骨起有势，九执位（即左耳与左眼）无缺陷，再配观两耳形秀，轮廓分明，金木不相克，两眼神清，黑白分明者，始可言 31 岁、32 岁之流年运佳，为官者可迁调新职，业商者可发展新事业，并可遇贵人，交友得利，财喜重重。任何一位相理不佳者，均以不吉减分论，可依十二宫相理之优劣断其发生何种不吉事故。如金木二星（尤其左耳）形恶，年寿凹陷或凸露，双眼形恶无神者，虽本位相理佳，亦不发运、甚或见败业凶灾或刑克六亲。

33、34 岁——本位左名“繁霞”右名“彩霞”，位于两眉之尾端，生理学属“眉部”，解剖学名为“前头部颞颥腺”，须眉疏而秀，长而过目，眉尾无黑子，无六害眉之各种缺陷者为符合相理标准。

论断要诀：观看 33 岁、34 岁之流年运程，除应着重本位相理外，尚须观看大运位（即眉仓）饱满有气，小运位（即法令）隐隐下游，九执位（额与右眉）无缺陷，再配观山根隆起，鼻直有势，发脚不盖眉不冲眉，两眼形秀有神者，始可言 33 岁、34 岁岁流年运佳，不论为官为商，均主事事顺利，少劳多获，任何一位相理不佳者，均以不吉减分论，可依十二宫相理之优劣而断其发生何种不吉事故。如法令若无，鼻形不佳（兰台廷尉两位），即使眉形疏秀亦不发运，如再眉形六害，则主败业损财，凶灾刑克。

眉仓运流年部位图

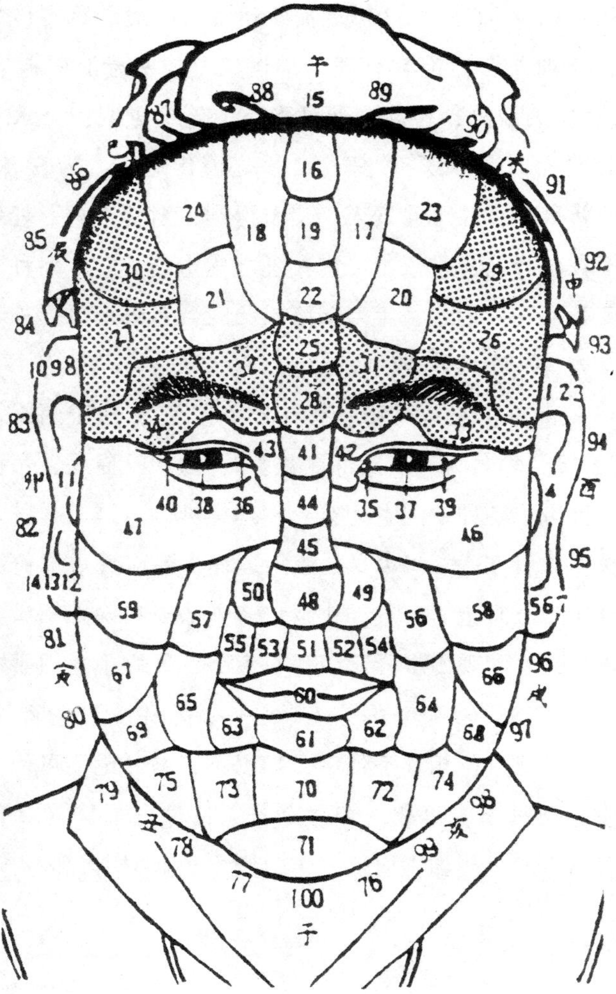
午
88
15
89
87
90
巳
未
86
16
91
24
18
19
17
23
85
辰
30
29
92
申
21
22
20
84
27
26
93
25
32
31
1098
28
123
83
34
33
43
41
42
94
11
4
酉
40
38
36
44
35
37
39
82
47
46
45
95
14
13
12
50
48
49
59
57
56
58
567
81
55
53
51
52
54
96
寅
67
66
戌
60
65
64
80
63
61
62
69
68
97
79
75
73
70
72
74
98
丑
亥
78
71
99
77
100
76
子

(四) 眼仓运

年　龄：35~40岁

大运位：眼仓（即一百三十部位之奸门至天门位）

小运位：华阳、双颧、鱼尾

九执位：详附图

配观位：详附图

35、36岁——本位左名“太阳”右名“太阴”，又名“前背”，五官名“监察官”，四渎名“河渎”，四学堂名“官学堂”，十二宫名“田宅宫”（上眼泡），眼尾名“妻妾宫”，眼下泪堂为“男女宫”又名“龙宫”“阴骘宫”。生理学属“眼部”，解剖学名“前头叶下部”。须前背如鈎，眼珠含藏不露，黑白分明，瞳仁端定，光彩射人，细长而秀，又无左右两眼大小不一形成阴阳眼者为符合相理标准。

论断要诀：观看35岁、36岁之流年，除应着重本位之相理外，尚须观看大运位（即眼仓）饱满有气，小运位（即华阳）骨起有势不陷，九执位（即右眼右耳）无缺陷，再配观双耳（尤重右耳）形正照眉照额，眉长过目，怒肉不过多过露，山根丰隆，日月不争辉，始可言35岁、36岁流年运佳，任何一位相理不佳者，均以不吉减分论，可依十二宫相理之优劣断其发生何种不吉事故。如眼分阴阳（即大小眼），两耳不秀，金木相克，眉有六害，华阳骨无势者，即使本位好亦不发运，甚或败业凶灾或刑克六亲。（注：日月争辉即两眼太靠近之谓。）

37、38岁——本位左名“中阳”右名“中阴”，六曜左眼名“太阳星”，右眼名“太阴星”，生理学属“眼部”，解剖学名“前头叶下部”，须神清不流，神定不怯，神藏不露，神和不怒，大体言男相要神“强发”，女相要神“和惠”，再黑睛多白睛少，无一白三白四白者为符合相理标准。

论断要诀：观看37岁、38岁之流年，除应着重本位之相理外，尚须观看大运位（即眼仓）饱满有气，小运位（即双颧）颧骨丰起，九执位（即左眉与鼻）无缺陷，再配观两眉形秀有彩，年寿骨丰隆，后阳枕骨高隆起或横强起者，始可言37岁、38岁流年运佳，主官运财运亨通，或进田庄得利权。任何一位相理不佳者，均以不吉减分论，可依十二宫相理之优劣断其发生何种不吉事故。如眉形六害，两额陷而不托，年寿凹陷不起，谏台廷尉露孔，后阳扁平凹陷无气，即使眼形好亦不发运，如眼形不秀再带刹者，则主败业凶灾或刑克六亲。

39、40岁——本位左名“少阳”右名“少阴”，又名“后梢”“鱼尾”，鱼尾旁名“奸门”，曰“夫妻宫”，生理学属“眼部”，解剖学名“前头叶下部”。须眼睛细长，后梢平如刀裁，眼尾不垂下翘上者为符合相理标准。

论断要诀：观看39岁、40岁之流年，除应着重本位之相理外，尚须观看大运位（即眼仓）饱满有气，小运位（即鱼尾）平满，鱼尾纹向上，九执位（口与左耳）无缺陷，再配观口唇红厚有纹，两耳明洁高耸照眉，两耳垂珠朝口，两眉形秀过目，两眼黑白分明藏神，奸门宽平不凹不露者，始可言39岁、40岁之流年运佳，事业顺利，少劳多获。任何一位相理不佳者，均以不吉减分论，可依十二宫相理之优劣而断其发生何种不吉事故。如口形恶劣，左歪右陷，两耳形劣色滞，鱼尾下陷露骨，鱼尾纹多乱向下者，主39岁、40岁多困败，即使本位好亦不发运，甚或败业凶灾或刑克六亲。

观相感言

学命理重在纸上演练，学相理重在实体印证，如能根据拙著观相的原理和方法连续印证1000人次，即人相学大师矣。又无论命理相理均无“秘笈”，否则，必系不肖之徒在抄录先贤或其师之著作，因不敢在坊间公开发售，故以“秘笈”之名，私下向不知情者以高价出售牟利，例如吾之彰化县某劣徒即盗印本人所著《萧湘相法（一）》第十七章“面相八仓二库流年观看法”原文，当作“秘笈”兜售诈骗。

萧湘居士　撰

眼仓运流年部位图

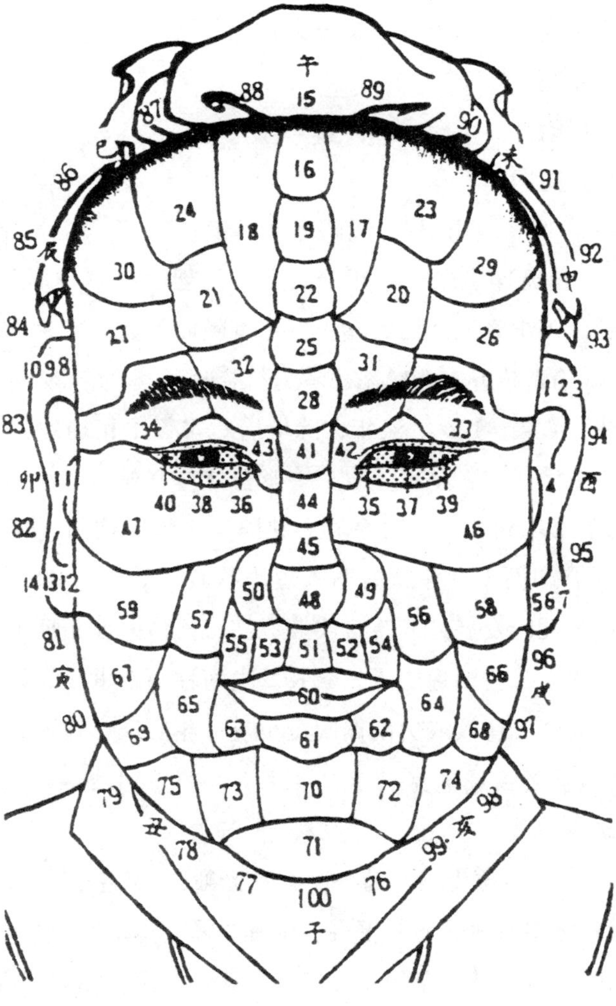
午
88 15 89
87 90
巳 未
86 16 91
24 23
85 辰 18 19 17 92
30 29
21 22 20 申
84 27 26 93
25
1098 32 31 123
28
83 34 33 94
43 41 42
卯 11 4 酉
40 38 36 44 35 37 39
82 47 46 95
45
141312 50 48 49 567
59 58
57 56
81 55 53 51 52 54 96
寅 67 66 戌
65 60 64
80 63 62 97
69 61 68
75 73 70 72 74
79 98
丑 71 亥
78 99
77 100 76
子

(五) 天仓运

年　龄：41~43岁

大运位：天仓（即三十六宫天仓位）

小运位：左眼、印堂

九执位：详附图

配观位：详附图

41岁——本位名“山根”，六曜名“月孛星”，三停名“中停”，十二宫名“疾厄宫”。位于印堂之下，年寿之上，生理学属“鼻部”，解剖学名为“颞颥部眉间”。须丰隆光泽而又端正，不宜隆而无肉（不论中外各色人种同论），亦不宜低陷断折或有恶纹恶痣者为符合相理标准。

论断要诀：观看41岁之流年，除应着重本位之相理外，尚须观看大运位（即天仓）饱满线起，小运位（即左眼）清秀有神，九执位（亦是左眼可见41岁之流年左眼相理最为重要）无缺陷，再配观柱阳（详十二起骨）骨起肉厚，地阁有朝而无戽斗状或凹入短小状者，始可言41岁之流年运佳，事业上主有突破性的发展，或转行改业成功。任何一位相理不佳者，均以不吉减分论，可依十二宫相理之优劣断其发生何种不吉事故。如双目凸露神滞（尤重左眼），地阁有痣纹或尖削偏凹短小或戽斗后反，柱阳或陷或露者，则主41岁必见败业凶灾或刑克六亲。（注：41岁、51岁、61岁、71岁为四隘之年不吉则凶。）

42、43岁——本位为“左精舍”“右光殿”，又左名“仙舍”右名“香田”，位于山根之左右两旁眉头下端，生理学属“鼻部”，解剖学名“颅顶部鼻背”、须光明润洁，其气贯额，无黑子恶痣者为符合相理标准。

论断要诀：观看42岁、43岁之流年，除应着重本位之相理外，尚须观看大运位（即天仓）饱满线起，小运位（即印堂）平满如镜，九执位（即额与右眉）无缺陷，再配观两眼神光蕴藏，两眉退印居额，眉不压眼，眉不冲山根者，始可言 42 岁、43 岁之流年运佳。任何一位相理不佳者，均以不吉减分论，可依十二宫相理之优劣断其发生何种不吉事故。如本位皮肉枯黑额窄额露额陷，发际不整齐，双眉浓浊压眼或眉形六害（尤重右眉），印堂山根破陷痣纹者，则主 42 岁、43 岁必见败业凶灾或刑克六亲。

天仓运流年部位图

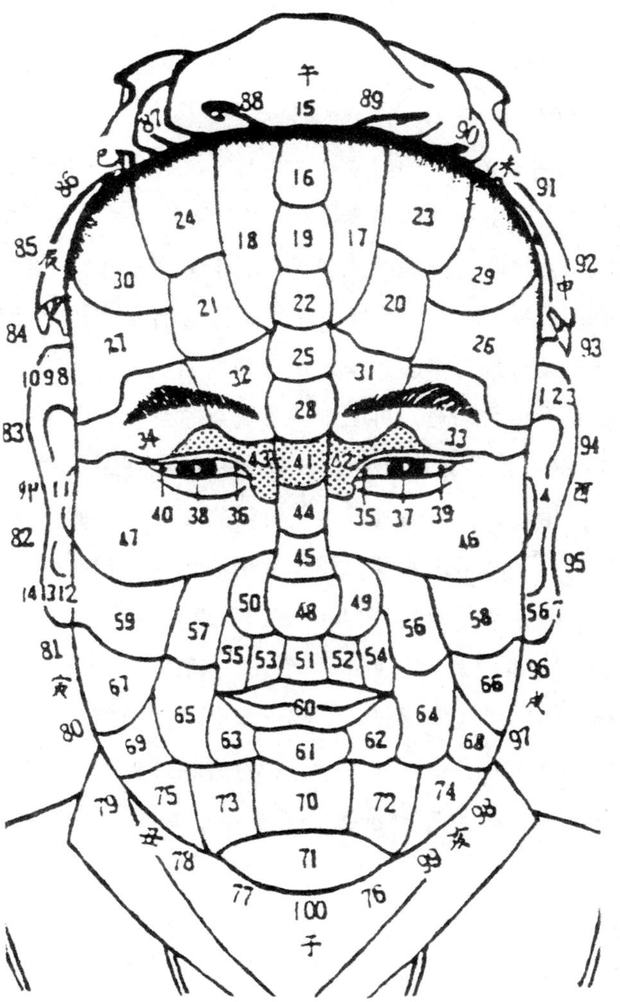

(六) 禾仓运

年　龄：44~47 岁

大运位：禾仓（即一百三十部位之正面位）

小运位：双眉、后阳

九执位：详附图

配观位：详附图

44、45 岁——本位名“年上”“寿上”，二者又合称“怪部”，位于山根之下，准头之上，生理学属“鼻部”，解剖学名“颅顶部鼻根”，须丰隆正直，坚而有骨，无斜曲凹凸痣纹色暗者为符合相理标准。

论断要诀：观看 44 岁、45 岁之流年，除应着重本位之相理外，尚须观看大运位（即正面）肌肉丰起，小运位（即双眉）疏秀出毫，退印居额，九执位（即右眼右耳）无缺陷，再配观两耳高耸垂珠。轮廓分明，印堂无恶纹恶痣者，主 44 岁、45 岁之流年运佳，任何一位相理不佳者，均以不吉减分论，可依十二宫相理之优劣断其发生何种不吉事故。如眼恶神滞，鬓毛过长过浓或鬓闭命门，耳薄无珠或耳恶露廓，两眉锁印或眉带六害，本位恶纹恶痣或斜曲凹凸，则主 44、45 岁败业凶灾或刑克六亲。

46、47 岁——本位名“左颧”“右颧”，五岳名“西岳”“东岳”，六府为“中二府”，生理学属“颧部”，解剖学名“颅顶部”，位于两眼梢之下，须丰起充实，无倾侧破陷及恶纹恶痣者为符合相理标准。（注：有相书谓左颧为东岳，亦有相书谓右颧为东岳，笔者印证结果，以后者为是，前者为谬。）

论断要诀：观看 46 岁、47 岁之流年。除应着重本位之相理外，尚须颧看大运位（即正面）肌肉丰起，小运位（即后阳枕骨）骨势强起有肉包覆，九执位（即左眉与鼻）无缺陷，再配观两眼形秀神清者，始可言 46 岁、47 岁之流年运佳，为公者权力在握，业商者财星大旺。任何一位相理不佳者，均以不吉减分论，可依十二宫相理之优劣断其发生何种不吉事故。如两眉不秀，又未出毫，鼻恶无气，年寿凹凸，鬓闭命门（三浓格例外），再加后阳又陷者，纵然颧好亦不发运，甚或败业凶灾或刑克六亲。

禾仓运流年部位图

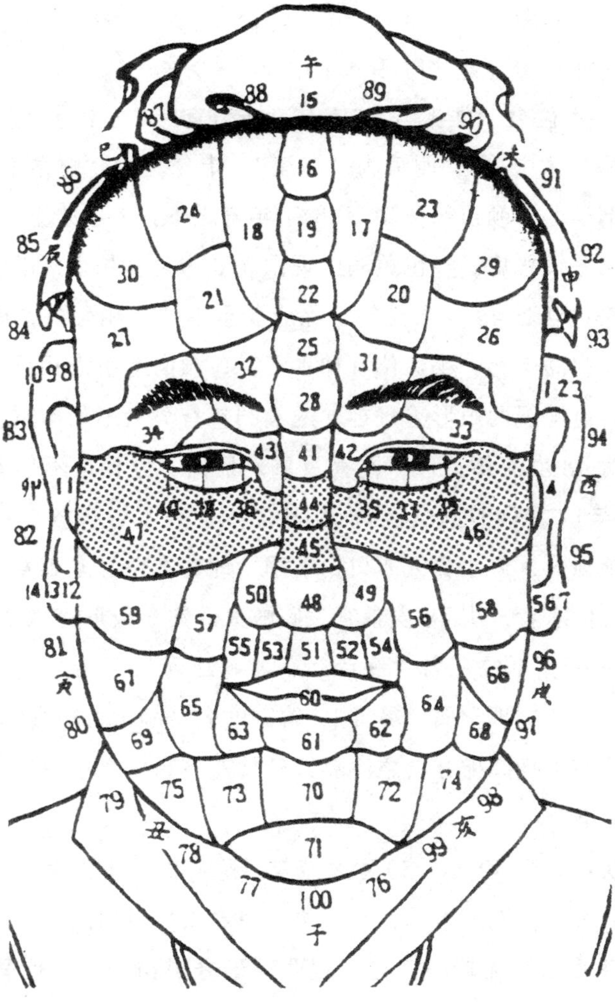

(七) 囤仓运

年　龄：48~50岁

大运位：囤仓（即一百三十部位之囤仓位）

小运位：水星（即口部）

九执位：详附图

配观位：详附图（灵阳即耳根骨）

48岁——本位名“准头”，五官名“审辨官”，三才为“人才”，五星为“土星”，五岳为“中岳”，四渎为“济渎”，十二宫为“财帛宫”，生理学属“鼻部”，解剖学名“颅顶部鼻尖”，位于年寿之下，人中之上，须圆厚丰隆，不尖不坠，无恶纹恶痣，气色黄润中现白光者为符合相理标准。

论断要诀：观看48岁之流年，除应着重本位之相理外，尚须观看大运位（即囤仓）饱满丰起，小运位（即水星）口角向上唇齿相称，九执位（即口）无缺陷，再配观两眼形秀藏神，两额圆耸有势，不陷不露，灵阳骨起有气者，始可言48岁流年运佳，财喜重重。任何一位相理不佳者，均以不吉减分论，可依十二宫相理之优劣而断其发生何种不吉事故。如两眼形恶无神，鼻形孤峰独耸，口小鼻大或口角下垂，即使本位好亦难发运。如再本位鹰鼻下鈎或土伏水者，则48岁主有大破败大凶灾，或刑克六亲。

49、50岁——本位左名“谏台”右名“廷尉”，又名“仓库”“井灶”“金柜”“甲柜”，生理学属“鼻部”，解剖学名“颅顶部鼻翼”。位于准头之左右两翼，须准头高圆配方大之鼻翼，鼻翼左右高低大小一致，又无痣疵者为符合相理标准。

论断要诀：观看49岁、50岁之流年，除应着重本位之相理外，尚须观看大运位（即囤仓）饱满丰起，小运位（即水星）口角向上，唇齿相称，九执位（即左耳左眼）无缺陷，再配观两眼形秀黑白分明，两耳一样色白有珠，灵阳骨丰起有气者，始可言49岁、50岁流年运佳，可见偏财。任何一位相理不佳者，均以不吉减分论，可依十二宫相理之优劣而断其发生何种不吉事故。如耳恶（尤重左耳），眼恶（尤重左眼），口恶不托鼻者，主49岁、50岁有大凶灾大破败，防夭寿刑克。

囤仓运流年部位图

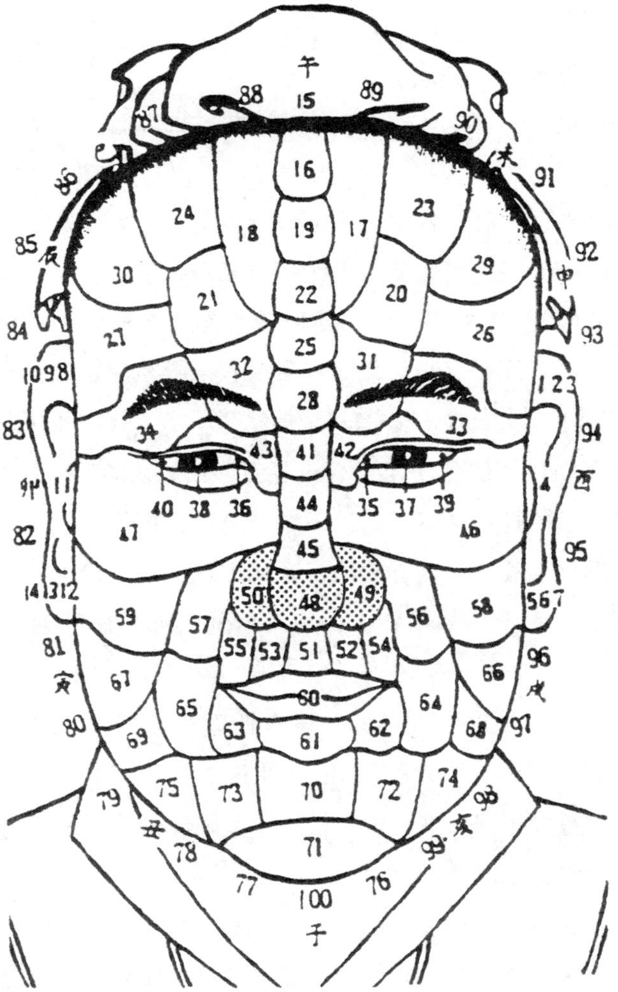

(八) 食禄仓运

年　龄：51~55岁

大运位：食禄仓（即七十五部位之食仓禄仓、二位）

小运位：额头、印堂、法令

九执位：详附图

配观位：详附图

51岁——本位名“人中”，又名“人冲”“沟洫”“寿堂”“子庭”“心性之宫”，三停为“下停”，三才为“地才”。位于鼻中鬲之下，口之上，生理学属“唇部”，解剖学名“后头部口唇沟”。须深长宽广，小水星有成（即人中底部成剑形），无疵痕痣纹者为符合相理标准。

论断要诀：观看51岁之流年，除应着重本位之相理外，尚须观看大运位（即食禄仓）开阔厚平，小运位（即额头）丰隆高广，气色和润，九执位（亦是额头可见51岁之流年额头相理最为重要）无缺陷，再配观土不伏水，耳白于面，垂珠朝口，法令隐隐下游过口者，始可言51岁之流年运佳，官财两旺。任何一位相理不佳者，均以不吉减分论，可依十二宫相理之优劣而断其发生何种不吉事故。如额有缺陷，耳恶无珠，土星伏水，法令锁口，或法令若无，或法令狭窄形如悬针，即使本位佳，亦主破败凶灾，或刑克六亲，甚或夭寿。

52、53岁——本位名“左仙库”“右仙库”，又名“仙仓”，生理学属“唇部”，解剖学名“后头颞颥腺”，位于鼻孔之下，人中两旁棱起之处，如棱线分明者，为符合相理标准。如无棱线，或缺露薄小，仙库即不成，亦表示四水泛滥，仙库受灾。

论断要诀：观看52岁、53岁之流年，除应着重本位之相理外，尚须观看大运位（即食禄二仓）开阔厚平，小运位（即印堂）宽平紫光外透，九执位（即右眉右眼）无缺陷，再配观眼有神光，鼻孔圆厚收藏，两眉尾端出毫

(尤重右眉)，人中宽广不偏不斜，胡须疏秀黑亮，始可言52岁、53岁之流年运佳，为官者官运亨通，业商者财星高照。任何一位相理不佳者，均以不吉减分论，可依十二宫相理之优劣而断其发生何种不吉事故。如眉毛脱落，眉毛形恶，眼睛形恶，眼神若无，尤其印堂枯暗无光，或印堂痣纹陷破，主52岁、53岁之流年不利，官运不顺，商场失利，如人中再偏斜者，则主破败凶灾或刑克六亲。

54、55岁——本位名“左食仓”“右禄仓”，位于仙库之旁，靠近法令。生理学属“唇部”，解剖学名“后头部颞颥腺下部”。须端厚堂皇，无薄弱之感者为符合相理标准。

论断要诀：观看54岁、55岁之流年，除应着重本位之相理外，尚须观看大运位（即食禄二仓）开阔平厚，小运位（即法令）之法令纹下游过口，纹形如钟，气色光润，九执位（即右耳左眉）无缺陷，再配观两耳轮廓分明，垂珠朝口，两眉翠润，有彩出毫，胡须疏秀黑亮，灵阳骨有气者，始可言54岁、55岁岁之流年运佳，为官业商均主吉利，少劳多获。任何一位相理不佳者，均以不吉减分论，可依十二宫相理之优劣断其发生何种不吉事故。如耳陷眉恶，灵阳骨无气，法令断乱形劣者，则主流年大为不利，应特别注意保健，或破败凶灾刑克。

观相感言

余默默观察，发觉眼波的单双与一个人的成就有关连性，即大富大贵、中富中贵者的眼波70%不是单波就是内双，反之，一般小成之人或平常贫贱之人的眼波，70%均是双波。

萧湘居士　撰

食禄仓运流年部位图

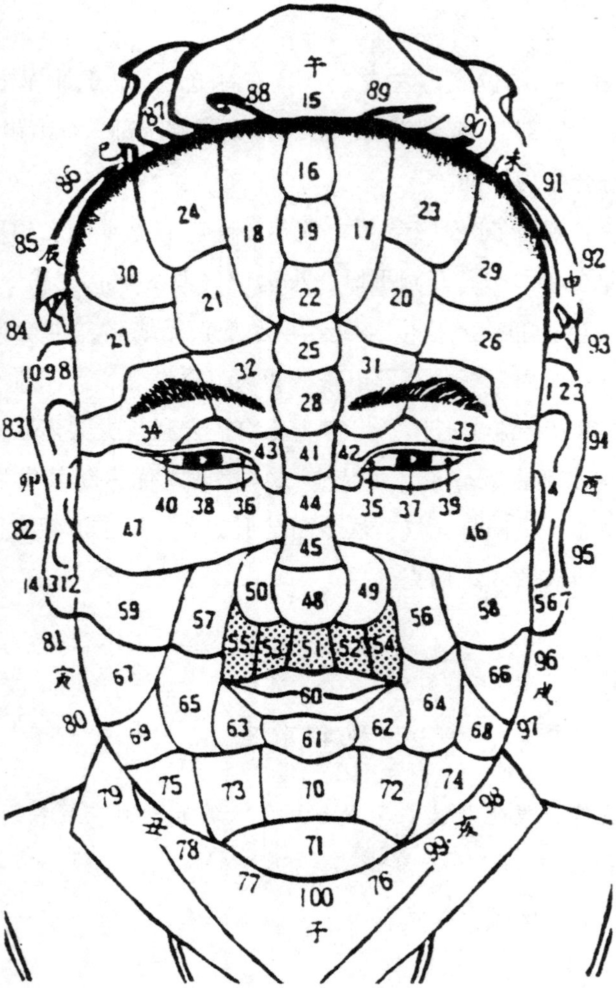
午
88
15
89
87
90
巳
未
86
91
16
24
23
18
19
17
85
辰
92
30
29
21
22
20
申
84
27
26
93
25
1098
32
31
123
28
83
34
33
94
43
41
42
卯
11
4
酉
40
38
36
44
35
37
39
82
47
46
45
95
141312
50
48
49
567
59
57
56
58
81
55
53
51
52
54
96
寅
67
66
戌
60
65
64
80
63
61
62
69
68
97
75
73
70
72
74
79
98
丑
亥
78
71
99
77
100
76
子

（九）家库运

年　龄：56~65岁

大运位：家库（即一百三十部位之家库位）

小运位：印堂、灵阳、垂珠、法令、柱阳、人中（灵阳即十二起骨之耳根骨）

九执位：详附图

配观位：详附图

56、57岁——本位名“左法令”“右法令”，又名“寿部”“酒舍”，生理学属“唇部”，解剖学名“后头部颞颥腺下部”，位于鼻翼两侧垂至口部两旁之纹理。须纹理分明下游过口，形状如钟，无偏畸断乱者为符合相理标准。

论断要诀：观看56岁、57岁之流年，除应着重本位之相理外，尚须观看大运位（即家库）丰起，小运位（即印堂）宽平透紫光，九执位（即鼻口）无缺陷，年寿丰隆，准头圆厚，气色明润，口型端正，方厚色鲜，再配观人中深长宽广者，始可言56岁、57岁流年运佳，身体健康，少劳多获。任何一位相理不佳者，均主不吉减分论，可依十二宫相理之优劣断其发生何种不吉事故。如印堂暗滞无光，年寿不起，土来伏水，口形恶劣，唇色暗黑者，即使本位好亦主有破败凶灾或刑克六亲。

58、59岁——本位名“左附耳”“右附耳”，又名“虎耳”，生理学属，“颊部”，解剖学名“后头部颞颥腺下部”，位于两耳垂珠之旁故名“附耳”，须丰隆光润，无窄、削、滞、暗者为符合相理标准。

论断要诀：观看58岁、59岁之流年，除应着重本位之相理外，尚须观看大运位（即家库）丰起，小运位（即灵阳骨）骨起有气，九执位（即左耳左眼）无缺陷，再配观两耳色白过面（尤重左耳），两眼神清神藏（尤重左眼），再配观两耳垂珠有势朝口者，始可言58岁、59岁流年运佳，从公者可升迁要职，业商者主财星大旺。任何一位相理不佳者，均以不吉减分论，可依十二宫相理之优劣而断其发生何种不吉事故。如再左眼神昏神滞，左耳气色暗滞，灵阳骨低陷无气者，则主58岁、59岁见奇灾重病，或大破产业，或刑克六亲。

60岁——本位名“正口”，又名“海口”，又名“大海”，三才名“地才”五官名“出纳官”，五星名“水星”，四渎名“淮渎”，四学堂名“内学堂”。位于人中之下承浆之上，生理学属“口部”，解剖学为“后头部颞颥腺下部”。须上下唇覆载相称，齿正唇红，无薄斜尖反者，为符合相理标准。

论断要诀：观看60岁之流年，除应着重本位之相理外，尚须观看大运位（即家库）丰起，小运位（即垂珠）有垂有珠朝口，九执位（即额部）无缺陷，再配观印堂紫光外透，准头圆正色明，两耳白过于面，始可言60岁之流年运佳，老运弥坚。任何一位相理不佳者，均以不吉减分论，可依十二宫相理之优劣而断其发生何种不吉事故。如额部气色暗滞，两耳形恶色暗，水星被土星所伏，则主60岁流年大为不吉，有破败凶灾或刑克六亲。

61岁——本位名“承浆”，又名“酒池”、“酒海”、“药部”，位于正口之下，讼堂之上，生理学属“颚部”，解剖学名“颞颥腺下部”。须阔能容指，两边有骨，中心成坑耸上者为符合相理标准。

论断要诀：观看61岁之流年，除应着重本位之相理外，尚须观看大运位（即家库）丰起，小运位（法令）法令纹隐隐下游过口，九执位（即右眉）无缺陷，再配观两眼神光充足，两眉翠润有毫，两耳色白过面者，始可言61岁之流年运佳，老当益壮，事业可更上一层楼。任何一位相理不佳者，均以不吉减分论，可依十二宫相理之优劣而断其发生何种不吉事故。如两眉（尤重右眉）形恶色枯又未出毫，两耳形恶色枯，法令困口，则主61岁见破败凶灾，刑克六亲，如再两眼神昏神弱者，则主不久人世矣。

62、63岁——本位名“左地库”“右地库”，位于口角下方承浆之左右（见附图），生理学属“颚部”，解剖学名“后头部颞颥腺下部”。须丰满气盈，无凹陷痣斑者为符合相理标准。

论断要诀：观看62岁、63岁之流年，除应着重本位之相理外，尚须观看大运位（即家库）丰起，小运位（即柱阳）平满肉堆，九执位（即右眼右耳）无缺陷，再配观印堂光润透紫，始可言62岁、63岁流年运佳，官财两旺，子孙贤孝。任何一位相理不佳者，均以不吉减分论，可依十二宫相理之优劣而断其发生何种不吉事故。如两耳（尤重右耳）气枯色暗，柱阳干瘦无气，则主62岁、63岁应特别注意保健，或破败凶灾刑克六亲，如再两眼神脱，印堂枯暗，即死亡之兆。

64、65岁——本位左名“陂池”右名“鹅鸭”，或左名“陂池”右名“陂塘”，位于两口角之旁，亦即两颐凹处，生理学属“颚部”，解剖学名“后头部颞颥腺下部”，须平满无凹陷痣纹者为符合相理标准。

论断要诀：观看64岁、65岁之流年，除应着重本位之相理外，尚须观看大运位（即家库）丰起，小运位（即人中）深长宽广，九执位（即左眉与鼻）无缺陷，再配观印堂光润透紫，口部端正色鲜者，始可言64岁、65岁流年运佳，老运亨通，子孝孙贤。任何一位相理不佳者，均以不吉减分论，可依十二宫相理之优劣而断其发生何种不吉事故。如耳枯眉落，印堂枯暗，人中不明，口角垂下，口唇色暗者，虽本位好亦不发运，应防破败灾凶刑克六亲，如再眼神脱者，主死亡之兆。

观相感言

“夫妻刑克”一词，并非专指将对方克死为唯一内涵，应包括使对方个性变坏，智慧闭塞，精神不愉快，身体经常生病，事业不顺或官非灾凶，甚或貌合神离、和刻意求去等均是。

“刑克六亲”一词，并非指其人刑克父母、兄弟（姐妹）、子女而言，而是指从其人的面相手相中可以看出其人之父母、兄弟（姐妹）子女的健康、智慧、个性不佳，或事业不顺灾凶夭寿而已。另外，与六亲感情空疏或与六亲长期分离亦可谓之刑克六亲。

萧湘居士　撰

家库运流年部位图

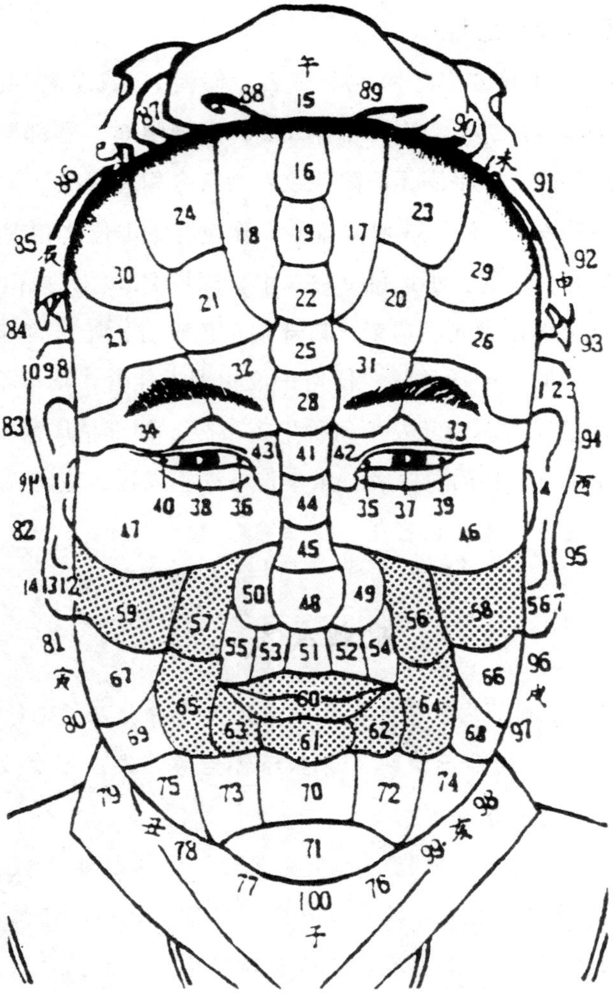
午
15
88
89
87
90
16
86
91
24
19
23
18
17
85
92
30
29
21
22
20
84
26
27
25
93
32
31
1098
123
28
83
34
33
94
43
41
42
11
4
40
38
36
44
35
37
39
82
47
46
45
95
14131211
50
48
49
567
59
58
57
56
81
55
53
51
52
54
96
67
66
60
65
64
80
63
61
62
69
68
97
79
75
73
70
72
74
98
78
71
99
77
100
76
子

（十）地库运

年　龄：66~75岁

大运位：地库（即一百三十部位之地库位）

小运位：眉心、柱阳、口水、气色

九执位：详附图

配观位：详附图

66、67岁——本位名“左金缕”“右金缕”，位于附耳之下，鹅鸭陂池之旁，生理学属“颚部”，解剖学名“后头部颞颥叶下部”。须丰满色润，无削、陷、色枯、恶痣、恶纹者为符合相理标准。

论断要诀：观看66岁、67岁之流年，除应着重本位之相理外，尚须观看大运位（即地库）开阔方平，小运位（即眉内之肉，因眉为保寿官，人之精气藏于骨现于眉，精强者眉内之肉色即佳）白润或红润成翠色，印堂光润透紫，九执位（即口与左耳）无缺陷，再配观准头及年寿气色黄明白润，眉生白毫，毛色光洁，眼神充足，颈下余皮成条，头皮宽松者，始可言66岁、67岁老运弥佳，身体健朗。任何一位相理不佳者，均以不吉减分论，可依十二宫相理之优劣断其发生何种不吉事故。如年寿准头暗色，眉无黑毫白毫，颈下无余皮成条者，虽眼有神光，亦主健康不佳或破财灾厄，如再眼睛无神，印堂及眉心枯暗，则主寿数尽矣。

68、69岁——本位名“左归来”、“右归来”，六府名“下二府”，位于鹅鸭陂池之旁，左右金缕之下，生理学属“颚部”，解剖学名“后头部颞颥叶下部”。须充实，忌削陷，气色喜黄润，忌青黑枯焦，无斑痣者为符合相理标准。

论断要诀：观看68岁、69岁之流年，除应着重本位之相理外，尚须观看大运位（即地库）开阔方平，小运位（即柱阳）平满肉堆，九执位（左眼与额）无缺陷，再配观印堂色明透紫，口部端正唇色鲜艳，胡须光洁不枯，两眼神光充足者，始可言68岁、69岁流年运佳，愈老愈健朗，若业商，主财星高照，若为政务官，主官运亨通。任何一位相理不佳者，均以减分不吉论，可依十二宫相理之优劣而断其发生何种不吉事故。如额头气色如泥，印堂气晦，唇色暗黑，胡须枯焦，柱阳瘦弱，则主68岁、69岁见灾破财或失官，如再眼神失脱，主寿年不久矣。

70岁——本位名“颂堂”，位于承浆之下，地阁之上，生理学属“颚部”，解剖学名“后头部颞颥叶下部”。须平满无恶纹恶痣为符合相理标准。

论断要诀：观看70岁之流年，除应着重本位之相理外，尚须观看大运位（即地库）开阔方平，小运位（即口水又名夜漕即口腔内之内分泌）口水源源不歇，九执位（右眉）无缺陷，再配观眉出白毫，髭须光亮者，始可言70岁之流年运佳，老当益壮，子孝孙贤。任何一位相理不佳者，均以不吉减分论，可依十二宫相理之优劣断其发生何种不吉事故。如须枯眉落，精神萎靡，老态龙钟，颈无颈条者，主其人无老运可言，乃不贫即死之人。

71岁——本位名“地阁”，五岳名“北岳”，十二宫名“奴仆宫”，位于承浆之下，生理学属“颚部”，解剖学名“后头部甲状软骨部”。须丰厚方圆，无凹陷、歪斜、尖削、痣纹者为符合相理标准。

论断要诀：觀看71岁之流年，除应着重本位之相理外，尚须观看大运位（即地库）开阔方平，小运位（即柱阳）平满肉堆，九执位（即右眼）无缺陷，再配观印堂光润透紫，眼有神光，口正唇鲜，牙齿白齐，胡须光亮，水星不反欺土星者（即没有皐斗），始可言71岁流年运佳，老运弥坚，不论为官业商，可更上一层楼发展。任何一位相理不佳者，均以不吉减分论，可依十二宫相理之优劣断其发生何种不吉事故。如土星反被水星（即皐斗）所欺，则主71岁要防大灾大病甚或死亡。如唇暗须浊，准头印堂气滞无光，双眼神脱者，主寿数将尽矣。

72、73岁——本位名“左奴仆”“右奴仆”，位于讼堂地阁之左右两侧。生理学属“颚部”，解剖学名“后头部甲状软骨部”，须开阔平满，无恶纹恶痣者为符合相理标准。

论断要诀：观看72岁、73岁之流年，除应着重本位之相理外，尚须观看大运位（即地库）开阔方平，小运位（即眉内之肉）白润或红润成翠色，九执位（即右耳左眉）无缺陷，再配观人中深长上狭下宽，两颧有国印气（即有鲜艳成群之光泽），胡须清疏光亮，双眉有彩有毫（尤重左眉有白毫），两耳色白过面（尤重右耳），颈条明朗者，始可言 72 岁、73 岁流年运佳，仍有老运可行。任何一位相理不佳者，均以不吉减分论，可依十二宫相理之优劣而断其发生何种不吉事故。如神光已脱，印堂及眉心枯暗，四水不通者，则主寿数已尽矣。

74、75 岁——本位名“左腮骨”“右腮骨”，与左右归来同为“下二府”，位于左右奴仆之旁，生理学属“颚部”，解剖学名“后头部颞颥叶下部”，须丰满平正，不尖露、不陷削，无恶纹、恶痣者为符合相理标准。

论断要诀：观看 74 岁、75 岁之流年，除应着重本位之相理外，尚须观看大运位（即地库）开阔方平，小运位（即神、气、色）神光充足光洁满面，九执位（鼻、口）无缺陷，再配观地阁朝天，鼻色黄明，口唇鲜艳，耳白过面，面颊生有寿斑（寿斑宜大颗宜黑亮忌小粒忌黄白）者，主 74 岁、75 岁之流年运佳，老年福寿，子孝孙贤。任何一位相理不佳者，均以不吉减分论，可依十二宫相理之优劣而断其发生何种不吉事故。如寿斑黄白又小粒者，主不死即贫，口歪耳枯者，主多疾病，眼神脱者，主寿数尽矣。

观相感言

为何父亲相同，但母亲不同时，所生的小孩健康智慧个性不一样？此有如同样的稻种，种在甲田每季可生产稻谷 5000 公斤，种在乙田每季只生产稻谷 3000 公斤同一道理。由此可见母体与优生学有密不可分的关系。

萧湘居士　撰

地库运流年部位图

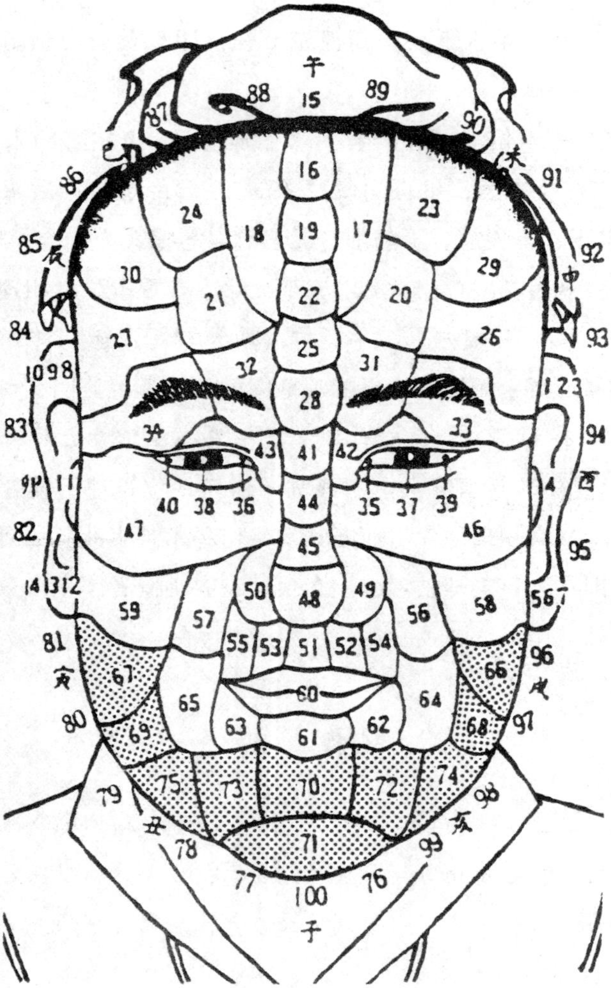
午
88
15
89
87
90
巳
未
86
16
91
24
23
18
19
17
85
辰
92
30
29
申
21
22
20
84
27
25
26
93
1098
32
31
123
28
83
34
33
94
43
41
42
卯
11
4
酉
40
38
36
35
37
39
82
47
46
44
45
95
141312
50
48
49
567
59
57
56
58
81
55
53
51
52
54
96
寅
67
66
戌
60
65
64
80
69
63
61
62
68
97
75
73
70
72
74
79
98
丑
亥
78
71
99
77
100
76
子

（十一）地支运

（注：地支运原包含在地库运之内，为方便读者印证起见而分开叙述）

年　龄：76~99岁

流年位：子、丑、寅、卯、辰、巳、午、未、申、酉、戌、亥。

九执位：详九执流年法

着重点：精、神、气、色

76、77岁——本位名“子位”，须端方平满，燕颔重颐，再额头宽广，耳色白润，精神气色俱佳者福寿，反之主不贫即病、灾、死亡。

78、79岁——本位名“丑位”，与腮骨地库二位合观，须丰厚平满，再头颈不倾，眉毛不落，精神气色俱佳者福寿，反之主不贫即病、灾、死亡。

80、81岁——本位名“寅位”，与腮骨附耳二位合观，须丰满润泽，后阳有势，耳色白润，眉有白毫，颈有余条，再精神气色俱佳者福寿，反之不贫即病、灾、死亡。

82、83岁——本位名“卯位”，与颧骨及附耳二位合观，须丰满润泽，无陷削枯焦，眉不落，鼻色润，再精神气色俱佳者福寿，反之不贫即病、灾、死亡。

84、85岁——本位名“辰位”，与天轮邱陵二位合观，须天轮照眉照额，邱陵骨势有起，唇色鲜，耳色白，眉毫尽白，头不低垂，再精神气色俱佳者福寿，反之不贫即病、灭、死亡。

86、87岁——本位名“巳位”，须与右边城及左边城二位同观，丰满光泽，无疵痕暗晦，额色光洁，再精神气色俱佳者福寿，反之不贫即病、灾、死亡。

88、89岁——本位名“午位”，须与天中天庭人中地阁位合观，平满有起，后颈肉堆，眉毛不落，再精神气色俱佳者福寿，反之不贫即病、灾、死亡。

90、91 岁——本位名“未位”，须与左边城及右边城二位合观，丰满光泽，眼神充足，眉不枯落，耳色白润，再精神气色俱佳者福寿，反之不贫即病、灾、死亡。

92、93 岁——本位名“申位”，须与左右天轮左右丘陵冢墓四位合观，左右相称，再满面寿斑，鼻部色润，口唇鲜艳，再精神气色俱佳者福寿，反之不贫即病、灾、死亡。

94、95 岁——本位名“酉位”，须与左右额骨左右附耳四位合观，左右相称，两耳色明，额部光洁，再精神气色俱佳者福寿，反之不贫即病、灾、死亡。。但此时行动已不方便，严重时会半身不遂。

96、97 岁——本位名“戌位”，须与左右腮骨左右附耳四位合观，须丰厚平满，额部光洁，眉毛不落，头不倾侧，头不低垂，再精神气色俱佳者福寿，反之不贫即病、灾、死亡。

98、99 岁——本位名“亥位”，须与左右腮骨左右地库四位合观，丰厚平满，眼伏真光，耳色光润，再精神气色俱佳者福寿，反之不贫即病、灾、死亡。

附注：以八仓二库流年法推算流年运程时，如当年之大运位、小运位、九执位、配观位之相理均无缺陷瑕疵，惟独精神气色不佳时，仍应以精神气色为准，论断当年之流年为凶，反之，各部位相理均有缺陷瑕疵，惟独精神气色佳者，亦以精神气色为准，论断当年之流年为吉。因部位为先天，气色为后天，后天当然优于先天论断，读者不可不察也。又读者作印证时，有关当时社会、国家，世界之政经周天环境因素，甚至家庭、族群、地理区域和国家社会福利政策等人事周天因素也应一并考虑综合论断。气色观看法则详拙著《萧湘识人相法全集(三)气色大全》各章节。

大匠可授人以规矩不能授人以巧请读者仔细揣摩并要配观气色

八仓二库流年法

萧湘居士1981年8月制作 1983年1985年1991年三次订正

大运位	流年	本位	九执位	小运位	配观位	休咎	
大运—外仓	1-7岁	左耳	详17章	山根　地库	额部　天仓　耳色	各位均好主聪明好养如额高阔主父祖福荫必厚反之幼年灾病刑克	垂珠朝边地主幼发
	8-14岁	右耳			忌金木相克余同上		
大运—人仓	15岁	火星	额	中正	天阳　华阳　两耳　发际　日角　月角	各位均好主聪明富胆识忌发际冲印额耳低弱防病灾刑克破祖离乡	五官及各位均好边城不陷主早发如眉形六害反照其凶
	16岁	天中	右眉				
	17岁	日角	右眼	华阳	两眼　两耳　两眉　日角　月角　天仓	各位均好主长上提携忌华阳无气额陷痣纹发际闭日月角应防灾病刑克	
	18岁	月角	右耳				
	19岁	天庭	左眉	准头	眉眼势　发脚　日月角	忌准歪气弱发脚冲眉主厄运灾病	
	20岁	左辅角	鼻	天仓	火星　年寿　水星	各位均好主长上提携忌年寿天仓陷水星不正防凶厄	
	21岁	右辅角	口				
	22岁	司空	左耳	人中	两耳　山根　痣斑　纹痕	忌金木相克四水不通防凶厄	
	23岁	左边城	左眼	额头	眼神　华阳　发脚　天庭	各位均好主好运忌眼无神形恶额窄又陷防凶厄	
	24岁	右边城	额				
大运—眉仓	25岁	中正	右眉	木星	两眉　两耳　山根	忌右眉带刹山根断折金木相克厄灾	六曜齐明主发大运
	26岁	丘陵	右眼	景阳	景阳　两眼　两耳　印堂　山根　发脚	忌本位有痣斑发际冲印堂恶耳恶景阳骨陷防灾凶克	
	27岁	冢墓	右耳				
	28岁	印堂	左眉	后阳	天仓　准头　两眼　地库	忌眉恶后阳天仓凹陷印堂纹破厄	
	29岁	左山林	鼻	口形	印堂　山根	忌印堂带刹口无气势山根断眉冲应注意外出安全刑克败业孝服等	
	30岁	右山林	口				

同上	31岁	凌云	左耳	年寿	两眼 两耳	忌两眼无神两耳形恶年寿陷主不发运并坊败业灾厄	同上
	32岁	紫气	左眼				
	33岁	繁霞	额	法令	山根 天仓 发脚 鼻眼 三轻 三浓	忌眉六害天仓陷山根低鼻塌仰露额陷形恶主防小人损财败业刑克	
	34岁	彩霞	右眉				
大运—眼仓	35岁	太阳	右眼	华阳	两耳 两眉 山根 怒肉	忌眉形六害木星不秀华阳无势阴阳眼主不发运灾破	六曜齐明主发大运
	36岁	太阴	右耳				
	37岁	中阳	左眉	两颧	后阳 台尉 两眉 年寿	忌两颧漏气后阳骨陷六害眉鼻恶主不发运如眼形恶并防灾破	
	38岁	中阴	鼻				
	39岁	少阳	口	鱼尾	两耳 两眉 两眼 奸门	忌水星陷两耳相克鱼尾多而向下奸门凹凸主防困败刑克	
	40岁	少阴	左耳				
大运—天仓	41岁	山根	左眼	左眼	柱阳 地阁 垂珠	忌柱阳无气两眼陷地阁弱防灾厄	眉伏樑实主发大运
	42岁	精舍	额	印堂	两眉 发际 两眼 山根	忌额头陷眉六害印痣纹本位皮肉枯黑应防困败刑克	
	43岁	光殿	右眉				
大运—禾仓	44岁	年上	右眼	两眉	印堂 两耳 鬓毛	忌眼陷耳恶眉六害压眼印堂悬针本位露骨应防大凶	耳鼻颧气势连贯者主发大运
	45岁	寿上	右耳				
	46岁	左颧	左眉	后阳	两眼 两耳 鬓毛 年寿	忌眉六害鼻无气后阳陷鬓闭命门颧好亦不发运忌本位痣破主失权失财	
	47岁	右颧	鼻				
大运—囤仓	48岁	准头	口	水星	两眼 两颧 口角 灵阳	忌眼无神鼻弱或孤峰口又劣防大灾	口如四字鼻如悬胆主发大运
	49岁	谏台	左耳		两眼 口形 两耳 灵阳	忌耳陷眼恶口形不托防损财灾病刑克破败	
	50岁	廷尉	左眼				
大运—食禄仓	51岁	人中	额	额头	耳珠 土星 法令 火星	忌额陷耳陷土伏水法令恶主恶运	眉须有情土正唇阔主发大运
	52岁	左仙库	右眉	印堂	眉毫 印光 须神 眼神 井灶 人中	忌眉落形恶眼劣神滞印堂无光人中偏斜防破败	
	53岁	右仙库	右眼				

同上	54 岁	食仓	右耳	法令	耳珠 须神	忌灵阳无气耳陷眉恶	同上
	55 岁	禄仓	左眉		眉毫 灵阳	法令断乱防破败刑克	
大运—家库	56 岁	左法令	鼻	印堂	年寿 人中	忌鼻陷口恶印堂暗滞	眉有毫须有神耳有珠四宇口五岳朝拱主发老运
	57 岁	右法令	口		准头 印光	鼻口色恶防灾困刑克	
	58 岁	左附耳	左耳	灵阳	眼神 垂珠	忌眼无神灵阳骨陷耳恶色	
	59 岁	右附耳	左眼			滞本位气暗防奇灾大破败	
	60 岁	水星	额	垂珠	额色 印光 耳色 准头	忌额暗耳滞准下钩防运蹇灾病刑克	
	61 岁	承浆	右眉	法令	眉毫 耳色 眼神	忌法令困口眉未出毫两耳干枯	
	62 岁	左地库	右眼	柱阳	印光 眼神 耳色	忌耳气枯暗柱阳无气眼神衰弱印堂	
	63 岁	右地库	右耳			无光防促寿	
	64 岁	陂池	左眉	人中	印光 眼神	忌耳枯眉落印室枯乾人中不	
	65 岁	鹅鸭	鼻		耳色 唇色	明口唇暗黑眼神衰弱防促寿	
大运—地库	66 岁	左金缕	口	眉心	印光 年寿 准头 眼神	忌年寿准头暗色眼无神印堂眉心	天地相朝颐颏方圆神气色俱佳主老运弥坚
	67 岁	右金缕	左耳		白毫 颈条 头皮 唇色	枯暗颈条不明防暗疾破败防促寿	
	68 岁	左归来	左眼	柱阳	印光 唇色	忌印堂枯暗唇色恶须无	
	69 岁	右归来	额		眼神 须神	神柱阳无气防促寿破败	
	70 岁	颂堂	右眉	口水	眉毫 颈条 须神 眼神	忌须枯眉落神弱形倾颈无余皮	
	71 岁	地阁	右眼	柱阳	唇齿 准头 眼神 须神	忌水欺土眼无神天地不朝防促寿	
	72 岁	左奴仆	右耳	眉心	印光 人中 眼神 白毫	忌神气色不佳四水不通防促寿	
	73 岁	右奴仆	左眉		须神 两颧 耳毫 颈条		
	74 岁	左腮骨	鼻	气色	寿斑 唇色 眼神 地阁	忌神气色不佳颐腮陷露防促寿	
	75 岁	右腮骨	口		耳色 唇色 印光 头皮		

(以上均男左女右)

第十八章
婴儿、幼儿、儿童相之观看法

柳庄相法云："三岁为婴儿，相神、气、色不相五官。十二岁内外为童子，还相五官、三停、六府、十二宫为主。"笔者依据现今社会状况拟修正为1岁前为婴儿，3岁前为幼小儿，6岁前为幼儿，12岁前为儿童，满12岁后为少年，满15岁后为青年。6岁前之婴儿及幼儿，以相神、气、色为主（尤重耳之气色），五官、三停、六府、十二宫仅参合论断而已。满6岁后至14岁之儿童，仍以相神气色为主，但相五官、三停、六府、十二宫为辅（着重耳之相理），15岁生日后则以成年人之相理标准论断。因6岁前之婴儿及幼儿以健康最为重要，故相神气色即可（注一），满6岁后之儿童则除健康以外，尚须观看其是否聪明好学，而耳朵为吾人15岁前观看是否健康及是否聪明好学之最佳观察点。因15岁之前，唯有耳朵已发育完成，其他头、面、身体、四肢等因尚未发育完成（注二），故以观看耳朵之气色及相理为准。15岁之后，身体大致发育完成，同时在心理上亦产生独立自主的意识，并开始在社会上接触不同的人、事、物，而必须在身体健康及聪明好学外，进一步发挥潜在的智慧和优良的个性，故以成人之相理标准论断之。兹就有关婴儿相、幼儿相、儿童相之观看法则分述如下：

▲婴儿出生时，头发长及眉眼，头皮宽松，脐大无血者好养。

▲婴儿出生时，脸及身体之肤色，以红润中透黑润者主好养，如肤色淡白则不妙，一个月内有夭折之虞。

▲婴儿出生时，胎毛黑者好养。胎毛黄者，象征母亲在怀胎时期内父母感情不佳，亦主刑克父母。胎毛稀少者难养。

▲婴儿出生时先看三岳，如南岳高（女忌），主祖先积有阴德，自身多福少灾又好养。中岳高，主长大后可成器又好养。北岳宽隆圆满，主长大后不贵即富又好养。独不看东岳西岳，因颧骨尚未发育完成。如一岳不成者主难养，南岳不成并妨克父母。

▲婴儿出生时，两耳高提或厚大形秀者主好养，同时为其父母带来好运十五年。

▲婴儿出生时，眼凹陷或两眼相斗，山根又断者，主一生破败多灾，难有好运。

▲婴儿出生时，眼凸露或发黄者，定主刑伤父母。

▲婴儿出生时，头骨不宜大凸露，前凸者刑父，后凸者刑母。

▲婴儿出生时，耳轮反廓露者，主不荫父母与双亲少缘。

▲婴儿出生时，发际低前额削者刑父，日月角及眉有旋毛者刑母。

▲婴儿出生后，睡时闭口，气自鼻孔出者好养，山根有青气者主难养防夭折。

▲婴儿出生后，阴囊大而黑，皮皱而上吊者主好养。小便凝如脂膏者主难养防夭折。

▲婴儿出生后，哭声嘹亮者好养。眼睛能转动，哭三声不换气者主富贵。如哭声先大后小，声音悲惨者，主1岁前难养，防夭折并刑克父母。

▲婴儿出生三个月后会笑会转头者，主成人后智慧高。

▲婴儿出生六个月后不畏生而任人抱玩者，主成人后勇敢。

▲婴儿面大无鼻梁者，主1岁前难养防夭折。

▲婴儿睛小如豆或睛圆如鸡眼者，主1岁前难养防夭折。

▲婴儿头大颈细双目无神者，主1岁前难养防夭折。

▲婴儿口唇薄如纸，肛门无皱纹者，主1岁前难养防夭折。

▲婴儿手足太过乱动者，主长大后顽皮又欠孝心。

▲婴儿出生六个月内长牙、行坐、言语者，先贤认为是恶性发育，过犹不及，乃不祥之兆，尤以言语愈迟愈好，朱夫子7岁始能言语，但与现今优生学之原理原则相违，故不加论列。

▲小儿头发疏黄，眼如含泪，脚无后踵者，均主难养，防2岁前夭折。

▲女婴忌天庭高，声音大、眼睛大、眉毛浓、个性躁，主妨父母，少兄弟，严重时，主破家（此均为父母身心遗传不良之征）。

▲女小儿满10岁后尤忌声高声粗，相书云“杀夫三颧面，妨夫额不平，欲知三度嫁，女有丈夫声。”

▲女儿童最喜发黑、耳正、眼秀、眉长、肩圆、背厚、主长大后必配贵夫。忌项短、发多、耳反、额高，声粗主长大后婚姻不美满，或贫贱劳碌。

▲小儿头发有两个旋毛者，或头发过浓者，主妨克父母。（注：双旋为父母遗传不良之征）

▲小儿黑睛大者聪明，但睛大眼亦大，并睛暗无光者主夭亡。

▲小儿骨壮肉暖者，主一生少病，睡时口合，语不露齿，汗尿不臭，声音清响，眉黑发细，天庭高，耳高提，口唇鲜红，主一生福寿到老。

▲小儿骨壮肉暖者，乃精强神足之征。睡时口合，语不露龈，乃消化系及肾水系健康之征。汗尿不臭，乃泌尿系健康之征。声音清响，乃元气足之征。眉黑发细乃代谢系呼吸系及血质良好健康之征。天庭高耳高提，乃聪明多智之征。口唇鲜红，乃血液循环良好之征。如再喜戏耍、爱整洁，主来日必有大成就，非贵即富。

▲小儿断乳后，发际低压，眉粗锁印，双目不秀，时常啼哭，手粗指硬，尿床遗屎，不爱整洁，主长大后个性顽劣，头脑愚笨，贫贱之相。

▲小儿头皮绷紧，耳后无根（即无根灵骨），眉毛若无，眼睛无神，肉滞如泥，骨软如绵，腹大而无小腹者均主难养，防3岁前夭亡。

▲小儿额尖皮薄，头大如斗，颈项细小，眼神昏弱，股间无肉，阴囊隐藏（即隐睾症），阴囊淡白或赤红，均主难养，防5岁前夭亡。

▲小儿额浮青筋者主难养，防8岁前夭亡。

▲小儿常流口涎者，难成大器，阴囊过大者智慧不高。

▲小儿耳前命门骨低陷，耳后低陷成坑，后脑枕骨不成，尾脊无尻骨，顋骨不合，眼大睛暗或眼大露光，均主难养，防8岁前夭亡。（注：尻骨愈长愈好主福大寿长。）

▲小儿在 7 岁后，男童取气旺，女童取气藏，男童取目秀，女童取眉清。

▲小儿额有深刻之三横纹者，主克父犯孤。

▲小儿生善痣者（即鲜红漆黑之痣）少，生恶痣者（即黑色褐色或灰白淡红之痣）多，恶痣主成年后刑克六亲或主自身破败，生斑点者减半论。

▲小儿之手 10 岁后方长完全，尤以十指指纹，必待脑组织发育完成，指纹才生长完全，然后指纹才永远不会改变。大体言，小儿以手臂长者主贵，如手长过膝必主大贵。如身小手大，手软如绵，手掌红活，手热如火，手纹如锦，手背伏龟，皮宽肉厚，骨隐筋藏者，主不富即贵。如面清手浊，人大手小，足长手短，骨硬节露，三大纹粗浅冲断漏缝者，长大后主无成就可言。婴儿小儿生重病，如大拇指屈在其余四指之内者，男主死女主生，如大拇指露在其余四指之外者，男主生女主死。

注一：有关婴儿幼儿神气色之观看法则，请参阅拙著《萧湘识人相法全集(三)·气色大全》各章节。

注二：男 16 岁左右以外肾长满阴毛为准，女 14 岁左右以癸水来潮正常为准。

相理真言

愚鲁人说话尖酸刻薄，既贫穷又损寿元。
聪明子语言木讷优容，享安康且膺封诰。
欺蔽阴私纵有荣华享不久，
公平正直虽无子息死为神。
小富小贵易盈前程有限，
大富大贵不动获福无疆。

萧湘居士　辑

面相十三部位总图

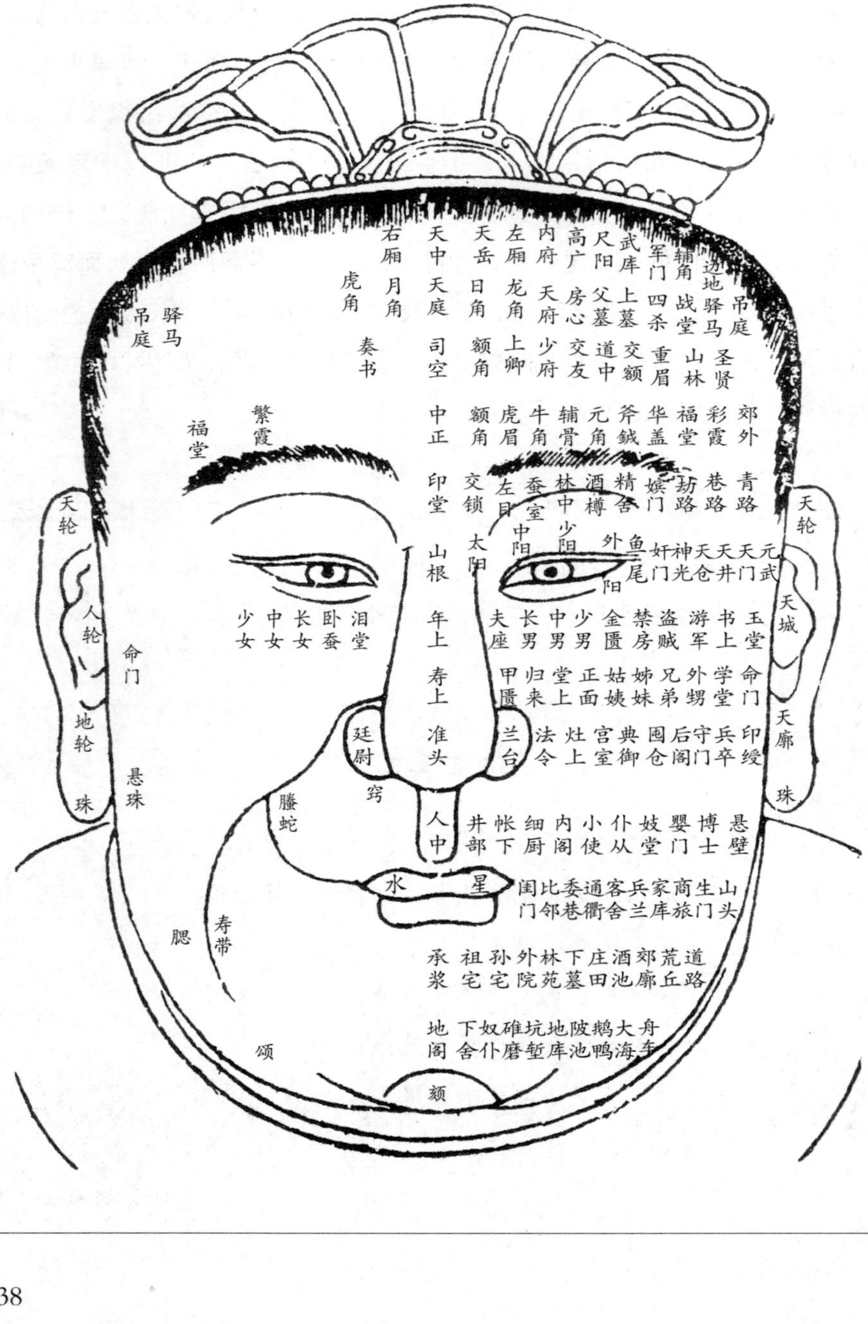
右厢
天中
天岳
左厢
内府
高广
尺阳
武库
军门
辅角
边地
虎角
月角
天庭
日角
龙角
天府
房心
父墓
上墓
四杀
战堂
驿马
吊庭
吊庭
驿马
奏书
司空
额角
上卿
少府
交友
道中
交额
重眉
山林
圣贤
福堂
繁霞
中正
额角
虎眉
牛角
辅骨
元角
斧钺
华盖
福堂
彩霞
郊外
天轮
印堂
交锁
左目
蚕室
林中
酒樽
精舍
嫔门
劫路
巷路
青路
天轮
山根
太阳
中阳
少阳
外阳
鱼尾
奸门
神光
天仓
天井
元武
人轮
少女
中女
长女
卧蚕
泪堂
年上
夫座
长男
中男
少男
金匮
禁房
盗贼
游军
书上
玉堂
天城
命门
寿上
甲匮
归来
堂上
正面
姑姨
姊妹
兄弟
外甥
学堂
命门
地轮
廷尉
准头
兰台
法令
灶上
宫室
典御
园仓
后阁
守门
兵卒
印绶
天廓
悬珠
珠
窍
螣蛇
人中
井部
帐下
细厨
内阁
小使
仆从
妓堂
婴门
博士
悬壁
珠
水
星
闺门
比邻
委巷
通衢
客舍
兵兰
家库
商旅
生门
山头
腮
寿带
承浆
祖宅
孙宅
外院
林苑
下墓
庄田
酒池
郊廓
荒丘
道路
颂
地阁
下舍
奴仆
碓磨
坑堑
地库
陂池
鹅鸭
大海
舟车
颏

面相十三部位总图名称表

右厢	天中	天岳 左厢 内府 高广 尺阳 武库 军门 辅角 边地
虎角 月角	天庭	日角 龙角 天府 房心 父墓 上墓 四杀 战堂 驿马 吊庭
奏书	司空	额角 上卿 少府 交友 道中 交额 重眉 山林 圣贤
繁霞	中正	额角 虎眉 牛角 辅骨 元角 斧钺 华盖 福堂 彩霞 郊外
右目 刑狱	印堂	交锁 左目 蚕室 林中 酒樽 精舍 嫔门 劫路 巷路 青路
少阴 中阴 太阴	山根	太阳 中阳 少阳 外阳 鱼尾 奸门 神光 天仓 天井 天门 元武
甲匮 少女 中女 长女 妻座	年上	夫座 长男 中男 少男 金匮 禁房 盗贼 游军 书上 玉堂
	寿上	甲匮 归来 堂上 正面 姑姨 姊妹 兄弟 外甥 学堂 命门
廷尉	准头	兰台 法令 灶上 宫室 典御 囤仓 后阁 守门 兵卒 印绶
	人中	井部 帐下 细厨 内阁 小使 仆从 妓堂 婴门 博士 悬壁
	水星	闺门 比邻 委巷 通衢 客舍 兵兰 家库 商旅 生门 山头
	承浆	祖宅 孙宅 外院 林苑 下墓 庄田 酒池 郊廓 荒丘 道路
	地阁	下舍 奴仆 碓磨 坑堑 地库 陂池 鹅鸭 大海 舟车

附注：本表所列名称以神相全编所载为准

面相七十五部位

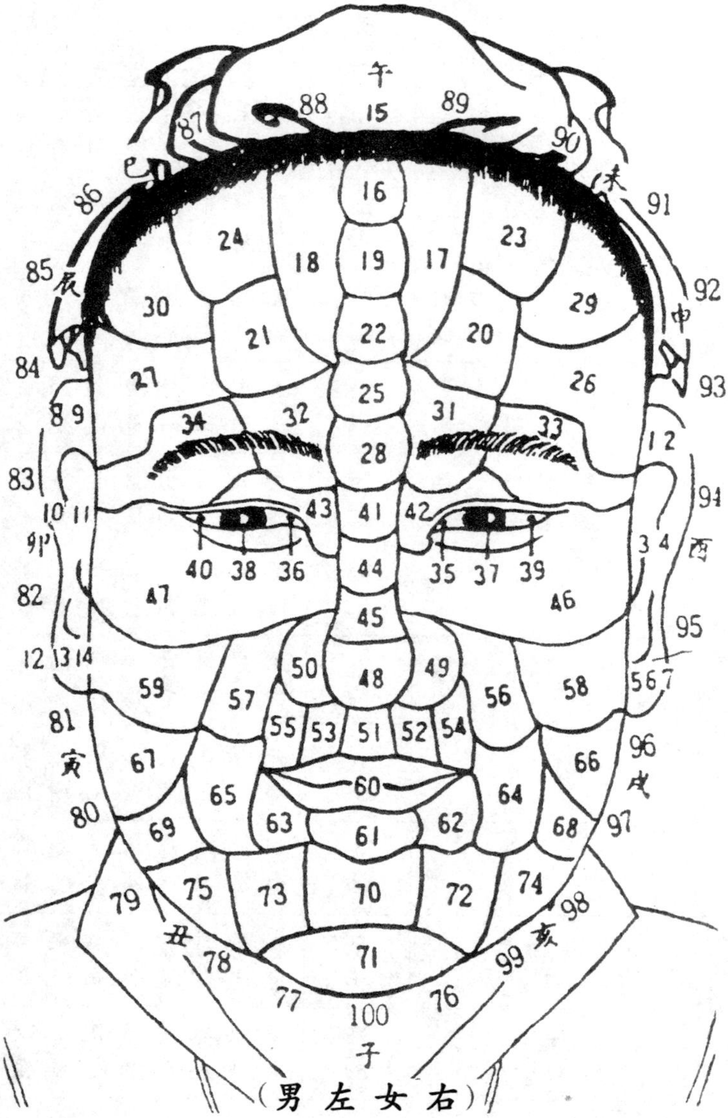

（男左女右）

面相七十五部位名称表

1、2岁天轮	3、4岁人轮	5、6、7岁地轮	8、9岁天轮	10、11岁人轮	12、13、14岁地轮	15岁火星	16岁天中	17岁日角	18岁月角
19岁天庭	20、21岁辅角	22岁司空	23、24岁边城	25岁中正	26岁邱陵	27岁冢墓	28岁印堂	29、30岁山林	31岁凌云
32岁紫气	33岁繁霞	34岁彩霞	35岁太阳	36岁太阴	37岁中阳	38岁中阴	39岁少阳	40岁少阴	41岁山根
42岁精舍	43岁光殿	44岁年上	45岁寿上	46、47岁颧骨	48岁准头	49岁谏台	50岁廷尉	51岁人中	52、53岁仙库
54岁食仓	55岁禄仓	56、57岁法令	58、59岁附耳	60岁水星	61岁承浆	62、63岁地库	64岁陂池	65岁鹅鸭	66、67岁金缕
68、69岁归来	70岁颂堂	71岁地阁	72、73岁奴仆	74、75岁腮骨	76、77岁子	78、79岁丑	80、81岁寅	82、83岁卯	84、85岁辰
86、87岁巳	88、89岁午	90、91岁未	92、93岁申	94、95岁酉	96、97岁戌	98、99岁亥			

萧湘居士制作　**面相内外五行联属图**　翻印必究

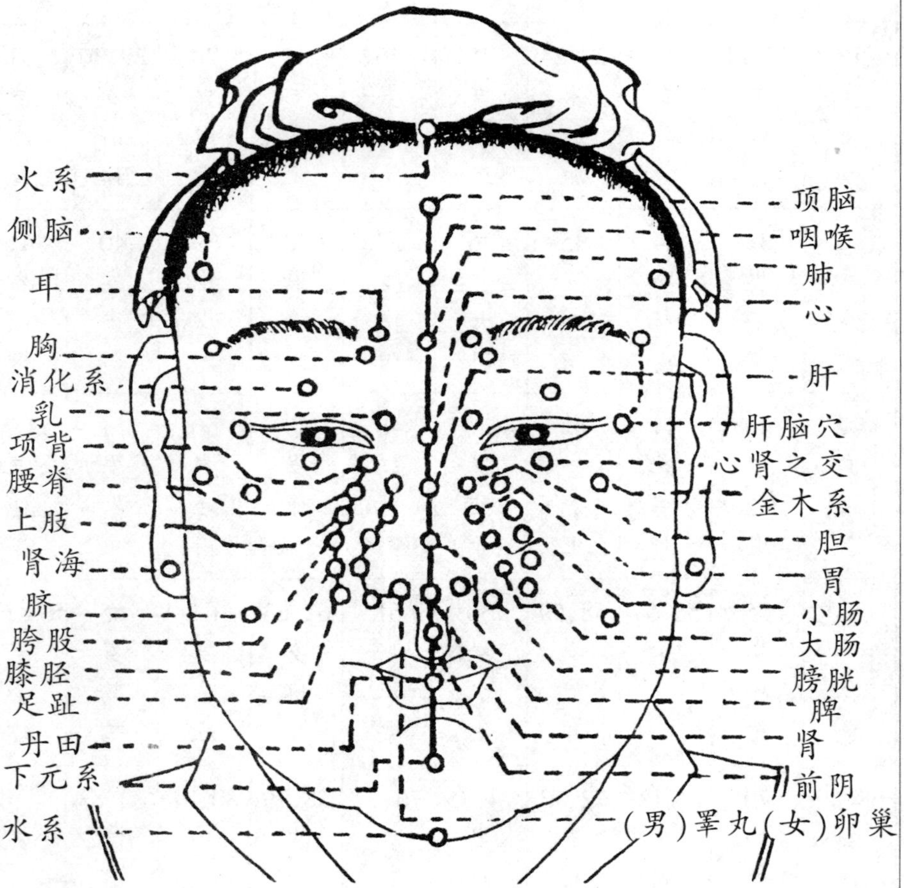

注：此图与面庞之斑痣亦有绝对联属关系此即“有诸内必形诸外”的道理也。

面相三十六宫图

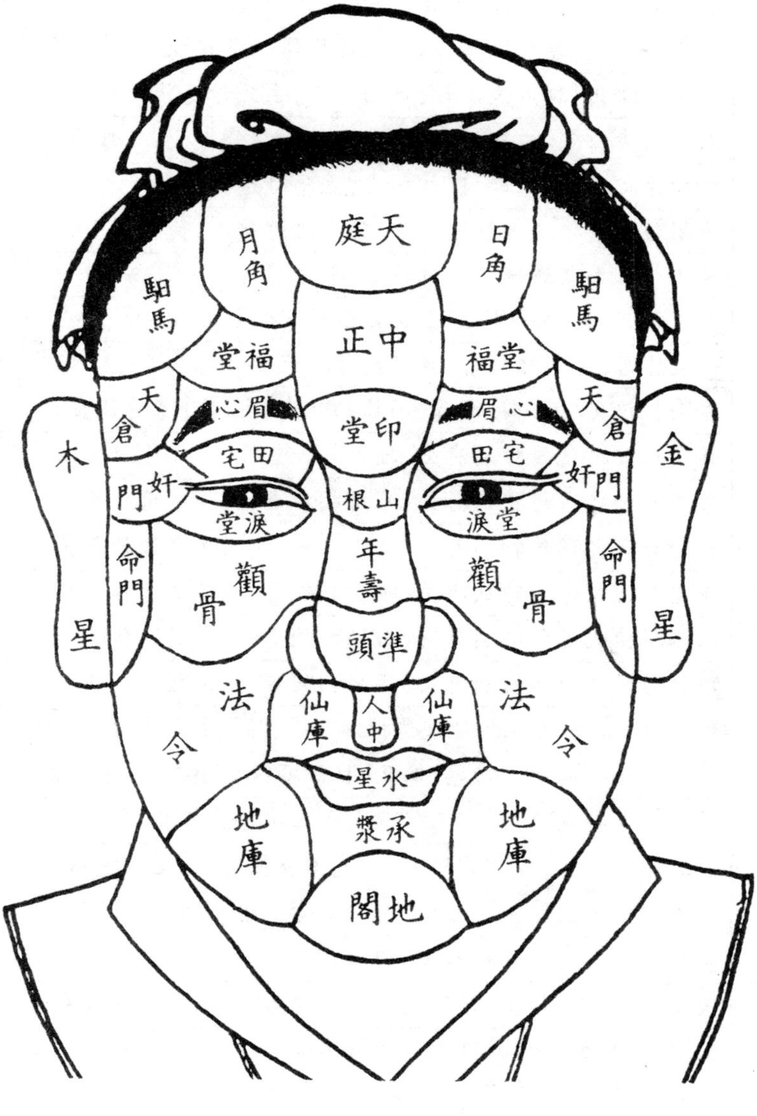
天庭
月角
日角
驛馬
驛馬
中正
福堂
福堂
天倉
天倉
眉心
眉心
印堂
田宅
田宅
木星
金星
奸門
奸門
山根
淚堂
淚堂
命門
命門
顴骨
顴骨
年壽
準頭
法令
法令
仙庫
人中
仙庫
水星
承漿
地庫
地庫
地閣

面相头相各部位与父母祖辈遗传关系表	
耳	左耳像父,右耳像母,耳相佳者,主父母遗传优良。
眉毛	左眉像父,右眉像母,眉相佳者,主父母遗传优良。又整个眉像父。
眼	左眼像父,右眼像母,眼相佳者,主父母遗传优良。又整个眼像母。
鼻	鼻年寿像父,鼻翼像母,准头父母均像。鼻相佳者,主父母遗传优良。
口	口左边像父,口右边像母,口相佳者,主父母遗传优良。
牙齿	左当门齿像父,右当门齿像母,当门齿相佳者,主父母遗传优良。
颧骨	左颧像父,右颧像母,颧相佳者,主父母遗传优良。
地阁	地阁与母系之遗传特别有关,父系之遗传次之。
额头	额头与父系之遗传特别有关,母系之遗传次之。
天中	天中像父,天中相佳者,主父之遗传优良。
天庭	天庭像母,天庭相佳者,主母之遗传优良。
山林	左山林像父,右山林像母,山林相佳者,主父母遗传优良。
日角	日角与父之遗传特别有关,日角相佳者,主父之遗传优良。
月角	月角与母之遗传特别有关,月角相佳者,主母之遗传优良。
天仓	天仓与父之遗传特别有关,天仓相佳者,主父之遗传优良。
印堂	印堂与父之遗传特别有关,印堂相佳者,主父之遗传优良。
山根	山根与祖父遗传特别有关,山根相佳者,主祖父遗传优良。
顶脑	顶脑与父之遗传特别有关,顶脑相佳者,主父之遗传优良。
后枕	后枕与祖父母外祖父母遗传特别有关,后枕相佳者主祖辈遗传优良。
柱阳	柱阳宽厚丰满者,主容貌像父,柱阳窄瘦细小者,主容貌像母。
柱阳	柱阳宽厚丰满者,象征三代以上之祖辈遗传优良。
灵阳	左边灵阳像父,右边灵阳像母,灵阳相佳者,主父母遗传优良。
骨肉	骨多肉少者主容貌个性像父,肉多骨少者主容貌个性像母。
胡须	胡须与父之遗传特别有关,胡须相佳者,主父之遗传优良。
头发	头发与母之遗传特别有关,头发相佳者,主母之遗传优良。
附注	一、表列之部位应男左女右分别论断。 二、遗传内涵包括健康、智慧、个性及祖产父产、祖德父德之有无。 三、各部位相理好坏标准,以萧湘相法(一)、(二)所论及之标准为准。 四、本遗传表萧湘居士拥有著作权,未经许可而翻印者,必法律追究。

附　录

相理浅谭

尝有人询问笔者，相理与命理的界说为何？简单地说，子平八字与紫微斗数属于命理学范围，即一般人所说的“算命”。它是根据一个人生辰八字的阴阳五行与星宿宫位为推算命运的基础，被算命的人在场或不在场均可推算，故命理是属于“拟制论命”，乃是玄学与星相学。而相理（即人相学）则迥然不同，它是属于“实体论命”，必须被看相的本人亲自到场，始可推论其命运。因为相理是根据一个人的五官、五岳、六曜、六府、头部、躯体、四肢等实体形相，再配合其目前表现于外的精神气色声音等作综合判断，换言之，“有诸内必形诸于外”为相理论命的最高指导原则。

为何每个人的长相均不相同，因而导致各种不同的人生际遇呢？根据王充和曾国藩的说法，乃是“凡人受命，在父母施气之霎时，已得吉凶矣。其关于母性者尤大，受气时，母不谨慎，心妄虑邪，则子长大，狂悖不善，形体丑恶”，是以一个人命运的好与坏与遗传有绝对密切关系。也可以说，吾人先天有好的遗传，加以后天好的培育，即具有好的五官形相，以及健康的身体，灵敏的智慧和优良的个性，因此而具备好的命运。试论一个健康不好的人，他能做到高官巨富吗？即使过去做过高官巨富，当一旦身体不好了，也要从高官巨富的位置退下来。同样道理，智慧与个性也是命运的主要内涵，读者不妨印证你自己或你的上司部属，当运气好的时候，也是他身体最健康，头脑最清醒、个性表现最优良的时候，对业务的计划和执行很少发生差错，待人接物也不会失分寸。反之，运气不好的时候，健康、智慧、个性三者一定有失调的现象，外在表现的精神气色也必定欠佳。人相学家为人论相，积极的意义就是从你的面相、头相、体相、四肢相来探讨你所具备的健康、智慧、个性状况，也可以说帮助你认识自己，俾调整人生观，调整事业婚姻计划，掌握好的一面，补正不足的一面，促使你收获多一点。或是你正处霉运的时候，以无利害关系的第三者立场，根据你外在的精神气色状态，为你作检讨分析，做修正补足的建议，以减少霉运中的损失。

总之，人相学博大精深，起源于中医学，融会遗传学和生理学，故先贤有“医相一家”的说法，而西洋相法则起源于性向学，融会心理学及统计学。中国人相学强调“德先相后”，德者即修持之意，亦即命运掌握在自己手里之意，一个人先天遗传要好，更要注重后天的修持，即“相由心生，相逐心灭”的道理，表现在外的即促使精神气色变好之谓，并非指小鼻子变大鼻子，低额头变高额头而言。因为精神气色好，象征着吾人整个脑部组织与内脏器官运转正常，我们的脑组织与内部器官好比一部机器，机器固然要先天制造精良，但也要后天保养良好，然后才能发挥出强大的马力，发挥机器的性能，同样道理，人则要注意修持（包括身心健康道德行为各方面的修持）。先贤范駷云：“造物大公之心，福可以罪灭，罪可以功赎，生心发面，惟人自造”，其阐述修持的真谛甚明。

笔者一向认为，吾人研究人相学，并非探讨空幻虚渺的命运，目的乃在认识自己及见相识人，意即认识自己的脑组织与内脏器官结构的优点是什么，缺点又是什么，认识了自己，即掌握了自己的命运，然后才不会贪多急进，才能把握人生的方向，不致盲目奋斗，迂回奔波，徒耗时间精力，即使有所折损，也不会怨天尤人，甚或含恨以终。笔者往往听到一些人埋怨说，我是大学毕业，他仅是小学毕业，他能成就大事业，我也可以成就大事业，可惜他不知道学识只是智慧的一环而已，智慧有如大海，学识只是小井而已，其他如健康个性方面你能比过他吗？最后只好归之于八字不好，风水不好，姓名不好等等，此即宿命论也。再以见相识人来说，处在现今人际关系复杂的社会更属重要，尤以从事工商业的仕女们，更应具备见相识人的常识，才不致吃亏上当，工商界的领导人统御千人甚至万人，每天的接触面又广，人心好坏，各如其面，谁能懂得见相识人的诀窍，待人处事就能应付自如，劳少获多，事业方面也就多了一项成功的保障。

本文原载台湾《经济日报》1986 年 4 月 19 日第十二版。

观相感言

礼可伪，衣可饰，气色难假。

贫可装，富可扮，格局难假。

萧湘居士 撰

观相感言

“太平盛世”与“战争乱世”为两个显然不同的“周天运”，前者适合具有“正路格”者发展，不适合“异路格”及“贱中贵格”发展。反之，后者则适合“异路格” 及“贱中贵格”发展。此因盛世注重“所学所用”“科班出身”，而乱世则往往“用非所学”或“不学亦用”之故也。（注：何谓正路格、异路格、贱中贵格，请参阅《萧湘识人相法全集(二)》附录篇“相门精义”篇章。)

萧湘居士 撰

观相感言

事业运财运与才能学问不可能成正比，事业运财运只与健康、智慧、个性成正比。

为何怀才不遇？个性桀骜不驯！为何知交断绝？既傲慢又偏见！

萧湘居士 撰

人相学的命运观

各位听众朋友：

人们对命运都不免存在着一分好奇的心理，不论中国人或是外国人，大概都是人同此心而又心同此理了。一般人对命运的看法，不外“肯定说”“否定说”或是“半信半疑说”，人相学对命运的看法当然与一般人的看法有所不同。

人相学的命运观

一、人的命运是父母受胎那一刹时所决定——假如命运真有好坏之别的话，那么，这个制造好命运与坏命运的主宰者正是你的父母，制造的时间则是你的父母为你授胎的那一刹那，而不是出生的年月日时。王充和曾国藩说：“凡人受命，在父母施气之霎时已得吉凶矣。受气时，母不谨慎，心妄虑邪，则子长大，狂悖不善，形体丑恶。”本人亦认为，受胎时父母身体欠健康，父母感情不佳，父母事业破败，或在酒后、气候不良、天灾战乱时爱胎，或遭强暴或野合苟合时受胎，均会影响一个人的命运。以上说法，现代的遗传学及优生学均可证明其真实，其他动物植物的繁衍生长莫不同一道理。

二、人的命运与遗传基因及母体的健康与胎教以及出生后的培育关系密切——遗传基因好似植物的种子，好的种子才能生长出好的植物，但是母体的健康与否有如田地的肥沃与否。例如同样是蓬莱米稻种，种在肥沃的甲地上每年可收获8000公斤，种在欠肥沃的乙地上，每年只可收获5000公斤是同样的道理。至于胎教与出生后的培育，则好比种子发芽后的灌溉施肥同理。故一个人如有好的命运，必定具备好的遗传基因及好的母体健康与好的胎教以及出生后好的培育。例如孟子的母亲，岳飞的母亲，及其他伟人和事业有成就的人的母亲，均高寿又贤慧并教子有方。

三、每个人的长相不同所以每个人的人生际遇也不相同——吾人五官六府的长相“中正”与否，实际上就是反映一个人五脏六腑先天遗传和后天培育的优良与否，这就是人相学“有诸内必形诸外”的道理。也可以说，长有好的五官六府，一个人才有好的健康、好的智慧和好的个性，而一个人有好的健康、智慧和个性，乃是一个人一生际遇的顺逆和收获多寡的评鉴标准，也就是一般人所谓命运好坏的真正内涵。

四、人的命运应分为先天后天周天三个范畴——命运的先天即父母遗传基因的优良与否，命运的后天则包括怀孕时期的胎教，出生后的养育和求学、工作、创业、结婚、生育、疾病、死亡各时期。一个人命运的好坏，先天的遗传基因占有70%的关系，后天的种种则只占30%的关系，但不论先天命运与后天命运完全受周天命运的影响。例如生长在自由经济社会的人，如先天遗传好，后天培育好，亦即其人健康、智慧、个性均百分之百优良的话，则迟早会拥有大官位或大财富。如果他是生长在共产主义的社会，虽然他的健康、智慧、个性均是100%的优良，甚至八字和紫微斗数的命盘也好，姓名也取得好，也不可能成为一个拥有大财富的人，最多拥有大官位而已。其他如英日两国的皇室嫡长子，生下来就是国王皇帝之命，也都是周天命运所使然。

本文原载1989年10月30日台湾佛教《新闻周刊》。

由本刊与时报广场共同主办的红尘心事系列讲座，本月廿一日晚间邀请萧湘居士主讲，由于萧湘居士所提倡的人相学，有别于坊间所流行的宿命论与命理观，当天前往听讲的读者十分踊跃，今特将演讲全文刊出以飨读者—— 编者。

人的命运能改变、能掌握吗?

按照“相随心生相随心灭”的道理，人的命运应该是可以改变的能掌握的，但能够改变的只有气魄、精神、气质、性格、须眉、肤发、气色、肉色、肥瘦、甲齿、声音、纹痕、痣斑等十三项而已，绝不可能低额头变成高额头，塌鼻子变成高鼻子。因为父母的遗传基因，好比电视机的规格，生成十二寸的黑白电视机，绝对不能也不会变成二十寸的彩色电视机，但是，保养的好坏可延长或减少电视机的寿命和画面的清晰度。

综合上述论点，人相学是既不相信命运肯定之说，也不相信否定说及半信半疑说，但认同遗传学及优生学的道理。而命运能改变的只有后天部分的三分而已，同时要靠自己的努力和自我修持才能改变，而不能期望他人或神明来帮忙改变自己的命运，这就是命运掌握在自己手里的道理。又人相学与命理学完全不同，前者为实体论命，以遗传学、生理学、中医学为依据、后者为拟制论命、以玄学、星相学为依据。

真正认识自己才能理性立命

日前“司法院长”林洋港在南投演讲时，指出时下命相风水盛行，大家均拘泥于宿命论，必然会导致不正确的人生观和不良的社会风气，因此而提出“立命”之说。

笔者从事相理研究工作三十余年，深感不论看相算命，或是风水卜卦，持平而论，并非如有些人所说的，其害有如洪水猛兽，其言均系无稽之谈。今天社会上之所以仍有60%（生命线杂志调查统计）的人常去看相算命，尤其在竞选公职、投资创业、结婚生育、求职考试、或官员走马上任的时候均要看相算命，或是请风水师指点一番。究其原因：第一，为历史文化因素所使然，如同西方人之崇尚占星术均属同样现象，而此种现象，乃构成民族文化之一部分，除非其民族被消灭，此种现象永远存在；第二，处此竞争的社会，人民为避免波折和不顺情况的发生，或是在事业失败、工作不顺、婚姻破裂后为求得内心压力的纾解，人民去看看相算算命乃人之常情；第三，正统的命相风水之说，虽然是一门相当古老的学问，但据笔者的研究，的确有精宏的道理存在，尤其人相学的内涵，与现代之遗传学、生理学、中医学的说法完全不谋而合，没有迷信的成份，因此而能吸引高级知识份子加入研究的行列。

但是，不可否认，命相风水之说虽对社会有若干正面作用，但同时也为社会带来若干负面影响；例如政治人物，过度相信命相风水之说，而忽略国家社会的政治生态，岂有不竞选失败之理？投资者（包括股市投资人）过度相信命相风水之说，而忽略国家和世界政治经济动态，岂有不投资失败之理？一般人过度相信命相风水之说，而忽略自身之修持（即林洋港所指亦为人相学所强调的积善之说及修身养性的功夫），反而率性而为，不讲求伦理道德，在事业或工作上一味急进贪多，而不知适时忍耐保守，在婚姻上则不讲求容忍宽恕，最终焉能不事业失败、工作不顺、婚姻破裂之理？因为命相风水之说，即使有其可信之处，但追根究柢它的作用仍限于告知“可能发生的现象”，即使最符合科学理论的人相学，也只能告知“遗传资质是否优秀，健康智慧个性有那些优缺点，以及有那些年岁要注意生理短路现象出现”而已。

既然命相风水之说的使命限于告知“可能发生的现象”，那么，媒体舆论和一般智识份子为什么会痛批命相风水之说，甚至认为命相风水之说已造成台湾社会的心灵污染，造成社会上一般人迷信超乎理性的怪现象。究其原因亦有三：第一，正统的命相风水之说，已渗入“道术”、“巫术”之说，或标新立异，弄些“噱头”以广招徕，此乃命相风水从业人员大搞“怪力乱神”的由来；第二，命相风水从业人员为标榜其职业权威性，为迎合功利社会的贪婪人心，常作夸大不实的铁口直断，例如此次推算县市长选举当选率失准等；第三，少数命相风水从业人员为贪图非份之财，为客人在看相算命看风水之余，尚为客人治病改运，进而敛财渔色，此为命相风水从业人员最为一般人所诟病之所在，因为运气既然可改，可见其原先推算之不准。笔者常谓，能缔造吾人先天七分命运的是祖先父母，能改变吾人后天三分命运的人，第一是自己，第二是医生，命相风水从业人员焉能担当此重责大任。

林洋港先生在演讲中指出人要“立命”，其说颇为正确，因为人不立命必然“宿命”。但人相学认为，人之命运七分肇因于父母祖先之遗传，吾人所能掌握的（即所能立命的）只有后天的三分而已，因每个人的遗传资质不同，健康、智慧、个性即不同，因此，虽是同年同月同日同时生，同时毕业于同一大学同一学系，即使所立之命（扩大解释立命即志向）也相同，但最后两人之收获与成就绝不相同。由此可知，人定胜天的说法只能适用于人类生活环境的改造上，而不能改变吾人的遗传基因。因此，立命固属重要，认识自己的遗传资质，和健康、智慧、个性尤其重要。否则，盲目立命必定盲目奋斗，必定误信“爱拼才会赢”之谬论，也必定大走迂回路而终归失败。西谚云：“认识自己是世界上最大的学问。”假如吾人认识了自己的遗传资质和健康智慧个性的优缺点然后再立命，自然不会相信宿命论，也自然不会迷信于命相风水之说，而只是当作参考而已，果能如此，才是理性的立命，才不会心存侥幸冒进强求，才不会失败而愤事后悔。

本文原载1993年12月8日台湾《联合报》第十一版。

整形美容能改变命运吗?

根据医理学、生理学和人相学的印证，吾人五官六府甚至毛发的长相，均与吾人体内的五脏六腑和骨骼骨髓以及血液和内分泌有绝对的关联性。也可以说，吾人有何样质量的内脏器官和骨骼骨髓，就会长出何样的五官六府，有何样质量的血液和内分泌，就会长出何样的毛发，这就是中国五千年来生理学、医理学秉持的“有诸内必形诸外”的道理。如果吾人以整形手术，或是以化妆美容方法，除去或掩饰先天生成的五官六府的瑕疵，藉以改善吾人的命运是否有效呢？站在研究人相学的立场而言，肯定此种方法对命运的改善是绝无效果的。或谓吾人能利用整形手术或美容化妆方法，除去或掩饰面上五官六府的瑕疵，将丑陋不雅的外貌变为端庄秀丽的外貌，不但在心理上加强了自己的自信心，同时也会促使外人对自己的形象另眼看待，相对的也提升了社会人际关系，如此自然会为吾人带来好运，因此在事业上增加了收获和成就，或在婚姻上遇到美满良缘。问题是谁敢提出责任保证。

反之，在吾人的印象中，抱怨整形手术失败，开运化妆不能开运者所在多有。当然，整形手术成功的例子也很多，但可以肯定的说，绝不会因整形手术将鼻子垫高，或是将下巴变成丰满状，或是将眉毛纹成自己最喜欢的眉形，就会带来好运，最多只是增强若干自信心而已。再者，假定一个人只要花费数万元台币做一次整形手术，或是花费数千元台币做一次开运化妆，就可以将一个贫穷或普通命运的人，变成富裕或大富大贵的人，请问天下那有这样便宜的事？

再根据医理学和生理学的说法，吾人整管鼻子长得隆挺长直，是因为吾人体内的脊椎骨长得好的缘故。鼻子的“山根”部位长得好，是因为体内心脏血液循环等内脏器官，先天遗传和后天发育均良好的缘故。鼻子的“年寿”部位长得好，是因为肝胆等内脏器官，先天遗传和后天发育均良好的缘故。鼻子的“准头”部位长得好，是因为脾脏和肾脏等内脏器官，先天遗传和后天发育均良好的缘故。其他如“眉毛”与肝肺骨髓等内脏器官有关联性。“眼睛”与所有内脏器官及脑组织有关联性，“人中”与生殖及泌尿系统有关联性，“口”与血液循环及消化、消导系统有关联性，“耳朵”亦与所有的内脏器官及脑组织有关联性，其他如上二府、中二府、下二府等“六府”，则与体内之骨骼骨髓有关联性。

是以整形美容方法虽可将吾人五官六府的瑕疵加以美化，但是，最高明的整形手术和美容化妆术，也只能将表面的五官六府加以美化而已，其效果绝对不能美化先天五脏六腑不良的遗传和后天不良的发育。是以笔者认为整形手术和美容化妆术，只有提升若干自信心的微薄效果而已。同时，此种效果与先天五官六府没有瑕疵之人的自信心，根本不能相提并论，笔者观相数万人次，也从未见过经过整形手术和美容化妆术以后就大走鸿运的人，反之，先天生成就有美好的五官六府的人，都能鸿运当头，一生鲜少灾疾，同时婚姻美满。爱美是人的天性，尤其是女性更是想尽办法修饰自己面庞上的瑕疵，此乃无可厚非之事。但是必须先有心理准备，万一整形手术失败，引起严重的后遗症，不要太后悔难过，整形手术成功的人，也不要对好运的来临期望过高，以免到时失望太大。至于开运化妆之类的美容术，反正花费不多，即使没有带来好运，也就不至于太失望后悔了。

本文原载1996年12月29日台湾《自由时报·命理版》。

人相学与手面相、民俗相法、休闲相法有何不同？

人们对人相学有一个误会，以为人相学就是手面相，其实人相学与手面相，表面看来相同，而实质上则相异。因为人相学是站在中医学、生理学、遗传学上谈问题，而手面相只是站在统计学、性向学上谈问题，也可以说人相学是研究“有诸内必形诸外”的人相之道理，而手面相只是研究人相的表面现象而已，而不研究为什么会发生此种表面现象的原因，故手面相只能说是统计学性向学，甚至被人们认为是心理学或迷信。例如鼻子为何被称为财星？为什么有人鼻子长得好？有人鼻子长得不好？鼻子长得好为何会有财？其道理在那里等等，这些都是人相学研究的范围，而不是统计学、性向学、心理学所能解决的问题。又手面相所研究的范围只限于手相面相而已，而人相学所研究的范围则包括头、面、身、手、足五部及骨骼、精神、气色、声音、器识，以及内外五行的联属关系等。

至于民俗相法与人相学不同之点，乃是民俗相法只知其一不知其二，例如手指漏缝者不聚财，手指不漏缝者聚财，事实上手指漏缝者也漏财也聚财，手指不漏缝者也不聚财也聚财。例如木形人配木形手者，手指必漏缝但聚财，如木形人配水形手，则手指不漏缝但也聚财，又如金形人配木形手，手指必漏缝又不聚财，如金形人配土形手则不漏缝又聚财。

至于休闲相法更加等而下之，此乃日本人喜欢研究的相法，例如男子鼻子大，则下体阳物大，女子口大则下体牡户大等等。人相学以研究一个人的外在形相所象征的健康、智慧、个性为主要内涵，用以印证其一生之休咎，对于黄色逗趣的事物均不屑一谈也。

本文原载台湾人相学会《会员通讯》第二期。

观相感言

先贤云：“眉为杀眼为贵、眉为龙、眼为虎”。眉秀要配眼秀。眉秀眼浊者。谓之有杀无贵，亦谓之虎欺龙之相， 一生难有成就并多刑克。眉粗眼要大，或眼带三角而有神，此谓之贵杀两全之相，亦谓之龙虎相配之相，一生主有大成就大收获。反之，眼秀眉浊者，则谓之有贵而无杀，亦谓之龙欺虎之相，一生之福禄寿难全而有凶灾及患小人。

萧湘居士　撰

后　记

《萧湘相法（一）》自 1991 年问世以来，在台湾已出书十余版，每版均有若干增订，是以在本人百年后，如有后人欲翻印《萧湘相法上册》或《萧湘相法下册》或《气色大全》三书时，务请以台北中央图书馆总馆及分馆、北京国家图书馆、香港中文大学图书馆、新加坡大学图书馆、美国国会图书馆，以及中国大陆各省市图书馆，各重点大学图书馆，所收藏的经本人亲自签名之 2004 年及以后各年出版的《萧湘相法全集》增订版之内文为准，以免有误。

读者们如有学术方面的交流与问题，可直接与我联系，通讯地址：台北市建国南路一段 286 巷 52 号 2 楼，电话：008862–27053518（中国台北）。

萧湘居士　敬启

公元二〇〇五年农历四月十二日

萧湘识人相法全集

（二）

手相　体相之部

（台湾）萧湘居士　著

中国商业出版社

图书在版编目(CIP)数据

萧湘识人相法全集. 2 / 萧湘居士著.—北京:中国商业出版社, 2010. 4
ISBN 978-7-5044-6792-8

Ⅰ. 萧… Ⅱ. 萧… Ⅲ. 命相—通俗读物 Ⅳ. B992. 3-49

中国版本图书馆 CIP数据核字 (2010) 第 051449 号

责任编辑 孙启泰

中国商业出版社出版发行
010-63180647 www.c-cbook.com
(100053 北京广安门内报国寺 1 号)
新华书店总店北京发行所经销
北京龙跃印务有限公司印刷
*
710×1000 毫米 1/16 开 71 印张 965 千字
2010 年 4 月第 1 版 2010 年 4 月第 1 次印刷
总定价:148.00 元(全三册)
* * * *

目 录

序 言 …………………………………………………………… 萧湘居士

手相篇

第一章 手相概论 …………………………………………………… (3)
手之部位特性 ……………………………………………………… (3)
中国手相学与西洋手相学之异同 ………………………………… (4)
仅看手相可否论断人生休咎 ……………………………………… (4)
掌纹之相理意义 …………………………………………………… (5)
手相面相体相配观问题 …………………………………………… (7)
手形手指掌纹配观问题 …………………………………………… (7)
左手右手先天后天问题 …………………………………………… (11)
手掌手指气色问题 ………………………………………………… (12)
女性手相之独特相理休咎 ………………………………………… (13)

第二章 手之五形观看法则 ………………………………………… (14)
手相五形之相理意义 ……………………………………………… (14)
金形手相理分析 …………………………………………………… (14)

木形手相理分析 …………………………………… (15)
水形手相理分析 …………………………………… (16)
火形手相理分析 …………………………………… (16)
土形手相理分析 …………………………………… (17)
兼形手相理分析 …………………………………… (18)
原始手相理分析 …………………………………… (18)

第三章　八宫及明堂观看法则 ……………………… (19)
八宫及明堂之相理意义 …………………………… (19)
乾宫相理分析 ……………………………………… (20)
坎宫相理分析 ……………………………………… (20)
艮宫相理分析 ……………………………………… (21)
震宫相理分析 ……………………………………… (21)
巽宫相理分析 ……………………………………… (22)
离宫相理分析 ……………………………………… (22)
坤宫相理分析 ……………………………………… (23)
兑宫相理分析 ……………………………………… (23)
明堂相理分析 ……………………………………… (24)
中国手相学八卦八门图 …………………………… (25)
西洋手相学各丘位置图 …………………………… (26)

第四章　手指观看法则 ……………………………… (27)
手指之相理意义 …………………………………… (27)
大拇指相理分析 …………………………………… (28)

食指相理分析 …………………………………………………… (31)
中指相理分析 …………………………………………………… (32)
无名指相理分析 ………………………………………………… (33)
小指相理分析 …………………………………………………… (34)
五指相互间之联属关系 ………………………………………… (35)
指甲相理分析 …………………………………………………… (37)
中国手相学五指行年月令图 …………………………………… (40)

第五章 指纹、指节纹、指背纹、指背毛观看法则 ………… (41)
指纹及指节纹之相理意义 ……………………………………… (41)
大拇指指纹及指节纹相理分析 ………………………………… (42)
食指指纹及指节纹相理分析 …………………………………… (44)
中指指纹及指节纹相理分析 …………………………………… (45)
无名指指纹及指节纹相理分析 ………………………………… (45)
小指指纹及指节纹相理分析 …………………………………… (46)
指背纹及指背毛相理分析 ……………………………………… (47)
中国手相学标准指纹图及名称图 ……………………………… (49)

第六章 天纹(感情线)观看法则 ……………………………… (50)
天纹之部位特性 ………………………………………………… (50)
天纹之各种相理休咎 …………………………………………… (50)

第七章 人纹(智慧线)观看法则 ……………………………… (63)
人纹之部位特性 ………………………………………………… (63)

人纹之各种相理休咎 ………………………………（63）

第八章 地纹(生命线)观看法则 ………………………………（83）
地纹之部位特性 ………………………………（83）
地纹之各种相理休咎 ………………………………（83）

第九章 玉柱纹(事业线)观看法则 ………………………………（100）
玉柱纹之部位特性 ………………………………（100）
玉柱纹之各种相理休咎 ………………………………（100）

第十章 六秀纹(成功线)观看法则 ………………………………（125）
六秀纹之部位特性 ………………………………（125）
六秀纹之各种相理休咎 ………………………………（125）

第十一章 冲天纹(影响线)观看法则 ………………………………（135）
冲天纹之部位特性 ………………………………（135）
冲天纹之各种相理休咎 ………………………………（135）

第十二章 冲卦纹(影响线)观看法则 ………………………………（139）
冲卦纹之部位特性 ………………………………（139）
冲卦纹之各种相理休咎 ………………………………（139）

第十三章 断掌纹(通贯手)观看法则 ………………………………（142）
断掌纹之部位特性 ………………………………（142）

断掌纹之各种相理休咎 ………………………………… (142)

第十四章 理财纹(理财线)观看法则 ………………………… (145)
理财纹之部位特性 ………………………………………… (145)
理财纹之各种相理休咎 ………………………………… (145)

第十五章 月晕纹(金星带)观看法则 ………………………… (148)
月晕纹之部位特性 ………………………………………… (148)
月晕纹之各种相理休咎 ………………………………… (148)

第十六章 贵人纹(火星线)观看法则 ………………………… (153)
贵人纹之部位特性 ………………………………………… (153)
贵人纹之各种相理休咎 ………………………………… (153)

第十七章 旅行纹(游历线)观看法则 ………………………… (158)
旅行纹之部位特性 ………………………………………… (158)
旅行纹之各种相理休咎 ………………………………… (158)

第十八章 迷心纹(影响线)观看法则 ………………………… (161)
迷心纹之部位特性 ………………………………………… (161)
迷心纹之各种相理休咎 ………………………………… (161)

第十九章 考证纹(健康线)观看法则 ………………………… (164)
考证纹之部位特性 ………………………………………… (164)

考证纹之各种相理休咎 …………………………… (164)

第二十章　动脉纹(手腕线)观看法则 …………………… (168)

动脉纹之部位特性 ………………………………… (168)

动脉纹之各种相理休咎 …………………………… (168)

第二十一章　家风纹(婚姻线)观看法则 ………………… (171)

家风纹之部位特性 ………………………………… (171)

家风纹之各种相理休咎 …………………………… (171)

第二十二章　子女纹(儿女线)观看法则 ………………… (186)

子女纹之部位特性 ………………………………… (186)

子女纹之各种相理休咎 …………………………… (186)

第二十三章　横串纹(影响线)观看法则 ………………… (188)

横串纹之部位特性 ………………………………… (188)

横串纹之各种相理休咎 …………………………… (188)

第二十四章　破心纹(影响线)观看法则 ………………… (191)

破心纹之部位特性 ………………………………… (191)

破心纹之各种相理休咎 …………………………… (191)

第二十五章　其他掌纹观看法则 ……………………… (194)

天医纹之休咎 ……………………………………… (195)

强辩纹之休咎 ……………………………………… (195)
不测纹之休咎 ……………………………………… (195)
自杀纹之休咎 ……………………………………… (196)
强性纹之休咎 ……………………………………… (196)
迷信纹之休咎 ……………………………………… (196)
婆媳纹之休咎 ……………………………………… (197)
梦游纹之休咎 ……………………………………… (197)
幻想纹之休咎 ……………………………………… (197)
悬针纹之休咎 ……………………………………… (198)
捧场纹之休咎 ……………………………………… (198)
祖基纹之休咎 ……………………………………… (198)
神秘纹之休咎 ……………………………………… (199)
方庭纹之休咎 ……………………………………… (199)
大三角纹之休咎 …………………………………… (199)
十字纹之休咎 ……………………………………… (200)
失神纹之休咎 ……………………………………… (200)
井字纹之休咎 ……………………………………… (201)
网罗纹之休咎 ……………………………………… (201)
夜叉纹之休咎 ……………………………………… (202)
三角纹之休咎 ……………………………………… (202)
金星纹之休咎 ……………………………………… (203)
字形纹之休咎 ……………………………………… (203)
君纹之休咎 ………………………………………… (204)
臣纹之休咎 ………………………………………… (204)

册纹之休咎 …………………………………………… (204)
指端纹之休咎 ………………………………………… (205)
乱纹之休咎 …………………………………………… (205)
掌纹流年计算图 ……………………………………… (206)

体相篇

第一章　头颅观看法则 ………………………………… (209)
头颅之部位特性 ………………………………………… (209)
头颅相理好坏标准及休咎 ……………………………… (209)

第二章　头发观看法则 ………………………………… (211)
头发之部位特性 ………………………………………… (211)
头发相理好坏标准及休咎 ……………………………… (211)

第三章　胡须观看法则 ………………………………… (214)
胡须之部位特性 ………………………………………… (214)
胡须相理好坏标准及休咎 ……………………………… (214)

第四章　颈项观看法则 ………………………………… (217)
颈项之部位特性 ………………………………………… (217)
颈项相理好坏标准及休咎 ……………………………… (217)

第五章　肩背观看法则 ………………………………… (220)

肩背之部位特性 ……………………………………………… (220)
肩背相理好坏标准及休咎 ………………………………… (220)

第六章　臂膊观看法则 ………………………………………… (222)
臂膊之部位特性 ……………………………………………… (222)
臂膊相理好坏标准及休咎 ………………………………… (222)

第七章　胸腔观看法则 ………………………………………… (224)
胸腔之部位特性 ……………………………………………… (224)
胸腔相理好坏标准及休咎 ………………………………… (224)

第八章　乳房观看法则 ………………………………………… (226)
乳房之部位特性 ……………………………………………… (226)
乳房相理好坏标准及休咎 ………………………………… (226)

第九章　腰腹观看法则 ………………………………………… (228)
腰腹之部位特性 ……………………………………………… (228)
腰腹相理好坏标准及休咎 ………………………………… (228)

第十章　肚脐观看法则 ………………………………………… (230)
肚脐之部位特性 ……………………………………………… (230)
肚脐相理好坏标准及休咎 ………………………………… (230)

第十一章　下阴观看法则 ………………………………………… (232)

下阴之部位特性 …………………………………… (232)
下阴相理好坏标准及休咎 ……………………………… (232)

第十二章　臀部观看法则 …………………………… (237)
臀部之部位特性 …………………………………… (237)
臀部相理好坏标准及休咎 ……………………………… (237)

第十三章　下肢观看法则 …………………………… (239)
下肢之部位特性 …………………………………… (239)
下肢相理好坏标准及休咎 ……………………………… (239)

第十四章　体毛观看法则 …………………………… (242)
体毛之部位特性 …………………………………… (242)
体毛相理好坏标准及休咎 ……………………………… (242)

第十五章　骨骼肌肉观看法则 ……………………… (244)
骨骼肌肉之部位特性 ………………………………… (244)
骨骼肌肉相理好坏标准及休咎 ……………………… (244)

麻面、痣斑、纹痕篇

第一章　麻面观看法则 …………………………… (249)
麻面之相理意义 …………………………………… (249)
麻面相理好坏标准及休咎 …………………………… (249)

第二章 痣斑观看法则 ……………………………… (251)
痣斑之相理意义 ……………………………… (251)
头面痣斑相理好坏标准及休咎 ……………… (253)
身体痣斑相理好坏标准及休咎 ……………… (256)
上痣应下痣口诀 ……………………………… (258)

第三章 纹痕观看法则 ……………………………… (259)
纹痕之相理意义 ……………………………… (259)
纹痕相理好坏标准及休咎 …………………… (260)
面相一百三十部位图 ………………………… (262)

行止相篇

第一章 言相观看法则 ……………………………… (265)
言语之相理意义 ……………………………… (265)
言语相理好坏标准及休咎 …………………… (265)

第二章 行相观看法则 ……………………………… (268)
行相之相理意义 ……………………………… (268)
行相相理好坏标准及休咎 …………………… (268)

第三章 坐相观看法则 ……………………………… (270)
坐相之相理意义 ……………………………… (270)
坐相相理好坏标准及休咎 …………………… (270)

第四章 卧相观看法则 ……………………………… (271)
卧相之相理意义 ……………………………… (271)
卧相相理好坏标准及休咎 ……………………………… (271)

第五章 食相观看法则 ……………………………… (274)
食相之相理意义 ……………………………… (274)
食相相理好坏标准及休咎 ……………………………… (274)

男女形相配婚法篇

前 言 ……………………………… (279)

第一章 五形配婚法 ……………………………… (281)
五形配婚之相理意义 ……………………………… (281)
金形配金形 ……………………………… (281)
金形配木形 ……………………………… (282)
金形配水形 ……………………………… (282)
金形配火形 ……………………………… (283)
金形配土形 ……………………………… (283)
木形配木形 ……………………………… (283)
木形配水形 ……………………………… (284)
木形配火形 ……………………………… (284)
木形配土形 ……………………………… (284)
水形配水形 ……………………………… (285)

水形配火形 …………………………………………………… (285)
水形配土形 …………………………………………………… (285)
火形配火形 …………………………………………………… (286)
火形配土形 …………………………………………………… (286)
土形配土形 …………………………………………………… (286)

第二章 五官配婚法 ……………………………………………… (287)
五官配婚之相理意义 ……………………………………………… (287)
眉之配婚法 …………………………………………………… (288)
眼之配婚法 …………………………………………………… (288)
鼻之配婚法 …………………………………………………… (289)
口之配婚法 …………………………………………………… (289)
耳之配婚法 …………………………………………………… (290)

第三章 三停配婚法 ……………………………………………… (291)
三停配婚之相理意义 ……………………………………………… (291)
上停配婚法 …………………………………………………… (291)
中停配婚法 …………………………………………………… (292)
下停配婚法 …………………………………………………… (292)

第四章 六府配婚法 ……………………………………………… (294)
六府配婚之相理意义 ……………………………………………… (294)
上二府配婚法 …………………………………………………… (294)
中二府配婚法 …………………………………………………… (295)

下二府配婚法 …………………………………………………… (295)

第五章 十二宫配婚法 …………………………………………………… (296)
十二宫配婚之相理意义 …………………………………………… (296)
命宫配婚法 …………………………………………………… (296)
父母宫配婚法 …………………………………………………… (297)
田宅宫配婚法 …………………………………………………… (297)
男女宫配婚法 …………………………………………………… (298)
疾厄宫配婚法 …………………………………………………… (298)
财帛宫配婚法 …………………………………………………… (298)
妻妾宫配婚法 …………………………………………………… (299)

第六章 十二起骨配婚法 ………………………………………………… (300)
十二起骨配婚之相理意义 ……………………………………… (300)
起骨数量相同者为吉配、不相同者为凶配 ………… (300)
起骨阴阳相配者为吉配、阴阳不相配者为凶配 …… (301)

第七章 高、矮、胖、瘦配婚法 …………………………………………… (302)
高矮胖瘦配婚之相理意义 ……………………………………… (302)
高个配高个 …………………………………………………… (302)
高个配矮个 …………………………………………………… (302)
矮个配矮个 …………………………………………………… (303)
胖子配胖子 …………………………………………………… (303)
胖子配瘦子 …………………………………………………… (304)

瘦子配瘦子 …………………………………………………………… (304)

第八章 手相配婚法 …………………………………………………… (305)
手相配婚之相理意义 ………………………………………………… (305)
手之五形相配 ………………………………………………………… (305)
手之大小相配 ………………………………………………………… (305)
手掌相配 ……………………………………………………………… (306)
掌纹相配 ……………………………………………………………… (306)
手指相配 ……………………………………………………………… (306)
指纹相配 ……………………………………………………………… (307)

第九章 破配破杀配杀配婚法 ………………………………………… (309)
破配破杀配杀之相理意义 …………………………………………… (309)
破配破杀配杀欢喜冤家型 …………………………………………… (309)
破配破杀配杀可贵可富型 …………………………………………… (310)

第十章 形相配婚法与世俗配婚法有何不同 ………………………… (311)
家世相配 ……………………………………………………………… (311)
学历相配 ……………………………………………………………… (311)
年龄相配 ……………………………………………………………… (312)
八字相配 ……………………………………………………………… (312)
父母同意 ……………………………………………………………… (313)
国籍问题 ……………………………………………………………… (313)

第十一章　婚姻正缘期及非正缘期和夫妻刑克问题 …………（315）
婚姻正缘期与非正缘期之相理意义 …………（315）
婚姻正缘期之观看法则 …………（315）
婚姻非正缘期之观看法则 …………（316）
何谓男女假性来电 …………（316）
何谓男女真性来电 …………（317）
如何避免夫妻刑克 …………（317）
如何避免夫妻离婚 …………（318）

第十二章　男女迟婚的相理 …………（320）
男女迟婚原因的探讨 …………（320）
男女迟婚的相理 …………（321）

第十三章　如何把握生男生女流年 …………（324）
生男生女流年之观看法则 …………（324）
生男生女之科学理论 …………（324）
耳相口相与生男生女的关系 …………（325）
现代医学可掌握生男生女的契机 …………（325）
男女形相配婚法计分表 …………（326）

附　录
萧湘居士谈现代女性与古代女性面相差异点 …（327）
萧湘居士增订《相门精义》下卷 …………（333）

序　言

自 1991 年 11 月《萧湘相法上册》出书以来，即准备撰写《萧湘相法下册》一书，并在萧湘相法上册末页打出预告，预定 1993 年底出书。但因其间两度出国，加以每星期一三五七等日，忙于在自宅教学授课，每周二四六则忙于去外县市授课教学，其他时间又忙于台湾人相学会之会务，以及为客人谈相观气，或是为媒体撰稿，接受媒体之访问和录影，加以 1993 年下半年及 1994 年上半年，挪用了时间赶写《大富大贵相谱》一书，是以一延再延，至今始将《萧湘相法下册》一书呈现在读者面前。两三年来，每天均有读者来电查询“萧湘相法下册出书了没有？”关怀勉励之情，令笔者感奋莫名，笔者谨在此致以歉意与谢意。

《萧湘相法上册》出书以来，迄今为止，由本人在台湾自行出版之精装本已十余版，另由台湾时报出版公司出版之平装本（分成三小册），亦曾九度增印，但迄今坊间销售情况仍佳，深受喜好人相学读者之欢迎。究其原因，不外笔者坚持“慢工出细活”及“印刷装订均要好”之原则，以及笔者新创“十二起骨”及“八仓二库流年法”之说，以及笔者揭概许多人相学之新颖理论所致。

本人于 1982 年 10 月曾著有《气色大全》一书，迄今亦已印行十多版，但 1983 年 5 月即有台湾武陵出版社以《血色与流年之独特观相术》一书，鱼目混珠冒用《气色大全》之书名。更令笔者气愤的是香港桂冠图书公司、汉麟出版社，马健记图书公司，快泽图书公司，以及台湾金钢图书公司盗印未经笔者订正之《气色大全》第一版原文，使购书读者接受错误之资讯。本人兹郑重声明，在本人百年后，如有后人要翻印《萧湘相法上、下册》和

《气色大全》三书，务请以台湾中央图书馆本馆及分馆、北京国家图书馆、香港中文大学图书馆、新加坡大学图书馆、美国国会图书馆，以及中国大陆各省市、各重点大学图书馆，所典藏并经本人亲自签名盖章之2005年及以后各年出版的“精装本最终增订版”为准，以免有误。今年又发现有香港快泽出版社之文抄公“白云山”人剽劫气色大全约三分之二的版本出版《气色口诀》小册子，更是无耻之至，并此谴责。兹值《萧湘识人相法全集》在大陆出版之际，特志数言以为序。

萧湘居士序于台湾省台北市

二〇〇九年十月五日

手相篇

萧湘识人相法全集(二)

第一章　手相概论

手之部位特性

手之所以能“相”，乃是因为手与吾人的脑组织及五脏六腑有联属关系所致。也可以说，如果吾人的脑组织及五脏六腑先天遗传优良，后天发育也优良，则吾人必定拥有一双符合相理标准的好手。据医学文献记述，人在受胎的第四周开始，因胚胎细胞增殖，而渐渐形成五官和手脚，但面部的耳朵比其他四官先发育完成，五宫中的鼻子则要等到出生后的10多岁才能逐渐发育完成（例如刚出生婴儿的鼻子很低凹，10多岁后鼻子才会变为隆挺）。手和脚虽是同时发育，但脚的发育速度较手的发育速度为快，脚在出生前即已发育完成，手则必须俟脑组织及骨骼系统和五脏六腑全部发育完成后才真正发育完成，例如婴儿的手指头很短，掌纹除三大纹外，其他奇纹均未长出，指纹则模糊不明。是以15岁以前的婴儿和儿童，以观看耳朵及两脚的长相为主，观看头相面相手相为辅。又根据中医学生理学的记述，手和脚均与脑组织及五脏六腑有经脉联属关系，是以中医师为病患把脉，即可得知患者所生何病。大体言，手形代表整个身心遗传资质之高低，大拇指代表智慧个性及独特之能力，食指中指无名指及小指代表处事之方式及效率，指爪代表内脏之健康变化状态，各宫代表内脏器官先天后天之遗传和发育成长之良窳，掌纹代表过去及未来事业、金钱、婚姻、家族、健康、灾厄等各种休咎注记。由此可知吾人观看手相即可察知其人天赋之健康、智慧和个性，进而推知其人一生事业之成败和攻守时机，以及家族关系和婚姻子女，颇符合生理学和遗传学的道理。（注：有关人相学和遗传学的关系请参阅拙著《萧湘

相法（一)》面相骨相之部第一章至第五章)

中国手相学与西洋手相学之异同

我国手相学始于唐代，李淳风立“八卦明堂、手纹分贵贱”之说，为中国手相学之滥觞，其后五代高僧达摩亦有“人相分十分，头面占其七，身体占其三，两手则占身体之十分之三”之说，由此可见我国相人之学，自古以来，特别重视头相及面相，历代所传古相书，对于头相面相之分析探讨，可谓精深博大，奥妙无穷。今天已进入太空时代，但仍百验不爽，不得不令人深信不疑，惟关于手相者所传不多，仅占整个古相书内容百分之十而已。其立论则以人生休咎为主心性为辅。西洋相人术正是大异其趣，重视手相而轻面相头相（因西洋无面相学），其手相学之立论则以心性为主，休咎为辅。现在坊间所售之手相类书，已非纯西洋手相学，已参合我国固有手相学论点在内，惟各种手相名辞已完全西化，内容则心性休咎并重。

仅看手相可否论断人生休咎

读者一定乐于知道仅看手相，是否可断人生之休咎，依笔者的阅人经验，深以为不可。坊间相书有谓面相与手相相理不一致时，以手相相理为准，笔者的看法正好相左。因我国的人相学为头、面、身、手、足“五部俱看”为原则，尤以头相最为重要。因为手乃躯体之附属，躯体之一切动作均受命于“脑”，如头脑不优秀，手相再好也是枉然。又如吾人砍断了四肢，人不会死亡，割掉一枚肾半个胃，或是挖掉眼睛，削去耳朵，人也不会死亡，惟独脑组织不能损伤，否则，即使不立即死亡，也会变为植物人。再以从手相掌纹中观看一个人的流年时，更是十看九不准，以生命线来说，长者不过10公分，短者不足5公分，如何能分毫不差刻划为90岁之流年（注：

关于生命线的流年各家说法不同，有的说应刻划为100岁，有的说应刻划为90岁，更有的说刻划为70岁即可），因此之故，掌纹流年只能作面相流年之参考而已，人之为万物之灵，其“灵”者在脑组织，而不是手也。民俗相法“一掌定终身”之说不足为取，过去大陆上高知名度的人相学家为人论相时，通常只细察来客之头相和面相，对于手相只需稍加触摸大略观看，即可评断人生之休咎荣枯，而不斤斤计较于掌纹之优劣。

掌纹之相理意义

吾人掌中除天、地、人三大纹为母胎中擎拳掩耳而成，象征吾人遗传之优劣及成胎过程之良窳外，余均为后天因吾人脑组织之思想活动而长出各种不同形状之纹。例如前脑思想活动强烈，就会在食指之下长出副笔，亦即西洋手相学所谓的“进步线”或名“希望线”。顶脑思想活动强烈，即会在中指之下长出玉柱纹，亦即西洋手相学所谓的“事业线”“命运线”。后脑（即枕脑）思想活动强烈，即会在无名指之下长出六秀纹，亦即西洋手相学所谓的“成功线”“太阳线”。小脑思想活动强烈，即会在小指之下长出六秀纹及家风纹，亦即西洋手相学所谓的“水星线”及“婚姻线”。如脑海中有浓厚的爱国家，爱民族，救贫扶弱，行侠仗义，孝顺父母，爱护家庭，爱护身体的强烈思想活动，手之地纹旁就会长出祖荫纹（亦名贵人纹、阴骘纹），亦即西洋手相学所谓的“火星线”或名“内生命线”。如脑海中有积极上进的人生观，以及努力奋发的工作精神，则地纹之上就会长出向上的副笔，亦即西洋手相学所谓的“枝线”或谓之“意志线”“进步线”“希望线”。如脑海中有不正当的国家观、民族观、社会观、祖先观、父母观、家庭观、婚姻观、爱情观、亲情观、伦理观、事业观、责任观、金钱观、消费观、交友观、处世观、饮食观、娱乐观，以及逾越常理和社会规律的不正当的心理物欲观念，同样手中亦会出现各式各样的不吉凶纹。如脑海中的恶念转为善念，则各种不吉凶纹，亦会慢慢隐去或转折为吉纹，此即“相随心生，相逐心灭”之道理也。但并不是任何人只要“有心”，手掌上就会出现大吉大利的掌纹，仍须看一个人的面相和手相的“骨法格局”而定，例如面相无瑕疵，手相也无瑕疵，然后配合“有心”的执着，手掌上才会出现大吉大利的“吉纹”。假如面相为平常之人或贫贱之人的相格，手相则大拇指不够强伟，手形不美，手指不秀，君纹臣纹配合不当等先天遗传的骨法格局条件不好的情况之下，则不论如何的“有心”，手掌上也不可能长出大吉大利的掌纹来，最多只会长出若干一般性的吉纹而已。反之，一个大富大贵之人手掌上虽然会长出大吉大利的吉纹，如果“无心”的话，吉纹也可能消失、断裂、冲破或纹沟垢暗，此即“有相无心、相逐心灭”的道理。但此种大富大贵之人，也绝不会因吉纹的消失、断裂、冲破和垢暗，一变而为平常之人或贫贱之人，所以笔者认为先天不会变易的骨法格局要占一个人一生际遇的七分，后天会变易的精神气色及纹痕斑痣才占一个人一生际遇的三分而已，道理即在此也。

人相学不相信命运之说，但相信一个人事业成功与否，婚姻美满与否，子女优秀与否，均与一个人的健康、智慧、个性之优劣有绝对的关联性。而观看手中之掌纹（包括先天和后天的掌纹），即可一目了然明白此人之健康、智慧、个性是否优良。

掌纹除天纹（西洋谓之感情线或心线）人纹（西洋谓之智慧线或脑线）地纹（西洋谓之生命线或健康线）三大主纹外，无玉柱纹、六秀纹及副笔等奇纹，如手形与面形体形相称，整只手秀丽色明，三大纹细深莹净，大拇指强伟，主其人仍然可贵可富。（注：女性手掌忌有玉柱纹，有者主克夫或婚姻不美，青少年多艰苦，但所生子女优秀，晚景必佳。）如三大主纹粗浅垢暗（后天所生之奇纹同论），手形与面形体形不相称，掌指不秀，整只手有如猪蹄鸡爪，君纹臣纹配合不当者，即使掌上有多种奇纹，仍以非善相论，因论断手相，以手形为先，掌纹次之为原则，申论之，手形有如地基，掌纹有如大楼，假如地基不固，大楼焉有存在之理。

故读者作印证时，首先即应观察被印证者手形及大拇指之良窳，手形是否与体形面形相称。手掌八宫是否丰满隆起，再观看三大主纹是否细深莹净，有无冲断驳杂。然后再细察各种后天所长出之奇纹，例如玉柱纹、六秀纹、家风纹之优劣，以及配观手指君纹臣纹之配置是否得当，如此细心印证，始能百验不爽。

手相面相体相配观问题

▲面相清而手相浊者谓之“清中浊”格，主其人纵有若干成就与收获，也难福禄寿全归。

▲手相清而面相浊者谓之“浊中清”格，主其人难享功名，但可在技艺或财富方面获得若干成就与收获。

▲手不过腰者（注：以直立平视时，中指不能摸到自己之肛门为准），主其人终身贫贱。（注：手臂长过自身膝盖者为吉相，主其人有环抱宇内之志向。但长过膝下一寸以上者为手臂骨骼畸型，西医谓之为“麻烦症”，同时也违反了人相学五部要“中正”的观相法则，此乃不吉之相。）

▲身小手大并端秀者，主其人有福有禄，身大手小并拙劣者，主其人清寒下愚。

▲瘦人掌厚主吝啬，肥人掌薄主无财。

手形手指掌纹配观问题

▲掌上八宫及明堂或其他各主纹上出现“三角纹”“四方纹”者，除少数情况外均以主吉论，并以各宫位及各主纹之属性论断之。

▲掌要骨肉相称，骨重则福重，骨轻则福轻，肉少骨多，有福无禄，肉多骨少，有禄无福，骨肉相称，主福禄两全。惟骨不宜露，骨露不但无福可言，且主贫寒，六亲无靠（露骨者多劳力，露筋者多劳心）。

▲手背露筋露骨者，主其人辛劳终生，六亲少助。筋骨藏于肉里者，主

其人闲逸终生，六亲有助（凡手背露骨露筋之人，除非额相耳相佳否则难早发）。

▲手背（含指背）必须长毛（肤色幼细者尤须长毛），有毛者不富即贵。先贤谓手毛为“衣毛”，又谓手背无毛者无权，脚背无毛者无财。

▲手背手掌肉色一致再软绵者，主大富大贵。若手掌白手背黑者主富，手掌黑手背白者主贱。手背手掌不嫌肉多，肉厚一寸，家财万贯，惟肉色欲鲜润，并富有弹性，尤忌僵硬（人之面部及身躯会因五形质素中的辅助质素，受到年龄、健康、生活环境、工作环境、人事环境的影响而变胖变瘦变黑变白，但手掌手背则比较不会变胖变瘦变黑变白）。

▲掌中有“独骨”者，主有凶险不测之祸。

▲手软如绵者，主其人处事细心慎重，最宜担任金融财务及法律科技工作，但忌骨细皮薄，主夭寿贫贱。

▲手浊指粗掌黄骨硬者，主其人难在宦途发展，乃贩夫走卒之手。

▲手指代表思想和智慧，手掌自人纹以上代表后天的活动力，人纹以下代表先天的本能力（参阅插图①），如手掌和手指长度配合适当，主其人思想高雅，身体健康，精神生活、物质生活、肉欲生活均能兼顾并重。

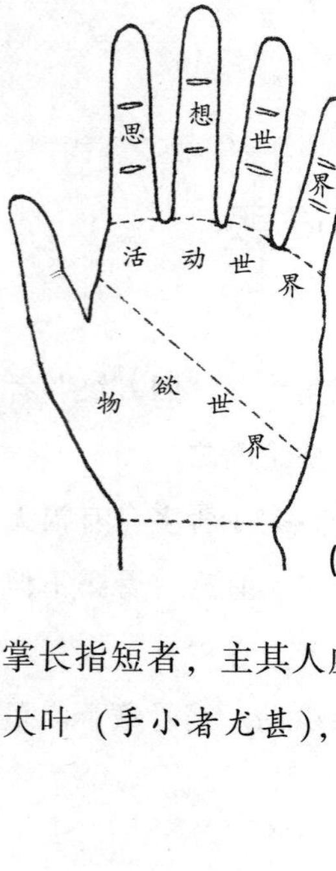

(图 ①)

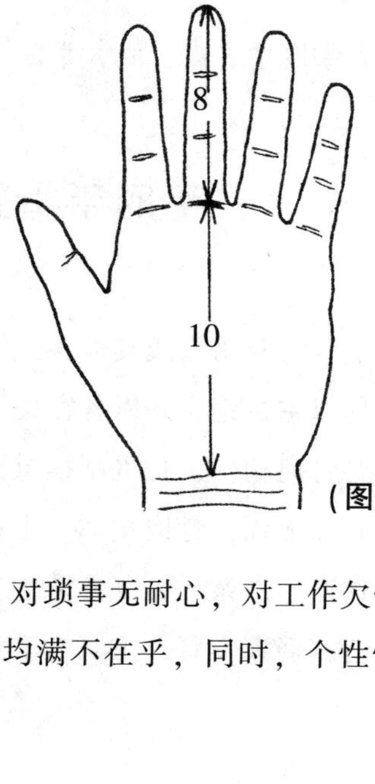

(图 ②)

▲掌长指短者，主其人虚荣心较重，对琐事无耐心，对工作欠恒心，处事粗枝大叶（手小者尤甚），对一切事务均满不在乎，同时，个性懒散，容

易冲动，心直口快，一生不得人和，多劳少获（木形手尤忌掌长指短，一般人掌与指的比例，以中指为准，为掌十比指八，不合此标准者，即为掌长或指长）。

▲指长掌短者（即中指超过八与十之比例），主其人能处理细密事物，有技术头脑，对工作有耐心有恒心，处人方面亦重理性人和，不轻易冲动。但四指均过长者，则主其人缺乏自信心，处事犹豫不决，优柔寡断，往往流于空想。如中指长过手掌，手掌又肥厚者，则主其人个性冷漠，欠缺热情（参阅插图②）。

▲手掌特别肥厚者，主其人重视物欲，性欲亦较强，缺乏高尚思想。

▲手掌特别硬厚者，主其人思想灵敏，行动迅速。

▲手掌既硬又薄者，则主其人个性懦弱，并有神经质。

▲手掌特别宽大粗厚，手指也特别长大僵硬，亦非善相，主其人个性刚烈，骄傲乏修养，躁急易怒，不能从俗，往往做出不合社会规范的事情。

▲手掌手指能向后弯曲者，先贤谓之为“反握”，此乃异相，不大贵大富即为圣贤（古相书记载周公之手能反握）。

▲手掌大手指长者（掌长11公分以上，掌宽10公分以上），主其人处事慎重，有技艺头脑，可处理细密事物，但往往坐失赚大钱担大任的良机。

▲手掌手指短小（掌长10公分以内，掌宽9公分以内）而圆肥白润者，主其人个性积极，处事大胆，大富大贵之人，大多拥有一双符合相理标准的小手。

▲手指短小瘦弱者，主其人思维系统欠发达，待人处事欠缺主见，一生糊糊涂涂过日子。

▲手指细长手掌瘦薄者，主其人为利己主义者，不愿为他人或国家社会牺牲奉献。

▲手指容易屈曲者，主其人思想有弹性，智慧甚高。

▲手指僵硬不易屈曲者，主其人头脑固执易怒，没有同情心与慷慨心，缺乏高雅远大之思想。

▲手指仅有二节者，主其人一生必遭受一次以上之凶险破败，甚至客死

路亡。

▲手指有四节者，男性终必为鳏夫，女性终必为寡妇，同时身有隐疾，婚姻不美满。

▲手指第一节有明显之直纹者，主其人一生事业必见挫败，在食指者尤其严重。手指第一节有横纹者，主其人身体必欠健康，在中指者尤为严重。

▲手指过长（即超过手指手掌八比十之比例）者，主其人常多幻想，容易与现实脱节。

▲掌纹可知心性，掌平心亦平，纹直心亦直，纹正心亦正，纹横心亦横，纹浅心机浅，纹深心机深，纹多心机多，纹多而杂易成易败。

▲掌纹粗宽，掌色如喷血者，主其人有或多或少之成就与收获。如掌纹粗宽，掌色滞黄或淡白则主贱。

▲掌中不可无纹，有纹者吉相，无纹者凶相。纹深而细似刀刻者为吉相，纹粗而浅似笔扫者为劣相。

▲十指全系君纹（即螺形纹）者，除非其人有大富大贵之面相，否则破败凶险。又主其人神经紧张，个性倔强主观，不易合群，一生多小人，眼皮外双者尤验。

▲十指全系臣纹（即箕形纹）者，主其人易患心脏血液循环系统及肠胃消化系统方面之疾病，但个性随和，处事有弹性，生活愉快，眼皮内双者尤验（有关君纹臣纹及其他指纹之休咎请参阅拙著《气色大全》附录篇）。

▲十指指基有宽松之余皮者，先贤谓之“鹅足皮连”，主其人可贵可富并享高寿。余皮多而宽者，主其人富同情心，处人处事公正无私。没有余皮者，主其人自私自利，欠缺恻隐之心，不愿作任何牺牲奉献。

▲掌中有活痣显于明堂者，主其人富贵福寿，凶痣显于任何部位均以不吉论，象征其人内脏有病变，其休咎可依手掌八卦（即八宫）之属性判定之。

▲掌纹如有断、冲、漏、点、曲、钩、圈、斑、痣、粗、浅、孤、色黑、长毛、链状、蛋空、驳杂、过短、向下、横逆者均以不吉论。

▲玉柱纹、六秀纹的作用。就木形手火形手而言，即使其纹符合长、

直、深、细、秀的标准，仍不及在金形手、土形手的作用之半。反之，金形手、土形手所长出之短、直、深、细、秀的玉柱纹和六秀纹，其对命运的影响作用却很大。至于水形手长出的玉柱纹、六秀纹大多为平行双条，其作用与金形手、土形手之单条作用相等。如金形手和上形手长出双条玉柱纹和双条六秀纹，则比木形手、火形手、水形手所长出的作用要大，读者不可不察。

左手右手先天后天问题

▲男性以左手属阳为先天，右手属阴为后天。男性若左掌纹优右掌纹劣，虽非吉相，但灾祸不大，可逢凶化吉。如左掌纹劣右掌纹优，乃阴阳反背，主其人平生多凶，纵有聪明才智，亦难在公商两界成大器。例如地纹左手见断，右手完好，表示后天可补先天之不足，但灾凶难免。又如左手人纹长而下垂至乾宫，右手平直，表示其人处事时考虑在前，决断在后。如左手平直，右手长而下垂，则表示青年时期处事草率，中晚年后处事多深思熟虑。是以观看手相时，必须两手加以配观始验。如两手掌纹相同，乃上上大吉之贵格，万人中难得有一人有此手相也。

▲掌中之纹，除天、地、人三才纹是在母胎擎拳掩耳而成外，余均为后天所生之纹，古相书称为“奇纹”。天纹（西洋谓之感情线）主父出身贵贱及自已幼年祖德之根基，同时亦主己身之感情婚姻性向。地纹（西洋谓之生命线）主母之寿夭及己身之健康寿命和事业成败。人纹（西洋谓之智慧线）主己身之智慧及婚姻成败命运趋向，三纹莹净无冲破者，富贵之相。又三纹相隔之距离宜宽不宜窄，例如天纹与人纹相隔过近者，主其人心胸欠开阔，性急易怒，身带暗疾，人纹与地纹相隔过近者，主其人思路闭塞，易钻牛角尖，有自杀倾向。

▲天地人三纹外之各种奇纹，均系后天所长出，有凶有吉，凶纹出掌，定主有凶，吉纹出掌，定主好运，或主逢凶化吉。

▲手掌除天地人三纹外，无其他任何后天所生之奇纹者，主其人个性宁静、平和、乐观、坦率、豪迈、干脆、不诡诈，很少忧疑愁思，一般从事劳动之人大都有如此掌相，如手掌坚硬结实者尤验。

▲掌以“巽”主初限25年，“离”主中限25年，“坤”主末限25年，丰满无冲破者，主其人健康、智慧、个性均佳，一生必有或大或小之成就与收获。若有缺陷冲破者，断为破败少成。

▲左手右手之五形、掌纹、厚薄、君纹臣纹完全一致者为吉相，不一致者，主其人一生多波折变化，多劳少获。

▲使用左手之“左撇子”，主其人生性聪慧，但一生之休咎，与一般人同断。

手掌手指气色问题

▲手掌常年红润温暖，主其人身体健康，工作认真负责，为人热诚爽朗，可付重托，一生事业有成，但掌色躁赤者不可同论，色似朱砂者尤忌。

▲手掌常年苍白冰凉者（尤忌三大主纹苍白），主其人身体有隐疾（大多为贫血或体内出血），个性冷漠，不善处理人际关系，一生事业少成，并刑克六亲。

▲手掌常年有青色浮现者，主其人运程蹇滞，内心有忧疑，或血液循环不良，身体有隐疾。

▲手掌常年黄润者，主其人身体健康，事业顺利。如枯黄色则主肝胆系统或消化系统健康欠佳。

▲手掌常年汗湿并有异味者，主其人身体有隐疾，个性不良，事业少成。（注：其他有关手相气色问题请参阅拙著《萧湘识人相法全集（三）气色大全》）

女性手相之独特相理休咎

▲女性之手应秀中带硬，如过份软绵，主其人多情多思，奢华浪费，性喜闲逸，喜怒哀乐必形之于色，再加掌纹杂乱冲破者，主其人必系水性杨花，淫荡之女。

▲女性以右手属阳为先天，左手属阴为后天，论断方法与男性相同。

▲女性手指为方形，大拇指长大，手掌又坚硬者，主其人有女强人之性向，往往刚愎任性。

▲女性手指既短又粗硬者，主其人不相夫旺子，乃贫贱劳碌之相。

▲女性手掌较大较厚者，主其人怀孕顺利，分娩安全。反之，女性手掌过小过薄者，怀孕分娩较不顺利安全。

▲女性掌上纹深方言有子，纹深又细，相夫旺子之至。

▲女性之手相，除有关女性独特之相理外，其他一般性之相理及其休咎与男性同论，但有关男性之独特相理及其休咎例外，因男性属阳，女性属阴，故在休咎解释上有所不同，读者不可不察。

观相感言

每个人五脏六腑构成的“质素”和“质量”均不一样，但每个人五脏六腑的“体积”和“重量”则相差有限，例如酒量大之人的肝脏和一喝就醉之人的肝脏，并非前者的肝脏有三公斤重，后者的肝脏只有半公斤重，为何前者消解酒精的功能优于后者呢？此乃前者构成的质素和质量和后者不一样所致。一如“普通槟榔”和“槟榔王”的体积重量均一样，但后者吃后对人体的刺激程度千百倍于前者，究其原因，槟榔王的构成质素和质量不同于普通槟榔也。

萧湘居士　撰

第二章　手之五形观看法则

手相五形之相理意义

观看手相，先察五形，五形者即金、木、水、火、土五种手形及兼形手，相理美好的人，面相五形（请读者参阅拙著《萧湘识人相法全集（一）》第四章）一定与手相五形相称。例如，颈项粗者，手之腕部必粗，面部长者整只手亦长，头部横者手掌亦横，掌纹秀者，体形亦佳，指甲厚者，健康必好。反之，相理不好的人，面相五形与手相五形必不相称，甚或南辕北辙，其人之手脑也就不能并用，如此情形自然不能以吉相论。西洋手相学将手形分为七种类形，但作者仍以中国固有之相法，将手形分为金、木、水、火、土等五形手及兼形手六种类形论述，兹就各形手之外部特征及各形手所表现的个性分述如下：

金形手相理分析

金形手西洋手相学谓之方形手，亦有谓之为能干手、本能手（参阅插图③）。其手形掌方指方，甚至指甲亦方，骨软色润，掌肉厚实又富有弹性。不论男女，崇尚实际，不慕虚荣，意志坚定，性颇固

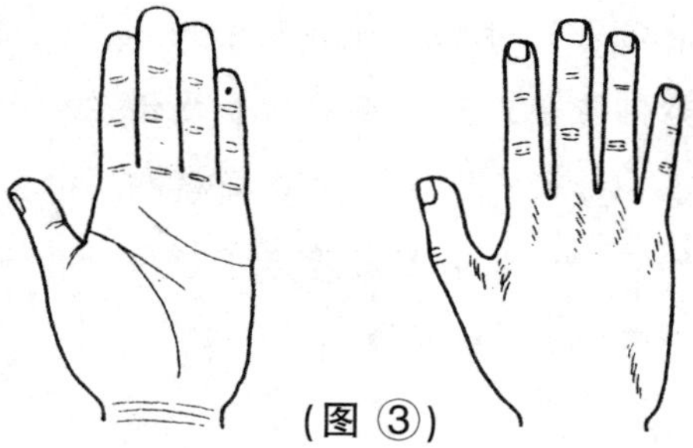

(图 ③)

执，忍耐力强，不屈不挠，不畏失败，节俭克苦，勤劳奋发，笃爱家庭，处事谨慎，守法循良，忠于义务，负责认真，有领导力，心性刚直，欠缺圆通，处事果决，重视科学，设想周到，有逻辑观念，为人公正，富同情心，自律颇严，要求亦严，另有吝啬之性向，具允文允武之才能，对爱情则相当执著，肉欲精神并重。金形手（含金形人）的职业最宜担任公职或自由职业。（注：以上所列举之个性系以纯金形手而言，如未达到列举个性二分之一者，则不以金形手论，而论以他形手兼金局，如超过列举个性二分之一者，则论以金形手兼他局，以下木形手、水形手、火形手、土形手均以此标准同论。）

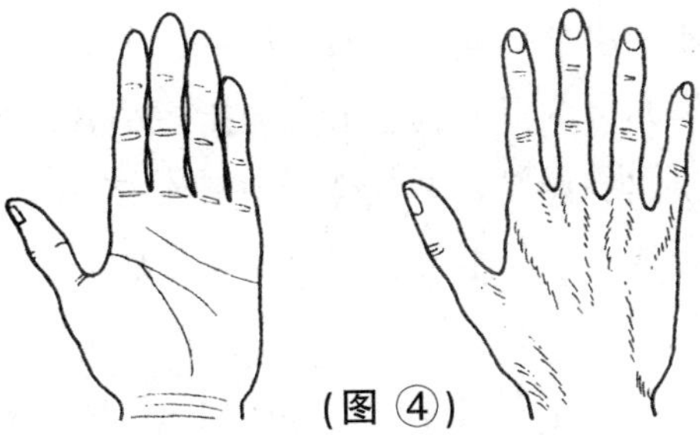

(图④)

木形手相理分析

木形手西洋手相学谓之哲学手，亦有谓之为结节手、实务手，或谓之学者手（参阅插图④），此种手形以知识份子居多。手形掌长指长，掌平而长，瘦而露骨，指节起结，指端介于方尖之间，拇指长大强硬，不易屈曲，手纹纵直细秀。不论男女，好学深思，长于分析，思想独立，智慧甚高，忍耐力强，勇敢果决，不畏失败，意志坚强，性喜文学，有审美观，平日为人思想独立，处事喜躬亲为之，计较小节，拘守成规，偏执耿介，宗教宿命观念亦浓厚。木形手（含木形人）的职业，公职文教业商均可。（注：木形手如五指过短者为虎吞龙之相，主大不吉。又，世人每十人中有七人为木形手。）

水形手相理分析

水形手西洋手相学谓之圆锥手，亦有谓之为感情手、艺术手（参阅插图⑤）。其手形掌阔而圆，手软纹细，多助层纹，指根粗壮，指尖圆锐，掌与指均丰腴细腻，指甲细长，外表看来颇为美丽。不论男女，个性乐观，性格明朗，圆通多智，爱好艺术，颇有学问，能言善道，感觉敏锐，易与相处，人际关系颇佳。水形手因掌肥指软，故大拇指必须强伟，再加手背手指长毛者为吉相，主其人才华出众，如以经商为职业，可致巨富，如从事艺术、音乐、戏剧及外交工作亦可获得成就。惟大拇指短小者，则主贪逸奢华意志不坚，任性冲动容易沮丧，感情冷热无常，作事缺乏恒心，易为环境所支配，陷于怠慢而难有大成就。水形手（含水形人）之职业以业商为佳。

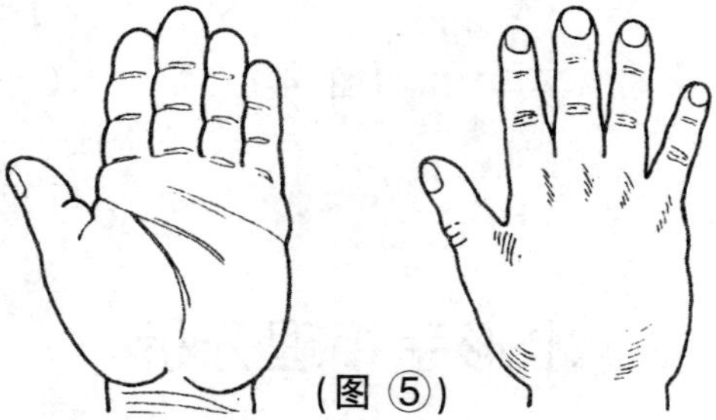

(图⑤)

火形手相理分析

火形手西洋手相学谓之心灵手，亦有谓之为精神手、理想手（参阅插图⑥）。其手形指掌尖削，纤细修长而美丽，皮肉柔细白皙而露出鲜红血点，但指节不露，指甲透红。不论男女，为人聪明，表面娴雅，性格温良，内心急躁，容易冲动，不计后果，思想不拘，任性而为，颇多幻想，实践不足，不顾现实，依赖心重，性情多僻，好色利己，本性放荡，倾注神秘事物，神经极度敏感，颇重精神生活，有审美观，喜爱艺术，此类手形女多于男。火形手的职业，最宜朝艺术方面发展。男性如面相亦火形者，必主离乡发展，职业则可习军事而有成。

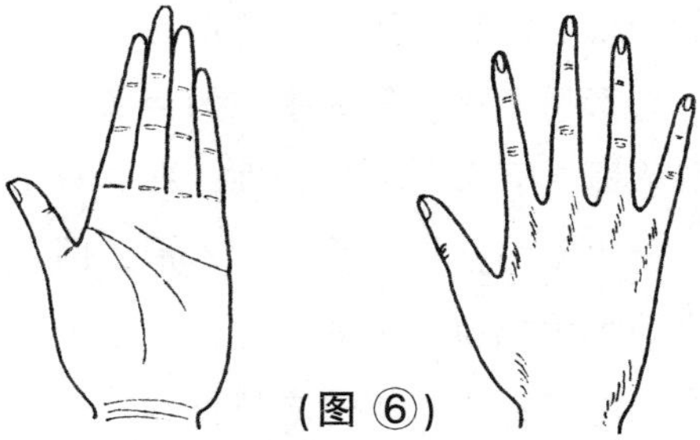

(图⑥)

土形手相理分析

土形手西洋手相学谓之篦形手，亦有谓之为创业手、敏捷手（参阅插图⑦）。掌指厚实，纹皮俱粗，掌基宽阔，艮宫肌肉厚硬。不论男女，精力充沛，活动力强，精神旺盛，处事敏捷，能耐劳苦，不知疲倦，能够熬夜，富创造性，有冒险性，为人诚挚，任事独立，敢做敢当，性颇固执，急躁易怒，自信力强，不慕虚荣，意见很多，感情冲动。土形手（含土形人）从事任何职业均可。

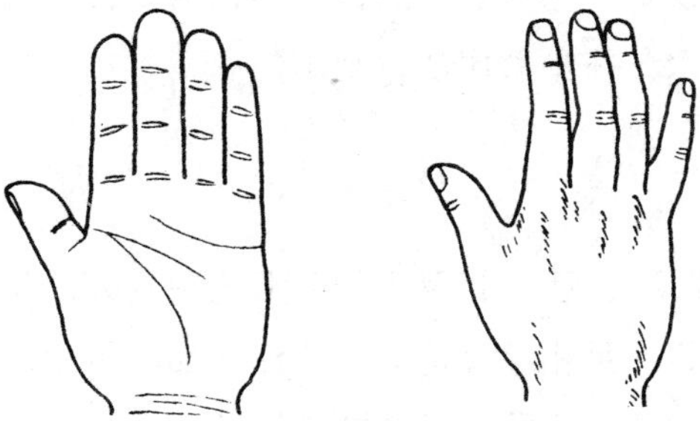

(图⑦)

兼形手相理分析

兼形手西洋手相学谓之混合形手，亦有谓之为复杂手。在中国五形相法而言，只有兼形手和杂形手之别，例如手掌为金形，手指为水形，乃为“金形兼水”之手形，其人既具有金形手的个性，亦具有水形手的个性，金水相生，个性仍属优良。如手掌为金形，手指为木形，因金木相克，则个性有欠优良之倾向。上述之兼形手如所兼之局数过多，主客不分明，也可以说手掌手指形局混杂，具有金木水火土各形手之特征与个性，则谓之杂形手，其人之五形质素因相互克制，因此其人之健康、智慧、个性亦不良，处事心无主见，喜见异思迁，手脑不能并用，甚至自相矛盾，因此而影响一生之成就与收获。

原始手相理分析

西洋手相学所谓之原始手，在中国人之手相中可谓绝无仅有，故中国手相学亦无原始手之名称。原始手大多出现在未开化民族之手相中，或寒带地区热带地区之原始人种之手相中，其特征为手掌骨硬皮粗，不论手指长短均笨拙，此种手相象征其脑组织欠优良，因此，个性粗野，缺乏理性，暴戾而又胆怯，易怒而又狡猾，感情表现迟钝，不论男女，饮食物欲表现强烈，同时缺少金钱理财观念，亦少秩序法律观念。

附注：

（一）“相不独论”，以手相及手相五形论断其人之相理休咎时，尚应参合头相、面相、体相、足相综合论断，并注意加减折除之法，男女同论。

（二）有关适合职业问题，请再参阅拙著《萧湘相法（三）气色大全》附录篇。

第三章　八宫及明堂观看法则

八宫及明堂之相理意义

中国手相学将手形分为金、木、水、火、土五形外，并将手掌周边隆起的部位及中央低凹的部位分为八宫（亦名为八卦）及明堂共九部位（详见附图）。先贤又借用八卦之名称，分别命名为乾、坎、艮、震、巽、离、坤、兑等八卦，手掌中间低凹部位则命名为“明堂”。西洋手相学则以手掌周边部位及中央低凹部位，根据西洋占星术中之七大行星名称命名为八个丘一个野，两者之差异，在于中国手相学八卦之方位与人体五脏六腑之着床方位不谋而合，而西洋手相学之丘野，则与七大行星在太空之位置相吻合。另外，西洋手相学不承认掌有“三峰”（即巽，离、坤）之说，但提出“偏犄之丘”之说，并认为偏犄之丘愈高愈吉。至于偏犄之丘的个性，则介于两者之间，例如食指与中指之间的偏犄之丘（中国手相学名巽卦）的个性，既具有木星丘的个性亦具有土星丘的个性。惟笔者印证结果，其各丘所描述的个性，大同而小异，并欠缺科学理论基础。何况世界上的人口已逾60亿，如仅根据七大行星的“拟制个性”，而推断60余亿人口的本能个性，其准确性不问可知。反之中国手相学系根据中医学、生理学、遗传学，并参合八卦方位学和五行学来推论人之健康、智慧、个性及事业成就和婚姻子女等，其准确度自然胜过西洋手相学，只是国人崇洋心理作祟，认为外国的月亮比中国圆。

乾宫相理分析

乾宫在生理学而言，与“上阳”“上呼吸系统”“神经系统”以及“元气”“骨髓”“督脉”“肾”“膀胱”相联属，又相当于面相十二宫之“父宫”“子女宫”。乾宫丰满高起者，主其人父必长寿，有父业可靠，自身亦健康多智，不论在家或出外，均青年得志，贵人提携。同时，可生育健康、智慧、个性均佳之子女，长子尤为得力，老年可享子福。如有乱纹恶痣冲破或低陷者，主刑克父亲，难守父业，少年离家，在外亦多灾多难，劳碌奔波，长子冲克不得力，低陷与乱纹同现者不吉之征尤甚。乾宫又主精神生活，故有“精神宫”之称，是以乾宫丰满无乱纹冲破者，主其人有文学与艺术方面的天才，同时性格优雅，富想像力，常怀着美丽的憧憬，忍耐力持久力均强，可将憧憬变为真实。如过份宽阔高起，人纹再下垂冲破乾宫者，则主其人幻想过重，喜神秘怪诞之事，往往自欺欺人，有罹患神经分裂症之可能。乾宫平滑不丰满者，则主其人讲求现实，不重情感，生性刻薄，自私自利。

坎宫相理分析

坎宫，乃系人之“根基”所在。坎宫在生理学而言，与“泌尿生殖系统”“血液”“右侧肩背”“耳朵”“睾丸卵巢”相联属，又相当于面相十二宫之“疾厄宫”“田宅宫”。坎宫丰满高起者，主其人泌尿、生殖系统先天发育正常，到老身体健康，同时，为人聪明果断，又善于诞男，子孙荣昌。同时主其人祖先之遗传优良，祖业丰厚，田宅必多，如有乱纹恶痣冲破者吉征减分论。坎宫低陷者，主其人祖产破败，身体欠健康，处事不果决，一生劳碌奔波，并有水险或舟车之危，低陷又有恶纹恶痣者尤甚。

艮宫相理分析

艮宫在生理学言，与“脾”“肠胃”“下焦”“舌”“鼻”“背部”“手指”以及“生殖机能”相联属，又相当于面相十二宫之“命宫”“疾厄宫”“兄弟宫”，又名“家庭宫”。艮宫丰满高起，皮肤幼滑富有弹性者，主其人祖上有德，子女优秀而多，自身精力充沛，健康少病，赋性善良，有情有义，热诚爽朗，勤俭好学，处事有决心有毅力，青中运通达。艮宫低陷浮筋恶痣或过于狭小者，主体能衰弱，少情多病，精力不足。艮宫气色青暗成片者，主处事虎头蛇尾，个性冷酷，自私狡猾，缺少欲念，怕事爱静，一生财帛不旺。女性则主生殖机能欠发达，有不易怀孕之可能。艮宫太过高起又欠弹性者，身体虽强壮，但主其人个性刚愎自用，不够斯文，对家庭爱情责任心不强，甚至寡情薄幸，同时个性贪财好淫，有网状纹皮肤并粗黑者尤甚。如仅有网状纹但皮肤细腻者，则主其人精神物欲并重。艮宫无网状纹者，则主个性保守内向。

震宫相理分析

震宫在生理学言，与“中焦”“头发”“足部”“喉头”“声音”等系统相联属，又相当于面相十二宫之“财帛宫”“田宅宫”“夫妻宫”。震宫丰满高起者，主其人身体健康，勇敢无畏，临危不乱，容忍谦让，精明干练，富进取心，抵抗力及自制力均强，中年运途通达，妻贤帮夫，女则嫁贵夫，婚姻生活美满。如有乱纹冲破者，吉征减分论，并招性急之妻，女则嫁性刚之夫。震宫低陷者，则主其人虽有学问，做事欠果决，缺乏进取心，处事懦弱，持续力不足，难成大事，难聚大财，婚姻生活不美满，或妻（夫）病败家。有乱纹恶痣冲破者尤甚。如男性震宫过于丰满僵硬者，主其人勇猛斗狠，个性暴戾，专横固执，处事粗心大意。女性震宫太过丰满者，则主妻夺夫权，有女强人心态。

巽宫相理分析

巽宫在生理学而言，与“肺脏”“咽喉”“气管”“股肱”“元气”等系统相联属，又相当于面相十二宫之“财帛宫”“迁移宫”。巽宫丰满者，主其人意志坚强，聪明过人，本性善良，有责任心，有名誉心，有正义感，富野心及权力欲望，青年事业有成，并逢凶化吉，有乱纹冲破者吉征减分论。如巽宫低陷者，主其人生平无大志，学识能力不足，个性不良，青年运不佳，难享祖业，很难聚财，奔走异乡。巽宫有横斜之网罗纹又名“横尸纹”或恶痣冲破者则常多凶险，要注意疾病灾厄及车马安全。如巽宫过度高隆者，则主野心大，功利心非常强烈，自命不凡，喜弄权术，骄傲乏修养，青年事业有波折，常有小人之害。

离宫相理分析

离宫在生理学言，与“上焦”“心脏”“心包”“小肠”“左侧肩背”“眼睛”“血液循环”等系统相联属，又相当于面相十二宫之“官禄宫”“迁移宫”。离宫丰满高起者，主其人智慧过人，思虑深远，行动沉着，头脑冷静，中年大发，官财两旺，可得功名，有乱纹冲破者，吉征减分论。如离宫过度高隆者，主其人个性忧郁，有孤寂心态，处事犹豫不决，缺乏积极进取的人生观，甚至有厌世或隐居之心态。如离宫低陷者，主其人中年事业有波折，富贵难久，求谋多阻，小人太多，劳碌奔波，虚度一生，低陷再有乱纹恶痣冲破者尤甚。

坤宫相理分析

坤宫在生理学言，与“下阴”“任脉”“性腺”“肝脏”“胆囊”“肚腹”等系统相联属，又相当于面相十二宫之“福德宫”“母宫”“妻（夫）宫”“子女宫”。坤宫丰满者，主其人福寿双全，晚景光辉，名利双收，子孙昌荣，妻（夫）贤有助。又象征其人思路宽宏，学识丰富，有奇才奇智及第六感，常怀着美丽的憧憬及乐观的心情，并有艺术及逻辑头脑，必享异路财荣，有乱纹恶痣冲破者吉征减分论。如坤宫过度高隆者，则主其人骄傲乏修养，喜言过其实，待人处事有虚伪欺妄心态，同时虚荣心重，贪财好色，个性急躁，常招小人，难于信用他人，明于观人而暗于观己，对人每作难堪之说词，并喜欢吹毛求疵。如坤宫低陷者，主其人刑克母亲，妻迟子晚，晚岁不荣，同时，才能低下，健康不佳，婚姻不美，难享子女福，有乱纹恶痣冲破者尤甚。

兑宫相理分析

兑宫在生理学言，与“下呼吸系统”“大肠”“子宫”“阴囊”“下腰”“涎”等系统相联属，又相当于面相之“夫妻宫”“子女宫”“奴仆宫”。兑宫丰满高超者，主其人富有冒险进取勇敢之精神，刚毅果断，不避艰险，抵抗力及自制力均强，处事敢做敢为，能忍辱负重，冷静坚定，平生可得偏财或妻（夫）财，妻（夫）贤慧有助，有乱纹恶痣冲破者吉征减分论。如兑宫太过高起者不忌，反而象征其人冷静、镇定、机警，对突发的事物，能勇敢加以抵抗处理。如兑宫高起又肌肉僵硬者，主其人争强好胜，惹事生非，事业难成，婚姻不美。如兑宫低陷者，主其人先天不足，健康欠佳，性情急躁，遇事畏缩，进取心不强，平生小人亦多，夫妻刑克。

明堂相理分析

明堂在生理学言，为“血液循环系统”及“泌尿生殖系统”气血交汇之所在（即中医学所谓之心肾之交的所在），明堂又相当于面相十二宫之“命宫”。明堂平深有窝无乱纹恶痣冲破者，主其人身体健康，精力充沛，一生少劳多获，有乱纹恶痣冲破者，吉征减分论。明堂如过于高起僵硬者，主其人个性急躁，倔强任性，独断独行，重利轻义。明堂如低陷有乱纹恶痣冲破者，主其人体质衰弱，精力不足，情绪不稳定，常怀恐惧，多忧多虑，一生命运多舛。

附注：

（一）如形局属木（含木形手），人瘦形清之人，不以八宫丰满取相，只看食指、中指、无名指、小指之指基是否丰满，指基丰满者为吉相，低陷或有恶纹恶痣者为凶相。

（二）各宫所呈现的气色之休咎，请读者参阅拙著《萧湘相法（三）气色大全》“指掌气色之观看法则”。

观相感言

在中国生产力中心接受短期讲习的学员，都是在颇有规模的企业当总经理。有一天中心主任提出问卷问学员们：“你是在什么条件之下，当到公司的总经理？”学员们有97%回答：“大学毕业后，连续在该公司兢兢业业工作了二、三十年没有跳槽。”

萧湘居士　撰

中国手相学八卦八门图

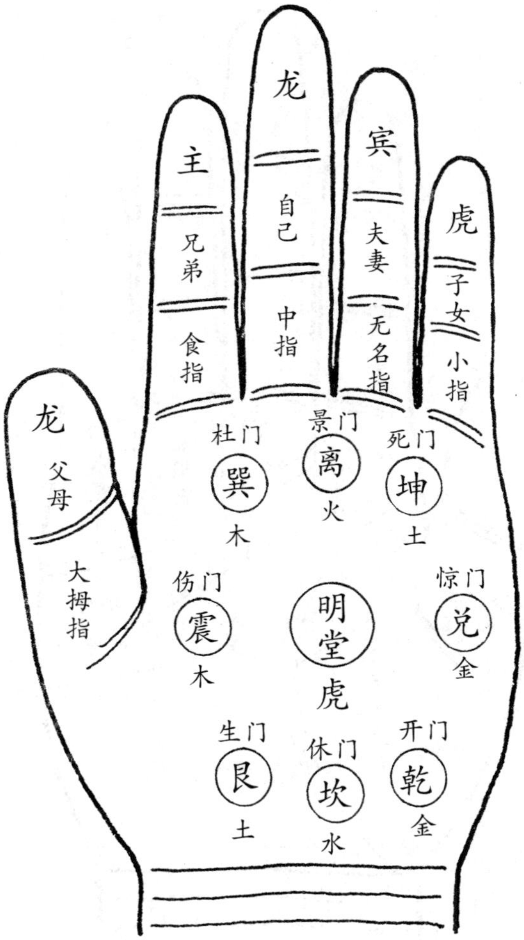
龙
主
宾
虎
自己
兄弟
夫妻
子女
中指
食指
无名指
小指
龙
父母
大拇指
杜门
景门
死门
巽
离
坤
木
火
土
伤门
明堂
惊门
震
兑
木
虎
金
生门
休门
开门
艮
坎
乾
土
水
金

西洋手相学各丘位置图

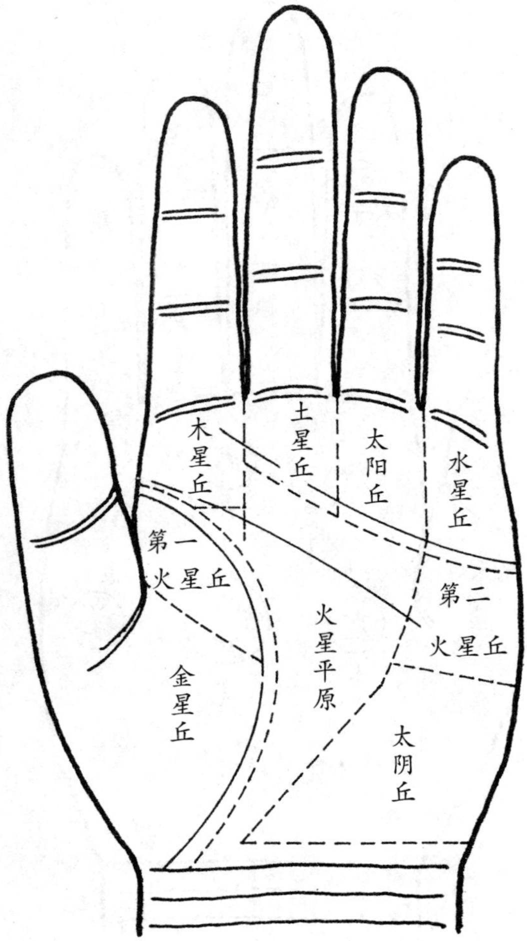

第四章　手指观看法则

手指之相理意义

《相理衡真》云："指为龙，掌为虎。""大指为龙，小指为虎。""大指为龙，四指为虎。""龙大虎小者贵，虎大龙小者贱。""虎胜龙为反，龙胜虎为奇。""只宜龙吞虎，不宜虎吞龙。"按其文意，先贤乃著重手指与手掌之长短相配，大指与其他各指之大小相配。假如手指与手掌及大指与其他各指不相配，先贤谓之为"龙虎相争"。例如，掌长指短，乃"虎吞龙"，主其人祖破父败，六亲少靠，劳碌贫贱，青少年多不遂意，尤以木形人最忌，金水土形人凶征减分论。如指长掌短，乃"龙吞虎"，木形人相得益彰，金水土形人或乙木形人不宜，主其人不富不贵，仅系有技艺或有小收获小成就之人而已，同时个性奸猾多诈，身体亦欠健康（手指与手掌之标准比例，为中指长度为八，手掌长度为十，如系木形人又系木形手者，手指与手掌之比例超过八比十者不忌）。

大体言，手形代表整个身心遗传之良窳，大拇指代表健康智慧个性遗传之良窳，其余四指代表做人处事方法遗传之良窳，八宫代表内脏器官遗传之良窳，指甲代表内脏器官之健康状况，掌纹代表过去和未来各种变动之注记。以生理学言，手指与吾人脑之上半部相联属，主控人之精神层面，手掌与脑之下半部相联属，主控物欲层面。又大拇指第一节与整个脑组织相联属，第二节与小脑及消化系统相联属，拇指球（即艮宫）与消化、呼吸及生殖、泌尿系统相联属。食指第一节与前脑组织相联属，第二节第三节与胃肠等消化系统相联属。中指第一节与顶脑组织相联属，第二节第三节与心脏血管及循环系统相联属。无名指第一节与侧脑组织相联属，第二节第三节与后脑组织及肝胆系统相联属。小指第一节与小脑组织相联属，第二节第三节与肾脏膀胱泌尿消化系统相联属。顶脑发达之人，手指必长，后脑发达之人，指头必大，侧脑发达之人指头必尖，小脑发达之人，手掌必宽厚长大，整个大脑发达之人，掌上直纹必多。由此可知，精神层面居于首位上位，物欲层面居于末位下位，故只宜“龙胜虎，不宜虎胜龙，龙胜虎为奇，虎胜龙为反。”试观猩猩及其他动物的手指与手掌的比例即知梗概矣。兹就手指之各种相理休咎分述如下：

大拇指相理分析

▲大拇指第一节代表意志，第二节代表理性，第三节代表物欲（参阅插图⑧）。大体言大拇指长大强伟坚硬圆秀，而又与掌形相配者，主其人父祖之遗传优良，自身幼年时期可享父祖之福荫亲情，健康少病，青年时期事业顺利有成，官财两旺。同时赋性聪慧理智，个性勇敢果决，意志坚定，独立性强，待人则热诚和蔼，以理服人。

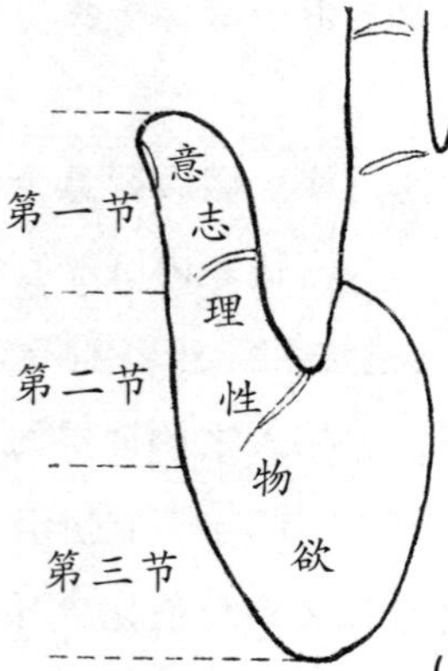

(图⑧)

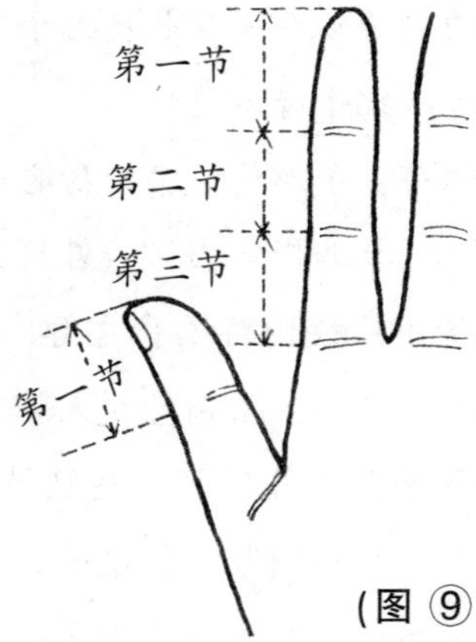

(图⑨)

▲大拇指倾曲柔软，加手掌亦柔若无骨者，主其人多愁思悲观，做事欠

恒心毅力，道德标准不高，使用金钱亦不节制，同时肠胃欠健康。

▲大拇指之长度以大拇指第一节顶端到达食指第三节一半者为适中，长达食指第二节节纹处为长，超过食指第二节节纹者为过长，不及食指第三节一半者为短，长度未到达食指第三节者为过短（参阅插图⑨）。

▲大拇指长大适中，掌亦厚实，第一节并能略略向后倾者，主其人个性优良，为人热诚爽朗，有为有守，有威有严，有德有义，勤劳节俭，并富有恒心和毅力。但向前倾者，则主其人顽固偏见，私心自用，惟守法精神尚强。

▲大拇指第一节强伟圆秀者，主其人意志坚强，有百折不挠的奋斗精神，但第一节过长者，则主其人意志虽坚强，理性却不足。大拇指第一节短者，则为意志不坚，易为困难挫折而屈服。第一节能弯曲自如者，则主其人能刚能柔，思想新颖，喜离乡发展。

▲大拇指第二节强伟圆秀（比第一节应略圆小）者，主其人智慧甚高，理解力特别强。如第二节比第一节长者，则主其人长于分析，长于理论，处人处事，冷静沉着，过长者则主实践力不足。若第二节比第一节短者，则主其人充满斗志和毅力，但缺乏理性，理解力亦不足。第一节和第二节等长者，主其人个性优良，意志理性俱佳。

▲大拇指第三节（即手掌八宫之艮宫）特别丰满高起者，主其人性机能强，处人处事性急冲动。如大拇指第三节丰满高起适中者，则主其人好色而不淫，处人处事热诚中庸。如大拇指第三节低陷者，主其人体弱多病，个性冷漠。

▲大拇指过长过大者，主其人固执好胜，刚愎自用，处事独裁，利己观念重，又常用奸计，喜弄手法，不重人和，小人众多，一生事业，得失互见。如从事军职工作则反主吉，必贵为将军。

▲大拇指短小尖薄者，主其人恒心毅力不足，处事不能坚持原则，严重短小者，则主其人懦弱无能，一生均受人支配，同时象征体弱多病，父祖遗传不良。

▲大拇指短而粗大者，主其人智力不发达，对事物理解力不足，同时食

量大，性欲强，喜使用暴力。

▲大拇指形状如鼓捶者，主其人个性暴躁凶狠，智能低下，冲动时易肇人命，一生难有成就。

▲大拇指柔软不坚又向后倾斜者，主其人个性随和，欠缺主见，虽能适应各种复杂的人事环境，但一生难成大器，并性喜奢华，情绪不稳定，喜怒形之于色，缺乏金钱和时间观念。

▲大拇指生有副指（俗称六指）者，主其人刑克父母（男左女右），象征父母之遗传不良，一生事业难有大成就。

▲大拇指伸开时，其余四指自然并拢者，主其人意志坚定，对不明白的事物，有追根究底的研究精神，处人处事意见颇多，喜欢说理。

▲大拇指伸开时与手掌成直角（参阅插图⑩）者，主其人独立心强，进取心亦强，观念新颖，有开创力，但喜自由发挥，不喜拘束，处事积极，肯负责任。对人对事，看法极端，但秉性刚烈，有正义感，无幽默感，一生事业有成有败。

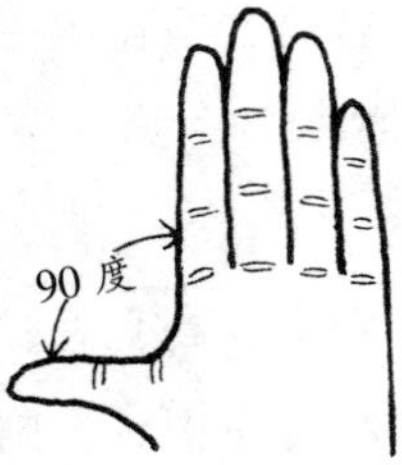

图⑩

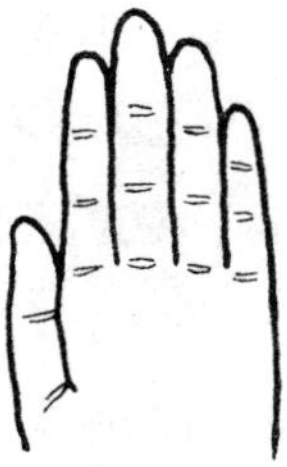
图⑪

▲大拇指伸开时与手掌相接（参阅插图者⑪），主其人缺乏独立心，有神经质，个性沉默，令人莫测高深。同时观念保守，欠缺开创力，不宜担任领导者。又个性拘谨吝啬，一生事业成就不大（最佳的伸开角度为四十五度，主其人个性中庸，一生事业成多败少）。

▲女性大拇指强伟，指头指甲均呈方形者，主其人具有女强人的个性，好胜好强。

食指相理分析

▲食指端正秀长者，主其人有领导才能，理想远大，自尊心进取心均强，青年时期运途顺利，事业有成，兄弟有助，健康少病，同时有家庭爱情责任观念。

▲食指长过无名指者，主其人有领导才能，但骄傲自私，不能继承父业。

▲食指超过中指第一节三分之二者，主其人有野心，喜弄权术，青年时期事业有成有败。

▲食指第一节未到达中指第一节节纹处者（参阅插图⑫），主其人自信心不足，责任感欠强，同时惧内克妻，女性则畏夫刑夫，一生中受小人及异性之害。

▲食指过于瘦小者，主其人青年时期难有大发展。

▲食指倾曲并短于无名指者，主其人好淫，婚姻不美，青少年劳碌少成，常多小人是非，亦主早婚少缘。

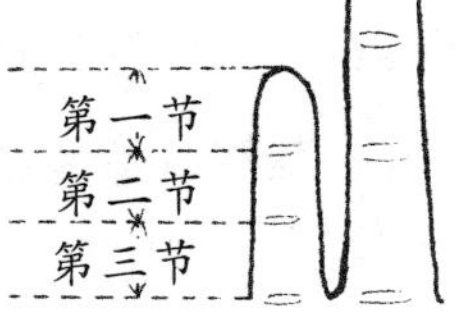

图⑫

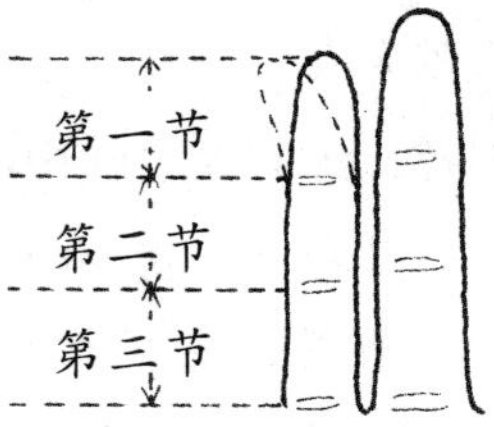

图⑬

▲食指第一节偏外者（参阅插图⑬），主其人青年时期，因故离开家乡发展，在外运途不顺，事业难成，即使偶得功名或收获，亦是劳碌奔波，又主身体健康欠佳，个性不良，性急好淫，才能人缘均欠佳。婚姻必系自由恋爱，但大多初婚不美满。

▲食指成尖形者，主其人有宗教信仰，食指成方形者，主其人服从真理，性格优良，青年时期事业顺利。

▲食指第一节过长者，主其人容易迷信，作事缺乏魄力，过短则志气消沉欠责任心。

▲食指第一节有小直纹者，主其人目前事业不顺，如有小横纹数条者，则主健康欠佳，其他各指亦有直纹或横纹出现者，表示情况严重。

中指相理分析

▲中指端正秀长者，主其人眼光远大，思虑缜密，处事稳健踏实，自我平衡力强，中年时期事业有成，官财两旺，可得功名，同时身体健康少病(参阅插图⑭)。

图⑭

图⑮

▲中指过长过大者，主其人心思细密，能从事细密又要有耐性的工作。

▲中指短小者，主其人欠缺中心思想，不能坚持原则，往往见异思迁。

▲中指倾曲色滞者，主其人中年事业破败，并有腿疾（参阅插图⑮）。

▲中指不平不直者，主其人欠自主能力，有依赖性，中年时期事业失败，功名失利，身体有暗疾，刑克父母，一生孤贫。

▲中指成尖形者，主其人思虑不周，处事草率，一生难成事业。

▲中指成方形者，主其人自律严，要求亦严，个性敦厚，待人诚实，中年时期事业成多败少。

▲中指第一节过长者，主其人猜疑心重，个性悲观。过短者主见异思迁，无中心思想，道德观念也差。

无名指相理分析

▲无名指端正秀长者，主其人心性乐观，活泼开朗，常怀着希望的憧憬，有音乐天份，或有审美观及艺术眼光，名誉心重，配偶贤能俊美，晚年时期身体健康，官财两旺，事业有成，无名指第一节比中指第一节长者更验。

▲无名指过长过大（与中指一般长大）者，主其人主观意识重，自视甚高，性多怪僻，不肯认输，性好动喜投机赌博，有冒险精神，但欠缺耐心。40 岁后多淫败业，刑克亦重。无名指第三节长大肥厚者更验（参阅插图⑯）。

图⑯

图⑰

▲无名指歪斜者，主其人之配偶不贤，个性又强，婚姻必不美满。

▲无名指短小者（长度未到达中指第一节二分之一），主其人缺乏审美观，名誉心也不强，晚年身体欠健康，事业难有发展（参阅插图⑰）。

▲无名指成尖形者，主其人有艺术头脑，但无名指短小者不验。

▲无名指倾曲又长过食指者，主其人配偶不贤慧，并有惧内心态(食指与无名指之长度相等者为吉相，无名指长过食指者为凶相)。

▲无名指不平不直者，主其人老年时期，身体欠健康，事业难有发展，且配偶个性不良，彼此刑克，男性并主惧内淫乱。

小指相理分析

▲小指端正秀长者，主其人晚年身体健康，可享高寿，衣禄丰盛，子女有成。又主其人智慧甚高，有商业头脑，有科学头脑（不一定为科学家，但注重科学精神或有科学的治事方法），处事重实践，发挥能力强，处人则能随机应变。一般政治家企业家或在异路业享有盛名者，无不小指端正秀长。如小指第一节特长者，则主其人善于表达，口才特佳。

▲小指过长过大（即小指与无名指同长同大者而言），有人谓此乃有奇福之相，笔者不能证实此种说法，但其人必然享高寿，晚年衣食不缺，惟个性不良，有大志喜大言，知进不知退，意见很多，不能从俗，个性自私，很会保护自己，同时非鳏即寡或再婚，有孤独之相。

▲小指尖端超过无名指第一节节纹者，（两手均须超过）主其人可在正路行业发展，可富可贵。未能到达无名指第一节节纹者，主其人只可在异路行业发展（参阅插图图⑱）。

图⑱

图⑲

▲小指第一节长度能超过无名指第二节长度，同时两手一样者，主其人大多能继承父业，或白手起家发达早（参阅插图⑲）。

▲小指倾曲又过于短小（即小指第一节尖端未到达无名指第一节节纹而言）者，主其人身体欠健康，大多有呼吸或肠胃之疾，晚年无事业可言，经济状况必不佳。个性虽坦白，但急躁偏执，缺乏心机，不善言语，自卑感重，终身没有作为，对家庭爱情责任心不强。大拇指及小指均短小又瘦削者尤验。

▲小指生长的位置比无名指低者，主其人个性积极，讲求效率。

▲小指不平不直者，主其人晚年疾病缠身，子女不孝顺，或生育不容于家庭社会的败子。

▲小指尖长者，主其人喜钻研科学（尖而短小者不可同论）。

▲小指方形者，主其人在科学领域上有小收获。

▲小指只有二节者，主其人有生理上的隐疾，晚年主孤独。

五指相互间之联属关系

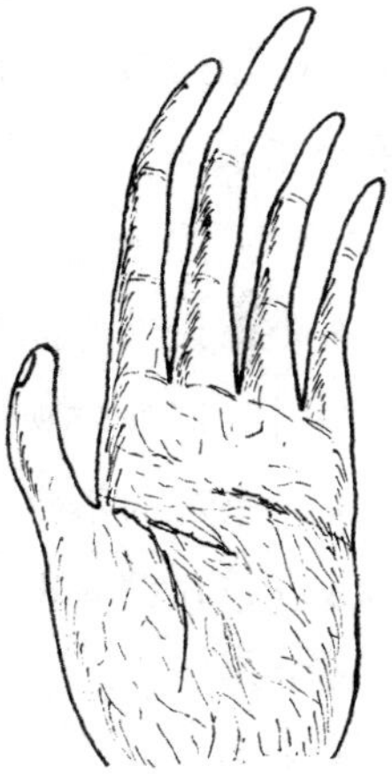

图⑳

▲五指各有所主（参阅附图），大拇指为龙，代表祖先父母及自己幼年。小指为虎，代表儿女子孙及自己晚年。食指为主，代表兄弟姐妹及自己青年。无名指为宾，代表朋友配偶及自己老年。中指为龙，代表自己，和自己中年。手指为龙，代表精神，手掌为虎，代表物欲。

▲大拇指比食指中指无名指为小，比小指为短者，主其人父祖遗传不良，出身微贱之家。

▲食指与中指长短相同者，主其人高傲心毒，自私自利欠同情心，常遇凶险。

▲食指偏向中指者，主其人青年时期虽衣食不缺，但劳录奔波，并防眼疾。

▲食指与无名指长短相同者，主其人智慧高，能力强，一生多贵人，配偶贤良，晚景光辉。食指长过无名指者，主其人自私自利，喜欢支配他人。

▲中指偏向食指者，主其人欠大作为，常受兄弟族戚之牵制，30 岁后败业，又喜崇拜鬼神，极端迷信。

▲中指偏向无名指者，主其人常受制于朋友，甚至朋友变小人，40 岁后败业。但其人心地善良，中晚年可得配偶助力，事业有成。

▲中指与无名指长短相同者，主其人心性好动，为人喜占便宜。

▲无名指长过食指者，主其人常有小人为害，用人不忠，首妻不贤，难

偕白首，亦主好色。

▲无名指长过中指第一节三分之二以上者，主其人性喜赌博投机，六秀纹长者尤验。

▲无名指偏向中指者，主其人多忧虑愁思。如无名指紧靠中指者，则主夫妻恩爱。

▲无名指偏向小指者，主其人喜爱艺术。

▲小指长过大拇指者，主其人心性不良，奸诈狡猾。

▲小指过于短小或有伤痕恶痣者，主其人生殖机能有缺憾，得子甚迟，或子女生育虽多，但存活率低，或生育个性智慧不良之子女。如右手小指比左手小指长者，则主其人35岁后所生之子女，比35岁前所生之子女优秀(男左女右)。

▲小指偏外不能与食指中指无名指密合者，主其人喜自由发挥，不喜拘束。同时欠缺理财观念，不能经商，与六亲亦少缘，有孤独心态。

▲小指弯曲不直者，主其人与子女少缘，孤独之相，身体亦有隐疾。

▲五指均端秀者，主其人聪明干练，幼少年时期学业成绩必佳。

▲五指均拙劣者，主其人智慧不高，幼少年时期不会读书。

▲五指式样各不相同者，主其人无中心思想，意志散漫，言而无信。

▲五指在自然摆放之情况下，各指均自然并拢者，主其人处人处事谨慎小心，心态保守，设想周到，但往往犹豫不决。

▲五指在自然摆放之情况下，各指均自然分开者，主其人性情豪爽开朗，待人热诚，处事作风明快，不拖泥带水，工作方面喜自由发挥不喜拘束。

▲五指均特长之人，主其人心思细密注重小节，最宜从事精密技术工作。掌形指形特别瘦削者尤验，并富研究精神。

▲五指均特别短（注：即中指不足自己手掌长度十分之六其他各指亦短之谓）之人，主其人个性急躁，行动鲁莽，心直口快，粗心大意，没有耐心，对一切事物满不在乎，又喜争辩是非，工作懒散，性好闲逸，掌形指形不美者尤验。如既短又粗硬，则主其人冒进冲动，倔强粗暴，掌形指形不美

者尤验。

▲五指均短又无法全部张开，张开后四指又无法弯向手掌者，主其人心思很多，待人过度谦虚，个性懦弱，不能为自己的行为负责。

▲五指均粗硬者，主其人个性耿直，不善处人际关系。如五指均柔软者，则主其人个性随和，善处人际关系。

▲五指均不平不直或偏斜者，主其人人生观不正确，或将聪明才智用于歪途，并主婚姻不美，不克即离。又主其人内脏器官发育不良或着床不良，精神气质衰萎庸俗。

▲五指短而肥厚者，主其人个性粗暴，偶而会做出残忍的行为。

▲五指指头丰隆有起，气色红润者，主其人身体健康，事业（工作）顺利。如指头凹陷气色晦暗，并有直纹者，主目前事业（工作）不顺，有横纹者，主目前身体健康状况不佳。

▲女性五指过短者，主其人恒心耐力不足，个性急躁懒散，不能处理细密工作。

▲五指如猴之爪，大拇指萎弱无力，其余四指直如竹枝，外观有骨而无劲，具手形而无手之灵气者（参阅插图⑳），主其人自私冷漠，意志薄弱，欠缺自立能力，依赖性重，难有成就，寿命亦不长。

指甲相理分析

▲先贤云“甲为筋之余，筋为肝之余。”由此可知指甲与吾人之五脏六腑关系非常密切，因此，从指甲之长短、厚薄、阔窄、血色等亦可窥知吾人之健康、智慧与个性、进而推论其一生之吉凶。

▲指甲长大厚实适中如瓦筒（参阅插图㉑），色泽又红润者，主其人健康优良，智慧优异，有艺术天份，个性不急不徐，为人热诚和蔼。

▲指甲如长过手指第一节二分之一者，主其人身体欠健康，比较容易感染疾病。

▲指甲粗硬不雅者，主其人身体虽健康，但处事有勇无谋，性急好强，言语动作粗俗，指甲宽者尤验。

▲指甲长而狭窄圆薄者（参阅插图㉒），主其人元气不足，神经衰弱，胆小怕事，个性悲观，常多幻想，又喜迷信。

▲指甲长而弯曲者（参阅插图㉓），主其人心脏及肝肺功能欠佳。

▲指甲短而又呈方阔形者（参阅插图㉔），主其人身体健康，元气充沛，体力胜过长而圆者，同时富有逻辑理论的头脑，处事积极，讲求实效，眼光敏锐，喜管闲事，喜作批评，容易激动，易患肠胃方面之疾病，大拇指指甲仅及大拇指第一节长度三分之一者尤验。

▲指甲上阔下窄者（参阅插图㉕），主其人精力充沛，处事积极，但往往不满现实，喜发议论，处人则有自私之倾向。

▲指甲呈圆形者（参阅插图㉖），主其人情绪欠稳定，容易激动，但颇喜爱艺术。

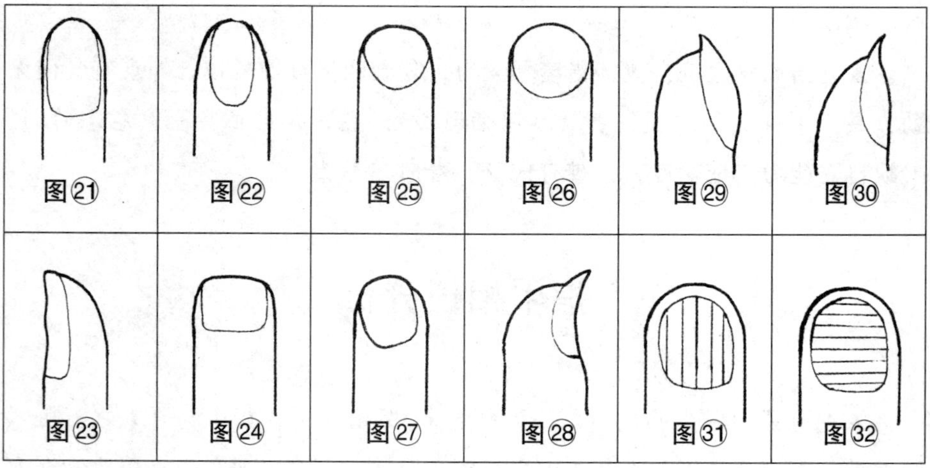

▲指甲短而小者，主其人易患心脏病，无月牙者尤验。

▲指甲偏斜不正者（参插图㉗），主其人健康不佳，一生多劳少获，常遇凶险，言语多虚伪。

▲指甲向后翘起者（参阅插图㉘），主其人情绪欠稳定，心性忧郁少情，并有心肺系统之隐疾。

▲指甲短又后翘者，主其人应预防中风。

▲指甲向前弯下者（参阅插图㉙），主其人性急易怒，心胸欠宽大，并有心肺系统之隐疾。

▲指甲宽度大于长度者，主其人喜喧哗，好争斗，爱管闲事，不耐寂寞。

▲指甲呈鹰嘴状者（参阅插图㉚），主其人既贪多又吝啬，心性险恶阴毒，喜欺诈，善妒嫉，好与人争，并有循环系统或肝脏隐疾。

▲指甲过于柔软者，主其人身体衰弱，意志力也不强。

▲指甲有条状直纹者（参阅插图㉛），主其人乃使用脑力又常处于紧张状态之下，身心劳累过度，精力体力透支，内脏（尤其心肝肾）器官机能失调，或内脏器官老化的象征，应注意保健。

▲指甲有横纹者（参阅插图㉜），主其人营养状况欠佳，或有营养障碍情形，如条状纹及横纹同时出现，则表示体能严重老化。

▲指甲上出现白花点或凹凸点者（参阅插图㉝），主其人健康情况不佳，曾有心肺系统或消化系统之病变。

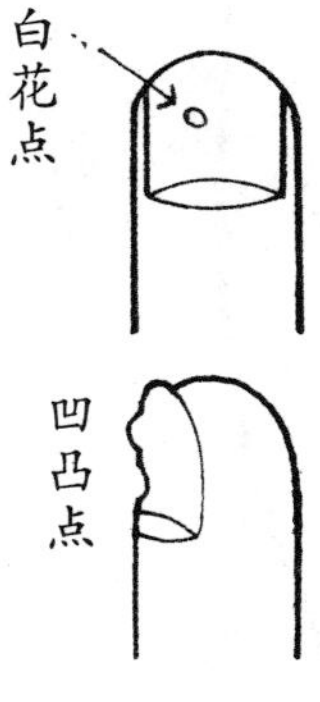

图㉝

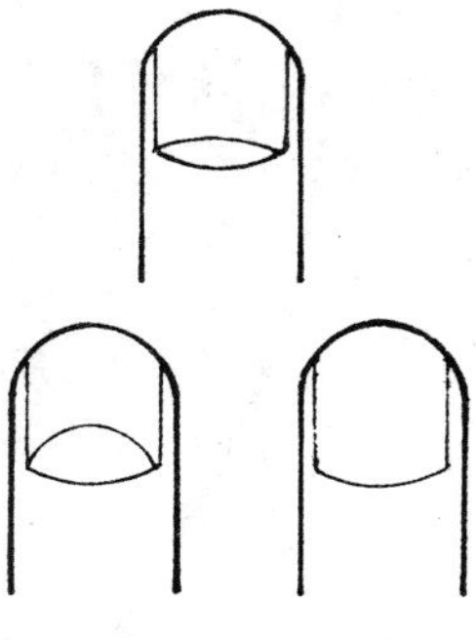
图㉞

▲指甲有月牙者（参阅插图㉞），主其人健康情况良好。无月牙者，大多系血液循环系统或消化系统机能欠佳之征，并有神经衰弱的现象。指甲后端再出现青紫色者，则表示循环系统的器官已受疾病侵袭。如指甲全部有青色或黑色者，则表示病情严重。但月牙超过指甲五分二者，则有高血压之征。

中国手相学五指行年月令图

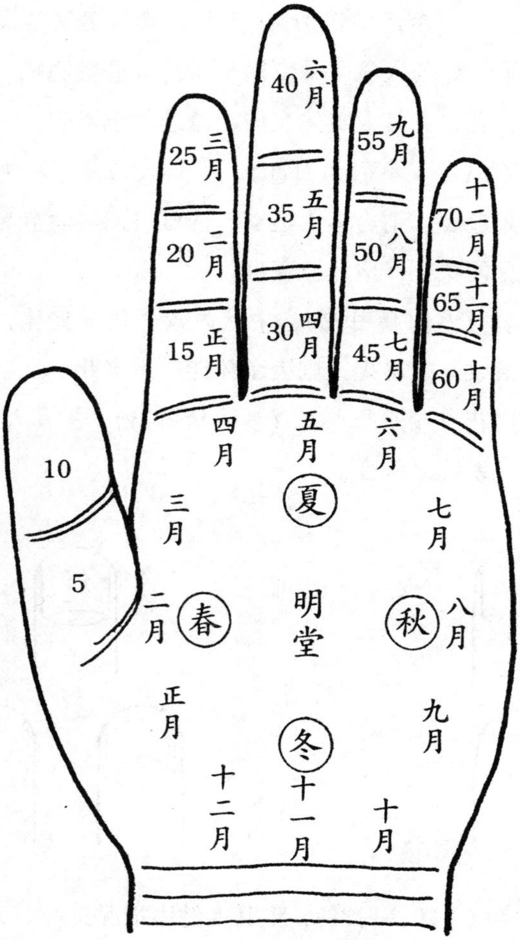

第五章
指纹、指节纹、指背纹、指背毛观看法则

指纹及指节纹之相理意义

手指之纹，看似小端，但与吾人之健康智慧尤其是个性关系密切，近百年来，研究指纹者日众，故在手相学之外，另有“指纹学”一门，并为警察学校学生必修学科之一。至于指纹为何永远不会改变（脚趾纹亦永远不会改变）的道理，笔者于1986年4月14日接受台湾电视公司“热线追踪”节目访问时，即阐述甚详（访问记实全文附录于拙著《气色大全》一书中），文中指出吾人指纹之所以永远不会改变，乃肇于吾人五根手指之第一节，与吾人整个脑组织相联属，指纹即“脑细胞组织排列程式”的缩影。又因脑细胞不同于身体上其他细胞会发生“新陈代谢”现象，只有老化现象，因此手指之纹亦永远不会改变。

中国手相学将指纹分为君纹、臣纹、民纹、艺纹、奴纹、异纹、阴阳纹等八类型，其中阴阳纹又分为君纹阴阳纹及臣纹阴阳纹两种（见附图）。手指之纹除“指纹”以外，尚有“指节纹”亦与吾人之健康智慧个性有关，兹分述如下：

大拇指指纹及指节纹相理分析

▲大拇指为“君纹”者（参阅附图），主其人父祖遗传优良，或享父祖余荫。亦象征其人健康、智慧、个性三者均优良，有中心思想，来日事业上成就可期。（注：十指全是君纹者，除非其人之面相为大富大贵之相格，否则，男主中年多小人，事业失败，一生多凶多险，女主疾病产厄，婚姻不离则克。如十指全是臣纹者亦主不妙，主其人难享父祖福荫，青年时期创业艰难，中年后运佳。其他有关君纹臣纹以外之各种指纹的相理解释，请参阅拙著《气色大全》附录篇指纹的奥秘一文。）

▲大拇指为“臣纹”者，主其人父祖遗传欠佳，或难享父祖余荫，健康智慧个性三者有或多或少之缺陷，来日事业上之成就比大拇指有君纹之人相对递减。

▲大拇指之指纹除“君纹”“臣纹”二形外，另有“君纹阴阳纹”“臣纹阴阳纹”“君纹变体纹”“臣纹变体纹”“民纹”“艺纹”“奴纹”“异纹”等形。（注：上述指纹之休咎请参阅拙著《气色大全》附录篇“指纹的奥秘”一文。至于“君纹变体纹”和“臣纹变体纹”之休咎，则参照君纹和臣纹之吉征凶征递减之。）

▲大拇指第一节之节纹三条形成如“眼形”者，谓之“夫子眼”或名“凤眼”（参阅插图㉟），主其人极为聪颖，读书有成，工作认真，事业心重，并出身贵胄或富裕之家，至低限度也系出身祖德深厚之家，自身则主青年早发，婚姻美满。又大拇指有“夫子眼”者，主其人一生逢凶化吉，遇难有救，并主早熟，待人处事善于应对，老于世故人情，其人第六感亦强。但纹尾未合拢者，吉征减半论。女性大拇指有夫子眼者，主其人旺夫益子。

▲大拇指第一节之节纹两条形成如“眼形”者（参阅插图㊱），亦谓之为“夫子眼”或名“凤眼”，主其人聪明过人，读书有成，可享父祖余荫（含祖德父德），自身则主青年早发，但纹尾未合拢者吉征减半论。

▲大拇指第一节纹仅一条者，主其人幼少年家境艰苦，难享父祖余荫。如纹再断者，主其人幼少年（约 15 岁前）如不遭遇凶险灾疾而亡，亦必刑克父母破祖离乡他往。

▲大拇指第一节与第二节之间无纹者，终其一生事业上难有收获。

▲大拇指第一节与第二节之间有一条或二条之横纹者（参阅插图㊲），先贤谓之“文约纹”，主其人先天智慧甚高，可靠自修而有学问，不享祖业而能自创产业，但相当劳碌，得来辛苦。

▲大拇指第一节与第二节之间有椭圆形纹者（参阅插图㊳），先贤谓之“龙眼”，主其人先天智慧超群，文章学问盖世，在宦途发展顺利，如五官再配合得当，主大贵。（注：龙眼附在文约纹之上者同论）如纹形成菱形链形或四方形三角形者，则主其人有异路财荣。

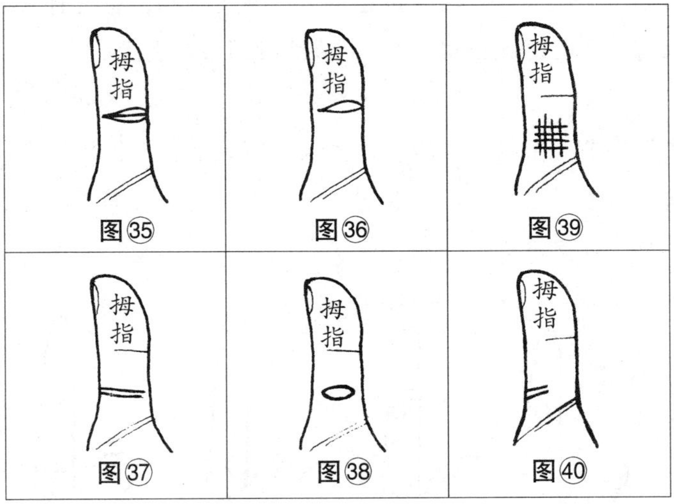

图㉟ 图㊱ 图㊴
图㊲ 图㊳ 图㊵

▲大拇指第一节与第二节之间有网状纹或纹状错综复杂者（参阅插图㊴），主其人聪明机警，可得偏财或异路财富。网状纹靠近第一节节纹者主发达早，网状纹靠近第二节节纹者主发达迟。

▲大拇指第二节下端外侧有小横纹一条或二条者（参阅插图㊵），男性主妻室美丽贤慧，女性主夫婿英俊干练。

食指指纹及指节纹相理分析

▲食指为“君纹”者，主其人个性优良，聪明干练，人际关系良好，青年时期工作顺利或事业有成。

▲食指为“臣纹”大拇指为君纹者，主其人可享父祖福荫，或创业有成。

▲食指为“臣纹”大拇指亦为臣纹者，主其人难享父祖余荫，自身创业亦多艰难。

▲食指第一节之节纹三条者（参阅插图㊶），先贤谓之“三约纹”，如五官再配合得当，主其人青年时期宦途得志或商场得利，终必有大成就（食指第二节节纹有三条者可减分同论）。但节纹有四条以上者，主其人刑克六亲，青中年运程不顺。

▲食指第一节之节纹二条者，主其人反应灵敏，能见机行事，并处事积极，工作努力，发达必早，终必获得或多或少之财富（如二纹形成眼形状者则主有异路财荣或学有专门知识）。

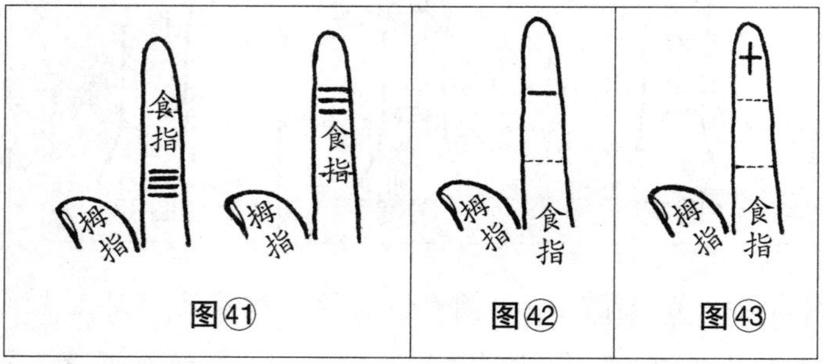

图㊶　图㊷　图㊸

▲食指第一节之节纹仅一条者（参阅插图㊷），主其人难早发，青中年时期难有大成就。纹断者，主终身不发。

▲食指第一节如出现十字纹者（参阅插图㊸），主其人青中年用人得力，配偶贤良。

中指指纹及指节纹相理分析

▲中指为“君纹”者，主其人个性偏执主观，常自以为是，喜争是非，对事物有异于常人的看法和作法，因此青中年患小人，事业少成，又多破败凶险。但从事异路业者，或前山三主和后枕无缺憾者，不吉情况减分论。

▲中指为“臣纹”者，主其人个性优良，青中年得道多助，事业有成。

▲中指第一节节纹三条者（参阅插图㊹），先贤谓之“姊妹约”，主其人兄弟姐妹多而有助，一生多福禄（第二节节纹有三条者可减分同论）。姊妹约有四条或纹断乱驳杂者，主其人中年兄弟少助，运程多困。

▲中指第二节中端有纹者（参阅插图㊺），先贤谓之“孤约纹”，主其人兄弟姐妹无助，在社会上人际关系不佳，一生事业少成，同时，中年有凶险灾厄。

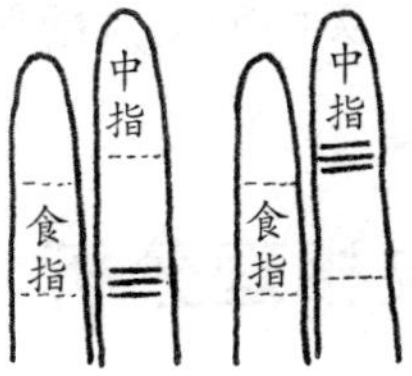

图㊹

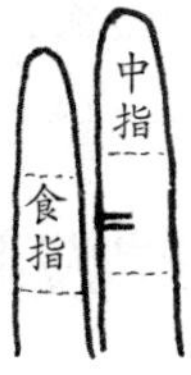

图㊺

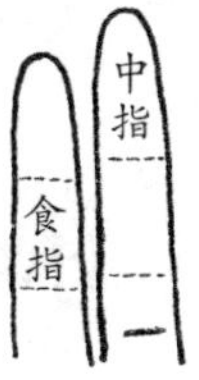

图㊻

▲中指第三节中端或下端有一条横纹者（参阅插图㊻），先贤谓之“漏约纹”，主其人青中年有损财之虞。

▲中指第一节如出现十字纹者，主其人青中年功名得利。

无名指指纹及指节纹相理分析

▲无名指为君纹者，主其人 40 岁后，55 岁前，仍主个性偏执，常有小

人为患，但较中指为君纹者之际遇为佳。

▲无名指指纹为臣纹者者，主其人40岁后官财两旺，劳少获多。

▲无名指第一节或第二节指节纹有明秀之三约纹者，主其人老年事业顺利，婚姻美满，可得妻助（参阅插图47）。

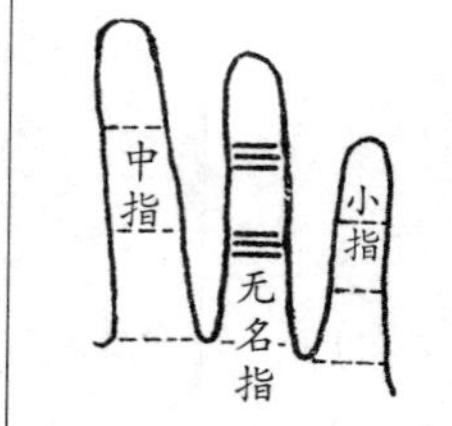

图㊼

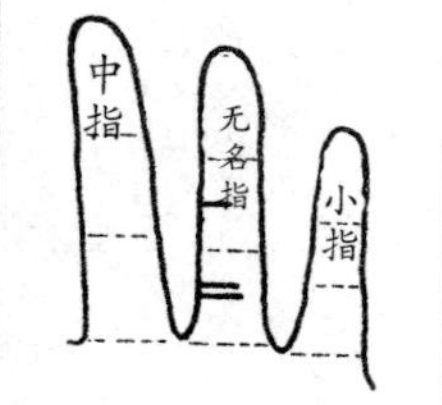

图㊽

▲无名指之指节纹散乱多条或断裂者，主其人老年运程不顺，妻迟子晚，婚姻不美满，甚或遭受女人之祸害。

▲无名指第二节或第三节，有横纹一条或二条者（参阅插图48），先贤谓之“病约纹”，主其人身带暗疾，婚姻亦欠美满或刑克配偶。

小指指纹及指节纹相理分析

▲小指指纹为“君纹”者，主其人50岁后的个性及处人处事的态度仍然偏执，因此，老年时期运程蹇滞。如面相下停部位及小指再有瑕疵，则又主子女不孝，生活潦倒，孤苦贫穷。

▲小指指纹为“臣纹”者，主其人55岁后，如面相下停部位及小指相理再佳者，则主其人55岁后，运程遂意。官财两旺，劳少获多。

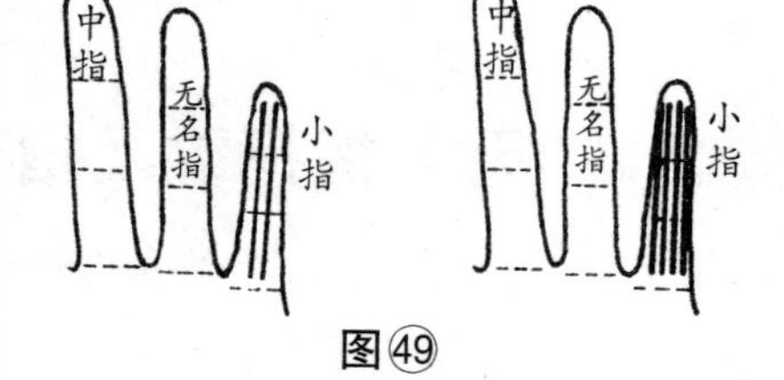

图㊾

▲小指第一节或第二节节纹有明秀之三约纹者，主其人老年福寿，子孝孙贤。

▲小指正中有直纹一条或两条上升到达第一节者，先贤谓之“运约纹”(参阅插图㊾)，主其人愈老愈荣，子女有成。但直纹超过二条以上者，先贤谓之“册纹”，主其人聪明有成就，但命带劳碌（其他各指有册纹者另论)。

指背纹及指背毛相理分析

▲五指指节背面之指背纹以隐藏不明显者为佳，主其人一生福厚，劳少获多，如掌背指背再肉色银亮者，男性主非富即贵，女性乃后妃之相。

▲指背之纹粗露而不隐藏者，主其人一生劳碌奔波，劳多获少，如再掌背指背肤粗色滞，青筋暴露者，主其人辛劳终身，难享闲逸之福。

▲手指手背长毛者乃体质强壮的表征，主其人不富即贵，无毛者乃劳碌相或贱相，肤色黝黑者更应长毛，象征其人做人处事稳健成熟，青年早发，但毛多而粗，毛色赤青、黄枯者不可同论，反而主贱，其人离家必早，婚姻不美满。（西洋人手指手背均有长毛，为何只有少数人能贵能富？此乃大多数西洋人手指手背之毛既多又粗，毛色赤青黄枯之故。)

▲手指手背皮肤粗硬，汗毛亦粗而多，毛色又深者，主其人精力充沛，处事积极，为人热情，个性粗鲁，性急易怒。

▲手指手背皮肤细腻，汗毛亦幼细不多者，主其人爱慕虚荣，讲究生活品位，个性温文儒雅。

▲手指之汗毛不宜十指均有，最宜长于食指、中指和无名指，主其人情绪稳定，个性平和。如十指均长了粗黑之汗毛，则主其人神经过敏，个性粗鲁，容易冲动。

▲手背上亦长有粗黑之汗毛者，主其人情绪不稳定，个性好动急躁。

▲手腕部分长汗毛之人，主其人特别富有同情心，人情味浓厚，有悲天悯人的胸怀。

▲男性手上无汗毛，但手指手背皮肤细腻者，主其人智慧颇高，处事颇为慎重，但比较容易意气用事（手指手背皮肤粗硬者不可同论）。

▲女性手指手背或手臂多汗毛者，主其人个性好强好胜。如汗毛既黑又粗者，则主其人个性嫉妒残忍，不近人情，婚姻不美满。

▲“相不独论”，当论断手相之休咎时，尚应参合其他部位之相理综合论断之。

观相感言

人体“潜能力”说

人体内到底有没有未经开发的“潜能力”？从事人体潜能力研究开发的学者一致认为每个人的体内均有未经开发的潜能力。例如，他们训练一群儿童能“捂住眼睛识字”，反之，未经训练的儿童却没有“捂眼识字”的能力。因此，他们认为人体内有无穷无尽的“潜能力”，只要加以开发训练就能显现出来。但是，他们忽略了在同样标准下接受“潜能力”训练的儿童，每个人“捂眼识字”的能力均不一样，有的儿童可以认识一百多个字，有的儿童认识数十个字，有的儿童认识数个字，有的儿童没有认出半个字，在其他项目的潜能力开发训练的场合中，也有不等程度的差别。

以上情形，在萧湘居士看来，乃每个人的遗传资质不一样所致也。有的生来就脑容量大，脑细胞多，脑细胞的排列程式也优于常人，反之，则差于常人，此乃定理。但不论脑细胞多寡，据科学家的研究，每个人的脑细胞均非全部处于活跃状态，而是有半数左右的脑细胞处于休眠状态，所谓“潜能力”开发训练应该是指唤醒那些处于休眠状态的脑细胞恢复活跃状态而已。再说那些军政、商业、哲学、科学、艺文方面有大成就和大收获的人，从未听说有接受“潜能力”开发训练的事实。萧湘居士认为健康、智慧、个性三者先天遗传不良的人，再怎样的加以“潜能力”开发训练也是枉然。

萧湘相居士　撰

中国手相学标准指纹图及名称图

君纹

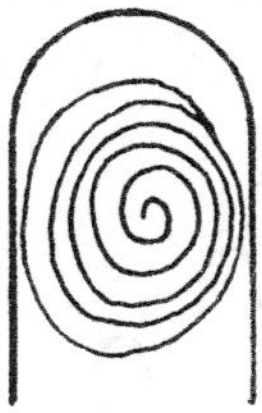

图一

臣纹

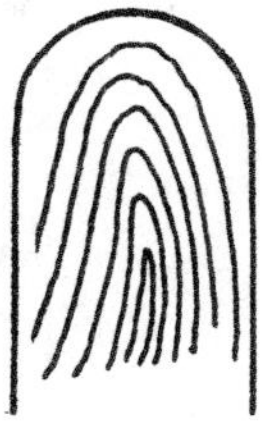

图二

民纹

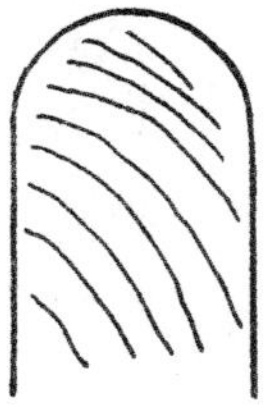

图三

艺纹

图四

奴纹

图五

异纹

图六

君纹阴阳纹

图七

臣纹阴阳纹

图八

第六章
天纹(感情线)观看法则

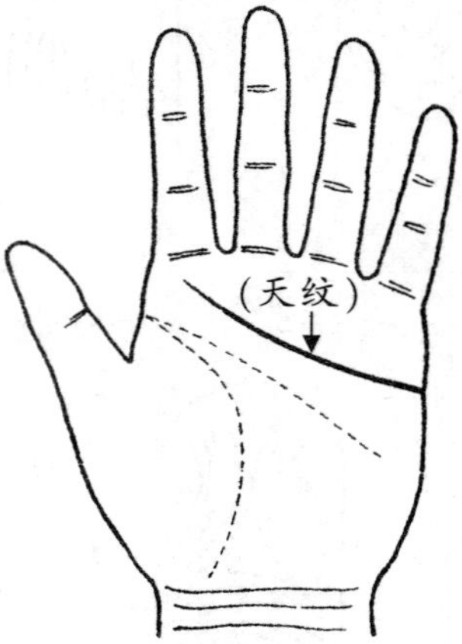

天纹之部位特性

天纹即西洋手相学所谓之“感情线”或“心线”，乃先天在母胎擘拳掩耳而成，与吾人父系之遗传关系密切，与心肺血液循环系统相联属，又因生长位置在手掌之上部故名天纹，天纹相理之好坏，对吾人30岁前青少年运程有关键性之影响。

天纹之优劣，象征吾人感情之厚薄冷暖，心性品行之良窳，以及对男女爱情之真实程度和婚姻之美满与否。关于天纹之起点，有手相学者谓系起于食指或中指之下，亦有手相学者谓系起于小指之下，并各有理论依据，但笔者认为后者之说法较符合印证之实情。

天纹之各种相理休咎

天纹的56种相理休咎具体图释如下：

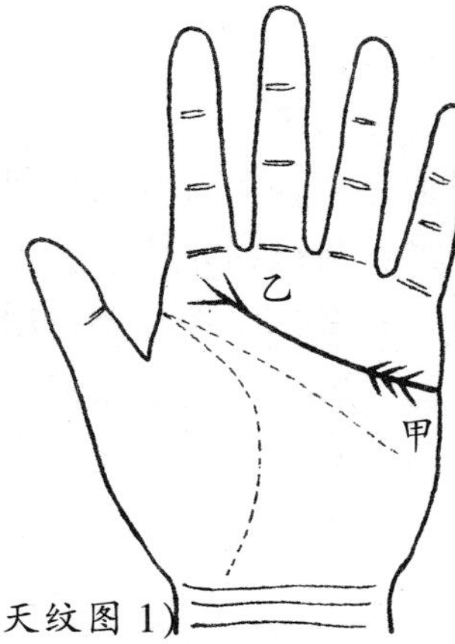

(天纹图 1)

天纹起端（甲）及末端（乙）有枝纹及叉纹者，主其人为人热诚，颇重感情，男女同论。又天纹起端有枝纹亦象征其人之父亲为人热诚，忠厚传家。如天纹起端及末端均无枝纹及叉纹，则象征其人感情欠丰富，有孤独心态，待人处事欠缺热诚而有冷漠感，如天纹人纹相隔再宽者，甚至一生欠缺爱情生活难有生育。

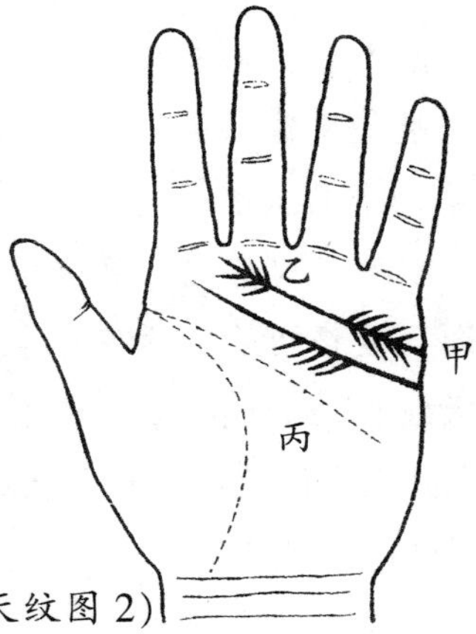

(天纹图 2)

天纹起端（甲）分枝太多，末端（乙）又有太多叉纹者，主其人感情虽丰富，为人虽热诚，但交友不慎，常多牵累。又主其人子女虽多但溺爱子女，很难受到子女的回报。如天纹在无名指下出现多条下垂之枝纹（丙）者，则不论男女，主其人贪淫好色，人尽可妻（夫），婚姻不美满，女性尤甚。

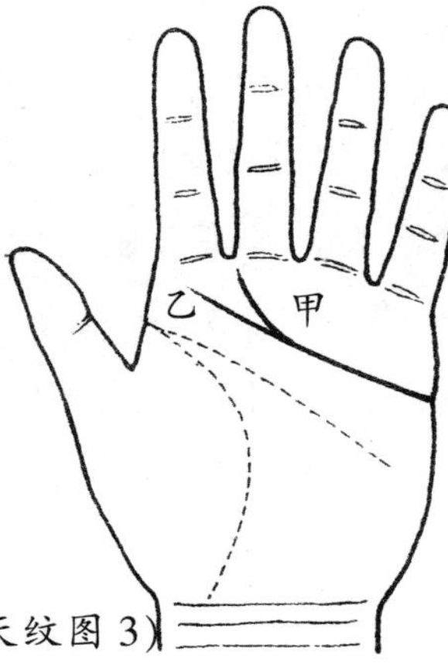

(天纹图 3)

天纹末端分叉，一枝到达食指与中指指缝之间（甲），一枝到达食指之下（乙）者，不论男女，主其人品格端正，待人热诚忠厚，对异性爱情忠实，婚姻美满，为标准之好丈夫好妻子。如面相婚姻宫再无瑕疵者，男主事业上有或大或小之成就，女主嫁有成就之丈夫。有此种手相之夫妻，最宜夫妻合作共同创业。

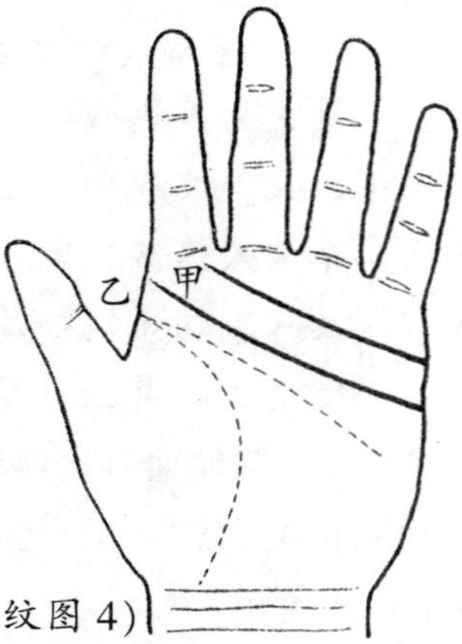 (天纹图 4)	天纹愈长，一般言感情愈浓，天纹长达食指之下（甲）者，主其人不论男女，感情丰富，敢爱敢恨，但此种人醋劲亦大，往往因爱情而滋生事端。天纹如长到掌边（乙）者，则男女均主任性，嫉妒心尤大，如再靠近人纹者，又主个性急躁，气量亦小，夫妻之间或兄弟朋友之间，每因小事争吵不休。
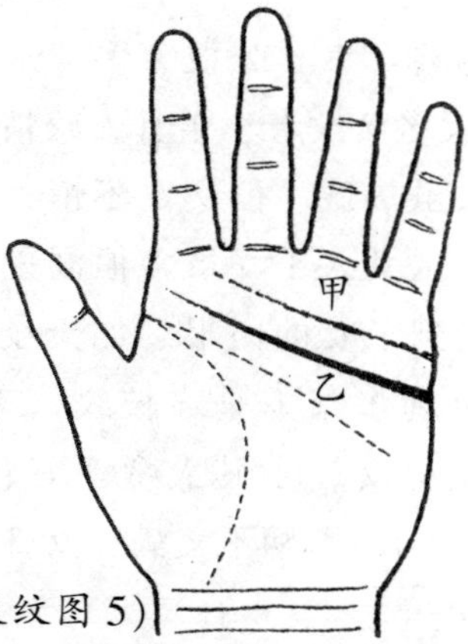 (天纹图 5)	天纹纹痕不显，似有似无，首端无枝纹，末端无叉纹（甲）者，不论男女，主其人冷酷无情，不知感恩图报，如艮宫再高起肥厚者，则主其人只有欲念而无爱情可言，手掌柔软者尤验。如天纹粗浅而阔（乙）者，不论男女，主其人生活放荡，不重感情，平日为人，自私自利之至。
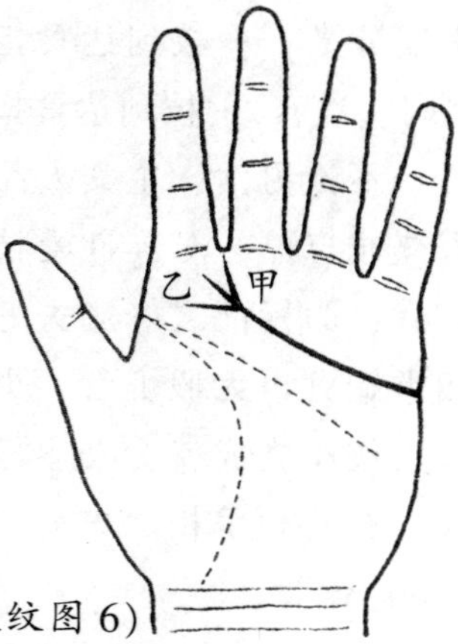 (天纹图 6)	天纹到达食指（甲）之下，纹深细秀明朗者，不论男女，主其人感情真挚，情操高尚，惟不免眼光颇高，计较门当户对。如末端再分成三叉（乙）者，则主用情不专，到处留情。另说主其人有博爱精神，能牺牲自己利益为众人造福。

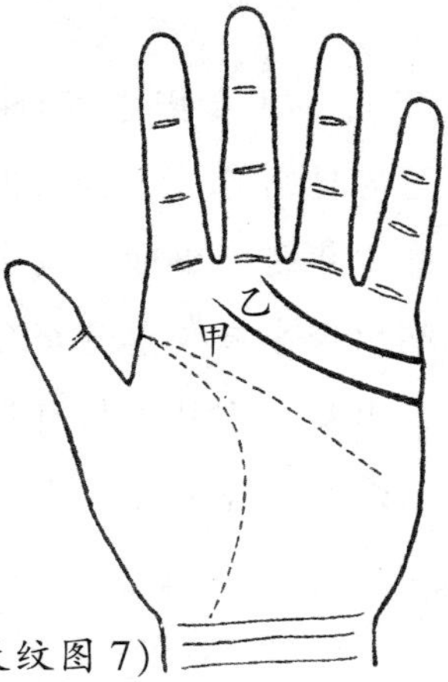

(天纹图 7)

天纹到达食指与中指之间的下部（甲）者，不论男女，主其人个性中庸，不卑不亢，对于爱情不苛求，亦不沉迷，并能为爱情作牺牲。如天纹到达中指第三节之下（乙）者，不论男女，对爱情极度自私苛求，占有欲及嫉妒心均重，婚姻生活欠美满。

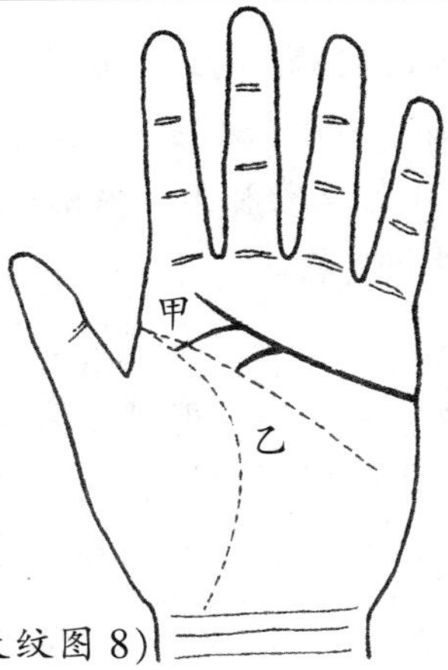

(天纹图 8)

天纹末端在食指下分叉，上枝到达巽宫，下枝弯向人纹与地纹交汇点（甲）者，不论男女，主其人很重感情，肯为爱情牺牲，但三十岁前事业爱情均不如意，枝纹穿过地纹更验，每一枝纹主失恋一次。如天纹在中指下分叉，下枝弯向人纹（乙）者，不论男女，主其人爱情观念及恋爱手法均欠高明，往往即兴而为。

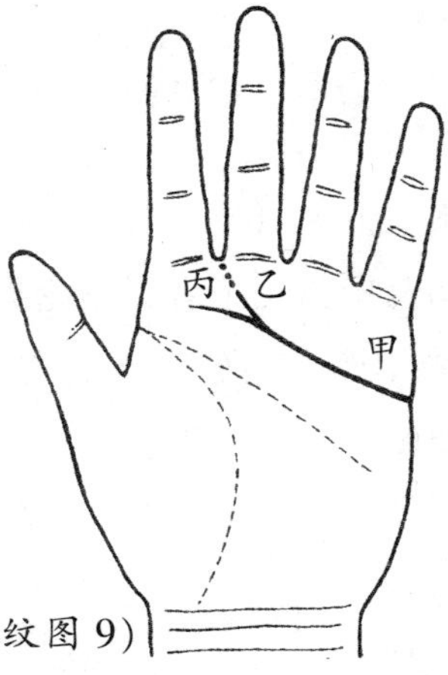

(天纹图 9)

天纹（甲）在中指下（乙）开叉者，不论男女，主其人个性刚强，野心大好胜心强，一生事业小成而已。如叉纹漏入食指与中指之指缝间（丙、虚线部分）者，则主其人个性即兴，不能守财，并破败父业。

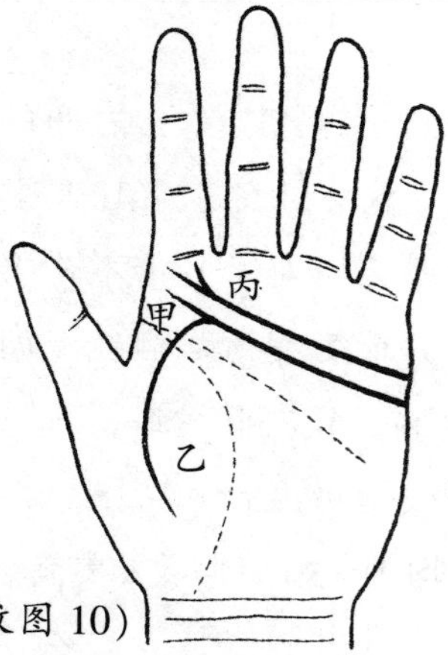

(天纹图 10)

天纹（甲）到达食指之下分叉，下枝（乙）弯向艮宫者，主其人刑克父母六亲，青少年时期事业不顺。天纹（丙）末端出现小枝纹上升至食指之下者，不论男女，主其人与有身份有地位之人结婚，事业上亦可因结婚而得到帮助。

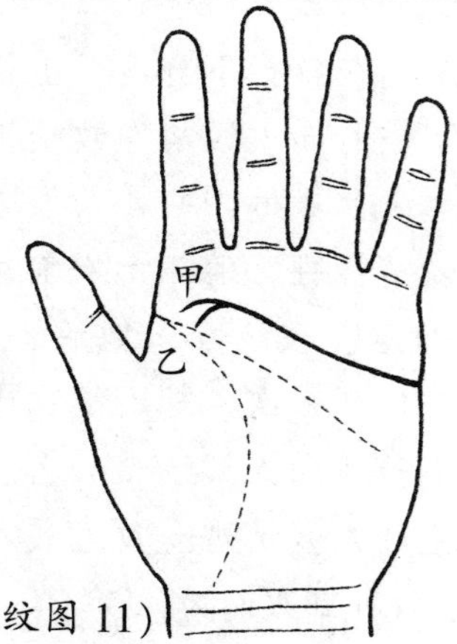

(天纹图 11)

天纹到达食指下方，末端下垂（甲），末端又另起枝纹亦下垂（乙）者，主其人个性文雅和善，彬彬有礼，如系女性则个性慈祥，心地善良。另说有此种天纹的人，与人交往，不会计较对方的金钱地位，能推心置腹真诚相待，但在友情和爱情方面，感到失望的时候较多，事业上也容易遇到困难挫折。

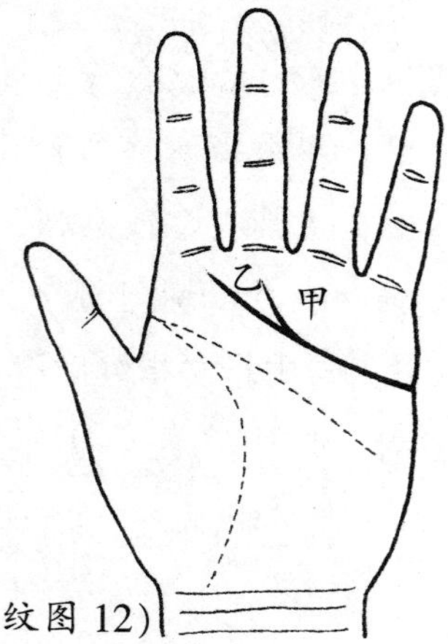

(天纹图 12)

天纹末端分叉（甲、乙），叉纹分别到达食指与中指之下者，不论男女，主其人恋爱不顺。婚姻不美，青少年时期事业少成。

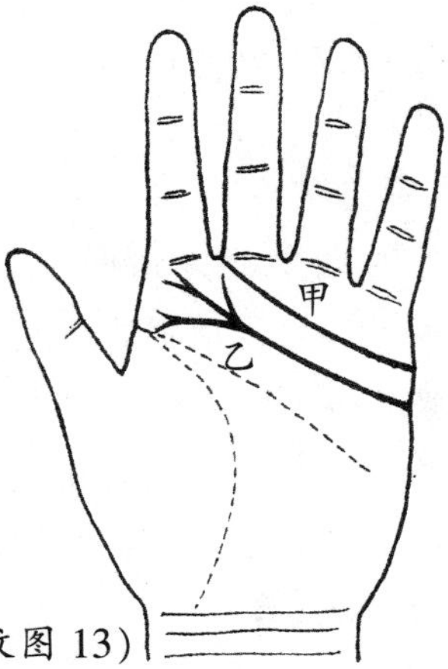 (天纹图 13)	天纹到达食指与中指指缝之间而漏缝（甲）者，不论男女，主其人个性慷慨，有服务他人牺牲自己的精神，青少年时期很难聚财，在事业上很难有成就，又此种人亦难继承父产祖业。天纹到达食指与中指之间，再见二枝纹到达食指下方，枝纹又生枝纹（乙）者，不论男女，主其人为人热诚，肯为他人服务牺牲。
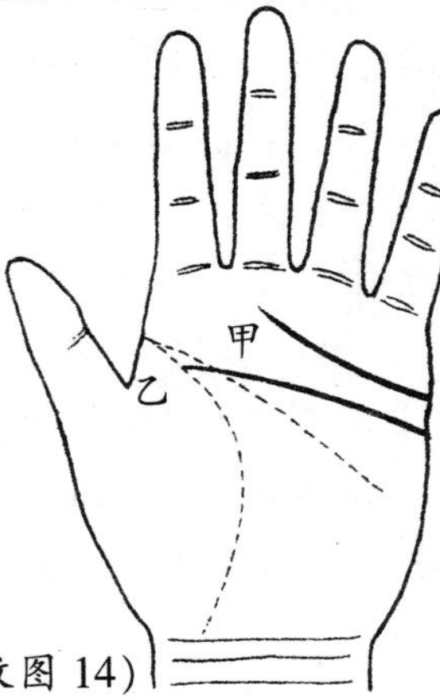 (天纹图 14)	天纹（甲）末端到达中指之下而止者，主其人父母有恶习，又不得父产祖业，青少年时期小人多端，难成事业，又主迟婚，早无恋爱机会，或有亦难成。天纹（乙）弯下与地纹接触者，不论男女，主其人滥施爱情，常所爱非人，或所爱之人死亡。
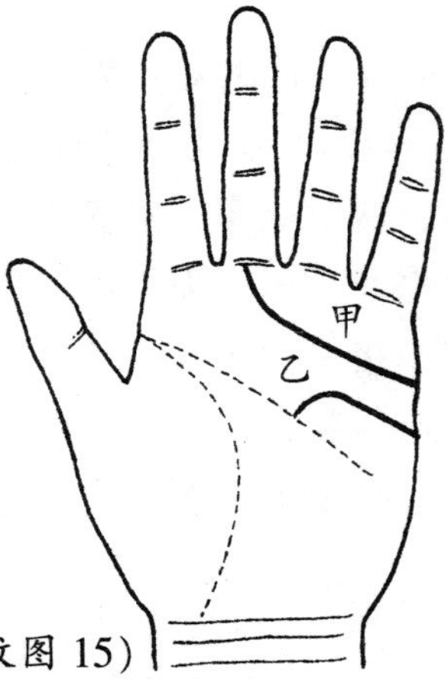 (天纹图 15)	天纹到达中指之下（甲），与中指指基线接触者，主其人父子均有功名成就，但自私多嫉，对异性占有欲强，贪淫好色，必然迟婚，性格急躁主观，自以为是，身带隐疾，女性则易为男性所诱惑。如天纹短（乙）又自无名指下方弯向人纹者，不论男女，主其人重视金钱肉欲之心态更强，待人处事感情胜过理智。

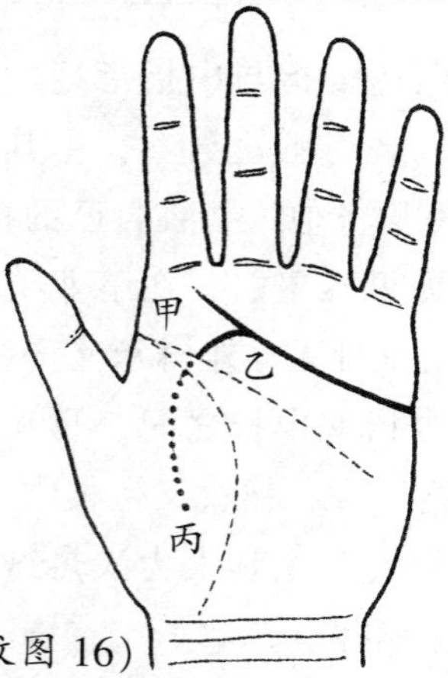(天纹图 16)	天纹在中指下分为两枝，一枝到达食指（甲）之下，一枝与人纹接触（乙）者，不论男女，主其人心地善良，青少年时期事业爱情两不如意，往往自作多情，为爱情牺牲，但所爱非人，以致最后人财两失。如枝纹下垂入艮宫（丙）者，则主有桃花劫及刑克六亲。另说女性主易为男性引诱，始乱终弃，或遭强暴。
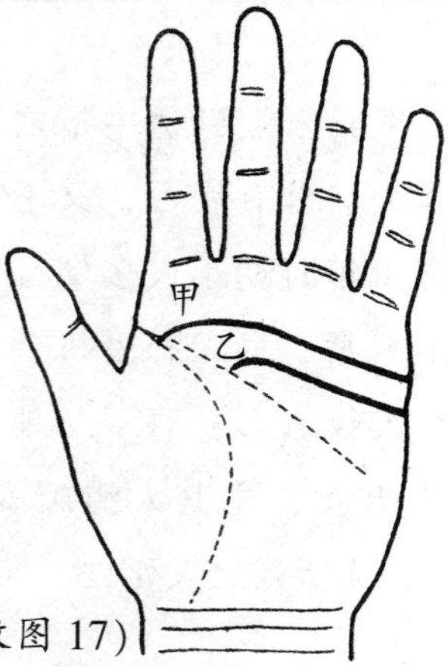(天纹图 17)	天纹在食指下弯向地纹（甲）者，不论男女，主其人婚前恋爱不顺，又缺乏家庭责任感。天纹在中指下方弯向人纹（乙）者，不论男女，主其人性格顽固，感情胜过理智，常做出损人不利己之事情而遗憾终身（凡天纹末端未达到食指下者，均象征其人心肺系统着床不良，例如 14 图至 18 图）。
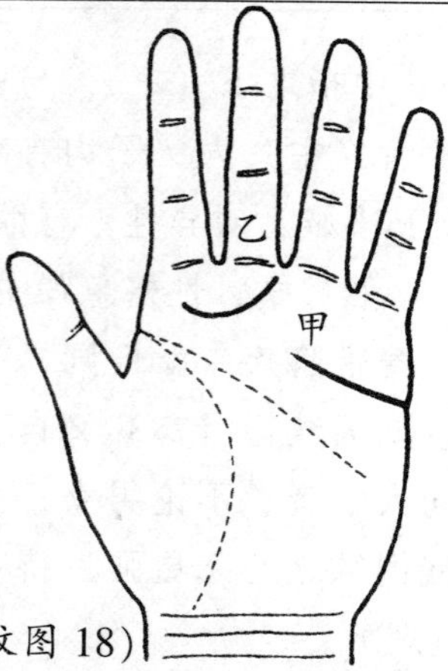(天纹图 18)	天纹末端只到达无名指之下（甲）者，不论男女，主其人个性自私多疑，任性偏执，贪色好淫，对异性缺乏真情，一生事业少成，夫妻缘薄。天纹短浅弯向中指（乙）者，主其人不论男女，淡薄名利，自得其乐，可终身不言婚嫁，有天生王老五或老处女之倾向。

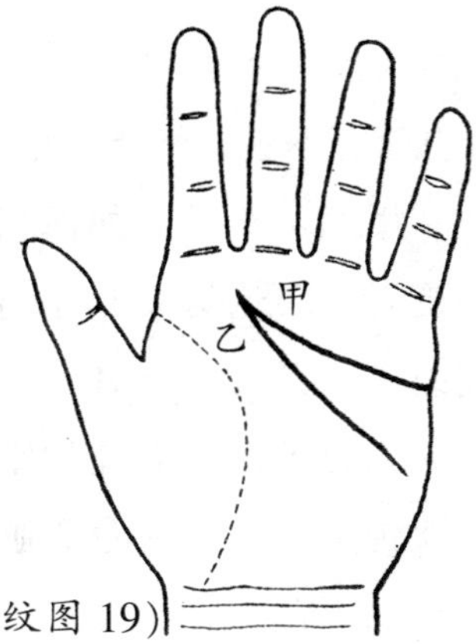

(天纹图 19)

天纹（甲）与人纹（乙）两者合于食指与中指之间，不论男女，主其人人缘佳，朋友多，恋爱顺利，婚姻美满。其人能力也强，野心亦大，喜欢追求金钱权利，如面相亦佳者，男性主可贵可富，女性可为女强人。如面相有缺憾者，则主事业上中年有波折。

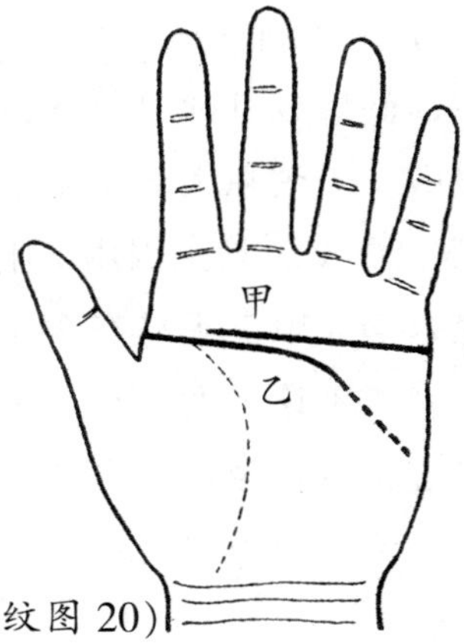

(天纹图 20)

天纹（甲）与人纹（乙）相接触者谓之假性断掌纹，亦谓之天纹压人纹，主其人不享祖业，离乡发展。如人纹走势平直深秀者，主其人个性优良，有事业心，白手成家，妻贤有助，事业上主有中小成就，但人纹走势弯斜者则应减分论，并主其人感情胜过理智，中年事业有波折。女性有此掌纹者，主婚姻不美满。

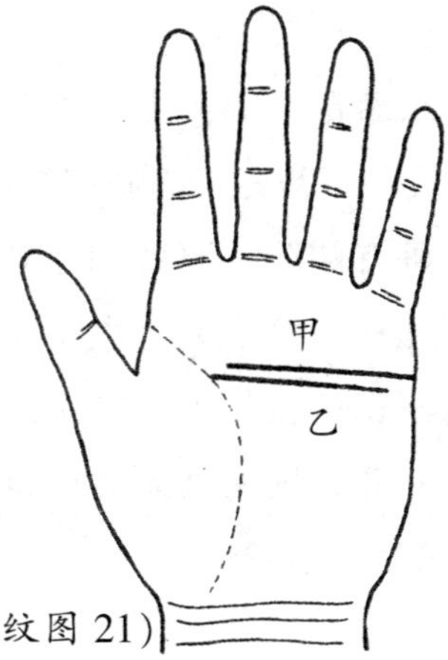

(天纹图 21)

天纹（甲）与人纹（乙）相重叠者，西洋手相学谓之为假性断掌纹，中国手相学则名为“三和运”掌纹，如面相为金形人，主其人聪明果决，事业上主大有成就，非富即贵，水火二形人则忌。但女性有此纹者婚姻不美满。

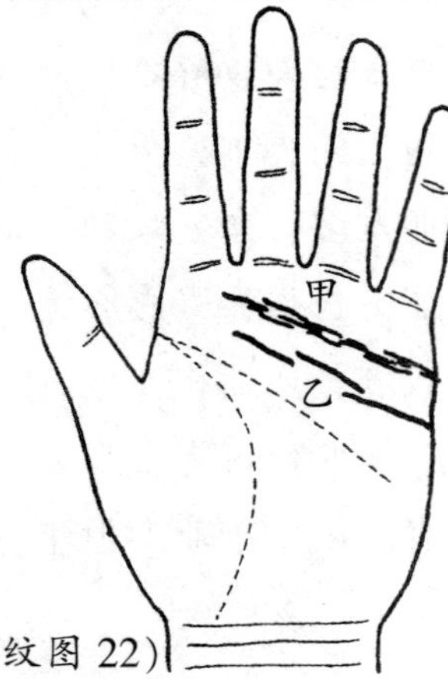(天纹图 22)	天纹断断续续（甲）者，不论男女，主其人自信心不强，情绪欠稳定，恋爱不顺利，婚姻不美满，如面相婚姻宫再有瑕疵者，不论男女，非离即克。天纹断裂成三条（乙）者，不论男女，主其人恋爱不顺，有此种掌纹之人，父系遗传不佳，应注意心脏及血液循环系统之保健。
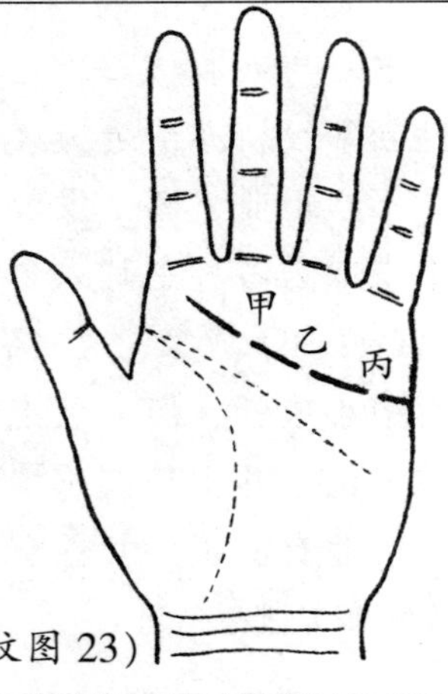(天纹图 23)	天纹在中指下中断（甲）者，不论男女，均主因健康或其他事故导致恋爱或婚姻失败。天纹在无名指下中断（乙）者，不论男女，均主因用情不专导致恋爱或婚姻失败。天纹在小指下中断（丙）者，不论男女，均主因物欲过重，或过份重视金钱导致恋爱或婚姻失败。（注：一手中断或衔接中断休咎减半论。）
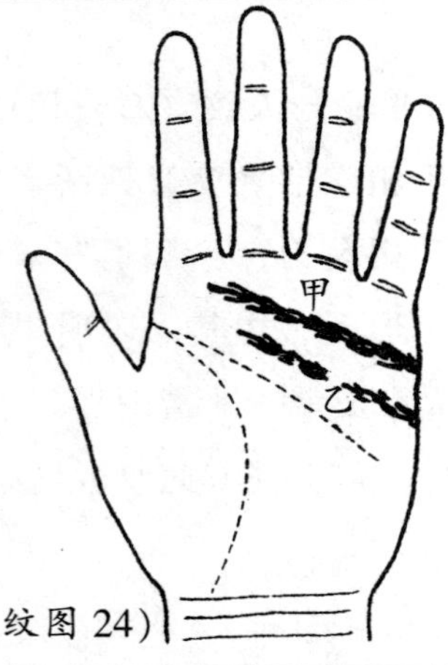(天纹图 24)	天纹驳杂紊乱（甲）者，主其人心脏健康不良，不是先天心脏有缺陷，就是后天心脏有缺陷，要特别注意心脏保健，有此种掌纹之人，大多个性急躁，情绪不稳定。如天纹驳杂紊乱又断裂（乙）者，则主其人有严重的心脏疾病，要特别注意保健。

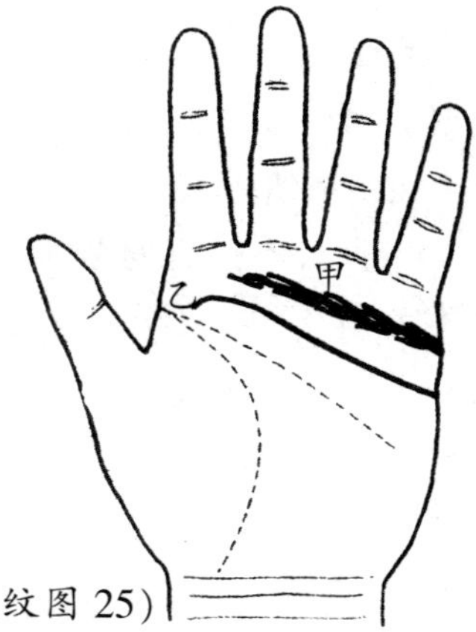 (天纹图 25)	天纹驳杂粗浊（甲）者，不论男女，主其人个性不稳定，对爱情的需要特别强烈，不可一日无爱情，但用情不专，喜新厌旧，易于失恋，婚姻非离即克，事业少成，此种掌纹乃父之遗传不良，父必短寿。天纹末端成下垂状（乙）者，不论男女，主其人个性随和，心地善良，但处事欠果决，有犹豫心态。
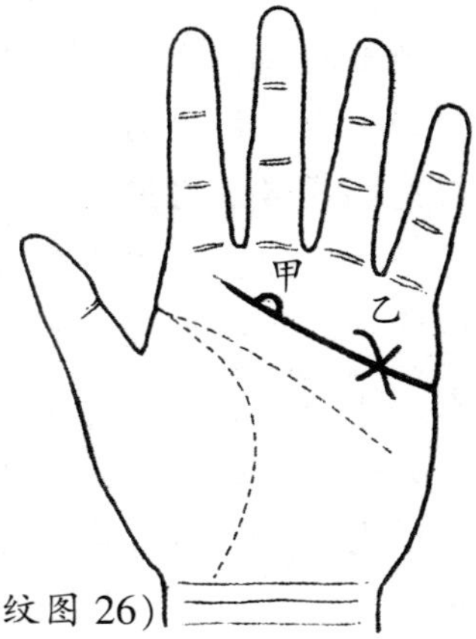 (天纹图 26)	天纹出现圆圈（甲），不论男女，主其人心肺功能欠佳，不享祖业，个性不良，青少年事业难成，恋爱不顺婚姻失败。天纹如出现失神纹（乙）者，不论男女，主其人生性风流，贪淫好色，又欠缺责任心。另说有此种掌纹者主早婚不吉，会受到父母或第三者破坏。另说有此种掌纹之人，爱人死亡，或受爱人之累。
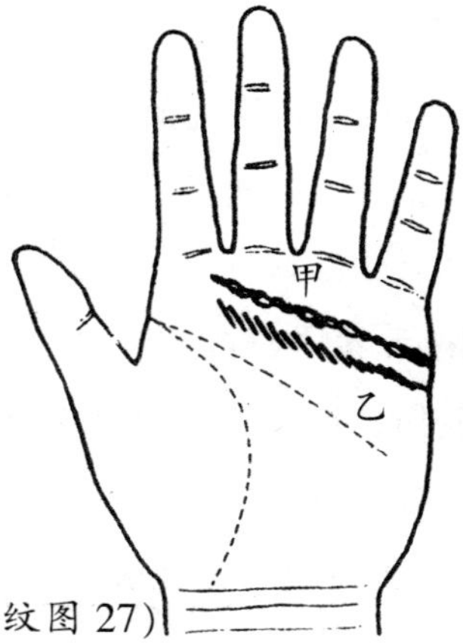 (天纹图 27)	天纹成链状（甲）者，不论男女，主其人处事积极负责，但先热后冷，恒心不足，又个性不良，情绪不稳，虚伪狡猾，记忆力不足，婚姻感情不顺，女性尤甚。天纹断续如梯状（乙）者，主其人感情脆弱，易受感动，不论男女，易为异性引诱上当，同时个性懦弱，易于受人支配，一生事业少成，男性尤甚。

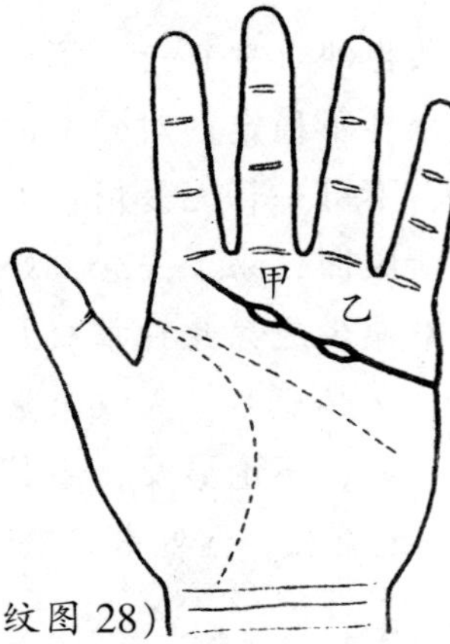(天纹图 28)	天纹出现蛋空状（甲、西洋手相学谓之岛形）者，不论男女，主其人心肺功能欠佳，情绪不安，个性不良，常口是心非，言行不一，对爱情不忠实，婚姻不美满。如岛形出现在无名指下（乙）者，不吉情况尤验，其人之视力亦不良。（注：以上 22 图至 28 图，均象征其人心肺系统有先天性或后天性之隐疾，要注意保健。）
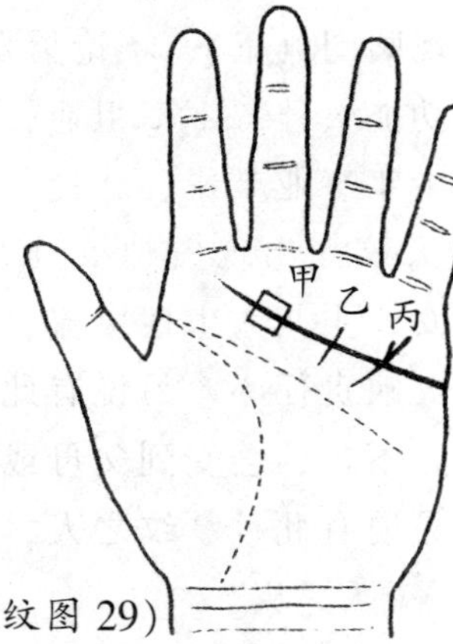(天纹图 29)	天纹出现玉新纹（甲、西洋手相学谓之四方形）者，不论男女，主其人一生多得配偶或异性之助，男性一生中不会遇到女小人，一生不会受爱情或婚姻的伤害。天纹出现小直纹横切（乙）者，主其人常受小人干扰而心情不佳，或引起心脏不适。如天纹出现夜叉纹横切（丙）者，则不吉情况倍加严重。
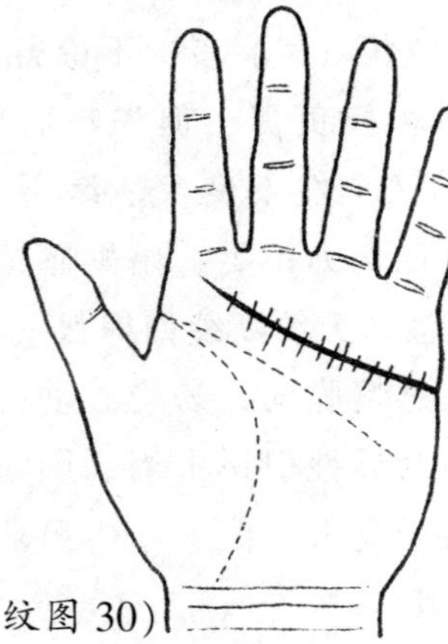(天纹图 30)	天纹上出现多条短细的横切纹者，不论男女，主其人求好心切，自律甚严，要求亦严，具有此种掌纹之人，大多爱情婚姻不顺，或因工作过重，身心两受损伤，严重者必导致精神耗弱或引发心脏疾病，应减轻工作，放宽心胸，才能改善身心之健康。

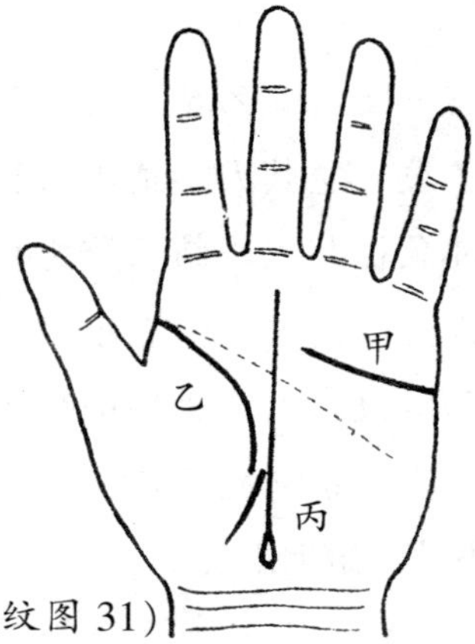 (天纹图 31)	天纹（甲）短促，地纹（乙）亦短促或断裂，不论男女，象征其父母均难享高寿，其人之身份系孤儿之可能。如玉柱纹起端再有蛋空状（丙）者，则主其人之身份有私生子之可能。(注：应再配观面相父母宫及耳相始可肯定)
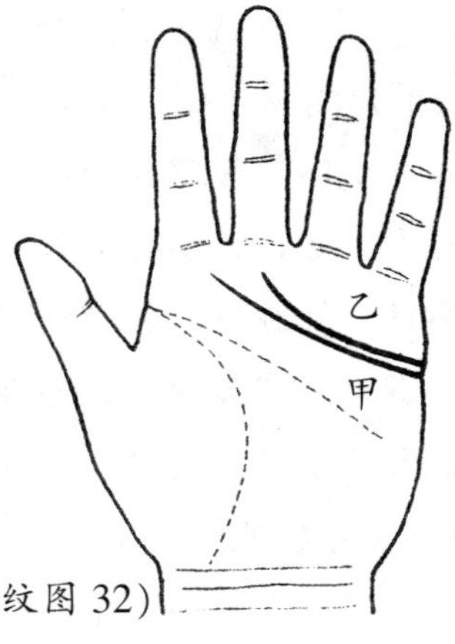 (天纹图 32)	天纹（甲）上方再出现另外一条（乙）天纹者，谓之双重天纹，如纹深细秀，未见驳杂断裂，不论男女，可享父业，个性诚挚开朗，感情丰富，心地仁慈，意志力坚强，事业有成就，在慈善家手中常见此种掌纹。又有双重天纹之人，男性主宗祧兼挑或过房。同时，亦往往具有双重个性与双重人格。
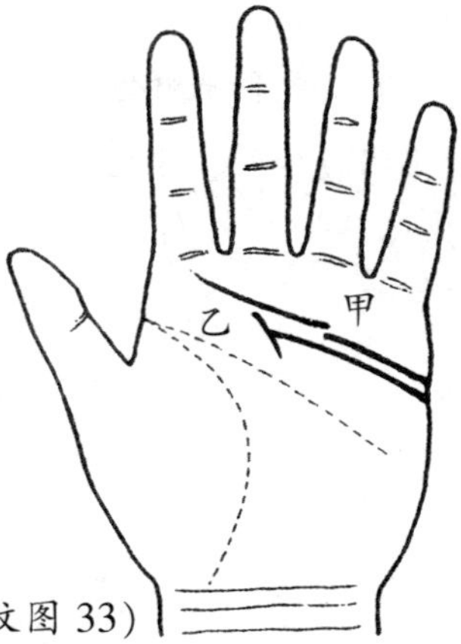 (天纹图 33)	天纹出现两条，上纹断裂（甲），下纹（乙）又被杂纹阻碍，不论男女，主其人父亲早逝，母亲改嫁，自身则幼年艰苦度日，波折多端。亦象征其人心肺功能遗传不良。如面相中下停相理尚佳，人纹、地纹秀丽，掌中又见玉柱纹和六秀纹者，男主中晚年贵人相助而有成就，女主中晚年旺夫兴家。

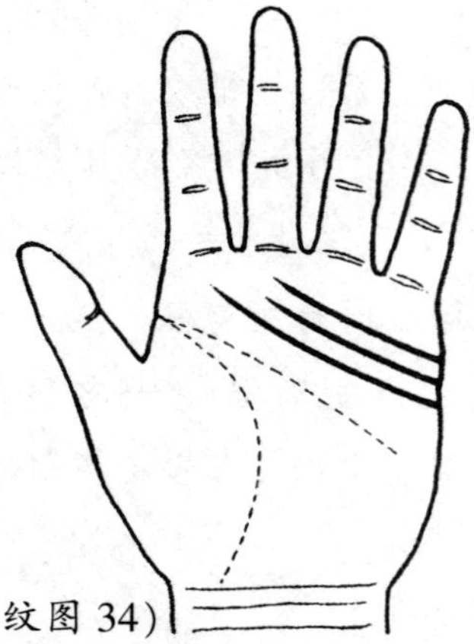 (天纹图 34)	天纹有三条（如图示）者，乃难得一见之掌纹，主其人感情丰富，身体健康。亦象征其人心肺系统之功能特佳，其人必享高寿。但有手相学者谓，有此等掌纹之人，男性必享齐人之福，其妻妾并系同胞姐妹，惟女性必主爱情不顺，婚姻不美。
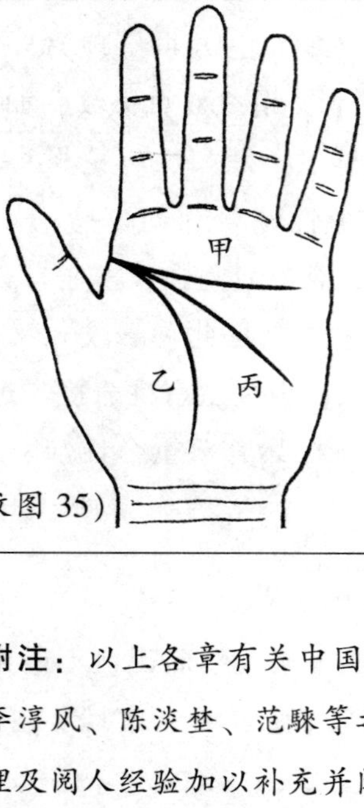 (天纹图 35)	天纹（甲）地纹（乙）人纹（丙）同源而出者，中国手相学及西洋手相学均认为乃不吉之征，不论男女，主其人资质不良，好胜自大，个性急躁冲动，一生事业多成多败，又常连累他人，常陷自己于危厄之中，如面相再有瑕疵者，必主凶死。

附注：以上各章有关中国手相学之资料，均系源于神相全编及先贤许负、李淳风、陈淡埜、范騋等之遗著，但笔者根据遗传学、生理学、中医学之学理及阅人经验加以补充并阐述之。

第七章
人纹(智慧线)观看法则

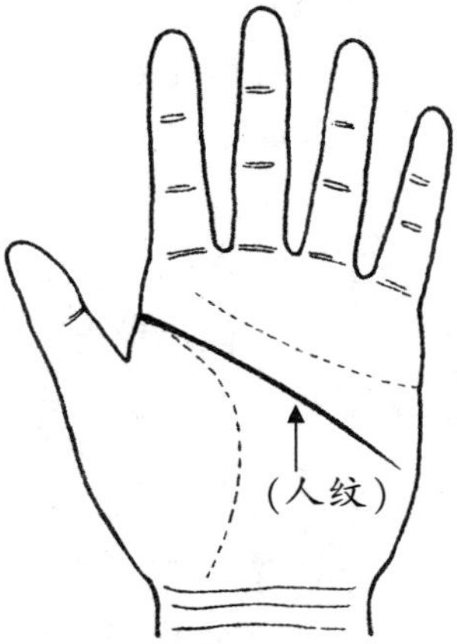

人纹之部位特性

人纹即西洋手相学所谓之“智慧线”、“理智线”、“头脑线”，乃先天在母胎擎拳掩耳而成，与脑组织相联属，又因生长位置在天纹与地纹之间故名人纹。人纹之优秀与否，象征吾人先天脑组织之遗传和聪明才智之良窳，以及中年事业之成败和婚姻之美满与否。

关于人纹之起点，大多数人之起点与地纹（即西洋手相学所谓之生命线）同源，少数人之起点与地纹分源，极少数人之起点在地纹之内。人纹之末端亦各人不同，大多数人之末端到达兑宫（即西洋手相学所谓之消极火星丘），少数人之末端则偏上或偏下。

人纹之各种相理休咎

人纹的 54 种相理休咎具体图释如下：

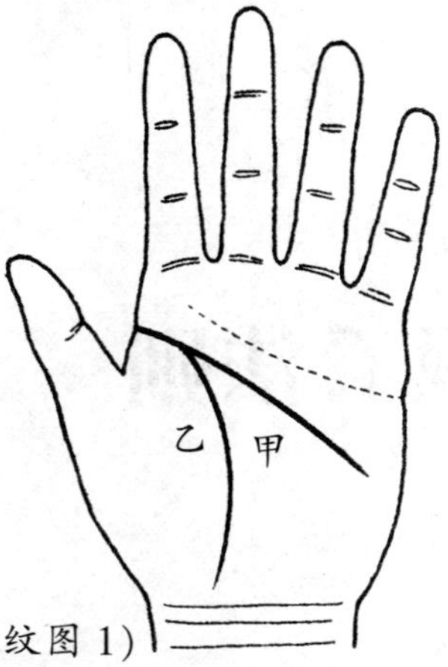 (人纹图 1)	人纹（甲）与地纹（乙）同源而出，起端与地纹重叠约二公分，纹深细秀，长度到达小指之下者，不论男女，主其人精神稳定，个性温和，聪明而有远见，处事谨慎，设想周到，工作踏实，不流于优柔寡断，有坚毅奋斗之精神。一生贵人得力，妻（夫）室贤能。具有此种掌纹之人最宜从事科技研究或文史政治工作。
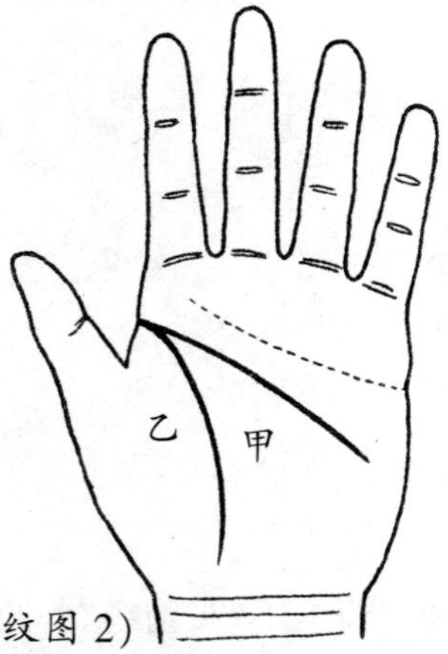 (人纹图 2)	人纹（甲）与地纹（乙）同源而出，但人纹之起点与地纹接触不足一公分，人纹之走势及纹形又不符合深、细、秀之标准者，不论男女，主其人神经过敏，处事态度不是过份谨慎小心，就是满不在乎，一生事业少成，婚姻也欠美满。
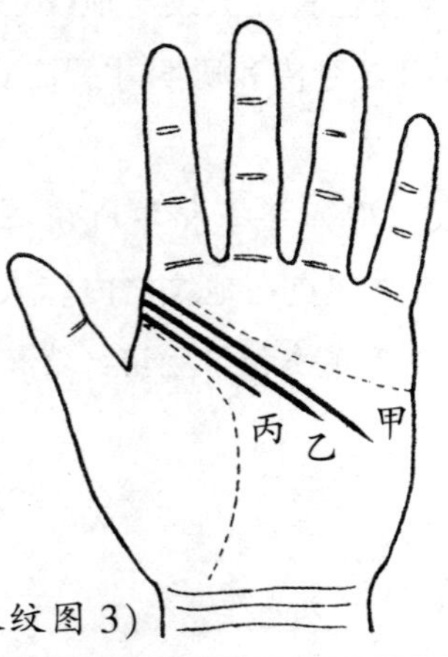 (人纹图 3)	人纹长度到达小指之下（甲）者，主其人聪明睿智，思路敏捷，精明干练，口才便给，一般事业有成之人均有长秀之人纹，尤以科学家最验。人纹到达无名指之下（乙）者，主其人仍具有相当聪明智慧并多才多艺。人纹仅到达中指之下（丙）者，虽不以下愚论，但知慧才华必定输人一阶，并反应迟缓，情绪不稳。

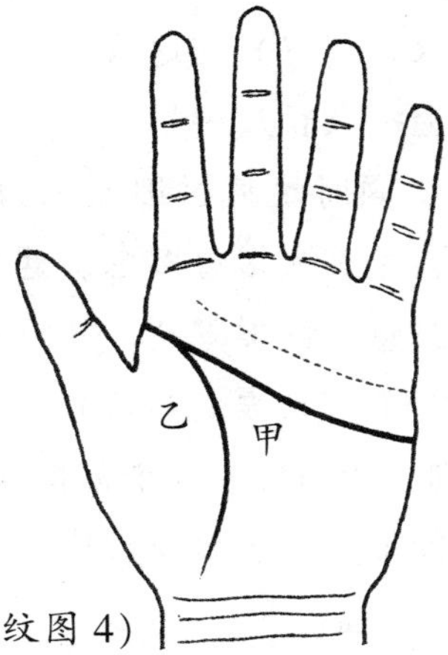

(人纹图 4)

人纹（甲）与地纹（乙）同源而出，但人纹长度到达掌边者，不论男女，主其人虽有智慧才华，但个性固执，说话不知圆通，不善处人际关系，处事独断专行。凡具有此种掌纹之人，最宜从事独立性之学术研究工作。

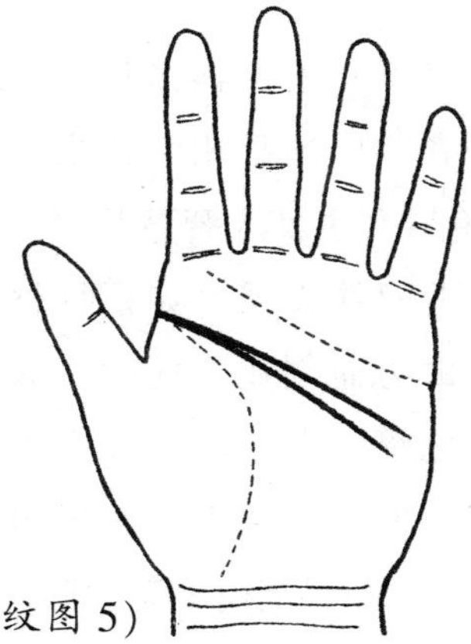

(人纹图 5)

人纹双条，并与地纹同源而出，长度到达兑宫而不下垂，纹深细秀者，不论男女，主其人智慧过人，奋斗力强，能快速或同时处理复杂、繁重、精密、细腻的事务，并可连夜工作而不觉疲倦。处人则八面玲珑谨慎小心，可得配偶和异性之助力，但其人有双重性格，语多口是心非，最宜从事服务业或自由职业。

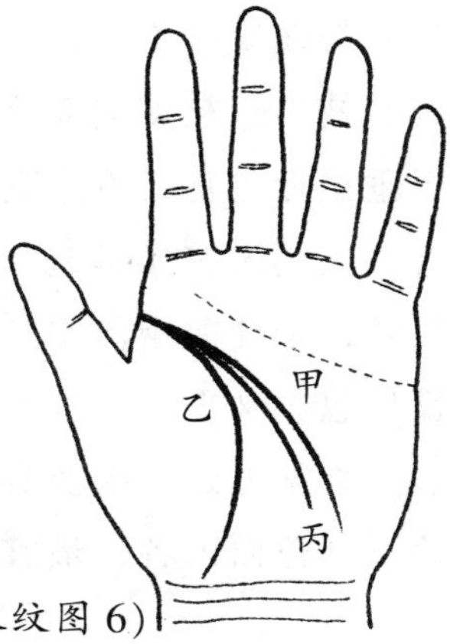

(人纹图 6)

人纹（甲）与地纹（乙）同源而出，人纹再有双条（丙）又下垂接近乾宫者，不论男女，主其人智力过人，遇事反应快，有丰富的联想力，但实行力不足，处事不切实际。如大拇指强伟，手形厚实者，可从事文学写作而有成。如大拇指短小瘦弱者，不论男女，主其人多幻想、忧疑、愁思而一生事业少成。

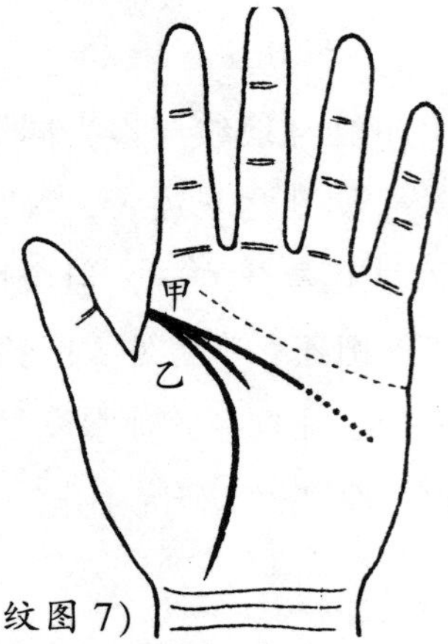 (人纹图 7)	人纹双条（甲）与地纹（乙）同源而出，上一条长过中指，下一条仅长过食指，同时纹痕过细而无力者，不论男女，主其人多思多虑，遇事犹疑，三心二意，优柔寡断。如上一条长达无名指下（见虚线部位）者，则主其人既能大胆开创，也能谨慎保守，个性能刚能柔，一生事业有成，男性并可享齐人之福。
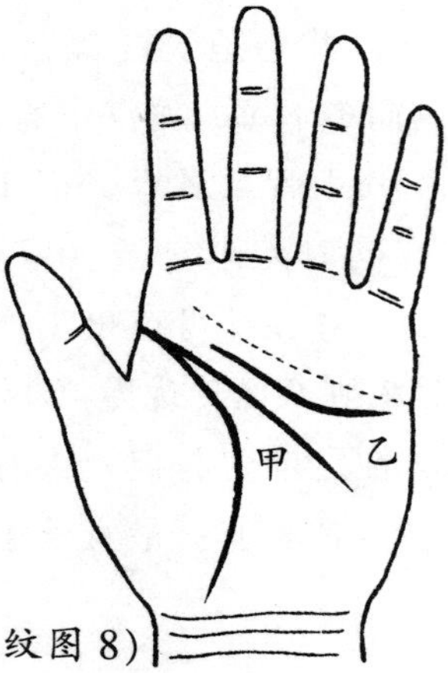 (人纹图 8)	人纹（甲）上面再出现另一条人纹（乙）者，中国手相学谓之“天河纹”，不论男女主其人智慧超群，才华盖世，事业双线发展，如系男性，可得异性之助力而创业，此种之人大多能享齐人之福，女性则为女强人，婚姻欠美满。但上方之人纹不可与下方之人纹接触，并尾端向上者始验。
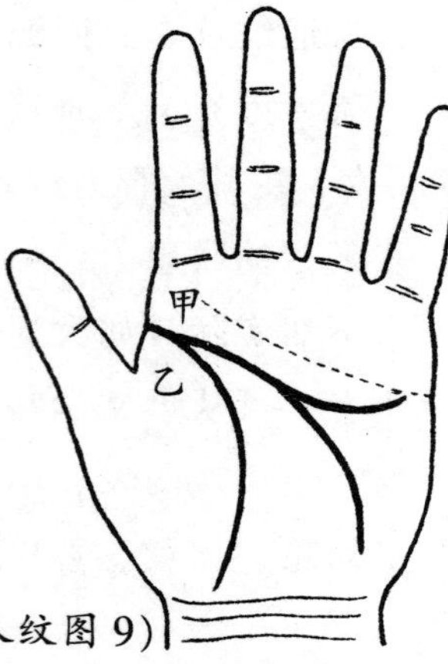 (人纹图 9)	人纹（甲）与地纹（乙）同源而出，末端分成两枝，一枝朝向兑宫之上端，一枝下垂接近乾宫或垂入乾宫者，不论男女，主其人多才多艺，为人活跃而富机智，个性能刚能柔，能屈能伸，既富理想，又重实际，有经济和数字观念，直觉力强，事业必有成就。但与地纹分源而出者，最宜从事异路行业。

<table>
<tr><td>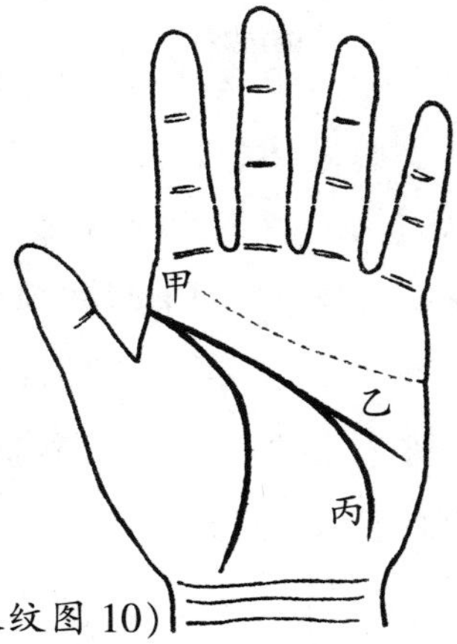(人纹图 10)</td><td>人纹地纹同源而出（甲）末端到达无名指之下（乙），另有枝纹垂下到达乾宫（丙）者，不论男女，主其人有双重性格，例如既爱静也爱动，既重理想也重实行，同时象征有多种才华，能文能武。但必须大拇指强伟，手形厚实，一生事业才有成就。凡具有此种掌纹之人，婚姻大多欠美满。</td></tr>
<tr><td>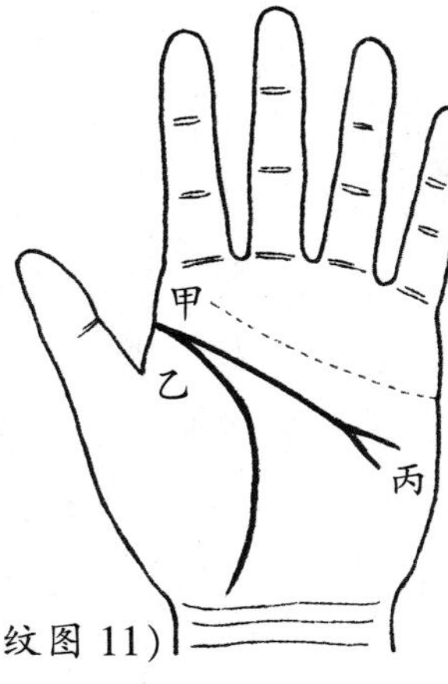(人纹图 11)</td><td>人纹（甲）与地纹（乙）同源而出，人纹末端分成两叉（丙）者，不论男女，主其人有多种才华与兴趣，既忠于工作又顾家，对事物有策划能力，也有执行能力，但难有大成就，同时神经过敏，患得患失，如大拇指短小瘦弱，人纹不秀者尤甚。凡具有此种掌纹之人，最宜从事异路行业，但婚姻大多欠美满。</td></tr>
<tr><td>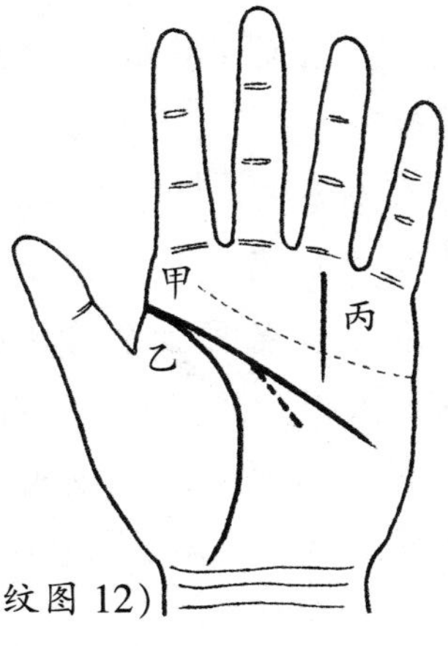(人纹图 12)</td><td>人纹（甲）与地纹（乙）同源而出，纹细深秀，但中端忽生枝纹（虚线部分），又出现六秀纹（丙）者，不论男女，主其人自枝纹生出之日起，主有转行改业之机会，并主转行改业成功。但具有此种掌纹之男性，主有娶妾心态，如无六秀纹者，主娶妾败家，女性则主婚姻欠美满。</td></tr>
</table>

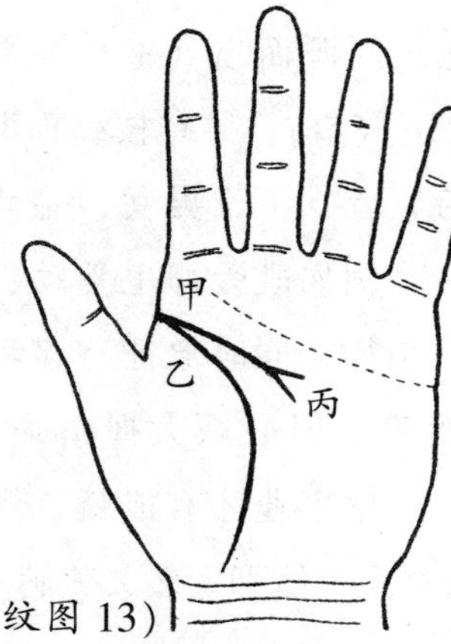(人纹图 13)	人纹(甲)与地纹(乙)同源而出,人纹长度只到达中指之下,末端又分成叉状(丙)者,不论男女,主其人少年时期用脑过度,有早熟现象,如大拇指不够强伟,手形不够厚实,其人必有神经衰弱现象,一生事业少成。凡具有此种人纹之人,婚姻大多欠美满。
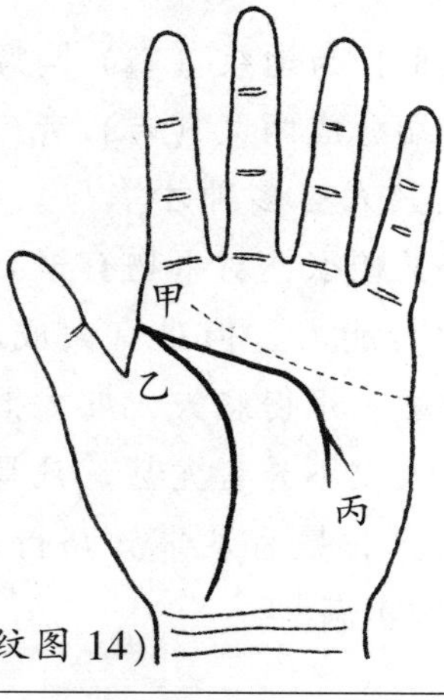(人纹图 14)	人纹(甲)与地纹(乙)同源而出,但人纹不直,末端到达无名指之下又下垂分叉(丙)者,不论男女,主其人富于幻想,心性不直,语多口是心非,如大拇指不够强伟,手形不够厚实,主其人一生事业少成,又主其人父母感情不佳,自身心理欠平衡。凡具有此种掌纹之人,婚姻大多欠美满。
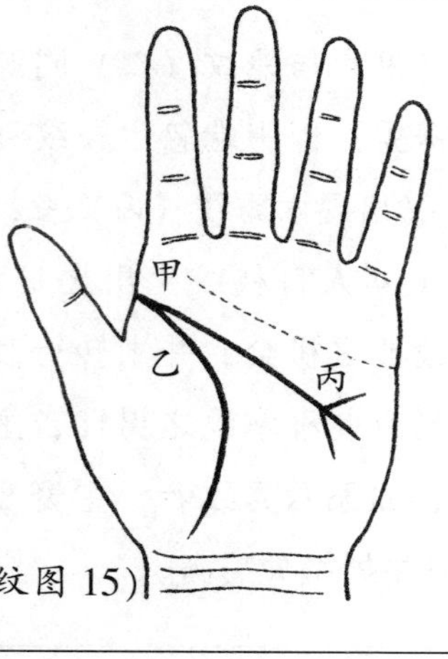(人纹图 15)	人纹(甲)与地纹(乙)同源而出,人纹末端到达无名指与小指之下,再分成三叉又不下垂(丙)者,不论男女,主其人智力发达,兴趣多端,才华一流,能适应各种复杂的环境,如手形秀丽,大拇指强伟,其人有或大或小之成就,否则幻想多过实践。凡具有此种掌纹之人,婚姻大多欠美满,女性并主一离再离。

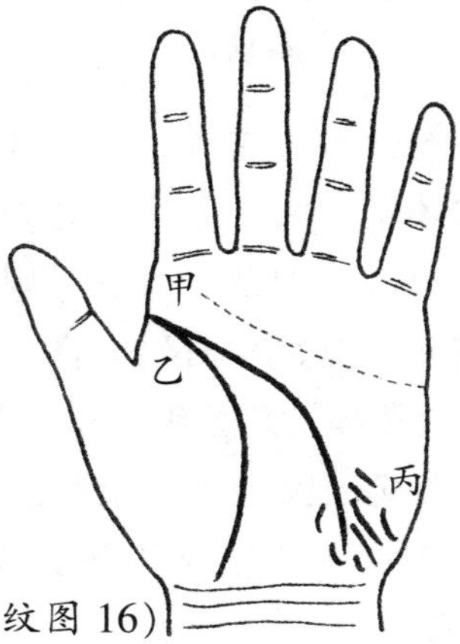 (人纹图 16)	人纹（甲）与地纹（乙）同源而出，人纹下垂至乾宫，乾宫再多杂纹（丙）者，不论男女，主其人富于幻想不重实际，一生难成事业，严重者其人必有神经质，容易引致头痛中风。如大拇指强伟，乾宫无杂纹，手形厚实秀丽，则主其人思虑周密宏大，一般物理学家、数学家、文学家、思想家大多人纹下垂至乾宫。
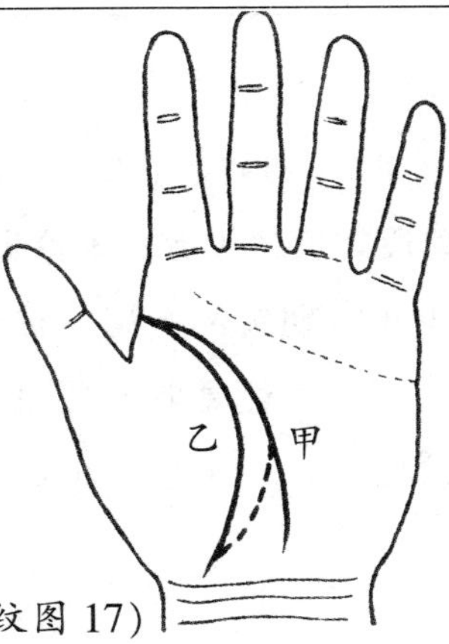 (人纹图 17)	人纹（甲）与地纹（乙）同源而出，但人纹地纹并行而下者，主其人身体健康不佳（脑部尤甚），思想悲观，心胸狭窄，个性欠积极，处事能力不足，有此种掌纹之人，以学习一般技艺为佳，一生事业难有成就，同时必然迟婚或婚姻不美满。如人纹与地纹同趋掌颈（虚线部分）者，不论男女，大多为情而死。
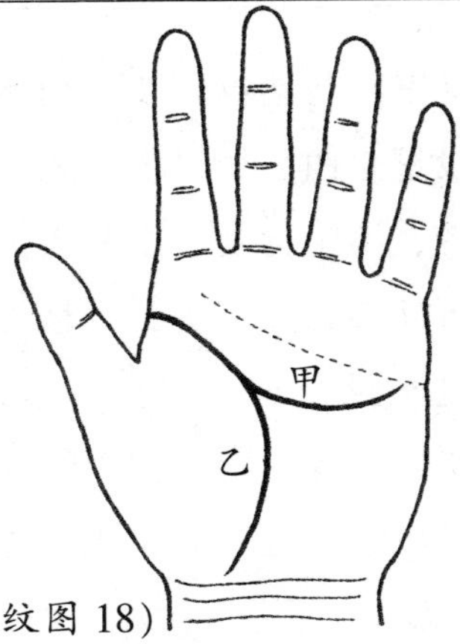 (人纹图 18)	纹（甲）与地纹（乙）同源而出，但起端与地纹重叠过长，末端上翘至小指之下或接触天纹者，不论男女，主其人幼少年家境富裕，祖荫丰厚，婚姻美满，家庭幸福。亦主其人聪明干练，有为有守，终必可贵可富，事业有成。

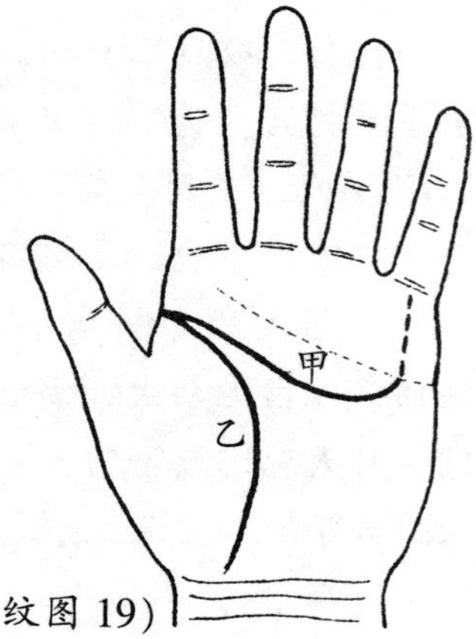(人纹图 19)	人纹（甲）地纹（乙）同源而出，末端略略上翘接触天纹者，主其人有大魄力，大才干，大智慧，必为领袖人物而有大成就。如系业商者，则主有经营头脑和企业精神而致大富。如尾端上达小指基部（见虚线部分）者，则主其人有拜金主义心态。女性有此掌纹者，必为女强人。又不论男女，婚姻上必有奇缘。
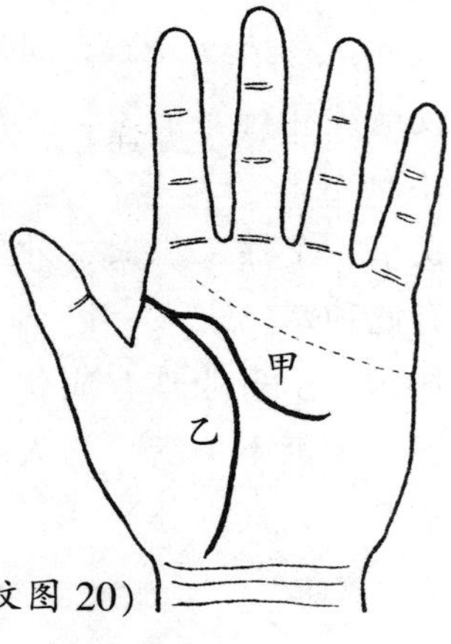(人纹图 20)	人纹（甲）与地纹（乙）同源而出，人纹首段靠近地纹者，不论男女，主其人幼少年时期头部有病，神经系统受损伤，而有神经衰弱的现象。具有此种掌纹之人，一生事业少成并主促寿。
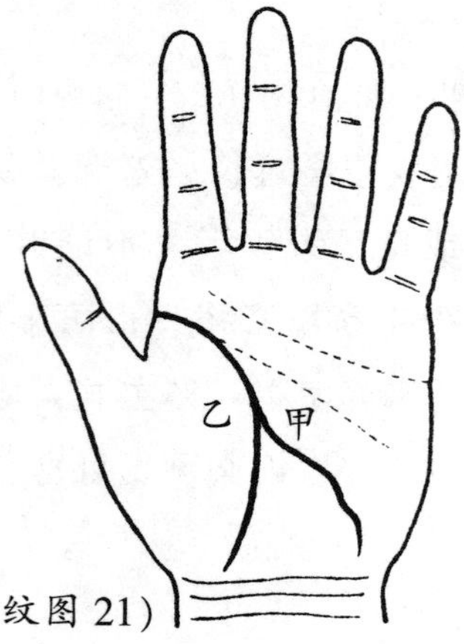(人纹图 21)	人纹（甲）与地纹（乙）同源而出，但首段重叠四公分以上，末段下垂至乾宫者，不论男女，主其人为人谨慎小心，处事犹豫不决，个性内向保守，心性仁慈。如大拇指不强伟，手形欠厚实秀丽者，则主其人懦弱无能，有神经质，一生事业少成，男性并有惧内心态。

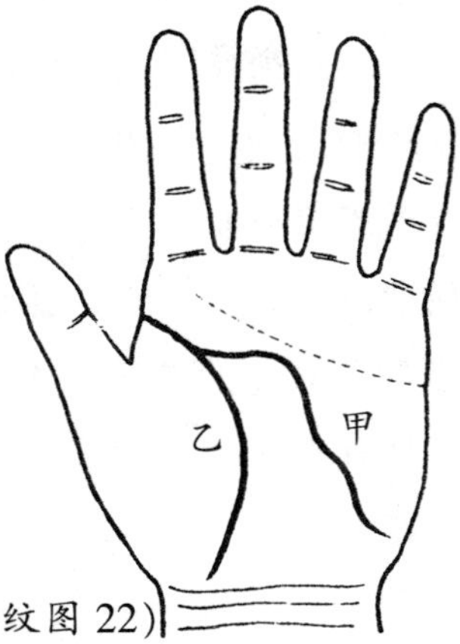

(人纹图 22)

人纹（甲）与地纹（乙）同源而出，但人纹曲折又下垂至乾宫者，男主事业或工作多次变迭，成少败多或劳多获少，最后志气消沉，有头无尾而终。女性则恋爱不顺，婚姻不美，但大拇指强伟手形秀丽厚实者，并从事艺术或技术工作者不吉情况减分论。

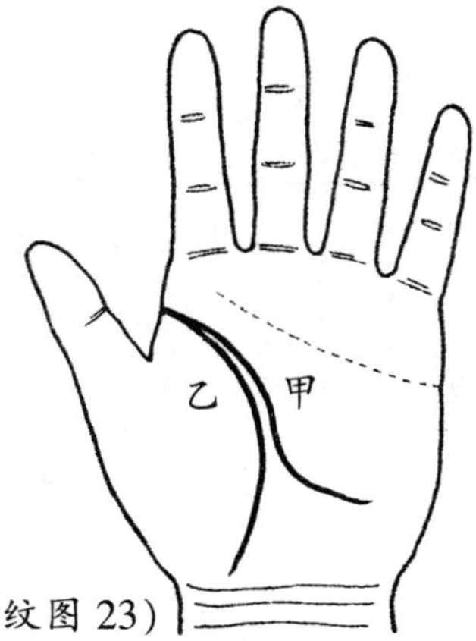

(人纹图 23)

人纹（甲）与地纹（乙）同源而出，首端和中端与地纹相连者，不论男女，主其人处事保守稳健，如纹深细秀者，仍主在事业上有所成就。如大拇指欠强伟，手形欠厚实秀丽，手纹又粗劣者，则主其人个性保守怕事，上进心不足，事业上难有成就，婚姻不美满，人纹地纹均短者尤验。

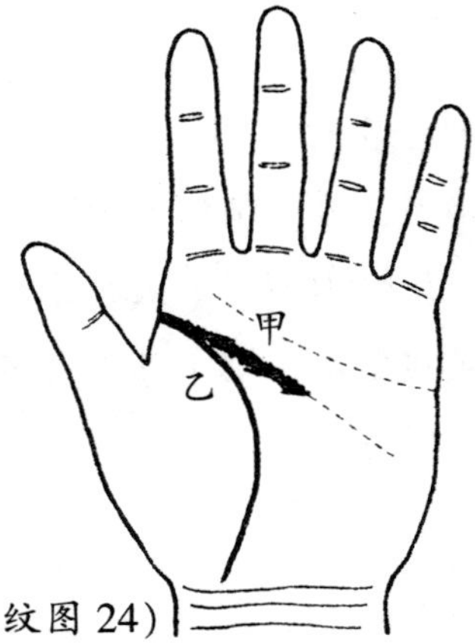

(人纹图 24)

人纹（甲）与地纹（乙）同源而出，但人纹短而粗宽，不论男女，主其人心朦无能，智力不足，好动而欠思考力，遇事犹豫不决，意志力欠坚强，但身体粗壮，为人忠厚老实，不会投机取巧，一生事业少成，只宜务农或作粗工，其人婚姻亦必迟。

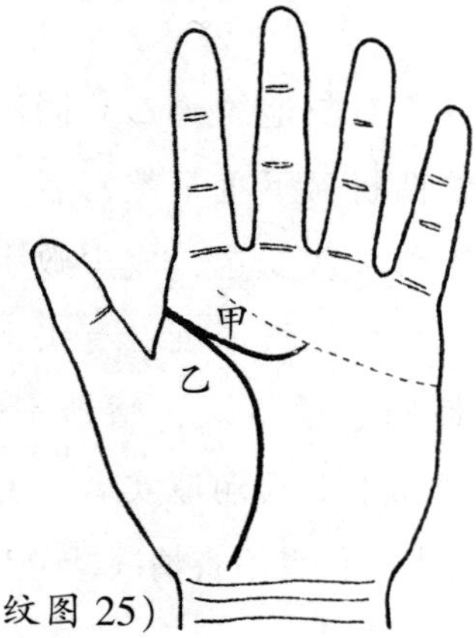 (人纹图 25)	人纹（甲）与地纹（乙）同源而出，但人纹长度只到达中指之下，末端又上翘者，不论男女，主其人恒心不足，个性懒散，意志不坚，优柔寡断，工作态度不良，做事漫不经心，虎头蛇尾。具有此种掌纹之人，一生事业少成，如大拇指不够强伟，手形欠厚实秀丽者尤验。
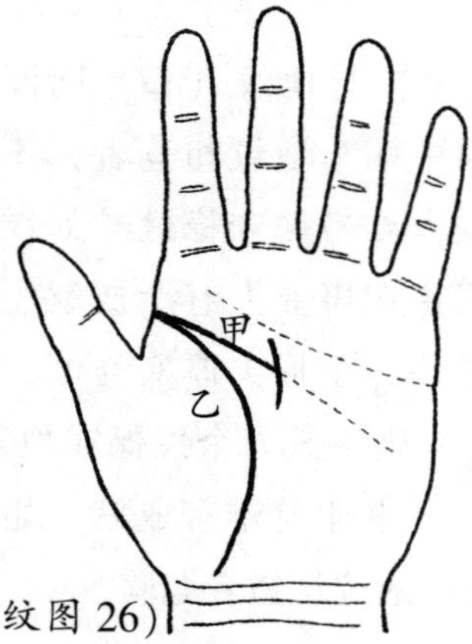 (人纹图 26)	人纹（甲）与地纹（乙）同源而出，但人纹被杂纹（亦名阻气纹）所阻者，不论男女，主其人个性狡猾，心地不良，眼光短视，恒心不足，学业必见间断，一生事业即兴而为，变换不迭，劳碌奔波难有成就，婚姻也欠美满。
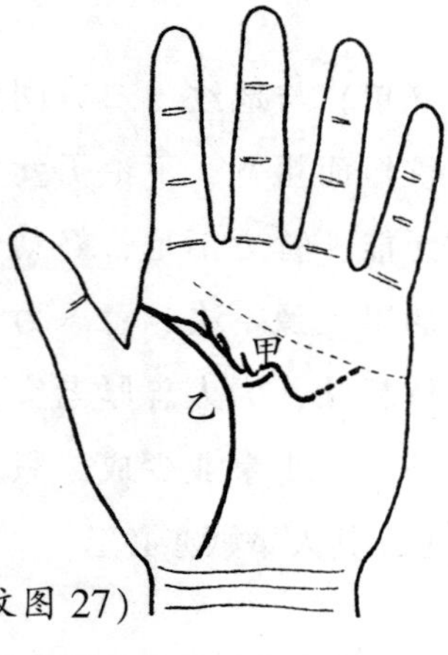 (人纹图 27)	人纹（甲）地纹（乙）同源而出，但人纹交错杂乱曲折者，不论男女，主其人心神不宁静，情绪不稳定，思想不集中，记忆力薄弱。人纹末端再上翘与天纹接触者，则主其人有神经错乱之虞，做事常常发生错误，一生事业少成，婚姻也欠美满。（见虚线部分）

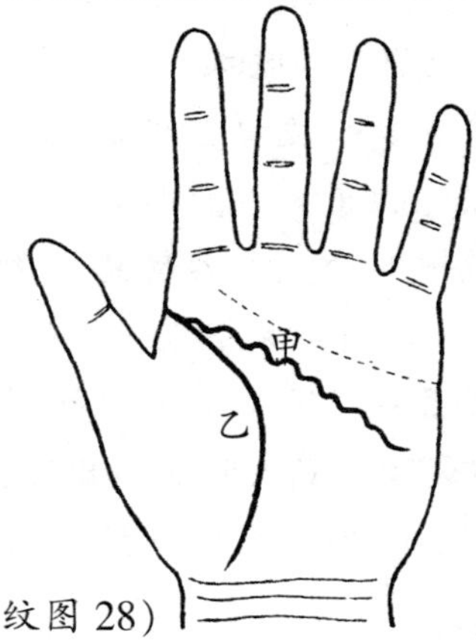(人纹图 28)	人纹（甲）与地纹（乙）同源而出，但人纹成曲线状者，主其人情绪不稳定，思想悲观，多疑多虑，无法专心一意工作，常有错误的观念和脱离现实的想法，待人处事，则奸诈狡猾，一生事业多波折，只宜从事技艺工作，同时婚姻不美，刑妻克子。女性同论。
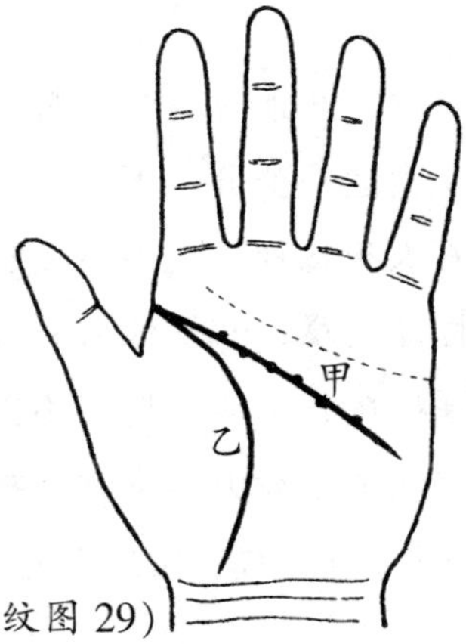(人纹图 29)	人纹（甲）与地纹（乙）同源而出，但人纹多斑点者，不论男女，主其人身体多病，脑组织欠健康，情绪不稳定，易于悲观，严重者有自杀倾向，一生常处困境，事业难成，又刑克配偶。
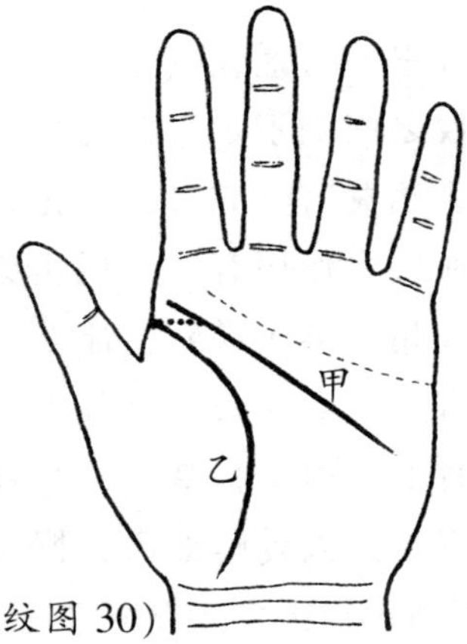(人纹图 30)	人纹（甲）与地纹（乙）分源而出，民俗相法谓之“川字纹”，不论男女与六亲少缘又克母，青少年离乡（家）发展，白手成家，中年事业败后再成，一生中灾病难免。如男女配婚，必须男女双方手中均有川字纹者始吉，否则难偕白首，但首端有纹（见虚线部分）相连者不吉情况减半论（川字纹的个性详 31 图至 41 图）。

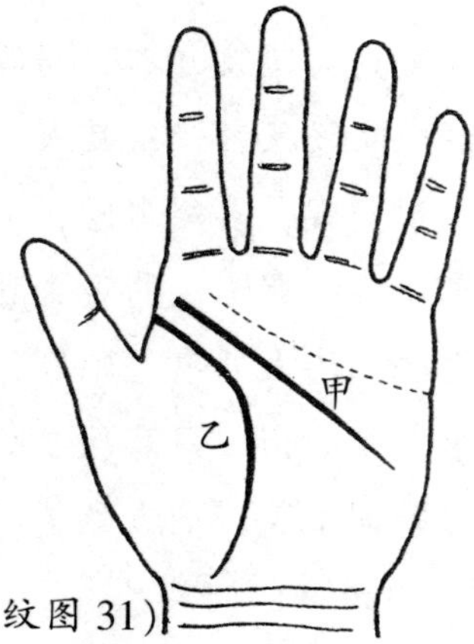 (人纹图 31)	人纹（甲）与地纹（乙）分源而出，不论男女，克母，喜自由发挥，独立性强，胆子大，有时表现狡猾、机警、敏捷的个性，容易感情用事，处事轻率，不计后果。如仅一手人纹地纹分开者，又象征个性自我矛盾，既爱静也爱动。其人除非面相佳，手形厚实秀丽，另有奇纹辅助，否则，事业少成。
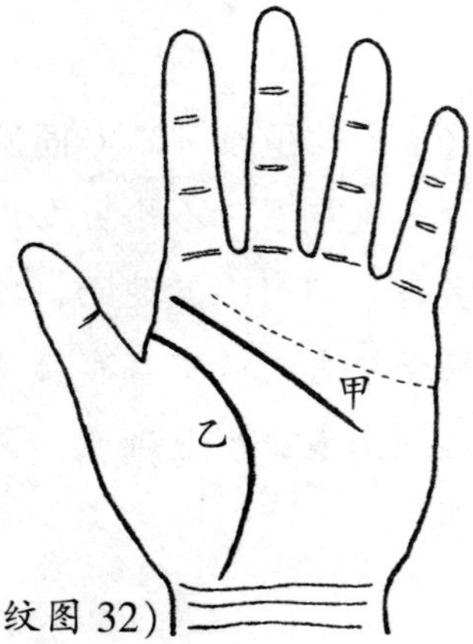 (人纹图 32)	人纹（甲）与地纹（乙）分源而出，分开宽度达一公分以上者，不论男女，主其人犯孤神，个性不良，有勇无谋，性浮气躁，知识浅薄，虚荣心重，喜强出头，不能合群，不能从俗，处事欠缺恒心毅力，常常变换工作环境，一生事业少成，婚姻不美满。
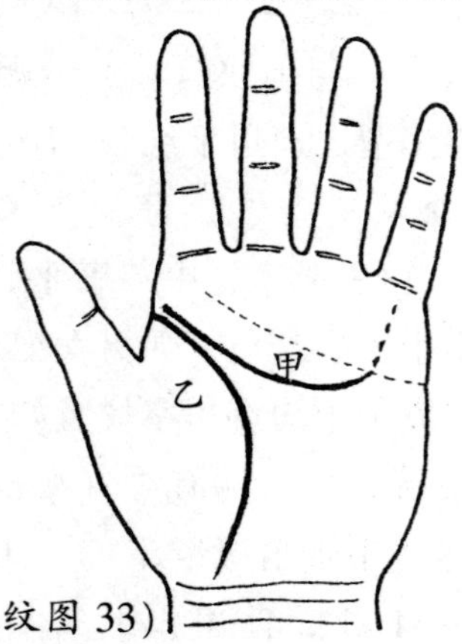 (人纹图 33)	人纹（甲）与地纹（乙）分源而出，与地纹之间隔不足半公分，末端略略向上到达兑宫上方者，虽比人纹地纹同源而出之作用有差，但仍象征其人胆识高超，英明果断，能领导群伦，事业有成，女性必为女强人。但人纹末端直上小拇指指基（见虚线部分）者，则主其人爱财如命，悭吝之至，严重者有谋财害命之心态。

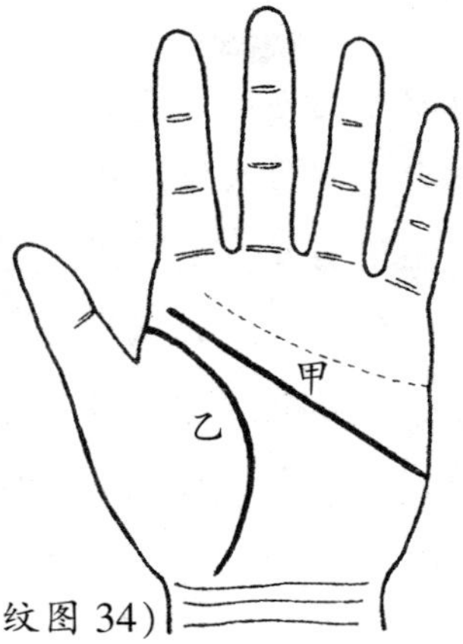 (人纹图 34)	人纹（甲）与地纹（乙）分源而出，但人纹很直，末端到达掌边者，不论男女，主其人独立心强，果决固执，讲求现实，喜自由发挥，不喜拘束，很难共事，缺乏团队精神，但讲求真理，如从事科技研究，或从事自由职业仍主有成。
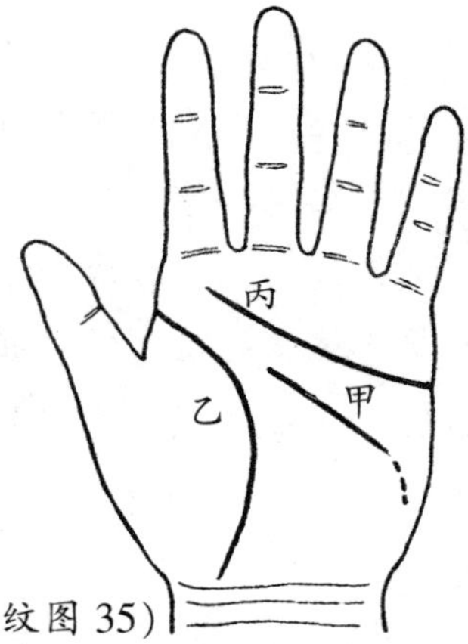 (人纹图 35)	人纹（甲）与地纹（乙）分源而出，人纹起点接近掌之明堂部分，与天纹（丙）距离又广者，不论男女，主其人虽非智慧甚低，但遇事不求甚解，常常冒昧行事而闹笑话，一生事业少成，婚姻欠美满。如人纹末端下垂者，不吉情况尤甚。（见虚线部分）
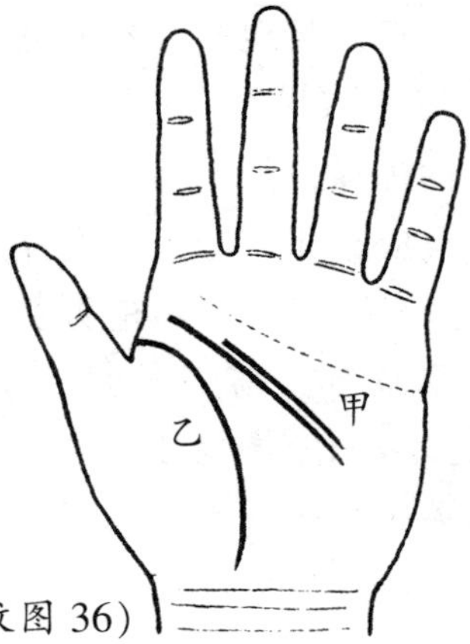 (人纹图 36)	人纹（甲）与地纹（乙）分源而出，人纹又见双条者，不论男女，主其人智慧理想均高，冲劲大，干练有为，但喜自由发挥，不喜拘束，待人处事有任性而为的心理倾向，很难信用他人，并有双重个性，一生事业有成，但婚姻不美满。如系女性，其个性男性化，婚姻必欠美满。

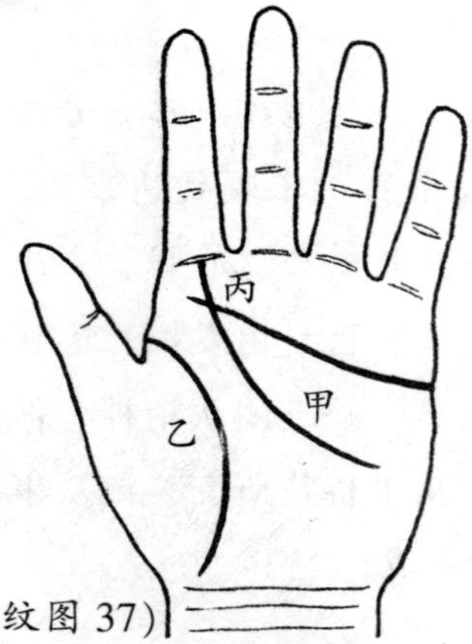 (人纹图 37)	人纹（甲）与地纹（乙）分源而出，但人纹上升穿过天纹（丙）而到达食指者，不论男女，主其人才智过人，个性刚正倔强，有大担当、大魄力、大野心，惟私欲颇重，最终必能获得大权力，但老年运蹇。女性有此种掌纹者，必系女强人。
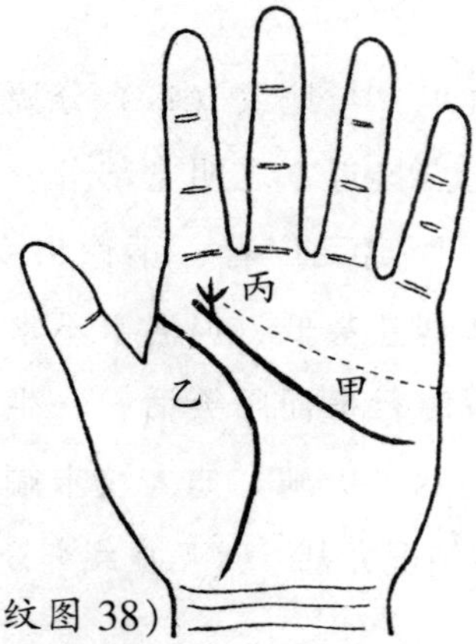 (人纹图 38)	人纹（甲）与地纹（乙）分源而出，首端起自食指之下者，主其人智慧超群，有野心有掌大权之欲望。又个性刚强，无所畏惧，一经决断，勇往直前，百折不挠，终抵于成。如人纹首端再起枝纹（丙），枝纹上又起枝纹者，成就更大。女性如有此掌纹者，必为女强人。
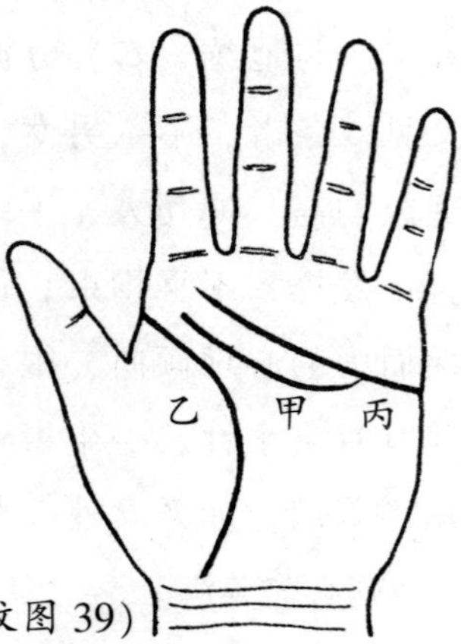 (人纹图 39)	人纹（甲）与地纹（乙）分源而出，尾端翘上与天纹（丙）结合者，男性主个性优良，品德高尚，离乡发展，事业有成，非富即贵。女性主代夫兴家，并生贵子。又不论男女，凡具有此种掌纹者，婚姻上可遇奇缘。（注：人纹与地纹分源而出之人，男女均应注意呼吸系统或消化系统或血液循环系统之保健。）

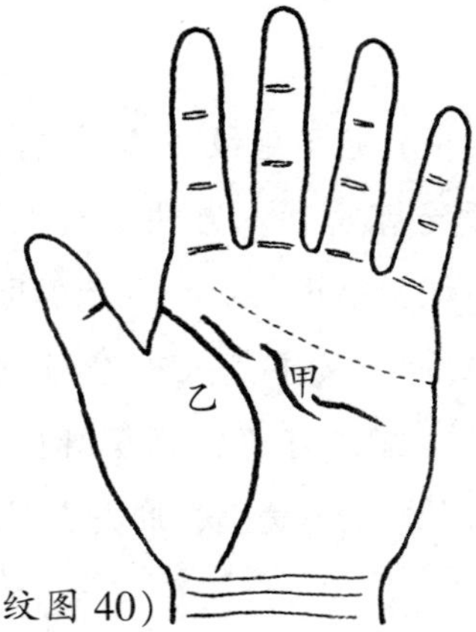 (人纹图 40)	人纹（甲）与地纹（乙）分源而出，人纹再断裂为三段者，不论男女，主其人心性狡猾急躁，注意力不能集中，男性又主踏凶履险，要防脑部受伤，一生事业劳多获少。女性则主出身微贱，难嫁有成就之丈夫。（注：人纹之优劣与否，与吾人脑细胞数量及脑细胞之组织排列程式有关。）
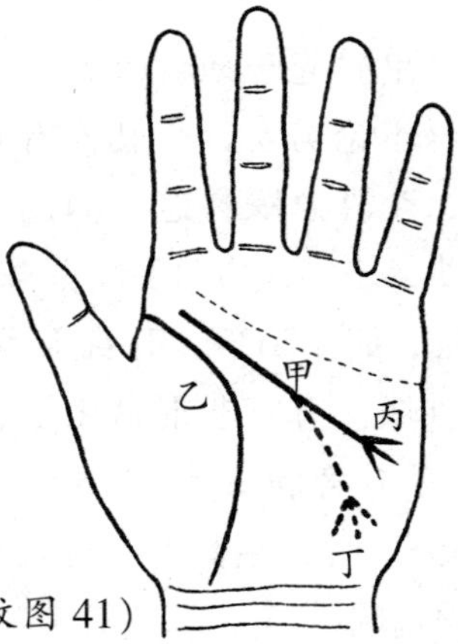 (人纹图 41)	人纹（甲）与地纹（乙）分源而出，人纹秀直末端分三叉（丙）而不下垂者，不论男女，主其人富有机智，能在复杂的环境中处理困难的问题，或身陷危险之中，能履险如夷，全身而退，事业终必有成。但末端下垂者（丁、虚线部分），不论男女，个性狡猾，三心二意，有始无终，事业少成，婚姻不美。
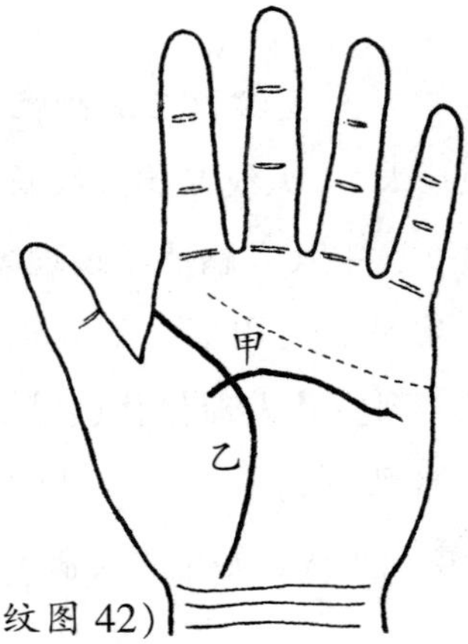 (人纹图 42)	人纹（甲）起于地纹（乙）之内，尾端到达小指之下者，不论男女，主其人青少年时期，个性倔强，急躁易怒，行动轻率，上进心不足，常多烦闷，常起祸端。如大拇指强伟，并有六秀纹者，主其人中老年后可浪子回头，女性则主中老年婚姻美满。

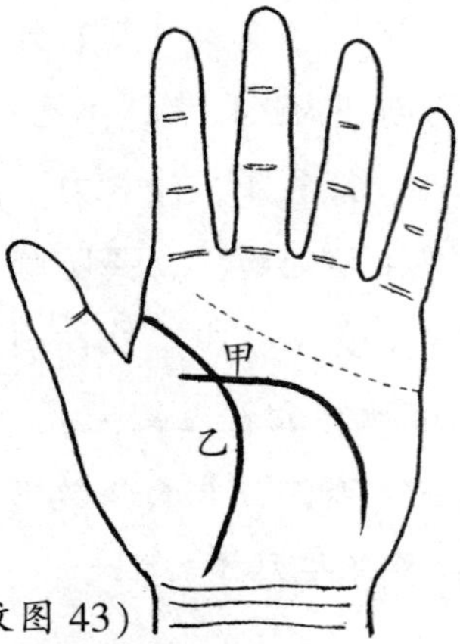 (人纹图 43)	人纹（甲）起于地纹（乙）之内，末端再下垂至乾宫者，男性主其人幼少年家境不佳，难承父业，六亲少助，被迫离乡发展。又主其人神经过敏，生活不检点，酗酒好色，终至既孤又贫。女性则主婚姻不美满，刑夫克子。
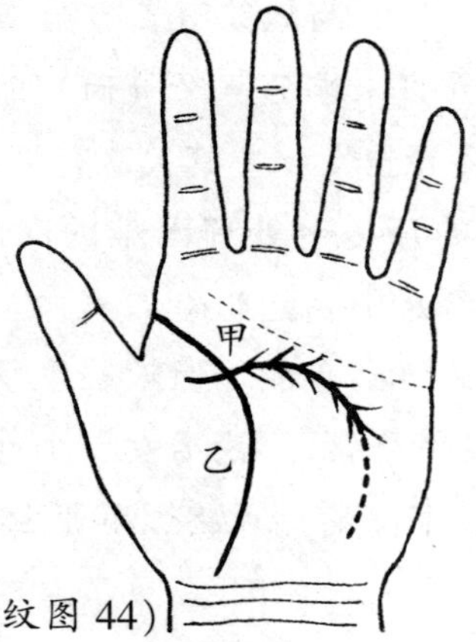 (人纹图 44)	人纹（甲）起于地纹（乙）之内又生毛者，不论男女，主其人有脑病或精神病，个性急躁易怒，偶因小事而与人争吵交恶，又常自我幻想烦闷，情绪不稳定，胆小怕事，有自杀倾向，一生事业难成，有官非刑狱之厄，男女均主婚姻不美满。如末端再下垂(见虚线部分）者，主其人有自杀心态或住进精神病院。
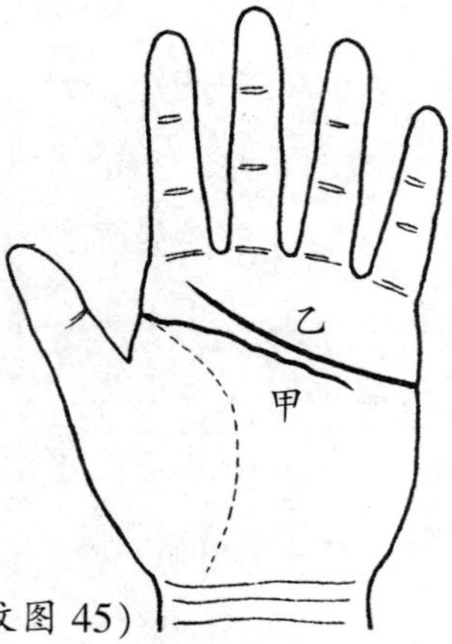 (人纹图 45)	人纹（甲）与天纹（乙）距离过近（不足半厘米)，天纹又比人纹长秀者，不论男女，主其人感情胜过理智，心胸狭窄，容易意气用事。如人纹比天纹长秀者，则主其人理智胜过感情，心性狡猾，自私自利。以上两种纹形走势，均主事业难成，婚姻不美满。

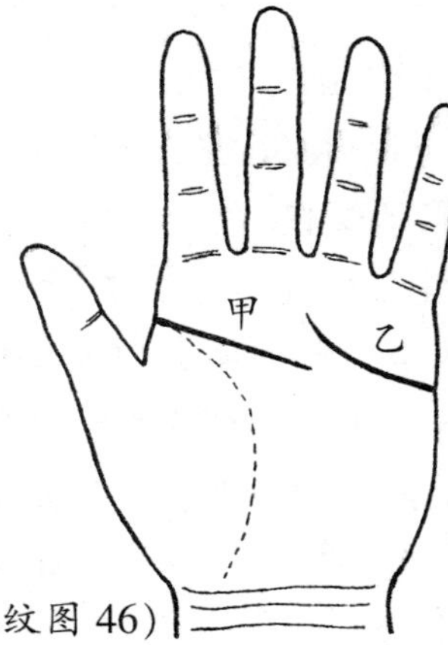 (人纹图 46)	人纹（甲）短而平直，天纹（乙）则短不及中指者，不论男女，主其人心智欠成熟，心胸欠宽广，个性不良，倔强任性，遇事不能冷静思考，只凭直觉反应，处人处事，常多误会冲突，因此，一生事业难成，婚姻必迟又欠美满。
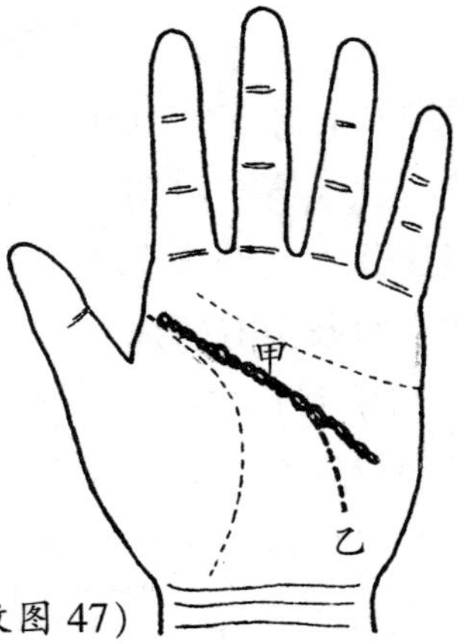 (人纹图 47)	人纹成链状（甲）者，不论男女，主其人体弱多病，思想悲观，不善考虑复杂困难的问题，同时，性恶狡猾，意志不坚，一生事业难成，婚姻不美满。如人纹末端再下垂至乾宫（乙）者，则主其人之精神状态极不稳定，有自杀或杀人之心态，同时刑妻（夫）克子。
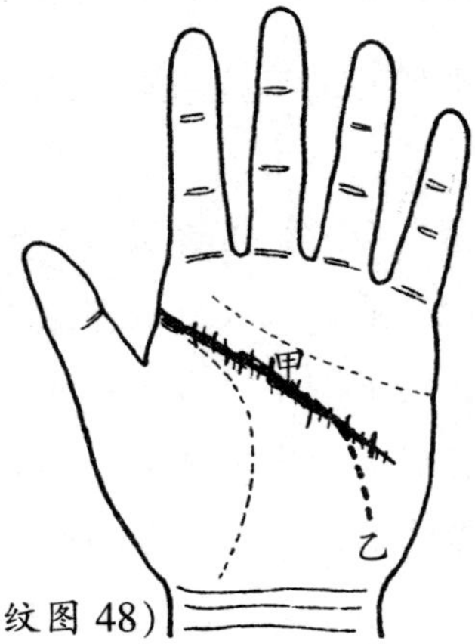 (人纹图 48)	人纹粗浊又多细横纹（甲）者，不论男女，主其人情绪不稳，常处于烦躁不安之境地，如人纹末端再下垂（乙）者，主其人必患癫痫病，愈到晚年病况愈严重。一生事业难成，贫苦到老，刑妻（夫）克子。

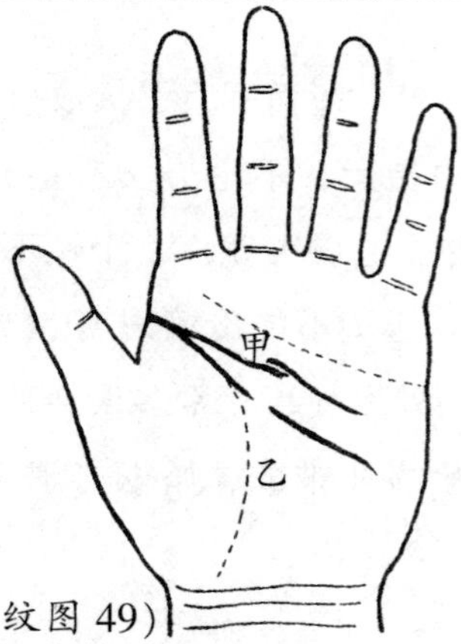

(人纹图 49)

人纹在中指下有衔接性之中断（甲）者，不论男女，主其人有意外凶险，多为脑部受伤，但可逢凶化吉。人纹在中指下有截然性之中断（乙）者，主其人有意外凶险，但比衔接性之中断情况严重，如两手均中断则必死无疑。又人纹中断者，主思想不能集中，做事欠一贯性，学业大多半途中断，并刑克配偶。

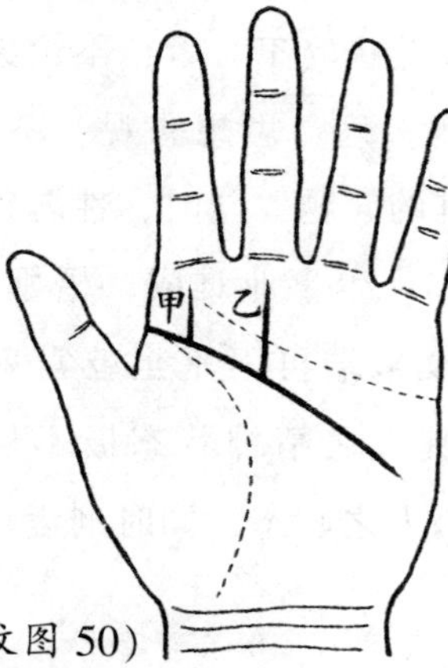

(人纹图 50)

人纹出现向上之枝纹到达食指下（甲）者，不论男女，主其人满怀希望，上进心强，青年时期不是学业有成，就是工作顺利升迁高位，或当选公职，或在科技上有所成就。人纹出现向上之枝纹到达中指下（乙）者，个性休咎与甲纹相同，但成就在中年时期。（注：以上各枝纹未过天纹者，吉征减半论。）

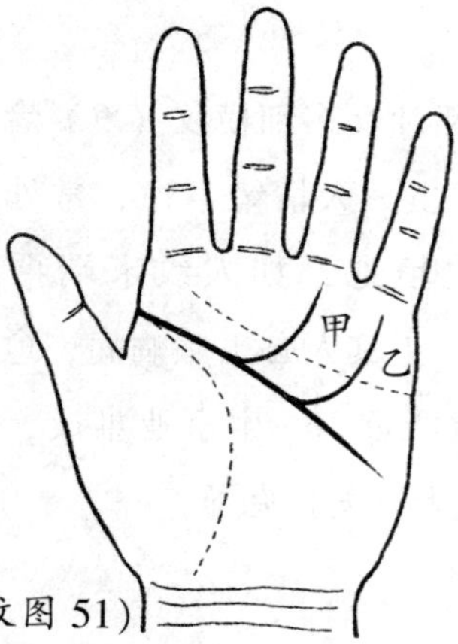

(人纹图 51)

人纹出现向上之枝纹到达无名指之下（甲）者，不论男女，主其人天资聪慧，奋发努力，可得贵人和配偶相助而成就事业。人纹出现向上之枝纹到达小指之下（乙）者，主其人有经营头脑，口才学术俱佳，晚年时期可得配偶或异性贵人之助而事业有成，名利双收。

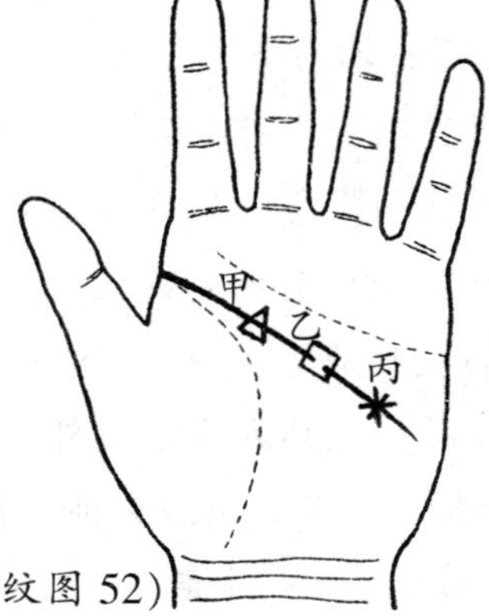(人纹图 52)	人纹出现向上之枝纹到达无名指之下（甲）者，不论男女，主其人天资聪慧，奋发努力，可得贵人和配偶相助而成就事业。人纹出现向上之枝纹到达小指之下（乙）者，主其人有经营头脑，口才学术俱佳，晚年时期可得配偶或异性贵人之助而事业有成，名利双收。
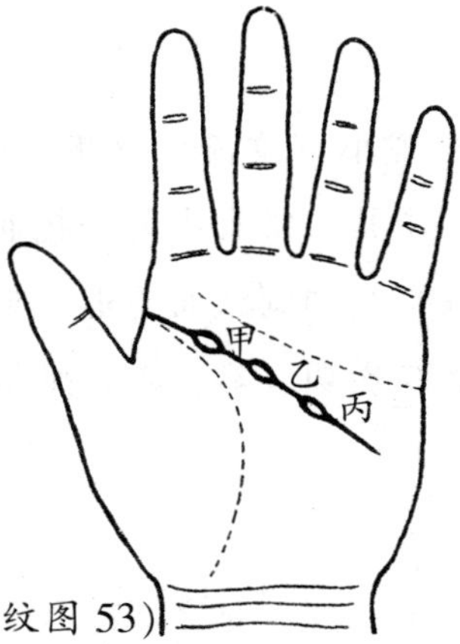(人纹图 53)	人纹首端出现蛋空状（甲）者，不论男女，主其人幼少运欠佳，学业不顺，妻（夫）性不贤，并有呼吸系统之疾病。人纹在中指下出现蛋空状（乙）者，主其人有先天性头痛头晕之症，中年事业不顺，刑克配偶，晚年有老年痴呆症之可能。人纹在无名指下有蛋空状（丙）者，主其人老年运蹇，孤苦贫穷，易患眼疾。
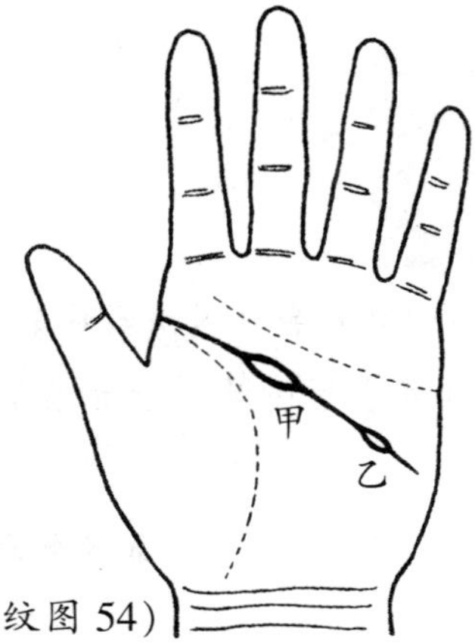(人纹图 54)	人纹出现之蛋空状（甲）直径超过半公分者，即不以一般小型蛋空状之休咎论断，男性主克妻，自身亦多凶险或身带恶疾，女性主婚姻不美满，或有产厄血光。人纹出现之蛋空状（乙）在小指之下者，不论男女，晚年运不佳，身罹恶疾，贫病孤苦以终。

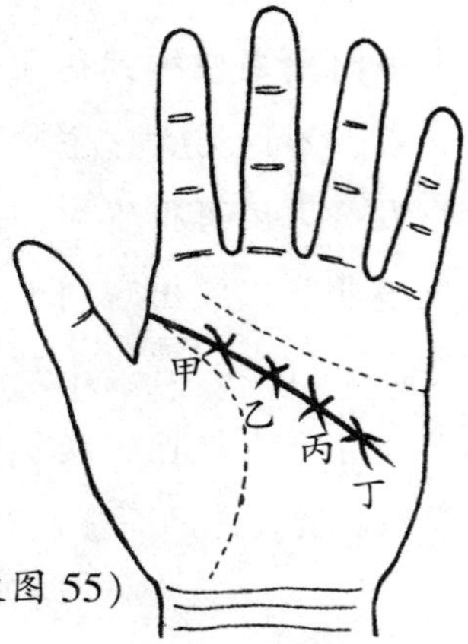(人纹图 55)	人纹出现失神纹（西洋手相学谓之十字纹）者，均为不吉之征。例如：食指下（甲）出现失神纹者，不论男女，主其人性刚躁急，易导致血光之灾。中指下（乙）出现失神纹者，主其人头部易受伤害。无名指下（丙）出现失神纹者，主其人应注意外出车马安全。小指下（丁）出现失神纹者，主其人应防食物或药物中毒。
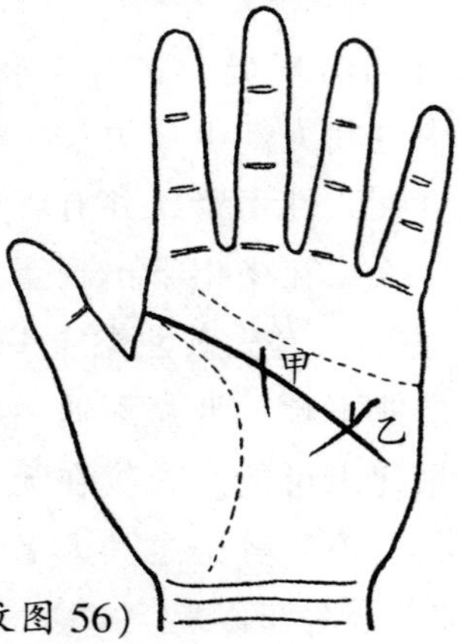(人纹图 56)	人纹出现小直纹横切（甲）者，不论男女，主其人常有小人干扰而烦恼，或因头部受到刺激而不适。如人纹出现夜叉纹横切（乙）者，则情况倍加严重。

观相感言

成功的人，都是会“管理时间”的人，例如有人会利用闲暇从事副业，或是读书写作，有人则利用闲暇玩牌狎游，或是聊天嗑牙，最后结果，当然是前者收获多成就大。

萧湘居士　撰

第八章
地纹(生命线)观看法则

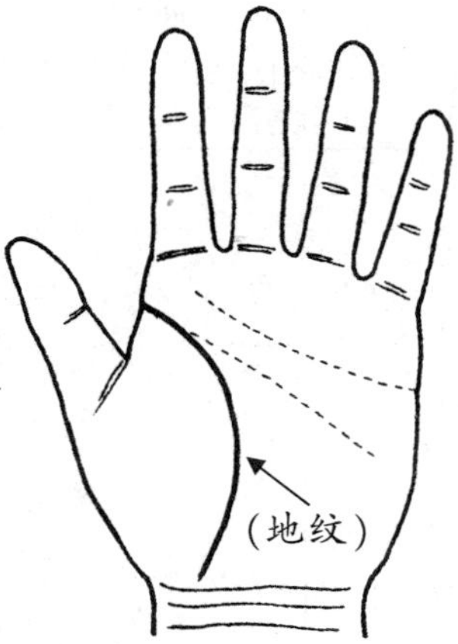

地纹之部位特性

地纹即西洋手相学所谓之“生命线”、“健康线”。乃先天在母胎擘拳掩耳而成，与吾人母系之遗传关系密切，与心肾两大系统以外之其他内脏系统相联属，因其位居手掌之下部，故名地纹。

地纹之优劣，象征吾人先天生命力秉受之强弱，后天健康之良窳和寿命之长短。地纹之起点，大多数人起于大拇指第二节节纹和食指第三节节纹之中心点，少数人起于食指之边或食指之下，亦有少数人之起点特别接近大拇指第二节节纹，地纹之走势及深浅、宽窄、长短各人不同，是以每个人之健康寿命也不相同。

地纹之各种相理休咎

地纹的 48 种相理休咎具体图释如下：

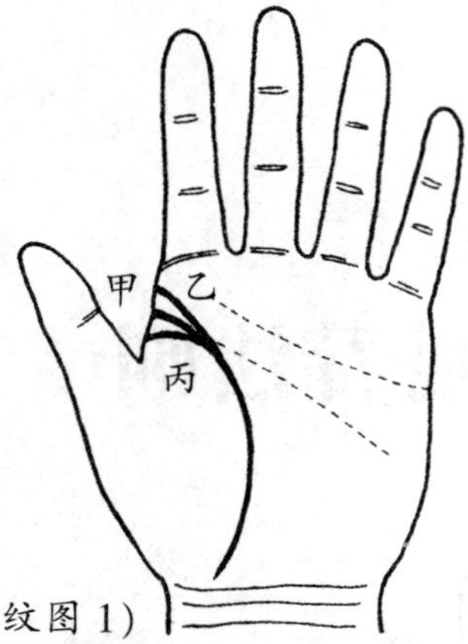(地纹图 1)	地纹起于大拇指与食指间之中心点（甲）者，不论男女，主其人父母遗传优良，身心两健，有中正的人生观，精神物欲并重。地纹起于中心点之上方（乙）者，主其人身体强壮，处事积极，富正义感，但争斗性也强。地纹起于中心点之下方（丙）者，主其人体力不足，处事消极，难有奋发图强见义勇为之行为表现。
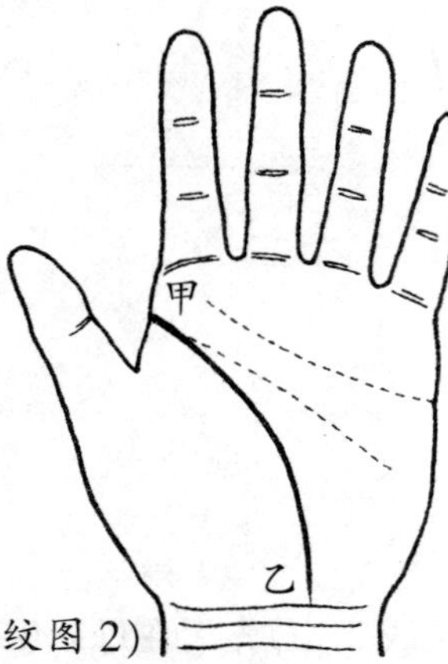(地纹图 2)	地纹起于大拇指与食指间之中心点（甲），末端到达动脉纹（即手腕线）三分之二处，并与动脉纹相接触（乙），地纹手形均秀丽又无缺憾者，主其人气量宽宏，个性热诚开朗，一生健康无病，平生不招凶灾，寿年百岁，但好色贪淫。事业则离乡发展，非富即贵。又母必高寿，妻必贤美，女性则嫁有成就之丈夫。
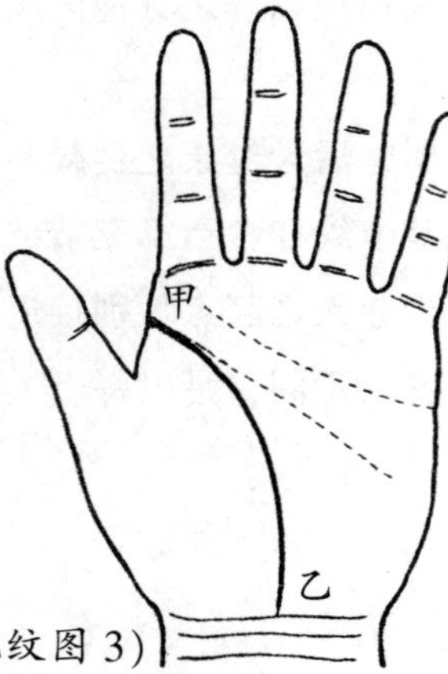(地纹图 3)	地纹起于大拇指与食指间之中心点（甲），末端到达动脉纹中端二分之一处，并与动脉纹相接触（乙），地纹手形再秀丽者，主其人一生少病，可享高寿，但好淫贪色。又其人志向远大，必出外发展，事业有成，女性主嫁有成就之丈夫。如手形不美，纹痕粗阔浅浊，则主其人事业少成，仅身体健康可享高寿而已。

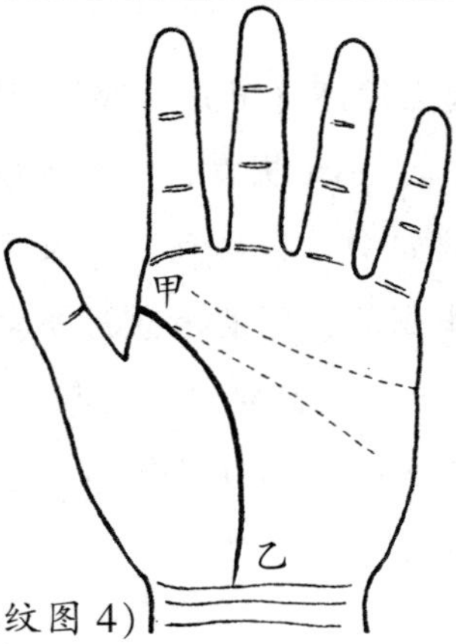 (地纹图 4)	地纹起于大拇指与食指间之中心点（甲），末端到达动脉纹三分之一处，并与动脉纹相接触（乙），如地纹手形再秀丽者，主其人元气充足，一生健康少病，可享高寿，事业有成，女可嫁有成就之丈夫。如手形不美，纹痕粗宽浅浊者，则主其人资质不高，事业难成，待人虽热诚，但流于粗俗。
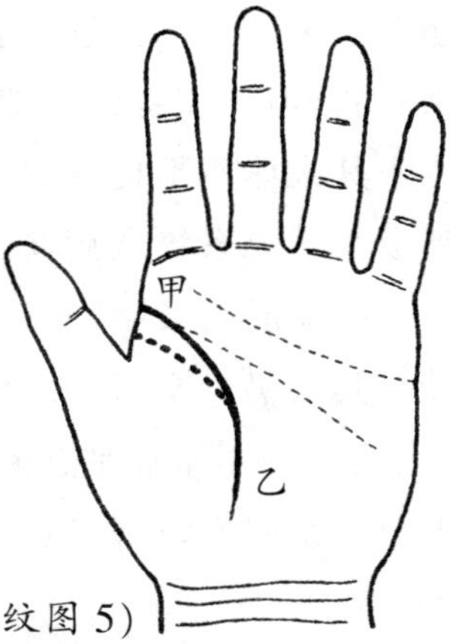 (地纹图 5)	地纹起于大拇指与食指间之中心点（甲），而地纹短，末端离手腕线又远（乙）者，不论男女，主其人元气不足，五脏不坚，身体欠健康，难享高寿，同时忍耐力不足，意志力不强，为人拘谨保守，一生事业少成，婚姻欠美满。如手形地纹不秀丽地纹起点偏低者更验（见虚线部分）。
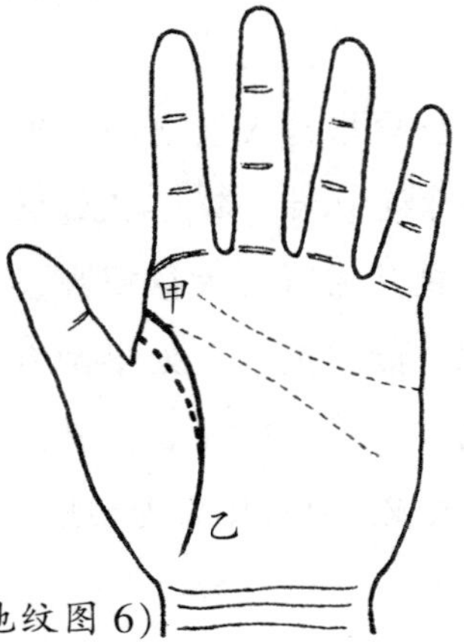 (地纹图 6)	地纹起于大拇指与食指间之中心点（甲），但地纹走势偏向大拇指第二节形成艮宫极度狭窄（乙）者，不论男女，主其人先天不足，五脏不坚，常有疾病，个性拘谨，爱静怕事，不思上进，相貌丑陋，一生无事业可言。如地纹起点偏低（见虚线部分），地纹及手形又不秀丽者，寿命难过五十岁，婚姻亦不美满。

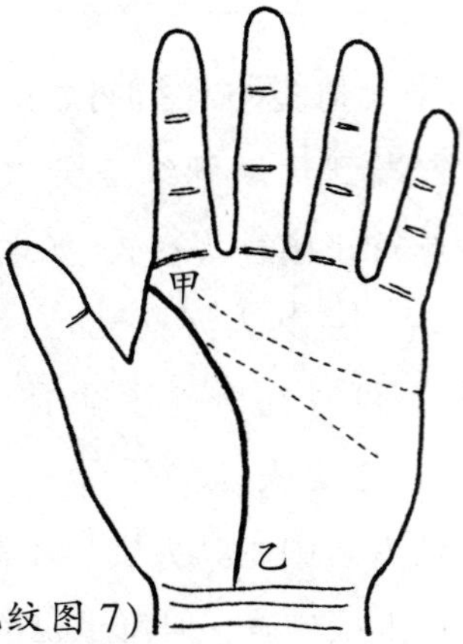

(地纹图 7)

地纹起点偏高（甲），末端与动脉纹衔接（乙），不论男女，主其人肌肉发达，体健如牛，必享高寿。又为人热诚，工作积极，但遇事急进贪多而偾事后悔，并缺乏高雅之思想与气质，特别著重物欲生活。地纹粗宽，手掌厚硬者更验。

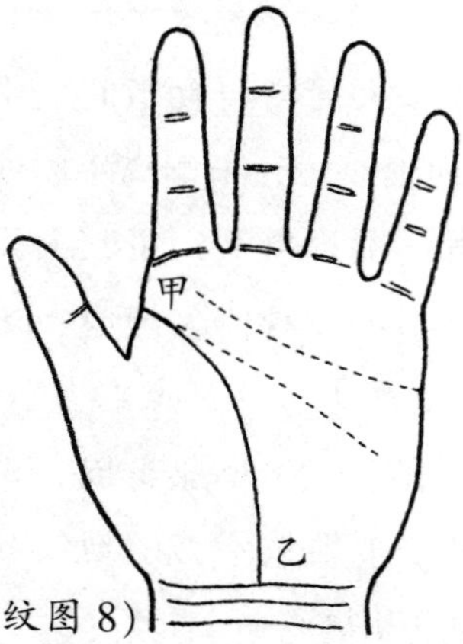

(地纹图 8)

地纹起点适中，末端接近动脉纹中端（甲至乙），但纹痕特别纤细者，不论男女，主其人体质不佳，活力不足，常患呼吸及消化系统之病痛，如手形秀丽，地纹无断裂驳杂斑点蛋空等不吉符号，其人仍可享高寿。但个性略嫌消极保守，一生事业难有大成，但亦不致大败。女则难嫁有成就之丈夫。

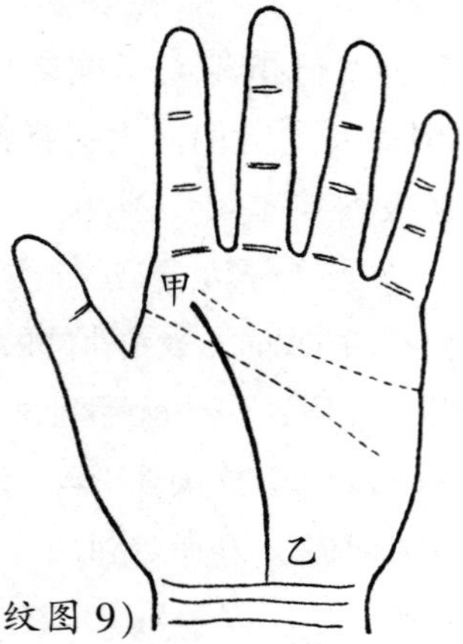

(地纹图 9)

地纹起自食指与人纹之间（甲），末端到达动脉纹中端（乙），人纹又秀丽者，男性主其人野心大欲望高，个性能刚能柔，能屈能伸，处事则有条不紊，如地纹手形再秀丽者，其人在事业上必有大成。女性则必为女强人。

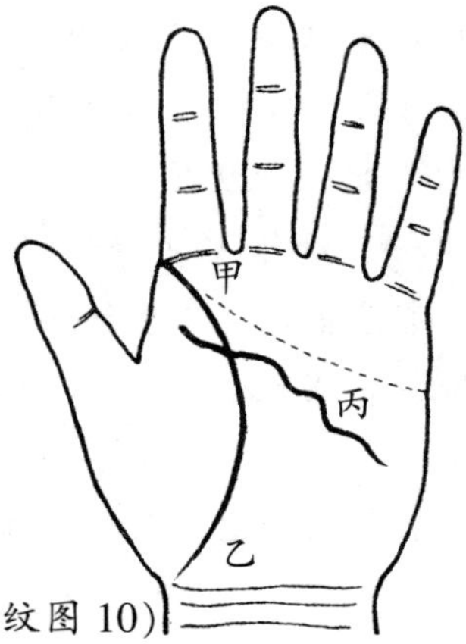 (地纹图 10)	地纹起于食指下之掌边（甲），末端仅到达动脉纹左端（乙）者，男性主其人好胜又野心大，欲望高，但个性倔强，有勇无谋，青少年时期常招惹是非，一生事业少成，如手形地纹不秀丽，地纹纹沟色赤，其人必定性暴易怒，终必死于非命，如人纹曲（丙）者，不吉情况减半论。女性则主婚姻不美，刑夫克子。
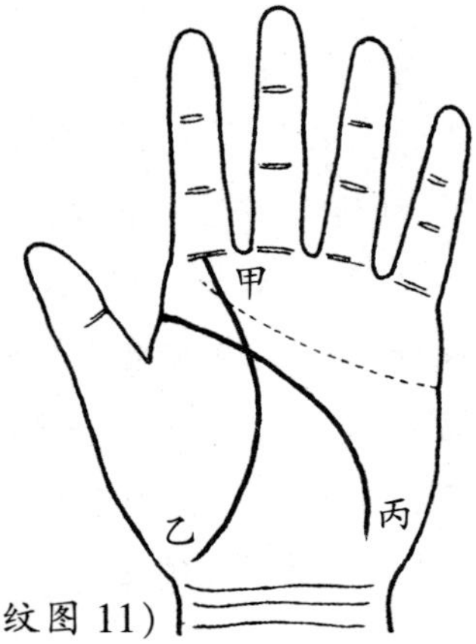 (地纹图 11)	地纹起于食指第三节节纹中端（甲），末端偏向动脉纹左端（乙），再见人纹下垂至乾宫（丙）者，男性主其人精神紧张，个性急躁，常多忧疑，容易悲观，青少年时期刑克母亲及兄弟，事业需待中晚年时期始有成功与收获。女性主婚姻不美满，刑夫克子。
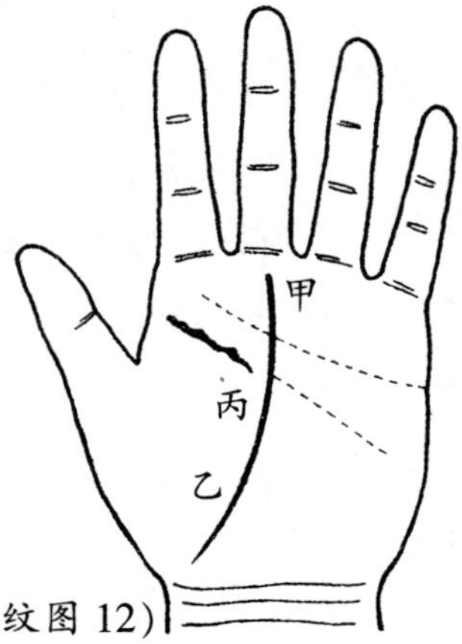 (地纹图 12)	地纹起于中指之下（甲）末端偏向动脉纹左端（乙），人纹又短而不秀丽（丙）者，男性主其人青少年时期事业不顺，有志难伸，中年时期略有小收获，但晚年时期仍有失败之虞。亦主其人个性狡猾善变，克母刑妻。女性主婚姻不美满，刑夫克子。

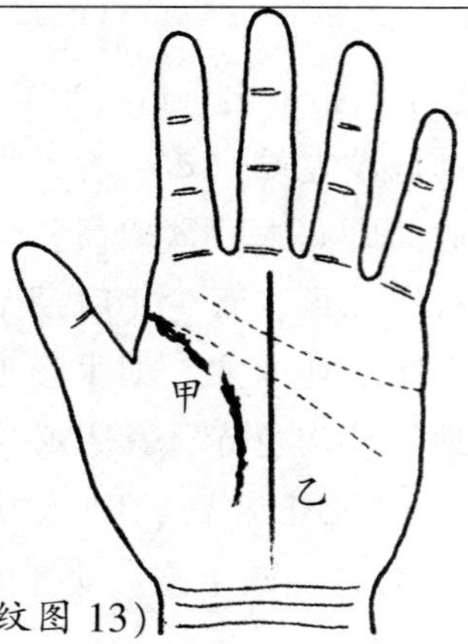 (地纹图 13)	地纹首端粗浅又断裂（甲）者，男性主其人健康不佳，夭寿之相，同时恒心毅力不足，永无安定之工作，又主其人克母，幼年欠缺母爱母教，品性不良，个性悲观，常多愁思，一生事业无成。（另说其人为养子女）如有玉柱纹（乙）辅助，手形再秀丽者，不吉之情况减分论。女性主难嫁有成就之夫。
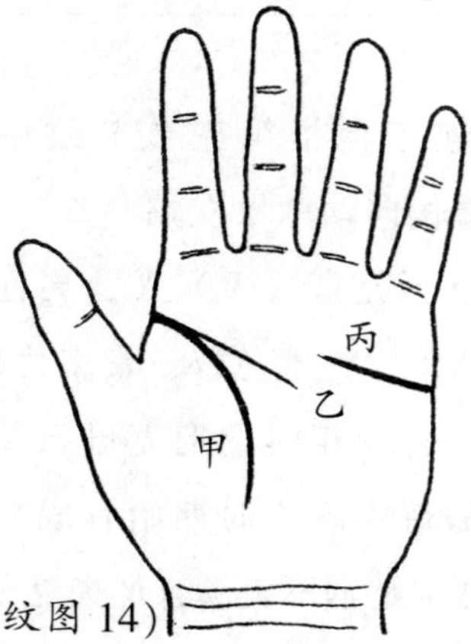 (地纹图 14)	地纹（甲）长度仅及手掌长度三分之二，人纹（乙）纤细短浅，天纹（丙）末端仅到达无名指之下者，不论男女，主其人五脏不坚，健康不佳，个性拘谨保守，一生事业难成，婚姻不美，刑克配偶。如手形秀丽厚实，大拇指强伟，主其人四十岁前尚可享健康，但四十岁后多病促寿。
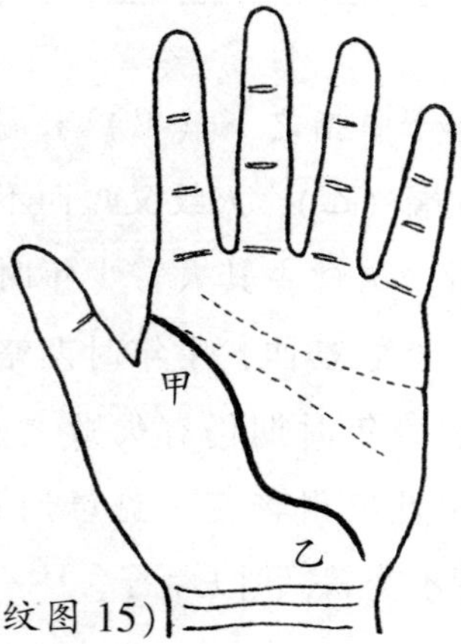 (地纹图 15)	地纹自中段（甲）斜向乾宫（乙）者（此种掌纹以女性较多），不论男女，主其人生理上有严重缺憾，有先天性生理病，必须经过彻底治疗，才能生育子女。此种掌纹与旅行纹之区别方法，乃在于地纹本身斜向乾宫，旅行纹则自地纹分出枝纹斜向乾宫。

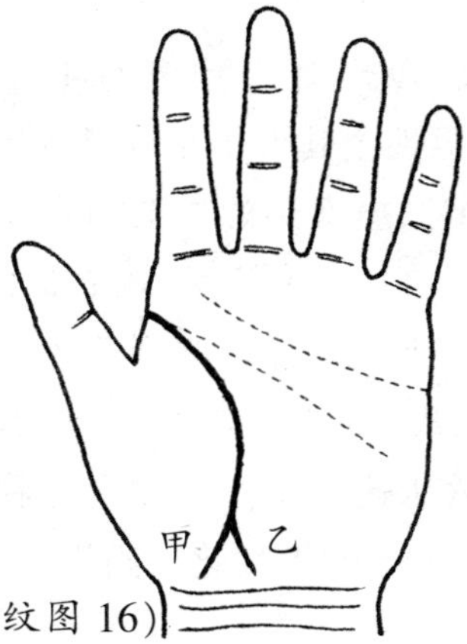 (地纹图 16)	地纹末端开两叉（甲、乙）者，不论男女，主其人必离开家乡发展，一生事倍功半，劳多获少，中年工作多变故或转行改业（但非出国发展）。另说，此种掌纹象征其人为兄弟二人。笔者无此种掌纹，但笔者十五岁前即离开家乡发展，由此可证笔者强调仅看手相不能论断人之整个休咎所言不虚。
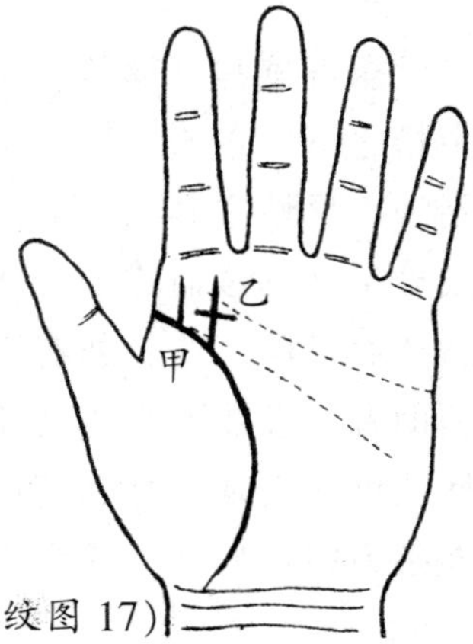 (地纹图 17)	地纹首端起副笔直上食指之下（甲）者，西洋手相学谓之“进步线”、“希望线”，不论男女，主其人有自动自发努力上进之恒心毅力，青年时期可在事业上、工作上、学业上获得或大或小之成就，如大拇指或食指第一节节纹有夫子眼，或副笔有两条者，学业上成就更大。但副笔有小横纹冲过（乙）者，收获成就减半论。
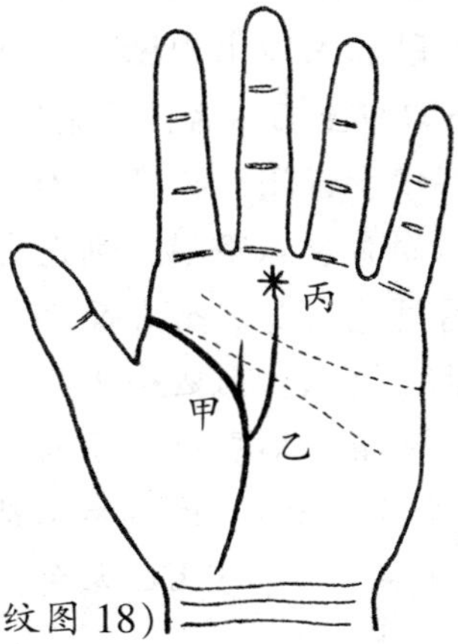 (地纹图 18)	地纹出现之副笔，短不足二公分（甲）者，主其人意志力虽强，但会因某种原因而未有显著成就。如副笔长二公分以上（乙）者，则象征好运来临，主其人在事业上或学术上必能有相当成就和收获，女性则主姻缘发动，必嫁金龟富婿。如副笔上再见金星纹者，男主增加权力地位，女主飞上枝头作凤凰。

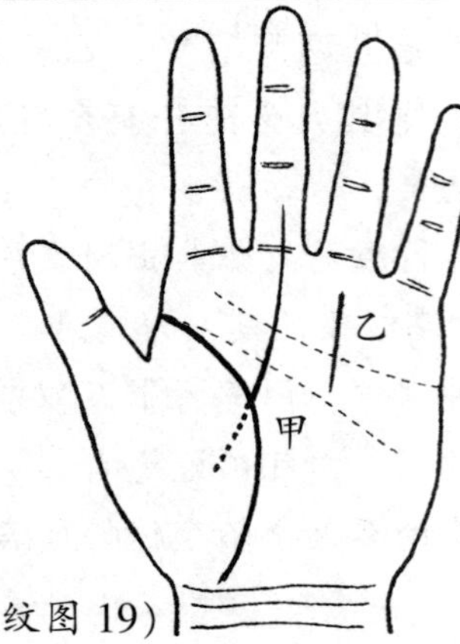 (地纹图 19)	地纹前段出现之副笔直上中指（甲）者，男性主其人中年可得奇人协助，或遇到意想不到的机会而在事业上获得成功，如再有六秀纹（乙）辅助者，事业成就愈大。但副笔不可穿过地纹（虚线部分），穿过者，主其人一生为情欲所迷。女性地纹有此种副笔者，主其人个性男性化，婚姻不美，刑夫克子。
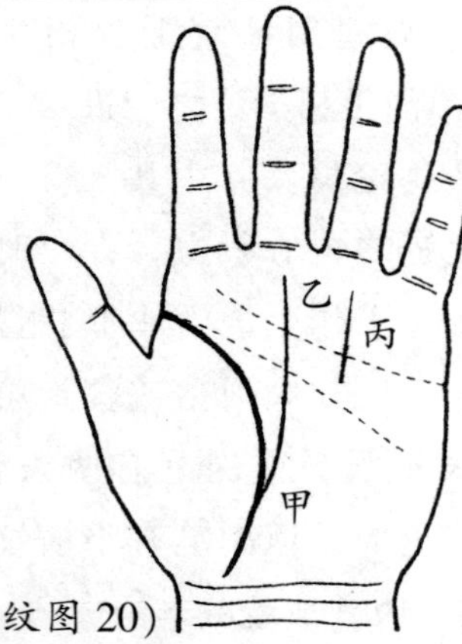 (地纹图 20)	地纹末段靠近艮宫之部位，出现副笔直上中指之下（甲至乙）者，乃玉柱纹之别种。男性主其人事业上可受到家族或母亲之支援而成功，或利用父祖之遗产而发展事业，如有六秀纹（丙）辅助者，事业上之成就相当可观。女性地纹如出现此种副笔则主劳碌，其人必为职业妇女，或为企业老板。
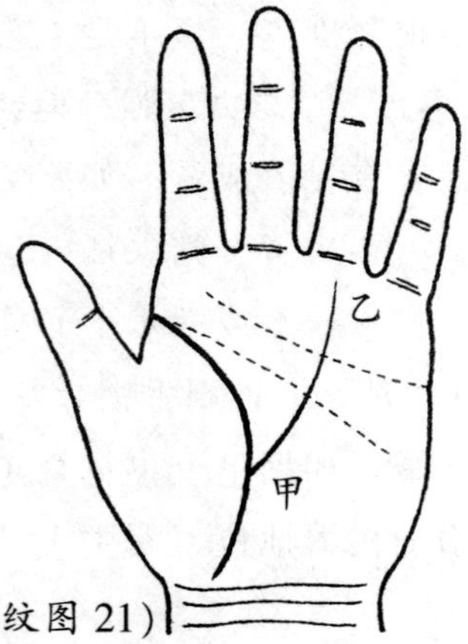 (地纹图 21)	地纹中段或末段出现副笔而到达无名指之下（甲至乙）者，不论男女，主其人有医学、音乐、艺术修养，并爱好玄学。同时意志坚强，创造力亦强，中年后可凭自身之努力而创造一番异路事业。（注：到达小拇指或坤宫者同论，何谓异路事业请参阅拙著《萧湘相法全集（一）》第八章及拙著《萧湘相法全集（三）·气色大全》附录篇。）

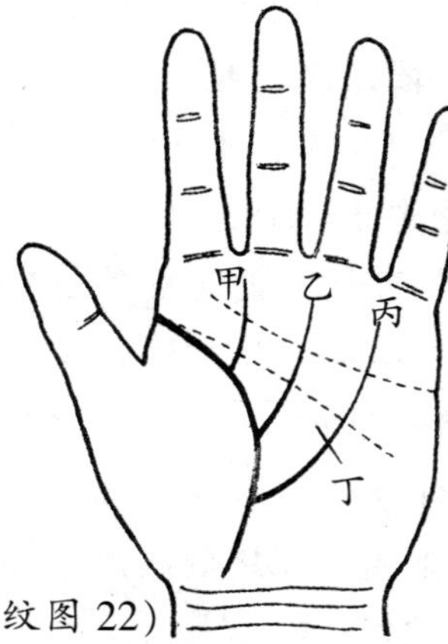 (地纹图 22)	地纹起副笔三条直上巽宫（甲）、离宫（乙）、坤宫（丙）者，中国手相学谓之“三峰纹”，男主智慧优异，个性优良，先贫后富或先贱后贵，到老荣华，但被杂纹冲断（丁）者，主其人之成就减分论，并常多小人为害，事业必见波折。女性有此种掌纹者，主上进心事业心不输男性。
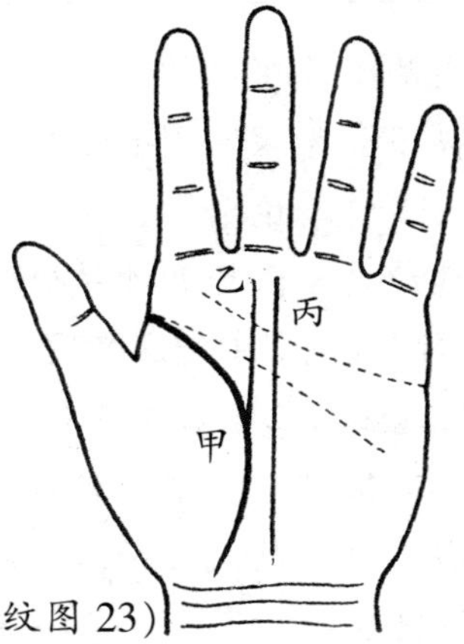 (地纹图 23)	地纹（甲）中段出现副笔（乙）上升至中指之下者，此种副笔应当作玉柱纹论断，主其人之事业能够成功，如再见玉柱纹（丙）者，则象征其人有双重事业并能大成。女性有此种掌纹者，必系女强人，但婚姻难美满。
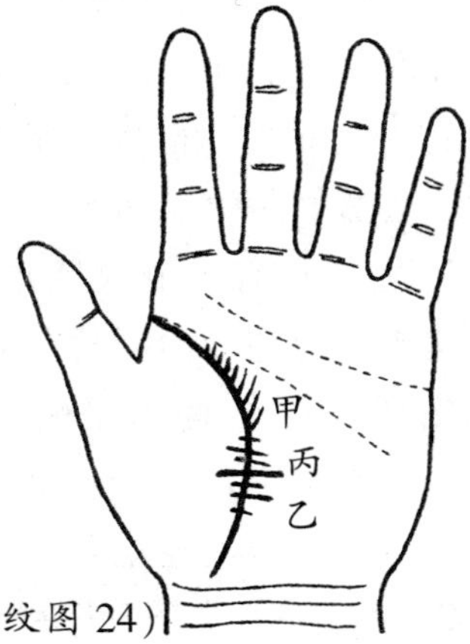 (地纹图 24)	地纹上出现长不及一公分而向上之枝纹（甲）者，不论男女主其人身体健康企图心旺盛，时运亦顺遂。地纹出现长不及一公分的横切纹（乙）者，主其人健康欠佳，神经衰弱（眼白呈暗蓝色者尤验），时运亦差。如横切纹长过一公分半以上（丙）者，则象征重病或遇险之征。

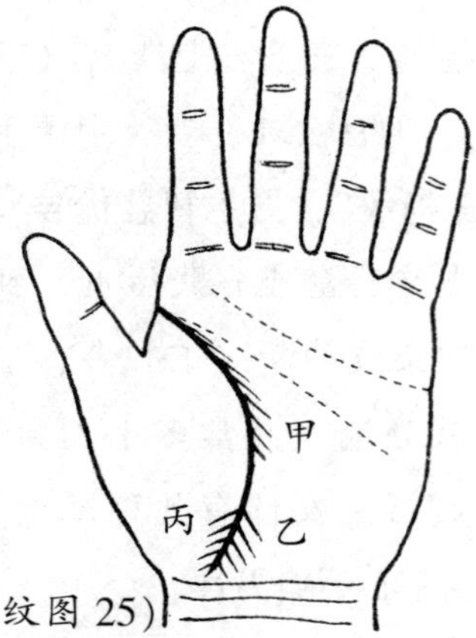 (地纹图 25)	地纹前段出现不足一公分之向下枝纹多条（甲）者，不论男女，主其人届时健康退步，时运亦差。如地纹末段出现流苏形状之细纹（乙）者，此乃酒色过多或工作太过劳累之征，其人之健康必然退步，时运亦差。如地纹末端内侧亦出现流苏状之细纹（丙）者，则主其人之健康严重衰退，甚至有死亡之虞。
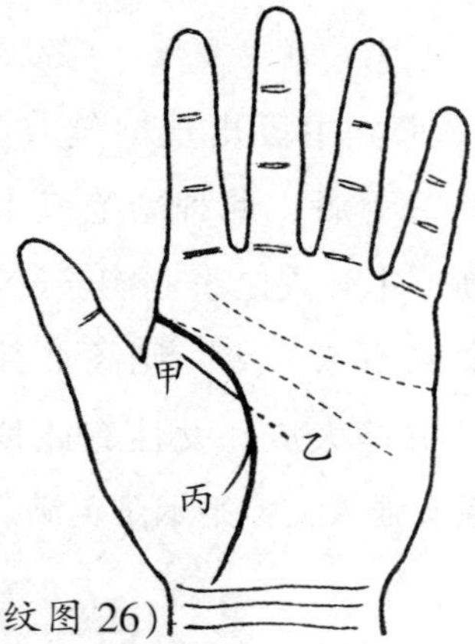 (地纹图 26)	地纹内侧出现短不及一公分半之杂纹（西洋手相学谓之影响线）接触地纹（甲）者，不论男女，主其人在杂纹接触地纹之年因热恋而结婚。如杂纹末与地纹接触则主先恋爱后分手。如杂纹穿过地纹（乙、虚线部分）者，则主其人恋爱破裂。如杂纹自地纹伸出（丙）者，则主其人在杂纹自地纹伸出之年与配偶离婚。
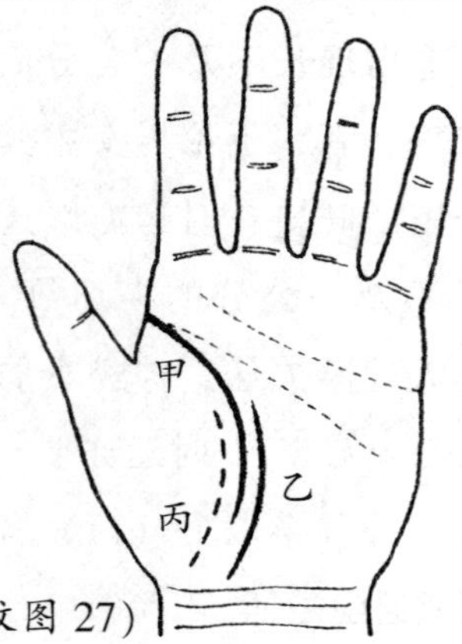 (地纹图 27)	地纹前段（甲）中断，但在中断处之外侧另起纹（乙）衔接，衔接部分又超过二公分者，不论男女，主其人在中断处之流年有灾厄或罹重病，但可逢凶化吉，有惊无险，并有吉庆之事。如衔接之纹在地纹内侧（丙，见虚线部分）者，则倍加严重必有生命危险。另说此种掌纹象征其人为孤儿或养子女。

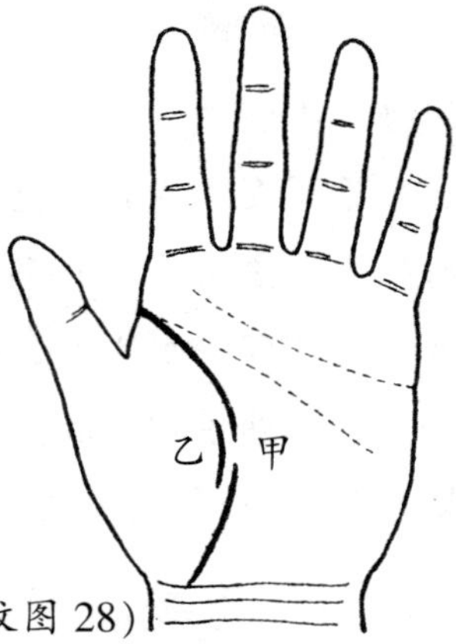 (地纹图 28)	地纹有截然性之中断（甲），靠震宫一边出现贵人纹（乙、西洋手相学谓之内生命线或火星线或保护线）者，不论男女，主其人当灾难发生时，可逢凶化吉。贵人纹中国手相学又谓之为“祖荫纹”“侠义纹”“阴骘纹”，象征其人祖上有德，自身亦属见义勇为之人。如中断处无贵人纹保护者，主其人有生命危险。
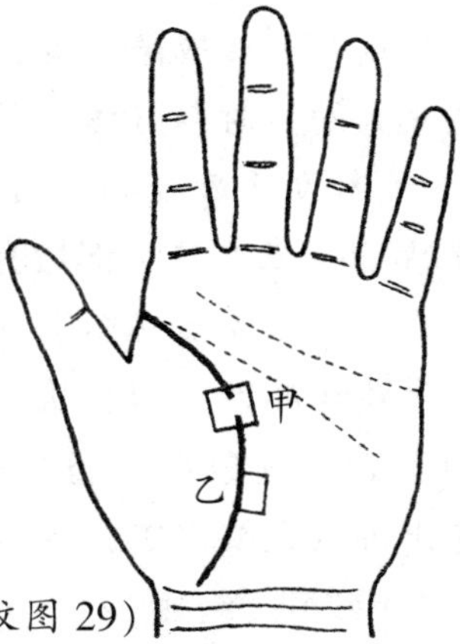 (地纹图 29)	地纹中断处出现玉新纹（西洋手相学谓之四方形）匡住（甲）者，主其人遭遇灾厄时，可死里逃生，逢凶化吉，但仍主克母。如玉新纹紧贴地纹（乙）者，则主有牢狱之灾，或长期因病住院，或出家为僧为尼。时间可依地纹流年表计算之。
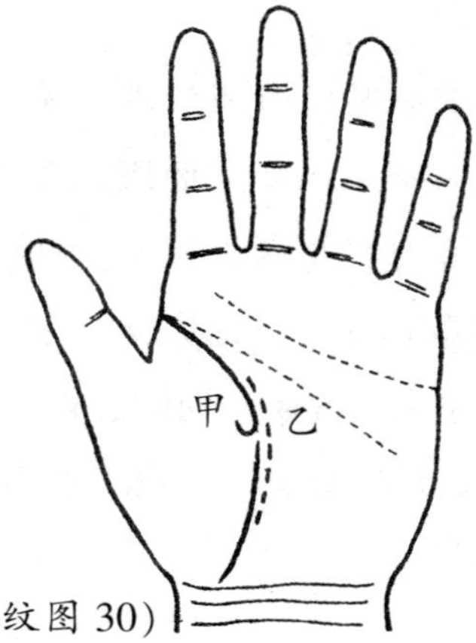 (地纹图 30)	地纹中断处成勾状上弯（甲）者，不论男女，主其人灾厄难逃，如两手均中断手形又劣者，主其人必死无疑。凡有此种掌纹之人，应即日迁过向善，广积阴德，中断处之外侧会另长出衔接纹（乙、见虚线部分），或在中断处另长出斜纹串连，笔者曾印证不爽。

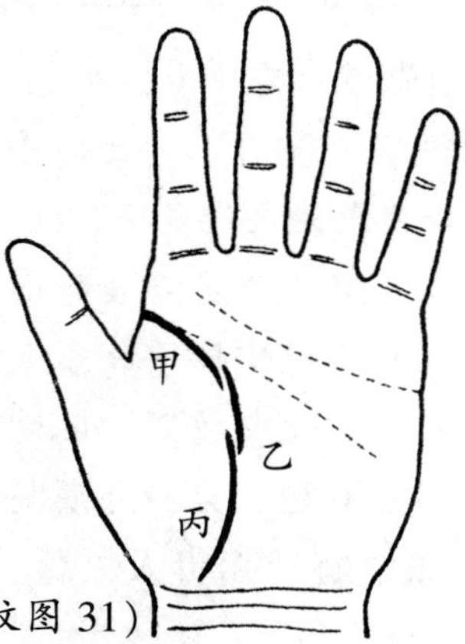 (地纹图 31)	地纹衔接性中断成三条以上（甲至丙）者，不论男女，主其人健康有差，中年有生大病之可能，并多为消化系统之疾病，如仅一手中断，疾病尚可很快痊愈，如两手均中断，则复元很慢，女性并另有妇科疾病之征。
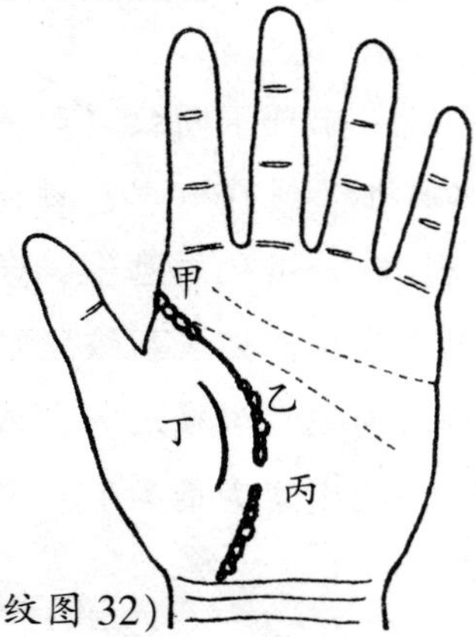 (地纹图 32)	地纹起点（甲）成链状者，不论男女，主其人幼少时期身体虚弱或患过大病（大多为呼吸或消化系统疾病）。地纹局部（乙）或全部均有链状者，主其人成年后体质仍然不佳，常有疾病，事业运亦差。如链状纹再有中断（丙）者，则象征疾病之恶化。但链状旁出现贵人纹（丁）者，则主其人之疾病不致变为绝症。
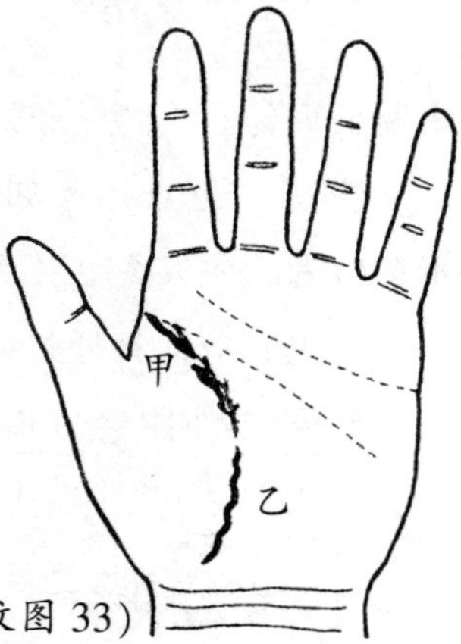 (地纹图 33)	地纹驳杂断乱（甲）者，不论男女，主其人消化系统欠健康，营养吸收不良，或有严重肠胃疾病。地纹成曲线状（乙）者，不论男女，主其人心脏循环系统欠健康。同时心神不宁，欠缺活力，忧郁易怒，事业工作不顺，婚姻欠美满。

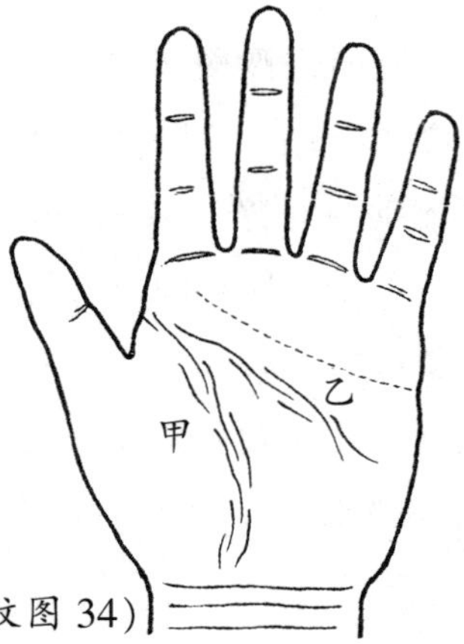 (地纹图 34)	地纹为多重深秀之细纹组成（甲）者，不论男女，主其人可得到母系之优秀遗传，身体异常健康，一生事业多得母亲或义母或姨母或父妾之助，但事业常多变化。如人纹亦为多重细纹组成（乙）者，主其人尚可得其他亲戚之助，事业多方面发展而有成。但组成之细纹多冲断或粗浊者，则主刑克父母，自身多灾少成。
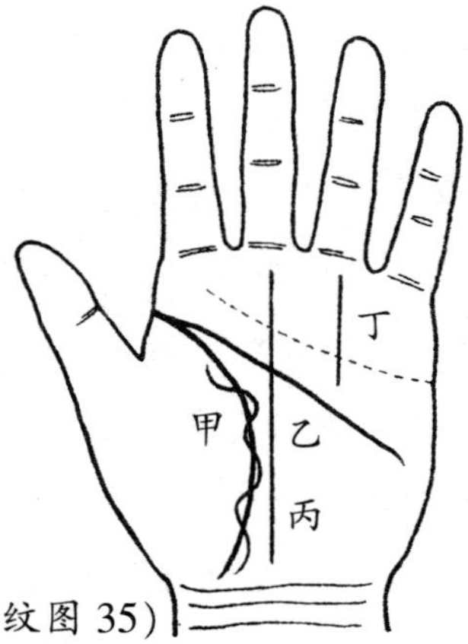 (地纹图 35)	地纹出现蛇形纹缠绕（甲）者，中国手相学谓之“困身纹”，不论男女，主其人有隐疾，心性不良，如人纹秀丽（乙）并有玉柱纹（丙）六秀纹（丁）辅助者，中年后仍可在事业上有收获，否则，一生难成事业，女性又主婚姻不美满。
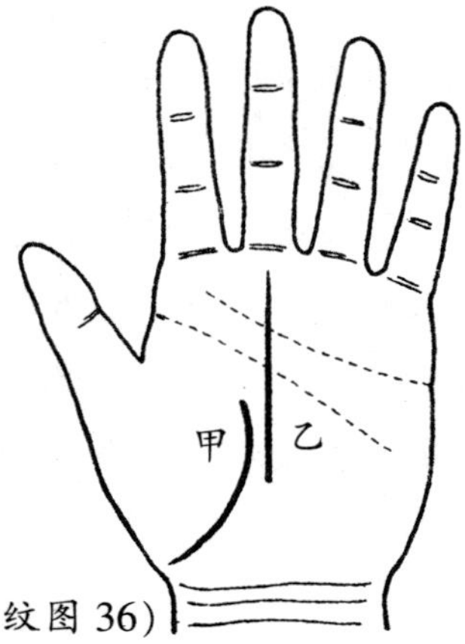 (地纹图 36)	地纹初起隐没若无（甲），后段纹痕明显者，不论男女，主其人幼少年家运不吉，父母早亡，破梓离乡，身世飘零，到处流浪，工作不定。如明堂出现玉柱纹（乙）者，中年后运程转佳，但婚姻仍难美满，非克即离。

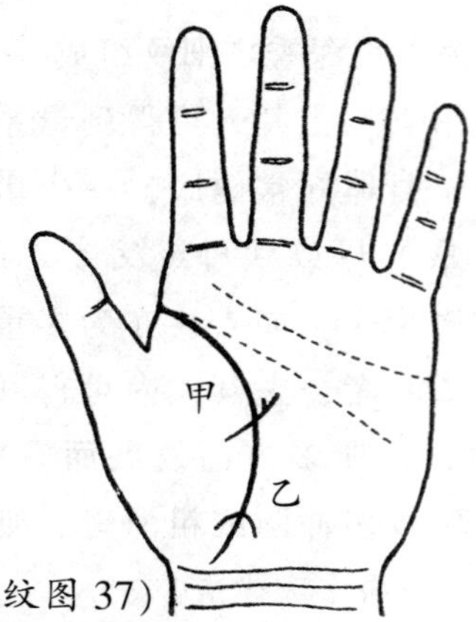 (地纹图 37)	地纹任何部位被夜叉纹（甲、西洋手相学谓之杂纹）冲断者，不论男女，主其人刑克母亲，或婚姻不美，或事业受损，或有异灾凶厄（可参照面相十二宫相理之瑕疵详细论断之）。地纹任何部位出现弧形小横纹穿过（乙）者，不论男女，主其人因不良嗜好而影响健康。
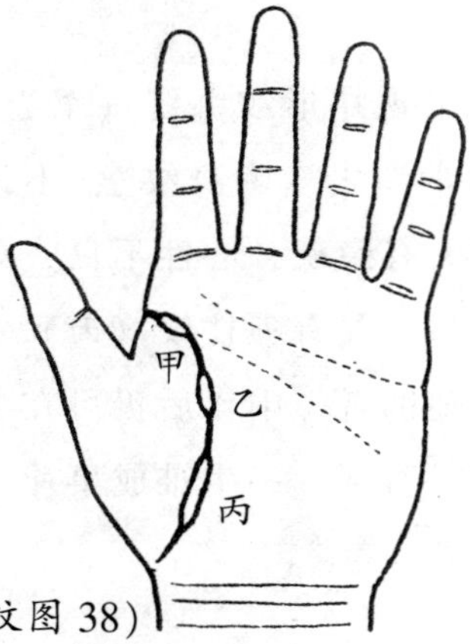 (地纹图 38)	地纹首端出现蛋空状（甲）者，不论男女，主其人为私生子或为外室所生。地纹出现或长或短之蛋空状（乙、丙）者，不论男女，主其人在蛋空状这段流年期间，不论求学、考试、工作、创业等各方面均难遂意，甚至连年失学失业或损财败业，如无上述情事发生，蛋空状亦象征健康不佳。
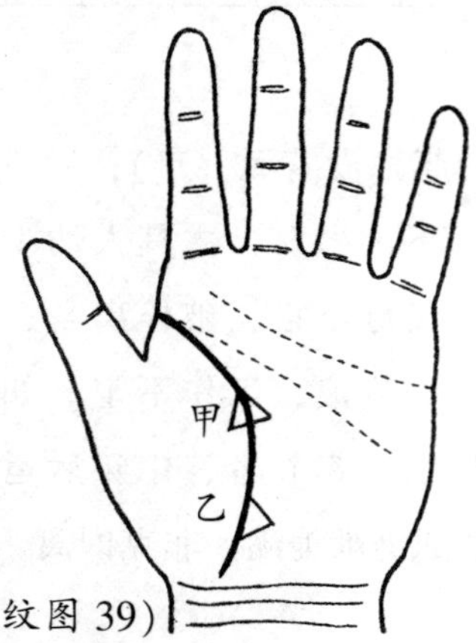 (地纹图 39)	地纹有三角纹正压（甲）者，不论男女，主其人运程顺利，不论为官业商，均主兴旺发达，同时身体健康，生命力更强更旺。如三角纹紧贴在地纹之旁（乙）者，则主其人因内脏器官病变有动手术之可能，其休咎发生之时间，可依地纹流年表计算之。

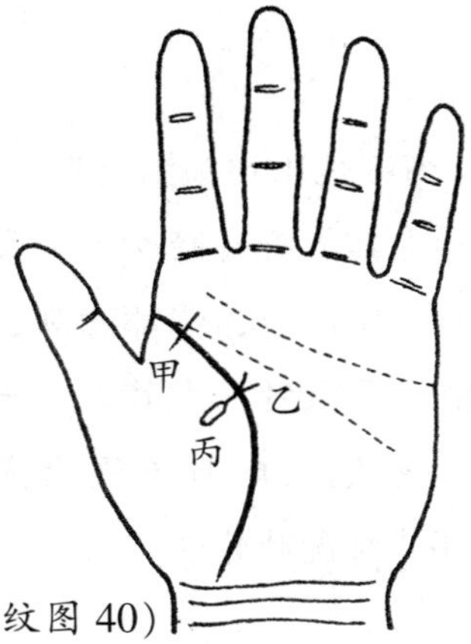 (地纹图 40)	地纹前段出现横斜之杂纹穿过地纹（甲）者，西洋手相学谓之“障碍线”“阻碍线”，不论男女，主其人青年时间曾经失恋（单恋同论），或发生工作上或事业上之障碍。如两条横斜之杂纹在同一点穿过地纹（乙）者，则主其人在青年时期曾发生三角恋爱。如纹末有蛋空状（丙）者，则曾因三角恋爱而招致严重困扰。
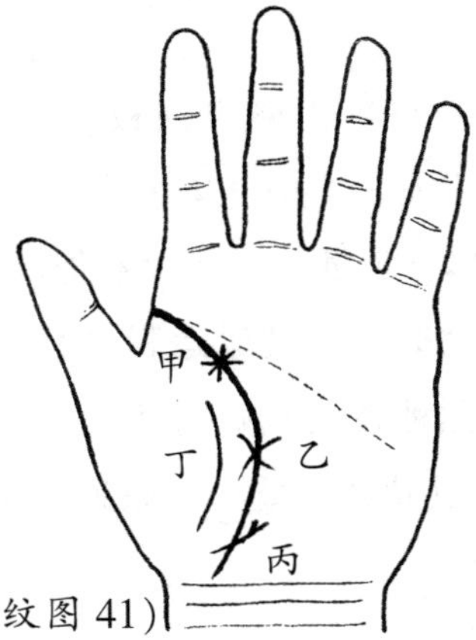 (地纹图 41)	地纹出现金星纹（甲、西洋手相学谓之花星）者，不论男女，主其人届时发生难医之重病。地纹出现失神纹（乙）者，不论男女，主其人届时会与亲属间发生重大误会冲突，因而招致重大危险或不测之灾。地纹如被夜叉纹（丙）冲断者，不论男女，主其人刑克配偶。但地纹旁出现贵人纹（丁）者，不吉情况减分论。
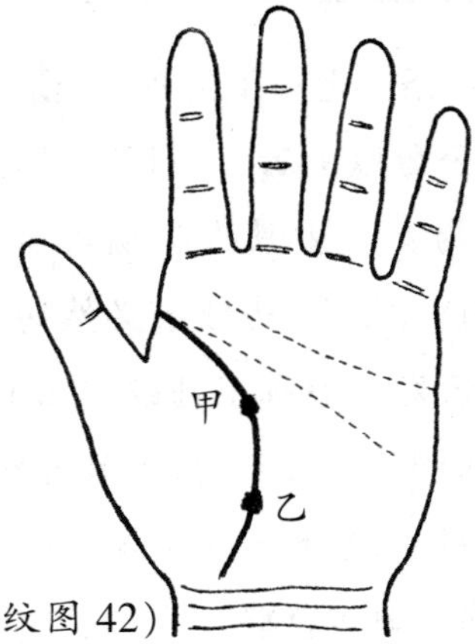 (地纹图 42)	地纹任何部位出现黑色斑点（甲）者，不论男女，主其人届时健康不利，时运亦转差，斑点超过十分之一公分者，则主有重大疾病。地纹任何部位出现红色斑点（乙）者，不论男女，主其人内脏器官有出血或发炎现象。

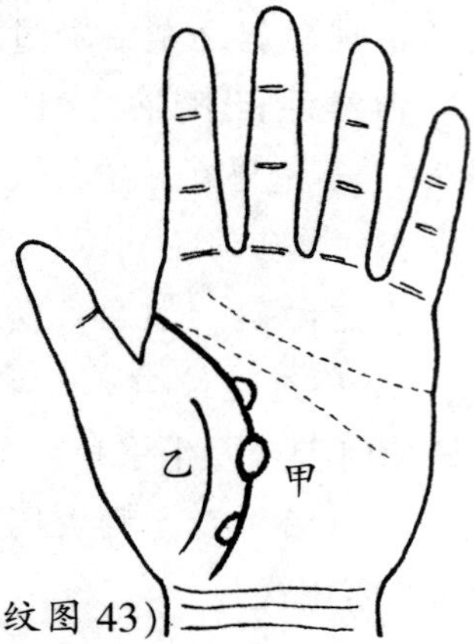(地纹图 43)	地纹任何部位出现圆圈（甲）者，不论男女，主其人身有暗疾，导致情绪不稳定，工作消极，忧郁悲观，诸事不顺，情况严重者，主其人有自杀心理倾向。但地纹内侧出现贵人纹（乙）者，不吉情况减分论。
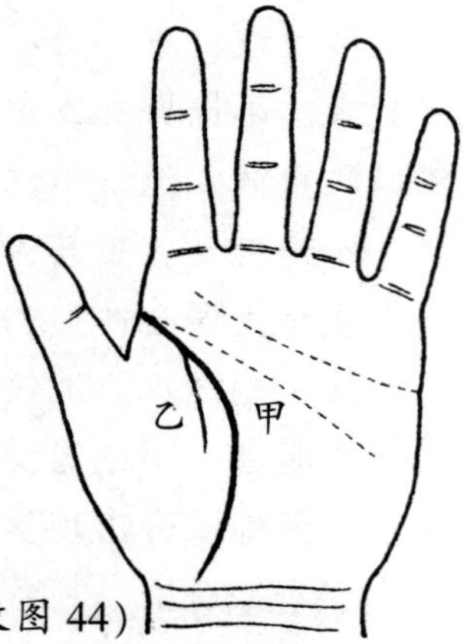(地纹图 44)	地纹（甲）内侧出现枝纹（乙）者，不论男女，主其人自枝纹出现之时起，身体益加健康，运程益加顺遂，枝纹消失之时，则健康运程必然有所不如。但此种枝纹浅短而势弱（不足二公分），其功效不能与双条地纹相提并论。
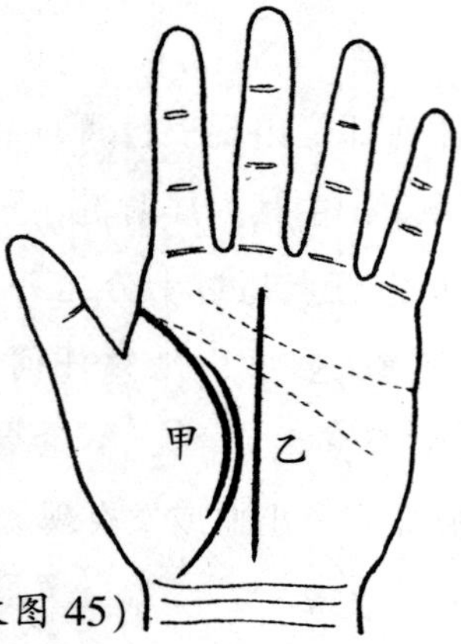(地纹图 45)	地纹双条一上一下（甲），衔接之处超过三公分以上者，不以地纹断裂论，不论男女，主其人为继母所生，如非继母所生，则其母亲必然短寿，自身亦难长寿，但有玉柱纹（乙）辅助者，则仍可享高寿。另说有此种掌纹之人，母系之姻亲贵人颇为得力，经笔者印证，其说甚验。

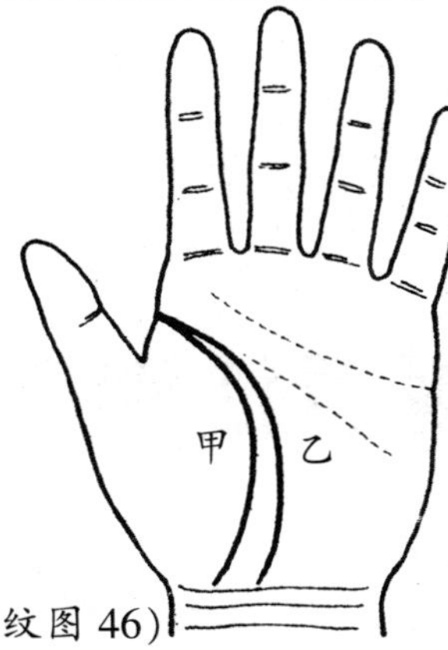 (地纹图 46)	地纹起自大拇指与食指间之中心点而双条（甲、乙）者，男性主其人生命力强，遇险不险，逢凶化吉，同时精力旺盛，健康少病，性刚正直，配偶贤美，其人多为双母或有前母、义母、养母，事业可得亲属贵人协助，白手成家，富贵之相。女性则主拥有多处房地产，并嫁有成就之丈夫。
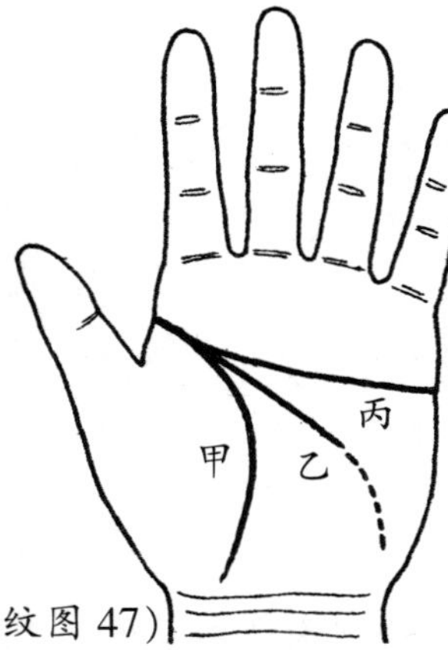 (地纹图 47)	地纹（甲）人纹（乙）天纹（丙）同源而出者，西洋手相学谓之“三线同源”。男性主其人个性不良，好胜逞强，放纵任性，处事盲目冲动，常陷自己于危险境地，一生事业少成，并常连累他人，又恋爱难成，婚姻不美。如人纹再下垂至乾宫（见虚线部分）者，则主其人有犯罪心态终必凶死。女性则主婚姻不美满，刑夫克子。
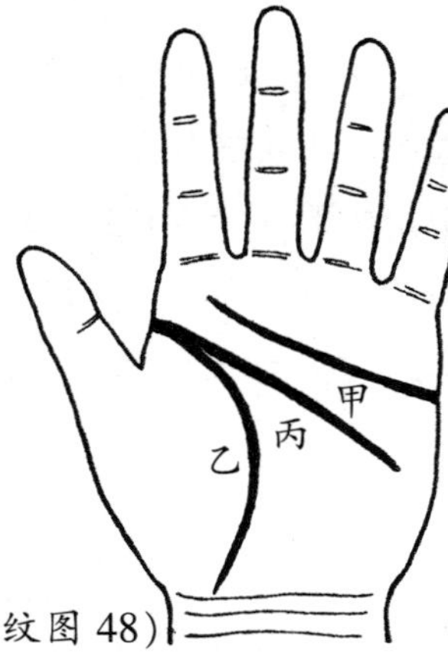 (地纹图 48)	天（甲）、地（乙）、人（丙）三纹均粗宽又深，纹沟气色红润，手掌肉质结实，掌中无任何后天所生之奇纹者，男性主其人智力不高，教育程度亦不高，不能处理细密事务，大多从事体力劳动，同时个性豪迈、粗犷。女性则多嫁劳动者为妻。

第九章
玉柱纹(事业线)观看法则

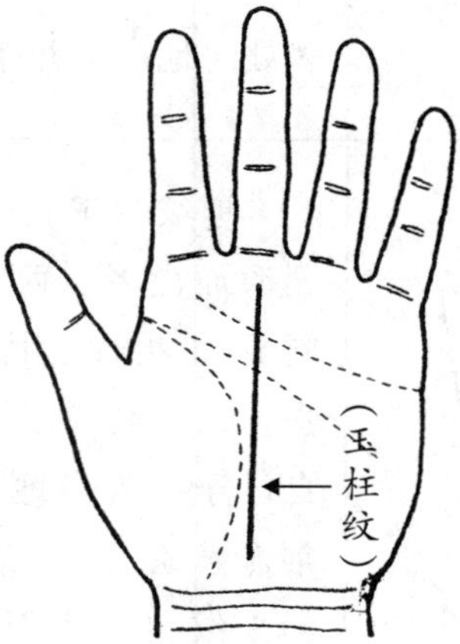

玉柱纹之部位特性

玉柱纹又名文笔纹、高扶纹，西洋手相学则谓之为“命运线”“事业线”。乃因前脑及顶脑组织所产生之意念，再由意念激化内分泌侵蚀而成。因玉柱纹自手掌底部上升至手掌上部，有似掌中之支柱，故名玉柱纹。

玉柱纹之优劣，象征吾人一生事业成就之大小，收获之多寡，人际关系遇合之顺逆。大多数人之玉柱纹起于坎宫到达中指之下，少数人起于坎宫到达巽宫坤宫或食指无名指之下，极少数人起于动脉纹直上中指。又每个人的玉柱纹之纹形走势以及长短均不一样，是以世上之人，每个人之事业成就和收获也不一样。

玉柱纹之各种相理休咎

玉柱纹的 70 种相理休咎具体图释如下：

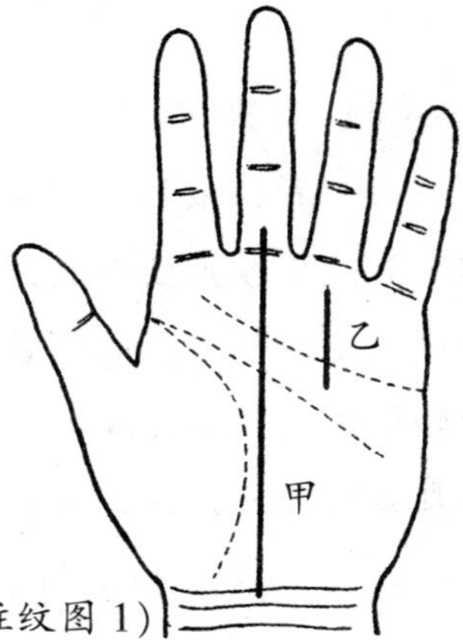 (玉柱纹图 1)	玉柱纹起于动脉纹（西洋谓之手腕线）直上中指第三节（甲）者，中国手相学谓之“顶天立地”掌纹，除非头有奇骨，面相有大贵之相格，一般相格之人有者主大凶，女性则主个性强，婚姻不美满，乃孤独之相。如有六秀纹辅助（乙）者，不吉之情况递减。（注：有关头面骨骼之观看法则，请参阅拙著《萧湘相法全集(一)》第一章骨相部。）
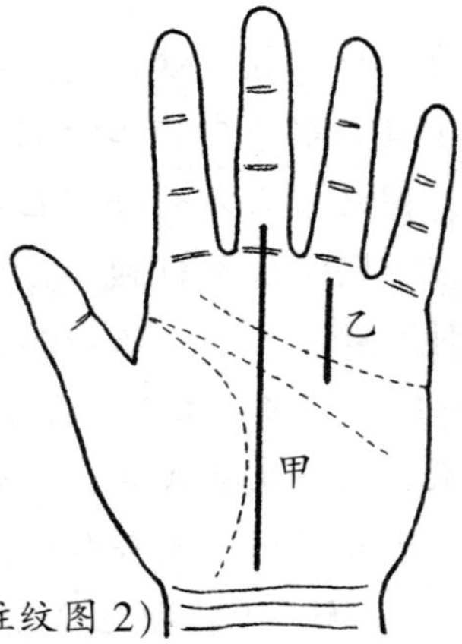 (玉柱纹图 2)	玉柱纹起于坎宫（甲）直上中指第三节者，男性主其人个性好胜，贪多急进，在事业上往往知进不知退，最后因欲速不达而遭受挫败。女性则主婚姻不美满。如面相佳，手中又有六秀纹（乙）辅助者，则另当别论。
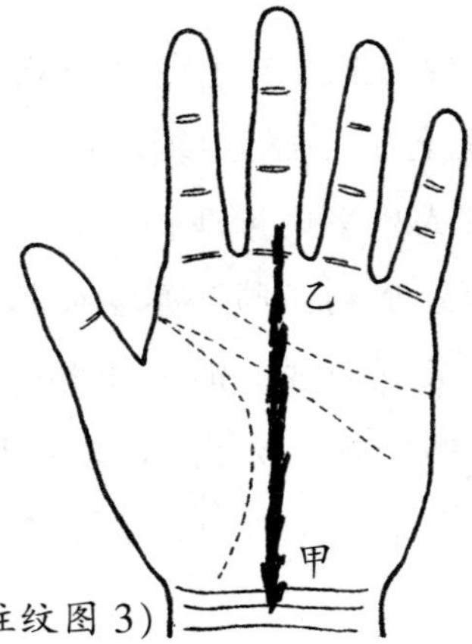 (玉柱纹图 3)	玉柱纹起于动脉纹，上升到达中指第三节（甲—乙），但纹痕粗宽浅浊不秀者，男性主其人个性不良，无学无术，一生庸碌无成。女性主克夫守寡（俗称寡妇纹），终身不荣。

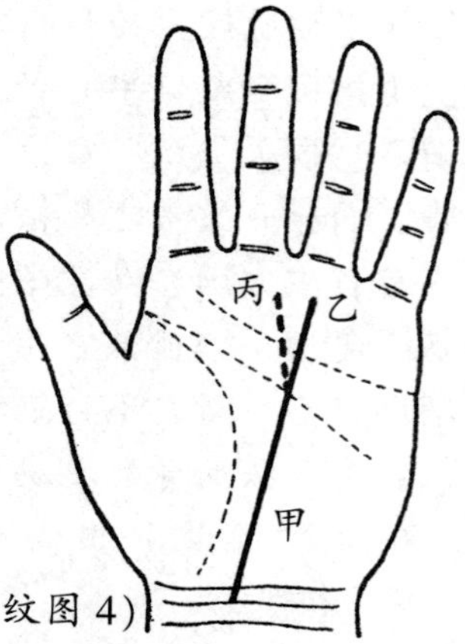 (玉柱纹图 4)	玉柱纹起自动脉纹（甲）到达无名指之下（乙）者，主其人中少年因个性偏执，导至事业奔波少成，同时婚姻不美满，不离则克，但中老年后有若干异路财荣。如玉柱纹末端再开叉（丙、见虚线部分）者，则主其人名利双收。
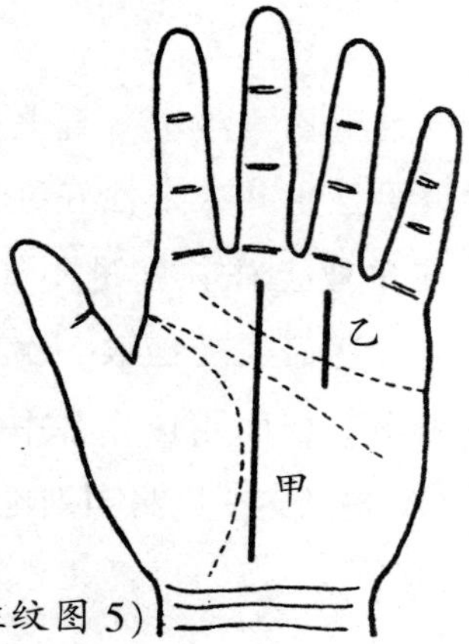 (玉柱纹图 5)	玉柱纹（甲）起自坎宫直上中指之下者，主其人事业自青年时期一帆风顺到老。但必须有六秀纹（乙）辅助者始验，否则一生单打独斗，事业收获亦相对递减。（注：女性不宜有长直之玉柱纹，有者，主个性男性化，事业虽有成，但一生备极辛劳，婚姻亦欠美满，除非迟婚，或符合形相配婚法之标准，否则，非离即克。）
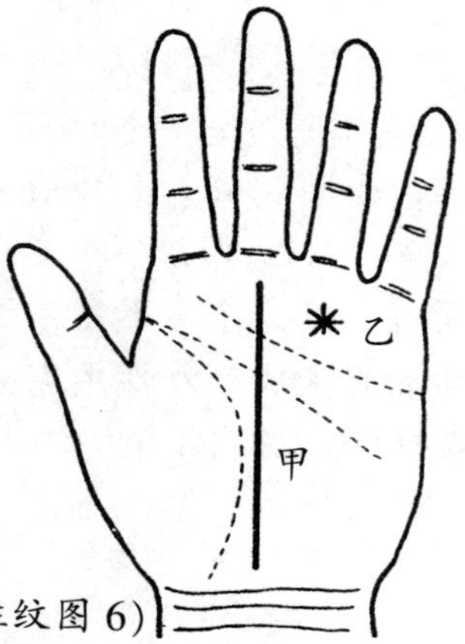 (玉柱纹图 6)	玉柱纹起于坎宫直上中指之下（甲），无名指下再见星纹（乙）者，男性主其人生平中可获得意外大机会而促使事业成功，同时亦象征其人人缘颇佳，责任心强，能不计得失完成上级交付的任务，或朋友托办的事情。女性则可代夫兴家。（注：金星纹又名六花纹。）

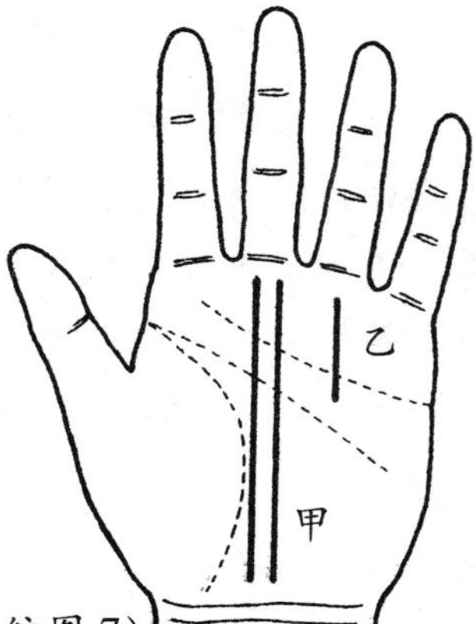

(玉柱纹图 7)

玉柱纹双条（甲）者，主其人一生贵人众多，官财两旺，事业多方面发展，乃可贵可富之相格。如再有六秀纹（乙）辅助者，主其人一生成就不可限量。但女性有双重玉柱纹者，主个性男性化，有女强人心态，婚姻不美满。

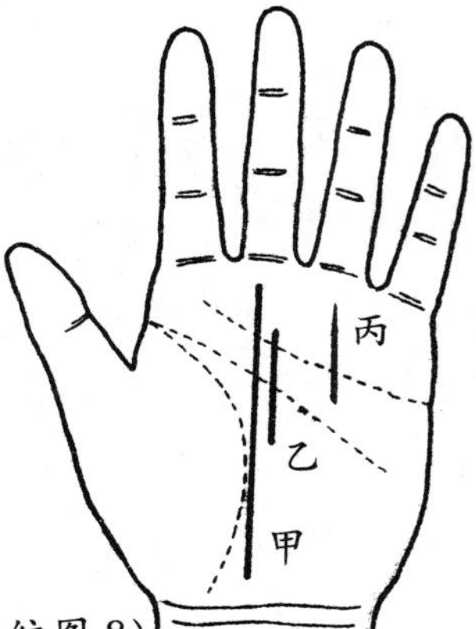

(玉柱纹图 8)

玉柱纹一长（甲）一短（乙）者，男性主其人自短纹出现之日起，有兼职机会，或创立第二事业。或短纹出现之日起，有贵人相助，事业锦上添花，最终获致大成就。如再有六秀纹（丙）辅助者，主成就不可限量。女性则为女强人，亦可旺夫兴家。但玉柱纹旁出现之短纹必须与玉柱纹同样粗细始验，否则减分论。

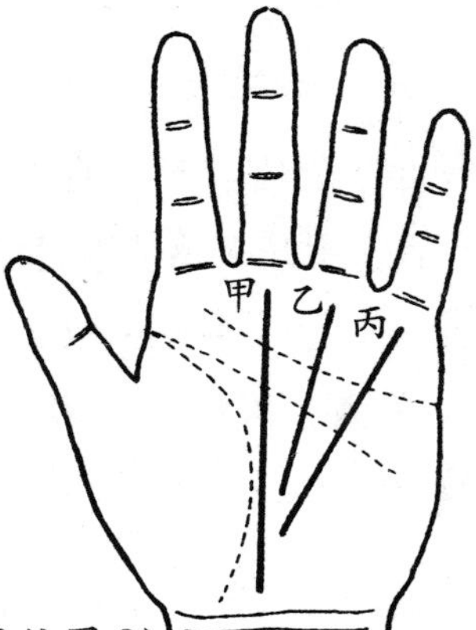

(玉柱纹图 9)

玉柱纹三条长短不一，分别直上中指（甲）、无名指（乙）、小指（丙）之下者，主其人既有事业心，又有商业头脑，又有科学的处事方法，不论自行创业或服公职，一生成就不可限量，但起自天纹之直纹上升至中指、无名指、小指之下者，其功效不可同论。

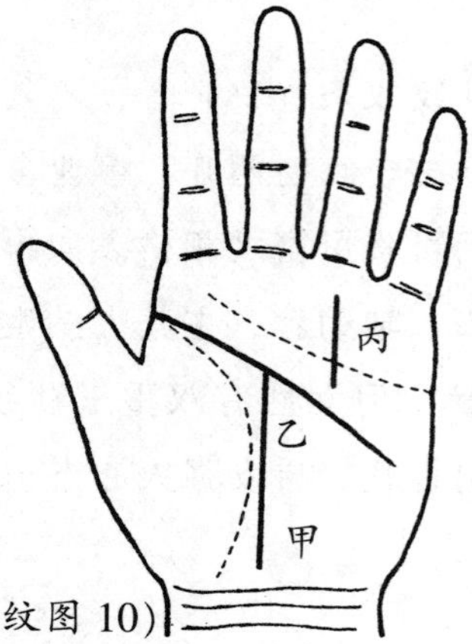 (玉柱纹图 10)	玉柱纹起自坎宫（甲）到达人纹或明堂而止（乙）者，男性主其人因主观意识过强，不听忠言而导致事业失败，人纹不秀者更验。女性则主克夫。如有六秀纹（丙）辅助者，不吉情况递减，晚年可发展另一事业。(注：女性有玉柱纹者，主其人一生辛劳，但晚景颇佳，子女优秀，惟婚姻非克即离，玉柱纹愈长愈直愈验。)
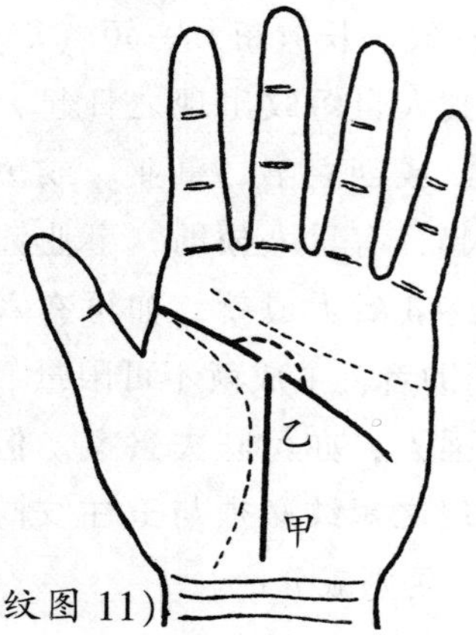 (玉柱纹图 11)	玉柱纹起于坎宫（甲），上升冲断人纹（乙）者，主其人中年事业挫败，常有凶险，同时个性自私好淫，刑克妻子，女性则克夫。如断处有纹连接(见虚线部分）者，则主其人事业挫折时有贵人扶助，遇凶险时可逢凶化吉。
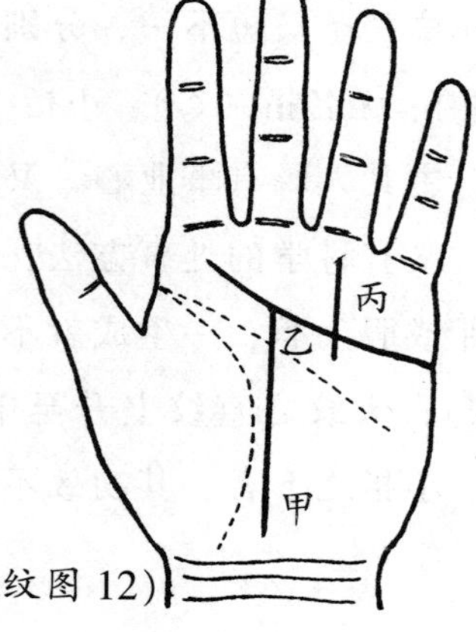 (玉柱纹图 12)	玉柱纹起于坎宫（甲）直上天纹而止（乙）者，主其人感情胜过理智，或沈溺于爱情而导致事业失败，女性则主婚姻不美满，天纹不秀者更验。如有六秀纹（丙）辅助者，不吉情况递减。

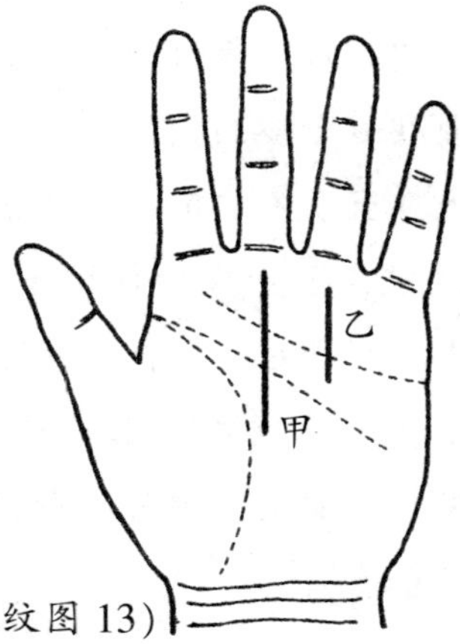 (玉柱纹图 13)	玉柱纹起自明堂（甲）者，男性主其人之事业三十岁后始步入顺境，如有六秀纹（乙）辅助者，三十岁后事业上之收获相对递增，但女性则主劳碌。（注：玉柱纹如无六秀纹辅助，即使玉柱纹符合深长细秀的相理标准，也难在事业上获致大利，最多小收获或外表风光而已。）
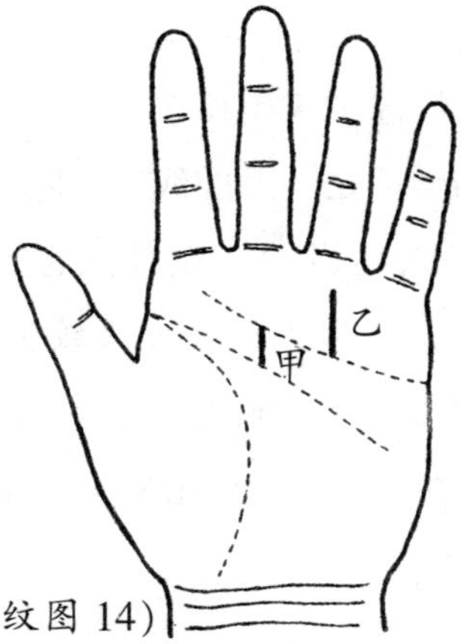 (玉柱纹图 14)	玉柱纹起于人纹与天纹之间（甲）者，主其人青年时期与老年时期无事业可言，仅四十岁后五十岁前有少许事业运，但成就不大，收获不多，女性则主劳碌。如天纹之上出现六秀纹（乙）者，老年时期境遇不致太差。
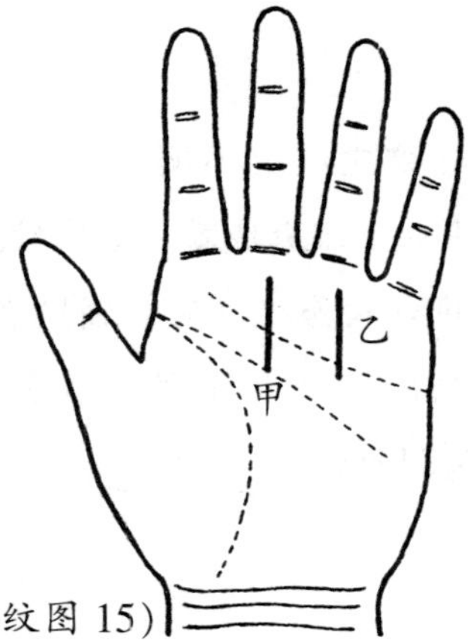 (玉柱纹图 15)	玉柱纹起于人纹（甲）者，主其人之事业四十岁后始步入顺境，亦象征其人在四十岁之前，只相信“爱拼才会赢”之说，四十岁之后认识了自己，改变了人生观和奋斗目标，所以才步入顺境。如有六秀纹（乙）辅助者，晚年有异路财荣，妻贤子秀，但女性主晚年劳碌。

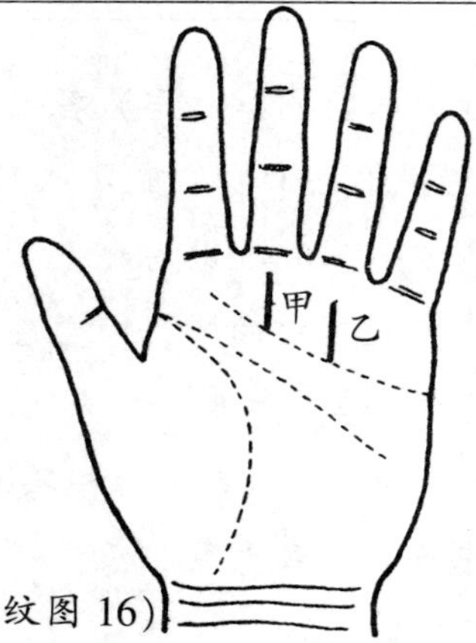 (玉柱纹图 16)	玉柱纹起自天纹（甲）者，主其人之事业在五十岁后始步入顺境，亦象征其人在五十岁之前，只相信爱拼才会赢之说，五十岁后认识了自己，改变了人生观和奋斗目标，所以才步入顺境。如有六秀纹（乙）辅助者，晚年必见异路财荣，妻贤子孝，但女性主晚年劳碌。
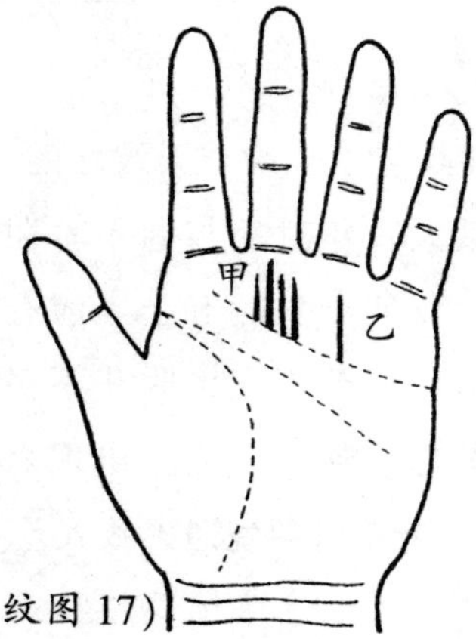 (玉柱纹图 17)	玉柱纹起于天纹而多条（甲）者，西洋手相学谓之“万能线”，主其人既聪明而又兴趣多端，做什么像什么，但到后来，一事无成。如天纹上出现六秀纹（乙）者，晚年可在异路业获得成就。女性则主一生婚姻不美满。
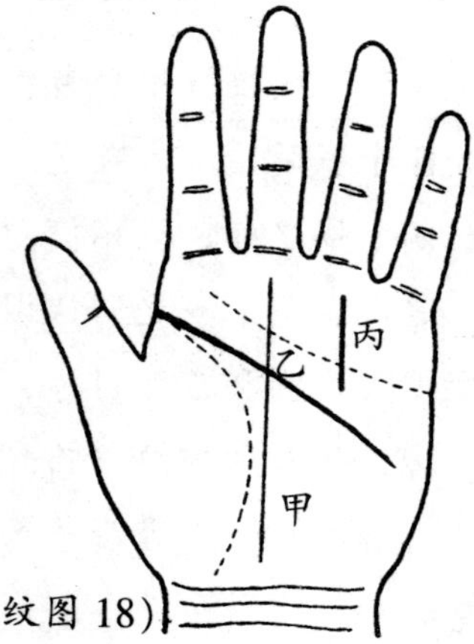 (玉柱纹图 18)	玉柱纹之纹痕不明显（甲）者，主其人事业上难有成就，如人纹（乙）深秀，并有六秀纹（丙）辅助者，则仍有相当成就。女性则主不安于室，其人必为职业妇女。

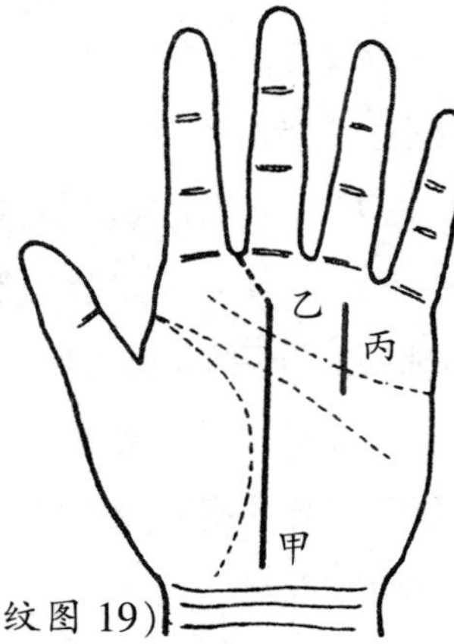(玉柱纹图 19)	玉柱纹起于坎宫直上中指之下(甲—乙)，但末端漏入指缝（见虚线部分）者，男性主其人末年失权降调，或事业失利，财库不守，晚年境况不佳。女性则主劳碌一生，孤独以终。但有六秀纹辅助（丙）者，不吉之程度可递减。
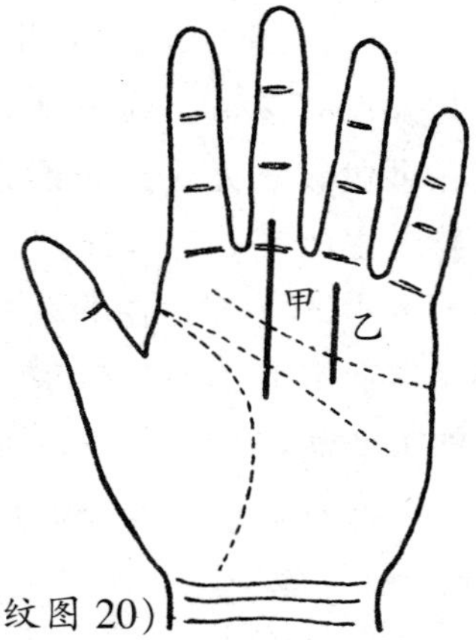(玉柱纹图 20)	玉柱纹起于明堂，直上中指第三节（甲）者，男性主其人中年后事业失败或身体方面有不测之灾凶，女性主晚年劳碌孤独。但有六秀纹辅助（乙）者，不吉之程度可递减。
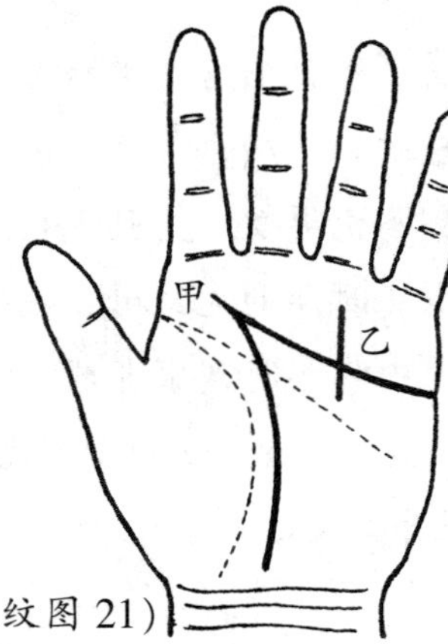(玉柱纹图 21)	玉柱纹起于坎宫与天纹合于巽宫（甲）者，主其人初运即佳，必有贵人协助，婚姻事业均主美满，此乃“财自天来”“人财两得”之相格。如再有六秀纹辅助（乙）者，中晚年之事业运亦佳。女性则象征其人为女强人或富家之女。

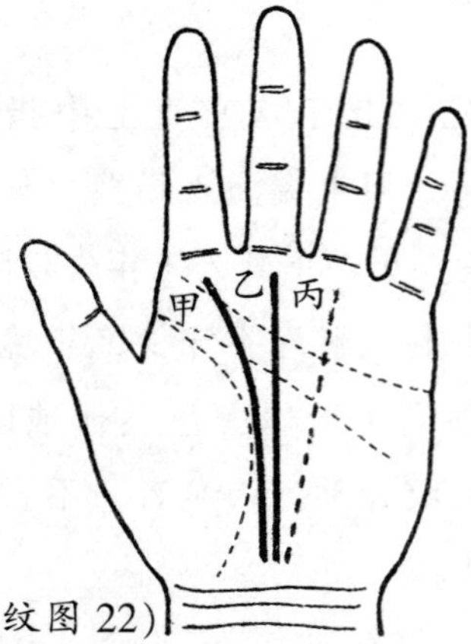

(玉柱纹图 22)

玉柱纹双条，其中一条自坎宫（甲）上升到达食指之下，另一条到达中指（乙）之下，或直上无名指（丙、虚线部分）者，主其人一生比玉柱纹双条直上中指之下还要成就大收获多。可谓一生运势如虹，可贵可富，乃福禄寿俱全之相。女性则为女强人或女将军。

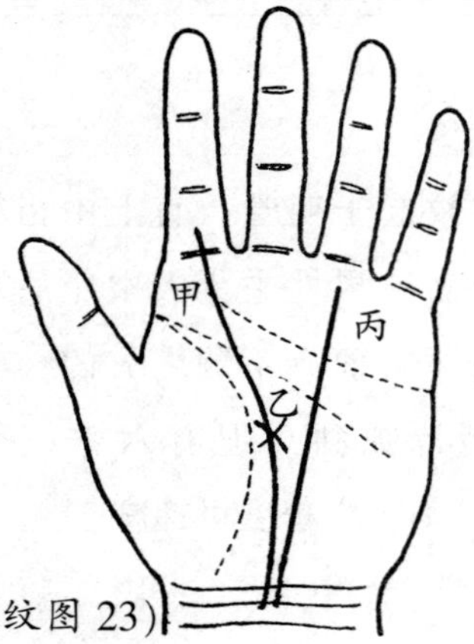

(玉柱纹图 23)

玉柱纹起于动脉纹直上食指（甲）者，主其人没有孝道，易犯官非，踏险见灾，事业破败无成。如再见失神纹（乙）者主凶死。玉柱纹起于动脉纹到达无名指下（丙）者，主其人老年时期，事业有成，晚景荣华，但青中年时期事业波折少成，婚姻非克即离，纹断者并有灾厄。女性有以上二纹者，均主刑夫克子。

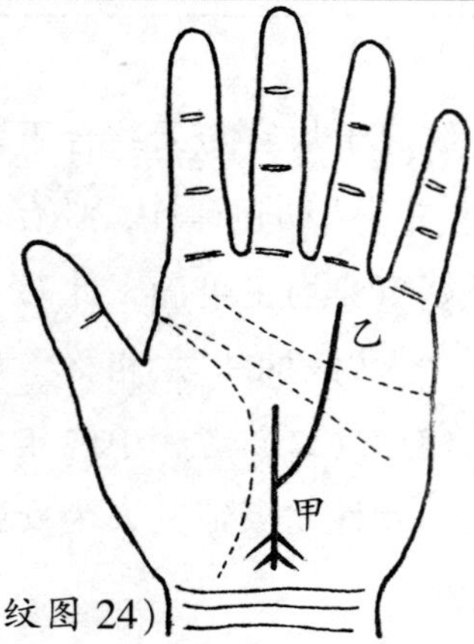

(玉柱纹图 24)

玉柱纹（甲）初起有叉状或流苏状，另起枝纹到达坤宫（乙）或无名指之下者，不论男女，主其人精明干练，但青少年时期刑克父母，或家庭发生变故，中晚年时期事业成功，并常有贵人提携。（注：出现副笔之时，即运程转佳事业发达之开始。）

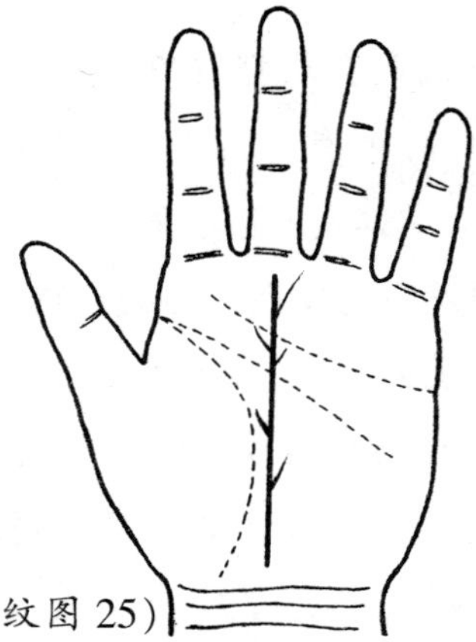 (玉柱纹图 25)	玉柱纹出现多条小枝纹者，主其人之工作或事业常有变动机会及贵人协助，事业上终有中小型成就及收获。女性则主一生劳碌。（注：枝纹出现之时即事业或工作变动之时。）
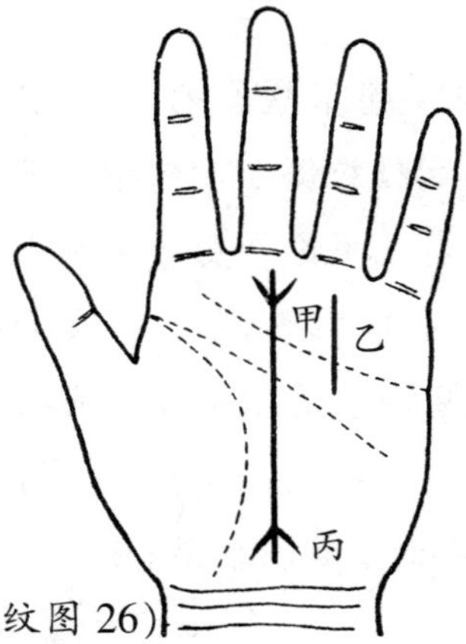 (玉柱纹图 26)	玉柱纹上端成三叉状（甲）者，主其人初运、中运、末运均吉，事业顺利无阻，终必名成利就，如再有六秀纹辅助者（乙），主事业成就惊人，但女性主劳碌一生。另说若下端也有三叉状（丙）者，主其人之配偶为亲戚。
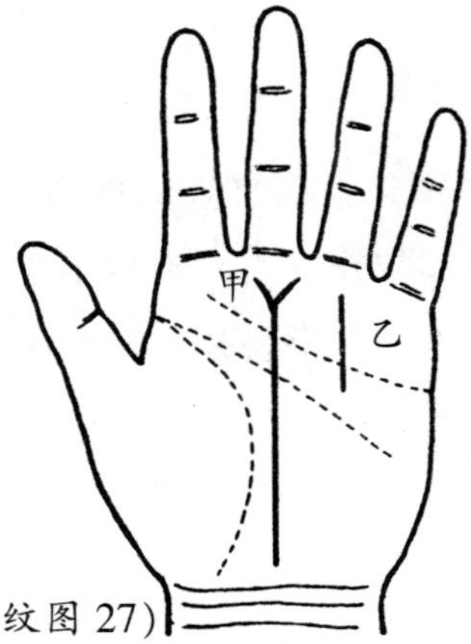 (玉柱纹图 27)	玉柱纹起自坎宫直上中指之下，末端有二叉状（甲）者，主其人中晚年有兼职兼业，并顺利有成。如再有六秀纹（乙）辅助者，运程更吉。女性主劳碌一生。

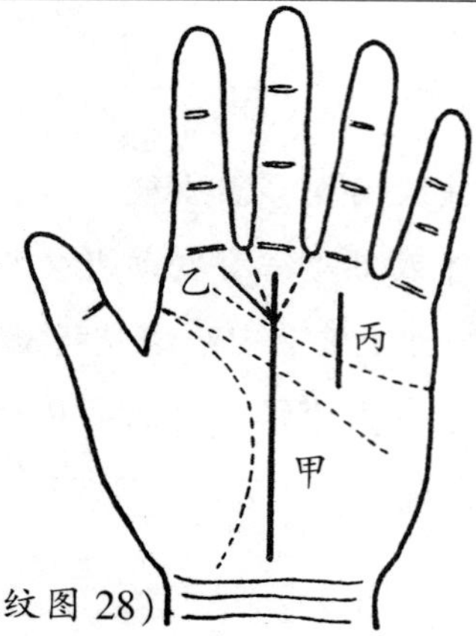 (玉柱纹图 28)	玉柱纹起自坎宫（甲）直上中指之下，然后再有枝纹斜上食指之下（乙）者，主其人上进心强，有大志和野心，可朝宦途发展，终必获得权力。如再有六秀纹（丙）辅助者，成就惊人。但玉柱纹和枝纹漏缝（见虚线部分）者，则主其人奢华浪费，先成后败，女性则主劳碌一生。
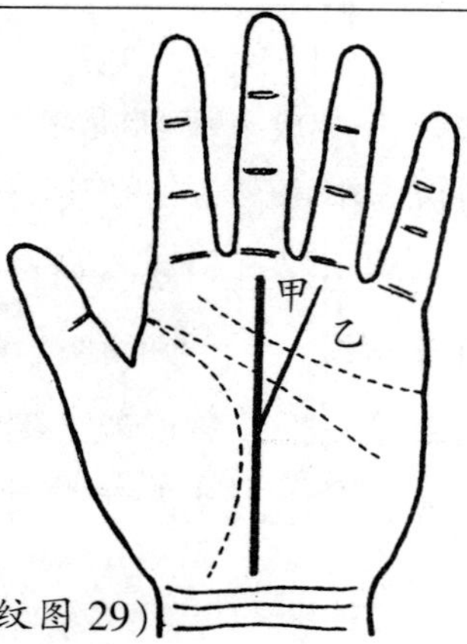 (玉柱纹图 29)	玉柱纹起于坎宫直上中指之下（甲），另起枝纹斜上无名指之下或坤宫（乙）者，不论男女，主其人有医学或艺术天才和第六感，社会活动力强，如从事演艺美术事业，或研究五术玄学，均可获得相当成就。另说主其人中晚年时期兼职兼业名利双收。
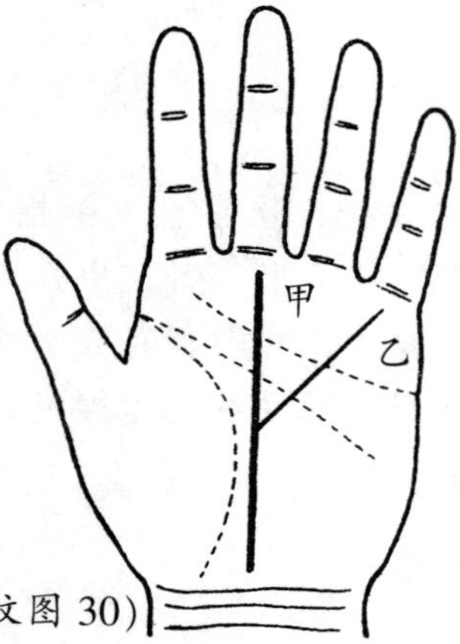 (玉柱纹图 30)	玉柱纹起于坎宫直上中指（甲）之下，另起枝纹（乙）到达小指之下者，主其人如从事科技工作或商业活动必有成就，同时可得配偶助力，子女亦优秀。女性主中晚年旺夫兴家。

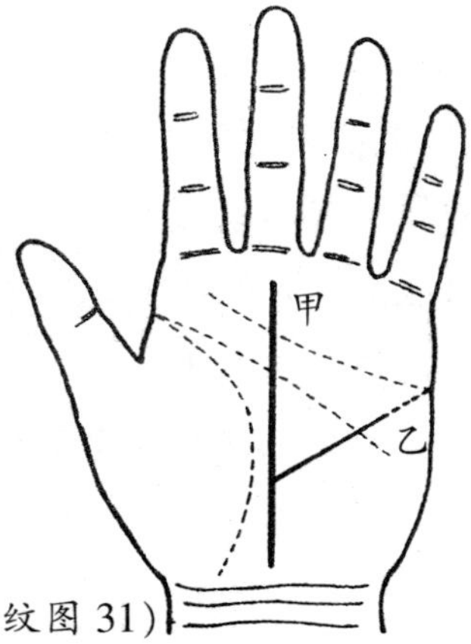 (玉柱纹图 31)	玉柱纹起于坎宫直上中指之下（甲），另起枝纹至兑宫（乙）者，不论男女，主其人事业上可得妻（夫）或异性之助而获得成功。如枝纹冲向掌边（见虚线部分）者，则主其人有暗疾多病痛，事业上因用人不当而失败。
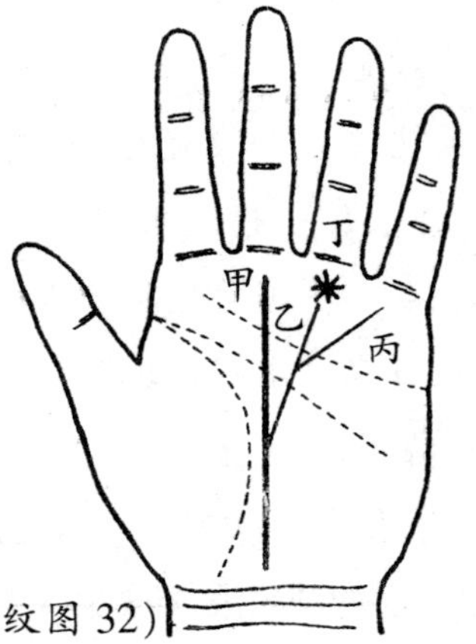 (玉柱纹图 32)	玉柱纹起于坎宫直上中指之下（甲），另起枝纹（乙）到达无名指之下，枝纹又长出枝纹（丙）到达小指之下，无名指下又见星纹（丁）者，主其人才华超群，抱负远大，事业上不开运则已，一经开运，则运势如虹，永不退败，最终必获得大成就而名利双收，此种掌纹诚大富大贵之相格也，女性主旺夫兴家。
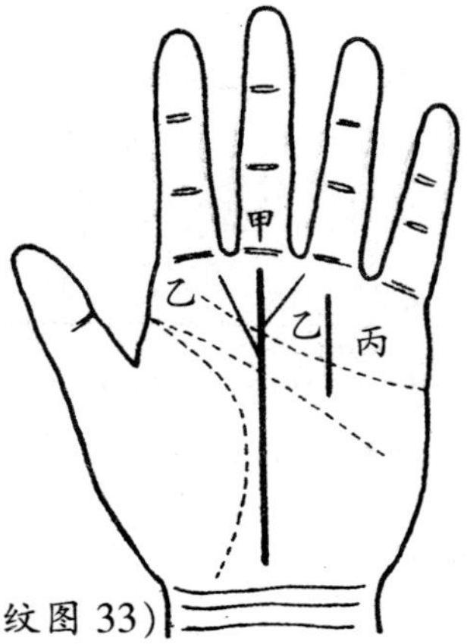 (玉柱纹图 33)	玉柱纹起于坎宫直上中指之下（甲），玉柱纹前端左右再起枝纹（乙）者，主其人事业多方发展，并有多方面才华，不论官商两途，必然成就非凡。女性则为女强人。如再有六秀纹（丙）辅助者，主成就惊人，诚大富大贵之相格。

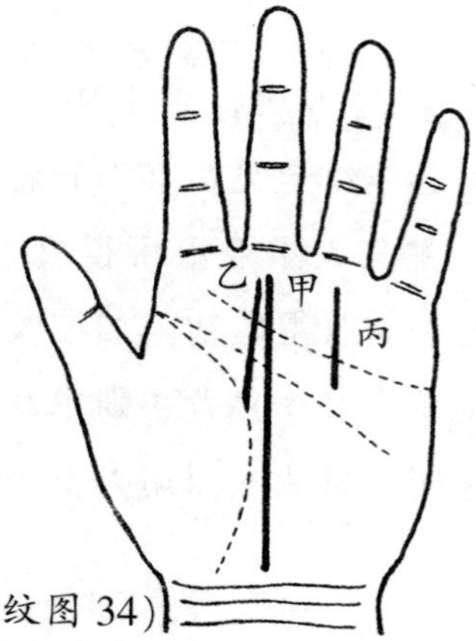

（玉柱纹图 34）

玉柱纹起于坎宫直上中指之下（甲），地纹另起副笔（乙）至中指之下者，男性主其人可继承父祖遗留之事业外，另必自创事业，如再有六秀纹辅助者，事业必有大成就。女性主劳碌一生。

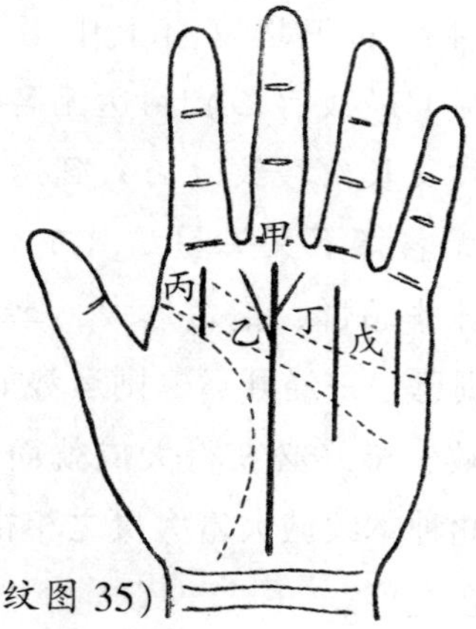

（玉柱纹图 35）

玉柱纹起于坎宫直上中指之下（甲），玉柱纹、地纹又见枝纹（乙、丙），无名指、小指之下又见六秀纹（丁、戊）者，中国手相学名为“奇纹冲指”，主其人文学智慧超群，允文允武，敢做敢当，能刚能柔，一生事业成就非凡，乃大富大贵之贵格也。女性则必定为后妃或奇女子或巾帼英雄。

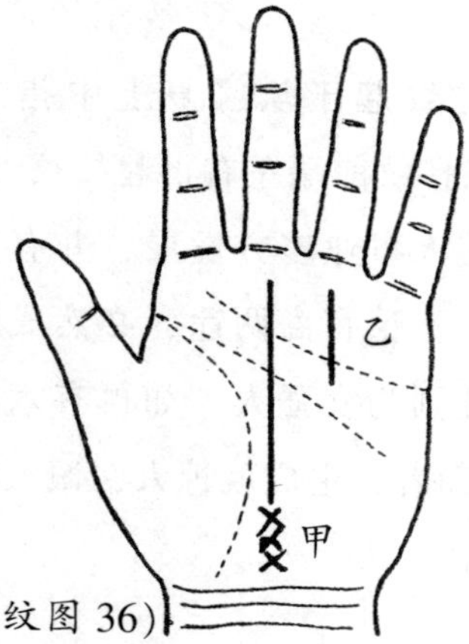

（玉柱纹图 36）

玉柱纹初起带叉状或错综复杂状（甲）者，男性主其人聪明狡猾，青年时期事业变换不迭，难有收获，中晚年事业始有小成，如有六秀纹辅助（乙）者，成就递增。但女性主初婚不美满。

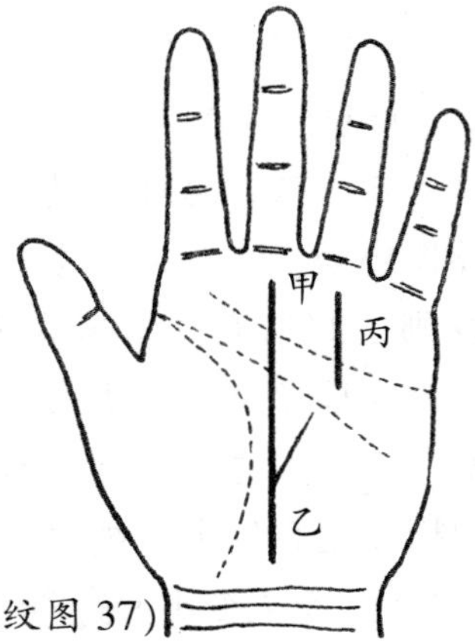(玉柱纹图 37)	玉柱纹起于坎宫直上中指之下(甲),玉柱纹再起小枝纹(乙)者,男性主自枝纹长出之日起好运来临,如再有六秀纹(丙)辅助者更吉。女性主自枝纹长出之日起有姻缘出现。(注:枝纹愈长收获愈大,女性则嫁有成就之夫。)
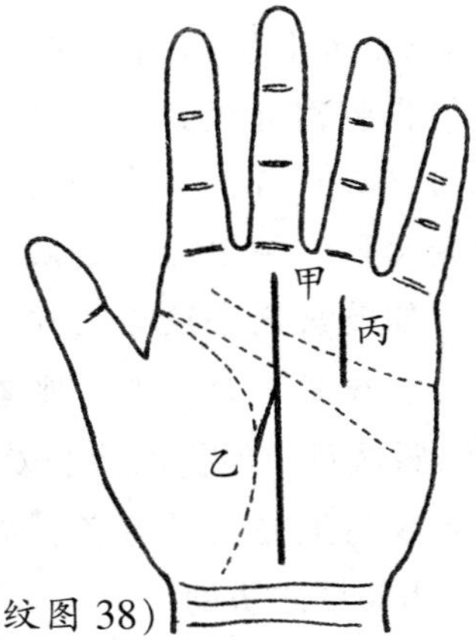(玉柱纹图 38)	玉柱纹起于坎宫(甲)直上中指之下,地纹再起副笔(乙)与玉柱纹连接者,主其人事业心强,处事的决心和定力也强,如再有六秀纹(丙)辅助者,一生事业必有成就。另说其人之婚姻为父母之命媒妁之言而成婚。
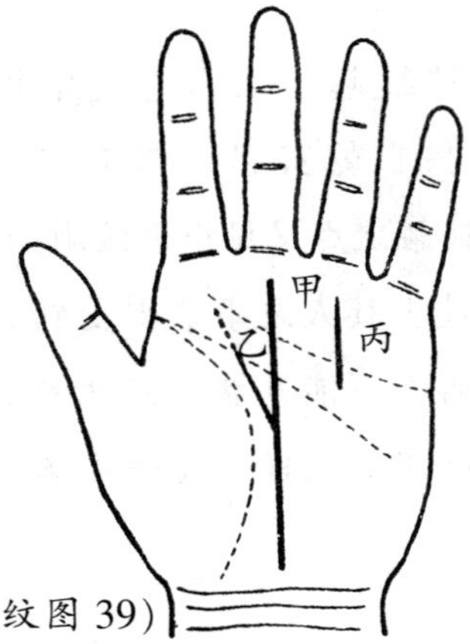(玉柱纹图 39)	玉柱纹起于坎宫直上中指之下(甲),另起枝纹至人纹(乙)者,主其人事业上可得妻助而获得成功。但枝纹冲过人纹(见虚线部分)者,事业上虽无影响,但主克妻,妻多病。女性主刑夫克子,如有六秀纹辅助者(丙),不吉情况减分论。

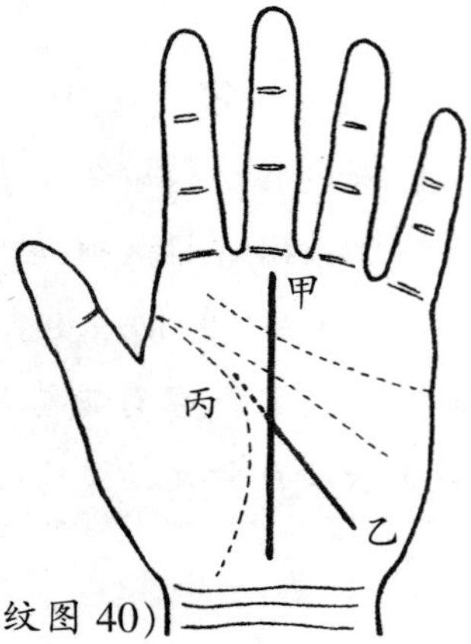

(玉柱纹图 40)

玉柱纹起于坎宫直上中指之下（甲），乾宫再起纹（西洋谓之影响线）与之接触（乙）者，男性主其人事业上可得异性协助，并可自由恋爱而成婚，女性则主嫁给有财富之人为妻。如来纹穿过玉柱纹（丙、虚线部分），不论男女，主其人先热恋后失恋，或被异性利用遭受金钱名誉损失。另说先遇到贵人而后贵人变小人。

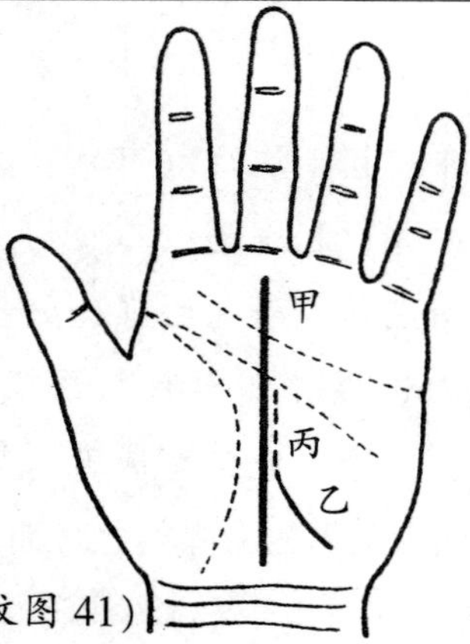

(玉柱纹图 41)

玉柱纹起于坎宫直上中指之下（甲），另自乾宫起纹到达玉柱纹附近停止不前（乙）者，不论男女，主其人自身或恋爱对象缺乏结婚诚意而无法结婚。如乾宫之来纹与玉柱纹平行前进（丙、虚线部分）者，则象征两人虽无结婚诚意，但仍保持恋爱状况。另说如来纹与玉柱纹平行者，男性主事业上可得亲朋之协助。

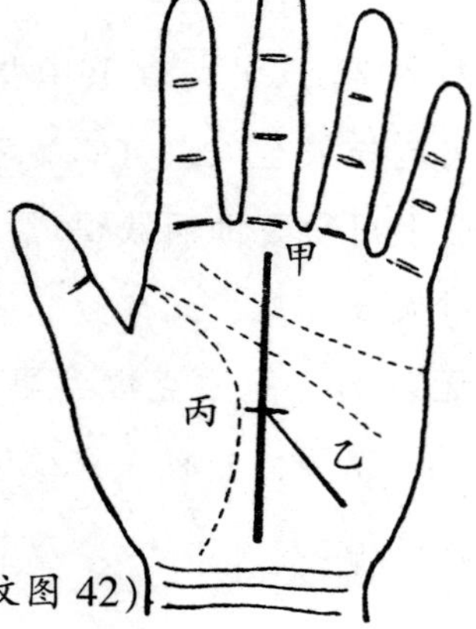

(玉柱纹图 42)

玉柱纹起于坎宫直上中指之下（甲），另自乾宫起纹与玉柱纹接触（乙），接触之点又见小横纹阻挡（丙）者，男性主其人之事业因受到无可奈何之阻碍而不能开展，或恋爱受到干扰而无结果。女性主恋爱不顺，早婚难成。

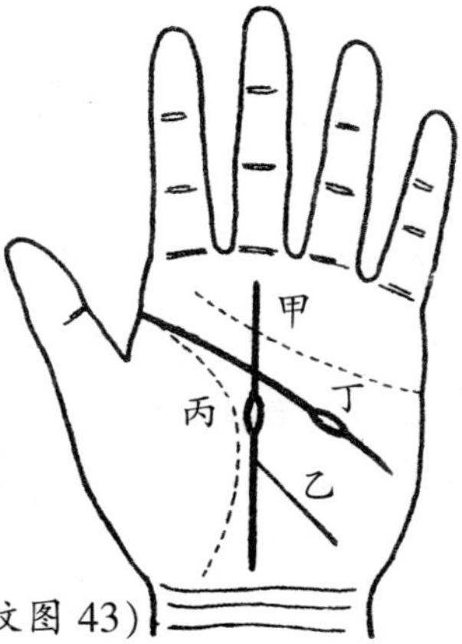 (玉柱纹图 43)	天玉柱纹起于坎宫直上中指之下（甲），另自乾宫起纹与玉柱纹相接触（乙），玉柱纹中端再出现蛋空状（丙）者，男性主为人伪善，沉迷女色，女性主爱情不忠，水性杨花，或刑克丈夫。人纹再出现蛋空状（丁）者不吉情况尤甚。
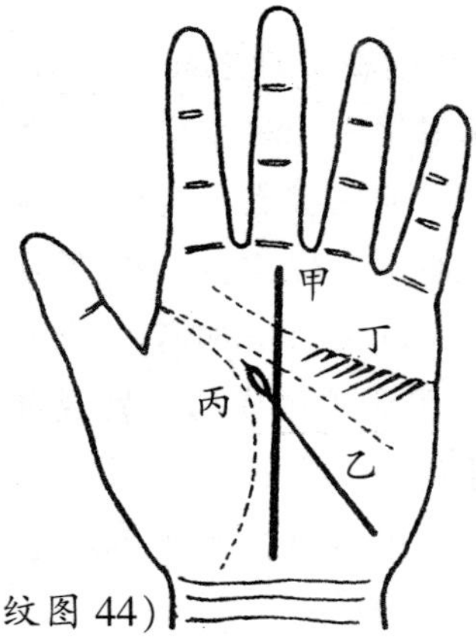 (玉柱纹图 44)	玉柱纹起自坎宫直上中指之下（甲），另自乾宫起纹与玉柱纹接触并穿过玉柱纹（乙），同时来纹之末端又出现蛋空状（丙）者，不论男女，主其人婚前男女关系复杂，婚后有外遇偷情之倾向，婚姻必欠美满。天纹下边再多枝纹（丁）者尤验。
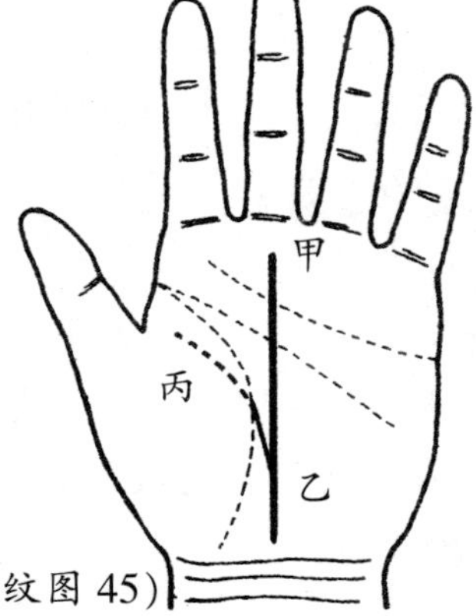 (玉柱纹图 45)	玉柱纹起自坎宫直上中指之下（甲），下端再起枝纹至地纹（乙）者，男女均主其人孝母，亦得贤母培育，事业上可获致成功。如枝纹穿过地纹到达震卦（丙）者，则主个性好胜好强，影响事业成就，同时克妻。女性又主一生劳碌，婚姻不美满。

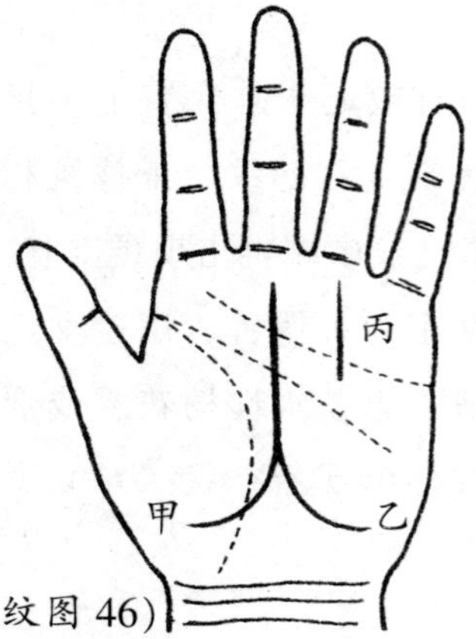(玉柱纹图 46)	玉柱纹一端起于艮宫（甲），一端起于乾宫（乙）者，男性主个性不良，富幻想，多情欲，青少年时期工作不顺，事业难成。如有六秀纹（丙）辅助者，中晚年时期事业始有成就，如无六秀纹辅助者，中晚年仍难有成。女性主婚姻不美满。
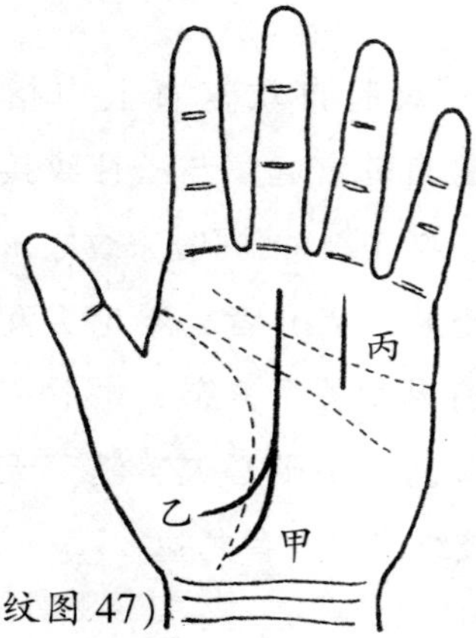(玉柱纹图 47)	玉柱纹起端接近地纹之末端（甲）者，男性主其人可享受到六亲之援助而创业。如玉柱纹起于生命线内之艮宫（乙）者，男性主其人之事业乃因继承而来，以上情形如有六秀纹辅助（丙）者，事业顺利成功。另说有此种掌纹之男性青少年时期破祖离乡，沉迷酒色，工作不顺，事业不利。女性则主婚姻不美满。
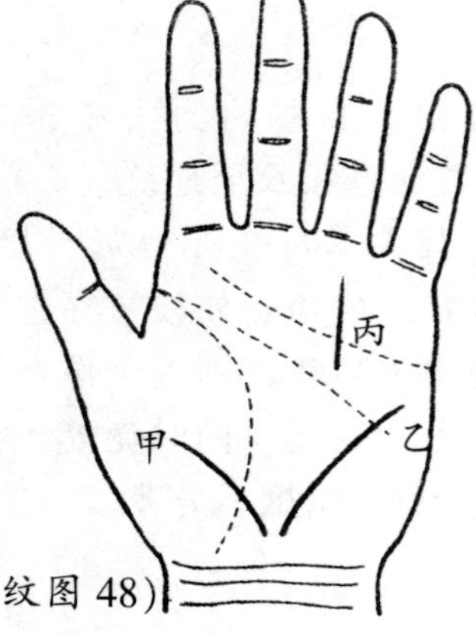(玉柱纹图 48)	玉柱纹起于坎宫到达艮宫（甲）者，不论男女，主其人幼少年健康欠佳，同时刑克母亲，兄弟不睦或刑克兄弟。玉柱纹起于坎宫到达兑宫（乙）者，男性主其人中年因用人不当而招至事业失败，同时刑妻克子，女性主婚姻不美满。如见六秀纹（丙）者，不吉情况减分论。

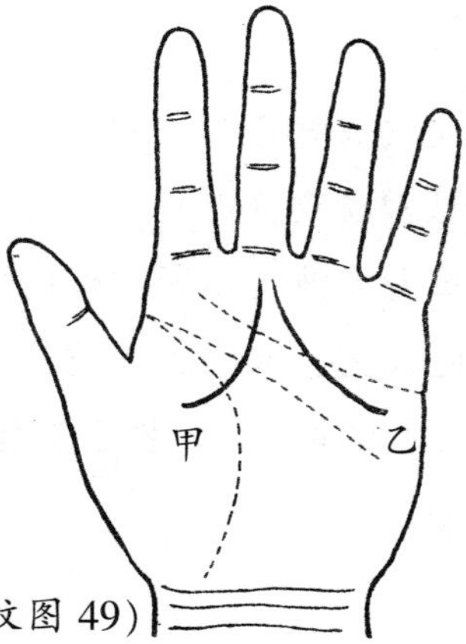

(玉柱纹图 49)

玉柱纹起于震宫（甲）者，男性主其人个性急躁冲动，感情胜过理智，事业难有成就，娶妻亦不贤，女性主婚姻不美满。玉柱纹起于兑宫（乙）者，男性主其人早年困苦，不折不挠，忍辱负重，事业终有成就，尤以从事军警工作者最宜。女性主工作能力强，可代夫兴家。

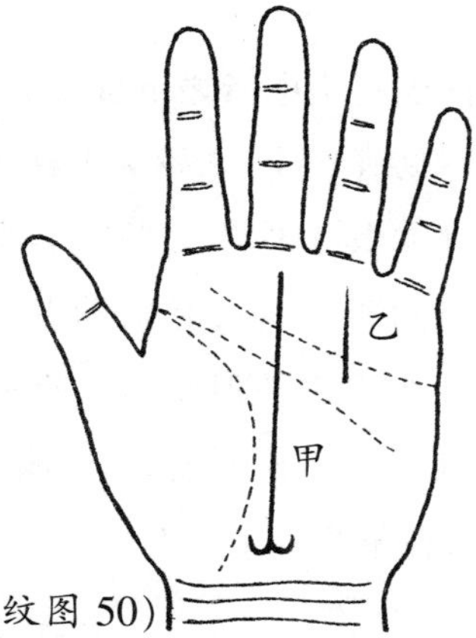

(玉柱纹图 50)

玉柱纹（甲）初起分叉再斜弯者，主其人多幻想，不务实际，梦想事业婚姻人财两得，最后必然落空。如见六秀纹（乙）者，中晚年事业仍主有小成，女性主恋爱不顺，早婚难成。

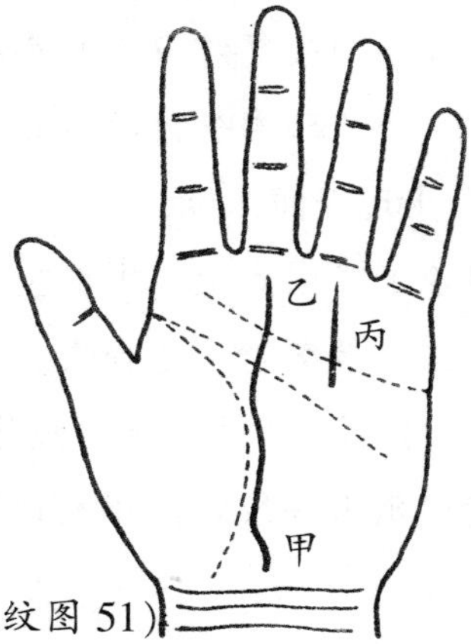

(玉柱纹图 51)

玉柱纹初起靠近地纹并曲折上升至中指之下（甲—乙）者，男性主其人青中年时期因受到家庭束缚而一事无成，如有六秀纹辅助（丙）者，老年时期略胜一筹。女性则主恋爱不顺，早婚难成。

<table>
<tr><td>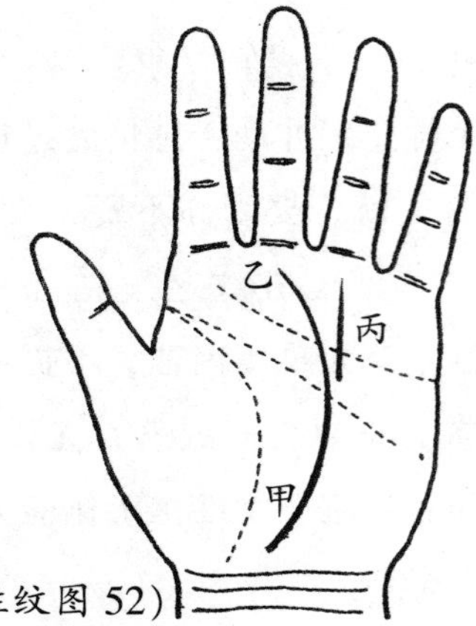

(玉柱纹图 52)</td><td>玉柱纹成大弯状（甲—乙）而未冲断又见六秀纹（丙）者，男性主其人一生事业多波折不顺，但能逢凶化吉，履险如夷，如未见六秀纹并有杂纹冲断者不可同论。女性主恋爱不顺，早婚难成。</td></tr>
<tr><td>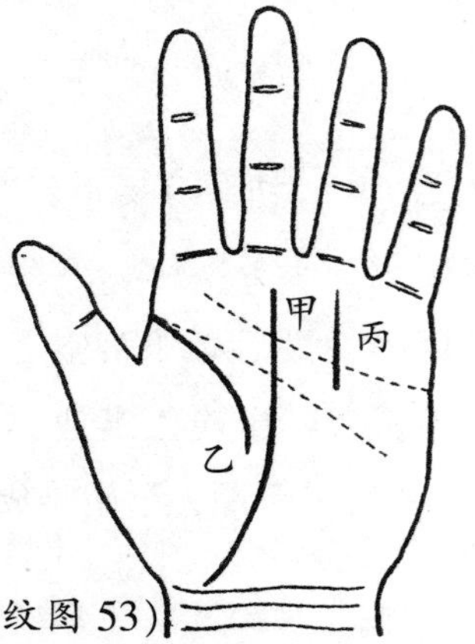

(玉柱纹图 53)</td><td>玉柱纹到达中指之下（甲），但地纹短而不见（乙），末段由玉柱纹辅助者，男性主其人青年时期功名事业不顺，如有六秀纹（丙）辅助者，中晚年事业主有小成，但女性主克夫或婚姻不美满。又不论男女均主母之遗传不良，寿命最多六十至七十岁。</td></tr>
<tr><td>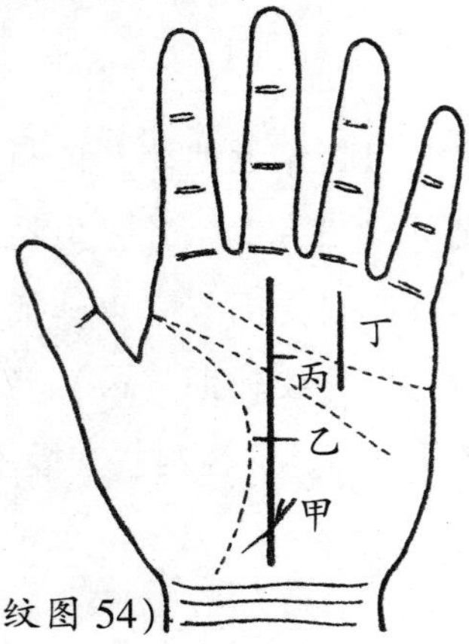

(玉柱纹图 54)</td><td>玉柱纹出现夜叉纹（甲）小横纹（乙、丙）者（西洋手相学谓之阻碍线），不论出现任何部位，均因小人干扰而在事业上、财产上、婚姻上遭受阻碍或招致金钱名誉上之损失，如见六秀纹（丁）者，不吉情况可减分论，发生年龄可依玉柱纹之流年表计算之(女性同论)。</td></tr>
</table>

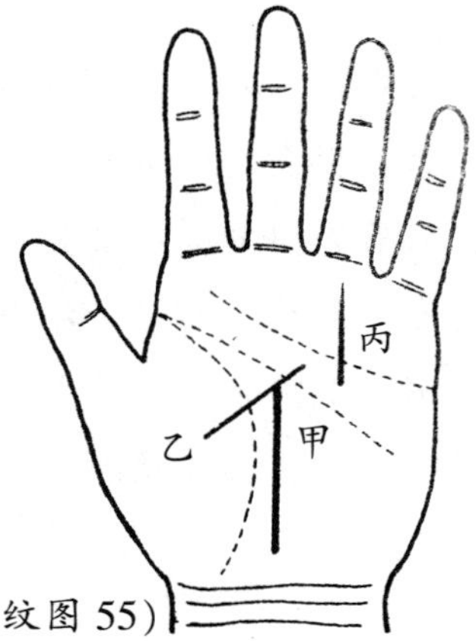 (玉柱纹图 55)	玉柱纹上升至人纹而止（甲），另自地纹内起纹阻碍玉柱纹上升（乙）者，男性主其人处事冲劲虽大，但后劲不足，往往虎头蛇尾或仅三分钟热度，如大拇指再软小者，其人必玩世不恭，无诚信可言，一生事业难成。如见六秀纹（丙）者，不吉情况减分论。女性主个性不良，婚姻不美。
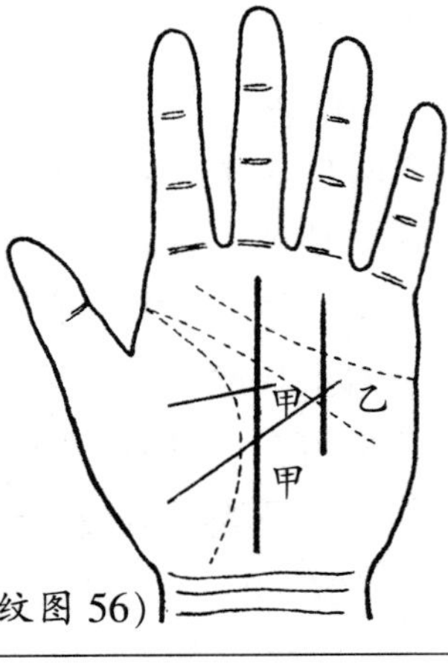 (玉柱纹图 56)	玉柱纹被艮宫或震宫所起之横串纹（西洋手相学谓之影响线、烦恼线、小人线）冲断（甲）者，主其人事业失利，或金钱名誉受损、婚姻不美、健康不佳。如横串纹再冲断六秀纹（乙）者，则情况倍加严重，尤其婚姻上必然破裂。发生流年可依玉柱纹之流年表计算之。（女性同论）
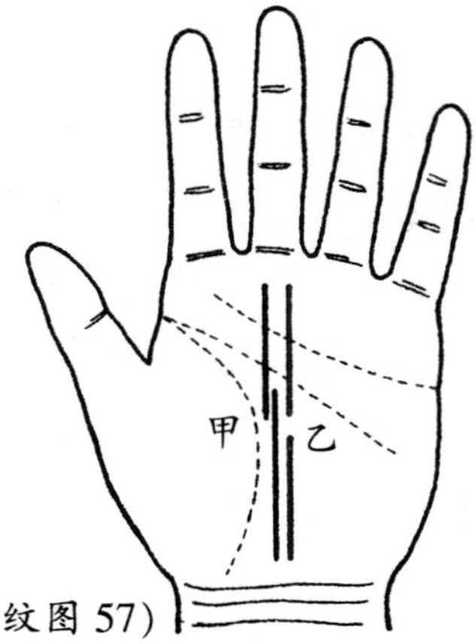 (玉柱纹图 57)	玉柱纹有衔接性之中断（甲）者，男女均主事业或工作有变动，甚或转行改业，错开之宽度愈大，变动之幅度愈大，但能顺利成功，女性则表示结婚之期到来。玉柱纹有截然性之中断（乙）者，主其人事业失败或失业，中断之距离愈长，表示未来之事业必须历经困挫始能东山再起。女性又主婚姻破裂。

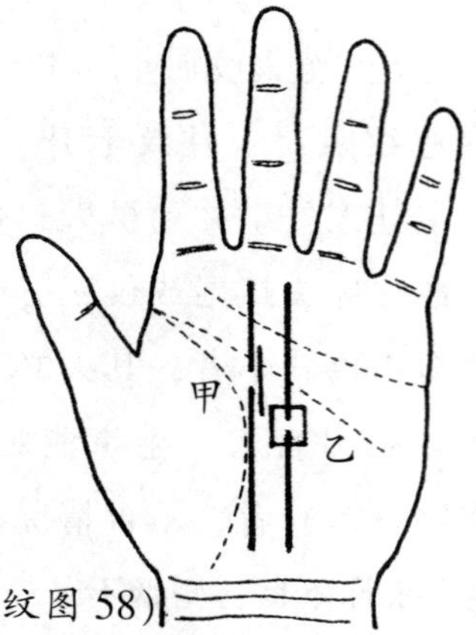(玉柱纹图 58)	玉柱纹中断之处，旁边有短纹辅助（甲）者，男女均主事业失败或失业之时，有贵人协助度过难关。玉柱纹中断处有玉新纹（乙、西洋手相学谓之四方形）保护者，主其人事业失败或失业之时，有贵人鼎助，逢凶化吉。女性又主离婚后再复合。
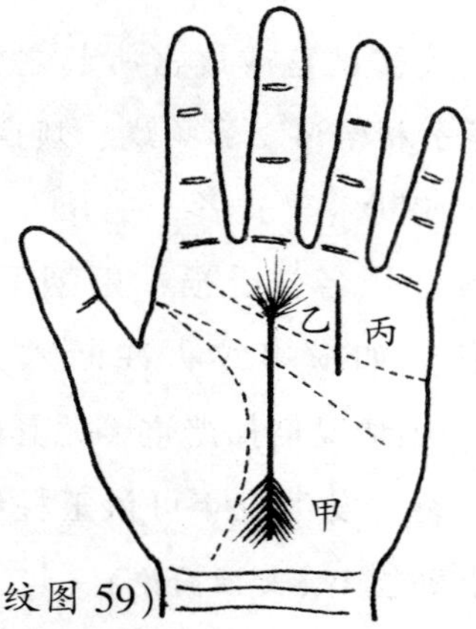(玉柱纹图 59)	玉柱纹起端有细纹如毛状（甲）者，男性主其人幼少年时期父母双亡，生活困苦，如有六秀纹辅助（丙）者，其不幸情况可递减。玉柱纹顶端聚结成禾穗状（乙）者，主其人好大喜功，不求实际，对上奴颜卑膝，对下颐指气使，缺乏同情心，对异性则慷慨献媚之至，一生事业先成后败。女性主个性不良，婚姻不美。
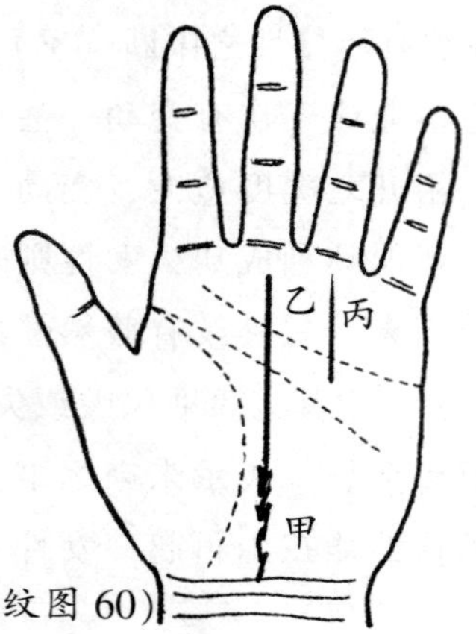(玉柱纹图 60)	玉柱纹初起断续不全（甲），后段直上中指之下（乙）者，男性主其人青年时期命运蹇滞，事业不成，如有六秀纹（丙）辅助者，中晚年运程转佳，成家立业，终有小成。女性主初年婚姻不美，晚年劳碌。

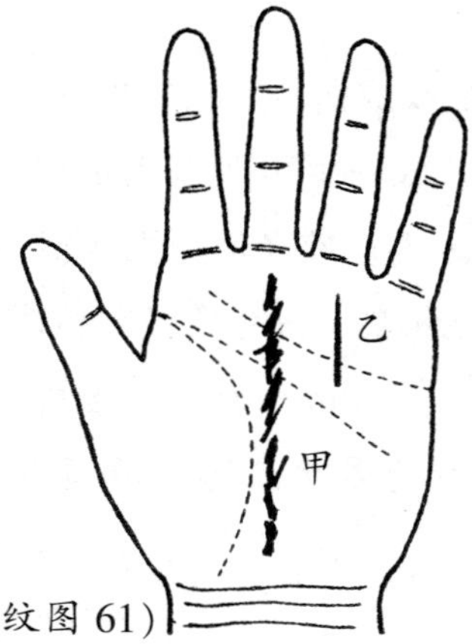 (玉柱纹图 61)	玉柱纹驳杂冲断（甲）者，男性主其人中年时期必见灾厄，事业多败少成，个性悲观又贪淫，如有六秀纹辅助（乙）者，不吉之情况递减。女性主个性不良，婚姻不美，刑夫克子。
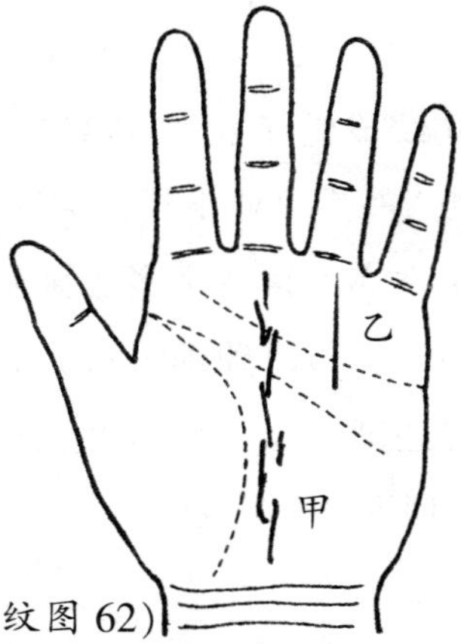 (玉柱纹图 62)	玉柱纹成衔接性断续状(甲）者，男女均主职业不定，变换不迭，一生难得有安逸的时候，终其一生难有收获与成就。女性又主刑克丈夫，如有六秀纹（乙）辅助者，不吉之情况减分论。
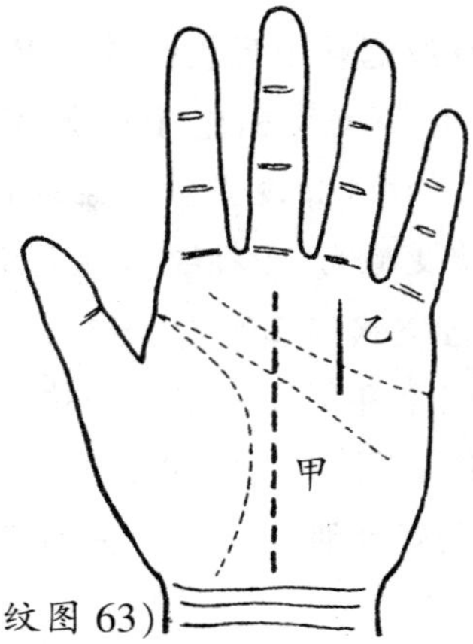 (玉柱纹图 63)	玉柱纹成虚线之状（甲）者，男性主其人聪明反被聪明误，一生事业变换不迭，时成时败，到老一事无成。如有六秀纹（乙）辅助者，不吉情况递减。女性主个性不良，婚姻不美。

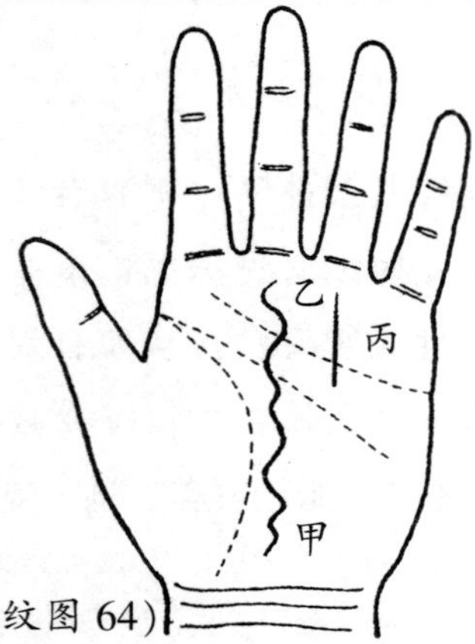 (玉柱纹图 64)	玉柱纹成曲线之状（甲、乙）者，男性主其人一生事业多成多败，走了很多迂回路，最终仍一无所成。又主其人个性不良，好色贪淫，体弱多病，如见六秀纹（丙）者，不吉情况减分论。又不论男女，均主婚姻不美满，刑妻（夫）克子。
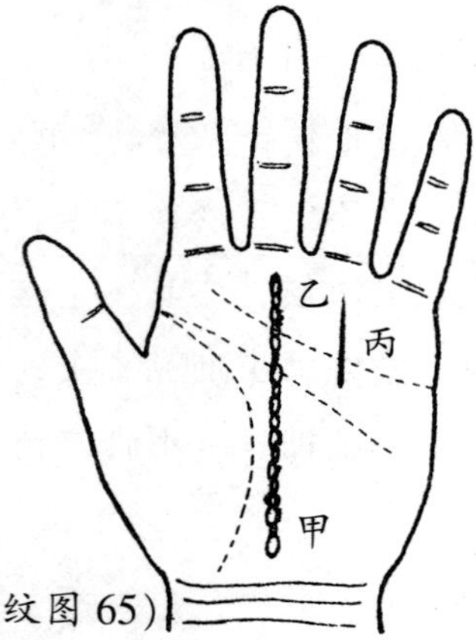 (玉柱纹图 65)	玉柱纹成链条状（甲至乙）者，男性主其人一生事业不顺，常遇凶险，其人之个性亦不良，常多忧疑愁思又好色。如有六秀纹辅助（丙）者，不吉之情况递减。又不论男女，均主婚姻不美，刑妻（夫）克子。
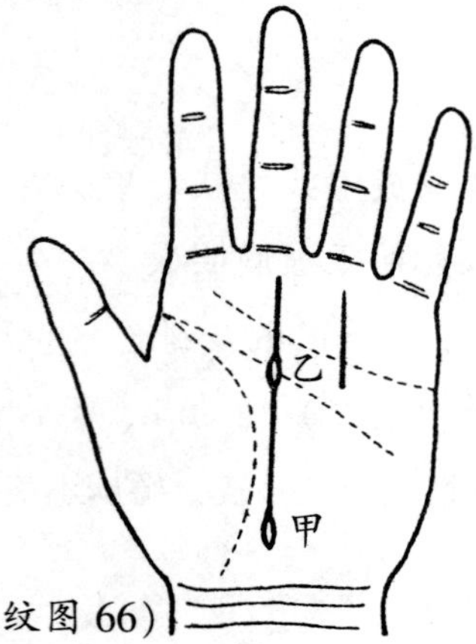 (玉柱纹图 66)	玉柱纹起端出现蛋空状（甲）者，男女均主其人为私生子或外室所生(如地纹首端亦出现蛋空状再额低或发际不齐者更验)。玉柱纹与（人纹交叉点出现蛋空状（乙）者，男女均主其人中年因个性不良，主观固执，因而招致工作不顺，事业挫败或财产损失，又男性主有外遇，女性则主婚姻不美满或遭遗弃。

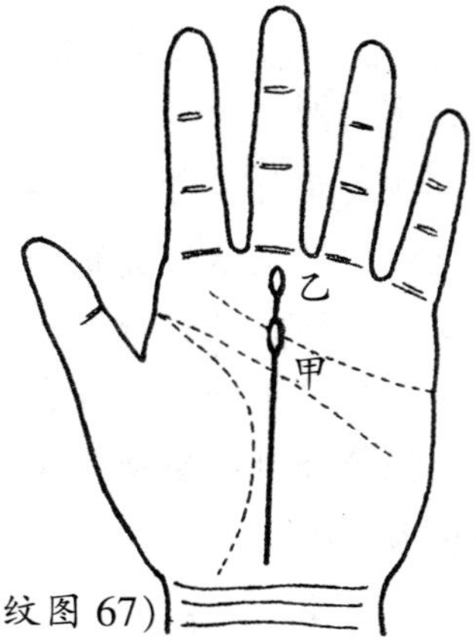 （玉柱纹图 67）	玉柱纹与天纹交叉点出现蛋空状（甲）者，男女均主中老年时期夫妻不和或感情纠纷，因而招致事业挫败或财产损失，严重时并有凶灾之事发生。玉柱纹顶端出现蛋空状（乙）者，男性主其人不论高官巨富，临老之时，或失官降调，或商场一败涂地，严重者主性命不保，或重病缠身。女性又主中老年孤寡贫寒。
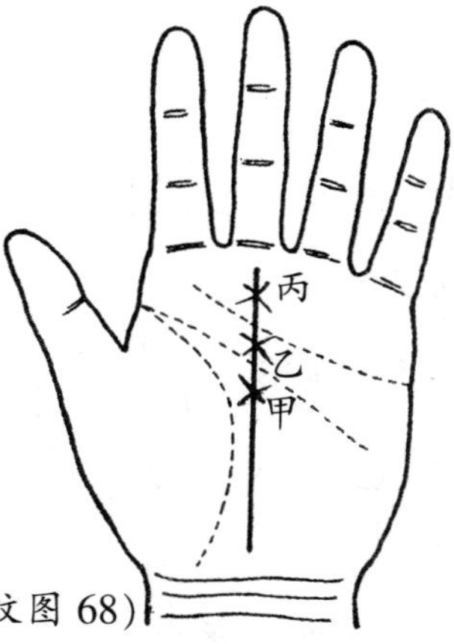 （玉柱纹图 68）	玉柱纹位于明堂部位出现失神纹（甲）者，男女均主事业失败或财产损失。玉柱纹位于天纹与人纹之间出现失神纹（乙）者，男女均主官非缠身，甚或判处重刑。玉柱纹顶端出现失神纹（丙）者，男女均主年老时有遇险或横死之可能。女性又主婚姻不美满，非克即离。发生年龄，可依玉柱纹之流年计算之。
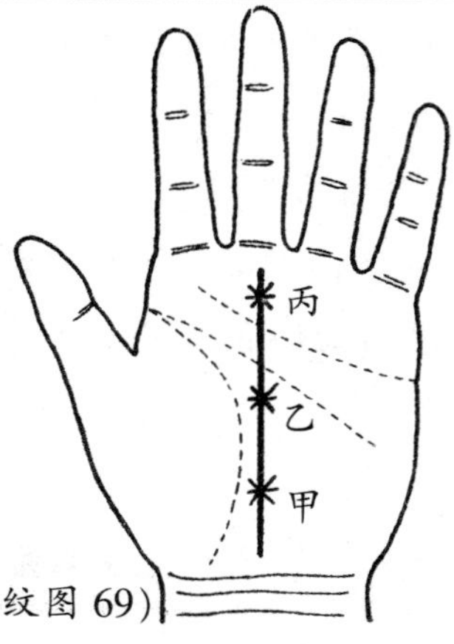 （玉柱纹图 69）	玉柱纹任何部位出现金星纹（甲、乙、丙西洋手相学谓之花星）者，男女均为不吉之征兆，或有灾难，或遇凶险，女性又主婚姻不美，非克即离，发生年龄可依玉柱纹之流年计算之（注：金星纹又名六花纹）。

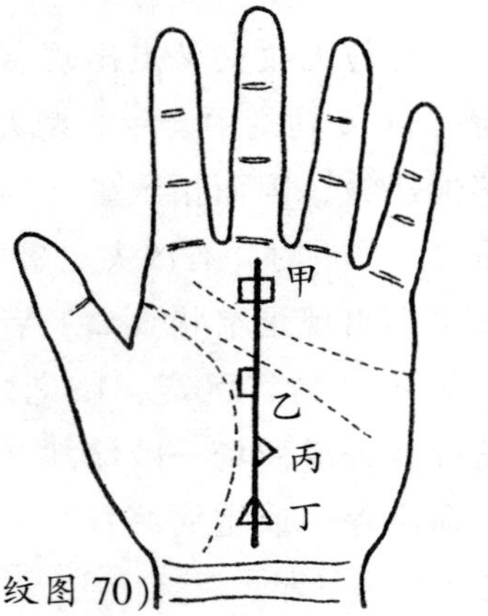

(玉柱纹图 70)

玉柱纹任何部位出现玉新纹（甲、乙）者皆为吉兆，男女均主在事业工作不顺，或灾难临头之时，有贵人鼎助逢凶化吉，即使从事投机生意也可转危为安。玉柱纹任何部位，出现三角纹（丙、丁）者皆为吉兆，男女均主届时必职位高升或事业获利，但三角纹不正者不验。发生年龄可依玉柱纹之流年计算之。

观相感言

哪个女人不嫁夫

中国有句俗谚：“哪个男人不娶妻？哪个女人不嫁夫？”但在台湾就有很多男人过了40岁尚未娶妻，很多女人过了40岁尚未嫁夫。男人未娶妻者，大多是健康、智慧、个性有瑕疵的“边缘人”，而有其讨不到老婆的原因。而女人则大多为高学历（大学毕业或国外留学），高收入（高级职业妇女甚至担任外商公司的经理或副总经理职务），容貌气质亦是高标准的所谓三高型女士，她们为什么不结婚？她们一致的说法是“宁缺勿滥”。但按照人相学的观相标准作印证，她们每个人均有迟婚的相格和个性上有瑕疵，即使勉强结婚，婚姻生活也难得幸福美满。再者，现在的周天命运，对于不结婚或迟婚的女人，大家都“见怪不怪”另外台湾很多男性去大陆和东南亚各国娶回所谓“外籍新娘”也有关系。

萧湘相居士　撰

第十章
六秀纹(成功线)观看法则

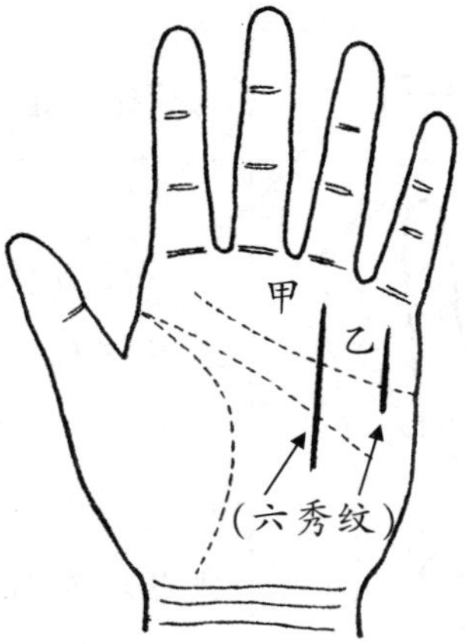

六秀纹之部位特性

无名指下出现之直纹（甲），中国手相学谓之六秀纹，西洋手相学谓之“成功线”“太阳线”。小指下出现之直纹（乙），中国手相学亦谓之六秀纹，西洋手相学则谓之“水星线”。凡手掌肉厚，或金形手、土形手及水形手出现六秀纹者，均以吉征论，但手掌肉薄，或木形手及火形手者，吉征减分论。

六秀纹乃因后脑及小脑组织所产生之意念，再由意念激化内分泌侵蚀而成，因六秀纹具备了贵人缘、异性缘、智慧高、富第六感、身体健康、有异路财荣、有偏财运、能逢凶化吉、愈老愈吉等优异属性，故名六秀纹。

六秀纹之各种相理休咎

六秀纹的 25 种相理休咎具体图释如下：

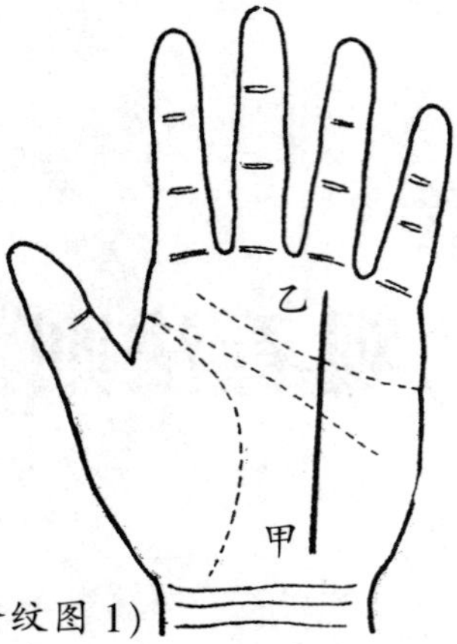 （六秀纹图 1）	无名指下出现之六秀纹，如特别深秀细长（甲至乙）者，中国手相学谓之“禄马纹”，此纹特别珍贵，乃“天之骄子”之手相，多出现在大富大贵者之手上。即使因玉柱纹不佳而在事业上欠缺大成就，也主其人一生精神生活愉快，物质生活充裕，家庭生活美满。女性手掌上有禄马纹者，不为后妃，也是一品夫人。
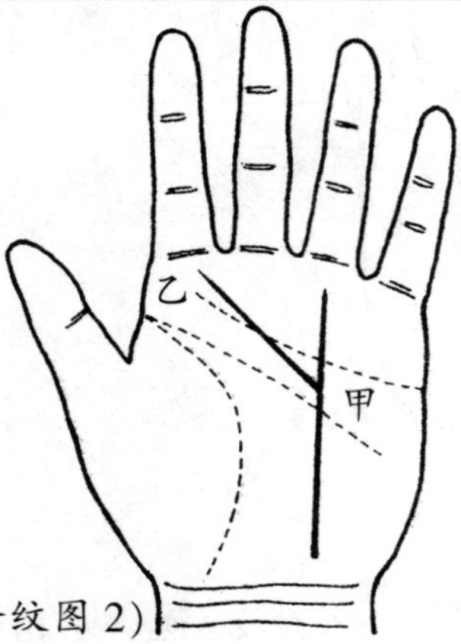 （六秀纹图 2）	禄马纹（甲）再起枝纹到达食指之下（乙）者，男性主其人最宜仕途发展，青年时期即官运亨通，步步高升，中年后即可获得显贵职位，大权在握。女性必为女强人，妻夺夫权，牝鸡司晨。但纹短者乃六秀纹，不以禄马纹论。
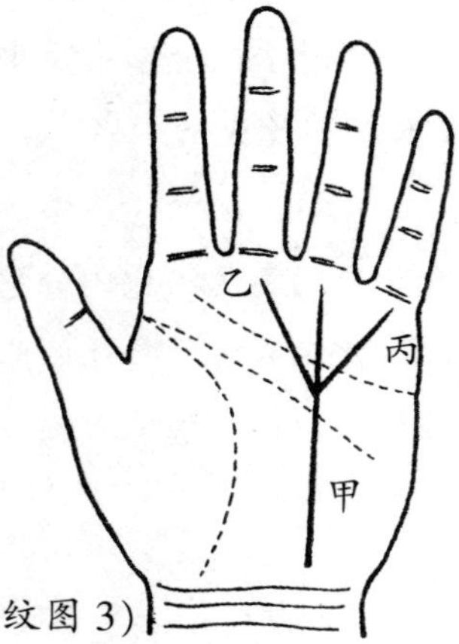 （六秀纹图 3）	禄马纹（甲）再起枝纹到达中指之下（乙）及小指之下（丙）者，此乃大富特富之相格，主其人在事业上无往不利，无坚不摧，女性可代夫兴家。但纹短者乃六秀纹，不以禄马纹论。

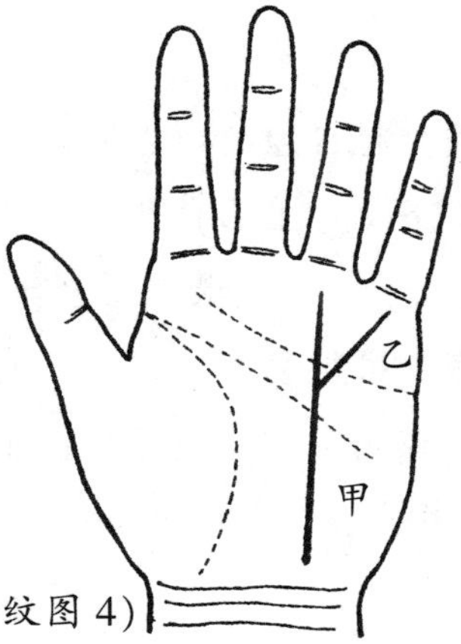 (六秀纹图 4)	禄马纹（甲）再起枝纹到达小指之下（乙）者，主其人处事踏实，工作努力，为人不卑不亢，最后必在科技上或商业上有所成就，并愈老愈荣，女性可代夫兴家。但纹短者乃六秀纹，不以禄马纹论。
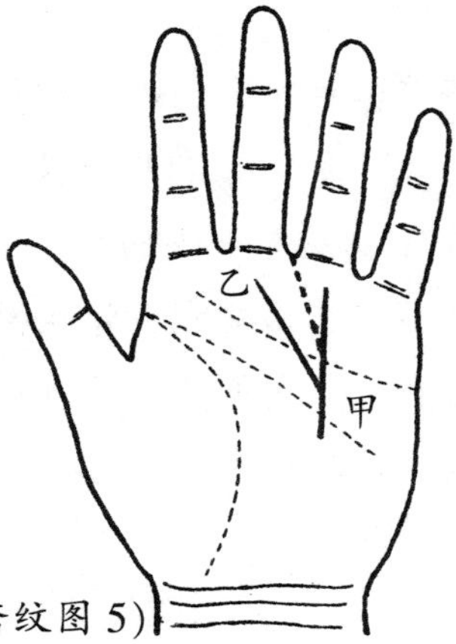 (六秀纹图 5)	六秀纹（甲）再起枝纹到达中指之下（乙）者，男性主建立奇特之功业，或得奇财致富，女性主大为旺夫兴家。但枝纹漏缝（见虚线）者，男性主先成后败，女性主到老孤独。
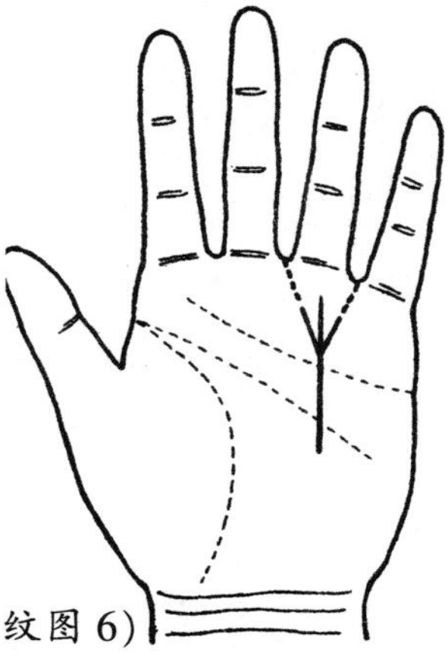 (六秀纹图 6)	六秀纹再起枝纹二、三条形成叉状者，男性主其人在事业上有多种愿望，可多方面发展事业，并在各种事业上均有所成。女性主干练持家，旺夫兴家。如六秀纹之枝纹漏缝者，男性主先成后败，女性主到老孤独。(见虚线部分)

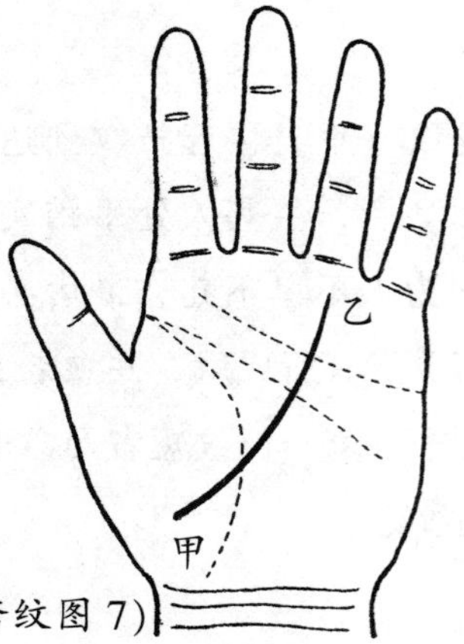 (六秀纹图 7)	六秀纹起自地纹内之艮宫而到达无名指之下（甲至乙）者，男性主其人青运欠佳，中老运荣华，名利双收，婚姻美满，可得妻助。亦主其人有审美观，可在艺术或其他异路行业获得成就。女性主有二次婚姻之可能。
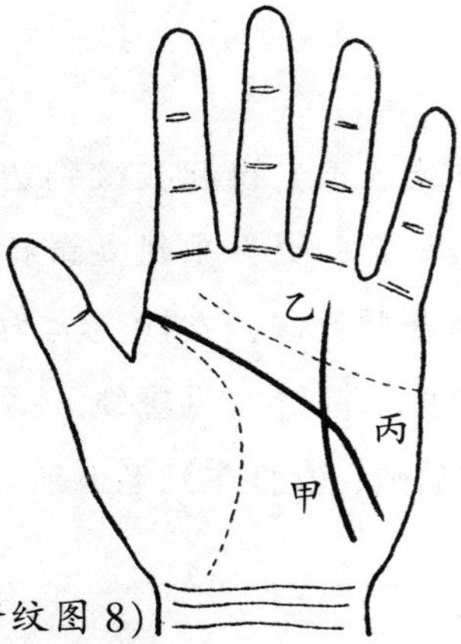 (六秀纹图 8)	六秀纹起自乾宫，再上升到达无名指之下（甲至乙），再见人纹下垂至乾宫（丙），大拇指又强伟者，主其人想像力丰富，思路宽宏，颇能得到异性之欣赏和群众之拥戴，最宜从事影艺表演或文艺写作工作，必可获得成功，愈老愈荣。女性主晚年旺夫兴家。
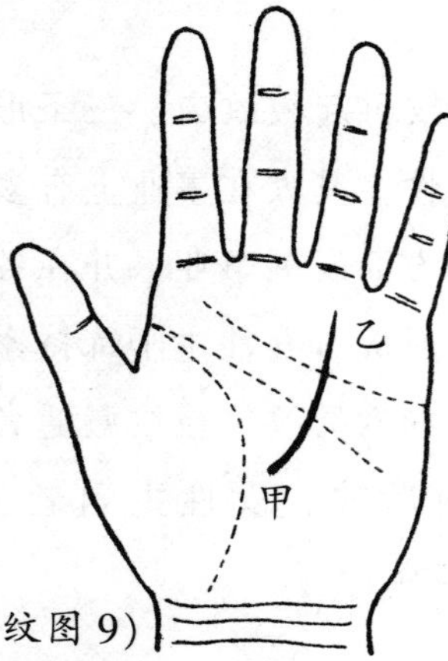 (六秀纹图 9)	六秀纹起自明堂（甲）到达无名指之下（乙）者，男性主其人一生事业，先经过波折而后始能获得成功。女性主先苦后甜。

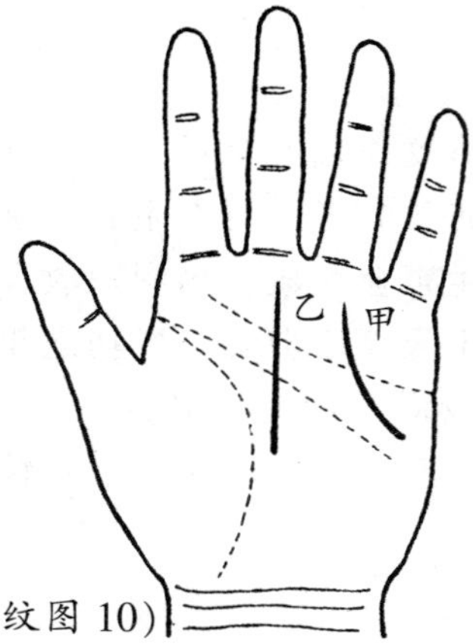(六秀纹图 10)	六秀纹起自兑宫到达无名指之下（甲）者，男性主其人诚实可靠，有百折不挠之奋斗精神，最宜从事军警等职业，青年及中年，历经奋斗挣扎之后，中老年事业终有所成。如另有玉柱纹（乙）者，则奋斗过程较为顺利轻松。有此种六秀纹之人，婚姻不一定失败，但很难享受家庭的快乐。女性则主一生辛劳难享夫福。
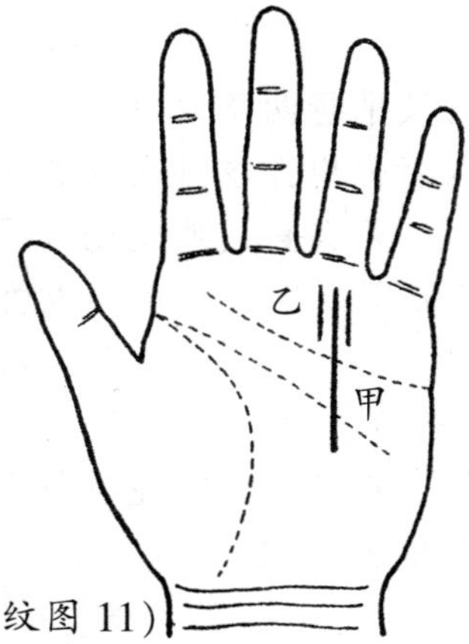(六秀纹图 11)	六秀纹（甲）旁再出现平行之小直纹（乙）者，男性主其人晚年时期可遇到大机会或得力贵人之援助，事业上可名利双收，女性主中晚年旺夫兴家。
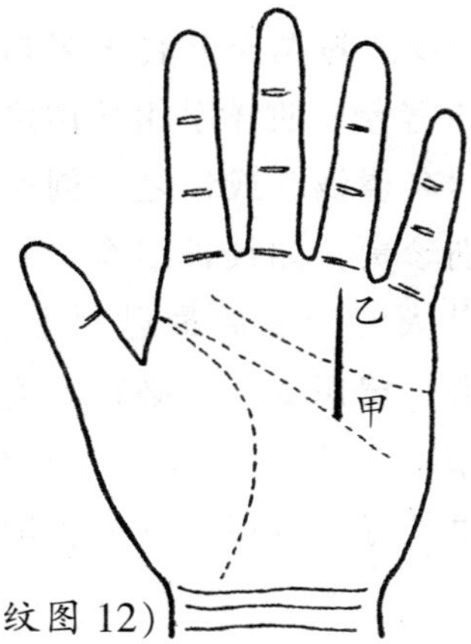(六秀纹图 12)	六秀纹起自人纹而到达无名指之下（甲至乙）者，男性主其人能力强，思虑缜密，但一生事业必先经一番辛苦奋斗后始能有所成就，成就之年龄约四十岁以后。届时必见贵人得力，事业一帆风顺。女性则主中晚年旺夫兴家。

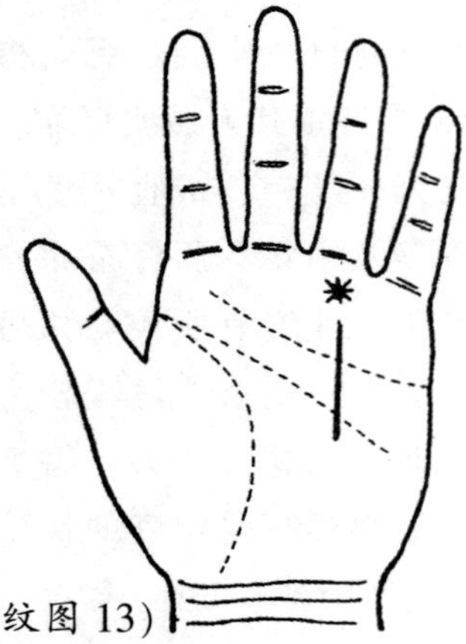 (六秀纹图 13)	六秀纹顶端有金星纹（西洋手相学谓之花星）者，男性主其人极为聪慧，一生事业大成，名利双收，如六秀纹起于天纹之上者，成功之年龄在五十岁以后，同时成就递减。（注：六秀纹顶端有圆圈者同论）女性必为女强人。
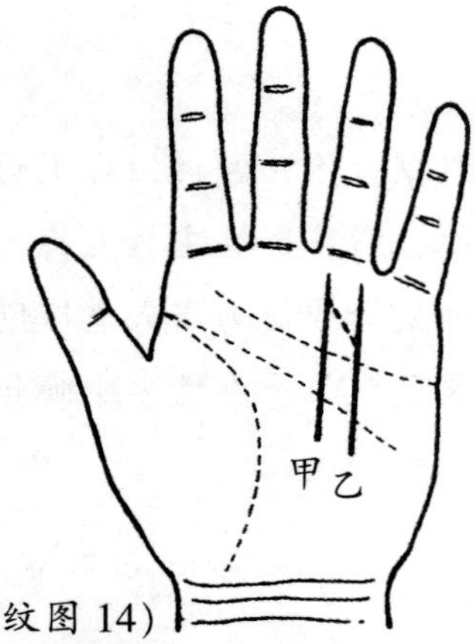 (六秀纹图 14)	六秀纹平行两条（甲、乙）同样长直深秀者，男性主其人在四十岁后交上好运，可在官途或商场或异路行业上大有成就，名利双收，女性则必系女强人。但两条六秀纹互相连接(见虚线部分）者，则主其人虽有才华，但缺乏自信心，因此事业上之成就递减或事业有波折。
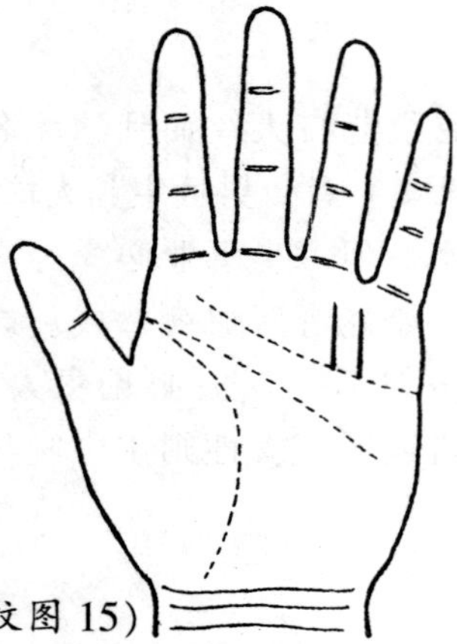 (六秀纹图 15)	六秀纹短短两条起自无名指与小指间之坤宫者，西洋手相学谓之“财运线”“名望线”或谓之“创作线”，此纹特别珍贵，如纹长细秀，不论男女，主其人五十岁后最迟六十岁后，否极泰来，黄铜变金，必在官商两途或异路事业上大有成就，名利双收。同时健康长寿，可得妻（夫）助，子女优秀。

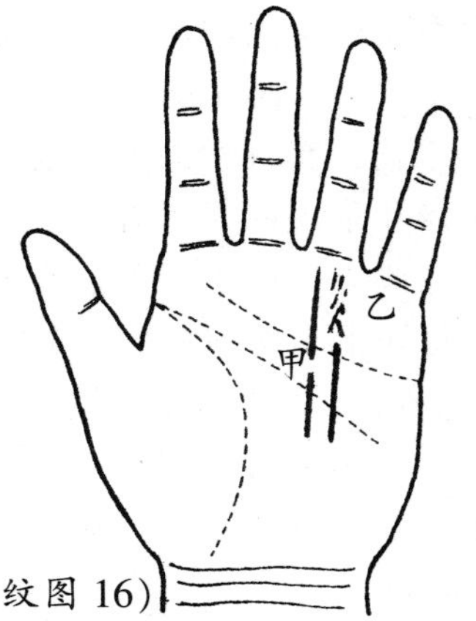 (六秀纹图 16)	六秀纹中端有断（甲）者，男性主其人之好运自六秀纹中断之时停止，女性主其时自身不利或刑克丈夫。六秀纹末端成断续状（乙）者，男性主其人事业先成后败，先富后贫，如手相再有其他瑕疵者，男女均主晚运不佳，妻（夫）离子散。
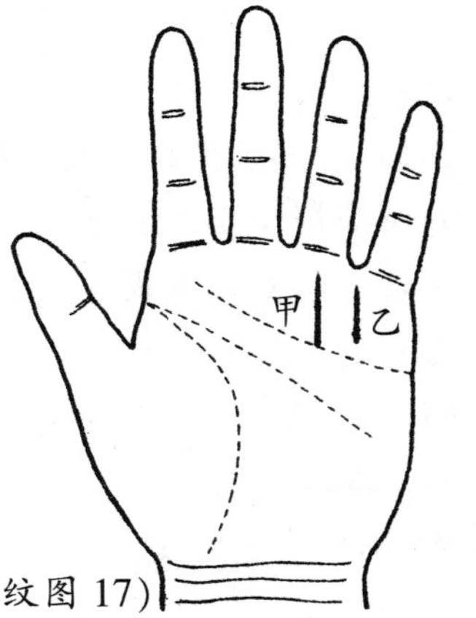 (六秀纹图 17)	六秀纹短短一条起于天纹之上，无名指之下或坤宫（甲）者，如纹深细秀，男性主其人才华出众，但初中运艰苦奋斗，波折重重，晚年成就非凡，名利双收，婚姻美满，健康高寿。女性主其人必为高级职业妇女，甚或女强人，如不是起于天纹，而是起于天纹上方（乙）者，其人之成就减分论。
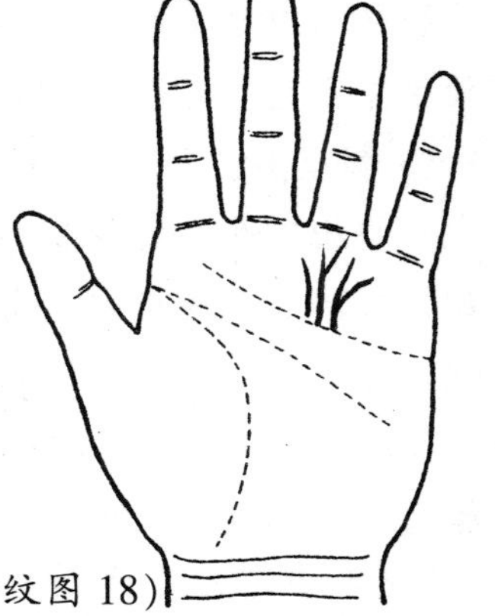 (六秀纹图 18)	六秀纹（如图）如花朵般出现在天纹之上者，不论男女，主其人天资聪慧，在某种学术领域或异路行业，必有惊人之成就，名利双收，其学术成就可流传永远，同时自花朵出现之日起，运程转佳，永远不再失败，但成就之年龄在五十岁之后。（注：何谓异路行业请参阅拙著《萧湘相法(一)》第八章）

<table>
<tr>
<td>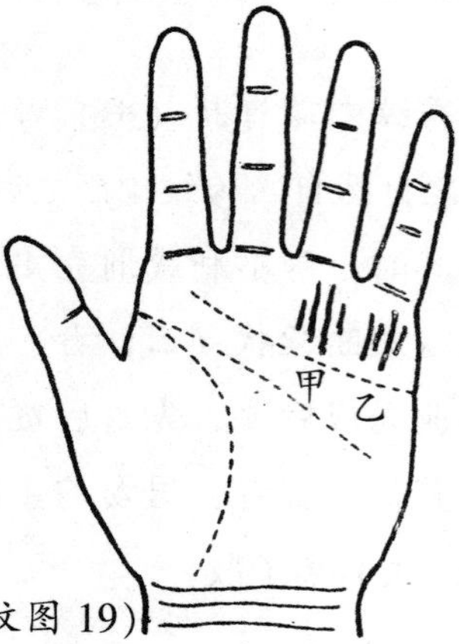

(六秀纹图 19)</td>
<td>六秀纹起于天纹与无名指之间而多条（甲）者，不论男女，主其人聪慧而多才艺，有科学头脑，常怀着美丽的憧憬和乐观的人生观，五十岁后可得配偶或异性助力而事业有成，或在异路行业上名利双收，但其人必好色贪淫。六秀纹起于天纹与小指之间（乙）者，休咎与甲项同论，但成就之年龄在六十岁后。（注：纹短细不秀者减分论）</td>
</tr>
<tr>
<td>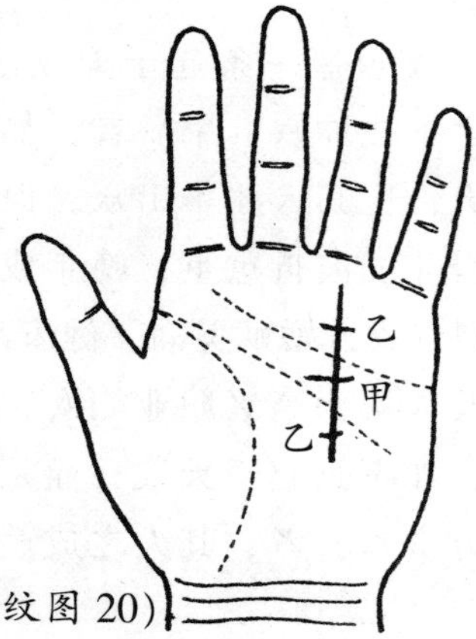

(六秀纹图 20)</td>
<td>六秀纹上出现小横纹者，主其人自横纹出现之日起事业将有所阻碍，财产将有所减损。出现之横纹愈长愈粗（甲）者，阻碍和减损愈大，横纹短细（乙）者，阻碍和减损亦小。女性主婚姻有波折。又六秀纹上出现之小横纹与十字纹不可混为一谈，十字纹为吉祥之征，读者不可不察。</td>
</tr>
<tr>
<td>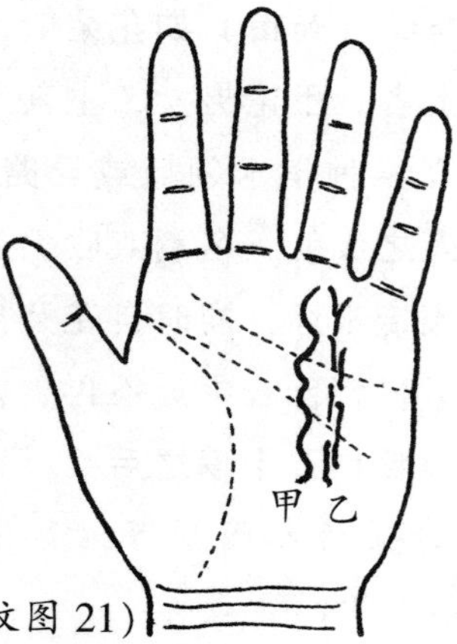

(六秀纹图 21)</td>
<td>六秀纹曲折（甲）者，男性主其人聪明狡猾，不走正途，聪明反被聪明误，一生事业多波折或半途而废。又主其人多愁思幻想，贪淫好色，女性主婚姻不美满，非克即离。如六秀纹断续残破不全（乙）者，男性主其人有小才而骄傲自大，但意志力不强，毅力不足，一生事业难有成就，女性主婚姻不美满非克即离。</td>
</tr>
</table>

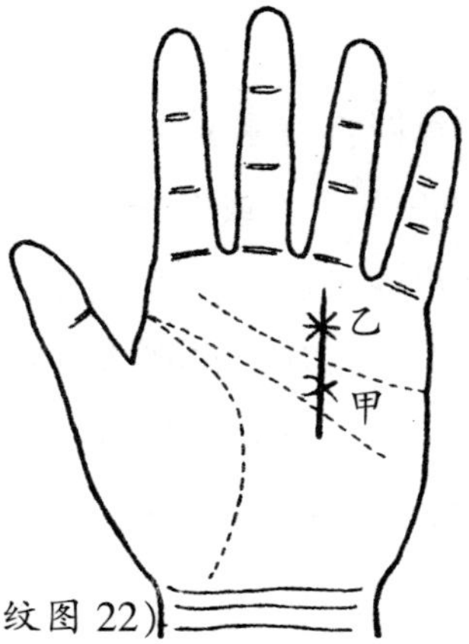(六秀纹图 22)	六秀纹出现失神纹（甲）者，主其人自失神纹出现之日起，名誉地位将有所减损，女性则主婚姻有波折。六秀纹出现金星纹（金星纹又名六花纹）（乙）者，主其人自金星出现之日起，名誉地位将有所增加。女性则主旺夫兴家。
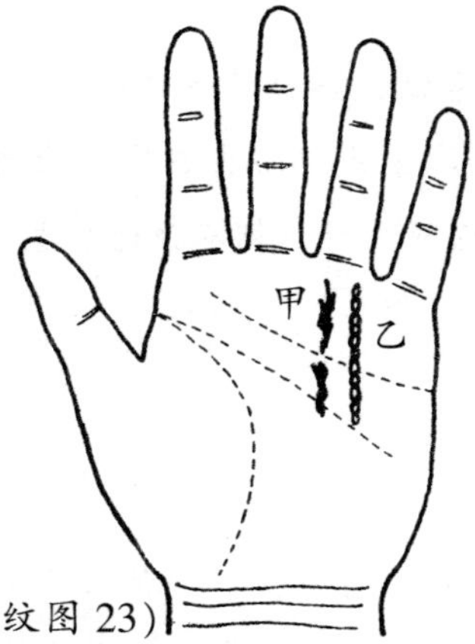(六秀纹图 23)	六秀纹驳杂中断（甲）或成链状（乙）者，男性主其人一生事业多成多败，最后一事无成。又主其人多愁思幻想，好色贪淫。女性主婚姻不美满，非离即克。
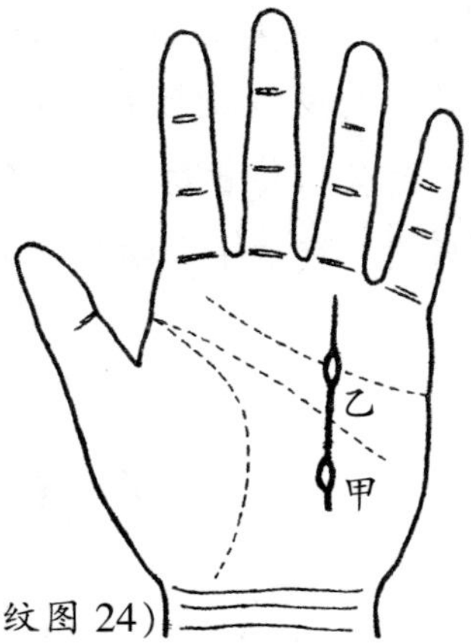(六秀纹图 24)	六秀纹出现蛋空状（甲）者，男性主其人自蛋空状出现之日起，小人作怪，处义生非，名誉地位将有所减损。蛋空状如系出现在六秀纹与天纹交叉之点（乙），则必因女色而减损名誉地位。女性则主婚姻不美满或红杏出墙。

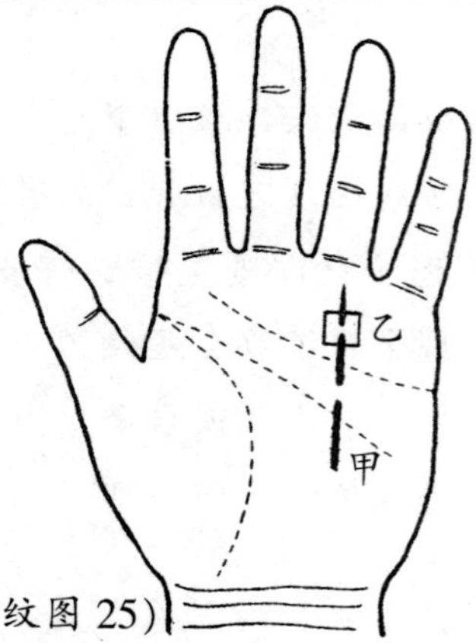

(六秀纹图 25)

六秀纹断折（甲）者，男性主其人事业中途失败，或名誉遭受诽谤。但断折处出现玉新纹（乙）者，则有保护作用，自玉新纹出现之日起，事业不再失败，名誉不再受损。女性则主婚姻破裂但后来和好如初。

附注：本书所绘各式掌纹均系标准典型掌纹，各位读者作印证比对时，切不可拘泥于上下、左右、长短、粗细之少许差异，而应在休咎上作递加递减灵活论断。同时要参照面相各部位综合论断，因“相不独论”也。

观相感言

每个人五脏六腑构成的“质素”和“质量”均不一样，但每个人五脏六腑的“体积”和“重量”则相差有限，例如酒量大之人的肝脏和一喝就醉之人的肝脏，并非前者的肝脏有三公斤重，后者的肝脏只有半公斤重，为何前者消解酒精的功能优于后者呢？此乃前者构成的质素和质量和后者不一样所致。一如“普通槟榔”和“槟榔王”的体积重量均一样，但后者吃后对人体的刺激程度千百倍于前者，究其原因，槟榔王的构成质素和质量不同于普通槟榔也。

萧湘居士　撰

第十一章
冲天纹(影响线)观看法则

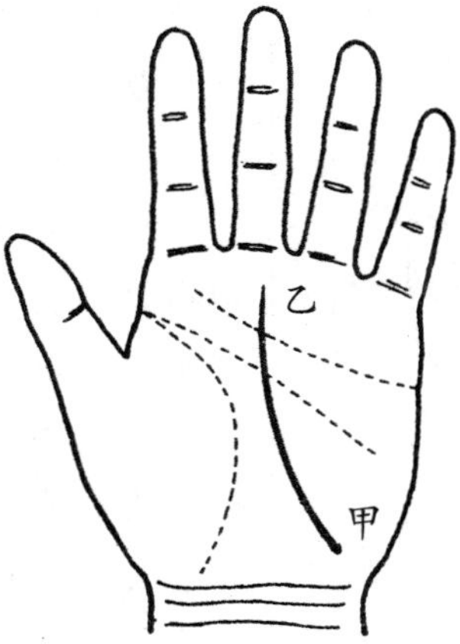

冲天纹之部位特性

乾宫起纹斜上中指之下（甲至乙）者，中国手相学谓之冲天纹，乃玉柱纹之别种，男性主其人父亲有成，自己白手起家，必能在某一行业有所成就，并可得异性之助晚景荣华。同时为人豪爽，精明干练，作风坦诚，有侠义精神，乃坐而言起而行之人物。女性掌中忌有玉柱纹，但不忌冲天纹，女性掌中有冲天纹者，主其人聪慧贤良，节俭持家，相夫旺子，婚姻美满，必嫁有成就之丈夫或代夫兴家。

西洋手相学谓冲天纹为“影响线”或谓之“依人作嫁线”，一生事业依人作嫁而已。据笔者的阅人经验，应参照面相而不能一概而论。

冲天纹之各种相理休咎

冲天纹的 7 种相理休咎具体图释如下：

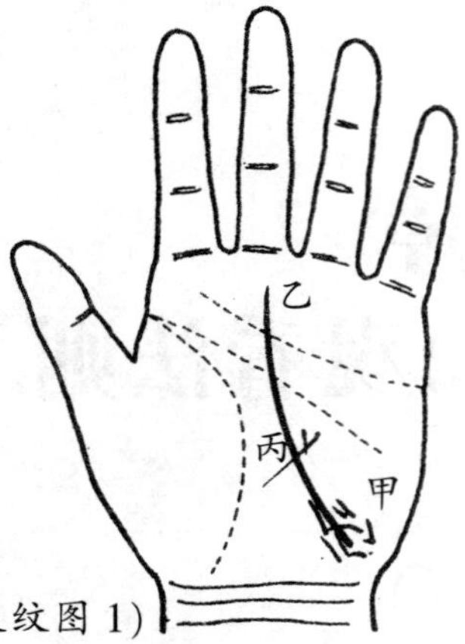 (冲天纹图 1)	冲天纹起于乾宫（甲）斜上中指之下（乙），但乾宫有乱纹冲破，冲天纹本身再被夜叉纹冲破（丙）者，男性主其人刑克父母，少年离乡奔波，历尽惊险灾病及事业波折，中年后始能败后再成，名利双收，其人必有异路财荣。女性主一生先苦后甜。但冲天纹未冲上离宫，而被天纹阻止，或有断裂者，吉征减分论。
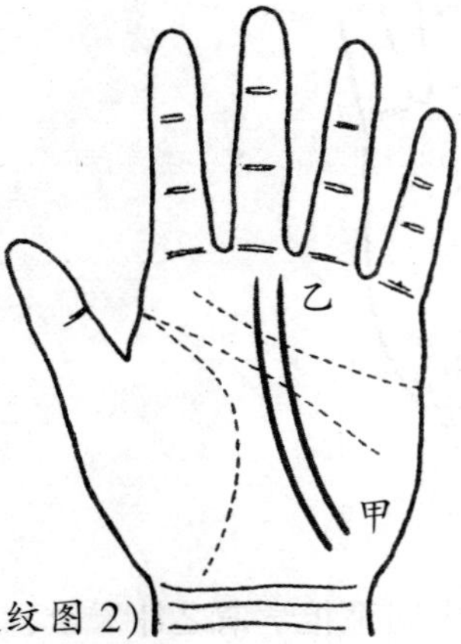 (冲天纹图 2)	冲天纹两条起于乾宫（甲），斜上中指之下（乙）者，男性主其人具有奇特之才能，可获得众多异性捧场和贵人之助力，以致有奇特之成就（例如影艺人员或公众人物）。有两条冲天纹之人，象征其人必系出身积善人家，本身亦有为有守，必系贤良之辈。女性有两条冲天纹者，亦主有奇特之成就或代夫兴家。
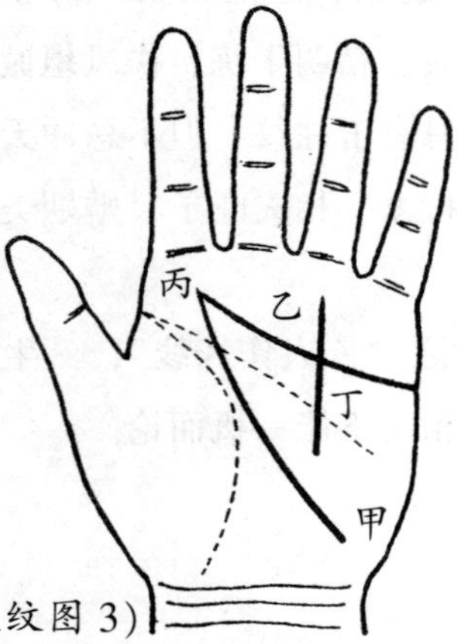 (冲天纹图 3)	冲天纹起于乾宫斜上食指（甲）之下，再与天纹（乙）合而为一（丙）者，男性主其人幼少年刑克父母，破祖离乡。如再见六秀纹秀长（丁）者，离乡后贵人提携，中年大发，晚运尤佳。另说不宜再有玉柱纹，否则主遭意外凶死。如系女性则主其人富社交才华，可同时使自己及配偶在事业上获得成就及收获。

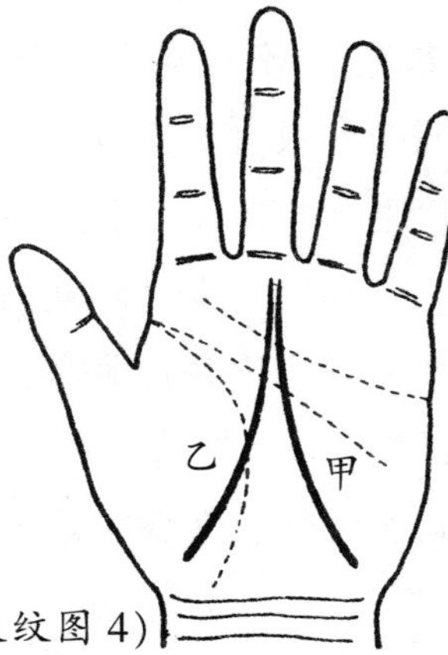(冲天纹图 4)	冲天纹起于乾宫斜上中指之下（甲），再见艮宫或地纹起纹斜上中指之下（乙）者，中国手相学将两者合称为“天喜纹”，男性主其人秉性忠义勇敢，有奇特的个性，奇特的才能，和奇特的机运际遇，而成就奇特的事业，但幼少年克父。女性必为奇女子或是巾帼英雄。
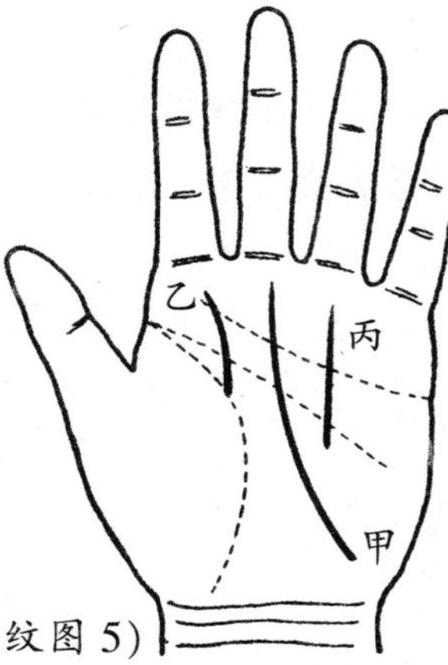(冲天纹图 5)	冲天纹起于乾宫斜上中指之下（甲），地纹再起副笔到达食指之下（乙），小指之下又见六秀纹（丙）者，中国手相学谓之“三奇纹”，男性主其人智慧超群，允文允武，又有商业头脑，无论为官业商均主大有成就，诚富贵双全之相格也。女性必嫁有大财富之丈夫，或为一品夫人。
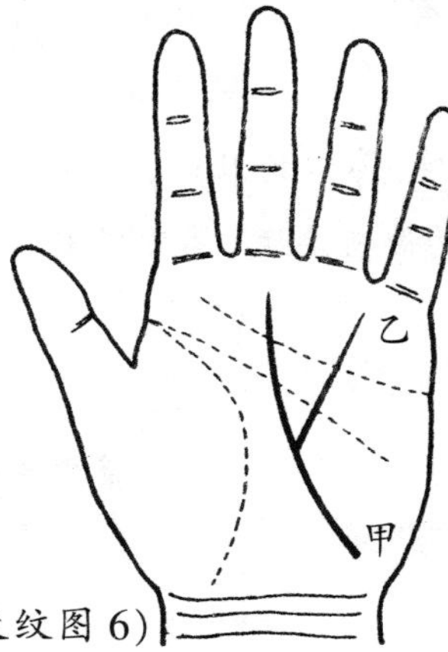(冲天纹图 6)	冲天纹起于乾宫斜上中指之下（甲），冲天纹中端再起枝纹到达坤宫（乙）者，男性主其人处事迅速，实事求是，中年必遇得力贵人协助，理想可以变为事实，无论为官业商，或从事异路行业，必主名利双收。女性必嫁有成就之丈夫。

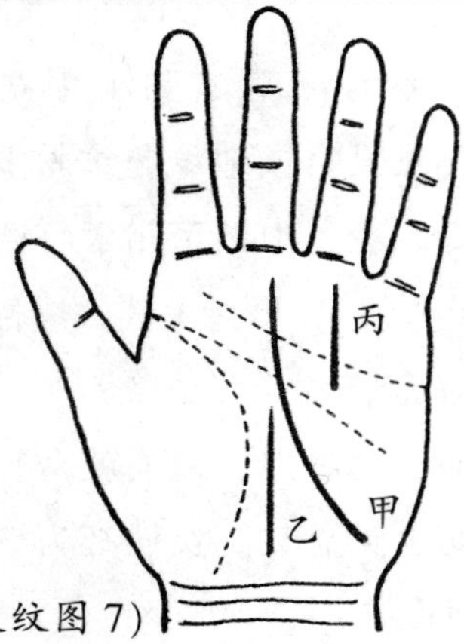

(冲天纹图 7)

冲天纹起于乾宫斜上中指之下(甲)，再见玉柱纹（乙）者，中国手相学谓之“冲天压玉柱”，男性主其人可享祖业，青年时期事业尚顺利，但中年命运蹇滞，不论为官业商，均主不利，或多劳少获。如见六秀纹（丙）者，晚年运程转佳。女性主婚姻不美满，克离再嫁。

附注：以上各章有关中国手相学之资料，均系源于神相全编及先贤李淳风、陈淡埜、范騋等之遗著，但笔者根据遗传学、生理学、中医学之学理及阅人经验加以补充并阐述之。

观相感言

中国人相学起源是与“中医学”同宗,且融会“生理学”及“遗传学”为理论基础,并运用“流年”“气色”为验证方法,乃具有“一般性”“逻辑性”的综合学术。

西洋人相学则起源于“性向学”,以“统计学”为理论基础,以“心理学”为验证方法,其理论基础薄弱,其验证方法被讥为察言观色,其与中国人相学完全迥异也。

萧湘居士　撰

第十二章
冲卦纹(影响线)观看法则

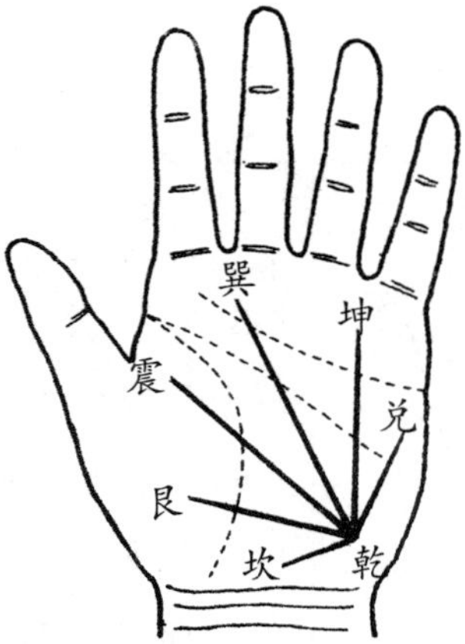

冲卦纹之部位特性

乾宫起纹到达离宫以外之兑、坤、巽、震、艮、坎各宫者，中国手相学谓之为冲卦纹，西洋手相学谓之为“影响线”或“旅行线”。冲卦纹与第十一章之冲天纹所述之各种休咎，同为中国手相学所独有，西洋手相学所无。

大体言，冲卦纹之休咎，凶征多过吉征，而冲天纹之休咎吉征多过凶征，是以吾人手掌中宁可出现冲天纹，而不要出现冲卦纹。冲卦纹与冲天纹亦即古籍《相理衡真》“掌法元机”中所谓之“八卦穿宫纹”，均系侧脑组织之意念激发五脏六腑之内分泌相互穿错侵蚀而成，故每一种冲卦纹之休咎亦不相同。

冲卦纹之各种相理休咎

冲卦纹的 6 种相理休咎具体图释如下：

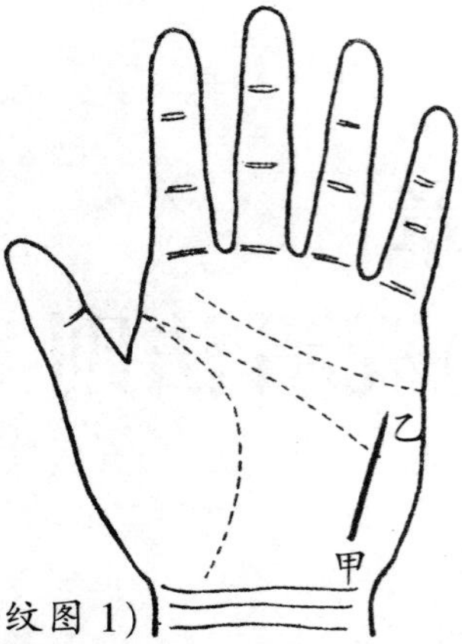 (冲卦纹图 1)	冲卦纹起于乾宫（甲）冲向兑宫（乙）者，男性主其人青少年时期破祖离乡，兄弟少助，婚姻不美，刑克妻子，中老年体弱多病，到老孤贫。女性主早婚不吉，非离即克，或有妇科疾病，难有生育，或生出健康、智慧、个性不良之子女。（注：此纹与西洋手相学所谓之“神秘线”不同，冲卦纹较直，神秘线有弯。）
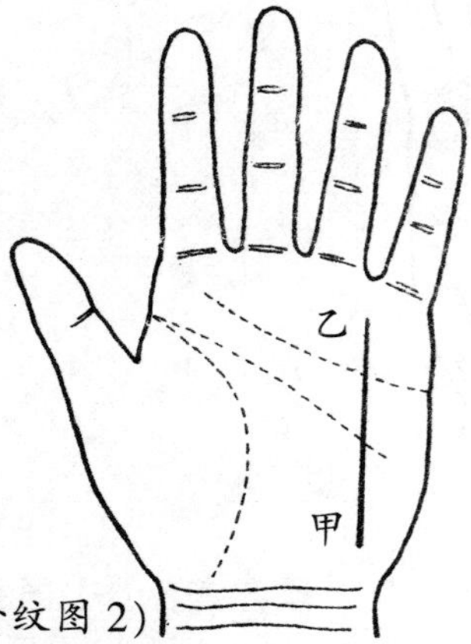 (冲卦纹图 2)	冲卦纹起于乾宫（甲）冲向坤宫（乙）者，男性主其人异常聪明，但贪淫及刑克妻子，纹深细秀者，中晚年可得异性助力而小发，如纹有断折者，则主其人妻迟子晚，中年有灾，晚年小就而已。女性主其人个性男性化，不安于室，喜自行创业或妻夺夫权，但成就不大，婚姻不美。
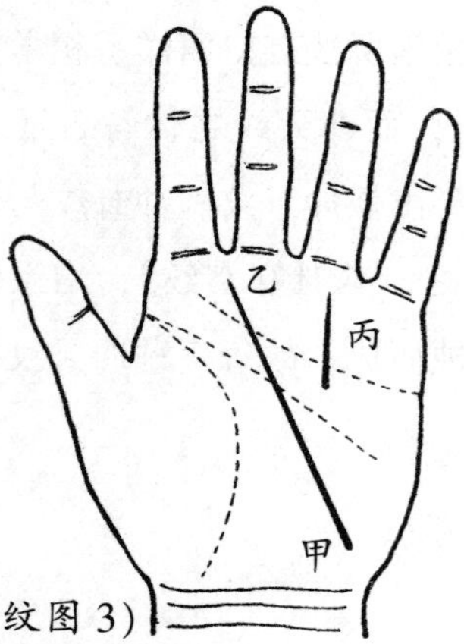 (冲卦纹图 3)	冲卦纹起于乾宫（甲）冲向巽宫（乙）者，男性主其人幼少年家运不佳，父亲破产败业，自身刑克六亲，兄弟少助，离乡发展，事业难成。如见六秀纹（丙）者，五十岁后略有小就。女性主初婚非离即克，晚年婚姻勉可。

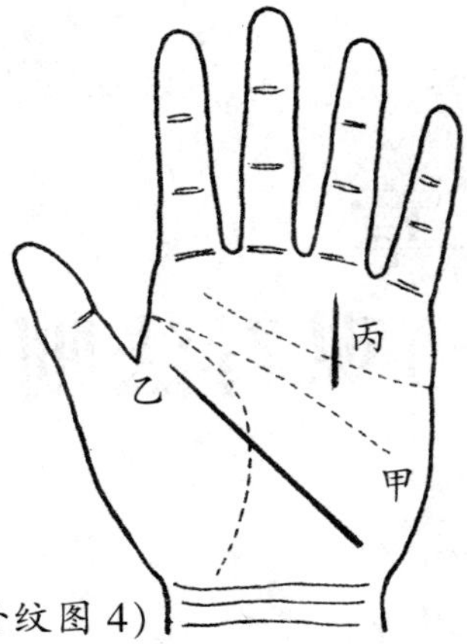 (冲卦纹图 4)	冲卦纹起于乾宫（甲）冲向震宫（乙）者，男性主其人幼少年时期，父母有异灾或重病缠身，自身过房或被人收养，初运及中运均难有成就。如见六秀纹（丙）者，五十岁后略有小就。女性主其人在家刑克父母，出嫁则刑克丈夫，晚年婚姻尚可。
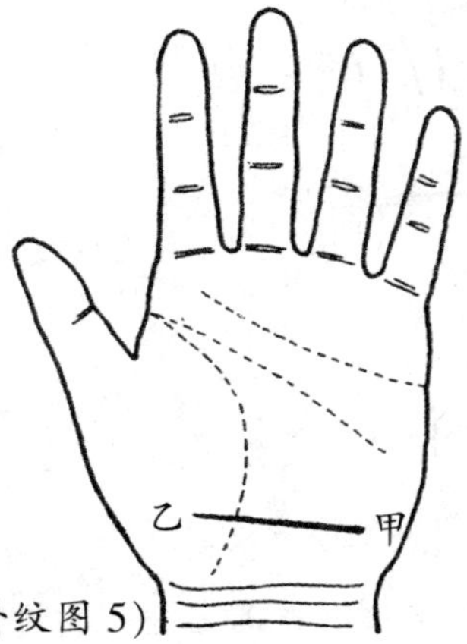 (冲卦纹图 5)	冲卦纹起于乾宫（甲）冲向艮宫（乙）者，不论男女，主其人幼少年时期，父有异灾母早亡，以致艰苦渡日，另不论男女，兄弟刑克，感情空疏，男性又贪酒色，女性则有消化系统隐疾。
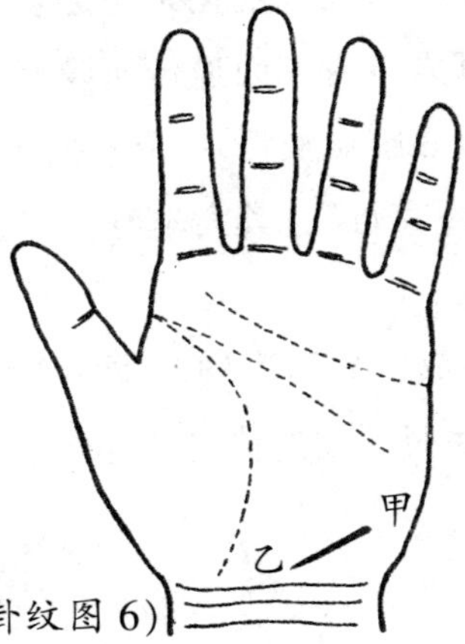 (冲卦纹图 6)	冲卦纹起于乾宫（甲）冲向坎宫（乙）者，不论男女，主其人离家必早，不得祖产，或与祖父母从未谋面，自身则应注意下元系统之保健及水厄之险。

第十三章
断掌纹(通贯手)观看法则

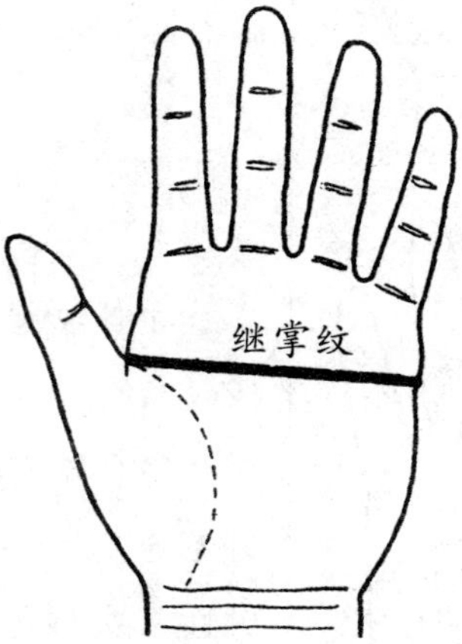

断掌纹之部位特性

天纹与人纹合而为一者为断掌纹，亦有手相学者谓之为“通贯手”。左手有断掌纹，象征其人之父系有心肺血液循环系统或消化系统之疾病（女性以右手为准），故先贤谓“左断克父”，其人本身亦因遗传而隐藏上述疾病。如右手有断掌纹，则象征其人之母系有心肺血液循环系统或消化系统之疾病（女性以左手为准），故先贤谓“右断克母”，其人本身亦因遗传而隐藏上述疾病。

断掌纹宜二不宜一，一手断掌者亦可小成，如两手均断掌并手相面相再佳者，此乃大有成就之手相，象征其人父系母系之遗传均优良。

断掌纹之各种相理休咎

断掌纹的 5 种相理休咎具体图释如下：

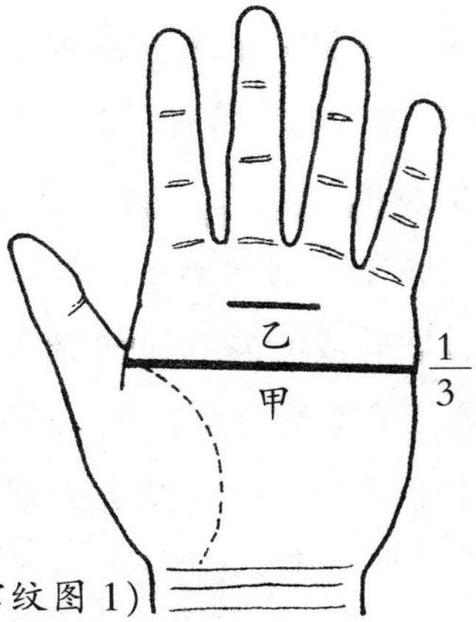

(继掌纹图 1)

断掌纹（甲）上方再出现助断纹（乙、又名理财纹），如断掌纹出现之位置在手掌三分之一部位，纹深细秀者，主其人智慧超群，父子均能白手兴家。但左断者宜从事文职或静态工作，右断者宜从事武职或动态工作，如双手均断主文武双全大有成就。但女性则忌，先贤谓女性有者主刑克劳碌，性喜“牝鸡司晨”。

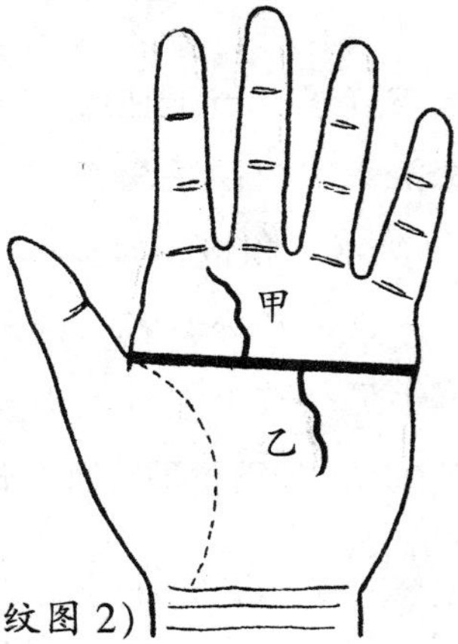

(继掌纹图 2)

手掌出现断掌纹者，不论男女，主其人性情固执急躁（内急或外急），合群精神不足，如有枝纹向上伸出（甲），固执心态更甚，易引起口角是非，如有枝纹向下伸出（乙），则固执急躁程度减半论，但婚姻生活仍难免争吵。惟男女均有辛劳负责精神和勤劳节俭的习惯，男主一生事业终有小成，女主干练持家。

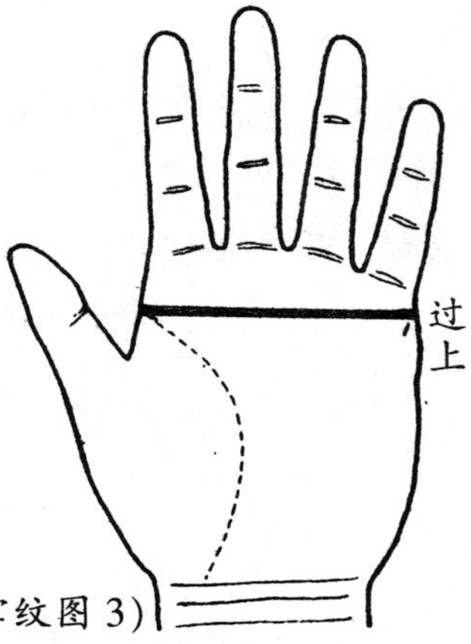

(继掌纹图 3)

断掌纹出现的位置宜下不宜上（上者象征内脏着床不良），如距离中指不及手掌长度三分之一者（愈上愈不吉），男性主其人个性粗暴，性急固执，容易惹事生非，严重者有闹出人命或强暴女性之可能。民俗相法谓：“断掌之人，不可随便出手打人，否则会打死人”，意即指此种断掌之人。女性则有杀夫之心理倾向。

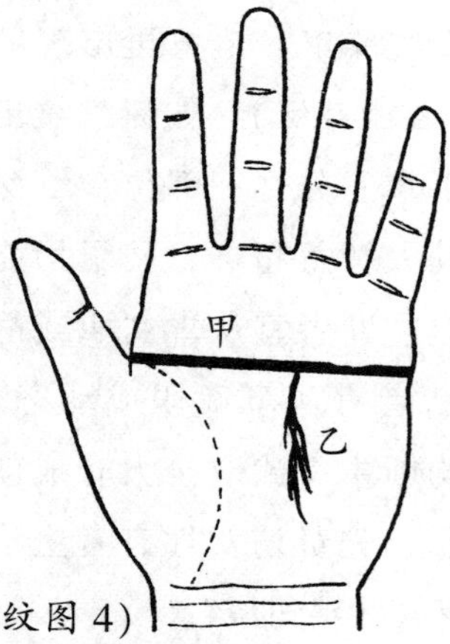

(继掌纹图4)

断掌纹（甲）下方再出现漏气纹（乙）者，经笔者印证结果，不论男女，的确会有“左断克父右断克母”之情事，亦象征其父或母不是因肠胃病而死，即是因心肺和血液循环系统之病而死。又不论男女，并刑克配偶。断掌纹下方未出现漏气纹者，据笔者印证结果，刑克情形不严重。

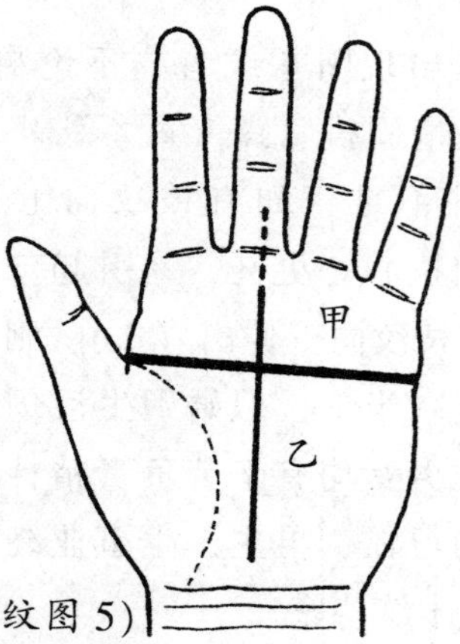

(继掌纹图5)

断掌纹（甲）与玉柱纹（乙）成十字形交汇者，中国手相学谓之“加理纹”，乃大富之相格，如玉柱纹再冲上中指（见虚线部分）者，则既贵又富。金形手见之吉上加吉，水火二形手则吉中有凶。如面相平庸而有此手纹者，则更为不吉。

附注：本书所绘各式掌纹均系标准典型掌纹，各位读者作印证比对时，切不可拘泥于上下、左右、长短、粗细之少许差异，而应在休咎上作递加递减灵活论断。同时要参照面相各部位综合论断，因“相不独论”也。

第十四章
理财纹(理财线)观看法则

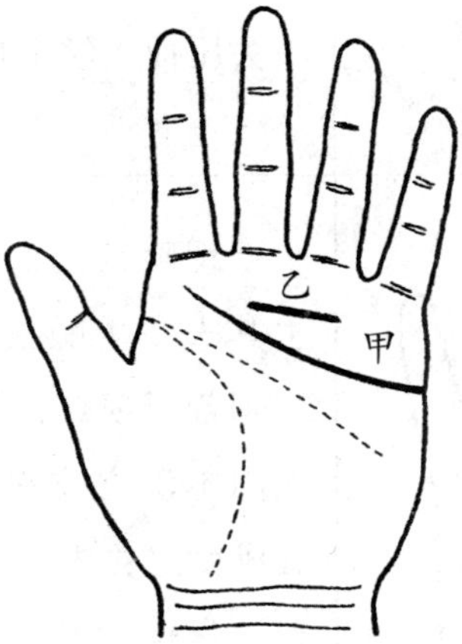

理财纹之部位特性

出现在天纹（甲）之上，中指和无名指之下与天纹平行的短横纹（乙），中国手相学谓之理财纹，西洋手相学谓之理财线。理财纹系因顶脑组织之意念激化血液循环系统之内分泌侵蚀而成。理财纹有平衡和压抑天纹不良个性之作用，是以凡具有良好理财纹（即形正纹秀）的人，均天生具有理财守财的概念与方法，如面相财帛宫再佳者，主其人即使不能大富，也能致中小富（大、中、小富的财富标准及观看方法请参阅拙著《萧湘识人相法全集(一)》第一章“十二起骨成就分析表”及第三章）。女性主自创财富或嫁有财富之丈夫，或代夫兴家。

理财纹之各种相理休咎

理财纹的 6 种相理休咎具体图释如下：

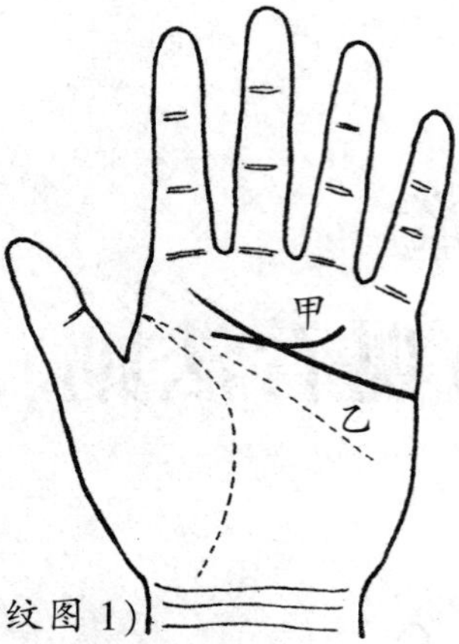(理财纹图 1)	理财纹（甲）与天纹（乙）交叉者，不论男女，均主其人感情用事，多愁思忧疑，青年时期，爱情不顺，又不聚财，中年时期，事业不顺，必见破财，如保守忍耐，老年时期主有小就。此乃理财纹与天纹交叉，因而失去压抑天纹不良个性之作用所致。
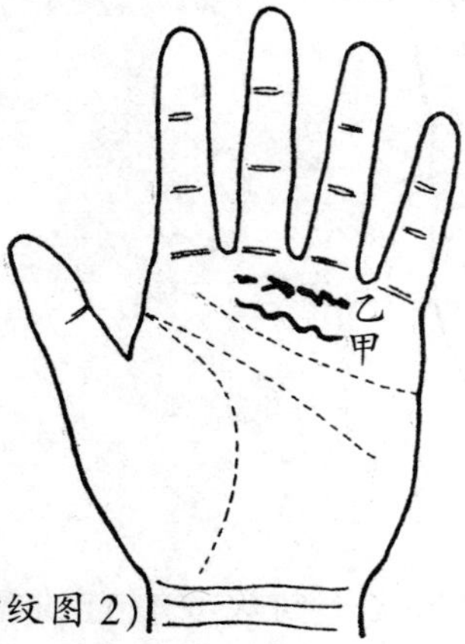(理财纹图 2)	理财纹成曲线状（甲）者，男性主其人一生赚钱非常迂回辛苦，偶而得到若干钱财，但随即发生意外损失，或因不测之灾祸而耗损，女性主难嫁有成就之丈夫。理财纹驳杂断乱（乙）者，男性主其人常因种种原因而遭受金钱上之损失，同时心神不宁又好色贪淫，女性主婚姻不美满，一嫁再嫁。
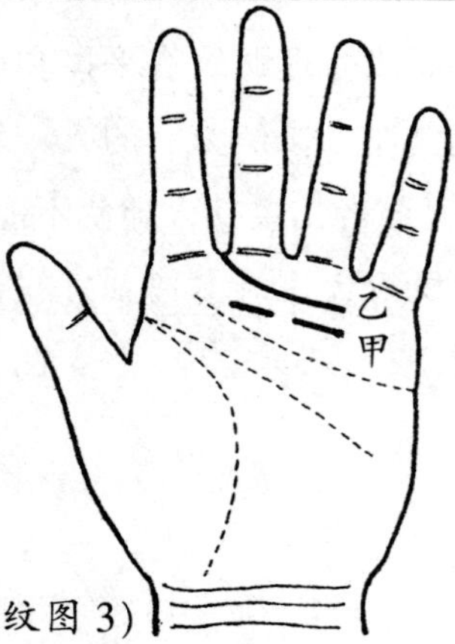(理财纹图 3)	理财纹断成两截（甲）者，男性主其人一生偏财多过正财，但中年败业损财，女性主中年婚姻不美满，非离即克。理财纹一端漏入中指与食指之间（乙）者，男性主其人有异想天开之心理，终日梦想发财，但事与愿违，即使偶有所得亦会迅速失去，女性主初婚不美满，非离即克，或主迟婚。

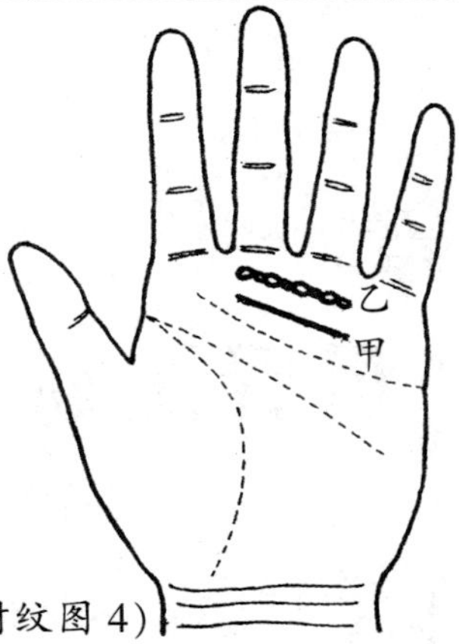 (理财纹图 4)	理财纹纹正深秀不过长过短（甲）者，男性主其人一生财星大旺，很会理财，又常多贵人，可得偏财横财致富，或因结婚而得财，同时主早婚，婚姻美满，女性主嫁有财富之丈夫。理财纹成链状（乙）者，男性主其人之财产多因经营特种行业或不法事业而获得，终必遭受异灾奇凶之报应，女性主产厄恶疾而不善终。
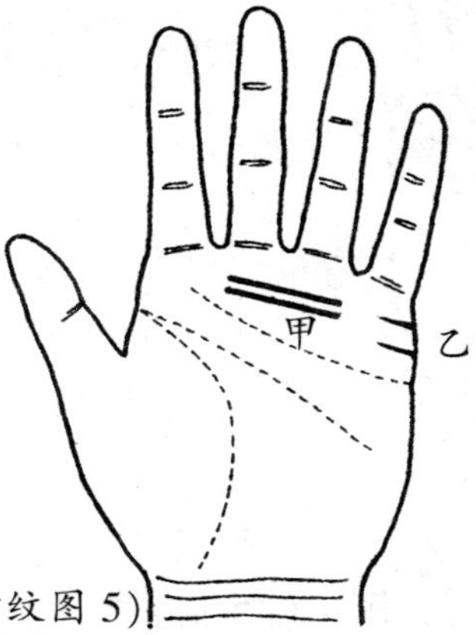 (理财纹图 5)	天纹纹痕不显，似有似无，首端无枝纹，末端无叉纹（甲）者，不论男女，主其人冷酷无情，不知感恩图报，如艮宫再高起肥厚者，则主其人只有欲念而无爱情可言，手掌柔软者尤验。如天纹粗浅而阔（乙）者，不论男女，主其人生活放荡，不重感情，平日为人，自私自利之至。
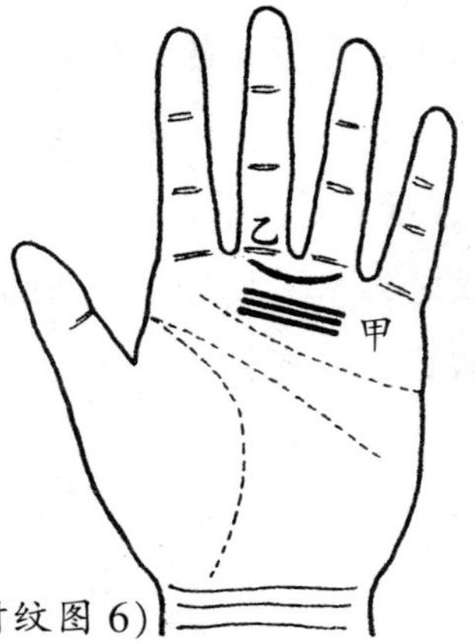 (理财纹图 6)	理财纹有三条（甲）者，理财纹如纹正深秀，男性主其人圆通多智，正财偏财俱旺，又常有贵人（含异性贵人）协助，常得意外之财。但不宜同时出现月晕纹（乙），否则，好色贪淫，财来财去。

第十五章
月晕纹(金星带)观看法则

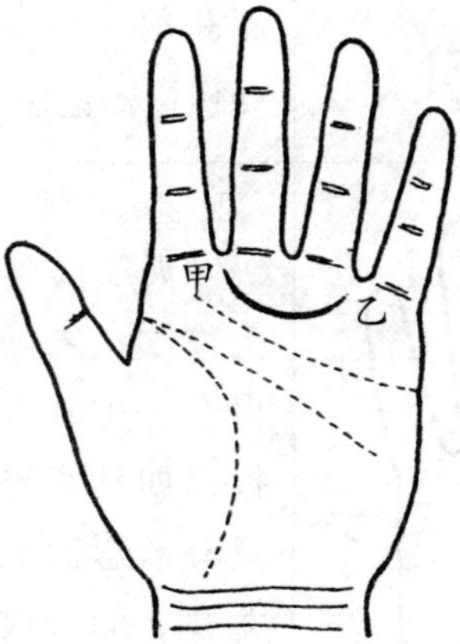

月晕纹之部位特性

起于食指与小指间之弧形纹（甲至乙），中国手相学谓之“月晕纹”，西洋手相学谓之“金星带”。月晕纹系脑组织之意念激发心脏与血液循环及消化代谢泌尿等系统之内分泌侵蚀而成，因形似月晕，故而得名。月晕纹形状完整，纹细深秀者，男性可享祖业，青少年运佳，可得功名，并个性优良，人品高尚，有多方面之才华，女性则主可早婚，婚姻美满。

完美的月晕纹并不多见，大多有月晕纹之人，不是月晕纹两端锁指漏缝，就是月晕纹纹粗色暗，或断乱冲破等瑕疵，故笔者认为吾人掌中最好是没有月晕纹。

月晕纹之各种相理休咎

月晕纹的10种相理休咎具体图释如下：

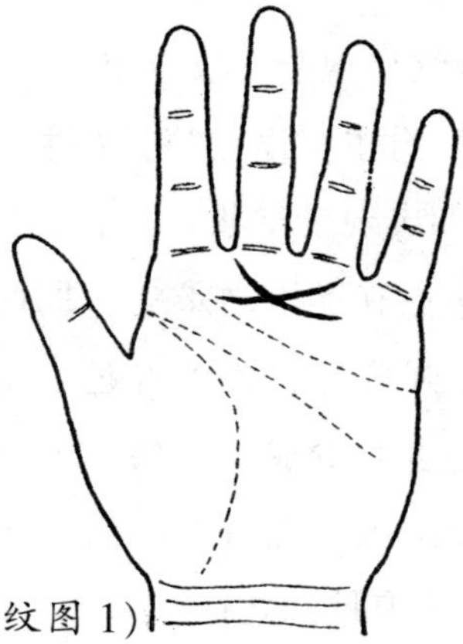 (月晕纹图 1)	月晕纹两条交错（如图示）者，不论男女，主其人为人热诚，性情温和，婚姻美满，家庭幸福。但必须纹深细秀，无乱纹冲破者始验。
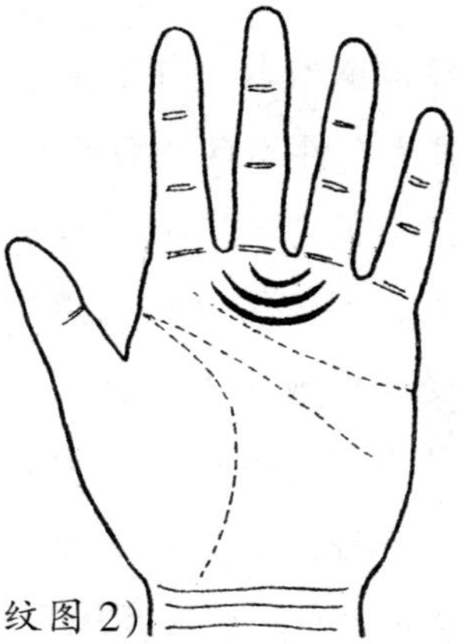 (月晕纹图 2)	月晕纹有三条以上（如图示）者，不论男女，主其人好奇好胜，性刚贪淫，纹正者，男性中年事业有成，女性旺夫兴家。纹不正者，男性中年运蹇，破败失官，女性中年婚姻不美满。如月晕纹超过三条以上者，则主爱情不专，有滥交异性的倾向。
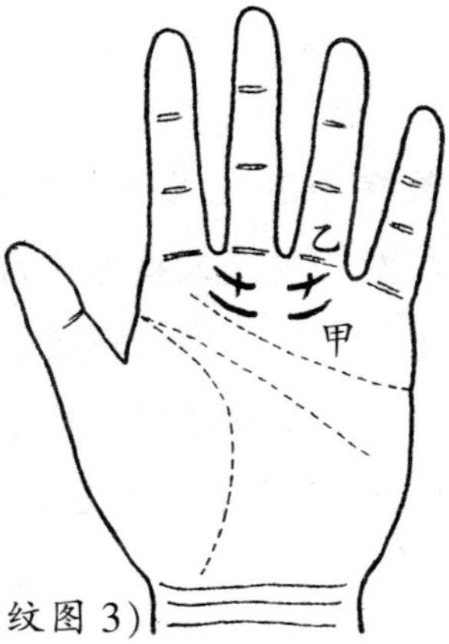 (月晕纹图 3)	月晕纹（甲）短短两条，纹正细秀，又无乱纹冲破者，不论男女，主其人感情丰富，婚姻美满。如月晕纹被乱纹冲破（乙）者，则不论男女，主情绪不稳定，感情不诚挚，多幻想愁思，易患神经衰弱症，手掌过于柔软者更验。

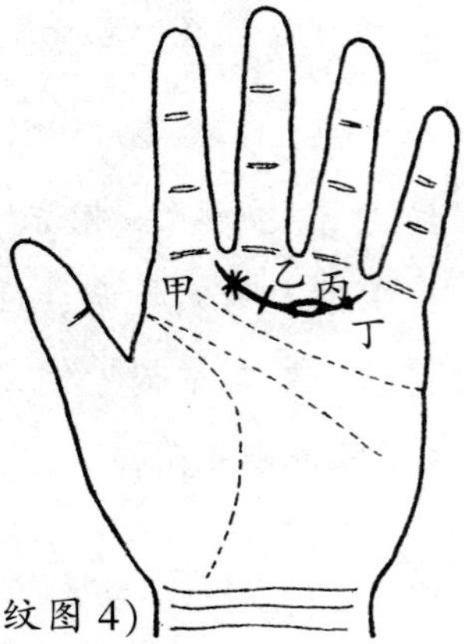 (月晕纹图 4)	月晕纹出现金星纹（甲），小直纹（乙）者，男主荒淫败德，女主“人尽可夫”。如出现蛋空状（丙）者，不论男女，均主有不治之难症，同时神经过敏，性强躁急，贪淫好色，寡情薄义，一生事业少成，早婚不利，不离即克。如出现斑点（丁）者，不论男女，主其人有性病之征。
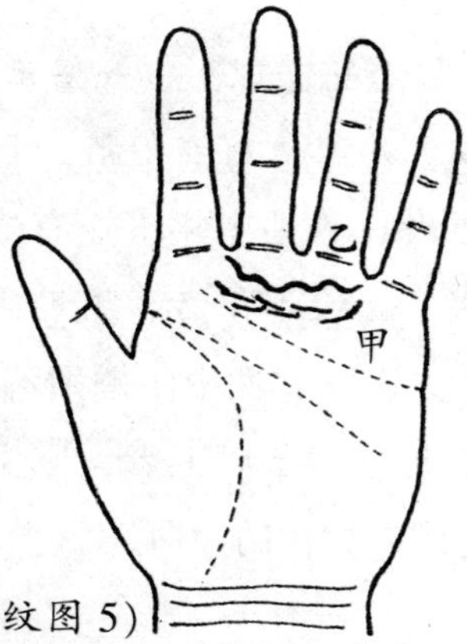 (月晕纹图 5)	月晕纹成断续状（甲）者，不论男女，主其人个性不良，婚姻不美满，并有“意淫”的心理。月晕纹成曲线状（乙）者，不论男女均主感情太过丰富，易受异性或小人之害。又多愁思悲观，处事思前顾后，欠缺果断精神，因此，男性一生事业少成，女性并有神经衰弱之症，不能相夫旺子。
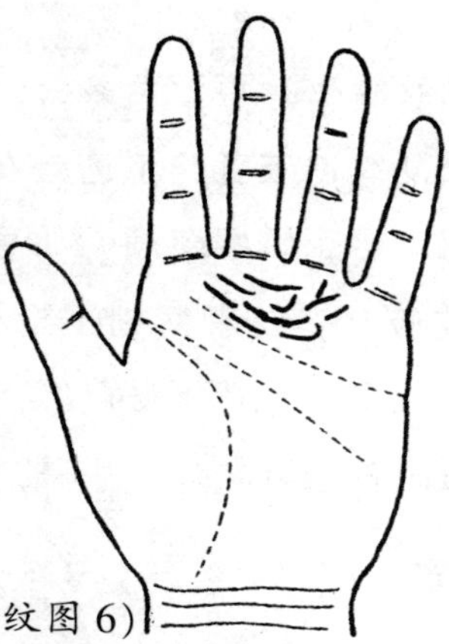 (月晕纹图 6)	月晕纹多条杂乱无章（如图示）者，不论男女，主其人喜怒无常，幻想多思，纵情肉欲，婚姻不美，并防血光凶灾，又有不良嗜好，严重者并有同性恋倾向，手形丑陋者更验。

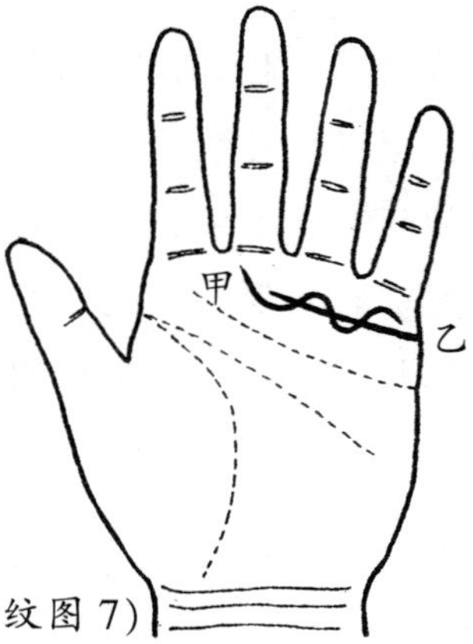

(月晕纹图 7)

月晕纹（甲）与家风纹（乙）相互纠缠冲破者，不论男女，主其人个性自私自利，情绪很不稳定，有神经衰弱之疾，爱情婚姻不顺，非离即克，但半路婚姻（即第二次婚姻）者减半论。

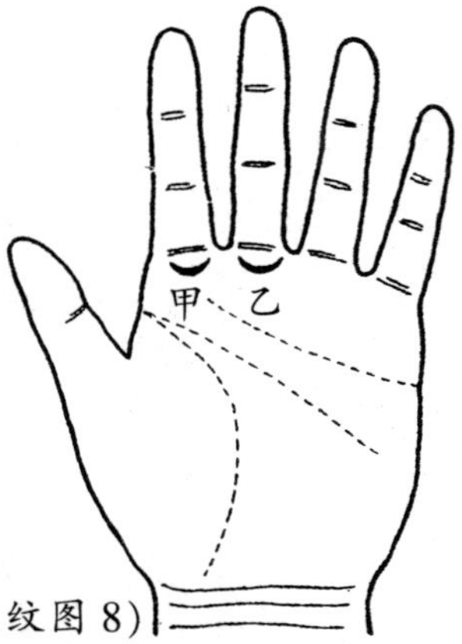

(月晕纹图 8)

月晕纹出现在食指之下（甲）者，西洋手相学谓之“木星环”，不论男女，主其人智慧高超，有第六感，男性主事业有成，女性主婚姻美满。月晕纹出现在中指之下（乙）者，西洋手相学谓之“土星环”，不论男女，主其人虽有智慧才华，但个性怪异，欠积极性，男性主事业难成，女性主婚姻不美满。

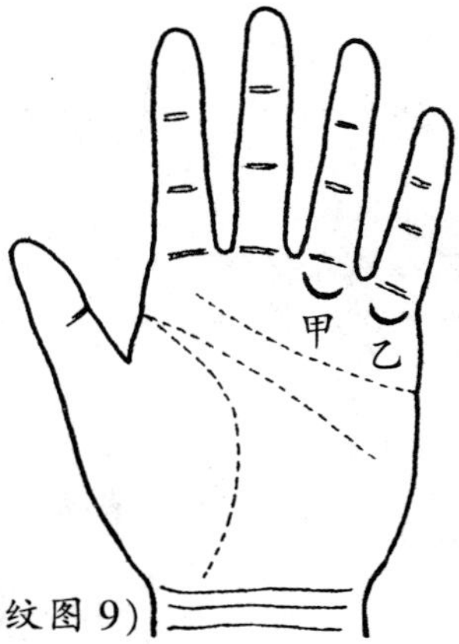

(月晕纹图 9)

月晕纹出现在无名指之下（甲）者，不论男女，主其人自私自利，欠缺公德心，男性主一生事业难成，婚姻不美，到老孤贫。女性难嫁有成就之夫，婚姻不美，到老孤贫。月晕纹出现在小指之下（乙）者，不论男女，主其人健康长寿，但个性孤癖，事业小就而已，女性难嫁有成就之夫。

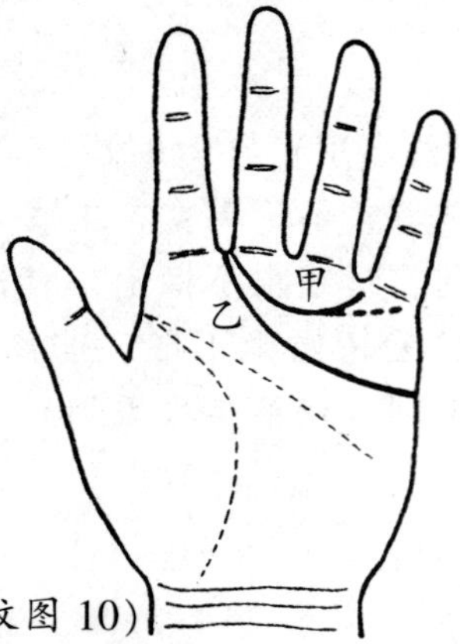 (月晕纹图 10)	月晕纹（甲）与天纹（乙）同时漏入食指指缝者，男性主其人个性热情倔强，初年交友不慎，并有不良嗜好，聪明反被聪明误，因此，初年事业难成，如月晕纹末段纹正色明又未锁指漏缝者，晚年仍可小发。如末段再到达小指之下者，并主高寿。女性主先苦后甜。

观相感言

何谓迷信？萧湘居士曰：凡崇信的事物，不能以科学性的或一般性的标准加以界定和解释者，即谓之迷信。

例如：一、对于荒诞虚幻的事物坚信其存在。

二、对于不可能发生的事物坚信其会发生。

三、崇信宿命论。

四、崇信三世因果论。

五、崇信各种造命改运之法。

六、崇信各种宗教有关妖魔鬼魅、法力无边、天堂地狱和宇宙起源的怪诞之说。

七、崇信由神棍捏造或不能查考的神祇和偶像。是以人相学何迷信之有？

萧湘居士　撰

第十六章
贵人纹(火星线)观看法则

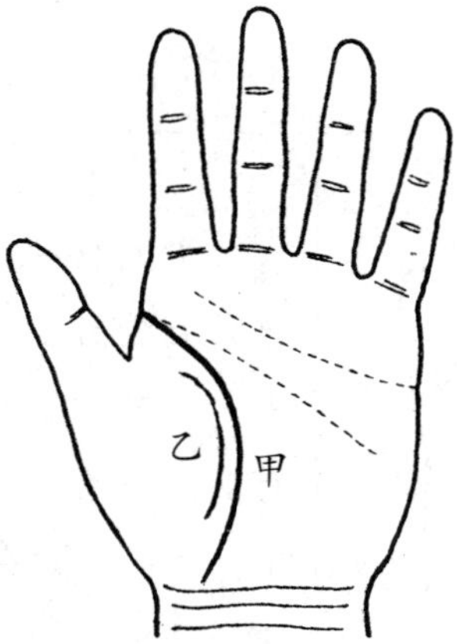

贵人纹之部位特性

地纹（甲）旁出现之短纹（乙），中国手相学谓之贵人纹、祖荫纹、阴骘纹，西洋手相学谓之内生命线、火星线、保险线。不论男女，主其人祖德深厚，赋性侠义，作风豪爽，具有勇敢冒险之精神，为人热诚厚道，处事公正守法，最适宜军职发展，或从事危险工作，当危险发生时，可逢凶化吉，尤以地纹秀长，再出现秀长而又贴近地纹之贵人纹之人，其人虽一生出生入死亦可履险如夷有惊无险。贵人纹亦为脑组织之意念激发内脏之内分泌侵蚀而成，与父祖之遗传特别有关，凡父祖积有阴德之人，地纹旁必定会出现或长或短之贵人纹。

贵人纹之各种相理休咎

贵人纹的 10 种相理休咎具体图释如下：

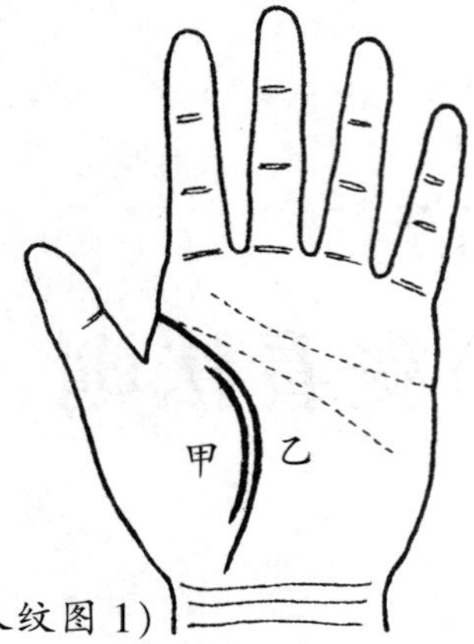 (贵人纹图 1)	天纹愈长，一般言感情愈浓，天纹长达食指之下（甲）者，主其人不论男女，感情丰富，敢爱敢恨，但此种人醋劲亦大，往往因爱情而滋生事端。天纹如长到掌边（乙）者，则男女均主任性，嫉妒心尤大，如再靠近人纹者，又主个性急躁，气量亦小，夫妻之间或兄弟朋友之间，每因小事争吵不休。
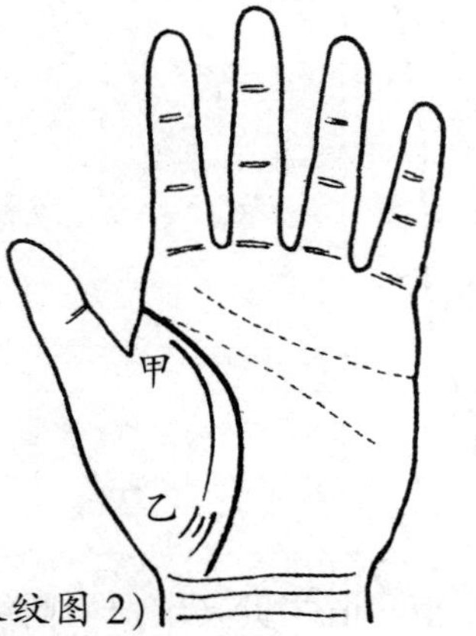 (贵人纹图 2)	贵人纹起自震宫到达艮宫（甲），纹长五公分以上者，不论男女，主其人一生福寿吉祥，富贵到老。贵人纹有二、三条（乙）者，男主健康高寿，子孙荣昌，常有贵人相助，事业有成，遇凶化吉。另说主其人异性缘多，有多次恋爱机会。女性主旺夫兴家。
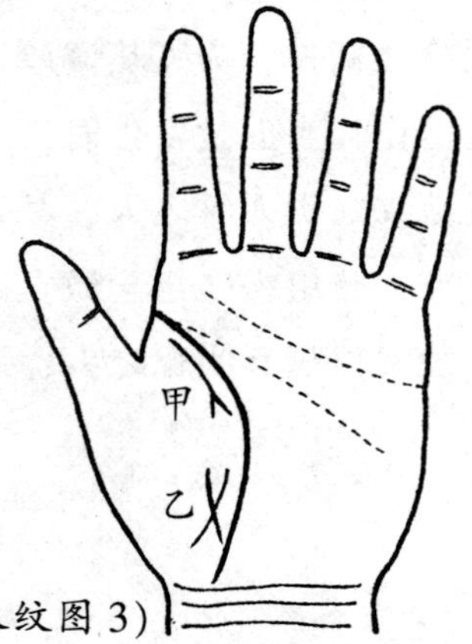 (贵人纹图 3)	贵人纹末端开叉或驳杂不秀（甲）者，不论男女，主婚姻不美，不离则克。另说主贵人或骨亲分离远去。贵人纹成交叉状（乙）者，中国手相学谓之“玉带马”，男性主其人一生事业顺利有成，逢凶化吉，晚年愈老愈荣，名利双收，同时老当益壮，子孙繁衍，女性主旺夫兴家。

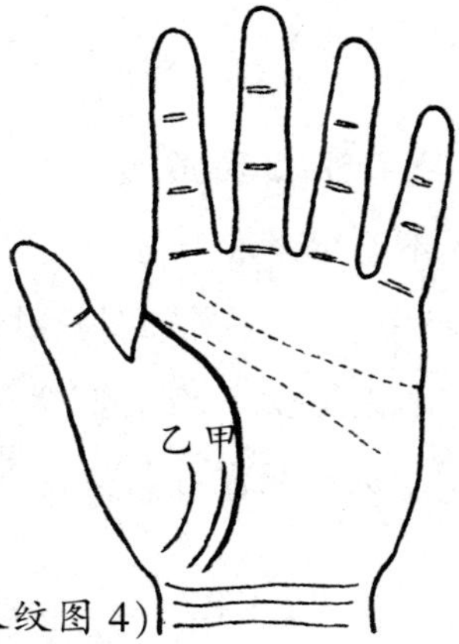 (贵人纹图 4)	贵人纹起于艮宫又靠近地纹（甲）者，不论男女，均主婚姻美满，或受配偶之帮助而成就事业，该纹愈长，吉征时间愈长。贵人纹与地纹之距离超过 1 厘米以上（乙）者，不论男女，主配偶个性不良，不易相处，婚姻生活不美满，夫妻有离异之可能。
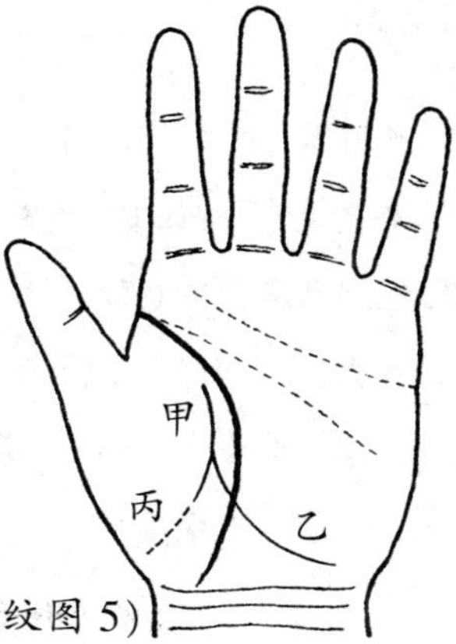 (贵人纹图 5)	贵人纹（甲）长出枝纹（乙）斜下乾宫者，男性主一生虽能逢凶化吉，但个性刚烈急躁，情绪不稳定，同时有沉湎酒色之倾向，女性主其人婚姻不美满，一生多风流韵事。如贵人纹(丙、虚线部分）末端离地纹愈来愈远者（超过 1 厘米以上），不论男女，象征夫妻沟通不良，感情空疏。另说近亲难靠朋友得力。
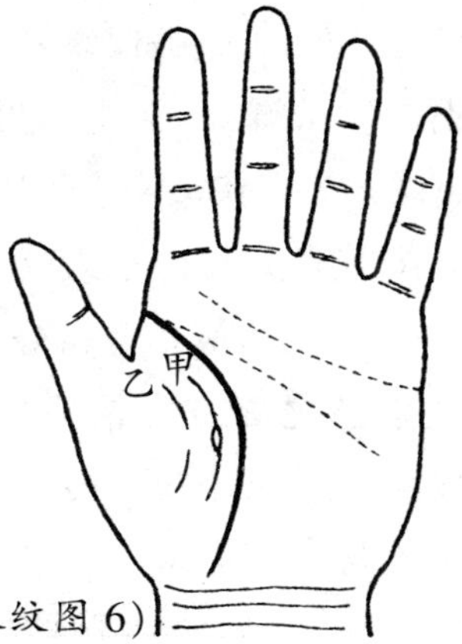 (贵人纹图 6)	贵人纹出现蛋空状（甲）者，不论男女，均主婚姻不美满，双方感情不睦，彼此互不信任。另说内亲为害配偶和家庭。贵人纹中断（乙）者，不论男女，均主配偶有不测之灾或突然死亡。另说婚姻破裂，或贵人反目成仇。

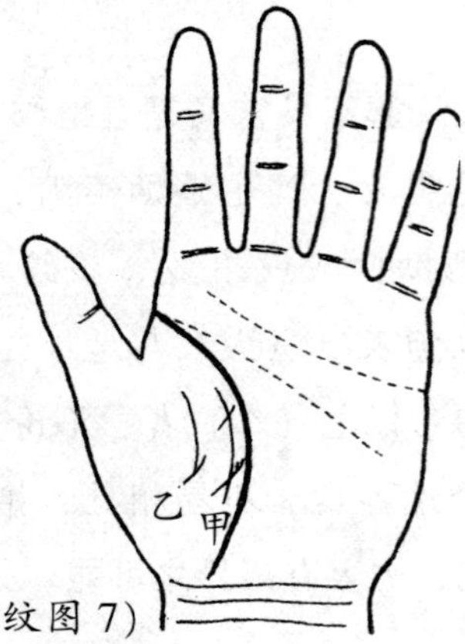(贵人纹图 7)	贵人纹有小横纹或夜叉纹冲断(甲)者，不论男女，均主刑克配偶，配偶灾病难免。贵人纹末端有纹阻挡(乙)者，不论男女，均主婚姻不美，不离则克，贵人纹粗浊者尤验。
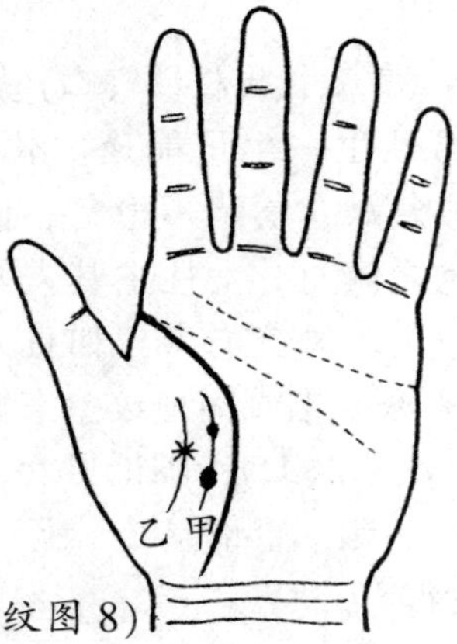(贵人纹图 8)	贵人纹出现斑点(甲)者，不论男女，贵人纹之吉征效果因而减弱或消失。贵人纹出现花星(乙)者，男性主其人艺高胆大，有侠义精神，如入伍从军，必建立功勋并享终身荣誉，女性则可为巾帼英雄或系女强人。
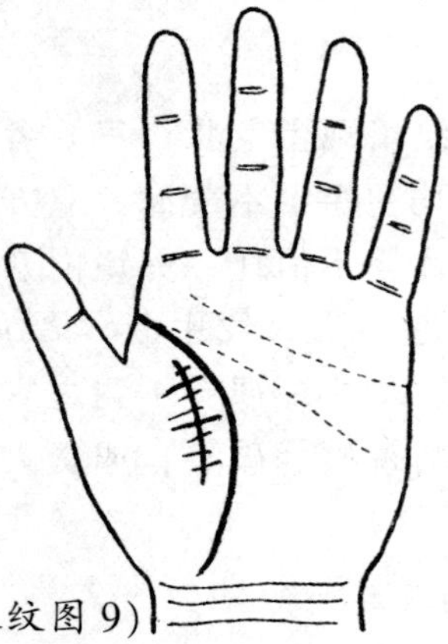(贵人纹图 9)	贵人纹上出现众多小横纹者，中国手相学谓之“劳碌纹”，不论男女，均主个性热诚，为人侠义，喜管闲事，神经过敏，纵有贵人易变小人(含六亲不和)，一生奔波劳碌，常做好不讨好，又主招性急之妻或嫁性强之夫，并主儿女成群(农业时代可超过七人以上，现今因周天命运不同，子女也会三四人)。

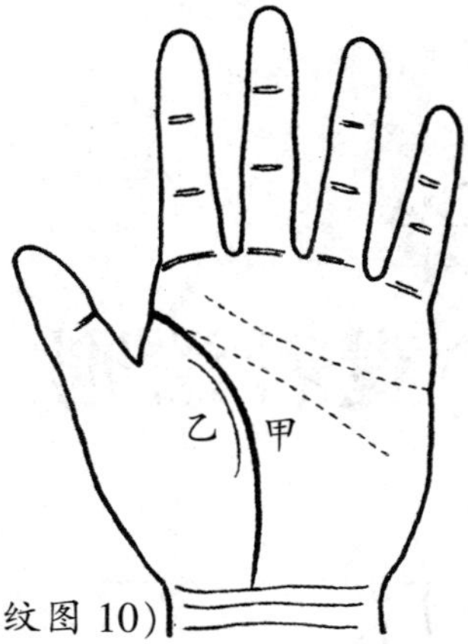

(贵人纹图 10)

地纹（甲）内侧出现紧贴地纹之细纹（乙）者，中国手相学亦谓之为贵人纹，西洋手相学则谓之为伴随线，主其人婴儿时期或幼少年时期，曾受到乳母义母或父母以外之亲人抚养。

观相感言

所谓泄漏天机

看相算命是泄漏天机吗？而会得到孤、若、贫、残的报应吗？余认为“泄漏天机”之说，乃系先贤之训示规定，意即告诫从事看相算命者，要有使命感，不可危言耸听，要能谨言慎行，以免贻害社会众生。人相学先贤认为美风鉴者，教人趋吉避凶，指引迷途错路，亦非遇富贵者则大张夸奖，逢贫贱者则恣意讥笑，夸奖则失乎耻，讥笑则失乎德。凡遇奸佞诈伪奸邪淫荡者，更当谨言，可与言不与言者失人，不能与言而与言者失言，美风鉴者既不失人亦不失言。吾人假能坚持原则，焉有遭受报应之可能？

萧湘居士　撰

第十七章 旅行纹(游历线)观看法则

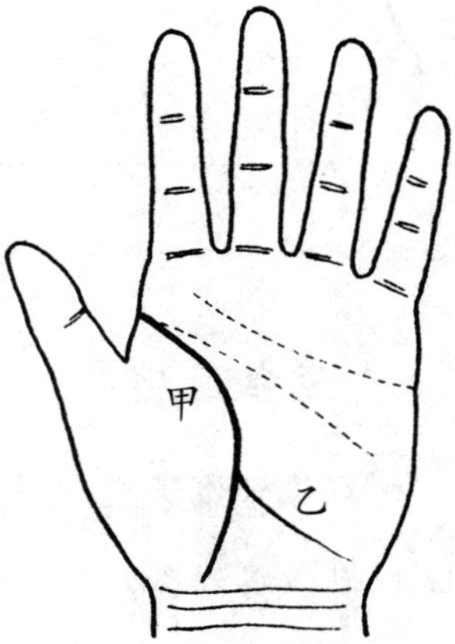

旅行纹之部位特性

地纹（甲）中端至末端出现趋向乾宫之枝纹（乙），中国手相学无以名之，笔者参照阅人经验，名为“旅行纹”或“出国纹”最为恰当，西洋手相学则名为“游历线”。但所岔出之部位过小，线条过于纤细短小者，则不以旅行纹论，乃健康日益退步，或老年生活日艰的象征。如岔出之小纹长而有力，不论男女，主其人思想开放志在四方，喜欢结交新朋友及新事物，又有好奇探险精神，当然更喜欢旅行，迟早必离乡发展，或出国读书进修。

旅行纹系因脑组织自小就有向往外地或外国事物的意念，所激发脏腑的内分泌侵蚀而成。

旅行纹之各种相理休咎

旅行纹的 6 种相理休咎具体图释如下：

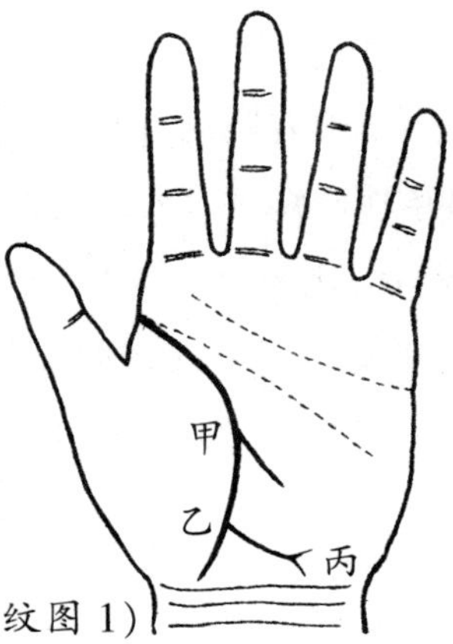 (旅行纹图 1)	地纹中端岔出旅行纹（甲）者，不论男女，主其人青年时期即有出国读书或移民机会，并有缔结异国婚姻之机缘。地纹末端岔出旅行纹（乙）者，主其人晚年时期才有旅行机会，但末端开叉（丙）者，不论男女，主其人性喜旅行，经常马不停蹄，游历四方，或象征其人从事贸易工作，或外交工作，必须经常出国。
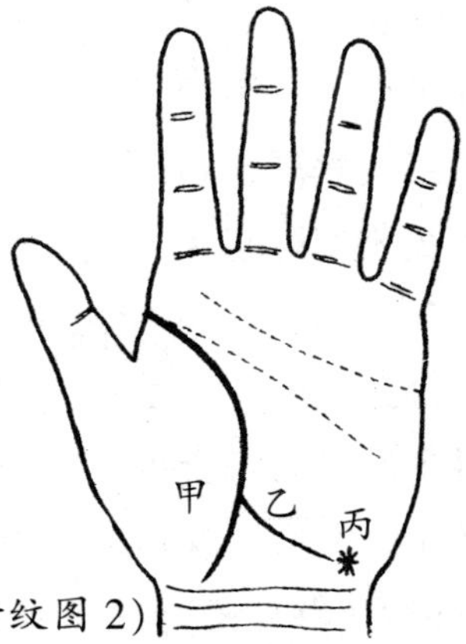 (旅行纹图 2)	地纹（甲）末端岔出之旅行纹到达乾宫（乙）者，不论男女，主其人有远离出生地移民他国，终老异乡之可能。如旅行纹末端再有金星纹（丙）者，则主其人可成为伟大的探险家，但金星纹亦象征旅行或探险途中，会发生不测之灾，或发生是非损财之事。
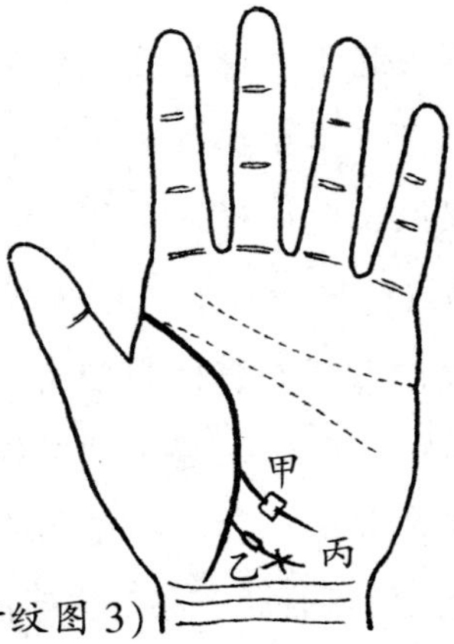 (旅行纹图 3)	旅行纹成截然性之中断（甲）者，不论男女，主其人旅行中遭遇意外危险，但中断处有玉新纹保护者，可以化险为夷，有惊无险。旅行纹出现蛋空状（乙）或失神纹（丙）者，不论男女，主其人旅行意愿不能达成，或旅行中遭遇阻力，例如交通中断，战乱灾疫，或旅费证件被窃，家人紧急召唤等情况而半途折返。

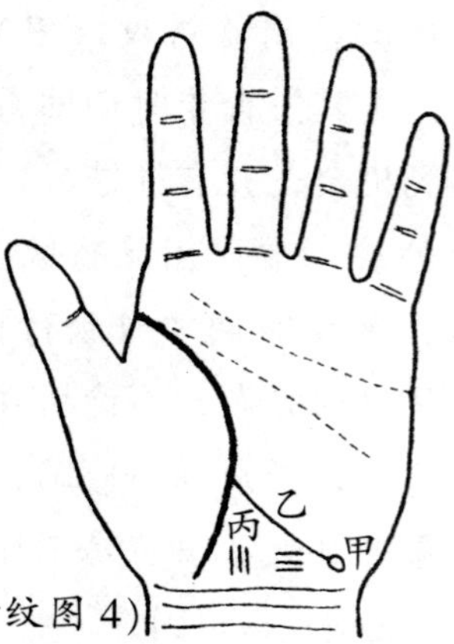 (旅行纹图 4)	旅行纹末端有圆圈（甲），或坎宫部位有多条横向短纹（乙），或坎宫部位有多条向上之短纹（丙）者，不论男女，主其人一生中都要防水厄，旅行在外时，当然更要特别注意水厄之险。
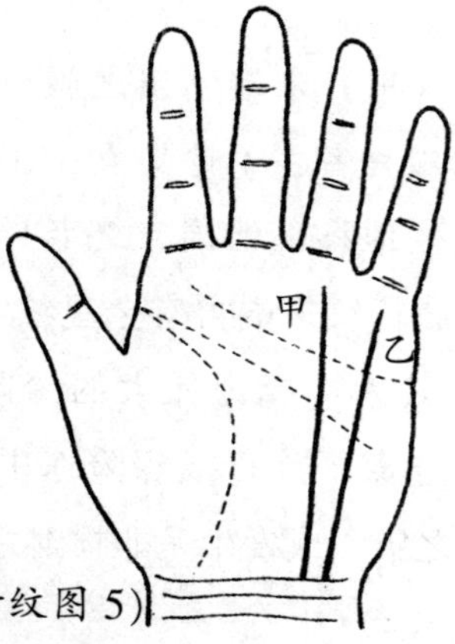 (旅行纹图 5)	旅行纹起于动脉纹上升到达无名指之下（甲）者，不论男女，主其人必离开出生地发展，初运即佳，中运更旺，终必获致财富和名望。旅行纹起自动脉纹上升到达小指之下（乙）者，不论男女，主其人必离开出生地发展，而在偶然的机会中获致意外的财富。（注：上述二纹因起于动脉纹右侧，故不以玉柱纹论。）
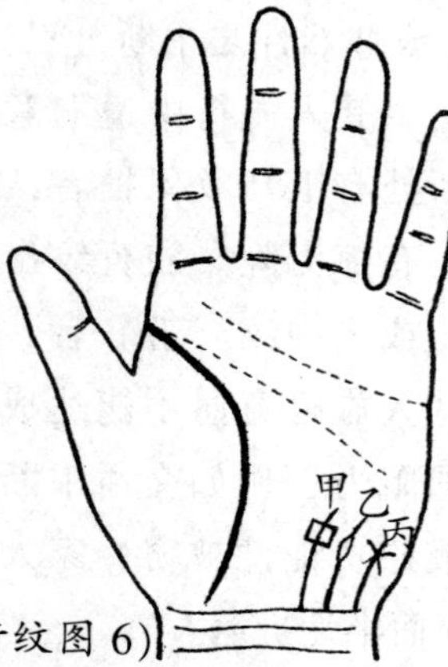 (旅行纹图 6)	旅行纹起于动脉纹而末端有玉新纹（甲）者，不论男女，主其人远行有危险灾厄，但能逢凶化吉。旅行纹起于动脉纹而末端有蛋空状（乙）者，不论男女，主其人旅行愿望落空，远行必见损财。旅行纹起于动脉纹而末端有失神纹（丙）者，不论男女，主其人远行无任何收获，必定失望而归。

第十八章
迷心纹(影响线)观看法则

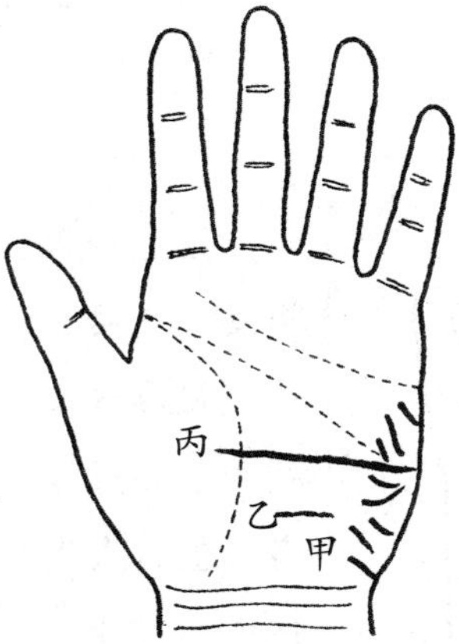

迷心纹之部位特性

起于动脉纹和天纹之间，位于掌边之横纹或斜纹，中国手相学谓之迷心纹、旅行纹、出国纹，西洋手相学谓之纵欲线、影响线、杂线，笔者则谓短而靠近掌边者为“变动纹”（甲），长而位于掌中者为“开刀纹”（乙），长而穿过生命线者为“自寻死路纹”（丙）。先贤谓上述纹理为“迷心纹”亦不无道理，因吾人一生之变动，包括工作、事业、感情、嗜好、旅行等，有顺利亦有不顺利，如不顺利，乃因自己“鬼迷心窍”所致，西洋手相学谓之为纵欲线亦有同样之寓意。迷心纹亦为吾人脑组织之意念激化五脏六腑之内分泌侵蚀而成。

迷心纹之各种相理休咎

迷心纹的 6 种相理休咎具体图释如下：

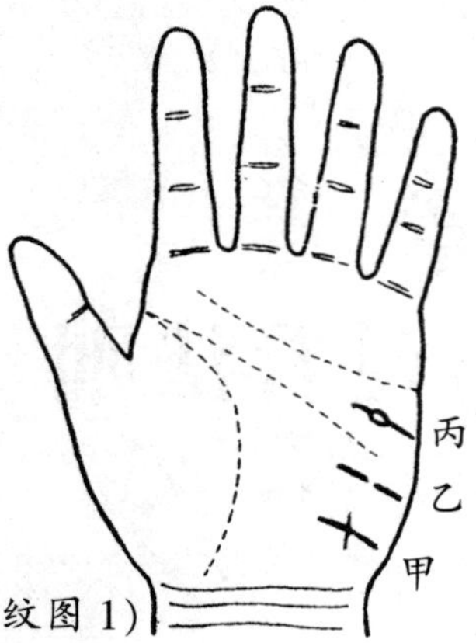(迷心纹图 1)	迷心纹有冲（甲）断（乙）蛋空（丙）者，不论男女，均主初年贪酒色，或事业不顺，悲观痼疾，旅行中多灾难。（注：此种旅行大多为短程旅行，包括出门上班读书，国内游玩等一切时空变动。）
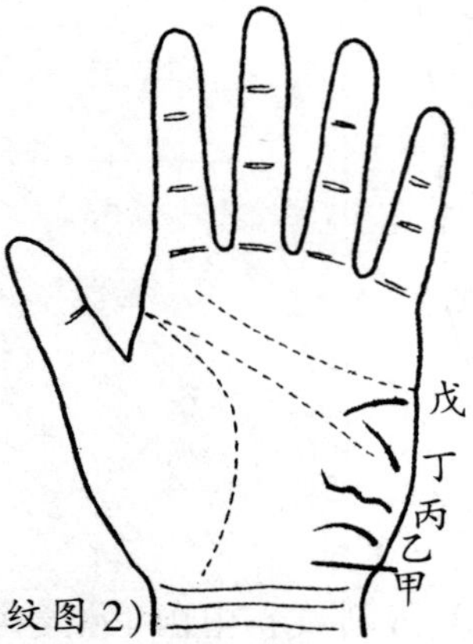(迷心纹图 2)	迷心纹露出掌外（甲）者，不论男女（下同），主其人离家甚早。迷心纹成弧形（乙）者，主其人纵情色欲，精力消耗过度。迷心纹成曲线状（丙）者，主其人当时变动不顺或旅行不顺。迷心纹向上（丁）者，主其人当时变动或旅行顺利。迷心纹向下（戊）者，主其人当时变动或旅行不顺利。
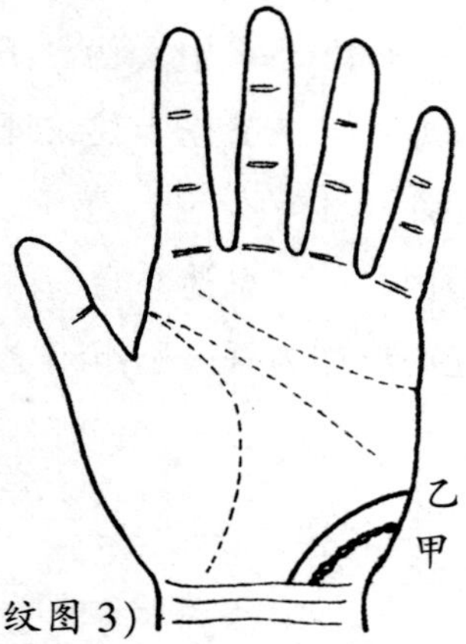(迷心纹图 3)	迷心纹成链状接触动脉纹（甲），或迷心纹下垂接触动脉纹（乙）者，不论男女，主其人有不良嗜好或生活上之恶习，已严重戕害身体健康，如手掌过软，大拇指过短者尤甚。（注：迷心纹之流年以自动脉纹起算至天纹为止分为 70 岁）

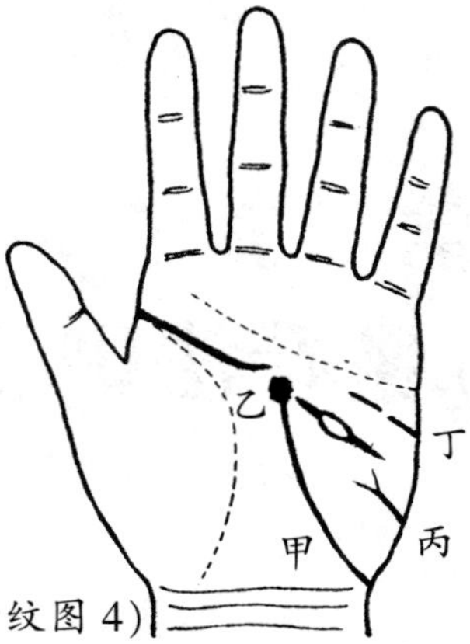(迷心纹图 4)	迷心纹（甲）起自乾宫之掌边而到达人纹，而人纹又有斑点、蛋空、断裂（乙）者，不论男女，主其人旅行途中头部容易受伤，或引发头部之痼疾。迷心纹末端开叉（丙）或断折（丁）者，不论男女，主其人旅行中容易遇到灾难凶险。
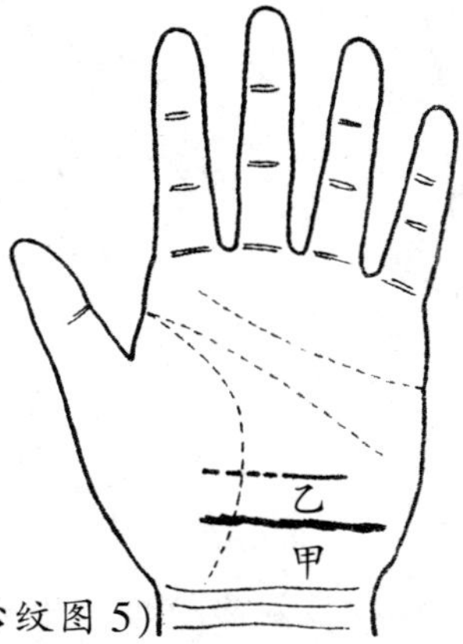(迷心纹图 5)	迷心纹粗宽一条，横贯掌心再穿过地纹到达艮宫（甲）者，西洋手相学谓之纵欲线、畜生线，不论男女，主其人物欲胜过理性，有乱伦强暴心态，或沉湎酒色毒害，迟早必定遭到不幸的结局。掌中出现开刀纹（乙）者，不论男女，主其人必定会动手术，如开刀纹再穿过地纹（见虚线部分）者，则主因动手术而死亡。
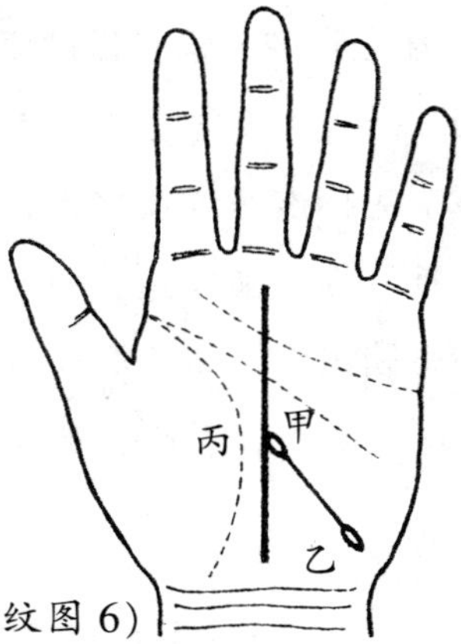(迷心纹图 6)	迷心纹起自乾宫与玉柱纹（甲）相接触，但迷心纹首端出现蛋空状（乙）者，不论男女主其人之配偶曾有过不名誉之事件。如迷心纹与玉柱纹接触处出现蛋空状（丙）者，男性主因女色而事业失败。

第十九章
考证纹(健康线)观看法则

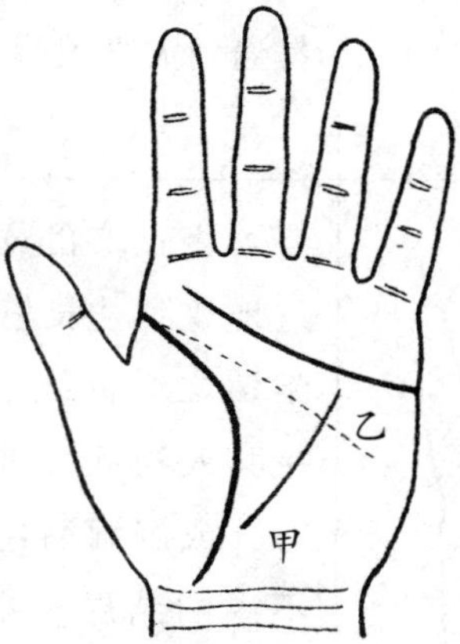

考证纹之部位特性

起于地纹后段与天纹之间，但末与地纹天纹相接触之纹理（甲至乙），中国手相学谓之考证纹，西洋手相学谓之健康线。按考证二字，与中医“辨证”二字同义，是以考证纹乃观看健康好坏之纹理。惟身体健康无病之人，手掌上不一定出现标准的考证纹（如上图示），反之，身体不健康的人，手掌上一定会出现有瑕疵的考证纹。掌上有标准考证纹之人，不论男女，主其人身体健康，有百折不挠的奋斗精神，性机能发达，中老年可得异性协助，事业上可得奇型发展。考证纹亦系脑组织之意念激发五脏六腑的内分泌侵蚀而成。

考证纹之各种相理休咎

考证纹的 8 种相理休咎具体图释如下：

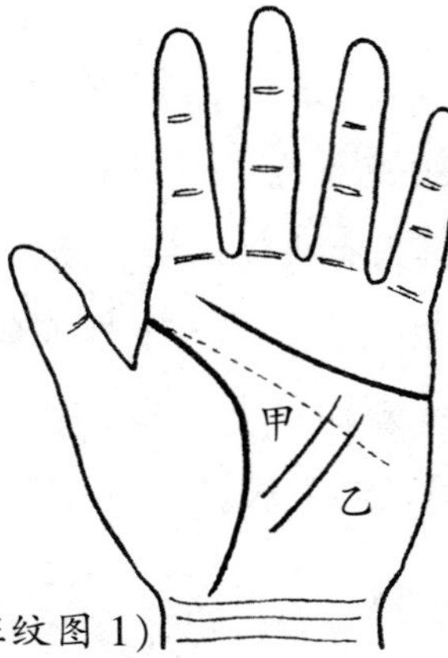(考证纹图 1)	考证纹两条平行，无冲断、曲折、蛋空（甲与乙）者，不论男女，主其人身体健康，精力充沛，子女优秀，意志坚强，奋斗力强，有创造才能，事业终有所成。但个性倔强，性机能发达，好色贪淫，刑克配偶，婚姻不美。
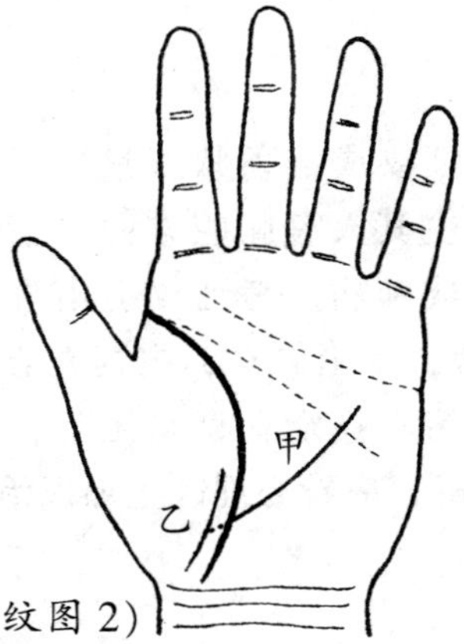(考证纹图 2)	考证纹现于小指之下再下垂与地纹接触（甲）者，不论男女，主其人血液循环系统有宿疾，最低限度表示其人心脏衰弱或血液循环不良。如考证纹再穿过地纹（虚线部分）者，则主其人必因循环系统或其他恶疾而死亡（死亡年龄可依地纹之流年计算之）。如穿过处有贵人纹保护（乙）者，主有良医来救。
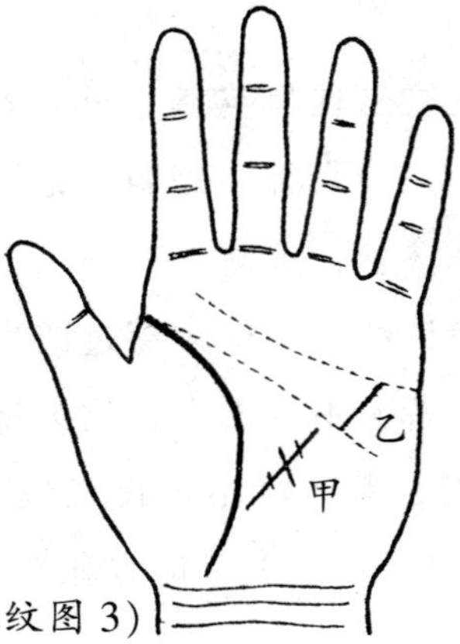(考证纹图 3)	考证纹出现小横纹（甲）者，不论男女，主其人自出现之日起，要注意保健，防疾病来袭。考证纹起于人纹，又与天纹相接触（乙）者，不论男女，主其人之脑部尤其是大脑有隐疾，要特别注意脑部之保健。

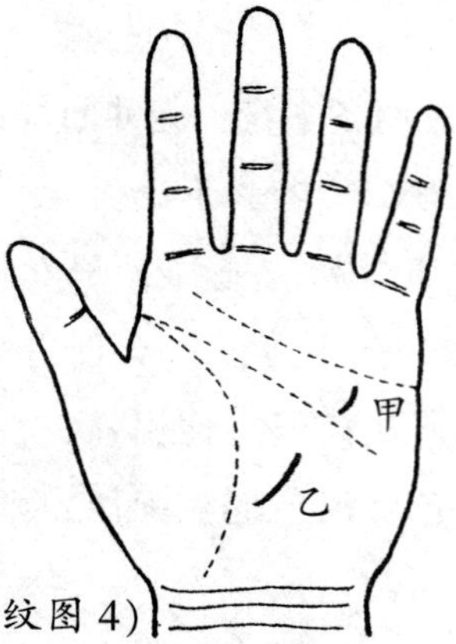 (考证纹图 4)	考证纹短而位上（甲）者，不论男女，主其人有头痛之疾和肠胃之病，如纹短又粗浊者，其人个性亦颇为狡猾。考证纹短而位下（乙）者，主其人有呼吸系统之疾病。
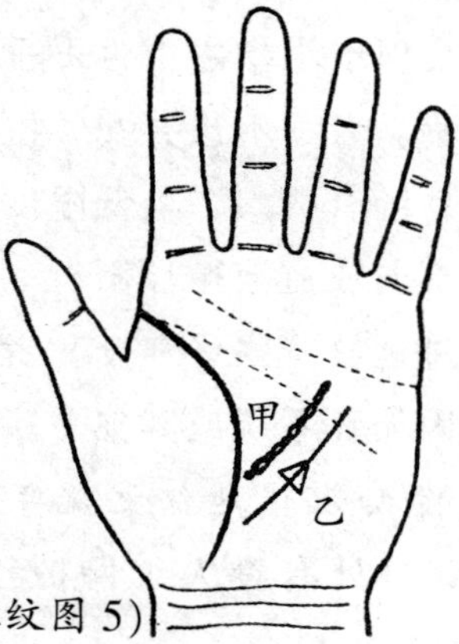 (考证纹图 5)	考证纹成链条状（甲）者，不论男女，主其人有胸腔方面之宿疾，如气喘病或肺病。考证纹上出现三角纹（乙）者，不论男女，主其人心理不健康，情绪不稳定，喜怒无常，内心有心结未解，应看心理医生加以治疗。
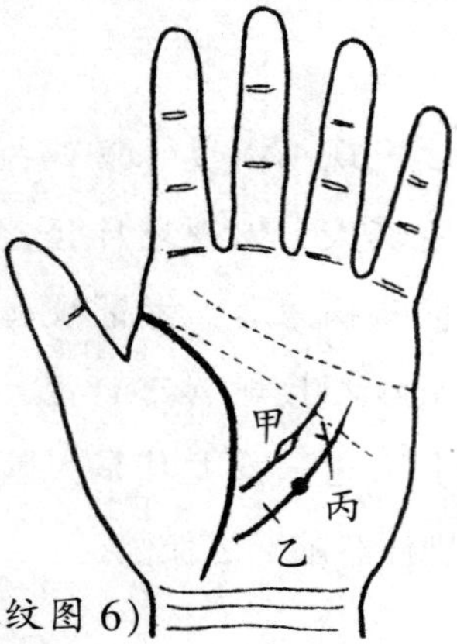 (考证纹图 6)	考证纹出现蛋空状（甲）者，不论男女，主其人神经衰弱，记忆力不强，失眠多梦，大多患有神经系统之宿疾。考证纹有小横纹穿过或出现斑点（乙）者，不论男女，均为疾病来袭之征兆。考证纹出现夜叉纹（丙）者，不论男女，主其人应防奇灾大凶。

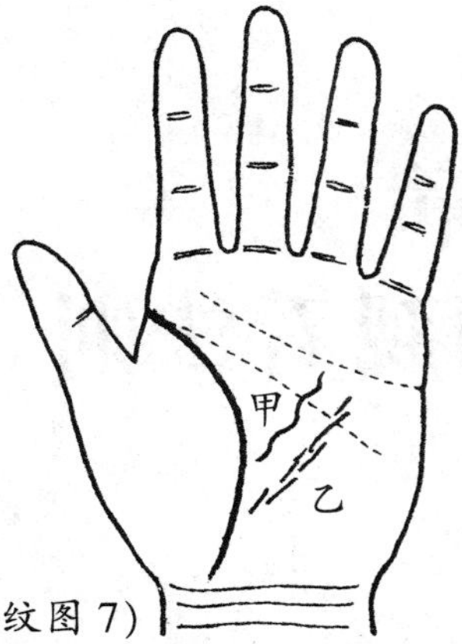(考证纹图 7)	考证纹成曲折状（甲）者，不论男女，主其人先天不足，体质欠佳，随时都可能发病，尤其肝胆应多保健，严重者刑克六亲。考证纹成断续状（乙）者，不论男女，主其人有消化系统、代谢系统之疾病，严重者有心脏病或肾脏病。
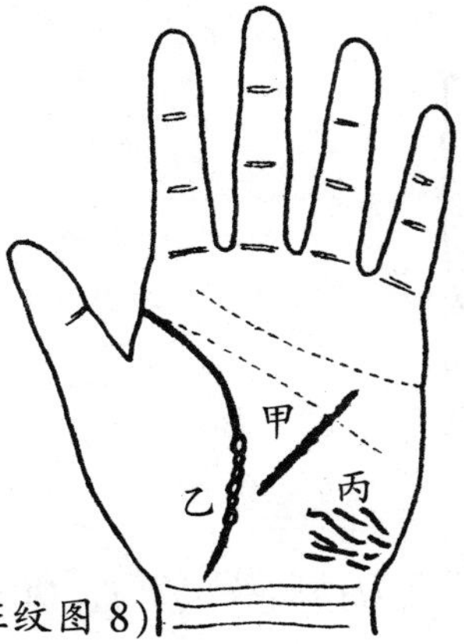(考证纹图 8)	考证纹粗宽深刻（甲）者，不论男女，主其人心脏机能欠佳，常有心悸或心律不整现象，地纹再有链状（乙）者，则主其人一生多病。乾宫出现众多横斜错综之杂纹（丙）者，不论男女，主其人平日摄生不足，或象征其人用脑过度，操劳过度，性生活过度。

观相感言

研究人相学的目的“一在认识自己，一在见相识人。” 孔子云：“知人则哲，知己则明。”栢拉图也说：“人生最基本最伟大的学问就是认识自己。”

萧湘居士 撰

第二十章
动脉线(手腕线)观看法则

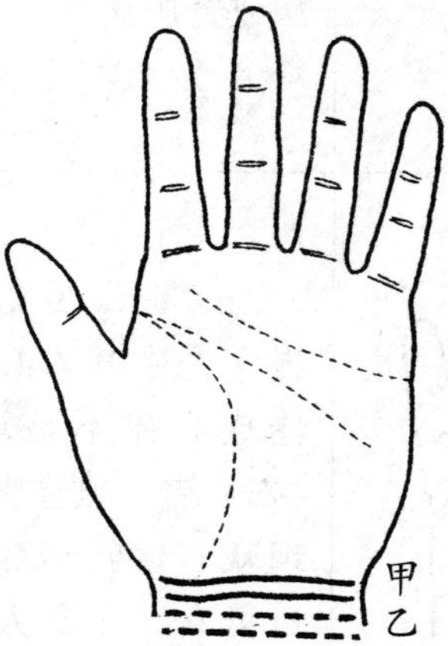

动脉纹之部位特性

介于手掌与手臂间之纹理，中国手相学谓之为动脉纹（甲），西洋手相学则谓之为“手腕线”，日本手相学者，则谓之为“生殖线”。不论男女，每个人均有动脉纹，但每个人的动脉纹均不相同，是以每个人的健康、智慧、个性也不相同，成就与收获也迥异，婚姻状态与生殖能力也不一样。动脉纹之良窳与先天父母之遗传特别有关，与天、地、人三纹同样系在母胎内即已长成，但后天长出之第三条或第四条（乙），中国手相学谓之为阴鸷纹，乃系后天因脑组织之阴鸷意念，激化生殖系统之内分泌侵蚀而成。(见虚线部分)

动脉纹之各种相理休咎

动脉纹的 4 种相理休咎具体图释如下：

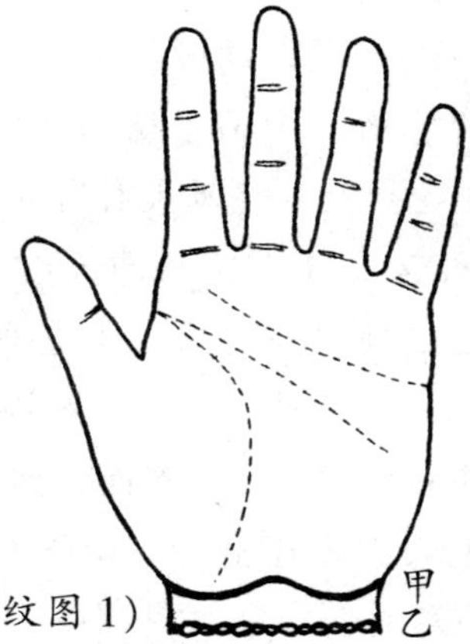(动脉纹图 1)	动脉纹第一条（甲）成弓形状者，男性主有生殖系统隐疾，即使能生育，亦主生男少生女多，女性主有妇科疾病，难怀孕成胎，或损胎难产，如三条全弓者，男女均主不能生育，而有严重生理疾病。动脉纹成链状（乙）者，主其人应注意肠胃、肺肾之保健，第二、三条隐而不见者尤甚，女主产厄或妇科病。
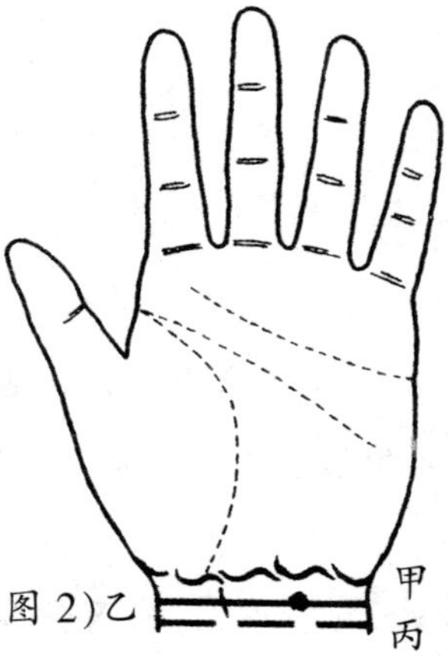(动脉纹图 2)	动脉纹成波浪曲折状（甲）者，不论男女，均主五脏不坚，久病难医，少有生育，婚姻不幸福，事业少成就。动脉纹有冲断、斑点（乙）、断折（丙）者，主其人身体衰弱，并有暗疾。
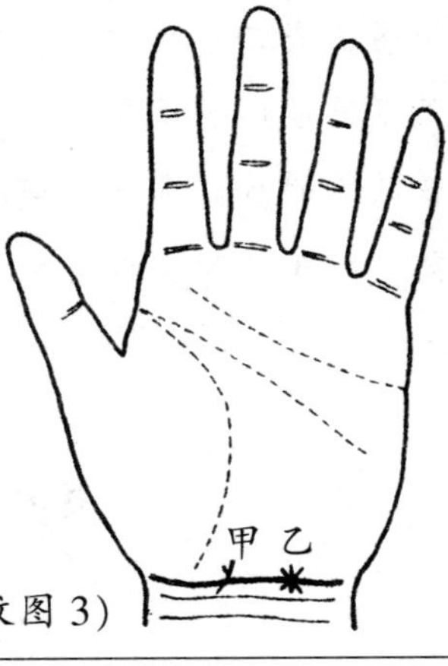(动脉纹图 3)	动脉纹第一条出现夜叉纹（甲）者，不论男女，主其人初年辛苦，事业难成。动脉纹第一条出现金星纹（乙）者，主其人可得意外之财，但必须纹正又明显者始验。

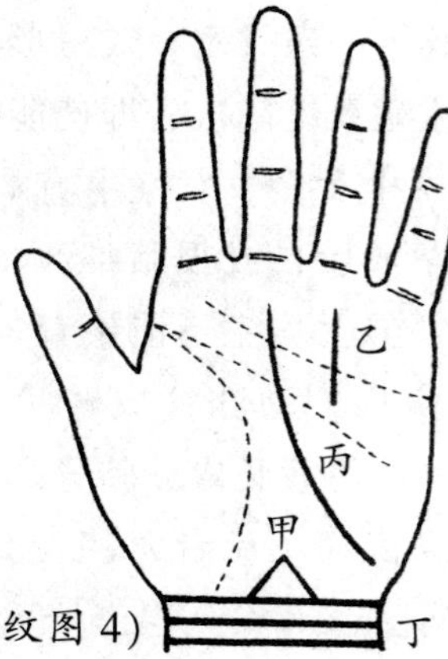(动脉纹图 4)	动脉纹出现以动脉纹为底边之三角形（甲）者，中国手相学谓之为奇富纹，不论男女，主其人有奇才奇智，如再见六秀纹（乙）和冲天纹（丙）者，老运必佳可享财富，但必须纹正明显者始验。动脉纹三条均整齐(丁)，并能环绕手腕一圈而无残缺者，此乃上上大吉之相格，不论男女，主其人福禄寿俱全。

观相感言

萧湘居士曰：什么人可以为吾人改善命运，第一是“自己”，第二是“医生”，他人或神明或其他迷信方法是不能担当此重责大任的，否则，必劳民伤财偾事后悔！观相者或是算命者，只是帮助吾人“认识自己”而已。(自己改运之法请参阅拙著气色大全各章节)

但是，自己及医生能改善的仍只是后天的三分而已，先天部分仍旧无能为力。虽然医生能为吾人修理或更换脏腑器官，然而，不论如何高明的修理或更换零件，仍然无法将十二寸的电视机变成二十寸的电视机。再以需要更换心脏或肾脏的人来说，大多是先天遗传或成胎不良，后天欠缺成就的人，余从未听说一个有成就的人，在青壮年的时候需要更换心脏或肾脏，因为有成就的人，他先天生成就是一部结构精良而又经久耐用的机器也。

萧湘居士　撰

第二十一章
家风纹（婚姻线）观看法则

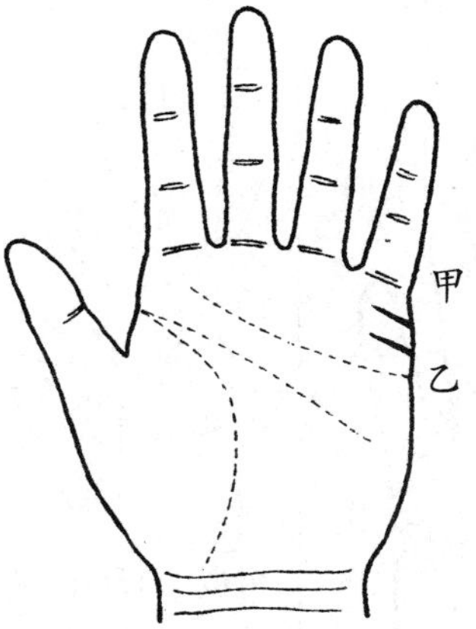

家风纹之部位特性

起于小指之下（甲）和天纹之上（乙）的小横纹，中国手相学谓之家风纹，西洋手相学谓之婚姻线。一般相书，看婚姻之美满与否，均以家风纹之优劣为断。但以笔者阅人经验，其他如天纹、人纹、地纹、玉柱纹、六秀纹、断掌纹、月晕纹、贵人纹、迷心纹、考证纹、动脉纹、以及第二十五章所述之掌纹和面相五官六府及婚姻宫，均可或多或少影响婚姻之美满与否。家风纹各式各样，每人均不相同，是以每个人的婚姻状况也不一样。家风纹亦系脑组织（尤其是小脑）的意念激发五脏六腑（尤其是生殖系统）之内分泌侵蚀而成。

家风纹之各种相理休咎

家风纹的 41 种相理休咎具体图释如下：

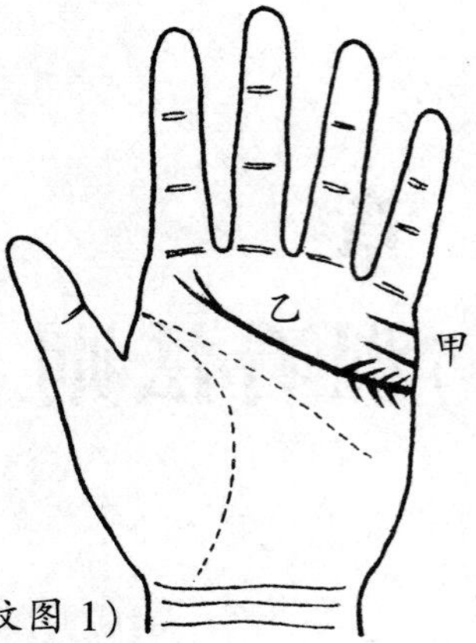(家风纹图 1)	家风纹两条同样长直深秀，距离均等（甲）者，不论男女，均主良缘美满，百年好合，但必须两手之家风纹相同，天纹亦长秀（乙）者始验，否则减分论。
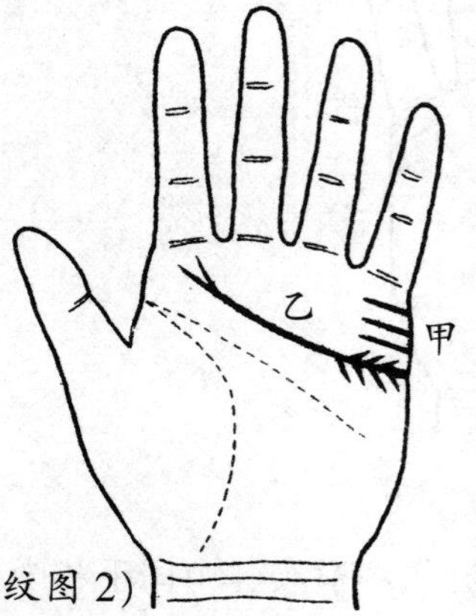(家风纹图 2)	家风纹三条同样长直深秀，距离均等（甲）者，不论男女均主良缘美满，百年好合，但必须两手之家风纹相同，天纹亦长秀（乙）者始验，否则减分论。
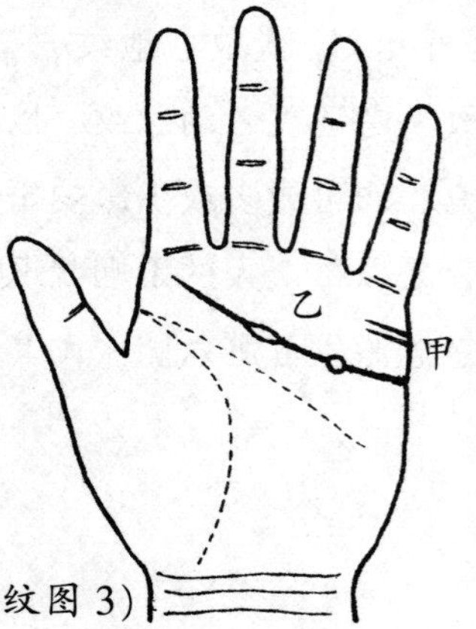(家风纹图 3)	家风纹两条距离极为接近（甲）者，如系男性，主其人婚后有外室，或有长期外遇。如系女性则主其人嫁为妾或婚后有外遇。天纹有蛋空或圆圈（乙）者尤验。

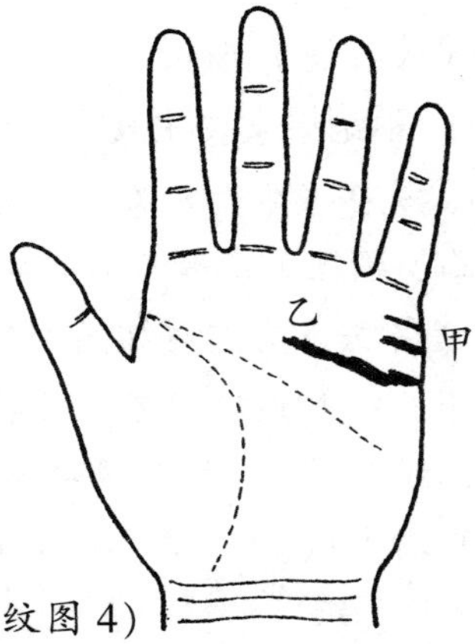(家风纹图 4)	家风纹两条，长短相等，但上纹细秀，下纹粗浊（甲）者，不论男女，均主因贪图对方之金钱而结婚。如天纹再短浊（乙）者，婚姻终欠美满甚或离异。
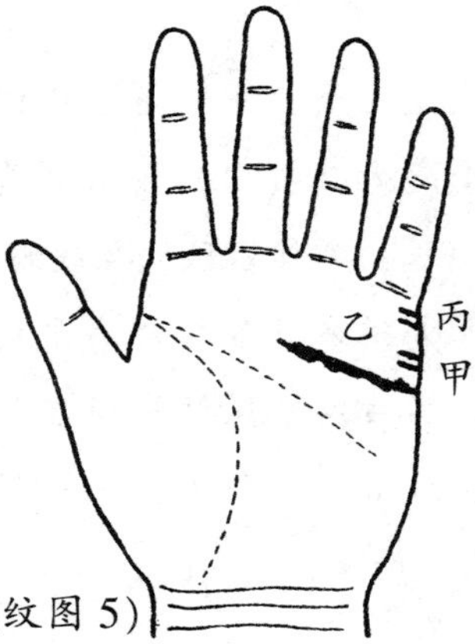(家风纹图 5)	家风纹短短两条（不足一公分谓之短），上下均无小纹，距离过近或线条不明，或纹痕色暗（甲）者，不论男女，均主早无恋爱机会，终须迟婚，若天纹再短浊（乙）者，即使迟婚亦主婚姻不美。家风纹短短两条，距离天纹过远（丙），而天纹又短浊（乙）者，不论男女，均主不得人和，早无恋爱机会，终必迟婚。
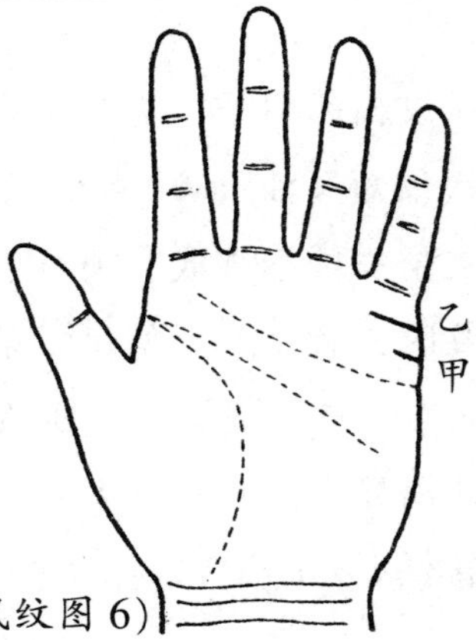(家风纹图 6)	家风纹深秀但短不及小指根部三分之一（甲）者，不论男女，主其人必定早婚，结婚年龄约在二十五岁以前，但纹痕细浅者，不以家风纹论，只是恋爱线而已。家风纹深秀，长及小指根部二分之一以上（乙）者，此为家风纹之标准长度，男性结婚年龄大约在二十八岁左右，女性结婚年龄大约在二十五岁左右。

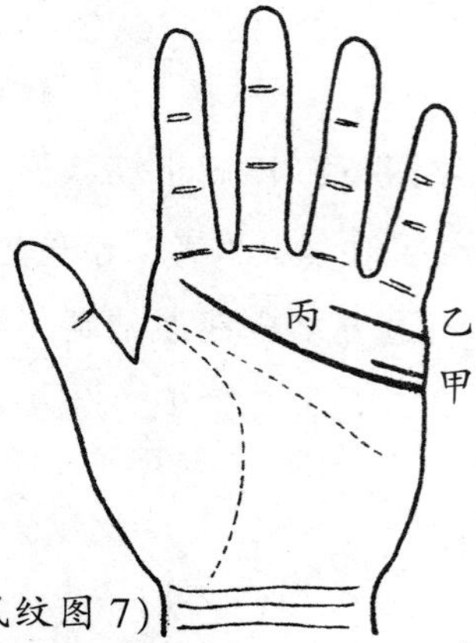 (家风纹图 7)	家风纹（甲）细长一条紧靠天纹（丙）者，不论男女，主其人幼少时即已订婚，或有（为）童养媳。家风纹过长（乙、横过小指第三节即谓之长）者，不论男女，均主对结婚对象要求过于完美，终必迟婚，婚后夫妻感情亦不睦，或夫妻二人终日为债务烦恼。天纹过短者尤验。（注：天纹未到达食指之下谓之短）
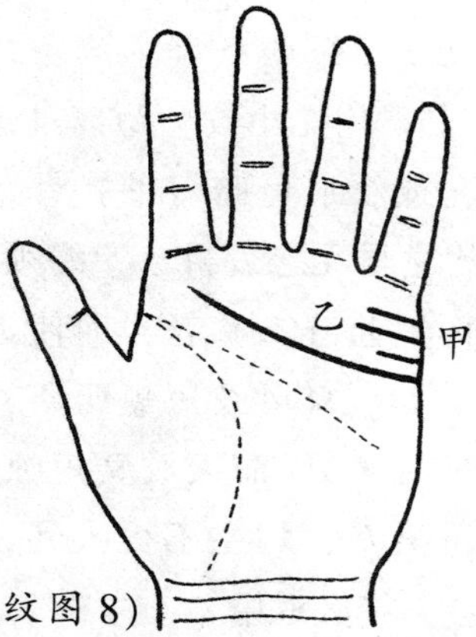 (家风纹图 8)	家风纹三条（甲）者，以纹长而深秀并距离天纹（乙）较近者为结婚年龄。（注：判读家风纹之结婚年龄，以天纹至小指第三节之距离平均为七十等分，然后以家风纹出现在那一等分上，即为结婚之年龄，但女性应提前三至五岁论断）。
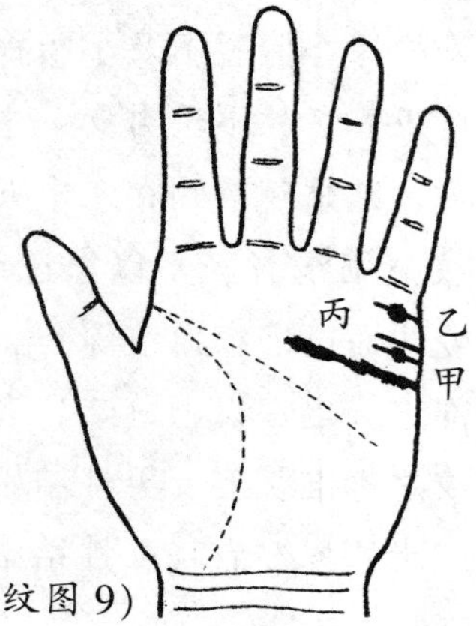 (家风纹图 9)	家风纹相邻两条，第一条有斑点（甲），天纹短又浊（丙）者，不论男女，均主早岁婚姻难成，须待中年交下一条纹时方有良缘。如仅一条而有粗浊之斑点（乙）者，不论男女，均主丧偶或离异，同时再婚无期，必须俟下一条家风纹出现后始有再婚机会。

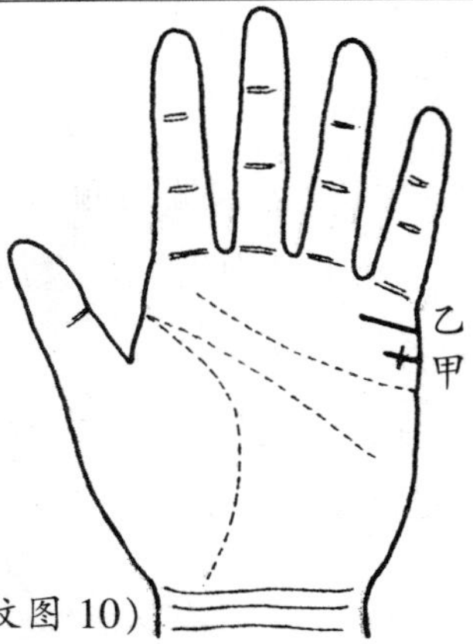(家风纹图 10)	家风纹相邻两条，一长一短，短纹被冲（甲），长纹秀长（乙）者，不论男女，均主初次婚姻失败，但第二次婚姻美满幸福。
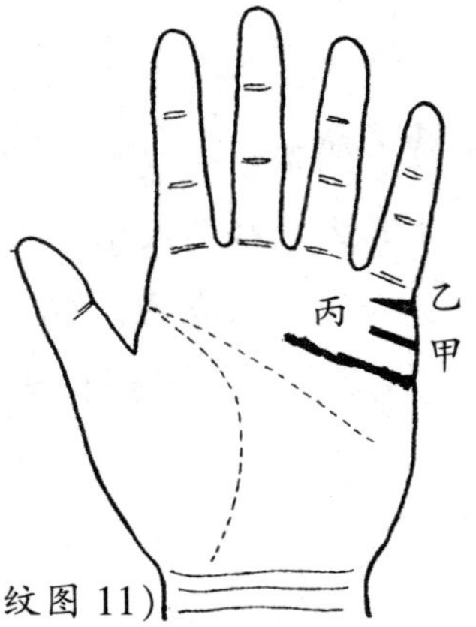(家风纹图 11)	家风纹独见一条粗深又长（甲）者，不论男女，均主早婚，但婚后必见刑克或离异，终必不美，天纹短浊（丙）者尤验。家风纹头大尾小（乙）者，不论男女，均主爱情有始无终，假情假义，初热后冷，终必离异或婚姻不美，天纹粗浊者尤验。
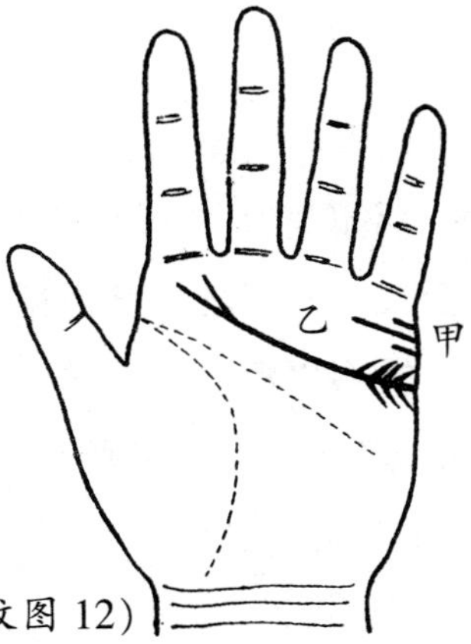(家风纹图 12)	家风纹独见秀长一条，上下又见小横纹（甲）者，不论男女，早婚迟婚均可，并婚姻关系单纯美满，一次顺利成功。如天纹再秀长（乙）者，男女均主二十岁前婚配，婚后婚姻关系美满，诚天作之合。

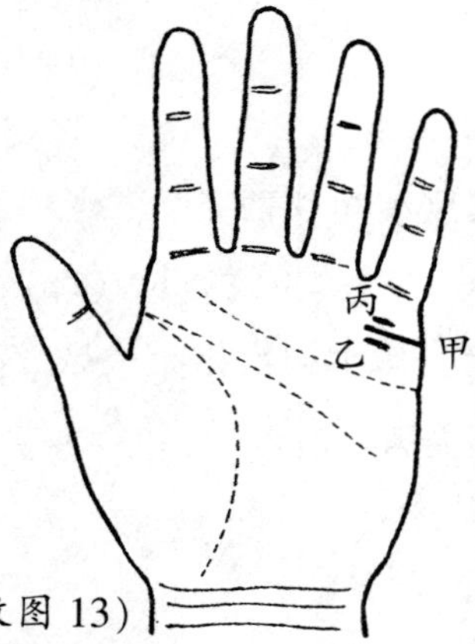 (家风纹图 13)	家风纹（甲）末端两侧出现之小横纹（乙、丙）为外遇纹，图示乙表示其外遇对象为婚前所认识之异性朋友，图示丙表示其外遇对象为婚后所认识之异性朋友。（男女同论）
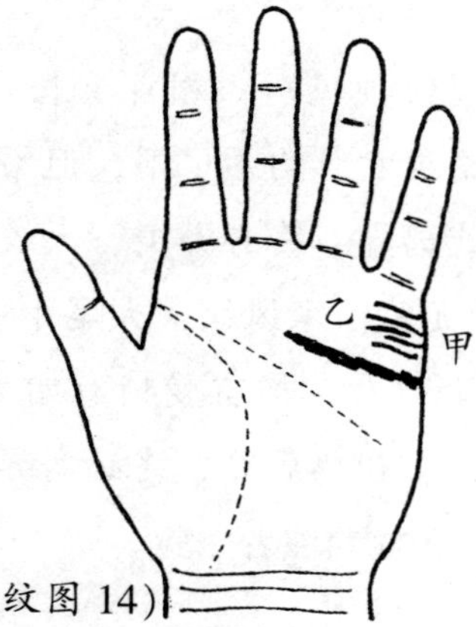 (家风纹图 14)	家风纹有四条以上（甲）者，不论男女，主其人虽经多次恋爱，婚事仍然难成，即使勉强成婚，婚后之婚姻生活亦欠美满。天纹短浊不秀（乙）者尤验。
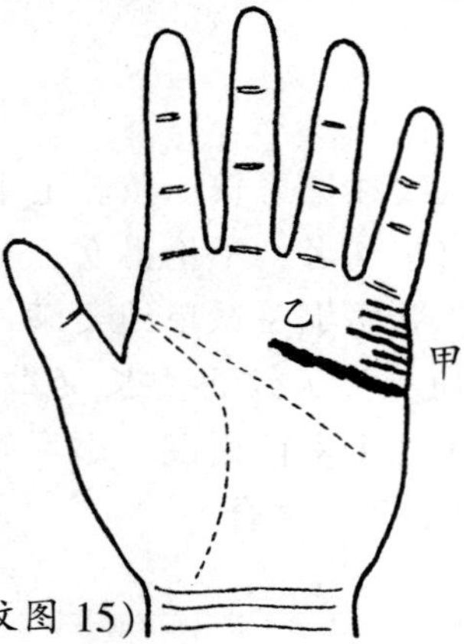 (家风纹图 15)	家风纹多达六条以上并长短不秀（甲）者，不论男女，均主有不正确的婚姻观念及贞操观念，婚前婚后多秘密爱情，婚姻生活必不美满，天纹再短浊不秀（乙）者，必主离异。

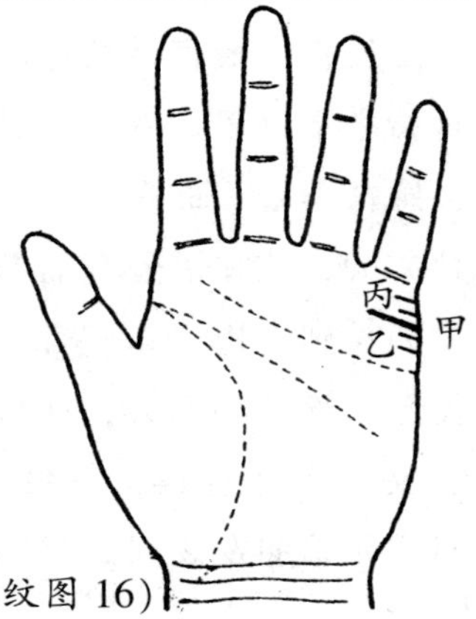 (家风纹图 16)	家风纹（甲）上下出现之细小横纹（乙、丙）不以家风纹论，乃恋爱经过纹。小横纹愈多，表示其恋爱次数愈多。
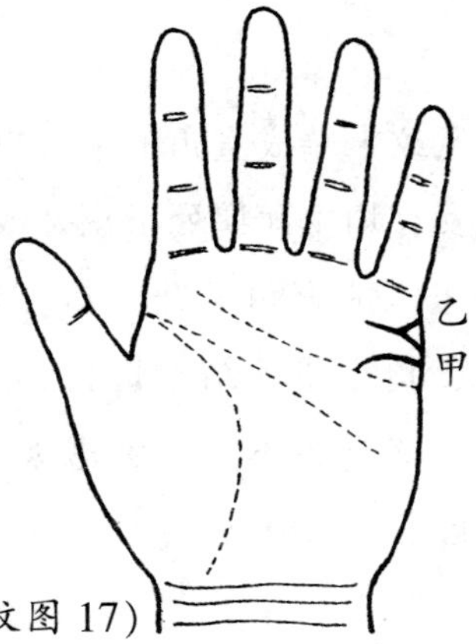 (家风纹图 17)	家风纹下弯接触天纹（甲）者，不论男女，主其人刑克配偶，但纹有断折者减半论。家风纹初起分叉（乙）者，此乃迟婚之征，不论男女，初期恋爱不顺，好事多磨，久后圆满。
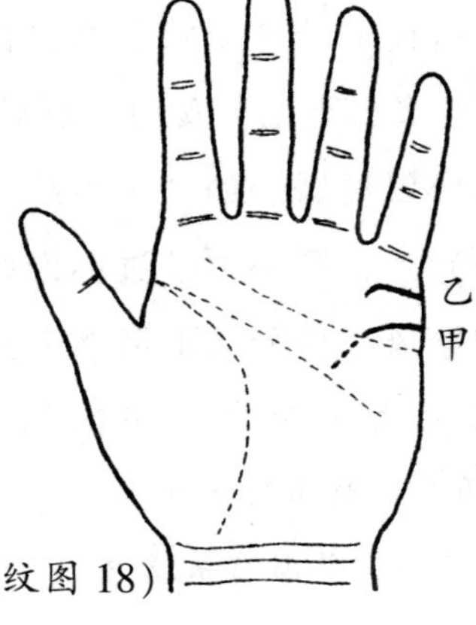 (家风纹图 18)	家风纹下弯与天纹接触（甲）者，不论男女，主其人婚姻不顺或刑克配偶，或配偶多病，纹粗浊或穿过天纹(图示虚线部位）者尤验，但弯下之家风纹断者不验。家风纹略微下弯（乙）者，男女均主配偶先自身死亡或夫妻时生口角。

<table>
<tr><td>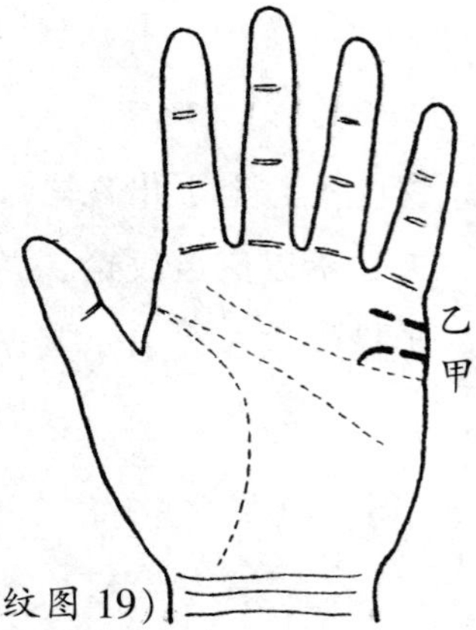

(家风纹图 19)</td><td>天纹愈长，一般言感情愈浓，天纹长达食指之下（甲）者，主其人不论男女，感情丰富，敢爱敢恨，但此种人醋劲亦大，往往因爱情而滋生事端。天纹如长到掌边（乙）者，则男女均主任性，嫉妒心尤大，如再靠近人纹者，又主个性急躁，气量亦小，夫妻之间或兄弟朋友之间，每因小事争吵不休。</td></tr>
<tr><td>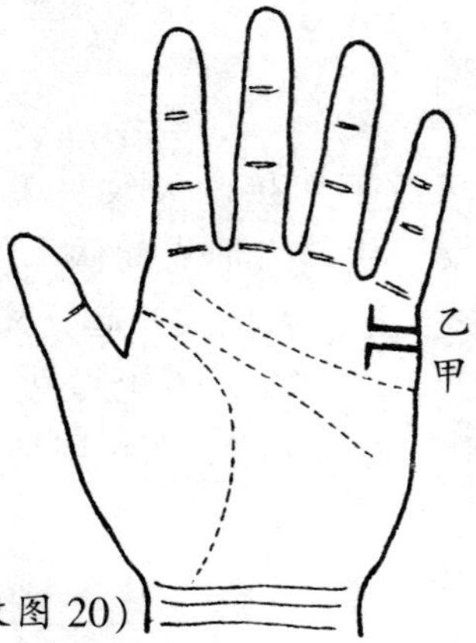

(家风纹图 20)</td><td>家风纹末端成直角下垂（甲）者，不论男女，均主配偶死于意外或离异，家风纹末端成直角上升（乙）者，不论男女，均主早无结婚机会，必定迟婚。其人必自视不凡，考虑太多，终必孤芳自赏，孤独到老。</td></tr>
<tr><td>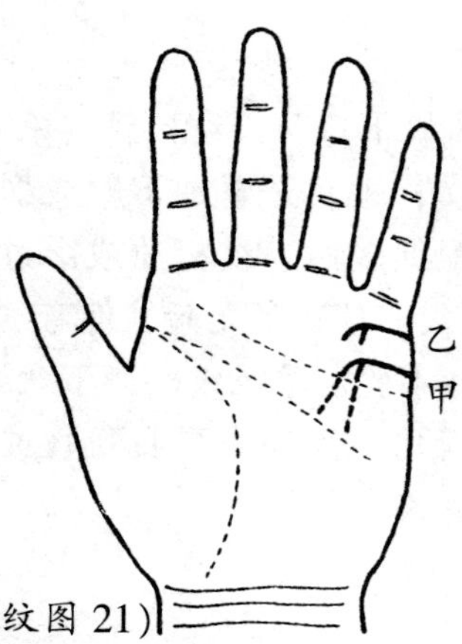

(家风纹图 21)</td><td>家风纹末端作叉状下湾又接触天纹（甲）者，不论男女均主婚姻不美，最终必协议离婚。如穿过天纹（见虚线部分）者，则必须经过诉讼始能离婚。如家风纹仅分叉下湾而未接触天纹（乙）者，男女均主协议离婚。(注：两手同时出现三个叉纹者，主有同性恋倾向，并有自杀意念。)</td></tr>
</table>

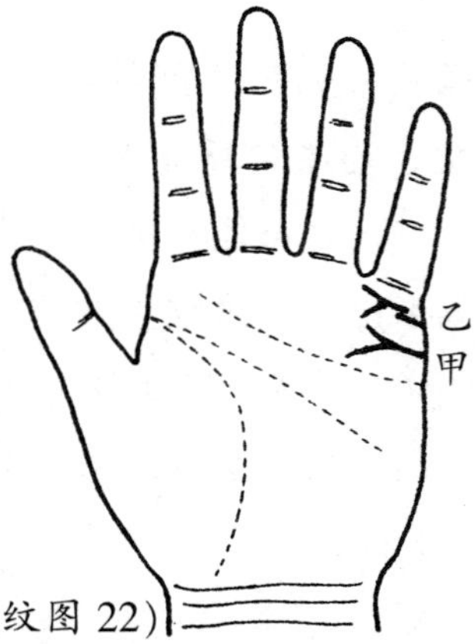(家风纹图 22)	家风纹末端成大叉状（甲）者，不论男女，均主婚后必然离异。家风纹末端成叉状又有衔接姓之中断（乙）者，不论男女，均主婚后离异，但最后又复合和好如初。
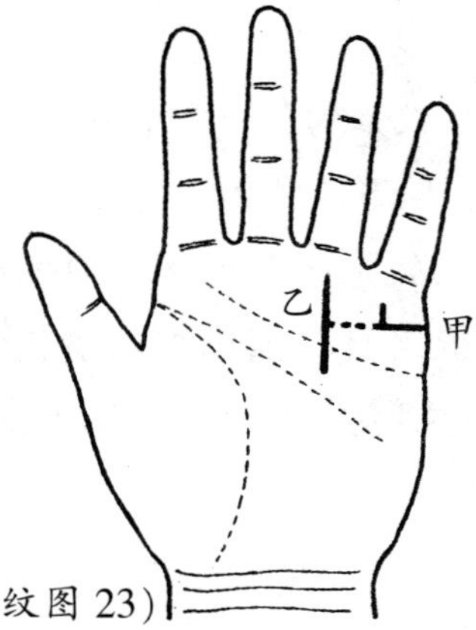(家风纹图 23)	家风纹有枝纹上升（甲），再见六秀纹（乙）者，不论男女，均主婚后幸福美满，贵人帮助创业，地位日隆，中晚年大发。如家风纹再与六秀纹相接触（见虚线部分）者，不论男女，均主与有财有势之人结婚。
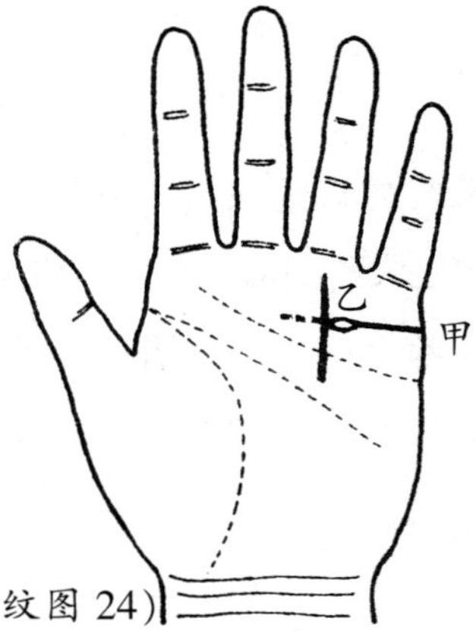(家风纹图 24)	家风纹（甲）与六秀纹（乙）相衔接，但衔接处出现蛋空状，或家风纹穿过六秀纹（见虚线部分），不论男女，均主因结婚而损财，或因结婚而丧失名誉地位，又主夫妻间终日相怨不安。

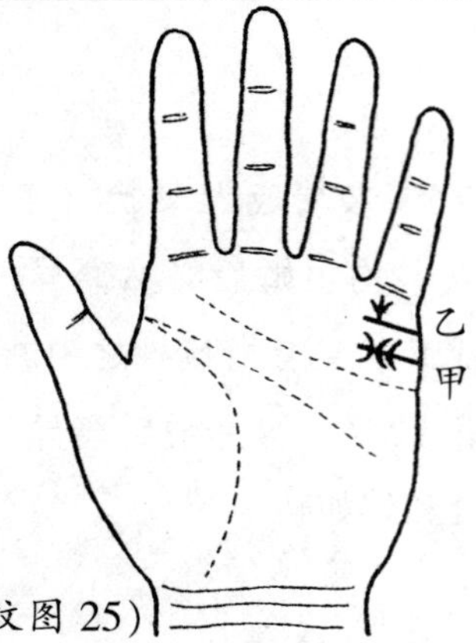

(家风纹图 25)

家风纹形如三叉剑状（甲）者，不论男女，均主贪淫而有乱伦倾向，或有杀妻谋夫之可能，惟出家人及孤苦之人减半论。家风纹生枝纹，枝头再生枝纹（乙）者，男性主好色贪淫，女性主外遇奸情，婚姻终必离异，惟枝纹断者不验。

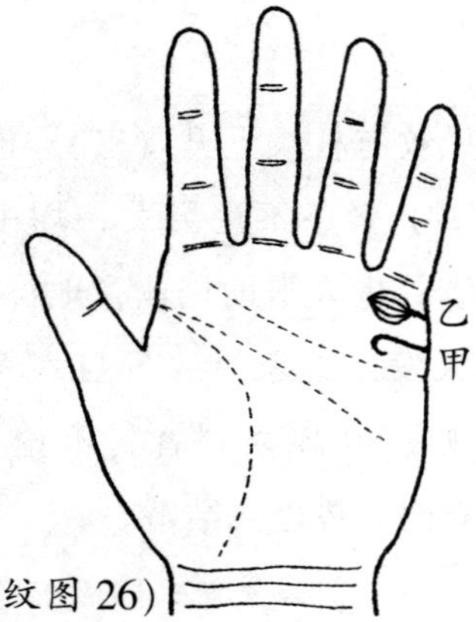

(家风纹图 26)

家风纹如勾状（甲）者，虽不作克离论，但不论男女，均主恋爱不顺，多次遭受异性之欺侮玩弄而无结果，终至怨恨终身。家风纹如扇状（乙）者，不论男女，均主恋爱不顺或因婚事自杀。

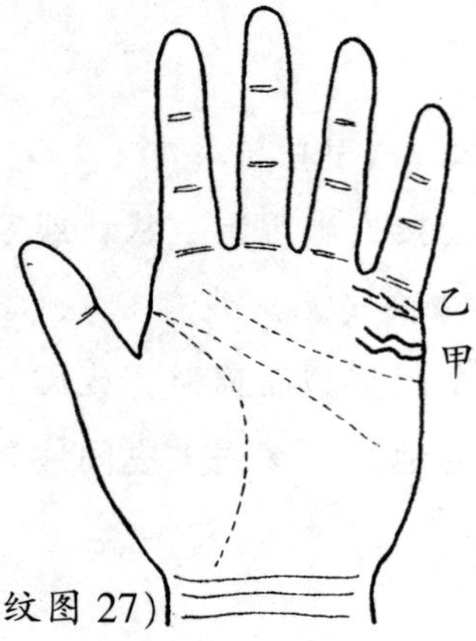

(家风纹图 27)

家风纹如双蛇状（甲）者，不论男女，均主夫妻各有私情，互相隐瞒。家风纹成断续状（乙）者，不论男女均主非正大光明而结合，例如私奔等。

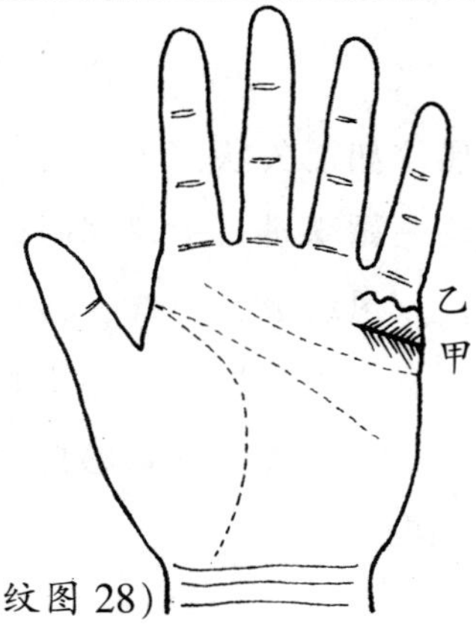(家风纹图28)	家风纹两边生毛（甲）者，男主妻有妇女病或不能生育，女主夫有花柳病或暗疾。家风纹成曲线状（乙）者，不论男女，均主婚事难成，爱情难觅，即使成婚，亦主夫妻不和终欠美满。
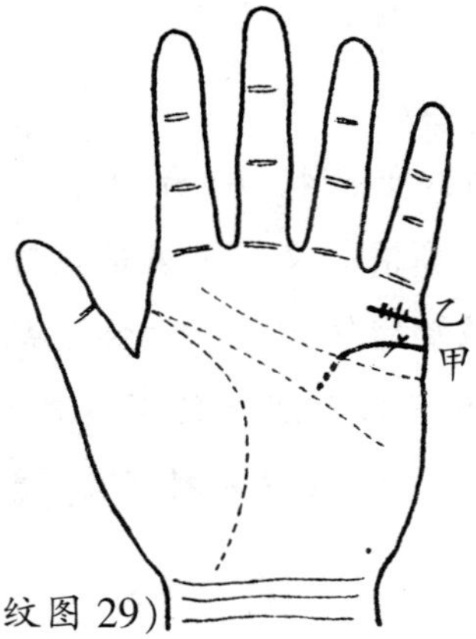(家风纹图29)	家风纹被夜叉纹冲断（甲）者，不论男女，均主婚姻有人破坏，不得善果，末端下垂破天纹（见虚线部分）者尤验。家风纹出现小直纹（乙）者，不论男女，均主婚嫁不顺，永无正果，一生无妻（夫）无子。另说配偶身带恶疾，婚姻生活不美满。
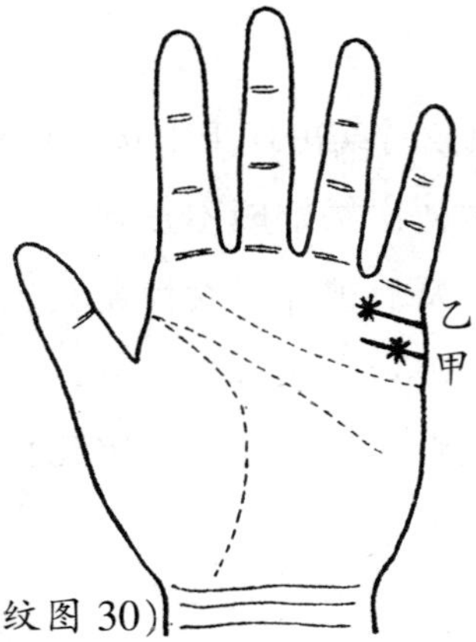(家风纹图30)	家风纹中央出现金星纹（甲）者，不论男女，均主婚姻可遇奇缘，但星纹要深秀始验。否则主婚姻不离则克。家风纹末端出现金星纹（乙）者，不论男女，均主与有技术艺术之人结婚，婚后幸福美满，但星纹要深秀始验，否则配偶死于意外。（注：金星纹又名六花纹。）

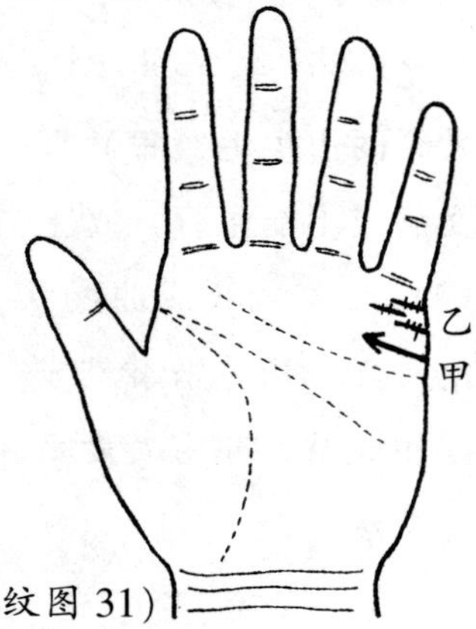

(家风纹图 31)

家风纹如箭矢状（甲）者，不论男女，均主婚事进行中遇到阻碍，初恋难成。家风纹成三横线，再见小直纹（乙）者，不论男女，均主婚姻关系复杂紊乱，一生为婚姻感情之事烦恼而无正果。

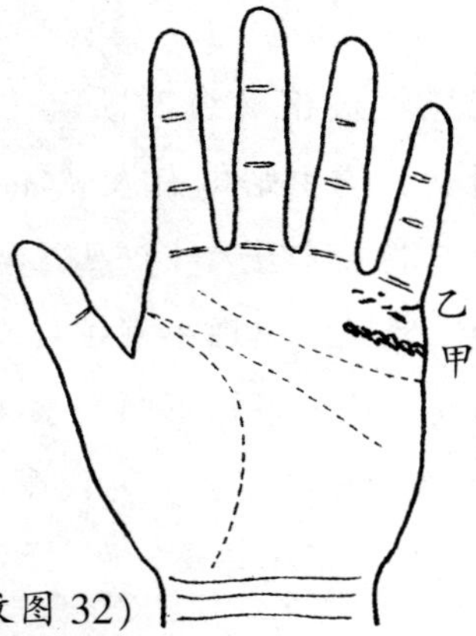

(家风纹图 32)

家风纹如链状（甲）者，不论男女，均主寡情薄义，无爱情贞操观念可言，婚姻定然不美，女性尤甚。家风纹线条不明，似有若无（乙）者，不论男女，均主镜花水月婚嫁无期。

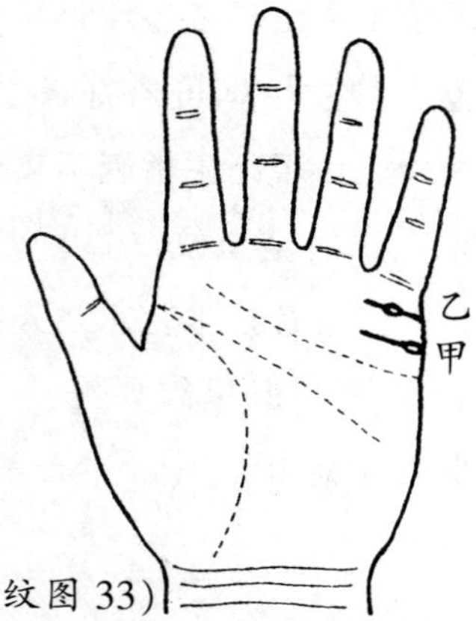

(家风纹图 33)

家风纹首端出现蛋空状（甲）者，男女均主初次婚姻颇不正常，或因奸成婚，或婚后被弃，女性尤验。家风纹中端出现蛋空状（乙）者，不论男女，均主婚后配偶意外凶灾死亡或伤残重疾。

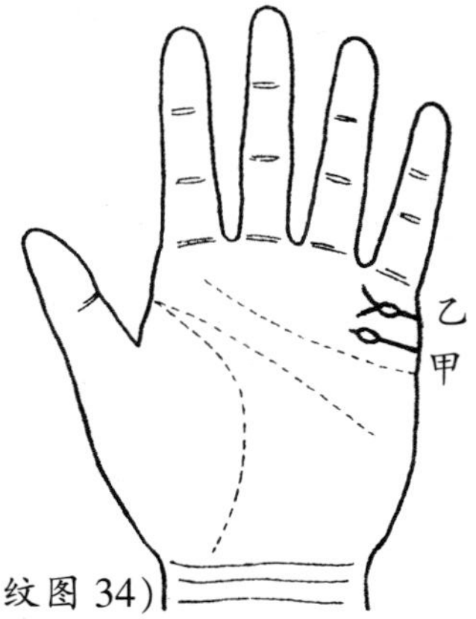(家风纹图 34)	家风纹末端出现蛋空状（甲）者，不论男女，均主婚后因家境困苦或其他原因导致婚姻破裂，但天纹及手形美者可免。家风纹出现蛋空状，末端又开大叉（乙）者，不论男女，均主婚姻有大不幸之结局。例如互控通奸、互控伤害、互控杀人而后离异。
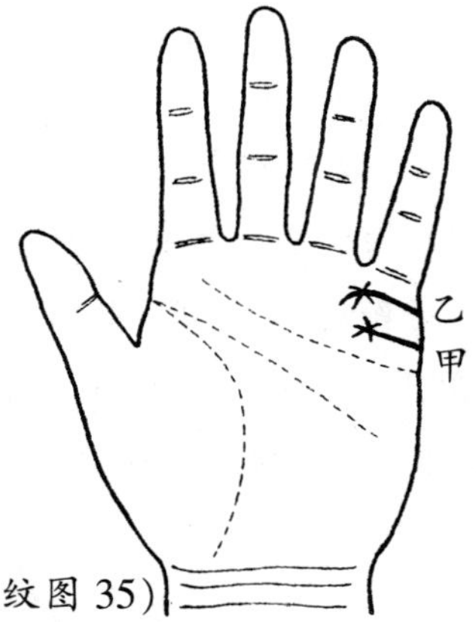(家风纹图 35)	家风纹末端出现失神纹（甲、此纹非十字纹）者，不论男女，均主配偶意外死亡或暴毙。家风纹末端出现失神纹再下垂（乙）者，不论男女，均主婚姻不美，非生离则死别，如系死别，则配偶大多死于意外。
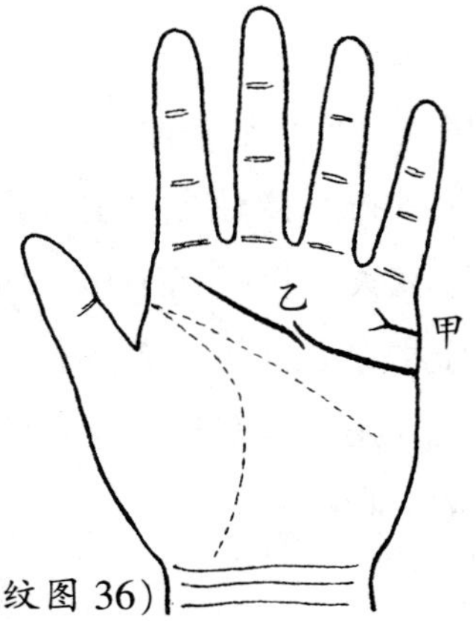(家风纹图 36)	家风纹末端成小叉状（甲）者，不论男女，均主夫妻感情欠佳，时有争吵，不致分居离婚，若天纹又中断（乙）者，仍主离异。另说婚前恋爱不顺，曾有失恋。

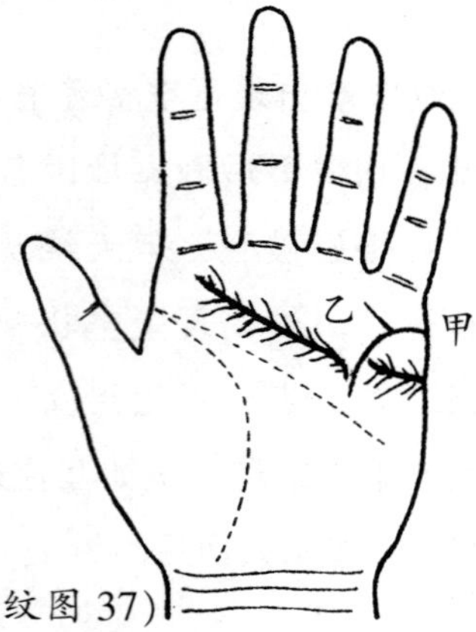 (家风纹图 37)	家风纹顶端分叉又垂下冲断天纹（甲），天纹又生毛（乙）者，不论男女，均主多次婚姻失败，非克即离。
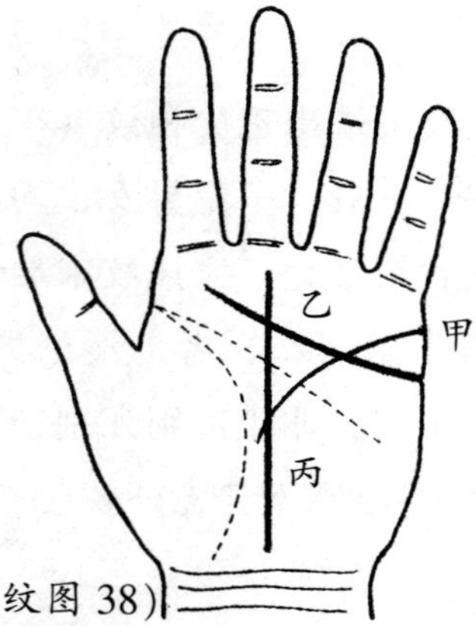 (家风纹图 38)	家风纹（甲）垂下穿过天纹（乙）和玉柱纹（丙）者，不论男女，均主与自身之身份地位不相当者结婚，除非面相婚姻宫相理佳，否则，婚姻仍难美满，即使不离异，亦会聚少离多。
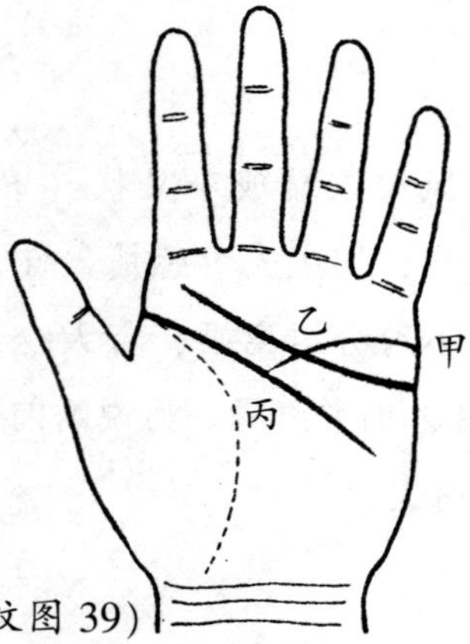 (家风纹图 39)	家风纹（甲）下垂冲过天纹（乙）再与人纹（丙）接触者，主其人不论男女刑妻克夫，倘配偶手形秀丽，夫妻双方面相夫妻宫相理亦佳者，配偶尚不致被克死，但配偶必见重病或意外惊险或败业失官。

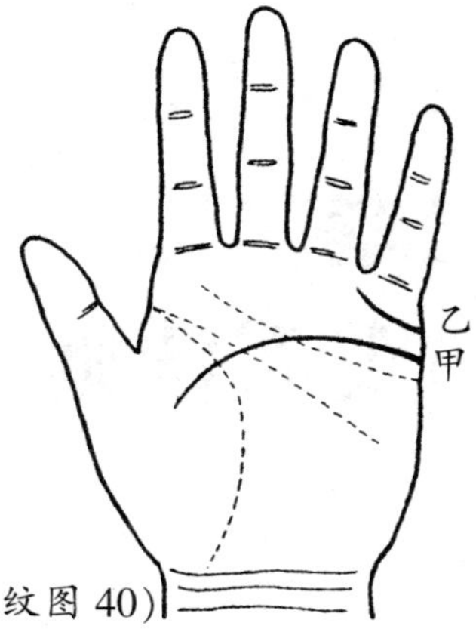(家风纹图 40)	家风纹下垂到达震宫（甲）者，不论男女，均主婚后夫妻反目成仇，双方感情处于极端恶劣状况下离异。另说有第三者破坏婚姻。家风纹上翘（乙）者，不论男女，均主与富家子女或有技术艺术之人成婚，婚后幸福美满，但必须天纹秀丽者始验。
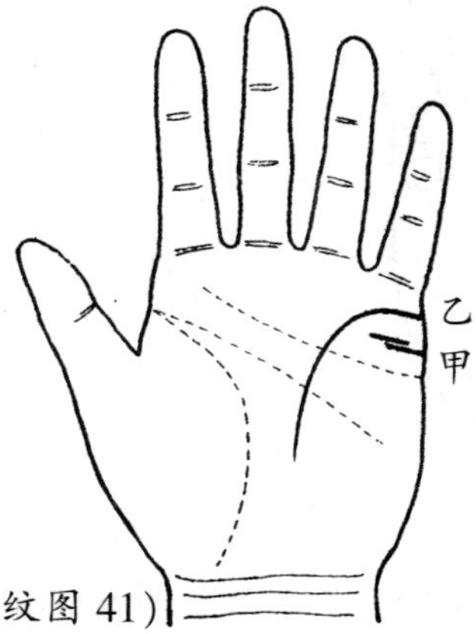(家风纹图 41)	家风纹有衔接性之中断（甲）者，不论男女，均主婚后常有争吵，并常闹离婚，但分分合合、真真假假，外人无法得知，此乃欢喜冤家型夫妻。家风纹（乙）下垂入掌中者，均主夫妻极端刑克（舍生离），男必三妻四妻（即结婚三四次之谓），女必三嫁四嫁，但纹断者不吉情况减半论。

附注：以上各章有关中国手相学之资料，均系源于神相全编及先贤李淳风、陈淡埜、范騋等之遗著，但笔者根据遗传学、生理学、中医学之学理及阅人经验加以补充并阐述之。

第二十二章
子女纹(儿女线)观看法则

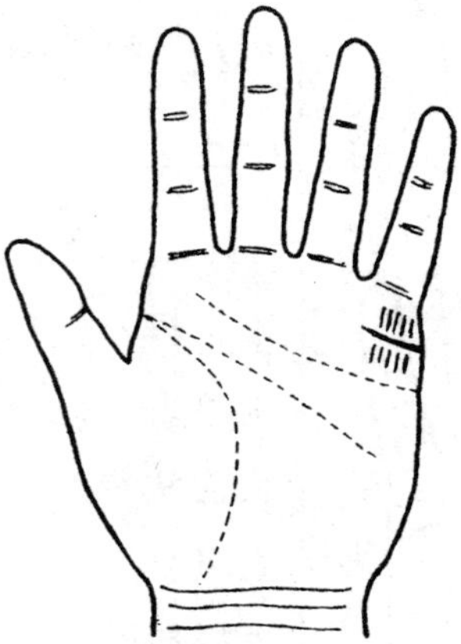

子女纹之部位特性

起于家风纹上下之小直纹，中国手相学谓之子女纹，西洋手相学谓之儿女线。但笔者为人观看子女人数及子女优秀与否，均不在子女纹观看。一因现在一般家庭均实行家庭计划，故子女纹所显现之子女人数已与实际情况不符，二因子女纹之纹痕过于细浅（男性尤其细浅）而不易观察，故笔者观看子女人数及子女优秀与否时，是以面相子女宫及五官、人中和手掌中之劳碌纹、动脉纹、天纹、艮宫、小指之相理综合研判，比之仅观看子女纹更为灵验。子女纹系脑组织（尤其小脑）之意念，激发五脏六腑（尤其是生殖系统）之内分泌侵蚀而成。

子女纹之各种相理休咎

子女纹的 3 种相理休咎具体图释如下：

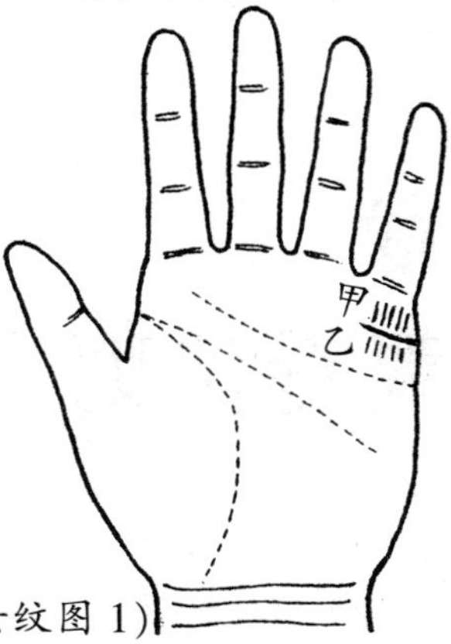 (子女纹图 1)	家风纹（如家风纹多条，以靠近天纹并有子女纹者为准）上方所起之小纹，纹深细秀（甲）者，为生男胎数，下方所起之小纹纹深细秀（乙）者为生女胎数。但接触或穿过家风纹之小纹不以子女纹论，此乃家风纹上之杂纹。
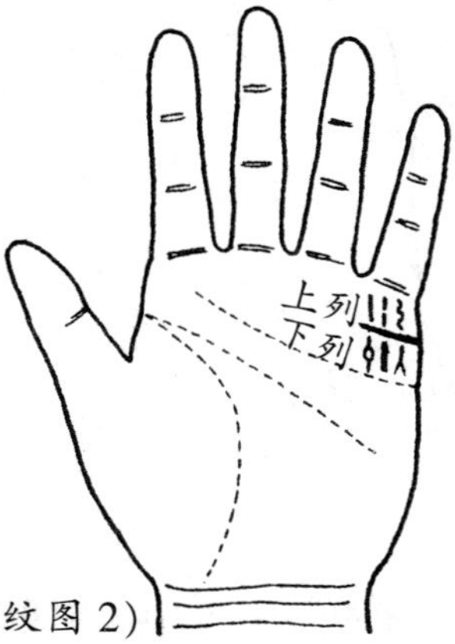 (子女纹图 2)	子女纹秀直（上列）者，主所生子女优秀。子女纹断折（上列）者，主所生子女难养。子女纹曲折（上列）者，主所生子女难养。子女纹有蛋空状（下列）者，主所生子女多病，子女纹粗浊（下列）者，主所生子女顽劣。子女纹前端开叉（下列）者，主生双胞胎。
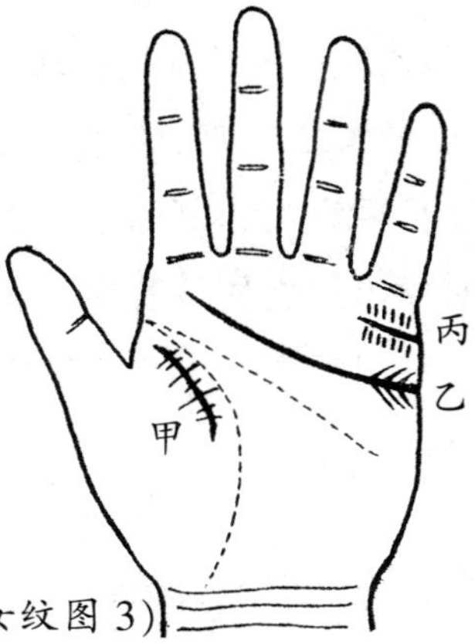 (子女纹图 3)	贵人纹（甲）出现众多横纹者谓之为劳碌纹，不论男女，主子女成群，一生为子女而劳碌，亦象征弥留时有子女送终，纹长秀者，主男得力送终，短秀者主女得力送终，漏缝者主不送终。天纹起端上下多枝纹（乙）者，亦象征其人子女众多。男性婚姻纹上之子女纹与女性同样明显（丙）者，主其人非常疼爱子女。

第二十三章
横串纹(影响线)观看法则

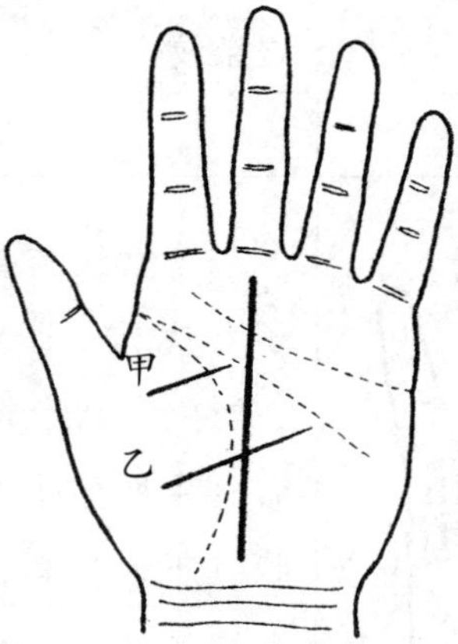

横串纹之部位特性

震宫（甲）或艮宫（乙）起纹冲过地纹或玉柱纹者，中国手相学谓之横串纹，西洋手相学谓之影响线。地纹最忌纹冲，本书第八章已就地纹被各种短小细纹冲过之休咎加以阐明，本章专就横串纹之休咎加以详述。

不论男女，横串纹冲过地纹时，必然会对吾人之事业、金钱、名誉、地位，甚至婚姻和六亲关系，带来或大或小之负面影响，是以中国手相学特别重视横串纹之休咎，反之，西洋手相学对横串纹之休咎着墨不多，并一律名之为影响线而无专有名词。横串纹亦为脑组织之意念，激发五脏六腑之内分泌侵蚀而成。

横串纹之各种相理休咎

横串纹的 5 种相理休咎具体图释如下：

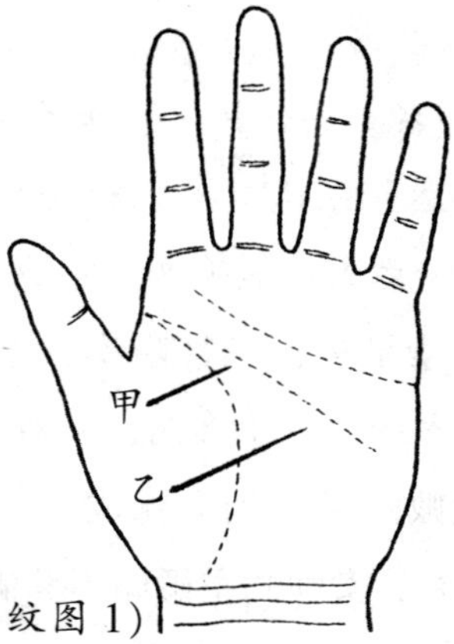(横串纹图 1)	横串纹起自震宫穿过地纹（甲）者，不论男女，主家人或亲族，会对自己有所不利之干扰，因而引起麻烦或损失。如横串纹起自艮宫（乙）而穿过地纹者，其干扰者大多为异性，发生年龄可依地纹之流年计算之。
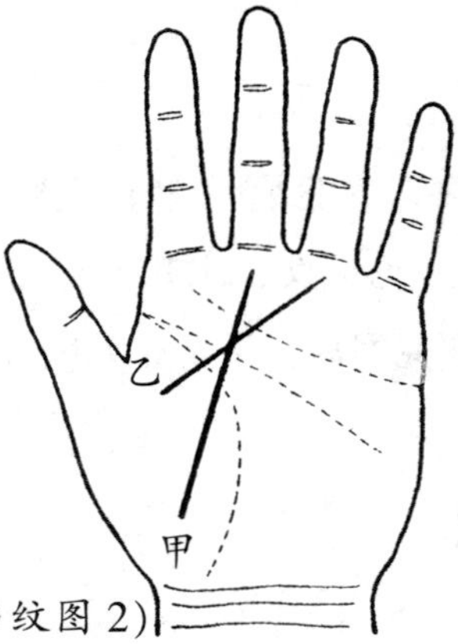(横串纹图 2)	横串纹起自艮宫而到达中指之下（甲）者，男性主其人可得父妾或继母之偏爱协助而成就事业，女性主旺夫兴家。但有以上之横串纹者不得再有玉柱纹，否则以横串纹冲断玉柱纹论断。横串纹起自震宫而到达无名指之下（乙）者，男性主其人可得贤妻之助而创业，最后致富，女性主旺夫兴家。
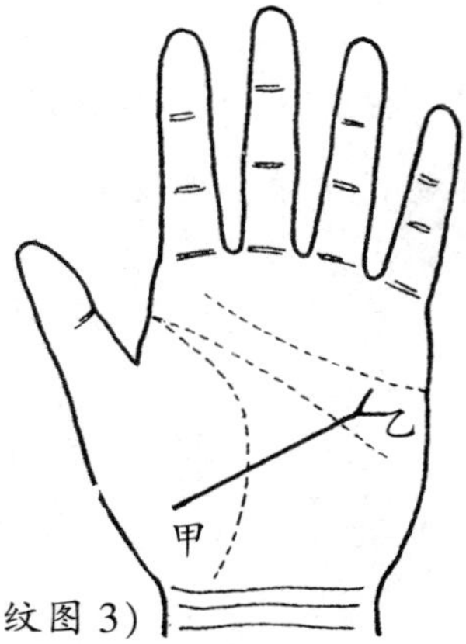(横串纹图 3)	横串纹起自艮宫（甲）而到达兑宫（乙）并开叉者，不论男女，主其人夫妻感情破裂而离异。离婚年龄可依地纹之流年计算。

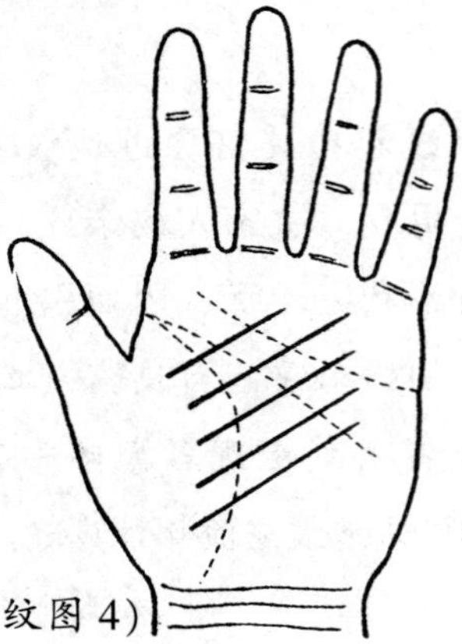 (横串纹图 4)	横串纹多条又冲破天地人三纹(如图示)者，象征其人思维系统(脑组织)及运作系统(五脏六腑)先天发育不良，后天机能失调，不论男女，主其人健康不良，身带隐疾，个性倔强，幻想多端，一生多凶，常有是非，事业则成败迭见，到老无成。男性又主刑克六亲，女性则主婚姻不美满。
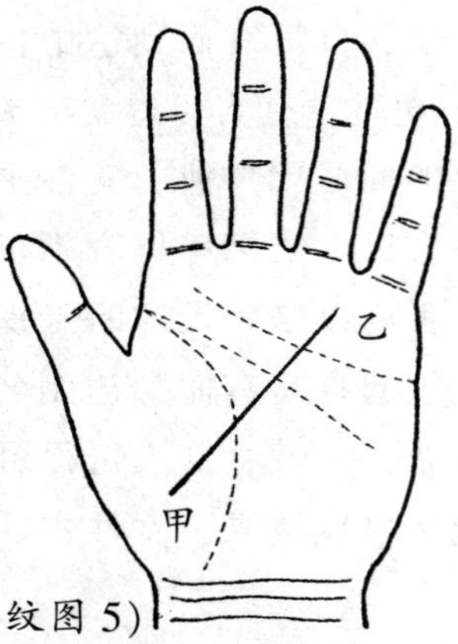 (横串纹图 5)	横串纹起自艮宫(甲)上冲坤宫(乙)者，不论男女，主其人与配偶难偕白首，非克即离，子女亦欠优秀。

附注：以上各章有关中国手相学之资料，均系源于神相全编及先贤、李淳风、陈淡埜、范駷等之遗著，但笔者根据遗传学、生理学、中医学之学理及阅人经验加以补充并阐述之。

第二十四章 破心纹(影响线)观看法则

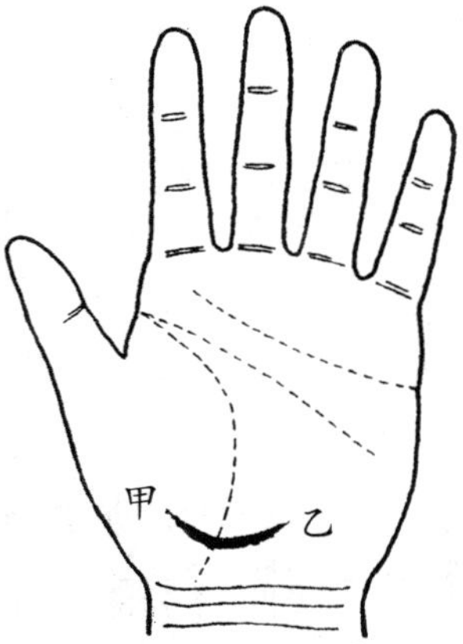

破心纹之部位特性

地纹末端起纹如半月形横垮地纹（图示甲、乙）者，中国手相学谓之为破心纹，西洋手相学谓之为影响线、杂线。此纹破坏力颇强，对吾人之身心影响颇大，故谓之破心纹。不论男女，凡有破心纹之人，视其纹痕之长短、粗浊、走向，必见下述十二项不吉情况中之一项或多项或全部：①欠缺祖荫，②个性好胜，③性情急躁，④大刑六亲，⑤母有异灾，⑥少年有灾，⑦贪淫好色，⑧身带隐疾，⑨爱情受害，⑩夫妇刑克，⑪小人多端，⑫半生孤相（有手相学者将破心纹谓之为恋父情结纹并此说明）。破心纹亦为脑组织之意念，激发五脏六腑之内分泌侵蚀而成。

破心纹之各种相理休咎

破心纹的 4 种相理休咎具体图释如下：

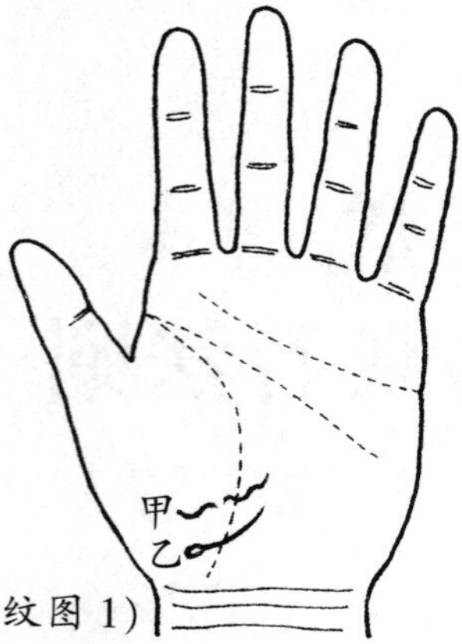(破心纹图 1)	破心纹曲折断裂又穿过地纹（甲）者，不论男女，主其人爱情婚姻观念不正确，最后必影响其婚姻之美满和事业上之收获。破心纹起端有蛋空状（乙）者，不论男女，主其人容易被已婚之异性诱惑成奸，纹痕粗深者尤验。
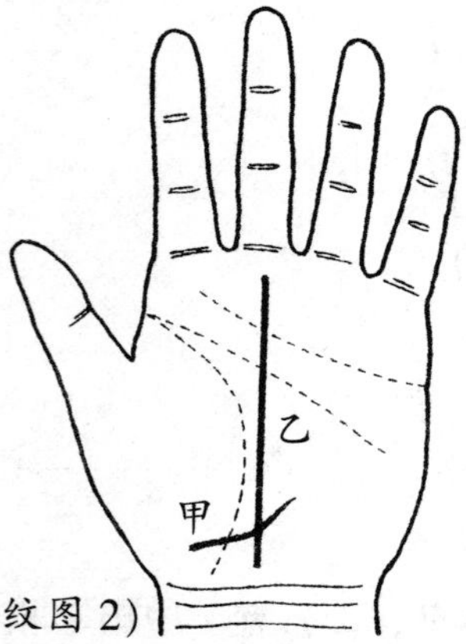(破心纹图 2)	破心纹（甲）起于艮宫，纹痕粗深又冲断玉柱纹（乙）者，男性主其人青年时期事业难成，或即成即败。女性则主青年时期恋爱不顺，婚姻不美满。
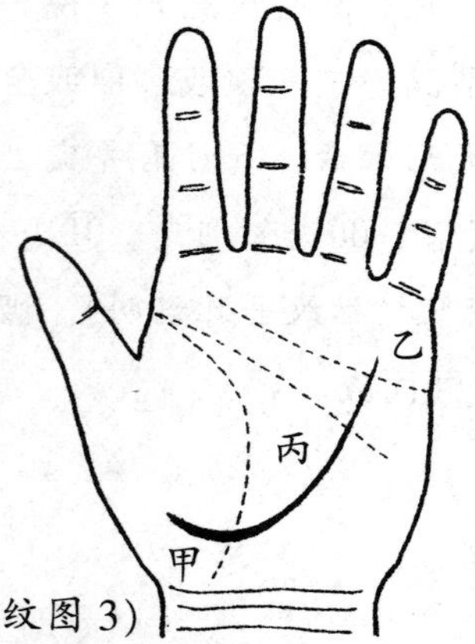(破心纹图 3)	破心纹（甲至乙）起于艮宫纹痕粗深穿过地纹、人纹（丙）再上接天纹者，不论男女，主其人每遇婚姻即有人破坏，必须经过波折或失败，婚姻才会成功。

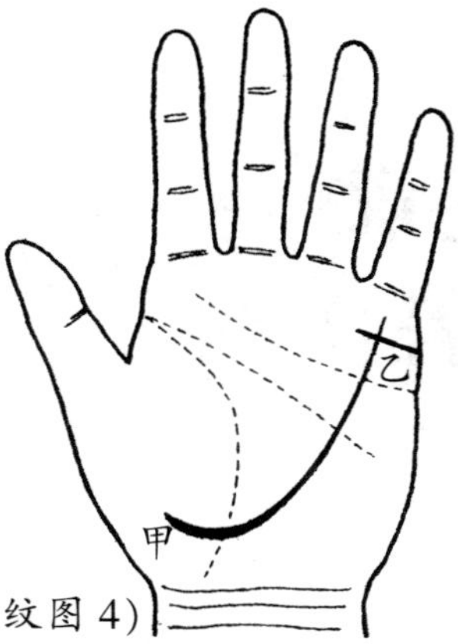(破心纹图4)	破心纹（甲至乙）起于艮宫，上升冲断家风纹者，不论男女，在婚嫁时，有第三者强行干涉婚事之进行，为婚事而烦恼，即使勉强成婚，亦主婚后破家败业或有不测之灾，半路婚姻者减半论。（注：半路婚姻即曾离过婚或死过配偶之人再度结婚之谓。）

观相感言

萧湘居士曰：除非其人面相流年好，目前的精神气色也好，爱拼才会赢。否则，爱拼绝对不会赢，反而愈拼愈糟，愈陷愈深。为什么仍有人高喊爱拼才会赢呢？那只是政客们用来鼓动群众，勇往直前的神话，或是长辈们用来勉励晚辈的慰勉话。做生意的人。千万不能相信“爱拼才会赢”这句没有经过大脑的废话。

做生意的人应该先认识自己的健康、智慧、个性三者，那些年岁会发生生理短路现象，以及自己的学识才能有那些优点和缺点，然后订定适当的营业目标和营业计划，既不贪多强求，也不侥幸冒进，但克尽人事尽其在我，才不致大走迂回路而失败偾事后悔。（注：做生意以外的人准此诠释。）

萧湘居士　撰

第二十五章 其他掌纹观看法则

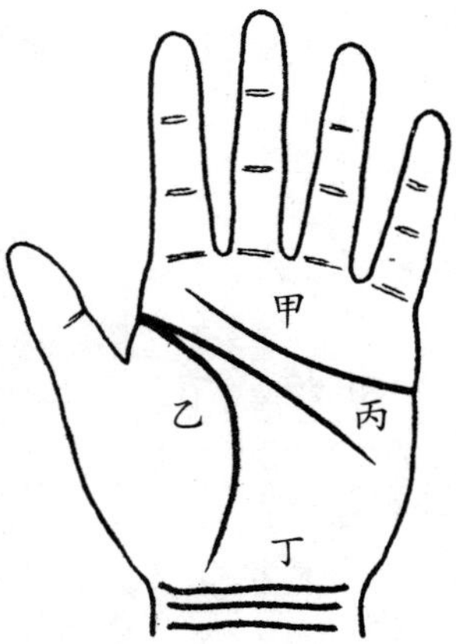

中国手相学将掌纹分为“先天”与“后天”两类，例如天纹（甲）、地纹（乙）、人纹（丙）三纹及动脉纹（丁），乃是吾人出生前在母体中即已长成，故归类为先天，余均为后天所生长之掌纹，先贤均谓之为“奇纹”。西洋手相学则将掌纹分为“主要”与“次要”两类，但归类之标准，每一位手相学者均不相同。本章所介绍之各种奇纹，与西洋手相学所谓之杂纹与符号之意义颇为类似，但中国手相学特有之字形纹、君纹、臣纹、井字纹等纹，则为西洋手相学所无，至于各种杂纹和符号之休咎则大都与西洋手相学之说法相近。

以下是各掌纹之休咎具体图释：

<table>
<tr>
<td>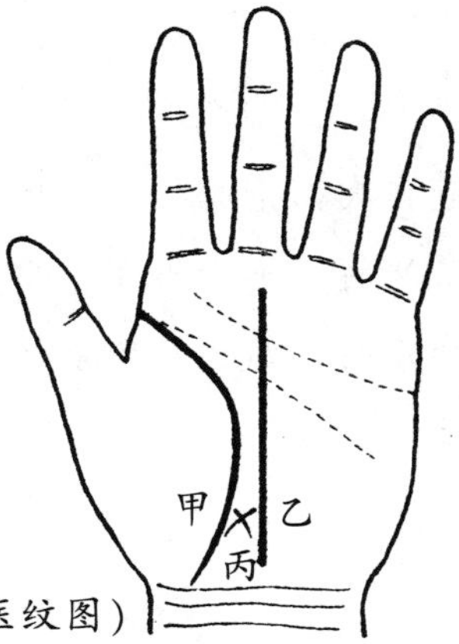

(天医纹图)</td>
<td>地纹末端（甲）与玉柱纹起端（乙）之间出现叉状纹（丙）者，中国手相学谓之“天医纹”，西洋手相学无以名之。不论男女，主其人很注意自己及他人之健康，又喜欢研究医药方面之学问，如从事医药工作主大有成就。</td>
</tr>
<tr>
<td>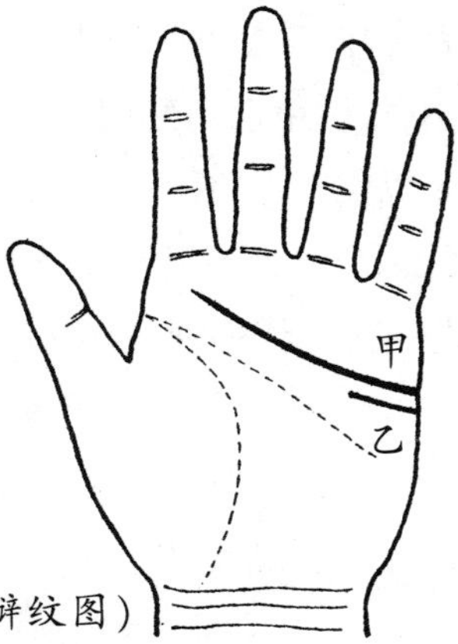

(强辩纹图)</td>
<td>天纹（甲）之下出现一条长约二至三公分与天纹平行之纹（乙），中国手相学谓之强辩纹，西洋手相学谓之反抗线、诉讼线、对立线，不论男女，均主个性倔强叛逆，又喜辩论，不肯认输，如面相相理尚佳，并受善教者，来日可从事律师等自由职业而有成就。有两条强辩纹者，则主其人终日放言高论，一事无成。</td>
</tr>
<tr>
<td>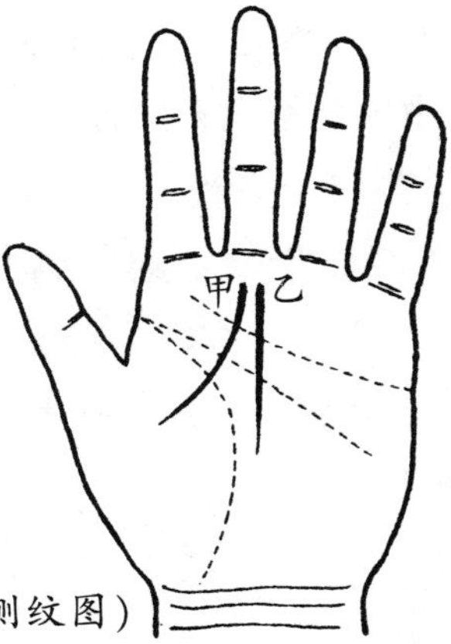

(不测纹图)</td>
<td>有纹起自中指之下，头大尾小（甲），下游冲过地纹者，中国手相学无以名之，西洋手相学谓之不测线，不论男女，主其人因意外伤害而致死，地纹断裂者尤验。如自中指之下所起之纹（乙），下游冲过人纹者，主其人头部容易受到伤害，很难痊愈，纹上再出现蛋空状者尤验。另说不测线即自杀纹。</td>
</tr>
</table>

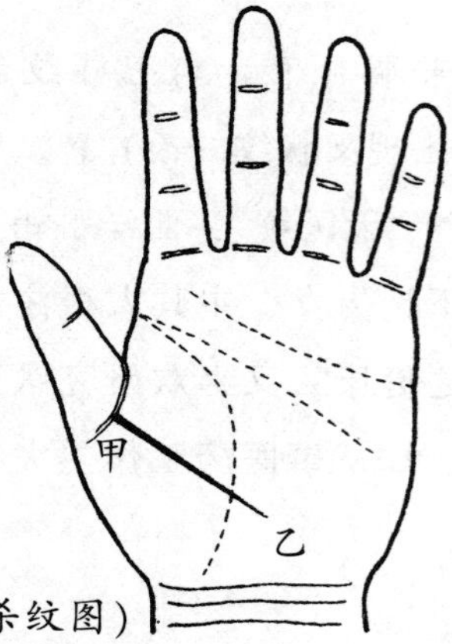 (自杀纹图)	有纹起自大拇指第二节（甲）冲向地纹（乙）者，不论男女，主其人自该纹长出之时开始，有自杀之念头和心理倾向。
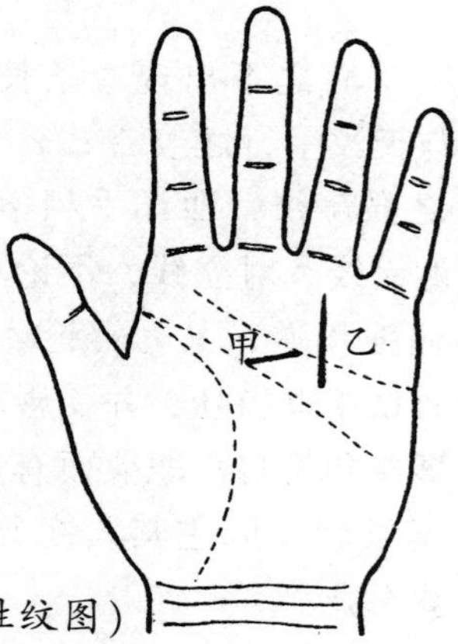 (强性纹图)	斜纹起自中指之下天纹与人纹之间（甲），中国手相学谓之强性纹，西洋手相学无以名之。不论男女，主其人难享祖荫，个性刚强好胜，初年中年事业难成。在爱情方面，不论男女，会同时爱上多位异性，因此婚姻终欠美满。如手形厚实，天地人三纹秀丽，又有六秀纹（乙）辅助者，晚年主有小收获。
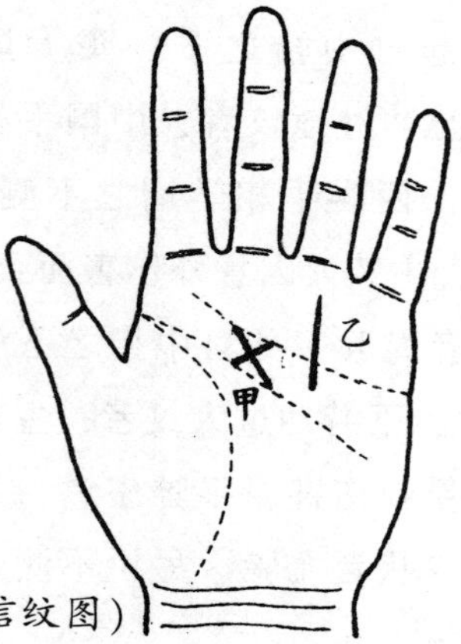 (迷信纹图)	又纹起自中指之下天纹与人纹之间（甲），中国手相学无以名之，西洋手相学谓之神秘十字线，笔者则谓之为迷信纹。不论男女大多迷信神秘事物，或爱研究玄学、占星、通灵之术，如人纹再短不及无名指迷信程度倍增，常执著某种理念不放，因此一生事业婚姻均欠美满。如见六秀纹（乙）者，不吉情况减分论。

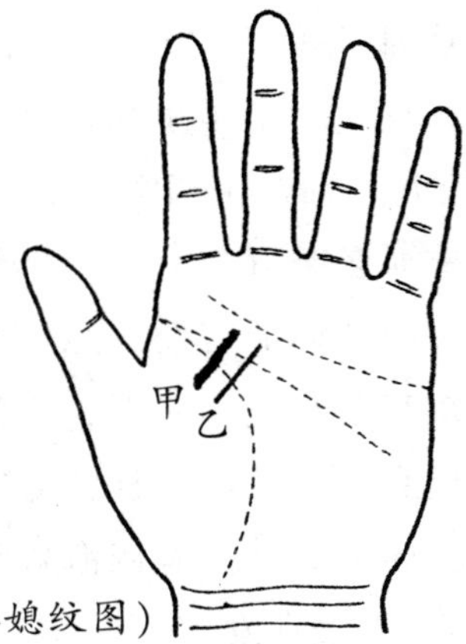

(婆媳纹图)

地纹与人纹交会处之下方出现短横纹者，中国手相学谓之婆媳纹，西洋手相学无以名之。如纹理粗浊（甲）者，主女性出嫁后与公婆不合，天纹人纹地纹粗浊者更验。如纹深细秀（乙）者，主女性出嫁后与公婆相处和睦，天纹人纹地纹秀丽者更验。另说婆媳纹亦象征男性之初运不吉。

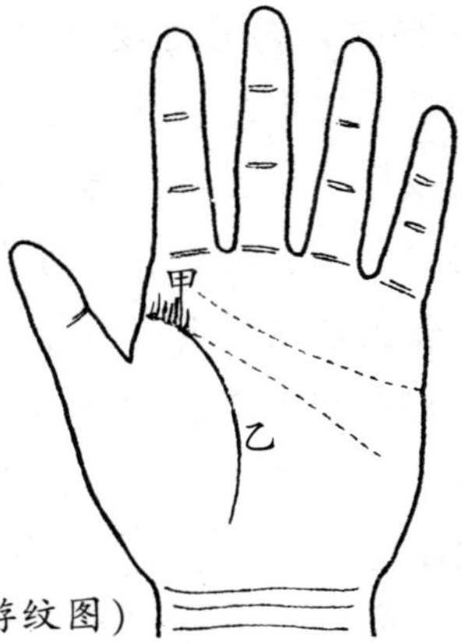

(梦游纹图)

地纹首端出现多条细纹（甲）者，中国手相学谓之梦游线，西洋手相学谓之所罗门线，不论男女，主其人神经衰弱，心神不宁，幻想多梦，青少年时期恋爱不顺，工作亦不顺。如地纹（乙）再纤细过短又不秀丽者，主其人先天体质不佳，营养吸收不良，必有消化系统之隐疾。

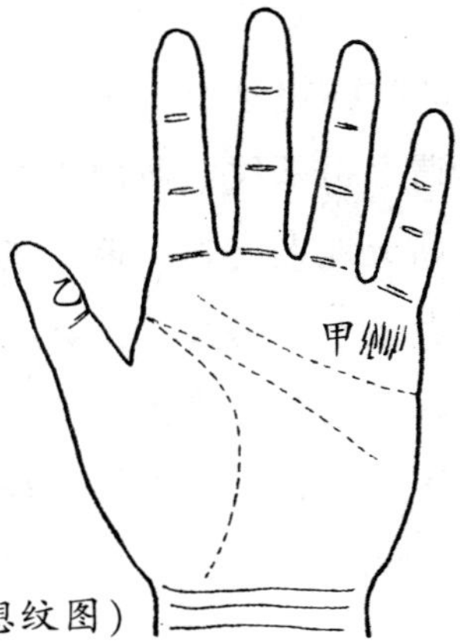

(幻想纹图)

小指之下出现一丛细纹（甲）者，不可以六秀纹论，中国手相学谓之幻想纹，西洋手相学无以名之。不论男女，主其人多幻想多愁思，又贪淫好色，大拇指扁平瘦弱（乙），手掌柔软者尤验。

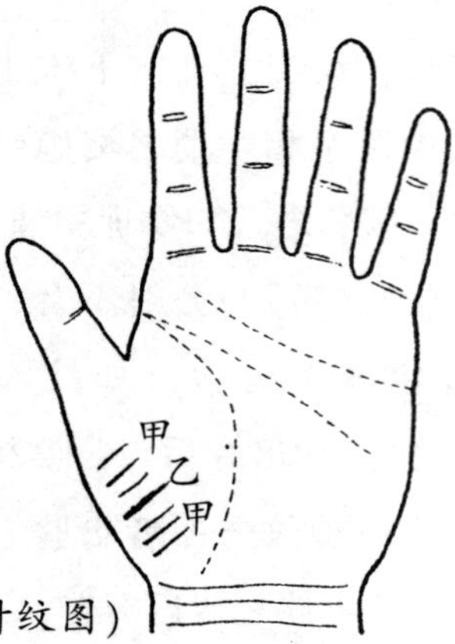(悬针纹图)	艮宫底部（中医学谓之鱼际区）出现之悬针纹，为中国手相学观看兄弟姐妹之部位，西洋手相学无以名之。悬针纹细秀而多条（甲）者，不论男女，主兄弟姐妹多而有助，悬针纹中独见一条粗直深长（乙）者，主兄弟姐妹中有刑克或离散者。艮宫底部有悬针的人，亦象征其人有四海皆兄弟的心怀，喜欢结交朋友。
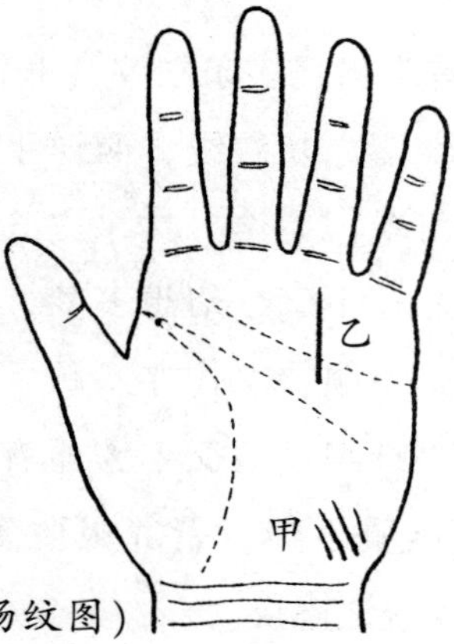(捧场纹图)	乾宫有细秀斜上之纹（甲）者，中国手相学无以名之，西洋手相学谓之人缘纹或捧场纹，不论男女，主其人给人之第一印象颇佳，在青少年时期多贵人爱护提携，但青少年时期家境欠佳，甚或破祖离乡。有捧场纹之人，最宜从事文学美术或影艺表演以及自由职业工作，如再有六秀纹（乙）者，必主有成。
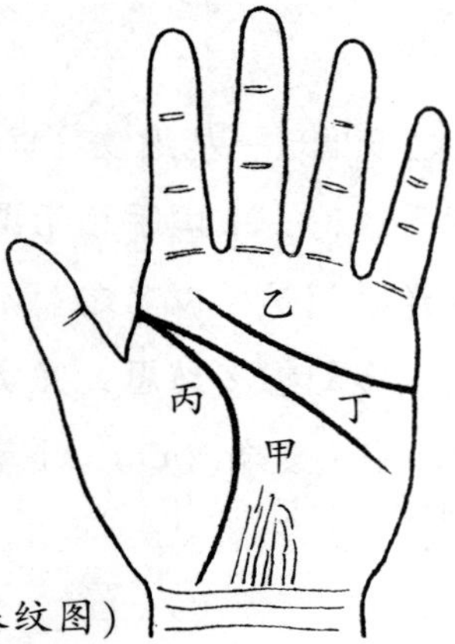(祖基纹图)	坎宫起细纹向上丛生（甲）者，中国手相学谓之祖基纹，西洋手相学无以名之，如天地人（乙、丙、丁）三纹再秀丽者，不论男女，主其人之父祖或三代以上之祖先均富而多金，自身事业发达颇早，末运更加荣昌。如纹粗浊断乱者，则主其人必破败祖业。

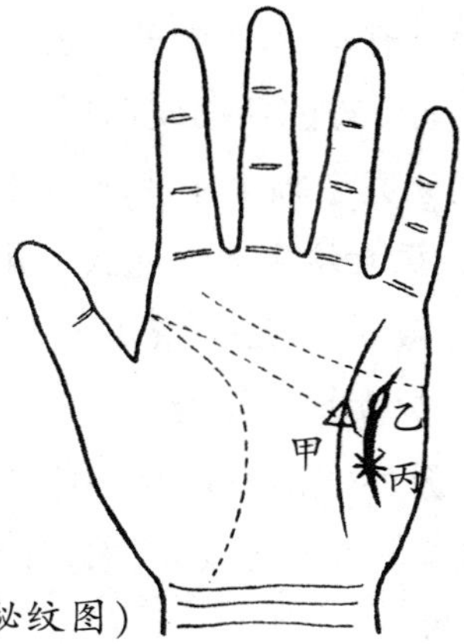(神秘纹图)	起于小指下方而到达乾宫之弧形纹（甲），中国手相学谓之神秘纹，西洋手相学谓之直觉线。不论男女，主其人具有超感官观察能力，能预测未来的事物，或能看到别人看不到的事物，纹上再有三角纹者更验。如纹短又粗浊者不可同论。如纹上出现蛋空状（乙）或花星（丙）者，前者易得神经病，后者主有破产之虞。
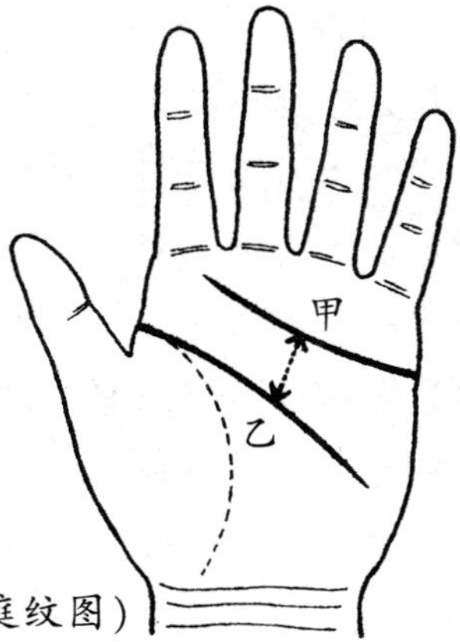(方庭纹图)	天纹（甲）与人纹（乙）之间距，西洋手相学谓之方庭。方庭之间距愈宽愈好，不论男女，主其人智慧超群，心胸宽广，身心两健，感情理智平衡，一生事业有成。如方庭最窄处之间距不足一公分者，不论男女，主其人先天五脏六腑着床不良，心胸狭窄，顽固执拗，并易患循环及呼吸系统之疾病或易患“恐慌症”。
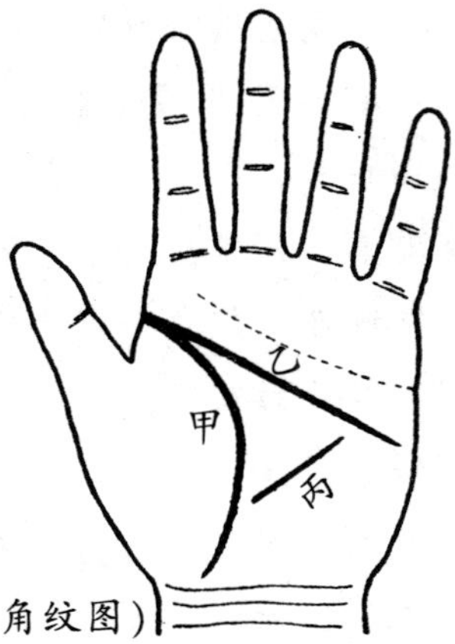(大三角纹图)	地纹（甲）人纹（乙）考证纹（丙）交叉而形成之间距，西洋手相学谓之大三角。大三角之底部能超过无名指者，不论男女，主其人有奇才奇智，社会活动力强，肯为人群牺牲奉献，一生事业有成。如大三角过于狭小者，主其人处事消极保守，见浅识薄，社会活动力不足，一生事业少成。

<table>
<tr>
<td>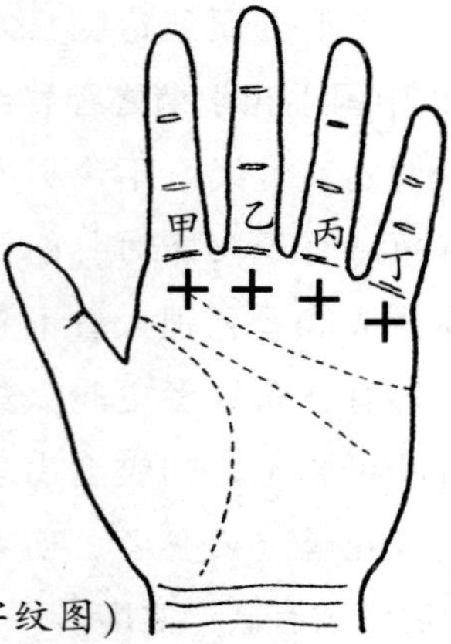
(十字纹图)</td>
<td>食指下有十字纹（甲）者，男女均主事业上可得配偶朋友部属之协助，婚后可享家庭幸福。中指下有十字纹（乙）者，男女均主允文允武，可贵可富，受人敬仰。无名指下有十字纹（丙）者，男女均主勤劳奋发，热心公益，可得异性之助及偏财。小指下有十字纹（丁）者，男女均主好淫贪色，但子息荣贵。</td>
</tr>
<tr>
<td>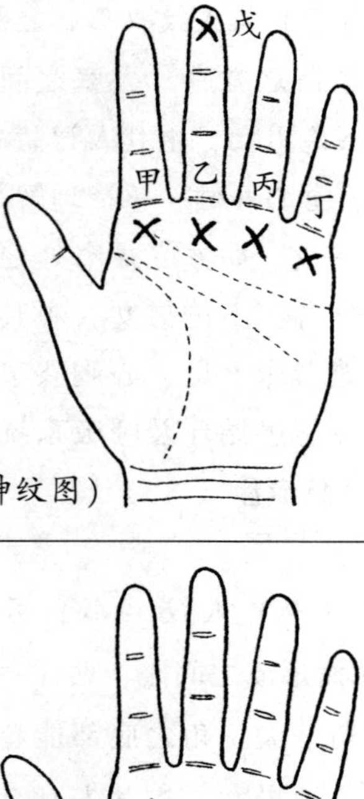
(失神纹图)</td>
<td>失神纹出现在食指下（甲）者，男女均主其人婚姻不美满。在中指下（乙）者，男女均主死于非命或事业失败。在无名指下（丙）者，男女均主名誉地位受损。在小指下（丁）者，男女均主为人虚伪不够忠厚。在中指指头（戊）者，男主孤独一生，女主不能生育。（注：十字纹不正者，一律以失神纹论）。</td>
</tr>
<tr>
<td>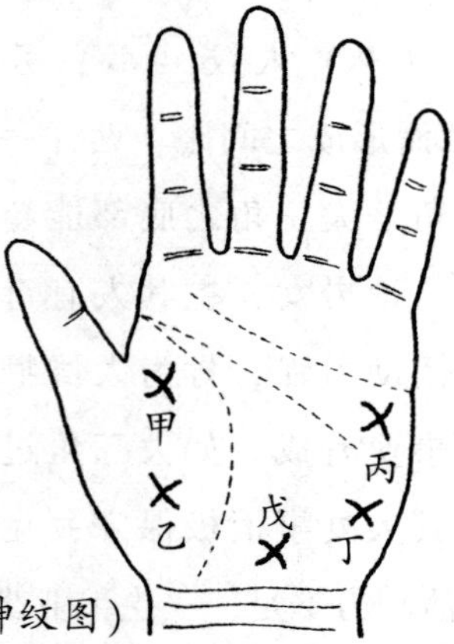
(失神纹图)</td>
<td>失神纹出现在震宫（甲）者，男女均主常有口舌是非或主血光兵亡。在艮宫（乙）者，男女均主曾因爱情发生悲惨事情。在兑宫（丙）者，男女均主个性倔强，常有小人为患。在乾宫（丁）者，男女均主生活于幻想中永无结果。在坎宫（戊）者，男女均主其人有水惊水厄。（注：失神纹西洋手相学谓之杂纹。）</td>
</tr>
</table>

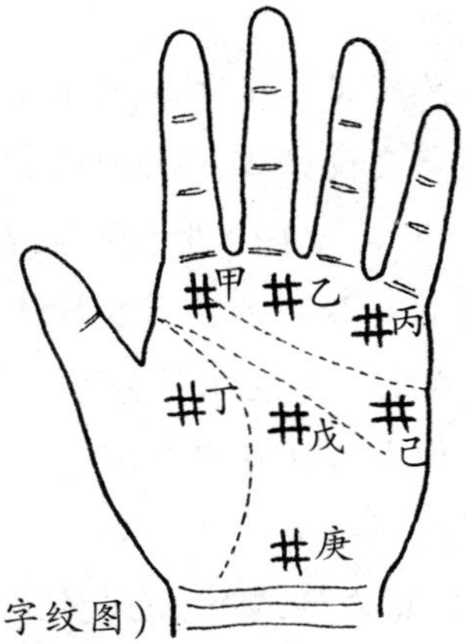 （井字纹图）	井字纹西洋手相学鲜少论及，中国手相学则特别重视井字纹，不论出现任何宫位男女均主吉。例如出现在离宫坎宫及明堂（乙、戊、庚）者，主其人可大贵大富。出现在巽宫、坤宫、震宫、兑宫（甲、丙、丁、己）者，主其人可至中小富贵。如两个井字纹或三个井字纹成上下左右并排者，则吉征加倍论断。
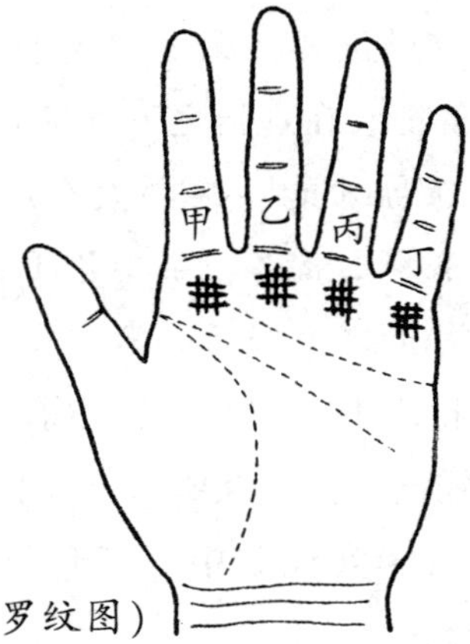 （网罗纹图）	食指下有网罗纹（甲）者，男女均主个性急躁骄傲，不能合群，多妄想，多是非，事业少成。中指下有网罗纹（乙）者，男女均主一生运程失意的时候多，常怀著沮丧的心情。无名指下有网罗纹（丙）者，男女均主性悲观，多忧郁，小指下有网罗纹（丁）者，男女均主个性浮躁不实，希望不劳而获。
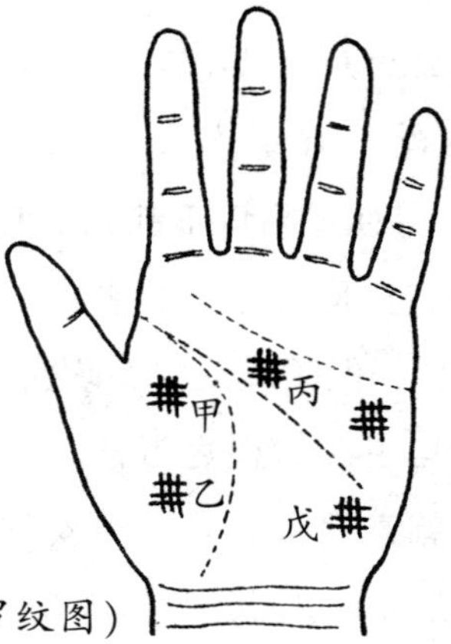 （网罗纹图）	网罗纹出现于震宫（甲）者，男女均主遇凶险而亡。网罗纹出现于艮宫（乙）者，男女均主性机能强又神经过敏。网罗纹出现在天纹与人纹之间（丙）者，男女均主生性残忍。网罗纹出现在兑宫（丁）者，男女均主缺乏自制力有意外死亡之虞。网罗纹出现在乾宫（戊）者，男女均主常做出事与愿违之事。

<table>
<tr>
<td>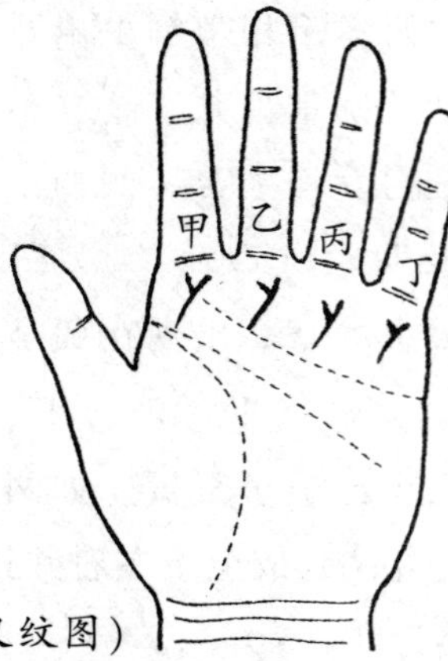

(夜叉纹图)</td>
<td>既非叉纹又非十字纹之杂纹，中国手相学谓之夜叉纹。出现在食指下（甲）者，男女均主个性倔强暴躁。出现在中指下（乙）者，男女均主头部脸部容易受伤。出现在无名指下（丙）者，男女均主应注意车马安全以防受伤。出现在小指下（丁）者，男女均主常多不如意之事，并容易受到小伤。</td>
</tr>
<tr>
<td>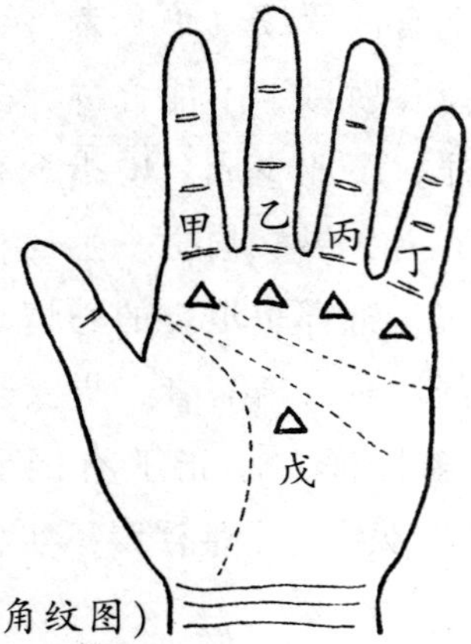

(三角纹图)</td>
<td>三角纹形正者，无论中西手相学均认为系吉征。在食指之下（甲）者，主有军政领导才能，终必大有成就。在中指之下（乙）者，主中年事业有成。在无名指之下（丙）者主多才多艺。在小指之下（丁）者，主有经营头脑，可经商致富。在明堂（戊）者，主名成利就。女性掌中有三角纹者，主嫁有成就之丈夫。</td>
</tr>
<tr>
<td>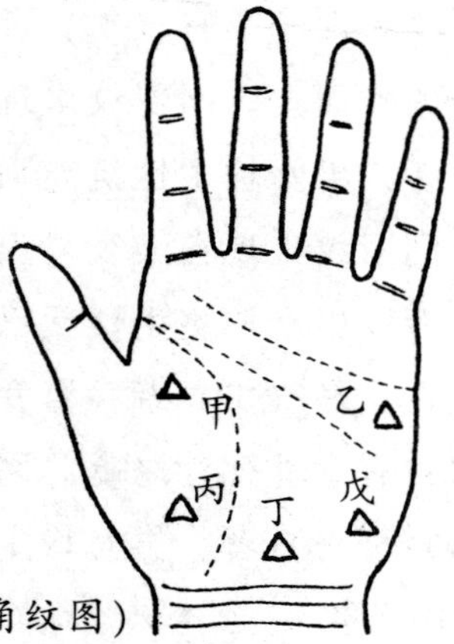

(三角纹图)</td>
<td>三角纹出现在震宫（甲）者，男主有勇有谋，有军事天才。在兑宫（乙）者，男性主临危不乱，最宜担任军警工作。在艮宫（丙）者，男女均主热诚循良，但颇风流。在坎宫（丁）者，男女均主有偷盗之习性，或爱贪便宜。在乾宫（戊）者，男女均主想像力丰富，可从事写作工作。</td>
</tr>
</table>

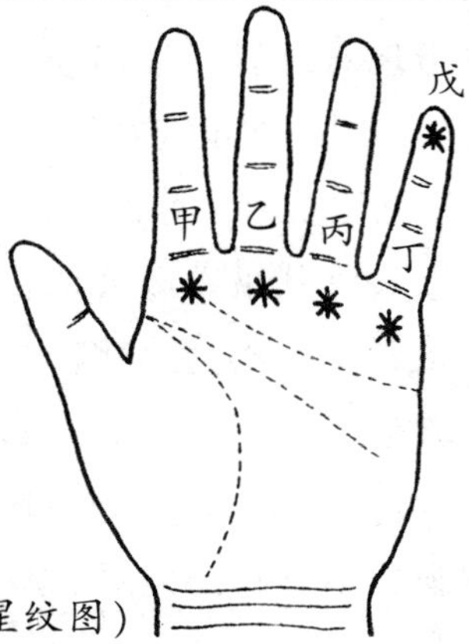 （金星纹图）	金星纹出现在食指下（甲）者，男女均主聪慧灵敏有领导才能。在中指下（乙）者，男女均主处人处事尖锐刻薄，晚年下场悲惨。在无名指下（丙）者，男女均主处事沉着稳健，中晚年名利双收。在小指下（丁）者，男女均主口才佳，又有科技头脑。在小指指头（戊）者，男女均主有雄辩之才华能打动人心。
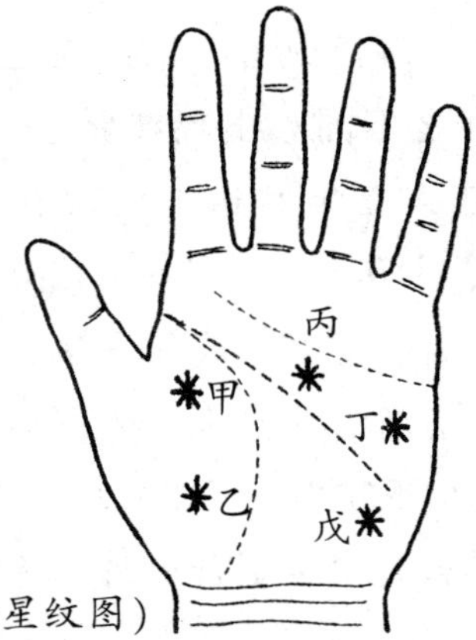 （金星纹图）	金星纹出现在震宫（甲）者，男性主有军事头脑可得军功。在艮宫（乙）者，男女均主常有桃花运，甚至与上司或显贵之人谈恋爱。在天纹与人纹之间（丙）者，男女均主有百折不挠之奋斗精神。在兑宫（丁）者，男女均主有忍辱负重之精神。在乾宫（戊）者，男女均主既有规划能力也有执行能力。
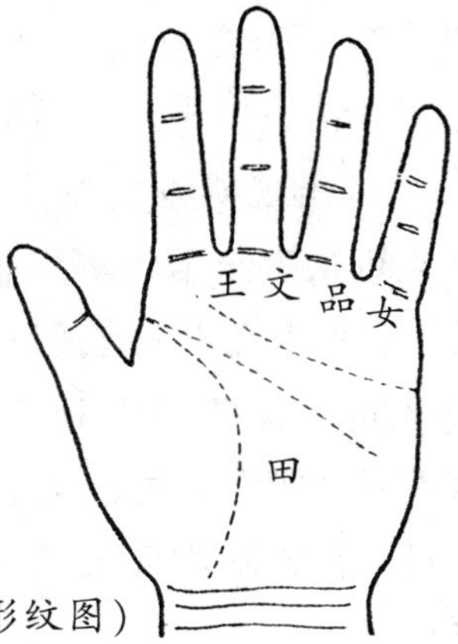 （字形纹图）	手掌出现字形纹（如图示）者，只要纹正清晰可辨，不论男女，均以吉征论，其休咎则以字义及宫位属性推断，例如王字纹在巽位，其人必为领袖人物，文字纹在离位，其人必主文贵，品字纹在无名指下主富，女字纹在坤位，男性主配偶贤慧，田字纹在明堂，主其人从事农牧商业可致富。但字形不正者不验。

<table>
<tr>
<td>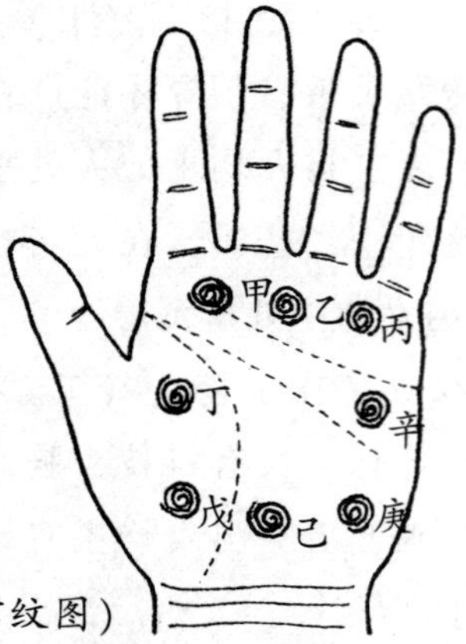

(君纹图)</td>
<td>掌中出现君纹者，以出现之宫位而有休咎之不同，如出现在震位（丁）乾位（庚）兑位（辛）坤位（丙）者，男性主其人最宜从事军政公职，可收政通人和之效，女性主婚姻不美满。如出现在巽位、（甲）离位（乙）艮位（戊）坎位（己）者，男女均主个性倔强主观，不宜正路发展，只宜从事异路行业。</td>
</tr>
<tr>
<td>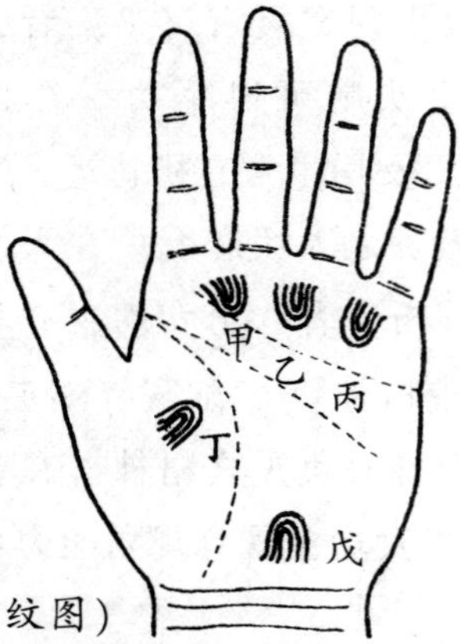

(臣纹图)</td>
<td>掌中出现臣纹者，以出现之宫位而有休咎之不同。出现在巽位（甲）者，主其人青年发达，出现在离位（乙）者，主其人中年发达，出现在坤位（丙）者，主其人晚年发达，巽离坤三位均有者，主其人一生好运，荣华到老。出现在震位（丁）坎位（戊）者，主其人青少年艰苦出身（男女同论）。</td>
</tr>
<tr>
<td>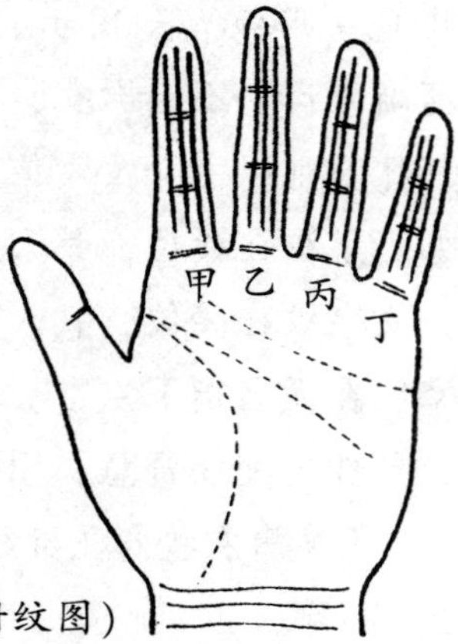

(册纹图)</td>
<td>食指出现明秀之册纹（甲）者，主其人聪明才高，二十六岁前即可出人头地。中指出现明秀之册纹（乙）者，主其人可从事土木建筑事业而获得成功。无名指出现明秀之册纹（丙）者，主其人可在异路事业上享大名。小指出现明秀之册纹（丁）者，主其人在商场或异路事业可获得成功。(男女同论)</td>
</tr>
</table>

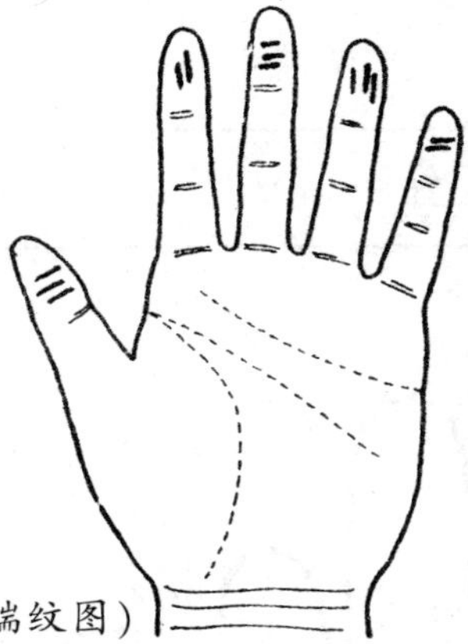 (指端纹图)	手指顶端出现一条或多条小直纹或小横纹（如图示）者，不论男女，主其人不是事业运不佳，就是身体欠健康，最低限度亦为身体疲惫或体力透支或老化现象或神经衰弱之征。身体健康事业顺利的人，手指指端必丰隆饱满，气足血润。
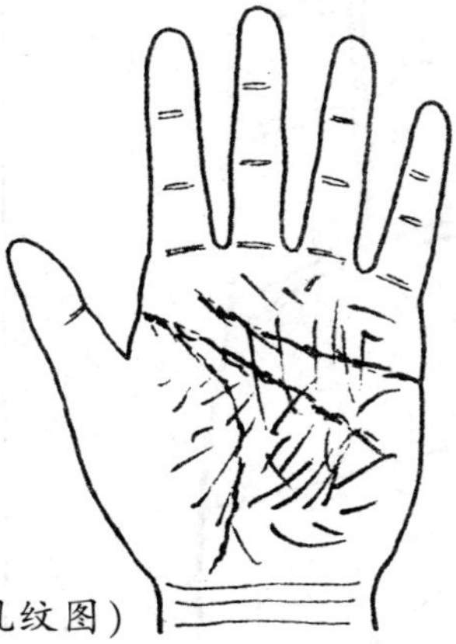 (乱纹图)	整只手掌乱纹密布（如图示），大拇指不强伟，手掌肉质过于柔软，摸起来无温暖之感者，主其人严重神经衰弱，多幻想多忧疑，多愁思多悲观，寡情少欢，女性尤甚，如系男性则有女性化之倾向。反之，手掌无乱纹者，则主其人心性宁静温和，很少烦恼愤怒。

观相感言

正因为一般人存有“宁可信其有，不可信其无”的心态，是以江湖术士和神棍灵媒能大行其道，遂其诈财骗色的勾当，如欲不被诈骗，必先破除自已的迷信和侥幸心态。

萧湘居士　撰

掌纹流年计算图

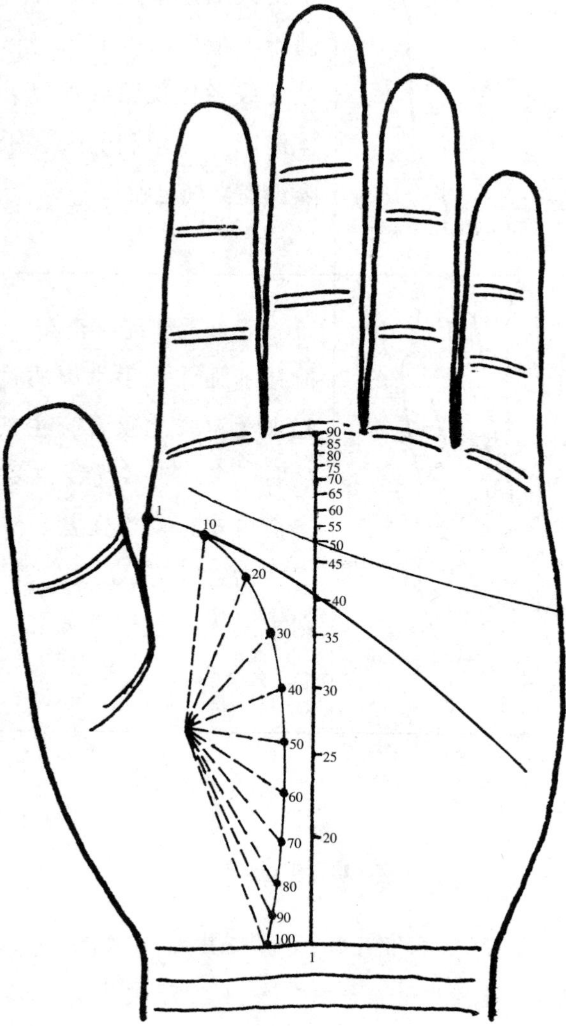
1
10
20
30
40
50
60
70
80
90
100
90
85
80
75
70
65
60
55
50
45
40
35
30
25
20
1

体相篇

萧湘识人相法全集(二)

第一章　头颅观看法则

头颅之部位特性

先贤云："头为一身之尊，百骸之首，诸阳之会，五行之宗。"西洋人相学无面相之说，但有头相之说，由此可知，不论中西相法均重视头相。因为头之内涵为脑组织，而脑组织乃吾人智慧之泉源，思维之中枢，意识之灵台，是以先贤将观看头相列为五部相法之首。但头颅相法与拙者《萧湘识人相法全集（一）》第一章"头面骨骼"相法有所不同，因本章所谈之头颅，不论男女，每个人均具有，而《萧湘识人相法全集（一）》所谈的头面骨骼，则系专门研究头部和面部之"奇骨"，而头面有奇骨者，仅极少数人才具有，同时两者之观看标准亦有所不同，读者不可不察。

头颅相理好坏标准及休咎

▲头如燕之颔虎之颈者，主其人不为一国之元首，亦必为威镇九州之将军，或富可敌国之企业家。（注：一般人下颔形似燕颔者，亦主老运佳或晚年福寿。）

▲头如牛头四方者，主其人非富即贵。

▲头如巨鳌入脑者，主其人可官至特任级。

▲头圆者亦佳，男性头圆非富即贵又高寿，女性头圆则主生贵子。

▲头长者亦佳，男主可贵可富并高寿，又不论男女必有宗教信仰。

▲头圆再有“奇骨”者，男性主其人可在公职上获得大成就。（注：有关头部之奇骨请参阅拙著《萧湘识人相法全集（一）》第一章图解）。

▲头方亦佳，如头方顶高者，主其人终必为一国之元首。

▲头要圆要方，要头皮宽厚（即有肉），如头皮不宽厚者，即使富贵亦劳碌。

▲头不宜大（即一眼望去显然过大而不能与躯体相称之谓），如头大额尖，男女均刑克配偶，事业少成，但男性头大有奇骨者另当别论。

▲头不宜小（即一眼望去显然过小不能与躯体相称之谓），如头小再颈项过长者，男女均主不贫即夭。

▲头不宜尖，头尖者终难成器，男女均主少年刑克长上。

▲头不宜垂，头垂者乃天柱（即颈椎）已倒，主其人将不久人世矣。

▲头不宜欹，头欹者主其人一生事业有波折，难有大成就，并有刑克。女性主好淫。

▲头不宜先过步（即行路头先过步之谓），如头先过步，象征其人个性即兴，处事考虑欠周到，即使富有终必破败，女性主婚姻不美满。

▲头顶不宜陷，头顶有陷者，男女均主先天发育不全，夭寿短命。

▲头后（即枕骨）不宜凹（含扁平），头后有凹者，主其人中年破败，女主不旺夫兴家。

▲头两侧不宜削，头两侧有削者，主其人一生难有成就，贫贱促寿。男性又主婚姻不美满，女性则难享夫福。

▲头如獐之头再有鼠之目者，男女均主个性不良，一生难有成就，并有凶灾。

▲头如蛇之头既平又薄者，男女均主心狠手辣，一生难有成就，并有凶灾。

▲头如鸡之卵者，男女均乃庸俗之人，难有成就，到老孤贫。

▲头有秽臭气味者，男主一生贫贱，女性则不旺夫。

▲女性头小腹大者，主其人必为奴仆，个性懒散。

▲“相不独论”，当论断头颅之相理休咎时，尚应参合其他部位之相理综合论断之。

第二章　头发观看法则

头发之部位特性

先贤云："发为血之余"，意即血液与头发有因果关系，血质佳者，发质亦佳，血质劣者，发质亦劣。近有西洋犯罪学家曾研究监狱中之囚犯三千余人的头发，结果发现发质之成份与犯罪之类别有密切关系，譬如头发的成份有某些质素者，其人大多易犯杀人罪，头发的成份有某些质素者，其人易犯强奸罪，头发的成份有某些质素者，其人易犯窃盗罪等等。但我国在一千多年前之《麻衣相法》中即有"发为血之余"之说，只是提不出研究数据，故被崇洋人士讥为迷信之说。

头发相理好坏标准及休咎

▲头发疏而细，长而润，黑而亮，秀而香，前不掩额后与颈平，不论男女，主其人健康、智慧、个性三者俱优良，一生大有成就非富即贵。女性则嫁有成就之丈夫。

▲头发之发际高者，不论男女，主其人思想高雅，个性优良，健康长寿。（但女性忌发际过高，女性发际应以眉毛与发际之间，与自己食指中指无名指并拢之宽度相同者为标准高度）

▲头发之发际低者，不论男女，主其人妨克父母，智慧不高，一生难有成就。（男性尤甚）

▲头发呈黄色者，男性主其人刑克六亲，个性不良贫苦奔走，一生事业少成，女性又主好淫，性喜闲逸。（注：此乃遗传基因和血质均不良之象征)

▲头发呈赤色者，不论男女一生多灾凶刑克，事业少成，婚姻不美男性尤甚。

▲头发焦枯者，不论男女，主其人身带隐疾，一生贫寒。

▲头发粗而不细者，男主个性急躁，刚愎自用，气量狭窄，女则刑夫克子，婚姻不美满。

▲头发自然卷曲者，不论男女，主其人性慧机灵，但好淫。

▲头发浓密又气臭者，男主一生运蹇，难有成就，女则克夫。

▲头发乱如蓬草者，不论男女，均主一生运蹇，愁苦到老。

▲头发稀少者，不论男女，主其人难享高寿，终生为六亲烦恼劳心。

▲头发在前额之发际部位生旋毛者，左边生者克父，右边生者克母(男左女右)，旋毛生在头顶中央者主吉，但有两个旋者，仍主刑克父母。

▲头发在后脑之发际过高者（注：后脑发际与面之地阁等高平行者为吉相)，不论男女，主其人性毒自私，喜争权夺利，过低者，则主其人忠厚消极与世无争。

▲头发硬如刺猬者，不论男女，主其人不忠不孝。

▲头发之发脚（即额两边之头发）侵眉压眉者，不论男女，主其人幼少年与父母少缘，或家境不佳，一生又多灾厄。

▲头发花杂，既黑白又赤黄者，不论男女，均主有寿，但刑克六亲，晚年神智恍惚，肝气不舒。

▲头发浓密而头颅小者，男性主离乡别祖，女性主婚姻不美满。（注：瘦人尤忌发多。)

▲头发中有赤色纹理者，男女均主因兵乱或意外而死亡。

▲头发容易断落者，不论男女，主其人先天不足，应注意循环系统之隐疾。

▲头发在30岁前即开始掉落秃头者，男女均主克子女难长寿。

▲头发在60岁后仍然浓密而未稀疏或秃头者，男女均主一生劳碌但长寿。

▲头发在60岁后仍未全白者，男女均主不享子力，但健康又老运佳。

▲头发在30岁前即全白，男性主其人克父，不享祖业，自身亦难长寿。但面色红润者不忌。女性主有隐疾。

▲头发在35~45岁之间，突然在头顶中央部位掉落一撮者，先贤谓之"鬼剃头"，此乃官非或败业之前兆，同时亦象征其寿命不长。

▲"相不独论"，当论断头发之相理休咎时，尚应参合其他部位之相理综合论断之。

观相感言

为何要拜妈祖

我国民间崇拜孔子、关公、妈祖、祖先等神祇，不能以"迷信"视之；因为孔子、关公、妈祖、祖先等神祇确有其人，其生平的伟大事迹的确值得后人纪念效法，所以吾人要崇拜他们，怎可谓之为迷信？如坚信孔子、关公、妈祖、祖先可为吾人解灾免厄则为迷信，因为孔子、关公、妈祖、祖先已经死了也！

如崇拜天主、救主、天父、元始天尊、玉皇大帝、阿弥陀佛、观世音菩萨、土地公、城隍爷等不可查考而只是传说的各种神祇，并拜求为吾人解灾免厄则是"迷信"也。

萧湘居士　撰

第三章　胡须观看法则

胡须之部位特性

上唇所生者为“髭”，又曰“禄”，下唇所生者为“须”，又曰“官”，下颏所生者为“髯”，颐颊所生者为“胡”，耳旁所生者为“鬓”。每人之胡、须、髭、髯、鬓之长相均不相同，有者既清疏又黑亮，有者既浓密又黄枯，有者有髭无须，有者髭须全无，有者鬓毛丛生，有者鬓毛清疏，有者鬓、胡、髯相连，谓之虬髯，有者五柳长须，道貌岸然。为何每人均不相同呢？据医书《黄帝内经》云：“凡消导排泄系统之气血循环正常者，主其人上唇（尤其是人中）及下唇（即承浆）髭须柔美；血少气多者，主其人髭须杂乱逆旋，长短不一；血多气少者，主其人髭须少；气血均少者，主其人上下唇根本无髭须。因为消导排泄系统之气能激发前阴系统（上下唇与前阴系统有经络联属关系）男性贺尔蒙之分泌，贺尔蒙分泌正常与否，则影响男性第二性征（如髭须）之显著与否，血则有滋养髭须使之毛色光润之作用。其他如下颏所生之髯则与小脑之内分泌有关，耳旁及颐颊所生之鬓、胡则与肾（广义解释为内分泌及生殖系统）之气血有关。所以先贤谓“须（含髭、髯、鬓、胡）为肾之余”之道理即在此。

胡须相理好坏标准及休咎

▲髭、须两全者，谓之有官有禄，如额、眼、颧相理再佳者，主其人

在仕途必大有成就。如鼻、颏、颐相佳者，则在商界必大有成就。如系普通之相，也主一生福寿富裕。（注：女性忌有髭、须、胡、髯。）

▲有髭无须谓之有禄无官，主其人尚可在商途和异路业发展，看格局之大小，五官之优劣，定其收获之多少和成就之大小。

▲有须无髭谓之有官无禄，亦谓之“空亡”，如格局和五官小就，其人尚可衣食无虞，如格局既小，五官缺陷又多者，则主到老孤贫，财散人离。

▲髭不过人中（即人中无髭其人之面相又非三轻格）者，主其人颇有才干，但运程多舛，不宜正路（即公职或纯商职）发展，否则易患小人，常做好不讨好，50岁前劳碌不休，难聚钱财，子孙亦不得力，最宜在异路业发展。

▲髭、须、胡、髯黑亮者，谓之“须得神”，主其人时运顺遂，或发官，或发财，或发福，同时健康良好，蓄须或不蓄须均可。

▲髭、须、胡、髯呈紫红色者，此乃奇相，必主奇贵，例如割据称霸一方，或任封疆大史，但呈棕色者减分论，眼无神者亦不验。

▲髭、须、胡、髯呈金黄色，面庞再呈银白色者，此乃奇相，必有奇贵之事业，并发达早又享盛名，但刑克六亲。

▲髭、须、胡、髯白润如银丝者，主其人存心仁厚，个性沉稳，思虑周到，一生必有成就，并子女优秀。

▲髭、须、胡、髯柔软者，主其人个性优良，一生收获必多，成就必大。

▲髭、须、胡、髯粗浓者，主其人血气两旺，如其人为三浓格者，必主富贵，并旺子女，但一生劳碌而多波折。

▲髭、须、胡、髯劲直如草者，主其人个性刚烈，一生劳碌破败很难聚财。（注：上唇之髭及下唇之须不忌劲直，胡髯则以索者为吉相。）

▲髭、须、胡、髯色黄乾燥者，主其人时运蹇滞。

▲髭、须、胡、髯色赤者，主其人孤独刑克六亲。

▲须髯胡不可成燕尾状、羊须状，否则老运不佳，并刑克子女。

▲蓄长须（髯）者，须必索（即胡髯呈水波样），有索者，主其人晚年

荣华，不索者，主其人晚年贫寒。

▲蓄长须（髯）者，不可成曲折状，否则晚年贫寒。

▲胡须不宜过密（上唇之髭尤忌过密），依稀见肉者为佳，如胡须浓密又逆旋（人中及上下唇尤忌）者，主其人一生运蹇。

▲胡须过硬者，主其人个性刚躁强悍，有勇无谋，虽偶有所成，亦必失败。

▲髭须不可锁口，否则老年运蹇，亦象征其人消化系统有隐疾。

▲髭须应与鼻配，鼻厚大者胡须宜浓宜密，鼻薄小者，胡须宜稀宜疏，否则影响中晚年之运程。（注：阿拉伯人与印度人髭须均浓，但髭须与鼻及眉毛不相配，故阿拉伯人及印度人能大富大贵者，仍然万不得一。）

▲髭须应与鬓配，鬓浓者髭须宜多，鬓轻者髭须宜少，否则影响中年运程。

▲髭、须、胡、髯以一色者为佳，如三色五色并呈者，主其人一生多烦恼多是非。

▲面有麻孔，胡须再呈紫色者，主其人大有成就并高寿。

▲凡鼻薄、孔露、上唇薄、当门齿缺、地阁不朝者，皆宜早蓄须（即上唇之髭）。

▲男性有虬髯（即串腮胡）者，主其人祖德佳，虽遇险而不险，并生贵子又有寿，但中年仍主波折。

▲男性眉散鬓秃，即使有美髯亦主一生运蹇，老年孤寂。

▲男性必须有胡须，但若面庞紫色或地如翼（即暴腮）而无胡须者不忌。

▲女性上唇不可有髭毛，如髭毛茂密者，主其人个性男性化，工作认真负责，但婚姻必迟，甚或婚姻不美满。

▲“相不独论”，当论断胡须之相理休咎时，尚应参合其他部位之相理综合论断之。

第四章　颈项观看法则

颈项之部位特性

颈项为头颅与身躯之桥梁，因此先贤谓颈项为“上扶一首，下扶四体”。颈项俗称“脖子”，在前为“颈”在后为“项”，颈为食道及气管之所在，项则为颈椎及大动脉之所在。食道及气管为吾人维持生命之要冲，颈椎则有支撑头颅及血管畅通之作用，故颈椎失去支撑头颅和血管的功能时，先贤谓之“天柱倒”，其人即将死亡。

颈项相理好坏标准及休咎

▲颈项方隆光润，头相、面相、体相、四肢相再配合得当者，主其人最宜为官，必大有成就（即大贵）。

▲颈项丰圆坚实，头相、面相、体相、四肢相再配合得当者，主其人最宜业商，必大有收获（即大富或大贵）。

▲颈项之肉色白过于面者乃吉相，如面之肉色白过颈项者乃凶相。（男女同论）

▲颈项多黑痣斑点或肉瘤者，主其人个性不良，只宜从事异路行业，否则一生运蹇难有成就。（男女同论）

▲颈项肥大者，主其人器量宏大，志向远大，最宜武职，一生有成，但大而露筋者，则主一生劳碌而又多刑克。（女性忌肥大主刑夫克子）

▲颈项细小扁侧者，主其人一生运蹇，器量狭小，难有成就，不贫则夭。(男女同论)

▲肥人颈项要短，瘦人颈项要长，反此者主其人一生运蹇难有成就，不贫则夭。但一看之下显然过长或过短者，乃畸型现象，亦为不令之相。(男女同论)

▲前颈长如鹤颈者，主其人一生清贫，难有成就。(女性难嫁有成就之夫)

▲前颈气势前临（即有燕颔之气势）者，主其人个性优良，一生运吉。(女性有凤颈或重颐为贵)

▲前颈气势偃后（即颈与颏成直角三角形而无重颐之谓）者，主其人个性不良，易招凶险。(男女同论)

▲前颈端直圆厚者，主其人个性优良，一生福厚高寿。(男女同论)

▲前颈曲如蛇颈者，主其人心狠性毒，一生难有成就。(女性难嫁有成就之丈夫)

▲前颈薄扁如马颈者，主其人刑克六亲，一生难有成就。(男女同论)

▲前颈有胡须锁住喉结者，谓之“胡须锁喉”，亦谓之“海底松”，主其人刑克子女，或生男少生女多。又主易招凶险，但有技艺头脑。

▲前颈细长而斜曲者，主其人个性懦弱无能，一生贫苦，难有成就。(女性难嫁有成就之夫)

▲后项之皮肉丰起（即柱阳平满之谓）者，主其人一生富裕，又少灾厄，即使有灾厄，亦能逢凶化吉，并主老运佳。(男女同论)

▲后项之皮肉横起成三条者，主其人性慈福寿，子女亦贤良发达。(女性不宜)

▲后项肉厚成堆者，主其人个性凶狠，有杀人之心态，终必横死。(男女同论)

▲后项细小而长者，主其人一生难有成就。(女性难嫁有成就之夫)

▲木形人及火形人之前颈均有喉结，但一看之下显然过大者，乃劳碌之相，主其人六亲少助，一生运蹇，客死他乡，难有成就。如喉结有二结

三结者尤忌，主其人个性不良刑克六亲，并有呼吸系统之隐疾。（女性尤忌主克夫或婚姻不美满。）

▲金形人、水形人、土形人之前颈不可有喉结，如有喉结者，主其人多招横祸凶险，客死外乡。（注：女性不论何形人均不可有喉结，否则克夫败家或无婚姻）

▲老年人（60岁开始）前颈之皮肉成绦者，乃上寿之相，但宜双不宜单，单者主孤寿。如皮肉再细润者，并主老运亨通，如皮肉粗糙驳杂者，虽高寿而劳碌平庸孤独贫苦。（男女同论）

▲头小而颈项又长者，主其人有艺术头脑，适宜从事表演事业。（女性尤宜但长如鹤之颈者仍忌）

▲头大而颈项过小者，主其人身带隐疾，乃短寿之相。（男女同论）

▲女性颈项以丰圆者为贵，先贤谓之为“凤颈”，主其人必嫁有成就之夫。

▲“相不独论”，当论断颈项之相理休咎时，尚应参合其他部位之相理综合论断之。

观相感言

吾人论相，除有“北人南相、南人北相”之说外，另外尚有“文贵武相、武贵文相”之说，前者如克林顿身躯高大而担任文职总统，后者如邓小平、拿破伦身躯矮小而担任武职统帅，惟骨骼五官不秀者不验。

萧湘居士　撰

第五章　肩背观看法则

肩背之部位特性

肩者“负荷”也，上负头颅颈项，下荷胸背腰腹，是以肩宽平厚实者乃有魄力有担当之象征，其人能成就大事业，女性则主可嫁富贵之夫并生贵子，反之其人乃平庸之辈。

背与脊椎相联属，背宽厚实者，乃象征脊椎先天发育结构良好，而脊椎又为精髓之所居，是以背宽厚实者，不但象征父母之遗传优良，同时象征祖德深厚，可享祖荫，身体健康，子孙繁衍，女性则可嫁能依靠终身之夫。

肩背相理好坏标准及休咎

▲肩宽平厚实者，主其人有勇有谋，一生成就必大，收获必多。

▲肩削向下者，主其人个性懒慵，一生贫贱。（女性不论）

▲肩耸而头不缩者，谓之“鸢肩”，主其人发达必早，但个性倔强躁急，甚或刻薄寡恩，一生劳碌而多险。（火形人最宜肩耸）

▲肩耸而头缩者谓之“肩寒”，主其人有隐疾，纵发达一时，终必破败短寿。

▲男性左肩高者主吉，主其人青年早发，但50岁后，事业平平而多病疼。右肩高者主凶，主其人难早发，50岁前事业上波折迭见，晚年始有若

干成就。两肩一般高者，主其人一生事业平顺前进，收获多而成就大，事业可正路发展。（女性可参照论断）

▲男性无肩（即肩两端有削下之感）到老贫寒，女性无肩到老荣昌。

▲女性肩如“抱子”（即肩两端有前临之感）者，主其人相夫旺子。

▲女性肩削肩薄者，主其人个性奸猾好淫，富贵之人必短寿难善终，如系贫贱之人尚可善终。

▲女性肩耸者，主其人身带隐疾，个性倔强躁急，恶毒好淫，刑夫克子。

▲女性右肩高左肩低者主吉，主其人早岁相夫旺子，或自身青年早发，或嫁富贵之夫，但晚岁多病疼而难相夫旺子。如左肩高右肩低者主凶，主其人早岁不相夫旺子，自身亦难青年早发，或嫁贫贱劳碌之夫，但晚岁相夫旺子。

▲背宽平厚实，再加面方臀丰者，主其人非富即贵。（女性不宜面方而要面如满月或精圆形）

▲背有“三甲”（即背如负垒之谓），前观如仰，后观如俯者，主其人非富即贵。（女性不宜背有三甲而要背圆厚）

▲背如团扇者，主其人非富即贵。（女性不宜）

▲背扁薄斜侧者，主其人身带隐疾既贫又夭。（男女同论）

▲背陷成坑成沟者，主其人身带隐疾，既贫穷又多灾厄。（男女同论）

▲女性之背宜圆厚平实，主其人可嫁能依靠终身之夫，如背陷成坑，主其人不享夫福子福，晚岁孤贫。

▲木火形人背要平。金、水、土形人背要厚。

▲“相不独论”，当论断肩背之相理休咎时，尚应参合其他部位之相理综合论断之。

第六章 臂膊观看法则

臂膊之部位特性

臂膊即上肢与手臂之俗称，靠近肩胛部位者谓之上臂，人相学称之为“龙骨”，靠近手腕部位者谓之下臂，人相学称之为“虎骨”。先贤云：“只宜龙吞虎，不宜虎吞龙；龙吞虎者吉，虎吞龙者凶。”根据笔者阅人经验，凡有成就之人，不论男女，的确是上臂大过下臂长过下臂。因上臂长而粗壮乃象征体力强健，精力充沛，其人成就自然较大，收获自然较多。

臂膊相理好坏标准及休咎

▲臂膊厚实者，主其人体力强健精神充沛，处事积极而又有耐力，一生成就大而收获亦多，个性乐观，自信心强。（男女同论）

▲臂膊瘦削短小者，主其人体力精力均有所不如，处事消极，动作迟缓，是以一生成就小，收获亦少，同时个性悲观，欠缺自信心。（男女同论）

▲上膊短下膊长，或上膊小下膊壮者，谓之虎吞龙之相，主其人一生成就小收获少，同时主有灾厄。女性尤验，大多不得善终。

▲手臂之长度，不论男女以立正姿势眼睛平视头不歪斜，自己之手臂能摸到自己的肛门为吉相，摸不到为凶相，如能摸到膝盖者，乃上上大吉之相格。

▲“相不独论”，当论断臂膊之相理休咎时，尚应参合其他部位之相理综合论断之。

观相感言

有人一分耕耘可能有很多分的收获，有人一分耕耘可能只有半分收获，究其原因乃是各人的相理格局不同所致。也可以说是各人的健康、智慧和个性不同所致也。笔者不同意乃是各人的八字好坏不同所致的说法，因为同年同月同日同时出生的人太多。为何收获不一样？

萧湘居士　撰

观相感言

有人说紫微斗数可以算出股票的涨跌，笔者颇不以为然，因为股票的涨跌完全与国家甚至与全世界的周天命运有关。例如，海峡风云紧急，中东战争开打，股票立即重挫。甚至影响国家和全世界的经济发展。似此情形，紫微斗数根据什么星相学理推断并能印证不爽？

萧湘居士　撰

观相感言

看照片谈相不准

用照片来谈相准吗？我的印证是三分准而已。如为电视或录影带中的人物谈相准吗？我的印证是五分准而已，其原因是被观者的头相、手相和气色不能看到。如为参选的政治人物看相，则不可参杂自己政治立场的感情成份在内，同时要将其竞争对手的相理和气色加以比较研判，然后所下的判断才会百分之百准验。

萧湘居士　撰

第七章　胸腔观看法则

胸腔之部位特性

胸腔为吾人心脏、肝脏、肺脏等内脏器官之所居，如胸腔宽阔，则上述之内脏器官不受压迫，血液循环正常，呼吸舒畅，因此其人身体必健康，精神必愉快，处事因而有信心又有恒心，自然一生福厚，官财两旺，又享高寿。反之，其人必一生贫苦，并多病而短寿，此乃定理。

胸腔相理好坏标准及休咎

▲胸腔长宽平阅者，主其人神安气和，智高量宏，身体健康，精神充足，无论男女，亦不论为官业商，均主一生福厚，又享高寿。

▲胸腔凸而短、狭而薄者，主其人神浮气躁，智浅量窄，身体有隐疾，精神萎靡，无论男女，一生福薄，官财均不旺，并寿命短促。

▲胸腔成坑者，主其人狠毒狡猾，一生贫穷促寿。（女性尤忌必刑夫克子）

▲胸腔短于面者，主其人一生贫贱促寿。（男女同论）

▲胸腔无肉，骨起如柴者，主其人一生贫贱劳苦。（女性尤忌必刑夫克子）

▲胸之膻中部位有黑亮之痣者，主其人武职大贵。

▲胸中毫毛不宜多（女性尤忌有胸毛），如有毫毛三五根，毫长黑亮

者，主其人心胸开朗，有情有义，事业有成，如毫毛多又焦枯者，主其人性情急躁，又喜贪多，常遭凶险。（注：罗马种人之胸毛多者不忌，但毛粗糙不亮者，仍主个性不良常遭凶险。）

▲胸凸臀高者，不论男女均主贫寒下贱。

▲胸如鸡胸者（即胸部尖凸成佝偻状），主其人一生孤贫刑克。（女性尤忌）

▲有胸无背（即背凹陷狭窄）者，主其人一生贫贱。

▲“相不独论”，当论断胸腔之相理休咎时，尚应参合其他部位之相理综合论断之。

观相感言

吾人先天生成的骨法格局是永远不会也不可能改变的，就好比电视机的规格，十二寸的电视机，绝不可能变成二十寸的电视机是同一道理。但后天的保养。可以延长十二寸电视机的寿命和提高画面的清晰度。

“相随心生”固然不错，但能改变的只是附丽在骨法格局上的气魄、精神、气质、性格、须眉、肤发、气色、肉色、肥瘦、甲齿、声音、纹痕、痣斑等后天部分的十三项而已。

萧湘居士　撰

第八章　乳房观看法则

乳房之部位特性

乳房为男女两性之第二性征，但是女性之第二性征较男性发达，是以女性乳房较男性为大。不论男女，乳房为体内气血通畅与否之表征，气血通畅者，乳房必大圆坚实，象征其人身体必健康，因此男性事业有成，女性则生贵子，反之，男性事业难成，女性则生败子。

乳房相理好坏标准及休咎

▲乳房以开阔肥大者为吉，不论男女，主其人智慧高，福泽厚。

▲乳房两乳头间之间隔达三十公分以上者，男主非富即贵，女主旺夫兴家并生贵子。

▲乳房薄而无肉者，男主一生事业少成，女则难嫁有成就之夫。乳房大而肉实者，男主一生事业有成，女则嫁有成就之夫。

▲乳房坚实中透柔软而又色鲜者，男主事业有成，女主嫁有成就之夫。

▲体型肥胖者更宜乳房大，如肥人乳小者，男性乃平庸之辈，富亦不久，女性则生育艰难。

▲乳头大者，男主有大志，事业可正路发展（扁小者只可异路发展）女主生贵子。

▲乳头扁小者，不论男女，均主生育健康智慧个性不佳之子女。

▲乳头若无者，不论男女，均主才能低下，又无子息。

▲乳头上仰者，不论男女，均主子息非贵即富。

▲乳头色紫黑又大者，不论男女，主子女有成，自身则富裕又享高寿。

▲乳头色暗黑者，不论男女，主自身及子女个性健康欠优良，自身婚姻欠美满。

▲乳头色白而黄者，不论男女，主自身个性健康欠优良，难育子息又主孤贫。

▲乳头色嫩红者（少女少男不忌），男主一生事业少成并促寿，女主难嫁有成就之夫，并主好淫，但不论男女老少乳晕不忌红润。

▲乳头方大者，不论男女，乃福寿双全之人。

▲乳头低垂者，不论男女，健康不佳，并生育难有成就之子女。

▲乳头如悬针者，不论男女，一生贫寒少成。

▲乳头（含乳晕）生毛者，三五根者为吉，男主智慧高，女主生贵子。毛多者为草，不论男女，主所生子女不优秀并男少女多。

▲乳头（含乳晕）有黑亮之痣，不论男女，主生贵子。

▲乳头曲者，男女均主个性不良，不能生育或生育健康智慧个性不良之子女。

▲乳晕大者为吉，大而多珠者，不论男女，主子女多而贤良。

▲男女如有四乳者，男主非富即贵，但好酒色。女主灵巧性躁好淫，并刑克丈夫。

▲“相不独论”，当论断乳房之相理休咎时，尚应参合其他部位之相理综合论断之。

第九章 腰腹观看法则

腰腹之部位特性

据医学辞典解析，腰为身躯两侧空处，肋骨与胯骨之间，统称为腰，以其为屈伸之关要而得名。腰前通脐，腰后通肾，上行“夹脊”至“泥丸”，下达“尾闾”和“督脉”，乃性命之大关也。是以腰要内实而外隆，肥厚而圆阔，方为福禄寿三全之人。据医学辞典解析，腹在肋骨之下，前阴之上的柔软处之总称，先贤则谓腹为一身之炉冶，所以包肠胃而化万物之所。是以腹圆而长，厚而坚，势欲下而垂，方为福禄寿三全之人。

腰腹相理好坏标准及休咎

▲腰内实外隆，肥厚圆润坚实者，不论男女，主其人福禄寿三全。(注：木、火二形人腰瘦不忌但要腰圆)

▲腰细如“蜂腰”者，男性主贫贱夭寿，女性主好淫刑夫克子。

▲腰扁而薄者，男性主个性不良促寿，事业少成，女性主好淫刑夫克子。

▲腰柔而曲者，不论男女，均主好淫顽劣少成。

▲腰凸而臀高者，不论男女，均主少成促寿。

▲腰细而背高者，不论男女，均主少成促寿。

▲有腰无背者，不论男女，青年困顿，中年亨通。

▲有背无腰者，不论男女，青年发达，中年蹇滞。

▲腹圆坚厚势长者，不论男女，主其人智慧高，一生福禄绵绵，寿命亦长。（注：圆者象征消化功能佳，坚厚象征不易受寒受伤，势长象征营养吸收功能佳。）

▲腹有“三壬”（三壬即垂下之谓，亦即肚脐眼下之下腹部位“拱起”之谓，如拱起部位在肚脐眼之上者，则不能谓之“拱起”，而谓之“狗肚”，主其人劳碌少成），不论男女，主其人智慧高，一生福禄绵绵。

▲腹之位置，应在全身之中心点，（含头颅及下肢）如过上者（即身体短下肢长），不论男女，主其人智慧低，一生少福禄。如过下者（即身体长下肢短形似侏儒），则个性不良，说多做少，一生少福禄。但五短之人，则不忌过下（即坐高立矮之谓）。

▲“相不独论”，当论断腰腹之相理休咎时，尚应参合其他部位之相理综合论断之。

观相感言

一、负债的债务人大多是生意人，生意做得愈大，负债的金额愈多。反之，有钱出借或在银行有存款的债权人，大多是军公教人员或从事受薪工作的人。

二、在股票市场赚钱的人，大多是从事长期投资，只买股票而不买卖股票的人。反之，在股票市场赔钱的人，大多是从事短线交易常常在买卖股票的人。

萧湘居士　撰

第十章　肚脐观看法则

肚脐之部位特性

脐在腹之中心，俗称肚脐眼，乃一身经脉会聚之所，脏腑总领之关。脐下为丹田，两者有关联性，丹田在男性言名为气海，在女性言名为血海。故肚脐愈大、愈圆、愈深、愈朝上，以彰显其人先天遗传成胎之优良，象征其人健康、智慧、个性之优越。反之，小而凸，扁而向下者，则不足论矣。

肚脐相理好坏标准及休咎

▲脐方正又外高内深，下半截朝上，再大能容李者，不论男女，主其人遗传好，先天足，健康、智慧、个性俱佳，男主有盛名，有大成就，女主嫁有成就之夫并生贵子。

▲脐两边有角上仰者，不论男女，聪敏好学又有大志，男性必有成就，女主相夫旺子。（观看女性之脐形，以未生育前之脐形为准）

▲脐两边有角下垂者，不论男女，主智慧低，个性倔强，男性又主事业破败，好酒贪色，女性则主刑夫克子。

▲脐壁四周有蜘蛛纹或五行纹者，男性主奇才奇贵，盛世可文贵或有异路功名，乱世主武职功名。女性盛世可为女强人，乱世可为巾帼英雄。不论男女，一生中必见凶险，但可逢凶化吉。

▲脐平满者，不论男女，健康、智慧、个性均不佳，一生贫贱而多刑克。

▲脐浅小者，不论男女，主其人五脏六腑机能不佳，身体欠健康，子女不得力又多忤逆，并生女多生男少，一生事业少成。

▲脐突凸者，不论男女，主其人健康欠佳，必然促寿，并生女多、生男少。

▲脐生长之位置近下者，不论男女，主其人智慧低而又好淫，一生贫贱少成。

▲脐偏左者，（*男左女右*）主其人先妨父又少子息，偏右者，主其人先妨母，同时内脏机能不佳。

▲脐成直线状者，不论男女，主其人健康欠佳，必促寿。

▲脐成倒三角形者，不论男女，主其人内脏机能不佳，又不善理财，一生贫困少成。男性并主多凶险，易遭横祸。

▲脐内生毫毛者，男主贵显，女主淫逸。

▲脐内生黑痣或红痣而亮者，不论男女必生贵子。

▲脐下方正中央生有黑痣或红痣并有长毫者，主其人无论在官商两途均有大成就。如痣长在脐下方两旁并长毫者，则主其人在异路行业必有大成就。先贤云："脐下生毫，必为英豪。"女性脐下方有痣并长毫者，则主好淫。

▲女性脐如满月，下腹有弹性，主其人身心两健，生殖机能良好，必生贵子。

▲女性脐斜侧者，主其人颇为好淫。

▲女性脐浅者，主其人应防产厄。

▲"相不独论"，当论断肚脐之相理休咎时，尚应参合其他部位之相理综合论断之。

第十一章　下阴观看法则

下阴之部位特性

下阴一词应包括“前阴”与“后阴”二位而言，前阴与后阴对吾人之生理作用完全迥异，前阴为生殖与泌尿系统，后阴则为排泄系统，各有其一定之生理作用。

先贤谓“下阴分三窍，精一窍焉，水谷二道各二窍焉。”，所谓“精”，即男性之输精管，女性之输卵管（含阴道）。所谓“水”“谷”二道，水道即男女两性之尿道，谷道即男女两性之肛门。先贤之所以就吾人之下阴加以研究阐述，实因下阴之相理与吾人之健康、智慧、个性及遗传生育息息相关也。

下阴相理好坏标准及休咎

▲男性龟头（含阴茎）以短小者为吉，如色再红润者，主其人事业有成，娶妻必贤，生子必贵。（民俗相法云：三寸金，四寸银，五寸不是人。此处所谓三寸四寸，是指男性阴茎充血坚挺后之长度而言。）男性龟头（含阴茎）色白而莹者，主其人有奇才奇智，可在异路行业发展而享大名，同时娶妻必贤，生子必贵。

▲男性龟头（含阴茎）偏左者，主其人之男儿有成就。偏右者，主其人之女儿有成就。

▲男性龟头（含阴茎）能内缩（即如马之阴茎能藏入体内）者，先贤谓之“活龟”，主其人生性灵敏有大志向，刚正不阿，既贵又享大名，或在思想哲理，文化艺术，科学发明上有伟大之成就。

▲男性龟头（含阴茎）过长（即充血坚挺时超过十三厘米）者，主其人生殖机能特别发达，有色情狂倾向，平生多凶又无子息，不得善终。

▲男性龟头（含阴茎）过大（即充血坚挺时直径超过四厘米）者，主其人一生贫贱劳苦，难有成就。

▲男性龟头不能收缩（即充血状态之长度与非充血状态之长度一样）者，先贤谓之“死龟”，主其人一生贫贱劳苦，难有成就。

▲男性阴部长毛者，乃发育正常之征，一生必有或多或少之成就，阴上无毛或毛少者，乃发育不正常之征，主其人好淫而少成就。

▲男性阴毛过长（超过三寸）过硬，毛多而乱，毛色黑中带黄者，主其人好色贪淫，智慧不高，个性不良，一生难有成就。

▲男性阴毛长度适中，多而不乱，毛色黑亮而软者，主其人智慧甚高，体格健壮，生平必有成就。

▲男性阴毛粗浓蓬杂如乱草者，主其人个性不良，难有成就，子女亦不贤良。

▲男性阴毛逆生者，主其人有子不孝。

▲男性阴毛与谷道相连者，主其人一生贫贱贪淫。

▲男性阴毛卷曲者，主其人聪慧有成。

▲男性阴毛直生者，主其人愚昧少成。

▲男性阴毛形状成倒三角形者，主聪慧有成。女性同论。

▲男性阴毛成五颜六色者，主其人先败后成，必有异路财荣，或系草莽英雄。

▲男性阴囊坚实、收缩、色黑、多纹、火暖、外形如荔枝核桃者，主其人健康、智慧、个性三者均佳，一生必有成就，并子孙贤孝。

▲男性阴囊松弛、下坠、色白、无纹、冰冷者，主其人一生难有成就，并刑克子女，或绝嗣。（注：象征其生殖系统有或大或小之隐疾。）

▲男性阴囊内生成只有一颗睾丸者，先贤谓之“独肾”，主其人富多于贵，婚姻美满，内助有力，但难享高寿，子女亦少。

▲男性小便如下雨如撒珠者，主其人健康智慧个性均佳，老年福寿。

▲男性小便圆而宽、直如篙者，主其人健康、智慧、个性三者均有所不如，子女少成，老年多病而少福寿。（注：象征其泌尿系统有若干隐疾。）

▲男性小便时，自龟头部位即开叉者，主其人初年破败少成。小便中线开叉者，主其人中年破败少成。小便末端开叉者，主其人晚年破败孤贫。

▲男性之谷道（即肛门）内缩者主吉，露或脱肛者，主一生贫贱促寿。(女性同论)

▲男性谷道周边毛多而粗者，先贤谓之“淫抄”，主其人聪慧但好淫，晚年富寿，又不畏鬼神，不得阴病。（女性同论）

▲男性谷道之毛柔细者，主其人个性优良，一生平顺厚福。（女性同论）

▲男性谷道无毛者，主其人健康或个性不良，狡猾好淫又多迷信，可异路发展，但老运不吉，刑克子女。（女性同论）

▲男性之粪便成四方形又成长条（此乃方肛）者，主其人武职大贵，流芳百世。（女性主嫁有大成就之夫或为巾帼英雄）

▲男性之粪便成三角形、棱形、梯形又成长条者，主其人有奇才，主文职大贵，或有异路财荣，并享大名。（女性主嫁有大成就之夫）

▲男性粪便既圆又粗又不成长条者（注：象征其人消导排泄系统不健康)，主其人一生难有成就。如长年便溏者则主促寿。（女性同论）

▲男性粪便迟缓者，主其人个性优良，自制力强，并且长寿。大便过速不能忍者，主其人个性不良，欠缺自制力，同时促寿。（女性同论）

▲女性牝户（即阴户）宜上生（即靠近耻骨），不宜下生（即靠近肛门)，上生者主其人膣厚而深，子宫安适，易于受孕。下生者主其人阴道不直，子宫易位，不易受孕，并主个性不良又多好淫。

▲女性牝户宜软、宜丰腴、宜高凸，主其人个性善良厚道而有气节，

健康亦良好，智慧亦甚高，必配有成就之夫。

▲女性牝户忌硬，忌宽松，忌瘦平，主其人个性偏执倔强，健康不佳，智慧不高，难嫁有成就之夫。

▲女性牝户宜“封”（即大阴唇能包住小阴唇和阴蒂之谓），主其人个性贞洁，可生贵子，必为贤妻良母，必嫁有成就之夫。不封者主爱情不贞，婚姻不美满，或克离再嫁。

▲女性牝户之大阴唇不宜有赘肉外露，有者，主其人贪淫逸，不相夫旺子。

▲女性牝户色黑者，主其人健康良好，个性贤良，可享高寿。

▲女性牝户色白者，主其人健康不佳，刑夫克子，难享高寿。

▲女性阴毛色黑光亮又柔细者，主其人个性贤淑温良，相夫旺子，偶亦有自创事业或有政治地位者。

▲女性阴毛卷曲成珠状者，主其人健康良好，个性优良，智慧甚高，有男儿之志向，乃女中丈夫，但生性好淫，可享高寿。

▲女性阴毛呈金黄色，又毛长三寸以上者，主其人可贵为后妃，但主好淫。

▲女性阴毛呈朱砂色者，主其人可贵为夫人，但个性不良，好淫又不善终。

▲女性阴毛呈灰暗枯燥之色者，主其人个性不良，一生劳碌贫贱，刑夫克子。

▲女性阴毛五颜六色者，主其人先贱后贵，或先贫后富，大多嫁为妾侍。

▲女性阴毛粗浓又多者，主其人个性不良，健康虽佳但好淫，并克离再嫁，或孤寡独宿。女性阴毛成长方形者，主其人性多淫逸。成倒三角形者贤淑。

▲女性阴毛稀稀疏疏者，民俗相法谓之“白虎”，先贤则谓之“不树”，主其人先天发育不良，身带隐疾，难享高寿，难有生育，个性怪异好淫。

▲女性阴毛稀稀疏疏中，有三根五根特长特粗者，先贤谓之为“白虎

带箭”，有此种相理之女性，亦为先天发育不良并有隐疾之征，主其人个性不良，必定刑夫克子，自身不得善终。

▲女性阴毛全无者，为“白虎”之别种，先贤谓之为“白玉”，此为基因突变而成，主其人个性、健康、智慧三者均佳，相夫旺子之至，男性如能娶到此种女性为妻，诚三生有幸也。

▲女性小便如涧泉喷水者，主其人健康、智慧、个性三者均优，必嫁有成就之夫。

▲女性小便能忍者，主其人健康长寿，多生贵子（贵子即健康、智慧、个性三者均优良之谓），如经常尿急者，主其人难嫁有成就之夫，并多病促寿。

▲女性小便如竹筛滴水者，主其人健康、智慧、个性三者均有所不如，尤以滴而不止者，主其人身带隐疾，难有生育，一生贫贱劳碌，难嫁有成就之夫。（因有病之人，身体电能必弱，不能与身体电能强之男性来电也）

▲“相下独论”，当论断下阴之相理休咎时，尚应参合其他部位之相理综合论断之。

观相感言

遗传决定命运

1998年在北京举行的“第35届世界遗传学大会”的科学家们达成的一致共识是“人们除了外伤，其他任何疾病均是由遗传基因决定的”。据此引申，人们的健康、智慧、个性当然也是遗传基因决定的，进而影响其人一生成就的大小，收获的多寡，以及寿命、祸福、婚姻、子女等。是以传统命理学和西洋占星术焉能为人算命改运!?

萧湘居士　撰

第十二章　臀部观看法则

臀部之部位特性

医典谓臀为下尻旁之大肉，亦即两股上端与腰相连之部位。臀与吾人一生之成就与收获亦有关联性，尤以女性之臀，与性欲及生育关系密切，故医书与相书均有着墨焉。

臀部相理好坏标准及休咎

▲男性之臀，肉宜肥厚，坚实而有弹性，形宜宽大而圆，色宜略黑，主其人健康、智慧、个性均佳，两股有力，腰有托，作事有毅力有恒心，不畏艰难困苦，一生必有成就。尤以肥胖之人，更宜有臀，民俗相法谓：“十个胖子九个富，就怕胖子没屁股。”由此说明臀部对肥胖之人尤为重要。

▲男性之臀太过痴肥者，主其人智慧低，一生少有成就。

▲男性之臀，瘦削无肉者，主其人个性慵懒，行为卑下，一生少成，健康不佳而促寿。

▲男性臀高，再加龈露肩缩者，主其人性暴孤独，不得善终。

▲女性之臀宜大小适中，宜丰而圆，色宜白润，主其人健康、智慧、个性三者均佳，必嫁有成就之夫，并主生贵子。

▲女性之臀过大过宽者，主其人个性急躁倔强，喜争是非，喜贪淫逸，恋爱不顺，婚姻不美，难嫁有成就之夫。（未生育妇女为准，生育过之妇

女，臀必平而坠)

▲女性之臀过平过小者，主其人健康欠佳，个性不良，不易生育。

▲女性之臀过高过翘者，主其人个性不良，为人不贤，一生贫贱好淫，胸高者尤甚，难嫁有成就之夫。

▲“相不独论”，当论断臀之相理休咎时，尚应参合其他部位之相理综合论断之。

观相感言

正因为一般人存有“宁可信其有、不可信其无”的心态，是以江湖术士和神棍灵媒能大行其道，遂其诈财骗色的勾当，如欲不被诈骗，必先破除自已的迷信和侥幸心态。

萧湘居士　撰

观相感言

个性是思维系统（即脑组织）及运作系统（即五脏六腑）发生牵连作用而形成。每个人的脑细胞数量和排列程式，以及五脏六腑的质素质量、着床位置和遗传机能均不一样，所以世上每个人的个性也不一样，故民谚谓“一样米养百样人”也。

萧湘居士　撰

第十三章　下肢观看法则

下肢之部位特性

医典谓下肢系由“股”“胫”“足”三系联结而系于尻部，专供支持身体及行动进止之需，是以下肢于身体之作用，有如梁柱之支撑大厦。因此，凡下肢健康发达之人，必能任重而致远，一生事业必有或大或小之成就，反之，下肢有所不如，则一生难有大成就矣。又下肢（尤其是足）有如草木之根，在母胎中先手部发育完成，是以妇科医生取婴儿之脚印盖于产妇之病历表上。而人之死亡则先从两足渐渐失去知觉开始，由此可见先贤重视下肢相之缘由也。

下肢相理好坏标准及休咎

▲股（即大腿）宜坚实肥厚，胫（含腓）要软硬适中，股胫之粗细度并应与臀部保持平衡，同时腿胫要直，如此乃最好之下肢，不论男女，主其人健康、智慧、个性均佳，男性能任重而致远，一生必有成就，女性则嫁有成就之夫。

▲股胫要有肉包覆（即要有肚），主其人祖德佳，一生有成，善始善终。反之，不论男女，主其人破败祖业，刑妻（夫）克子，并遭凶险或绝症而死，富贵之人尤验。一般生来贫苦之人则不忌无包，但劳碌刑克难免。

▲股胫均应长毛（女性之股不宜长毛只宜胫长细毛），先贤谓之为“衣

毛”，乃一生衣食丰厚之象征，男性不忌毛长毛多，女性则忌。如男性之股(即大腿)无毛者，主其人一生劳碌，并有牢狱之灾。

▲股胫要直如竹，肉要白而滑，不论男女，必系富贵中人，如硬而涩，曲如柴，粗如桶，或筋骨暴露者，不论男女，主其人即使非贫下之人，亦仅止于小康而已，同时中年有波折破败。

▲女子之胫腓太过粗大肥厚（俗称萝卜腿）者，主其人虽灵巧而有小智慧，但一生辛苦多于闲逸，一生成就止于小康而已。

▲女子之胫腓如瘦而无包（俗称笔杆腿）者，主其人刑夫克子，一嫁再嫁。

▲膝宜圆，不论男女，主其人健康、智慧、个性均佳，一生必有成就，女则嫁有成就之夫。

▲膝尖者（露骨者同论），不论男女，主其人个性狡诈虚伪，易犯官非，同时男主劳碌，女主刑夫克子。

▲足宜方而宽，正而长（女性不宜太长），厚而软，足背足趾有毛（女性之毛不可太多）者，不论男女，主其人健康、智慧、个性均佳，一生必有成就，非富即贵，女性则嫁富贵之夫。

▲足薄而侧（即不正），横而短（即太宽），粗而硬，足背足趾无毛者，不论男女，主其人健康、智慧、个性不佳，一生难有成就，女性则难嫁有成就之夫。

▲足后跟（即踵）厚实而正，行走时后跟着地者，不论男女，主其人健康、智慧、个性均佳，一生必有成就，女性则主嫁有成就之夫。

▲足后跟在行走时不着地者，富贵之人主凶死，普通之人则主多劳少获，老无结果。

▲足后跟横宽或窄薄者，不论男女，主其人一生辛苦贫寒促寿。

▲足下有纹者吉相，如有龟纹、十字纹、井字纹、交叉纹，人形纹或纹秀如锦者，主其人大富大贵，或至低限度有中小成就，并旺子孙。如多直纹者亦吉，主其人天资聪慧，一生事业有成。足下有横纹者，则主一生事业多成多败。足下无纹者贫贱。（注：手纹足纹，均为脑组织及五脏六

腑先天遗传发育优良与否，及后天内分泌正常与否之象征。)

▲足底有凹能容龟者，不论男女，主其人健康、智慧、个性优良，一生必有成就，女则可嫁有成就之夫。

▲足底平似木板者，医典谓之为“扁平脚”，不论男女，主其人遗传发育不良，健康、智慧、个性必有一差。

▲足底有黑痣者吉相，男性主武职大贵，或封强大吏，女主巾帼英雄。足底有斑者，则主其人在异路行业上有大成。

▲足趾宜长、宜正、宜紧、宜圆，不论男女，主其人个性优良，一生富裕安乐，二趾独长者男主客死他乡，中指略长于二指者，主有祖德祖荫。若中指短于二趾者，不论男女，幼少运不佳，主其人非出身富宦之家。

▲足趾长而有节者，主其人聪慧勤快，有技艺头脑，一生事业有成。

▲足趾长，足背薄而无肉者，主其人一生劳碌少成并难育子息。（男女同论）

▲足趾短，足背又薄而无肉者，主其人乃庸俗之辈，一生劳碌少成。

▲足趾过尖，五指并拢后呈三角形者，即使中指长过二指，亦主其人不享祖业，破梓离乡，刑妻（夫）克子，孤独以终，但火形人不忌。

▲足趾有册纹上冲者，男主大贵，女主夫人。

▲足趾有八君纹（即两中趾为臣纹馀为君纹）者，男主既贵又富，女性则为夫人。

▲足趾有十君纹者，除非其人面相为大贵相格，否则为凶相，男主破败灾凶，女主婚姻不美并有产厄。如十趾均无君纹者，亦非吉相，不论男女，主其人幼少运欠佳，中老年始转佳。

▲“相不独论”，当论断下肢之相理休咎时，尚须参合其他部位之相理综合论断之。

第十四章　体毛观看法则

体毛之部位特性

先贤云“贵人身上有毛，贱人身上无毛”。如身体所长之毛既不过多，也不过少，同时毛质柔软色泽光亮者，象征其人气血平衡内分泌正常，是以一生成就大收获多。一身之体毛，大体言，可分为头发、眉毛、鼻毛、耳毛、胡须（含髭、须、髯、胡、鬓、虬髯）、腋毛、胸毛、乳毛、脐毛、腹毛、阴毛、谷道毛、股胫毛、足背足趾毛、手臂毛、手背手指毛等，其中除腋毛一项未有论及外，其他各项体毛之相理标准及休咎均在《萧湘识人相法全集(一)(二)》均有论及，兹再就未论及部位论述如下：

体毛相理好坏标准及休咎

▲人身之体毛以眉毛为最细，阴毛为最粗，不论男女，违反此相理标准者，乃不吉之征，主其人之健康、智慧、个性必有一差。

▲胸上有毫毛十根以内者，男性主吉。女性胸上不可有毛，有者主其人个性男性化，婚姻不美满，并防产厄。

▲手上有毛（含肱、手背、手指）者，主其人福禄滔滔，手上无毛者，主其人劳碌一生。（注：女性忌手上有毛，有者主其人内分泌异常，个性男性化，但下臂有若干绒毛不忌。）

▲脚上有毛（含股、胫、脚背、脚趾）者，主其人老年福寿，子孙优

秀。脚上无毛者，主其人个性不良，小心论交。（注：女性之腿及脚背脚趾不可有毛，有者主其人内分泌异常，个性男性化，但胫部有若干绒毛不忌。）

▲额不可长毛，如额生毛，不论男女，主其人克妻（夫）刑母，额两边毛多者，则象征其父母在授胎怀孕时，感情不和合，遗传不优良。

▲背不可长毛，如背长毛，不论男女，主其人一生贫穷劳碌。

▲腋下之毛不过多过少，并柔细而无气味者，男主健康、智慧、个性均佳，一生必有成就与收获，女主可嫁有成就之夫。

▲腋下之毛过多者，男性主一生劳多获少，但能获得女性之欢心，女性则主好淫克夫。（读者比较观察数十人后即可知毛多毛少之标准。）

▲腋下之毛过少者，男性主一生难有大成就，女性主难嫁有成就之夫。

▲腋下完全无毛者，乃发育不良之征，男性主寿命不高，并易招凶险血光而亡。女性则主个性柔弱，或依赖心重，或有妇科隐疾，并易因产厄而亡。如系富贵之女，则淫乱丧节，难以善终。

▲腋下之汗液香者，男性主大富并一生有艳遇。女性主嫁为夫人，受人尊敬。

▲腋下有狐臭者，男性主终身为人执役，难有大成就。女性则主婚姻不美满，或嫁为填房，严重者淫乱克夫。

▲“相不独论”，当论断体毛之相理休咎时，尚须参合其他部位之相理综合论断之。

第十五章　骨骼肌肉观看法则

骨骼肌肉之部位特性

先贤云："为人论相，骨法为先"。因骨为君肉为臣，肉附于骨，骨相不如，其相自然不如，骨骼永远不变，肌肉则会有肥瘦之变化，是以有肉不如有骨，骨相好其相自然好，此乃定理。

骨骼又以头骨最为重要，因"面为百部之灵，头为诸阳之首"。有关头骨部分，已在拙著《萧湘识人相法全集（一）》第一章详为阐述，本章专就头面以外部位之骨骼肌肉加以阐述：

骨骼肌肉相理好坏标准及休咎

▲《人伦大统赋》云："贵贱定于骨法"，骨以坚、奇（即起之谓）、耸、圆、有威、有势者为符合相理标准，以露、薄、侧、凹，无威、无势者为不符合相理标准。前者乃贵相，不论男女，主其人遗传优良，非富即贵，又享高寿，后者乃贱相，不论男女，主其人不富不贵，寿年短促。

▲《太清神鉴》云："骨欲峻不欲广，欲圆不欲粗，瘦者不宜肉少而骨露，露者多困而少寿也。肥者不宜骨隐而肉重，重者多滞而夭寿也。骨与肉相称，气与色相和者，福寿之相也。"

▲《玉管照神局》云："金形人骨尖，木形人骨寒，水形人骨沉，火形人骨钝，土形人骨露，均主贫苦孤寒。"

▲《相理衡真》云："骨骼有如金石，欲耸不欲横，欲圆不欲粗，肉欲坚而实，直而洁，香而白，皮欲细而滑，色欲明而润。肥者不宜露肉，惟在充实隆厚，清润崇重，平正华秀。"此乃论骨骼肌肉臬典之言也。

▲人体之骨骼均要上长下短，此乃定理。例如脊椎骨（含颈椎）至尻骨部位，要比股骨胫骨（含脚根部位）为长，不论男女高矮，主其人富贵可期，否则一生劳多获少，最多小富小贵或小康而已。现代女性以修长的玉腿为美，然美则美矣，惟终其一生最多小收获而已，绝不可能贵为一品夫人或嫁作富翁之正室。（注：女性之股骨胫骨亦不宜太短，如短不及脊椎骨长度五分之四者，先贤谓之曰"蹲"，主其人刑夫勉子，婚姻不美满。）

▲龙骨（即脊椎骨）要直，如脊椎弯（即驼背）者，主其人一生难有成就，但驼背之人，如颈椎不弯者，其人可在异路业发展而有小成，尤以出生南方者颇验。

▲上臂骨骼比下臂骨骼为长（下臂不含手掌部分）者，象征其人有环抱宇内之智力、魄力和毅力，不论男女高矮，主其人富贵可期，否则一生劳多获少，并主凶险。

▲腿骨（与尻骨结合部位起算）比胫骨为长（不含脚跟部分）者，不论男女高矮，主其人富贵可期，否则走遍他乡，亦难有收获成就。

▲肌肉以有弹性者最佳，坚硬者次之，柔软者最为下乘。

▲肌肉富有弹性者，不论男女，主其人健康、智慧、个性三者优良，男性必有或大或小之成就，女性则嫁有成就之夫。

▲肌肉过于坚硬者，不论男女，主其人健康虽佳，但智慧个性有所不如，男性大多为苦作之人，女性则嫁贩夫走卒为妻。

▲肌肉过于柔软者，不论男女，主其人智慧尚可，但健康个性有所不如。男性大多为雇员，一生难有成就并促寿，女性则难嫁有成就之夫。

▲肌肉有弹性又皮肤细腻、滑嫩、光润、莹洁者，不论男女，主其人健康、智慧、个性三者必佳，男性一生必有或大或小之成就，女性必嫁有成就之夫。（注：男女皮肤之肤色因五形质素不同而有差异，但必须细腻滑嫩光润莹洁。）

▲肌肉无弹性又皮肤粗糙而欠光泽者，不论男女，健康、智慧、个性三者必有瑕疵，主其人一生鲜少成就，女性则主难嫁有成就之夫。（注：面粗身细者不忌，面黑身白者亦不忌，两者均为吉征。）

▲肌肉表面之皮肤虽细腻，但冷滑而欠温暖者，主其人个性冷酷，一生事业成败迭见，并刑克六亲，女性最忌，主刑夫克子，或婚姻不美满。

▲骨少肉多者，不论男女，均主促寿。骨多肉少者，不论男女，均主高寿。

▲男性30岁前忌发胖，如体型痴肥，主其人促寿运蹇。

▲女性30岁前忌发胖，如体型痴肥，主其人拖累夫运。

▲女性皮肤细嫩，又有肉香者，主其人必出身富宦之家。

▲“相不独论”，当论断骨骼肌肉之相理休咎时，尚须参合其他部位之相理综合论断之。

观相感言

如何当上总经理?

在台湾“中国生产力中心”接受短期讲习的学员，都是在颇有规模的企业当总经理。有一天中心主任提出问卷问学员们：“你是在什么情况之下，当到了公司的总经理?”学员们有97%回答：“大学毕业后，连续在该公司兢兢业业工作了二、三十年没有跳槽。”

萧湘居士　撰

麻面、痣斑、纹痕篇

萧湘识人相法全集(二)

第一章　麻面观看法则

麻面之相理意义

在公元1940年之前，面上有麻孔之人还相当多，公元1940年之后，面上有麻孔之人已不复多见，迄至公元1960年之后，面上有麻孔之人已属万不得一。究其原因，乃系国家之防疫工作已彻底将“天花”传染病消灭了。公元1940年之前，因国家的防疫工作做的不彻底，故我国各省均有天花病流行，是以造成数以万计面有麻孔之人。吾人都知道面有麻孔系因天花病所造成，但鲜少有人知道面有麻孔对一个人的健康、智慧、个性亦会造成不利的影响，进而关系到一个人成就的大小，收获的多寡。

因为天花乃属一种“热毒”之病，其热毒对体内五脏六腑之破坏力强大，其毒素因血液循环作用与经络互动作用，将毒素推送至面庞与内脏相关之穴道或生理反射区，然后在面庞发炎结痂，最后形成麻孔。如热毒伤及所有五脏六腑，则面庞出现之麻点范围必然广大，麻点之颗粒亦多，反之，面庞出现麻点之范围亦小，麻点之颗粒亦不多。又天花病发生后之治疗情形亦会影响麻孔之大小深浅，尤以麻孔之色泽可得知治疗之效果，与天花热毒对五脏六腑损伤之程度。

麻面相理好坏标准及休咎

▲面有麻孔，如神足形余，眉清目秀，形体魁梧，五岳相朝者，象征其人先天遗传良好，身体健康，对疾病之抵抗力强，因此，所感染之天花

病毒对五脏六腑之伤害亦轻，或伤害后复原情形良好，对其一生运程之负面影响也轻微，仍主其人有或大或小之成就。反之，如形神不足，眉眼不秀，形体瘦小，五岳不朝，而面有麻孔者，则对其一生成就与收获必有重大负面影响。

▲面有麻孔，如麻孔铺陈有致，印堂、山根、年寿，准头及口唇四周无麻孔者，象征其人所感染之天花病毒对重要之内脏器官伤害尚轻，因此，对其一生运程之负面影响轻微，仍主有或大或小之成就。反之，如印堂、山根、年寿、准头及口唇四周等重要部位有麻孔者，则对其一生之成就与收获必有重大负面影响。

▲面有麻孔，但麻孔内之肉色明润，血气透紫光者，先贤谓之为“有气之麻”，象征其人所感染之天花病毒对体内五脏六腑之机能，根本没有造成伤害，因此，对其一生运程也不致造成任何负面影响。反之，如麻孔肉色暗滞枯焦者，则对其一生成就与收获必有重大之负面影响。

▲“相不独论”，当论断麻面之相理休咎时，尚须参照其他部位之相理综合论断之。

观相感言

个性坏并非品德坏，个性坏的人可能品德很好。例如脾气急躁，处事即兴，计较小节，喜欢争论，欠缺圆通，不重人和，心直口快，无幽默感，有孤傲心，不能随俗，有吝啬心，主观心强，倔强固执等均属于不好的个性，但不能就此判定其人为品德不好的坏人。

萧湘居士　撰

第二章　痣斑观看法则

痣斑之相理意义

命相界最为人诟病者，即将痣斑神秘化、迷信化，或将痣斑作为招徕敛财之招数，而一般大众，则将痣斑当作茶余饭后之谈笑资料。其实吾人面庞或身体之长痣长斑，乃系极其自然的生理现象和病理现象。

人面庞或身体上之痣斑，乃系人体内五脏六腑因各种大小病变所放射出来之毒素，未为水谷二道及汗腺所排出之余烬，通过血液循环作用，和经络互动作用，将毒素余烬推送至面庞或身体与内脏器官相联属之穴位或生理反射区，经过日积月累，毒素余烬便堆集成粒状形态，大而凸者谓之痣，小而凸者谓之黑子，如毒素余烬沉淀在皮肤表面而不成粒者则谓之斑。因此吾人可以从痣斑出现之穴位与痣斑之颜色，一看便知他过去内脏器官曾发生过何种病变。

先贤对于痣斑为何会有刑克父母妻子或损财败业之说？那是因为痣斑生长在面庞最重要的部位所致。例如痣斑生长在日月角（日月角为父母宫），象征其人之父母在事业、健康或心性方面必有一差，因为日月角代表父母遗传之良窳，先贤倒因为果说成日月角有痣斑必定刑克父母。同样道理，婚姻宫有痣斑，亦是象征其人曾有小脑（即内分泌系统）或肝脏方面的病变，因此，其人与配偶作内分泌交换时，必定不利配偶，或是个性方面有严重瑕疵，影响配偶之精神生活，或影响配偶之健康和事业，似此情形，先贤亦谓之为克夫或克妻。同样道理，子女宫有痣斑，亦象征其人生殖系统曾有病变，或心性行为方面曾有严重瑕疵，因此，对子女之遗传不良，子女在健康、智慧、个性方面必有一差或均有差，先贤亦倒因为果，谓其人刑克子女。又如痣斑长在十三部位，或其他重要部位，均象征其人之脑组织或内脏器官曾发生过心理或生理方面之病变，其人之健康、智慧、个性方面曾受到或大或小之损伤，因此当其流年行运到达有痣斑的穴位时，身体内部会发生“生理短路”现象，事业上或健康上自然会发生或大或小的差错。

现在为科学昌明的时代，已非过去之农业社会，一般人很难接受“只知其然，不知其所以然”的说法，因此，命相界从业人员如不能就痣斑的形成原因和其相理作用与休咎交待清楚，自然会被所谓“知识份子”讥为神秘迷信，如再将痣斑用作招徕和敛财的招数，其所遭受的严厉批判必难避免。又坊间更有专门阐释痣斑的相书，极尽夸大痣斑对命运的影响，其说尤其荒腔走板，笔者曾就其所述休咎，作过印证，准确率不到百分之一。先贤云：“莫以一痣一纹之小节，而枉论一生之命运”，其言甚是。

痣斑依其外表的颜色可分为“善痣”与“恶痣”两种。如颜色朱红、漆黑或白如玉者可归类为善痣。善痣形成的原因，亦为生理作用所使然，凡脑组织和内脏器官先天遗传良好，后天运转正常，并受到祖先父母或自身行阴骘所受到的心理刺激，而促使脑组织和内脏器官产生“酵素”或谓之“精华素”（姑且名之，后学者可再另行命名），此种质素经过血液循环作用和经络互动作用而堆集在五脏六腑相关联的穴位或反射区而形成善痣，以象征其健康、智慧、个性之优良，是以随善痣之生长而命运亦随之变好，此即先贤所谓“祥运则生善痣于隐处”的道理。同样道理，恶痣形成的原因，亦因脑组织和内脏器官先天遗传不良，后天因病变而产生毒素，或因承受祖先父母或自身损阴骘的心理刺激，而促使脑组织和内脏器官产生“毒素”，然后毒素经过血液循环作用和经络互动作用，而将毒素堆集在五脏六腑相关联的穴位或生理反射区而形成恶痣，以象征其健康、智慧、个性之不良，运程之不顺，此即先贤所谓“败运则生恶痣于显处”的道理。而恶痣的颜色大都为褐黑色和灰黑色或枯白色，均暗而无光。所谓善痣生于隐处，系指眉发之内，或身体之上，所谓恶痣生于显处，系指生长于面庞当阳之处，至于面庞或身体上所长出之“黑色素瘤”或“白色素瘤”或“红色素瘤”或“肉笋”，乃是因皮肤病变所产生，与痣斑的休咎完全不同。

又痣斑因脑组织与内脏器官健康状态之变化，也会促使善痣变恶痣，恶痣变善痣，例如朱红色的善痣变为赤黑色，漆黑色的善痣变为暗黑色，白玉色的善痣变为枯白色，此乃象征脑组织及内脏器官之健康有退化现象，或自己因损阴骘而心理影响生理所致。如恶痣由赤黑色变为朱红色，暗黑色变为漆黑色，浅灰色变为白玉色，或恶痣上长出黑毛，或褐色小斑慢慢褪去者，亦象征其人之脑组织及内脏器官之健康状况有了进步，或因病变带来之损伤已完全复原，或因自身行阴骘而心理影响生理所致。

头面痣斑相理好坏标准及休咎

▲善痣（含黑痣、红痣、白痣及黑子、红子以下均同论）生于发中者，主其人有成就又主长寿，女性则主嫁有成就之夫（以下均同论）。

▲善痣生于头顶中央者，主其人有大智慧，可为圣为贤。（男女同论）

▲善痣生于额者，主其人非富即贵（多痣丛生者尤吉）。

▲善痣生于印堂者，主其人有大成就，但女性主孤。

▲善痣生于两耳者，主其人聪慧。（男女同论）

▲善痣生于耳内者，主其人高寿。（男女同论）

▲善痣生于耳珠者，主其人有财并有孝心。（男女同论）

▲善痣生于眉中者，主其人技艺超群并有财。（专论男相）

▲善痣生于山根者，主其人有大成就。（专论男相）

▲善痣生于鼻准者，主其人有大成就。（专论男相）

▲善痣生于口旁或唇上者，主其人一生衣食丰盛。（以下善痣之休咎均男女同论）

▲善痣生于食禄仓者，主其人一生衣食不缺。

▲善痣生于舌中者，主其人善言词又喜美食。

▲善痣生于龙宫泪堂者，主其人子孙显达。

▲善痣生于奸门、鱼尾者，主其人配偶贤能婚姻美满。

▲恶痣（含黑子及斑点以下均同论）生于天中者，主其人克父（以下恶痣之休咎均男女同论）。

▲恶痣生于天庭者，主其人克母。

▲恶痣生于上墓者，主其人一生工作不顺，常常失业。

▲恶痣生于司空者，父母均克。

▲恶痣生于左厢者，主其人遭横祸而亡。

▲恶痣生于高广者，主其人刑克父母。

▲恶痣生于尺阳者，主其人外死他乡。

▲恶痣生于辅角者，主其人因战乱而死。

▲恶痣生于边地者，主其人外死他乡。

▲恶痣生于武库者，主其人因战乱而死。

▲恶痣生于山林者，主其人离乡别祖。

▲恶痣生于虎角者，主其人因战乱而亡。

▲恶痣生于两耳者，主其人幼年疾病，中年官非败业。

▲恶痣生于耳背者，主其人忠言逆耳。

▲恶痣生于耳根骨者，主其人死于交通事故。

▲恶痣生于命门者，主其人有火厄，一痣应一次，多痣应多次。

▲恶痣生于刑狱者，主其人有牢狱之灾。

▲恶痣生于两颧骨者，主其人为官者主失职失官，业商者主合伙不利，一般之人主小人损财。

▲恶痣生于山根者，主其人刑克六亲和配偶。

▲恶痣生于山根下部者，主其人因战乱或意外死亡。

▲恶痣生于妻座夫座者，主其人克妻丧夫。

▲恶痣生于年寿之侧者，主其人因病而死。

▲恶痣生于年寿者，主其人一生运程蹇滞。

▲恶痣生于年寿正中者，主其人一生运途蹇滞。

▲恶痣生于眼上者，主其人一生常多败运。

▲恶痣生于劫门（即劫路）者，主其人应防血光之厄。

▲恶痣生于鱼尾者，主其人死于市井。

▲恶痣生于奸门者，主其人因血光之灾而亡。

▲恶痣生于天井者，主其人有水厄之灾。

▲恶痣生于长男者，主其人克长子。

▲恶痣生于中男者，主其人克中子。

▲恶痣生于少男者，主其人克三子。

▲恶痣生于眉中者，主其人应防水险及手足受伤。（男主手伤女主足伤）

▲恶痣生于眉上者，主其人常多败运，难享父荫母荫。（父左母右男女颠倒论之）

▲恶痣生于准头者，主其人应防血光之厄。

▲恶痣生于唇上者，主其人容易破财。

▲恶痣生于正口者，主其人因言贾祸。

▲恶痣生于口侧者，主其人贪吃而难聚财。

▲恶痣生于口角者，主其人常多口舌是非。

▲恶痣生于法令者，主其人有消化系统或神经系统或下肢系统之隐疾。(女性主上肢有疾)

▲恶痣生于舌中者，主其人巧言令色多虚言。

▲恶痣生于承浆者，主其人消化系统有疾，忌醉酒。

▲恶痣生于仆从者，主其人与部属少缘。

▲恶痣生于婴门者，主其人出身贫寒。

▲恶痣生于小使者，主其人出身贫寒。

▲恶痣生于妓堂者，主其人克妻或终身不娶（女性主不嫁）。

▲恶痣生于外院者，主其人一生没有恒产。

▲恶痣生于奴仆者，主其人终身被人使唤。

▲恶痣生于坑堑者，主其人有山难之厄。

▲恶痣生于陂池者，主其人有水险之厄。

▲恶痣生于下墓者，主其人客死他乡。

▲恶痣生于细厨者，主其人终身贫寒。

▲恶痣生于祖宅者，主其人离乡别祖。

▲恶痣生于大海者，主其人有水险之厄。

▲恶痣生于地阁者，主其人少祖业，并常迁移居所。

▲恶痣生于腮骨者，主其人个性倔强叛逆。

附注：

（一）以上痣斑生长的部位名称，均系面相一百三十部位的名称。（请参阅附图）

（二）痣所应之休咎较大，黑子（含红子）所应之休咎较小，斑所应之休咎尤小。

（三）拙著《萧湘识人相法全集(一)面相》各章节尚有关于痣斑相理休咎之注解请参阅之。

身体痣斑相理好坏标准及休咎

▲善痣生于两乳晕者，主其人子女多而优秀。（以下善痣之休咎均男女同论）

▲善痣生于两乳之中者，主其人福寿安乐终老。

▲善痣生于两乳之下者，主其人能积聚金钱。

▲善痣生于两腋下者，主其人有财富，并喜宗教道术。

▲善痣生于心窝者，主其人智慧高，必拥兵权。（女性为巾帼英雄或生贵子）

▲善痣生于腰侧者，主其人智慧高，有异路财荣。

▲善痣生于肚脐中者，主其人可生贵子。

▲善痣生于脐下正中者，主其人乃英雄豪杰之辈，正路发展有成。

▲善痣生于脐下两旁者，主其人乃英雄豪杰之辈，异路发展有成。

▲善痣生于咽喉近上者，主其人常有贵人提携。

▲善痣生于两肘内近下者，主其人一生富有。

▲善痣生于两臂屈者，主其人有巧技。

▲善痣生于两手臂者，主其人生财有道，善于理财。

▲善痣生于两手明堂者，主其人非富即贵。

▲善痣生于两腿者，主其人有奴仆可供驱使。

▲善痣生于两腿后者，主其人福寿绵绵。

▲善痣生于两膝后者，主其人多牛马六畜。

▲善痣生于两膝骨者，主其人名声远扬。

▲善痣生于两膝头者，主其人能积聚财帛。

▲善痣生于两胫骨者，主其人劳少获多。

▲善痣生于脚底者，主其人乃英雄豪杰之人。（限男性）

▲善痣生于足指间者，主其人有奴仆可供使唤。

▲善痣生于后项者，主其人可享威权。（限男性）

▲善痣生于两肩胛骨者，主其人一生必有成就。

▲善痣生于两肩后，主其人富足。

▲善痣生于背脊中端者，主其人长寿。

▲善痣生于后腰者，主其人中年否极泰来。

▲善痣生于前腰两侧者，主其人中年否极泰来。

▲善痣生于肚脐正后方背脊者，主其人一生幸运天之骄子。（限男性）

▲善痣生于尾闾者，主其人一生享厚福又享高寿。

▲恶痣生于颈椎者，主其人健康日益衰退。（以下恶痣之休咎均男女同论）

▲恶痣生于两肩上者，主其人贫苦劳碌。

▲恶痣生于两肩前者，主其人劳碌好淫。

▲恶痣生于颈项者，主其人意志力欠坚决并多愁思。

▲恶痣生于喉结者，主其人多愁思，有自杀心态，或因外伤而死。

▲恶痣生于后腰者，主其人远征边疆而不还。（专论男性）

▲恶痣生于两肘者，主其人一生多病痛。

▲恶疾生于两肘头者，主其人常多灾厄。

▲恶痣生于两曲池穴者，主其人心性不正。

▲恶痣生于两曲池穴内骨上者，主其人一生防被盗。

▲恶痣生于两臂外者，主其人死于血光之灾。

▲恶痣生于臀部者，主其人一生均有桃花运。

▲恶痣生于腰侧者，主其人多病促寿。

▲“相不独论”，当论断痣斑之相理休咎时，尚应参合其他部位之相理综合论断之。

上痣应下痣口诀

额头膝上面胸前，耳应股肱轮肘边，
眉头颈下必相应，印堂额上心窝中，
目尾须知乳与腋，外阳耻骨亦相连，
鼻应玉茎真果然，两颧多应胁骨间，
人中脐周或脐内，唇应阴囊或腿际，
腮应足肚足指间，手应膝骨曲膝内，
下腹生痣脚底全，按图索骥必灵验。

第三章　纹痕观看法则

纹痕之相理意义

一般人请相士观相，男性大多喜欢询问事业，女性大多喜欢询问婚姻，再就是喜欢询问痣斑纹痕的相理休咎，关于头面骨骼、五官六府、精神气色等项之良窳，反而问题不多。究其原因，乃头面骨骼、五官六府乃与生俱来，对自己的长相不论好坏，已习以为常，不想多问，精神气色乃有质而无形，外行人根本无从问起，唯有痣斑纹痕乃后天渐次形成，一般人均不明了其形成之原因，故而怀着好奇或恐惧的心态而询问其休咎甚详。

关于痣斑之形成原因及休咎，作者已于前章阐述甚详，不再赘述。至于纹痕之形成原因，乃因人体之内分泌作用所致，人自发育成年进入社会后，因面临各种生活环境、工作环境、人事环境和国家社会的种种变迁，以及因受到家庭、子女、金钱和婚姻生活等因素的影响，脑组织因而受到各种的刺激，因刺激而产生意念，因意念而激发五脏六腑的内分泌，然后内分泌再依循内脏的相关经络系统到达体外相关部位或穴位，然后在该部位或穴位侵蚀而成纹痕，相士再依照身体相关部位或穴位（例如面部十二宫、三十六宫、七十五部位、一百三十部位和手掌各部位）的属性，及纹痕的形状走势，以及男女阴阳之别评定其休咎。至于面上的“皱”与“纹痕”不同，皱乃是老化现象，读者不可不察（纹痕与伤痕亦不同）。又纹痕会因生理心理原因，而转折不定，变凶变吉，此即“相随心生，相由心灭”的道理，笔者在拙著《萧湘识人相法全集(三)气色大全》已阐述甚详，请读者参阅之（纹痕与伤痕亦不同）。

纹痕相理好坏标准及休咎

▲≋额上有此伏犀纹者，男主贵而有寿，女主孤刑。

▲〒—额上有此偃月纹者，男主贵而有寿，女主孤刑。

▲︶—额上有此华盖纹者，男主武贵，女主孤刑。

▲○○—额上有此眼纹者，男主大贵，女主刑克六亲。

▲三—额上有此三横纹者，男主克父，女主克夫。

▲︵—额上有此华盖纹者，不论男女均主犯孤。

▲＿—额上有此一横纹者，主死于道路或郊外。

▲╳—额上有此交叉纹者，主死于极刑。

▲王—额上有此王字纹者，男主大贵，女主妨夫。

▲乙—额上有此乙字纹者，男女均主可贵可富。

▲女—额上有此女字纹者，男主可得女性贵人之助。

▲山—额上有此山字纹者，男主大贵，女主妨夫。

▲井—额上有此井字纹者，男主富，女主妨夫。

▲十 —额上有此十字纹者，男主富，女为女强人。

▲甲—额上有此甲字纹者，男主富，女主相夫旺子。

▲川—额上有此川字纹者，纹短者聪明富足，女主妨夫。纹长者，不论男女均主刑克配偶但有寿。

▲丨—天中有此天柱纹直下印堂者，男主大贵，女主妨夫。

▲丨—印堂有此悬针纹又名恶死纹、六害纹者，不论男女刑克六亲，事业破败，常遭凶厄，婚姻不美。但悬针生脚者减半论。

▲ノ—印堂有此执刀纹者，不论男女，幼少年刑克六亲。

▲三—印堂有此三横纹者，男主兵亡血光，女主刑克六亲。

▲╳—印堂有此交叉纹者，男主死于兵亡血光，女主刑克六亲。

▲※—印堂有此交加纹者，男主恶死，女主一生贫苦。

▲||—印堂有此平行纹而细秀者，男主可贵可富，女主相夫旺子。

▲士—山根有此士字纹者，男主清贵，女主刑克六亲。

▲||—山根有此平行纹者，男主破耗，女主妨夫。

▲八—山根有此八字纹者，不论男女，均主劳碌灾厄而又刑克配偶（八字纹在印堂者同论）

▲—眼下有此罗网纹者，不论男女，主刑克六亲配偶，到老孤独，男性又主中年破败官非。

▲※—眼下有此斜形井字纹，纹细秀者为阴骘纹，不论男女，象征福寿康宁。纹粗浊者，名羊刃纹，不论男女，刑克配偶子女。

▲井—眼下有此正井字纹者，不论男女，死于自杀。

▲\\\—眼尾下方有此扫帚纹（又名劳心纹）者，不论男女刑克配偶，中年破败。

▲|—眼下有此一直纹（又名哭子纹）者，不论男女，刑克子女，如纹直下口边地阁者，不论男女，主子女不肖，破败祖业。

▲—鼻柱有此一横纹者，不论男女，主克子。

▲|—鼻柱有此一直纹者，不论男女，主养他人之子，或得子甚迟，女性又主克夫。

▲乚—鼻柱有此钩纹者，不论男女，主养他人之子。

▲///—鼻柱有此羊刃纹者，不论男女，主恶死或有凶厄。

▲//—颧上有此破颧纹者，男主一生不能担任主官或企业主，女主不旺夫兴家。

▲|—禾仓（即正面）有此悬针纹者，不论男女，一纹克一子孙，二纹克二子孙。

▲—耳垂有此网罗纹者，不论男女，主有循环系统之疾病，亦主饿死。

▲“相不独论”，当论断纹痕之相理休咎时，尚须参合其他部位之相理综合论断之。

附注：本章未述及之其他纹痕，请参阅拙著《萧湘识人相法全集(一)》各章节有关纹痕休咎之阐述。

面相十三部位总图名称表

右厢	**天中**	天岳 左厢 内府 高广 尺阳 武库 军门 辅角 边地
虎角 月角	**天庭**	日角 龙角 天府 房心 父墓 上墓 四杀 战堂 驿马 吊庭
奏书	**司空**	额角 上卿 少府 交友 道中 交额 重眉 山林 圣贤
繁霞	**中正**	额角 虎眉 牛角 辅骨 元角 斧钺 华盖 福堂 彩霞 郊外
右目 刑狱	**印堂**	交锁 左目 蚕室 林中 酒樽 精舍 嫔门 劫路 巷路 青路
少阴 中阴 太阴	**山根**	太阳 中阳 少阳 外阳 鱼尾 奸门 神光 天仓 天井 天门 元武
甲匮 少女 中女 长女 妻座	**年上**	夫座 长男 中男 少男 金匮 禁房 盗贼 游军 书上 玉堂
	寿上	甲匮 归来 堂上 正面 姑姨 姊妹 兄弟 外甥 学堂 命门
廷尉	**准头**	兰台 法令 灶上 宫室 典御 囤仓 后阁 守门 兵卒 印绶
	人中	井部 帐下 细厨 内阁 小使 仆从 妓堂 婴门 博士 悬壁
	水星	闺门 比邻 委巷 通衢 客舍 兵兰 家库 商旅 生门 山头
	承浆	祖宅 孙宅 外院 林苑 下墓 庄田 酒池 郊廓 荒丘 道路
	地阁	下舍 奴仆 碓磨 坑堑 地库 陂池 鹅鸭 大海 舟车

附注：本表所列名称以神相全编所载为准

行止相篇

萧湘识人相法全集(二)

第一章　言相观看法则

言语之相理意义

先贤云“言语为心之声，肺之表，福祸之门。”心之声者，即听其言，而能知其人“心性”之“所以”“所由”“所安”之谓。肺之表者，即听其言，而能知其人呼吸器官是否健康，肺呼量和中气（含丹田之气）是否充足，心胸是否宽广，气量是否宽宏之谓。福祸之门者，即听其言，而能知道其人一生之荣辱，成就之大小，收获之多寡之谓。因言语可以得福，言语亦可贾祸也。是以言语一项，亦为人相学研究之范畴。笔者尝谓，研究人相学即为认识自己并研究做人处事的道理也。

言语相理好坏标准及休咎

▲言语不妄发不妄陈，言而中节有序，明达事理者，男性即使非富贵之人，亦为有道之人，女性则为贤妻良母型人物。

▲言语简洁有条理，声音清朗又润畅者，男主一生有或大或小之成就，女主嫁有成就之夫。

▲言语有力眼不斜视者，不论男女，主其人性刚正直。

▲言语有余音者，男主一生必有或大或小之成就，女主嫁有成就之夫。

▲言语繁杂无绪者，不论男女，主其人个性虚诳，一生少成。

▲言语暴急声高者，不论男女，主其人个性躁急，缺乏修养。

▲言语声低语平者，不论男女，主其人个性冷静，外柔内刚。

▲言语急，再个性亦急者，不论男女，主其人热诚爽朗，无害人之心，并有侠义精神，但男性中年事业有波折，女性婚姻欠美满。

▲言语粗野者，不论男女，主其人个性卤莽，男主一生少成，女主婚姻欠美满。

▲言语木纳者，不论男女，主其人颇为聪明，不犯小人，如五官配合得当，男主有或大或小之成就，女主嫁有成就之夫。

▲言语泛泛不止者，不论男女，主其人一生鲜有成就，或多成多败。

▲言语时有羞态者，不论男女，主其人身有隐疾而促寿。

▲言语便给者，不论男女，主其人一生有或大或小之成就。

▲言语时喜强词夺理，尖酸刻薄，盛气凌人者，男主一生事业多成多败，同时刑克妻子儿女，女主婚姻欠美满。

▲言语时气实神和者，不论男女，主其人志向远大，前途光明。

▲言语时多歪理邪言，又易轻信他人之言者，不论男女，主其人必系小人。

▲言语时未语先笑者，男性主一生事业少成，女性主好淫逸，婚姻欠美满。

▲言语时语缓语软者，不论男女，象征其人有所求于自己。

▲言语时语无伦次者，不论男女，若非有精神疾病，则其人心藏毒害。

▲言语时语急声破者，男性主一生鲜有成就，女性主婚姻不美满或刑夫克子。

▲言语时言未尽而色先变，或声未尽而气先绝者，男性主一生事业少成多败，女性主婚姻不美满，或刑夫克子。同时不论男女，均主身带隐疾。

▲言语时出言轻薄忤逆者，男主个性粗暴，女主不孝翁姑。

▲言而有信者谓之有“口德”，信口开河者谓之“口贼”。

▲随口附和他人之言者，不论男女，主其人知识浅薄。

▲唇薄舌亦薄者，不论男女，主其人喜言是非，喜占便宜。

▲男体但有女形女态之人，如说话声音铿锵嘹亮而无女性音韵者，此乃

“异相”，如其他部分亦配合得当，仍主其人有或大或小之成就与收获。

▲女体但有男形男态之人，如说话声音清、细、柔、和而无男性音韵者，此乃“异相”，如其他部分亦配合得当，仍主其人有或大或小之成就与收获。

▲女性言语声高音破，再加动作粗俗者，主其人嫁贩夫走卒为妻。（注：此乃彼此电能位阶相当，故而来电结婚。）

▲“相不独论”，当论断言语之相理休咎时，尚应参合其他部位之相理综合论断之。

观相感言

富贵为何不过三代？

富贵为何不过三代（君主立宪国家之皇室例外），按照人相学的说法，此乃遗传良性基因递减的原故，导致后代子孙之资质一代不如一代。除非后代子孙之学问、道德、体能、修持有加，促使体内良性基因即使不比上代增加，至低限度不比上代递减，才能富贵超过三代。至于以风水墓葬方法延续子孙之富贵，人相学不认同此种说法。台湾的王永庆死后葬在一个所谓的“蟾蜍穴”，希望他的子孙代代富贵发达。请问，王永庆出身贫穷家庭，他的祖父母和父母又葬在什么好的地理穴位？

萧湘居士　撰

相理真言

孟子云，持其志毋暴其气。且动气，必起三昧真火，此火由肾中水底而发，灼熛脏腑，消磨真气，其时脸必热，头必疼，神必昏，气必乱，目必赤，眼必泪，手足必冷，灵台必促，理必惑淆，事必糊涂，少壮者忌之，老弱者次之。

萧湘居士　辑

第二章　行相观看法则

行相之相理意义

在所有古籍中，不一定言及坐相、卧相、食相，但必言及言语（或声音）和行相，可见先贤对言语和行走之重视。例如先贤曾国藩之见相识人标准有谓：“邪正看眼鼻，真假看嘴唇，功名看气概，富贵看精神，寿夭看指爪，风波看脚跟，若要看条理，尽在言语中。”亦特别语及行相与言相。

事实上行相可表现吾人进退之节度，反映吾人健康、智慧、个性之良窳，凡进退有节，周旋有度之人，自然较不知进退节度之人成就要大，收获要多也。

行相相理好坏标准及休咎

▲行如水之流，如云之浮，犹舟之遇水可重载其物，飘飘然脚不动尘（非脚跟不着地），气则下降胸背，力聚踵履之间，再头不低，脚不重，身不折，手不摇，发足急，进身直，起步宽，俯然前进，身重脚轻，不凝不滞者，主其人一生有或大或小之成就与收获，女则嫁有成就之夫。

▲男性似龙行虎步（注：疾行而抬头挺胸身不摇动谓之龙行。起步宽阔，气势有威，谓之虎步）者，主其人可大贵特贵，甚或贵为一国之元首。

▲男性似鹅行鸭步者，主大富特富，甚或富可敌国。（注：鹅行鸭步，

即背有三垒，腹有三壬，背厚似鹅，腹垂似鸭，行走时其姿态有如鹅行鸭步之谓。但行路时一步一跳如尸行者，虽背有三垒腹有三壬亦主不富。)

▲男性似牛行者，主其人可致大富。(注：牛行即其人身体魁梧，头广项粗，眼睛黑亮，心性缓慢，走路似牛步之谓。)

▲男性似象行者，主其人既贵又享高寿。(注：象行即其人天庭隆起，印堂宽平，眉长眼小，鼻长鼻仰，唇反牙长，身大肉多，耳大无轮之谓。但行走时身躯不稳当者，不贵亦不寿。)

▲男性行似马奔者，主其人贫穷一生，如贵则一生劳碌。(注：马奔即其人面长眼大，口阔腰长，齿大而疏，腰长性缓，行走时如马奔之谓。)

▲男性行似蛇行者，主其人心性狠毒，恩将仇报，虽贵亦不善终。(注：蛇行即其人行走时作三折状，昂头侧视而摇动之谓。)

▲男性行似雀跃者，主其人个性不良，难作朋友，并主一生辛苦，多劳少获。女性主婚姻不美满。(注：雀跃即其人行走时有如麻雀跳跃之谓。)

▲行走时脚跟不着地者，男主一生事业少成，女主婚姻不美满。

▲行走时头低或摇头者，不论男女，均主个性不良，狡猾奸诈。

▲行走时步欹貌愁者，不论男女，主其人目前运程欠佳，如非事业不顺利，即系婚姻不美满，或健康情况不佳。

▲行走时东张西望、急躁匆促者，下论男女，主其人心性狂乱，运程即将转坏之征。

▲行走时频频回头视后者，不论男女，主其人个性奸滑，狡诈异常。如回头时身体不转动者，则谓之“狼顾”，其人常怀杀人害物之心。

▲行走时频频自言自语者，不论男女，均主精神错乱，一生贫贱，老年孤独。

▲行走时头先过步者，不论男女，均主初年运程尚可，晚年贫寒孤独。

▲“相不独论”，当论断行相之相理休咎时，尚应参合其他部位之相理综合论断之。

第三章 坐相观看法则

坐相之相理意义

先贤谓行属阳，坐属阴，阳主动而阴主静，故行欲如龙行虎步，坐欲如磐石山据，如此方能象征其健康、智慧、个性三者均优良，因此，一生之收获必多，成就必大。

坐相相理好坏标准及休咎

▲坐如磐石如山据，凝然不动者，谓之有“坐德”，男主事业上有或大或小之成就，女主可嫁有成就之夫。

▲坐久仍能胸腰挺直神定气闲者，不论男女，均能富能贵，并可享高寿。

▲坐时频频摇膝者，谓之无坐德，男主事业破败，难聚钱财，女主好逸淫贱。

▲坐久即卷曲如狗，不端不正者，男主事业难成、一生贫贱，女主身体羸弱刑夫克子。

▲坐时频频转身回首者，不论男女，均主性毒不得善终。

▲坐时恍然如猿猴者，不论男女，均主一生贫贱。但其人为猿猴形者不忌。

▲“相不独论”，当论断坐相之相理休咎时，尚应参合其他部位之相理综合论断之。

第四章　卧相观看法则

卧相之相理意义

先贤谓卧乃晦弦之候，休息之期，故欲安然而静，怡然不动，始为福寿之人。假如睡不安席，辗转难眠，其人之健康、智慧、个性必有一差，焉能有福有寿哉。

卧相相理好坏标准及休咎

▲卧相如龙之曲者，主其人一生必有或大或小之成就与收获，女性则嫁有成就之夫。

▲少睡易醒而精神充足者，不论男女，均主健康优良智慧甚高，头脑灵敏，个性也好，男主一生必有或大或小之成就与收获，女主嫁有成就之夫。

▲多睡难醒而精神萎靡者，不论男女，均主智慧甚低，头脑混沌，男主一生难有成就，女主难嫁有成就之夫。

▲卧如狗之蟠者，不论男女，富胆识而有远见，男主一生有或大或小之成就，女主嫁有成就之夫，男女均主高寿。

▲侧卧者，不论男女，主其人先天遗传优良，后天身体健康，男主一生有或大或小之成就，女主嫁有成就之夫。

▲睡时喘息调匀而缓，仪态安静安详者，不论男女，主富贵而高寿，

反之，贫贱短寿。

▲睡时出气少而入气多者，不论男女，均主高寿，反之短寿。

▲睡时气息自耳出者，谓之“龟息”，不论男女，可修仙证道，并主高寿。

▲睡时两手合掌，两足盘膝，安定似坐者，谓之“佛卧”，不论男女，不是出家人士，即是宗教信徒，男女均主一生平安而又多福多寿。

▲睡时半曲半伸，半侧半卧，气息从耳出者，谓之“仙卧”，不论男女，聪慧异常，可修仙证道。男性如从事公教工商或异路行业，亦主有大成就，享大名大寿，女主嫁为夫人。

▲睡时愁容满面，似哭非哭，手舞足蹈者，谓之“鬼卧”，不论男女，一生贫寒劳苦，又刑克六亲，并孤苦促寿。

▲卧时喜双手抱头而眠者，不论男女，主其人心绪不宁，多忧疑愁思，多口舌是非，一生事业难成，女主婚姻欠美满。

▲睡中口出气如马喷槽猪吼气（即鼻鼾之谓）者，不论男女，均象征心肺系统之机能有先天或后天之障碍，男主难有大成就，女主刑夫克子婚姻不美满。

▲睡时口不密合者，不论男女，均主脾胃或呼吸系统机能有先天或后天之障碍。男性主难有大成就，女性主刑夫克子，又男女均难享高寿。

▲睡时咬牙者，不论男女，均主肝肾火旺，又男主客死他乡，女主刑夫克子。

▲睡时眼睛张开者，象征其脾脏异常虚弱，不论男女，均主不得善终。

▲睡时面带怒容者，男主恃勇好斗，常处险境，做事有始无终，一生事业少成。女主刑夫克子，婚姻不美满。

▲睡时双手捧腹者，男女均主天性愚鲁忠诚，一生事业少成，但亦无烦恼，女则多为帮佣之人。

▲睡时双手或一手遮阴者，不论男女，聪明虚浮，喜怒无常，个性倔强偏执，喜贪多急进，又悭吝好色，男主一生多成多败，女主刑夫克子婚姻不美满。

▲就床便睡者，男主个性顽劣愚鲁，一生难有成就，女主难嫁有成就之夫。

▲睡时多辗转而不能安席者，不论男女，均主多忧疑愁思，心绪欠安宁，男主一生难有大成就，女则难嫁有成就之夫。

▲睡中叹气者，乃非吉兆，应防灾厄。

▲老年人嗜睡者，不论男女，均主其人死期不远。

▲少年人嗜睡者，不论男女，均主其人愚昧不聪。

▲常人伏卧而睡者，不论男女，消化机能有先天或后天障碍，有饿死之虞，但其人为虎豹形者不忌。

▲病人伏卧而睡者，主其人乃疾病即将痊愈之征。

▲“相不独论”，当论断睡相之相理休咎时，尚应参合其他部位之相理综合论断之。

观相感言

美国布莱恩教授云：“命运不是机运，命运是决策。”萧湘居士补充云：“决策靠智慧，有智慧的人，才能掌握机运，做出成功率高收获多的决策，执行决策则靠优良的健康与个性。健康、智慧和个性是否优良。则决定于祖先父母的遗传，后天的修持，只有三分补强作用而已。”

萧湘相居士　撰

第五章　食相观看法则

食相之相理意义

先贤之所以将饮食列入相法，乃因人在饮食的时候，最能表现他（她）的本性。例如本性美者，举物必徐而有序，嚼物必宽而有容。本性恶者，啜闻声而吞鸣，食淋落而急迎。均显示有成就之人的食相，与无成就之人的食相有所不同也。

食相相理好坏标准及休咎

▲饮食时下箸舒缓，徐而有序，入口急而不暴，迟而不缓，含物不语，嚼物不怒，饮食有节，食少而体健者，象征其人先天遗传优良，后天颇有教养，健康、智慧、个性三者均优良，男士一生必有或大或小之成就，女主嫁有成就之夫。

▲饮食失节，暴饮暴食，象征其人个性不良，急躁刚烈，男主一生难有成就，女主难嫁有成就之夫。

▲饮食时仰首而吞物者，男主一生贫贱少成，女主难嫁有成就之夫。

▲饮食时牙齿露出者，男主辛苦促寿，女主刑夫克子，婚姻不美满。

▲饮食时淋漓散落者，男主一生无成，甚或饿死他乡，女主刑夫克子，婚姻不美满。

▲饮食时啜吞均有声音者，乃庸俗之人，男主一生难有成就，女主难

嫁有成就之夫。

▲饮食时高谈阔论者，象征其人未受善教，男主一生难有成就，女主难嫁有成就之夫。

▲饮食时多鲠噎者，象征其人健康有差，男主一生难有成就，女主难嫁有成就之夫。

▲饮食时常嚼舌者，男主一生难有成就，饿死他乡，女主刑夫克子，婚姻不美满。

▲食相如牛者，象征其人健康智慧个性均佳，男主一生有或大或小之成就，女主可嫁有成就之夫。

▲食相如羊者，象征其人健康智慧个性均佳，男主一生有或大或小之成就，女主可嫁有成就之夫。

▲食相如猴者，象征其人健康智慧个性均佳，男主一生有或大或小之成就，女主可嫁有成就之夫。

▲食相如虎者，象征其人健康智慧个性均佳，男可从事军职，主有或大或小之成就，女主可为巾帼英雄。

▲食相如猪者，象征其人健康智慧个性均欠佳，男主一生贫贱难有成就，女主难嫁有成就之夫。

▲食相如鼠者，象征其人健康智慧个性均欠佳，男主贫穷夭寿，难有成就，女主难嫁有成就之夫。

▲食量大者，乃大福之人，但必须体形魁梧，腹大有托始验，否则男主庸俗之辈，个性狂乱愚鲁，一生难有成就，女主难嫁有成就之夫，食多而瘦者尤验。

▲食量少者，但身强体壮者，象征其人心宽性慈，男主一生必有或大或小之成就，女主嫁有成就之夫。

▲“相不独论”，当论断食相之相理休咎时，尚须参合其他部位之相理综合论断之。

观相感言

电能位阶的高低

钱有用完的一天，惟有学识才能一生用不完，但其人之“电能位阶”若只是第四阶至第六阶者，则其人一生的收获也只有温饱而已。是以同一大学同一学系毕业的人，最终电能位阶高的人，收获多过电能位阶低的人。(注：何谓电能位阶见《萧湘识人相法全集（一)》第一二章。)

萧湘居士　撰

观相感言

最好的个性是“内外均不急”（内心成竹在胸，外表若无其事之谓)，次好的个性是“内急外不急”（内心急迫之至，外表不动声色之谓)，不好的个性是“内急外亦急”（内心考虑欠周，外表毛毛躁躁之谓)，先贤云：“急者相之大忌也”。

萧湘居士　撰

观相感言

女人最要者为性柔，任性不羁之女人，无论出身高贵国色天香，终必断送一生幸福。

公主夫人，必然安详。

娶妇问德，最要涩默。反之，女强人既非公主，也非夫人，

虽有若干经济或社会地位，实乃劳碌庸俗甚或婚姻不美之辈。

萧湘居士　撰

男女形相配婚法篇

萧湘识人相法全集(二)

前　言

人不论是生于富贵家庭，或是生于贫苦家庭，在到达一定年龄的时候，均要面临学业、事业、婚姻等三方面或多或少的烦恼，困惑着每一个年青人。有的顺利将三项烦恼加以排除，有的则终其一生也无法将三项烦恼全部排除，其中以婚姻方面的烦恼最为棘手。据户政机关统计，1994 年，台湾地区就有三万一千八百八十二对夫妻离婚，为何会有如此多的夫妻婚姻出了问题？究其原因，众说纷纭：卫道人士说，因为西风东渐，一般人视结婚离婚为儿戏，故离婚者日多。女权运动者说，因现在为男女平等时代，女方不愿忍受男方加予的委曲而要求离婚，以便追求美满幸福的第二春，故离婚者日多。社会学家说，一因现代社会形态日趋都市化，彼此见面不相识，不似农村社会离婚会引来嘲笑的压力，故离婚者日多。二因现代女性均有谋生的能力，经济能够独立，不惧怕离婚后生活没有保障，故离婚者日多。三因教育普及，女性不能接受嫁鸡随鸡，嫁狗随狗的“命定”之说，故离婚者日多。四因现在的年青人，缺乏对婚姻责任义务的正确观念，面临婚姻失望甚至绝望后而要求离婚，尤以女方往往主动提出离婚要求，故离婚者日多。

笔者因职业关系，每天与各阶层男女谘询婚姻问题多起，经三十年的实务体验，深感男女婚姻之所以发生问题，并非如卫道人士、女权运动家、社会学家所言之各种“表象”所肇致，乃另有更重要的根本原因。所谓根本原因，即男女双方的健康、智慧、个性和体内所放射的电质素及内分泌等不能相契合所致。凡夫妻二人健康、智慧、个性及电质素和内分泌相契合者，必定百年好合，永浴爱河，不会离婚，也不会刑克。健康、智慧、个性及电质素和内分泌不相契合者，即使经过自由恋爱，家长同意，甚或八字或斗数合婚为上婚者，仍然难免婚姻触礁，或发生刑克问题。

笔者鉴于夫妻离婚或配偶死亡后，会造成男女双方当事人心灵上永远不能磨灭的创伤，同时因所生子女失去亲情的照顾而衍生出更多的社会问题。因此笔者经多年的研究探索，并不时加以印证，而创作了“男女形相配婚法”，以防患夫妻离婚与刑克于未然。兹特公诸社会，以供尚未结婚的男女青年们参考。“男女形相配婚法”，系从吾人形相之各种角度全方位加以参合论断，兹分述下列各章。

相理真言

孔子曰：“视其所以，观其所由，察其所安，人焉廋哉！人焉廋哉！”孟子曰：“存乎人者，莫良于眸子，眸子不能掩其恶。胸中正，则眸子瞭焉；心中不正，则眸子眊焉。听其言也，观其眸子，人焉廋哉。”

故相不可掩而匿也。

萧湘居士曰：是以人相学尊“孔子”和“孟子”为人相学的祖师爷，而命理学则尊“鬼谷子”为祖师爷，读者不可不知也。

萧湘居士　撰

相理真言

因何短命亡身？

出薄言！存薄心！做薄事！

缘何无子，肇因暗里伤人。

满堂吉庆，缘由为富能仁。

萧湘居士　辑

第一章　五形配婚法

五形配婚之相理意义

所谓五形，即金、木、水、火、土五种“物质”之谓，亦即宇宙间现已发现的一百一十一种元素的分类简称。人类即系此种物质所构成，任何物质均具有其独特的物性，因此世上之人口虽多达六十余亿，因每个人构成身体的五形物质不同，是以每个人的健康、智慧、个性及内分泌也不相同。又物质必定带电，带电之物质又必定放射出电质素，因此每个人从体内放射出的电质素亦有所不同。男女结婚，乃系两种下同的健康、智慧、个性和两种不同的内分泌及电质素相结合，如彼此的健康、智慧、个性和内分泌及电质素相互平衡契合者，夫妻二人之身心就会发生相生相助之效果，如彼此的健康、智慧、个性和内分泌及电质素不平衡不契合者，夫妻二人之身心就会发生相克相制的效果。此种五形质素相生相助相克相制现象，不但应验在夫妻关系上，即使父子、兄弟、姐妹、朋友以及长官和部属之间，也会发生相生相助相克相制现象。

金形配金形——不吉

因金之物理属性为“收性”及“降性”，如男女同属金形，彼此个性均刚强、偏执、主观，既缺柔性，又易动怒，因此，彼此意见相左，时生磨擦，争吵不休，甚至动武，不但影响家庭之兴旺，子女之身心，最终夫妻由爱生恨，终于走上离婚之路，即使勉强维持夫妻名份，亦难享受婚姻和家庭的快乐。如其他配婚条件相契合，或男方金形带水，女方金形带土者，不吉之情况减分论。（注：有关人相五形之理论基础及观看法则，请参阅拙著《萧湘识人相法全集（二）》第四章及拙著《萧湘识人相法全集(三)气色篇之》附录篇。)

金形配木形——不吉

因金之物理属性为“收性”及“降性”，正好压制木之物理属性为“升性”及“生性”，如金木配婚，虽不似金金配婚之时生争吵，有离婚之可能。但木被金克，木方必长期疾病缠绵，终于变成懦夫或弱女，严重者甚至病亡。似此情形，当然谈不上夫妻携手合作，兴家创业，或生出优秀的子女。如其他配婚条件相契合，或男方为甲木形，女方为辛金形者，不吉之情况减分论。如男方为乙木形，女方为辛金形亦不忌，因大木小金或小金小木互不相克。

金形配水形——吉

因金之物理属性为“收性”与“降性”，正好与水之物理属性“沉性”及“藏性”能发生相生相化作用。不论男金女水，或女金男水，夫妻双方必意气相投，同甘共苦，相互提携，开创事业，建立幸福美满的家庭，并白首偕老，子秀孙贤。如其他配婚条件相契合，或男女双方之肉色再相生相化者，诚天作之合。

金形配火形——不吉

因火之物理属性为“浮性”与“长性”，正好压制金之物理属性“收性”与“降性”，因此火必克金，男女双方除感情不睦外，家运亦难兴旺，同时，火形之一方必影响金形一方之健康和寿命，如其他配婚条件相契合者，不吉情况减分论。如男相为庚金，女相为丁火兼土者则不忌。

金形配土形——吉

因金之物理属性为“收性”与“降性”，与土之物理属性“化性”与“和性”，能发生相生相化作用。若是男金女土，象征土来生金，夫受妻助，夫唱妇随，兴家创业，丁财两旺，如男相土形女相金形，夫必疼妻，恩爱逾恒，白首偕老，如其他配婚条件相契合者，诚天作之合。但忌辛金配戊土，金被厚土所埋，夫妻双方即使感情弥坚，亦难兴家创业，繁衍子孙，如其他配婚条件相契合者，不吉情况减分论。

木形配木形——吉

因木之物理属性为“升性”与“生性”，如男女均系木形，两方物理属性互不克制，反而有相和相助之作用，故婚后夫妻和睦，相敬如宾，同甘共苦，举案齐眉，男勤女俭，共同兴家创业。如其他配婚条件相契合者，男女双方肉色亦相生相化，或双方再兼水者，诚天作之合。

木形配水形——吉

因木之物理属性为“升性”与“生性”，与水之物理属性“沉性”与“藏性”有相生相化作用，故木水配婚，不论男木女水，或男水女木，双方均可收滋润调和之效，兴家创业，可贵可富，夫妻双方既无刑克，又能感情弥坚，所生子女亦优秀。如其他配婚条件相契合者，诚天作之合。但壬水配乙木，则仍主不吉，因水多木漂也。至于甲木配癸水则可。

木形配火形——吉

因木之物理属性为“升性”与“生性”，与火之物理属性为“浮性”及“长性”有相生相化作用，木火配婚，婚姻之路美满可期。如夫相木形，妻相火形，妻可助夫创业兴家，由穷转富，如其他配婚条件相契合者，诚天作之合。惟乙木不能配丙火，否则，男主疾病缠绵，甚至死亡，女主不能生育。

木形配土形——不吉

因木之物理属性为“升性”与“生性”，与土之物理属性为“化性”与“和性”相克相制，如男方属木，女方属土，因木拔土气，女必体弱多病，如女方属木，男方属土，则男必多病而影响事业。如其他配婚条件相契合者，不吉情况减分论。至于乙木配己土则不忌，因两小互不欺也。

水形配水形——不吉

因水之物理属性为“沉性”与“藏性”，同性相斥，互不生化，婚后夫妻将无安适之日，不是事业失败，就是双方多病，如事业有小成，则难生育子女，或于女体弱多病而夭折。如其他配婚条件相契合，或一方水形带金，另一方水形带木者，不吉情况可减分论。

水形配火形——不吉

因水之物理属性为“沉性”与“藏性”，与火之物理属性为“浮性”及“长性”相克相制，如水火配婚，男相属火，女相属水，夫被妻克，身体日渐衰弱，终难有发达之日，如夫相属水，妻相属火，则妻被夫克，健康自然有损，如其他配婚条件相契合，或男方为丙火，女方为癸水者，则不吉情况减分论。

水形配土形——不吉

因水之物理属性为“沉性”及“藏性”，与土之物理属性为“化性”及“和性”相互克制，如男相水形，女相土形，土来克水，水必断流，男方有死亡之虞。如女相属水，男相属上，则夫妻感情空疏，难互谅互爱，女方并有红杏出墙之虞，又难生育。如其他配婚条件相契合，或男女两方均兼金局者，则不吉情况减分论。

火形配火形——不吉

因火之物理属性为“浮性”及“长性”，如男女同属火形，乃火上加火，火势更炎，婚姻生活必欠美满，不离即克，同时祸延子孙，必生劣子败子。如其他配婚条件相契合，或男女双方均为火形兼土，乃形不合而局合，则不吉情况可减分论。

火形配土形——吉

因火之物理属性为“浮性”及“长性”，与土之物理属性为“化性”与“和性”有相生相化的作用，火来生土，土力愈强，夫妻双方不论任何一方属火属土，均可兴家创业，双双富贵到老，福寿双全。如其他配婚条件相契合，再加男女双方肉色再相生相化者，诚天作之合。但忌丙火配己土，主火多土焦必不吉。

土形配土形——吉

因土之物理属性为“化性”及“和性”，如男女同属土形，乃同类相助，彼此个性相容，必能兴家创业，负重致远，子孙繁衍，富贵到老。但土逢土乃厚重加濛，夫妻恩情难达极致，生活缺少情趣。如其他配婚条件相契合，或男女一方兼水或兼木，他方兼金或兼火，则为大吉大利之佳配。

第二章　五官配婚法

五官配婚之相理意义

五官配婚法，系就男女双方五官的长相作为配婚的依据之谓。因“面为百部之灵”，面相五官长相佳者，象征其人之五脏六腑亦佳，五脏六腑佳者，则象征其人乃一部马力强大的发电机，因此，结婚对象亦必系一部马力强大的发电机，如此双方始能长期平衡来电，互补互生。反之，大马力的发电机如配小马力的发电机，双方必不能平衡来电，即使凭媒妁之言凑合结婚，婚后亦难幸福美满，不是情意不合而离婚，就是因大电之一方刑克小电之一方，使之健康受损或精神痛苦，严重者因而生离死别。

人的五官各有其相理意义，例如眉毛象征气量是否宽宏，个性是否优良。眼睛象征聪明智慧之高低，对事物的观点是否正确。鼻子象征意志力是否坚定，身体是否健康。口部象征生活品位之高低，爱情生活之有无情趣。耳朵象征福份之厚薄，幼少运及家庭背景之良窳。男女双方如能在气量、个性、聪明、智慧、观点、意志、健康、生活、爱情、福份和家庭背景等方面均相配者，此乃象征男女双方之五官均为阴阳顺配（男为阳女为阴），婚姻生活自然幸福美满。如果，男女双方的五官有一项为阴阳反配，婚姻之美满程度即应减分论。至于所谓“夫妻脸”者，在男女形相配婚而言，仅指眉、眼二官应相似，其他各官及各部位则切忌相似，读者不可不察。

眉之配婚法

婚姻关系之美满与否，与个性之是否相投有绝对因果关系，而吾人个性之良窳，眉毛则居于关键地位。因此，男女配婚时，如男方眉毛粗浓者，女方亦宜粗浓；男方眉毛疏淡者，女方亦宜疏淡。否则，男女双方必因个性不合而常生磨擦，时有争吵，如其他五官再不相配，或其他配婚条件不相契合者，最终仍会走上离婚之路。但男女双方均为再婚者，或女方为男方填房续弦者，不利情况可减分论。（注：有关眉之相理好坏标准，请参阅拙著《萧湘识人相法全集(一)》第九章眉相部分。）

眼之配婚法

婚姻关系之美满与否，与夫妻双方对人生观和价值观之看法大有关系，看法不一致者，夫妻婚姻生活必欠美满。因此，男女配婚时，男方眼睛大者，女方眼睛亦宜大；男方眼睛长者，女方眼睛亦宜长；男方眼睛小者，女方眼睛亦宜小；男方眼睛双眼皮者，女方眼睛亦宜双眼皮；男方眼睛单眼皮者，女方眼睛亦宜单眼皮；男女一方眼睛内双眼皮者，则对方无论单、双眼皮均可相配。否则，男女双方必因人生观与价值观不相同而常生磨擦，时有争吵，如其他五官不相配，或其他配婚条件不相契合者，最终仍会走上离婚之路。但男女双方均为再婚者，或女方为男方填房续弦者，不吉情况可减分论。又男女配婚，眉眼二官绝对不可不相配，如眉眼二官不相配，即使因其他五官和其他配婚条件相配，而未离婚，但对子女仍然不利，不是子女个性不良，就是子女健康智慧不良，或不能生育子女，但仅眉毛或眼睛一官不相配者，不吉情况减分论。（注：有关眼睛之相理好坏标准请参阅拙著《萧湘识人相法全集(一)》第十章眼相部位）

鼻之配婚法

鼻为男性和女性之“财星”，亦为男性之“妻星”和女性之“夫星”，由此可见鼻在男女婚姻关系中所占地位之重要性。男女配婚，如男性之鼻子高隆长大，则女性之鼻子应比男性的鼻子略低略短，同时双方之准头要丰圆齐整，鼻翼亦应相辅相应，此乃阴阳顺配，夫妻婚后可保婚姻幸福美满。如男女两方的鼻子同样高隆长大，乃“阳相配阳相”，夫妻婚后因个性不和，婚姻生活必欠幸福美满，终日吵闹不休，如其他五官不相配或其他配婚条件再不相契合者，最终仍会以离婚收场。如男方之鼻子凹塌不起，女方鼻子高隆长大，此乃阴阳反配，女方必刑克男方，不是男方事业不顺，就是男方健康受损，如其他五官再不相配，或其他配婚条件不相契合者，男方必被刑克致死。如男女双方之鼻子均凹塌不起者，此乃阴相配阴相，夫妻婚后互损运气，难有兴创并感情平淡。以上各种不吉情况，如男女双方均为再婚者，或女方嫁为填房续弦者，不吉之情况可减分论。（注：有关鼻之相理好坏标准请参阅拙著《萧湘识人相法全集(一)》第十一章鼻相部分。）

口之配婚法

口为“情爱宫”，凡口唇之厚、薄、大、小、尖、垂、揭、缩、扁、平、正、歪、凸、陷及唇色之美恶，均会对吾人之婚姻有所影响。男女配婚，如男方之口大而凸者，女方之口则宜小而平，此乃阴阳顺配，夫妻婚姻生活才能美满幸福，并家庭兴旺，子女优秀。如男女双方的口型同样大而凸者，乃“阳相配阳相”，夫妻婚后彼此个性不和，终日吵闹不休，婚姻生活必欠幸福美满。如其他五官再不相配，或其他配婚条件再不相契合者，最终仍会以离婚收场。如男女双方口型均小而平者，此乃阴相配阴相，夫妻婚后互损运气，难有兴创，感情平淡。如女方口型大而凸，男方之口型小而平，此乃阴阳反配，夫妻婚后，女方必刑克男方之健康，男方之事业亦不顺，如其他五官再不相配，或其他配婚条件不相契合者，婚姻结局非离即克。以上各种不吉情况，如男女双方均为再婚者，或女方嫁为填房续弦者，不吉之情况可减分论。（注：有关口之相理好坏标准请参阅拙著《萧湘识人相法全集(一)》第十五章口相部分。）

耳之配婚法

耳又称为“情恩宫”“福星”和“禄星”，男性之福禄应指一生在事业上成就大收获多，并得来自然之谓。女性之福禄在封建社会言，则来自丈夫，意即丈夫身体健康、事业成功，即是女性之福禄。现在虽为开放社会，如果丈夫身体常常多病，丈夫事业则常多波折，女性即使拥有自己的事业和独立的经济，也难言其人享有福禄。如女方之耳大过男方之耳，或男女两方的耳朵均长而厚大，耳的位置高过于眉，轮廓分明，色鲜白润，耳孔宽大，垂珠朝口，整只耳抱头贴脑，如其他五官相配或其他配婚条件再契合者，诚属天作之合。男女配婚，如不能双方的耳朵均长大厚实，至少也要女方之耳比男方之耳为长为大，夫妻婚后，因女方长了一对有福有禄的耳朵而带来福气，男方身体必健康，事业必顺利，同时家庭兴旺，子女优秀。反之，男方之耳朵大而厚，而女方之耳朵小而薄，即使不离婚或刑克丈夫，亦会促使丈夫健康不佳，事业不顺，子女不优秀，家庭不兴旺，夫妻感情不和睦。如其他五官不相配，或其他配婚条件再不契合者，则夫妻婚后必定生离死别。但男女两方均为再婚者，或女方嫁为填房或续弦者，不吉之情况减分论。（注：有关耳之相理好坏标准请参阅拙著《萧湘识人相法全集(一)》第六章耳相部分。）

第三章　三停配婚法

三停配婚之相理意义

面相三停可看出吾人青年、中年、老年三个时期的休咎，同时亦象征人青年、中年、老年三个时期身体电能的强弱和电质素之优劣。男女配婚，首重电能强弱要相配，以及电质素要相生相化相助，男女两方电能差距愈小，电质素愈相生相化相助，婚姻生活就会愈幸福美满，彼此身心两健，家庭兴旺，子女优秀。三停配婚法的相理意义即在此。

上停配婚法

先贤云“男重天庭女重地阁”，是以男女配婚，男方天庭欲其骨隆然而起，平正而又方阔，其峻有似悬壁，其势又如覆肝。女方天庭则应圆秀而不可太高，此乃阴阳顺配，夫妻婚后主夫唱妇随，兴家创业，子女优秀，婚姻生活幸福美满。假如男女双方天庭同高同宽，此乃阳相配阳相，夫妇婚后，必各自发展事业，互争长短，婚姻生活自难幸福美满。如男女双方之天庭均低窄平塌，此乃阴相配阴相，夫妻婚后互损运气，自难兴家创业，同时夫妻感情平淡，所生子女亦不优秀。如女方天庭高过宽过男方之天庭，此乃阴阳反配，男方之心情必定郁闷不乐，事业难有成就，如其他部位再不相配者，婚姻肯定不美满，非离即克。如其他配婚条件相契合，或男女双方均为再婚者，或女方嫁为填房续弦者，不吉之情况可减分论。（注：

有关男女上停，中停，下停之相理好坏标准，请参阅拙著《萧湘识人相法全集(一)》第二章及第七章。)

中停配婚法

中停的范围包括眉、眼、鼻、颧、耳等部位，其中眉眼鼻耳部位已在五官配婚法中有详尽阐述，兹仅就颧之部分加以补充。男女配婚，男方之中停应长过女方之中停，男方之颧最宜“颧骨插天仓”，女性之颧，则宜隐藏圆秀（即笑时有颧，不笑时无颧)，此乃阴阳顺配，主夫妻婚后，感情弥坚，互相扶持，兴家创业，子女优秀。如男方中停过短，女方中停过长，男方鼻小颧平，女方则鼻大颧高，此乃阴阳反配，夫妻婚后，婚姻必欠美满，不是牝鸡司晨，就是家道中落，所育子女亦必顽劣，如再有其他部位不相配者，其婚姻肯定不美满，非克即离。但其他配婚条件相契合，或男女双方均为再婚者，或女方嫁为填房续弦者，其不吉之情况可减分论。

下停配婚法

先贤谓“男重天庭，女重地阁”，并非女性地阁相理要好过男性地阁相理之谓，而是指女性之地阁第一要“天地相朝”，象征其人待人处事有中庸之道，不会偏颇乖张，一生旺夫兴家。第二要地阁丰厚圆小，象征其人个性优良，心性善良，必系贤妻良母，与公婆姑嫂相处和睦。第三要有双重地阁，象征其人善于持家，善于守财，愈到晚年，身体愈健康，福泽愈深厚。至于男性之地阁，与女性之地阁要求标准则不一样，男性之地阁以能与腮骨相连，形成下颚部位既方阔又圆厚为符合相理标准。下停除地阁以外，尚包括人中、法令、口等部位，其中口之配婚方法已于五官配婚法中有过论述，兹再就人中、法令等部位加以补述。男女双方之人中均须深长而又上窄下阔，法令部分男方须长过口角之下，并愈长愈好，女方法令则只宜长至口角，不宜过长（注：如男女双方之结婚年龄在34岁之前者，则不论法令之休咎）。男女配婚，如下停各部位均为阴阳顺配，诚乃天作之合，婚姻必幸福美满，爱情弥坚，天长地久，家庭必兴旺发达，子秀孙贤。反之，男女双方下停各部分如阴阳反配者，婚姻必欠美满，夫妻二人在感情上必愈老愈无话可说，并互相克制，贫病交迫，或子女不孝，六亲疏离。如再有其他部位不相配者，最后必男鳏女寡。但其他配婚条件相契合，或男女双方均为再婚者，或女方嫁为填房续弦者，不吉之情况减分论。

相理真言

大丈夫居天下之广居，立天下之正位，行天下之正道，富贵不能淫，贫贱不能移，威武不能屈，皆从器量二字中来，相法之理，观其内之根本者在此，观其外之接物者在此，观其终身受用者无不在此。

器量大小不同，智愚有别，如富者量大则增福。量小则招祸，贵者量大则超迁，量小则招嫌，智者量大则事业成，量小则加过于身，愚者量大则益身心。量小则祸在眉睫。

萧湘居士　辑

第四章　六府配婚法

六府配婚之相理意义

三停象征吾人面相中之“阳面”，六府则象征吾人面相中之“阴面”，吾人之面相如能阴阳调和，则健康、智慧、个性三者均佳，因此一生之成就必大，收获必多，同样道理，男女配婚如能阴阳得配，婚姻自然美满幸福，所育子女亦优秀。

上二府配婚法

上二府位于面相额部之两侧，其范围上自辅角下至天仓（以一百三十部位之辅角和天仓言），横向则包括日月角等部位。男女配婚，男方额之两侧（即上二府）要长有奇骨（即额两侧之山林骨及佐串骨），女方则宜丰满圆秀，此乃阴阳顺配，夫妻婚后互相扶助，兴家创业，婚姻幸福美满。如男女双方之上二府，均同样高隆饱满或均有奇骨者，此乃阳相配阳相，主夫妻婚后互争长短，感情不睦，或夫妻双方互相刑克。如男女双方之上二府均低平者，此乃阴相配阴相，夫妻婚后互损运气，难有兴创，感情平淡，所育子女亦欠优秀。如男方之上二府低平不起，而女方之上二府反而高隆饱满或有奇骨者，此乃阴阳反配，女方必刑克男方，男方在事业上难有成就与收获，如再有其他部位不相配者，男方有被克死之可能。但男女双方均为再婚者，或女方嫁为填房续弦者，不吉情况可减分论。

中二府配婚法

中二府位于命门至附耳，横向包括颧骨等部位。男女配婚，男方之中二府如高耸饱满，则女方宜丰满圆秀，此乃阴阳顺配，主夫妻婚后互相扶持，兴家创业，婚姻聿福美满，子女优秀。如男女双方之中二府均高耸饱满，此乃阳相配阳相，主夫妻婚后时有争吵，感情不睦，或夫妻双方互相刑克。如男女双方之中二府均低平不起者，此乃阴相配阴相，夫妻婚后互损运气，平淡度日，难兴家创业。如男方之中二府低平不起，而女方之中二府反而高耸凸露者，此乃阴阳反配，女方必刑克男方，男方在事业上难有成就与收获，身体健康亦会有损，如再有其他部位不相配者，则男方有被克死之可能。但男女双方均为再婚者，或女方嫁为填房续弦者，不吉之情况可减分论。

下二府配婚法

下二府位于归来至地阁，包括腮骨等部位。男女配婚，男方之下二府要宽广坚实，女方之下二府宜丰满圆秀，此乃阴阳顺配，主夫妻婚后互相扶持，兴家创业，子女优秀，愈老愈婚姻串福美满。如男女双方之下二府均宽广坚实者，此乃阳相配阳相，主夫妻愈老愈难沟通，并不享子孙之福。如男女双方之下二府均瘦削者，此乃阴相配阴相，主夫妻婚后互损运气，难兴家创业，子女亦欠优秀。如男方下二府瘦削无势，女方下二府宽广坚厚者，此乃阴阳反配，女方必拖夫运，男方在事业上难有成就与收获，如再有其他部位不相配者，则主婚姻非离即克。但男女双方均为再婚者，或女方嫁为填房续弦者，不吉之情况可减分论。

第五章　十二宫配婚法

十二宫配婚之相理意义

十二宫乃象征人十二项特定相理父母遗传之优劣，惟其中之官禄宫（即上停）、兄弟宫（即眉毛）、奴仆宫（即地阁）、迁移宫（即上二府）、福德宫（即上二府下二府及五岳四渎）等五宫，已在上述各章均有论及，是以本章只论命宫、父母宫、田宅宫、男女宫、疾厄宫、财帛宫、妻妾宫等七宫之配婚方法。

命宫配婚法

命宫即印堂，不论男女，忌窄不忌宽，宽者为吉相（但女性印堂之宽度，不能宽过自己手指二指之宽度），窄者为凶相。男女配婚，男方印堂应比女方印堂略宽，此乃阴阳顺配，主夫妻婚后思想观念一致，心胸气量相同，自然感情弥坚，共同兴家创业，婚姻幸婚美满，子女优秀。如男女两方印堂均宽广者，此乃阳相配阳相，主夫妻婚后互争长短，感情不睦，难兴家创业，子女亦欠优秀。如男女两方印堂均窄不容指者，乃阴相配阴相，主夫妻婚后互损运气，平淡度日，难有兴创，子女亦不优秀。如男方印堂过窄配女方印堂过宽者，此乃阴阳反配，女方必刑克男方，男方事业难有成就与收获，健康亦不佳。如再有其他部位不相配者，婚姻必不幸福美满，非离即克。但男女双方均为再婚者，或女方嫁为填房续弦者，不吉情况减分论。

父母宫配婚法

父母宫即日月角，男性属阳，额上有日月角为吉相，女性属阴，额上有日月角为凶相。男女配婚，男方之额有日月角，女方之额圆秀而无日月角者，此乃阴阳顺配，象征男女双方父母之遗传均佳，夫妻婚后互相扶持，兴家创业，婚姻幸福美满，子女优秀。如男女双方之额均有日月角者，乃阳相配阳相，主夫妻婚后互争长短，感情不睦，或互相刑克。如男女双方日月角部位均低陷不起者，此乃阴相配阴相，主夫妻婚后互损运气，难有兴创，所生子女不优秀。如男方无日月角，女方有日月角者，此乃阴阳反配，女方必刑克男方，男方在事业上难有成就与收获，并要注意灾厄凶险，如再有其他部位不相配者，婚姻必不幸福美满，非离即克。但男女双方均为再婚者，或女方嫁为填房续弦者，不吉情况减分论。

田宅宫配婚法

田宅宫即上眼睑之谓，不论男女，宽度以能容自己手指两指宽度者为吉相，不足容一指者为凶相。男女配婚，男方田宅宫应比女方田宅宫略宽，此乃阴阳顺配，主夫妻婚后相互扶持，感情弥坚，兴家创业，婚姻幸福美满。如男女两方田宅宫均超过两指之宽度，此乃阳相配阳相，主夫妻婚后，互争长短，感情不睦，子女不优秀或无子。如男女双方田宅宫均窄不容一指者，此乃阴相配阴相，主夫妻婚后互损运气，平淡度日，难有兴创，子女不优秀。如男方田宅宫窄不容一指，女方田宅宫宽过两指者，此乃阴阳反配，女方必刑克男方，男方事业难有成就与收获，健康亦不佳，如再有其他部位不相配者，婚姻必不幸福美满，非离即克。但男女双方均为再婚或女方嫁为填房续弦者，不吉情况减分论。

男女宫配婚法

男女宫即子女宫，位于眼下（即泪堂）。男女配婚，男女两方之子女宫均应饱满丰润色黄又无任何瑕疵者为阴阳顺配，主夫妻婚后相亲相爱，子女多而贤能。如男女双方之子女宫均低平而不起者，此乃阴相配阴相，主夫妻婚后，感情平淡，子女稀少或子女不贤能。如男女双方之子女宫一方有恶纹恶痣者，此乃阴阳反配，主夫妻婚后，感情不睦，并难生育子女，如其他部位再配合不当者，主终身不育，至老绝嗣。

疾厄宫配婚法

山根年寿为疾厄宫。男女配婚，男方之山根年寿应略高于女方之山根年寿，双方之山根年寿又均丰隆润泽者为阴阳顺配，主夫妻婚后相互扶持，兴家创业，婚姻生活幸福美满，子女优秀。如男女两方之山根年寿均同样高隆者，此乃阳相配阳相，主夫妻婚后，互争长短，感情不睦，子女不优秀。如男女两方之山根年寿均低平不起者，此乃阴相配阴相，主夫妻婚后互损运气，平淡度日，难有兴创，子女不优秀。如男方山根年寿低平不起，女方山根年寿丰隆高凸者（女性有此相者为丈夫相），此乃阴阳反配，女方必刑克男方，男方事业难有成就与收获，健康亦受损。如再有其他部位不相配者，婚姻必不幸福美满，非离即克。但男女双方均为再婚者，或女方嫁为填房续弦者，不吉情况减分论。

财帛宫配婚法

鼻之准头及鼻翼为财帛宫。男女配婚，男方之准头应略高略大于女方之准头，男方之鼻翼应略厚略宽于女方之鼻翼，此乃阴阳顺配，主夫妻婚后，财星高照，兴家创业，婚姻幸福美满，子女优秀。如男女双方之准头均既高又大者，此乃阳相配阳相，主夫妻婚后，互争长短，感情不睦，子女不优秀。如男女双方之准头均平塌不起，鼻翼均细小者，此乃阴相配阴相，主夫妻婚后互损运气，平淡度日，难有兴创，子女亦不优秀。如男方准头平塌不起，鼻翼亦细小，女方鼻如界方或鼻如孤峰者，此乃阴阳反配，女方必刑克男方，男方必一生虚耗，很难聚财，健康亦受损，如再有其他部位不相配者，婚姻必然不幸福美满，非离即克。但男女双方均为再婚者，或女方嫁为填房续弦者，不吉之情况减分论。

妻妾宫配婚法

妻妾宫即婚姻宫，位于眉尾及眼尾之奸门鱼尾一带部位。男女配婚，男女双方眼尾丰实，鱼尾纹不多不少，奸门饱满，男方之奸门并宽于女方之奸门者，此乃阴阳顺配，主夫妻婚后相互扶持，感情弥坚，兴家创业，婚姻幸福美满，子女优秀。如男女双方之奸门均宽广者，此乃阳相配阳相，主夫妻婚后，互争短长，感情不睦，互有外遇，子女不优秀。如男女双方奸门均窄者，此乃阴相配阴相，主夫妻婚后互损运气，平淡度日，难有兴创，子女不优秀。如男方奸门过窄，女方奸门宽广者，此乃阴阳反配，女方必刑克男方，男方事业难有成就与收获，健康亦受损，如双方再有其他部位不相配者，女方必克夫无德，红杏出墙，生离死别。但男女双方均为再婚者，或女方嫁为填房续弦者，不吉情况减分论。

第六章　十二起骨配婚法

十二起骨配婚之相理意义

十二宫象征面相十二个特定部位父母遗传之优劣，而十二起骨则象征头部和面部十二组骨骼父母遗传之优劣。不论男女，如十二起骨遗传优良者（女性不宜有奇骨，但不忌有起骨），男性一生成就必大，收获必多，女性则必嫁有成就之夫，并相夫旺子，婚姻美满。十二起骨遗传不佳者，其人之健康、智慧、个性必欠佳，因此，男性一生之成就必小，收获亦少，女性则不能嫁有成就之夫，此乃万世不易之真理，是以男女配婚，十二起骨为不可缺少的配婚条件（何谓十二起骨请参阅拙著《萧湘识人相法全集（一）》第一章十二起骨详解）。

起骨数量相同者为吉配、不相同者为凶配

凡一生事业有成，收获亦多之男性其起骨之数量必多达四组以上，如十二骨全部有起者，诚大富大贵之贵格也，其人体内所放射出的电能，亦必能达到人相学所假定的最高标准一千五百瓦，因此，与其来电女性之起骨亦必十二骨全部有起，或最少十骨有起，因电能大的女性才会与电能大的男性来电，电能相差过大的男女，即使每天相处在一块，也不可能彼此来电。男女配婚，最要著重之点即在彼此电能之平衡，如电能相差过大者，即使因社会制度，或因某种利害关系而勉强凑合结婚，惟电能弱小的一方，

必定会受到电能强大一方之克制，身体健康必定受损，或是婚姻关系有名而无实，此种实例，在封建社会，不胜枚举。所以说起骨数量不相同者为凶配。同样道理，起骨数量相同，例如男女各为二组或三组起骨者，虽然男方之成就不大，收获不多，女方亦同样不可能嫁给有成就之人为妻，但因起骨数量相同，电能必相同，男女婚后，彼此之间，不但不会受到对方电能之克制，反而因电能相同，彼此之健康、智慧、个性之亦必相同，因此，男女婚后夫妻恩爱，家庭幸福美满，此种婚姻组合实例，亦不胜枚举。故有贫贱夫妻而能相亲相爱，夫唱妇随，白首偕老，其道理即在此。

起骨阴阳相配者为吉配、阴阳不相配者为凶配

十二起骨分别长在人之头部和面部，男女双方之起骨数量均为十二组者，可谓万不得一。一般而言，男女双方之起骨数量能各自拥有四至六组者，已是难能可贵，但男女双方之起骨必须阴阳相配始为吉配。例如男女双方各拥有五组起骨，男方为天庭骨有起，眉棱骨有起，太阳穴有起，枕骨有起，颧骨有起，女方也应同样有以上五组起骨，但女方之起骨不能高过男方之起骨，女方之起骨能隐约可见饱满丰圆即可，此乃阴阳顺配，婚后夫妻感情弥坚，兴家创业，子女优秀。如男女双方起骨之高度宽度大小相同者，则为阳相配阳相，夫妻婚后，互争长短，感情不睦，子女亦不优秀。如男女双方均无起骨者，此乃阴相配阴相，夫妻婚后互损运气，贫贱一生，子女亦不优秀。如女方之起骨高过男方者，此乃阴阳反配，主夫妻婚后，因女方电能过强又过劣，男方被女方克制，事业上难有成就与收获，健康亦受损。又如男女双方之起骨部位不同者，亦会形成阴阳反配之负面效应，影响婚姻之美满幸福。例如男方颧骨有起，女方颧骨低平，或女方之鼻骨高男方之鼻骨亦为阴阳反配，均会影响婚姻生活之幸福美满。

第七章　高、矮、胖、瘦配婚法

高、矮、胖、瘦配婚之相理意义

男女两性能结为美满良缘者，双方之配婚条件必须全方位相配始能达成愿望，如有一项或数项不相配者，均会或多或少影响到婚姻的幸福美满。例如，高矮胖瘦亦为配婚条件之一，不但对婚姻之幸福美满有重要关系，并对所生育之子女是否优秀亦有密切关系。

高个配高个——吉

所谓高个配高个，系指男女双方之身高，均在一百七十公分以上之谓。因男女双方身高一般，健康体力必定一般，如再加上兴趣一般，则夫妻之间自然互助互勉，同甘共苦，相亲相爱，丁财两旺。但仍然需要五形、五官、三停、六府、十二宫、十二起骨均相配，婚后始能百分之百幸福美满，否则婚姻之美满程度减分论。

高个配矮个——吉

如以一般庸俗之眼光来看，高个与高个配婚，始可谓郎才配女貌，羡煞人也，如高个与矮个配婚，则定会被人讥笑为阴差阳错或阳差阴错之结合，但是，如以优生学的观点来看高矮配，乃绝妙之配。因高个大多体格壮健，矮个大多头脑聪慧，两者配婚，可互相吸取彼此之优点，所生育之子女，自然健康、智慧、个性三者均优，而成为国家社会栋梁之材。但仍然需要五形、五官、三停、六府、十二宫、十二起骨均相配者，婚后始能百分之百幸福美满，否则婚姻之美满程度减分论。

矮个配矮个——不吉

身高150厘米以下之身材，不论男女均可称之为矮个，男女配婚，除非其人有侏儒之血统，均忌矮个配矮个。虽然矮个与矮个配婚，男女身高一般，健康体力定然一般，再加上兴趣一般，则夫妻之间同病相怜，相敬如宾，自然不在话下。然而所孕育之下代，必定身体更加矮小，头脑亦难言聪慧，甚或生育畸形缺陷之子女，或生育健康、智慧、个性均不优良之子女，则贻害家庭社会大矣。故矮个与矮个配婚，即使五形、五官、三停、六府、十二官、十二起骨均相配亦应避免结为夫妻。

胖子配胖子——不吉

身高一百七十公分以下，体重超过一百公斤者，均可谓之为肥胖之人，男女配婚如肥胖人配肥胖人，双方均有生活不便之憾，即使两情相悦，房事亦难协调，彼此之间难享闺房之乐，严重者，并难生育子女。日久双方感情必然疏离，婚姻破裂难免。故肥胖人与肥胖人配婚，即使五形、五官、三停、六府、十二宫、十二起骨均相配者，亦应避免结为夫妻。

胖子配瘦子——吉

不论男胖女瘦，或女胖男瘦均为吉配。因男女一胖一瘦，可互补生活上之不便，在夫妻房事上言，亦较男女双方均为胖子来得协调。因此，夫妻婚后，琴瑟和鸣，兴家创业，所育子女，亦必优秀。但仍然需要五形、五官、三停、六府、十二宫、十二起骨均相配者，夫妻婚后始能百分之百幸福美满，否则减分论。

瘦子配瘦子——吉

吾人适度之体重，一般系以身高为衡量之标准，例如身高为一百六十公分，体重以六十公斤为适宜，超过太多者为过胖，不足太多者为过瘦，但过胖过瘦均与人体之五形质素有关，如非因疾病招致，则与人之健康应无大碍。男女配婚，如双方均系瘦子而又健康之人，夫妻婚后，必然情投意合，相敬如宾，所育子女，亦必优秀。但仍然需要五形、五官、三停、六府、十二宫、十二起骨相配，夫妻婚后始能百分之百幸福美满，否则，婚姻美满程度减分论。

观相感言

研究人相学的目的“一在认识自己，一在见相识人。”孔子云：“知人则哲，知己则明。”柏拉图也说：“人生最基本的学问就是认识自己。”

萧湘居士　撰

第八章　手相配婚法

手相配婚之相理意义

手为吾人“脑组织”及“五脏六腑”之缩影，故男女配婚，除了要注意五形、五官、三停、六府、十二宫、十二起骨要相配外，手部之相理也要相配，如此始可谓之为百分之百相配，但男性属阳女性属阴，男相以左手为准，女相以右手为准，读者不可不察。

手之五形相配

即男女双方手之五形相生相化者为吉配，如男女双方手之五形相克相制者为凶配，其吉凶休咎同面相五形配婚法。

手之大小相配

即男方之整只手大过女方之整只手为阴阳顺配主吉，如女方之手大过男方之手，乃阴阳反配主凶。

手掌相配

即男方之手掌不忌软绵，女方之手掌要软中带硬，但男女双方之大拇指均要强伟不可瘦弱短小，此乃阴阳顺配，主夫妻婚后，精神生活和物质生活，能互相配合协调，观念一致，婚姻生活自然幸福美满。如女方之手掌过硬，男方之手掌过软，此乃阴阳反配主凶，夫妻婚后常因精神生活和物质生活不配合不协调而争吵不休，影响夫妻感情。

掌纹相配

即掌中主要掌纹要相配之谓。例如（一）天纹之长短优劣位置高低必须相配。（二）人纹之长短优劣位置高低必须相配。（三）地纹之长短优劣位置宽窄必须相配。（四）手颈线之完整与否必须相配。（五）家风纹之优劣与否必须相配。（六）男方必须有玉柱纹，女方则最好无玉柱纹。（七）男女双方均必须有六秀纹。以上各主要掌纹相配者主吉，有二项以上不相配或纹中出现冲、断、斑、痣、圈、点、曲、鈎、蛋空、驳杂、漏缝、生毛、偏斜者均应减分论。

手指相配

即男方之大拇指要大过女方之大拇指，男方之中指要长过女方之中指，男女双方之食指不可偏斜向外，男女双方之无名指及小指最好是一样长或女方略短，如男女双方之手指均能相配者，象征双方之思想观点一致，婚姻生活自然幸福美满。

指纹相配

▲即男女双方十指中仅有一枚“君纹”（何谓君纹请参阅附图）者，男方应长在左手大拇指，女方应长在右手大拇指，此为阴阳顺配主吉。

▲如男女双方十指中有两枚“君纹”者，男女双方均应长在左右手大拇指，此为阴阳顺配主吉。

▲如男女双方十指中有三枚“君纹”者，男方应长在左右手大拇指及左手食指，女方应长在左右手大拇指及右手食指，此为阴阳顺配主吉。

▲如男女双方十指中长有四枚“君纹”者，男女双方均应长在左右手大拇指及左右手食指，此为阴阳顺配主吉。

▲如男女双方十指中有五枚“君纹”者，男方应长在左右手大拇指，左右手食指，左手无名指，女方则应长在左右手大拇指，左右手食指，及右手无名指，此为阴阳顺配主吉。

▲如男女双方十指中有六枚“君纹”者，男女双方均应长在左右手大拇指、左右手食指、左右手无名指，此为阴阳顺配主吉。

▲如男女双方十指中有七枚“君纹”者，男方应长在左右手大拇指，左右手食指，左右手无名指及左手小指，女方则应长在左右手大拇指，左右手食指，左右手无名指及右手小指，此为阴阳顺配主吉。

▲如男女双方十指中有八枚“君纹”者，则男女双方均应长在左右手大拇指、左右手食指，左右手无名指及左右手小指，此为阴阳顺配主吉。

▲如男女双方十指中有九枚或十枚“君纹”者，除非男方之面相为贵格之相貌，头部额部长有“奇骨”，女方面相则符合女子二十四善之相理标准者始可言吉。否则，男性为“破格”之相，女性则为“刹格”之相，如两者结为夫妻，即“破配破杀配杀”，夫妻婚后即使不致生离死别，但夫妻双方互损运气，难兴家创业，并感情不睦，终日争吵不休，所生子女亦不优秀。

▲如男方十指中长有九枚或十枚君纹，配女方九枚或十枚臣纹（何谓君纹臣纹请参阅本书第49页附图）者，亦可谓之为阴阳顺配，但夫妻婚后艰难度日，待过了中年后，始能先苦后甜。

▲如男女双方仅两手中指有君纹者与上两款同论，但不吉情况减分论。

▲如男女双方十指全是臣纹者，则为阴相配阴相主不吉，夫妻婚后平淡度日，至老难有兴创，子女亦欠优秀。

▲如男方中指有君纹，女方中指有臣纹，亦主夫妻婚后先苦后甜。

▲如女方中指有君纹，男方中指为臣纹，此乃阴阳反配，主女方不安于室或牝鸡司晨，即使不离婚，婚姻也难得美满。

▲“相不独论”，以上各式不吉情况，如其他配婚条件相契合者，则不吉情况减分论。

附注：

（一）有关君纹臣纹之休咎，请参阅拙著《萧湘识人相法全集（三）》气色大全附录篇“指纹的奥妙”一文。

（二）臣纹阴阳纹之休咎，以君纹之休咎减分论

相理真言

曲意周全知德厚，
任情激博必豺心。
凡人赋性凶恶。祸必及身，终暴死。
若人常能修身慎行，富贵永保其身。

萧湘居士　辑

第九章　破配破杀配杀配婚法

破配破杀配杀之相理意义

男女形相配婚，标准多端，能百分之百相配者，究系少数，大多数人仅能达到及格标准（60分）而已，是以夫妻婚后能百分之百幸福美满者亦是少数。那么，有刑克相、离婚相之男女，因配婚不能达到及格标准，岂非全部要变成旷男怨女，终身难言嫁娶？然而事实并非如此，除了极少数有孤独相格之人终身不言嫁娶外，其他绝大多数有刑克相离婚相之男女，仍会在各种不同情况下男婚女嫁，因此，夫妻婚后刑克或离婚的情事乃不断发生。笔者在本章所言之破配破、杀配杀配婚法，即专为有刑克相及离婚相之男女所设想之配婚方法，俾防患刑克与离婚于未然。但破配破杀配杀，必须男女双方之部位相同，例如男子鼻子有克妻相，女方之鼻子亦有克夫相，男方之奸门有离婚相，女方之奸门亦有离婚相，男方之手中有川字纹，女方之手中亦有川字纹，同时其他配婚条件亦有半数相契合者始验。

破配破杀配杀欢喜冤家型

即男方有刑妻之相，女方有克夫之相，或男女双方均有离婚之相，而结为夫妻者，即谓之破配破杀配杀。但男女两方结婚数十年既未刑克亦未离婚，此即破配破杀配杀之原因，或谓之为强配强硬配硬之原因。因破格配破格，杀格配杀格，可收“负负得正”之效。然而，破格及杀格之个性必急躁倔强，怪癖又多，而个性乃先天遗传所致，后天能改变者最多十分之三而已，是以夫妻二人虽未发生刑克离婚情事，但夫妻二人终日打打闹闹，并习以为常，此即欢喜冤家型也。在此种家庭气氛之下，丈夫之事业当然难言兴创，所育子女亦难言优秀。又欢喜冤家型之男女双方，其面相手相亦大多只有普通格局而已。

破配破杀配杀可贵可富型

有等破配破杀配杀之夫妻，夫妻婚后恩爱异常，家庭兴旺发达，子女健康聪慧，其美满幸福程度，甚至胜过各部位均阴阳顺配之婚姻。究其原因，除了因破配破杀配杀“负负得正”之效验外，其他配婚条件亦必系大部分相契合，同时，男女双方之面相手相亦为富贵格局，再加夫妻二人必定有祖德荫庇，以及自身之修持（即注重修身、修心、修德、修行四修之谓）所致也，此即行阴骘的道理和命运掌握在自己手中的道理也。

相理真言

人能移恶招诸善，自然可以消诸凶。
人能安份委诸命，自然可以超凡庸。
甘受人欺有子自然大发，
常思退步一身终得安闲。
得失不惊其神非贵即富，
喜怒不形于色福寿绵绵。

萧湘居士　辑

第十章　形相配婚法与世俗配婚法有何不同

家世相配

中国人自古以来，即强调男女婚嫁，必须门当户对，但自民国以来，西风东渐，男女自由恋爱之风盛行，男女婚嫁只重情投意合与否，不再讲求门当户对。笔者观相数万人次，发现男女双方即使没有门当户对，只要男方有发达之相，女方有旺夫之相，不出数年，夫妻两人创造之财富，甚至超越夫家或妻家原有之财富。反之，如男方有败家之相，女方有刑克之相，即使男方财富甚多，到头来仍会将家产败光。是以人相学不将“家世相配”列入男女配婚之条件。

学历相配

现代社会，教育普及，男女受教育之机会均等，是以双方学历相差悬殊者可谓少之又少，为何每五对夫妻仍会有一对离婚呢？可见男女配婚，学历并非重要之配婚条件。即使男女双方非常重视学历条件，在双方谈恋爱时应早已有所选择和心理准备，是以人相学之“形相配婚法”，不将学历相配列入男女配婚条件。再以“学历”并非等于“智慧”，有等小学毕业之人，可成为千亿大企业之老板，不具有大智慧者，焉能致之。笔者在观相实务中，发现很多学历不配之夫妻，双方相处融洽，并共创事业，白首偕老，究其原因，乃健康、个性、智慧相配，亦即彼此之电能相配也。

年龄相配

男女配婚，男方年龄大过女方年龄 5 岁以上，10 岁以下为正常现象，如男方年龄大过女方年龄 10 岁以上，或女方年龄大过男方年龄者，则非正常现象。虽有老夫少妻，或老妻少夫，感情弥坚，恩爱逾恒者，但因夫妻年龄相差过多而发生婚姻问题者亦所在多有。再以男女相差 3、6、9 岁不能结婚，亦属迷信之说，笔者在实务中发现，不论相差 3、6、9 岁，或相差 1、4、7 岁，或相差 2、5、8 岁之夫妻，亦有婚姻美满者，亦有婚姻不美满者，是以“形相配婚法”不将“年龄相配”列入男女配婚条件。

八字相配

在笔者提倡“形相配婚法”之前，传统的配婚方法只有“八字配婚法”(含斗数配婚)，国人在结婚之前，大都会将男女双方之出生年月日时，请命理师加以合婚，如合为“上婚”者，男女双方才会结婚。但笔者在实务中，每见婚姻不美满之夫妻，均经过八字合婚之程序，为何仍会造成婚姻不美满之结果？究其原因，乃系八字合婚仅以双方生肖年龄能六合者为吉，若六冲者为凶，或以三六九宫按表查得上、中、下婚，或男女双方八字中之喜用神相同者为上婚，次为中婚，再次为下婚。此种配婚方法，其理论既抽象又玄奥，其方法既简单又不符合科学的道理，再加以世界上每二十五万九千二百以外之男女即有相同之命格，如仅以台北市一地而言，在 1994 年每三分钟即有一个婴儿出生，是以八字合婚其准确率偏低乃意料中事。反之，人相学之形相配婚法，乃系根据男女双方之五脏六腑、骨骼和脑组织“有诸内必形诸外”之五形、五官、六府、三停、十二宫、十二起骨、手相以及后天会变化之、电能、精神、气色、声音、纹痣等项加以综合论断所作之配婚，自然来得准确。是以人相学之“形相配婚法”不将“八字配婚法”列入男女配婚条件。

父母同意

西方人结婚，只要男女双方情投意合相亲相爱即可，东方人尤其是中国人结婚，除了男女双方情投意合相亲相爱的条件外，还要双方的家人尤其是父母的同意，始能算是圆满的婚姻。如男女双方未征得家人及父母的同意而自行公证结婚，虽然同样成为合法的夫妻，但总是一件有缺憾的婚姻，甚至造成男方或女方终身的遗憾，例如父母与子女之间因此而断绝亲情，或岳婿之间形成陌路永不来往等。笔者在实务中发现，凡是经过父母同意的婚姻，虽有美满者亦有欠美满者，惟美满者之比例占多数。是以笔者认为“父母同意”，虽只是世俗配婚条件而已，但最好还是取得父母的同意为佳。

国籍问题

有人说“爱情无国界”，但不论男方来到女方生长之国度，或女方远嫁男方生长之国度，要完全适应陌生国度的风俗习惯，生活习惯，价值观念，以及适应另一陌生家庭之人际关系，居住环境，饮食口味，以及语言沟通等问题，诚非易事，尤其所育子女因肤发、眼睛等长相之不同所衍生的种族认同，更是令人烦恼两三代。所以异国鸳鸯，除非双方均为高级知识份子，均有高薪收入之白领阶级，并居住在国际化大城市的单身贵族较为适宜外，一般之人确实会面临各种适应不良的情事，进而影响夫妻感情，甚至婚姻关系破裂。是以笔者认为异国鸳鸯并非如一般人所想像的罗曼蒂克，如能避免，就最好避免。

观相感言

四修者，即修身、修心、修德、修行也。所谓修身者，即永保身体的健康无病。修心者，即永保心神的宁静平和。修德者，即永远不做有违道德良心的事情。修行者，即永远屏除有违国家法律和社会秩序的行为。以上虽系老生常谈，然而，假能认真去做，命运焉有不变好之理？

除了以上“四修”可以改变命运外，还有，有病要看医生，不要祈求神明庇佑，迷信怪诞之说。运气不好的时候，要忍耐保守，不要急进贪多，要调整生涯规划，调整事业攻守时机，不要迷信造命改运之说，否则，必然偾事后悔。另外，更应调整生活作息时间，注意饮食营养平衡，戒除不良嗜好，多运动，少忧烦，不熬夜，促使气色转佳，运气自然转好。

萧湘相居士　撰

观相感言

《水镜集》云“骨髓藏精、脏腑养神；前者现于眉、后者现于目。”此乃说明人之“精”与“神”皆为人之五脏六腑及骨髓和脑髓所发出之“电能”，电能强者人之精神亦强，电能弱者人之精神亦弱，电能竭者人即亡矣。

萧湘居士　撰

第十一章　婚姻正缘期及非正缘期和夫妻刑克问题

婚姻正缘期与非正缘期之相理意义

无论做任何事情，均要选对时机，时机选对了，不论做任何事，均可事半功倍，后遗症也少。结婚是人一生中最重大的事情，焉能不选对结婚时机？所谓结婚时机，即结婚之正缘期，亦即男女双方之健康、智慧、个性均处于正常状况之谓。

人之健康、智慧、个性如均处于正常状态，即象征人之脑组织及五脏六腑运作正常，也可以说人之“生理机器”目前之运转状态，正好达到当初父母设计标准（即遗传）的电能负载尖峰，是以与其来电的异性，在健康、智慧、个性方面亦与其相当，夫妻婚后自然相亲相爱，白首偕老，不会发生刑克和离婚的后遗症。反之，即为非结婚正缘期，如男女双方在非结婚正缘期内结婚，后遗症自然难免。（注：每个人的电能负载标准均不相同，观看方法，请参阅拙著《萧湘识人相法全集（一）》第一章十二起骨分析表。）

婚姻正缘期之观看法则

不论男女，依照“八仓二库流年法”之观相标准，评断当年之流年为吉运时，即为婚姻正缘期。因为流年运佳之人，生理机器必运转正常，其人之健康、智慧、个性必处于正常状态，对于自身之结婚时机，以及对婚姻之使命感必有正确之认识，另外，如婚后夫妻相处之道，家庭经济之长、短程安排，子女之生育养育计划等，亦必有过详细的考虑和心理准备，是以夫妻婚后能夫唱妇随，全心全力为幸福美满的家庭生活而奋斗。（注：八仓二库流年法请参阅拙著《萧湘识人相法全集(一)》第十七章详解。）

婚姻非正缘期之观看法则

即按照“八仓二库流年法”评断当年之流年为凶运时，即为非婚姻正缘期。因为此时吾人之“生理机器”必定运转欠正常，所放射出的电能，亦不能达到当初父母设计的最高标准，是以与其来电的异性在健康、智慧、个性方面亦与其现在之低标准相当，此即谓之非结婚正缘期。如男女双方在非正缘期内结婚，夫妻婚后因彼此电能之变动而发生差距，夫妻二人焉能相亲相爱兴家创业？最终必然走上离婚之路，或发生刑克情形。

何谓男女假性来电

现代男女结婚，大都经过自由恋爱阶段，也可以说男女双方必定两情相悦才会结婚。既然男女双方两情相悦而结婚，为何又会以离婚之结局收场？此即笔者所要特别强调的，当初男女双方两情相悦只是“假性来电”而已。例如某位男性，假定其父母当初为其设计制造的生理机器电能标准位阶为五百瓦，但因流年运程不佳，其人事业失败或工作不顺，此时的生理机器运转必欠正常，所能放射出的电能亦会降为三百瓦或二百瓦，因此其人之健康、智慧、个性亦必处于低潮状态，那么，与其相互来电（即两情相悦）之异性，亦必为电能标准位阶为三百瓦或二百瓦之人，似此情况而结婚的男女，即为“假性来电”，亦可谓之为非婚姻正缘期内结婚。结婚后，先天电能标准位阶为五百瓦之一方，因流年运程转佳，其电能会逐渐上升，再回复为父母当初设计标准之五百瓦位阶，而对方因受先天电能设计标准位阶为二百瓦或三百瓦之限制，无法与对方同步上升，此时，双方之健康、智慧、个性必处于不对等状态，并随著时日的增加而距离越来越远，最终结局必定生离死别收场。

何谓男女真性来电

真性来电可分为两种情况而论，第一种情况，即男女双方之生理机器目前均运转正常，所放射出之电能位阶亦相同，并均处于当初父母设计之最高标准位阶，因而两情相悦而结婚者，则谓之为“真性来电”，此种结合，夫妻婚后自然相亲相爱，幸福美满，夫唱妇随，兴家创业，笔者在实务中屡屡应验不爽。

第二种情况，即男女双方当初父母设计之放电标准位阶为一千瓦，后因双方流年运程均不吉，双方之放电标准均同时下降为五百瓦，因而两情相悦而结婚者，亦谓之为“真性来电”。夫妻婚后因流年运程转佳，双方之放电位阶又会同时同步上升，一直回复至当初双方父母设计之放电标准位阶一千瓦为止，笔者在实务中亦屡屡应验不爽。例如，某些夫妻婚后初期艰难度日，但情况越来越好，先苦后甜，最后终能兴家创业。

如何避免夫妻刑克

凡是在非婚姻正缘期内结婚的男女，除非男女双方为“第二种真性来电”之情况下结婚，或男女双方有阴骘气色（含阴骘纹）者，据笔者印证结果，可以说百分之百婚姻结局不美满。原因是夫妻关系有两种，一种为共同生活所发生的精神关系，一种为亲密关系所发生的肉体关系。精神关系之好坏与双方放射之电质素是否为正吸或负吸有关，而肉体关系则会发生内分泌（包括血液，精液、唾液）交换现象，所谓刑克配偶，即因配偶一方将不利于对方之电质素及内分泌，因共同生活之精神关系和肉体关系放射及输送给对方，对方在不知不觉间日积月累，自然在健康、智慧、个性、精神、体能各方面受到损伤，进而影响到对方事业上的成就与收获，严重者对方长期卧病不起甚至死亡。如要避免，必须有刑克相理的一方，在发生刑克的流年内，尽量避免与对方发生精神关系和肉体关系，甚或暂时分居，以避免将不利于对方之电质素和内分泌继续放射和输送予对方，如此将可避免或减缓夫妻间之刑克。至于求助神明保佑，或使用其他迷信方法以避免夫妻刑克，笔者不敢认同。（注：有关男女刑克相理之观看法则请参阅《萧湘识人相法全集(二)》附录之相门精义篇。）

如何避免夫妻离婚

据台湾内政当局发表台闽地区在1984年结婚率为人口数8.08‰，离婚率为人口数1‰，十年后的1994年，结婚率下降至人口数7.79‰，离婚率则上升至人口数1.51‰。亦即在1984年每5.159对结婚的夫妻中就有一对夫妻离婚。是什么原因促使离婚率一年比一年升高？笔者认为主要原因是现在的“周天运”与数十百年前尤其是封建农业社会的周天运不同所致。例如在封建农业社会，不美满的婚姻，女方只有容忍的义务，没有下堂求去的权利，男方则有休妻纳妾的权利，故社会上无男女离婚问题。现在的周天运恰恰相反，女权高涨，据笔者在实务中的体验，十对离婚夫妻，其中有七对是女方主动提出离婚的要求。再加以现在的男女青年结婚，均未经过“形相配婚法”的配婚程序而结婚，十之八九又均是在非结婚正缘期内结婚，或因婚前“假性来电”而结婚，婚后则因夫妻“真性不来电”而离婚。是以青年男女如要避免婚后走上离婚的道路，必须选择在“婚姻正缘期”内结婚，并经过形相配婚的程序，自然不会发生离婚的悲剧。至于已经结婚的男女，如何避免夫妻发生离婚的悲剧呢？则除了“容忍”就是“宽恕”，请读者恕笔者愚昧，实在提不出更好的避免离婚的方法。

附注：有关男女之离婚相理请再参阅拙著《萧湘识人相法全集（一）(三)》各章节及参阅拙著《萧湘识人相法全集（三)》附录篇笔者与作家丹扉女士对话有关女性命运和夫妻相处之道以及如何避免夫妻离婚全文。

相理真言

百善孝为先，
万恶淫为首。
不孝者损寿，
好淫者减禄。
恶痣生成不可医，
纵然医好带微疵，
劝君多积阴功德，
玉洁冰清岂有亏。

萧湘居士　辑

相理真言

人能陶镕性情，则器量自大，器量大则事物能容，事物容，则诸恶不作，诸恶不作，则身心安泰。身心安泰，则百福骈臻，家有余庆矣。

萧湘居士　辑

第十二章　男女迟婚的相理

男女迟婚原因的探讨

现今社会，超过适婚年龄（男性超过35岁女性超过30岁）的男女，为数越来越多，而女性超过适婚年龄者更是倍多于男性，究其原因，各种说法莫衷一是。例如社会学家认为，一因现在台湾适婚年龄的女性多于男性，故女性迟婚者比男性为多。二因现在的男女青年事业心重，终日忙于工作，而疏于婚事。三因现代的男性，不似过去农业社会的男性，年龄到达20岁左右就由父母作主结婚，而现代的男性，则先要完成学业，服完兵役，然后再找到工作有了经济基础后才结婚。四因现在的女性可从工作中获得收入而能经济独立，故不急于结婚。五因现代教育普及，一般具有高学历的男性和女性，结婚对象的要求标准颇高，抱着宁缺勿滥的心态故而迟婚。六因家庭原因，或奉养父母，或照顾弟妹，或帮忙家务而迟婚。七因恋爱一直不顺，或一直无恋爱机会而迟婚。八因个人健康不佳，或身体有某种缺憾，或面貌过于丑陋不雅而未能结婚。九因战乱，或在军中长期服役而迟婚。以上种种迟婚的原因，表面看来似乎均言之成理，但以笔者三十余年的阅人经验，以及每天均有客人前来谘询婚姻问题的实务体验来说，以上种种迟婚的原因，除了其中第八、九两项可构成迟婚的根本原因外，其余各项均不能构成迟婚的根本原因。例如，大学或高中同班同学五十人，在适婚年龄内结婚者，应不致少于四十七人，最后超过适婚年龄者不会超过三人。其他四十七位已结婚的同学，每个人均或多或少具备上述一至七项的迟婚原因，他们为什么仍能在适婚年龄内结婚？所以笔者认为社会学家所认定的迟婚原因除了八、九两项原因外，其他一至七项谈不上是招致迟婚的根本原因。

笔者认为超过适婚年龄而未结婚的根本原因，大多由于“求偶电放射不足”以及“个性不良”所招致。所谓求偶电放射不足，乃先天遗传成胎不良，五脏六腑骨髓脑髓和生殖泌尿系统及内分泌系统，有或大或小的瑕疵，然后在心性上产生孤独心态，或在行为上有意无意具有排斥异性之倾向，因此在与异性交往时感受不良，互不来电，此即求偶电不足之征候。笔者在实务中发现有此种原因而迟婚的男女，均建议其用药物加以治疗，或改善饮食，增加运动，以及作心理治疗等均可增强求偶电之放射量，与异性相互来电的机会当然也就多了。至于“个性不良”，也是因为五脏六腑骨髓脑髓和生殖泌尿系统及内分泌系统有或大或小的瑕疵，尤其是“心、肝、肺三者着床不良”和“脑细胞排列组合不当”所招致，然后在个性上形成骄傲自大，伶牙俐齿，脾气急躁，主观偏执，孤芳自赏，自卑感重，罗嗦唠叨，不能合群，易走极端，欠缺圆通，自私自利，无责任心，行为怪僻，不能从俗，多愁善感，有神经质，自命风流，游戏人间，乱交异性，只重物欲，不重精神，不修边幅，不重小节，言语木讷，行为羞缩，精神萎靡，形如病人，不知储蓄阮囊常空，过于吝啬视钱如命。不论男女，如具备以上各种个性三项以上者，其人焉能不超过适婚年龄而没有结婚？笔者在实务中发现有此种原因而迟婚的男女，均建议其修养个性，改变形象，婚姻问题自然会迎刃而解，其他迷信方法是无济于事的。

男女迟婚的相理

骨相——头部有罗汉骨（即头长不圆或耳后起骨多块或一块）者，主其人可终身不言嫁娶，此乃典型之孤独相格，多为僧尼之人。额部有仙桥骨（即山林骨横入发际）者，主其人因个性高傲而难有婚嫁，此种人多为宗教信徒或孤芳自赏者。后枕有自克骨（即后枕有小圆骨凸起）者，因个性不良而迟婚。另外，头部额部有隐逸骨、金阙玉山骨、玉楼骨，以及耳根骨凸起、面横骨粗等，均会有孤傲心态而招致迟婚之可能。（注：有关骨相部分请参阅拙著《萧湘识人相法全集(一)》第一章头面骨相图解。）

面相——男相印堂过窄（不足一指半宽）者主迟婚。女相额头过高（超过三指高度）者主迟婚。男性女性耳内无廓又无垂珠者均主迟婚。眉棱骨高、眉疏鬓疏、眉少发厚、眉头常蹙、罗汉眉、女性眉毛粗浓者，不论男女均主迟婚。眼尾垂下、形似羊眼、眼光流散、眼睛凸露、泪堂深陷、田宅宫过窄、田宅宫伤疵、奸门有豆痕、卧蚕凹陷，眼睛过大、睫毛过长者，不论男女均主迟婚。鼻高无眉、颧高无眉、鼻子过短、鼻柱肉薄、鼻有三凹、鼻翼若无、回回鼻、山羊鼻、山根断折、山根伤疵、女性山根过高、女性面大鼻小者，不论男女均主迟婚。另女性面形国字、男性人中平满、人中有直纹，女性人中有横纹者，不论男女均主迟婚。口大唇薄、口小唇薄，手小眼小、口尖如鸟嘴、口角过份上翘、口角左右高低不一、女性上唇汗毛过多过长、地阁凹入、腮骨外张者，不论男女均主迟婚。（注：请读者再参阅本书附录篇《相门精义》“妻迟子晚格”“孤刑格”“妇孤格”等条目综合论断之。）

手相——十指全君纹、中指有君纹、中指有阴阳纹者，不论男女均主迟婚。家风纹成英文L状、家风纹中间有断、家风纹末端分叉、家风纹有小横纹、家风纹被夜叉纹冲断、家风纹初起有叉状、家风纹成曲线状、家风纹成箭羽状、家风纹如三角状、家风纹如扇状、家风纹离天纹较远天纹又粗浅不秀、家风纹有四条以上并长短不秀、家风纹过短不足一公分、家风纹长过小指、家风纹有斑点、家风纹隐约不明等，不论男女均主迟婚。天纹过短又纹浊、天纹下生枝纹斜入人纹、天纹起自地纹内、天纹驳杂成链状、天纹断续混乱、天纹出现失神纹、天纹出现圆圈、天纹短浅又弯向中指、天纹生长的位置过低者，不论男女均主迟婚。月晕纹出现金星纹或小直纹、月晕纹与家风纹相互冲破、月晕纹多条杂乱无章者，不论男女均主迟婚。地纹末端出现破心纹、地纹末端到达动脉纹中靠造乾宫者，不论男女均主迟婚。

其他——男性有女声，女性有男声，男女声音沙哑破锣，男似女形，女似男形，男女面庞左右大小不一或子午不正，男女肚脐凸露或过小过浅，女性胸肌发育不良，女性笔杆腿等，不论男女均主迟婚。

附注：以上男女迟婚相理，除少数相理为女性专属者外，其余均男女一体适用，凡男女具有上述迟婚相理二至三款者即验。即使刻意早婚亦主婚姻不美满。

相理真言

石碍当途行人不便，
心存向善举手何劳。
开口告人只因乏食。
解囊济急不在钱多。

积功不在多花钱，
贫士也能作善缘。
正大为人作好事，
鬼神钦敬我心田。

萧湘居士　辑

第十三章
如何把握生男生女流年

生男生女流年之观看法则

人相学观看生男生女的相格，在本书附录篇《相门精义》“子女多少辨格”中已有详述，但因现在的周天运强调节育观念，不论穷富人家，均以“一个不嫌少两个恰恰好”为生育目标。是以先贤所言之生子女个数已不应验。但一般家庭仍希望两个小孩中，最好是男女各一。惟因每个人内在的体质和外在的相貌不同，往往事与愿违，不是两个小孩均为男儿，就是两个小孩均为女儿。笔者在实务中印证发现，凡男性之八仓二库流年的九执位相理，以及大运位、小运位、配观位和本位之相理均佳，精神体能心性行为亦佳者，当年与妻怀孕主生男，反之主生女、同时所生之子女必定健康、智慧、个性均优良，一生收获必多，成就必大（即贵子贵女之谓）。如各部位均有严重瑕疵者，则可能生出健康、智慧、个性不良之子女，甚或子女夭寿难养。（如仅一部分有瑕疵，不吉情况递减之。）

生男生女之科学理论

凡男性八仓二库流年所言之各部位相理均佳者，其人当年之健康、智慧、个性、精神、体能也必定处于最佳状态，因此，其人生殖系统所分泌的精虫数量必多，Y 精子之活动力必强，能先驰得点而与女性之卵子会合而成胎。又活动力强之 Y 精子亦容易逃过女性阴道酸性分泌物之杀灭，而到达子宫与女性之卵子会合的机会亦多，是以当年怀孕主生男，反之主生女。但八仓二库流年岁数之计算方法，应以“生日年龄”为准，非“生肖年龄”为准，亦即一年之中要分出两个岁数，读者不可不察。（何谓生日年龄，请参阅拙著《萧湘识人相法全集(一)》第十七章）

耳相口相与生男生女的关系

又笔者在实务中悟出，凡男性生男多过生女者，其面相必定是耳相好过口相，或耳朵大过口部，反之如口相好过耳相，或口部大过耳朵者，则生女数必定多过生男数。至于女性之生男多还是生女多，则应以观看女性是否有“克子”相为准，有克子相者，其人生女必多，无“克子”相者，虽不言其生男必多，但至低限度其人必有男有女或男少女多。又《相门精义》所言男性之“绝嗣格”亦颇应验。另手腕线亦为男女观看生男生女之重点部位。

现代医学可掌握生男生女的契机

或谓生男少生女多，及男性绝嗣女性克子之相，现在医学昌明，均可借医术加以补强改正，例如“试管婴儿”之成功即为一例。但先决条件仍在男女双方生殖系统只有少许缺憾而已，如先天生殖系统有重大缺憾者，则昌明之医术亦是无能为力，此即先天占七分后天占三分的道理。又现代医学更可借精子分离术及其他方法掌握生男生女的契机，但此种方法，世界各国均立法加以禁止，人相学亦不认同此种改变男女两性生态之激烈方法，以免男女两性生态失去平衡。

附注：本章所述，乃笔者阅人的经验之谈，谨提供读者参考而已。

萧湘居士 1995 年 10 月制作	男女形相配婚法计分表	翻印必究
标　准	得 分	计分说明
五形相配	15 分	双方五形之“形”及“局”均相配者得 15 分,仅形相配者得 10 分,仅局相配者得 5 分,形局均不相配者得 0 分。
五官相配	10 分	双方五官有一官相配者得 2 分,五官均相配者得 10 分,五官均不相配者得 0 分。
三停相配	6 分	双方三停有一停相配者得 2 分,三停均相配者得 6 分,三停均不相配者得 0 分。
六府相配	6 分	双方上二府相配者得 2 分,中二府相配者得 2 分,下二府相配者得 2 分,六府均相配者得 6 分,六府均不相配者得 0 分。
十二宫相配	12 分	双方十二宫有一宫相配者得 1 分,十二宫均相配者得 12 分,十二宫均不相配者得 0 分。
十二起骨相配	12 分	双方十二起骨数量相差三骨以内者得 6 分相差四骨以上者得 0 分。 十二起骨阴阳相配在七骨以上者得 6 分阴阳相配不足七骨者得 0 分。
高矮胖瘦相配	4 分	双方高矮胖瘦均相配者得 4 分,仅高矮或胖瘦相配者得 2 分,高矮胖瘦均不相配者得 0 分。
手相相配	15 分	双方手相五形相配者得 5 分,不相配者得 0 分。手之大小,手掌、掌纹、手指、指纹等项均相配者得 10 分,一项不相配者减 2 分。
正缘期结婚	20 分	双方依八仓二库流年法评断当年流年均为吉运者为结婚正缘期,得 20 分,仅一方为吉运者得 10 分,如双方均为霉运者得 0 分。
备注	一、婚配之男方如系再娶者女方如系再嫁者加 5 分，男女双方为破配破杀配杀者加 10 分。 二、配婚之男女有一方未成年者减 5 分，有一方之学业未完成者减 5 分，有一方家长未同意者减 5 分，有一方为第三次婚姻者减 5 分，男方年龄大过女方 10 岁以上者减 5 分，大过 20 岁以上者减 10 分，女方年龄比男方大者减 5 分，大过 10 岁以上者减 10 分，双方学历相差二阶者减 5 分，双方国籍不同者减 5 分。 三、凡得分在 75 分以上者为上婚之配，得分在 50 分以上者为中婚之配，得分在 50 分以下者，为下婚之配。	

附　录

萧湘居士谈现代女性与古代女性面相之差异点

笔者近年来从若干古籍与古画中，察觉古代女性与现代女性在面相上有若干明显的差异，此种差异不但象征古代女性与现代女性表现在人生价值观及健康、智慧、个性方面之不同，同时对社会结构，家庭伦理方面亦发生若干显著的影响。

第一项差异之点为额头。古代女性的额头大多圆小低平，不似现代女性（尤以职业妇女为甚）之额头大多高耸宽广。究其原因，乃古代女性在社会上没有独立的人格地位，而必须在家从父，出嫁从夫，夫死从子，也就是说古代女性不必拥有事业和工作，也不必为事业工作奋斗打拼，只要从父、从夫、从子即可。因此其面相上之事业宫（额头名事业宫）比现代女性为低。现代因时代潮流和法律手段（例如继承法与就业法）改变了男女不平等的地位，以及优生学和家庭计划改变了家庭的伦理观念，是以父母在授胎怀孕时就摒弃了重男轻女的期盼，女性出生后的养育与教育，亦与男性享有同等的亲情照顾与受教育的机会，所以现代女性有高额头者越来越多，事业心重的女强人也越来越多，社会的结构，家庭的伦理自然受到深远的影响。

第二项差异之点为眉毛。古代女性之眉毛大多为新月样的“蛾眉”，而现代女性已很少见到蛾眉了，代之为男性专有的“龙眉”“清秀眉”和“柳叶眉”（非柳絲眉）。因眉毛浓密宽大的人，象征其人精力充沛，身体健康，是以现代女性不再以弱者自居，不但在工作上与男性一争长短，甚至与男性共同分担家庭责任，甚或独立担起奉养父母和照顾弟妹的重担。另外眉毛与一个人的个性关系密切，现代女性眉毛男性化，其个性自然亦男性化，除表现在家庭责任感方面，并表现在待人处事的心态方面，例如现代女性大都具有独立、自主、好强、好胜、热诚、爽朗的个性，而欠缺古代女性温柔、涩默、优柔寡断、依赖性心重的个性。今天社会上离婚率日渐升高，笔者认为与现代女性眉毛之男性化有若干程度之关联性，并非完全因为女性经济能够独立的因素所致。

第三项差异之点为眼睛。古代女性的眼睛大多为细小形或细长形，并大多为单眼皮或内双眼皮，圆圆大大又有双眼皮的眼睛很难见到，现代女性的眼睛则大多有双眼皮，眼睛的形状大多既圆又大。人相学对女性眼睛的大小及眼皮单双的论断方法有九：（一）眼睛大的女性，如再有外双眼皮者，象征其人有艺术方面的才华（例如影艺事业），个性爽朗大方，异性缘特别多，在社会上活动力不输男性，但个性不稳定，喜自由发挥，不喜拘束，脾气说来就来，往往感情用事，因此，婚姻欠美满，离婚者居多。（二）眼睛大但有单眼皮者，则只是个性“内急”“内强一而已，不会当面给人难看，婚姻状况当然比外双眼皮者为佳。（三）如眼睛虽大，但有内双眼皮者，则此类女性的个性当然比外双眼皮女性和单眼皮女性的个性为佳，是以婚姻状况比前二者为美满。（四）如眼睛大又浮光，再加口大无收（即口形开大合亦大之谓），蹙眉掀唇者，则象征此类女性个性倔强又喜争弄是非，同时贪淫好吃。（五）眼睛大再加眉毛粗浓者，象征其人个性男性化，如从事军职必有成就，但难有美满的婚姻和家庭生活。（六）眼睛细小而长，又系内双眼皮者，这是女性最符合相理标准的眼睛，象征其人气质高雅，个性温柔涩默，爱情坚贞，为人诚实又守本份，在家必为贤内助好母亲，如为职业妇女，则工作认真负责，必为上司器重，同事爱戴。（七）如眼睛细小不长又系单眼皮者，则象征其人个性内向，沉默寡言，对事物的看法保守，胆量亦小，并有孤独心态，朋友亦少。（八）眼睛细小又神浊者，不论眼皮单双，象征其人心胸狭窄，个性懒散，一生难享丈夫子女之福。（九）眼睛一大一小者，象征其人心情常有矛盾感，个性强又不服输，并有神经质倾向，但善于察言观色。如左眼小者，主其人一生为丈夫辛劳，右眼小者，则有惧怕丈夫的心态。从以上九点观看女性眼睛的相理法则来看现代的社会现象，例如女性的工作就业率，夫妻关系的不稳定性，与现代女性之眼睛相理颇为契合。

第四项差异之点为鼻子。古代女性的鼻子，大多与面庞之比例相当，现代女性的鼻子则大多为“面大鼻小”，或“鼻高颧大”。鼻子长相的好坏，除了象征一个人五脏六腑的健康与否，同时象征一个人意志力和欲望的强弱。鼻子又为女性的“夫星”，可以看出其丈夫的成就大小，及本身是否旺夫。人相学就女性鼻子的长相与休咎，其论断方法有六：（一）女性鼻高额大，象征其人意志力坚强，欲望亦大，因此大多为高级职业妇女或企业领导人。（二）女性鼻形高大，准头再横张者，主其人个性刚强，婚姻不美满，同时亦必定为职业妇女或小本经营者。（三）女性鼻子露骨者，主其人夫运不佳，难享夫福，其人亦必为职业妇女或小本经营者。（四）女性鼻小面大者，主其人必为职业妇女，终身难享夫福，必须靠自力谋生，现代社会具有此型鼻相的女性相当多。（五）女性鼻小面方者，主其人欠孝心，又丈夫常多灾难，必须依靠自力谋生过活。（六）女性鼻子的大小与面庞比例相当者，此乃最符合相理标准的女性鼻子，主其人个性优良，温柔贤淑，勤俭持家而又旺夫，同时夫妻感情弥坚，终身可享夫福，不必自力谋生，夫妻亦可白首偕老。综上所述，难怪现代社会的女性就业率是如此之高，实因与女性鼻子的长相有关。同样道理，古代社会的女性，一生足不出户，终身依靠丈夫，只因古代社会根本没有女性就业的机会，同时也根本不必就业，而有丈夫可以依靠，也与古代女性的鼻子长相有关。

第五项差异之点为嘴巴。古代女性大多为樱桃小口，同时口形正而不偏又唇厚，现代女性的嘴巴大多较古代女性为大为宽为薄，同时口型大多偏歪。按照人相学的说法，口为“爱情宫”，亦为是非祸福之门，饮食汇纳之处，亦象征其人口才表达能力之优劣，以及个性之是否圆通或偏执。古代女性从小被要求温柔贤淑，安详涩默，因此在爱情的表达方面较为保守，现代女性在爱情的表达上则较为开放。又古代女性鲜少抛头露面的机会，故根本不必重视口才的表达能力，现代女性从小就要学习与陌生人相处的方法，中学或大学毕业后，大多要走人社会就业，没有口才的表达能力，焉能在工作上胜任愉快，是以那些女强人或女性公众人物，莫不有一张既大又宽、开大合小符合相理标准的嘴巴，才能在复杂的人际关系中创造出挥洒自如的空间。但是，口虽不忌宽大，然而口形不宜歪斜不正或口唇过薄，否则象征其人必伶牙俐齿，个性必偏执倔强，因此，其人之婚姻大多欠美满。古代女性没有离婚的原因，虽为封建社会制度所使然，但与女性的樱桃小口不无连带关系。

第六项差异之点为颧骨。古代女性之颧骨大多圆秀隐藏（即笑时有颧不笑时平满之谓），象征其个性不急不躁，待人处事圆通，能做贤妻良母。现代女性之颧骨则大多高耸或横张，高耸的颧骨，象征其人精力旺盛有男儿的性格，事实上现代女性如不精力旺盛焉能扮好家庭主妇兼职业妇女的双重角色。不过，女性颧骨过于高大者，象征个性倔强，好走极端，有妻夺夫权牝鸡司晨的倾向，如眼睛再大者尤甚。颧骨横张的女性，则个性既急又强，同时喜插手丈夫的事，甚或行为乖张，个性执拗，无理欺夫，又喜搬弄是非，如眉毛生的位置再高者尤甚。难怪现代女性不但在社会上与男性立于同等的竞争地位，同时在家庭中掌握经济大权的也比男性为多。但不可否认，颧骨高大横张的女性，除非其丈夫容忍功夫到家，否则，家庭和乐气氛难以维持，夫妻常因琐事而起勃溪，如其他面相五官再有瑕疵者，走上离婚的道路在所难免。

第七项差异之点为耳朵。古代女性耳朵之“耳廓”均鲜少外露，“亲情沟”颇为明显，“耳沟”亦窄小（注：耳廓，亲情沟，耳沟在耳朵上之正确位置，请参阅拙著《萧湘识人相法全集（一）》第六章耳相图）。现代女性，尤以家境普通或单亲家庭成长的女性，大多为耳廓外露，亲情沟不明，耳宽大，此种耳相，象征其人自小就养成独立而无依赖心的性向。古代女性则不然，自小跟随在父母身边，鲜少有独自一人离开家庭或赴外地读书就业的机会，同时亦鲜少有单亲家庭情形发生，所以，大体言古代女性的耳朵较现代女性的耳朵为佳。又古代女性的耳朵鲜少有“提耳”，现代女性中的早发者，或女性公众人物，例如演艺人员大多为提耳。按照人相学的说法，提耳主名誉心强，学习快，可早发，但古代封建社会因重男轻女，女性根本欠缺学习的环境，也无早发的机会，所以古代女性也就没有提耳了。

古代女性与现代女性在面相上有所差异的原因，并非由于“相由心生”“相逐心灭”的相理法则所肇致。因相由心生和相逐心灭的范畴，只限于后天部分的气魄、精神、气质、性格、须眉、肤发、气色、肉色、肥瘦、甲齿、声音、纹痕、痣斑等十三项而已，绝对不可能促使先天部分的额头变高变宽，眉毛变为粗浓，眼睛变大变圆，鼻子变小，嘴巴变大变宽，颧骨变为高耸横张，耳朵变为露廓，或耳沟变大。古代女性与现代女性面相有所差异的原因，乃在于古代女性与现代女性所处的社会环境和家庭环境不同所致（尤以城市中的女性为甚）。同时此种差异并非三年五载所能形成。乃经过数千百年，随着各朝代各时期的政治制度、社会环境和家庭伦理的渐次改变，慢慢遗传演化而来。一如各种动物植物为适应各种经纬度气候之不同，或各种地理生存条件之不同，而在外形上出现不同的长相同一道理。

本文原载台湾《自由时报》1994 年 11 月 2 日“妇女家庭”版。

观相感言

农民历所述“冲、犯”太岁之说，人相学不能认同。因为其理论基础仍系源于“拟制性”的五行生克制化的说法而来。但现在中国有十三亿人口，每年均有十二生肖中的一亿多人口为犯当年太岁，另一亿多人口为冲当年太岁，难道这两亿人口一定会在当年之内均不吉利吗？其说法与西洋十二星座算命术和血型谈个性的说法，同样的欠缺“一般性”、“逻辑性”和“科学性”。反之，如按人相学“面相八仓二库流年法”印证的结果，当年冲、犯太岁的人不一定不吉利，而当年没有冲、犯太岁的人则不一定吉利。

萧湘居士　撰

相理真言

悍妇多因性妒，老后无归；
奚婆定是情乖，少年浪走。
喜怒不择轻重，一事无成；
笑骂不审是非，知交断绝。

萧湘居士　辑

萧湘居士增订
《相门精义》下卷

萧湘识人相法全集(二)

前　言

《相门精义》一书，分上下两卷，上卷专论气色，下卷则列举各种相理格局，洋洋洒洒，至为详尽，当初作者罗山道人，的确费过整理工夫，否则焉能将历代相书所言之各种相理格局归纳成卷。只以书中述法而未述理，致遭人相学者批评其为论述浅陋，不足为训。但笔者则认为如要检验某人系大富大贵格？抑中富中贵格？抑小富小贵格？或是普通格？或是贫贱格？以及要检验某人有无刑父克母格？有无刑妻克子格？均可持此书按格局条目比对，极为方便。无论读者对人相学已有研究，或是初学者，均颇为实用。惟此书当时之时代背景与现今之时代背景有所不同，故各类相理格局之意义必须加以符合时代意义之诠释。又此书未注明出版年月日，惟经人相学者推定乃清朝时期所编纂，距今已三四百年，其间经多次抄写排版重印，内容错误缺失及错字别字颇多，笔者有鉴于此，本有意写“相门精义释义”一书，但限于篇幅过多而作罢，兹仅就下卷每一相理格局之相理意义加以诠释，格局部分加以增添，条目部分加以增删整理，缺失错误部分加以补正，错字别字部分加以订正，并增添适合现代社会所需要的相理格局若干项，俾使先贤之遗著更加完美无缺，读者应用时更加方便。至于《相门精义》上卷气色部分，笔者将在《萧湘识人相法全集（三）气色大全》时加以引述。

秀才格（相当普通考试及格）

所谓秀才格，乃明、清两代科举制度之名词，如以现今之考试制度言，相当于高中或高职毕业，再参加国家举办之普通（即丙等）考试及格而言。凡具有下列相理特征一项者，主其人考运顺利，可以普通考试及格，具有二项以上者加倍吉利。（注：秀才格以男相为主女相可参照论断。）

凡大小功名必有点灵秀之气，但异路功名眉有浊气、或眼、或形格杂者不忌。若读书中人自有一种清气，但得两眉彩无有不发。至若秀才功名虽小，亦必有一件胜人，或眼有小灵，或眉轻清、或五官小就，或额有骨起。其不能发榜者，或两颧低弱，或眉寒面大，或十指不秀，或城廓不完，美中不足其贵自小。

秀丽英华四者贵以眼为主取其清，先以眼清明有神为贵。

秀气秀眼秀骨一点灵光一点贵。

庄丽严丽俊丽一般敦厚一般人。

英发异常可称进士。

华彩眉秀当入翰林。

面大眉寒止秀才。

耳白过面终有文名。

睛清瞳人藏鼻梁透印堂任是三尖六削亦许小名扬。

凡入学必然目秀气开。

举人格（相当高等考试及格）

所谓举人格，乃明、清两代科举制度之名词，如以现今之考试制度言，相当于大学或专科毕业，再参加国家举办之高等（即乙等）考试及格而言。

凡具有下列相理特征一项者，主其人考运顺利，可以高等考试及格，具有二项以上者加倍吉利。（注：举人格以男相为主女相可参照论断。）

凡登科自应以眼清有神为主，但两颧方阔城廓周圆无不发榜。

凡面不拘长短大小若榜上人多颧大三停方正长短相均。

凡登科不论眉疏散若眉佳，更应忌颧低弱无威。

进士翰林格（相当特等考试及格）

所谓进士翰林格，乃明、清两代科举制度之名词，如以现今之考试制度言，相当于研究所毕业，拥有硕士博士学位，再参加国家举办之特等（即甲等）考试及格而言。凡具有下列相理特征一项者，主其人考运顺利，可以特等考试及格，具有二项以上者加倍吉利。（注：进士翰林格以男相为主女相可参照论断。）

三停既均目有真神可称进士。

进士不忌眉浓，若翰苑两眉拂翠及第两度眉也。

金马玉堂低陷难入翰林（金马玉堂即天仓）。

近君王者不取眉太重，清贵闲雅宽厚轩爽皆入翰林。

大家举止微有羞态亦许翰林目有守真藏真含真回真者皆进士翰林。

凤目翠眉必至翰林。

眉有异彩五岳俱配掌似朱砂唇红齿白睛流动而闪光必翰林。

额有奇骨睛有异光必大贵。

额如覆肝如立壁神强气壮鼻势透印必至翰林。

骨耸三条川字样少年及第作公卿。

性巧灵动而不华秀止登进士。

敦厚深重背如负物必作高官。

额头成五指状翰林及第。

凡脚短身长必高官面无城廓难以牧民颧平而弱只是虚名地阁尖削休言

晚福。

大贵格

所谓大贵格，以现今国家官制而言，系指文官特任级官吏之省长或部长以上之官吏，或武官上将级以上之将领均属之。凡具有下述各项相理特征一项者，即符合大贵格之标准，具有二项以上者加分论断。大贵中仍须细分为大、中、小三级，例如一国之元首为大贵中之大者，阁揆或相当阁揆之官吏及武职元帅级之将领，则为大贵中之中者，部长或相当于部长之官吏或武职上将级之将领，则为大贵中之小者。评断标准请参阅拙著《萧湘识人相法全集（一)》十二起骨分析表。（注：大贵格女相不论女性只论富贵妇格。）

鼻为中央土星乃一面之主象。王者之居为天子者鼻必隆起而长，有负荷一世之概。

隆准龙颜刘裕至九重之贵。

像龙形者贵为天子，鼻长面长齿长眉长恰似龙形。

左股有七十二黑子汉高祖为极贵，头方额高贵为天子。

两耳垂肩手长过膝刘先主中兴。

顶起额阔辅弼良臣虎步龙行极贵。

眼有定睛日月角起伏犀贯顶一品侯王。

虎头燕颔将相公侯。

凤骨插天仓日月角起直插天。

口大容拳。

目有重瞳，舜为圣帝，项羽为霸王。因项羽目露故不善终。

鹤形龟息有三吕仙气从耳出，张飞从口出，刘伯温从脚出，非仙即将相。

舌至准头。

龙眉凤目。

额骨川字。

眉尾拂天仓。

大贵逼天清最多孤鹤无子极清则孤。

眉长居额中耳高眉一寸永不受困贫。

耳齐日角。

翠眉入鬓位至宰相。

口阔而方禄千钟。

齿白而圆不家食。

上身如辅四肢如绵一品之贵。

龙睛牛齿官至尚书。

面白如银睛黄如金封侯之品。

马齿凤睛官居一品。

手长于身身过于体配以佳骨定主封侯。

罗纹满身额有秀骨配以妙神不拜相即鼎甲。

头圆一尺面如满月，额骨五指背厚腰圆出将入相。

行坐威强铁面银牙封侯之贵。

声如巨雷肉坚骨壮眼圆虎须侯爵之贵。

长眉凤目龙准大额耳贴如无出将入相。

三十六齿，口大容拳，五官朝拱精神异常宰相之位。

头额五寸长朝上者为龙阁主宰相严阁老合此相。

腰圆生七黑子背厚有长毫毛主有玉带。

身生如玉光如琉璃红如火喷主为国师宰辅。

步阔三尺身大头圆为龙步虎头主为王侯。

五官俱正五岳俱朝骨秀异常一品公侯五露五反眼有夜光翠眉入鬓耳齐日角一品之职。

头长鼻长当门两齿长，眼长眉长加以异骨异神皆天子之相。

附注：以上大贵格有破相者，官即减等；因破相即不符合大贵之相理标准。

中贵格

所谓中贵格，以现今国家官制而言，系指文官简任职（即十职等至十四职等）之官吏，及武官上校以上中将以下之军官均属之，凡具有下述相理特征一项者，即符合中贵格之标准，具有二项以上者加分论断。惟中贵格仍可细分为大、中、小三级，评断标准请参阅拙著《萧湘识人相法全集(一)》第一章十二起骨分析表。（注：中贵格女相不论女相只论富贵妇格。）

须如铁线　耳白过面　睛如点漆　上长下短　口如四字　三十六齿

面有城廓　声清高亮　手足如玉　肩圆背厚　眉高耳高　神清气足

舌上异纹　辅骨高起　龙吞虎吻　方口朱唇　口角朝天仓

目秀藏神当入翰林。

双秀目两弓眉为官清贵。

头圆足厚身正格正二三品职。

身香肉滑皮润血明清高品。

音清语实舌紫唇朱食禄百石。

背高肚大声响眉高庙堂之职。

睛大有神口大有棱鼻大有梁南面之贵。

三停得正六府得均位至腰金。

耳白过面当为侍臣亦主翰林。

额高三寸神称于形可有威权。

印堂开一寸辅骨起棱三四品职。

眉直睛圆准正口方可作谏官。

印阔口大眉横父祖前程。

额有川纹川骨耳珠朝口白手可至中贵。

脐深一寸腰大四围可镇一方。

臂长三尺可为边将。

附注：以上中贵格不宜有破相，有者官即减等。

小贵格

所谓小贵格以现今国家官制而言，系指文官荐任职（即九职等以下六职等以上）之官吏，及武官中校以下少校以上之军官均属之。凡具有下述各项相理特征一项者，即符合小贵格之标准，具有二项以上者加分论断。但小贵格仍可细分为大、中、小三级，评断标准请参阅拙著《萧湘识人相法全集（一）》第一章十二起骨分析表。（注：小贵格女相不论女相只论富贵妇格。）

天庭高耸	地阁方圆	小便如珠	大便方细	齿白长大
眉珠目秀	齿白唇红	口如角弓	堂不陷	面方眼长
头有角骨	面黑身白	面白身黄	面粗身细	脚短手长
身小声大	耳白高提	行必左转	耳高于眉	

眉大额高细粟供奉之职。

耳厚唇厚承差知印之官九品而止。

腰圆不过提牌。

阔印宽可为都吏。

唇红齿厚可保前程。

一身浊肉坚如铁可求武职。

骨肉得配可许异路功名。

眼大睛黄眉散不过典吏。

头圆目清梁高首领之人。

头圆平眉粗压眼典吏之贵。

手粗脚厚腰圆硬可为军卒。

体正身长腰方圆可为巡检。

色暗生明仓官税货之人。

头圆平眉粗压眼可为文士。

一面如朦驿马三阳一润佐贰衙门。

陂池鹅鸭连金缕可称文士。

附注：以上小贵格不宜有破相，有者官即减等。

贱中贵格

所谓贱中贵格，乃浊中有清之谓，即先贤所谓之“一贵抵九贱”。亦即一看之下，其相貌虽不符合一般贵格之相理标准，但经仔细观察，却浊中有清也。凡浊中有清之人，其休咎大多为先苦后甜，在乱世中因偶然机会而发贵。凡具有下列相理特征一项者即验，具有二项以上者加分论断。(注：贱中贵格女相不论)

额小且方平	眼小有精神	鼻小梁柱平	耳小珠朝口
肚小垂下生	口小唇似朱	腰小且圆成	身小三停身
耳反仍贴脑	鼻仰山根足	眼露黑睛多	唇掀齿如玉

贵中贱格

所谓贵中贱格，乃清中有浊之谓，即先贤所谓之“一贱破九贵”。亦即一看之下，其相貌虽符合一般贵格之标准，但经仔细观察，却清中有浊也。凡清中带浊之人，其休咎大多为富则夭，贫则寿，或大贵则凶，小贵则贫，或先正路后转异路。凡具有下述相理特征一项者即验，具有二项以上者加分论断。(注：贵中贱格女相不论)

额广尖却颐	骨峻粗却皮	发黑浓且粗	胸阔背成坑
行正声若嘶	背厚手如枝	耳厚鼻梁低	眼长皱破眉
气清行步软	腰厚行如尸	舌红口如吹	唇方齿不齐

卧静食淋漓　头长腰折枝　语和神似痴　色明视东西
脚厚粗无纹　声大如马嘶　面白身粗黑　身大声音稀
肉丰结却喉　面短眼太长

贵格大略

所谓贵格大略，即不论大、中、小贵之人，均必须具备的相理特征，凡具有下述相理特征一项者即验，具有二项以上者加分论断。（注：贵格大略女相不论，女相只论富贵妇格。）

骨细皮滑　眼睛神彩　翠眉贯目　准圆贯印　额有骨法
头有角骨　上长下短　声高响远　骨香神媚　气宇轩昂
学堂不陷　粪如叠带　口似含丹　耳白过面　立矮坐高
身如具字

眉目分明骨气清，眼如点漆主聪明，学堂若无官职小，纵有文章不显名。

黑子天中及陷纹居官不久病缠身。

破额主无职，破印主无权，颧低官不显，印陷也虚名。

颧小颧尖清职士两眉散薄小威权。

眼露者居官不久。

面有城廓方许州县之职。

舌上有两条红路主食禄。

天相骨相为教谕。

印丰颧阔可掌正印之官。

贫贱大略

所谓贫贱大略，即贫贱之人，大都具备下述相理特征，凡具有下述相

理特征一项者即验，具有二项以上者加分论断。（注：贫贱大略男女同论）

唇厚耳薄	耳大唇薄	面小骨粗	手足乾枯	准缺尖细
神浊声嘶	鼻大眼小	眼大唇小	头小额窄	耳薄皮粗
口小肉缓	形俗神怯	腰折背薄	背陷成坑	乳细如针
额削额窄	口尖臀摆	寿上悬针	年上点痣	鼻上勾纹
脚长肩缩	鼠食蛇行	鼻低无梁	齿露喉结	发浓交眉
两眉锁印	口阔唇掀	气浊声嘶	满面尘垢	腹上大下小

奸门青气恶纹现，学堂坑陷不成名。

月孛尖低色更昏，鼻中红气枉艰辛。

气太寒色若尘莫问名。

不带学堂不是贤，莫将法窍乱相传。

名利难成独恨天庭一削。

齿白方为君子儒分明小辈齿牙疏。

气来粗大何须苦去求名。

唇红齿白文章士。

声音急短不必窗前努力。

左眼为文星不宜伤破。

两眉陷山根低枉求名禄。

面似涂膏名沐浴耳轮青黑不成名。

额偏脑侧更无须印唇俱薄皮扪鼓。

眼大耳小学难成。

男女头尖终无成器。

大富格

所谓大富格，以现今社会之财富生态而言，大富格应再分为大、中、小三级。大富格之大者言，财产净值应在新台币一千亿以上，大富格之中者言，财产净值应在新台币五百亿以上，大富格之小者言，财产净值应在新台币一百亿以上，并均以“盖棺论定”为准。凡具有下述相理特征一项者即验，具有二项以上者休咎加分论断？（注：女相以富贵妇格为准）

耳大贴肉	珠厚朝口	鼻如截筒	鼻似悬胆	面黑身白
背耸三山	背阔胸平	腹大垂下	头皮宽厚	面起重城
身正格正	精神异常	三停得配	声如远钟	六府相均

中富格

所谓中富格，以现今社会财富生态而言，中富格应再区分为大、中、小三级。中富格之大者言，财产净值应接近新台币台百亿，中富格之中者言，财产净值应在新台币五十亿元上下，中富格之小者言，财产净值应在新台币十亿元以上。并均以“盖棺论定”为准。凡具有下列相理特征一项者即验，具有二项以上者加分论断。（注：女相以富贵妇格为准）

三停平等	五岳相朝	五长五短	五露俱全	眼如丹凤
声似鸣钟	身细面粗	面如由字	背厚肩圆	皮滑腹垂
牛齿鹅行	舌吐满口	瘦不露骨	眼有真光	肥不露肉

小富格

所谓小富格，以现今社会财富生态而言，小富格应再分大、中、小三级。小富格之大者，财产净值应接近新台币拾亿元，小富格之中者，财产净值应在新台币五亿元上下，小富格之小者，财产净值应在新台币一亿元以上。并均以“盖棺论定”为准。凡具有下述相理特征一项者即验，具有二项以上者加分论断（注：女相以富贵妇格为准）。

形厚神安	气清声扬	耳厚唇红	面方耳厚	虎耳骨起

齿如榴子　掌如血红　地库丰满　五官小就　齿如白玉

鼻有肉两颧朝　面虽短四围朝　耳虽反有珠

附注：以上大、中、小富格之财产净值，以 1991 年台湾省之币值为准。

富格大略

所谓富格大略，即不论大、中、小富之人，均必须具备的相理特征，凡具有下述相理特征一项者即验，具有二项以上者加分论断。（注：女相以富贵妇格为准）

形厚神安　气清声华　项大颐丰　眼明眉润　唇红耳厚

鼻齐面方　皮滑腹垂　牛齿鹅行　驼背面田　骨重皮宽

口方齿齐　齿如白玉　耳珠朝口　背厚腰圆　掌似朱红

奴仆格

所谓奴仆格，此乃封建时代之用语，以现今社会生态而言，乃系指一生均在富宦之家帮佣之谓。如因一时落难而为人帮佣，均不以奴仆格论，此种人亦绝不会有奴仆格的相理特征。凡具备下述相理特征一项者即验，具有二项者休咎加分论断。（注：女相以婢妾格为准）

鼻短小面局促多为仆。

耳小低反鼻头昂仰。

发尖低垂幼为奴。

耳色尘污股肱无包。

手足粗大手粗无纹。

指节一约二约。

天庭低削骨头粗。

口短唇掀。

口如吹火似寒酸。

耳大无轮廓腹大脐下生。

脐腹偏脐朝下。

睡中乱言嘴尖口陷口无角。

面大鼻小。

指短掌长脚长骨粗。

先富后贫格

所谓先富后贫格，不论其财富是因继承祖业或业商而挣得，只要具有下述相理特征一项者即验，具有二项以上者加分论断。又所谓先富者，应包括大富、中富、小富三级。（注：先富后贫格女相可参照论断）

舌底横生梗老年贫苦困。

上停好下停削天仓丰地库陷。

面丰枕空老主贫困。

少年好中年败两耳乾枯声不全。

下部无臀早富晚贫。

头先过步初主富而晚景困穷。

前相好而背负亏虚花无寿。

当门齿缺晚年刑克困滞。

天仓高而地阁削晚景无粮。

何知晚年主多灾但看其人无下腮。

额虽广尖却颐。

额阔口如撮。

色虽明坐如惊。

喜容带怒无痰常吐不收先富后贫。

先贫后富格

所谓先贫后富格，其财富当然非继承祖业而来，而系完全凭自己因投资创业而挣得，其人是大富、中富、小富，尚须配观前述之大富格、中富格、小富格之相理特征。凡具有下述相理特征一项者即验，具有二项以上者加分论断。（注：先贫后富格女相可参照论断）

欲识始贫终富者满面尘埃骨法成。

地阁朝天旺晚年，边城不佐也无钱，地库须配天仓也。

口大面方须清硬，地阁方圆旺晚年。

脚有肚皮色润耳有珠口有棱地库丰先贫后富。

山根断折早虚花，祖业飘零足破家，若得口方横四字，晚来亦许享荣华。

少年发达神气色老看血色共头皮。

若头皮红润眼神清须眉润耳珠垂晚景亨通。

贫难格

所谓贫难格与贫贱格有所不同，贫贱格之人，虽一生贫贱，但尚不致遭遇灾难，贫难格乃一生既贫穷又遭受灾难之谓。凡具有下述相理特征一项者即验，具有二项以上者加分论断。（注：贫难格男女同论）

星辰失陷部位偏亏无隔宿之粮五官不正有终身之苦。

额偏额削头垂鼻仰神枯口似吹。

鼻小终身不富贵纵有神骨亦不长。

面如水洗面似尘灰。

两耳生尘两耳开花。

两耳尖反低暗无珠。

口撮如吹火贫贱得人嫌。

头小脚长贫走四方。

三阴三阳枯暗田园莫保。

天仓高而地合削晚景无粮。

唇玻而陷或唇薄而掀少谦和多贫难。

齿上尖下润色无光泽。

腹近上脐近下胸高不平。

指节粗大指一二约。

脚长枯薄脚底无纹。

人中无须不得子力。

脚背无肉何曾剩得一钱。

耳反无轮耳尖低小少年贫且夭。

耳孔太窄贫无一钱。

鼻短耳低出身艰苦。

手足无纹愚而且贫。

头小为一极不得上天力。

眉枯额窄。

鼻有三凹。

三尖六削。

眉上横纹。

唇上无须。

少年发达格

所谓少年发达格（即青年发达），在过去封建社会以 18~25 岁为界限，并以是否获得功名为标准。以目前之社会生态言，应以 20~30 岁为界限，同时不以是否获得功名为标准。例如一般庶民在30岁前考取甲等特考，被任命为简任级以上官吏，即为少年发达。一般庶民在30岁前当选民选县长以上官吏，当选中央级民意代表，在科技学术界获得崇高地位，或在事业上赚进相当于新台币数亿元之财富，均算是少年发达。凡青年人具有下述相理特征一项者即验，具有二项以上者加分论断。（注：女相以富贵妇格为准）

20岁前看顶脑平伏而起天仓丰额骨突耳高提眉有彩早发。

1~7岁左耳管运8~14岁右耳管运但有缺崩反薄痣斑主幼时多疾厄损伤。

凡少年发达顶平仓丰或日角月角天庭骨隆起主30岁前发。

中正管25岁前运低陷者不早发。

印堂管30岁前运低陷纹破悬针主早年虚花运。

佐串骨如卵起25岁前发印堂丰起30岁前发。

火局透木鸢肩者早发。

耳肉如莹少年贵贴脑高提永不贫。

眉彩神清面无垢鼻圆透印定早发。

额方面阔初主荣华额角圆耸声价早重。

额阔平无纹发达早超群。

天庭高耸早登荣还待印堂明。

辅骨隆起高才三九即居官位。

准上朝耳珠朝口鼻梁贯印天仓丰得眉彩者更早发。

日月角骨联起如卵横生定主早发。

中年发达格

所谓中年发达格，应以面相三停之年龄为标准，即31~50岁谓之为中年，亦即30岁以前很不得意，31岁生日后，时来运转，无论考取甲等特考被任命为简任级以上官吏，或当选县长以上官吏，或当选中央级民意代表，或在科技学术界获得崇高地位，或在事业上赚进相当于新台币数亿元之财富，均算是中年发达。凡具有下述相理特征一项者即验，具有二项以上者加分论断。（注：女相以富贵妇格为准）

30岁后眉目管运宜清秀40~50岁颧鼻管运宜准丰颧阔眉散者青年、中年均财难聚。

法令破兰台中年财难聚仓库削陷一生财难聚。

独颧无面中年破败无成天仓地库俱削两颧独高作孤刑。

耳鼻齐丰壮岁荣华定取。

正面骨开粟陈贯朽两颧方阔也。

眉清目秀中年发凡人得眉彩必眉运发得眼佳必眼运发。

两颧高起不露骨发在47岁。

面大颧丰腮丰钱财广积。

晚年发达格

所谓晚年发达格，系指51岁开始到死亡为止的这段时间，能成就一番事业之谓，例如过去从未做过官，但晚年入仕，担任政务官，或当选县长以上官吏，或当选中央级民意代表，或晚年业商大发其财，或在科技学术界，或异路行业获得崇高地位，均谓之晚年发达。凡具有下述相理特征一项者即验，具有二项以上者加分论断。（注：女相以富贵妇格为准）

50岁后人中水星地阁管运须宜清润口宜方阔唇厚皮宽虎耳骨起面起重城库横满耳。

有垂珠晚运亨通。

因甚功名较晚筋骨伤高。

须清疏硬要有力50岁利名益。

地阁方圆晚景荣华定取。

地库光润晚景愈好而得安闲。

末年出仕皆由地阁宽隆。

颧颐颊口要有情晚运最分明。

地阁朝天旺晚年边城不佐也无钱。

老看血气共头皮黄明发达时。

蹇滞格

所谓蹇滞格，即其人一生之中，如就业则连年工作不顺求谋不遂；如业商则劳多获少波折重重；一生之经济情形则常处于虚花状态之谓。凡具有下述相理特征一项者即验，具有二项以上者加分论断。（注：女相以贫贱妇格为准）

额窄眉枯破财连连。

尾开叉运必蹇。

食多哽咽幼岁多灾。

发乱气臭逆遭常有。

眉绉声嘶福不全。

头偏多蹇滞头小定飘蓬。

眉稀耳枯困苦中途。

须分燕尾多蹇滞。

眉骨棱起。

悬针破印。

眉浓压目。

舌断如掘。

须眉乾枯。

瘦露筋骨。

发达格

所谓发达格，即先天之相格好，后天（目前）之气色也好，主其人如担任公职则官运亨通，如经营商业则财星高照。凡具有下述气色特征一项者即验，具有二项以上者加分论断。（注：女相以富贵妇格为准）

气色虽好唇白亦不应色虽开而气先怯也。

年寿有一点黄明是年必有一件喜应。

印堂光明如镜名利应在眼前。

准头明亮透印堂发达必应。

名成利遂三台宫俱有黄光。

准头黄亮透天庭士子必得大魁。

印上黄明应得禄满面黄光财禄立至。

眼若含星成名有日。

凡大小功名满面纯清即发。

眉生秀彩发越必早。

年寿四时黄财帛喜非常鼻柱拖黄钱财横发。

易聚易散格

易聚易散格与反覆成败格有不同之点，前者泛指金钱而言，后者泛指事业而言，前者未曾赚过大钱，后者曾一度或多次赚过大钱，前者有聪明而少智慧，后者有智慧而少聪明，两者共同之点均为个性太过即兴。凡具有下述相理特征一项者即验，具有二项以上者加分论断。（注：女相可参照论断）

有财不聚无他事，只因仓库有长枪。鼻孔出一长毛为长枪也。

眉散财难聚鼻仰财易空。

坐立摇足财易散，口常叹气主多蹇。

鼻大无肉灶门开两颧低小不住财。

掌虽润鼻若缺财去财来。

鼻瘦面肥半世钱财多耗散。

法令破兰台一生不聚财。

井灶薄而能动一生休望聚财。

脚背无肉何曾剩得一钱。

山根断折运多虚祖业妻儿恐不如。

反覆成败格

反覆成败格，即一生事业多成多败之谓。凡具有下述相理特征一项者即验，具有二项以上者加分论断。(注：女相可参照论断)

年寿有一纹一痕或一陷一凸一缺主成败一次多者屡次。

额广眼陷或颧朝鼻而眉压目或额低而眼秀或额削颌丰均主成败。

印堂准头地阁为三主破缺者主成败。(萧湘居士曾印证数万人无不应验)

享祖父产业格

所谓享祖父产业格，即可得祖父及父亲之遗产之谓。凡具有下述相理特征一项者即验，具有二项以上者加分论断。(注：享祖父产业格男女同论)

山根为祖父根基要不倾陷不尖削不纹不痕不痣不破方许全享祖业否则必见亏损。

印堂为父业顶脑为祖业后枕为高祖基业此数处佳宜有骨起有辅弼骨起

主历代富贵。

山根低陷祖业虚花。

印上无纹日角起骨天仓不陷鼻连印堂享祖父基业。

行坐端正五官俱配六府相均顶平印阔父业丰隆。

额窄天仓低难得父母力。

耳反无轮额纹横乱山根断折祖业全无。

悭吝格

所谓悭吝格，即贪多而不施舍，亦即所谓守财奴之谓。凡具有下述相理特征一项者即验，具有二项以上者加分论断。（注：悭吝格男女同论）

鼻窍太窄悭吝难容。

土星齐正窍门小五岳朝归亦聚财。

眉首尾不散不妄耗资财。

耳门窄小鼻窍小纵然悭吝又贪多。

艰苦出身格

所谓艰苦出身格，即出身贫苦家庭，幼少年曾经历过艰难生活之谓。凡具有下述相理特征一项者即验，具有二项者以上者加分论断。（注：艰苦出身格男女同论）

骨格精神额纹多手粗脚大主奔波。

眉目清长骨格成额纹杂乱少无名。

额窄仓陷耳生低更兼反薄父早归。

眉目清长旺中年天庭带削早迍邅。

额上横纹少年艰苦木带微金斫磨成器。

身骨清便两目有神金带微火链就成名。

孤刑格

所谓孤刑格，即其人不但刑克父母，亦刑克妻子儿女，或其人一生均未结婚生育，或其人虽有结婚生育，因故与妻子儿女隔绝，到老仍然孤独一人，死时无亲人送终之谓。凡男性具有下述相理特征一项者即验，具有二项以上者，加分论断。（注：女相以孤妇格为准）

眉棱骨起　面无和气　眼下无肉　眉头常蹙　眉骨粗露
额骨孤高　鼻梁尖薄　额尖扪鼓　耳反口吹　杂痕破额
丹池骨现　火形尖赤　孤峰独耸　喉音焦细　鼻大舌小
额削胸高　星辰不拱　悬针破印　面大鼻小　眼下荔色
男身女声　齿露结喉损父娘　眼下直纹损儿女
齿乱唇掀性不和　仓库低陷颧骨独高　孤鼻孤颧孤额主孤刑
口唇皮绉一世孤单　口角低垂常惹人嫌　冬天出汗主孤贫

刑父格

所谓刑父格，即从被观相者的头相、面相、体相、手相、足相和纹痕、痣斑等相理特征，可以看出他父亲的寿命不长，或是与父亲少缘，或是在他幼少年的时候父亲灾厄生病，父亲事业失败，父亲官非变故，或是自身在幼少年的时候离别父亲远走他乡均属之。亦可以说从被观相者的相理特征，可以看出他父亲的健康、智慧、个性有或多或少的不良征候。凡具有下述相理特征一项者即验，具有二项以上者加分论断。（注：刑父格男女同论）

左掌横断　左发生低　日角偏陷　日角纹痕　日角黑子

顶毛两旋　少年白发　左眼睛小　食指破缺　左眉生旋
左耳反缺　结喉露齿　左地库削　口偏生左　上唇过下
左耳低生　法令生痣　天中黑子　左手六指　左眉间断
左眉生低　鼻歪偏左　左颧骨露　额纹三叠曲绕
发脚垂尖射日角

刑母格

所谓刑母格，即从被观相者的头相、面相、体相、手相、足相和纹痕、痣斑等相理特征，可以看出他母亲的寿命不长，或是与母亲少缘，或是他幼少年时候母亲灾厄生病，母亲事业失败，母亲官非变故，或是自身在幼少年时候离别母亲远走他乡均属之。亦可以说从被观相者的相理特征，可以看出他母亲的健康、智慧、个性方面有或多或少的不良征候。凡具有下述相理特征一项者即验，具有二项以上者加分论断。（注：刑母格男女同论）

右掌横断　右发生低　月角纹破　月角黑点　月角低陷
右耳低陷　右地库削　口偏生右　额角寒毛　右眼细小
鼻偏生右　右耳反缺　右眉生低　右眉间断　右颧骨露
中指破缺　下唇过上
身肥阴气重或眉重　右法令生黑子痣斑

刑妻格

所谓刑妻格，即从被观相者的头相、面相、体相、手相、足相和纹痕、痣斑等相理特征，可以看出他和他的妻子作内分泌交换及电质素交换时，不利于他妻子的健康，或促使他妻子灾厄短寿，事业失败，精神痛苦，或是与妻子少缘少情，聚少离多，甚至离异，或是与妻子一别多年不见，都谓之为刑妻。凡男性有下述相理特征一项者即验，具有二项以上者加分论断。（注：女相以刑夫格谋夫格为准）

口歪偏左	鱼尾乱纹	印堂破陷	山根断折	眉中有痣
结喉露齿	鼻梁剑脊	鼻梁露骨	眉重压目	眼尾叉纹
左眼细小	左眼尾陷	山根气促	年寿起节	天仓破陷

印堂黑痣妻子隔角。

山根痣斑痘痕三次作新郎。

眼尾钭纹妻防恶死（或离异）。

山根短横纹一纹一妻。

鱼尾黑痣夫妻生离。

眉毛生入眼（即眉压眼）。

悬针玻印刑妻位。

眼尾鱼尾黑暗白枯。

凌云黑子必刑妻。

发重眉粗发硬赤。

眉分燕尾侵妻位。

颧骨与眼争（即颧骨过于上生）。

掌上兑宫短纹多。

独颧独额孤峰独耸。

刑妾格

刑妾之相理原因，与刑妻之相理原因相同。因夫妻关系或准夫妻关系之内涵，不外肉体关系和精神关系两方面，肉体关系即会发生彼此内分泌及电质素交换现象，精神关系即彼此相处在个性方面是否和合的问题。如一方之内分泌及电质素不良，或一方之个性不良，即会刑克对方。凡男性

具有下述相理特征一项者即验，具有二项以上者加分论断。（注：女相以刑夫格谋夫格为准）

右眼尾看妾宫左眼尾看妻宫气色枯暗或黑或白俱有损。

右眼尾斜纹破或口偏右或色赤其余与刑妻同看。

刑子格

所谓刑子格，即从被观相者的头相、面相、体相、手相、足相和纹痕、痣斑等相理特征，可以看出他不能生育男儿，或可以看出他给他子女的遗传不良，促使他子女身心健康不良，智慧个性不良，甚或短寿。其他如子女灾厄，子女工作不顺，子女事业不顺均属之。又父子（女）间少缘少情，或与子女常常意见相左亦均属之。凡具有下述相理特征一项者即验，具有二项以上者，加分论断。（注：刑子格女相可参照论断）

阳上无毛	眼底成坑	肉滑如绵	血不华色	蛇皮蛇眼
阳毛逆生	一身无毛	骨冷精寒	乳头朝下	泪堂深陷
眼下纹痕	眼下黑子	乳头有破	人中平满	人中如无
口如吹火	人中纹痕	人中黑色	鼻梁露骨	眉目带赤
人中乱纹	眼下井纹	眼下无肉	眼下荔色	眼下蠹肉
面似橘皮	人中竖纹	人中侧斜	鼻似界方	阳囊无纹
口唇皮绉	眼下焦暗	气弱色沉	眼睛下白	乳脐俱破
山根断折	须分燕尾	面若三颧	虎狼之声	掌上震宫
低陷短纹多				

子孙不得力格

所谓子孙不得力格，即一生到老不能享受儿孙之福之谓。其原因颇多，或因得子甚迟之故，或因子孙不肖之故，或因子孙远走他乡之故，或因自己个性孤僻不愿与子女同住接受子孙奉养等均属之。凡具有下述相理特征一项者即验，具有二项以上者加分论断。（注：女相以妇孤刑格为准）

脚后无跟　　两脚乾枯　　头皮乾枯　　地阁枯削　　眼睛下白

上唇无须难得子力。

人中无须难得子力。

须逆生有子不孝。

阴毛逆生有子不贤。

皮衰弱血不旺卧蚕低乳朝下不得子力。

地阁偏陷晚景无粮子宫皮绉纹朝上弑逆终须犯。

妻迟子晚格

所谓妻迟子晚格，即男性娶妻亦迟生子也晚之谓。古之农业社会，男性年满 22 岁，女性年满 20 岁而尚未结婚者即谓之迟婚，但以现今社会生态而言，男性年满 30 岁未婚者始以迟婚论。凡具有下述相理特征一项者即验，具有二项以上者，加分论断。（注：女相以刑夫格及妇孤格论断）

横纹额上　　山根低折　　鱼尾偏枯　　人中平满　　山根尖小

印堂太窄妻迟子晚。

眼带桃花也知儿晚。

乳头白垂子嗣必难。

绝嗣格

所谓绝嗣格，即其人之生殖系统有不能治愈的先天性隐疾，因而不能生育子嗣之谓。凡具有下述相理特征一项者即验，具有二项以上者，加分论断。

人中竖纹主养他人之子。

人中横纹至老绝嗣。

人中纹破须密锁人中。

胡须锁喉。

眉分八字垂好似罗汉形。

眼下蠹肉黑暗焦。

眼下荔色乱纹穿。

眼下无肉深陷乾枯。

眼下竖纹交加纹声哑失音。

人中似无。

口唇皮绉面如锺馗似罗汉佛相。

兄弟得力格

所谓兄弟得力格，即兄弟间感情良好，事业上能得到兄弟的帮助之谓。凡具有下述相理特征一项者即验，具有二项以上者加分论断。（注：兄弟得力格男女同论）

罗计横行兄弟多众。

眉长过目兄弟必多。

眉秀而疏枝干自然端正。

长清弯主兄弟荣昌。

眉有重彩昆仲竞秀。

眉秀而长若首尾清楚不散不乱不破不缺主和好得力。

兄弟不得力格

所谓兄弟不得力格，即兄弟间感情不融洽，兄弟之健康、智慧、个性及学识才能亦欠佳，对自己事业上不能有所帮助之谓。凡具有下述相理特征一项者即验，具有二项以上者，加分论断。（注：兄弟不得力格男女同论）

眉短而粗　　眉毛散乱　　纹痕破眉　　两眉指印

山根断折兄弟不睦。

眉尾逆生仇兄贼弟。

眉尾间断，兄弟各居；眉青主生黑，白主亡。

眉暗无光兄弟不明。

眉头开向山根主妨兄弟。

山根长黑兄弟不明。

眉散粗浊兄弟不睦。

眉与目齐兄弟二三。

眉长于目兄弟五六。

眉短不过目多是孤独纵有三两不是同腹。

附注：以目前社会生态而言，国人均实施家庭计划，讲究计划生育，如以眉形论兄弟之多寡已不应验，读者不可不察。

奴仆得力格

所谓奴仆得力格，即所雇用之下属、侍役等，既干练有为又忠心耿耿之谓。凡具有下述相理特征一项者即验，具有二项以上者加分论断。（注：

下述相理特征中，同时言及奴仆得力，和奴仆不得力，请读者注意分辨之。女相参照论断。)

重颐丰颔奴仆成群。

纹交宫陷定有损伤。

地库平满奴仆自至。

承浆不陷有来因（奴仆得力)。

法令纹现呼喝有权。

奴宫光泽侍从得力。

地阁尖斜受恩反怨（即奴仆不得力)。

纹冲法令暗里损伤。

口不方颔不丰侍从不力。

法令不现颧垂不开不从使令。

奴仆昏暗家有死亡（指奴仆或晚辈死亡)。

赤燥生于地阁口舌纷争。

奴婢宫中生黑子（象征奴仆不得力)。

奸门青白连外阳婢妾逃走。

亥宫起白点恐遭奴婢害。

法令青主伤白主死黄主旺丰主多赤主口舌。

妻妾不得力格

所谓妻妾不得力格，即男性之配偶对丈夫之事业不能有所帮助，甚或有所妨碍损伤之谓。凡男性具有下述相理特征一项者即验，具有二项以上者，加分论断。

招妻破败只因井灶两空虚。

奸门起杂色与娼妓为婚。

娶妇伤悲都为奸门容一指。

善人恶眼妻奴亦可成殃。

左奸黑右眉高妾攘妻位。

眉压眼颐侵颧夫纲不振。

眉角乱纹入奸门妻妾口舌纷争。

奸门竖纹侵眉角内变防妻作。

印上隐纹妻不顺。

鼻梁起节室分离。

一颧低一颧高。

颧上赤年寿红与妻争竞。

一眼大一眼小妻妾不睦。

左眼小知君怕妇。

左眼尾焦暗。

须拂右妻弄大权。

鼻生斑点招妻丧命亡家。

奸门青暗妻多疾。

外明内暗妻强妾弱外暗内明妻弱妾强。

何知人家妻妾淫奸门黄色眉如金。

奸门青色大不祥六旬中忌女人殃。

奴仆纹朝上妻必定与奴仆共淫之。

鱼尾若有青纹现妻有私情夫不见。

招贤美妻妾格

所谓招贤美妻妾格，即男性所娶之妻妾既贤慧又美丽，亦即所娶之妻妾既有色相美，亦符合相理美的要求标准之谓。凡具有下述相理特征一项者即验，具有二项以上者加分论断。

颧骨插天仓因妻得禄。

唇色白艳招美妾娇妻。

鱼尾红润定配二佳人。

眉毛细起主得阴人财帛。

奸门光润明如镜无纹无痣祸不侵。

圆贯印眉生彩必主美妻且是贤能。

两眼长细眉清辣山根圆足美妻多。

鱼尾杂纹斑点深陷黑暗焦赤断非良配。

妻妾宫丰满不陷光润红黄娶妻自然兴家。

子贵格

所谓子贵格，即所生之子女，能在官场或商场或异路行业上有所成就之谓，并非专指“当官”而言。凡具有下述相理特征一项者即验，具有二项以上者加分论断。（注：子贵格女相可参照论断，另加论旺夫益子格相理）

脐内生痣	面起重城	阴头有痣	乳头圆硬	背厚腹垂
卧蚕高明	枕骨双峰	脐深纳李	乳头黑子	腰圆丰润
皮肉血润	阴骘纹现	项后丰起	神清齿白	泪堂光明
耳有黑子	耳白如玉			

乳黑乳红有一条毛或三条毛独长。

须润有一条独长主一子贵。

边地丰起地阁朝晚有成家子嗣。

目秀有含真父子皆贵。

女人天仓生痣主生四子。

眼下阴骘纹两条主得贵子。

三阳红润骨肉发迹。

子女多少辨格

所谓子女多少辨格，即从面相观察其人能生育子女几人之谓，但现今社会提倡家庭计划，已不能正确断出生育子女之人数，是以先贤所列举之各项相格特征，只可断出其人所生子女为男多，抑或女多而已。凡男性具有下述相理特征一项者即验，具有二项以上者，加分论断。（注：子女多少辨格，以男相为准，女相参照而已。）

人中双黑子有子必孖生。

唇多纹理子多无比又主子贤。

人中偏左先生男偏右先生女（本条经笔者印证有部分人不验）。

乳头破者子虚花。

左颧阔无纹痣明净皮宽主多男以阔窄定多少。

乳头方大者多男乳黑而健大者多男。

左乳大右乳小子多于女右乳大左乳小主多女。

人中为子女路先取明朗有子平满子难上窄下阔子易上阔下窄子难。

泪堂分辨受子女多少皮宽丰满子多颧阔无纹痣子多易养颧尖皮急或纹直破或起罗纹或起焦黑或痣点皆主受子甚难。

耳珠内起碎珠一珠一子二珠三子三珠五子。

人中上有黑痣多子下有黑痣多女当中生痣主子难养。

幼失双亲格

所谓幼失双亲格，即从被观相者之面部相理特征，可以看出自小即父母双亡之谓。凡具有下述相理特征一项者即验，具有二项以上者加分论断。（注：幼失双亲格男女同论）

发脚尖垂　　额窄发低　　两角毛旋　　眉毛旋螺　　少年白发
少年黄发　　头偏额削

眼陷眉交金木相克。

齿露鼻仰耳反而低。

额纹早现法令纹早现不哭似哭不泪似泪。

眼露发黄兼耳反少年总不利双亲。

破家格

所谓破家格与白手兴家格之意义正好相反，乃其人将先人遗留之产业全数败光之谓。凡具有下述相理特征一项者即验，具有二项以上者加分论断。（注：破家格以男相为准，女相可参照论断。）

眼头破缺　　承浆痣破　　山根低陷　　鼻梁剑脊　　鼻戊三凹
耳黑开花　　耳薄如纸　　天仓低陷　　地阁尖斜　　面如水洗
面白涂膏　　耳薄生尘　　四库偏亏　　口尖如吹　　面皮光滑
面薄如纸　　股肱无包　　三尖三露　　男面似女　　悬壁黑子
耳上乱纹　　年寿乱纹　　赤黑侵睛　　五官不正　　头先过步
坐立不端　　鼻露节骨　　五官失陷　　眼红眼赤　　头侧面歪

白手兴家格

所谓白手兴家格，系指其人成家立业完全凭自己一己之力量，而未曾接受过家人之援助，或享用祖父父亲之遗产之谓。凡具有下述相理特征一项者即验，具有二项以上者加分论断。（注：白手兴家格以男相为准，女相可参照论断）

鼻如悬胆白手兴家。

鱼尾直上天仓白手大富。

颧明印阔能守能创。

左肩高右肩低行右转。

耳高提颧方阔干事英明。

山根三横纹齐整必主兴创。

掌有异纹乾宫起纹至离。

掌有印纹可掌大权。

地阁丰肥朝天贵为凤阁。

虎耳骨起主得大横财。

东西二岳朝中岳，有威权亦兴家，若得地库来相应，纵教晚岁亦荣华。

得贵人力格

所谓得贵人力格所指之贵人，并非专指达官富贾而言，乃是指工作事业上或精神物质上或人际关系上能予吾人有所帮助之人，不论其身份地位均可谓之为贵人，如其人有得贵人力格之相理特征，往往能在紧要关头获得贵人之协助而获得成功。凡具有下述相理特征一项者即验，具有二项以上者加分论断。（注：得贵人力格以男相为准，女相可参照论断。）

驿马光润　　眉秀如昼　　眉如新月　　色白如银

驿马生骨眉高耳高亲近高人到老。

印阔梁高结交天下贤豪。

耳白者终有名望。

仓库平连四海交游。

耳高于眉出入宫门。

满面福气自得人助。

劳碌格

所谓劳禄格，即一生奔波不停，但多劳少获之谓。凡具有下述相理特微一项者即验，具有二项以上者加分论断。（注：劳碌格以男相为准，女相可参照论断。）

两眼昏沉　皮薄扪鼓　鼻薄无肉　孤峰独耸　辅骨露筋

行步跳跃　人大骨粗　人小掌大　人中无须　脚背无肉

身长手短　耳暗焦枯　疾言口撮　饮食淋落　手脚粗大

脚长枯薄　面大鼻小　头先过步

额纹起绉年少奔波。

遇金多一世奔波。

鱼尾纹多半生劳碌准头常赤作事虚劳。

脚长身短一生奔走不停。

筋骨粗露奔走到老。

脚长耳薄奔走途中。

肉薄筋浮乳小心襄多忧。

眼长眉短骨头粗终身劳苦。

忧苦格

所谓忧苦格，即常多忧疑愁思，患得患失，庸人自扰，烦恼终日之谓。有此种相格之人，无论其人之成就大小，必定患有神经过敏之症候，同时个性亦不良。凡具有下述相理特征一项者即验，具有二项以上者加分论断。（注：忧苦格男女同论）

眉头常绉　眼尾纹多　不哭似哭　喜时带怒　印上川纹

眼带火气　　不泪如泪　　额上横纹

眼尾青黑凝结主远虑深忧在皮外者眼前之忧。

手背浮筋露骨身心难得安闲。

眼泡青暗少睡多忧。

腕骨高起一世辛勤。

心乐身逸手足细腻筋骨不露。

面上筋若蚓蟠少闲多忧。

心逸身劳眉眼不秀骨皮俱粗。

日日劳神只为浮筋露骨，时时费力皆因血暗皮粗。

清闲格

所谓清闲格，即一生劳少获多，从来不为衣、食、住、行而发愁，从未有过贫苦艰难的生活经验之谓。凡具有下述相理特征一项者即验，具有二项以上者加分论断。（注：清闲格男女同论）

手足细腻　　面皮滑泽　　眉清疎散　　骨格清雅

神清气和　　手软如绵　　生相若仙　　毛发疏秀

快乐格

所谓快乐格，即其人一生灾祸不侵，身心两健，既不愁衣食，又不愁事业，乃天生福厚型人物之谓。凡具有下述相理特征一项者即验，具有二项以上者加分论断。（注：快乐格以男相为准，女相参照论断）

眉生两角一生快乐无穷。

红黄满面富贵称心。

神光盈面富贵称心。

驿马高明边地净，印堂平正六阳光，疾厄再无灰暗点，一生福寿永绵长，山根疾厄起平平，一世无灾祸不生。

忠孝格

所谓忠孝格，即其人有忠于国家，忠于民族，忠于团体，忠于事业工作，忠于长上朋友付托，忠于家庭婚姻责任，忠于自己的人生观和意志信仰，同时具有孝顺父母友爱兄弟之美德之谓。凡具有下述相理特征一项者即验，具有二项以上者加分论断。（注：忠孝格以男相为准女相可参照论断）

唇齐唇厚　　准上有肉　　五岳相朝　　颧开土正

口角上朝　　口方有棱　　眼秀澄清　　须眉秀发

颧高准大忠直之臣。

视正神清纯良之辈。

须白唇红忠心报国。

面方准正直性居官。

当门两齿内学堂成鼻大面丰信有常。

齿白方为君子儒分明小辈齿牙疎。

心善三阳光点点脾安鼻准见黄明。

胆识格

所谓胆识格，系指眼光远大，思虑缜密，万事能洞察先机，同时胆大心细，敢作敢为，具有此种相格之人，如面相为“正路格”者，必为政商领袖人物，面相为“异路格”者，亦必为时代之俊杰。凡具有下述相理特征一项者即验，具有二项以上者加分论断。（注：胆识格女相不论）

胸中有痣　　掌中生痣　　乳头健大　　掌心田字印

星辰朝拱事有成颧方印阔操大柄。

地库骨开准头起眼神端定有威胆。

胸有一二毫智量世间褒胸上毛多则性刚躁。

度量格

所谓度量格，系指具有不计

妒他人升宫发财，平日为人处

并能与他人和睦相处，有与

一项者即验，具有二项以

照论断)

部位圆满　　印堂开

眉如新月　　眉阔眉

鼻广大而微露福量能

所谓温柔格，应系专指　　　因为男性应有度量，女性应有温柔，乃天经地义之事。凡具有下述相理特征一项者即验，具有二项以上者加分论断。(注：温柔格以女相为准男相参照论断)

眉毛弯垂　　准头丰大　　颧不突露　　发眉清软　　手足细腻

守慎格

所谓守慎格，即谨慎守成之谓。有此相格之人，虽开创力不足，但能

守矩，亦属善事。凡具有下述相理特征一项者即验，具有……加分论断。（注：守慎格男女同论）

端正　　唇厚耳朝　　齿白齐密　　鼻不露窍　　语言不泛

目不斜视　　五星朝正　　面有城廓　　眉不散乱行坐端重。

巧技格

所谓巧技格，系指其人具有科技艺术头脑，或有异路才华，甚至有发明新事物能力之谓。凡具有下述相理特征一项者即验，具有二项以上者加分论断。（注：巧技格男女同论）

眼大端定艺业成家。

掌心有六花纹必成一艺。

眉毛纤细重重技艺。

额广鼻长技艺非常。

天医骨现可作名医（此骨在边城上方之发际内）。

智慧格

所谓智慧格，非指其人具有一般性的聪明灵敏反应快速之谓，而系指其人具有大智慧而言。凡具有下述相理特征一项者即验，具有二项以上者加分论断。（注：智慧格男女同论）

易醒易睡　　毛发细秀　　耳轮黑子　　漆面银牙

眼儿带秀心中巧不读诗书也可人。

皮肉细滑指甲尖耳有轮廓主聪明。

骨格清雅眉疎秀两耳高提有善人。

眼头似钩曲经营智足。

眉曲弯弯多学识。

指节三约大智慧。

愚蠢格

所谓愚蠢格，即不聪明灵敏之谓。其人脑组织之遗传必定不良，脑细胞数量必少，因此，思路闭塞，反应必慢，手脑不能并用，一生事业少成。凡具有下述相理特征一项者即验，具有二项以上者加分论断。（注：愚蠢格男女同论）

神昏昧暗　易睡难醒　眉浓压眼　发脚低生

指节一约　掌上无纹　骨皮俱粗　气粗骨浊

慵懒格

所谓慵懒格，即意志消沉，工作意愿不高，终日好吃懒做，好逸恶劳，依赖心重，欠缺上进心和自信心之谓。凡具有下述相理特征一项者即验，具有二项以上者加分论断。（注：慵懒格男女同论）

面皮横粗　眉尾暗垂　眉粗压眼　耳前暗昧　发生低下

舌低而大　面歪颧弱　两眉散乱　对人言视地

散荡格

所谓散荡格，即不求上进，喜游手好闲，严重者，则有酗酒吸毒或赌博嫖妓之恶习。凡具有下述相理特征一项者即验，具有二项以上者加分论断。（注：散荡格以男相为准女相不论）

赤气盖眼　　鼻露骨脊　　眉尾散乱　　满面浮光　　满面滑艳
面无城廓　　三尖六削　　耳反无轮　　山根无肉　　上短下长
鼻仰朝天　　语言多泛　　气色尘烟　　两耳开花　　身长项长
面皮扪鼓

急烈格

所谓急烈格，即生性急躁刚烈，容易发怒，常与人发生言语或肢体冲突之谓。凡具有下述相理特征一项者即验，具有二项以上者加分论断。(注：急烈格以男相为准女相参照论断)

眉直须直并主性刚。

眉头竖毛一撮者性刚。

眉棱骨起性勇心强鼻露骨节性急难容。

两颧尖突泪堂皮急。

眉尾旋螺眉尾插天胸有棱角露出主狂躁胸骨尖露喜抱不平。

凶暴格

所谓凶暴格，即生性蛮横逞强，动辄暴力相向，同时手段凶残，有嗜杀喜斗天性之谓。凡具有下述相理特征一项者即验，具有二项以上者加分论断。(注：凶暴格以男相为准女相参照论断)

偏唇翘　　面有三颧　　鼻骨横起　　眉毛逆生　　睛突性凶
眉竖眼坚　　骨粗梁露　　脑后见腮　　面色青蓝　　头有反骨

眼内赤丝赤点。

羊目口尖面黑面赤。

头尖项大当门齿落。

眼有赤砂人性险恶。

眉棱骨起性好勇为非。

面肉横生性必凶。

上视多傲勿与交游。

眼睛暴出恶姻缘自主家时定卖田。

准头尖摆西东险恶深沉性不容。

虚伪狡诈格

所谓虚伪狡诈格，即说话虚假，为人伪善，处事狡猾，善于诈骗之谓。凡具有以下相理特征一项者即验，具有二项以上者加分论断。（注：虚伪狡诈格以男相为准女相参照论断）

舌出如蛇　眼有三角　眉中间断　斜视不正　眉多曲折

鼻小无肉　鼻如鹰嘴　口阔舌尖　眼常偷视　行步低头

怒时反笑　鼻尖朝右

舌上黑子多小虚小实。

舌大口小言不了了。

鬼牙尖露诡谲奸贪。

人中屈曲必无信。

鼻曲而摆左摆右其人必奸。

视上顾下冷笑无情。

唇尖不正语言无定。

鼻头尖薄奸诈孤贫。

唇薄嘴尖爱说是非不了。

口角垂下奸诈便宜。

青蓝满面好阴谋。

齿疏尖露多诡计。

唇厚舌尖言语乱。

舌尖唇薄更轻浮。

鼻尖毛出齿尖更疏。

偷盗格

所谓偷盗格，即天生有偷窃习性，或天生有强盗心态之谓。凡具有下述相理特征一项者即验，具有二项以上者加分论断。（注：偷盗格以男相为准女相参照论断）

眼小无弦鸡睛多好盗。

掌上坎宫三角纹主好盗。

偷视恍惚神光露。

满面尘污眼泪浮光。

眉重粗浊额削枯低头先过步眼斜窥。

神如惊色如垢准尖地削主下流。

眼疾视不转睛见物直如夺物者主作贼。

羊目四白豺狼声口大唇焦赤贯睛。

何知其人常作寇山根准头尖且小。

乞食格

所谓乞食格，系指终身以行乞为生者而言，其一生之际遇，比之贫贱格、贫难格尚有不如之谓。凡具有下列相理特征一项者即验，具有二项以上者加分论断。（注：乞食格男女同论）

发生到耳　　口无弦角　　口大无腮　　鼻仰无肉　　蛇奔雀步

股肱无包　　头大面小　　眉发粗浓　　色若尘污

水星略绰两头垂尖薄无棱是乞儿。

发如乱草口角无肉。

眼大昏昧口如吹火。

指短无指腮。

被人挫辱格

所谓被人挫辱格，即经常受到侮辱和委屈之谓。此种相格，均非先天长成，而系后天所出现之气色纹痣判断。凡具有下述气色特征一项者即验，具有二项以上者加分论断。（注：被人挫辱格男女同论）

眉尾上生痣妻有私通事。

口角白气口舌之非。

奸门青白现妻奸夫不见。

司空赤脉被人侵夺。

鱼尾青气被人羞辱。

道路青白被人羞辱。

外纹侵入妻妾宫有妻意欲私通事。

好色格

所谓好色格，即性机能异于常人，好色贪淫之谓。凡具有下述相理特征一项者即验，具有二项以上者加分论断。（注：女相以好淫妇格论断）

白睛露光	眼水泛滥	眉如新月	眉如柳条	眼光如水
眼带桃花	眉黄如全	面色红艳	男带女眉	鸡目无弦
谷道乱毛	男带女色	鱼尾纹交	眼垂视下	眼斜偷视
男子卷发	准头垂肉	人中广厚	面色白艳	奸门乱纹

鱼尾长纹连一点痣主犯奸一次。

好仙佛道术格

所谓好仙佛道术格，即其人天生有信道礼佛，仰慕仙人之性向，甚至有出家或修炼念头之谓。凡具有下述相理特征一项者即验，具有二项以上者加分论断。（注：好仙佛道术格男女同论）

眼睛黄色多奸道。

山林骨起终作神仙。

眉头有痣道人术。

鹤形龟息遇仙得仙。

佛形佛骨好持斋戒。

头圆无串骨半是孤僧。

佛骨尖起成峰名少孤骨主作尼僧。

头有罗汉骨主作尼僧。

庶出格

所谓庶出格，即其人非元配正室所生，而系妾侍偏房所生之谓。以现今社会状况言，即系非婚生子女之谓。不论男女，凡具有下述相理特征二项者即验。（注：庶出格男女同论）

眉垂耳低　　肉嫩色娇　　月角线痕　　月角重开　　头侧额窄

两样眉毛定须异母。

发脚不齐定须异母。

两眼高低不均异母。

头歪额偏侧俱是庶生。

出继假养格

所谓出继假养格，即出继与同宗之伯叔为子，继承伯叔之香火，或被外姓之人收养为养子女之谓。凡具有下述相理特征二项者即验（注：出继假养格男女同论）

日角重起　面歪不正　正额乱纹　眉垂耳低　额角旋毛

眉毛两样　右眼生高　左发脚低　印堂痘痕　山根痘痕

重罗叠计父母重拜。

横财偏财格

横财与偏财有所不同，横财金额较大，偏财金额较小，横财可遇不可求，偏财几率比较多。凡具有下述相理特征一项者即验，具有二项以上者加分论断。（注：横财格偏财格男女同论）

兰廷横行，凡鼻脚横生，准丰有肉多应偏财十有九准。

地库黑子凡左地库有黑子黑痣一点应偏财一次。

虎耳骨起凡天仓横阔或地库横阔多应横财。

指节如鸡卵也惯得横财。

三光明朗，财自天来。

准头黄如柳叶。

面起重城。

虎耳白中闪红惊财进上。

山根两旁有黄润之气拖曳两颧上下主有大横财。

地库横满须连虎耳黄光此位现可得横财许万千。

衣食不失格

所谓衣食不失格，即其人虽不能致大富、中富、小富，但一生不愁衣食之谓。凡具有下述相理特征一项者即验，具有二项以上者加分论断。(注：衣食不失格男女同论)

问食禄在齿坚白。

问衣禄在身圆满。

齿如玉丰衣禄。

唇下黑子多招酒食。

唇红润多饮食。

唇红齿白不作乞食之人。

骨肉细腻背厚腰圆可保一生衣禄。

腹圆垂下肤白方大一生多食。

凡人衣食容易要看气色光泽腰腹团圆。

唇薄口撮食禄少，唇红口阔食禄多。

长寿格泡糖儿

所谓长寿格，即其人之寿命超过一般人之平均寿命而言，每个国家或地区因周天命运不同（注：何谓周天命运请参阅拙著《萧湘识人相法全集(一)》序言及大富大贵相谱篇)，其国人之平均寿命亦不同。以我国为例，国人之平均寿命为男性 71 岁，女性 75 岁。先贤所强调的长寿，应是指寿高 80 岁以上，甚或有 100 岁之寿而言。凡具有下述相理特征一项者即验，具有二项以上者加分论断。（注：长寿格以男相为准女相可参照论断）

额有横骨　目有远神　颈有余皮　齿坚而长　声高而长

鼻耳俱长　　颧骨贯耳　　眉尾长毫　　耳有毫毛　　鹤形龟息

头似覆舟历代多寿。

双绦妻偕老一绦亦主孤。

耳后骨起名寿骨。

额广寿如柏还看耳鼻长。

额骨横入耳。

脑后枕骨起耳后寿骨起。

眉毛长白寿年过百。

齿如峰眉如剑眉中一毛长者主孤寿。

孤峰独耸单骨犀起主孤寿老生。

齿老发乌寿而多刑。

老年起斑主寿三十起斑主夭。

夭死格

所谓夭死格，即不论男女，30 岁左右因病而自然死亡者之谓。凡具有下述相理特征一项者即验，具有二项以上者加分论断。（注：夭死格以男相为准，女相可参照论断）

肉重皮急　　神气不舒　　结喉露齿　　骨格不起　　少年眉毫

少年寿斑　　人中短缩　　鼻弱梁低　　肉色轻浮　　睛圆而露

气若烟尘　　形容枯槁　　背陷成坑　　男作女声　　气如吹火

无神无气　　桃花满面　　头先过步　　筋骨柔弱　　面皮扪鼓

步折腰细　　发黄而焦　　头长耳短　　肉色如泥　　气来粗大

耳薄如纸　　壮年齿落　　二十六齿　　腹露脐突　　不醉如醉

不睡如睡　　气冷形衰　　齿短而疏　　肉嫩色娇　　神短无光

唇缩神痴　　鼻多黑点　　鼻梁无骨　　耳鼻如绵

睛凸项折眼泛神光。

二十六前颈项肉壅寿同颜子。

身肥面肥项太长太短主夭。

神露口开天柱倾欹者夭死。

少肥气短难过四九之期。

耳鼻太短小鼻缩神气昏。

面多斑点恐非老寿之人。

耳薄低生鼻耳掀。

中正生毛眉八字。

三十形恢发达期。

二十之上肥定夭。

暴亡格（含自杀格）

所谓暴亡格，即死其不当死，亡其不当亡，大多死于意外灾害之谓（含意外受伤及车祸和自杀）。凡具有下述相理特征一项者即验。具有二项以上者加分论断。（注：暴亡格以男相为准女相参照论断）

面有赤筋　山根黑子　肥人结喉　睡中乱言　睡鼻息如雷

黑白睛混　须黄睛赤　眼赤眉粗　露睛露神　年寿黑子

口唇青黑神光露。

眼有赤沙赤缕决不善终。

眼形如鹘如蛇皆含毒性。

眼如赤鲤冤死徒刑。

赤脉贯睛须防恶死。

眼睛黄浊亦主凶。

身肥项太短似猪形。

黑白睛混浊似猪眼。

面长声嘶似马面。

眼陷睛圆似蛇眼。

眼小睛圆似鱼眼。

眼突睛圆似蜂眼四白俱现似羊眼。

掌上巽宫黑肉过乾宫主蛇伤。

掌上兑宫黑脉过艮宫防虎伤。

承浆有黑子多因酒肉死。

酒池生黑子防酒患。

黑子当唇遭毒药。

鼻头损破白气朝口防毒药。

喉上交纹主自缢。

喉上红丝交口主自缢死。

眼下井纹主自杀。

掌上震宫黑气防雷伤。

年上青色连三阳须防一七被雷殛。

青黑耳边鱼尾过须防水厄与雷殛。

黑气入口防误食。

印堂恶纹。

注：暴亡格相理除以上所列外，《萧湘识人相法全集(一)、(二)》尚列举其他相理请参照之。

火殃格

所谓火殃格，系指容易遭受火惊火厄之谓。凡具有下述相理特征一项者即验，具有二项以上者加分论断。(注：火殃格男女同论)

年上赤脉　　山林赤子　　山林赤气　　耳门赤痣　　眉散须秃

火眼焦声　　人中赤气　　额上赤气天罗

天庭赤点发焦须赤。

额上赤丝乱起火厄身亡。

赤痣入眉尾须防火死。

准红一点连年寿。

满面赤点赤丝。

鼻准红裹泛黑。

眼上胞无睫。

五窍冲出气如烟。

山根赤起防火厄。

山根赤丝横贯两目三日内火惊。

水厄格

所谓水厄格，即容易遭受水惊水厄之谓。凡具有下述相理特征一项者即验，具有二项以上者加分论断。（注：水厄格男女同论）

额忽尘污　　黑气朝口　　右库黑子　　黑纹入口

承浆黑气眉轻口阔中年水惊。

黑气自命门入口。

青黑年上连中阳。

人中井部有纹横生而曲。

痣生眼尾中年水惊。

人中交纹溺水招魂。

满面水光灾立见。

眉间双黑子初年水厄忧。

口角黑点晚年防水灾。

唇上数茎青入口。

承浆深纹恐投浪里。

承浆有青筋或青黑纹痕。

面上黑白花点点。

地阁覆舟纹主溺水死。

右地库大海陂池之位有黑点黑痣一点或一痣犯水惊一次。

人中左右食仓仙库有黑点黑痣犯水惊。

掌上坎宫黑气或山根黑色或额上有水波纹，纹似水起波浪弯曲者必犯水惊水厄。

刃死格

所谓刃死格，即有刀下亡身之相理特征之谓（含动手术致死），凡具有下述相理特征一项者即验，具有二项以上者加分论断。（注：刃死格为男女同论）

发脚赤丝。

发中赤黑脉。

眉向目鬬（即眉压眼）。

赤缕贯瞳人须防恶死。

眉尾如刀阵亡兵死。

战堂黑气或赤气。

眉间三度横纹。

印堂横纹划断。

颈上有一条红丝交口。

准上横纹划断。

喉上赤丝横起赤脉两条侵日月刀兵祸起死他州。

眼大神浊黑白睛混臃身肥项短似猪形决不善终。

饿死格

所谓饿死格，并非指其人因贫穷而无米为炊，以至饿死，而系指其人不论富贵贫贱，因病不能进食或自我绝食而饿死之谓。凡具有下述相理特征一项者即验，具有二项以上者加分论断。（注：饿死格男女同论）

法令入口邓通饿死野人家。

发生到耳须防饿死。

唇青唇薄有川纹饿死果然真。

眼尾青筋缠入口饿死他乡。

唇青黑无光泽乱纹入耳唇平不起。

外死格

所谓外死格，即其人因主观因素或客观因素离乡背井，因疾病或他故死于外乡之谓。但此种相格只适用于太平盛世，而不能适用于战争灾荒之乱世，因后者外死他乡，其面相上不会出现外死格之相理特征，读者不可不察。凡具有下述相理特征一项者即验，具有二项以上者倍加应验。（注：外死格以男相为准女相可参照论断）

肥人结喉饿死他州。

脚跟不著地败走他乡。

作事多虚少实。

耳后黑子客死他乡。

头上横纹似蛇行。

赤气入边地游魂永不归奸门长纹入鬓不死于家。

发足如奔安行如走。

鼻仰唇青兼耳反结喉终是死他州。

离乡格

所谓离乡格，即其人因主观因素或客观因素而离乡背井之谓，但离乡后可能外死他乡，也可能落叶归根。凡具有下述相理特征一项者即验，具有二项以上者加分论断。（注：离乡格以男相为准女相参照论断）

结喉露齿　　额尖鼻侧　　喉高脚长　　眉上纵横纹杂

两耳皮粗青黑贫走异乡。

眉上横纹交乱破祖离家。

耳弦无根难居家。

头小发长贫走异乡。

黑痣印堂妻子隔角。

悬针破印骨肉分离主刑克。

鼻梁露骨不利居家。

食多淋落身似浮萍。

脚长身短长年奔走不停。

山根一横纹离祖二横纹离六亲。

面上无寒毛贫穷走外乡。

印堂乱理少年离乡。

眼露睛唇皮绉青黑色现更孤贫。

发足如奔安行似走作事虚浮股肱无包手短脚长俱主奔驰。

犯刑格

所谓犯刑格，即有触犯刑章而被判刑坐牢之相理特征之谓。凡具有下

述相理特征一项者即验，具有二项以上者加分论断。（注：犯刑格以男相为准女相参照论断）

腿大膝尖恐遭刑法。

井灶有杂纹。

眉间高斜纹一纹一度入牢狱。

鼻上纹交纹勾。

山根悬针破年寿。

腿上无寒毛。

招讼格

所谓招讼格，即容易招致官非讼累之谓。凡具有下述相理特征一项者即验，具有二项以上者加分论断。（注：招讼格以男相为准女相参照论断）

满面火色　天中黑子　眼大小　须偏左

满面额赤气。

寿上印堂赤气现主官非。

印堂眉间数黑子。

盗门青气准赤黑定主官非。

天中青气如丝腿大膝尖。

赤筋侵瞳官事重重。

司空黄内隐赤财上兴讼。

痣出颔出口因言取祸。

印堂眉头赤点定忧官非。

准头赤丝赤点。

奸门赤色为色招非。

眉毛间断常为官非卖却田。

两睛斗向山根性急惹是非。

犯指背格

所谓犯指背格，即与他人相处时，容易被他人嫌弃之谓。凡具有下述相理特征一项者即验，具有二项以上者加分论断。（注：犯指背格以男相为准女相参照论断）

口角低垂常被人嫌。

唇不盖齿无事招嫌。

结喉露齿。

地阁尖斜受恩反怨。

掌长指太短贫贱得人嫌。

小儿易养难养格

所谓小儿易养难养格，即满3周岁以前之幼小儿，身体健康无病者谓之好养，身体常多疾病者谓之难养。另亦可从其相格特征，看出其成人后收获之多寡，成就之大小，不论男婴女婴，凡具有下述相理特征一项者即验，具有二项以上者加分论断。（注：小儿易养难养格以男小儿为准女小儿可参照论断）

顶平眉重皮宽可言好养。

头太小不成人。

头过大不成器。

鼻低者额突不妨。

额有骨起好养。

顶平起易养。

耳硬者易养。

天庭骨起易养。

肾囊宜黑宜坚宜绉主易养。

鼻上赤多生血毒。

好动者长大必灵。

行早者奔波。

语迟者富贵。

口角有涎多为奴婢。

声破妨害。

阳大愚蠢。

面肉浮肥多是虚花。

年寿低细中年多灾。

眼大浮光能行而亡。

发连额幼多刑克。

阴入如无者夭。

身多虚汗者夭。

身软如无骨者夭。

山根青多疾病。

头顶骨起易养。

山根青筋横起少年多疾病。

声坚而长易养。

顶不平眉太轻皮若急九死一成。

女子发黑眼长耳正准圆旺夫。

阴囊寒冷削弱不绉不黑主难养。

肩圆厚项长眼秀眉清可为良妇。

耳反额方发焦项短鼻弱梁低女多刑夫。

脐小而低早行早坐早言早齿俱不利。

眼有神头有主骨肾坚有筋黑绉者易养。

声小气短耳暗肾浮囊冷神露额削主难养。

凡小儿3岁内取其骨格头面方正大略女子14已成男子16可定智齿有至30岁后出者多则更佳但齿以坚大白亮为贵若疎小色黄虽齿多亦不足贵50岁外出齿主增寿榴齿大富豆齿大贵齿尖疎主刑。

富贵妇格

所谓富贵妇格，即女性头、面、身、手、足五部相理中，可看出其本身可贵可富，或所嫁之丈夫，必系富贵之人之谓。富贵妇格之相理特征共计二十四项，完全具有者，其本身或夫婿必系大富大贵中之大者，部分具有者，则依次递减至中富中贵或小富小贵（请读者参阅《萧湘识人相法全集(一)》第一章将男性之富贵相格共分为九个等级。又，主贵之女相应著重观看额、眼、颧之相理，主富之女相则著重观看鼻、颐、颏之相理。）

背厚肩圆	面圆腰肥	手指瘦实	腕如软绵	眼似刀裁
五官端正	人中分明	腮颧隐平	四库端拱	唇红齿白
骨肉相称	威厚声和	额圆发润	目秀眉清	鼻圆齐整
六府均平	骨细皮滑	指尖掌厚	神清视正	耳白而厚
掌纹细润	声清如水	皮香肉润	耳面光润	

贫贱妇格

所谓贫贱妇格，即一生到老诸多不顺，艰苦度日（含夫），或从事低级贱役工作（含夫）之谓。凡女性具有下述相理特征一项者即验，具有二项以上者加分论断。

发浓鬓粗	口阔声破	唇髭臀高	鼻仰梁低	体伶腰削
丑面蓬头	骨粗皮粗	目露齿尖	眼光唇掀	面仰口吹
神昏眼斜	手粗指短	眉高胸突	额尖声破	唇掀面薄

耳面黑枯　　股肱无包　　发不满尺　　蛇行雀步　　人中浅缩

肉重如泥　　骨少肉多者夭

脐下生毛多者淫贱。

头小腹大一生不过多食。

女无指甲必愚。

手露筋节主劳苦。

眉逆声雄者刑。

贞良妇格

所谓贞良妇格，系指其人不易受到外界之诱惑或环境之感染，而改变对爱情的坚贞和品性的执着之谓。凡女性具有下述相理特征一项者即验，具有二项以上者则加分论断。

面色端严　　神貌温柔　　声音清和　　行步固正　　耳白而厚

法令深长　　发疎秀润　　笑不露齿　　头圆顶正　　满面和蔼

五官端正　　目不斜视　　与人无争　　语言不泛　　坐眠俱正

额圆鼻直　　黑白分明

节饮食闻事不惊。

艰难中无怨言。

好淫妇格

所谓好淫妇格，即其人异常贪淫之谓，凡女性有贪淫之相理特征，不为妓女，亦必婚后有外遇。凡女性具有下述相理特征一项者即验，具有二项以上者加分论断。（注：有淫妇相格者，并非均为贫贱之妇，先贤谓，淫妇大多见于富贵人家，言之有理焉。）

色润眼痴	蜂腰雀步	眉尾黑子	眼光头侧	面色青黄
颧反眉掠	青色绕口	眼角斜纹	眼尾交纹	眼里黑痣
眼尾黑点	额偏不正	举止轻浮	眼堂过厚	眼光口阔
摆手掠头	奸门凸起	血润色红	羊眼鸡睛	人中两曲
面黑眼光	面白发浓	耳红面白	满面桃花	肉软如绵
皮滑如油	面多斑点	眼露白光	脐突近下	阴户无毛
阴毛太长	阴户生下	坐不安稳	腿上生毛	面光白艳
未语先笑	行路多言	鼻上双靥	鱼尾青点	面薄皮虚
皮白如粉	一步三折	无事自惊		

为妓者白眼泛光。

门边单足立。

偷淫者眼水泛滥。

见人掩面笑。

蛾眉柳条眉。

发粗鬓重兼斜视。

眼光如醉亦主淫。

面细身粗娼妓妇。

眉尾生痣主再嫁。

睛圆额削皮多滑不为娼妓即尼姑。

皮绉如纱笑若马嘶。

附注：凡妇女必带一二分桃花方许有子多则淫贱。

刑夫妇格

所谓刑夫妇格，与前述男性刑妻格之相理意义完全相同，即从其人的头相、面相、体相、手相、足相和纹痕、痣斑、声音等相理特征，可以看出她和她的丈夫作内分泌交换及电质素交换时，不利于她丈夫的健康，或促使她丈夫灾厄短寿，事业失败，精神不愉快，或是与丈夫少缘少情甚至离异，或是与丈夫聚少离多，或是与丈夫一别多年不相见均谓之刑夫。凡女性具有下述相理特征一项者即验，具有二项以上者加分论断。

左项肥大	声破雄大	眼大眉高	颧骨粗露	额方眉宽
面类男形	面若三颧	发卷眼黄	面带桃花	额骨太高
额窄眉交	项短额突	乳窄腰扁	眼恶鼻仰	声杀面横
额尖耳反	颧露声雄	眉如一字	声粗骨粗	额多横纹
颧高耳反	眉连粗重	声雄气浊	山根黑子	鼻仰耳缺
额有纹痕	眉毛指印	睛赤眉粗	鼻高独耸	结喉露齿
眼生黑子	眉中黑子	眉里三纹	额高面陷	声大如雷
颧骨成峰	满额浮光	面长口大	女子男声	印有悬针
少年落发	骨硬皮急	声似破锣	面有三角	面色如泥
唇色紫黑	头大额大	眼下绉纹	面瘦牛筋	皮白无光
面白如粉	鼻内牛毛	青气眼下别号生离		

眼露眉黄刑夫再三。

口角生痣法令生痣必刑夫。

齿朝外刑伤朝内孤独。

年寿起节不睦翁姑。

颧骨择天高未嫁先克夫。

发硬骨硬命门骨高。

眉寒如缩眉粗眼恶。

山根低陷下唇过上。

孤妇格

所谓孤妇格，即女性在晚年时，没有丈夫和子女陪伴，孤苦零仃一人生活之谓，凡女性有下列相理特征一项者即验，具有二项以上者加分论断。

眼下黑暗　唇青唇黑　唇白气弱　鼻仰无肉　人中平满
人中竖纹　眼下黑痣　眼下泪痕　山根低陷　面若三颧
地阁尖削　颧骨独耸　无眉子难　色如粉云　雷公吹火
三阳如墨　唇白舌青　黑白睛混　肉多骨少　目陷堂黑
乳头垂下　乳平不起　人中横纹　脐浅子难　面带滞色
神情悲戚　女身男声

凶死妇格

所谓凶死妇格，即女性有非寿终正寝而死亡之相理特征之谓。例如血光、产厄、火厄、水厄、车祸及其他意外死亡均属之。凡女性具有下述相理特征一项者即验，具有二项以上者加分论断。

羊目四白　步走不均　蛇行雀步　耳后见腮　眼恶鼻钩
发焦面仰　声散鬓黄　耳窄鼻曲　窍露眼深　鼻起节骨
面黑发粗　身硬项短　口鼻生髭　发重眉粗　人中有靥
眼下横纹　人中横纹　山根黑子　口高龈露　鼻曲声雄

眉棱骨起不孝头低眼陷不仁。

印上直纹破天中一两条均主凶。

谋夫妇格

所谓谋夫妇格与刑夫妇格之相理意义有所不同，前者乃主观意愿所形成，后者乃非主观意愿所形成，意即前者有蓄意谋害丈夫之主观意愿为先决条件。凡女性具有下述相理特征一项者即验，具有二项以上者加分论断。(注：女性有谋夫相理特征者，其谋夫之行为一生中仅只发生一次而已，到底何时发生，以观看印堂、山根、鼻柱之气色为准。)

眉生逆毛　　眼有三角　　眼露四白　　鼻有钩纹

面黑心难揣头歪性不良。

面色青蓝眼下暗。

鼻上赤纹侵紫气准赤更兼鱼尾青。

黑子生腮最不良刑夫相。

眼里赤沙赤脉人性险恶。

鼻梁青气贯印堂也知毒在暗中藏（鼻柱上有青气贯印必害杀亲夫)。

生孖孖妇格

所谓生孖孖妇格，即生双胞胎或多胞胎之谓，但以自然怀孕为限，如因人工胎胚移植而生双胞胎或多胞胎者则不论。凡女性具有下述相理特征一项者即验，具有二项以上者，则可能每次怀孕均生双胞胎。

人中发黑紫妇孕必生孖。

若是人中生双黑子妇人有子必孖生。

天仓生痣主生四子不必定孖生言其多也。

产厄妇格

所谓产厄妇格，即女性怀孕分娩时有不能顺产之相理特征之谓。凡女性具有下述相理一项者即验，有二项以上者加分论断。

满面赤黑　　唇不盖齿　　目下赤虫　　准头赤色　　颧上黑青

人中短翘

婢妾妇格

所谓婢妾妇格，即女性五部相理特征中，可以看出其人有作婢妾或外室之相理特征之谓。凡女性具有下述相理特征一项者即验，具有二项以上者加分论断。

鬓毛生角　额窄耳低　肩垂腰扁　唇白嘴尖　发黄而粗

发际生低　发浓鬓重　手粗脚大　额窄鼻小

鼻小额低不作正妻。

额侧身轻偏室生成。

有妇女病格

所谓有妇女病格，即其人面上所呈现之相理特征及气色特征，而得知其人患有妇科疾病之谓。凡女性具有下述相理特征及气色特征一项者即验，具有二项以上者加分论断。

面色滞黄经水不调之病。

黑子当唇须防毒药。

眼眶灰湿崩中带下之疾。

纹交喉内缢死无疑。

持家妇格

所谓持家妇格，即其人之五部相理特征中，可以看出其人具有持家有方相理特征之谓。凡女性具有下述相理特征一项者即验，具有二项以上者加分论断。

五岳朝归	四库不陷	鼻准圆齐	鼻圆贯印
指如春笋	手软如绵	掌红若血	眉清目秀

招非妇格

所谓招非妇格，即其人之五部相理中，可以看出其人具有喜欢招惹是非相理特征之谓，凡女性具有下列相理特征一项者即验，具有二项以上者加分论断。

面无和气	满面青蓝	面方眼恶	齿疎唇薄
眼露胸凸	舌尖口翘	面皮扪鼓	口尖齿露

旺夫益子妇格

所谓旺夫益子妇格，与前述之富贵妇格有所不同，因富贵妇格，或系本身可贵可富，或必嫁富贵之丈夫，但不一定能够旺夫益子。而旺夫益子格之女性，本身非出身富贵，其所嫁之丈夫亦非富贵之人，但结婚后，家庭日益兴旺发达，丈夫之事业蒸蒸日上，所育子女则聪敏好学，健康贤孝。凡女性具有下述相理特征一项者即验，具有二项以上者加分论断。

乳阔一尺	部位停匀	骨格细腻	声如奏乐	唇似朱红
声响神清	面如满月	眉秀神和	掌似朱砂	面貌端和
目秀神藏	鼻圆贯印	眼清鼻正	准圆血润	背厚脐深
印堂平正	眉秀而弯	天仓生痣	山根不折	乳头紫黑

异路财荣格（作者增添）

人相学先贤将职业分为正路与异路两途，封建时代，正路专指做官而言（即论贵），异路则包括工商业（即论富）及自由职业（即论名）。现今为工商社会，从事工商业者的社会地位提升，是以从事工商业者亦为正路行业，只有从事宗教、哲学、教育、文学、体育、传播、科技、艺术、音乐、戏剧，或从事学术研究工作，或从事无上司无部属完全凭个人智慧取向的个人工作坊，或从事医药、律师、会计师、工程师、设计师、顾问师、心理谘询师、民族艺师和经纪仲介代书代办等职业，以及从事相理命理之研究者才是真正之异路行业从业者。不论男女，凡具有下列相理特征三项者即可从事异路行业，具有三项以上者加分论断。

眼形虽秀但神不强　　天庭宽广但无奇骨

眉毛虽秀但眉不扬　　印堂虽阔但有痣纹

鼻颧虽拱但准不隆　　耳门虽宽但耳不长

人中虽阔但无髭须　　口大有棱但声不清

手有川字纹或字形　　手腕线出现三角纹

手有冲天纹六秀纹　　手之人纹末端分岔

手指有臣纹阴阳纹、艺纹、或中指有君纹、或头面身手足五部有明显异相。

智慧高，但对事物的看法与做法与众不同而独立特行，个性则偏执孤傲喜争是非。

神虽强但眼形不秀（如阴阳眼、瞟眼、上白下白眼、一白四白眼或眼珠黄色）

附注：宗教人士另配观僧道格及孤刑格。异路相格之成就，以《萧湘识人相法全集（一）》第一章所述十二起骨标准评断，如起骨不足四骨者，仍以担任一般性受薪工作为宜，而以异路业为副业，否则，难在异路业享有盛名。

干部帮助主人发达格（作者增添）

所谓干部帮助主人发达格，即企业主（含上司）所选用之干部，能帮助主人发达事业之谓。凡所用干部（含女性）具有下述相理特征一项者即验。具有二项以上者加分论断。（注：如企业主本身流年运程再佳，则更加相得益彰）

面色光润　　天庭饱满　　两耳贴脑　　年寿丰隆

准头圆齐　　两颧拱鼻　　口大唇厚　　地阁方圆

干部连累主人格（作者增添）

所谓干部连累主人格，即企业主（含上司）所选用之干部，对企业不但无所帮助贡献，反而对企业有所损伤连累。凡所用干部（含女性）具有下述相理特征一项者即验，具有二项以上者加分论断。（注：其中以眼之相理特征最为重要。如企业主之流年运程不佳，更应特别慎重遴选，否则所选用之干部亦大多为小人型人物，而成为企业主心腹之患）

头尖额窄　　眉锁印堂　　眉毛压眼　　眉不盖目

眉毛粗浓　　眉毛逆乱　　眉棱骨高　　眼睛斜视

眼睛凸露　　眼神涣散　　眼睛露白　　眼内红筋

干部易起叛逆心格（作者增添）

所谓干部易起叛逆心格，即企业主（含上司）所选任之干部，因不满企业主之领导作风，或认为福利待遇过差而生叛逆心之谓（含拐款潜逃告密要胁等）。凡所用干部（含女性）具有下述相理特征一项者即验，具有二项以上者加分论断（注：其中以眼睛之相理特征最为重要）。

眉中间断　眉棱过高　眉棱凹陷　眼睛凸露
眼内赤筋　视上视下　偷眼斜视　红筋贯睛
颧骨横张　颧骨尖露　鼻歪鼻钩　鼻骨凸露
鼻辄拗动　鼻有鹰钩　鼻有三弯　面皮青薄
面生横肉　口如鼠吻　唇掀龈露　人无三尺高

干部服从指挥格（作者增添）

所谓干部服从指挥格，即企业主（含上司）所选用之干部，能服从企业主之领导指挥之谓。凡所用干部（含女性）具有下述相理特征一项者即验，具有二项以上者加分论断。（注：其中以眼之相理特征最为重要。）

眉毛顺生　眉棱不高　眼神和蔼　眼波内双
鼻直不偏　鼻不过大　颧不过高　口唇不薄
耳朵贴脑　生活规律　不贪逸乐　待人热诚

干部能耐劳苦格（作者增添）

所谓干部能耐劳苦格，即企业主（含上司）所选用之干部能不辞辛劳完成任务之谓。凡所用干部（含女性）具有下列相理特征一项者即验，具有二项以上者加分论断。

头部圆小　发密发粗　天庭不高　耳廓外露　眉毛疏短
眼有神光　山根不断　鼻不仰露　地阁丰厚　手掌厚实

主人或上司易患小人格（作者增添）

所谓患小人，即一生多小人之谓，凡具有下述相理特征一项者即验。

气色晦暗　　眼神不强　　印堂狭窄　　颧骨不起　　耳小鼻大

人中无髭地阁短小。

地阁有痣斑。

中指有君纹。

法令不过口。

鬓毛过命门。

眉尾散或不过目。

不孝格（作者增添）

所谓不孝格，系指其人不孝顺父母长辈之谓。不论男女，凡具有下述相理特征一项者即验，具有二项以上者加分论断。

胸高臀翘　　发赤发黄　　耳形如箭　　眉毛逆生　　天中凹陷

咬牙切齿　　鸡睛蛇睛　　蜂目兔头　　鼻柱剑峰　　鼻准尖钩

唇薄口尖　　脑后见腮

女子眉棱骨高不孝翁姑。

女子面方鼻小性多不良。

三尖格（作者增添）

即：头尖、鼻尖、口尖之谓，不论男女，此乃贫贱之相也。（注：亦有古相书谓三尖乃头尖、额尖、鼻尖，或谓头尖、准尖、地阁尖。）

三寒格（作者增添）

即：眉寒（寒即蹙缩之谓），声寒（即声不出喉之谓），肩寒（即肩背蹙缩之谓），三寒全备，不论男女，乃贫贱之相。

四反格（作者增添）

即：眼无神、口无棱、耳无轮、鼻孔仰之谓。四反全备，不论男女，乃刑克、官非、破财之相。

四大格（作者增添）

即：眼大、口大、鼻大、耳大之谓，四大全备，主贵主寿，气量宽宏。（注：四大格女性不宜有）

四小格（作者增添）

即：眼小、口小、鼻小、耳小之谓，四小全备，不论男女，主难成大器，并气量狭小，刻薄寡恩。（注：四小格又谓之四极格）

五长格（作者增添）

即：头长、面长、身长、手长、足长之谓。凡五部俱长，又骨貌丰隆、均匀、滋润者必贵，如五部虽长，但骨肉枯槁、或露、或反、或凹者主贫贱。（注：如五长再加眉长、眼长、鼻长、耳长、齿长者，乃龙形正格之相，其人必主大贵特贵但女性不宜有五长之相否则主刑夫克子。）

五短格（作者增添）

即：头短、项短、手短、足短、腹短之谓，五短全备，再五岳朝拱者，主有中小成就，如头面身手俱短，仅下肢长者乃贫贱之相。（注：亦有古相书谓五短乃头短，面短、身短、手短、足短之谓但女性不宜有五短之相否则主刑夫克子。）

五大格（作者增添）

即：头大、眼大、口大、耳大、腹大之谓，凡五大之人，五官五岳六府无缺陷，主其人既富又寿。如头大无奇骨，眼大神昏浊，腹大不圆垂，耳大无轮廓，口大而唇薄，反主贫贱。（注：如鼻再大者则谓六大但女性不宜有五大、六大之相否则主刑夫克子）

五小格（作者增添）

即：头小、眼小、口小、耳小、腹小之谓，但头小要有角，眼小而清秀，口小唇齿正，耳小轮廓成，则主其人必有成就。如头小扁塌狭窄，眼小昏醉无神，口小覆载不合，耳小轮飞廓反，腹小肚脐凸露，或三、四大一、二小者，则反主破败无成，又五小格忌鼻小，因鼻为面之主也。（注：五小格又谓之五极格但女性不宜有五小之相否则主克父刑夫。）

五露格（作者增添）

即：《神相全编》谓眼露睛而不露光，鼻露窍而不凸梁，口露齿而不掀唇，耳露廓而不失珠，喉露结而不过大，凡五露俱全者乃贵相。如眼露睛又露光，鼻露窍又凸梁，口露齿又掀唇，耳露廓没有珠，喉露结但过大，则主贫贱促寿，甚或恶死。如仅一露二露者，则主其人家无隔宿之粮矣，三露四露亦主运蹇促寿。（注：《柳庄相法》谓五露乃眉露棱、眼露光、鼻露梁、口露齿、耳露廓，五露俱全，主大破败。女性主刑夫克子。又传说孔子为七露格，即头顶两边露角头形似山。）

五合格（作者增添）

即：骨正而有阴阳，言正而有刚柔，是为天地相合。视瞳稳而声音清，体貌重而行步轻，是为天官相合。气温粹而有光华，色静洁而无瑕疵，是为天心相合。知识多而权轻重，度量大而事随和，是为天和相合。敬上下而怀忠厚，爱朋友而足信行，是为天伦相合。凡人得五合，其相虽非富贵之相，亦可富裕一生，善始善终，子孙繁衍，而享五福之庆。（注：五合格男女同论）

五反格（作者增添）

即：五露格之眼露睛亦露光，鼻露窍亦露梁，口露齿亦掀唇，耳露廓又无珠，喉露结又过大之谓。（注：五反格男女均大忌）

六害格（作者增添）

即：一曰悬针又露梁，主刑克苦难。二曰眉粗又逆竖，主凶暴犯刑。三曰眼露又耳反，主凶灾刑克。四曰鼻歪又起节，主中年败业。五曰唇掀又齿龅，主为人不贤。六曰骨露又肉横，主不仁不义多凶又孤。另眉毛如有黄薄、逆生、压眼、锁印、交加、散乱等相理，先贤则谓之为“六害眉”，凡具有六害眉之一者，主其人有刑克破败灾厄之虞。（注：六害格以男相为主女相可参照论断）

六恶格（作者增添）

即：一恶头小无角，主一生无禄少年贫贱。二恶羊眼直视，主不仁不义性狠阴毒。三恶唇不盖齿，主个性不良与人不睦。四恶喉结过大，主一生多灾又克妻子。五恶三停不均，主一生贫贱难有成就。六恶蛇行雀跃，主一生劳苦败业退财。（注：六恶格以男相为准女相可参照论断）

六贱格（作者增添）

即：无羞恶心为一贱，遇事痴笑为二贱，不明进退为三贱，喜言人短为四贱，自夸己能为五贱，附和人言为六贱，凡具有一贱者即为小人，具二贱以上者尤甚。（注：六贱格以男相为准女相可参照论断）

六极格（作者增添）

即：一曰头大颈小，主其人贫夭无结果。二曰面大头小，主其人贫贱少成。三曰身胖声小，主其人无子晚贫。四曰背薄无肉，主其人贫寒无子。五曰胸胀肚削，主其人无晚福。六曰足胫无肉，主其人老贫无子。（注：亦有古相书谓头小、额小、眼小、鼻小，口小、耳小为六极者。六极格以男相为准女相可参照论断）

六削格（作者增添）

即《神相全编》云：眉无尾，额无角，眼无神，鼻无梁，口无棱，耳无轮为六削。《柳庄相法》云：上二府、中二府、下二府俱削无肉为六削。犯六削者乃奸狡之徒，焉得富贵。（注：六削格以男相为准女相可参照论断）

七杀格（作者增添）

即吕洞宾谓：美妇黄睛为一杀，面大口小为二杀，鼻上生纹为三杀，耳反无轮为四杀，貌美如银色为五杀，黑发无眉为六杀，眼大眉粗为七杀，妇女犯有一杀者，即使五官俱佳，一面无亏亦主刑夫。（注：七杀格专论女相）

八大格（作者增添）

即：头大、面大、耳大、眼大、鼻大、口大、身大、声大为八大，但头大要额角耸，面大要城廓明，耳大要轮廓全，眼大要眼神强，鼻大要梁柱高，口大要两角朝，身大要三停称，声大要音韵清，才能大富大贵。如头大无奇骨，面大气色暗，耳大肉软薄，眼大神昏浊，鼻大无梁柱，口大

海角垂，身大轻而弱，声大如破锣者，仍不富不贵，犯一件者即验。（注：八大格女相不论）

八小格（作者增添）

即：头小、面小、耳小、眼小、鼻小、口小、身小、声小为八小，但头小角要明，面小貌堂皇，耳小白又坚，眼小秀又长，鼻小有梁柱，口小方有棱，身小端庄相，声小音嘹亮方合格，其人才有成就。（注：八小格女相不论）

九丑格（作者增添）

即中医学所言：男子阳具萎弱不振，振而不丰，丰而不循，循而不实，实而不坚，坚而不久，久而无精，精而无子之谓。（注：九丑格专论男相）

十杀格（作者增添）

即《相理衡真》谓：男人面貌如醉为一杀，无人而言为二杀，无痰常吐为三杀，眼红光射为四杀，精神混浊为五杀，声如豺狼为六杀，有须无髭为七杀，食物出汗为八杀，鹭鸶鼻仰为九杀，腋下狐臭为十杀。《神相全编》则谓：人行如醉为一杀，鼻曲者为二杀，面如散麻为三杀，面如笊篱（即绉缩）为四杀，眉浓如墨为五杀，声如豺吠为六杀，声高声破为七杀，面部寅申戌（即面歪）为八杀，口阔大不收为九杀，眼睛独大为十杀。凡男人犯此十杀中之一项者，必主破败灾厄或孤独克子。（注：十杀格专论男相）

十清格（作者增添）

即《柳庄相法》谓：声音先小后大为一清，身上毛发细软为二清，齿如莹玉为三清，掌红润纹如丝手指长为四清，耳色白兼红润为五清，发润眉秀为六清，鬓毛不闭命门为七清，身瘦血润不露骨为八清，身瘦乳头大又硬为九清，脐深为十清。十清全备者，可修仙得道，或大富大贵，仅得一、二清者亦可富裕一生（注：十清格专论男相）。

十美格（作者增添）

即《柳庄相法》谓：掌软如绵兼目秀，自拳能入口者为一美，主二品之贵。一身之肉如玉如珠为二美，主三品之贵。身瘦头圆为三美，主小贵之相。脑后（即颈椎）肉起为四美，主可富可贵。阴囊香汗色黑色明为五美，主大贵超群。身面均黑而掌心白乃阴内生阳为六美，主文武职大贵。睛清唇红为七美，主武贵。人小声清为八美，主文武贵。目有夜光为九美，主武贵。18岁生须清秀者为十美，主早登科甲。（注：十美格专论男相）

十大天罗格（作者增添）

即《柳庄相法》谓：满面黑色四起者为死气天罗，乃死亡之兆。满面白色四起者为丧哭天罗，乃孝服之兆。满面青色四起者为忧惊天罗，乃忧惊之兆。满面黄枯四起者为疾病天罗，乃疾病之兆。满面如涂脂膏者为虚花天罗，乃运蹇之兆。满面赤色如炎者为官非天罗，乃官非之兆。满面如醉未醒者为刑狱天罗，乃入狱之兆。眼光流而视急者为奸淫天罗，乃淫顽之兆。男人娇声有妇人态者为孤刑天罗，乃孤独之兆。鼻准斑点如尘者为破败天罗，乃败业之兆。另《神相全编》亦有十天罗之说，其内容大同小异。（注：十大天罗专论男相）

十大空亡格（作者增添）

即《相理衡真》谓：一曰额尖为天空，主少年不利功名，不享祖业，刑克六亲。二曰颏尖为地空，主晚年不利，多败少成，夫妻隔角。三曰鼻孔仰露为人空，主中年破败，子不得力，老年辛苦。四日山根低陷为一空，主离祖疏亲，骨肉无情，妨妻克子。五曰上唇无髭下唇无须为一空，主一生劳碌少成，有妻无子。六曰面无城廓为一空，主先富后贫，祖业难受，刑克配偶。七曰发卷发曲为一空，主个性不良，奸淫好色，刑克儿女，或与儿女少缘。八曰泪堂深陷为一空，主一生劳碌，心狠阴毒，刑克配偶子女。九曰眼无神光为一空，主与子女少缘，寿命短促。十曰眉棱骨高又无眉为一空，主老年孤独，无兄无弟。（注：十大空亡格以男相为准，女相不论）

十大孤神格（作者增添）

即《神相水镜集》谓：一曰颧骨起峰，主个性倔强，有妻无子。二曰面无和气，主有妻无子，六亲无情。三曰耳无弦根，主破败祖业刑克六亲。四曰眉棱骨起，主性刚气暴，婚姻不美。五曰眼下无肉，主儿女有刑克。六曰法令沟太深，主为人顽固不能合群。七曰头颅过大，主刑克六亲孤独到老。八曰眉竖，主个性不良桀骜不驯，六亲少缘。九曰孤峰鼻，主事业先成后败，刑克配偶子女。十曰声如破锣，主个性不良一生漂泊少成与六亲少缘。（注：十大孤神格专论男相，女相以妇孤格为准）

妇女八字诀（作者增添）

即《神相铁关刀》：有“敬、重、喜、轻、畏、恐、恶、骇”妇女八字诀之说，意谓初次见面之妇女，如能以八字诀加以观察，虽不能详细看出对方一生休咎，但能就对方之健康、智慧、个性、人品及六亲是否有刑克作一概括性之了解，依笔者之阅人经验亦颇为实用，惟第七款所指的“阴臭”及第八款所指的“螺、纹、鼓、角、脉”已超出一般手相面相的范围，只限于从事妇科产科医生者始有实用价值，一般相士不可逾越，切记切记。

文曰：

敬。一见可“敬”者贵寿而多男；此乃有威、有媚、有态，精神端肃，声音和蔼，坐视平正，得纯相之气者故也。

重。一见可“重”者贞洁而福泽：此乃精神肃穆，举止端庄，腰圆背厚，面方胸阔，声清重颐，言语温柔，雅淡肃然有不可犯者故也。

喜。一见可“喜”者邪荡而易诱；此乃多风流媚态令人有所思者故也。

轻。一见可“轻”者贫薄而贱妖；此乃行若蛇，坐若针，语痴笑，意情兴奋者故也。

畏。一见可“畏”者刚强而欺心；此乃声杀、面横、额高、颧高、雀步、蛇睛，似男子气概故也。

恐。一见可“恐”者刑克而恶极；此乃三颧面、丈夫声、蜂目、狼顾故也。

恶。一见可“恶”者丑陋怪臭硬；丑者，蝇面龟胸，唇掀齿露，眼白多，鼻孔仰，行如鹿奔，声破，此乃谓之丑也。陋者，摆手摇头、咬指斜行、仰面偏头，衣不称身，此乃谓之陋也。怪者，颧高，眼深，发短，指齐，目四白，唇有须，此乃谓之怪也。臭者，身臭、口臭、阴臭、狐臭此乃谓之臭也。硬者，骨硬，心肠硬，声音硬，此乃男转女身也。

骇。一见可“骇”者螺纹鼓角脉；螺者，阴户内旋有物如螺也。纹者，窍小如室女也。鼓者，无窍如鼓也。角者，阴内有物如角即阴挺也。脉者，一生经水不调及崩带漏下之谓也。

妇女九善格（作者增添）

即：妇女头圆额平为一善，骨细肉滑为二善，发黑唇红为三善，眼长眉秀为四善，指纤掌软纹如乱丝为五善，语声圆润清如流泉为六善，笑不见睛言不见齿为七善，行步祥缓坐卧端雅为八善，神气清媚皮肤香洁为九善，女人有此九善之相，所嫁之丈夫，非富即贵。

妇女九恶格（作者增添）

即：妇女蝇面（多斑点之谓）为一恶，主自身隐疾或妨夫。结喉为二恶，主自身灾疾或克夫。蓬头为三恶，主自身下贱不旺夫。蛇行雀步为四恶，主自身贫贱不旺夫。眉逆而交为五恶，主自身贫贱又妨子。鼻上生钩纹为六恶，主自身灾厄又克六亲。目露四白为七恶，主个性毒害狡猾招凶险灾厄。雄声为八恶，主个性刚强急烈克离再嫁。旋毛生鬓为九恶，主个性顽劣又贫贱克子。妇女有九恶之一项者，先贤谓“不可与之同居”。

僧道格（作者增添）

《相理衡真》谓：“僧道亦人，相理如一，除孤独一相，余与俗同。”是以读者观看僧道之相（含西洋教士）时，请参照拙著《萧湘识人相法全集(一)》第一章“头面骨骼”有关僧道的骨骼相法外，另参照拙著《大富大贵相谱》所举之星云法师及证严法师之相法实例，即可明白僧道相格之梗概矣。另《神相铁关刀》亦有相奸僧、妖道、淫尼、淫媒之秘诀，特录之如下：

何知此僧必作奸？眼深眉浓骨法粗，腮骨暴露鼻起节，三世因果鼻钩乌。

何知此人必作魔？满面黑暗骨露多，睛红须健神容酷，瘦削形骸气不和。

何知此尼淫不正？面皮青薄眼不定，行动轻飘脚无跟，含笑频频掩口吻。

何知此妇做淫媒？脚长身动语偏轻，手摇足摆头多转，眼色斜窥笑后声。

生男多抑生女多格（作者增添）

眉头细毛生女多生男少。

左眉长生男多右眉长生女多。

眼神不出生女多生男少。

胡须锁喉生女多生男少。

女性额高身矮善诞男。

小指过短生女多生男少。

肚脐凸露浅小很难诞男。

肚脐有栏生男多生女少。

人中浅窄生女多生男少。

鼻如界方很难诞男。

橘皮面很难诞男。

山根窄细痣疵低陷生女多生男少。

印堂痣纹低陷眉侵生女多生男少。

耳相好过口相者主生男多生女少但女相则反是。

女性身高瘦又唇红者善诞男。

手腕动脉纹断曲弓起或隐约不见者主生女多生男少。

五官五星五岳前山后山等部位前后左右上下中侧阴阳反背者女多阳强阴弱者男多。

附注：前、中、上、左、高等部位为阳，后、侧、下、右、低等部位为阴。此种阴阳理论颇为应验，并男女同论。其他相格以男相为准。

清奇古怪格（作者增添）

清相——薄相近乎清，清相并非薄，薄相肉白无气，清相肉白莹洁。薄相形弱骨弱，清相形弱骨清。薄相神薄，故目神不短即花，清相神蕴，故目光有真。薄相血弱气薄，故耳虽白而轮不红，清相血全气全，故耳白而轮红。

奇相——凶相近乎奇，奇相并非凶，凶相眉浓而粗竖，奇相则眉浓而伏彩，凶相目露而凸暴，奇相则目露而藏真，不能谓同样形貌雄伟，即同一评断也

古相——俗相近乎古，古相并非俗，眉寒骨露，此其同也。然俗相眉寒无神，骨露无气，古相则骨得神而肉莹洁，肉得神而气润暖，齿虽黄疏，有湿润版长之坚，此其异也。

怪相——丑相近乎怪，怪相并非丑，面黑身粗，此其同也。然怪相眼若龙鳞之威，齿白唇红，是为得悬河大海之灵，鼻准高露，是为有奇峰怪岭之气，气魄厚，精神强，此丑怪之所以下同也。

看外国人面相注意事项（作者增添）

一、白种人不忌眉压眼。象征白种人（含棕种人及红种人）之个性较黄种人黑种人积极。

二、白种人之黑睛愈蓝愈好，但黄种人之黑睛则愈黑愈好，因彼此遗传基因不同也。

三、白种人山根虽高，但山根隆而无肉者，其休咎与黄种人同论。

四、白种人眼略凹陷者不忌，中国广东、海南两省居民，及台湾省之原住民和南洋群岛人亦不忌。

五、白种人鼻翼欠丰厚者不忌，北欧人尤不忌，因气候使然也。

六、白种人胸毛手毛多者不忌，因其进化尚有所不足也。

七、黑种人多口大而不收而类似猿猴之口，故文化落后其他民族。

飞禽走兽格（作者增添）

《相理衡真》谓“人之形也，有似飞禽者，有类走兽者，或以意取，或以形似，亦在人之心法而参焉。”以作者之阅人经验，凡人有类某种飞禽走兽之形者，必略带某种飞禽走兽之性，此种性格，对其一生之休咎，必有或多或少之影响，兹参照古相书之描述，将各种飞禽走兽格之相理特征，及心性特征，分别论述如下：

龙形——岩峻，面长鼻高，耳耸眼圆睛露，形貌端厚，身体长大，骨格清秀，眉目分明，举止出众，有威权通变也。龙目，若悬宝珠，光芒不动，如寒潭秋水，通神若圣，富贵名誉天下。

虎形——头大，额阔鼻丰，口方身长，眼睛黑多白少，夜彩射人，唇红齿白，髭发疎硬，语声如雷，行步威严也。虎目，圆大黑白分明，光彩射人，使人可畏，终作将帅。

麒麟形——顶骨高耸，阔步形仰，耳高眼深，眉粗颐阔也。

狮形——眼白睛黑，圆满而大，山根缺陷，口阔方，眉婆娑，多髭发也。

犀牛形——天庭骨耸，印堂广阔，鼻仰面仰，行步急速也。

猿形——面小眼圆，耳尖鼻小，手长体瘦，唇薄腮丰也。猿目，黑白朦胧，仰面 视物，性情颠狂乖舛，难成大事。

猴形——颧高眼深，面赤耳黄，尖鼻，胆小猖狂也。

龟形——头尖眼圆，眉浓鼻耸，步缓，背大身大也。龟目圆小，身短仰面，缩头缩项，性情静极，胆小怯事。

牛形——身魁性慢，眼黑常动，项圆头广，食缓行慢也。牛目，睛带微黄，精神迟慢，其性敦厚，定主富福。

鼠形——眼圆有光，黑多白少，嘴尖背弓身体小，视物注睛，心多小巧，终为盗贼。

蛇形——头长额平，眉小眼圆，口阔身长，目红鼻长，行路腰软，头摇仰面也。蛇目小圆睛黄，视人带怒，性急心毒，终当害人。

马形——面长眼大，额阔耳尖，齿大腰长，行骤而急也。马目大而不明，视物如痴，衣食难足，一生劳苦。

羊形——头方面大，无颧，地阁尖削，口聚胡须，睛浊脚短头摇也。羊目睛淡，白少赤多，似昏似暗，或急或慢，瞻视无神，性愚横夭。

獐形——头圆身肥项短，眉大眼青黑善行也。

熊形——体圆鼻仰，坐下睡，喘促也。

角形——眼圆项缩，耳小眉薄，口大身长也。

猪形——头阔面长，额平眼深，耳小口大，腮肥项短也。猪目圆大神昏，白睛朦胧，秉性愚浊，多死非命。

狗形——头大项粗，睛黄面尖，口大耳耸，性急也。狗目三角或黄或青，定睛视物，性多毒害，好窃为非。

虾形——眉骨耸齿露，眼凸，善行也。

驴形——面耳俱长，眼睛黄白，步急音粗也。

狐形——项大面紫，眉目和媚，性急多诈也。

豺形——头方额阔骨粗，睛圆口大，性恶也。

兔形——头尖眼圆，眉细耳尖长，鼻细面赤也。

骆驼形——头圆长额阔，项长背伏，眉高目深口大，发粗膊阔，骨粗头低，声雄手脚长也。

凤形——眼长眉长鼻高面身细，额高神秀，声清足长也。凤目势长眉昂，黑白分明，瞻视平远，视物异常，名扬天下。

鹤形——眼垂体细，额粗项长，步阔性柔也。鹤目至圆，黑白分明，昂头视物，秉性宽慢，多好孤僻，终喜清闲，形全大贵。

鹰形——头方额圆，鼻曲嘴鈎，眼圆睛赤，耳卓口小性急，视人有彩也。鹰目，圆睛或如金色，有光彩射人，令人可畏，自强好胜，性急而暴，多不善终。

燕形——面圆腮起，秀媚性慢也。燕目，小圆睛赤，瞻视昂然，聪明显达，早有声名。

鸽形——身秀颊白，眼赤青，奸言也。鸽目小圆，睛色不一，乱视，头足不定，不拘男女，好淫乱伦，为人不良。

鹅形——口尖眼小，项长脚短，鼻缩步慢，为人厚重。

鹦鹉形——眼长项短，准圆步急，言词便给。

孔雀形——面小身大，性慢而爱华饰。

鸜鸽形——面紫，眼小，鼻大，尖口，性胆小孤独。

鸳鸯形——面红而白，眼圆而媚，对配偶痴情。

鹊形——面小青白，耳卓步急，喜自由，善歌唱。

鸡形——头小面小，睛黄脚尖身细，额短耳薄口尖。鸡目黄赤圆小，视物抬头，身作公吏，贪婪好争，或为小窃。

鸭形——身肥脚短，面小眼细，步缓，性迟缓，能合群。

鹧鸪形——面微红，眼赤黄，身小耳小，性急性强。

鹭鸶形——身小，眼细长，眉薄，头方项长，脚亦细长，性灵巧。

鸦形——面圆黑紫，嘴鼻尖，眼青黑，性心直口快。

狼形——低头反顾，蹙眉而视，眼睛黑多白少，心毒多妒，贪婪好淫。

象形——头大身肥，眼小而长，神昏而视下，性多溷浊，但多仁慈之心。

猩猩形——头发粗浓，眉眼相连，面阔身肥，为人德重性温恭。

蟹形——面圆睛露，性喜江湖逞强。

鹿形——眼青黑，面微长，行步如飞，性喜贪花恋柳。

雀形——性急贪淫，喜森林田野。

雁形——个性多疑，重天伦友爱，喜游食江湖。

以上“《萧湘识人相法全集(二)》增订相门精义下卷”全文，以及《萧湘识人相法全集(三)气色大全》“增订相门精义上卷”全文笔者依法拥有著作权，如欲出版单行本者，必须征得笔者同意，否则依法追诉。

相理真言

富贵之人始上相，平常之人不易详。是以大贵大富或大凶大败之相以骨法格局为先，而普通之相则以气色为先。

曾国藩云：“人之气色亦不宜全开，而以“花未开满、月未全圆”者最佳，盖人无远虑必有近忧。如一旦气色全开，则难免有“夕阳无限好，但已近黄昏”之境界。故气色以青紫第一，红黄次之，白黑斯下矣。”

萧湘居士　辑

相理真言

处物存心，终身允吉；
贱买田园，决生败子；
累仁积德，数世其昌。
尊崇师傅，定产贤郎。
转眼无情，儿孙累重；
乐处生愁，一生辛苦；
时谈念旧，富贵期颐。
怒时反笑，至老奸邪。

萧湘居士　辑

萧湘识人相法全集

（三）

气色大全　眼神之部

(台湾)萧湘居士　著

中国商业出版社

图书在版编目(CIP)数据

萧湘识人相法全集. 3 / 萧湘居士著.—北京:中国商业出版社, 2010. 4
ISBN 978-7-5044-6792-8

Ⅰ. 萧… Ⅱ. 萧… Ⅲ. 命相—通俗读物 Ⅳ. B992. 3-49

中国版本图书馆 CIP数据核字（2010）第 051471 号

责任编辑　孙启泰

中国商业出版社出版发行
010-63180647　www.c-cbook.com
(100053 北京广安门内报国寺 1 号)
新华书店总店北京发行所经销
北京龙跃印务有限公司印刷
*
710×1000 毫米　1/16 开　71 印张　965 千字
2010 年 4 月第 1 版　2010 年 4 月第 1 次印刷
总定价: 148.00 元(全三册)
* * * *

目　录

序　言 …………………………………………………… 萧湘居士
引　言 …………………………………………………… 萧湘居士

气色大全　眼神篇

第一章　气色之原理 …………………………………………… (3)
何谓气色 …………………………………………………… (3)
气色与相理之界说 ………………………………………… (3)
气色乃人相学之一环 ……………………………………… (4)
气色非肤色、非颜色、更非血行现象 …………………… (4)
气色的内涵包括精、神、气、色四者 …………………… (5)
气色即中医学之望诊 ……………………………………… (5)
气色乃系科学而非哲学 …………………………………… (6)
气色与宗教无关 …………………………………………… (6)
气色之变化乃个人生平大事 ……………………………… (7)
气色因何而发 ……………………………………………… (7)
气之具体表征 ……………………………………………… (8)
色之具体表征 ……………………………………………… (9)

气与色之相互关系 …………………………………… (9)
神与气色之相互关系 ………………………………… (9)
气色与部位之相互关系 ……………………………… (10)
气色之应验期限 ……………………………………… (10)
观看气色之原则 ……………………………………… (11)
观看气色之方法 ……………………………………… (11)
观看气色时之禁忌 …………………………………… (12)

第二章　气色出没之观看法则 ………………………… (14)
青气色 ………………………………………………… (15)
黄气色 ………………………………………………… (15)
白气色 ………………………………………………… (15)
黑气色 ………………………………………………… (15)
红气色 ………………………………………………… (16)
赤气色 ………………………………………………… (16)
紫气色 ………………………………………………… (16)
气色深浅浓淡之辨别方法 …………………………… (17)
五行气色吉凶方位 …………………………………… (17)
五行气色所应日期 …………………………………… (18)
五行气色所应时刻 …………………………………… (18)
犯色不宜行事日期 …………………………………… (18)

第三章　四季月令气色之观看法则 …………………… (20)
春　季 ………………………………………………… (20)

夏　季 …………………………………………………… (20)
秋　季 …………………………………………………… (21)
冬　季 …………………………………………………… (21)
四季基气 ………………………………………………… (21)
正　月 …………………………………………………… (21)
二　月 …………………………………………………… (22)
三　月 …………………………………………………… (22)
四　月 …………………………………………………… (22)
五　月 …………………………………………………… (22)
六　月 …………………………………………………… (22)
七　月 …………………………………………………… (22)
八　月 …………………………………………………… (23)
九　月 …………………………………………………… (23)
十　月 …………………………………………………… (23)
十一月 …………………………………………………… (23)
十二月 …………………………………………………… (23)

第四章　十二宫气色之观看法则 ………………………… (24)
命　宫 …………………………………………………… (24)
父母宫 …………………………………………………… (25)
兄弟宫 …………………………………………………… (25)
夫妻宫 …………………………………………………… (25)
子女宫 …………………………………………………… (26)
官禄宫 …………………………………………………… (26)

财帛宫 …………………………………………………… (27)
田宅宫 …………………………………………………… (27)
奴仆宫 …………………………………………………… (27)
疾厄宫 …………………………………………………… (28)
迁移宫 …………………………………………………… (28)
福德宫 …………………………………………………… (29)

第五章 三十六宫气色之观看法则 ……………………… (30)
天 庭 …………………………………………………… (30)
中 正 …………………………………………………… (31)
印 堂 …………………………………………………… (31)
日 角 …………………………………………………… (32)
月 角 …………………………………………………… (32)
驿 马 …………………………………………………… (32)
福 堂 …………………………………………………… (33)
眉 心 …………………………………………………… (33)
天 仓 …………………………………………………… (33)
奸 门 …………………………………………………… (34)
山 根 …………………………………………………… (34)
年 寿 …………………………………………………… (35)
准 头 …………………………………………………… (35)
泪 堂 …………………………………………………… (35)
颧 骨 …………………………………………………… (36)
法 令 …………………………………………………… (36)

命　门 …………………………………………………………… (37)
双　耳 …………………………………………………………… (37)
人　中 …………………………………………………………… (37)
仙　库 …………………………………………………………… (38)
水　星 …………………………………………………………… (38)
承　浆 …………………………………………………………… (39)
地　库 …………………………………………………………… (39)
地　阁 …………………………………………………………… (39)

第六章　七十五部位气色之观看法则 …………………… (41)
金星、木星 ……………………………………………………… (41)
火星、天中 ……………………………………………………… (41)
日、月角 ………………………………………………………… (42)
天庭、辅角 ……………………………………………………… (42)
司　空 …………………………………………………………… (42)
边　城 …………………………………………………………… (42)
中　正 …………………………………………………………… (42)
丘陵、冢墓 ……………………………………………………… (42)
印　堂 …………………………………………………………… (43)
山　林 …………………………………………………………… (43)
双　眉 …………………………………………………………… (43)
太阳、太阴、少阳、少阴 ……………………………………… (43)
卧　蚕 …………………………………………………………… (43)
山根、精舍、光殿 ……………………………………………… (44)

年　寿 …………………………………………………………… (44)
双　颧 …………………………………………………………… (44)
准头、谏台、廷尉 …………………………………………… (44)
人中、仙库、食、禄二仓 …………………………………… (44)
法　令 …………………………………………………………… (45)
附　耳 …………………………………………………………… (45)
水　星 …………………………………………………………… (45)
承　浆 …………………………………………………………… (45)
地　库 …………………………………………………………… (45)
陂池、鹅鸭、左、右金缕 …………………………………… (45)
归　来 …………………………………………………………… (46)
颂堂、地阁 ……………………………………………………… (46)
奴仆、腮骨 ……………………………………………………… (46)

第七章　一百三十部位气色之观看法则 ………………………… (47)
天中横列十位解析 ………………………………………… (47)
天庭横列十位解析 ………………………………………… (49)
司空横列十一位解析 ……………………………………… (51)
中正横列十位解析 ………………………………………… (52)
印堂横列十位解析 ………………………………………… (54)
山根横列八位解析 ………………………………………… (55)
年上横列十二位解析 ……………………………………… (57)
寿上横列十一位解析 ……………………………………… (58)
准头横列十一位解析 ……………………………………… (60)

人中横列十位解析 …………………………………………… (62)
正口横列十位解析 …………………………………………… (63)
承浆横列十位解析 …………………………………………… (65)
地阁横列十位解析 …………………………………………… (66)

第八章 眼神之观看法则 …………………………………… (69)
达摩观眼神七法注解 ………………………………………… (70)
一般观眼神十五法注解 ……………………………………… (71)
眼伏真光之辨别法则 ………………………………………… (72)
其他特殊目光实例 …………………………………………… (73)

第九章 眼神与气色之综合观看法则 ……………………… (75)
聚 色 ………………………………………………………… (75)
利 色 ………………………………………………………… (75)
成 色 ………………………………………………………… (75)
动 色 ………………………………………………………… (76)
守 色 ………………………………………………………… (76)
变 色 ………………………………………………………… (76)
害 色 ………………………………………………………… (76)
散 色 ………………………………………………………… (77)
蹇滞色 ………………………………………………………… (77)
观看蹇滞色是否已开之法则 ………………………………… (77)

第十章 各种特殊气色(肉色)之观看法则 ………………… (79)

五形人肉色变化喜忌 …………………………… (79)
太清神鉴六神气色 …………………………… (80)
袁天罡论六气法 …………………………… (81)
面部十大天罗气色 …………………………… (81)
滞　色 …………………………… (82)
滑艳色 …………………………… (82)
光浮色 …………………………… (83)
娼优色 …………………………… (83)
花杂色 …………………………… (83)
赤斑疹 …………………………… (83)

第十一章　阴骘气色（纹）之观看法则 …………………………… (84)
作者泛论阴骘变相 …………………………… (84)
陈希夷论阴骘 …………………………… (86)
右髻道人论阴骘 …………………………… (87)
吕岩论阴骘 …………………………… (87)
太乙真人论阴骘 …………………………… (87)
钳徒论阴骘 …………………………… (87)
一行禅师论阴骘 …………………………… (88)
虚虚子论阴骘 …………………………… (88)
作者印证祖先积有阴德之相 …………………………… (89)
作者印证自身积有阴德之相 …………………………… (89)
达摩六役说注解 …………………………… (89)
六役相理 …………………………… (91)

神相水镜集阴骘色（纹）实例注解 …………………… (91)
相理与地理风水兴败印证 …………………………… (95)

第十二章　病人生死气色之观看法则 ……………………… (97)
神脱即死 ……………………………………………… (97)
暴亡之兆 ……………………………………………… (97)
回光返照 ……………………………………………… (97)
五色吉凶 ……………………………………………… (98)
主要部位气色 ………………………………………… (98)
从气色看五脏 ………………………………………… (100)
从气色看病症 ………………………………………… (100)
小儿疾病气色 ………………………………………… (101)
内五行与外五行之联属关系 ………………………… (101)
内外五行与健康命运之印证 ………………………… (102)

第十三章　指掌气色之观看法则 …………………………… (105)
指掌气色之基本概念 ………………………………… (105)
手掌八门气色注解 …………………………………… (107)
明堂气色注解 ………………………………………… (108)
指掌行年、四季、月令气色注解 …………………… (109)
观看指掌气色之方法 ………………………………… (109)
掌色诀 ………………………………………………… (110)

第十四章　气色口诀 ………………………………………… (111)

第十五章　增订《相门精义》上卷 …………………………………… (139)
入学气色 …………………………………………… (139)
科甲气色 …………………………………………… (140)
官员气色 …………………………………………… (147)
发财气色 …………………………………………… (149)
横财气色 …………………………………………… (152)
刑兄弟气色 ………………………………………… (153)
刑妻妾气色 ………………………………………… (154)
刑子女气色 ………………………………………… (155)
疾病气色 …………………………………………… (156)
生死气色 …………………………………………… (163)
惊险气色 …………………………………………… (168)
家宅人口气色 ……………………………………… (171)
风水美恶气色 ……………………………………… (174)

应占篇

第一章　公职人员 ………………………………………………… (179)
第二章　进财喜庆 ………………………………………………… (183)
第三章　求谋考试 ………………………………………………… (186)
第四章　男女婚姻 ………………………………………………… (188)
第五章　生育怀孕 ………………………………………………… (190)
第六章　意外灾祸 ………………………………………………… (192)

第七章 损财破败 …………………………………………………… (195)
第八章 牢狱官讼 …………………………………………………… (197)
第九章 口舌争斗 …………………………………………………… (199)
第十章 孝服刑克 …………………………………………………… (200)
第十一章 疾病死亡 ………………………………………………… (202)
第十二章 配偶病灾 ………………………………………………… (205)
第十三章 子女病灾 ………………………………………………… (206)
第十四章 家宅否泰 ………………………………………………… (207)
第十五章 旅行远游 ………………………………………………… (209)
第十六章 远地音信 ………………………………………………… (210)
第十七章 品德修养 ………………………………………………… (211)

附录篇

附录（一） 作者接受台视“热线追踪”节目访问纪实 ……… (215)
附录（二） 作者接受台视“热线追踪”节目访问谈“指纹的奥秘” ……………………………………………… (220)
附录（三） 作者与丹扉女士对谈妇女婚姻问题 ……………… (228)
附录（四） 作者在台湾青年报谈命运掌握在自己手里 ……… (237)
附录（五） 作者在台湾自由时报谈人相学非宿命论 ………… (240)
附录（六） 作者谈阴骘相法与三世因果相法之异同 ………… (242)
附录（七） 萧湘居士撰相理奥秘十五讲 ……………………… (245)
附录（八） 人相学的命运观 ……………………………………… (276)

附　图

八仓二库流年法表解 …………………………………… (284)
面相十三部位总图 ……………………………………… (287)
面相十三部位总图名称表 ………………………………… (288)
面相七十五部位流年图 ………………………………… (289)
面相七十五部位流年名称表 ……………………………… (290)
面相三停六府图 ………………………………………… (291)
面相五官图 ……………………………………………… (292)
面相五岳四渎图 ………………………………………… (293)
面相五星六曜图 ………………………………………… (294)
面相四学堂八学堂图 …………………………………… (295)
面相九州八卦图 ………………………………………… (296)
面相十二宫图 …………………………………………… (297)
面相三十六宫图 ………………………………………… (298)
面相内外五行联属图 …………………………………… (299)
面相四季月令图 ………………………………………… (300)
手相四季月令图 ………………………………………… (301)
手相八卦八门图 ………………………………………… (302)

后　记 ……………………………………………………… (303)

序 言

迩来社会大众对观气颇感兴趣，咸认观气是一种玄奥高深的神秘学问，实则观气即观看气色，我国自后周王朴撰太清神监一书，观气之理论与方法即已大备，此书录于明之永乐大典及清之四库全书，迄今一千余年，历代朝臣硕儒中医隐士及佛道两教，莫不尊为看相观气之臬典，另麻衣相法、相理衡真、柳庄相法、神相全编、神相水镜集、相门精义、铁关刀、冰鉴等书，亦述观气之理论与方法甚详。是以观气并无神秘之有，亦非高深得难以理解的学问，不论是否具有六通的功力，人人可学，人人可学会。因观气本属人相学中的一环，有理论根据，有印证方法，非哲学，亦不迷信。作者鉴于迄今为止，坊间尚缺探讨气色之专书，爰将用于气色讲座之讲义加以整理增订后付梓，以飨读者同好，并尽发扬中华民族固有文化学术之责任。

一九九二年仲秋湘乡萧湘居士序于台北市

引 言

一、本书专论气色之原理及观看气色之方法和占应事项，有关人相学范围内之手面相理不在论述之列，读者请参阅拙著《萧湘识人相法全集（一）、(二)》等书。

二、本书取材来源有二，一为参考古籍有关气色之论述，一为作者教授气色、观看气色多年来所获得之印证经验。惟古籍经数千年流传翻印，文字多有错失，作者秉不失原义均加改正。用辞方面，为符合时代背景亦多与古籍迥异。

三、本书重点在气色篇第一、二、四、五、八、九、十、十一、十二、十三、十四各章，读者如能仔细研读，细心印证，任何疑难问题均可获得答案。

四、本书无宗教色彩，因作者专习军事法律政治，崇尚信而有证的传统文化学术，故有关怪力乱神之说一概摒弃。

五、本书自撰稿至付印历时三载，如有错失，尚祈读者指正。最后作者谨以神相水镜集“勿虑气色之不验，自反心目之不明”一语与读者朋友共勉之。

一九九二年仲秋湘乡萧湘居士识于台北市

气色大全　眼神篇

萧湘识人相法全集(三)

第一章　气色之原理

【何谓气色】

《太清神鉴》云："形体身骨相之根本也，气色相之枝叶也，论相应先究形体身骨，而后及于气色也"。《相理衡真》云："泛游于面上者谓之气，显现于皮外者谓之色。"又云："充乎皮内者谓之气，现于皮上者谓之色，皆发于五脏也。五脏（注一）：神之所居，将有吉凶，则莫不先应之于色，而见之于面也"。《柳庄相法》云："气乃神（注二）之余，气乃色之本，气来和明，满面壮实，隐隐如珠玉，气生色，色定荣枯，气不和，色自不和，夫神气色乃五脏六腑之苗也。"《公笃相法》云："夫气为先天之动机，根据五脏六腑（注三）而发，色为后天之华表，根据五行（注四）四时（注五）而应，气隐于皮肤之内，为事实之先表，潜伏之期约三十日至一百八十日，合阴阳节令（注六）之气候也。色浮于皮肤之外，为事实之应验，潜伏之期约十五日至九十日，合半阴阳节令之气候也。二者如雪上之霜，水上之冰，大体相似而实异也"。以上说明论相必须同时观看形体身骨与气色，不可偏失。而气与色又有区别，气在皮内色在皮外，气先行而色后应，两者均系从人体五脏六腑骨髓脑髓所发出。至于肉色非气色也，并此说明。（注：肉色之变化详见第十章）

【相理与气色之界说】

为人观相乃观其一生成就之大小，收获之多寡，以及观其一生有无灾厄，六亲有无刑克，婚姻是否美满，及观其健康、智慧、个性之优缺点等。观看气色则大体言仅观其过去一年及往后一年以及目前之各种休咎，也可以说观相是观其一生之休咎，观看气色则仅观其短期内之休咎。也可以说，相理如命（即先天遗传不变部分），气色如运（即后天会变化的部分）。又相理源自五脏、六腑、骨骼、脑组织结构之良窳，是以吾人成年后之相理是永远不会改变的。气色则源自五脏、六腑、骨骼、脑组织所受各种生理、病理、心理刺激，然后反射于外部的表象（含气色、气质、气魄、精神、性格、须眉、肤发、肉色、肥瘦、甲齿、声音、纹痕、痣斑等十三项），则随时而改，时时在变，是以相理与气色不可混为一谈，两者界说分明。

【气色乃人相学之一环】

气色虽与相理并称（相理包括手相、面相、头相、体相、四肢相等），惟气色仍属人相学之一环，然而，不可否认，气色为研究人相学之最高境界，因此，论者谓学习气色难，学习相理易。笔者研究人相学数十寒暑，认为学习相理虽可无师自通，但颇难学精，尤难全部记忆。学习气色则很难无师自通，但原理法则不似相理之繁杂，只要学者悟性够，就能一通百通。

【气色非肤色、非颜色、更非血行现象】

上言气色乃随时而改时时在变，吾人之肤色则如非遭受重大的健康变化，或生活环境及工作环境的变化，一生也难得有所变化，尤其是五大人种（黄、白、棕、黑、红）的基本肤色，即使遭受重大的健康和生活、工作环境的改变，也难得有所改变，因肤色为遗传基因问题，气色为后天的生理、病理、心理对人体的刺激问题。另须再强调者，吾人观看气色时，不但可以在黄种人的脸上看出黄气色，同样可以在白种人的脸上看出白气色，棕种人的脸上看出青气色，红种人的脸上看出红气色，黑种人的脸上看出黑气色，是以气色与肤色不可混为一谈。至于颜色与气色更是泾渭分明，因颜色无过去式、现在式、未来式之分，也无深、浅、浓、淡、莹、净、枯、燥、晦、暗、浊、惨、浮、定、沉、滞之别，因颜色乃永远不变之死色，气色乃随时在变之活色，颜色会鲜艳夺目的呈现，气色只是隐隐约约的表象。是以吾人不能用绘图或照片来介绍、说明、形容各种气色，此乃与学习相理之最大不同点，但读者如经明师当场略加指点，则豁然顿悟，或自行不限时地印证一千人次以上，也可在摸索中困而知之。至于血行现象（或血色素之变化）则是体内血液流速所引起之暂时性的肤色变化，与一个人的当年休咎无关连性，故血行现象亦不能与气色混为一谈。日本人及西方人谓气色乃血行现象及血色素之变化实为谬误之说，吾人不可采信也。

【气色的内涵包括精、神、气、色四者】

上言，气与色不同，尤应注意者，气色一词并非专指气与色而言，气色的内涵，应包含精、神、气、色四者。据《中国医学大辞典》注解："精与神均为人体内之精华"《太清神鉴、神秘论》亦谓"人之所禀在精神，以水为精，以火为神，精备而后神方生。"《柳庄相法》就四者之关系进一步加以阐述谓："气乃神之余，气乃色之本。"以上诸先贤已充份说明精、神、气、色四者发生之先后顺序及连带关系。笔者研究人相学三十余年，就精、神、气、色四者之体会是，精者乃源自脑髓、骨髓之"精华"凝聚并达到临界点后，启动五脏六腑这部机器使之产生"电能"，电能再推动体内之血液作正常之循环，电能强者"眼神"必强，同时皮肤因得到血液带来的营养滋润，是以头面及全身上下充满了"壮实""和明"的"气"，反之，则头面身手足五部之表面，必然"浮散""暗滞"。又电能能产生"热"，热能发"光"，光可变"色"（心脏所发之光色为红色，肝脏所发出之光色为青色，脾脏所发出之光色为黄色。肺脏所发出之光色为白色，肾脏所发出之光色为黑色。）是以吾人因脑组织、骨骼和五脏六腑各部电能之强弱顺逆而在面部和手部"有诸内必形诸外"的对应部位上出现"吉气色"或"凶气色"。

【气色即中医学之望诊】

上言气色系因脑组织、骨髓和五脏六腑受到生理、心理、病理刺激之"电能作用"而呈现在吾人头面身手足的表象。中医学之"望诊"即据此"表象"并参合"有诸内必形诸外"的脏腑、经络联属部位而判断其所生何病及病情之变化。但人相学之观看气色较之中医之望诊范围较广，气色之种类亦区别较精细，例如中医之望诊只看“凶气色”而不论“吉气色”，并将气色简单区分为黄、黑、青、白、赤五种。但人相学则将红色区分为红、赤、紫三色，紫色再区分为青紫、纯紫、红紫、黄紫四种，白气色除白之正色及一般白气色外，尚有白气色之别种“惨色”。黑气色除了黑之正色及一般黑气色外，尚有黑气色之别种“晦色、朦色”。青气色除了青之正色及一般青气色外，尚有青气色之别种“滑色、腻色”。黄气色除了黄之正色及一般黄气色外，尚有黄气色之别种“暗色、滞色”。又人相学之观看气色特别重视未来式、现在式、过去式之区别，以及强调“得时令及宫位者为吉色”“反时令及宫位者为凶色”和“气色会天德自发”（天德自发即阴骘气色）等论点，此均为中医学所未论及。因中医师观看气色之目的，旨在诊察病情而已，人相学家之观看气色，则除了观看一个人的健康情况以外，尚须观看其人目前之事业、财务、家庭、婚姻、六亲和工作状况，因此，非中医学所谓之黄、黑、白、青、赤五色所能济事。

【气色乃系科学而非哲学】

科学一词，广义来说，凡是作有系统、有组织，并使用精密可靠的治学方法，和虔诚中正的求真精神，其研究所得的结论，又可作“一般性”印证的学术知识，均可谓之为科学。（注：一般性即无国界、无地域、无种族、无性别、无时空而放之四海皆准之谓）狭义来说，系专指自然科学而言，例如，化学、物理学、生理学、医学等均属之。至于哲学的定义，大体言，哲学乃是研究宇宙、人生的原理、原则的一种学术，故亦称之为“形而上学”。反之，吾人研究之气色，系以遗传学、生理学、中医学为理论基础，并以能作“一般性”印证的法则作为检验方法，既不臆断，又讲究数、体、形、质的具体呈现，是以气色乃属科学而非哲学。

【气色与宗教无关】

气色既属于科学的领域，是以与各种宗教毫无关系，因此，吾人不相信有关因果报应、求神拜佛、和怪力乱神及改运之说，吾人只相信“心理影响生理、生理影响气色”和“阴骘变相”的道理，但吾人仍强调“四修”（即修身、修心、修德、修行），唯有坚持四修，吾人的气色才会变好，身体才会健康，智慧才会开发，个性才会转佳，然后工作才会顺利，事业才会成功。如仅祈求神明庇佑，迷信怪诞之说，必然欲速不达偾事后悔。

【气色之变化乃个人生平大事】

如果谓气象之变化乃国家大事，那么，气色之变化则为个人大事，因气象之变化，对一个国家之经济发展和人民之生命财产实在影响重大，是以各国政府均设有气象之研究和预报机构。传说我国某朝代某宰相，一日在上朝途中遇见有群众械斗闹事，车夫于是停车不前，宰相询以何故停车，车夫答以路旁有群众械斗闹事故而停车，宰相闻言后未有反应，而命车夫继续前行。不久，途中又遇见一老农于路旁卖菜，宰相见之命车夫速停车，并下车观看询问良久始返，车夫奇而问之，先前路旁发生群众械斗宰相不闻不问，现在看到农夫卖菜何劳宰相亲自观看询问？宰相答以群众械斗乃京师官吏主管之事，而老农所卖之菜因与时令有所不符，是否因气象变化之缘故，而气象变化则关系国计民生颇钜，余为一国宰相，焉有不加闻问之理？同样道理，气色之变化对一个人生平之吉、凶、祸、福亦会导致重大的影响自然不在话下，因此笔者尝谓气色之变化乃个人之大事，吾人焉有不加研究之理？

【气色因何而发】

综合古籍各家所言，气色系因七情六欲所发，即喜、怒、哀、惧、爱、恶、欲等七情，及眼、耳、鼻、舌、身、意等六欲所生的意念所发。或因酒色所发，或因自身之体质变化及脑组织骨骼和内脏病变等原因所发，即所谓“有诸内必形诸外”的道理也。凡人有喜怒哀乐等情绪上之变化，或酒色等肉体上之刺激，或健康发生变化引致“生理短路”所冲击，无不影响吾人之生理机能和心理状态，因而引发西方人及日本人所谓之“血色素”之变化，在中国人相学上则谓之发出“五行”气色，呈现在面部之重要部位（即三十六宫）。大体言，红、赤、紫色属“心火”所发，青色属“肝木”所发，黄色属“脾土”所发，白色属“肺金”所发，黑色属“肾水”所发，得时令及宫位者为吉色，反时令及宫位者则为凶色（时令及宫位详见第三、四、五章及附图)。以上说明气色系因内在外来之各种生理、病理及心理因素与时令和宫位感合所引发，而后见之于面形之于色，应验于吾人之生活工作环境，和际遇之顺逆及健康状态等，所以说气色是吾人一生运程——吉、凶、祸、福——之寒暑表实不为过。然而吾人可否藉自身之意志力将气色加以改变？答案应该是肯定的。盖修身可以养性，性和则血全，血全则神安，神安则气壮，气壮则色明。孟子主张“养气”（养浩然正气及身体元气)，气可藉修持而获得，此即“七分天命，三分人事”之道理也。至于天德自发之阴骘气色详第十一章。(注：天命即遗传也。)

【气之具体表征】

《太清神鉴》云：“万物之质美莫不发乎气而见乎色矣，夫形者质也，气者用也，气所以充乎质，质所以运乎气，是以气以保形，形以安气，故质宏则气宽，神安则气静，得失不足以动其气，喜怒不足以乱其神”。《月波洞中记》云：“气者元气也，元气足，气乃和润，元气不足，气乃暗滞”。《相理衡真》云：“气秉五脏骨骼所发，如游龙，如飞鸿，近看似无，远看则有，此乃气之正宗”。又云：“气有二，有内气，有外气，浑行一身，周流于五脏六腑、百骸毛发之间，七情出而发于皮肤之内，始则为气，定则为色，外气者声也”。《人伦大统赋》云：“有肉而无气者，犹如蠹木，内已空虚，虽外有皮肤，暴风迅雨不能久御，乃空魁梧者也。无肉而有气者，犹如松柏久枯，皮肤尚润根蒂深远，忽一日华秀，而复魁梧矣”。以上说明气系吾人之内脏骨髓因生理心理变化所发射出的一种“电质素”，似无而实有，无论其人高矮胖瘦，比较之下，有气之人，必然满面壮实、莹净，皮肉内外皆润，此为气之旺者。无气之人，必然满面浮散、暗滞，或皮肉内外发出不洁之油光，此为气之衰者。推论之，气乃面上焕发之光彩，能耐久看，而不偶发偶散，可历久不衰，具体而有征焉。再者，气之发（尤以天德自发之气）较不受时令之限制。（天德气色即阴骘气色)

【色之具体表征】

《神相全编》云："色有轻重，朝见于面，暮收归脏腑，欲知其形状，大如毛发，小如蚕之吐丝，长者不过一寸，短者似一粒粟米，又如尘末"。《相理衡真》云："在皮上者谓之色，在皮里者谓之气，或明朗，或清爽，或浮或沉，或聚或散，或昏或乱，或盛或衰，或如涂抹，或如尘垢，或如祥云衬日，或如春花漫烂，或浓而光润，或隆而枯燥，圆大如颗豆，细小如微尘，急者如曳发，慢者如惊蚕头动，或定视而不见，或远见如云黯"。《人伦大统赋》云："夫色之发，如蚕吐丝，如蜂排沫，非明眼妙视，焉能尽之"。以上说明色之表征，不但有色可看，同时有形可稽，二者外表看似相同，实质有别，有如雪上之霜，水上之冰，只要明眼妙视，细心观察，即可一览无遗，惟色忌片，而气则否。又色要有光，色无光者非吉色乃枯燥之凶色也。

【气与色之相互关系】

上文说明气色二者有如雪上之霜，水上之冰，仅只说明气色形态之表征而已，究其二者相互间之关系仍待探讨。《玉管照神局》云："人之生也，受气于水（父精），禀形于火（母血），在于血肉者谓之气，在于皮肤者谓之色，气与色相扶，气全则色全，气能留色，色不能留气"。《太清神鉴》云："夫气舒则色畅，气恬则色静，光润华明见之于面，此皆色之善者。气偏则色焦，气滞则色枯，憔悴黯黑见之于面，此皆色之凶者。"以上说明气乃色之母，气全之人色必佳，气滞之人色必黯，气与色互相扶持，有气有色，方为气色之正宗，人之发达始能永发不休，有气无色，其人终必发达，只待时机之到来，设若无气无色，则即发即败，有若昙花一现。推言之，气无色不灵，色无气不验，比较之下吾人宁可有气无色，不可有色无气。（气在内为根属实，色在外为苗属虚，故色好不如气好）

【神与气色之相互关系】

《神相水镜集》云："神无气色为神惨，气无神色为气滞，色无神气为色泛”。（神惨、气滞、色泛之定义详第九章）以上说明看气色时必须神、气、色同观始得有验，而论气不脱乎神，论色不脱乎气，因气为神之余，色为气之苗。古籍云：“神好为贵，气好为荣，色好不过小吉而已”，如神气色三者俱全则大吉大利矣。至于有关“神”之探讨，容第八章第九章详为阐述。

【气色与部位之相互关系】

《柳庄相法》云：“骨骼定一世之荣枯，气色定行年之休咎”。以上说明骨骼（笔者按骨骼应解为骨法格局）有如树木之躯干，气色有如树木之枝叶，推言之，骨法格局为体，气色为用。又云（以下引述明朝永乐皇帝与袁柳庄先生之对话摘录）：“一面失局，星辰不匀，部位失停，以致一生劳碌无半日安闲，但老来反得安逸何故？”“此因七十五岁后，只看神气色也，神安血气旺老运自然好”。以上说明老年人尤重气色，设若皮色枯气血弱主不久人世矣。又云：“五官俱好，一体不亏，因何穷困？”“此因相好而气色不好之故，盖天不得时，日月不明，人不得气，则运不通”。以上说明部位虽好，惟气色不佳仍难发达，如再加神昏则一世穷苦到老矣。又云：“格局不如而又大发何故？”“此因部位均停气色好之故，盖诸事莫若气色好，玉不出山徒自埋”。以上说明虽无大富大贵之格，但七十五岁部位无瑕疵，同时气色好，故亦能大发。又云：“六府不停，五行（笔者按此处所言五行乃指面相上之五官五星而言）不得为依，全局失垣，星辰失陷，士子虽有青云之志亦徒叹奈何！然忽得一位可取，气色一开，则士子可遂其志，庶民福泽绵绵。又如上边部位不好下边部位好，一行到好处自然得矣。又如气色好部位不好，亦防有失”。以上再深一层说明气色与部位相互间之关系。

【气色之应验期限】

《公笃相法》云：“有气无色，此为潜伏种因，主事之时间未至，有色无气，此为虚浮，主事之有变，有气有色，则主事之定期应验，气色充足者，主事之应验必速必大，气色短淡者，主事之应验必迟必小。如有破败散财之气，有九年不散尽者，亦有七年、五年、三年不散尽者，至少应验一年。如有破败散财之色，有一年不散尽者，亦有一季一月至少应验半月。其有发达之气，有五年不改变者，亦有三年二年不改变者，至少应验一年，其有发达之色，有一年不改变者，亦有一季一月至少应验半月”。

【观看气色之原则】

观相者应讲究观看气色之方法，尚须遵守观看气色之原则：（一）人之气色依年龄分为四个阶段，即少淡、长明、壮艳、老素。（二）一年之气色宜分四季月令观看。（三）一面之气色宜注意部位格局之配观吊用。（四）各宫位之气色宜注意各宫位之特性。（五）五行气色宜注意生克制化（注七）。（六）各种气色宜注意其浓淡、深浅、莹净、暗浊、长短、大小、枯燥、华明。（七）应就神、气、色三者综合研判。（八）应参合手掌气色综合研判。（九）观看吉运相之气色时，其部位顺序为自天中十三部位起，再及天仓、奸门、驿马，然后及于三阳、三阴、双颧、命门、双耳、手掌等。（十）观看楣运相之气色时，其部位顺序为先自手掌开始，最后及于天中。（十一）如系女性经化妆后难见真貌者，则应特别著重观看其眼神、发际、印堂、鼻准、鼻翼、双耳、掌心等处。以上略述十一原则，若能融会贯通即可运用自如，为人断祸福判吉凶无不应验矣。

【观看气色之方法】

《相理衡真》云：“看人气色，贵在乎天之方晓，鸡鸣之后，平旦之前，血气未乱，饮食未进，神色未离，人事未接，刚卧起时，就帷帐中以纸烛照之，辨验无失。若就檐前光处见之，皆非本分气色也。又不得于洗面盥口饮食汤药后观之，亦难验矣。因五脏神气吉色，早见于面，暮息于心，故清晨观之，则见五脏正色，吉气朝于面也。其凶恶气色，或触事愤怒而发，或感物忧伤而发，或因酒色成青赤，或奔驰而乱色汗漫，此皆非本脏之色，一时急发而成，吉凶难辨也。其有不拘早晚看者，当令颐神静坐后观之，庶几有征焉。若不拘早晚、酒后、醉中、怒时、汗漫，更不停待而看者，则暴失莫大焉”。以上为先贤提示观看气色之方法。作者根据观相多年之经验，深以观看气色之方法，以光线最为重要，既不宜过亮亦不宜过暗，最宜于早晨室内亮处观之，同时避免阳光直接照射于被观者之脸上。在观看之前，被观者应宁神静坐十数分钟，待其心神及血行处于常态后观之，气色之吉凶即可一览无遗。又观相者与被观者间之距离亦应斟酌，最好相距三至五尺，过远则难见，过近亦有误。又如特殊难观之气色，例如面色过红过黑之人之气色，观看者来回走动反复观看亦无不可。今为工商社会，白天各自忙于工作岗位，被观者往往于夜晚前来请相，此时最宜备煤油灯观之，如用小型旧式日光灯观之亦可，忌灯光过强，忌使用太阳神灯管或省电灯泡。总之，务必明眼妙视观察入微，以达心领神会之境界为止。

【观看气色时之禁忌】

（一）对方酒后不看，因酒精进入内脏，外部真气难见，尤以眼之神光影响最大，断吉凶不准。（二）对方色后不看，因水火二经受到冲击，外部气色青晦，断吉凶不准。（三）对方盛怒或悲伤后不看，因思维系统和运作系统均受刺激，外部气色青蓝或惨白，断吉凶不准。（四）人多场合不看，因人多影响观相者及被观者之情绪，断吉凶不准。（五）观相者本身有心事时不看，因心不在焉，视而不见，断吉凶不准。

注一： 五脏即心（五行属火），肝（五行属木），脾（五行属土），肺（五行属金），肾（五行属水）。

注二： 神者，在人相学而言，神乃五脏六腑及脑髓骨髓所发出之电能，电能强眼神即强，电能弱眼神即弱，电能竭人即死亡。

注三： 六腑者即胃（五行属土），胆（五行属木），膀胱（五行属水），大肠（五行属金），小肠（五行属火），三焦（五行均属）。

注四： 五行（五形）者即金、木、水、火、土五种宇宙质素之谓，五行之详细内涵请参阅本书附录篇。至于面相五形（即五行），如以内五行区分，则头骨为水，头发为火，额及印堂为火为金，眉之前半截为金，眉之后半截为木，山根为火，眼睛五行均属，田宅为土，泪堂为水为火，年寿为木，准头为土，准头前端为水，鼻翼为土，鼻孔及鼻中隔为水，左颧为金，右颧为木，双耳为水，人中为水，口为火为土，舌为火，牙为水，承浆为土，地阁为水为土。如以外五星区分，则额为火，鼻为土，左耳为金，右耳为木，地阁为水，但男左女右。

注五：四时者即春、夏、秋、冬四季。

注六：阴阳者即十天干中之“甲、丙、戊、庚、壬”五干为阳，“乙、丁、己、辛、癸”五干为阴。甲乙属木，位居东方，当令于春。丙丁属火，位居南方，当令于夏。戊己属土，位居中央，当令于四季月。庚辛属金，位居西方，当令于秋。壬癸属水，位居北方，当令于冬。另十二地支中之“子寅辰午申戌”六支为阳，“丑卯巳未酉亥”六支为阴。亥子属水，旺于冬令。寅卯属木，旺于春令。巳午属火，旺于夏令。申酉属金，旺于秋令。辰戌丑未属土，旺于四季月。节令者即一年十二个月分为二十四个节令；立春雨水为正月之节令。惊蛰春分为二月之节令。清明谷雨为三月之节令。立夏小满为四月之节令。芒种夏至为五月之节令。小暑大暑为六月之节令。立秋处暑为七月之节令。白露秋分为八月之节令。寒露霜降为九月之节令。立冬小雪为十月之节令。大雪冬至为十一月之节令。小寒大寒为十二月之节令。

注七：五行生克即金克木，木克土，土克水，水克火，火克金。金生水，水生木，木生火，火生土，土生金。但在某种状态时，木会反克金，土会反克木，水会反克土，火会反克水，金会反克火。

相理真言

凡器之大，量之宽。世人固难，果能从忍字做起工夫，亦又何难？麒麟不与牛羊比蹄角，凤凰安向燕雀争上下。

萧湘相居士　辑

第二章　气色出没之观看法则

气色分类虽多，但常见的气色约可分为十种，即青、黄、白、黑、红、赤、紫、暗、滞、朦诸色，各色所具之特性分述如下：

青色——主惊恐、忧虑、烦恼、忿怒、疲劳等。

黄色——主欢愉、进财、喜庆、升迁、功勋等。

白色——主忧愁、破耗、死亡、孝服、刑克等。

黑色——主疾病、灾祸、破耗、败业、刑克等。

红色——主欢愉、情欲、喜庆、进财、创业等。

赤色——主灾难、火厄、血光、官非、别离等。

紫色——主大悦、大财、荣升、见之大吉大利。

暗滞朦色——此三种气色本来无色，不过发于皮下，现于皮上而已，其出现部位多在额上、眼下双耳、手掌等处，其休咎主运程蹇滞及损耗，凡见此三色，主时运不遂，切宜保守忍耐。

以上十色，看是凶多吉少，然又有华明与枯暗之别，华明者如纸张之表面，枯暗者如纸张之反面，精粗有别细看便知。无论何色，如枯暗而不华明，虽紫色亦不可言吉。反之，如华明而不枯暗，虽赤黑色亦不可言凶，吾人应慎重细观方不致有误，否则，失之毫厘，差之千里矣。惟独黄色一项，虽不华明亦不主凶（但口唇等少数部位例外），就时运而言，大都处于平平之境遇。若以色之浮、定、沉、深、浅、浓、淡而论，则浮主未来，定主现在，沉主过去，深者应吉凶之期近，浅者应吉凶之期远，浓者应事物之大而多，淡者应事物之小而少（注一）。至于面上小疮小疱，亦与气色有关，应一并观看辨别之。下文详述七种主要气色出没之观看法则。

【青气色】

青色发于肝经，五行属木，其令为春，主忧惊。青色初起之时，隐隐然如云雾，渐渐似铜青，主忧事将至。青色将盛之时，如草木初生，又似瓜果之色，此时忧紧而重，惟色轻者主外忧（外忧即他人之事），色重者主内忧（内忧即自身之事），色浊者主远忧（远忧即远地之事或久远之事）。青色将去之时，如碧云之青，霏霏然浮散如云行，此时忧事已鲜，青色全散者主忧事已过。青色最要青而明润并有生气者是为青之正色，发于春季不忌，余则不论何时均主不吉。若青中带黄夹杂合而为一色者谓之“滑色”，青淡而有浮光并青白夹杂合而为一色者谓之“腻色”，滑色腻色均为青色之别种亦主不吉。

【黄气色】

黄气色发于脾经，五行属土，旺于四季，主喜庆。黄色初起之时，如蚕吐丝，主喜庆将至。黄色将盛之时，如蚕束茧，或状似马尾，色如亮蜡，主喜庆已至。黄色将去之时，如柳丝博聚斑驳，主喜庆已过。黄色虽旺于四季，但不宜发于唇口。黄色活润光亮而又贴肉不浮者是为黄之正色主吉，如凝滞泥污则不论何时均主凶。若黄中带黑停滞不润如油垢者谓之暗色，暗色为黄色之别种亦主不吉。

【白气色】

白色发于肺经，五行属金，其令为秋，主哭事。白色初起之时，如白尘拂柱，主哭事将至。白色将盛之时，如腻粉散点，或状似白纸，主哭事已至。白色将去之时，如灰垢之散，主哭事已过。又白色光润莹洁者为白之正色，秋冬发于地阁者不忌并主吉，余者不论何时均主凶。若白滞而漫，内白外腻者谓之“惨色”，惨色为白色之别种亦主凶。

【黑气色】

黑色发于肾经，五行属水，其令为冬，主灾疾。黑色初起之时，如乌鸦之尾，主灾疾将至。黑色将盛之时，如黑色得膏，主灾疾已至。黑色将去之时，如落垢末，主灾疾已过，又黑色中透光彩似有光芒显露者为黑之正色，发于冬令者不忌反主吉，余者不论发于何时不拘何宫均主凶。若其色昏沉如地灰之湿者为“晦色”，晦色为黑色之别种，主运程蹇滞，如晦色似尘封者(或称黑滞色)，则为祸既重大又久远矣。

【红气色】

红色发于心经，五行属火，其令为夏，主财喜。红色多在皮外膜内，其色红活焰焰，动有光而势大，点滴分明，如豆如米，丝丝明润，内外俱应者为红之正色，不论发于何季均主吉，惟春夏最宜。如红色连成一片，散乱而浮或不成点滴者均非善色，若成片成条或色似赤斑疹状者反主凶。又红色与赤紫二色之分辨方法，红之浅者为红色，红之深者（即红中带黑之谓）为赤色，红之黯者（即红上加红之谓）为紫色。

【赤气色】

赤色乃心经汇合肾经所发，亦即肾水来克心火或心火反侮肾水，红黑二色浸染而成。赤色为红色之别种主灾凶。赤色初起之时，如火之始焰，主灾凶将至。赤色将盛之时，炎炎如绛绘，主灾凶已至。赤色将去之时，如连珠累累然，主灾凶已过。赤色为不吉之色，不论发于何时（夏季额头微赤不忌）不拘何宫皆主凶。赤色出现有时只侵一二宫，有时连绕五六宫，则为祸最烈，轻者破家败业，重者丧命亡身。如赤中带青带黄为花杂，祸可减半论。如赤中带鲜红亮光则主吉，如赤中透出嫩黄亮光则主转祸为吉，如赤中带焦黑之色则主大凶矣。另红色燥烈散乱成片者亦作赤色看。

【紫气色】

“红紫”乃骨髓中之纯紫质素匀合心质正红而成，乃红色之别种主大吉。紫色初起之时如兔之毫，主吉事将至。紫色将盛之时，如紫色之草，主吉事已至。紫色将去之时，如淡烟笼枯木，隐隐然得土木之余气饴养。紫色发于皮外膜内，深红鲜活，不散不焰，隐隐深藏，莹莹坚入，微微光亮如紫霞彤云，犹在肉里但透出皮外，此乃正紫色。紫色为大吉大利之色，多发于天中、天庭、印堂、三阳、三阴等部位，不论四时节令，公职人员定主荣升功勋，庶民亦主进田宅得利权、生贵子。但紫色发于水星上下则主惊扰是非。（注：紫色除红紫外，尚有青紫、纯紫、黄紫之分，解析详本章注二）

【气色深浅浓淡之辨别方法】

欲知气色之深浅浓淡，宜先看五岳四渎，因气色先发于岳渎，难聚难现，遇吉不到不骤开，遇凶不到不骤发，所以凡事先看岳渎，可知气色之深浅浓淡矣。

【五行气色吉凶方位】

青色——青之正色旺在东方主吉，如青色重者，则宜往南方始可转凶为吉（南方乃火旺之地，以火泄重木故主吉），若往西方则主有灾祸（西方乃金旺之地，木遇旺金必伤，故主有灾祸）

黄色——黄之正色任何方位均主吉，如黄暗色者，则应择火土旺月往火旺之地始可转凶为吉，北地水旺大忌。（黄暗色象征土中多水，故宜往火旺之地始主吉）

白色——白之正色旺在西方主吉，如白惨色或枯白色者，则不宜往东方或南方，否则主凶，应往西方主转凶为吉。（白惨色或枯白色乃金病之征，故宜往金旺之地始主吉）

黑色——黑之正色旺在北方主吉，如黑色重者，则不宜再往北方，应往东方或南方主转凶为吉（黑色重者为患水之征，故宜往木旺之地泄其水或火旺之地以火制水始主吉）。如黑轻黄重则宜往西方为吉。（黑轻黄重象征土在克水，故宜往金旺之地而后金生水始主吉）

红色——红之正色方位不拘，各方位均主吉，如红色重者应作赤色看，宜往北方水旺之地主可转凶为吉（水旺之地可制火于正常位阶故主吉），若往南方火旺之地主灾厄难逃。（南方乃火旺之地，如往南方乃火上加油故主

灾厄)

赤色——赤色一至，应往北方可转凶为吉，或远行千里方可免灾。(北方为水旺之地可以制火故主吉，远行千里意在远离是非之地之谓)

紫色——紫色一至，福自天降，任何方位均主吉。

【五行气色所应日期】

青色——青色在外者(即色浮色轻之谓)应甲乙日，青色在内者(即色定色重之谓)应寅卯日。

黄色——正黄色者应戊己日，暗滞色者应丑辰未戌日。

白色——正白色者应壬癸亥子日，惨枯色者应申酉日。

黑色——黑色应七日内，黑气应一月间。

红色——红色应丙丁日，紫色应巳午日。

赤色——赤色光润者应火旺之日，赤色重者应水旺之日。

【五行气色所应时刻】

丑未戌辰时黄色为正色，寅卯时青黄为正色，正午时赤黄为正色，申酉时白黄为正色，亥子时黑黄为正色。(此即一天之内气色变化之正色，否则为凶色)

【犯色不宜行事日期】

赤色忌丙丁火日主行事不利，白色亦忌火日。红色忌壬癸水日主行事不利，黑色亦忌水日。黄色忌甲乙木日主行事不利，青色亦忌木日。

注一：(一)浮色者乃浮出皮外之色，亦即有色无气之谓，为事实之虚浮影子，事实尚可能有变化。又各色均有浮色，其认定方法为远看似有，近者似无。(二)定色者乃皮内皮外均一样，亦即有色有气之谓，为事实已经呈现，不再有变化。定色亦为各色均有，其认定方法为不论远近观看，均可一览无遗。(三)沉色者为隐于皮肤之内，凝滞无光，晦昧不明，为事实已经过去，但事实之影响尚未全消之谓，其认定方法为速看似无，近看则有。

注二：按紫气色因其所含人体骨髓质素之不同而区分为四种：（一）“青紫”又名祥云气或青龙气，乃周身骨髓中之青紫质素匀合而成，似老蚕莹润，内外通亮，无轻重浮沉之分，亦无时令宫位及五形人之别，多出现在骨骼奇秀之大贵之人之上停。（二）“纯紫”又名庆云气，乃周身骨髓中之纯紫质素匀合而成，似绛绘艳丽，表里一致，无轻重浮沉之分，亦有成点滴状如花如豆，且不忌成片，亦无时令宫位五形人之别，多出现在骨骼纯莹之大贵或大富者之官禄印堂三阳三阴等部位。（三）“黄紫”又名唐符气，乃周身骨髓中之纯紫质素匀合脾质正黄而成，得黄紫相映，鲜艳成群，以黄为主不忌成片，多出现在一般人官禄印堂福堂天仓准头双颧承浆等部位。（四）“红紫”又名国印气，乃周身骨髓中之纯紫质素匀合心质正红而成，形成小红点之鲜艳群，似红线盘绕，深红鲜活，表里一致，不散不焰，但忌成片，多出现在一般人官禄印堂三阳三阴双颧等部位。（按：先贤所谓之青紫，并非指带青色之紫气色之谓，而系形容青紫色有如蛋白之“清”之“明”之“亮”，“青”与“清”同义，青紫气色与青气色迥异也，读者不可不察。）

观相感言

封建时代大贵之人，除非犯了国法，很少在中壮年时就去职赋闲或告老还乡。现在为民主时代，政务官上台下台习以为常，此即周天命运不同的原因所致。故现在为人看相、论命，切不可随便言其“大贵终身”也。

萧湘居士 撰

第三章
四季月令气色之观看法则

观看四季月令气色时，最宜注意之点在方位，即东位宜青不宜暗（暗者水多木漂也），南位宜红不宜白（白者金反克火也），西位宜明不宜青（青者木反克金也），北位宜白不宜赤（赤者火反克水也）。又须注意天仓地库之有别，仓宜黄润透红（红者火来生土也），库宜白润黑润（白润黑润金水相生也），此乃定理，反此即有灾凶破败官非刑克（以上定理为学习观看气色者最应牢记之点，读者不可不察）。

【春季】

春三月东方甲乙木，部位在右颧。青色现旺相也，主先有忧惊后见财喜。红色现相生也（微赤不忌），主先有口舌后见财喜。白色现囚也，乃金克木，主有牢狱之灾。青黄同现者，乃木克土也，主死亡之兆。黑色现乃患水也，因春木忌水多，主灾凶破败。其他部位如三阳青色，男主有灾殃，三阴青色，女主有灾殃。又准头至山根印堂上迄天庭有黄红光彩者，官员主荣升迁调，庶民主进财置产等喜庆。

【夏季】

夏三月南方丙丁火，部位在额。红色现旺相也（微赤不忌），主先有口舌后见财喜。黄白二色现相生也，主诸事吉利，官财两旺。黑色现囚也，乃水来克火，主灾病败业官非。青色现大凶也，因夏火不宜木来生也，主重病死亡。其他部位如左眼下黑色，男主有疾病，右眼下黑色，女主有疾病。两眼下及眉内法令有暗晦之色者，主破败官非。准头至山根有黄红光彩者，主百事遂意，见财见喜。若准头至山根现黑色者，主求谋不遂功名无望。年寿黑色，轻者主疾病，重者主死亡。

【秋季】

秋三月西方庚辛金，部位在左额。白色现旺相也，主先有哭事后见财喜。黑色现相生也，主先有疾病而后吉。青色现囚也，金木相克主不吉。赤色现大凶主死，因火旺金熔也。其他部位如准头火焰者主官非破败。准头至山根红黄光彩者，主百事遂意官财两旺。左眼下赤色男主有灾殃，右眼下赤色女主有灾殃，鱼尾黑色主有水厄之忧。山根黑赤昏昧主兄弟病患。腮及口角黑气主有内脏暗疾防死亡。

【冬季】

冬三月北方壬癸水，部位在地阁。黑色现旺相也，主先凶而后吉。青色现相生也，主先惊而后吉。黄赤二色现囚也，因黄色现乃土来克水主凶，赤色现乃水火相克亦主凶也。白色现枯者主凶，黑色中透白光者主吉。其他部位如两颧黑黄主官非破败。两眼下赤黑主男女交往不利。山根黑黄色主家宅不吉及用人不利。印堂青黄主百事欠顺。印堂黑主水厄及意外灾祸。眼下重青主病灾，额有黄色主见财喜。额有青色主孝服官讼。额有黑色主防凶灾。

【四季基气】

气色虽分四季观看，并各有当令之气色及著重之部位，惟基本气色仍系黄色，故满面气色黄明莹净，即使无该季当令气色仍以吉论，因黄色旺于四季又无位不佳也，但黄色暗滞或昏沉者仍主不吉（上述四季基气之原理原则，读者应牢记）。

【正月】

位在寅宫，即右附耳、右命门、右归来、右法令、右酒池一带部位喜青润透光方是正色，主见财见喜，如暗滞不明主欠利。红色防火盗，黄色主失脱，黑色主官刑。

【二月】

位在卯宫，即右眼下、右颧、右奸门一带部位，喜青润透红黄方是正色，主见财见喜，如一赤一黄或见黑色白色则主灾厄。

【三月】

位在辰宫，即右眉尾、右天仓、右驿马、右福堂一带部位，喜黄润透红方是正色，主见财见喜，如白色主孝服，重青主灾殃，赤黑色主损财口舌。

【四月】

位在巳宫，即右眉上、右辅角、右月角、右驿马、右福堂一带部位，喜红紫光明方是正色，主见财见喜，如暗滞主有灾病损财及不利远行，黑色主死，青有宫刑，黄有失脱，白主孝服。

【五月】

位在午宫，即官禄官、印堂一带部位，喜红紫微赤方是正色，主见财喜遇贵人。最忌黑色主破败凶灾，其他暗滞青白诸色均主不吉。

【六月】

位在未宫，即左眉上、左辅角、左日角、左驿马、左福堂一带部位，喜红紫黄润方是正色，主见财见喜。如独黄色主刑克，白色主己身灾病，青暗主蹇滞。

【七月】

位在申宫，即左眉尾、左天仓、左驿马、左福堂一带部位，喜黄润透白光方是正色，主名利双得，如红中带赤黑或青暗色均主灾厄蹇滞，微紫主吉。

【八月】

位在酉宫，即左眼下、左颧、左奸门一带部位，喜黄润中现深紫方为正色，主家宅平安，如暗黄暗黑色，主有灾凶破败，枯白色主时运不遂，赤色主口舌是非。

【九月】

位在戌宫，即左归来、左附耳、左命门、左法令、左酒池一带部位，喜红黄明润方是正色，主见财见喜，如见黑色主灾，黄外红内主吉，反之主耗散忧惊。

【十月】

位在亥宫，即左颐下平口角、左地库、左腮边一带部位，喜白润透光方是正色，主见财见喜，如见赤色主灾，黄色主病亡，白色成点主灾病官非刑克，青黑亦主不利。

【十一月】

位在子宫，即口下地阁一带部位，喜白光浮外，或黑润成片方是正色，主百事顺意，如见黑色成点主意外灾祸损财败业，黄红赤暗亦忌，惟不忌润青，因一阳将复始也。

【十二月】

位在丑宫，即右颐下平口角、右地库、右腮边一带部位，喜青润、黄润黑润方是正色，主营谋多利，如见枯白色主破败官非，黄暗不忌，惟忌赤黑或滞黄主有刑克，丑宫略带暗色不忌，象征土中有水，反而主吉。

附注：观看男性月令气色和观看女性月令气色之部位行进方向有所不同，男性以地阁为准，自右至左顺行，女性亦以地阁为准，但自左至右逆行，读者不可不知并请参考附图。

第四章
十二宫气色之观看法则

前言“气”与“色”有别，又“气观一体”，“色看分毫”，是以观看气色时，必须将面部依据“内外五行的联属关系”与“吾人实际生活的连带关系”区分为若干部位观之才不致有误。例如“十二宫气色”、“三十六宫气色”、“七十五部位气色”、“一百三十部位气色”等（详见附图）。大体言，十二宫气色系依据宫位特性为判定休咎（先贤言休咎即吉凶之谓）之标准。七十五部位气色系依据部位特性为判定休咎之标准。三十六宫气色则系依据宫位及部位两种特性为判定休咎的标准。一百三十部位气色因分类更为详细，是以一百三十部位气色可作为前三者判定休咎时之佐证，俾所下判定更为精准。（有关面相内外五行联属关系详本书299页“面相内外五行联属图”及《萧湘识人相法全集（一）、（二）》各章节）

凡请相者专就运程、父母、兄弟、夫妻、子女、官禄、财帛、田宅、奴仆、疾厄、迁移、福德等十二项中之一项或二、三项提出有关问题，观相者即可依据本章各宫所述有关观看气色之法则判定其人所提问题之吉凶，但无论观看何宫气色，均应配观命宫气色，俾作判定休咎时增分减分之依据。兹将十二宫各宫气色的观看法则论述如下：

【命宫】

命宫与心肺呼吸系统及脑组织相联属，命宫气色佳，乃象征上述两系统生理状况良好，是以其人之健康必佳，智慧与个性亦必处于最正常状态，工作事业自然顺利，父母、兄弟、配偶、子女亦均未为其带来烦恼，故先贤将印堂定为命宫。命宫为十二宫之首，主一生官运财运之盛衰，及自身和六亲（命宫亦谓之六亲宫）身心之否泰，故一生气色宜明不宜暗，明者象征生命光辉灿烂，主其人命运亨通，六亲吉祥，暗者象征生命朦上阴影，主其人命运蹇滞，六亲不吉。

【父母宫】

额之日角、月角两部位与父母之遗传关系最为密切，故先贤将日月角定为父母宫，主父母之健康否泰，以及父母赋予自己遗传之良窳。气色黄明红润，主父母身心两健或有喜庆。青气色主父母有忧疑、运蹇或彼此口舌争斗。赤气色黑气色主父母灾病或死亡。白气色或白痣白疮主有长上孝服。（父母死亡年在古稀以上者，子女不一定出现孝服气色）。60岁以上老年人忌日月角发鲜红气色或薄黑气色，主刑克子女。

【兄弟宫】

双眉与肝、肺二脏及脊椎骨相联属，为观看父系遗传良窳及器量大小和脾气急缓之最佳部位，故先贤将双眉定为兄弟宫，主兄弟有无刑克及兄弟之相处关系，及兄弟事业、健康、财产之变动。气色宜光润有彩，主兄弟相处和睦进财喜庆。赤气色主兄弟口舌不睦及兄弟有忧惊。白气色主兄弟孝服或争产涉讼。黑气色主兄弟相互猜疑不睦，或彼此克制互损运气。

【夫妻宫】

天仓、奸门、鱼尾一带乃肝脏与小脑（即性神经中枢）之外在反射交汇点，故先贤将天仓奸门鱼尾定为夫妻宫。（男性左为妻位右为婚姻位；女性右为夫位，左为婚姻位。按肝与吾人之脾气好坏有关，小脑则与吾人之性机能强弱有关，而脾气之好坏与性机能之强弱又与夫妻关系之美满与否有特别连带关系，是以先贤将天仓奸门鱼尾一带定为夫妻宫。）气色黄润主夫妻感情恩爱。暗色黑色主配偶灾疾病亡。赤黑色主夫妻争斗口舌，或配偶有血光之灾（含妻产厄）。白气色主配偶悲伤破财或刑克配偶。花杂色主狎游败家。

青黑如云主夫妻分离，但夫妻经长期分居再协议离婚者，夫妻宫不一定出现恶色，然山根两旁及小指下方婚姻线部位会出现青色。家有旺夫之妻，夫鼻之准头及鼻翼气色必黄明。家有耗财之妻，夫鼻之准头及鼻翼气色必暗色。右奸门及龙宫呈现粉红色主男性花心。山根有青气横贯，泪堂再青黑色者主妇女感情出轨。

【子女宫】

三阳三阴（左眼下曰三阳，右眼下曰三阴，男左女右），亦即卧蚕、泪堂、龙宫三位是也。此三位乃“心肾之交”之位，亦名为“阴骘宫”“心性之宫”，故先贤将三阳三阴定为子女宫，主子女怀孕生育及健康喜庆。气色宜黄明红润，主子女多而贤能，身心两健，事业顺遂。子女宫出现紫气色者（即阴骘气色），主子女发达或生贵子。赤黑色主产厄（生育怀孕气色详见占应篇及气色口诀）。青蓝色或枯白色主子女疾病灾难刑克。子女宫气色枯燥或暗黑者（即损阴骘气色）主损子孙或子孙事业不顺。（按卧蚕即下眼睑之高弦，因形似“卧蚕”而得名。泪堂位于卧蚕之下，俗称眼胞之处。龙宫位于眼头之下即山根两旁之处，亦有先贤谓泪堂即龙宫。）

【官禄宫】

天中至印堂之位为官禄宫（亦名事业宫，乃前脑及整个思维系统之反射点，乃观看学习能力、思考能力、记忆能力、创新能力、鉴识能力、判断能力、处事能力、识人能力、反应能力、公关能力，以及自尊心、仁慈心、上进心和奋斗精神之所在，以及观看一生是否宦途得意或商场得利，或一生只宜担任受薪职，甚或一生劳碌无成之所在，故先贤将天中至印堂定为官禄宫）。气色宜紫红黄润，主官运亨通，庶民吉利，官讼则主胜诉。青气色主忧疑多愁思，无论官民均应防小人为害，涉讼则主连累败诉。赤气色主牢狱、官讼、灾厄是非。黑气色主官员失官降调，庶民主百事难成，严重者破财败业灾厄。赤色小疮或现赤斑疹者，亦主官财欠旺，或难得长上之力，或因工作金钱之错失而忧烦不已。另观看官禄宫之气色时，尚须配观眼神及天仓、驿马、年寿、颧骨、法令之气色，俾作加分减分之依据。

【财帛宫】

鼻之准头及鼻翼、井灶和鼻中隔各部位，与消化系统（五行属土）生殖泌尿系统（五行属水）有联属关系，各部位相理俱佳，象征土中有水，万物生长无碍，故先贤将鼻准、鼻翼、井灶各位定为财帛宫，主财产之变动及事业之顺逆。准头气色宜黄润或现黄白光，主财帛旺盛事业兴隆。准头赤气色、黑气色均主损财败业，至低限度主财紧或见虚耗。准头暗色或滞色主财来财去。鼻翼有赤筋黑斑或暗色主家庭经济损耗。井灶污浊者主运程蹇滞难兴家计。观看财帛宫气色时，尚须配观印堂、眼神、天仓、地库、地阁、年寿各位之气色，俾作为加分减分之依据。

【田宅宫】

上眼胞与祖先父母的消化系统之遗传有关，亦为观看祖先父母是否留下遗产之相理所在（须配观享祖父业格各款），以及观看自身房地财产之变动和家宅人丁之吉凶，故先贤将上眼胞定为田宅宫。上眼泡气色黄明，主家运吉祥财产增加。（如局部明亮则有迁居之象）。上眼泡气色红润，主家有喜庆或添人口进田宅。上眼泡青气色，主人丁欠安，或居处不安，或有损财之忧惊，或为家人家庭之事忧烦。上眼泡赤气色主家运不吉，或因产业涉讼退财或被迫迁徒。上眼泡白气色，主丁忧或家运不吉。上眼泡重黑色，主破产败业。上眼泡灰暗色，主住宅不安，防发生凶案事故。上、下眼泡污浊主色欲桃花。上、下眼泡暗色主与家人或部属关系欠佳，工作事业欠顺。上眼泡生小疮主为子女辛劳。下眼泡生小疮主子女喜庆。观看田宅宫气色时，尚须配观眼神及天仓地库之气色。

【奴仆宫】

水星、地阁、腮颐等下颚部位，与下元系统、消导系统及内分泌系统有内外联属关系，乃观看其人老年时期身体是否健康，智慧是否退化，个性是否僵化，以及是否尚俱有管理能力之所在，故先贤将水星、地阁、及腮颐等下颚部位定为奴仆宫，主自身与晚辈、部属之关系，及老年运之好坏。气色光明莹净，主老当益壮，老运亨通，部属忠诚，晚辈敬仰。青气色主用人不忠，老运不佳。枯白色主晚辈部属灾疾或损伤。赤气色主与部属晚辈相处不睦，口舌争斗。赤斑疹主是非损财。

【疾厄宫】

山根、年上、寿上与血液循环系统及代谢系统和脊椎中枢神经系统相联属，乃观看健康、寿命、和灾厄之所在，故先贤将山根、年上、寿上定为疾厄宫，主自身及六亲之健康灾病。气色宜黄明透红、透紫或透白润，主自身及六亲平安健康，运程顺遂。赤气色主自身血光重灾，成条者尤忌。枯白色主配偶兄弟病灾。年寿黑朦色或成烟雾色或青暗色，均主自身病灾损耗。山根正中央青黑色同现为催尸煞动，朝发暮死。山根至年寿有暗色者，主家中有久病之人。

【迁移宫】

天仓、福堂、山林、边城、驿马各位，与主管声音、方位、时间、光觉之侧脑系统相联属，乃观看一切人事环境、工作环境、生活环境变迁顺逆与否之所在，故先贤将上述部位定为迁移宫。（迁移宫亦名变动宫）。各位气色黄明红润，主遇贵人见财喜，求职、求官、竞选顺利，创业可成，旅行平安，万事动则有利，愈动愈吉。赤气色主是非官讼、惊恐不安，出外注意外出车马安全。暗色及滞色主周边环境欠佳，百事难成，或成而复败，诸事应忍耐保守，尤忌创业竞选。白气色主出外注意交通安全，防意外灾殃。青气色主健康欠佳或工作劳累，或有远虑近忧。黑气色主破败损财，虽财帛宫气色佳亦不宜轻举妄动，尤忌赌博。（注：竞选赌博时，如迁移宫气色不佳，象征对手实力强过自己。观看赌博输赢时，以当场聚赌各人之迁移宫气色为准，气色最佳者赢。观看竞选胜败时，以投票日前七天各参选人之迁移宫气色为准，气色佳者胜。）至于旅行平安，除看驿马部位有黄红之动色外，尚须观看旅行方位是否亦气色明艳。（注：大方位以印堂为南位，天中为北位，左驿马为东位，右驿马为西位，何位有动色即往何方，至于中途方位则以子、丑、寅，卯、辰、巳、午、未、申、酉、戌、亥十二宫位之气色为准，以判定其旅行途中之吉凶。）如方位气色佳，主旅行平安，旅行目的顺利达成，如方位气色暗滞，主旅行目的难以达成，甚或是非破财，中途受阻，或发生其他意外事故，应暂时中止出发或改变旅行路线。

【福德宫】

福堂、天仓、地库各位如先天相理佳，后天气色也佳，乃一生福厚之人，故先贤将福堂（尤重福堂）、天仓、地库定为福德宫。亦有古籍将四渎、五星、五岳列入福德宫，或称福德宫为相貌宫（亦有古籍谓父母宫为相貌宫者）。福德宫各位气色黄明红润，主身心两健，贵人得力求谋遂意。如见青气色，主忧惊烦琐。如见赤气色，主是非口舌。如见白气色，主有灾疾。如见暗色、滞色，主有耗损或处身进退两难之境。

相理真言

傲僻躁急，相中大忌，而治国居家，处人处己，处艺处物，皆属不宜。傲僻其祸缓，躁急则祸速，富者傲其富。贵者傲其贵，才者傲其才，贫者傲其志，贱者傲其性，而致祸之由来渐矣！

戒傲僻躁急之道：上等之人，以宽恕二字可戒。中等之人，以谦和二字可戒。下等之人，以忍耐二字可戒。依此三者，能治心病，能治过病，能治贫病，能治夭病，能保身家性命，能除勾绞冤孽。真维世之奇药，发越之良方，脱胎化气换骨易形之妙法也。

萧湘相居士　辑

第五章
三十六宫气色之观看法则

《柳庄相法》云：“观看气色共有二百四十四法，宫宫有细法，法有诀，观者非细心之士，毋得侵之，此非俗愚所用，亦非贪图名利之人所学，乃上通天文下合阴阳者方能语此”。（所谓二百四十四法先贤未有明示，笔者认为系将面相十二宫、三十六宫、七十五部位，以及一百三十部位减除若干部位后之总数而言）以上说明气色之内涵深微渊博，吾人观看气色时，除应注意四时节令、阴阳五行之生克制化外，尚须细察各宫位各部位之特性，方可为人判断吉凶。本章所言三十六宫，乃面相之最重要部位，凡吾人一生中百般吉凶祸福之变动，三十六宫之气色必先起变化，其验至爽，吾人观看气色时应特别著重之。下文详述三十六宫各种气色所主吉凶。（按三十六宫为面相中之最重要部位，其名词首见于《神相水镜集卷三》，笔者则首先引伸其义于拙著《气色大全》一书。大体言，观看面相流年时，以八仓二库流年法之七十五部位及九执流年位、大运位、小运位和配观位为准，观看面相气色时，则应以十二宫、三十六宫为准）

【天庭】

各种气色所主吉凶（三十六宫各宫位之正确位置请读者参阅本书第 298 页所附“面相三十六宫图”，并应将各宫休咎熟记之，否则，难以学精。）

吉气色——即黄红紫气色，主见财见喜，为官者升迁，庶民亨通。

青气色——主有忧惊，为官者最忌，防失职、官非或牢狱之灾。庶民减分论。

赤气色——主公难、血光、焦急、兵伤之事，商民并防官非火惊，百事难成。

白气色——主损财败业或刑克长上。

黑气色——主官非或意外灾祸，为官者防失官或不得上欢，庶民商贾主是非、损财、破败。额有薄黑气色笼罩亦主疾病之征，如全额均现浓厚黑暗气色，乃大凶之征，主病亡或凶亡或事业上重大败业之征。（黑气色在外并成斑驳脱屑之状者，主凶事已过，或疾病渐愈，如皮肤内微微透亮者，则主运程即将转吉或已经转吉）

【中正】

各种气色所主吉凶

吉气色——即黄红紫气色，主百事如意，大试及第，宜求财求官。

青气色——主非常忧惊，为官者最忌，主失官及牢狱之灾，庶民减分论。

赤气色——主公难、血光、兵伤及焦急之事，官民同论。

黑气色——主求谋不遂，为官者防失官，庶民商贾防损财破败、官非牢狱、意外灾祸。额有黑气再加眉头赤斑疹者主有火厄之险。

【印堂】

各种气色所主吉凶

吉气色——即黄红紫气色，主见财见喜，大试及第，官运亨通，庶民则家运隆昌。

青气色——主疾病败业，外出注意车马安全及其他意外凶险之事，并即日应验。

赤气色——主口舌是非、忧烦多愁、百事难成，赤如成块者，防官非火灾。印堂赤色成条者，主有重大忧烦或有高血压之征。

白气色——主刑克六亲，见孝服。如青白交加主事先成而后败。

黑气色：主有非常忧惊，乃大凶之征，如黑气上至天庭者，主大祸将至，若准头再暗者，应防不测之灾，其人应禁足避免外出。印堂黑气色或暗色又主百事难成。

【日角】

各种气色所主吉凶

吉气色——即黄红紫气色，主得长上贵人相助，乃吉祥之兆。

青气色——主口舌是非，难成事，防疾病及其他意外不吉之事。

【月角】

各种气色所主吉凶

吉气色——即黄红紫气色，主得异性或平辈贵人相劝，乃吉祥之兆。

青气色——主口舌是非，难成事，防疾病。赤色小疮亦然。

【驿马】

各种气色所主吉凶

吉气色——即黄红紫气色，主有新机会及贵人相助，可投资创业，求官求财，尤利竞选，动则多利，守反不吉。亦主将有迁移远行或官员走马上任之事。

青气色——主出门旅行有忧惊，防见病蒙难，损失财物，或求谋、竞选不遂及体力疲累等。

赤气色——主出门旅行遇灾或是非不吉之事，尤应注意外出车马安全。

白气色——主出门旅行注意车马安全及用人不利之事。

黑气色——主疾病、破败，色重者防水厄、官讼，亦不宜旅行或爬山玩水，应禁足避免外出。如黑中透出光亮者，乃开运之征，可开创新事业，或远行、迁移、赴任均宜，动则有利。否则，诸事宜守不宜攻，尤忌赌博、不宜竞选。

【福堂】

各种气色所主吉凶

吉气色——即黄红紫气色，主遇贵人，逢凶化吉，财喜重重。凡福堂见吉气色者，不论官民近期内必有重大福报，因福堂为阴骘出入之神路。

青气色——主小人谋害，为官者防失权，庶民防官讼、是非、损财、疾病等。

赤气色——主贵人不得力或贵人变小人（福堂又名贵人宫），防官讼是非、财产损失、事业破败。

白气色——主有孝服，或是非、不测之忧。

黑气色——主贵人不得力，百事难成，防破败损财。

【眉心】

各种气色所主吉凶（眉心即双眉内之皮肉部分）

吉气色——即黄红紫气色，主见财喜添人口，亦主遇见得力贵人。

青气色——主时运蹇滞，兄弟姊妹见灾，或为兄弟姐妹朋友之事忧烦。

赤气色——主兄弟姊妹亲戚朋友间口舌、争斗、忧烦之事。

白气色——主兄弟姐妹朋友间牵累是非之事，或兄弟姊妹有刑克见孝服。眉头上有白色小疮者主防火难凶险。

黑气色——主兄弟姊妹有不祥之事，亦主家运不吉，又不宜作保起会，或结交新朋友。眉心色浊者又主色欲强。

【天仓】

各种气色所主吉凶

吉气色——即黄红紫气色，主官员见之最宜，庶民见之主求谋顺意，时运通达，男女恋爱相亲成功。

青气色——主有不测忧惊，或夫妻、家宅不吉之事，男女恋爱相亲难成，亦主疾病之征（青筋例外）。

赤气色——主不利见官，官司败诉。不利出游，主有口舌是非之忧。亦主防火惊之事。

白气色——主损财或见灾见病。

黑气色——主旅行欠吉，注意车马安全。亦主长上欠吉，恋爱相亲难成。

【奸门】

各种气色所主吉凶

吉气色——即黄红紫气色，主妻室（夫婿）平安，夫妻恩爱，配偶见财见喜。未婚者主婚事发动，与异性交往得利。

青气色——主夫妻不睦，恋爱不顺。如奸门青黑之气如云，主夫妻离异。又主自身病灾。

赤气色——主配偶疾病，亦主配偶间口舌争执。

白气色——主妻室（夫婿）不吉之事，并防配偶孝服，又主患小人。

黑气色——主配偶病厄不吉，亦主与异性交往不利，或不得亲友信任。

【山根】

各种气色所主吉凶

吉气色——即黄红紫气色，主时运亨通，百事大吉，身心两健。

青气色——主忧烦久病之事。山根暗色连年寿，主家中有久病之人。青暗气色出现在山根两旁者，主内心有压力感。

赤气色——主血光、官讼、火厄、产惊等。如赤气成条横贯山根者，主有生死关头之灾难。

白气色——主克妻刑子或意外灾伤。

黑气色——主时运不遂，配偶不吉，又主有内疾之征，并防六亲孝服。暗黑气色出现在山根两旁者，主内心有压力感。如山根两旁之暗黑气色成凝结状者，则主有心脏血管方面之隐疾，或房事过度。

【年寿】

各种气色所主吉凶

吉气色——即黄润白润透紫光，主名利通达，大试及第，为官者年寿吉气色主官运亨通，业商者年寿吉气色主财星高照。（按天仓年寿二宫为观看大运气色之所在，又官员尤着重天仓气色，庶民则着重年寿气色）

青气色——主事业破败，灾祸疾病，百事不顺。（青气成条者主官非重忧）

赤气色——主血光之灾，防意外凶险，又主火厄、是非、争斗等。赤斑疹主损财，赤脉（即赤条）上升到达山根者，主有生死关头之灾难。

白气色——主疾病损财，但白枯色白惨色始验，白如钱币者尤验。

黑气色——主家人或自身见病，如黑似斑点者主自身久病未愈，黑色似蒙者主损财。

【准头】

各种气色所主吉凶（含鼻翼井灶）

吉气色——即黄白光亮，主正财偏财俱旺，或进人口得利权，百般顺利吉祥。（按黄白光亮即准头部位黄亮中再透出白色光亮之谓）

青气色——乃大凶之征，色重者主病亡，色轻者主忧惊破败。

赤气色——乃大忌之色，先贤谓之火烧中堂，色重者有家破人亡之厄，色轻者亦主损财破败，或象征财务紧迫（酒糟鼻及痼疾例外）。

白气色——主大破败，防孝服（白枯色或白惨色始验）。

黑气色——主灾祸即将来临，如印堂不暗眼不带煞者减半论（色似梅花形者最忌，黑似针刺者主已破败损财）。

【泪堂】

各种气色所主吉凶

吉气色——即黄红紫气色，主家运隆昌，事业顺利，如妻有孕必产麟儿，因泪堂为阴骘宫也。

青气色——主处境欠顺，小人坏事，或有迁移之忧，或有疾病在身。如青黑同现，则应防是非官讼。

赤气色——赤气色成隐隐红色者，主心绪不宁，有变动或迁居之念。

白气色——眼下气色白如粉光者，主孝服之兆。

黑气色——上下眼胞均有黑气色者，乃不祥之兆，以下所列各项定有其一：例如作奸犯科，孝服在身，小人是非，败业破家，家运不吉，色欲过度，桃花婚变，疾病在身，睡眠不足。女则妨夫性又极淫，但不论男女，有内疾者减半论或不论。如泪堂赤黑二色交织成片，主其人非常悲伤呕气，情绪极不稳定，女主有出走之念。

【颧骨】

各种气色所主吉凶

吉气色——即黄红紫气色，主家运隆昌，求谋遂意，官民均吉。

青气色——主家运不顺或牢狱之灾，又主用人不忠，作保不利。

赤气色——主大祸即将来临，应防疾病死亡及不测之灾祸，气色形似蝴蝶翅膀者尤验，色轻者亦主忧惊破财，女性则有离家出走之念。

白气色——主破败及孝服。

黑气色——主家运不吉，家人相克（因颧骨又为家庭宫），如黑气色如云者，为官者防失官失权及牢狱之灾，天中不暗者减半论。庶民注意事业不利，与亲族朋友是非口舌（因颧骨又为社会宫）。

【法令】

各种气色所主吉凶

吉气色——即黄红紫气色，主身心两健，用人得利，业务兴隆，劳少获多。为官者主官运亨通，官场得意。如法令内黄外红，则主有新机会或合伙可成。

赤气色——法令出现赤斑疹者，主业务不利，小人坏事，或是非盗难等。

黑气色——法令出现黑气成片者，主损寿元，应注意保健，同时防用人不忠，小人坏事。如法令内黑外赤，则主洽谈业务或合伙不成。

【命门】

各种气色所主吉凶

吉气色——即黄红紫气色，主时运顺遂，贵人得力，事业成功，财利通达。

青气色——主时运不遂，身处困境，疾病损财，多忧多烦。

赤气色——主损财破耗，或与他人暗斗之事。

黑气色——主时运蹇滞，百事欠顺。重病之人忌命门色恶。

【双耳】

各种气色所主吉凶

吉气色——即双耳白润或红润而过于面者，主事业顺利，身体健康，名声远播，名利双收，为官者最宜。如耳色白润，垂珠红润者，主目前正处盛运，无论官民，均主大吉大利。如耳色黄润者，亦主时运顺遂。

青气色——主房事劳累，或房事不协调。耳门内有青气，亦主配偶有灾。

赤气色——主内脏相火，应防高血压中风症。

黑气色——主事业或工作不顺，家运亦欠佳，黑似朦尘带垢者愈甚，象征其乃久困之人。色黑又乾枯者主肾衰促寿。

【人中】

各种气色所主吉凶

吉气色——即黄润透紫光，主时运顺遂，身体健康，精神愉快，内心充满了美丽的憧憬。

青气色——主应防因饮食、服药、色欲过度等引起之灾病，或其他不测之灾。

赤气色——主忧惊愁烦，是非口舌，亦主色忧，色重者重忧，色轻者轻忧。

白气色——主自身疾病，或家人子女病灾。

黑气色——主自身及子女有不测之灾，又主饮食服药均应特别谨慎，以免差错。

【仙库】

各种气色所主吉凶

吉气色——即黄红紫气色，主求谋顺意名利通达，进财置产得人信任。

赤气色——主忧惊愁烦，口舌是非，亦主色忧。

【水星】

各种气色所主吉凶（即上下唇）

吉气色——唇现鲜红气色者（非赤红或燥红），主大运通达，身心两健。一生到老均现鲜红气色者，其人如非大富即系大贵。唇现紫红气色者亦佳，但吉征减分论。唇现紫气色者不吉，唇现紫黑气色者尤为不吉，乃败业或内疾之征。唇现枯黄气色者尤忌，乃重病或死亡之征。

青气色——青色现于口角，主服毒灾厄，亦主水路旅行欠吉。唇现青黑气色者，主个性不良，运程坎坷，亦主疾病之征。

赤气色——燥赤色现于上下口唇，乃内脏相火之征，应防口舌是非，或高血压之症。

白气色——上下唇现苍白气色者，乃贫血之征，女性又主内分泌系统有隐疾，如一生到老均呈苍白色，则主其人无生殖能力并夭寿。

黑气色——黑气色现于上下唇，主见难医之症，如眼神再斜视者，主其人患麻疯或精神病。如眼神正而唇黑者，主其人患有内疾或处于十分贫困之境地，亦主色欲过度心术不正。如鼻准再出现黑色斑点者，则主有暴毙之险。

【承浆】

各种气色所主吉凶

吉气色——即润红气色，主财星高照，受人敬仰，贵人相遇，过红者主口舌。

赤气色——主有小人作弄生非之事（含赤斑痧），内心亦多忧烦、闷滞及压力感。

黑气色——青黑色同现，主防饮食或服药中毒。薄黑色主家有灾难。

【地库】

各种气色所主吉凶

吉气色——即黄红紫气色，主身心两健，官财两旺，诸事如意，用人得力。

青气色——主水路旅行不吉，或在旅行中要防交通事故，同时防事业欠顺损财，及用人不利，六畜不旺。

赤气色——主火惊、官讼、败业之事，亦主血光之灾。如地库现赤斑痧者，则应防被盗。

白气色——主金钱暗耗，或因晚辈和部属之事而招致金钱上之损失。

黑气色——主车船有忧惊，应注意外出车马安全及水厄。如黑气入口者应防服药、口舌之祸，尤以夏天见之大忌，秋冬次之。黑气色连命门者，防下属叛逆，外人谋害。

【地阁】

各种气色所主吉凶

吉气色——即黄红紫气色，主财喜重重，下属信服得力，家运隆昌，六畜兴旺。

青气色——主时运不顺，防事业破败，疾病灾厄，亦主合伙不利，六畜有损。

赤气色——主口舌是非损财被窃之事。黑朦再见赤斑痧则主大损财，又主有大是非。

白气色——主家运不吉，诸事不顺，色枯者验。

黑气色——主与晚辈、下属口舌是非，或对事业、职位有所忧虑。如准头再暗者，防水厄车马之灾，准头明而黑气色起于秋冬无碍。

注一：三十六宫各种气色之休咎，尚须参照第八章、第九章眼神之强弱及占应篇各章节和四季月令气色，再判定吉凶祸福之轻重。

注二：三十六宫各种气色，如所主休咎有多种而无法下判定时，则应参照属性相近或休咎有关连性之宫位的气色综合研判才不致有误。

观相感言

四修可以改变命运

四修者，即修身、修心、修德、修行也。所谓修身者，即永葆身体的健康无病。修心者，即永葆心神的宁静平和。修德者，即永远不做有违道德良心的事情。修行者，即永远屏除有违国家法律和社会秩序的行为。以上虽是老生常谈，然而，假能认真去做，命运焉有不变好之理?

除了以上“四修”可以改变命运外，还有，有病要看医生，不要祈求神明庇佑，迷信怪诞之说。运气不好的时候，要忍耐保守，不要急进贪多，要调整生涯规划，调整事业攻守时机，不要迷信造命改运地理风水之说，否则，必然偾事后悔。另外，更应调整生活作息时间，注意饮食营养平衡，戒除不良嗜好，多运动，少忧烦，促使气色转佳，运气自然转好。

萧湘居士　撰

第六章
七十五部位气色之观看法则

七十五部位气色与三十六宫气色（部位详附图），乍看不分轩轾，仔细分析则界说分明，各有所主。简言之，前者专论气色之常态，后者则专谈气色之变态，前者以当年之气色为范畴，后者则偏重于偶发性气色，前者应事范围较单纯而小，后者应事范围较复杂而大。如请相者专就当年之流年运气提出问题，则观相者可参合前后两者观看气色之法则加以配观，必应验不爽矣。兹就七十五部位气色之观看法则分述如下：

【金星、木星】

因为婴儿、幼儿及少年之骨骼尚未发育完成，故1~7岁只看左耳金星（男左女右），8~14岁只看右耳木星之相理和气色即可。气色红润白亮者，主发育正常，健康良好。气色青暗者主发育有阻碍，健康情况欠佳，再加年寿气色暗黑色者则主疾病，若双耳气色再枯暗者则主有夭折之虞（有关婴幼儿之疾病气色请读者再参考本书十二章之观看法则后再作判定）。另8~14岁若两耳高提，垂珠明秀，气色红润，主聪慧早发，少运吉利（注：早发者，即年在15岁前就有若干名利上之收获之谓，例如影艺界之童星，或科技上有所发明等。如年在15~20岁有名利上之收获，则谓之少发）。

【火星、天中】

15、16岁主运，两处气色红润黄润者，主青少年运程佳，身心两健，学业进步，甚或名利双收。若气色暗黑者主少运诸多不利，甚或刑克父母，破梓离乡。

【日、月角】

17、18岁主运，两处气色最喜黄明，主青少年运程吉利，若气色暗黑者，主刑克父母，破梓离乡。

【天庭、辅角】

19、20、21岁主运，此三处气色宜黄明红润，主青年时期运程顺意，长上师长爱护有加。若气色暗黑昏沉者，主出外有灾难或意外灾殃，或考试求谋不能遂意。

【司空】

22岁主运，气色黄明红润者主百事如意。此一部位一生气色均不宜出现青、赤二色，若发青赤二色，均主运蹇灾厄，如气色暗滞，主百事难成。

【边城】

23、24岁主运，此二位气色宜黄明红润，主时运顺遂，若红色成片或赤色成块或出现青色，则主意外灾厄或血光之祸，除非另出现阴骘气色或阴骘纹始可免灾祸。

【中正】

25岁主运，中正气色之观看法则与司空同。

【丘陵、冢墓】

26、27岁主运，此二位气色不忌微青色或略有暗色，惟忌重红深赤，主灾殃立至。

【印堂】

28 岁主运，此位气色黄明主吉，黄明中透红光者主大吉大利，黄明中透紫光者乃阴骘色现，为官者主荣升要津高位，庶民亦主有重大财喜，妇女则旺夫兴家至极。印堂赤气色主官非，青气色主灾病，黑气色主死亡。

【山林】

29、30 岁主运，此二位气色黄明莹洁主时运顺意，所谋皆遂。若气色暗浊者，主事业不顺或灾殃立至，若气色暗黑者，主不宜远行，应防意外灾难。

【双眉】

31~34 岁主运，凡眉内肉色白润明亮或成翠色者，主贵人得力时运顺遂。眉内有红润之色者，主官财大旺正值盛运。眉内有紫色贯通印堂者，主其人拥有大权柄或大财富。眉内白如珠点者，主兄弟孝服。总之，双眉之内一生均宜明亮忌污暗。

【太阳、太阴、少阳、少阴】

即上下眼泡两端及龙宫鱼尾两部亦即两眼之前眦和后梢之处，35 岁、36 岁及 39、40 岁主运，此四位气色红润光明者乃上上之色，主大吉大利。气色黄明者乃中等之色，主时运平顺。气色青暗者乃下下之色，主破败灾疾。气色枯黑者主有丧命之虞。另前眦后梢也要符合相理标准，否则减分论。

【卧蚕】

观看 37 岁、38 岁之运程，除注重眼睛之神采外，另须观看上下眼泡之气色（按上眼泡即田宅宫，下眼泡包含卧蚕、泪堂二位，卧蚕即眼睑下之高弦，卧蚕之下为泪堂，泪堂又名阴骘宫，又名子女宫，又名三阳三阴，又名龙宫。上述诸部位之名称古籍说法欠一致，并此叙明。）总之，卧蚕气色宜明不宜暗，明者主吉，暗者主凶（详见占应篇）。

【山根、精舍、光殿】

41、42、43岁主运，此三位气色忌青黑枯白，主灾疾孝服，宜红润黄明，主健康、时运、家运均吉。

【年寿】

44、45岁主运，此位气色黄明白润者主吉，若见赤、青、黑诸色均主灾厄疾病或破财败业。总之，年寿气色与准头气色不一致者主运蹇。凡行大运之人，自天庭、印堂、山根、年寿、准头直至地阁，气色均呈现黄明之色，准头并隐约透出白光。若患病之人，年寿气色暗滞不开难言痊愈。

【双颧】

46、47岁主运，（46岁左颧47岁右颧男左女右），此二位气色最宜明润，他色均主不吉。惟青少年宜明润中透红，中老年宜黄润明亮，若双颧出现“国印气”（国印气详见第二章注解）则主大吉大利。

【准头、谏台、廷尉】

48、49、50岁主运，此三位气色最宜黄润，准头则黄润中透白光，他色均主不吉。如见红色、赤色、赤斑疹，或见赤筋红丝均主损财并防口舌是非。黑色亦主损财，黑重者则主重病死亡。

【人中、仙库、食、禄二仓】

51岁人中主运，52、53岁左右仙库主运，54岁食仓主运，55岁禄仓主运（男左女右）。此五位均属水星范围，气色最宜明润，主时运顺遂，身体健康。若现黄色，少年不妨，中年不利，老年主病。如气色若朦尘，亦主时运不顺或健康欠佳。

【法令】

56、57岁主运（男左女右）。凡观看法令气色，宜纹沟内外分别观看，纹沟内宜紫宜红主福主寿，运程顺遂。青黑主病主灾，或运程蹇滞。纹沟外宜黄明白亮主吉主利，象征人际关系良好，业务开展顺利。

【附耳】

58、59岁主运（男左女右），此二位气色黄润者主吉，若气色黄中有暗者亦不为忌，因附耳在耳朵之旁，耳通肾水，附耳黄中带暗，象征土中有水也。

【水星】

60岁主运，水星又名正口。此位气色不拘老少宜鲜红或紫红，主身心两健，运程顺遂。妇女忌白色，男子忌青、忌燥或紫黑。妇女白色象征贫血，有妇科疾病。男子唇青、燥、紫黑色，则象征运蹇病灾。

【承浆】

61岁主运，此位气色在五十岁以后宜黄润中透白润或红润，忌枯黄、忌暗黑、忌赤青，若少年承浆突发黑气色者主有水厄。

【地库】

62、63岁主运（男左女右），此二位气色不拘老少，白润黄润为吉，象征身心两健，时运亨通。气色暗黑，象征运程不顺或见灾病。

【陂池、鹅鸭、左右金缕】

64岁陂池主运，65岁鹅鸭主运，66岁左金缕主运，67岁右金缕主运（均男左女右）。此四位气色白润如珠玉并有光彩者吉，象征身心两健，老运亨通。若气色白如枯骨而无光彩者主凶，应防灾病。

【归来】

68、69岁主运（男左女右），此二位气色黄润红润均主吉，象征身心两健，老运亨通。黄中略有暗色者不忌，若气色青黑则主病灾。

【颂堂、地阁】

70、71岁主运，颂堂气色白润、红润者主大吉，象征身心两健，老运亨通。若见黑气色，象征重病或死亡。地阁气色与颂堂气色同论。

【奴仆、腮骨】

72岁左奴仆主运，73岁右奴仆主运，74岁左腮骨主运，75岁右腮骨主运（男左女右），此四位气色华明者主吉，象征身心两健，老运亨通，若见黑气色象征寿数尽矣。

附注：观看七十五部位气色，如同时参照拙著《萧湘识人相法全集(一)》第十七章“八仓二库流年法”则更验。

观相感言

成功的人，都是会“管理时间”的人，例如有人会利用闲暇从事副业，或是读书写作，有人则利用闲暇玩牌狎游，或是聊天嗑牙，最后结果，当然是前者收获多成就大。

萧湘居士　撰

第七章
一百三十部位气色之观看法则

古籍均有“面相十三部位”和一百三十部位”之说，但绘有“面相十三部位总图”者仅只《神相全编》一书，（见本书第287页附图）而为文解析总图各部位之休咎者则仅清之陈淡埜氏所著《相理大全》（又名相理衡真）一书。然《神相全编》所绘“十三部位总图”所述部位与《相理大全》所述部位有所不同，前者为一百四十一位，后者则为一百三十三位，同时所述部位名称亦有所不同。再细数《相理大全》卷三所述“横列部位”，如以面庞之一边横列部位计算，仅只得一百二十位，如再加上十三部位本位则为一百三十三位，如以面庞两边横列部位均予以计算，则总数应为二百四十位，再加上十三部位本位则总数应为二百五十三位，为何陈氏在所著“相理大全”中称总数为“一百三十五部位”，而一般古籍又称为“一百三十部位”，笔者虽多次深入推敲探究亦不得其解。又先贤之所以将面相细分如此多之部位，笔者亦认为应与面部针灸穴位有连带关系。但不论观看相理或观看气色，真正实用之部位仍只限于三停、四渎、五官、五岳、五星、五形、六府、六曜，以及十二宫、十三部位、三十六宫、七十五部位和头面骨骼而已，无论一百三十部位或一百三十五部位仅只有佐证之作用。兹就有关面相一百三十部位之部位特性及气色之观看法则分析如下：

【天中横列十位解析】

（即自天中起至左右额之发脚止两边各平均分为十位）

天中——位于额发际中央下方第一位，为面相十三部位之首位。因位居额之官禄宫，乃观看有无官禄之位（按富格之人，着重观看“鼻、颐、颏”是以富格之人只供参考而已，以下同解），部位平满有骨高起者（即奇骨）主青年发达，有骨起至枕者尤佳，可至大贵。部位平满肉丰者，主业商或异路业（异路业，请读者参阅《萧湘识人相法全集(二)》增订之各种相理格局篇中“异路财荣格”专条）得利。如骨陷肉削者，主无祖产，易犯刑狱，一生难有大收获。天中如有恶痣恶纹，主刑克父母。天中气色黄润红润，无论官民均主吉，他色均主凶，如全额终年有青紫气色者，乃位高权重之人。

天岳——又名讼狱，位于天中横列第二位（含天中以下同）。凡天中及天中两旁之天岳平满不凹陷者，一生不犯刑狱，本位凹陷再见赤气色或黑气色者，刑狱立见。

左厢——位于天中横列第三位，平满者一生吉利，如见骨起者主大贵，但须骨肉相称，否则主异路贵或高寿而已。如缺陷者，一生灾厄难免，有恶痣者尤甚。气色黄润红润者主为官顺利或即将升迁，庶民吉利。气色恶者，不论官民均主不吉。

内府——位于天中横列第四位，部位平满者主大富，又心存仁厚有孝心，骨起者主武职大贵。如见缺陷者，主一生劳多获少，波折难免。如见严重倾斜或破伤者，主一生均不宜业商，只宜担任受薪、技艺、劳动工作，否则必见破败。如见恶痣者，主刑克父母。气色黄润红润无论官民均主吉，赤黑二色主凶，白色主孝服。

高广——位于天中横列第五位，此乃驿马之位（即官星之位），如见骨起者主大贵，倾侧凹陷者一生难见兴创，如见恶痣者主刑克父母。高广气色最宜黄中透红，主驿马已动（即官星已动），官员象征升迁上任，庶民主有变动兴创。

尺阳——位于天中横列第六位，此亦为驿马之位，如见骨起肉丰者，最宜担任公职，可长保禄位。如有缺陷者，虽任官亦终必罢官。如有恶痣者，主客死他乡。气色宜黄润红润，他色均不吉。

武库——位于天中横列第七位，如见骨起者，主武职大贵，若骨肉丰起者，亦宜从事军职工作。如见恶纹恶痣者，主战阵兵亡。武库气色一生不宜赤色，否则，即使不兵亡，亦主斗殴致伤致死。

军门——位于天中横列第八位，相理及气色休咎同武库。

辅角——位于天中横列第九位，如见骨起者，主文职贵显，骨大者官大，骨小者官小，无骨不宜求官，即使在公署任职，最大也仅只委任职而已。如骨大又全额再见青紫气色者，可贵至方面大员。如有恶痣者，主战乱兵死。辅角气色不宣暗、滞、朦色，有者主失官降调有意外灾殃。赤气色主有是非，或有急症时疫之病。

边地——位于天中横列第十位，乃观看远行及事业变动吉凶之位，若骨肉丰起者主中上贵，骨高隆起者主文职或武职大贵。部位平满肉丰者，可业商致富或异路业有成。边地有黄气色者，官员主迁动，庶民有事业变动或有远行之利。如黄中透红气色者，官员主荣升，庶民主有兴创。如见赤气色者，官员及庶民均主不吉。但赤气色如刀形剑状者，武职官员主功勋升迁，如系文职官员则主兼领武职，例如省长兼省保安司令。如见边地凹陷者，主一生事业少成，或为仆为奴。边地有黑痣者，主破梓离乡，并主客亡（即死在外乡之谓）。

【天庭横列十位解析】

（即自天庭起至左右额之发脚止两边各平均分为十位）

天庭——位于额发际中央下方第一位，又名天宰，亦即面相十三部位之第二位。若见骨起者主大贵（即伏犀贯顶）。若骨陷或平塌似削，或有恶痣恶纹者，主刑克父母自身灾厄。天庭气色黄润透红光，主迁调要职或方面大员。有青气色者，为官之人最忌，防失职官非，庶民主忧惊凶灾。有赤气色者，主公难血光，庶民防官非火惊。白气色主损财或刑克长上。黑气色主官灾或意外灾殃，庶民防是非损财破败，或疾病临身。

日角——位于天庭横列第二位（含天庭以下同），骨肉丰隆圆起者，主中上贵（尚须有辅角骨始可言中上贵）。气色宜明润主父母安康，气色暗者主父母灾疾。

天府——位于天庭横列第三位，又名王府，骨肉丰起者，主上司器重，官运亨通，有缺陷恶痣者，不宜宦途发展。天府气色赤燥或黑暗者，主官运欠顺。

房心——位于天庭横列第四位，骨肉丰起者，主为人师，如日月角圆起，气色亦佳者，主为国师。如骨陷气色又不佳者，乃平常之辈。

父墓——位于天庭横列第五位，与日月角同为父母之位（左父右母）骨肉丰起者，主大贵，并得父母荫被，又荫及子孙。如父墓破陷痣伤，必刑克父母。如气色光润者，主父母健康（左父右母男左女右），子孙满堂。

上墓——位于天庭横列第六位，乃观看父母死后埋葬是否妥适之位，部位凹陷或有恶痣者，主父母难偕白首，父母死后难合葬一处。如气色枯燥而不华明者，主父母坟墓（左父右母，男左女右）有迁葬之忧。

四杀——位于天庭横列第七位，部位骨起（即边地骨），主武职大贵，或文领武职。如部位丰满，亦主一生衣食丰盛。四杀气色宜光泽明润，如见恶色（即青、赤、黑、蒙、滞色）均主不吉。

战堂——位于天庭横列第八位，乃观看武职主帅或部队长战场是否得胜之位。部位骨起者(即边地骨)，主武职大贵。部位平满者武职中小贵，或业商致富，或异路业有成。部位凹陷者如任军职主阵亡，庶民主兵死。主帅或部队长战堂气色光润华明者，主战场得胜，气色黑朦甚或斑驳者主战场失利，严重者主战死。

驿马——位于天庭横列第九位，乃观看求职谋官，创业投资，以及外出旅游车马安全之位。部位欲骨起丰满如立壁，气色亦黄润中透红者，乃驿马有动，主求谋顺利，创业可成，外出旅游无车马安全之虞（但周天命运不好者例外，如遇到大空难）。如驿马先天骨陷或有伤疵恶痣，后天气色又不佳者，主求谋不利，创业不成。驿马如见黑气色者，主官员失官降调，庶民是非失财。

吊庭——位于天庭横列第十位，乃观看丧服之位，不论部位好坏，凡吊庭气色白如梨花者主父母丧亡，微白者主父母以外之孝服。气色重青者，主有自杀之虞。如有恶痣者，主刑克父母。

【司空横列十一位解析】

(即自司空起至左右额之发脚止两边各平均分为十一位)

司空——又名司徒，位于额发际中央下方第三位，乃观看有无官禄之位，部位骨起（即伏犀骨）又无纹侵痣破者，主有中上之贵，无骨起者普通之人，如有恶痣恶纹者，即使部位骨起亦不贵。司空气色宜黄润中透红透紫，主官星有照，为官顺利，如有赤气色下贯印堂者，要注意非常忧惊、灾难、血光之事。

额角——位于司空横列第二位（含司空以下同），乃观看有无官禄之位。部位骨起者主中上之贵，无骨起者为普通之人。额角气色黄润透红、透紫者主官运亨通，赤气色如豆如块者主血光或兵亡，黑气色重者主因意外灾厄而死。

上卿——位于司空横列第三位，乃观看有无官禄之位。部位骨肉丰满者，主有中下之贵，部位凹削不起者乃普通之人。上卿气色常年光润者，主官运亨通，如有赤气色成块者，主有横死之虞。气色黑蒙者，主破梓离乡。

少府——位于司空横列第四位，乃观看有无官禄之位，部位骨肉丰满者，主有中等之贵，部位凹削不起者，乃普通之人。少府气色黄润透光者，主有贵人保举升迁，气色黑蒙者主失官职。

交友——位于司空横列第五位，乃观看交友之位，部位骨肉丰满者，主善于交友并多益友，部位凹削不起者，主不善于交友或结交损友。交友出现赤气色黑气色者，主朋友间有是非。如气色白中透青者，主有桃花。如气色白中透赤者，主因桃花而肇是非或男女感情生变而分手。

道中——位于司空横列第六位，乃观看行路是否安全之位。骨肉丰满者，主两腿两足先天发育良好，后天健康佳，一生行路安全不会摔跤。如部位骨陷肉削，再加气色暗滞或色如马肝者，主行路有车马安全之虞，严重者客死路旁。

交额——位于司空横列第七位，乃观看一生福份厚薄之位。如部位骨肉丰满，再加气色青紫或黄润中透红者，主可贵可富，一生福份深厚。如部位骨陷肉削，恶痣当位，再加气色暗滞或乾枯者，主普通或贫贱之人。

重眉——位于司空横列第八位，乃观看是否健康又勇敢之位。如部位骨肉丰满并气色佳，主武职中小贵，并个性独立特行，勇敢刚毅，如骨陷肉削，并气色暗滞乾枯者，乃普通或贫贱之人。

眉中——位于司空横列第九位，乃观看是否修行有成之位。如部位骨起肉丰并气色佳者，主修道有成，如骨陷肉削气色暗滞乾枯，乃普通庸俗之人。

山林——位于司空横列第十位，乃观看是否能经营林木业、畜牧业之位。如部位骨肉丰满，再加气色佳者，主经营林木业或畜牧业得利致富。如骨起横接司空，再加气色青紫或黄润中透红者，可贵至方面大员。如山林骨起入发际或入脑顶者主遇仙得道。如山林狭窄被头发盖住者，乃普通或贫贱之人。如山林有恶痣，气色再暗滞乾枯者，主山林遇险、遇难，或遇野兽、虫蛇袭击。

圣贤——又名隐贤，位于司空横列第十一位，乃观看个性是否恬淡，是否追求名利之位。如部位有骨入发际或入脑顶，再加气色明润者，乃隐逸高士。如气色不明润者，则象征其为孤寿之人。

【中正横列十位解析】

(即自中正起至左右额之发脚止两边各平均分为十位)

中正——位于额发际中央下方第四位，因位居官禄宫，乃观看有无官禄之位。如部位骨起者主大贵，骨肉丰满者，主业商致富，或异路有成。骨陷肉削气色再暗滞者，乃普通或贫贱之人。中正及官禄宫各位如见青紫气色者，主为官者迁职升官。如气色黑蒙或见青见赤者，均主官运不吉，庶民乃疾病损财之征。

龙角——又名蟠角，位于中正横列第二位（含中正以下同），乃观看有无官禄权贵之位。如部位肉丰骨起，眉上端棱起如龙角者（即眉随骨起），主可官至中枢重臣，女性可贵为后妃女史。龙角气色黄润中透红者，主加官晋级，色恶者官运不佳。

虎眉——位于中正横列第三位，乃观看有无武贵之位。如部位骨起肉丰，气色再白润或红润者主拥兵权。一般有起者，也可位至将军级部队长。虎眉又名疑路，如气色佳者，主出行平安吉利。如部位相理不佳者，出行应注意车马安全。如部位有恶痣者，出行不吉。

牛角——又名羊角，位于中正横列第四位，乃观看有无官贵之位。部位骨起肉丰，气色亦佳者，可贵为统帅或将军级部队长，部位骨陷肉削，再气色暗滞者，乃普通之人或贫贱之人。

辅骨——位于中正横列第五位，乃观看有无官贵之位。部位有辅犀骨起者必贵（或担任中央级民意代表），但骨大者大贵，骨小者小贵。辅骨位无辅犀骨起者，难有官贵，即使在官署任职，至多官至委任级官员或雇员而已。辅骨位气色佳者，主官运亨通，气色恶者，主失官降调。

悬角——又名元角，位于中正横列第六位，乃观看官禄之位。部位骨起肉丰者，主中贵或大贵，如任军职者可位至将军级部队长。部位平满者，可从商或异路业。部位骨陷肉削者，乃普通或贫贱之人，即使在官署任职，至多官至委任级或雇员而已。悬角气色佳者，主官运亨通，气色恶者，主失官降调。

斧钺——位于中正横列第七位，乃观看官禄之位。部位骨起肉丰者，主武贵。部位平满者，可从商或异路业发展。部位骨陷肉削者，乃普通或贫贱之人。斧钺气色佳者，官民均主吉利，色恶者主战死兵亡。

华盖——位于中正横列第八位，乃观看福、禄、富、寿之位。部位骨起肉丰者，主大贵或中贵而富寿。部位平满者，可业商致富或异路发展有成。部位骨陷肉削者，主普通或贫贱之人。华盖气色佳者，官民均主吉，色恶者主凶。华盖又名厄门，乃观看鬼神之事，部位有恶痣又气色恶者主暴死。如气色燥者，主商场失利。

福堂——位于中正横列第九位，乃观看官禄及贵人之位。部位骨起肉丰者，主贵人得力，有中上之官职。部位丰满者，主小贵或业商或从事异路业得利。部位骨陷肉削者，主无官职，乃普通之人，如再气色暗滞者，乃贫贱之人，并易遭横祸灾厄。

郊外——位于中正横列第十位，乃观看有无官禄及行路是否安全之位。

部位骨起肉丰者，主中上官职。部位丰满者，主业商或从事异路业得利。部位骨陷肉削者，主普通或贫贱之人。郊外气色黑蒙者，主不宜出游远行。郊外有黑痣者必客死他乡。

【印堂横列十位分析】

(即自印堂起至左右额之发脚止两边各平均分为十位)

印堂——位于额发际中央下方第五位，印堂乃一面之表，命运之关键点，乃面相中最重要部位。印堂又名阙庭，乃观看有无“玺符”（玺符即官印）之位。如印堂宽方起骨，气色光莹如镜者主大贵，一般有起者主中小贵，或业商得利异路有成。如有恶痣恶纹者，主刑克六亲，多灾厄横逆，又不宜正路发展（即不宜任官业商），否则，失官败业，如从事异路行业反而主吉。印堂气色黄红明润者，无论官民均主吉，必见财见喜，家运隆昌，或大试及第，或晋级加官。青气色主灾厄、疾病、败业。赤气色主口舌是非，百事难成。白气色主刑克孝服。黑气色主有非常忧惊，防大祸将至，又主百事难成。

刑狱——又名交锁，亦名额路，另名家狱。位于印堂横列第二位（含印堂以下同），乃观看平生有无犯刑囚之位。刑狱部位平满润泽者，一生不犯刑名。部位骨陷者，主恶死。气色恶者（青，赤、黑色）主有讼厄或即将系狱。

蚕室——位于印堂横列第三位，乃观看家中女眷之位。部位平满光泽者，主家有田产可种桑养蚕，女眷勤俭持家，相夫旺子（女性则看丈夫是否勤劳奋发振兴家业）。部位骨陷肉削者，主家无田地种桑，不宜养蚕，也可扩大解释其人家无恒产女眷不得力也。

林中——位于印堂横列第四位，乃观看能否修道有成之位。部位平满光泽者，不论男女，主修道有成，部位骨陷肉削者，主修道不成。

酒樽——位于印堂横列第五位，乃观看个人酒量及是否嗜酒之位。部位有赤色、青色、黑色者，不论酒量大小及是否嗜酒，均主因酒败事，甚或发生交通事故。

精舍——又名神光，位于印堂横列第六位，乃观看其人能否修道有成之位。部位骨起直入发际者，主其人修道可成。

嫔门——位于印堂横列第七位，乃观看配偶是否健康平安之位。部位平满者，配偶贤慧多才能又健康平安。部位骨陷肉削者，配偶个性不良时有争吵，又主配偶有隐疾或有凶险。嫔门气色红润者，主配偶有喜庆，气色暗者主配遇多病，气色焦枯者，主配偶重病。

劫门——又名劫路，位于印堂横列第八位，乃观看是否有遭盗贼之虞之位。部位平满者（象征其人安全惊觉性高），一生永不被盗。部位骨陷肉削或有恶痣者，主一生中必被盗。劫门气色暗黑者，主防劫贼到来。

巷路——位于印堂横列第九位，乃观看行走小径时是否安全之位。部位平满气色又光润者（象征其人目前头脑清楚心态平和），主其人可安全通过小径。如部位骨陷肉削，气色又暗黑或焦枯或重青者，主不宜行走小径，否则，会有危险发生。

青路——位于印堂横列第十位，乃观看行走大路（即现今之公路、马路）是否安全之位。部位平满气色又光润者（象征其人目前头脑清楚心态平和），主行走（或开车）公路马路平安。部位骨陷肉削，再加气色暗黑或焦枯或重青者，主行走公路马路时应防发生车马安全事故。

【山根横列八位分析】

(即自山根起至左右耳际止两边各平均分为八位)

山根——位于额发际中央下方第六位，乃观看祖父母及父母兄弟等六亲和婚姻、田宅之位。部位骨起上接印堂中正者（女性山根不宜过高，否则婚姻不美满），谓之伏犀骨起，男主大贵。部位骨起成刀背形又上贯入枕者，主武职大贵。部位骨隆肉丰者主中小贵，或业商或从事异路业得利。部位虽高但骨狭无肉者，主普通之人或贫贱之人。部位断折者，主中年破败灾厄。部位有恶纹恶痣者，主中年刑克六亲或损财败业。山根气色黄润光亮者，主时运通达，平顺无灾。有青气色者，主忧烦久病。有赤气色者，主血光、官讼、产厄、火惊。有白气色者，主克妻刑子意外灾伤。有黑气色者，主时运不顺，防孝服，或内心有压力感。黑气色青气色重者为催尸煞动，朝发暮死。

三阳三阴——亦名太阳、中阳、少阳、太阴、中阴、少阴，位于山根横列第二位（含山根以下同），乃观看心性、智慧，一生事业成败，以及是否刑克六亲之位。眼睛黑多白少，精华有神，瞻视有力，为富贵寿考之相。如上眼泡及卧蚕泪堂饱满光洁，主子女多而优秀。泪堂红亮黄亮者，主有阴德济人。三阳三阴气色青者，主有忧惊。如气色白者主有孝服。气色黑者主灾病。眼下枯黑及罗网纹者，主生性恶，必绝嗣而晚年孤独。

鱼尾——又名妻位（男性左鱼尾为妻位，右鱼尾为婚姻位，女性右鱼尾为夫位，左鱼尾为婚姻位），位于山根横列第三位，乃观看配偶是否贤能，婚姻是否美满，以及观看姻亲是否平安之位。部位丰满，气色光润者，主配偶贤能，婚姻生活美满，姻亲平安。未婚者如气色黄润中透红者，主婚姻缘动。部位骨陷肉削者，主配偶欠贤能，婚姻欠美满。部位有恶痣恶纹者，男女均主刑克配偶或生性奸淫。部位有十字纹者主配偶自缢。鱼尾出现白气色者，主配偶孝服。鱼尾气色暗黑者，主配偶病灾。鱼尾气色焦枯者主刑克配偶。

奸门——位于山根横列第四位，相理及气色休咎与鱼尾同论。

天仓——位于山根横列第五位，乃观看父德父产之位，以及本身是否富贵、寿考？出游是否安全之位。部位丰满并气色明润者，主富贵寿考无疑，出门可保平安。部位骨陷肉削者，主不得祖产，如再气色暗滞者，主一生难有成就，旅游要注意车马安全。

天井——位于山根横列第六位，乃观看财帛是否丰盈之位，部位丰满并气色光润者，主一生富裕。部位有黑痣者，主一生中必见失财败业或见病灾。

天门——位于山根横列第七位，乃观看创业投资是否有贵人相助之位。天门开阔宽广者，主一生多得四方朋友及兄弟姐妹之助。部位丰满再气色黄润中透红者，主创业投资顺利有成。部位被鬓毛掩盖著，主一生常做好不讨好，又难得朋友及兄弟姐妹之助。部位骨陷肉削并气色暗滞者，主一生事业难成。如天门气色赤色、青色者，主与异性因钱财而争讼。

元中——又名元武，位于山根横列第八位，乃观看是否可出家为僧为尼之位。部位开阔宽广再气色明润者，主出家修行有成。部位被鬓毛掩盖，或部位骨陷肉削并气色暗滞者，即使出家亦难修行成功。如部位有黑痣者，尤不宜出家。

【年上横列十二位解析】

(即自年上起至左右耳际止两边各平均分为十二位)

年上——位于额发际中央下方第七位，乃观看健康寿命之位。部位骨隆肉丰者，主一生无病少灾。部位骨陷肉削或起节弯曲者，主一生多病多灾，难有收获，刑克配偶，如再见恶痣恶纹者尤验。年上气色宜黄润或白润中透紫光者为吉，主健康无病又运程吉利。气色青暗者主疾病缠身。有白气色者，主应防凶灾孝服。有赤气色上至天中者，主有争斗之祸。有黑气色成块者，主自身即日有丧亡之忧。

夫座——左为夫座，右为妻座（男左女右）。位于年上横列第二位（含年上以下同），乃观看配偶之形相及是否贤能健康之位。部位骨隆肉丰再加气色光润者，主男可娶美妻，女可嫁佳婿，否则，男女婚姻欠美满，或配偶有健康问题，如部位再有恶痣者尤验。

长男——位于年上横列第三位，乃观看长男是否优秀健康之位（长女看右边，男左女右）。部位丰满隆起（即泪堂一带），气色光润者主多男，如部位气色黄润中透紫光者，主子孙必贵，分娩则产麟儿。部位平满者亦主有子有女。如部位气色乾枯，或部位上边无栏（即无卧蚕）者，主无子，或有子即克。如长男部位（即泪堂前端）有恶纹恶痣或凹陷者，主克长男。

中男——位于年上横列第四位，乃观看中男是否优秀健康之位，中男部位之休咎与长男同论。

少男——位于年上横列第五位，乃观看少男是否优秀健康之位，少男部位之休咎，与长男同论，但少男部位如出现恶痣，女性又主克夫。

外男——位于年上横列第六位，乃观看堂侄子女是否优秀健康之位，外男部位之休咎与长男同论。

金匮——又名财库，位于年上横列第七位，乃观看一生财帛是否丰足安全之位。部位丰满气色又黄润者，主财帛不缺，如气色白亮如闪光者，主巨富之人。部位骨陷肉削，气色再暗滞枯焦者，乃普通或贫贱之人。部位有恶痣者，主常有小人损财，或生意破败、财物被盗。部位出现重黑气色者，主应防灾凶。

禁房——位于年上横列第八位，乃观看居住之所门禁是否安全之位。部位丰满气色又光润者主门禁非常安全，盗贼难入。部位如出现青气色者，主门禁欠安全，应防盗贼入侵。部位如出现白气色如丝者，主家中有奸淫暧昧之事。

盗贼——位于年上横列第九位，亦名盗门，乃观看是否被劫之位。不论部位丰满与否，如出现青气色中又见白气色者，主已被盗。如部位气色黑滞并神光流露斜视，眼上下黑气蒙蒙者，乃贼人也。

游军——位于年上横列第十位，乃观看是否能胜任边疆官吏之位。部位平满气色又佳者，主可胜任边疆官吏。如部位气色恶者，主不宜赴任，否则，赴任途中或到达任所时会发生事故。

书上——位于年上横列第十一位，乃观看是否有文章学问之位。部位平满气色光润者，主有学问并有文才（非指学历而言）。部位有恶痣者，主其人无学问无文才，并懒于求学问。

玉堂——位于年上横列第十二位，乃观看是否能享荣华富贵之位。部位平满气色又光润者，主能享荣华富贵（荣华富贵之大小多寡尚须合参手相、面相、骨相）。如部位骨陷肉削，气色又不佳者，主难享荣华富贵，部位再有恶纹恶痣者尤验。

【寿上横列十一位分析】

(即自寿上起至左右耳际止两边各平均分为十一位)

寿上——又名怪部，位于额发际中央下方第八位，乃观看寿命长短及家内有无怪兆，或出门是否遇怪之位。部位骨起肉丰者主寿。部位骨陷肉削者主无寿。寿上气色黄亮者主有喜庆，气色重青或白色点点上贯印堂者，主死亡之兆。寿上白气色成块者，主应防大凶。寿上有白气色者，亦主父母病灾或孝服。寿上气色青、赤、黑诸色相杂者，主家内有怪兆。如杂气色重者，主山林、山石、魍魉为怪，轻者应栏枥、井灶、斧鸣、井溢、鬼狐为怪。（笔者按此位与中枢神经系统相联属，凡神经衰弱之人，主多遇鬼怪之事。）

甲匮——又名财府，亦名财库，位于寿上横列第二位（含寿上以下同），乃观看一生财帛是否丰盛之位。部位骨起肉丰再气色黄亮者，主一生有大财（仍须配观手相、面相、骨相始验）。部位平满再气色佳者，主一生足食足衣。部位骨陷肉削再气色暗滞或乾枯者，主一生少财，或贫贱之人。

归来——位于寿上横列第三位，乃观看家人出行后有无音信之位。部位气色黄润光亮者，主出行人月内归来。部位气色枯燥者，主出行人无音信捎回。部位气色青黑者，主出行人有凶。（注：以上现象乃遗传密码作用，血缘愈近或关系愈亲密者愈验。）

堂上——位于寿上横列第四位，乃观看六亲离合之位。部位气色黄润中透红者，主六亲有相聚之喜。气色暗滞者，主六亲相处不陆，有分离之忧。

正面——又名禾仓，位于寿上横列第五位，乃观看与人相处难易之位。部位平满端好，气色再黄润光亮者，主与人容易相处。部位骨陷肉削，气色再枯燥者，主与人不易相处。如正面有紫气色上连天中下贯鼻准者，官员主升迁晋级，庶民主百事顺利。

姑姨——位于寿上横列第六位，乃观看姑姨之位（左看姑右看姨，男左女右）。部位骨肉丰隆气色又佳者，主姑姨吉祥。部位骨陷肉削者，主无姑姨。部位气色枯燥者，主姑姨多病。

颧势——位于寿上横列第七位，乃观看是否能具有权势之位。部位骨起端耸饱满者，主有权势。部位骨陷肉削者，主无权势。部位骨起但骨尖骨露而无肉包者，主个性暴躁孤傲，即使具有权势，亦会被人倾覆。颧又为面之关锁，有关锁者主兴家，无关锁者乃普通或贫贱之人。颧骨有破者（用手触摸即知是否有破），主一生灾难不断。颧势之气色最宜黄润中透出鲜艳成群之象，主官民均吉。

兄弟——位于寿上横列第八位，乃观看兄弟姐妹（*左看兄弟右看姊妹，男左女右*）之位。部位骨肉平满气色再佳者，主兄弟姐妹多而有助，部位偏窄气色再乾枯者，主兄弟姐妹少而无助，严重者并刑克兄弟姐妹，部位瘦削者主无兄弟姐妹。部位气色青白混杂者，主兄弟姐妹有伤克。

外甥——位于寿上横列第九位，乃观看外甥之位（*左边看男右边看女，男左女右*）。部位丰满气色再佳者，主外甥多。部位瘦削气色又枯暗者，主少或无外甥。

学堂——位于寿上横列第十位，乃观看聪慧才学之位。部位丰满气色又润泽者，主聪慧有才学，部位骨陷肉削者，气色又枯暗者，主不聪慧又无才学，有恶痣者尤甚。

命门——位于寿上横列第十一位，乃观看寿考之位。部位起骨入耳，主高寿，如其他部位亦有寿征者，可高寿百岁。

【准头横列十一位解析】

（*即自准头起至左右耳垂止两边各平均分为十一位*）

准头——又名中岳，位于额发际中央下方第九位，乃专看财帛兼看官禄之位。部位端圆丰隆如截筒者，主非富即贵（*注：富格参看鼻、颐、颏，贵格参看额、眼，颧*）。部位丰大者，主与人无害。部位尖薄者，主心性毒，计巧奸贪。准头气色要黄白光亮，无论官民均主终年吉利。部位气色黄亮中透紫光者，为官者加官晋级，庶民主进田宅得利权。部位有青气色者，主大祸来临，重者亡身，轻者破财。部位有赤气色者，乃大忌之色，主有官灾、或火厄、或败业损财。准头有白气色者，主大破败防孝服。准头有黑气色者，主灾祸即将来临。

兰庭——又名兰台，亦名谏台，位于准头横列第二位（*含准头以下同。位于准头左边者名兰庭，右边者名廷尉，男左女右*），乃观看财库牢固与否之位。部位与准头相辅相应者，主为官者既贵又富，庶民主财能入库，不致虚耗。同时主生性聪慧，见识渊博。兰台（*含庭尉*）气色枯惨者，主福去祸来，黑气色及赤气色，均主退财。

法令——又名金缕，亦名寿带，再名酒舍，位于准头横列第三位，乃观看有无贵寿，及观看为官者号令严明与否之位。部位开阔，纹形似钟者，主贵而高寿。纹若过口，寿高八十以上，一生衣食丰盛。法令长至地阁者，主寿年百岁，并夫妻偕老，一生非富即贵，福寿到老。年五十尚不见法令过口者（女性法令不宜过口），主普通或贫贱之人。法令入口者，乃螣蛇锁口，主饿死。法令气色黄润者，主为官者官运亨通，庶民百事大吉，其他恶色均主不吉。

灶上——位于准头横列第四位，乃观看有无宅舍之位。部位平满者，主有宅舍，部位凹陷或有恶痣者，主一生无宅舍。

宫室——位于准头横列第五位，乃观看住屋是吉是凶之位。部位平满气色佳者，主住屋内人丁平安。部位凹陷再加气色恶者，主住屋不吉，配偶有夭寿之虞。

典御——位于准头横列第六位，乃观看男女奴仆多少之位（注：现今为工商业社会，奴仆一词应解释为下属）。部位丰满者，主一生多奴仆。部位凹陷气色枯暗者，主一生少奴仆。部位有恶痣者，主奴仆为害。

囤仓——位于准头横列第七位，乃观看食禄（即衣食住行等生活资料）是否丰盛之位。部位丰满者，主一生食禄丰盛。部位凹陷者，主一生食禄平平，如气色再枯暗者，乃贫贱之人。

后阁——亦名承使，位于准头横列第八位，乃观看一生是否安居乐业之位。部位骨肉丰满者，主一生不租屋或借屋居住均安适。部位骨陷肉削者，主破梓离乡，难享安居之福，气色再枯暗者尤甚。

守门——又名地仓，位于准头横列第九位，乃观看仓廪、官俸多寡之位。部位骨肉丰满者，主家道富有或官俸丰厚。部位骨陷肉削者，乃普通之人，如再气色枯暗者，乃贫贱之人。守门气色黄润者官民均吉，有青气色点点者，主有口舌是非，气色枯白者，主三日内死亡。

兵卒——位于准头横列第十位，乃观看是否为官吏或为役使、庶民之位。部位骨起肉丰气色黄润者，主多为官吏或富裕之人。部位骨陷肉削者，主多为官府之役使，或系一般庶民。如气色再枯暗者，乃贫贱之人。

印绶——位于准头横列第十一位，乃观看是否可为武官之位。部位骨起肉丰者，主可为武官。部位骨陷肉削者，主不宜担任武官。

【人中横列十位解析】

(即自人中起至左右腮边止两边各平均分为十位)

人中——位于额之发际中央下方第十位，乃观看子息及心性之位。部位正而不斜，长而深阔，有沟洫之象者，主为人忠信，事业有成，子息优秀。如部位平满、狭窄、缩而短，或有恶痣恶纹者，主其人健康、智慧、个性必有所不如，一生事业少成，子女鲜少，有亦欠优秀或健康欠佳，乃孤独夭寿贫贱之人。人中气色黄润透紫者，主身心两健，时运顺遂，家人平安。人中有青气色者，主应防饮食、服药、色欲等所引起之不测之灾。人中有赤气色者，主忧惊、愁烦、口舌之争，人中有白气色者，主疾病及克子女。人中有黑气色者，主自身或家人有不测之灾，饮食服药应特别谨慎。

井部——又名仙库，位于人中横列第二位（含人中以下同），乃观看老年有无田宅之位。部位高起者，主老年有田宅。部位缺陷者，主老年无田宅，有恶痣者，主有水厄之危。

帐下——位于人中横列第三位，乃观看家中帐房（以现今社会状况言，帐房系指客厅书房而言。）厨房是否妥适之位。部位丰满者，主家中帐房厨房妥适。部位狭窄者，主家中帐房厨房不妥适。帐下气色紫色如钱者，乃系阴骘气色，主为官者加官晋级，庶民百事顺遂，并遇险不险，遇凶不凶。帐下气色赤色如豆者，主应防夫妻间失和、争斗。

细厨——位于人中横列第四位，乃观看酒食是否丰足之位。部位骨肉丰满者，主一生酒食丰足。部位骨陷肉削者，主一生酒食不丰足。部位有黑色恶痣者，应防因消化系统疾病而饿死。细厨气色黄润中透红紫色者，主家运隆昌，可雇用佣人。气色枯白者，主因酗酒而死。气色重青者，主因暴食而死。气色暗黑者，主因系狱得病而饿死。

内阁——位于人中横列第五位，乃观看女性闺阁是否安全妥适之位。部位骨肉丰满并气色黄润者，主闺阁宽敞雅洁，门禁安全。部位骨陷肉削并气色恶者，主闺阁狭窄不洁，门禁不安全，严重者应防歹徒侵入闺阁。

小使——位于人中横列第六位，乃观看下属是否得力之位。部位骨肉丰满再气色佳者，主下属多而得力。部位骨陷肉削再加气色不佳者，主下属少或无下属。有黑色恶痣者，即使有下属亦不得力。

妓堂——位于人中横列第七位，乃观看有无歌姬及妾侍之位（现今社会已无蓄养歌姬妾侍之习俗，是以妓堂应解释为喜爱歌舞及女色之谓，又此位专论男性，女性不论）。部位骨肉丰满气色再佳者，主终必拥有歌姬妾侍。部位骨陷肉削并气色恶者，主无歌姬妾侍。部位有恶色恶痣者，主因歌姬妾侍而招惹是非失财之事。

婴门——位于人中横列第八位，乃观看家中婴幼儿是否健康平安之位。部位骨肉丰满气色又佳者，主家中婴幼儿健康平安。部位骨陷肉削气色又恶者，主婴幼儿欠健康平安。

博士——位于人中横列第九位，乃观看学习山、医、命、卜、相等五术是否有成之位。部位骨肉丰满气色又佳者，主学习五术有成。部位骨陷肉削气色又恶者，主学习五术难有成就。

悬壁——位于人中横列第十位，乃观看家中有无金银珠宝之位。部位骨肉丰满并气色佳者，主家中拥有金银珠宝。部位骨陷肉削并气色不佳者，主家中无金银珠宝。（按购买金银珠宝乃古人之理财方式，现今社会之人，如有闲钱，则大多购买房地产或股票基金之类。又现今社会即使普通人家亦拥有小量金银珠宝，因此，本目之适用标准应从严。）

【正口横列十位解析】

（即自正口起至左右腮边止两边各平均分为十位）

正口——又名水星，位于额之发际中央下方第十一位，乃观看是否重信诺讲义气，以及是否有口才有学问，和晚年是否享荣华享高寿之位。凡人大口小者，主非贫即夭，人小口大者，主非富即贵。上唇似弓，口角上仰，下唇有托，棱角分明，主有信义、有口德、有口才、有学问，一生衣食丰盛，福寿到老。口尖薄低陷者，主多奸诈狂妄。口角低垂者，主衣食不丰，老年孤苦。唇薄者，主有小聪明但喜说是非。唇厚者，主福寿但多木讷之人。正口终年气色鲜红色者，主一生衣食丰盛，荣华到老，并一生运程通达，身心两健。正口有青气色者，主灾厄，防水厄。正口有黑气色者，主病情严重，或处于十分贫穷之境，亦主色欲过度，心术不正。

阁门——又名闺门，位于正口横列第二位（含正口以下同），乃观看女性（尤以未出嫁女性）闺阁是否安全妥适之位。其他休咎同人中横列第五位“内阁”目之解析。

比邻——位于正口横列第三位，乃观看是否能与有德之人做邻居之位。部位骨肉丰满并气色好者，主左右邻居为有德之人（即有正当职业之人）。部位骨陷肉削并气色恶者，主难得邻居之助力。如部位有恶痣者，主与恶人坏人为邻。

委巷——位于正口横列第四位，乃观看居住之社区是否安全宁静之位。部位骨肉丰满并气色佳者，主所居社区治安良好，环境幽雅洁静。部位骨陷肉削气色又恶者，主所居住之社区治安不佳，有被抢被偷之虞。

通衢——又名劫门，位于正口横列第五位，乃观看所居住之社区出入交通是否方便，及是否有宵小出入之位。部位骨肉丰满气色黄润者，主出入交通方便。部位骨陷肉削气色又恶者，主出入交通不方便，并常有宵小出入，所住社区有被偷被抢之虞。

客舍——位于正口横列第六位，乃观看其人是否喜好宾客之位。部位骨肉丰满再加气色亦佳者，主喜好宾客。部位骨陷肉削，再加气色亦不佳者，主不善交际，平日鲜少宾客来往。如客舍气色黄润中透红者，主有嘉宾贵客到访。

兵兰——又名兵列，位于正口横列第七位，乃观看老年是否有下属追随及仆役驱使之位。部位骨肉丰满再加气色亦佳者，主老年有下属追随及仆役驱使。部位骨陷肉削再加气色又不佳者，主老年无下属追随，无仆役驱使。

家库——又名家仓，位于正口横列第八位，乃观看老年家境是否富裕之位。部位骨肉丰满气色又佳者，主老年家境富裕，衣食丰盛有余。部位骨陷肉削再加气色又不佳者，主老年家境清寒，甚或无居处，衣食亦不足。（现今社会家境清寒之老年人，大都享受社会福利政策之照顾，衣、食、住已不虞匮乏。此即现今之周天命运，与数百年以前，或数千年以前之周天命运不同之所在也)。

商旅——位于正口横列第九位，乃观看是否可作物流或贸易生意之位。部位骨肉丰满气色又佳者，主可从事物流和贸易生意而得利。部位骨陷肉削者，主作物流和贸易生意不利。

生门——位于正口横列第十位，乃观看能否杀生之位。部位骨肉丰满气色又佳者，主杀生时（例如屠宰业）不会招致凶险。部位骨陷肉削再加气色又不佳者，主杀生时会招致凶险或损财。

【承浆横列十位解析】

(即自承浆起至左右腮边止两边各平均分为十位)

承浆——又名酒池，亦名药部，位于额发际中央下方第十二位，乃观看是否喜美食有酒量之位。部位骨肉丰满者，主一生富足又喜美食，常招宴会。部位狭窄偏陷者，主嗜酒成疾。部位中间成坑耸上，深能容指者，主有百杯之酒量（但承浆虽深能容指，如承浆无须者，却只是有酒瘾而无酒量)。部位骨陷肉削，乍看承浆若无者，主有水厄之险，又主服药功效较常人为少。部位有黑色恶痣者，主酒醉或服药而亡。部位有红气色者，主财星高照，受人敬仰，过红则主口舌。部位有赤气色者，主小人为害之事。部位有青气色者，主破败灾厄。

居宅——又名祖宅，位于承浆横列第二位（含承浆以下同)，乃观看祖父有无遗下居宅之位。部位骨肉丰满并气色佳者，主祖父遗下居宅。部位骨陷肉削并气色不佳者，主祖父无遗下居宅。部位有恶色黑痣者，主弃祖移居。

外院——位于承浆横列第三位，乃观看是否拥有牛马田庄之位（居住都会区之人，应解释为汽车楼房)。部位骨肉丰满气色又佳者，主有牛马田庄。骨陷肉削气色又不佳者主无牛马田庄。

林苑——位于承浆横列第四位，乃观看有无山林园苑之位（本目仅限于居住乡村之人适用)。部位骨肉丰满气色又佳者，主有山林园苑。部位骨陷肉削气色又不佳者，主无山林园苑。

下墓——位于承浆横列第五位，乃观看有无家族专属坟墓用地之位。部位骨肉丰满气色又佳者，主有家族专属之坟墓用地。部位骨陷肉削气色又不佳者，主无家族专属之坟墓用地。部位有黑色恶痣者，主因家贫而饿死。部位有枯白气色者，主因酗酒而肇祸。

庄田——位于承浆横列第六位，乃观看有无庄田出佃收租之位（居住城市之人则看有无店面或楼房出租)。部位骨肉丰满并气色亦佳者，主有庄田出佃收租。部位骨陷肉削气色又不佳者，主无庄田出佃收租。

酒池——位于承浆横列第七位，乃观看是否喜酒食及是否酗酒之位。部位骨肉丰满气色又佳者，主喜酒食但不酗酒。部位骨陷肉削气色又不佳者，主嗜酒成疾，或因酒丧命，有黑色恶痣者尤验。

郊廓——位于承浆横列第八位，乃观看马、牛、羊、鸡、犬、猪等六畜是否同旺之位（居住城市者，则为观看宠物是否健康可爱，或经营宠物买卖或经营畜牧业是否得利之位)。部位骨肉丰满又气色佳者，主六畜兴旺有利可得。部位骨陷肉削气色再不佳者，主无六畜或损六畜。

荒丘——位于承浆横列第九位，乃观看长辈坟墓是否安好无损，及自己交易场所（即营业场所）是否吉祥之位。荒丘部位骨肉丰满气色又佳者，主长辈坟墓安好无损，自己营业场所吉祥。部位骨陷肉削再气色枯暗者，主长辈坟墓有损，自己营业场所亦欠吉祥，部位有恶纹恶痣者尤甚。

道路——位于承浆横列第十位，乃观看居所与坟墓之间，及居所与营业场所之间的道路是否平坦安全之位。部位骨肉丰满气色再佳者，主道路平坦可安全通行。部位骨陷肉削再气色欠佳者，主通路欠平坦，要注意安全。

【地阁横列十位解析】

(即自地阁起至左右腮边止两边各平均分为十位)

地阁——位于额之发际中央下方第十三位，乃观看老年运之好坏，以及老年有无田宅奴仆之位（即观看老年有无子孙下属，及有无事业和房地产之位)。部位骨肉丰满、端方丰厚者，主老运佳，非富即贵或异路成名，即使因其他面相部位配合不当，亦主晚年衣食丰盛，善始善终。如部位狭薄尖小者，主老运不佳，非贫即贱，或既贫又贱。如部位骨陷肉削或破缺者，主不享祖业，不得配偶之助，一生成败迭见，到老无根基。地阁气色黄红紫色者，主财喜重重，下属得力。地阁有赤气色者，主口舌、是非、损财。地阁有黑气色再见赤斑疹者，则主大损财。地阁有白气色者，主家运不顺。地阁有黑气色者，主与下属口舌是非，或应防水厄车马之灾。

下舍——位于地阁横列第二位（含地阁以下同)，乃观看有无外舍之位(即别墅或第二居所之谓)。部位骨肉丰满并气色又佳者，主多外舍。部位骨陷肉削并气色枯暗者，主无外舍。如再有恶痣者，主一生贫穷，难有居所。

奴婢——又名奴仆，位于地阁横列第三位，乃观看有无奴仆婢女之位(即现今社会之家庭帮佣、长工、司机之类)。部位骨肉丰满气色又佳者主多奴婢。部位骨陷肉削气色又不佳者，主无奴婢，奴婢部位有黑痣者尤验。

碓硙——位于地阁横列第四位，乃观看家中有无碓硙之位（碓硙乃农村用来舂米研磨之用的器具，现今社会不论城市农村因碾米业发达，碓硙二物早已被淘汰)。部位骨肉丰满气色佳者，主家中有碓硙（现今社会则象征家庭富裕)。部位骨陷肉削并气色枯暗者，主家中无碓硙（现今社会则象征家庭不富裕)。

坑堑——位于地阁横列第五位，乃观看居所之外，是否尚附属有林园花径及池塘之位（此目专指居住农村者而言，居住城市者则象征居住花园洋房或居住乡村别墅)。部位骨肉丰满并气色又佳者，主居所外有林园花径及池塘。部位骨陷肉削并气色枯暗者，主居所外无林园花径及池塘，甚或无居所。

地仓——又名地库，位于地阁横列第六位。乃观看家中是否有仓库，以及仓库中是否存有粮食之位（现今社会应解释为银行是否有存款或是否有债券股票之类的财产)，以及观看老年是否有事业运，老年生活是否富裕之位。地仓部位骨肉丰满并气色亦佳者，主老年仍有事业运，并生活富裕。地仓部位骨陷肉削气色枯暗者，主老年无事业运并生活艰辛。

陂池——又名陂塘，位于地阁横列第七位，乃观看拥有居所之外，是否尚拥有鱼池水田之类的产业（本目仅通用于农村之人，以现今工商社会而言，应解释为是否拥有众多房地产或其他产业和副业而言），以及观看是否有水厄之位。陂池部位骨肉丰满并气色又佳者，主有陂池。陂池部位骨陷肉削并气色不佳者主无陂池。陂池部位突发黑气色者主口舌。陂池部位恶痣者应防水厄。

鹅鸭——位于地阁横列第八位，乃观看是否能获得六畜之财（本目除适用居住农村之人外，并可扩大适用于经营畜牧业及经营宠物店之人），以及观看奴仆多少之位。部位骨肉丰满，又似池中鹅鸭头动之象并气色佳者，主多鹅鸭、多奴仆、多财产。部位骨陷肉削并气色不佳者，主少鹅鸭亦少奴仆少财产。如鹅鸭部位突发紫气色者，主进奴仆。（按现今工商社会可解释为进用得力下属。）

大海——位于地阁横列第九位，乃观看有无水厄之位。部位骨肉丰满，无黑色恶痣，气色又黄润者，主无水厄之险，可涉足江湖河海。部位有黑色恶痣，又见赤气色者，主不可涉足江湖河海，否则有水厄之险。

舟车——位于地阁横列第十位，乃观看远行时路途中是否平安之位。舟车部位骨肉丰满，气色又光亮润泽者，主远行时路途平安。舟车部位骨陷肉削气色又枯暗或赤燥者，主远行时路途中欠平安。

注一：按本章所言之骨相，请读者同时参阅《萧湘识人相法全集（一）》第一章“头面骨骼”篇，俾加强印象以利记忆。

注二：本章所言之骨相只适用于男性，女性骨骼以隐圆为吉相，女性头角峥嵘者为凶相，读者不可不知。

第八章　眼神之观看法则

“神”者，是吾人内在的生命力量，与“形”互为表里，只要吾人一息尚存，即有神的表露。惟究从何处去观看神之表征？广义言，精神即谓神，《萧湘识人相法全集（一）》“论神之有余”已解说甚详。狭义言，眼内之神光即谓神，眼为观看神之最佳所在，因眼内之神为精神之焦点，吾人如掩其目，精神即失其具体表征矣。《照瞻经》云：“妙相之法在何方，观其神气在学堂（按眼为官学堂），一点真、一点真，（即眼伏真光）悟了方为善相人，不悟真如梦魂里，徒劳两眼去观人”。又眼中之神，系由脑组织、五脏六腑、骨髓、丹田之精气所发，易言之，脑髓骨髓及内脏精气皆现于目，内有一分精气，眼即有一分神，人有一分神，即有一分衣禄，有十分神，即有十分衣禄，无神者不贫即夭，此为万世不移之真理（注一）。因眼神强者，象征脑组织之灵敏度，及内脏之健康状态，及骨骼之强壮程度均高人一等，是以其成就必大，寿命必长。又论神者，如就形论之得之一二（即专看眼神），离形论之得之四五，非离非即，亦即亦离，乃可得神之全貌矣（注二）。或谓人之眼形有善有恶，恶者如三角眼、近视眼、眇眼（即瞎一眼）、瞟眼（即一只眼为正常眼另一只眼为白眼）同样可登富贵之境是何道理？乃因其人眼形虽恶而眼内神光却充足也。或谓眼神可否从修持中得之？吾人应持肯定之说，但修持只能补脑组织、骨髓和内脏器官功能之不足或功能失调，如脑组织、骨髓及内脏器官先天成胎就有缺陷而不精良欠坚实，是无法从修持中获得改进的（例如先天设计和品管标准高的机器之性能，永远胜过先天设计和品管标准不高的机器之性能）。本章专论眼神目光，人相学范围内之眼形相理不在论述之列（有关眼形相理请参阅拙著《萧湘识人相法全集

(一)》第十章内文)。下文就观看眼神目光之法则分述如下：

【达摩观眼神七法注解】

(本注解为笔者讲授气色时之补充教材)

藏不晦——藏者不露也谓之有神；即目光含蓄如珠之光，威严中藏，令人有取之不得，舍之不得之势，谓之藏不晦。主其人富贵多寿，名利终身。如有神在内，但睛昏暗混浊，外掩其光，则谓之藏而晦，主其人虽富贵而多疾厄困挫。

安不愚——安者不摇动谓之有神；即目光祥和慈爱，其光收敛而不摇动，令人有心态平和，不急不躁之势，谓之安不愚。主其人安闲多福，不求自得。如睛呆而定，目光不变通则谓之安而愚，主其人虽祥和而不慈爱，虽安闲而少福。

发不露——发者焕发也谓之有神；即目光内固，当其发动，其神光不流不露，令人有虽活泼又有威严之势，谓之发不露。主其人贵而有大权。如神发动，既流且露，乃无神而发，则谓之发而露，主其人心态狂乱，举止欠庄重，虽贵而有凶灾，虽智而有偏好。

清不枯——清者神逼人谓之有神；即目光澄清，豁如闪电，黑白分明，神出有根，令人有其光逼人之势，谓之清不枯。主其人享大名、大寿、大富。若睛枯目陷，虽有光亦属无根之死神，则谓之清而枯，主其人夭殂，虽富而挫折，虽寿而孤刑。

和不弱——和者可亲也谓之有神；即目有含固之光，不动自明，令人有喜容常在，乐与亲近之势，谓之和不弱。主其人善良公正，可享五福之庆。若目光衰弱，神态疲倦，则谓之和而弱，虽神和而寿不足，德不坚，志不定，福不厚。

怒不争——怒者正气也谓之有神；即目光澄然，眉眼严冷，其态豪慨，令人有泰山崩于前而不惊其神之势，谓之怒不争。主其人处盛世贵而有大权，处乱世则拥兵权。若神怒而疾，目光枯滞，形容浮躁，则谓之怒而争，主其人量窄器小，反招亡身破家之祸。

刚不孤——刚者可敬也谓之有神；即目光不媚不强，炯然而正，令人有智而勇毅威严持重之势，谓之刚不孤：主其人文武全才，能开国治世。若孤僻偏骄，既悲又戾，则谓之刚而孤，主其人功亏一篑，不能善后。

【一般观眼神十五法注解】

神藏——瞻视平正静中焰光，初如无神坐久乃现，如美玉明珠，光彩蕴蓄，愈视愈清，其光自丽，及其显示温粹，怒不强发人自畏之，此为神藏之上者，盛德大业之人也。

神静——一见恬然，再见寂然，愈久视之，愈淡薄自若，惟光彩内见，中有所得，宜著意深刻默中可寻，若论其真可以思致，不可以言传，此为圣贤之相，不与世俱者也。

神和——目静自明，温粹恬纯，不喜似喜，虽有怒色，其喜常存，远远视之，已见其和，此为胸襟开朗，不妒嫉不偏颇，正直坦荡有德有为，推心置腹可共生死，君子之相也。

神威——其神不怒而威，大喜不变媚，大怒不强发，神光炯然正直，豁然视之有威，回然惊而不瞬，俨然视之有惧，令人有威严持重之感，此为超尘脱俗可成大器之相也。

神锐——志锐则气锐，气锐则神锐，神锐者见于言词行为容貌之间，好高骛远，有大志喜大言，诸多矜饰，又欠谦逊，若久不见挫其锐自消，若锐气正盛之时见挫而后可发也。

神驰——驰者，如马之奔，言坐之间，心不在焉，甚或不言不矜，默默神奔，若长久神奔而不返，主其人罹患精神疾病。

神露——神不藏者曰露，其睛必凸或见四白，不怒而似怒，主其人奸妄、刑伤、灾疾，贵亦不久，如眉棱骨高而有覆可减其凶。

神眈——视下曰眈，如虎之视物，四白通见，若在物上，此恶毒残暴贪鄙之相也。若久不回睛，必淫乱受刑死于荒郊。

神醉——醉者，坐立不正，常如醉人，痴还不痴，狂眼豪视，如随物去，又谓神迷，此愚贱之人，纵得之一时亦促寿也。

神急——即言语急，行止急，饮食急，喜怒急，神光闪闪不定，行态洋洋自得，虽满面光华喜色，惟气不附贴于肉。若神急褪者仍可成器，如长年神急，中年败业血光。

神慢——慢者，见于动静行为之间，举止皆慢，其候在目不转睛，视物难忘，虽有急难，其慢不更，终不成大器也。

神惊——惊者，胆量神气不足，茫然若失，又如临深履危，青气盈面，有所柔弱怯惧，睡不稳，食不安，坐不久，口常急动，眼频回睛，神态若惊若失，此下愚无立之相也。

神疑——疑者，动多犹豫，迟疑不决，行步举止，若有所思，欲作不作，欲言不言，一坐之间，其色屡变，此非贵相也。

神昏——昏者，眼虽大而无光彩，满面如烟云四起，浮露隐隐，不分不明，临事昏昧，言不能辩，此贫贱无立之人也。

神脱——脱者，谓正常之人，眼神突然消失，眼睛黯然无光，有如土木偶人，纵能行坐饮食，言语亦无生气。此号为行尸，若有此候，不过一年而亡，色悴者一季而亡。

【眼伏真光之辨别法则】

眼伏真光，为中国相法言之最奇异，究之最深奥者，亦为相人术之最高境界。夫真光者，乃集五脏之精华而发于目，隐于瞳神之内，形如满月，彻亮光明，或类萤火，或类虹彩，有一点真者，有一线真者，有一目真者，有双目真者（注三）。眼有真光，虽历万劫而不变，得者有无疆之福，识者有无穷之趣。凡眼伏真光者，居官乃极贵之格，富者能历久不衰，即使其人一身贱骨贫穷至极，亦可在无意中登极贵极富之境。分述如下：

守真——又称天眼，瞳如晓星（满月真），不动自明，静时凝然照耀毫发，动时红日丽天，有令人不敢仰视之威势，主其人具有神威，在军事或政治上成就勋业，名满天下。

含真——又称佛眼，其光隐然（一点真），如珠光彩，瞻视蕴蓄，顾盼有力，其焰如耀山川之文秀，夺海岳之精华，主其人光明磊落，在军事或政治上成就勋业，历久不衰。

藏真——又称慈眼，一点真光灼灼（萤火真），大如黍米，半隐半藏，如琉璃之晃亮，淡淡透出，初看不足，久看有余，主其人具有机缘，在工商业界有巨大成就荫及子孙。

洄真——又称慧眼，甚类月晕（虹彩真），着实难看，可在近视眼中求之，其光或聚或散，或正或偏，如月晕重重，似星火点点，主其人先知先觉，多为宗教家、哲学家、发明家。

【其他特殊目光实例】（注：以下各例亦为真光之别种）

目如火——明将徐达目光如火（古今识鉴）。

目精光——吴帝孙权目有精光（古今识鉴）。

目紫光——前秦王苻坚目有紫光（古今识鉴）。

目照人——唐郭子仪目光如火炬可照人（古今识鉴）。

目如电——南宋韩世忠目瞬如电封潭国公（古今识鉴）。

目夜光——南宋奸相秦桧目有夜光黑暗中瞳发光（玉管照神局）。

目如虹——目光如彩虹之丽令人敬畏复可亲（人伦大统赋）。

注一：有神之人，除其眼神较一般人为强外，同时具有“威严感”“亲和感”“信用感”。是以健康、智慧、个性不如他的人，为其威严感所折服，而乐于为其效命。健康、智慧、个性与其相同的人，则为其亲和感所折服而乐于为其协助。健康、智慧、个性胜过他的人，则为其信用感所折服，而乐于提携栽培，是以一生事业有成而衣禄丰盛。反之，无神之人，绝对无法令人看出其有威严感、亲和感、信用感之存在，是以一生事业无成而衣禄贫乏。

注二：离形论之，即就眼神以外之“语神”“行神”“坐神”“立神”及“气度资质”综合观察。又青少年之神取“英”，中年人之神取“旺”，老年人之神取“素”，男性之神取“强发”，女性之神取“和惠”，应一并审察。

注三：眼睛大约可区分为“白睛”“黑睛”“瞳孔”“前眦”“外梢”

等五大部位（详见《萧湘识人相法全集（一）》眼睛各部位名称图）。每个人眼神之强弱，乃因脑组织、骨髓和内脏器官放送的电能之强弱而有所不同。因脑组织、骨髓和内脏器官有如发电机，眼睛有如电灯泡，眼神即呈现在白睛及黑睛两部位，善观相者，一望便知，具体而有征。但先贤谓眼睛中除可观看到眼神外，尚可观看到“真光”，并谓真光乃隐于瞳神之内，又将真光区分为四类，形态各异，可见眼神与真光不但出现之部位有所不同，并界说分明。但是，先贤却未说明真光为何会出现在瞳神之内的原由，亦未说明“瞳神”是否即系“瞳孔”，或系“黑睛”？如瞳神系指瞳孔，然而瞳孔乃系不透明而具反射作用之晶体，怎么可能观看到四类不同形状的真光？经笔者再三反覆冥思推敲，认为真光应系隐于黑睛之内才能作合理的解释。同时具有真光之人，不只是万不得一，甚至百万人中也难得一人眼睛中具有真光。其原因是眼睛具有真光之人，其脑组织、骨髓和内脏器官所放送之电能，必须超越能呈现强势眼神之电能强数倍甚至数十倍，才能在黑睛之中呈现出各类形态的真光。例如“满月真”，即黑睛整个部位（不含瞳孔，以下萤火真、虹彩真、一点真同论）有如月亮般之大光点。“萤火真”，即黑睛中之某个部位或整个部位出现如萤火虫般不规则之小光点。“虹彩真”，即黑睛某个部位或整个部位出现如虹彩般或月晕状之光点。“一点真”，即黑睛某个部位或多个部位出现一个圆点或多个圆点之光点。是以具有真光之人，绝非凡夫俗子，其人必有异相，例如“舜目重瞳”，“文王四乳”，“孔子七露”，“龙形隆准”等，象征其脑组织、骨髓和五脏六腑之质量结构必异于常人，如此始能将脑组织、骨髓和五脏六腑放射之电能提升位阶，将呈“松散不聚状”放射状态之电能变成为“管状”或“束状”或“针状”或“虹彩状”或“月晕状”之放射状态，如此始能在黑睛表层形成各类真光。又因其人具有异于常人的内脏质量结构（例如四个肾脏、两个心脏、或内脏器官特别精良），所以能“历万劫而不变”，不似一般人之眼神随著健康和运程之变化而有强弱之变化。又因具有真光之人，健康、智慧、个性三者必极为优良，是以一生之成就必大，收获必多，是以眼伏真光之人，在军事或政治上成就勋业名满天下，或在工商界有巨大成就荫及子孙，或其人为先知先觉，而成为永垂不朽的圣贤。

第九章
眼神与气色之综合观看法则

观看气色必须神、气、色三者俱加观看，方可作吉凶之判断，而后始应验不爽，否则，必有失出失入之误。因气色虽好，神未必佳，于事仍不足取，神佳者气色未必开朗，仍属小格局，唯有神好、气足、色明则应事大吉大利矣。设若吾人事业上处于攻守难下决断进退两难之际，或考试竞选未卜胜负，求官求职未卜成否，如就神气色三者加以综合判断，即能把握先机，拔得头筹，无往不利，攻守自如。或防患于未然，消减灾祸于无形，即使灾祸已生，亦可减少损害程度。其法则有九，分述如下。

【聚色】

双目白睛贯神（注一），黑睛光彩射人者为聚色，虽面色欠佳，亦主半年至一年后兴旺。如再满面外色华明内气壮实，四库五岳新开色莹，掌色深深淡红、浅浅嫩黄者为大聚之色，主其人正处盛运，愈动愈吉，财利远至，功名可得，并可退凶消灾。如仅黑睛眼神充足，掌色绽开者亦为小聚之色，主动则有利。

【利色】

双目神足，如再掌色鲜润，皮血光彩，耳、鼻、印、颧俱明者为利色，主无往不利，进退俱吉。

【成色】

双目有镇定之光，眼神澄澈者为成色，主吉庆之兆。如再耳白于面，印准盈莹，则可求功名谋财利。如仅眼有成色，诸部无吉气色，则主无凶亦无吉。

【动色】

双目熠熠有光，盈于面耀于睛者为动色，动则有利。如再印堂气色黄明，内气深明，犹如月晦重明之象，准头有新开嫩黄之色，天仓命门黄润，眉须有翠润之色则更宜动，无论求官、求职、求名、求利均吉。（此即形清神熠必发贵、形厚气熠必发财之原理）

【守色】

双目无光彩，似明不明，似昏不昏，眼神流散不聚者为守色，动则不利，保守为吉。如再四渎五岳，似暗不暗，似朦非朦，细看内暗外滞一面气色不开，掌色亦不开者更宜守，否则，动则失利。如偶有一二润色之处亦应保守，否则，易进亦易退，常处于吉凶参半进退两难之境。

【变色】

双目昏蒙，神光隐晦者为变色，主吉事变凶。如再满面有气无色，或有色无气，或时而红黄，时而青黑，有时一日一变，有时三五日一变，均非美色，更宜防吉事变凶。但色中见紫时，或青色、黑色、赤色中带有嫩黄鲜红之色时，则凶事又变吉矣。如双目变为神光充足时，不但主吉并可退凶事，盖神能留气也。

【害色】

双目白睛深黄又泛绿者为害色，主万事宜守，凶患可免其半，动则凶患立至。如再年寿赤主血光官刑。如再四库暗主与异性交往不利（即患桃花或婚姻触礁）。如再鼻翼暗井灶赤主破耗损财。如再山林赤暗主防火灾。如再印堂青主防无妄之灾。如再地阁黑主防水厄。如再满面花杂主不宜旅行或防车马灾祸。总之，害色一至，必有小人作怪，暗鬼生非，应诸事谨慎保守。

【散色】

双目白睛有深浅灰暗、泛泛不定之感，黑睛光亮微弱者为散色，宜安份保守，动则不利。如再满面气色黄黑花杂不一，或满面淡白无气，耳珠鼻准俱暗，均为有色而无气无神之散色，动则有破败之虞，守者可减免其半（散色即色泛之谓）。

【蹇滞色】

双目白睛起障（注二），阴合而阳散者为蹇滞色，此乃内气不调下元浊气上升，血肉不和五脏不润所肇致。主诸事欠顺，运途蹇滞，或有失官破耗，或有官非变故。如又四库如泥，耳准朦尘，三阳三阴不开，如再满面气色滞黄如泥者为犯土滞，主其人多疾病。如再满面气色青蓝晦而无光者为犯木滞，主其人多灾厄。如再满面气色白里而外焦者为犯火滞，主其人多破败。如再满面气色黑烟如雾朦者为犯水滞，主其人多官非。如再满面气色枯白无色者为犯金滞，主其人多贫困。如再满面气色内虚而外有油腻者为犯神滞，主其人多虚耗。以上皆大忌之色，主运途大穷大蹇，百般不顺，进退皆不利，少年犯者主蹇滞二十年，老年犯者主终身无运，应坚持四修（即修身、修心、修德、修行）广积阴德始可开运。

【观看蹇滞色是否已开之法则】

凡有精之人，眉心（即眉内之肉）必白润或红润成翠色，行动积极。有神之人，必白睛贯神，黑睛光彩射人，内心充满信心。有气之人，必满面壮实，皮肉内外皆润，言行积极而不懒散。色佳之人，满面莹洁而无尘垢，喜容满面。有蹇滞色之人，神气色均不足论矣。蹇滞色是否已开，应看眉心、眼神、泪堂、驿马、准头五位。其法则如下：

（一）眉心（眉心即眉内之肉）有翠色，乃开运之征。

（二）眼黑睛神光射人，白睛亦贯神，乃开运之征，虽满面气色仍滞，亦主无大困大凶。如黑睛无光，白睛昏蒙，则转运无期。

（三）泪堂有阴骘色（即黄色或紫色），虽满面气色仍滞，亦可诸事逢凶化吉。如泪堂无阴骘色，滞色很难开。

（四）驿马滞色，但中正日月角部位暗中透亮，为滞色将开之征，转运有期。如驿马暗中透亮，中正日月角部位滞色，则滞色反不易开。

（五）准头黄亮如粟米，乃开运之征，虽满面滞色未开，运程仍主小吉，有劳有获。

注一：先贤有“眼伏真光”之说外，另有“白睛贯神”之说，但同样未将白睛贯神之原理，及观看方法和部位形态详加阐明，是以笔者怀疑先贤有“述法秘理”之嫌。但笔者素有发扬中华文化及推广人相学之心志，又凡事必深究其原理和印证方法，因而在数万来客中，详细观察每人白睛部位有何不同之点，余终于将白睛贯神之原理和印证方法及部位形态有彻底完整的了解。原来吾人之白睛应“白润莹洁中（白润莹洁象征肾水及心肺呼吸系统健康正常）隐约透出黄亮蓝亮之象者（黄亮象征肝胆消化系统健康正常，蓝亮象征脑细胞及脑神经组织健康正常），始能谓之为“白睛贯神”，亦象征其人目前之精神体能状态（即健康、智慧、个性三者）处于巅峰状态，最低限度亦处于正常状态，同时亦象征其人目前事业成功或工作顺利。反之，白睛乾涩，无光彩，或神光昏暗隐晦（此即守色或变色），或白睛深浅灰暗，泛泛不定之感（此即散色），或白睛深黄又泛绿（此即害色），或白睛起障（此即蹇滞色），均谓之为白睛不贯神，亦象征其人目前之精神体能状态处于谷底或低潮，亦象征其人目前之事业破败工作不顺利，或有官非变故或为了家人家庭之事或婚姻感情之事而非常烦心。

注二：至于白睛起障之说，先贤亦未就白睛起障之原理和印证方法及具体征象加以阐明。笔者根据阅历数万人次之心得，再根据“一切得失均会影响心理，心理再影响生理，生理必影响气色”的道理得知，凡事业彻底失败，工作非常不顺，或遭遇官非牢狱之灾等重大变故之人，因心理影响生理，下元浊气上升，肇致血肉不和，五脏不润，因此在眼睛部位（或前眦或后梢或黑睛四周）形成约零点五厘米左右之不规则片状的黄白色粘膜一片或数片，其形状又似眼粪，但擦之不去，必须俟楣运期过去后才能慢慢消失，时间短者为期一年，时间长者可达九年。

第十章
各种特殊气色(肉色)之观看法则

【五形人肉色变化喜忌】

吾人之骨骼在成年后即永远不变，乃因五形质素中之主质素（即形）永远不变所致。但五形质素中之辅助质素（即局）则因吾人受到年龄、健康、生活环境、工作环境、人事环境变化所影响，而会有所增减，或辅助质素显性变为隐性，隐性变为显性，而肇至体形由肥变瘦，肉色由白变黑等等。兹就五形人肉色变化之喜忌分述如下：

水形人——喜得润黑色（水之正色），主百事吉利。喜得润青色（水木相生），主名利双收。喜得润红色（水火相济），主官财两旺。喜得润黄色（土来保水），主财星高照。喜得润白色（金来生水），主财喜重重。忌得滞黑色（水病或患水），主百事不顺。忌得重青色（木多水涸），主忧惊损财。忌得赤红色（火多水渴），主灾祸官非。忌得滞黄色（土来克水），主疾病运蹇。忌得枯白色（金多水溢），主有孝服。

木形人——喜得润青色（木之正色），主百事吉利。喜得润红色（木火相生），主名利双收。喜得润黄色（木得土养），主财星高照。喜得润白色（削木成器），主财喜重重。喜得润黑色（水来生木），主官财两旺。忌得重青色（木病或患木），主百事不顺。忌得赤红色（火多木焚），主灾祸官非。忌得滞黄色（木土相克），主疾病运蹇。忌得枯白色（金来克木），主有孝服。忌得滞黑色（水多木漂），主破财败业。

火形人——喜得红紫色（火之正色），主百事吉利。喜得润黄色（火土相生），主名利双收。喜得润白色（火炼真金），主财喜重重。喜得润黑色

(水火既济)，主进财喜庆。喜得润青色（木来生火)，主官财两旺。忌得赤黑色（火病或患火)，主百事不顺。忌得滞黄色（火不生土)，主疾病运蹇。忌得枯白色（金反克火)，主有孝服。忌得滞黑色（水来克火)，主破财败业。忌得重青色（木多压火)，主忧惊损财。

土形人——喜得润黄色（土之正色)，主百事吉利。喜得润白色（金来镇土)，主名利双收。喜得润黑色（土得水润)，主财星高照。喜得润青色(木来疏土)，主财喜重重。喜得润红色（火来生土)，主官财两旺。忌得滞黄色（土病或患土)，主百事不顺。忌得枯白色（金多土虚)，主有孝服。忌得滞黑色（水多土散)，主破财败业。忌得重青色（木来克土)，主忧惊损财。忌得赤红色（火多土焦)，主灾祸官非。

金形人——喜得润白色（金之正色)，主百事吉利。喜得润黑色（金水相生)，主名利双收。喜得润青色（克化为用)，主官财两旺。喜得润红色(微火炼金)，主财星高照。喜得润黄色（金土相生)，主财喜重重。忌得枯白色（金病或患金）主有孝服。忌得重青色（金木相克)，主忧惊损财。忌得赤红色（火旺金熔)，主灾祸官非。忌得滞黄色（土多金埋)，主疾病运蹇。

【太清神鉴六神气色】

六神气色其特性有三：（一）忽然呈现，来快去快。（二）与部位有关，与季节无关。（三）有休亦有咎。解析如下：

青龙色——两眼黑白分明，神光射人，气色红黄有彩者，谓之青龙之色，主迁升官职，进财喜庆之事。

朱雀色——面上赤如檄丹，绕如烟焰，昏如病惨者，谓之朱雀之色，主有官灾、口舌、惊扰之事。

螣蛇色——面上绵绵如灰土，眼神昏浊者，谓之螣蛇之色，主忧惊怪梦，家宅不安不祥之事。

勾陈色——眼神混浊黑白不分，气色昏暗又眼下青铺者，谓之勾陈之色，主负累牵连之事。

白虎色——眼下白气闪闪，动而有白光者，谓之白虎之色，主丧亡孝服之事。

元武色——唇黑口颤，口旁左右黑气拂拂者，谓之元武之色，主异性和小人相害，失脱损财之事。

【袁天罡论六气法】

六气者，即青、红、白、黑、黄、紫是也。凡在鸡鸣之后，平旦之前，血气未乱，饮食未进，所见于面之自然之气，若现于本宫者为归垣，名曰正气主吉，若飞杂侵乱不定者主凶。六气之特性有三：（一）缓缓呈现，来了即不再消失。（二）与面相之部位及季节均有关。（三）有休而无咎。解析如下：

青龙气——春宜青龙得位，即右颧青气乃木星升殿归垣主吉。

朱雀气——夏要朱雀当宫，即额上红光乃火居火位归垣主吉。

白虎气——秋喜白虎发申酉，即左颧白气乃金耀金宫为归垣主吉。

玄武气——冬应玄武旺本宫，即地阁黑气乃水居水位为归垣主吉。

勾陈气——四季要勾陈居戊己，即鼻准黄气乃土居土位为归垣主吉。

螣蛇气——螣蛇发四库日月增荣，即天仓地库发红紫之色，乃火临旺地主吉。

附注：按六气乃君子之色，小人不发。有六气者，其人必系极有修为的君子，道德学问均可为人之师。同时体能状况亦佳，能与四季共变化，夏不畏暑，冬不畏寒。因此，具有六气之人，可永绝疾病灾祸于无形。

【面部十大天罗气色】

十大天罗气色之特性亦有三：

（一）慢慢呈现来慢去慢。

（二）与部位季节均无关。

（三）有咎无休。

兹解析如下：

死气天罗——满面黑色四起者谓之死气天罗乃死亡之兆。

丧哭天罗——满面白色四起者谓之丧哭天罗乃孝服之兆。

忧惊天罗——满面青色四起者谓之忧惊天罗乃忧惊之兆。

疾病天罗——满面黄枯四起者谓之疾病天罗乃重病之兆。

虚花天罗——满面如涂脂膏者谓之虚花天罗乃运蹇之兆。

好色天罗——眼光流散视急者谓之好色天罗乃淫顽之兆。

官非天罗——赤气如炎面焦者谓之官非天罗乃官非之兆。

刑狱天罗——面色如醉未醒者谓之刑狱天罗乃入狱之兆。

孤刑天罗——娇声有妇人态者谓之孤刑天罗乃孤独之兆。（女性反是）

破败天罗——鼻准斑点如尘者谓之破败天罗乃败业损财之兆。

附注：凡犯天罗气色者，其验至爽，与个人之才能学问或相理、命理之好坏无关也。如欲改变天罗气色带来之厄运，则必须坚持修身、修心、修德、修行四修，舍此别无速效之法。

【滞色】

此处所言滞色，专指三阳、三阴亦名龙宫、泪堂一带和山根两旁接近眼头之处所发之气色，其色之特征为似紫不紫，似黑不黑，虽不枯暗，但缺光彩者之谓。凡有此色，主心神不宁，寝食难安，一年之内主求谋均难遂意，万事均应保守，不宜枉动远行，纵有心愿未酬未了之事，在滞色未褪之前，若轻举枉动，必然欲速不达，求财不得反遭损，虽先小得然后大败，此乃有色无气之气滞也。

【滑艳色】

滑艳者，如油浸玻璃之上，面色淡白如霜，不成斑点反成虚色。或色重如丹青画，形如调油浸垢，独发一滑一艳，此乃内气不应，外色不来，浮泛而将变之色，灾祸不远矣。

【光浮色】

光浮者，与滑艳不同，面如白粉，灼灼满面，故称光浮。青少年有此气色，乃败家之子。富家之子有此气色，亦为散财促寿之征。中老年有此气色，主辛勤、官非、破耗之征。女人有此气色，主性酷好色，难言子息之征。光浮绝非美色，乃精神浮泛，而将要变凶之色。光浮乃祸殃之根，有害无益之气色也。

【娼优色】

滑艳中再现光浮者，谓之娼优色，主其人不为隶、卒，即为娼、优，并主刑破。如其人为官者主失职，为商者主祸殃败业。

【花杂色】

凡气色宜二宜三尚须看生克制化而断，如红少得青者不忌，黄少得红者不忌，犯生者吉，犯克者凶。若五色俱全满面乱发者为花杂色，此乃五行不调，心神不宁之征，如花杂色中赤白二色重而乱，则定主破败。

【赤斑疹】

亦称红斑点（注）。红色多在皮外膜内，不散有光，点滴分明，丝丝明润方为美色。若红色变为赤色似斑疹状或痱子状者，则主运蹇、破耗、失脱、是非、忧烦。若赤斑疹现于一二宫祸事尚轻，如现于五六宫者其祸非浅，主有破家丧命之危。

注：赤斑疹与青春痘有别，前者形状小于后者，有时形似痱子，有时又似小疮小疱，但前者不能挤出白蕊，后者可挤出白蕊，如形似疹块或肿疖者，乃内脏相火，浊气上升或其他病疾之征，不以赤斑疹论。

第十一章
阴骘气色(纹)之观看法则

【作者泛论阴骘变相】

《柳庄相法》云："男相十六可成女相十四可定"，虽因发育速慢而有若干差异，既发育已成则不改变矣。惟此仅就骨法格局而言，然人之相理，除骨法格局外，尚有附丽之气魄、精神、气质、性格、须眉、肤发、气色、肉色、肥瘦、甲齿、声音、纹痕、痣斑等则随心而改时时在变（美国林肯总统说，人过了四十岁就要为自己的长相负责，即就上述十三项后天相理有否变得更好而言），此项改变即本章所欲探讨之重点。

人之相貌为何会改变？《麻衣相法》云："有心无相相随心生，有相无心相逐心灭"，由此说明相貌之改变实操于吾人一己之心，此心即吾人之"善心"或"恶心"。存善心者，满面神光焕发能改失神落魄之容貌，能使枯干暴筋之手足变为筋舒脉缩，能使焦黑朦尘之耳朵变为莹白鲜润，能使赤脉起障之眼睛变为眼明障消，能使赤焦火燥之鼻子变为莹洁黄亮，能使枯索散落之眉发变为浓密翠秀，能使缺落动摇之牙齿变为重生坚固。反之，吾人若存恶心，必反其道而行。至于纹痕，其性更活，转折无定，随吾人之善心恶心化吉化凶。至于肉色，以精神气血而滋其荣枯，凡具有"傲心""躁心""邪心"者，足以损伤精神气血而使肉色变为枯槁，凡具有"谦心""忍心""诚心"者，精神气血壮旺而能滋荣肉色。至于痣斑，随人运气而生，败运则生恶痣于显处，祥运则生善痣于隐处。至于气色，有者因七情六欲而发，有者因天德自发。国印、庆云色莹三台（注一、注二），乃有德之气吉祥之兆。气离神乱黑毒盘绕，乃作孽之气不祥之兆。至于肥瘦，肉从腰来腹部垂拱者，转运目前，肉从腰去腹部消瘦者不日退财。至于声音，声不和调旋败之人，声音嘹亮新运之士。至于掌色，明堂乌鸦时运有差，掌心喷血财贵来忙。至于掌纹，除天地人三纹是母胎擎拳掩耳而成外，余均为后天所生之纹，吉纹出掌定主有吉或逢凶化吉，凶纹出掌定主有凶或变吉为凶。至于气质性格，乃有痕而无形也，随人喜怒之心而变，随人善恶之心而改，有坚心立品之人偶迷于酒色而丧行，有精进修德之士忽惛于财帛而改常。《洪范篇》有云："总之，尽忠孝行仁义，守道有恒，面临颠沛造次不改其节者吉相也，必享五福之庆（五福即寿、富、康宁、攸好德、考终命五种福报也）。反之不忠不孝，违仁悖义，心术不正，面临颠沛造次仍不改其性者凶相也，必受六极之刑"（六极即疾、忧、贫、恶、弱、凶六种痛苦也）。故相人之学，取其骨法格局者得其七，取其变者得其三，命虽系天数注定，运则自己主宰，此乃吾人研究人相学之积极意义，换言之，吾人应知天命更应尽人事也。（笔者按天数天命即父母遗传给吾人的、占整个人生际遇的七分、永不改变的骨法格局也。运即后天的人生际遇，虽然可以自己主宰，但只占整个人生际遇的三分而已。同时必须首先认识自己的健康、智慧、个性和学识才能方面的优缺点，然后订定适当的人生计划和人生目标，既不贪多强求，也不侥幸冒进，这才是真正的克尽人事。否则，欲速不达，最后必偾事后悔也。）

上文阐述相貌之变改甚详，促使其变改之原动力则系于吾人一己之心，存善心者，无相变有相，逢凶化吉，存恶心者，有相变无相，变吉为凶，是以相貌之变改对吾人命运之影响自不待言，如拘泥于命造注定之说必生谬误亦自不待言。例如现今社会离婚率达到结婚数之25%，如按子平或斗数合婚推断，离婚之男女并非全属下婚，反而上婚者占多数。若从相理印证，面相之夫妻宫除先天相理不佳外，后天亦必出现瑕疵，掌相亦出现凶纹，此即后天之变相也。又如子平或斗数推定某人某年必寿尽身亡，届时其人不但未见寿尽身亡，反而老当益壮，何故？因其人积有阴德，促寿相变为长寿相，凶运变为吉运也。子平前辈袁树珊于《新命理探原》书中云："尝考人富贵贫贱验者颇多，惟寿夭验者较少，盖一念之善，可以延年，一事之恶，足以夺算，苟恃命之生与永而多行恶事，知命之死与促而广积阴功，则忧之不能使生，恶之不能使死，区区八字干支何足道乎”。又云：“世间之人，每二十五万九千二百之外的男女命格即相同，而相同之命格中，富贵穷通每大悬殊，观乎与达贵同造，身处贫贱，比比皆是。”相学先贤范駷云：“易见者相，不易言者命，命在天也，相在人也，应天时，合人事，有中形，外不可掩也，造物大公之心，福可以罪灭，罪可以功赎，生心发面，惟人自造”。以上说明吾人不可恃先天命造之格高而忽略后天之修持。命理与相理同为探讨命运之工具，目标一致，但方法不同结果自然有异，前者注重先天命造（即出生之年、月、日、时），后者注重先天父母之遗传（即受命说），前者不见其人即可论命，后者必见其人始可论命。命理以日柱为体以用神为用，相理以先天骨法格局为体，以后天会变改之气魄、精神、气质、性格、须眉、肤发、气色、肉色、肥瘦、甲齿、声音、纹痕、痣斑等为用。命理与相理均讲求体用合一，但命理之体用均系根据先天之命造演绎而来，而相理之体用，则界说分明，动静合参。尝有对相理一知半解者谓吾曰：“相会改变，焉得有准”？岂知其准验即在于相会改变，而阴骘气色即是此种改变之征候也。《柳庄相术》云：“世间异术惟气色最验”，其理至大至彰，非一般之人所能体会也。

前述各章专论一般气色（即正常气色）之观看法则，本章专论阴骘气色（即非常气色）之观看法则。大体言，一般气色为最近的事物所引起的刺激，其刺激部位以五脏六腑和脑髓为主，骨髓和细胞基因为辅。但阴骘气色是以过去的事物所引起的刺激，其刺激部位以骨髓和细胞基因为主，五脏六腑和脑髓为辅，故又称为隐藏刺激。一般气色对相貌的改变所产生的休咎小，非常气色对相貌的改变所产生的休咎则大。兹就各先贤对阴骘气色之理论详述如下：

【陈希夷论阴骘】

世人徒论其相，某时贵，某时富，皆非也，若损其阴骘，虽有美相如冠玉（即张良之面相），目如悬河（即孔子之眼睛），头具燕颔（即班超之下领），足底龟纹（即安禄山之足），吾知其无益，信乎，心能变易其相也。

【右髻道人论阴骘】

阴骘之理，怀天地五常之性（即人体中之五形质素），抱阴阳二气之灵（即人体中之阴阳荷尔蒙），通于脏腑之间，先察三十六宫阴骘出入之神路，观看是否有阴骘气色或损阴骘气色，然后辨部位合其格，天性合其情，而用乘除加折之法，吉凶无不验矣。耳目口鼻，乃相貌中之先天，气魄精神，乃相貌中之后天，阴骘乃心田之灵苗，能挽回人之造化，而变凶变吉者也。

【吕岩论阴骘】

未观相貌，先相心田，有心无相相从心生，有相无心相从心灭。心者有形而无质，居于形体之内，不可得而见也，其可见者，莫良乎眸子也。眸子不能掩其恶，如心欲害人，事虽未举，其眸先露狼威；如心欲救人，口虽未言，其眼先露青莲而睛定光，所以人之善恶皆发于心，而现于表也。观人气色，亦可以辨其心也，有慈悲心忍辱心者，自有一种祥和霭吉之气。有忠义心正直心者，自有一种威严清肃之气。有贪嗔心痴迷心者，自有一种阴霾暗昧之气。阴骘气色（纹）不能常现于面，必在鸡鸣之时以烛光照之可见，或大喜大怒时随气色而显露，或遇轰雷震地之际发现，或值天清月皎之时吐光，如青天白日发现者，善恶毕露祸福立至矣。（注：吕岩即吕洞宾）

【太乙真人论阴骘】

积善虽无人见，阴骘透出天机。何知其人天赐禄，福堂红润四仓明。何知其人天降灾，三天（即天庭与两天仓）黑雾命宫青。何知其人绝处生，眉散重生绀发青。何知其人福寿增，目晦重明须得神。何知其人死速至，肥肉青浮黑瘦枯。

【钳徒论阴骘】

昔卫青系狱，钳徒相之日："汝国印气熖于官禄、印堂，十日内必获恩赦而得禄”，青叹曰：“得脱刑戮之难足矣，何敢望禄，今余刑戮在身，忧心切切，焉得有喜色形于面貌耶？”钳徒曰：“吾人之气色并非一定忧之于心而发凶恶之气色，喜之于心而发吉美之气色，有时安静怡情之时，鼻准忽见鲑血猪肝之色，或遇意外灾祸之际，五岳忽开嫩黄鲜润之色，或赋闲多年官禄忽然紫气辉煌，此乃正常气色外之阴骘气色也。盖阴骘气色，有天德自动之妙，得天地造化转动之机而变化者也，故福祸未至，其气先行，吉征尚未生祥，其气先祥，凶征尚未生孽，其气先孽也。今观君官禄印堂黄光紫彩，喜逢险地愈见吉祥，数日内必福集祸消”后果旬日大赦，终因功封长平侯。

【一行禅师论阴骘】

唐一行禅师相裴度曰：“汝眼光浮外，纵纹入口，须防饿死。” 一月后复遇禅师，师又曰：“汝必位至三公。”度笑曰：“一月前相当饿死，一月后如何相该三公？”师曰：“相汝之面须防饿死，相汝之心，还当极贵。”度曰：“但闻有相面者，未闻有相心者。”师曰：“七尺之躯不如一尺之面，一尺之面不如三寸之鼻，三寸之鼻又不如一点之心。”度曰：“人之心如何相之耶？”师曰：“要知天上意，须在云中取，要知心中事，须辨眼中神，汝虽有阴骘，犹耳鸣唯己知之，但我看汝目光已不浮，而紫气贯睛，口角纹长过于陂池，而须髯顿美，定行阴骘而现相也，必享极贵之天爵。”后斐度果官至出将入相。

【虚虚子论阴骘】

有心无相，相随心生，有相无心，相逐心灭，此必为善作恶所致。为善者自天庭以下十三部位及泪堂，皆有黄气光泽，且有阴骘纹见，其细如丝，气色明澈。作恶者必见十大天罗气色，或犯蹇滞色，或滞气现于天庭，罗网纹生于眼下，或废气从泪堂而发转上天中，此皆出于心之善恶而变之也。凡人困于贫苦劳碌，自知作孽深重，幡然醒悟，一恶不作，悔过迁善，仍然受贫苦招凶灾者，或因祖恶未尽，或因自孽太重，或因厚报其子孙所致也。凡

人安享福寿厚禄，但心术险狠，好行诈伪，一善不作，任性率为者，或因祖德未尽，或因格局太高所致也。（虚虚子即陈淡埜）

【作者印证祖先积有阴德之相】

作者观相多年，阅人无数，每见其手面相理应属夭折短寿之相，并应应验于青少年之时，然其人历经死里逃生万劫余生，细察其相果有阴骘纹现。但其人正值青少年，涉世未深，其自身当不致积有阴德，乃询其三代祖先之德行，乃均系积有阴德之人，故能荫及后代。又有额相丰隆或有奇骨者，当以贵格论，其祖先亦均俱有德行，或行侠仗义，或为官清正，或为富能仁，或修桥铺路，或排解纷争，或救人性命，或安贫乐道。故吾人在世，若能立志行善广积阴德，虽自身未及享受“善有善报”之果，而能荫及后代子孙即如同身受也。

【作者印证自身积有阴德之相】

古籍云：“螣蛇人口粱武饿死台城。”有某君在其五十一岁时前来请相，作者预言其六十五岁前必饿死，岂料其六十六岁时再来请相，细观之下，两眼下有阴骘纹及阴骘色，又螣蛇已转入大海。当询其近年德行，告以自五十一岁后，即定期捐血，作者听后释然。又有某君眼有凶相，双手地纹截断，作者预言其四十四岁前必遭天谴，岂料其五十岁后仍活在人间，细观之下，两眼下有阴骘纹及阴骘色，同时寿带双条，当询其近年德行，告以三十七岁曾搭救车祸垂死之人，四十六岁曾拯救溺水女子，故善有善报而延寿也。

【达摩六役说注解】

按六役之说，即佛家贪、嗔、痴、爱所种因，道家喜、怒、爱、恶之结果，以及常人酒、色、财、气所化出之种种烦恼纠缠所致也。亦即所有贫穷、失败、疾病、死亡均系“咎由自取”所致也。达摩六役说虽仅三十六字，但寓意深远，与吾人欲修身、修心、修德、修行而补相之说颇相吻合，是以特摘录《公笃相法》对六役说之解说如下，以供吾人实践“四修”之

用。(本注解为笔者讲授气色时之补充教材)

形为心役者病——此为智小谋大，力轻任重，明知其不能而勉强进行，渐次自夸自欺，屡经飘摇挫折，劳而无功，损失受怨，仍故作镇定，多方筹划张罗，而不能善其后，以至昼夜忧思不得解脱，故曰形为心役，而伤其形，变成痼疾。

事为心役者败——此为私心自用，贪念不休，虽有才智而未受善教，虽有学识而未致纯净，骄气日盈，游荡日怠，以致聪明蒙蔽而反愚拙，一经挫折，则疑是疑非，每有小过，则谤上诮下，事未成而结怨已深，身未立而祸将至，乱其常度，终至失败。

神为心役者亡——此为非法之妄想，过份之苛求，全神专注其事，专心反覆筹谋，但碍于资格之悬殊，或才智上有所不逮，或自身实力有限，或因时局变化而生障碍，加以事属阴谋妄想而不可宣扬，秽行劣迹而受人鄙视，于是隐、忍、含垢于心，其心郁结似火焚，终日沉默凝结于神，终于神昏智愦，精竭力绝，盼其死之情急，希望生之念消。

心为形役者贫——此为事业挫败，环境恶劣，生活日高，生齿日繁，既无一定财源，又无固定职业，始则声东击西，继而支南骛北，交际则皇皇慎重，以掩其虚，谈笑则故作轻松愉快状，以混淆人听，面与心异，虽良心知其不可，应付又苦于无方，但为个人表面，家庭生计，克力铺张虚设，致负累日重，糜费益多，得不偿失，岂不贫哉?

心为事役者夭——此为有偏重之嗜好，淫荡之邪行，怪奇之思想，又怀好胜之举动，逐名利于歪路，又沉醉于美色、珍玩、犬马之乐，其志自移。但心虚力薄，外不能明白宣布真相，内又不能完全消灭妄念，虽勉强积极筹谋，但障碍愈来愈多，反制力量尤大，终致节外生枝，波外生波，祸中有祸，而解决之法缺乏，既不能进又无后退余地，终致饮恨吞声，中痞臃塞，气机不宣，骨消形瘦而夭寿。

心为神役者死——此为自恃才高而偏，性敏而傲，幻想常存，理想尤高，凭空单打独斗，不循正轨，不畏众怒，不计轻重，任意骄横，言出无状，或为理想而妄生贪念，或因幻想而作黄粱梦，神之所专，心之所使，宁为鸡头，不作牛后，执意孤行，众心全违，但问目的，不择手段，甚至不计生死，终致元神日耗，精血日枯，怨气日盛，慧根日灭，岂有不死之理。

【六役相理】

①**形为心役者病**——上停多杂纹，印堂有恶纹或乱纹，天仓地库陷弱，眉乱神急，气色枯惨或暗滞。

②**事为心役者败**——印堂破陷又眉冲印，眉低浓又短不盖目，井灶薄而露孔，眼欠神又露白，土星下坠伏水星。口角下反而露齿，满面浮光，精神浮泛。

③**神为心役者亡**——印堂悬针高至发际，眼睛黑珠浮露而又眼有四白，颧破，声破，赤脉贯瞳，双颧火红，口如覆舟，三阳枯惨，天门黑暗，印堂赤黑，神变光退，上停白枯，性反常。

④**心为形役者贫**——耳珠虽圆但轮反廓露，上停高削而无眉棱骨遮栏，眉疏而乱，眉头相交，两目流光，井灶有露，土星尖削，声音破散，精神萎而多怯，气色青燥，筋络不藏于肉。

⑤**心为事役者夭**——福堂黑暗，印堂青白，赤脉纵横，土星赤黑上达山根，人中暗黑，奸门赤青交加，三阳赤黑。

⑥**心为神役者死**——赤脉贯睛，印堂悬针破华盖，睛凸又三角眼或四白眼，颧破、声破，三弯鼻，吹火口，六害眉，螣蛇锁口，鼻准尖露，声浊气寒。

【神相水镜集阴骘色（纹）实例注解】

头骨骤生低陷，有祸反祥——后梁蔡襄观吕僧珍之相，鼻高贯顶口大舌宽当贵，奈脑后陷薄不相应，虽贵而少寿，若能积德使陷处骨起长一星台，则既贵又寿矣。珍答以男子十六骨成，我年半百焉得骨生？襄曰：增神必能长骨，积德即可增神，三十、四十之人增神长骨必增禄，五十、六十之人增神长骨必增寿。后珍从梁起兵，军纪严明不杀无辜，救伤抚残活命万人。一日忽头脑剧疼，病愈后脑骨增大果然高寿。（按作者于 1987 年 6 月于谈相时，亦发现一位穆姓客人在三十四岁时后脑剧疼七天，病愈后枕骨长宽一寸许。其人曾以无名氏之名，每年在各大医院固定捐献社会救助金新台币一百万元。)

血气忽贯枯容，其福复生——树枯即死，人枯即亡，若积阴德内养气血，而后气血有余贯于形体，纵然皮肤枯槁而纹理黄红，即为内有根蒂之实，其福复生其寿可延。(按人之生命系于血足气旺)

阴骘色现，必主儿孙富贵——三阳三阴之位若黄明红紫润泽者，乃阴骘气色也，主儿孙事业有成身心两健。如有横纹二三条，或斜形井字纹者即系阴骘纹也，若纹内黄明纹外紫气缠绕者，主其人生平积有大阴德，虽老年无子，亦可生子矣。

螣蛇变龙入海，禄位复增——法令纹纹短沟黑又入口者谓之螣蛇（注三）入口主饿死，如螣蛇生出副纹为阴骘寿带纹主不死。如两口角各生一纹下游亦为阴骘纹，谓之螣蛇变龙生角入大海亦主不死。但两口角新生之纹不可相交，相交则为双重螣蛇仍主饿死。

国印紫气，可破杀纹绝痣——汉贾凤鸣老年无子，一日阅许负论子篇云，三阳三阴平满者多子，若深陷必孤独损子。凡人三十岁前问子，观乎两目不露白，若露白者有克，睛凸者有伤。四十岁前问子，观乎三阳三阴平满无疵，若枯陷者有克，纹痣者有伤。五十岁前问子，观乎蚕囊黄明不虚，若现青纹者有克，蚕囊蠹虚者有伤（注四）。乃问负此克伤之相可改乎？答曰，国印紫气可破杀纹绝痣，卧蚕阴骘（注五）可改臃虚蠹肉，庆云彰色可改露白之目，人存心积阴德者可改孤独夭相。而君鬓边眉上常现红黄紫彩之色，贯盈于耳鼻之间，乃平生积有阴德之相，应主子孙不绝，后果老年得子。

三阳玉堂华彩，子孙封诰——三阳即子女宫，若现紫线盘绕，玉堂即眉尾一带，若气聚成珠有莹光者，主子孙即将组阁拜相，或子孙事业发达成为钜富之人。(笔者按此现象为父子间祖孙间之遗传密码作用所致)

日月明阴骘现，必产麟儿——日月明即日月角明亮晈洁，阴骘现即眼下子女宫有阴骘纹，或眼下气色黄润透紫者主生贵子。如上述部位出现恶色则损独子。

彩霞遍飞四门，眼下财帛远至——四门即子、午、卯、酉四宫，彩霞即黄红透紫乃系阴骘色现，主庶民鸿运高照，财源通四海，无往不利。

祥云绕于三堂，贵不可言——三堂即印堂及两福堂（笔者按亦有古籍谓三堂即三台或谓三堂即印堂及两玉堂），若黄润中透红紫色如朵朵祥云（即庆云气）者乃系阴骘色现，主官员正逢盛运大权在握。

唐符黄亮红润，入泮游庠——凡学子参加入学考试（笔者按泮、庠有如现今之高级中学和大专院校），虽面部气色不佳，如有唐符（注六）气色仍可高中，其出现之部位除官禄宫及福堂外，春季宜看印堂，夏季宜看天仓，秋季宜看准头，冬季宜看承浆。又不论官员庶民凡有唐符气色者，如因文书差错而招官非者可脱罪免刑。

国印辉煌紫彩，连科及第——凡士子参加国家举办之特种考试、高等考试，虽面部气色不佳，如有国印气色仍可高中。如中后国印气不散去，唐符气再现，则主连科高中。如连科中后唐符气国印气均不散去，则主连中三元榜首及第。又犯死刑之囚，如现国印气于天中印堂准头三位者必主大赦。

龙睛凤眼珊骨，星辰仙降——凡小儿有龙睛、凤眼、珊骨者（珊骨即奇骨），乃大富大贵之格局也，父母应修身积德以荫之，否则应防夭折或破相。

福堂润泽，必主骤然发达——福堂为阴骘出入之神路，若现黄红紫色光辉者，主其人必骤然发达，验在眼前。

四仓平满，平生有禄有财——四仓者即两天仓两地仓，亦为阴骘出入之神路，如平满气色又正常者，主平生有禄有财官财两旺。若忽见恶纹恶痣冲破或恶色来侵，乃有损阴骘之征，虽平满亦主破财招灾。

八卦丰隆，一世无凶无险——掌有八卦之分，面部亦有八卦之别（见附图），八卦亦为阴骘出入之神路，如八卦丰隆而气色又正常者，主其人多福多寿。若忽见恶纹恶痣冲破，或黑气盘绕于八卦两旁，乃有损阴骘之征，主凶险立至。（笔者按四仓平满八卦丰隆均为父祖遗传优良之征同时大多享祖荫祖产）

丹心亮如镜，名曰万事足——凡人生平存心公正行善积德，若干年或数十年后，胸窝之处必结肉镜，此肉镜名曰“万事足”，主无子得子，无财得财，无禄得禄，无寿得寿。

蠹肉乌青，定当克子绝孙——蠹肉即眼下子女宫部位虚肿，意即子女宫外浮内空似被虫蛀，更见青气来侵者，主其人心性恶毒，平日行为有亏良心，必定克子绝孙。若蠹肉上出现阴骘纹，肉色黄红明润者，主其人早年作恶多端，而后悔悟广积阴德者反生贵子。

山根悬针，破年寿、主大凶——悬针纹大抵长于印堂，但亦有长于山根者，惟比长于印堂者更不吉也，如长于印堂山根之悬针纹生枝纹者，谓之“悬针生脚”，主逢凶化吉。如长于山根之悬针纹再下破年寿者为“杀纹”，主大凶。但悬针纹被横纹拦住者，则不以杀纹论，因旁生之枝纹或横纹均属阴骘纹也。

声哑失音，绝福禄又夭寿——凡声清音远者主贵主寿。如病后失音者，必因有损阴骘主死期不远，如本属声哑失音之人，一日复音有声者，主其人因积有阴德反主福寿矣。

六阳暗、四余乾，死期不远——六阳者即三阳三阴之位，四余者（注七）即甲、发、齿、色，以上均为阴骘出入之神路，若六阳暗黑、四余乾枯焦黑者必死无疑。

头尖神浮，满面红黄变吉——头尖即三尖六削，神浮即睛凸神露，此等之相焉有不贫穷夭寿之理？若满面气色红润黄润，再见唇红须润者反主福寿。因气色可因修心养性而改善，气色佳则运程及健康自然好。（注：此乃心理影响生理，生理影响气色所致）

身肥胖而色昏，败业亡家——此言一身虚胖，内气不应，外色不华，必主夭寿又败业亡家。反之有德之人，存心行善，肥胖有致，腰腹垂拱，满面气色华彩莹洁，始可言发福荣身也。

纹伤凤袋，定主刑克配偶——凤袋即眼下三阳三阴之位，如现粗深横斜之纹者，主刑克配偶或离异。若能存心行善积德，恶纹必生枝纹，夫妻宫气色亦必转佳，即不再刑克配偶或离异，因凤袋已出现阴骘色、纹也。

三天轰雷，必主天诛凶死——三天即天庭及两天仓，如有黑毒之气盘绕者，乃犯天怒，应即日行善积德始可免灾。否则，当黑气冲至官禄、玉堂、准头者主失官败业。黑气冲至子女宫者损子。黑气冲至命宫、年寿者主凶死。黑气冲至命宫、命门者主遭天诛。

四门起雾，必主灾祸速至——四门即子、午、卯、酉四宫之位（亦即面相八卦离、坎、兑、震四卦之位），黑气如乌云，又似骤雨未降之象，乃犯天怒，灾祸速在眼前，灾后黑气褪者主复平安，如黑气不褪者必主凶亡，以罚其作孽深重也。

禄位焦枯陡见，倾家荡产——禄位者即金马玉堂之位，如突然黑如湿灰、暗似猪肝者主有凶祸，应即日行善积德，破财济贫方可免灾。

龙宫布雨，应防子孙有损——龙宫即子女宫之位，布雨者即黑气来袭，子女宫原有纹冲痣破再现黑气者定主损子孙，应即日行善积德可解。（笔者按子女宫又名龙宫、凤袋、泪堂、卧蚕、三阳、三阴、六阳、阴骘宫）

须生颈下锁喉，大忌凶死——须不可锁喉，尤忌毛细如乱草，主凶死。当须毛初长时，即应行善积德可解。（笔者按须锁喉，乃系呼吸系统或消化系统有隐疾所引起，亦象征其人个性不良。）

眉发重生，定主绝处逢生——凡因久病重病而眉散发落者，主不久人世矣。凡穷途末路之人再眉发焦绀（绀即青赤色）者，主转运无期，若一日眉发重生，焦绀变为乌翠者，主绝处逢生，亦证其人平生积有阴德。

科名星乃积德开运之征——科名星（注八）即印堂连眉一带部位光亮如星之谓。凡人榍运连年甚或数十年，如一旦科名光亮，华翠如珠之色者，主枯井生泉开运之征，亦证其人平生积有阴德。

目晦重明，变贫夭为贵寿——凡眼浊神昏不贫即夭，如一日眼清神壮者主既贵（富）又寿，亦证其人平生积有阴德。

【相理与地理风水兴败印证】

昔宋有富贾某人，平生为富不仁，作恶多端，当其父母死后，欲择龙脉胜地葬之，希冀保全产业代代发达。朱熹叹曰："此处有地是天无理，此处无地是无地理。"后雷震其墓而败。由此证明地理非属重要，天理实不可违，违天理者必损阴骘，损阴骘者终必败亡，地理风水再好亦无效用矣！是以笔者尝语人曰："好风水不在山上，而在吾人之心田中也。"

注一：国印在部位言即系双颧，国印气即双颧内气黄明，外透紫光，鲜艳成群，有万象之色，但忌成片（此乃红紫气色）。

注二：庆云在部位言即官禄宫，彰色即紫色，亦即黄润中透紫气点点如花如豆之谓（此乃纯紫气色）。

注三：螣蛇入口，乃因消化系统有痼疾而形成，最终因不能饮食而肇致饿死。螣蛇生角，乃因修持而改善了消化系统之病况所致。双重螣蛇乃旧病复发所致。

注四：蚕囊蠹虚，乃眼下泪堂部位即子女宫肉虚浮肿，亦即该部位内虚外肿，肉内似虫蛀空之谓。

注五：卧蚕阴骘，即眼下子女宫部位，如现黄亮或红润或紫光之气色者，谓之阴骘气色。如有横纹隐隐或斜形井纹者，谓之阴骘纹。

注六：唐符在部位言即眉上辅角三台一带，唐符气即隐于肉内之黄气，外罩红紫色，不忌成片，以黄为主也（此乃黄紫气色）。

注七：麻衣谓四余者，即甲为筋之余，发为血之余，齿为骨之余，色为气之余。

注八：科名即印堂连眉上下一带部位之合称，星即光亮之意，乃肉中隐藏一股精华之气，色如珠光也（此乃青紫气色）。

相理真言

济急拯危亦有时呼贫乏天将福之，
解纷排难恐亦涉及囹圄神必佑之。

萧湘居士　辑

第十二章
病人生死气色之观看法则

人之死亡除内疾外，尚有其他因素，例如刀刃、枪击、灾变、车祸、火厄、水厄、产厄、兽伤、跌扑、自裁、中毒等，其气色之观察方法已于本书前数章及十四章阐述甚详。内疾者包括五脏、六腑、骨骼、脑组织等先天不足或后天失调所引发之各种急性慢性疾病，或因传染而发之各种疾病均属之，重症者必卧病在床，是否痊愈康复或一病不起，其神气色必有明显呈现，兹分述如下：

【神脱即死】

无论久病新疾，外伤急症，神强者不死，如眼神消失，目不转睛，睛暗无光，即使正常之人也将不久人世矣，伤疾在身气色憔悴者更不论矣。（注：神脱非瞳孔放大）

【暴亡之兆】

此处所言暴亡，系指心脏病、中风症等突发性之疾病而言。凡人肉色常白或常黑，神魂常年安静，忽然肉色由白变黑或由黑变白，神魂由安静变为恍惚似醉，气色由莹洁变为昏惨，此皆不常之变，主暴亡猝死之兆。

【回光返照】

凡病人气色忽然由昏浊暗惨变为容光焕发者主死，盖此种气色乃回光返照也。重病久病之人即使病已痊愈，气色亦须经调养而后渐渐恢复往日华彩，断不致忽而变为容光焕发也。

【五色吉凶】

青色——青色欲如苍碧不宜青蓝，青如翠玉者生，青似靛蓝者死，青似蓊草者死。

红色——红色欲如桃红不宜火红（火红即作赤色看），红如鶏冠者生，赤似衃血者死。

白色——白色欲如猪膏不宜枯惨，白而油润者生，白似枯骨者死，白似白雪者生，白似尘垢者死。

黑色——黑色欲如黑漆不宜如炭，黑如乌羽者生，黑似烟煤者死，黑似油抹者死。

黄色——黄色欲如蟹黄不宜土黄，黄如蟹膏者生，黄似土色者死，黄似李杏者生。

紫色——紫色现于四正者（即印、准、两颧）不死，因紫色乃阴骘气色也。

【主要部位气色】

天庭——天庭黄气盈莹者生，黄气如黄铜者生，黄如螃蟹腹壳者死。黑气如水者生，黑如铁皮者生，黑如尘埃者死，黑如灰湿者死。白气如霜雪者生，白如银彩者生，白如石粉枯骨者死。青如柳叶者生，青如靛者死。红如宝石者生，红如红花者生，红如火焰者死。

福堂——包括印堂、金马玉堂一带部位（金马玉堂位于两眉尾），黄气色嫩者生，青气色重者死（流行时疫尤验），青气色中现蓝黑者死。

两眉——包括福堂一带部位，现紫气黄光者生，黑如烟雾者死。

驿马——包括山林、吊庭、巷路一带部位，现黄气者生，青蓝色者死，黑如烟雾者死，枯惨无光者死。

山根——包括精舍、光殿、龙宫、三阳、三阴一带部位，现黄气者生，白枯、黑惨、蓝重者死。

泪堂——凡泪堂五色并起者主死，黄润红润者生。

鱼尾——包括奸门、鬓角一带部位，现黄气者生，青黑枯白者死。

年寿——包括泪堂、金甲（金甲即两鼻翼，亦有古籍谓金甲位在年寿两旁一带部位），现黄光者生，黑惨、骨露者死。

两颧——包括正面、命门一带部位，黄润透红者生，青蓝、黑惨、白枯者死。

准头——包括两颧、正面一带部位，黄润光亮者生，白枯中现焦黑色者死，若准头现惨黑色者朝发暮死，盖土星已无生气也。

鼻翼——包括准头、法令、下库一带部位，现黄气者生，青气、黑气、枯白者死。

腮部——包括下库一带部位，黑色不忌，青蓝、枯白者死。

地阁——包括地库、两颐一带部位，现黄红色者生，青黑、枯白者死，青蓝者死。

人中——包括食禄、仙库、井灶一带部位，现黄红色者生，青气色重者死。

口唇——口唇黑黄、焦枯者死，青气入口者死。

承浆——包括陂池、鹅鸭、颂堂、奴仆一带部位，现黄红色者生，黑惨、白枯者死。

两耳——赤色从耳内出，色似马肝映于满面者死，黑色入耳者死。

头发——头发直立，发根乾枯者半月内死。

四正——即印、准、两颧均现黑色者三日内死。

五窍——即耳、目、鼻、口、舌之孔窍，现黑色者三日内死，惟舌濡润者主生。

十指——十指红润、黄润者生，指甲黑者死。

明堂——掌心明堂黄润者生，明堂焦黑者死。

语声——语声响亮者生，语声短涩者死。

肥瘦——肥而无血色者死，有血色者生。瘦而不枯悴者生，枯悴者死。

【从气色看五脏】

心脏——心善眼下气色光亮闪闪，心病年上发赤、三阳青暗、满面浮焰，心绝唇红焦裂、白睛青红又现乌黑。

肝脏——肝好，眼下气色明朗黄润，肝病两眼红丝、满面浮青、怒气嘈嘈，肝绝两眼无神光，或白睛凸露头低。

脾脏——脾安，鼻准气色黄明，脾病满面青黄、体瘦食不甘味，脾绝两眼、耳鼻、指爪均现乾黄枯黑，唇青而缩。

肺脏——肺清，年上气色光亮黄润，肺病两颧火红或黑朦、鼻塞年寿暗滞，肺绝眉发肌肤枯槁，鼻黑窍露。

肾脏——肾足，耳轮气色红润明亮，肾病耳轮及额黑如烟雨、两眼昏暗，肾绝满面枯黑如墨水泼壁、齿牙乾焦、耳黑又聋。

【从气色看病症】

哮喘——两颧气色黑乌兼唇黑。

痰多——眼下气色浮白兼黄，白睛泛黄。

肺痨——脸上青筋浮露形瘦，腰弯背曲。

肝燥——眼有红丝，额印发暗，严重时眉、颧赤红（肝机能欠佳之征）。

胃绝——口唇青色（胃无消化能力或饮食药物中毒之征）。

气亏——满面气色淡白无莹色，或虚胖瘦弱（元气不足之征）。

阴亏——满面气色青黑，皮肤枯乾，唇黑，眼神衰（血红素不足之征）。

血热——白睛及颧骨呈赤红色（血浊之征）。

血痔——年寿气色暗黑（内出血亦同）。

盗汗——满面气色枯白，唇青发黄（乃寒虚加元气不足的体质）。

风邪——眼白睛出现蓝色（体内元气不足之征，又有神经衰弱症。）

颤抖——末指不能屈伸血不通筋之故（即帕金森氏症）。

色痨——眼神昏，眼下暗，为夹色伤寒。妇人则眼神昏、雀斑多。

遗精——满面气色有时青暗带滞，有时红艳如火。

酒伤——鹅鸭部位黑暗，满面通红，准头有红白筋。

经逆——妇人眉毛纷乱，颧额发赤，唇白兼面青。

白带——妇人满面气色惨白兼黄，肉浮、气虚、疲劳。

产厄——妇人临盆前颧红似火，发枯掌心暗黑，眼下赤黑防产厄。

死产——妇人唇黑睛呆，面蓝眉枯，命门黑防死产。

【小儿疾病气色】

山根——包括山根年寿部位，微青微黄色主疾病之征，重青、枯黄再双目失神者主病情严重，若命门口唇亦重青枯黄者主死。

命门——包括天仓奸门部位，微青微黄色主疾病之征，重青枯黄再双目失神主病情严重，若山根年寿亦重青、枯黄者主死。

印堂——包括天仓奸门部位，微赤色主病疾之征，重赤色再双眼失神主病情严重。

人中——现黑色者主病情严重，若口唇再青或枯黄、双目失神者主死。

地阁——现滞黄色，再双目失神者主病情严重，若地阁气色变为枯黄者则主死。

口唇——青黑同现，再瞳孔放大者主亡在眼前。

痊愈——凡小儿疾病时，若命门人中俱白润，印堂天仓赤褪，口唇见白者主十日内病愈得生，虽山根年寿微青、微黑亦无妨。

痘疹——凡小儿出痘疹时，只看耳轮、耳珠及耳后根灵骨部位，气色明润者主平安，若气色暗黑再加头皮赤色者主十有九死。

【内五行与外五行之联属关系】

双耳——耳为采听官，内通肾脏。但耳的质地和长相，却反映了一个人先天和后天的体质和健康。例如耳垂部位与脑部、眼睛及上焦的心肺系统相联属，中耳部位与中焦的肝、胆、脾、胃等脏腑相联属，上耳部位与下焦的肾、膀胱、大小肠以及子宫、卵巢、睾丸、精囊等生殖系统相联属。

双眉——眉为保寿官，内通肺脏。但眉的前端部位与心肺系统相联属，眉的后端部位与肝脏及小脑相联属，整个眉毛及眉棱骨部位又与脊椎骨髓及中枢神经系统相联属。

双目——眼为监察官，内通肝脏。但眼与思维系统（即脑组织）及运作系统（即五脏六腑）均有密切的联属关系，也可以说眼是思维系统及运作系统之交汇点，故谓之灵魂之窗。

鼻部——鼻为审判官，内通脾脏。但山根部位与心脏血液循环系统相联属，年寿部位与肝胆代谢系统相联属，准头及鼻翼部位与脾脏、肠胃消化系统相联属，鼻中膈及鼻孔周围部位则与生殖、泌尿系统相联属。

口部——口为出纳官，内通心脏。但上唇与大肠及排泄系统相联属。下唇与胃及消导系统相联属，唇外缘与脾脏相联属，唇内缘与肝脏相联属，人中与生殖、泌尿系统相联属。

额头——与血液循环系统、脑组织、上呼吸道相联属。

颧颊——与肩胛、胸肺、肝胆、肠胃及颜面神经上肢系统相联属。

颔腮——与腰腹、臀股、生殖、泌尿、下肢系统相联属。

【内外五行与健康命运之印证】

凡大富大贵之格，男子无不体格魁梧，气宇轩昂，或短小精悍，精神抖擞。女子无不凤脸凤体，身材适度，气质安详、端庄、娴雅、涩默。无论男女，面相必五官俱佳，部位均匀（鸟兽古怪形者例外），此乃内五行先天发育正常机能充当所致也。因脏腑之清浊秀恶，必流露于颜面百骸，有诸内必形诸外，内有充足之精，外有澄澈之神，内有充足之气，外有松柏之肤，此乃万世不变的真理。试观古今各国当权人物或大企业家，无不忙碌终日，夙夜匪懈，历数十寒暑而不停辍，如不具有强健之体魄焉能担当大任？如换一健康不佳之人，仅每日出席各种会议即精疲力竭而三日罢官矣。或谓体健如牛之人并未大富大贵者何故？此因内五行过与不及，导致外五形配合不当也。例如耳特长特大，口型则小，乃属先天肾脏发育过强，心脏发育不及肾脏所致，此种人身强体壮，同时生殖机能旺于常人，必好淫心蒙，眼神不足，故不贵亦不富。相理言，耳固不忌长大，但要与口型及天庭相配。其他如耳虽厚，身体虽强壮，眼不秀者不富不贵。鼻梁虽挺，身体虽强壮，无垂珠相配者不贵不富。口型虽好，身体虽强壮，鼻不截筒者不贵不富。眉虽扬，身体虽强壮，眼不秀者不贵不富。眼虽秀，身体虽强壮，唇不鲜红者不贵不富。以上进一层说明内五行的强弱平衡，必印证于外五形的优劣均匀。看相即看“中正”二字，换言之即讲究相理的平衡相配，亦即先贤所谓“一面不失局，星辰不失匀，部位不失停”之意义。或谓五官俱佳，五形得配是否就一定能大贵大富？此则尚需进一步探讨“形”与“神”是否相配。如形过于神，虽具魁梧之身躯，仍属贩夫走卒中人，如神强于形，虽身材矮小，亦属富贵中人矣。

或谓世间之人，外五行无缺憾兼神强者少之又少，岂非尽属普通人？此话不虚，大贵大富之人万不得一也，大凶大灾之人亦万不得一也，否则，人类生态即失平衡矣。或谓将相本无种，男儿当自强。惟将相自有将相之相理，比较之下，一望可知。如本无将相之貌，而怀将相之志，终必钻入牛角尖，弄得焦头烂额，最后结局，知命认输者尚可迷途知返，把握最后机会，如不知命认输者，必怨天尤人，含恨以终。或谓时势造英雄，英雄造时势，此语诚属不虚，惟英雄之相贵格之相也，一般之人只能随波逐流，焉能造成时势，即使时势临头，由于格小福浅亦不能趁时用势。

或谓一切归之于命运，岂非宿命论？有伤青少年奋发向上之心理，否定人生之奋斗价值？此言差矣！人相学是不相信命运的，人相学只相信健康、智慧、个性三者优良之人，收获必多，成就必大。反之，收获少，成就亦小。吾人研究相理之目的乃在认识自己的健康、智慧和个性，认识自己后，始能把握人生方向，不致盲目奋斗，迂回奔波，徒耗时间精力，并非教人退缩消极也。试论年过知命之中年人，失败者或虽未失败亦无成就者，并非全属无学无术之人，或好逸恶劳之人。反之，或心怀大志，或积极奋斗，或聪明好学，或克勤克俭，但有其共同特征，即健康、智慧必有不足之点，尤其个性必有瑕疵。或谓命运亦包括个性乎？余认为个性为构成命运之主要环节，同时个性与生俱来，不经重大挫折或幡然觉悟不易更改，手相、面相亦处处可印证个性优劣之所在。故吾人欲知命，“知命即是认识自己”，认识自己的健康、智慧、个性有那些优点缺点，苟能认识自己，诚吾人一生中之最大收获，西人喻认识自己为世间最大之学问。吾人既已知命，即应把握运程之顺逆时机，趋吉避凶，发挥所长，改正所短，不强求，莫等待，尽其在我奋斗前进。如听天由命固非所宜，一味心存侥幸，或贪多冒进亦不可取。吾人应先知命而后乐天，克尽人事才是正途。如既不知命，亦不愿知命，或恐惧知命，或故意与命运相违拗，乃智者所不取也。或谓内五行之秀恶可以印证外五行之优劣有科学根据乎？我国传统物理学格言“有诸内必形诸外”乃是最佳的最符合科学印证方法的原理原则。盖人之五官六府及五星六曜，有如一部机器之仪表板，仪表所显示的数据，即象征整部机器性能是否优良，运转是否正常。至于同样是父母所生的子女，为何有秀、恶、优、劣之分？此乃属于遗传学、优生学和阴骘之理的范畴，不在本文论述之列。

观相感言

用人相学的“面相八仓二库流年法”为人断流年，为何比用八字和紫微斗数及其他以出生之年、月、曰、时等算命术（包括西洋占星术）所断的流年要准？究其原因，乃上述的算命术均不能突破子平前辈袁树珊所谓：“每二十五万九千二百人之外的人命格相同”的瓶颈，以及忽略“周天命运”对人生命运的影响所致。又人相学系根据“有诸内必形诸外”的道理，以及生理学、遗传学、中医学的科学原理算流年，与现在科学家正在研究发展的“基因算命”的原理和方法实有“异曲同工”、“不谋而合”之妙，是以人相学为人断流年每断必准。

萧湘居士　撰

第十三章
指掌气色之观看法则

中国手相学与西洋手相学不同之处，除前者注重休咎、后者注重性向外，另有最大不同之点，为中国手相学特别注重手掌的气色。古籍云：“看掌之法，先看掌色”，手掌的气色对于一个人之当年休咎，可谓奇验无比。不论此人衣冠楚楚，面有得意状，如掌色青暗者，最起码可以断其目前心事重重，情绪不稳，官财欠旺，感情欠顺。如掌色再乌鸦（即黑色）者，则灾祸已临头或即将临头矣。下文就有关指掌之气色分述如下：

【指掌气色之基本概念】

▲凡看掌色，以掌心为主，如气色明润黄嫩者，主时运顺遂，掌心带血点者，主财喜重重。

▲掌色白如散光者，主孝服或破财。

▲掌色青黑又滞者，主疾病或破耗。

▲掌色贵红润，但血色要明朗，又要内外通明，若手掌血滞者仍以不吉论。

▲掌色暗面色虽明，仍为败散之征。反之掌色明面色虽暗，仍为聚兴之兆。

▲掌色红润，但面暗准明者，主忧中有喜。若面明但准暗、掌色不鲜者，主喜中有忧。

▲掌色明，虽病人病入膏肓，仍得有救。

▲掌色红润固为佳兆，惟喜“点”而忌“片”，红如点滴者主官财两旺，

红如一片者则主官非。

▲掌色黄润亦为佳兆，惟喜“明”而忌“暗”，黄而嫩者主时运顺遂，黄而带暗者则主凶。

▲掌背掌心俱黄润，独手指黑暗者主丧父母之兆。手背手心滞黄、指甲昏黑者亦主丧父母之兆。（按前者为旺运中丧父母、后者则是楣运中丧父母）

▲掌心气色鲜润，掌背气色暗滞者，为阴阳不和（掌心为阳掌背为阴），主即成即败，非美相也。掌背气色鲜润，掌心气色暗滞者，可盛阴化阳终将发达。

▲掌色以红色为主，惟应色似桃红者始可言吉，如赤红色者则反而主凶(按赤色为是非官讼或高血压之征)。

▲掌色如喷血（即有红点），面色亦鲜润，主其人大吉大利，锦上添花。

▲掌色常年红赤（即朱砂掌），主其人性必刚烈，易走极端而难自制。

▲掌色（尤重掌心）宜红润黄明，另外天、地、人三大纹之纹沟亦宜红润黄明。如天纹垢暗，主感情不顺，人纹垢暗，主事业不顺，地纹垢暗，主健康欠佳。

▲掌之气色初起 先聚于掌心，次发于鼻准，后发于印堂，再分散各部位。气色浮者主事未至，沉者主事已过，色深者应事大，色浅者应事小，气色已发而事迟迟不至者，主所应之事非常重大。

▲凡看生男生女，应在艮位、震位、坤位、兑位细察，红润黄润主生男，青润白润主生女。（请读者再参阅第十四章气色口诀）

▲掌色枯黄，主家人或自身重病，如贯五指者，百日内大祸临身，主家破人亡。

▲掌色带青，主自身忧惊是非，青黑色侵离位者，主有失官或败业之危。

▲掌色枯白，主时运不通。

▲掌色燥乾，主破损耗财。

▲掌色枯黑，主重病重灾。

▲掌色紫红，主升迁荣调。

▲掌色黄红，主官财两旺。

▲指上光润，主财运将通。

▲指甲红润，主财帛丰盈。

▲指甲色暗，主官财不顺。

▲手如莹玉，白如银光，乃大贵之相。

▲手掌气色昏暗，血枯色滞，乃名行俱差。

▲凡看掌之气色，应参合面部气色综合论断。

【手掌八门气色注解】

开门——即乾位，西北方，五行属金，宜紫红成点，乃微火炼金，主贵主财，忌燥成片。青暗色大忌，乃金木相克，主有惊险、是非，刑克父母，破败祖业等。

休门——即坎位，正北方，五行属水，最忌暗黄暗黑，乃土克水，主有肾疾、破耗、防水厄。色白润明者，乃金生水，主水路进财。如紫光透天（即离位）者，乃水火既济，主大吉大利。

生门——即艮位，东北方，五行属土，红黄鲜明者，乃火土相生，主财喜，进人口，兄弟得力。青暗者，乃木克土，主兄弟刑克，配偶刑伤。黑者主破财，枯白主病，枯黄主困。

伤门——即震位，正东方，五行属木，红润射目，乃木火相生，大运亨通，必见财喜。枯白为金克木，主有不测凶险，或刑克配偶。青主诸事不利，防破财。枯黄、黑暗主妻产厄。紫红运通，婚姻缘动，所谋必成。

杜门——即巽位，东南方，五行属木，红润射目，乃木火相生，时运通达，财喜重重。黑暗主大破财，并防盗贼。青暗主破财或不利远行，黄主病。

景门——即离位，正南方，五行属火，最忌黑暗，乃水来克火，居官失职，庶民破败，并防火灾横祸。青暗主破耗不顺、及内心压力感。红如点者，主官运亨通，财喜重重。

死门——即坤位，西南方，五行属土，红黄鲜明者，乃火土相生，主财喜亦进入口。青黑者乃木克土，主妻子母亲刑伤见灾，或财产有失。青暗如指头大者，主配偶必有产厄、恶疾或自身病亡。

惊门——即兑位，正西方，五行属金，宜紫红成点，乃微火炼金，必见财喜，官运亦佳。黑暗主官非或用人不利，朋友连累。紫色主生贵子，枯黄主失财，青主惊恐。

【明堂气色注解】

青色——主是非忧惊之事，青气自明堂侵离位者，为官者主失职防失官，庶民防败业破财。侵坤位者，主母及配偶忧惊之事。侵兑位者主配偶及子女忧惊之事。侵乾位者主父及长子忧惊之事。侵坎位者主祖产及自身健康忧惊之事。侵艮位者主家人家庭及产业、健康忧惊之事。侵震位者主配偶、财产、爱情忧惊之事。侵巽位者主事业、财产忧惊之事。明堂青气成点成条或成块状，各种形状不一。如青气上再黑朦者，主大祸将至。如青气兼黄枯者，多为病困之忧。如青气旁有红点者，主因求谋财产而忧惊。掌有青色时，眼下或山根左右亦必有青色或青暗色。青色应时在正、五、九月寅、午、戌日。

红色——主财喜吉庆，如红色成点者主大运将临，清晨明堂有一分红点者，主当天必进一份财喜或交易成功，其验无比。若红润者亦主吉利，最忌赤燥或滞红成片成块，主运途不顺，口舌是非，重者主官非、火灾、破败。明堂有紫点者为阴骘气色，眼下或印堂官禄宫亦必出现紫点。红色应时在二、六、十月亥、卯、未日。

白色——枯白成点者，主孝服、散财多败运，白润者吉利。白色应时在四、八、十二月巳、酉、丑日。

黑色——黑如乌云者主重病当头，或有不测灾祸之前兆。黑色应时在三、七、十一月申、子、辰日。

黄色——嫩黄色不忌，如现枯黄色再贯五指者，主百日内大祸临身，家破人亡，否则主自身大病。又黄滞中现青气者，主有口舌官非，黄色应时在

三、六、九、十二月辰、戌、丑、未日。

【指掌行年、四季、月令气色注解】

指掌气色亦分行年、四季及月令，行年看五指，月令看掌十二宫位及食指、中指、无名指、小指（请读者参阅附图）兹分述如下：

行年——手掌行年气色，乃天地阴阳生成之数，自大姆指下起，五岁一节，数至小指共七十岁名曰换基。又自小指背面起数归中指为一百，此元妙之机也。凡青色侵中指者，主自身是非、忧惊、灾厄。侵大姆指主父母不吉，侵食指主损财。侵无名指主配偶不吉。侵小指主子孙不吉。红色点点者主官财兴旺。

春季——部位在震，内气深明，外色明润，透射明堂侵贯食指者，主运程通达，见财见喜。若黄滞、暗枯者不病即耗。

夏季——部位在离，内气充足，外色红润，主运程通达。若气色枯暗者主凶，离位、明堂同暗者更忌，庶民主破败，为官者主失官刑狱。

秋季——部位在兑，莹洁气藏，内明外润，主为官者晋级，庶民财喜。若气滞色燥，主病灾破财。

冬季——部位在坎，气色略燥者不忌，主财丰物阜，家宅平安。若气露色滑者破败之兆。若四季均色鲜红润，掌心血点者，主大吉大利。

月令——月令气色以手掌区分为子、丑、寅、卯、辰、巳、午、未、申、酉、戌、亥十二宫位，凡红润成点聚于何宫位即何月份，同时指纹纹理亦红润者，主该月份进财，他色均主不吉。

【观看指掌气色之方法】

观看掌中气色要一观为定，久看变昏。但刚就食、饮酒后不宜看，因内脏偶然得热劣火运行，真气不见，断吉凶不准。手中提拿重物后不宜看，因真气被外力迫变，五行生克不明，断吉凶不准。盛怒后不宜看，因怒气直冲五脏，真气突变断吉凶不准。行房后或悲哀时不宜看，因纯弱两气难辨，断吉凶不准。

【掌色诀】

掌色要黄润，绛色是根本，身健能住财，长寿有儿孙。红润如喷血，财名运不歇，血掌多清闲，实验信有说。黄色最忌枯，胃肠败血路，梦游神经弱，失志无运程。白色喜莹润，名誉定远闻，枯白是冷积，气血双失本。掌色若桃花，风流学问通，文艺显身名。掌心有乌鸦，大祸灾难测。掌上忌青气，问病在肝脏，多烦多幻想，忧伤起内攻。艮上忌片白，朝白暮有凶。掌心掌背白，优生是原则，掌黑掌背白，卑贱运又逆。甲色要莹润，红白是根本，身健无灾厄，营谋亦好运。甲上忌青光，男女患中风，青黑是痰积，旬日见阎君。甲黑是中毒，心胃绝最速。枯白欠元气，枯黄健康差。白点曰甲花，主人心有邪（即心脏有病），营谋恐未顺，人丁亦嗟叹。甲底半月大（注），气血有寒凝，女主带经乱。甲上三半月，无德品行差，血败神气衰，性命难久长。

注：半月形之休咎分述如下：

正常半月形——约占指甲五分之一至四分之一宽度，主身体血液循环系统、及消化系统健康正常。如五指均有正常半月形，其人身体必健康，精力必旺盛。

过大半月形——超过指甲四分之一至三分之一宽度，主有高血压之征或内出血，女主内分泌系统有隐疾。

没有半月形——五指均无半月形者，主贫血或脑贫血，或血液循环系统及心脏功能欠佳，又消化消导系统之健康亦欠佳，其人必有便秘或泄泻或神经衰弱之症。

人之将死时——月牙部位先呈现隐约之青蓝色，继之全部指甲变青蓝色或青黑色。

第十四章　气色口诀

本章气色口诀，乃笔者积数十年阅读古籍之心得，以及教学观相数万人次之经验而撰成，内容包罗万象，共计一百六十一条。举凡士、农、工、商、军、政、男、女、老、少各界人士所遭遇到的有关竞选、求官、求职、求财、投资、创业、买卖、迁徙、旅行、家宅、人丁、问病及六亲否泰、结婚生育等任何疑难问题，均可在本章求得答案，诚实用之至也。

【一明一暗，恐还是祸】

凡气色只宜一色，不宜更变，虽偶现新明之色，尚不可言吉，恐还是祸，必待暗色全开则大吉矣。

【二颧喷火，正值盛运】

即两颧红润，天仓地库光明，两眼神光如星，主其人正值盛运，同时家运隆昌，妻（夫）子同沾福泽。

【三处明润，亦主小吉】

三处者即印堂、年寿、准头，此三处为性命之根本，不可一处暗滞，否则破财失官，故三处气色明润，虽他宫气色不佳亦主小吉。

【四正黄光，可兴家计】

四正者即印堂、准头、双颧，此四位气色如有黄光，主其人运途可渐趋顺境，必兴家计而立根基，此种气色最宜一般农商庶民。

【五星本色，商贾获利】

五星者即左耳为金星，右耳为木星，额为火星，鼻为土星，口为水星是也。本色即两耳宜白过于面，额宜润中透红，鼻宜黄润透光，口四周宜明亮，口唇宜红润，是为五星本色，主士子兴旺，商贾获利。

【六位青暗，定主不吉】

六位者即三阳、三阴亦即上下眼泡一带部位是也，喜黄明红润，主时运通达，家运隆昌，妻（夫）子平安，若青暗枯乾，定主不吉。

【大忌五件，不得不信】

五件者即天仓青暗不宜远行，年寿赤色不宜见官，印堂暗色不宜起造，地库暗色不宜用人，满面红白光粉不可与异性交往。

【三光明亮，财自天来】

三光者即太阳穴、命宫、准头（合称面上三阳）是也，此三处若气色明亮，主财星高照，不求自得。

【眼下黄明，诸吉并至】

眼下气色黄明乃阴骘色，即使其他各部气色不佳，亦主趋吉避凶，不再踏入险境。如印、准气色明润主少劳多获，再耳色白过于面者，主其人名利双收，身心两健。

【气若烟尘，灾凶立至】

气色宜光润，不宜昏暗。若气色如烟、如尘覆盖脸上各重要部位者，主灾凶立至。

【勾陈煞动，定有忧疑】

勾陈在部位言即山根两旁，勾陈在气色言即青气色或青黑气色。山根两旁出现青气色，谓之勾陈煞动，主其人内心中有忧疑或压力感。

【一见鲜明、久观自散，难许发福】

即一看灼灼，久看气色浮散者，虽似吉利之色，亦不应验吉利之事，盖其气色不耐久观也。

【一见昏昏、久观明润，仍主兴旺】

即一见如蒙，久观明润，乃是皮外膜内之正色，根本坚实，何愁枝叶不旺。

【少年光浮，必定破败还飘荡】

凡二十五岁以下之人士，气色下宜浮光而宜淡，否则主破祖败家离乡飘荡。

【中少年发达神气色、老年人发达血皮润】

五十岁以前之人士，如欲发达兴旺，必须神、气、色三者俱佳，始可言大吉大利。五十岁以后之人士，如欲发达兴旺，神气色及血皮均应兼好。七十五岁以后之人士，则只看血皮，即头皮、脸皮、项皮、颈皮、手掌血润即可，若老年人血弱皮枯即死（血过旺者亦不宜，乃高血压之征）。

【老年色嫩、刑妻克子又辛勤】

凡六十五岁以上之人士，气色不宜太嫩太鲜而宜素，否则主刑妻（夫）克子，同时劳碌辛勤。

【轮廓命门暗、眉尾悬珠青，莫求功名】

耳为外学堂，不宜暗滞蒙尘，最喜白亮鲜明，耳白于面主名利亨通，如轮廓命门气色不开，眉尾垂珠有青气，不为寒儒亦系无才学之人，遑论功名？

【内如白粉外光华，虽发不过一载】

凡内气如枯骨白粉，外色虽华明，即使侥幸发达，不出一载又复贫穷。

【内气血贯、外色如朦，尚需忍耐一春】

凡内气虽足，外色不开，尚需忍耐，待一年后外色开朗，自然福禄并至。

【气色虽明，惟神不足者难言福禄】

气色乃神之苗，神若不壮，气色虽好亦不发达，即使发达亦难许长久，同时神衰者又主促寿，应注意保健。

【耳黑准赤怕逢春季，久病之人怕有朱唇】

耳轮黑蒙，气不足色不鲜，再加准头赤如洗血，如逢春季必死无疑。如耳前命门气色黑重者亦不妙，亦为病入膏肓之征，乃死亡之预兆。久病之人，口唇气色淡白乃属正常，如口唇气色赤红似朱，乃非正常，象征病重。

【乌鸦集天庭、太白夹日月，不死亦脱皮】

即天庭、中正、日月角部位黑气笼罩，滞色未开，而驿马部位出现枯白色之谓，象征其人连年霉运透顶，必然破败或失官，甚至丧命，故谓不死亦脱皮，以言其霉运之严重性。

【边地悬壁色如朱，还防飞来横祸】

边地泛指迁移宫而言，悬壁泛指奴仆宫而言，以上二宫不宜赤如朱砂，或赤黑如墨，或赤黄如泥朦，俱主大凶也。

【边地明、口角青亦主不死】

重病之人口角青者主死，若边地明还得有救，两者俱暗，必死无疑。

【正面如见青色，唤作行尸】

即位于一百三十部位，寿上横列十一位之五，若出现青气色者，乃凶灾、暴卒之预兆，故曰行尸。

【天仓忌暗滞，地库暗不妨】

天仓地库最喜光明，若地库色暗，秋冬不忌，春夏则不妙。如天仓暗滞，不损钱财也卖田宅，天仓地库相理再不佳者尤验。

【罗计喜白润，怕见烟朦】

罗计即双眉，（双眉又名罗喉计都），罗计白润系指双眉内之肉色要白润成翠色，乃开运之征，烟朦乃败散之象。

【白睛眸子光彩贯神，虽面有死色亦不为害】

眼内白睛黑睛如光彩有神，虽面部有死亡气色，或有破败气色，亦主其人不死不败。

【额上昏昏定蹇滞，边庭晦气必逆邅】

前额气色昏暗者，主其人运程连年蹇滞。如边城驿马一带气色不莹洁者，亦主其人运程逆邅而欠顺遂。

【山根喜明不喜暗，明吉暗凶有破败】

山根乃天人之交也，面相之根基也，只喜黄明红润，如暗滞、赤青、乾枯均主破败凶灾。又山根忽现重青黯黑气色者为催尸煞动主死。如山根常有青黑之气色者，则主非疾即灾。

【年寿印堂准头，一生不宜赤青】

年寿若赤准头再暗者，主家破人亡。仅年寿部位赤主血光之灾。年寿青暗主疾病口舌破耗。年寿青气一条者主官事重忧。女性年寿青气主不利夫婿，或自身灾疾损财。如年寿气色明润，至低限度主一年平安，因年寿为流年大运之位也。印堂赤暗主破家败业。准头赤重主奔波耗财。印堂为命宫，年寿为疾厄宫，准头为财帛宫，三处地位重要，凡看气色，先看上述三位而定吉凶。

【井灶亮面虽暗，终久必兴】

井灶乃库门，又名金甲二柜，若明润色鲜，虽满面气色不开，亦主运程有劳有获，渐趋顺境，尤以一般庶民最验（官员以天仓气色为准）。如灶门（即鼻孔内沿）黑蒙，主运程蹇滞，谋事难成。

【明中有滞吉中带凶，滞中有明凶中带吉】

即十二宫或三十六宫气色明润，而印、准、五岳有晦气者，均主吉中有凶也。如部位有晦气（即青、白、赤、黑气），而印、准、五岳气色明润，均主凶中有吉也。

【黑色发自三阳，半年内须防损寿】

三阳（即下眼泡）如黑色重者，主其人心肾二经病情严重，故半年内有死亡之虞。但仅左眼下有轻微黑朦之色者，则断其子有病，右眼下有轻微黑朦之色者，则断其女有病。

【黑绕太阳，卢医难救】

太阳即太阳穴，若见黑气色如靛墨者主死，黑气色如斑点者主死，黑如鸦翎者主生，黑气散者主生。

【青遮口角，扁鹊难医】

口角青气者主死，但忌春夏，不忌秋冬，忌成片，不忌散乱，忌滞泥，但滞中现白光者即不死矣。又口角虽青，如边地气色明润亦主不死。（按扁鹊即卢医也）

【白如枯骨，必主身亡】

若病人之气色白如枯骨者，象征其五脏六腑已病入膏肓，故主身亡。

【黑若湿灰，终须短寿】

若病人之气色黑如湿灰者，象征其五脏六腑已病人膏肓，故主短寿。

【白发地阁，冬季可取】

白色发于地阁，明亮有光，冬季可取，如白色成斑点虽冬季亦主孝服，其他各宫更不论矣。

【赤横眉上，三月凶亡】

两眉上如见赤气色如块者，主其人三个月内有凶亡之险。

【黄红相应，其验如响】

黄色虽佳，惟欠红色相应，仍不可言大吉，如天庭黄亮，印堂透红，则其验如响。惟黄红要内外相应方可言吉，内外相应者，即有气有色之谓。

【青色主忧，有黄变吉】凡见青气色必有忧惊，如青色中透黄光者，则忧变为喜，反为吉兆。如青气色侵颧者，则主兄弟（姊妹）口舌是非。

【白色忌粉，赤色忌朱】

白如粉末，赤似朱砂，主重则倾家荡产，刑伤丧命，轻则破败失官，病灾官非。例如父母宫出现白气色如粉状者，则主刑伤父母。

【为何还要保守，只因气色不开】

满面气色不开，纵有一二明润之处仍应保守，绝不可轻举妄动。又暗内初现明色，三阳三阴青、黑、蒙、赤色未褪，准头发红色者，亦应保守前进。

【气色虽好，唇白亦不应】

此处所言指满面气色虽好，惟口唇色白者亦不应吉。盖口唇白主心血欠畅旺，血不旺则气不充也。

【唇红加齿白，不作乞食人】

凡天生唇红齿白之人，一生衣禄自丰，虽运途不顺，事业失败，亦不致沦为乞丐。

【印堂光明如镜，名利应在眼前】

凡印堂黄明透红即系善色，若印堂光明如镜光照人，虽他宫气色稍差，亦主谋多遂意，病人不死，官讼得胜，百事大利。若印堂黄气如珠如钱者，主迁官职，利大考，庶人得大财，生贵子。如印堂见紫点紫丝者更吉，官员主越级迁升。盖印堂为命宫，为面相之主体也。

【中岳黄气上贯司空，上司召见】

中岳即准头，若见黄气色如蒸气上贯司空者（即南岳），主其人日内必被直属上司以外之更高级上司甚或阁揆元首召见。

【寿上鬼印死不待时，年上黑油生应无日】

年寿为疾厄宫，如寿上出现黑气色如指头大者谓之鬼印，主其人不死于病亦死于灾。如年上黑气色如油抹者，主其人病入膏肓，故谓其生应无日，死亡在即。

【准头黑点必见败，耳边黑气莫渡河】

准头为财星，喜明润忌晦暗之色，如准头出现黑点如针头者，主其人已破财败业。耳边命门喜白亮忌暗色，如命门出现黑气色连接鱼尾者，主其人应防水厄，切莫入水。

【准头常赤眼又昏，劳碌虚花不用问】

准头为财帛宫，喜白亮忌赤暗。眼为面相之主体，喜神强忌昏昧，准头赤眼又昏，定主劳碌虚花，运途不顺。

【眼下常青中年破财，土中有木十载虚耗】

眼下气色以黄明为吉，如常年见青气色者，主其人三十五岁至四十五岁破财。鼻为土星，如出现青气色者，乃木来克土，主其人四十一岁至五十岁金钱虚耗。

【面如水洗脸似抹灰，贫难当头处境堪怜】

面如水洗者形容其面无华色，脸似抹灰者形容其满面朦尘，两者均主霉运当头，甚或贫病交迫。

【眼尾青黑凝结远虑深忧，青黑在外眼前之忧】

凡人有远虑深忧，眼尾（即眼梢之下方）气色必青黑凝结成条状，如青黑色浮在皮外者，主忧在眼前，急迫之至。如眼头青黑者，则主其人思虑过度。

【螣蛇发于目下，多忧惊家人家宅之事】

眼下卧蚕泪堂部位出现青黑气色或赤黑气色者，谓之螣蛇煞，主其人多忧惊，也象征家宅不宁家人不和。

【神光射人红黄满面，富贵称心福寿绵绵】

神光射人者指眼神充足，红黄满面者指黄中透红，主其人官财两旺身心两健。惟究系大富大贵或中小富贵，则应以格局部位而定。

【附耳白中闪红、山根黄气贯两颧，主得横财】

相带横财格者，再加附耳气色白中闪红，山根黄气拖曳两颧者，主横财偏财即将到来。(有关富格、贵格、横财格、偏财格之相理格局，请读者参阅《萧湘识人相法全集（二)》增订相门精义下卷各种相理格局篇)

【将本求利，但看印堂黄明、掌心血润】

印堂为面相命宫所在，掌心（即手之明堂）为手相命宫所在，此二处气色黄明血润，象征时运尚称平顺，虽无大财可进，但有劳有获，故将本求利作小型投资可以成功。惟应注意印堂黄明中透红透白者，适宜做行庄（非门市）或远地生意。如黄明中仅透红色者，则适宜做坐庄（即门市）或近地生意。

【合伙求财，眉尾要明】

眉为兄弟宫，但应广义解释为兄弟朋友及社会关系等意义范围，故眉尾气色明润，象征人际关系良好，合伙或托人求财可获致成功。

【进货印堂暗不妨，销货印堂色要明】

如额及鼻之气色俱明，惟印堂气色稍暗，进货时无妨，惟销货时则要印堂气色明润始可顺利脱手（买卖房屋同论)。

【六畜是否兴旺，十二宫边位看分明】

六畜之位，不在部位而在宫位，不在宫位之中心，而在宫位之边。凡十二宫（即子、丑、寅、卯、辰、巳、午、未、申、酉、戌、亥等十二生肖宫位）之边位，气色黄明者六畜自旺，红润紫色者因畜得财，青色黑色者六畜有失，发在某宫应某种牲畜，独辰宫不宜白、子宫不宜黄。

【地阁红黄，定进田园奴马】

地阁出现红黄气色者，主其人必购买房地产，或雇请下属佣人等。

【赤燥生于地阁，定损牛马】

地阁出现赤气色而燥者，主损牛马，现今之城市居民则防损交通工具或损钱财。

【置产要看山根迁移、赤暗主招口舌是非】

凡购置房地产业之前，先看山根及迁移气色，二处俱现黄光红色者，主购置房地产顺利成功。若现赤暗二色者，主招口舌是非而难成，即使勉强成功，亦主难长住久安（迁移即十二宫之迁移宫）。

【购物要看准头井灶，赤暗主有烦琐损毁】

此处所言购物，乃系指大件家具或大型动产而言，例如汽车、珠宝、金饰等，如准头井灶色明，主所购之物实用称心。若准头井灶赤暗者，主所购之物不实用称心，甚或来路不明或有瑕疵故障等烦琐，但所购之物被窃或损毁者反主吉。

【建筑土木求财，要看地库色明】

地库指62、63岁部位，但广义解释应包括65~75岁各部位。如欲从事土木建筑生意，地库未明前，不宜轻举妄动。

【修造要看山林井灶，明润吉，青暗不宜】

左右山林及左右井灶气色明润者主吉，黄赤二色华明者亦主吉，如现青暗色者，则不宜动土修造，下库（即虎耳归来奴仆一带）若现白色者，主修造期间工作人员恐有损伤。

【凿池养鱼，上库光明主吉】

凡凿池养鱼或经营钓鱼池者，上库（即天仓一带）气色光明者，主成功可期，必可获利，暗者不宜。

【种竹造林、郊外光明主吉】

种竹造林包括果园、栽桑等业，郊外（即中正横列十位之十）气色光明者、主成功可期，必可获利。

【农艺稼穑，天仓赤主涝，下库黄主旱】

凡从事农业生产者，天仓若现赤色，主应防水患之灾。下库若现黄色，主应防乾旱之灾。若四库全暗反不为忌。若四库明润主丰收。若井灶赤色主歉收。又夏收山根现紫色主吉。秋收井灶明润主吉。杂粮则看三阳明润主吉。

【狩猎看山林边城，青黄空手而回，赤暗怕遇怪兽】

山林边城气色青黄者，主劳师动众空手而回。气色赤暗者，主应防猛兽毒蛇侵扰。又指甲起白点准头发暗色者，即使登山游玩亦所不宜（指甲起白点准头发暗色乃象征其人有心脏病)。

【捕鱼看子亥二宫，有黄光者不宜入水】

捕鱼钓鱼人仕在起程之前，如子亥二宫忽现黄光者，主应中止行程。如下库白润光明者，则主大有所获。

【转行改业，天仓迁移黄白可成】

凡欲转行改业之人（含扩大业务范围及变更公司营业项目等），天仓迁移气色黄明红润者，主转变成功，再加三阳三阴红润、命门光明者主加倍吉利。若天仓迁移赤黑青暗者，主不宜转变，如变则凶。

【营利计划变更，迁移色佳则成】

迁移宫为一切变动之讯号台，如原做座庄生意拟改营行庄生意，或原生产五金机器拟改营塑胶制品等，俱看迁移宫气色。

【驿马已动宜求财，困守反而招病灾】

闲散之人，忽有一日驿马（即边城、山林，天仓、福堂一带部位之统称）发动，各部位现黄红之气色，应即计划创业，或求财求职，如仍然困守不动，反招病疾口舌，因马不宜困也。

【谒贵看印堂，近贵看龙宫】

印堂黄明于晋谒长官上司时，可获长官上司之激赏，如欲长期获得长官上司之信任提携，则龙宫（即山根两侧眼头下方一带部位）气色亦须黄明始可。反之，印堂龙宫现青色时，万万不可触怒长官上司，以免影响前程，亦不宜有求于长官上司，否则，遭拒无疑。如对长官有所进谏，则天仓、边城、驿马气色必须红紫方可获得宠信。

【官员若问前程，还看官禄驿马】

官员如欲升迁晋级，庶民如欲求官求职，先看掌心气色是否红明，再看官禄官及驿马部位之气色是否黄明红润，各部位气色俱佳官员定主升迁，庶民求官求职如愿。如官员仅官禄宫气色佳，驿马未见动色（即未黄中透红），则主原职不动。如天中、驿马、颧骨、准头暗色，天仓、印堂枯白如粉，则官员有失宫降调之虞。如印堂山根青、准头赤则主所调地区欠佳。（注：此目适用于事务官之升迁调职）

【官吏升迁，定要红绕命宫、紫透眉尾】

凡断官吏升迁，命宫要黄润透红，鼻部黄润贯印，眉心光亮，眉尾天仓部位透红透紫，必主高升无疑。（注：此目适用于政务官之升迁，如全额透紫气点点如花如豆，此乃庆云气现，或全额有青紫气色，更得九洲黄润明亮，必主组阁拜相或竞选元首阁揆成功。)

【额角正色，三年升阶】

额角正色即日月角、龙角、虎角常有黄气不散，三年内官运亨通，不次擢升。

【上停丝络，官职骎骎而进】

上停丝络即额头出现红黄之气如蚕丝者，主官员即将晋级加官。

【准上金光透印，得禄得妻得贵子】

准上金光透印，即准头有黄光上透印堂者，主其人可得官位、可得贤妻、可得贵子。

【天中圆光，七七加官】

即天中出现圆光（圆光即青紫气色），三台又见黄气者，主其人四十九天之内必加官晋级。

【天庭黄气，旬日迁职】

此处所言天庭乃指“奏书”而言，如奏书黄气盈盈，军公人员必主十天之内荣调。（注：职位是否兼代，以鼻准、廷尉、法令气色为断。如鼻准、廷尉、法令黄气夹鼻，又上贯印堂者，主官职正授，否则兼代。凡官职兼代欲真除者，亦以鼻准、廷尉、法令气色为准。)

【耳白过面，朝野闻名】

耳主名声，如耳之气色白润过于面之气色，象征其人目前之健康、智慧、个性正处于巅峰状态，是以所作所为蜚声朝野。如老年耳白，不但自身有声名，同时子女亦有成就。

【何知贵人相提携，只缘驿马光明眉心白润】

驿马、眉心、福堂一带为贵人宫，各部位气色光明白润，必主贵人得力。

【大试看五位，入学观四库】

此处所言大试，系指国家所举办之文官资格考试，例如高考特考等。五位系指耳轮、命门、泪堂、印堂、年寿而言，五位俱宜黄润白亮始能大试中第，如有一位暗色亦主不中。入学系指大专联考等各种入学考试，如四库（即两天仓两地库部位）气色黄明红润者，主考运顺利。一般升等考试，或学期考试或期中考试，如眼角气色佳主考运好。（注:从相理角度言，眉相佳者亦主考运佳。）

【文滞书难，两眉头必现青气】

凡应考之考生，如两眉头出现青气色者，主其人在考试时，文思不畅，下笔艰难。

【黄红气少、青黑气多，功名来又不来】

即考试之时，面上各部位黄红之气少，而青黑之气多者，考试成绩差一点点即可达到录取标准之谓。

【青黑气少、黄红气多，富贵至而又至】

即考试之时，面上青黑气少，黄红气多，不但考试成绩优异，榜上有名，同时参加其他考试，也成绩优异榜上有名。或考后即时任官，或考后就业顺利。

【面似涂膏名沐浴，耳轮青暗不成名】

面似涂膏即满面有如调油浸垢，沐浴者乃面无华色，此为形容其灾情惨重，破败至一贫如洗。耳轮青暗即两耳朦尘浮青，主其人时运不济信用名声扫地也。

【捕盗有功，鱼尾贼门红隐隐】

警、调人员如欲侦破大案，鱼尾贼门必见红气隐隐，同时印堂、准头、天仓、边地、驿马各位均明润。如以上各位气色青暗者，则主失职。

【将军出征，命宫印绶光明何惧之有】

凡将军（上校以上部队长为准）出征，命宫印绶（印绶在命门之下）四杀（四杀在眉上一寸）气色明润，主用兵顺利战场得胜。若命宫、印绶、四杀暗黑色宜谨慎用兵，注意攻守时机。若命宫暗、印绶青、四杀黑者，主用兵不利。若再加项皮赤色、喉头起红丝者则大忌也。（注：部队长气色佳者，象征其人目前之健康、智慧、个性三者均处于巅峰状态，所以用兵顺利得胜。反之，部队长气色恶者，象征其人目前之健康、智慧、个性三者状况不佳，是以用兵不利而战败）

【行军看驿马边城、暗滞赤青，应防奸细中伏】

行军之际（以旅团级以上部队为准），凡部队长驿马、边城、唐符、国印（唐符即眉上辅骨一带部位、国印即双颧）气色红润透紫者，主挺进顺利一路披靡。若各部位现暗滞朦色者，主应防奸细刺探军情。若各部位现赤青二色明显者，主应暂停前进以免中伏。（训练移防顺利与否同论）

【官司胜诉，必须目有神彩下库光明】

凡涉讼之人，不论民事刑事，如目有神彩，下库（即地库部位）光明，主官司胜诉。如神散光弱，下库青、暗、黑、赤者，主官司败诉。又久缠讼累之人，眼现神彩，四库一明，官非即解。

【额暗应防牢狱，赤青主有官非】

凡额暗之人，除非疾病在身，否则，轻则破财败业，重则牢狱破家，如下库光明主有救星可减半论。若额暗又年寿再赤，应防血光之灾，或主见官不利。如再见印堂赤，井灶赤，边地青者，必主官刑。另刑狱暗，额角青者，则主不日下狱。

【赤色主是非口舌，发于何宫主因何事】

赤色一来必有口舌是非，例如发于夫妻宫主夫妻口舌是非。惟最忌命宫赤，主因口舌而肇官非。忌年寿赤，主因口舌而有血光之灾。忌边地赤，主因口舌而有灾厄。（按原告之额上亦可见赤色或白睛内起赤丝）

【满面火色，官非难逃】

凡气色宜黄润中透红点、红丝者始主吉，若满面火色（即赤色）则主官非难逃。（如满面赤点亦主官讼或有火厄或血光之灾）

【印堂赤点，口舌官非】

印堂眉头赤点亦主官非，轻赤则主口舌是非忧烦。另奸门赤点主因色情而招官非。天中、天庭赤点主火厄兵灾。司空、中正赤点主横事破财。山根、年寿赤点主血光火厄损财。准头赤点主是非损财。人中赤点主失财失物。地阁赤点主因田产涉讼或小口有病。田宅赤点主防牢狱之灾。

【盗门青气、准头赤黑，官非在身】

盗门亦名盗贼（位在年上横列十二位之九），此处青气现，再加准头赤丝或赤黑，年上赤丝、天中再见青气者，必主官非在身。

【司空赤脉被人侵夺，口角白气口舌是非】

司空有赤气色者，主被人侵夺财物，或因财物被侵兴讼。口角生白气主与人争吵呕气。

【下停赤黑交加大耗损财，地阁黑气连腮名为五鬼】

下停（地阁为主）赤黑交加者，主其人损财，并有是非。如印、准再出现暗黑气色者，则主盗贼损财。如地阁出现黑气色连腮者，主其人必见大损财，其严重性，有如五鬼运财。

【家宅吉祥，天仓地库定要黄明】

凡看家宅平安否泰，以天仓地库为准，赤色防火烛，白色防宵小，黑色防毁损，枯黄防家人或邻居是非妒害。各位气色黄明红润者，主家宅平安。

【家宅不宁青龙定是黑朦，子宫有厄但看眼下暗乌】

眉下为田宅宫，亦谓之青龙，左为家，右为宅。如田宅宫气色黑朦者，主其人家宅不宁，如印、准、颧再见晦气者，则主失官、破财、凶灾。眼下则为子女宫，如出现黑暗气色如煤者，主其人子女有厄。

【兄弟分家是祸是福，眉心气色可以定夺】

眉为兄弟宫，凡眉心（即眉内之肉）气色明润主分后必富，眉心气色暗滞主分后必贫，眉心气色带赤主争产口舌。如满面喜容，眉心紫红，主三代同堂共炊有利。若田宅宫及双颧青色，仓库眉心暗色，主兄弟间多生奸计争权夺利。

【人丁平安，印堂山根不宜暗色】

印堂山根均与六亲有关，凡山根黄明，印堂黄明透红透紫，主家中大小口俱安。若井灶见赤暗主家中大口不安。山根卧蚕见青赤主小口不安。山根暗色侵年寿主六亲中有久病之人。仅年寿暗者主自身有病。

【印堂白气如丝，非丧亲人即丧己】

即印堂出现白气色如丝者，主其人有六亲孝服，如不见六亲孝服，则主自身死亡。

【日月角明润不滞，可保父母安康】

父病看日角，暗重忽明即死，轻暗忽明即愈，白如雪点即死，浮青者孝服立见，黑若烟朦父伤身还要损财，若黑烟变为红润，父灾即日减轻，自身亦主顺利。母病看月角，月角青暗主母病重，赤斑疹或白色小疱主有刑伤，白、赤变为红紫母灾即消。日月角明润不暗，主父母安康。

【眉内花杂，必刑手足】

眉内现赤色，或白如粟米、黄若尘封者，必刑兄弟姐妹。准头上有点点白光者，主兄弟姐妹孝服，鬓内生暗色，亦主手足刑伤。

【配偶丧亡，卧蚕黑色方验】

配偶有病，男看左边夫妻宫气色（含天仓、奸门、鱼尾等部位），女看右边夫妻宫气色，青暗者主不死，白润者主不死，现红紫色即愈。若白如枯骨者主死，赤色亦主刑伤，但卧蚕气色不黑仍主不死。

【刑克子女，奸门暗色始灵】

眼下高弦为卧蚕，卧蚕之下为三阳三阴之位，统称子女宫（子左女右、男左女右）。子女有病卧蚕色明润者不妨，青者生，枯者死，黑黄者死。白起三阳三阴主克子，但若奸门不暗不黑仍主不克不死。（注：此乃遗传密码作用也。）

【三阳三阴明润，子女易养聪明】

三阳三阴乃子女宫，凡子女宫气色明润者，主其人子女好养而又聪明。

【自身灾病，只看年寿三阳命宫准头】

凡年寿、三阳、三阴、命宫、命门、准头各位俱赤色者主大病时灾。若仅年寿青、三阳、三阴发白者主肚腹之疾。若仅年寿赤者主有血光之灾。印堂明、年寿暗者主有下元之疾。各位气色一开病愈灾散。

【华盖黑色必主卒灾，天庭青气须防瘟疫】

华盖位于中正横列十位之八。若有黑气来侵，主防急症凶亡。天庭部位若出现青气色，则应防流行病侵袭。

【唇青舌黑如肝，十病九死】

病人喜唇发白色，地库光明，自有良医验方来救。若唇青、舌黑紫如猪肝色者，主十病九死。

【天仓地阁不暗，十病九愈】

不论久病新疾，只要天仓地阁气色明润，口角不发黄，必不致病死，迟早必愈。惟皮肉乾枯，项皮皱缩者仍主死。

【鼻梁黑雾上天庭，阎罗必见】

病人鼻梁（即疾厄宫）气色如黑雾又上贯天庭者，象征其人病入膏肓，主其人必死无疑。

【喉上起赤黑朝发暮死，掌心血明仍主有救】

凡病人诸位气色俱佳，独喉头上起赤色或黑色者主速死，朝发暮应，暮发朝应，但掌心血明者仍主有救。

【喉上赤色，吊庭青气主自杀】

喉上起赤色，吊庭（位在天庭横列十位之十）起青色者主自杀。（有自杀格者更验）

【小儿骨格未成，气色最为灵验】

凡观看小儿疾病，先看山根年寿，次看命门口唇，俱有青色者五日内丧亡。俱有枯黄色者三日内丧亡。人中黑休想再活。印堂赤难许退灾。天仓赤不是好色。地阁枯黄主死无疑。瞳孔放大、唇多青色，即刻死亡。若命门、人中、口唇润白，印堂润黄，天仓赤褪者十天内病愈。又小儿麻痘看耳根、耳轮、耳珠各位，若三处暗黑再加头皮、项皮赤色者主十有九死。

【老年起斑主寿，少年起斑主夭】

老年起斑者曰寿斑（黑亮为佳），乃老年健康福寿之征。但斑色白、黄者虽高寿亦主贫贱。又三十岁前起斑者主促寿（按少年之斑多因色痨或内脏不坚而起，男女同论）。

【道路昏惨防跌扑之灾，宫室燥炎恐汤火之祸】

道路即一百三十部位承浆横列十位之十，如气色昏惨者应防跌扑之灾。宫室即一百三十部位准头横列十一位之四，如气色火红者应防烫伤、烧伤。

【神短无光，色似烟尘，肉似污泥，还防夭死】

促寿之人，眼神必欠光彩，面色又似烟雾尘朦，皮肤或乾涩或色污如泥，主其人不久人世。（其人之相必带夭死格）

【年上青色连三阳防雷击，鱼尾青黑连耳边防水厄】

年上起青色连三阳三阴之位，宜防雷击、电击，鱼尾青色连耳边命门宜防水厄，如其人相带暴亡格、水厄格者验在眼前。

【山根人中额上赤丝乱起，鼻准红里泛黑主有火厄】

凡山根、人中、额上起赤丝，鼻准红里泛黑者定主火厄，如其人相带火厄格者验在眼前。山林赤、印堂赤、准头赤侵年上者亦应防火惊。

【满面黑白花点、命门起黑气入口，水厄立见】

凡满面气色黑白花点混杂，再加命门起黑气入口者，主其人水厄立见。

【喉上赤丝交入口，必主轻生自缢死】

喉结之处忽起赤丝上升入口者，主其人自缢轻生，如其人相带暴亡格者验在眼前。

【赤脉贯瞳须防恶死，黑白睛混决不善终】

眼起赤脉主恶死，惟赤脉自眼尾起并贯穿瞳孔者始验。眼睛黑白混浊，不但主运蹇，亦主不善终，尤以身肥项短者更验（黑白睛混即黑睛白睛重叠一起之谓）。

【眼尾青气入口饿死他乡，边地现赤气游魂不归】

眼尾青气入口饿死他乡，如其人有饿死格者验在眼前。边地现赤气游魂不归，如其人有外死格者，应防外出旅游发生意外。

【少男婚事能成，妻宫定然明润】

奸门鱼尾乃夫妻宫（夫妻宫即婚姻宫，先贤谓左为妻位右为妾位，但现今社会已无娶妾之风俗，故左边婚姻宫主是否克妻，右边婚姻宫主婚姻美恶）。凡少男成婚之前，夫妻宫及印堂之气色定然明润，婚后夫妻恩爱，妻性贤慧而又帮夫。若夫妻宫及印堂气色暗者，主婚事虽成，亦难长久恩爱，终必离异。若夫妻宫及印堂气色滞者，则主婚事难成，阻碍重重。

【鱼尾红润定配佳人，卧蚕黄明决生贵子】

鱼尾红润者，主其人即将娶得美慧佳人为妻。卧蚕黄明者，则即将诞生贵子。

【闺女出阁，气色可定一生贵贱】

凡少女出嫁前二十天之气色佳者（以印堂、鼻及夫妻宫为准），主婚后幸福美满，旺夫益子。若黄色满面而又欠润明者，主不旺夫又不益子。若满面枯白色乃系败色，嫁后定主刑伤。若色多暗滞者，应待三旬后方出阁。

【齐人之福个中苦乐，夫妻宫气色可窥究竟】

凡欲娶妾之人，右边鱼尾奸门一带气色必须暗中生明，印堂明中现紫，始可招得贤能美妾。若夫妻宫气色明中生暗，主妻强妾弱，暗中生明主妾盛于妻。若夫妻宫气色长期暗滞者，主子当庶出。若夫妻宫气色忽然新开（即暗中生明再明中隐红）主损美妾。

【夫妻离异分居，奸门黑气如云】

天仓、奸门、鱼尾统称夫妻之宫，只宜黄明红润，主夫妻恩爱逾恒，如现青、白、黑、赤之色，定主配偶灾疾或感情欠睦，若天仓现青黑之气，奸门黑气如云，鼻部或准头亦有黑气色者，则主夫妻离异分居。如仅天仓有青气色者，则主夫妻争吵。如奸门有赤气色者，亦主夫妻争吵（按天仓青气亦主恋爱不顺）。

【何知配偶多恩爱、奸门红润口唇艳】

凡准圆眉长，奸门丰满无疵，无论男女，必配贤夫良妇。若问配偶双方感情是否恩爱，以奸门及口唇气色为断（有人准圆眉长，奸门丰满无疵，仍赋仳离系何故？乃因面相手相另有其他婚姻不美满之相所致）。

【何知妻妾逃家去，奸门青白连外阳】

奸门青、白二色与外阳相连贯者，主其人之妻妾逃家出走（妻看左奸门，妾看右奸门）。

【何知配遇必多淫，奸门黄色眉如金】

凡配偶多淫，房事过度，配偶双方奸门气色必现枯黄，眉毛亦枯黄欠光彩。

【何知妇人杀亲夫，鼻柱青赤贯紫气】

紫气为面相六曜之一即印堂也。凡妇人鼻上突起青气或赤气上贯印堂天庭者，主起意谋害亲夫，如相带谋夫格者验在眼前，但青气赤气未贯印堂者以不利夫婿论。（各种相格之相理标准请参阅《萧湘识人相法全集（二）》附录篇）

【何知妇人淫且妬，满面红艳眼眶乌】

妇人满面白中闪红者谓之桃花杀，必红杏出墙，如再眼眶上下乌黑者，主其人既淫又妬，乃任意招淫之征。

【何知男人吃软饭，眉毛暗黑似得膏】

如男人纵容妻外遇，甚或允许妻卖淫，而甘愿头带绿巾者，夫之眉毛有如抹了一层黑色之膏。

【鱼尾青气现，配偶有私情】

凡配偶一方鱼尾现青气或奸门青白同现者，主他方私情外遇（如他方眼圈或夫妻座暗黑者即可定论）。

【奸门青色大不祥，六十天内配偶殃】

凡配偶一方奸门出现重青气色者，主六十天内配偶有灾厄。例如夫奸门有重青气色宜防妻灾厄，妻奸门有重青气色宜防夫灾厄。奸门青气色直下颧骨者主配偶病危。

【满额浮光名照夫镜，眼下青气别号生离】

妇人额上过于光亮者谓之照夫镜，乃不利夫婿之征。眼下青气盈盈者，谓之生离，乃夫妻离散之征。

【火土常明旺夫兴家，唇红掌血男人之宝】

印为火星，鼻为土星，亦为女人之夫星。妇人印鼻两处常年明润者，主旺夫兴家。妇人唇红者多诞男，同时贤慧又重感情。手掌色似喷血，乃身心两健持家有道之征。故谓具有此种气色之妇女乃男人之宝。

【妇人天中紫斑斑，旺夫又长寿】

妇人天中部位紫气点点者，主其人旺夫之至。必膺一品夫人，同时寿高期颐。

【眼陷堂暗、唇青唇黑、唇白又气弱，妇女必孤】

凡妇女眼睛陷泪堂暗、再加唇青唇黑，或唇无血色、满面惨白者，定系孤寡之妇无疑，即使偶有夫缘亦不合和（其人面相亦必带刑夫克子格）。

【眉头毛竖知卿正逢经期，眼眶灰湿必主红白带下】

妇女如在经期，眉头之毛必散乱上竖（处女更验，因少女未接触男性以前，眉势多聚附不散、舒畅不乱，鱼尾气色亦必莹净）。妇女如有妇科疾病或红白带下，眼眶必色灰而湿，而面之气色则见黄黑色。（注：妇女有以上情况时瞳孔亦较平日为大）

【三阳红润骨肉发迹，眼下阴骘主生贵子】

凡子女成功立业，三阳三阴（即子女宫）之气色必定红润黄明。若老来得子或生贵子，则眼下定有阴骘纹或阴骘色（即紫色或黄明色）出现。若老年人耳白于面主子女有成。

【妻娠吉凶看奸门，生男诞女在卧蚕】

凡丈夫：①奸门气色黄明主妻六甲平安。②如奸门暗惨，卧蚕又青主妻有产厄。③如奸门鱼尾原有痣斑，准头气色再暗滞者则主见子刑妻。④卧蚕气色紫红主生男。⑤颧位色红主生男。⑥准红印红主生男。⑦如卧蚕气色黄明主生女。⑧三阳三阴青色主生女。⑨面无红色主生女。⑩脐红黑主生男。⑪脐凸露主生女。

【妊娠有四喜四忌，喜成忌厄】

凡妇人妊娠期间：一喜命门红润，二喜耳白于面，三喜双眼有神，四喜声音清亮，可保怀胎平安顺利分娩。四忌者：一忌天庭命宫暗色，二忌面多青光耳如朦，三忌唇青口暗准头赤，四忌音哑眼无神，但犯一忌即有产厄。

【孕妇人中青黄，眼眶亦青黄主双生】

孕妇（怀孕满五个月为准）人中气色青黄，再见眼眶气色亦青黄者，主其人怀有双胞胎，如人中有双黑子者尤验。

【临盆只看掌心，暗黑母子难全】

凡产妇临盆之日：①左手掌心外色青红面色憔悴者，主分娩平安一举得男。②若右手掌心外色青红面色明润者，主分娩平安弄瓦之喜。③若右手掌心色暗者应防难产。④若右手掌心色枯黄者主存母不全子。⑤若右手掌心色枯白者主存子不全母。⑥若右手掌心暗黑青黄花杂者主母子不全（此法验过科学诊断，不宜轻泄产妇知晓，否则有损阴骘）。⑦若人中气色紫黑者主生双胞胎。

【若问旅行平安，驿马定要黄明】

不论水路、陆路或乘飞机旅行，亦不问出国经商公干或郊游踏青，驿马定要黄明方可启程，否则，旅行途中定主不吉（不吉事项不包括属于周天命运范围内之战争、空难、船难及重大连环车祸等）。

【驿马白虹贯额，定主半路回程】

旅行中驿马定要黄明，才可言旅行平安。如旅行途中白气色自驿马横贯天庭者，主其人半路闻丧而回程也。如驿马青暗色，应防灾厄，驿马赤色则主旅行中有口舌。

【乘船出航，承浆光明可保一帆风顺】

凡乘船出航，不问军公庶民俱看承浆气色，白润光明可保一帆风顺，若现黑色主有虚惊，白色防水兽惊扰，枯黄赤筋或青色如靛者，主暂不出航为宜。若其人承浆部位有深纹或常现青筋者，则主其人一世均不宜入湖海深渊。若下库边舟车部位（即地阁横列十位之十）有重纹者，则主其人一生不可求财水上（指从事渔捞航海等职业）。

【眉毛为书信宫，不动不通音讯】

父问子信，眉尾宜黄润明亮。子求父信，眉尾宜黄润透红。妻问夫信，眉尾宜黄润白润。夫求妻信，眉尾宜黄中透红。如书信宫不动主不通音信。又如等候任职令或求职录取函等，书信宫气色明润红紫，主有喜信到来。若书信宫气色赤暗，则主不妙或事有变。眉尾艳色直上边地者，主有远地贵人或远地财讯。

【花酒败家只因满面光浮，嫖妓致病只为年寿如朱】

凡迷恋花酒之人，如满面光浮，眉尾命门青暗者，主败家损财并招灾凶。年寿赤红如朱点者，主因嫖妓宿娼而传染性病。

【交友看眉心，色现青白主交恶毒之友】

眉心赤色不宜交友，眉心枯白不宜交友，眉心白中现青色者更不宜交友，否则主交恶毒狠心之友（此处所言交友系指新结交之朋友而言，包括参加各种社团）。若眉、心色明或眉心气色如紫霞者，主结交贵人或有益之朋友。

【眼有赤砂人险恶，青蓝满面好阴谋】

眼赤筋赤砂再睛凸或睛黄者，主其人心毒险恶。面庞瘦削而又满面青蓝二色交加者，主其人心怀阴谋，两种人均应小心论交。

【斜视恍惚神光露，满面尘污主作偷】

满面气色似朦尘，或污浊满面，再加眼带斜视，眼光外露，眼眶盈泪，精神恍惚者，主作偷儿。

【气观一体，色看分毫】

即观气时，应头面、四肢、腰背、胸腹一体观看，而不分各部位各宫位，也不要注意四时节令之因素。而观看色时，则应就各部位各宫位分别观看，并注意四时节令之因素。又古人有“气观其势、色察其形”的说法，读者亦应注意之，断休咎时才不会有所误差。

【面相如命，气色如运】

凡五官俱佳，气色不开，休言发达。其人有富贵之相貌，气色一开，必主富贵。其人有普通之相貌，气色一开，必主平顺。其人有一官成一府就之相貌，气色一开，必主发其一官一府之流年。其人有刑克灾厄之相貌，届期气色自变。如应发未发，主凶反吉，此乃阴骘变相所致也。凡满面气色光润者必主发福，满面气色红黄者必主发财，神清气爽者必主发官，气宇轩昂者万事亨通。如形容忽变遇吉则推有凶，气色转润处穷则断必发。

观相感言

为何“红颜多薄命”？原因是“色相美好过相理美”也！或谓有若干相理美好之人，也只是普通命运又系何故？原因是一个有成就的男人，或是嫁贵夫的女人，除了相理要美好，男人还要器识、气魄、气色、气质和学识才能也要好，女人还要安详、端庄、娴雅、涩默等内在美也。

萧湘居士　辑

第十五章
增订《相门精义》上卷

《相门精义》分上下两卷，为我国历代所传相理名著之一，颇富实用价值。上卷专论气色，下卷专论相理，笔者已在《萧湘识人相法全集（二)》中将下卷专论相理部分加以“增订”、“解析”、“量化”，俾先贤之智慧结晶更容易为后人所吸收。上卷专论气色部分亦因经过历代多次抄写排版重印，内容错误缺失及错字别字颇多，同时文字艰涩难懂，或文字寓意与现实环境脱节，故笔者藉《气色大全》重排之际，将其列入专章，加以“增订”、“解析”、“量化”，以飨读者。

入学气色

【若应功名，必先神气清爽】

先贤谓入学读书，亦属功名之一种，因在民国以前，一般庶民如欲读书，只能就读私塾，如能入州、府、县设立之“泮”“庠”读书，并获得“生员”“秀才”名号，就有参加乡试应举人考试之资格，即属有功名。所谓神气清爽，即一看之下，精神饱满，眼神澄澈，并满面气色莹洁之谓，象征入学考试或毕业考试顺利成功。

【印堂红紫，动获名利】

印堂为脑组织之总开关，亦与心肺呼吸系统有联属关系，如印堂气色黄润中透红透紫，此乃阴骘气色，象征其人目前脑组织之灵敏度及心肺呼吸系统之健康状况均处于巅峰状态，同时周身骨髓中之“纯紫”质素亦异常活跃，是以参加考试顺利成功。

【准光透印，入泮无疑】

即鼻准气色黄润透白光直上印堂之谓，象征其人目前内脏之健康及脑组织之灵敏度均处于巅峰状态，是以入学考试顺利成功。

【鱼尾光润，决利文名】

即鱼尾部位气色黄润光亮之谓，象征其人之小脑和内分泌系统健康正常，故入学考试顺利成功。

【太阳骨起，多利小考】

即太阳穴（太阳即天仓）饱满线起之谓，象征其人头脑灵活，富第六感，故利小考（古时之小考，相当于现今社会之大、中学毕业会考或期中考试，或在职人员之晋等考试，以及技术人员鉴定考试等），但必须天仓部位气色亦好才验。

【两耳、两颧、印堂、年寿、准头各位有半点暗色亦主不中】

凡看考试气色，先看两耳、两颧、印堂、年寿、准头各位，如一位有半点青色、赤色或枯暗色，均以“败气”论，必在文字上有失，故考试不中。

注：以上各款人学气色，有一款相符者即验。

科甲气色

【秋闱登第要满面黄明，或凌云紫气科名星现】

秋闱登第，即秋天参加之省垣乡试，如要考中“举人”（举人相当于现今之高考乙等考试及格资历)，则必须满面气色黄明，或是凌云、紫气二位连印堂一带出现白润如珠光一样的“科名星”气色才能秋围登第。

【耳珠命门年寿黄紫，必发科甲】

必发科甲，即乡试（相当于现今之高考乙等，及格者可获得荐任文官的任用资格）会试（相当于现今之高考甲等，及格者可获得荐任文官的任用资格）及第之谓。耳珠、命门、年寿乃观看流年大运之位，如三位之相理佳，再加当时之气色黄润中透紫气色，故发科甲。

【罗计三阴三阳俱黄明，科甲及第】

罗计为眉毛之别称，三阴三阳为上下眼胞之别称，如眉内之肉白润，上下眼胞均黄润明亮，象征其人目前之健康精神状态均处于巅峰状态，是以考试及第。

【天中圆光，天庭圆光俱应】

圆光即“青紫”气色之谓，天中、天庭为官禄宫之位，如有青紫出现，乃大大之吉征，是以能应科甲。

【黄气透天庭，必利文名】

即天庭有黄气色成块，象征官运考运均佳之谓。

【科甲青紫，策名天府】

科甲乃眉上（含福堂）连印堂之位，如透出青紫气色者，乃大吉大利之征，故谓考试顺利，可在京城（即天府）金榜题名而出任官吏（即策名)。

【科名玉润，独步文坛】

科名即眉上下（含眉内）连印堂之位，如气色似珠玉之润（即青紫气色)，乃大吉大利之征，故谓考试顺利而考得第一名榜首（即独步文坛)。

【满面紫花紫点，士子登科】

紫花紫点为纯紫气色，乃大吉大利之征，故士子（即读书人）考运佳，能通过科举考试而出任官吏。

【黄云盖顶，必掇大魁】

黄云盖顶，即天庭现黄紫气色，乃大吉大利之征，故可在会试（即乡试及格之举人再会试于京城）甚至殿试（即会试录取之进士再由皇帝亲自策试）中考得第一名（即大魁）。

【黄翅入鬓，晋身可达】

即天仓出现黄紫气色如大鹏之翅，乃大吉大利之征，故可藉科举考试而晋身仕途。

【准头黄亮透天庭、天仓、驿马者，多高掇】

即准头出现黄紫气色直上天庭、天仓、驿马各位者，乃大吉大利之征，故参加科举考试时，考试成绩多能名列前茅。

【山根准头地阁黄，及第登科忙】

即山根、准头、地阁等面相十三部位之紧要关限部位，出现黄紫气色者，乃大吉大利之征，故参加各阶段之科举考试可连科及第。（例如现今大学毕业后，既参加高考乙等文官考试，又参加公费留学考试，或参加研究所入学考试，再参加专门职业人员考试均通过之谓）

【桃花色冒年寿，五五发迹登科】

桃花色冒年寿，即年寿出现鲜艳成群以黄为主之黄紫气色，乃大吉大利之征，故二十五岁即可登科入仕。

【眉上黄明，应推得禄】

眉上黄明，即两福堂一带出现黄紫气色，乃大吉大利之征，故登科入仕(入仕即任官得禄之谓)。

【入学登科，四学三阳明润】

即额、耳、口及上下眼等四学堂部位，以及太阳穴、准头等面上三阳部位之气色均气足色明，象征其人目前健康、智慧、个性均处于巅峰状态，故入学考试或是科举考试均可顺利过关。

【发际黄明，求官易得】

即额之发际部位有黄紫气色，乃大吉大利之征，故可藉参加科举考试(例如参加现今之高等或普通考试以取得任官资格）而得官。

【眉有光彩射目，必早发】

眉有光彩，即眉毛有多重亮光之谓。射目，即眉毛之光彩，再加眼内之神光，呈现出一股英气逼人的气势，是以必青年登第而入仕。

【龙虎紫气，必及第】

龙虎即额之龙角虎角二位，如出现青紫或黄紫气色，乃大吉大利之征，故参加科举考试顺利成功。

【双眉贯紫，必挂禄衣】

双眉贯紫，即印堂连眉上下及眉内出现青紫或红紫气色，乃大吉大利之征，故科举考试及第而入仕（禄衣即官服)。

【睛光射目、白睛贯神，可言及第】

睛光射目，即黑睛神光逼人，显露出英年早发之气概。白睛贯神，即白睛白润莹洁中隐约透出黄亮蓝亮之谓，两者均象征其人健康、智慧、个性均处于巅峰状态，故参加科举考试顺利成功。

【印堂黄紫，富贵逼人】

即印堂出现黄紫气色，乃大吉大利之征，故可登第入仕而富贵（笔者按过去为农业社会，工商业不发达，唯有登第入仕才能光宗耀祖，既贵又富）。

【黄气如花，卒多称志】

即黄气色似花样满布额头，乃大吉大利之征，故能完成科举入仕之志向。

【登科以天庭驿马明净为主，以凌云色黄亮为应】

即参加科举考试时（例如现令之高等文官考试），首先要天庭驿马气色明净（即有青紫气色），再加凌云（即印堂眉毛一带部位）有黄亮气色（即有黄紫气色），则必定考试顺利成功无疑。

【人中左右有紫色如钱者，阴德成名】

人中亦为阴鹭出入之神路，是以人中出现黄紫气色成圆块，象征其人自身或祖先积有阴德，是以能在科举考试中顺利成功。

【天庭黄润、印堂黄中透红丝红点、天中有圆光者大魁】

即天庭有黄紫气色，印堂有纯紫或红紫气色，天中再见青紫气色者，乃大吉大利之征，故在科举考试时之“殿试”中考中第一名（考中状元即谓之大魁）。

【日月角有黄紫气，如云行如龙形主高第】

“云行”“龙形”系形容黄紫气色之气势有如龙在云中翻腾，乃大吉大利之征，故参加科举考试可名列前茅。

【眉下黄光横发、额黄明、印堂有红紫气者次选】

眉下黄光横发，即眉内及眉下之上眼胞有黄紫气色，再加天庭亦有黄紫气色，印堂又见红紫气色者，主参加科举考试可名列中等(中等即次选之意)。

【眉上黄色、印有红气，而目下准头有火气者下选】

眉上黄色即福堂有黄紫气色，印有红气即印堂有红紫气色，以上本属善色有利考试，但因眼下之泪堂及准头二位有赤气色（赤气色象征内脏相火），致心情不宁静而影响考试成绩，故参加科举考试之成绩下等（下选即名列榜尾之谓）。

【眉润泽、印堂明、耳轮白、垂珠红、命门明润、三阳并年寿气色光亮者必中进士】

即满面各重要部位之气色均佳者，主其人参加科举考试时可考中进士。（当然其面相也符合《萧湘识人相法全集（二）》所述进士格之相理）

【天庭、日月角出现红紫气色者，必中翰林】

翰林乃考取进士后再出任宫庭官吏之官衔，是以气色必佳，否则，不可能中进士后再选为翰林。

【士子得志，必先以部位丰满或骨法有成，再加当年气色佳者，始能登第入仕，如部位佳气色不佳者亦难成】

此言部位为先天，气色为后天，部位如命，气色如运之相辅相成之道理。

【登科气色、三停俱要气旺色明、驿马必开、四库明润，若一处不明者亦难考中】

即参加科举考试时，三停、驿马、四库各位之气色俱要气足色明，才能考试胜利成功。若有一位气色不佳者，即象征其目前之健康、智慧、个性必有一差，故参加科举考试时难顺利考中。

【颧下黄生，喜信日至】

凡参加科举考试之后，放榜之前，颧骨下方出现黄紫气色时，主参加科举考试成绩优异，日内即有及第信息到来。

【面无黄气、眉头额上有赤点、颧准粉红中有暗点、悬壁暗滞或有青暗之色主下等、退点】

即满面气色不佳时，虽报名参加科举考试，亦主其人之考试成绩不佳(即下等)，或报名而不应考，或考试一半即缺考弃考（即退点）。

【气色虽好，唇色白者亦不应】

此言满面气色虽好，但唇色不鲜红者，亦难登科及第，因唇白象征其人气色不足或血液循环系统有隐疾，是以影响考试成绩。

【青黄之色，枉劳心力】

此言满面气色滞黄中又透出青气色者，即使报名参加科举考试，亦难登科及第，因满面滞黄透青色者，象征其人消化，代谢系统有隐疾，是以影响考试成绩。

【书难文滞，台廷边地前额尘封色暗】

此言在考场时文思闭塞，久久难以下笔成文，头脑一片空白者，乃因兰台、廷尉、边地、前额各部位气色不佳所致，亦象征其人消化系统及脑组织目前之运作不良，致影响健康、智慧、个性，最后必影响考试成绩。

【凌云天庭青点文字有失，天中赤点文字招非】

此言两眉头及印堂、天庭部位有青气色者，主考试作文时文不对题，或文章中有错字、别字、白字，是以因考试成绩不佳而落榜。天中有赤气色者，主考试作文时，在文章中恶意批评时政或作人身攻击，是以引起是非甚至官非。（笔者按：青色赤色均象征其人内脏相火，是以情绪不稳定，心情浮躁，因此在作文时言其不当言而引至祸端。）

【黄色淡白无光亮之气，或浮光如油抹主不第】

先贤谓“色无气不验、气无色不灵”，黄色无光亮之气乃系虚色，故士子参加科举考试不第。如浮光如油抹者为“滑艳色”，象征内气不应，外色不来，乃浮泛而将变之色，不但考试不第，并应预防发生灾祸。

【有粉红光泽内白外焰，发于科甲、科名、印、准、两颧者为败气主帖出】

粉红光泽内白外焰为“光浮色”，乃精神浮泛，而将要变凶之色，青少年有此气色，必系败家之子，为散财促寿之征，遑论功名？即使勉强参加科举考试也必帖出无疑（帖出即榜上无名之谓）。

注：以上科举气色有一款者即验。

官员气色

【一、二品看天仓，三、四品看两颧】

古制一、二品官员相当于部长职位以上之官员，大体言官员之大运气色要看天仓（庶民大运气色要看年寿），如天仓气色黄润中透红透紫，主其人官运亨通，高升可期。但相当于司处、局长级职之三、四品官员，则要看双颧气色是否有“国印气”，如有国印气主官运亨通，高升可期。

【教职须看六府，宪台定看两颧】

教职为主管教育行政及从事教育工作者之统称，其大运气色位在六府（即上二府、中二府、下二府），如六府气色佳，则教育行政人员高升可期，从事教育工作者，则受到敬重或调教育行政工作。宪台为职司风宪之官吏，例如古之御史大夫，今之监察委员、司法、检察、警察、宪兵、调查、纪律政风人员之统称，其大运气色位在两颧，如两颧气色佳，主官运亨通，高升可期。

【天中黄紫，十日内加官】

即十三部位之天中出现黄紫气色，主其人十天之内可加官晋级。

【紫色印堂，旬日当膺天宠】

即四品（相当于现今官制之荐任职或十等职以上官员）以上官员之印堂出现紫气色者（纯紫、黄紫、红紫均可），主其人十日之内会受到皇帝之宠信（现今社会为受到元首或上司之栽培）而高升或派任新职之谓。

【黄气发从高广，旬日内必转官职】

即天中横列第五位之高广出现黄紫气色者，主其人十日之内可转任高阶职位之官吏。

【天部圆光，旬日内必升官】

天部圆光，即天中、天庭部位出现如珠玉般的青紫气色者，主其人十日内必定升官。

【准头黄气直至司空，必主赴召】

即准头出现黄紫气色直上司空之位，主其人必会受到皇帝（即今之元首）或上司之召见而委以重任。

【印堂红润映眉、腮颐又白润者，官位起迁】

即印堂及两眉出现红紫气色，两腮及两颐白润者，主其人之官位有升迁之象。

【红黄丝络现于额上，官职荣升】

即额上出现黄润气色中透出红气色如丝者，主其人官运亨通，荣升可期。

【气色虽好，仍需部位好为之配合】

即气色虽佳，如部位有亏，仍不以吉征论，因骨骼部位定一世之荣枯，气色只看行年（即流年）之休咎而已。又部位为先天，气色为后天，先天要占七分，后天只占三分，后天气色之好坏，不能改变先天遗传之优劣，先天遗传好，健康、智慧、个性自然好，如健康、智慧、个性有所不如，即使气色好，也只能得之一时也。

注：以上官员气色有一款者即验，但要与部位综合观看。

发财气色

【凡财来之前，黄润之气必先聚准头，次连年寿山根拖曳印堂左右】

所谓“财来”，系指领薪工作者月薪以外再多得之钱财，或是生意人正常营业收入以外再多赚得之钱财而言。观看财来前之气色，首先看准头是否聚有“黄白光亮”之气，如有黄白光亮之气自准头直上印堂再拖曳印堂左右，则可肯定财将到来。若财迟迟未来，则象征财之金额必大（如再外财帛宫即太阳穴及福堂等位亦气色佳者则财星高照不求自得）。

【若财已到手，必眼下黄润；色浅主财弱，色深主财旺】

此言财已到手时，则眼下卧蚕及泪堂气色必呈黄润之色，如眼下黄润之色浅者，主到手之财金额不大。如眼下黄润之色深者，主到手之财金额必大。又财到手之后，准头之黄白光亮气色，亦会由黄白光亮之色变为黄润之色。如黄白光亮之色不褪者，则仍有财可到手。

【印准两颧黄红，主兴家计】

即印堂气色黄润透红，准头气色黄润，两颧气色鲜艳成群者，象征一般庶民即将行运，而可振兴家庭经济也。

【紫气盈眸，见喜还多福禄】

即眼睛上下出现紫气色，眼睛亦充满了满足的神光，是以见财喜而多福禄。

【红黄满面，发财又家庭安康】

即满面气色黄润，印堂、天仓、双颧等位又黄润中透出红气色，象征其人财星高照，同时家庭大小成员安康快乐。

【仓、库红润，财帛临门】

即两天仓两地库出现黄紫气色，象征其人即将有财帛临门（待准头黄润白亮财即到手）。

【年寿四时黄，财帛喜非常】

年寿为一般庶民看“大运气色”之所在，如年寿一年四季黄润者，主其人之财帛非常之旺。

【耳润财来，枯焦财去】

耳润即耳朵之气色白于面之气色之谓。因耳润象征目前之健康状况良好，人际关系良好，是以工作顺畅，业务发达，因而财帛广进。如耳朵呈枯焦之气色，象征其人目前健康状态欠佳，人际关系欠佳，工作不顺畅，业务不发达，因而财运不佳，甚或财产有损。

【将本求财，印准宜润色在内】

即计划作小型投资创业时，印堂、准头之黄润气色应“内外通明”，象征其人计划周密，准备充分，正蓄势待发。

【白手求财，印准宜润色浮外】

白手求财，即不用作金钱投资而能赚钱之谓，例如因仲介房地产而得财，则印堂及准头之气色，外表光润即可，而不必内外通亮。

【托人求财，还看眉尾黄润】

托人求财，即托人代为求财、理财之谓，例如请投顾公司或他人代为操作股票，或请亲朋好友代为买卖货物之谓。

【合伴求财，宜眉内白润】

合伴求财即合伙求财，必须眉内之肉色白润（即白润成翠色），因眉润象征可遇贵人，并贵人得力。

【出外求财，宜驿马明净】

出外求财，即赴外地求财，必须驿马气色光明莹净而无暗色，象征旅途平安一路顺风，并在外地遇到贵人协助求财。

【九流医术问前程，准头耳轮明】

九流即从事自由职业（即异路业）人士，医术即从事医药业人士，上述人士如要问财气，则准头的气色定要黄润，耳朵的气色定要白润。

【田地求财，须要地库明润】

即耕种稼穑求财，须要地库气色明润始可丰收。

【买货暗不妨，脱货色宜明】

即批进货物时（以大批物资而言），印堂气色略暗无妨，但出脱货物时，则印堂气色定要明润始可顺利出脱而得利。

【为奴为婢去何方，须看何方仓库明】

即受雇打工何方有利，须看何方仓库（含五星）气色明润而作决定。例如额头气色明润可去南方较为有利，如左天仓（男左女右）气色明润，则可去东南方较为有利。

【凡财旺者神必旺，人有一分精神即有一分财气；若无神无气乃是虚色，必易聚易散到底无成】

此言“神好为贵，气好为荣，色好不过小吉”之道理。

附注：以上发财气色有一款者即验。相门精义上卷论发财气色甚详，但未论及损财气色，是以读者要探究损财气色，尚须参照拙著《萧湘识人相法全集（三）气色大全》其他各章节。

横财气色

【意外之财，黄色拖鼻旁】

横财又谓意外之财，即非计划中所应得之财，例如在路途中拾获钱财，或赌博所赢得之财，或意外得到某人之馈赠遗赠，或意外中了彩券之类。黄气色拖曳鼻之两旁者，可得意外横财。

【印上横起黄光一线，主发横财】

即印堂出现黄紫气色成一线者（即一条之谓），主其人可得横财。

【仓库横发黄气，主大发横财】

即两天仓两地库出现横向之黄气色者，主其人可大发横财。

【鼻柱拖黄，钱财横发】即山根出现黄气色拖曳至两颧骨者，主其人大发横财。

【黄气贯鼻，主得横财】

即黄气色由山根直下准头及鼻翼者，主其人可得横财。

【黄色横发眼下，主得横财】

即两眼下卧蚕泪堂一带出现黄气色者，主得横财。

【鼻准横起黄气一线，主得横财】

即鼻准出现黄气色横向成一线者，主其人可得横财。

【黄光透印堂、指节再黄亮，正路财变横财】

正路财系指正常营业收入而言，如印堂出现黄气色，指节再出现黄气色者，主其人正路财变横财。例如所进之货，因不可预测之原因，而在价格上大涨了十倍或数十倍，即正路财变横财之谓。

注：横财与偏财绝非因贪渎、强盗、勒索、诈欺、侵占所得之财，此乃非义之财也。横财和偏财系指在侥幸和意外之情况下所得之财而言，同时其人必须具有“横财格”之面相始验，横财格相理请参阅《萧湘识人相法全集(二)》附录篇。以上横财格气色，有一款者即验。

刑兄弟气色

【山根白，兄弟服】

即山根出现枯白气色者，主其人因兄弟姐妹有厄而服孝。（注：应再参照眉毛之相理而判定是兄弟或姐妹）

【准头白气，骨肉刑伤】

即准头出现枯白气色者，主其人因兄弟姐妹有厄而服孝。（注：应再参照眉毛之相理而判定是兄弟或姐妹）

【眉里起赤，或白如粉，或黄如泥，主兄弟之服】

即眉内之肉出现赤气色，或白气如粉（即白而无光有如粉末），或黄色如泥者（即黄而无光有如黄泥之谓），主其人因兄弟姐妹有厄而服孝。

注：以上刑兄弟气色有一款者即验。

刑妻妾气色

【奸门起赤、白、黑色，俱主妻妾丧亡，色旺者主未来，色沉者主过去】

即奸门部位出现赤气色，或白气色（枯白始验），或黑气色者，主其人之妻妾丧亡（左奸门为妻位、右奸门为妾位）。气色旺者即“定色”之谓，乃皮肉内外均有之谓，象征丧妻妾之事实即将到来。色沉者即“沉色”之谓，乃隐于皮肤之内凝滞无光，象征丧妻妾之事实已经过去。

【悬壁鱼尾起白花白点、眉内及准头一暗，主妻妾丧亡】

悬壁、鱼尾二位如出现白花、白点气色，眉内之肉及准头再呈暗色者，主其人妻妾丧亡。

【凌云赤气、奸门赤白，主丧妻】

凌云赤气即左眉头出现赤气色，再加奸门赤白二色同现者，主其人丧妻。

【奸门青白，恐妻有灾】

即奸门青白二色同现者，主其人妻有灾厄。

【左眼尾青主忧，赤主斗，白主刑，奸门黑白、满面暗滞主亡妻】

左眼尾即左奸门出现青气色者，主因妻之事而忧烦。左奸门出现赤气色者，主与妻争吵甚至打斗。左奸门出现白气色者，主刑妻。左奸门黑白二色同现，再满面气色暗滞者，主其人丧妻。

【年寿有赤，与妻争竞】

即年寿出现赤气色者，主其人与妻相处不睦，互不服输。

【妻妾宫赤白、年寿赤白，丧妻还恐招非】

即奸门鱼尾一带赤白二色同现，再加年寿赤白二色同现者，主其人除了丧妻外，尚须预防是非。

注：以上刑妻妾气色有一项者即验。又封建社会男女社会地位不平等，故只论男性刑妻妾气色，而无女性刑丈夫气色，现在男女地位平等，故本章应改为“刑配偶气色”，不论男女一体适用，但应注意男左女右，部位有别。

刑子女气色

【三阳白花白点刑子】

三阳（即左边眼下泪堂部位，男左女右）如出现白气色如花如点者，主其人刑子。

【三阴白花白点刑女】

三阴（即右边眼下泪堂部位，男左女右）如出现白气色如花如点者，主其人刑女。

【山根青暗，人中白点皆损子】

即山根出现青暗气色，人中出现白气色如点者，主其人损子或损女。

【人中青暗、泪堂白、鱼尾暗损子女】

即人中出现青暗气色，泪堂（子左女右）出现白气色，鱼尾出现暗黑气色者主损子女。

【满面花白、鱼尾再暗主刑子女】

即满面出现花杂气色，鱼尾气色（子左女右）再暗者主损子女。

注：以上刑克子女气色具备一项者即验，但刑克一词应扩大解释，例如子女病灾亦谓之刑克。

疾病气色

【百病气色山根先起，青浮主感冒，暗滞主内疾，赤燥主热病，赤黑主郁结，赤黄主湿热】

山根为运作系统（即五脏六腑）之总开关，凡大小疾病山根气色先起变化。例如有青气色者，乃将有感冒之征兆。有暗滞气色者，象征五脏六腑有隐疾，尤其是血液循环及心肺呼吸系统要特别注意保健。有赤燥气色者，象征五脏六腑相火或发炎。有赤黑气色者，象征五脏六腑可能存在肿瘤。有赤黄气色者，象征消化肠胃系统有湿热现象。

【凡病人唇白润、地阁明、准头亮方有救】

口唇白润、地阁明、准头亮，象征其人心肺循环系统、内分泌系统、以及脾脏和消化系统还未至全部恶化到失去生机的时候，所以有救。

【额准颧颊有火气带青点、印堂眉下悬壁赤红者，肥人发痈疽，瘦人主痨病】

即额、准、颧、颊出现赤红气色中再见青点，印堂、眉下、悬壁亦出现赤红气色者，主肥胖之人会生痈疽（即皮肤疮疖）之病，瘦削之人会生肺痨之病。

【天庭青，防瘟疫】

即天庭部位出现青气色者，主其人目前之疾病抵抗力差，因而要特别注意流行病症侵袭。

【印堂黑，非死即病】

印堂为命宫，亦为累维系统（即脑组织）之总开关，如印堂发黑气色，象征其人之脑组织或呼吸系统有病变，或严重运作不良，故非死即病。

【印堂明、年寿暗，下元之疾】

即印堂气色好，但年寿气色暗者，象征其人之下元系统（即消化及泌尿系统）有疾病之征。

【山根低陷，幼年多病】

即山根部位低陷者，象征其人幼少年时期多疾病。

【年上黑气侵法令，酒食色欲之忧】

即年上出现黑气色下至法令部位者，象征其人有酗酒暴食恶习，并色欲过度，要注意保健。

【年寿黑子、黑暗主多病】

山根年寿为疾厄宫，如年寿部位出现黑子（大者为痣小者为斑），或有暗黑气色者，象征其人常有小病小疼。

【年寿青气，疮瘰之病】

即年寿出现青气色者，象征其人有疮瘰之病。如青气色隐约浮散者，则系消化系统有隐疾，或金钱有损或家运不佳。

【年寿黑重，主有宿疾】

即年寿出现重黑气色者，象征其人有老毛病在身。

【年寿赤光，多生脓血】

即年寿出现赤气色者，象征其人身体某部位有化脓出血现象，或痔疮出血等。

【寿上两旁属胆，青主胆惊，赤主胆燥，又主发狂之病】

即寿上两旁出现青气色者，象征其人之胆受到惊吓。如寿上两旁出现赤气色者，主其人之胆囊相火或发炎。又不论出现青气色或赤气色，均应注意发生癫狂之症。

【准头赤丝带黑，痔痛之疾】

即准头出现赤丝气色，又见黑气色者，象征其人目前正患痔疮之疾。

【鼻为肺苗，白气唾出成珠，主咳病】

中医学谓“鼻为肺之灵苗”，是以久咳之人，或有严重咳嗽之人，准头会出现白气色如珠。

【准头血点，主脾有病】

脾脏与准头“内外五行相联属”，是以脾脏生病，准头会出现血点。

【鼻准赤丝常现，主生痔脾病】

即准头部位常常出现赤气色如丝者，象征其人不是有痔疮病，就是脾脏有病。

【鼻现赤气，主肺气燥】

即鼻部之下半截出现赤气色者，主其人肺脏相火，例如感冒时鼻之下半截会发红气色。

【鼻黑至天庭，准光方有救】

即鼻部出现黑气色上冲至天庭者，象征其病情严重，但准头气色光亮者仍主有救。

【兰台廷尉赤丝，主遗精白浊】

兰台廷尉有赤气色如丝者，主其人睡眠时会遗精，小便则白浊而不清澈，其人满面气色定必有差，泪堂及年寿气色尤其欠佳，否则象征其人自身或家眷损财而已。

【颧赤青、唇白、瞳黄，防中风死】

即额部出现赤气色夹杂青气色，再唇色惨白、黑睛黄色者，主其人应防中风猝死。

【颧骨青，火祸临身】

即两颧骨出现青气色者，主其人应防家中有火厄之险（如面相再有火厄相格者必验）。

【两颧赤丝主痔疮之病，女主产厄】

即两颧骨出现赤气色如丝者，象征其人有痔疮之疾，女则有产厄之危（如面相有产厄相格者必验）。

【两额颊骨光浮主腰骨刺痛，目下赤虫妇人主产厄】

即两颧颊骨出现面如白粉，灼灼满面之“光浮色”者，主有腰骨刺痛之疾。怀孕妇女眼下出现赤气色如虫者，主应防产厄。

【青气入口即死】

即青气色自颧颊而下进入口角者，象征其人病情已严重至极点，有即刻死亡之虞。

【口角白光，病临日下】

即口角出现白气色如光者，象征其人要防疾病临身。

【耳畔黑烟、主肾衰】

即耳朵及命门气色黑似烟尘掩盖者，象征其人肾脏病变已到达非常严重的地步。

【眼睛赤色如朱，病主疯症】

即白睛部位长期赤色如朱者，象征其人有疯癫之症。

【眼弦上下黑色，主劳心过度】

即眼弦（眼弦即卧蚕、非上下眼胞）上下长期出现黑气色者，象征其人工作忙碌，睡眠不足，有体力透支的现象（如眼弦临时出现黑气色者则主桃花）。

【眼头为心之外苗，肉陷者主思虑过度】

眼头与心脏有内外五行联属关系，如眼头部位肉陷而无弹性者，象征其人常多远虑深忧，心情欠开朗，气血循环不良。

【眼上泡为脾，过虑过累则伤脾，故眼深而皮黑】

上眼泡与脾脏及其他消化器官有内外五行联属关系，凡思虑过度，或劳累过度，尤其因思虑过度而失眠之人，因而影响脾脏及其他器官之气血循环不良，而导致上眼泡下陷皮肤黑色。

【眼下泡为胃、白主胃弱有泄泻之病、赤主胃燥】

下眼泡与胃有内外五行联属关系（眼下亦为心肾之交），如下眼泡出现白气色，象征其人胃弱胃寒，故有泄泻之病。如下眼泡出现赤气色，则象征其人胃脏相火。

【眼下肉黑，眼睛凹陷，主忧虑过度，心血不足之征】

即眼下之龙宫、卧蚕、泪堂等部位肉色枯黑（非气色），并眼睛凹陷者，象征其人长期忧虑过度，导致心血不足，眼下血液循环不良所致。

【黑睛属肾，赤气主肾水不足】

即黑睛周边出现赤气色者（即红丝），象征其人患有肾水不足之症。

【白睛属肺，赤气主多心肺热】

即白睛部位出现赤气色者（即红丝），象征其人心脏及肺脏相火。

【黑睛属心，暗昧主心倦心不畅】

即黑睛暗昧不明亮者,象征其人心气不足,心脏博跳不顺畅。

【心病眼头带赤】

即眼之前眦部位若呈现赤色者，象征其人心脏相火或是心脏有疾病。

【两眼梢红烟，生毒气之病】

即眼尾后梢部位呈现赤色者，象征其人内脏有毒素未去，或肾之过滤功能不良所致。

【三阳白气肚腹之疾，肝病眼下必青】

即左眼下（亦可解释为两眼下）出现白气色者，象征其人肠胃消化系统有疾病。如肝脏 有病，则眼下有青气色浮现。

【鱼尾赤枯，主妻产厄】

鱼尾气色呈现既赤又枯之气色者，象征其人之妻要防产厄。

【鱼尾黑暗，主肾衰弱】

即鱼尾部位出现黑气色者，象征其人肾脏衰弱，要注意保健。

【耳青黑，主重病】

即耳朵气色既青又黑者，象征其人重病在身，尤其肾脏功能不佳。

【眉头绉，主大多头痛心痛之疾】

即两眉头绉缩,象征其人大多患有头痛或心脏血管方面的疾病。

【眉尾山林青筋现，主多头风之病】

即眉尾天仓及山林等部位出现青筋（非青气色）者，象征其人患头风（即见风头痛、或头内有风邪而头痛、或头脑常感疲劳等）之病。

【面黄主脾肝有疾】

即面色呈黄色，象征其人消化系统（含肝胆）有病。

【面多青色无笑颜，久病在人间】

即面多青气色，又面无笑容者，象征其人长期有病在身。

【气如烟雾，重病来临】

即满面笼罩一层有如烟雾一样的气色者，象征其人即将发生重大疾病。

【黑色绕腮，鬼怪来求】

即两腮出现黑气色者，象征其人已病入膏肓，鬼怪前来索命。

生死气色

【白发印堂、黄发口唇，一七殒命】

即印堂出现枯白气色，口唇出现黄气色者，主其人病人膏肓，七天之内死亡。

【白如枯骨，必主身亡】

即满面出现枯白气色者，主其人即将死亡。

【青色横入正面，号作行尸】

即一百三十部位之正面出现青气色者，主其人病入膏肓，有如行尸，必死无疑。

【青遮口角，扁鹊难医】

即口角出现青气色者，主其人即使请到扁鹊（即卢医）这位神医来治病，也是枉然。

【黑绕太阳，卢医莫救】

即太阳穴部位出现黑气色者，主其人病入膏肓，即使请来卢医（即扁鹊）来医治，也是枉然。

【黑若湿炭，终须殒命】

即满面出现如湿炭一样的黑气色者，主其人病入膏肓终必死亡。

【黑烟蔽印，性命所关】

即印堂部位出现有如黑烟一样的黑气色者，主其人有性命交关的凶厄。

【黑埋命宫，准头再暗，三旬死亡】

即印堂（印堂即命宫）出现黑气色，准头部位再暗黑者，主其人病人膏肓，三十日之内死亡。

【耳边黑色入鱼尾，水厄亡身】

即耳朵旁边（即命门）出现黑气色引伸至鱼尾部位者，主其人有水厄之险。

【耳轮焦黑，死在眼前】

即耳轮气色成焦黑状者，主其人病人膏肓，日内死亡。

【耳珠耳轮黑重者，不久人间】

即耳珠耳轮出现重黑气色者,主其人病人膏肓,不久就会死亡。

【耳、眼、口、鼻色暗不明，寿难再久】

即耳朵、上下眼胞、口唇、鼻等部位之气色均暗者，主其人身罹重病不久人世。

【眼神走脱、无病亦亡】

即正常之人，眼神突然消失，黑睛黯然无光，有如土木偶人者，主其人虽然能行坐饮食，没有生病，亦会在一年之内，甚或一季之内死亡。

【准头不明、好人亦死】

即准头气色暗黑而不明亮者，主其人即使没有病痛亦为死亡之兆。

【神脱、口张、天柱倾欹者死】

即眼神有脱，并张开口睡觉，再加颈椎歪斜或颈椎前倾（即颈椎向前倒下）者，主其人大限已至，将不久人世。

【寿上黑色如指大，亦号鬼印】

即寿上出现黑气色如指头大者，乃阎罗王已差使索命鬼作了记号，主其人应注意外出车马安全，或其他急症暴毙。如其人已有病在身，则死亡在即。

【准头三阳一赤，旬日身亡】

即准头及眼下出现赤气色者，主其人因火厄或其他急症、灾厄而于十天内死亡。

【准头黑气色如点、如蛛网，实为死兆】

即准头出现黑气色如点状,或如蜘蛛网状者,乃为死亡之兆。

【鼻孔下为棺椁，若陷一寸又黑气色如指必死】

即鼻孔下方之食禄二仓部位出现黑气色如指头大，再加食禄二仓又沉陷者，主其人因重病急症或不测之灾祸而死。

【人中黑，必速死】

即人中部位出现黑气色者，主其人因重病急症或不测之灾祸而死。

【口角青，病人死】

即生病之人，如口角出现青气色者，主其人必死无疑。

【口角白干，病临日下】

即口角出现惨白气色者，主其人近日内应防疾病来袭。

【唇青舌黑紫，十病九死】

即口唇出现青气色，舌头再出现黑紫气色者，十个病人中有九个会死亡。

【病人口闭，有神无色者生】

即生病之人，口能紧闭，并眼神强者，即使气色不佳者亦主不死。

【地阁青黑，年内必死】

即地阁出现青黑混杂的气色者，主其人在一年之内会因病死亡。

【久病朱唇不可医】

即久病之人，口唇必然无血色，如久病之人，口唇反而似朱红之色者，主其人病情严重，内脏结热，是以难以治愈。

【奸门上墓有黑气，主父子同时丧亡】

即一百三十部位之奸门及上墓两部位出现黑气色者，主其人父子（女）二人应防不测之灾而导致同时死亡。

【四壁如烟，再现赤花赤光，火厄身亡】

即满面似冒黑烟，烟中可见赤气色如花或见赤光者，主其人必因火厄死亡。

【连腮黑气，六八而已】

即地阁和两边腮部出现黑气色相连者，主其人在四十八天内因病或意外死亡。

【命门黑纹蟋蟀脚，名唤鬼书】

即命门部位出现黑气色如蟋蟀脚者，乃阎罗王已捎来索命书，主其人病情严重，离鬼门关已不远矣。

【常明忽暗，常暗忽明即死】

即气色常年明亮，忽然变为暗黑，或气色常年暗黑，忽然变为明亮者，此乃不常之变，主其人应防暴毙。

【老人满面黄光现，一七难逃】

即七十岁以上之老年人，如满面出现枯黄气色并见黄光者，主其人有严重内疾，在七天之内死亡。

【小儿死色，须知脸色乍明乍暗】

即婴幼儿生病，如脸色在一天之内多次忽明忽暗者，主其人病情严重，有死亡之虞。

【掌内艮宫棺材纹现，是年必死】

即手掌艮宫部位出现长方形如棺材形状之白气色者，主其人当年之内死亡。

【掌上艮宫铺白板，朝发暮死】

即掌上艮宫部位如出现枯白气色如白板形状者，主其人朝发暮死。

【掌上明堂宿乌鸦，要防暴毙】

即掌上中央之明堂部位，如出现黑气色者（即宿乌鸦之谓）主其人心肾不交，血液循环系统严重失调，故防暴毙。

【掌上坎宫黑脉过离，丧亡大难】

即掌上之坎宫部位出现黑气色一条直上离宫者，主其人心肾不交，血液循环系统严重失调，故防暴毙或有大灾难临身。

惊险气色

【满额赤光，非火灾即官讼】

即整个额头出现赤气色，主其人如果没有逢到火灾，也会发生官司诉讼之事。

【青云贯额，不测之灾】

即青气色自印堂直上天中之谓，主其人要预防不测之灾祸。

【驿马青黑，出入遭伤】

即三十六宫之驿马部位出现青黑气色者，主其人出外旅游或营生时，要注意车马安全及意外之灾。

【驿马低陷、黑子、纹痕，路途忧惊】

即三十六宫之驿马部位有低陷、黑子（即黑痣）、纹痕者，主其人出门在外会发生忧惊之事。

【驿马明亮，远行获利】

即三十六宫驿马部位气色明亮者，主其人远行时，不但不会发生忧惊之事，同时可获得利益。

【边地暗，忌出外】

即七十五部位之边城、山林等部位出现暗色者，主其人应暂时中止外出旅游或营生，以免发生不测之灾祸。

【山林赤，防火光】

即七十五部位之山林部位出现赤气色者，主其人应预防火灾之害。

【眉头青，道上有忧惊】

即眉头部位出现青气色者，主其人外出旅游或营生时，要注意外出车马安全，或其他意外之灾。

【眉尾青痕斜上驿马，主车马惊】

即眉尾出现青气色斜上驿马者，主其人出外旅游或营生时，要注意车马安全。

【眉不明，兄弟之忧】

即眉毛内之肉色暗者，主其人之兄弟（姐妹）有忧惊之事。

【眉上红赤，口舌官非】

即眉内之肉出现赤气色者，主其人要防口舌是非及官非之祸。

【眉头眉尾白，血光之灾】

即两眉头两眉尾出现白气色如弓如刀如点者，主其人应防血光之灾。

【印堂青，牵连之害】

即印堂出现青气色者，主其人会受到亲友之牵连，而损财或官非（印堂青气亦主疾病败业，或有外出安全意外凶险之事，读者应配观后，仔细揣摩再下判断）。

【山根青，日下有忧惊】

即山根出现青气色者，主其人日内会有忧惊之事发生。

【年寿赤，有口舌官非】

即年寿部位出现赤气色者,主其人要预防发生口舌或官非之事。

【准头青，有惊险】

即准头部位出现青气色者，主其人要预防惊险之事发生。

【两颧赤如豆，主口舌伤】

即两颧部位出现赤气色如豆者，主其人应防因口舌而争斗受伤。

【两颧青，防兄弟口舌】

即两颧出现青气色者，主其人应防兄弟之间发生口舌。

【宫室赤燥，防烫火之灾】

即一百三十部位准头横列十一位之五的宫室部位出现赤燥气色者，主其人应防烫伤或火伤之灾祸。

【目下赤黑，官事眼前】

即两眼下出现赤黑气色者，主其人即将发生官非之事。

【青发三阳，心中惊恐】

即左眼下出现青气色者，主其人内心中惊恐即将发生不幸之事。（男左女右）

【口上下赤气赤点，口舌是非】

即口上下出现赤气色，或出现赤点（即赤斑疹）者，主其人应防口舌是非之事。

【口角白气如鸡爪痕，口舌争讼】

即两边口角出现之白气色如鸡爪痕者，主其人与人发生口舌或诉讼之事。

【道路赤黑，防跌扑之灾】

道路即一百三十部位之承浆横列十位之十，如出现赤黑气色者，主其人应防在自己居所附近之道路受到跌扑之伤。

【地阁黑，防水厄】

即地阁出现黑气色者，主其人应防水惊甚至水厄。

【四库暗，防路途被害】

即两天仓两地库出现暗色者，主其人出远门时，应防路途中被奸人所害。

【一面如朦、命宫昏暗，不测之忧】

即满面出现朦胧之色，再加命宫昏暗者，主其人应防不测之灾祸。

【面多光粉，忌交友】

即面如白粉、灼灼满面者，主其人不宜结交朋友，否则交到损友。

家宅人口气色

【日角青，父有病】

即额之日角部位出现青气色者，主其人之父亲生病（男左女右）。

【月角青，母有病】

即额之月角部位出现青气色者，主其人之母亲有病（男左女右）。

【日月角青白，眉头青白刑父母】

即日月角部位和眉头部位出现青气色和白气色者，主其人应防父母孝服。

【仓库准头青暗，不日退财】

即两天仓两地库及准头部位均出现青暗气色者，主其人或家人近日内损财。

【仓库暗陷，田宅难存】

即两天仓两地库先天就凹陷而不丰隆，再加目前又出现枯暗气色者，主其人正值困境，必须出卖田地房屋始能渡过难关。

【仓库黑白点，小人之害】

即两天仓两地库出现黑气色和白气色如点者，主其人及家人应防小人加害。

【天仓赤燥，家中有损】

即天仓出现赤燥气色者，主其人应防家中因盗贼或意外灾祸而损失财物。

【赤临仓库，防火灾】

即两天仓两地库出现赤气色者，主其人家中应防火灾。

【印堂暗、地库黑，家宅不安】

即印堂部位出现枯暗气色，地库部位出现黑气色者，主其人应防家宅不安，小心火烛和门禁。

【山根青，自身病】

即山根部位出现青气色者，主其人应防自身生病。

【泪堂青，子女病】

即泪堂部位出现青气色者，主其人应防子女生病。

【鱼尾青，妻妾病】

即鱼尾部位出现青气色者，主其人应防妻妾生病。

【三阳为家，三阴为宅，青黑不安，隐红喜庆】

三阳即左眼之上下眼泡，三阴即右眼之上下眼泡，均为观看家庭人丁（左眼看男丁右眼看女口）是否平安，家中是否有结婚生育等喜庆之所在。如气色青黑者，主家中人口不安，气色隐红者，主家中有喜气之事。

【悬壁明家有喜庆，悬壁暗人亡家破】

悬壁即人中横列十位之十，如气色润明者，主其人家中有喜庆之事，悬壁气色暗黑者，主其人家庭发生变故，甚至家破人亡。

【下停青赤交加，应防大耗损财】

即下停部位同时出现青气色及赤气色者，主其人应防大破耗、大损财。

【奴仆暗，下人之忧】

奴仆即奴仆宫，如出现暗黑气色者，主其人为下属及佣人之事而忧愁。

【地阁有一纹一处田庄，二纹二处田庄，斜纹冲主破败，有痣斑主损财】

此处所言一纹一处田庄，二纹二处田庄，系指有双下巴而言，不论男女，有双下巴者，主其人拥有二处房地产。

风水美恶气色

【上墓色黑，主湿】

上墓即一百三十部位天庭横列十位之六，如出现黑气色者，主其人之祖坟有潮湿现象。

【上墓低破，主有损】

即前额上墓部位出现低陷现象，或上墓部位之皮肉有破损情形者，主其人之祖墓有损毁。

【上墓赤，主陷】

即上墓部位出现赤气色者，主其人之祖坟有塌陷之虞，或已经塌陷。

【山林青浮，主露风】

即七十五部位之山林部位如出现青气色如浮云者（左右山林均须观看），主其人之祖坟破孔透风，应加以修复。

【山林色黄，主破损】

即七十五部位之山林部位如出现枯黄气色者，主其人之祖坟有破损现象。

【山林明润者好，丰满者好】

即七十五部位山林部位气色明润者，主其人之祖坟风水好，山林部位骨隆肉丰者，主其人之祖坟风水好。

【山林冢墓白润，主秀茂】

即七十五部位山林部位及冢墓（含丘陵）部位出现白亮明润之气色者，主其人之祖坟山明水秀林木茂盛。

【丘陵冢墓削，俱欠美】

即七十五部位之丘陵、冢墓部位骨陷肉削者，主其人之祖坟风水不美。

【头皮白润者好】

即头皮气色白润者，主其人祖坟风水好。

【头顶发疏润者好】

即头顶上的头发疏而不密，同时发质润而不燥者，主其人祖坟风水好。

【发青鬓润者好】

即头发青而不乌（即发质黑中透青之谓），鬓毛润而不粗者，主其人祖坟风水好。

【发鬓如乱草者坏】

即头发和鬓毛如乱草者，主其人祖坟风水不好。（笔者按发鬓如乱单者，乃象征其祖先父母遗传不良也）

注：以上风水美恶气色，为《相门精义》上卷最末之章节，笔者将全文录入拙作之内，并非笔者笃信风水地理之说，目的旨在提供读者印证资料，到底风水地理之说有无可信之处。退一步言，即使风水地理之说有可信之处，但现今为工商社会，居住城市之人已改土葬为火葬，不论贫富贵贱均将先人骨灰坛置放于灵骨塔内，居住农村之人，则将逝世之先人埋于不讲究风水地理之公墓之内，是以风水地理之说将日渐式微，自不待言。如读者印证本章风水地理之说颇有可信之处，笔者认为只是一种“遗传密码”作用，和“心理影响生理，生理影响气色”所生的感应作用，因此而能在被观者之面上呈现的气色看出他的先人埋葬地点的地理环境情况。与一般之堪舆学所言之地理风水截然不同，读者不可不察。惟没有孝心的人，以及相隔五代以上之先人，遗传密码作用和心理生理感应作用，也无法发生作用，似此情况也无法看出先人埋葬地点之地理环境情况，读者亦不可不察。

以上“萧湘居士增订相门精义上卷”全文，以及《萧湘识人相法全集(二)》“萧湘居士增订相门精义下卷”全文，笔者依法拥有著作权，如欲出版单行本者，必须征得笔者同意，否则依法追诉。

萧湘居士　敬启

一九九八年十月五日

观相感言

为何父母相同，父母双方均系高学历并家境富裕者，而所生的每个子女在健康、智慧、个性及一生的收获成就方面有显著的不同，原因为何？

萧湘居士曰：原因在受胎的霎时，父母情绪不稳定，父母感情不融洽，父母身体欠健康，父母事业有挫折，或父母在吸毒宿醉时受胎，父母在酷寒燠热时受胎，父母在台风地震时受胎，父母在天灾战乱时受胎，父母在时疫流行时受胎，父母在强暴野合时受胎，或父系母系之长辈有智障癌症等遗传性疾病，父系母系之长辈有过重大作奸缺德之损阴骘行为。以及母亲受胎后遗传基因突变，母亲受胎后家庭发生重大变故，母亲因病或堕胎而服药使胎儿受害，母亲受胎后胎教不良或营养不良，母亲受胎后父母感情不睦或分居离异等各种原因，均会影响每个子女长大成人后的健康、智慧、个性和一生的收获和成就，因而会有不同程度的差异，其与子女的出生年、月、日、时好坏无关，亦非风水地理不佳所使然也。

萧湘居士　辑

应占篇

萧湘识人相法全集(三)

第一章　公职人员

凡国家军政机关人员均属之公民营事业机构及各种社团人员准此以观

【天中紫气直下印堂】主五十日内组阁拜相。

【天中黄润中现红点】主五十日内越级调升。

【天中黄气直下准头】主三十日内武职兼领政事。

【天中黄润透红光】主五十日内荣调。

【天中黄润透紫光】主三十日内高升。

【天中连中正黄气】主五十日内求官得官。

【天中白润透光】主武职调升主帅。

【天中左右黑白】主五十日内失职失官。

【天中青暗】主五十日内失职失官。

【天庭红黄】主四十九日内荣调升迁。

【天庭紫气】主四十九日内荣调要职。

【天庭黄气】主五十日内荣调升迁。

【天庭黑朦】主十五日内有失官之虞。

【天仓红润】主三十日内补实真除。

【天仓红紫】主三十日内晋级加官。

【天仓枯黄】主五十日内防与长官同事间是非不和。

【天仓黑朦】主五日内宦途欠顺。

【天仓黄润透紫】主二十一日内荣升加官。

【天仓福堂白润透光】主三十日内晋级加薪。

【天门青黑】主六十日内失官。

【司空紫点】主三十日内获极峰召见颁勋。

【司空黄如方印】主三十日内授官职膺重任。

【司空黄气】主五十日内晋级。

【中正黄气横贯天仓】主当年晋级加薪。

【中正红如钩状】主五十日内武职领兵镇边。

【中正印堂青暗】主五十日内失职失官。

【印堂黄润】主当年官运亨通。

【印堂黄润透红】主晋级加薪或荣调。

【印堂红中透紫光】主三十日内获极峰召见授勋加官。

【印堂黄气贯道路】主三十日内外放使节之职。

【印堂连辅角黄亮如豆】主三十日内武职高升兵权在握。

【印堂及刑狱黑朦】主十五日内防失职失官，平日德行俱差 者并有牢狱之灾。

【印堂青气】主三十日内失官或降调。

【日月角黄中透红】主三十日内晋级荣调。

【日角黄中透白如刀剑弓形】主三十日内官位不保。

【福堂黄润透红透紫】 主三十日内升官晋级。

【福堂黄润】主当年职务胜任愉快并主贵人提携。

【福堂青暗】主三十日内失官。

【边地红黄】主六十日内升迁。

【边地紫光】主三十日内升官晋级。

【边地驿马黄气】 主十五日内荣调升迁。

【边地白润中现赤色如刀剑】主五十日内武职加官。

【驿马青黑气】主三十日内失职失官。

【驿马滞暗】主半年内升迁无望，荣调不成。

【驿马五官四渎滞暗】主三十日失官降级。

【辅角黄气】主六十日内荣调副主管。

【发际黄气如蚕下垂】主三十日内荣调。

【额部红黄相间】主三十日内加官晋级。

【额部黄润透紫】主三十日内荣膺要职或重大使命。

【山根红润】主秋后补高职。

【山根黄气】主六十日内晋级加薪。

【山根青气】主即日防官场小人。

【山根黄润透紫光】主三十日内加官授勋。

【眼下黄润透光】主六十日内记功加薪。

【眼下黄润透紫】主六十日内记大功授勋奖。

【眼下黄润】主当年官运亨通。

【眉眼之间黄气穿贯】主二十日内获极峰召见。

【两眉两耳光润】主当年官运亨通。

【两眉心黑气如烟】主三十日内失官降调。

【奸门黄润透紫】主十五日内获极峯召见嘉勉。

【鼻部润白】主即日起官运亨通晋级加薪。

【鼻部赤】主六十日内防刑厄官非。

【年寿黄润透红】主二十七日内晋级荣调。

【年寿常年黄润】主官运亨通，年年晋级加薪。

【年上赤】主三十日内防职守有亏或官箴有损。

【准头黄光地阁透红】主三十日内荣调。

【准头黑朦】主即日防重大失职失利之事。

【两颧内黄外紫】主三十日内迁调地方要职，官运亨通五载。

【两颧内黄外红】主三十日内加重任务或有新的使命，官运亨通三载。

【两颧赤仙库黑】主三十日内失官。

【两颧黑朦】主即日退职罢官，否则三十日内官场失利见灾。

【命门黄气】主五十日内晋级。

【命门赤】主防文书错失。

【耳色白润过于面色】主官声好受人崇敬。

【两耳青暗】主五十日内失官。

【人中黄润透紫】主为官顺利。

【法令黄润透紫】主三十日内掌大权。

【法令赤色】主二十日内防失职或文书错误。

【唇红润棱黄润】主三年内官运亨通。

【双颊连地阁黄气盈盈】主三十日内膺县级官职。

【地阁黄润透紫光】主三十日内高升要职。

【十三部位黄气贯通】主三十日内膺重任荣调要职。

【十三部位连法令黄润透红透紫】主五十日内文职组阁拜相，武职威镇边陲。

【五岳红润】主三十日内晋级加薪。

【冬季满面润白透光】主三十日内得长官提拔赏识。

【明堂红如豆】（明堂即掌心）主三十日内真除或荣调。

观相感言

有人就“一命、二运、三风水、四积阴德、五多读书”之说，多予肯定又笃信不疑。但其人对命运二字之解释，如仍旧是强调宿命论，则其说已与时代脱节。因为现今诠释命运的主流说法是“受胎之刹那，决定一个人的健康、智慧和个性，然后影响一个人的收获和成就，以及寿命和婚姻子女等”。至于风水之说，亦因时代变迁而渐渐式微。只有“积阴德”及“多读书” 二项，还能为一般人所接受。但健康、智慧、个性先天优良的人，天性就知道要积阴德和多读书，健康、智慧、个性先天欠优良的人，要他积阴德多读书就有如对牛弹琴一样不会有回应。

萧湘居士　撰

第二章　进财喜庆

含勋奖荣典置产创业交易进财及六亲喜庆等

【天中红黄】主半年内添丁进财或开创新事业。

【天中紫气】主四十九日内进财或开创新事业。

【天庭红黄贯满额】主三十日内进财置产或婚嫁生子开创新事业。

【中正黄润透紫光】主三十日内创业或喜庆。

【司空紫点】主三十日内创业或获颁勋奖。

【司空黄气】主三十日内进财。

【印堂透紫】主三十日内获致横财偏财或进田宅或开创新事业。

【印堂黄润光亮】主当年财运亨通。

【印堂黄润透红】主三十日内进财喜庆或开创新事业。

【印堂黄中透青气】主即日防喜事变忧。

【福堂印堂黄润红紫】主三十日内进财喜庆大吉大利。

【福堂黄气如环】主二十日内进财。

【日角黄气】主三十日内兄弟姊妹喜庆。

【天仓地库黄润透紫】主六十日内可获大利。

【天仓春季润青】主五十日内有外财可进。

【天仓黄气】主三十日内进财。

【天仓福堂一带白润透光】主二十日内进财。

【额部黄润透紫】主三十日内重大财喜到来。

【额部紫气】主三十日内重大喜庆或开创新事业。

【眉内四周黄润翠光】主三十日内进财喜庆或开创新事业。

【眉眼之间有黄气穿贯】主二十日内进财喜庆或开创新事业。

【眼下黄润透紫】主三十日内喜庆或开创新事业。

【三阳三阴黄润】主当年生意兴隆。

【山根紫气】主二十日内进财或开创新事业。

【山根黄气】主三十日内进财喜庆。

【山根连年寿黄气盈盈】主六亲进财喜庆。

【准头黄润】主日日进财（就生意人言）。

【准头黄光中透红润】主六十日内置产喜庆。

【鼻准黄润透白光】主二十日内进财。

【鼻部及鼻翼黄润透光】主三十日内进财。

【鼻翼黄润】主日日进财（就生意人言）。

【鼻翼红润】主日日进财（非红筋或红斑或赤色）。

【年上春季润青】主十日内进财。

【年寿黄润透紫】主二十日内进财喜庆或开创新事业。

【颧黄润透红】主四十五日内进财喜。全家吉利平安三载。

【颧及正面常年黄润透红】主连年进财喜庆。家宅平安人丁兴旺。

【命门黄气】主六十日内喜庆进财，一年内平安吉利。

【命门虎耳一带白润透光】主三十日内进财。

【耳白珠红】主日日进财（就生意人言）。

【人中紫气】主七日内进财喜庆。

【人中黄气仙库紫气】主五十日内得意外大财。

【仙库连食仓禄仓黄润透红】主五十日内置产。

【唇红齿白】主日日进财（就生意人言）。

【唇红润棱黄润】主日日生意兴隆。

【法令黄润透红】主五十日内喜庆进财或开创新事业。

【承浆春季润青】主二十一日内喜庆。

【承浆红润】主日日进财受人尊敬。

【承浆紫气】主十五日内进大财或励奖。

【金缕黄气】主三十日内进大财或开创新事业。

【地阁紫气】主十五日内进大财。

【地阁黄气】主十五日内进财。

【地阁黄润透紫光】主六十日内开创大事业。

【秋季面有润白之色】主四十九日内得异性钱财，或与异性交易获利。

【冬季满面润青透光】主四十九日内父母有喜庆。

观相感言

孔子说“以貌取人”，否则会“失之子羽”，因此，很多非议人相学的人士，据以呼吁大家不要看相，不要听信相士之言，否则会踏入宿命论的陷阱，或看到某人容貌丑陋而认为其才华平庸，或看到某人容貌俊美而认为其才华过人。其实人相学与孔子之言既不冲突也不矛盾，意义完全相同。因为孔子当时是在与弟子们讨论做人处事的道理时，举宰予子羽为例所做之引喻词而已。据《史记·仲尼弟子传》记载孔子曾谓：“吾以言取人，失之宰予；以貌取人，失之子羽。”《孔氏家语》亦记载谓：“子羽有君子之容，而行不胜其貌；宰予有文雅之辞，而智不充其辩。”由此可证孔子所言之人不可貌相之语，并非指不要看相之谓，而是指吾人看相时，不能以容貌之美丑作为看相时之取舍标准。

事实上人相学看相时的取舍标准，正如孔子所言系将人之容貌区分为“相理美”与“色相美”两个标准，前者即强调被观者必须符合人相学的相理标准始可言好相，如果被观者仅是容貌俊美，而其头、面、身、手、足五部，及附丽于人体之器识、气魄、气质、气色、精神、性格、声音和智慧、心性均不符合人相学的相理标准者，仍非好相，至多言其相貌宫有成(即色相美)，一生不虞衣食而已。绝不可能有大成就与大收获可言。

萧湘居士　撰

第三章　求谋考试

含求官求财竞选公职及各种考试投资创业等。

【天中黄润透紫】主三十日内求官求职考试竞选创业如愿。

【天中黄气直下中正】主三十日内求官求职考试竞选创业遂意。

【天庭黄气】主六十日内求官求职考试竞选创业如愿。

【天庭赤黑青黑直下准头】主一年内诸事求谋不遂。

【天庭红黄直下准头】主三十日内求官求职考试竞选创业遂意。

【司空黄气】主六十日内求官求职考试竞选创业如愿。

【中正黄润透紫光】主三十日内求官求职考试竞选创业遂意。

【印堂黄白光】主三十日内考试及第（以国家大试言）。

【印堂黄润透红透紫】主三十日内求官求职考试竞选创业如愿。

【印堂滞暗】主当年不利开业求官求职考试竞选。

【福堂印堂黄润红紫】主三十日内考试传捷（以国家大试言）。

【发际黄亮】主即日求官求职遂意。

【驿马滞暗】主一年内诸事求谋不遂。

【边地黄润透紫光】主三十日内求官求职考试竞选创业如愿。

【日月角红黄】主即日时来运转可求官求职考试竞选创业，如愿。

【日月角紫气如云行】主三十日内考试及第（以国家大试言）。

【天仓黑朦】主三年内求官求职考试竞选创业不遂。

【天仓红紫】主三十日内求官求职如愿竞选获胜。

【额部黄润透紫】主三十日内创业求官求职考试竞选创业如愿。

【眉头及山根两旁滞黑】主求官求职考试竞选创业不利。

【眉上下连田宅紫光】主当年考试高中（以国家大试言）。

【额部黄红相间】主三十日内求官求职考试竞选创业如愿。

【山根红润】主秋至后求官求职竞选创业遂意。

【鼻部青气】主即日起诸事求谋不遂（青褪转运）。

【年寿红白色相映】主四十五日内考试及第（以国家大试言）。

【鼻部润白】主当年求谋遂意。

【准头黑朦】主即日起不利求官求职考试竞选创业。

【两颧透紫透红】主当年竞选县市级官员或民意代表获胜。

【两颧黑朦】主当年不利求官求职考试竞选创业。

【耳色白润过于面色兼唇红】主当年求官求职考试竞选创业遂意并有功名可得。

【唇部赤青又暗】主一年内求官求职竞选考试创业不遂。

【双颊连地阁黄气盈盈】主当年竞选县市级官员或民意代表获胜。

【金镂黄气】主六十日内求官求职如愿。

【地阁赤】主即日起时运蹇滞诸事求谋不逐（赤褪转运）。

【地阁黄润透紫光】主三十日内求官求职考试竞选创业遂意。

【五岳红润】主三十日内求职遂意。

【满面黄润透光】主三十日内求官求职考试竞选创业如愿。

【满面青黑】主一年内诸事求谋不遂（色明转运）。

【十三部位连法令黄润透光】主三十日内求官职考试竞选创业遂意。

【四渎五岳滞暗】主一年内求官求职考试竞选创业不遂。

【秋季耳珠命门眼下及天中至鼻准俱黄润透红透紫】主当年大试及第联考必中。

【冬季满面白润透光】主四十九日内求官求职遂意。

第四章　男女婚姻

【中正黄气】主当年夫妻恩爱有加。

【印堂黄气】主当年婚嫁之兆。

【印堂暗滞】主婚后夫妻互克或感情不睦或婚姻有变。

【天仓黄气】主当年秋冬婚嫁喜讯。

【天仓奸门黄润透红透紫】主五十日内婚嫁良缘。

【天仓奸门青黑之气】主即日起防夫妻感情破裂。

【奸门青暗】主当年配偶有灾。

【奸门黑气如云】主即日起夫妻离异。

【鱼尾黄润透红】主六十日内婚嫁喜讯。

【鱼尾及夫妻座微青】主配偶或自身有外遇。

【山根红润】主当年婚嫁良缘。

【夫妻座连眼头青气黑气】主夫妻争吵失和。

【夫妻座连眼头黄润透紫红】主三十日内婚嫁良缘。

【夫妻宫润黄透润青】主当年婚嫁之兆。

【鼻生赤斑痧】主斑消褪前不宜嫁娶否则必招灾厄。

【鼻翼黄润透红透紫】主六十日内婚嫁良缘。

【准头黑朦】主三十日内防夫妻离异。

【右颧青气】主五十日内防夫妻生离死别。

【人中红润】主当年红鸾星动。

【口唇红润】主当年夫妻恩爱有加。

【承浆枯白】主十日内配偶分居离异。

【承浆黑朦】主十五日内配偶分居离异。

【奴仆纹入口兼色恶】主防部属或奴仆与配偶有私情。

相理真言

责人重而责己轻，勿与同谋共事；
功归人而过归己，尽堪救患扶灾。
处大事不辞劳怨，堪为栋梁之材；
遇小过辄避嫌疑，岂是心腹之寄。
得失不惊其神，非贵亦须大富；
喜怒不形于色，成名还立大功。
若垂首低言，必是奸贪之辈；
能披肝露胆，决为英杰之人。

萧湘居士　辑

相理真言

曲意周全知德厚，
任情激博必豺心。
凡人赋性凶恶，祸必及身，终暴死。
若人常能修身慎行，富贵永保其身。

萧湘居士　辑

第五章　生育怀孕

【天中黄润透红】主半年内添丁进口。

【天门黄润透紫】主半年内生贵子。

【中正黄润透红】主当年妻室怀孕。

【印堂紫气直下龙宫】主有孕育子孙之喜。

【福堂红紫贯玉堂】主六十日内生贵子或子孙大试及第。

【额部及地阁黄润透红】主九十日内有弄璋之喜。

【眼头上下黄气明朗】左主生男右主生女。

【眼下赤黑】凡眼下三阳三阴之位有赤黑色者主有产难。

【田宅泪堂黄润透青】主一年内添丁进口。

【鱼尾奸门黄润透紫】主当年妻孕生子。

【鱼尾奸门青白黑枯】主当年防妻产厄恶疾。

【三阳黄润透紫】主一年内生贵子。

【年上黄润透紫】主三十日内生贵子。

【人中黄气】主九十日内生贵子（以上各目均以夫相为准）。

【人中紫黑】主孕妇必产双胞胎。

【人中红润】主当年妻室怀孕。

【准头黄白光亮】主六十日内进人口或进财（夫相为准）。

【鼻翼黄润透红】主六十日内进人口（夫相为准）。

【五岳红润】主当年生贵子（夫相为准）。

【左掌心青红三阳红中带青润面色憔悴】主孕妇必生男婴。

【右掌心青红三阴黄中带红润面色明润】主孕妇必生女婴。

【艮震坤兑四卦位黄润红润】主孕妇必生男婴。

【艮震坤兑四卦位青润白润】主孕妇必生女婴。

【震位暗黑】主临盆孕妇防产危。面相有“产厄格”者尤验。

观相感言

风水地理之说，为我们中国所独有，但其他国家没有风水地理之说，“该贵”的仍然会贵，“该富”的仍然会富，“该穷”的仍然会穷，“该病”的仍然会病，“该死”的仍然会死，他们的社会生态和我们并没有两样。按风水地理之说，是当初老祖宗缘于“孝亲慎葬”的观念而提倡“慎葬”，缘于“居住环境”的观念而提倡“慎居”，现在人们竟把风水地理之说当作求贵、求富、求福、求寿的万灵丹，真是有违老祖宗当年提倡风水地理之说的初衷。请问台湾首富王永庆先生的祖父母是葬在什么风水宝地？现在可能连坟墓也找不到了。

另有人说，人相学虽然可以看出其人患了哪些“命运病”但没有治疗命运病的处方和良药，唯有风水地理之说才是治疗命运病的最佳处方和良药。果真如此，那么我们中国早就应该没有贫贱、病疼、灾厄、死亡、孤苦、夭寿，以及官员失官降调，庶民工作不顺、生意失败、财产损失、官非牢狱、婚姻不美、子孙不贤、子孙灭绝等等自自然然、生生不息的社会现象了！究其原因，风水地理之说，是无法治愈因遗传基因不良所带来的命运病的。（注：人相学改善命运之说，详本人各种著作中皆有精辟解析。）

萧湘居士　撰

第六章　意外灾祸

【天中赤点】主三十日内防火厄。

【天中黑气】主三十日内防严重灾殃。

【天庭黑朦】主七日内防意外灾祸或败业。

【中正司空黑气】主三十日内防车马灾祸。

【印堂赤】主七日内防火厄。

【印堂黑朦】主七日内防意外灾祸。

【印堂连鼻部准头枯白】主三十日内防意外灾殃。

【福堂印堂赤气同现】主二十七日内防血光之灾。

【日月角青暗】主二十日内防灾殃。

【月角赤】主即日防火灾。

【月角黑】主三十日内防配偶灾殃。

【发际赤暗】主即日防战伤阵亡。

【边地黑气】主五十日内防意外之灾。

【额部黑朦】主五十日内防意外灾祸或败业。

【额部青气】主五十日内防意外灾祸或败业。

【眉上赤气】主三十日内防意外灾祸。

【眼下青暗】主十日内有虚惊忧虑。

【眼下暗惨】主三十日内防灾祸。

【鱼尾暗黑】主三十日内防水厄。

【山根年上青色如烟】主即日防水厄。

【鱼尾连耳边青黑气】主三十日内防火厄。

【奸门青白混杂】主即日防配偶灾病。

【山根赤】主二十七日内防火厄或血光之灾。

【年寿赤】主即日防意外血光之灾。

【山根黑朦如烟】主三日内防重大意外灾祸。

【年上赤色连两颧】主二十日内防火厄。

【年上赤黑】主三十日内防灾病损财。

【鼻部青色贯耳门】主二十日内防凶险。

【鼻部赤】主六十日内防血光之灾。

【鼻部连准头灰尘朦朦】主三十日内防官讼破家。

【准头燥红直上年寿】主即日防火厄之灾。

【准头枯白透青气】主六十日内防兵灾血光。

【鼻孔青色分八字下垂】主十日内防被毒害。

【鼻翼赤黑】主即日防血光之灾。

【鼻翼黑朦】主即日防意外灾祸。

【颧赤如朱】主即日防意外灾伤病疾兽伤。

【命门枯白】主三十日内防疾病灾祸。

【命门连地阁白气朦朦】主六十日内防意外灾祸。

【两耳赤暗】主十日内防车祸伤亡（肾病例外）。

【两耳命门赤】主五十日内防意外忧惊。

【耳青珠黑】主三十日内防宿冤寻仇索命。

【耳边连鼻翼赤色】主二十一日内防意外灾厄。

【人中赤色】主三十日内防意外灾病。

【口唇枯白】主四十五日内防饮食服药中毒。

【口部连鹅鸭陂池黑朦】主十五日内防水厄之灾。

【口部连地阁黑朦】主三十日内防中毒水厄。

【口角青暗】主三日内防车马灾祸。

【口部青暗】主三十日内防灾疾或水厄。

【赤筋入口】主三十日内防血光之灾。

【承浆青暗】主即日起防饮食中毒之灾。

【地阁地库青黑枯白】主三十日内防灾殃刑伤。

【颈项赤】主即日起防不测之凶灾。

【五岳青黑】主三十日内防兵亡。

观相感言

何谓“好运”和“坏运”

萧湘居士曰：吾人之“健康、智慧、个性”三者处于高点或正常状态时，即象征好运来临。此时，眼神和气色必佳，事业上的收获必多，工作上的成就必大。反之，健康、智慧、个性三者处于低点或不正常时，则运气必变坏。此时，眼神气色必差，事业上的收获和工作上的成就必递减，甚或损财败业。以上论点，不论富贵贫贱，不论中国人或外国人，不论高级知识份子或普通之人，均百验不爽，令人不得不相信。（注：惟每个人成功失败的大小多寡，仍应按《萧湘识人相法全集（一)》所订标准论断）

萧湘居士　撰

相理真言

君子也，小人也，皆本诸心性智愚善恶而然也。无论君子小人，有诸内必形诸外，善观人者，如见其肺腑然。

萧湘居士　辑

第七章　损财破败

【天庭黑如尘朦】主十五日内防事业破败损财。

【天仓枯黑】主三年内均应防破财。

【太阳连边地赤色】主三十日内防因小人破财。

【边地赤】主君子不妨宵小奸妄即日防破败凶灾。

【额现黑色】主凶多吉少夏季尤忌防损财破败或病灾凶亡。

【奸门青眼圈暗】主即日防因桃花破财或损名誉。

【眉头赤】主即日防破财。

【眼上下黑朦】主三日内防破财。

【山根黑朦】主三日内防破财。

【山根青气】主即日防小人破财。

【鼻部赤】主二十日内防意外破财。

【年寿青气成条状】主三十日内败业损财官非诉讼。妇女则防夫或己身败业损财。

【寿上青暗】主三十日内防败家，或家庭财产虚耗。

【鼻翼青气】主即日防失财或被偷盗。

【鼻翼黑朦】主即日防破财。

【鼻翼赤气】主即日防破财。

【鼻翼枯白中现青气】主二十日内防失财。

【准头火焰】主即日防损财破败。

【准头黑如针尖】主已损财之征。

【两颧黑朦】主二十日内防破败。

【两颧青蓝】主二十日内防破败。

【耳珠暗黑】主即日防损财破败。

【口唇紫黑】主破财运蹇。

【口角腮部赤】主三十日内防失财失物。

【人中青气】主三十日内防败业损财。

【食仓青气】主即日防失财。

【法令赤色】主即日防业务差错损财。

【法令青气】主即日防损财。

【法令暗色】主当年防损财破败。

【地阁黑朦】主十五日内防破财。

【地阁地库青黑】主三十日内防大破刑伤。

【秋季满面火红】主二十一日内防破财。

【冬季满面滞黄】主二十一日内防破财。

相理真言

敬老慈幼，必能裕后光前，
欺贫爱富，焉可托妻寄子。
心平气和，可卜孙荣兼子贵；
才偏性执，不遭大祸必奇穷。
人能移恶招诸善，自然可以消诸凶。
人能安份委诸命，自然可以超凡庸。

萧湘居士 辑

第八章　牢狱官讼

【天中赤色】主三十日内受极刑（尚须配观他宫气色）。

【天中黄润透红紫】主官讼胜诉。

【天中青气直下入口】主三十日内有官刑牢狱之灾。

【天中左右黑色】主三十日内有牢狱之灾。

【天庭赤色】主十日内有官非。

【天庭黑如尘朦】主十五日内有牢狱之灾。

【印堂两侧黑朦】主十五日内有牢狱之灾。

【印堂青暗】主十五日内防招惹官非。

【印堂枯白带青】主十五日内防官非。

【印堂白色赤色同至】主三十日内受极刑（尚须配观他宫气色）。

【印堂紫气直上司空天中】主七日内可获减刑大赦假释或无罪判决。

【福堂印堂赤气】主二十七日内防官非。

【刑狱赤】主防徒刑牢狱之灾（刑狱位于印堂两旁接近眉头处）。

【刑狱烟朦】主即将入狱服刑之兆。

【边地赤】主君子无妨宵小奸妄防官非。

【驿马山林烟朦】主四十九日内防因牵连而罹官非。

【眉心及印堂边地赤色】主二十日内有官讼（黄润即解）。

【眉下连眉尾天仓黑朦】主防牢狱。

【两眼下青黑】主即日防官非。

【鱼尾青色】主即日防奸事败露而招官非。

【额部青暗】主三十日内防口舌官非。

【山根黑朦】主三十日内防公扰官非。

【山根枯白透蓝青】主二十一日内防死于狱中。

【年上赤】主三十日内防官非。

【年寿青黑】主三十日内防官非。

【鼻部赤】主一百二十一日内防官非。

【鼻部连准头黑朦】主九十日内防官非。

【鼻翼赤】主三十日内防是非官讼。

【鼻翼黑】主三十日内防是非官讼。

【准头赤筋】主三十日内防官讼。

【准头人中青黑】主三十日内有牢狱之灾。

【准头现青筋青气】主十日内防官讼。

【准头赤色如散麻点】主二十七日内防官讼。

【命门赤】主即日防文书契约错失而惹官非。

【两耳命门赤】主三十日内防官讼公扰。

【两颧青黑兼蓝】主徒刑在身。

【春季左颧白色】主三十日内防牢狱官讼。

【法令赤色如筋】主二十七日内入狱。

【承浆黑朦】主三十日内防官非。

【承浆连地阁黑朦】主三十日内有牢狱之灾。

【满面赤光】主即日防官非。

【五岳青黑】主三十日内防官非。

【秋季满面火红】主六十日内防官非。

【冬季满面黑气朦朦】主二十七日内防官非。

第九章　口舌争斗

【中正赤色】主十五日内有口舌是非。

【天仓奸门青气】主即日起与异性口舌或夫妻争斗。

【两眼下及年寿白点如梅花】主十日内防父母兄弟口舌争斗。

【山根青气】主三十日内口舌争斗。

【年上黑气】主即日起防口舌争斗。

【鼻翼赤筋】主即日起防口舌争斗。

【两颧赤色】主即日起防兄弟相争口舌。

【两颧青色】主即日起防兄弟相争口舌。

【左颧白色】发于春季者主即日起有口舌。

【命门青气】主三十日内防异性伤害应避免与异性争斗。

【人中赤】主即日内防口舌争斗。

【法令青黑】主三十日内防口舌争斗。

【法令陂池鹅鸭一带枯白】主即日起防口舌受辱。

【承浆赤色横扫】主三十日内防口舌争斗。

【五岳青黑】主三日之内防口舌争斗。

【驿马赤色】主十日内防口舌。

第十章　孝服刑克

【天中至印堂枯白】主六十日内防父母病亡。

【天庭枯白如粉】主四十五日内防父母孝服。

【司空黑中透枯白】主三十日内防叔伯孝服。

【中正青气直下印堂】主三十日内防配偶病灾。

【福堂白气如粉】主十五日内防父母孝服。

【印堂枯白】主十五日内防父母孝服。

【印堂左右赤色】主三十日内防父母灾疾。

【印堂连鼻部枯白】主六十日内防父母病亡。

【日月角赤色】主即日防父母病灾。

【月角黑朦】主三十日内防配偶病灾。

【驿马枯白】主四十五日内防六亲孝服。

【额部青暗】主三十日内防长上孝服。

【眉内枯白】主三十日内防六亲孝服。

【眼下青暗】主即日起防配偶病灾。

【两眼下白如云行】主三十日内防长上孝服。

【两眼下及年寿白点如梅花】主六十日内防六亲孝服。

【眼上下青黑】主亲戚朋友孝服。

【左眼头下青暗】主防一个月内丧父。

【右眼头下青暗】主防一个月内丧母。

【奸门鱼尾青暗中透枯白】主即日起防配偶病灾孝服。

【奸门鱼尾青气下垂】左主父母孝服右主配偶孝服。

【山根春季黑色】主三十日内防兄弟姊妹病灾。

【山根秋季赤暗】主三十日内防兄弟姊妹病灾。

【山根黑朦】主二十七日内防六亲病灾。

【山根白气】主二十七日内防六亲孝服。

【年寿赤黑】主即日起防父母或家人病灾。

【年上枯白】主三十日内外亲孝服。

【寿上枯白】主十五日内防父母病灾。

【右颧青气】主三十日内防配偶病灾。

【右颧命门枯黄】主十五日内防兄弟孝服。

【两颧枯白】主三十日内防六亲孝服。

【两颧赤气】主即日起防六亲灾疾。

【口角浮青】主即日起防孝服。

【人中枯白】主二十一日内防孝服。

【地阁枯白】主三十日内防内外孝服。

【秋季满面黑色】主十五日内防兄弟孝服。

【十三部位全枯白】主三十日内防六亲孝服。

相理真言

躁急之人，遇事稍有触犯，动辄变脸作怒。倘遇强者，祸生眉睫，即我强彼弱，总是有损无益。

躁急较于傲僻尤甚，其祸速矣，有此四者，多败少成，多去少就，大人则大祸，小人则小祸，况内则伤己，外则伤人，其害甚大。可勿戒欤？

萧湘居士　辑

第十一章　疾病死亡

【中正印堂常年黄润】主健康少病长寿。

【天中白色下印堂】主三十日内防父母丧亡否则防自身丧亡。

【天中天庭常带青气】主防促寿早夭。

【天庭枯白】主六十日内因横祸而死。

【天庭黑气朦朦】主三十日内防病灾。黑如尘埃煤烟者主死。

【天庭黄滞如蟹壳腹】主六十日内病亡。

【天仓福堂一带枯白】主即日起防疾病。

【天仓枯黄】主四十五日内防疾病。

【天仓奸门黑朦】主二十日内防病亡。

【太阳天仓黑气】主即日起防疾病。

【太阳命门准头黑朦如烟】主当年自身或家人有自杀倾向。

【印堂连鼻部准头枯白】主五十日内重病亡身。

【印堂赤色命门青气】主三十日内防中风猝死。

【印堂赤中带黑气】主三十日内病亡。

【印堂黑朦】主十五日内有疾病（或验意外灾祸）。

【日月角枯黑】主三十日内病亡。

【边地驿马及眼下黑枯】主三十日内病亡。

【山林青暗】主死亡之征病人尤验。

【额耳五官满面严重滞黄】主十五日内因肝脾疾病而亡。

【额部黑朦】主即日防疾病。

【眉内赤斑】 主即日防暴卒。

【眉头连眼头黑气】 主四十五日内防病亡。

【眼下及鼻翼枯白】 主三十日内防冤死。

【眼下青黑朦朦】 主即日起防疾病或忧惊。

【眼下黑色如尘】 主一年内防病亡。

【奸门青白混杂】 主即日防配偶灾疾。

【山根枯白】 主即日防疾病。

【山根连年寿暗色】 主家中有久病之人。

【年寿赤色】 主即日起防血光之灾。

【年寿暗黑】 轻者主病重者主死如准头光亮减半论。

【年寿青暗】 主当年疾病。

【年寿黄气】 主当年身心两健。

【年寿枯黑】 主二十日内病亡。

【年寿上白气如粒】 主二年内病亡。

【年寿连准头微赤色】 主即日起防重病。

【鼻部全枯白】 主三十日内防病亡。

【鼻部全枯黑】 主二十日内防病亡。

【鼻翼黑朦】 主即日起防疾病。

【鼻孔内有青色直下仙库】 主中毒准黄者不死。

【准头黑枯】 主三日内病亡。

【准头惨黑】 主当日病亡。

【准头紫色紫点】 主即日防肺疾肝病等内疾。

【准头青白二色冲耳贯顶】 主二十日内防刀刃兵死。

【左颧黄白】 春季病人左颧发黄白二色者主有死亡之虞。

【右颧赤色】 秋季病人右颧发赤色者主有死亡之虞。

【两颧枯白】 主三十日内防病灾。

【两颧连年寿赤色横贯】 主即日起防重病。

【命门紫黑】主即日起防病灾。

【命门青黑】主死亡之征病人尤验。

【命门连年寿白气横贯】主三十日内防身亡。

【耳下枯白】主即日起防病灾。

【左耳白气横过右耳】主三十日内防灾凶病亡。

【左耳连福堂黑朦】主七日内防自杀死亡。

【左右耳连地阁黑枯】主七日内防病亡。

【耳腮连地阁黑色如尘】主三十日内防病亡。

【人中黑气入口】主二十日内防病灾。

【地库赤色】主即日防酒伤。

【地库黑气】主防噎食。

【地阁青黑】主一年内丧亡。黑色连腮者主半年内丧亡。

【黑气入口】主四十九日内丧亡。

【青气入口】主四十九日内丧亡。

【口四周枯黄】主即日起防病灾。

【承浆赤色】主即日起防腹疾。

【法令赤褐】主一年内因酒色而亡。

【两颊嫣红贯天仓】主死亡之兆（老人始验）。

【满面浮青】主四十九日因恐惧而成疾。

【满面枯黑】主半年内防病亡或大病。

【秋季满面白点】主当年秋冬之交防因病而亡。

【项下黑尘朦朦】主三十日内防病亡。

【十三部位均黑朦】主即日起防因惊恐暴毙。

【十三部位全赤】主四十五日内防丧亡。

第十二章　配偶病灾

【天中枯白】主三十日内防配偶病灾。

【奸门青暗】主即日起防配偶病灾。

【奸门青白】主即日起防配偶孝服。

【鱼尾枯白】主三十日内防配偶病灾。

【眼上下青黑】主即日防配偶疾病。

【两眼鱼尾一带黑朦】主二十日内防配偶灾疾。

【鼻部青气贯耳门】主即日起防配偶争斗有凶。

【准头人中青黑】主三十日内防配偶死亡。

【两颧青气】主即日起防配偶有灾或失官败业。

【年寿青气】主即日起防配偶或自身失官败业病灾。

观相感言

成功的人，都是会“管理时间”的人，例如有人会利用闲暇从事副业，或是读书写作，有人则利用闲暇玩牌狎游，或是聊天嗑牙，最后结果，当然是前者收获多成就大。

萧湘居士　撰

第十三章　子女病灾

【三阳青暗】主防子有病灾。

【三阴青暗】主防女有病灾。

【三阳赤色】主防子有病灾。

【三阴赤色】主防女有病灾。

【三阳三阴黄润】主当年子女健康乖巧。

【三阳三阴中央白色】主七日内防子女灾殃。

【眼下暗黑中现枯白】左边主子孙孝服右边主配偶孝服二旬内应。

【眼下黑色】主即日起防子女病灾。

【眼下青暗】主即日起防子女病灾。

【寿上枯白】主十五日内防子孙灾病死亡。

【准头人中青黑】主三十日内防子孙有灾疾。

【人中枯白】主七日内防子女病灾。

【人中黑气】主五十日内防子女病灾。

【地阁枯白】主五十日内防子女或内眷或部属病灾。

相理真言

孔子曰敏于事，慎于行。敏则有功，盖业精于勤荒于嬉。此言七分天命三分人事之道理也。

萧湘居士　撰

第十四章　家宅否泰

【天中赤珠】主三十日内防火灾。

【边地青气】主夫妻子女远别。

【山林边地黄润透红】主三十日内乔迁之喜。

【福堂暗滞】主即日起防家宅不安。

【眼下黑朦】左眼主防子女病灾右眼主防配偶病灾。

【眼上下胞俱赤色】主家中有久病之人。

【山根年寿青暗色】主家中有久病之人。

【奸门重青】主即日起防女眷灾殃或有女祸。

【鱼尾连耳边青黑气】主二十日内防火灾。

【年寿赤黑】主即日防家人病灾。

【年寿黄气】主当年家宅平安吉祥。

【年寿黄润透红】主连年家运昌隆吉庆。

【鼻部连准头灰尘朦朦】主三十日内防破家。

【两颧赤色】主即日起防兄弟姊妹发生争斗。

【两颧黑朦】主即日起防家宅不安夫妻争斗。

【两颧黄润透红】主三年内家运隆昌大小均安。

【命门连地阁白气朦朦】主六十日内防全家病灾。

【命门连年寿白气朦朦】 主六十日内防全家病灾。

【仙辅食禄二仓黄润透红】主当年迁居新厦。

【承浆地库枯黄】主四十九日内防失窃或佣仆求去子女争吵。

【地阁青赤】主三十日内被迫迁居并损六畜。

【地阁黑赤】主三十日内家宅有被窃之虞。

【地阁枯白】主三十日内防家人病灾。

观相感言

改运之法。必先认识自己健康、智慧、学识才能、个性行为方面之优缺点，然后践行四修（修身修心修德修行）加强补正，促使气色转佳，气色佳运气自然好。舍此别无速效之法。如一味急进强求，或消极颓丧。或祈求神明庇佑，迷信怪诞之说，必欲速不达偾事后悔也。

萧湘居士　撰

观相感言

因为没有认识自己的健康、智慧和个性，因此一生找不到奋斗的“着力点”，是以在人生的旅途上大走迂回路，一生劳多获少，甚或挫折再三，起起落落，以致虚度一生，追悔莫及。

萧湘居士　撰

第十五章　旅行远游

【驿马枯白】主即日起不宜旅游否则半路折返。

【驿马黄气】主当年旅游吉利。

【驿马黑气】主二十日内不利远行防破财丧身。

【山林黑朦】主二十日内不宜爬山玩水否则有灾。

【印堂青色】主即日起不宜旅行否则有灾。

【印堂黄润透紫】主当年远游旅行遇吉。

【额部青暗】主旅游途中有凶信。

【天仓连边地赤色】主三十日内不宜旅游，否则途中有不吉之事发生。

【山根黑朦如烟】主三日内旅行遇险。

【山根赤色】主即日起不利远游旅行否则防人谋害。

【命门黑朦】主即日起防旅游中发生病灾。

【命门连地阁白气朦朦】主即日起不宜全家大小外出旅游否则防遇灾险。

【五岳青黑】主三十日内防水路遇险。

【地阁润青】主外出旅游吉利。

第十六章　远地音信

【边地赤如圆珠】主有远方凶信。

【驿马准头黑气如草根】主十日内远地凶信到达。

【山林驿马黄如笔锋】主十日内吉信到达。

【印堂红润】主三十日内远地吉信到达。

【辅角润青】主行人隔月可回或有音信。

【官禄宫黄气】主有功名或考试及第或求官求职佳音到达。

【山根年上黄气】主三十日内远地吉信到达。

【眉尾黄气】主三十日内有吉信到达。

【眉尾黑暗】主当年无吉信到达。

【金缕白润】主三十日内远地吉信到达。

【归来枯白】主三十日内远地凶信到达。

相理真言

德有三：曰阴德心德功德。阴德济人，人皆不知者上也。心德济人，遇事天良发现者次也。功德济人，见功得名者又其次也。

德者，本也，相者，末也，相居德后，德在相先。有德者必有形，有形者不一定有德。

萧湘居士　辑

第十七章　品德修养

【额部鼻部眼下常年黄气】

主为人所喜，求谋遂意，应把握目前机会投资创业或求职就业。

【额部鼻部眼下常年滞暗】

主为人所贱，运途多舛，应忍耐屈就不宜贪多急进或好逸恶劳。

【眼上下黑气朦朦】

主即日起防生邪淫贪盗之念，注意道德品性修养。

【年寿黑赤连法令】

主酒色过多应注意保健，即日起戒酒戒色。

【左右金缕黑朦】主即日起防生不仁不义之念，注意品德修养，否则终遭天谴。

【满面青色蓝色】

（即青鸡面）主应摒除毒害朋友之心，不可忘恩负义以怨报德，否则终遭天谴。

【满面白嫩红艳】

（即郎君面）除僧道外，主年老之人应摒除毒心，年壮之人应摒除淫心，否则老年人必受孤独之苦，壮年人必受刑伤之苦。

【满面重赤火色】

（即朱雀面）主应注意修身养性和言行品德，否则是非官讼难逃。

【眼光流露斜视】

主应摒除奸盗之心，不可心存恶念贪财好色，否则牢狱之灾难逃。

【满面气色欠佳】

主应默默行善，辛勤耕耘，修身养性，知天乐命，气色自会慢慢开朗。如仍傲僻躁急如故，好逸恶劳如故，贪心淫念如故，害人利己如故，其祸更速矣！其贫加倍矣。

【敬神祭祖祈祷烧香】

孔子不语怪力乱神，但孔子并不反对敬神祭祖，因敬神祭祖祈祷烧香，可致心神宁静，有益修身养性，不论吉运楣运均应持之以恒。（笔者按敬神乃是纪念诸先贤之谓，例如关公妈祖诸先贤难道不值得吾人纪念效法吗？惟神棍制造的迷信邪说笔者则不认同。）

注：（一）占应篇共分十七章五六八则，但各章各则所言各部位出现之气色休咎，有许多雷同之处。例如“山根青气”，既可断为“即日防官场小人”，也可断为“即日防小人破财”或“口舌争斗”，或“死亡之征”。究应如何论断，颇令读者疑惑。笔者兹说明如下：①占应篇各章所列举之占应事项，乃补第四章十二宫气色，第五章三十六宫气色，第十章各种特殊气色。第十一章阴骘气色，第十二章病人生死气色，第十三章指掌气色，第十四章气色口诀之不足。例如观相者依据第四章“官禄宫气色之观看法则”，已观察到来客为公职人员有“小人为害气色”，但为求证其准确性，观相者不妨再就占应篇第一章之“公职人员”章所举休咎加以佐证，则观相者之论断必定万勿一失矣。至于占应篇其他各章则所言之“山根青气”所举之休咎则不必论及，是以亦无雷同之处。②如观相者就某种气色无法在第四章、第五章、第十章、第十一章、第十二章、第十三章、第十四章找到答案的时候，也可在占应篇各章中去寻找吻合的答案，因占应篇所举休咎实例较多也。（二）至于占应篇各章各则所言各种休咎之应验期限，则必须将《气色大全》第一章、第二章、第三章之内文深切领悟，以及第二章“气色出没之观看法则”中所言“浮”、“定”、“沉”三项法则详加钻研，细心体会，然后始能在论断应验期限时百验不爽。

附录篇

萧湘识人相法全集(三)

附录（一）

作者接受台视“热线追踪”节目访问纪实

编者按：1985 年 9 月 23 日晚九时三十分，台湾台视“新闻热线追踪”节目，制作“命运能算得出或相得出吗”单元，邀请本刊顾问人相学家萧湘居士，星相学会理事长陈裕文先生，作家司马中原先生，作家李昂小姐，政大社会学系谢高桥教授，长庚医院精神科主任李世模医师，旅美精神科医师简锦标博士等七位学者专家发表意见。其中萧湘居士、谢高桥教授及李昂小姐各发言五次，司马中原先生发言四次，陈裕文先生李世模医生各发言二次，简锦标博士发言一次。萧湘居士因系本刊顾问，本刊编辑部特就其发言内容当场录音并加整理，事后本刊编者又另行采访萧湘居士就简锦标博士所发表之意见加以评述，兹一并发表，以飨读者。

第一次发言：

本人是专门研究人相学的，我认为看相这门行业，在科学发达的今天，仍然能够存在，反而有越来越多的人去研究它，原因当然很多，但从业人员知识水准的提高，无论就理论基础和印证方法，均有突破性的进展实为主因。也可以说，具有水准的人相学家，他给客人所作的观察判断和建议，是有相当高的可信度和说服力。例如人相学家他可以根据客人的眉形而说出他的个性，他可以根据客人的鼻形而说出他的健康状态，他可以根据客人目前的气色，而提供事业婚姻等各方面的建议，前来看相的客人，他对他自己的个性健康和事业婚姻状况最为清楚了解，而人相学家一一说出加以印证，看相的客人当然会认为相理确有道理而深信不疑了。因此，本人认为看相这门行业，能够存在于科学昌明的今天，实有其主观条件和客观因素的。

第二次发言：

至于命理和相理的界说，八字和斗数是属于命理范围，也就是一般人所说的“算命”，它是根据一个人的出生年、月、日、时为推论命运的基础，被算命的本人不论在场或不在场均可推算。所以说，命理是一种“拟制论命”，属于玄学和星相学。而相理则不同，乃是一种“实体论命”，必须被看相者本人亲自在场，始可论断其命运，因为相理是根据一个人的脑组织和五官、六腑、骨骼、体形以及精神气色来观看。换言之，相理是根据“有诸内必形诸外”为最高指导原则。例如，你有先天好的遗传，以及后天好的培育，外在形相必有美好的头形和五官六腑及体形，以及美好的精神气色，同时也具有美好的健康、智慧和个性，一生的命运自然好的时候多坏的时候少，所以本人相信命运是可以“相”出来的。

第三次发言：

命运是绝对可以改变的，也可以说命运是可以自己掌握的。但是，在改变或掌握命运之前，是有先决条件的，也就是你必须先认识自己的健康智慧状况，学识才能状况，个性行为状况，有那些优点与缺点，优点则加以发扬光大，缺点则加以改正补足，促使气色转佳，气色佳运气自然好，舍此别无速效之法。同时还应该明了属于先天遗传部分的七分是不能改变的，能改变的只有后天部分的三分而已。如果刻意强求，急进贪多，必然欲速不达，偾事后悔。也可以说，我们能掌握自己的健康智慧状况，学识才能状况及个性行为状况，就可以改变或掌握自己的命运。如果不求诸自己，反而求诸他人或迷信怪诞之说，祈求神明保佑，有病不去看医生，反而去庙里求香灰，这就不是自己掌握命运，而是由神来掌握命运，或由他人和迷信来掌握命运，其效果不言可喻。

第四次发言：

刚才说过我们的命运是根据先天的遗传和后天的培育而决定是好是坏。也可以说，我们的遗传好，后天的培育好，内在的脑组织、五脏六腑和骨骼等必定好，而脑组织和五脏六腑好比一部引擎，好的引擎必能发出强大的马力，形诸外则会长出美好的头骨和五官六腑，美好的精神气色，他（她）的运气也一定美好。假如我们使用人力改变外在形相，例如隆鼻、纹眉，并不能改变你先天的脑组织和五脏六腑及骨骼的缺憾，所以本人认为使用隆鼻、纹眉等美容方法来改变命运，其效果必定微微。换句话说我们要想命运变好，必须付出自我修持的代价，假如仅仅是做一次美容手术，或是改一个名字，或是搬一次家，或是变动一下办公桌的方位等等，就可以使命运变好，本人认为世界上应该没有这么便宜的改运方法。

第五次发言：

本人前面说过，看相算命是有其存在的主观条件和客观因素。因此，当一个人运气不好的时候，很少去看心理医生，反而大多数的人去请教人相学家和算命先生。顾名思义，心理医生只能解决心理和精神上的不平衡，但以人相学的观点来说，一个人运气的好与坏，不仅有心理因素存在，并有生理因素存在，然后生理影响心理，心理影响个性和行为，互为牵连而变为相理，因此，一个人的运气不好，并非就有心理精神上的毛病。反之，有经验够水准的人相学家，根据来看相客人的外相特征和目前的气色状态，一看就知道他目前所遭遇的是什么样的困难问题，并就客人的困难问题加以分析或作建议，并耐心的倾听客人的诉说然后加以开导，使他减轻心理上的不平衡或事业失败感情挫折后的痛苦心情，然后就人相学的印证方法，就客人将来的事业、婚姻或健康方面美言几句，来看相的客人必能同时建立未来的美好的人生新希望。

本刊采访部分：

问：萧湘居上你可否就旅美学人简锦标精神科医学博士在电视中所发表的意见，以人相学的观点加以评述？

答：简博士真是一位诚实可爱的博士，他毫不隐瞒的说出他在美国念书时，利用三个月的暑假时间认真地看完一本手相书，并就书中所述健康、智慧等手纹应用到病人的临床实习上，结果发现“该死的没死，不该死的反而死了”。因此，以后他再也不相信算命了（大意如此）。但是，依照人相学的看相原则是“五部俱看”。所谓五部俱看，即当我们判断一个人的富贵寿夭和吉凶祸福时，必须同时观看其人的“头相”、“面相”、“身相”、“手相”、“下肢相”，而不是单独观看一个人的手相就可以判断其吉凶休咎的。举例来说，医生们将一个人的双脚锯断其人不会死，将一个人的双手锯断其人也不会死，将一个人的五脏六腑割掉一部分或换掉一部分其人也不会死，再进而割掉面上的耳朵或是挖掉双眼其人也不会死，可是，如挖掉一小块脑髓，其人马上死亡，至低限度其人马上会变成一个植物人，我国的传统相法，以头面相为主以手相为辅其道理即在此。因为“头为诸阳之首，面为百部之灵”，尤以头相最为重要，而脑髓对于整个人体之重要性甚至胜过心脏，因此，现在医生们宣布死亡时，而以“脑死”替代“心跳停止”的传统判断死亡方法。简博士之所以有此诚实可爱的言论，实导因于他是在年仅二十二岁（大学四年级）时，又仅仅是利用暑假期间阅读过一本西洋手相书而已。但目前有水准的人相学家，年龄均在五六十岁以上，不但世事阅历多看相经验也多，阅读的相理学书籍及其他相关书籍，虽不能说汗牛充栋，至少也在二三百本以上，即单以手相书说，也有二三十本，其本身也有够水准的相理学著作问世，尚不敢仅看手相即判断其人的生死休咎，而必须“五部俱看”加以配观，再观察其气色精神状态，始可判断其生死休咎。

再以够水准的人相学家观相的原理和方法，除了依据传统的相理学外，尚须参照中医学、针灸学、生理学、遗传学（含胎教）、论理学（非哲学）、逻辑学（非统计学）、性向学（非心理学或血型学）、犯罪学等相关学术，以及对宗教知识和传统文化的内涵有所认知，对目前社会各方面的现实环境和各种影响社会现实环境的国内外条件因素深切了解，然后与人论相始能百验不爽并脍炙人口。也可以说，现在的人相学家已不是过去的“江湖术士”，因为，现在来看相的客人（尤其住在大都市中的客人），均非泛泛之辈，而不可以“愚夫村妇”目之，客人的知识水准均很高，如言之不成理，或所言与事实全部不符，即使免费看相，恐怕也无人上门。

目前在台湾实际上并无心理科医师而只有精神科医师，而精神科医师的任务是为精神病患治疗精神病，虽然精神科医师也学过西洋心理学，但据本人的统计，来看相的客人，事业不顺或感情受挫者占百分之八十，另百分之二十运气很好也来看相，他（她）们虽然均有或多或少心理上欠平衡的特征，但绝不可以精神病人目之。据台湾《张老师》月刊的调查统计，在台湾有60%以上的人，一生中均看过相算过命，如均以精神病人看待，那么，台湾莫不要变成精神病王国了？何况，台湾人的心理，最忌讳去医院看精神科。现在我们应该明白，他（她）们为什么不去找精神科医师，反而去请教人相学家和算命师的原因了吧？因为他们本来就没有患精神病，他（她）们的问题，人相学家和算命师已有足够的能力为他们解决。当然，相理和命理从业人员的水准参差不齐有待提高也是事实，搞迷信骗色敛财的人也有。但他们也未受到国家和社会应有的重视和尊敬，如果命理相理从业人员，能和精神医师一样接受制式教育，吾人能肯定相理命理从业人员，除能提高服务水准外，其有益于社会安和乐利的正面贡献，是不会落于精神科医师或心理医师之后的。

本文原载台湾《神秘世界》杂志第三期。

附录（二）

作者接受台视“热线追踪”节目访问
谈“指纹的奥秘”

笔者于 1986 年 4 月 14 日接受台湾台视“热线追踪”节目访问，探讨“指纹的奥秘”，因电视上发言受时间限制，深感主题旨趣未能详尽阐述，兹特就本人发言内容加以整理补充撰成专文，送请《命和运》月刊发表，以飨读者。

（一）每个人的指纹为何不同

每个人的指纹均不相同，其原因何在，这确是值得探讨的问题。依据中国人相学“有诸内必形诸外”的原理，以及“手脑并用”的道理引伸，吾人即不难明白指纹与脑组织及脑神经系统有绝对密切关系。换句话说，有何样的脑组织及脑神经系统，即出现何样的指纹，亦象征其人秉赋何样的健康与智慧、个性与行为。譬如（男以左手为准女以右手为准）：

拇指指纹：与其人整个脑组织及整个脑神经系统之遗传与发育有关，如遗传发育良好，大拇指之长相必雄伟形美，整个头部形象必佳，大拇指之指纹必系君纹，象征其理性、意志、欲念三者均衡，待人接物内方外圆，并具有一以贯之的中心思想。反之，不但整个头相及大拇指指相不美，大拇指指纹亦必非君纹，健康、智慧、个性及中心思想亦欠优良，亦象征其父母遗传欠佳及幼少年家境欠佳也。（注：请参阅附图）

食指指纹：与其人之前脑（前头叶）组织及前脑神经系统之遗传发育

有关，如遗传发育良好，食指长相必形美，前额部分长相必佳，食指指纹必系君纹，象征其人智慧高人一等，言行举止不慌不忙，善于思考推理，对事物可逐项加以比较鉴识。反之，不但前额长相及食指指相不美，食指指纹亦非君纹，智力亦递减。亦象征其青少年运程坎坷，或家境欠富裕而只是普通而已。

中指指纹：与其人之顶脑（颅顶叶）组织及顶脑神经系统之遗传发育有关，如遗传发育良好，中指及头之顶部长相必佳，中指指纹必系臣纹，象征其富有社交能力，处事能坚持原则，亦能尊重他人之意见，既不失自尊心又重名誉心及正义感，因此生平贵人多而小人少，事业上之收获也多。反之，中指与头之顶部长相必欠佳，中指指纹亦非臣纹。如中指系君纹，主其人早熟，责任心强，一般性之常识颇为丰富。但个性有偏执倾向，往往自以为是，中年犯小人，因而失官失业，或败业官非，或婚姻不美满。女性则有女强人心态，个性好强好胜，喜欢挑剔，婚姻大多欠美满。

无名指指纹：与其人之后脑（后头叶）组织及后脑神经系统之遗传发育有关，如遗传发育良好，无名指及后脑部长相必佳，无名指指纹必系臣纹，象征其个性富坚强之毅力与持久力，又有创造性，并富家庭社会责任感，对文学艺术科技有良好的领悟力。反之，无名指及后脑部长相不美，无名指指纹必非臣纹，如无名指系君纹，四十后之个性仍有偏执倾向，五十五岁前仍犯小人。

小指指纹：与其人之小脑组织（脑下垂体）及小脑神经系统之遗传发育有关，如遗传发育良好，小指及头之后项（中国相法称为柱阳）部分长相必佳，小指指纹必系臣纹，而不会长出其他杂纹，象征其人个性优良，口才必佳，实行力强，乐观进取，又富爱心，婚姻爱情观念正确，精神物欲并重，子女优秀。反之，小指及后项长相不佳，智慧个性欠优良，晚年健康事业平平。

（二）中国手相学分指纹为八类

君纹：如本书第 227 页图一，即民俗相法所称之螺纹，一般相法所称之斗形纹，如螺纹变为囊形状，西洋相法则称为囊形纹。

臣纹：如本书第227页图二，即民俗相法所称之畚箕纹，一般相法所称之箕形纹，并有左偏箕纹与右偏箕纹之分。

民纹：如本书第227页图三，民俗相法无以名之，西洋相法亦无以名之，但亦有称之为杂形纹者。

艺纹：如本书第227页图四，民俗相法无以名之，西洋相法亦无以名之，但亦有称之为杂形纹者。

奴纹：如本书第227页图五，民俗相法无以名之，西洋相法则称之为帐形纹或弧形纹，但西洋相法所言休咎与中国手相学大异其趣。

异纹：如本书第227页图六，民俗相法及西洋相法均无以名之，但中国手相学有此名称，所言休咎亦与西洋相法大异其趣。

阴阳纹：如本书第227页图七图八，西洋相法与民俗相法均无阴阳纹之名称，但中国手相学则有君纹阴阳纹与臣纹阴阳纹之分，西洋相法称臣纹阴阳纹为双箕纹，君纹阴阳纹则称为杂形纹，而所言休咎亦与中国手相学大异其趣。

读者也许要问，何以中国手相学与西洋手相学就指纹名称与休咎有如上不同之论点。经笔者多年冥思及笔者多年观相之经验，体验出有两种原因：其一为中国人为蒙古种民族，西洋人为罗马种民族，两者体形体质、遗传结构必有差异，如西洋人大多为高鼻子蓝眼睛黄头发，中国人大多为小鼻子黑眼睛黑头发一样道理。其二为两者文化背景及生活习性不同，自然会导致两者之脑部组织迥异，再导致两者思想及个性行为不同，因此之故，中国人与西洋人就指纹之理论基础和印证方法自然有所不同。时下一般研究手相学者，往往将西洋手相学全盘移植，其印证时所产生之谬误必在所难免，尝有客人谈及某手相大师所言休咎不准，其道理即在此也。

(三) 十指全螺能中状元吗?

民俗相法云：“一螺宝，二螺好，三螺四螺割马草，五螺六螺团团转(意即劳碌无成)，七螺八螺起大屋，九螺十螺中状元。”笔者观相多年，看过十指全螺者（十指全部为斗形纹）近千人，其休咎是男人有成就女人嫁贵夫者，仅占千分之一而已，其余千分之九百九十九，男人不但没中状元（意即事业无成），反而中车祸者不在少数，或灾病，或不善终，或成败迭见，或中年败业官非。女人则不是产厄病灾，就是婚姻不美满或中年丧夫。究其原因，十指全螺乃贵格之相，除非面相亦毫无瑕疵，否则大忌也。因十指全螺乃象征其脑组织异于常人，面相好则象征其内脏器官亦异于常人，如此则思维系统与运作系统得配，思想与行为一致，两者相得益彰，男人自然事业有成，女人婚姻美满旺夫益子自然不在话下。否则，十指全螺绝非善相，并男女同论。

（四）十指全箕也不为妙

民俗相法云："男子十螺中状元，女子十箕吃田庄"，其原意系指男人手上不能缺少君纹（螺纹），女人手上不能缺少臣纹（箕纹）之谓，亦即男应阳盛于阴，女应阴盛于阳，男人阳相主贵，女人阴相主富，至于是否能贵能富，仍以与面相是否得配为准。在人相学而言，凡十指全系臣纹（箕纹）者，鲜少出身富贵家庭，并六亲少靠或有刑克，或幼少年时期缺少亲情照顾，或青年时期离乡别祖，虽立身早，但奔波而少收获。个性方面，较十指全系君纹者随和而富有弹性，生活方面，亦较十指全系君纹者少烦恼少劳碌，如面相没有瑕疵，亦可白手起家，在商场或科技或异路职业方面获得成就，但不宜在官场发展，并鲜有机会担任高级领导职位。至于健康方面则易患心脏病及肠胃病。以上休咎男女同论，但女性十指全系臣纹者，较男性休多于咎。

（五）怎样才算完美的指纹

按照中国手相学的说法，除九指君纹及十指君纹，再配以无瑕疵的面相体相可论以贵格外，其余不论一指君纹、二指君纹、三指君纹、四指君纹，甚或五、六、七、八指君纹均可贵可富或不贵不富，其主要关键之点，乃是各指之君纹臣纹配合得当与否。兹举例说明如下：

一指或二指有君纹者：不论男女，君纹均应长在两手之大拇指，如仅一指有君纹者，则男人应长在左手大拇指，女人应长在右手大拇指，其他各指则配以臣纹。如仅二指有君纹者，则不论男女，君纹应长在两手之大拇指（长在食指减分论），主其人整个脑组织及脑神经系统之遗传发育良好，个性表现优良，处人处事处艺处物必有分寸，无论从公业商，必然获致成就。反之，君纹如长在两手之中指，则象征其顶脑组织及顶脑神经系统之遗传不良，自我主观意识强烈，处人处事处艺处物往往过犹不及，无论从公业商事业少成，或早成晚败，尤以两手中指均有君纹者，不吉情形更为严重，象征其个性内方外亦方，刚愎偏执自以为是。如中指指头再偏者，其个性必傲慢孤行，因此常常招惹是非，引致小人，其事业焉能顺利成功！又不论男女，因为个性强，婚姻方面亦难美满，以上所言休咎可谓百验不爽。

三指或四指有君纹者：不论男女，君纹均应长在两手之大拇指和食指，如三指有君纹者，则应长在左右手大拇指及左手食指（女人反是）其他则配以臣纹，其休咎与个性和一指或二指有君纹者相同，但较一指或二指有君纹者个性更为积极，事业心亦较强。反之，两手中指如有君纹，则中年必见波折破败。

五至八指有君纹者：不论男女，君纹最宜长在两手之大拇指和食指，然后及于小指无名指，君纹仍然不能长在中指。总之，中指如出现君纹则难以吉相论，象征其个性上必有瑕疵，因为吾人命运之内涵即健康、智慧、个性三者也，而个性一项尤为重要。

九至十指有君纹者：无论男女，此为非常之相格，除非面相得配，否则不吉，其个性休咎已于上述。

有民纹者：民纹如长在两手大拇指者，象征其整个脑组织先天遗传上即不具有功名思想，其父母甚至三代以上祖先均非官场中人。如两手食指中指亦有民纹者，则象征其后天亦不愿求取功名，无论男女，只愿在工商业界追求丰衣足食即心愿已足。如十指全系民纹者，则主其人缺乏进取心，同时个性懦弱，神经敏感，富幻想，即务农打工亦辛苦。

有艺纹者：艺纹如长在两手大拇指者，象征其整个脑组织先天遗传即具有技艺和艺术细胞，其父母甚至三代以上祖先亦必系从事技艺或艺术工作，其母亲在怀孕期间，亦必有强烈的要求其胎儿继承祖业的胎教意识。如食指中指再有艺纹者，主其人有技艺或艺术天才，将来必为技艺或艺术工作者，或技艺艺术欣赏者或技艺艺术评鉴家。（包括音乐、戏剧、美术、工艺、巧作等），其兄弟姊妹亦可能从事技艺或艺术工作。如无名指小指亦出现艺纹者，则其配偶子女亦可能从事技艺或艺术工作。但十指全系艺纹者亦非美相，必须另配以君纹始可言在艺术事业上有大成就。

有奴纹者：奴纹亦较少见到，奴纹长在大拇指者（男左女右），主其人之父母或三代以上祖先必有为奴隶者（以封建社会而言），至少系出身苦作贫寒家庭，青少年运程坎坷，奔波劳碌而少获。如其他各指君纹臣纹配合得当者（例如食指为君纹，其他各指为臣纹），不论男女，事业方面可先苦后甜，并具有坚苦卓绝能屈能伸的个性。

有异纹者：异纹较为少见，如异纹长在大拇指上（男左女右），表示其整个脑组织，或是身体其他部位，不是先天遗传不良，就是后天发育不全，或整个脑组织或内脏器官有异常现象，或有著床不良现象。不论男女，身体健康欠佳，个性方面亦有不良倾向，终身运程蹇滞，乃属孤苦贫贱之格，如异纹不长在大拇指上，不幸的境遇可递减。

有阴阳纹者：阴阳纹亦属少见，大拇指出现君纹阴阳纹者，大多出身富裕或显宦之家（形正者尤验），大拇指出现臣纹阴阳纹者（形正者尤验），大多出身小康或贫寒家庭，二者均象征其脑部组织具有异于常人之遗传特质，主其人集数代先祖之良性遗传于一身，也可以说其祖先均忠厚传家祖德颇佳。凡大拇指（最宜）食指中指出现阴阳纹者，不论男女，象征其人具有独立特行之思想与个性，有别于常人之想法与做法，并有奇异之才华与能力，个性能刚能柔，行事方面往往有出乎意料的绝招，并具有大担当大魄力的特性，其面相体相和内相必具有一种以上之异相，其青少年运或中年运有顺利者亦有不顺者。但具有君纹阴阳纹者（女性不宜有、有者主孤寡），最宜在仕途发展，或从事工商业均可，事业终必有成，富贵可期。

具有臣纹阴阳纹者，因个性不如前者圆通内敛，并有桀骜不驯或择善固执之倾向，故青少年运及中年运均难遂意，职业方面可从事科技工作或研究工作，惟官运财运不如前者亨通。但后者最宜从事异路工作，追求异路功名，例如从事宗教、教育、文学、传播、体育、科技、艺术、音乐、戏剧、医师、律师、会计师、代书代办等职业，或从事无上司无部属，完全凭个人智慧取向并富有挑战性的自由职业和个人工作坊，或从事相理命理之研究亦可获得成就。（注：如中指有君纹者亦可比照论断）

（六）仅看指纹是否可断休咎

手相学是人相学的一部分，同样道理指纹学亦仅是手相学的一部分，笔者一向主张仅看手相不能论断一个人之休咎，何况仅看指纹耶？西洋相法虽主张手相优先于面相论断休咎，究其原因，乃系因中西相法之起源不同所致。因中国相法起源于中医学，融会遗传学及生理学，西洋相法起源于性向学，融会心理学及统计学，前者着重探求相理之根源，后者着重研究心性之表现，是以西洋人研究犯罪学必研究指纹学。但吾人不能忽略指纹学仅系手相学之一端，手相学又仅是人相学之一部分，职是之故，吾人怎能以偏概全？反观中国人相学则主张五部俱看（即头、面、身、手、足五部），同时兼及五形、神韵、气质、器识、声音、气色等，而不仅以手相学或指纹学论断一个人之休咎，其论断之准确性当然亦相对提高。譬如左手中指有君纹者，如两手大拇指强伟形美并有君纹，掌中天地人三纹细深秀，手相与面相相称者，则原具有之偏执个性与主观意识等缺失均可减半论。反面言，正因为其左手中指有君纹，象征其人具有择善固执而不见异思迁等优良个性（左右手中指均有君纹另当别论）。如果手形与面形不相称，天地人三纹粗劣，即使两手大拇指长有君纹，两手中指系臣纹，也只能说其人幼少年家境尚佳，赋性本份而已，如希其有担当负责任则属苛求。是以吾人论相，必须有“五部俱看”的认识与研判，才不致有误，并认知指纹与其人之脑组织之遗传和发育有关，亦即有何样的脑组织与脑神经系统，即会长出何样的指纹，然后主其人具有何样的个性与行为。中国手相学虽分指纹为八类，但每种指纹纹路的走向及形状的变化，及出现在何指，均可影响其人之个性与行为，此种综合论断又不可不察。总之，论相是一种艺术（命理为算术），奥妙无穷，指纹的奥秘只其一端也。

中国手相学标准指纹图名称

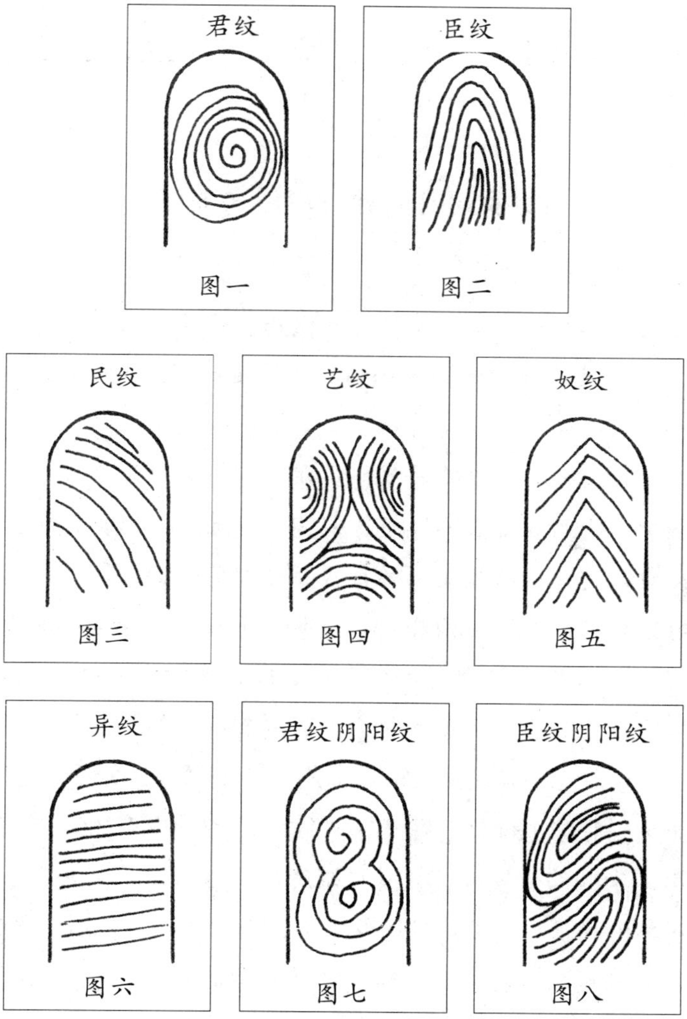

本文原载台湾《命和运》杂志第八期。

附录（三）

作者与丹扉女士对谈妇女婚姻问题

妇女切身问题与命运之关连

本刊总编辑丹扉，某日巧遇高知名度的人相学家萧湘居士；由于两人对命运的看法不尽相同，本社特邀请他们即席作了一次对谈。丹扉有意让《仕女》的读友们也分享这次谈话的内容，于是以“主人”的身份向萧湘居士讨教：

丹：以往有一些命相界的朋友，要在本刊执笔写命相风水专栏，我都不敢贸然同意，因为我个人不愿意提倡迷信，除非拿出真凭实据，否则碍难报导。况且，现在社会繁荣，教育普及，大部分的人都是知识份子，加上许多人赴国外留学，受过西洋科学文明的薰陶，思想更加前进，不像以前的人，没受什么教育，需要算命先生加以预言指点。我个人的情况是，如果碰到有人预先告诉我，说我将来会怎样怎样，如果是好的话我听了也许一时会有虚荣（也可以说是虚幻）的满足，如果是坏的话，岂不怪别扭？我并未去研究到底这个世界上有没有“命运”、“鬼神”和“灵魂”这些东西，我的学问未到那个程度，只是总嫌麻烦，觉得没什么必要去知道。我个人对命运的解释是：当事情已经发生了，就归诸于“命运”来自我安慰，譬如做了很大的错事不能弥补，就认为是命运的安排。可是对于尚未发生的未来事情，我不免有点怀疑，比如预言某人那一天会发财，那一天会发生意外等等，我真不太相信。我有几位朋友给算命的或风水先生看过，说是准会发财，他们真遵照指示改变了种种摆设后，可是早过了预言的时间了，我也没有看到预言成真。现在我想听听萧先生的看法。

萧：现在社会上有一个很大的误会，就是把“命理”和“相理”混为一谈。命理属于预言学，相理则是一种识人学，也可以说命理是一种星相学和玄学，相理则是一种中医学、遗传学和生理学的融会学术。前者包括八字和紫微斗数，它是以一个人的出生年月日时来预言一个人的人生休咎，乃是一种假设的“拟制论命”。相理则不同，它是一种“实体论命”，以“有诸内必形诸外”的道理，探讨一个人先天的遗传和后天的培育，呈现在健康、智慧、个性三方面的足与不足。如果先天遗传和后天培育都很好，外在的头颅五官四肢及骨骼等形相亦必符合“中正”的标准，他的健康、智慧、个性三者也必优于常人，将来的收获亦必多于一般人，若反是，将来的收获也就比一般人少。为人谈相，就是替被看相的人探讨他在健康、智慧、个性三者有那些优点和缺点，然后以客观而无利害关系的第三者立场为他作分析作建议，促使他一生在事业上多收获一点，少损失一点，并非如你刚才所说的在作预言。我和你一样不相信命运，但我相信一个人的健康、智慧、个性三者，对一个人一生的收获的多寡和成就的大小有绝对密切的关系。每个人的长相不同，正象征着每个人的健康、智慧、个性均不同，因此每个人一生的收获成就以及寿命也就不同了。至于风水地理对一个人收获成就的影响，我认为影响很少，同时我也不相信。比方说，当一个人的健康、智慧、个性处于良好状况，无论他走到哪里住在哪里都会有收获的，反之，就是搬家到天堂去住也是枉然。人相学是识人之学，不但不谈预言和风水地理，更不谈鬼神和灵魂这些东西，今天社会上把“命理”和“相理”混为一谈，这实在是天大的误会。当然这和今天台湾的命理风水从业人员均兼替人看相有关，但过去在大陆上的命理和相理从业人员绝对各守本分。今天在台湾，把算命、卜卦或研究姓名学和看风水的人，一律称为“相士”，出了纰漏报纸都骂“相士”不好，其实那些记者先生哪里知道专精人相学的人才能称为“相士”，所以我常为孔子、孟子、曾国藩等先贤叫屈，因为他们是我国有名的业余人相学家。

丹：谈到看相，是不是人在得意的时候气色一定好？人在倒霉的时候，气色就差了呢？

萧：刚才说过“有诸内必形诸外”是人相学的学理根源和理论基础，因此，当一个人事业顺利的时候，也是他头脑最清爽、个性最优良、内脏器官运转最正常的时候，表现于外的精神气色当然是好的。反之，当一个人健康欠佳，智慧闭塞，或是个性变坏，也就是他事业不顺的时候，表现于外的精神气色自然不佳。

丹：人们常说“相由心生”，请问这句话怎样解释？

萧：这就是命运掌握在自己手里的意思。我们固然强调先天的遗传要好，但后天的自我修持仍然能弥补先天遗传之不足。比方说，一个人从相貌上看先天遗传有健康问题，或者智慧不如人，或者脾气急躁、贪色等等，都可以藉自我修持加以改进或避免。如果的确改进了，则表现于外的精神、气色、气魄、气质、性格、须眉、肤发、肉色、肥瘦、甲齿、声音、纹痕、痣斑等也随着变好。反之，你虽然具备了先天好的遗传和好的相貌也不会有收获和成就，因为表现于外的精神、气色等都是不好的，这是因为缺乏后天修持的缘故。这里要特别强调的是“相由心生”只限于上述诸项现象，绝不会因此而低额头变高额头，小眼睛变大，塌鼻子变高，或是大个子变小个子等。

丹：《仕女》是女性的杂志，我们且来谈一些与妇女有关的话题。譬如有人说，某小姐嫁了一位“贵夫”，您对这个“贵”字作何解释？

萧：“贵夫”是指丈夫有成就的意思。问题是同样都是女人，为什么甲女能嫁一个有成就的丈夫，而乙女只嫁一个普通的丈夫呢？按照人相学的说法，凡是有成就的男人，一定具备健康的身体，优异的智慧和良好的个性，他身体所放射的电质素必是电波强而频率正常，因此，必须具有相同电波与频率的女人才能与他“来电”。事实也是如此，我们没有看过达官富商的妻子，鼻子是塌陷曲钩的，因为女人鼻子长得好，同样象征她的健康、智慧、个性俱优，因此她才能与达官富商“来电”，然后结婚。

丹：有人说女人颧骨高克夫，如果女人天生此相格，难道就不能经由后天的修练、教育和努力去改变？

萧：通俗的说法，克夫是指促使丈夫短寿，但促使丈夫精神不愉快，事业失败等也包括在克夫一词的意义之内。至于颧骨高为什么会克夫呢？按照人相学的说法，颧骨高象征一个人骨骼特别发达，骨多肉少，影响体内阴阳内分泌不平衡，然后影响其性格男性化，脾气倔强个性不良，促使丈夫精神上不愉快，这就叫克夫。如果颧骨高再加上其他相理缺点，如眼珠黄色牙龈外露等，则象征着她的内分泌不但影响她自己的个性男性化，并在她与丈夫做内分泌（包括血液、精液、唾液）交换时，不利于她丈夫的健康，促使她丈夫短寿，像这种情形，当然更是谓之克夫。至于如何能避免，首先是要先认识自己有上述相理缺憾，然后就个性上加以改正补足，另外与丈夫尽量少作内分泌交换，应该是可以改变克夫的命运。一个女人克夫与否，与教育程度的高低应无关系，健康（生理）及个性上的瑕疵才是克夫的直接原因，并男女同论。

丹：有一种“断掌”是否也克夫？

萧：断掌的相理，也是健康上有先天遗传不良的象征，大多是消化及循环系统有问题，同样会影响这个女人的个性不良和内分泌不平衡（男女同论），当然也会对丈夫的精神和健康不利。

丹：有克夫相的女人，当然也该有帮夫相的女人罗？

萧：所谓帮夫，并非指丈夫挑百斤重担，妻子分挑五十斤，而是指这位妻子身体健康，智慧优异，个性优良，不但能促使丈夫精神愉快，同时在夫妻双方作内分泌交换时，不但不损先生的健康，反而有益先生的健康，然后先生身体健康，心理平衡，精神愉快，斗志旺盛，先生的事业有成，这就是帮夫。在人相学言，相理缺憾较少，帮夫的成份愈大。但这里要特别说明，相理无缺憾并非指女人漂亮男人英俊，而是指五官六府、四渎五岳的相理“中正”而言。

丹：时下有所谓的开运化粧，是否真能开运？

萧：一个人的外相长得好，是因为他内在的脑组织和五脏六腑及骨骼骨髓长得好所致。古人说，修心才能补相，如果以人工修饰的方法弥补外在形相的缺憾，便能促使命运变好的话，站在人相学的立场我是持相反的看法，我认为顶多是求个心理安慰而已！再说，美容术虽然发达，但美容失败的例子也很多，所以，我还是要劝女士们最好不要冒着美容失败的危险去做美容手术。

丹：现在有很多人发福，减肥之风很盛，您的看法如何？

萧：不论男女发胖，都与天生的体质有关，譬如有些人从小胖到大(例如某些男女影视明星)，有些人天天吃大鱼大肉都不会胖（例如某些工商业巨子)，这是因为他们身体细胞的质素不同所致。从人相学的观点言，身体结构是“水”“土”二形质素的人都会发胖，“木”“火”二形质素的人便不会发胖，“金”形质素的人则不胖不瘦，故发胖的女士们，只要你不是浮肿虚胖，肉质有弹性，肉色不枯黄，大概就是水土二形人了，这是你天生体质使然，既不是病态，当然也就不必勉强减肥，否则，减肥不但没有效果，并会因减肥而引发毛病。如果浮肿虚畔，肉质欠弹性，肉色枯黄，那表示内脏有病，应该去作健康检查，而不应该贸然减肥。当然，每位女士都希望保持苗条的身材，但金形男人或木形带金局的男人，还独爱水形发胖的女人呢！所以我要奉劝体形发福的女士们，在没有弄清楚自己的“五形”之前，千万不要因减肥而折磨自己。

丹：目前有很多人相当注重八字的好坏，所以有些孕妇想选个吉时良辰剖腹生产，以制造一个富贵命的婴儿，利用这种方法，真正能扭转命运吗？

萧：一个人命运的好坏，和父母（含祖先）在心性和生理遗传上有绝对密切关系，人类如此，动植物也莫不如此。东汉先贤王充说：“凡人受命，在父母施气之霎时已得吉凶矣，其关系于母性者尤大；受气时，母不谨慎，心妄虑邪，则子长大，狂悖不善，形体丑恶。”现在的遗传学亦可证明上述说法的正确性，由此说明一个人的出生年、月、日、时，根本与命运的好坏无关。但现今社会迷信风气很盛，可以说已经到了迷信驾乎理性之上的地步，这真是人们理性沦丧的表现，本人不敢苟同，并奉劝社会大众摒弃这种违反自然和欠缺理性又无效果的做法。如果，剖腹生产真的能扭转命运，然后大家都剖腹生产，每个人都是皇帝之命，谁又去做百姓呢？或每个人都是大富大贵之命，谁又去做种田种菜和粗重的辛苦的工作呢？

丹：现今社会知识愈来愈发达，文明也愈来愈进步，但婚姻情况却远比以前不稳定，我想这是与女人知识增多有关，不像以前女人比较无知，总是逆来顺受地维系婚姻生活，但我不认为以前那种婚姻就是好的，我也不认为不离婚就一定幸福，您认为现在要结婚的人，应具备那些基础？

萧：西谚说："只有不成熟的伴侣，没有不幸福的婚姻。"意思就是说，假如男女双方在结婚以前，彼此都有深切的了解，婚后是一定幸福美满的。另外还有一句谚语说："因误会而结合，因了解而分开。"由此说明男女结婚的基础原应该建立在相互了解上，也就是说男女双方在婚前应就对方与自己的个性加以分析衡量，看彼此是否能够长期适应？如不能，是否有包容对方的雅量？本人观相多年，可以说每天都有客人来谈婚姻问题，我发现婚姻发生问题，彼此个性合不来为首要原因，这和女人知识的提高与否应该没有直接因果关系。虽然有的女人的确是受了男方的虐待而不愿逆来顺受要求离婚，但更多的女人要求离婚的原因是彼此个性合不来。另外，如果夫妻遇到不和谐的情形时，除包容沟通以外，也不妨试着改变自己，例如调整个性、脾气、仪容，或是改变一下家庭的布置，饮食习惯及子女教育方式等等，也会带来意想不到的效果。还有一个原因，就是西风东渐，男女双方对结婚意义的认知，已不像以前那样神圣了，反而认为离婚颇为时髦，社会上对离婚的男女也不再另眼相看。

丹：发生感情难题的，一般说来是女人比男人多：但是外遇的发生，却是丈夫方面偏多，碰到先生有外遇时，妻子往往无法去除心里的阴影，所受的委曲较大，碰到受此困扰的女人，您怎样为她开导？

萧：据我经验阅历，男人在婚姻关系中，存心抛妻弃子，另外寻觅异性伴侣的情况，在整个男人外遇中所占的比例仅百分之十；其他促使男人有外遇的原因，不外逢场作戏，或寻找新鲜刺激，或满足肉欲，或迷信有双妻命等等。这个时候，做妻子的千万不可紧张，更不可听信第三者的鼓噪，应以冷静的头脑面对问题，万万不可兴师问罪吵闹不休，否则，只能促使问题更加严重，结局可想而知。做妻子的果能以静制动，同时调整生活细节，制造家花胜野花的生活气氛，结局虽不能保证百分之百收效，总比无休止的吵闹要来得圆满，因为愈吵闹情况会愈恶化，本来他只不过是一只偶尔偷腥的家猫，如处理不当逼迫过甚，家猫也会变成永不回家的野猫了。所以我常常劝那些丈夫有外遇的女士们，学习忍耐，或许有人认为要单方面忍耐岂不没有是非公道？但反过来说，你不能忍耐，每天大吵大闹，不但不能得到什么，反而会再失去残存的那一部分，因为感情是愈吵愈少，令丈夫既羞愧又感激才是最好的御夫术。假如，丈夫一开始外遇就变成了一只永不回家的野猫，在恩断情绝的情况下当然另当别论。现在很盛行离婚，有的夫妻结婚不满一个月就离婚了，难道除了离婚一途就再没有其他的方法可以解决问题吗？所以我常劝那些丈夫有外遇的女士们，暂时不要作离婚的决定，先冷静下来试试其他的方法，看看能不能解决问题，假如试验无效，双方已恩断情绝，夫妻生活在一起，不但不能得到快乐，反而是一种痛苦，那就只好离婚算了，同时愈快愈好，那时候你就归诸于命运吧！

丹：“劝和不劝离”固然是中国传统的美德，但是您有否想到有时劝和好的结果比离婚的结果还要糟呢？以现在开放的思想来说，也许下一次婚姻比第一次好也说不定，如果没有离婚，不就没有那样的新机会了吗？国外甚至七婚八婚的纪录都有，您的看法呢？

萧：劝和不劝离的情况，先决条件是两夫妻没有阻却重新和好的重大障碍，例如双方已不再相爱，或一方受到无法忍受的虐待，或故意又长期遗弃对方，或一方有重大不治之症等，在上述情况下，我当然不会勉强劝和。但是，在我的经验阅历中，离婚后再结婚的妇女，第二次婚姻能幸福美满的固然有，但第二次婚姻仍然欠美满的，比例要占多数，甚至因此而生活堕落，步入罪恶深渊，甚至身败名裂再赔上自己性命的都有，从相理上看，这些女人都有明显的婚姻不美满及个性不良的相理特征。至于国外那些结婚七八次的男女，我想在外国或许见怪不怪，在我们中国人看来，应该不以为然，将婚姻视为儿戏了。

丹：中国人不管是自由恋爱或媒妁之言，到了要结婚的时候，往往爱拿个人的生辰八字去合婚，配合得好就好，万一配出来是相冲相克，是否就不该结婚了？

萧：站在人相学的看法，此种命理配婚是非常不科学的，在我的经验阅历中，闹离婚的，也是经过算命先生配婚认为很合然后才结婚的。反之，婚姻很幸福的夫妻，也有未经过算命先生配婚或配婚不合而结婚的。比方说，相隔三六九岁的男女，在命理上说是相冲相克，绝对不能结婚，但结婚后婚姻美满的很多，反之，相隔一四七岁或二五八岁的男女，在命理上说是不相冲相克，但离婚的例子也很多，所以说命理配婚实在不科学，我们不要去相信它。我上面说过男女结婚的基础是建立在相互了解上，也可以说彻底认识了对方才和对方结婚。比方说双方的健康状态是否良好？个性是否相投？对事物的看法是否有共同的观点？其他如男方的事业心及意志力是否强过女方？如果答案是肯定的，这种婚姻可以说是天作之合，至于男女双方的出身家世金钱地位应该是次要条件。从相理上说，男女方的眉毛长得一样，个性就极为接近；眼睛长得一样，对事物的观点就不会发生太大的差距；男额高女额低，男女双方就能夫唱妇随。我在经验阅历中发现吵着要离婚的夫妻，男女双方的眉毛眼睛长得都不一样，因为眉毛象征一个人的个性，眼睛象征一个人的看法。其他相理配婚的方法还有很多，以后有机会再介绍给贵刊读者。（有关形相配婚法请参阅拙著《萧湘识人相法全集（二）》“男女形相配婚篇”各章节及表解）

丹：请问，去您那儿看相的客人，是有事才去或是没事也去看相？是知识份子多还是乡下人多？看相有什么意义？

萧：看相的意义，第一是观察最近精神气色的变化，以便掌握先机迎接好运的来临，或采取措施减少楣运来临的损失。气色是最为可靠的观相法则，真的不会假，假的不会真，就好像中医利用观看气色分析病情一样的有凭有据。还有另外一层意义就是为客人分析健康、智慧、个性三者之足与不足之点，提醒客人补足，以便客人在一生中多收获一点，少损失一点。至于来看相的客人百分之八十是心里有事才来，没有事也来看相的客人约占二成。现在来看相的客人，百分之九十九以上是大专及中学以上程度，小学程度的不到千分之一，乡下人找我看相的可以说没有。他们来看相，并非相信迷信，更非心理上有毛病，只是藉此听听一个有学问有阅历并具有专业知识的又没有利害关系的第三者的意见，但他们也有自己的主见和看法，并非盲目相信相士之言，但不妨听听相士之言，作为下决断时的参考。所以我认为一个饱学正派而又阅历多的相士，对社会应该有正面的贡献，何况目前台湾只有精神科而没有真正心理科医生，人们有心事时去和相士谈谈也是一种正常的现象。但是现今社会上偏偏有人鼓励这些没有患精神病的人去医院看精神科医生，令我感到非常奇怪。

丹：今天我是外行，随便问问，问得够多了，谢谢您耐心的回答。不过我心里仍然还有些疑惑，下次找机会还要请教。（读友若有这方面的问题，请来信，我愿代“质询”）

本文原载台湾《仕女》月刊第八十八期。

观相感言

同年、同月、同日、同时出生的双胞胎，命运仍然有所不同。考其原因是“异卵双胞胎”之故。那么，“同卵双胞胎”的命运为何亦有些微差异？考其原因是“受孕卵”分裂时的时空状况，以及分裂后彼此在子宫内着床的时空状态和怀胎过程的时空状态，只要有些微差异，就会影响胎儿的健康、智慧和个性有所不同，最后必影响其人命运的不同。是以生辰八字相同的人怎可能命运相同？

萧湘居士　撰

附录（四）

作者在台湾青年报谈命运掌握在自己手里

暑假已经开始，大学或专科毕业的青年朋友，当度过短暂的学业有成的欢欣心情后，紧接着就是面临就业的压力。据统计本年度台湾应届毕业的大专学生人数约九万人，而真正虚位以待符合自身所学的公教工商工作机会，约只有三万个左右，虽然有部分毕业生入营服役，但相同人数的退役者互相抵销，仍有六万人左右要另外开发工作机会，现今社会上许多人学非所用，原因即在此。本人因工作关系，常年接触到各阶层各行业的青年朋友，兹就综合观察阅历所得，特抒数言如下：

就业要顾到专长与兴趣

学非所用，严格言，是浪费国家及家庭的教育投资，除非万不得已，仍应以所学专长为就业目标。但往往事与愿违，何况在僧多粥少的就业市场里，更难符合所学所用的愿望。那么，只好退而求其次，以你的兴趣为就业的目标了，假如连兴趣都无法顾到，而你自身又因种种因素急于就业，那就只好屈就一时，然后再骑驴找马，终有一天你会找到理想的职业。

初入社会切勿马上创业

所学能所用，并能找到符合自己专长的固定工作，固然值得庆幸，万一找到的工作学非所用，在初入社会的青年朋友来说，也算是幸运者，因工作固定，收入也固定，无任何风险可言。怕的是一时兴起，三五同学好友，筹集少量资金做起老板来，最后结局，必定面临周转资金不足，社会经验不足而十有九败。创业并非不好，也不一定会失败，但以刚入社会的青年人来说，你不妨一面工作，一面学习经商的诀窍，然后俟机创业，岂不事半功倍，何必急于一时担负风险？

对于金钱不要急进贪多

今日的社会，以工商业的环境来说，已接近饱和发展状态，因此之故，除非你有突破性而又具有实用性的尖端事物，否则，要想白手起家，三五年内发大财的机会已不多了。笔者观相多年，阅历数万人次，发现失败的人，大多为急进贪多讲求盲目成长之辈，成功的人，大多是循序渐进脚踏实地的人。以生意人来说，一生中赚钱的良运期大多是十年左右（大富之格例外），其他都是普通运和霉运期，你应该做的是把握良运期，善处榈运期，急进贪多讲求盲目成长，失败的时候迟早来临。

应付人际关系是大学问

工商业愈发达，人际关系也愈复杂，刚步入社会的青年朋友，大多心态纯洁，工作热诚，但当你发现社会还有丑恶的一面时，不是令你灰心丧志，就是随波逐流掉进社会的大染缸里，你如何把握分寸去适应各种复杂的人际关系，的确是一门大学问。据本人的观察阅历，成功的人，都是以诚待人，实事求是，并带三分傻气，最后失败的人，都是狡猾之徒，并遇事投机取巧，因“无诚无物”也。

结婚成家宁可迟不宜早

青年人的三大切身问题，不外学业、工作、婚姻，前面两个问题解决了，当然就要结婚成家了，但结婚容易养家难，而要长期维持婚姻的幸福美满就更难了。笔者强调婚姻宜迟不宜早，其意并非指先在事业上有了成就后再结婚，而是指年岁愈长（男性过了30岁女性过了28岁），认识自己愈透彻，思想个性愈成熟，婚姻幸福美满的或然率就愈高。君不见离婚率年年升高，个中原因，大多是彼此个性合不来所致，真正因对方外遇离婚的比例很少。

怀抱理想也要面对现实

一个人不可无理想，当美丽的理想与残酷的现实相冲突的时候，如果向现实低头屈服，当然是懦弱的表现。如果一味高唱“爱拼才会赢”，盲目奋斗也是有悖常情，最终必然失败后悔。唯有怀抱理想面对现实，才是脚踏实地的做法。如能在不放弃理想的大前提下一面适应现实，并进而改变现实，则更是既踏实又积极的做法，这就是命运掌握在自己手里的道理。

本文原载台湾《青年战士报》1986 年 7 月 17 日七版。

观相感言

大部分的工商界巨子都是“白手起家”型人物，少部分的工商界巨子才是“继承祖产”型人物，看似白手起家比之继承祖产要容易得多，其实不然；因为白手起家，必须就“周天命运”能够乘时用势才能赚到大钱，例如战后的日本和中国台湾二地的白手起家的大企业家，以及中国大陆改革开放后崛起的私营企业老板都是如此情形，目前的周天命运是“物资生产过剩”，和当年“物资严重缺乏”的情形迥然不同，除非能发明并生产过去所没有的物资，或“经济封闭的社会”突然改变为“经济开放的社会”才有可能白手起家。否则欲白手起家难之又难。

萧湘居士　撰

附录（五）

作者在台湾自由时报谈人相学非宿命论

近年来因算命风气盛行，加以台湾有线电视台充满宗教、灵异和算命的节目，是以引来台湾地区最高学术研究单位如中研院和国科会及媒体联合举办“科学宗教和灵异研讨会”，以及作家施寄青女士在媒体为文探讨算命和宿命的问题，笔者忝为台湾人相学会创会理事长，亦略述管见如下：

（一）一般人不明了算命（即命理学）与看相（即人相学）有所不同，这当然与从事算命的业者也替人看相有关。因为算命是根据一个人出生时的星座位置，或出生的年、月、日、时，再配合五行生克来探讨一个人的命运（请读者注意，每二十五万九千二百人以外就有与自己出生年月日时相同之人）。看相则是根据其人父亲的精子和母亲的卵子结合的刹那，父母身心的健康状态来决定一生的命运（请读者注意，每个人的遗传基因均不相同）。此说早为东汉思想家王充在所著《论衡》一书中即提出：“凡人受命，在父母施气之霎时即得吉凶矣”。“受气时，父母不谨慎，心枉虑邪，则子女长大，狂悖不善，形态丑恶。”笔者亦在二三十年前开始，无论教学或著述，亦均引述此种“受命说”的说法，作为探讨一个人一生的收获成就、婚姻子女、吉凶祸福的依据。是以施寄青女士的“遗传基因说”并不新颖，实有抄袭先贤和笔者说法之嫌。因此，施女士以遗传基因说非议算命业者尚可，如用以非议人相学，则象征施女士对命理学与人相学的界说，和对人相学的内涵相当孤陋寡闻也。

（二）看相是根据“受命说”作为理论基础，同时将中医学“有诸内必形诸外”的说法作为印证方法。即有什么样的遗传，就会有什么样的脑细胞数量和脑细胞的排列程式，以及什么样的五脏六腑质量和五脏六腑的着床位置，以及什么样的骨骼精髓和骨骼外形，然后形成什么样的头、面、身、手、足长相，和什么样的健康、智慧、个性。最后就会有什么样的成就和收获，以及什么样的婚姻、子女、寿夭和祸福等。上述印证方法，不但可应用于人类，并可应用于动植物，先进国家推行的优生学，即是沿袭此种道理而来。

（三）吾人研究人相学，即是研究父母给我们的遗传在健康、智慧、个性方面有那些优缺点，然后就优点加以发扬，缺点加以改进。也可以说吾人研究人相学的目的乃在“认识自己，见相识人”，俾把握现在，惕励未来，以及应付工商社会复杂的人际关系，何来迷信宿命之有？

本文原载台湾自由时报 1997 年 12 月 15 日十一版。

相理真言

美风鉴者，教人趋吉避凶，指引殊途错路，亦非遇富贵大张夸奖，夸奖则失乎耻。逢贫贱则恣意讥笑，讥笑则失乎德。凡遇奸佞诈伪奸邪淫荡者，更当谨言，可与言不与言者失人，不可与言而言者失言。美风鉴者不失人亦不失言。

相士眼界，极宽极明，如瞻山识璞，临川识珠，见相识人，不可恃衡鉴之明，而轻泄人之隐微，戏谑人之鳏寡，尤不可窥知妇女情态而动邪念，审度痴呆心肠而生觊觎。

附录（六）

作者谈阴骘相法与三世因果相法之异同

宗教与科学是永远不能混为一谈的，人相学是属于科学的范畴，“阴骘相法”尤其与“遗传学”、“生理学”、“心性行为学”有关连，而“三世因果相法”，仅仅是宗教徒修行劝善的手段，故与“阴骘相法”的原理原则完全不相关连。虽然“阴骘相法”亦隐含劝善的意义在内，但两者之理论基础完全不同，“阴骘相法”强调的是“科学定律的必然性”，而“三世因果相法”则强调“因果循环的报应性”。“阴骘相法”所强调的“阴骘气色”和“阴骘纹”，不一定是本身的所作所为所引起，可追朔至三代以上祖先的所作所为的“隔代遗传”所引起，同时此种“阴骘气色”和“阴骘纹”，尚可因“心理影响生理”发生“福可以罪灭，罪可以功赎”而挽回先天造化的效果。“三世因果相法”所强调的则是“前世所作今世是，今世所作来世应”的近乎机械式的说法，更是与“阴骘相法”所强调的“存善心者，无相变有相，逢凶化吉，存恶心者，有相变无相，变吉为凶。”的说法截然不同。

现在科学昌明，宇宙的奥秘已渐渐为科学家所揭开，过去宗教界所强调的那些“上帝创造宇宙和人类”等等已一一被“天体物理学”“进化论”“生理学”“遗传学”等科学所推翻。但宗教对人类社会确有其不可否认的正面意义，吾人不可因此而否定宗教的社会价值。只是吾人亦应调整对宗教的价值观，吾人可以肯定宗教可以提升和净化某些人的心灵生活，为某些人带来若干精神寄托外，惟绝不可迷信宗教的一些怪诞之说。另外则要认清楚精神生活与实际生活之不同，拿准精神生活与实际生活之分际。正如西方科学家，周一至周六在实验室过着科学的生活，周日则去教堂过着宗教的生活。周一至周六在实验室绝对否定宇宙是上帝所创造的，周日在教堂则绝对相信宇宙是上帝所创造的，其内心不但没有矛盾感，也不会以“唯心论”的观点去教训那些没有宗教信仰的科学家，同样没有宗教信仰的科学家也不会以“唯物论”的观点去批评那些有宗教信仰的科学家。

再者，“阴骘相法”乃是检查及印证吾人本身及历代祖先有否积有阴德，或是犯过严重错失的一种观相方法，但绝对与“前世”“来世”无关，而只牵连到上代与下代的“遗传基因”中的“良性因子”与“劣性因子”的多寡问题，及本身“良性因子”由“隐性”变为“显性”，以及“劣性因子”由“显性”变为“隐性”的问题。是以“阴骘相法”与”三世因果相法”无论就理论基础或印证方法均不相同亦不相关连。

有人说不相信“因果报应”的人，往往是铤而走险以身试法的人。此种说法好比“学音乐的孩子不会变坏”一样看法肤浅，事实上宗教界闹丑闻的所在多有，难道他们不懂上天堂入地狱和因果报应的道理吗？如以人相学的观点分析，乃是“个性”出了问题，个性与生俱来，秉性优良的人，虽然没有任何宗教信仰，也不会做出任何坏事，仍然可以为圣为贤。再者，优良的个性是因优良的遗传而赋予，教育及宗教虽然可改造人之思想与品德，但只能发生后天的三分效果而已，例如智慧型犯罪者均受过高深教育，或是有宗教信仰的人，他们犯罪的原始动机乃是个性中的“七分天性”——“贪”字所致也。

又犯罪之发生原因与“周天命运”亦有关连，而和宗教信仰的普遍性没有关连。例如西方的美国和东方的印度可谓百分之九十以上的人均有宗教信仰，但是，其犯罪比率比之宗教信仰欠普遍的国度却来得高。台湾则从三十年前开始，犯罪率一年比一年升高。究其原因，美国为资本主义自由化又贫富差距大的社会，印度为贫穷落后的社会，台湾则为特权横行加公权力不彰，加政党与黑金挂钩，加官员与民意代表贪污腐化，加一般庶民急功近利讲究奢靡的畸型发展社会，上述各种社会因素，均为犯罪滋生的温床。再以台湾宗教之发达，比之三十年前无论信徒人数及教堂寺庙的数量均多出数倍，为何不能抑制犯罪率的上升呢？周天命运使然也。反观中东地区的回教国家，用严刑峻法惩罚犯罪的人，因此，犯罪的人少之又少，甚至连酗酒的人都没有。又如中国大陆宗教信仰不算普及，但社会组织严密，故犯罪率并不高。西藏则是人口稀少的社会，故犯罪率比人口密度高的社会要来得低。以上证明一个国家犯罪率的高低与一个国家的社会周天命运有密切关系，与一个国家的国民教育水准及宗教信仰的普及率无关。消除犯罪的根本之图，唯有实施优生学，使国民“品种改良”，以澈底汰换其体内之“劣性因子”，增加其“良性因子”，俾促使其个性变为循良守法，但说来容易，做来却不简单。

本文原载《台湾人相学会会讯》第三期。

相理真言

责人重而责己轻，勿与同谋共事；
功归人而过归己，尽堪救患扶灾。
处大事不辞劳怨，堪为栋梁之材；
遇小过辄避嫌疑，岂是心腹之寄。
得失不惊其神，非贵亦须大富；
喜怒不形于色，成名还立大功。
若垂首低言，必是奸贪之辈；
能披肝露胆，决为英杰之人。

萧湘居士　辑

附录（七）

萧湘居士撰相理奥秘十五讲

1986年5月，笔者假《命和运杂志》第二十期发表《指纹的奥秘》一文后，读者反应热烈，半年来接获很多读者的来函来电，与笔者探讨各种相理问题，笔者谨此向各位读者深致谢意外，并将读者朋友所提问题加以整理，分述如下，以回报各位读者之雅意。

一、相理与手面相有别　与民俗相法亦迥异

相理一词，与命理二字有对称之意义，但究系出自何书已不可考。笔者在著述中援用“相理”二字来代替“手面相”三字，究其原因，手面相三字无法涵盖人相学的所有现象。例如，天庭饱满，鼻额相配，地阁方圆，再加手形好，主其人一生必有成就，此为手面相也。但为什么天庭饱满，鼻额有配，地阁方圆，再加上手形好，就能一生有成就？又吾人均是父母所生所养，为何只有某人的天庭饱满，鼻颧相配，地阁方圆，再加手形也好，为何吾人有所不如，其道理安在？这就是相理所要研究探讨的道理。故笔者认为手面相研究的范围，属人相学的表象，而相理所研究的范围则涵盖人相学表象和里层双重现象。至于民俗相法，则仅能说明某一项特殊现象，其应验欠缺一般性标准。例如，手指不漏缝者一生聚财，手指漏缝者一生不聚财，此种论断，对木形人兼水形手者颇为应验，对木形人兼木形手者则不应验，此即人相学（即相理）与民俗相法最大不同之点，也可以说民俗相法只知其一而下知其二，而相理则具有一般性之应验标准，无

任何时空人地的限制，中国人和外国人均一体适用。

二、相理不属于性向学　更非心理学统计学

一般人常误会人相学是起源于性向学，融合统计学及心理学，其实这是西洋人相学的说法，一般人不察，积非成是。而中国人相学是起源于中医学，融合遗传学及生理学。我们中国自古即有“医相一家”之说法；缘于黄帝时有“风后氏”精医术，他以“有诸内必形诸外”的道理，证明五脏六腑先天机能欠佳者，五官六府之长相必有瑕疵，后天健康失调者，五官六府之气色必起变化，此项伟大发现，为研究人相学及中医学奠下万古不变的理论基础，故后人称人相学为“风鉴之学”，“风”者即指风后氏也。反之，西洋人相学乃起源于性向学，或称心性行为学，意即有怎样的长相就会有怎样的个性行为，有怎样的长相就会有怎样的心理状态，然后加以统计分析归纳。此种研究方法，如纯就治学立场言，的确相当科学，但不免有本末倒置之嫌，未有触到人相学的根本，因为吾人的心性行为均发自内在思维系统（即脑组织），及运作系统（即五脏六腑）。例如，脑髓组织遗传不良或发育不全，主其人智慧有缺憾，外在形相包括头骨、面相、手纹等相理上必有瑕疵。生理机能特别发达者，主其人性欲旺盛，外在形相包括耳朵、鼻口等必与一般人有异。肠胃先天欠佳者，主其人情绪不稳处事即兴，外在形相包括山根、年寿、鼻翼、胡须及手纹等部位亦均有瑕疵。西洋人相学只看到表层的现象而已，而未察内在的生理遗传原因，一般人崇洋心理作祟，人云亦云，以讹传讹。又西洋人相学以研究手相为主，头相为辅，面相则根本未涉及，中国人相学则研究头相面相为主，手相为辅，并兼及五形、体相、足相、声相、行止相和肤发、须眉、纹痣、肉色、肥瘦、甲齿、及精神、气色、气质、气魄、性格、器识等，以及更注重“阴骘变相”的道理，似此更非西洋人相学所能及。

三、人的长相为何各异　肇因每人遗传不同

每个人长相为何不同，我们会直觉地回答是因为各人的父母不同。譬

如白种人生出的小孩一定是黄头发蓝眼睛，黄种人生出的小孩则是黑头发黑眼睛，这是因为罗马种与蒙古种之遗传因子不同所致。那么，同样属于同一父母所生的兄弟姐妹为何也会长相不一样呢？还是遗传问题。例如老大长的天庭高耸，耳朵长大，鼻颧有配，地阁方圆，后天表现天资聪慧，个性优良，身体健康少病，究其原因，那是表示他母亲受胎的时候，夫妻身心两健事业工作如意并恩爱有加所致。老二生得天庭低，耳朵小，鼻梁凹凸，后天表现个性不良，工作表现不佳，身体瘦弱，那是表示他母亲受胎的时候，父母事业工作不顺身心状况欠佳所致。老三生的眼睛无神，后天表现智慧不足，那是表示他父母在精神耗弱的时候，或宿醉的时候所受孕。如果仅有父母一方处于身心两健是否也能生下身体健康，智慧优异，个性优良的小孩呢？答案应该是否定的。因为怀胎受孕，好比农夫下种，种子固然要好，田地也要好，一方不好，都会影响收成，其他动植物生长蕃衍莫不同一道理。

四、人的长相每人不同　因此人的命运各异

人的长相不同，既然与遗传有关（包括心理和生理），那么人的命运不同，也自然与长相不同有密切关系了。因为有好的遗传就有好的长相，有好的长相，就有好的健康、智慧、个性，而健康智慧与个性三者正是决定一生命运的三大要素。吾人成胎系于父亲的精子和母亲的卵子，每一个精子和卵子各有二十三对染色体，除第十三对染色体为决定性别的染色体外，其余每一对染色体均各有众多的遗传因子，每个因子又均具有不同的生理、病理、心理属性，此种遗传属性，在时间上可上朔至人类的原始老祖宗，在空间上言，则包罗万象，例如肤色、高矮、寿命、疾病、智慧、技能、个性、嗜好及头部、面部、躯体、手足等各种特征均包括在内，然后表现在此人出生长大成人后的健康、智慧、个性三者的足与不足，三者足者好命也，三者不足者歹命也。吾人尽可不必相信命运，笔者更反对宿命论，但不得不相信一个人的健康、智慧、个性三者与一个人一生的成就和收获有绝对密切的关系，以上理论从现今生物学、生理学、遗传学、医理学等

均可获得证明。但问题是许多伟大的圣人、政治家、军事家、企业家，以及享盛名的从事异路行业的工作者，并非每个人均是出身富裕的家庭，也并非每个人的父母均是长寿，或每个人的父母均受过良好教育。反之，出身大富大贵家庭的子弟，或父母受过良好教育的子女，又一代不如一代，那又作何解释？究其原因，前者为遗传进化所致，后者为遗传退化所致。因遗传因子会随著吾人身心之修持或不修持而起变化，例如改变遗传因子的排列组合程式，或除去一部分坏的因子，或增加一部分好的因子，因此，而影响到子孙遗传的好坏。此种道理亦即本人在拙著“气色大全”中阐述甚详的“阴骘之理”。

五、父母亲授气之瞬间 人的命运即已注定

综上所述，吾人已了解人的命运和遗传有绝对关系，所以现今科学家呼吁父母一方在身体健康欠佳的时候，不要生育小孩；父母一方在心理健康欠佳的时候，不要生育小孩；父母在忧烦多端的时候不要生育小孩；父母在事业受挫的时候不要生育小孩；父母在经济状况极困难的时候不要生育小孩，父母感情不佳的时候不要生育小孩，原因是此时的遗传因子，因父母生理或心理状况欠佳，会促使好的遗传因子变为“隐性”，而不好的遗传因子变为“显性”，因此而生育出健康、智慧、个性三者不足的小孩。同时，科学家又发现过度疲劳透支体能为致病之根源，因吾人体内细胞中的因子有好有坏，坏的因子甚至包括致癌的因子在内，但有的人一生中并未得过癌症，这是因为他的细胞中的癌症因子一直处于“隐性”状态，一旦癌症因子受到生理或心理的影响（如上述之疲劳会影响免疫力之强弱），“隐性”即变为“显性”，癌症因此发生，此即中国人之所谓“积劳成疾”也。同样道理，吾人身体虚弱的时候，正是带病的隐性因子变为显性的时候，而良性因子则会由“显性”变为“隐性”，这个时候受胎怀孕，生下的小孩当然是欠健康，此种道理，科学家已获得实验证明，所以能得到一般人的重视。但是，我国东汉思想家王充说：“凡人受命，在父母施气之霎时，已得吉凶矣，其关系于母性者尤大。受气时，母不谨慎，心妄虑邪，

则子长大，狂悖不善，形体丑恶”。所以我常劝希望生贵子的父母，必先注重身心修持，反之必生败子。

六、父母遗传属先天命　另有后天及周天命

人们常说命运分为先天和后天，但命理与相理区分先天和后天有截然不同的说法。根据命理的说法是，出生的年月日时为先天，以后为后天。相理的说法则以婴儿受气即“受胎”之霎时为先天，受胎以后，包括怀孕、胎教、出生、养育、求学、工作、创业、结婚、生育、疾病、死亡等为后天，并可分为三个时期。第一时期为怀胎的过程，即怀孕胎教时期，怀孕过程不好，即使父母的遗传很好，生下的婴儿，仍然在健康、智慧、个性三方面呈现不足的现象，例如，怀胎期间夫妻不和，营养不良，服错药品等，尤以服错药品的影响最为严重。第二时期为出生后之成长过程，即出生后的养育求学时期，亦会影响其健康、智慧、个性三方面之足与不足，例如父母所给予的亲情不足，培育的环境品质恶劣（非指家境富裕或不富裕）所受教育（包括家庭教育及社会教育）是否良好等，尤以父母的亲情影响最为重要。第三时期亦即自立时期，包括工作、创业、结婚、生育、疾病等，此时期亦为真正的后天命运，这个时期所受父母家庭的影响已渐渐减少，而自我修持（包括做人处事）最为重要，一般所说命运掌握在自己手里，也正是这个时期的写照。但是，掌握命运并非指改变遗传基因，只可以说使好的遗传基因加以发挥，坏的遗传基因加以隐藏而已。也可以说，命运中的七分仍是靠父母遗传基因是否优良，三分才靠自我修持，因为自我修持能促使心性行为有所作为，或不作为，或反作为，而导致一生的收获为正数或负数。假定先天遗传为七分，如果不作为，则一生到死也不会超越父母遗传所赋予的收获标准，如果反作为，则七分变为三分四分甚至零分了，如果有所作为，则比父母遗传赋予的收获标准多了一分、二分甚至三分，而变成十分了。例如甲乙两人，父母遗传优劣相同，并出身同样条件的家庭，接受同样品质的教育，同时同地担任公务员，或同时同地开始做生意，甲有所作为，乙欠缺作为，最后盖棺论定，甲的成就胜过

乙的成就三分，这就是甲掌握了命运，乙没有掌握命运，如果乙反作为，则乙最后结局，必定身败名裂。如果甲做了部长高官或亿万富翁，乙的成就仅做个科长或百万收获，这就不是作为与不作为所能为济了，而是甲乙二人祖先父母的遗传基因的品质差异太大所致。再说明白一点，即甲的遗传种子（父系遗传）优于乙的遗传种子，所种的田地（母系遗传）也是甲优于乙所致，所以甲的成就大于乙。又常听人说，中国人的智慧很高，但在国内的中国人无法得到诺贝尔奖，这是什么原因呢？其道理系因为在国外的研究环境胜过国内的研究环境所致，此种“研究环境”即周天命运也。又如某企业家以一介米商起家，大家认为是他的智慧甚高和具有苦干实干的个性所致，此话的确有理，但我们也不能忽略某企业家起家的时候，正是台湾经济起飞的时候，那时候做化粧品及牙膏生意的，是用面盆和料，做饮料汽水生意的，所用机器简陋的可怜，那时候生产的任何商品，不做任何广告都可卖掉，都有厚利可图。看看现在，人们使用卫生纸都挑三拣四。生意人无不讲究一贯作业规模生产，讲究资本和技术密集，每类工业都处于饱和状态，利润薄的像纸，今天再请某企业家以一介米商干起，我想他也不敢立下保证书，保证白手起家变成大富，原因何在，周天命运不一样也。其他国外很多大企业家，也莫不是趁著二次大战后，经济起飞的大环境中白手起家的，或是发明某种尖端事物而致富的。其他如家庭的成员因素，家运的盛衰因素，及地区性的天灾战乱因素，及社会制度因素，国家政策因素，政府领导人的才能和遵行的意识型态及族群因素等，都会影响到个人的周天命运，例如共产主义国家即无大富之命，只有大贵之命，英国皇室的嫡传长子，生来就是国王之命，出生在北极或沙漠的人民，一出生就注定要穷困一生，这些都是周天命运影响个人命运的最佳例证。

七、相理乃属实体论命　命理则是拟制论命

现在社会上有一个很大的误会，就是把“命”、“相”混为一谈，其实命理和相理是两种截然不同的论命方法。具体的说，相理是“实体论命”，而命理则是“拟制论命”。因为相理是根据“有诸内必形诸外”为论命的依

据，为人就健康、智慧、个性三者加以评断的论命方法。换句话说，相理认为健康、智慧、个性为命运的三大内涵，其人有好的遗传及培育，就有好的脑组织及五脏六腑，然后就有好的五官六府和好的健康、智慧、个性，其人当然会有好的收获和成就（即命运）。此种论命方法，具体而有征，无论你是博士也好，教授也罢，也不论你是哪一国人士，都不能加以否定。举例来说，大富大贵的人在事业有成之前，一定没有生过大病，头脑一定清楚，个性一定优良，从外相看，五官相理必无懈可击。反之，一个事业无成，或事业先成后败，或事业停滞不前的人，一定在健康、智慧、个性方面有瑕疵。此种观相方法，自古迄今，绝无例外，既可适用于中国人，也可适用于外国人。而命理则不同，它是根据一个人的出生年月日时，“拟化”为天干地支四柱，或“拟化”为各种星宿当宫，然后论以五行生克制化之理，而论断一个人一生的命运。有关祖先父母在健康、智慧、个性三者对他的遗传是好是坏？祖先父母是否讲求修持？祖先父母是否积有阴德？祖先父母是否出身官宦书香之家？或出身男盗女娼之家？其人受胎当时父母的身心状况如何？其人母亲受胎后的胎教及饮食如何？其人出生后之家境及亲情变化如何？以及其人出生后之成长环境及教育情况均鲜少求证，亦不必见到本人观察其精神气色状态，而仅只根据出生之年月日时断其命运，是以被知识份子质疑其准确性。又以命理论命方法，不似相理之统一，其派别众多，各有诀窍。尤其为人质疑者，我国乃采用中原标准时间，台湾省早上七点已艳阳当空，新疆地区也许是早上五点正黑夜漫漫，黑龙江省在农历四月，可能冰雪刚刚解冻，而海南岛则早已炎暑盛夏了，似此情形，对一个人的命运有无影响，均鲜少探究。再以周天命运来说，实行共产主义的国度，无人能成为大富，如命理论断其为大富之格而不能成为大富，那么，命理之适用是否有限制性？所以，笔者认为命理为拟制论命，拟制者假设也，假设论断的结果当然不能与实体论断的结果相同。我国自唐朝李虚中发明四柱论命，宋代陈希夷发明紫微斗数论命，迄今千余年来，只局限在中国大陆和邻近国家流行，而不能像中医学、针灸学风行全世界，亦不像人相学无国界之分，实因为中医学、针灸学、人相学具有适用上之“一般性”也。(注：中国大陆自1978年实施改革开放政策，迄今已制造了不少的亿万富翁。)

八、父母可为婴儿造命 剖腹生产焉能为之

每个人都希望自己有好的命运，每个做父母的更希望自己能生个好命运的子女，但少数人舍本逐末，不求诸己，反而求诸医生用剖腹生产之法行之。其结果当然是失望的多。先以做父母的来说，必先在身心的修持上下功夫，以心理去影响生理，促使好的遗传因子增多，坏的遗传因子减少，这是第一等修持，必能播下聪明健康婴儿的种子。如能促使好的遗传因子变为显性，坏的因子变为隐性，这是第二等修持，也能播下次好婴儿的种子。然后在怀胎期间，又加以良好的胎教，及注重身心的修持，待婴儿出生后，做父母的再加以好的亲情照顾，及良好的环境培育(非富裕生活)，此种婴儿成人后，即使不是大有成就，也会有相当成就。但时下少数做父母的不作如是之图，反而在出生的年、月、日、时上做文章，挑选吉时良辰藉剖腹生产要生贵子，那么世所公认的优生学、遗传学、及动植物品种改良等学术，岂不要抛进字纸篓里？中国人更强调“积善之家必有余庆”，岂不视同废话？果真出生之年月日时有造命的效果，则人人可轻易为之，过不多久，世界上之人，岂不全属大富大贵之命，贩夫走卒及劳动工人岂非永绝之世？那时候的人类生态岂不失去平衡？尤有甚者，说造命可随心所欲，要医生之命，即可造医生之命，要工程师之命，即可造工程师之命，假如有人希望生个总统命的婴儿，是否也可如愿以偿？造命之说，未免太迷信了吧！难怪报纸舆论批评“今日台湾社会迷信超越理性”，说来真令人痛心！同样道理，如果做父母的不注重自我修持，只注重求神拜佛，只注重祖坟风水，是否就能“天赐麟儿”呢？笔者仍持不同的看法，虽然拜佛敬神亦是修持方法的一种，但表面伪善内心险恶的人，是无法因拜佛敬神而收到心理影响生理的效果的。笔者常比喻说，某人当了副总统，如果说他祖宗八代风水好，不如说他祖宗八代没有一个人曾做过流氓或作奸犯科过。再比喻说，生意人都拜可以保佑生意人赚钱的土地公，照理说，每个

拜了土地公的生意人，都不应该生意失败才对，但失败的例子很多，为什么？因为他只知拜土地公，而忘记了自我修持。又如台北市政府某处长，据报纸上的报导，在市府所有一级主管中，他是最相信风水的一位，但结果是这位处长跌得最重，为什么？因为他只相信风水的重要性，而忘记了自我修持的重要性。又如报载南部某人的儿子取名与前副总统相同，结果他儿子仍然做了小偷，为什么？因为名字取得再好，但不能替代父母遗传和自我修持的效益。因此，笔者要提醒读者，不论为自己，或是为下一代，如果要获得好命运，要获得大成就，还是求诸自己才是正途，你只要从今天开始修持（即修身、修心、修德、修行等四修），你的命运就会慢慢变好，你也可以生下好命运的婴儿，或是第二胎诞生的婴儿，一定好过头胎诞生的婴儿，如果你不想再生了，那么还是要修持，以你的言行身教，去影响你的子女的身心发展，促使你的子女确切掌握住那三分后天命运才是智者的做法。

九、刑妻克子词俗意乖　必须要作新的诠释

“刑妻克子”一词，无论相理命理，均有此说，因词俗意乖，故有人认为是迷信或无稽之谈。吾人以求真的态度作为研究相理的基本准则，既反对迷信，也不认同宿命论，凡事讲求实际印证与科学诠释，那么，刑妻克子到底有无可能？如属可能。其原因何在？经笔者多年印证探究，认为刑妻（含刑夫）乃是因为夫妻两人作内分泌交换时，一方内分泌中所含化学质素不利他方生理心理健康所造成的结果，此项内分泌即“精液、血液、唾液”三者。假如此三种内分泌成份不良，或此三种内分泌阴性与阳性荷尔蒙不平衡，例如妻分泌阳性荷尔蒙过多，夫分泌阴性荷尔蒙过多，然后此种不良的化学质素和不平衡的荷尔蒙被他方吸收，日积月累，岂有不伤害对方健康之理？严重者促使对方死亡，次严重者，促使对方身体常有小病小痛，或是提早衰老，或是精神不振无心工作，或促使对方智能退化，个性变坏或，影响事业上的成就，甚至家破人亡，妻离子散，这就叫做刑夫或称作克夫（含克妻）。吾人作此诠释，不但有医学上的依据，并能在相

理上明白指出他（她）有内分泌成份不良，或荷尔蒙不平衡之相理特征所在。例如奸门或年寿一带有痣，表示他（她）的肝脏现在或曾经健康欠佳内分泌不良。奸门凹陷，表示他（她）的肝或脑下垂体有先天性的机能欠佳，引致内分泌过与不及。女性雄声或有喉结，表示她阳性荷尔蒙分泌过多，阴性荷尔蒙分泌过少。其他还有很多相理，在在均显示男女一方有隐性或显性疾病存在，或是内分泌及荷尔蒙不平衡的现象。至于可否避免，及如何避免的问题，仍旧是求诸己，譬如作婚前健康检查和双方个性分析，婚后有病治病，在疾病痊愈前，夫妻二人分床分房而睡，分别使用盥洗用具及餐饮器皿，尽量避免在刑克流年期间作肉体或呼吸上之接触。另夫妻二人五形配合不当，例如“金形配木形”“水形配火形”，亦会引起双方体内放射的电质素的“负吸”或“相斥”，而导致他方心理和生理的不健康。台湾“行政院原子能委员会”，于 1983 年 3 月 21 日发表“夫妻相互幅射实验报告”指出，一方接受他方天然幅射剂量过多时，会导致癌病，似此情形，当然谓之刑夫或克妻也。

再谈到“克子”一词，更是一般人所不愿意听到的，因为每个人都希望自己的小孩能长命百岁，但事实上小孩夭折的很多，至于夭折的原因不一，有的因患病而死，有的因车祸而死，有的因被刀伤枪击或其他意外事故而死，似此情形，过去的说法，都归之于命中或相中注定克子（女），似此“铁口直断”，因而引致一般不相信命运的人批评为迷信。笔者新的诠释是，如子女因病而夭折，是因为祖先父母对这个子女有遗传性的疾病，或怀孕成胎有不良的过程，或出生后培育欠周所致。其他各种夭折的原因，则归之于祖先父母对这个子女个性方面有不良的遗传，促使这个小孩个性不良，例如性急、酗酒、或好胜心强、或好斗心强、或反应迟钝欠缺临机应变的智慧，因而招致凶灾死亡等等。至于死于大灾难及战乱的人，则小部分归之于先天遗传不良，大部分归之于周天命运也。另外，做父母的根本不能怀孕生育，则是因为父母双方或一方有生殖系统的疾病所致。如有损胎或生出白痴的小孩，亦是因为父母双方或一方有生殖系统疾病或其他病理原因所致。又如父母五形相冲相克，例如“金形配金形”，“火形配金形”，也会生出不健康或个性智慧不良的小孩。又如祖先父母有损阴骘，亦会生出不健康或个性智慧不良的小孩，这是因为祖先父母损了阴骘，心理影响生理，促使遗传因子由良性变为恶性所致。

十、相理流年即胎儿在母体中的成长过程

笔者自 1981 年创作面相“八仓二库流年法”公开以来，引起研究相理人士之莫大兴趣，纷纷来函来电询问有关该项流年法之论断方法，并询问“八仓位”及“二库位”在面相上的部位，兹说明如下：

（一）外仓——即两耳及垂珠，主 1~14 岁之大运。

（二）人仓——即额头两边之丘陵冢墓二位，主 15~24 岁之大运。

（三）眉仓——即一百三十部位之嫔门至巷路位（见所附十三部位总图），主 25~34 岁之大运。

（四）眼仓——即一百三十部位之奸门至天门位（见所附十三部位总图）主 35~40 岁之大运。

（五）天仓——即太阳穴位，主 41~43 岁之大运。

（六）禾仓——即一百三十部位之正面位（见所附十三部位总图），主 44~47 岁之大运。

（七）囤仓——即一百三十部位之囤仓位（见所附十三邵位总图），主 48~50 岁之大运。

（八）食禄仓——即七十五部位之食禄二仓位，主 51~55 岁之大运。

（九）家库——即一百三十部位之家库位（见所附十三部位总图），主 56~65 岁之大运。

（十）地库——即一百三十部位之庄田地库二位（见所附十三部位总图），主 66 岁后之大运。

至于论断方法：大运看“仓库位”，小运看“小运位”（见所附八仓二库流年法表解），流年则以“九执位”无缺憾者以“本位”为主观察点，“九执位”及“配观位”为辅观察点。如“九执位”有缺憾者，则以九执位为主观察点，“本位”及“配观位”为辅观察点，如能揣摩熟练运用得宜，

可谓百验不爽（流年以“生日年龄”为准，非“生肖年龄”为准，即过了2岁生日才能算两岁）。

至于何以一般人的流年运程时好时坏，实与母体怀胎时期成长过程有关，据医学文献记载，母体受胎后，首先发育的部位为神经系统（即脑髓与脊髓）及附着于神经系统的血液循环组织（非指心脏）。然后再依序成长呼吸系统，循环系统，代谢系统，消化系统，生殖系统，排泄系统等，此种发育程序，与面相“十三部位”可谓不谋而合（见所附内外五行联属位置图）。笔者曾一再强调，研究相理即系研究吾人之脑髓骨髓和五脏六腑之优劣，亦可以说医生是诊断一个人的“显病”，而人相学家则是诊断一个人的“隐病”（注：人相学本系预防医学）。因为脑髓骨髓和五脏六腑发育成长良好，面相五官六府即长得良好，吾人为人论相，就是检查一个人脑髓骨髓和五脏六腑是否有瑕疵，如有瑕疵，即表示该器官先天发育不良，或后天培育欠当，该器官所分泌的内分泌及放射出的电质素不是过多过强，就是过少过弱，或电质素的频率不是过快就是过慢，或电质素的波长不是过长就是过短，此种不正常的内分泌和电质素，不是影响其人的健康不佳，就是影响其人的智慧闭塞，或是影响其人的个性不良，最后当然影响其人事业上的成就，或发生其他事故。如一生中脑髓骨髓和五脏六腑所分泌的内分泌和所放射的电质素均正常，则一生都是好运，也象征其人的脑组织和骨骼及内脏器官一点瑕疵也没有。（注：有关八仓二库流年法之详细论断方法，请读者参阅《萧湘识人相法全集（一）》第十七章“面相流年观看法”。）

十一、人相五形乃是构成　人体质素外在表征

观相方法繁多，大致可分为评断休咎的五形相法，三停相法，四学堂相法，五官相法，五星相法，五岳相法，四渎相法，六曜相法，六府相法，八学堂相法，八卦相法，九州相法，十二宫相法，十三部位相法，关隘相法，阴阳相法，配观相法，吊用相法，皮肉相法，须发相法，纹痕相法，痣斑相法，声音相法，甲齿相法，行坐卧相法，饮食相法，言语相法，揣

骨相法，头颅相法，肚腹相法，乳脐相法，下阴相法，谷道相法，胸腰相法，前山后山配观相法，颈项相法，背肩臂膊相法，四肢相法，指掌相法，手纹相法等。以及评断德行的心性相法，阴骘相法。评断目前状况的气色相法，眼神相法。概括式的各种男女富贵、贫贱、寿夭、刑克、灾厄等格局相法。抽象式的各种鸟兽形相法。及清、奇、古、怪、秀、异、端、长、短、大、小、露、反、空、麻、残障等休咎相法。评断流年的九执流年相法，三停流年相法，业务流年相法，耳鼻流年相法，七十五部位流年相法，混合定位流年相法，八仓二库流年相法等。各种相法，大致均有具体标准可循，惟独五形相法，标准虽有，但难界定，甚至有终生研究相法人士，亦不能将五形相法摸透者。

《太清神鉴》云："人禀五行而生，顺天地之和，食天地之禄，故有五行之形。"此处所言五行乃指宇宙间各种元素而言，其意乃谓人既是生在宇宙（地球）之中，而宇宙是由各种元素所构成，人既禀五行而生，顺天地之和，食天地之禄，是以人体中亦含有存在于宇宙中（地球）之各种元素。宇宙（地球）中之元素，根据科学家研究发现已达一百零五种（以后仍会有新元素发现），而构成人体的元素则约八十余种，由此证明我们中国人早就有宇宙（地球）是由各种"物质"所构成的观念，以及人体亦含有宇宙（地球）中既有物质的认识。但当初我们的老祖宗因限于当时的物理化学知识不及现代发达，故粗略分为水、木、火、土、金五种而已。但值得大书特书的是，我们的老祖宗已能将五种物质的形状加以描绘，如水物质形状为圆形带软，木物质的形状为长方形，火物质的形状为三角形、土物质的形状为圆形带硬，金物质的形状为四方形。同时并将上述五种物质的光合色别和物质的能量属性加以区别。如水物质的光合色别为黑色，能量属性为冷暖静顺并具有"沉"性及"藏"性，木物质光合色别为青色，能量属性为软韧敷和并具有"升"性及"生"性，火物质光合色别为红色，能量属性为燃烧升明并具有"浮"性及"长"性，土物质光合色别为黄色，能量属性为温暖备化并具有"化"性及"和"性，金物质的光合色别为白色，能量属性为坚硬审平并具有"收"性及"降"性。

上述五种区别宇宙（地球）物质的方法和标准，如纯以物理、化学的观点去衡量，当然简单而不足为道，但如用在区别宇宙物质的外形及属性而言，的确是最合适不过，因此先贤们无论是中医学界或人相学界，均以五形相法作为评断一个人的健康和休咎的标准。

以人相学而言，数十种观相方法，均只能就其外形的局部论其休咎，唯独五形相法能就其外形的整体论断其人的休咎，此种论断结果，无时空限制，其人一生的成就大小和吉凶祸福均包括在论断结果之内。原因是五形相法（命理学称为“五行”）能就其整个外形观察其人体结构的成份，例如以何样物质为“主质素”，以何样物质为“辅助质素”，主质素是否“纯真”，辅助质素是否份量“适当”，主质素与辅助质素之间是否发生“相生相助”的效果，或是发生“互相抵消或破坏”主质数的效果，辅助质素与辅助质素之间，是否能发生相生相助的效果或是发生互相抵消或破坏的效果，在在均影响一个人一生的健康、智慧、个性，因此也影响了一个人一生在事业上的成败，以及婚姻的美满与否，甚至一个人寿命的长短了。

人体五形质素为什么会有主质素与辅助质素之分呢？原因是构成人体质素虽有水木火土金五形（五行）之分，但此种五形质素不可能等量存在于人体之内，一定有多有少之别，多者为主质素，少者即为辅助质素，如仅为一种质素的情形当然也有（其实际情况只是主质素为显性其他辅助质素为隐性，并非真正只有一种质素而已），此种情况在五形相法谓之正形正局，如水形正局，木形正局，火形正局，土形正局，金形正局等，但此种情况并不多见。

又正形正局另有强弱之分，分述如下：

壬水形正局——即水之显性主质素为强势之谓，外形五部圆大，前观如仰，后观如伏，浑身上下，不论头面五官腹背手足均令人有饱满浑圆之感，但圆而不肥，眼神足，眉发浓密，个性圆通多智，颇爱艺术，颇有学问，能言善辩，才华出众，肉色黑亮，声音清越如涧中水流，主一生名声早立，事业有成，富贵到老。如兼甲木、丙火、戊土、庚金任何一局均为五形相生，主一生事业财富水到渠成，可贵可富。忌肉色滞黑，声音浮浅如羔羊哀鸣者为破格，主不发运。

癸水形正局——即水之显性主质素为弱势之谓，外形五部较壬水形正局瘦小微圆，但个性近似，形体虽弱，精神充足，肉色黑亮，声音清越，事业主有小成，衣禄终身，显少挫败。如兼乙木、丁火、己土、辛金任何一局均为五形相生，主一生事业自然发展，事半功倍。肉色及声音喜忌与壬水正局同。

甲木形正局——即木之显性主质素强势之谓，外形五部长大，昂藏挺直，腰部窄瘦，掌长指长，头部隆起而额窄，令人有瘦长修削之感，但筋骨不露，同时眉眼清秀，眼神充足，鼻亦长直，五部骨肉匀称，智慧甚高，好学深思，忍耐力强，勇敢果决，偏执耿介，思想独立，不畏失败，肉色青润，声音高畅如空谷传音，主其人初运平平，中年大发，事业腾达富贵到老。如兼丙火、戊土、庚金、壬水任何一局均为五形相生，主一生事业财富水到渠成可贵可富。忌肉色重青，声音乾涩如狂犬乱吠者为破格，主不发运（甲木非五长五大格，五长五大格亦主大成）。

乙木形正局——即木之显性主质素弱势之谓，外形五部较甲木形正局瘦小，但个性近似，如五部露骨起节，事业上主有成败，如不露骨起节，肉色青润，声音高畅，亦主有中等成就，且一生平顺到老。如兼丁火、己土、辛金、癸水任何一局均为五形相生，主一生事业自然发展，事半功倍。肉色及声音喜忌与甲木正局同（乙木非五短格亦非五小格，五短格五小格均主有成）。

丙火形正局——即火之显性主质素强势之谓，外形五部轩昂，肩向上耸，面相上尖下阔，上锐下丰，身体健硕，颧尖骨露，耳尖廓露，指掌皆尖，筋骨俱露，眉骨及眼口齿亦无不露，六亲多刑，个性表面温雅，内心急躁，思想不拘，不计后果，性情多僻，为人聪明，有审美观，肉色红润，声音焦烈如裂帛猝止，如从事军职，可早发有实权，惟所发不久。如兼甲木、戊土、庚金、壬水任何一局均为五行相生，主一生事业财富水到渠成，可贵可富，忌肉色赤燥，声音急躁如青蛙夜噪者为破格，主不发运。

丁火形正局——即火之显性主质素弱势之谓，外形五部较丙火形正局瘦小，但个性近似，额窄，五官略尖露，如颏朝额，肉色红润，声音焦烈，亦主小成，并白手兴家，但创业过程艰辛难免。如兼乙木、己土、辛金、癸水任何一局均为五形相生，主一生事业自然发展，事半功倍。肉色及声音喜忌同丙火正局。

戊土形正局——即土之显性主质素强势之谓，外形五部厚实，手背亦厚实背部隆起，头部平正，鼻部丰隆，地阁方厚，枕骨平实，发厚眉浓，眼长额起，腰部圆垂，唇厚颐丰，颈部肥短，五岳相朝，精力充沛，富创造性，敢作敢为，不慕虚荣，情感丰富，能耐劳苦，颇知进退，但亦固执，肉色黄润，声音深厚如瓮中声响，多经商致富，从公亦贵，荫及子孙。如兼甲木、丙火、庚金、壬水任何一局均为五形相生，主一生事业财富水到渠成，可贵可富。忌肉色滞黄，声音浊滞如骡马声嘶者为破格，主不发运。

己土形正局——即土之显性主质素弱势之谓，外形五部较戊土形正局弱小，但个性近似，皮肉结实，肉色黄润，声音深厚，一生事业主有中等成就并长久。如兼乙木、丁火、辛金、癸水任何一局均为五形相生，主一生事业自然发展，事半功倍。肉色及声音喜忌同戊土正局。

庚金形正局——即金之显性主质素为强势之谓，外形五部体格中等，头圆肩平，额部骨起，面方手方，骨肉坚实调匀，眉清目秀，唇红齿白，面相体相均有方正之感，头发眉须疏而不密，腹部圆垂，背部宽厚，胸平有肉，个性刚正不阿，欠缺圆通，循良守法，崇尚实际，意志坚定，节俭克苦，处事敏捷，性急言急，洁身自爱，允文允武，颇有胆识，白手创业。如肉色白润，声音和韵如洪钟腾韵，主一生事业，中年大发，老运亦佳。如兼甲木、丙火、戊土、壬水任何一局均为五形相生，主一生事业财富水到渠成，可贵可富。忌肉色枯白，声音沙哑如破锣之声者为破格，主不发运。

辛金形正局——即金之显性主质素为弱势之谓，外形五部较庚金形正局瘦弱或相等，但个性近似。耳方微圆，手面均小方而圆，如肉色白润，声音和韵，一生事业主有小成。如兼乙木、丁火、己土、癸水任何一局均为五形相生，一生事业自然发展，事半功倍。肉色及声音喜忌同庚金正局。

附注：世上之人，五形正局者少，五形兼局及杂局者多。

那么人体到底以一种显性主质素构成者为佳，还是分别由多种质素构成者为佳？那就要看此种主质素的纯真度及辅助质素之配合是否恰当为准。例如木质素有甲木乙木之分，甲木再分为“坚木”“节木”两类，乙木亦分为“软木”“曲木”两类。水质素有壬水癸水之分，壬水再分为“活水”“死水”两类，癸水亦分为“泉水”“浊水”两类。火质素有丙火丁火之分，丙火再分为“纯火”“野火”两类，丁火亦分为“微火”“烈火”两类。土质素有戊土己土之分，戊土再分为“硬土”“砂土”两类，己土亦分为“粘土”“薄土”两类。金质素有庚金辛金之分，庚金再分为“纯金”“生金”两类，辛金亦分为“砂金”“杂金”两类。因此，吾人一生的健康智慧个性完全受到人体构成质素之是否优良，以及配合是否恰当所影响，无论是由一种主质素构成或渗合多种辅助质素构成均可，只求其主质素之纯真及辅助质素之平衡。例如金形正局是由一种显性主质素所构成，如果此种显性主质素为“纯金”，乃是可喜的现象，主其人必成大器，如果主质素为生金构成，则其成就必递减。如果其构成之质素是以“纯金”为主，另渗合“硬土”为辅助质素，则成就仍有可观，因为土之辅助质素对金之主质素有相生作用，但渗合过多之土质素仍主不吉。反之，如渗合之辅助质素为丙火类之“野火”或甲木类之“节木”，则主其人一生多灾多难，当然鲜少成就，甚或寿命亦短促？因为“野火”与“节木”，对于金质素有相克相斥作用。但渗合的辅助质素为丙火类之“纯火”或甲木类之“坚木”，则与主质素有相生相助作用，主其人有可观成就。又如渗合两种或多种辅助质素亦无不可，只要所渗合之辅助质素对其主质素以及辅助质素相互间有相生相助作用即可，有相克相斥作用则不可。

兹再将“坚木”等二十项形局之外形及休咎分述如下：

坚木——外形较甲木正局为中等，其特征为五部厚实壮硕，五形多为兼一之相，如所兼为纯火，硬土、纯金、活水任何一局均系五行相和，主其人初运即佳，事业稳定，终必大成，社会地位及家庭幸福兼备。

节木——外形较甲木正局为瘦，其特征为五部露骨起节，主其人发在中年，偶有大贵者。五行多为兼二兼三之相，相生相助者吉，相克相斥者凶。

软木——外形与乙木正局近似，体形有肥有瘦有高有矮，其特征为皮肉松弛，一生事业所发不久。如再皮肉下垂，主其人一生事业顺少逆多，老年贫困。五形多为兼二兼三之相，相生相助者吉，相克相斥者凶。

曲木——外形与乙木正局近似，其特征为五部欠挺直，鼻曲无肉，耳反露廓，身体胸背弯曲露骨，手脚亦然，主其人一生事业破败，无成就幸福可言。即使偶有小成终无结果，五形多为杂局并相克相斥。

纯火——外形与丙火正局近似，其特征为体形高大，面部上窄下宽，鼻准朝印堂，性徐而钝，可从事军职，但发不久。五形多为兼一之相，如所兼为坚木、硬土、纯金、活水任何一局均系五行相和，主其人一生事业仍有得多失少之成。

野火——外形与丙火正局近似，其特征为体形瘦长，两耳上下皆尖，肩耸颧鼻俱尖，若颏朝鼻，主其人可发晚运，如早发则一生浮沉。五形多为兼二兼三之相，相生相助者吉，相克相斥者凶。

微火——外形与丁火正局近似，体形有高有矮，其特征为耳尖，不论高矮，均不忌瘦，主一生事业偶有小成。五行多为兼二兼三之相，相生相助吉，相克相斥者凶。

烈火——外形与丁火正局近似，其特征为五部瘦长，五官露骨起节，顶颏手指俱尖，事业偶有小成，如两耳上下皆尖，主其人个性暴躁，老年孤贫。一生事业幸福背道而驰。五形多为杂局并相克相斥。

硬土——外形与戊土正局近似，其特征为五部皮肉粗浊，鼻大颧横腮宽，其人多属劳作苦力。五形多为兼一之相，如所兼为坚木、纯火、纯金、活水任何一局均系五行相和，主其人一生安份守己，先贫苦而后衣食有余。

砂土——外形与戊土正局近似，其特征为五部皮薄肉浊，鼻塌有小孔或斑点，面多斑痕，事业先甜后苦。五形多为兼二兼三之相，相生相助者吉，相克相斥者凶。

粘土——外形与己土正局近似，其特征为面肥身瘦，颧横颏阔，鼻虽大，鼻准鼻翼软如海绵，主其人性钝多疑，毫无主见，一生虚花贫困。五形多为兼二兼三之相，相生相助者吉，相克相斥者凶。

薄土——外形与己土正局近似，其特征为体弱面瘦，鼻颧露骨，难聚钱财，劳碌孤贫，主其人一生与事业幸福背道而驰，孤贫到老，五形多为杂局并相克相斥。

纯金——外形与庚金正局近似，其特征为五部微圆而方，肩平而圆，手面亦微圆，骨肉匀称，个性外柔内刚，事业小发。五形多为兼一之相，如所兼为坚木、纯火、硬土、活水任何一局均系五行相和，主其人事业运长久，但难大发。

生金——外形与庚金正局近似，其特征为五部身短面方，额鼻颧颏皆露骨，耳反露，唇上跷，五部五官均不对称，主其人个性粗暴乖戾，有犯罪倾向，一生难有成就。五形多为兼二兼三之相，相生相助者吉，相克相斥者凶。

砂金——外形与辛金正局近似，其特征为面微方，鼻多斑点，声音沙哑如破锣，主其人一生贫贱。五形多为兼二兼三之相，相生相助者吉，相克相斥者凶。

杂金——外形与辛金正局近似，其特征为身虽方而不正，恒表现于行坐之间，面虽方但鼻颧额颏皆暴露，如眉粗眼浊，多有犯罪倾向，怙恶不悛之徒，一生无成就幸福可言。五行多为杂局并相克相斥。

活水——外形与壬水正局近似，其特征为五部圆肥，动时肉抖，静时肉丰，多长袖善舞。五形多为兼一之相，如所兼为坚木、纯金、硬土、纯火任何一局均系五行相和，主其人一生事业富多于贵。

死水——外形与壬水正局近似，体形有肥有瘦有高有矮，其特征为两眼圆大，并露一白或三白四白，一生事业多波折，主其人多死于非命或身早亡。五形多为兼二兼三之相，相生相助者吉，相克相斥者凶。

泉水——外形与癸水正局近似，其特征为耳轮廓分明，眼有双波，鼻孔圆收，口有棱角，主一生富裕小康，衣禄终身。五形多为兼二兼三之相，相生相助者吉，相克相斥者凶。

浊水——外形与癸水正局近似，其特征为五部虽圆，但皮肉粗浊，眉眼皆浊，主其人一生无运，穷苦到老，一生无事业幸福可言。五形多为杂局并相克相斥。

附注：以上所述之强势及弱势正、兼、杂各形局，不但可评断其人父母之遗传优劣，甚至可以评断其父母之长相和健康、智慧、个性及其父母一生之成就，当然也可评断其本人一生之休咎，又可供男女配婚及中医诊病之依据。凡男女配婚，五形质素相生相助者美满，相克相斥者必欠美满或克离。如系强势质素配弱势质素不相克相斥者亦吉中有凶，如系强势质素配弱势质素而相克相斥者必主大凶。凡本身五形质素相克相斥者，主其人五脏六腑必有隐疾或一生多灾凶，凡本身五形质素相生相助者，主其人一生鲜少疾病和灾凶。

综合上述，五形相法变化万端，原理原则虽有标准可循，但分寸拿捏不易，除非钻研相理确实有心得者，实难窥其全貌，正形正局，容易分辨，五行兼局则难分辨，一形兼多局之五形杂局更难分辨。以强势正局加五形各兼一局言，可分为二十五局，如一形兼数局之五形杂局言，则最少可分为一百六十局。如再仔细分析，则是天文数字，世界上之人口数约 60 多亿，为何各人际遇不同，由五形相法之分类可得答案矣（注：2006 年世界人口总数已达 60 余亿）。

五形相法与其他观相方法意义不同的地方，在于五形相法为本体论，其他相法为体用论，故笔者有“五形为体骨骼为用，骨骼为体格局为用，格局为体部位为用，部位为体气色为用，气色为体心性为用”之体用说法。但一般研究相法者，多先从部位流年研究起，乃为择其简单易学，亦无可厚非。又一般研究相法者，仅研究部位流年而不涉及气色，则更难提升研究相法之境界，因部位是固定的，气色则是随时会变化的，故笔者有“部位为体气色为用”之说。为什么人相学特别重视五形相法呢？因构成人体之主质素乃存在于人体之骨骼内，而骨骼为人体根本，一个人发育完成后，骨骼之大小、长短、形状永远不会改变，而肉则附于骨，骨相不如，即主质素不够纯真，其相自然不如。至于辅助质素又如何观察呢？当然是就人体的外形及肉色去观察，例如木形兼火局，其外形必“顶尖肉色红”，甲木形兼土局，其外形必“面短色黄鼻大颧横”，甲木形兼水局其外形必“面圆色黑眉须三浓”。另须再强调者，因人之骨骼永远不变，故人之五形质素中主质素永远不变，但辅助质素所构成的“局”则会改变，因人体除骨骼外，尚有五脏六腑及血肉部分，因受到年龄、健康、生活环境、工作环境、人事环境的影响而会改变。例如体形由肥变瘦，肉色由白变黑等，但此类变化均是因人体内所存在之辅助质素由“隐性”变为“显性”，或辅助质素有所增减所致。例如由木形正局变为木形水局（略发胖或色青变色黑），但万变不离其宗，仍须讲求其变化或增减之辅助质素对主质素有无助益而决定其休咎。笔者举一个简单的比喻来说明，譬如中国食谱有“清炒牛肉”一道菜，正如五形相法有正形正局一样，但中国食谱中另有“牛肉炒蕃茄”一道菜，并不因为牛肉加了蕃茄而影响了牛肉的风味，甚至要比清炒牛肉来得好吃，至于蕃茄炒牛肉能否卖得高价或低价，则仍以所加蕃茄的品质与份量而定，正如五形相法中木形正局变为木形水局一样的道理，木为主质素，水为辅助质素，因水之辅助质素对木之主质素有相生作用，是以其人之成就并不输于木形正局之人的成就，如所加辅助质素为“死水”或“浊水”或太多的水，则其人一生的成就有限，这种情况好比“牛肉炒地瓜”一样卖不起价钱了。人之命运有的旺于少年，有的旺于中年，有的旺于老年，其旺衰的关键与“局”（辅助质素）的变化也有密切关系。例如金形土局之人，当旺运的时候，其气色（肉色）必变为黄润（土生金），红润（微火炼金），或胖了一点（金生水），如变为枯黄滞胖则衰运当头（土多金埋），或变为枯白惨淡之色则健康已坏到极点（象征金病）。

那么，如何去分辨五形正局、五形兼局、和五形杂局呢？当然仍是从一个人外形的头、面、身、手、足五部所呈现的“形”与“色”去揣摩，例如金形正局的人，五部皆方正，肤色必银亮。如金形兼水局，则五部皆方正，肤色必黑亮，或掌肥指圆，或眉浓眼圆等。如金形杂局，则五部中有二部以上呈现他形的“形”与“色”，或五官中有二官以上呈现他形的“形”与“色”，然后按其呈现的多寡而断定其为金形兼一水局一火局，或金形兼一水局、一火局、一木局、一土局，或金形兼二木局二火局等，然后依主质素与辅助质素之间的相生相克原理而断其一生的休咎。如果一看之下，根本无从辨别其五形形局，则此人乃五形“混合形局”，主其人一生鲜有成就，并灾凶难免，贫贱夭寿。此种相格，好比牛杂碎炒地瓜藤一样的欠缺风味又卖不起价钱。

命理讲究五行得配，相理更讲究五形（即五行）得配，但命理的五行是就出生的年月日时之当地的大气中所含的五行成份而界定，亦即所谓出生后所呼吸的第一口空气的成份为准，相理的五形则要亲眼观看其人五部的“形”“色”来断定其体内所含的五行质素，故笔者认为命理为“拟制论命”，相理则为“实体论命”实有其来自也。

五行（五形）学说起源于黄帝，完成于文王周公，迄今已四千五六百年，历久弥新，并广泛应用于易经八卦、命理相理、天文历数与中医学。但当时我们的老祖宗是将五行学说主要用于解释宇宙中物质的现象与性质。后来应用于相理命理等学术，其原因即根据前述之“人为宇宙间之一份子，构成宇宙（地球）的物质，亦必在人体中存在”的道理，再根据“有诸内必形诸外”的观相最高原理，去求证每个人体中所含物质的成份，再根据五行（形）物质的属性与相生相克的法则去推断一个人在健康、智慧、个性方面的足与不足，然后断定一个人一生成就的大小与各种休咎。惟仍有很多人不相信五行之说，吾人不妨以实例证明之，譬如以配婚来说，金形与木形相配，必影响他方之健康，其原因是五形质素的物能属性“相克”，因金物质的物能属性为“降与收”，木物质的物能属性为“升与生”，“升与生”能被“降与收”能所压制，自然影响“升与生”能之发挥。但甲木配辛金则吉，因辛金之“降与收”能不能压制甲木的“升与生”能，反而有帮助“升与生”能的作用。另如金形与金形及火形与火形相配，则必影响夫妻间之感情融洽，原因同样是五形物能属性“相斥”所致，但庚金与辛金相配，或丙火与丁火相配则情况稍微好些。如果是金形配水形或水形配木形则夫妻双方不但身心两健，同时夫妻间之感情亦融洽，事业亦有成，其原因是五行质素物能属性“相生”所致。其他朋友与朋友之间，长官与部属之间，父子兄弟之间，有的关系亲密，有的水火不容，均与五形是否相配有关。

另外，除了五形主质素与主质素之间有“相生”“相助”“相斥”“相克”的情形外，形（主质素）与局（辅助质素）及局与局之间亦会发生次等的相克、相斥、相生、相助的现象。例如有的配偶“形不合但局合”等情形，因此之故，而形成世间之夫妻婚姻生活各式各样的百态具呈。再举一个实例来说明，就不得不相信五形质素的存在了，例如长方形（木形）骨骼的人，他（她）不论每天吃大鱼大肉也永远不会发胖，即使后来胖了一点也不会胖得圆圆滚滚的；反之，如果是生成圆体形（水形或土形）的人，即使他每天吃青菜萝卜也会发胖，如果以减肥的方法勉强瘦下来，一定会影响他的健康和个性（因减肥发病或个性变坏的例子太多）进而影响他的运气，等到减肥停止，过不多久又会胖起来，其原因是“水”“土”物质的物能属性为“沉、藏”与“化、和”的原故。西医们不懂五行的道理，只知道体形发胖，就会导致心脏病、高血压等症状，此种道理虽有科学根据，但在实证上却未必尽然，因为死于心脏病或高血压的患者，瘦的人和胖的人均有。人相学家则认为无论瘦的人胖的人得了心脏病或高血压症，都因内脏“火系统”与“水系统”先天机能欠当，或后天生活失调所致，与身体肥胖的关系比较少，所以，不论胖的人或瘦的人都有患高血压和心脏病的可能。（注：1996年曾在报端看见一则消息：某国的医生及生理学家发现人体发胖的原因，与其人体内具有众多的圆形细胞有关，此说与五形相法有关“水质素”“土质素”的外观形状的说法颇为吻合。）

总之五行（五形）学说博大精深，笔者所学为政治法律，在研究人相学之前，亦与西医从业人员一样观念，对五行学说嗤之以鼻，但对五行学说进入堂奥后，发觉五行（五形）学说浩瀚无涯，既有理论基础，又有印证方法，并有实用价值，深深体会它是解释宇宙万物的形象与性质的最佳指导原理，可惜现在西风东渐，国人崇洋心理作祟，把老祖宗留下的宝贵学术遗产弃如敝屣，的确令人不胜唏嘘！

十二、指纹为何不会改变　与脑组织细胞有关

大家都知道指纹不会改变，其不会改变的原因，恐怕连指纹专家知道的也不会太多。因为指纹专家做的是指纹的统计与分类工作，不涉及生理学和细胞学，而指纹不会改变的原因，实际上是与生理学细胞学有关。据生理学家研究发现，人体细胞分为脑组织细胞和身躯细胞两大类，脑组织细胞约有130亿至230亿，脑髓发达的人，脑细胞数量亦随著增加，例如爱因斯坦的脑髓就比常人重四分之一，至于身躯部分的细胞比脑细胞为数多一些。前者自婴儿开始，渐渐增殖到脑部组织发育完成，脑部既发育完成，脑部细胞除非发生不可抗拒的因素，既不会死亡也不会减少，更下会发生新陈代谢之现象，而只有老化与坏死现象，所以一个人在儿童时期脑组织尚未全部发育增殖完成之前，智力不如成人，脑组织发育既成，脑细胞的数量及脑细胞的组织排列程式就已固定，智慧的高低亦已定型，以后的时间，只是就固有的脑细胞加以开发训练而已，常用脑的人，则脑力愈用愈发达，不常用脑的人，则脑力愈来愈迟钝（因不常用脑，脑细胞即渐渐进入冬眠状态）。然后随着年龄关系及开发训练不足等因素，脑细胞渐渐老化退化，最后脑细胞的功能又回复到婴儿状态，故年龄愈老，记忆力愈不灵光，反应亦慢，老年人的想法做法说法有时候和儿童的心态一样，此与脑细胞的老化退化有关。假如脑细胞亦与身体其他部分的细胞发生新陈代谢作用，问题就大了，不但儿时的记忆全部忘却，或许三天前发生的事情也会忘却，那么，一个人的学问如何积聚形成？笔者常比喻脑髓组织好比一部电脑，存档的讯息愈多，其发挥的功效愈大，但是，电脑有微型与巨型之别，电脑的记忆功能与运算功能，以电脑的“位元”与“秒运算率”为准，人们智慧的高低亦与其脑髓的大小与脑细胞的组织排列程式为准。故笔者认为智慧属于先天，学问属于后天，智慧高的人，不读书也有学问，智慧低的人，即使读书再多，学问也无法装进他的脑海中（因为他的脑容

量太小)。反之，身躯其他部分的细胞，当人体各部组织发育完全后，虽然停止增殖（发胖等少数情形例外），但所有细胞会发生新陈代谢现象，例如外伤缝合后，肌肉会再长出来，细胞会发生再生的现象。脑组织则不同，坏死的细胞不会再生，所以脑部受伤，不是智力减低，记忆力丧失，就是个性突变，严重的时候就会变成植物人。

笔者在台湾《命和运》杂志二十期发表“指纹的奥秘”中指出，大姆指指纹与整个脑组织有关，食指指纹与脑之前头叶组织有关，中指指纹与脑之颅顶叶组织有关，无名指指纹与脑之后头叶组织有关，小指指纹与小脑组织有关，前述之脑组织细胞既无新陈代谢现象，所以人之指纹于脑细胞全部发育增殖完成后，也就不会有改变了。另外读者又问及左手右手的指纹为何不一样？这是因为人之脑组织不论是前头叶（前脑）、颅顶叶（顶脑）、后头叶（后脑）及小脑均分为两个半边，因父系母系的遗传不同，两个半边的脑组织也就不同，其发挥的功用亦不同，故左右手的指纹亦不同。如果左右手的指纹均一致，倒是值得庆幸的事，象征其父母遗传平衡，脑的两半组织一致，两边脑细胞的数量及组织排列程式都均衡，主其人一生的中心思想一贯，情绪非常稳定，同时思虑缜密，做事有恒心。反之，左右手斗纹箕纹排列参差颠倒，象征其父系母系遗传有差距，那么，这个人的健康智慧个性就不会好到那里。但是，两手指纹完全一样的人占极少数，所以大富大贵者万不得一。又脑之两半组织即使完全一样，但每个箕纹或斗纹的形状也很难一致。另外更值得探讨的，每个人的手指有指纹，每个人的脚趾也有趾纹，此项脚趾纹也与脑部组织有关，同时，是先于手指指纹形成，故现在妇产科医生，在婴儿出生之当时，即在婴儿出生记录卡上盖上婴儿的脚趾印以资识别。而手指纹大概要在 11 岁至 15 岁，当脑部组织完全发育完全后才永远不会改变。至于极少数人没有指纹又作何解释呢？那是因为脑部神经系统的功能有障碍，神经传输功能不能到达手指末稍所致（也可以说此人在手脑并用方面有所不足）。那么，为何每个人的脑细胞数量不同？每个人的脑细胞组合排列程式也不相同呢？这均是遗传问题，因每个人的遗传不同，故孕育出不同的脑细胞数量和脑细胞组合排列程式，是以每个人的智慧思想与个性行为均有所不同。

十三、纹眉点痣及化妆术　不能改变人的命运

现在很风行纹眉，纹眉真的有弥补人们尤其是女性眉形缺憾的效用吗?真的能为人们带来好运吗?从相理上言，绝不可能，因为眉形的好坏是与骨髓及肝肺质量的优劣有关。《神相水镜集》云:“藏精于骨，现精于眉”，中医学家亦证明眉尾与肝脏有关，眉头则与肺有关，由此证明一个人眉毛长得好坏、长短、浓淡，完全与一个人的骨髓及肝肺的质量优劣有关。例如一个人常感腰酸背痛、他（她）的眉毛上可能长出一颗灰白或淡红的痣，或是眉形不佳，如果长有“六害眉”（(一）黄薄（二）逆生（三）散乱（四）交加（五）锁印（六）压眼）的话，个性上定有瑕疵，事业婚姻定然欠顺，内在原因则是骨髓及肝肺的质量，不是先天不足，就是后天失调。故纹眉只有美观的效果，不能改变内部骨髓肝肺组织的质量，是以也不能改变一个人的命运。

同样道理，面部和身体长出痣斑来，也是因为内部器官有了病变的关系，痣斑就是因为内部器官发生病变，产生不良的内分泌或毒素，而此种不良的内分泌或毒素又随着血管经络及神经系统的运作关系，推送到面部或身体与内部器官相关连的部位或穴位，然后因不良内分泌或毒素的多寡形成大大小小的痣斑。举例言，耳朵长了痣斑，一定是幼小时候生过大病；前额长了痣斑，一定是幼小时候发过高烧；眉头有痣，曾患过耳病或肺病；印堂有痣，则象征他的脑组织或心肺系统曾受到严重刺激或病变，根两旁有痣，曾患过胃病或其他痼疾:两颧有痣，则象征肝肺或臂膀肩胛骨骼有过毛病；年寿有痣，曾患过肝胆病；承浆有痣，则象征筋络及胃部有过毛病；鼻准下端有痣，曾患过肾病或生殖系统的毛病；鼻翼有痣，曾患过肠胃病；人中有痣，男人曾患过前阴系统的毛病，女人则患过子宫或妇科疾病；法令有痣，足部或消化系统一定有毛病；奸门有痣，则是脑下垂体或肝曾有病变；眼下有痣，则是心脏或肾脏有过病变；田宅有痣，则象征消化系统有过毛病，其他各部位有痣莫不与人体生理病理及心理忧伤有关。

(其他有关痣斑的理论和印证方法，以及全身上下各部位所长出的痣斑之不同休咎，请读者参阅《萧湘识人相法全集（二）》“麻面痣斑纹痕篇第二章”内文。)

一个人面部长了痣并不神秘，但偏偏有些人把痣神秘化了，并将痣的休咎说得天花乱坠莫衷一是，不是说大富大贵，就是说刑妻克子，故被崇洋意识重的人讥为迷信。至于西医说，人体长了十三颗以上黑痣的人就会死亡，事实上长了十三颗以上黑痣的人很多，并没有死亡，因为西医把痣误认为是皮肤癌，其实皮肤癌是皮肤表面的病变，痣是内部器官曾发生过病变的注记，与皮肤癌根本风马牛不相干。古书云“面无善痣”又作何解释呢？这好比一部机器，曾经有过故障，虽然修理好了，但仍会留下痕迹一样，至于会不会影响机器原有性能，毛病会不会复发，那就要看当时毛病的严重与否，以及修复的技术，以及使用机器的保养情况而言。至于痣是否与刑克有关呢？则视痣的颜色而论，如果痣的颜色是鲜红、漆黑或痣上长了毫毛应以善痣论，不会发生刑克问题，反而象征其内部器官异常健康之征，分泌的内分泌也均属良性，故在外部相关部位长出鲜红或漆黑的善痣来。或内脏曾有病变但愈后一点损伤也没有，反而更加健康，此种情况同样会分泌良性内分泌而长出鲜红漆黑的善痣来，促使一个人在健康智慧个性三者更加美好，进而促使他事业更加成功，婚姻生活更加美满，所以说善痣是好运之征，当然不会发生刑克问题，尤其是鲜红之痣，无部位限制，可以说无位不佳。假如是长了凶痣，即痣的颜色灰暗或淡红淡白，则象征其内部器官曾经有过病变，迄今尚来复原，或复原后器官质量机能有所减退，因而分泌毒素或分泌不良的和过与不及的内分泌，此项毒素和不良的内分泌，当然会影响妻或夫的健康，并促使妻或夫的个性变坏，或是生育不健康和智慧个性不良的小孩，这就叫做刑克。相书云善痣带来好运，凶痣带来坏运，是有其科学根据的，但凶痣的影响绝不致与一般江湖术士说的那么恐怖。所以笔者主张除了当阳又显眼的痣，没有必要点掉，如果必须要点掉，也必须请外科医生割除，不可求助于路边摊，否则点痣不成反而会引起皮肤溃烂的危险。又先贤云“点痣不如点心”，其道理是心理能影响生理，修持到家，凶痣会变为善痣，例如凶痣上面长出毫毛来。

至于化妆术可否改运，以相理的观点仍然持否定说，因为外部的修饰对内部器官毫不发生作用，哪来改运之效，只有增加外表美丽的效果而已，有人夸大化妆术可以改变命运，其说未免有自欺欺人之嫌。

十四、相理方位面相为准　相理职业著重兴趣

来谈相的客人，最后不免要问问他的有利方位，笔者的回答是，流年运气好的时候，任何方位都对你有利，流年运气不好的时候，任何方位都对你不利。笔者在走霉运的时候，一年之中曾搬过四次家，每次搬家均经风水先生指点过，事业仍旧毫无起色，最后笔者自己随便选了一处房子居住，并加强修持，运程反而慢慢好了起来。所以，笔者认为风水方位是敌不过流年运气的。笔者常比喻说，假如一个作奸犯科的人，按照风水先生的指示，住进一处风水很好的阳宅，方位亦与他的八字相合，因此，他所犯之案不但不被发觉，反而案子愈做愈多，不义之财亦愈积愈多，并平安享用到老，读者朋友，这样的比喻，你会相信吗？又比喻说，一个公正守法的公务员，他住在一处风水不好的房子，方位亦与他的八字不相合，但他奉公守法，一点小过错也不犯，难道只因为房子风水不好，方位与八字不合，就非坐牢吃官司不可吗？或许相信风水和方位的朋友会说，风水不好，方位不合，因磁场的关系，会影响一个人的健康和个性，因而影响一个人的运气，但世界上的人口多达五六十亿，而相信风水方位之说的只是我们中国人而已，那么，其他各国不相信风水方位的人们怎么办？岂不都会运气不好？然而，他们仍是运气该好的就好，运气不该好的还是不好。又比喻中船公司，前任董事长将大门封闭，后任董事长将大门打开，结果是不论封闭与打开，业务仍无起色，经企管专家评鉴的结果，业务不好是因人谋不臧管理不善所致，亦即负责人及各级干部修持不够所造成的结果。人相学是不相信风水方位之说的，但相信符合常识逻辑的有关居住环境的说法，至于方位只是参考而已。那么，相理如何来判定方位的吉凶呢？相理是将人的面部分为金（左耳）木（右耳）水（口及颌）火（额）土（鼻）

五星，及两天仓、两人仓、两地库等六仓位，吉利的方位，就是部位最符合相理标准的星位与仓库位。例如，额相好而地阁相理有缺憾，则住屋应朝向南方而忌北方，此与命理的方位论恰恰相反，命理认为缺水者应面对北方，缺火者则应朝向南方。又相理的方位论有先天后天之分，先天方位以五星及六仓位为准，另外还有后天因气色变化的临时行止方位。例如赤气色来的时候，则应往北方可转凶为吉，或远行千里可免灾。若黑气色出现，则应往南方可转凶为吉。若青气过重的时候，则应往东南方，如往西北方则有灾祸。若出现白惨色或枯白色，则不宜往东方或东南方，应往西方可转凶为吉；若出现暗黄色的气色，应往南方可转凶为吉，如往北方则大忌；如整个面部气色黄润或黄里透红，则原地不动或往任何方位均吉。

至于说到职业问题，笔者亦认为运气好的时候，做任何事情均可成功获利，运气不好的时候，即使是买卖黄金也赚不到钱。另外，笔者也建议客人应就自己的专长与兴趣作为就业及创业的准绳，例如某名歌手，他的兴趣是唱歌，他的父母却一定要他当医师，结果他在医学院毕业以后，只做了四个月的医生又回到唱歌生涯中去了，因为一个人假如勉强从事无兴趣的职业，那有成功之理？至于纯相理的职业论断方法，是根据“五形”来评鉴，譬如金形人适合做公职或自由职业，木形人公商皆宜，水形人适合做生意或艺术性的职业，火形人适合军职，土形人的职业以商业为佳，但五形正局者少，兼局者多，故依相理评鉴职业属性是一门大学问。又如骨相面相手相中显现有特殊才艺相格及异路财荣相格，当然应依特殊才艺相格及异路财荣相格论断（有关异路财荣相格请参阅《萧湘识人相法全集(二)》附录篇）。例如有的人特别适合从事宗教、教育、音乐、美术、文学、哲学、科学，或从事传播、体育、演艺、医生、律师、代书等工作，或是适合做命理、相理从业人员等。但无论从事一般公商行业或从事特殊才艺或异路职业，均应以本人的兴趣为前提，至于，有人成就大，有人成就小，那是因为各人先天的相理格局大小不同和后天的气色变化有关，相理格局大，后天气色也好，当然他的成就必大，反之，虽然职业与兴趣均对了成就仍然不大，甚或一生默默无闻。又有人既无正路行业相格（正路指从事公商业而言)，又无异路行业相格，则只好从事受薪工作，或从事劳动工作而终老（有关一生成就大小之相理格局观看标准请参阅《萧湘识人相法全集（一)》表解)。还有一个简易的职业观看标准，就是健康、智慧、个性三者平衡的人，如额、眼、颧相理又好，则最适合做军公教人员，必定前途无量；如鼻、颐、颏相理好，则适合从事工商业，来日定可致富。如智慧特别突出而健康个性欠佳的人，则适合做特殊才艺行业和异路职业。如健康特别好，但智慧个性差的人，当然以从事体力劳动工作为佳，这是笔者观相多年来的心得，而一般之人，则只宜从事受薪工作。

十五、人相真的会改变吗　能改的相是那一些

《麻衣相法》云：“有心无相，相随心生，有相无心，相逐心灭”，这两句话每个人都耳熟能详，但真能了解其真意者并不多。譬如说，有心怎能改相？能改的相又是那些呢？笔者专研相理，认为心者即“善心”与“恶心”，善心者即修持之心（即修身、修心、修德、修行等四种修持)，恶心者即反其道而行。为什么修持就能改变相貌呢？此即心理影响生理，生理再影响相理的缘故，亦即“生心发面”的道理，惟道理虽简单，实行起来却不容易，因“傲心”“躁心”“邪心”“贪心”随时随地占住吾人之心田，赶之下去驱之难尽，故有坚心立品之人偶迷于酒色而丧行，有精进修德之士忽惛于财帛而改常，是以宿命论者喊出“万般皆由命，半点不由人”的遁词，但研究相理者，却认为命运掌握在自己手里，认为一念之善一事之恶均能夺算。但一般人不解此意，反而认为“相”既然能改，所以看相不准，他那里知道能改的部位只限于附丽于人体骨骼的气魄、精神、气质、性格、须眉、肤发、气色、肉色、肥瘦、甲齿、声音、纹痕、痣斑等十三项而已，正因为上述十三项可以改变，看相才准。至于其他五官六府和骨骼形状及高矮等绝对不会改变，因为男性自十六岁左右外肾长毛完成，女性自十四岁左右癸水来潮正常以后，骨骼即已长成，不再改变，我们看相好像是看外表的皮肉，其实是看骨骼的形状，因皮肉是附着于骨，骨骼不好，其相自然不好。例如男相双颧不起，并非指双额肉少，而是因

为颧骨不起，所以附在颧骨上的皮肉看起来自然瘦削平塌。同样道理，大眼睛也不会变小，小鼻子也不会变大。那么，能改变的气魄等十三项，对我们的命运又有什么影响呢？以最显而易见的气色来说，气色好运气自然也好，而气色又是因修持而变好，故修持即可掌握命运。假如一个人不讲究修持，气色也就永远不好不坏，反之，你如果作反修持的话，气色一定变坏，运气自然不好，故吾人看相，一生看一次格局的大小即可，但气色等十三项则应至少每半年观看一次，也就是检查自我修持的功夫够与不够，以便随时警惕自己，加强补足。今人不察，将“相随心生相随心改”误会为“改相补运”岂不舍本逐末？例如天生没有眉毛的人纹上秀眉，天生鼻小山根低的人，补以隆鼻手术，天生眼睛小的人，纹上眼线或放大眼形或改成双眼皮，以为如此命运会变好，这只是缘木求鱼而已。因为眉毛眼睛鼻子长得好，正象征他的五脏六腑长得好，而眉毛鼻子眼睛长得不好，也正象征著他的五脏六腑先天上有瑕疵，你虽然纹了眉，隆了鼻，放大眼形，也无法除去先天五脏六腑的瑕疵，因此笔者认为改相不如改心，所谓改心者即自我修持也，如果真能做到自我修持，虽无眉毛，但眉心白润或红润，眼睛虽小但藏神有光，鼻子虽塌陷但气色透亮而准头发出白光，如此运气自然好，甚至胜过眉毛眼睛鼻子都长得好的人的运气。（全文完）

本文原载台湾《神秘世界》杂志第十五期至二十期。

附录（八）

人相学的命运观

一、人相学的定义

人相学是根据一个人的五官、五岳、六曜、六府、头部、躯体、四肢等实体形相，再配合其目前表现于外的精神、气色、声音等外部条件，评断其所具备的健康、智慧、个性的良窳，从而对一个人一生成就的大小，收获的多寡，以及婚姻子女、吉凶祸福等各种休咎做出判断的学问。

“人相学”常被误会为“手面相”，其实人相学与手面相表面看来相同，而实质上则相异。因为人相学是站在中医学、生理学、遗传学上谈问题，而手面相只是站在统计学、性向学、心理学上谈问题，也可以说人相学是研究“有诸内必形诸外”的人相之道理，而手面相只是研究人相的表面现象而已，而不研究为什么会发生此种表面现象的原因，故手面相只能说是统计学、性向学、心理学，甚至被人们认为迷信。例如鼻子为何被称为“财星”？为什么有人鼻子长得好？有人鼻子长得不好？鼻子长得好为何会有财？其道理在哪里等等，这些都是人相学研究的范围，而不是统计学、性向学、心理学所能解决的问题。又手面相研究的范围只限于手相、面相而已，而人相学研究的范围则包括头、面、身、手、足五部及骨骼、精神、气色、声音、气质、性格、器识及内外五行的联属关系等。

人相学与“民俗相法”及“休闲相法”更有天渊之别。民俗相法往往概一漏万，只知其一而不知其二。例如手指“漏缝”者“不聚财”，手指

“不漏缝”者“聚财”，事实上手指漏缝者也漏财也聚财，手指不漏缝者也不聚财也聚财。例如木形人配木形手者，手指必漏缝但聚财，如木形人配水形手，则手指不漏缝但也聚财，又如金形人配木形手，手指必漏缝但不聚财，如金形人配土形手则不漏缝又聚财。

至于休闲相法则更加等而下之，此乃日本人喜欢研究的相法，例如男子鼻子大，则下体阳物大，女子口大则下体牝户大等等。人相学以研究一个人的健康、智慧、个性为主要内涵，用以印证其一生之休咎，对于黄色逗趣的事物均不屑一谈。

二、人相学的理论基础

人相学的理论基础是起源于“中医学”，融会“遗传学”和“生理学”，以及中国固有的物理学格言“有诸内必形诸外”的道理，是以先贤有“医相一家”的说法。西洋相法则起源于“性向学”，融会“心理学”及“统计学”，其与中国人相学的理论基础大异其趣。根据现代医理学和生理学的印证，五官六府甚至毛发的长相，均与吾人体内的五脏、六腑和骨骼、骨髓以及血液和内分泌有绝对的关联性。也可以说，吾人有何样的遗传基因，吾人就会有何样质量的内脏器官和骨骼骨髓，然后就会长出何样的五官六府，以及何样质量的血液和内分泌，就会长出何样的毛发，这正是中国五千年来生理学、医理学秉持的“有诸内必形诸外”的道理。例如，整管鼻子长得隆挺长直，是因为吾人体内的脊椎骨长得好的缘故。鼻子的“山根”部位长得丰隆，是因为体内心脏血液循环等内脏器官，先天遗传和后天发育均良好的缘故。鼻子的“年寿”部位长得丰隆，是因为肝、瞻等内脏器官，先天遗传和后天发育均良好的缘故。鼻子的“准头”部位长得丰隆齐整，是因为脾脏和肾脏等内脏器官，先天遗传和后天发育均良好的缘故。其他如“眉毛”与肝、肺、骨髓等内脏器官有关联性。“眼睛”与所有内脏器官及脑组织有关联性，“人中”与生殖及泌尿系统有关联性，“口”与血液循环及消化、消导系统有关联性，“耳”亦与所有的内脏器官及脑组织有关联性，其他如上二府、中二府、下二府等“六府”，则与体内之骨骼、骨髓有关联性。

三、人不可貌相吗?

孔子说:人不可貌相,否则会“失之子羽”,因此,很多非议人相学的人士,据以呼吁大家不要看相,不要听信相士之言,否则会堕入宿命论的陷阱。或看到某人容貌丑陋而认为其才华平庸,或看到某人容貌俊美而认为其才华过人。其实人相学与孔子之言既不冲突也不矛盾,意义完全相同。因为孔子当时是与弟子们讨论做人处事的道理时,举宰予子羽为例所作之引喻词而已。据《史记·仲尼弟子传》记载孔子曾谓:“吾以言取人,失之宰予,以貌取人,失之子羽。”《孔氏家语》亦记载谓:“子羽有君子之容,而行不胜其貌;宰予有文雅之辞,而智不充其辩。”由此可证孔子所言之人不可貌相之语,并非指不要看相之谓,而是指吾人看相时,不能以容貌之美丑和言语之花俏作为看相时之取拾标准。事实上人相学看相时的取舍标准,正如孔子所言系将人之容貌区分为“相理美”与“色相美”两个标准,前者即强调被观者必须符合人相学的相理标准始可言好相,如果被观者仅是容貌俊美,而其头、面、身、手、足五部,及附丽于人体之器识、气魄、气质、气色、精神、性格、声音和智慧、心性均不符合人相学的相理标准者,仍非好相,至多言其“相貌宫”有成(即色相美),一生不虞衣食而已,绝不可能有大成就与大收获可言。

四、人相学的命运观

人们对命运都不免存在着一分好奇的心理,不论中国人或是外国人,大概都是人同此心而又心同此理。根据人相学的观点,每个人的长相不同,所以每个人的人生际遇也不相同。人的五官六府的长相“中正”与否,实际上就是反映一个人五脏六府先天遗传和后天培育的优良与否。也可以说,长有好的五宫六府,一个人才有好的“健康”、好的“智慧”和好的“个性”,而一个人的健康、智慧和个性,乃是一个人一生“际遇”的顺逆和收获多寡的评鉴标准,也就是一般人所谓命运好坏的真正内涵。世上之人所以会有不同的人生际遇，乃导因于每个人的遗传不同，遗传优良者，其人之健康、智慧、个性必佳，因此一生际遇（即一般人所谓的命运）良好，一生收获必多，并鲜少灾疾。而其人的头相、面相、体相、四肢相以及精神气色和气质器识也优于常人。反之，健康智慧个性不良，容貌气质庸俗，一生际遇坎坷，收获递减，并常有灾疾或夭寿，甚至婚姻不美满，六亲多刑克，此乃永恒不变的真理。

由此可见，人的命运是父母受胎那一刹时所决定，假如命运真有好坏之别的话，那么，这个制造好命运与坏命运的主宰者正是你的父母（含历代祖先），制造的时间则是你的父母为你授胎的那一刹那，而不是出生的年、月、日时。东汉先贤王充说；“凡人受命，在父母施气之霎时已得吉凶矣。受气时，母不谨慎，心妄虑邪，则子长大，狂悖不善，形体丑恶。”受胎时父母身体欠健康，父母感情不佳，父母事业欠顺，或在酒后受胎，或在气候不良及天灾战乱时受胎，或遭强暴或野合苟合时受胎，均会影响一个人的命运，此种“受命说”的理论，已被现代的遗传学、优生学，以及公元两千年六月二十日五国科学家所发表的“人类基因图谱”初稿所证明与肯定，其他动物、植物的繁衍生长也莫不同一道理。

五、遗传优劣决定一个人命运的好坏

一个人命运的好与坏与遗传有绝对密切关系。也可以说，吾人先天有好的遗传，加以后天好的培育，才具有好的五官形相，以及健康的身体，灵敏的智慧和优良的个性，因此而具备好的命运。试论一个健康不好的人，他能做到高官巨富吗？即使现在做了高官巨富，当一旦身体不好了，也要从高官巨富的位置退下来。同样道理，智慧与个性也是命运的主要内涵。所谓运气好的时候，往往是身体最健康、头脑最清爽、个性表现最优良的时候，对业务的计划和执行很少发生差错，待人接物也不会失去分寸。反之，运气不好的时候，健康、智慧、个性三者一定有失调的现象，外在表现的精神气色也必定欠佳。

人的命运与遗传基因及母体的健康与胎教有关；遗传基因好似植物的

种子，好的种子才能生长出好的植物，但是母体的健康与否有如田地的肥沃与否。例如同样是蓬莱米稻种，种在肥沃的甲田上每年可收获800公斤，种在欠肥沃的乙田上，每年只可收获500公斤是同样的道理。至于胎教与出生后的培育，则好比种子发芽后的灌溉施肥同理。故一个人如有好的命运，必定具备好的遗传基因，及好的母体健康，与好的胎教，以及出生后好的培育。例如孟子的母亲，岳飞的母亲，及其他伟人和事业有成就的人的母亲，一般来说，他们的母亲均高寿又贤慧并教子有方。

遗传即为一生际遇的先天根本，出生后父母的培育，成人后自身的修持即为后天根本，后天根本是无法改变先天根本的；好比你种的是“普通西瓜”，绝对不会变成“哈密瓜”是同一道理，故先天根本在人生际遇上要占七分，后天的栽培施肥与灌溉，固然可以促使种子的发育和成长，但只占人生际遇的三分而已。人定胜天的说法只能适用于人类生活环境的改造上，而不能引喻于人生际遇上。昔袁了凡先生，深谙“立命之学、改过之法、积善之方、谦德之效”，但终其一生仍只官至知县而已。究其原因，乃因后天能改变的人生际遇，仅占整个人生际遇的三分而已。由此可知，如缺乏先天优良的大富大贵的遗传资质，即使袁了凡先生再世，也莫可奈何也！

六、人生命运有先天后天周天之分

人生际遇除有先天与后天之别外，另一影响人生际遇的根本因素为“周天环境”或谓之“周天际遇”；例如生长在“自由经济国度”的人，如先天遗传好，后天培育好，亦即其人健康、智慧、个性均百分之百优良的话，迟早会拥有大财富。如果他是生长在“非自由经济的国度”，则不可能成为一个拥有大财富的人，而只有可能拥有大官位而已，因此其人只有大贵的人生际遇，而无大富的人生际遇。在君主立宪的国度，皇室的嫡长子天生就是帝王的际遇。在遭逢水灾、旱灾、风灾、地震或战乱或原子弹轰炸的地区，不论遗传好坏，手面相好坏，生辰八字好坏，住宅风水和姓名好坏，均逃不过倾家荡产甚至性命不保的际遇。另外，出生地的地理环境因素，父母家庭及族群因素，宗教信仰及风俗习惯因素，社会福利制度因素，以及国家甚至世界的政治、军事、经济因素等“周天际遇”，也均会影响一个人的人生际遇。所以，“周天际遇”应优先于个人的“先天际遇”和“后天际遇”论断。

或谓某种偶发事件所造成的生命财产损害，而此种损害又不是吾人的健康、智慧、个性所能抗拒，应该算是“命运”使然吧？例如隔邻失火殃及自己家屋被毁，走在马路上突然被高楼掉下的重物击伤击毙，或因火灾、车祸、沉船、空难、山难而死亡等等。似此情形，仍不可以虚幻的“命运”二字来解释，大部分仍是周天环境的因素所肇致。因为古代人口稀少的渔猎社会，只有兽伤、殴斗、闪电、洪水、台风、地震、疫疠等因素肇致意外死亡，因时代的变迁才会有火灾、车祸、沉船、空难、山难、枪击和谋杀暴动及治安恶化等意外死亡的情形发生。另有部分因素仍是自身的健康、智慧、个性不足所肇致，因为健康、智慧、个性没有缺陷的人，较能在意外情况中逃生或减少财产损失，甚至预防工作（含心理预防）也做的比较妥当。

七、人的命运可以改变吗？

按照“相随心生、相随心灭”的道理，人的命运应该是可以改变的、能掌握的，但能够改变的只有气魄、精神、气质、性格、须眉、肤发、气色、肉色、肥瘦、甲齿、声音、纹痕、痣斑等十三项而已，绝不可能低额头变成高额头，塌鼻子变成高鼻子。因为父母的遗传基因，好比电视机的规格，生成十二寸的黑白电视机，绝对不能也不会变成二十寸的彩色电视机，但是，保养得好坏，可延长或减少电视机的寿命和画面的清晰度。

人相学认同遗传学及优生学的道理，但也认为命运能改变的只有后天部分的三分而已，同时要靠自己的努力修持才能改变，而不能期望他人或神明来帮忙改变自己的命运，这就是命运掌握在自己手里的道理。

如果吾人以整形手术，或是以化妆美容方法，除去或掩饰先天生成的五官六府的瑕疵，借以改善吾人的命运是否有效呢？站在研究人相学的立场而言，肯定此种方法对命运的改善是绝无效果的。或谓吾人能利用整形手术或美容化妆方法，除去或掩饰面上五官六府的瑕疵，将丑陋不雅的外貌变为端庄秀丽的外貌，不但在心理上加强了自己的自信心，同时也会促使外人对自己的形象另眼看待，相对的也提升了社会人际关系，如此自然会为吾人带来好运，例如在事业上增加了若干收获和成就，或在婚姻上遇到美满良缘。但此种说法，缺乏科学的理论根据和事实证明而令人存疑，因此吾人认为此种说法只可当作自我安慰的借口而已。假如吾人真的只花费少许的金钱，将鼻子垫高，或是将下巴变成丰满状，或是将眉毛纹成自己最喜欢的眉形，或是做一次开运化妆，就可以将一个贫穷或普通命运的人，变成富裕或大富大贵的人，请问天下哪有这样便宜的事？是以整形美容方法虽可将吾人五官六府的瑕疵加以若干美化或掩饰，但是，最高明的整形手术和美容化妆术，也只能将表面的五官六府加以美化而已，其效果绝对不能美化先天五脏、六腑和骨骼以及脑组织不良的遗传基因和后天不良的培育。因此，人相学认为整形手术和美容化妆术，只有提升若干自信心的微薄效果而已。同时，此种效果与先天五脏六腑和骨骼脑组织没有瑕疵之人的自信心，根本不能相提并论。

八、研究人相学的意义

人相学家为人论相，积极的意义就是从你的头相、面相、体相、四肢相，以及目前表现于外的精神气色，来探讨你所具备的健康、智慧、个性状况，也可以说帮助你认识自己，调整人生观，调整事业上的近程、中程和远程计划，调整工作和进修计划，调整婚姻和子女生育计划，掌握好的一面，补正不足的一面，促使你收获多一点。或是你正处霉运的时候，以无利害关系的第三者立场，根据你外在的精神气色状态，为你作检讨分析，做修正补足的建议，以减少霉运中的损失。

中国人相学强调“德先相后”，德者即修持之意，亦即命运掌握在自己手里之意，一个人先天遗传要好，更要注意后天的修持，即“相随心生，相随心灭”的道理，表现在外的即促使精神气色变好之谓，并非指小鼻子变大鼻子，低额头变高额头而言。因为精神气色好，象征着吾人整个脑部组织与内脏器官运转正常，我们的脑组织与内部器官好比一部机器，机器固然要先天制造精良，但也要后天保养良好，然后才能发挥出强大的马力，发挥机器的性能。同样道理，人则要注意修持（包括身心健康，学识才能，个性行为各方面的修持）。清朝人相学先贤范騋云："造物大公之心，福可以罪灭，罪可以功赎，生心发面，惟人自造"，其阐述修持的真谛甚明。

吾人研究人相学，并非探讨空幻虚渺的命运，目的乃在"认识自己"及"见相识人"，意即认识自己的健康、智慧、个性的优点是什么，缺点又是什么，认识了自己，即掌握了自己的命运，然后才不会贪多急进，才能把握人生的方向，不致盲目奋斗，迂回奔波，徒耗时间精力，即使有所折损，也不会怨天尤人，甚或含恨以终。

笔者往往听到一些人埋怨说，我是大学毕业，他仅是小学毕业，他能成就大事业，我也可以成就大事业，可惜他不知道学识只是智慧的一环而已，智慧有如大海，学识只是小井而已，学识只是后天因学习而得来，智慧则是先天与生俱来的。其他如健康个性方面你能比过他吗？最后只好归之于生辰八字不好，风水地理不好，名字取的不好等等，此即"宿命论"也。

再以见相识人来说，处在现今人际关系复杂的社会更属重要，尤以从事工商业的仕女们，更应具备见相识人的常识，才不致吃亏上当。工商界的领导人统御千人甚至数万人，每天的接触面又广，人心好坏，各如其面，谁能懂得见相识人的诀窍，待人处事就能应付自如，劳少获多，事业方面也就多了一项成功的保障。

本文系萧湘居士于2000年10月参加南京大学举办之"2000年世界易学大会"时所发表之论文。

八仓二库流年法

大匠可授人以规矩不能授人以巧请读者仔细揣摩并要配观气色

萧湘居士1981年8月制作 1983年1985年1991年三次订正

大运位	流年	本位	九执位	小运位	配观位	休咎	
大运—外仓	1-7岁	左耳	详17章	山根 地库	额部 天仓 耳色	各位均好主聪明好养如额高阔主父祖福荫必厚反之幼年灾病刑克	垂珠朝边地主幼发
	8-14岁	右耳			忌金木相克余同上		
大运—人仓	15岁	火星	额	中正	天阳 华阳 两耳 发际 日角 月角	各位均好主聪明富胆识忌发际冲印额耳低弱防病灾刑克破祖离乡	五官及各位均好边城不陷主早发如眉形六害反照其凶
	16岁	天中	右眉				
	17岁	日角	右眼	华阳	两眼 两耳 两眉 日角 月角 天仓	各位均好主长上提携忌华阳无气额陷痣纹发际闭日月角应防灾病刑克	
	18岁	月角	右耳				
	19岁	天庭	左眉	准头	眉眼势 发脚 日月角	忌准歪气弱发脚冲眉主厄运灾病	
	20岁	左辅角	鼻	天仓	火星 年寿 水星	各位均好主长上提携忌年寿天仓陷水星不正防凶厄	
	21岁	右辅角	口				
	22岁	司空	左耳	人中	两耳 山根 痣斑 纹痕	忌金木相克四水不通防凶厄	
	23岁	左边城	左眼	额头	眼神 华阳 发脚 天庭	各位均好主好运忌眼无神形恶额窄又陷防凶厄	
	24岁	右边城	额				
大运—眉仓	25岁	中正	右眉	木星	两眉 两耳 山根	忌右眉带刹山根断折金木相克厄灾	六曜齐明主发大运
	26岁	丘陵	右眼	景阳	景阳 两眼 两耳 印堂 山根 发脚	忌本位有痣斑发际冲印堂恶耳恶景阳骨陷防灾凶克	
	27岁	冢墓	右耳				
	28岁	印堂	左眉	后阳	天仓 准头 两眼 地库	忌眉恶后阳天仓凹陷印堂纹破厄	
	29岁	左山林	鼻	口形	印堂 山根	忌印堂带刹口无气势山根断眉冲应注意外出安全刑克败业孝服等	
	30岁	右山林	口				

同上	31 岁	凌云	左耳	年寿	两眼 两耳	忌两眼无神两耳形恶年寿陷主不发运并坊败业灾厄	同上
	32 岁	紫气	左眼				
	33 岁	繁霞	额	法令	山根 天仓 发脚 鼻眼 三轻 三浓	忌眉六害天仓陷山根低鼻塌仰露额陷形恶主防小人损财败业刑克	
	34 岁	彩霞	右眉				
大运—眼仓	35 岁	太阳	右眼	华阳	两耳 两眉 山根 怒肉	忌眉形六害木星不秀华阳无势阴阳眼主不发运灾破	六曜齐明主发大运
	36 岁	太阴	右耳				
	37 岁	中阳	左眉	两颧	后阳 台尉 两眉 年寿	忌两颧漏气后阳骨陷六害眉鼻恶主不发运如眼形恶并防灾破	
	38 岁	中阴	鼻				
	39 岁	少阳	口	鱼尾	两耳 两眉 两眼 奸门	忌水星陷两耳相克鱼尾多而向下奸门凹凸主防困败刑克	
	40 岁	少阴	左耳				
大运—天仓	41 岁	山根	左眼	左眼	柱阳 地阁 垂珠	忌柱阳无气两眼陷地阁弱防灾厄	眉伏樑实主发大运
	42 岁	精舍	额	印堂	两眉 发际 两眼 山根	忌额头陷眉六害印痣纹本位皮肉枯黑应防困败刑克	
	43 岁	光殿	右眉				
大运—禾仓	44 岁	年上	右眼	两眉	印堂 两耳 鬓毛	忌眼陷耳恶眉六害压眼印堂悬针本位露骨应防大凶	耳鼻颧气势连贯者主发大运
	45 岁	寿上	右耳				
	46 岁	左颧	左眉	后阳	两眼 两耳 鬓毛 年寿	忌眉六害鼻无气后阳陷鬓闭命门颧好亦不发运忌本位痣破主失权失财	
	47 岁	右颧	鼻				
大运—囤仓	48 岁	准头	口	水星	两眼 两颧 口角 灵阳	忌眼无神鼻弱或孤峰口又劣防大灾	口如四字鼻如悬胆主发大运
	49 岁	谏台	左耳		两眼 口形 两耳 灵阳	忌耳陷眼恶口形不托防损财灾病刑克破败	
	50 岁	廷尉	左眼				
大运—食禄仓	51 岁	人中	额	额头	耳珠 土星 法令 火星	忌额陷耳陷土伏水法令恶主恶运	眉须有情土正唇阔主发大运
	52 岁	左仙库	右眉	印堂	眉毫 印光 须神 眼神 井灶 人中	忌眉落形恶眼劣神滞印堂无光人中偏斜防破败	
	53 岁	右仙库	右眼				

同上	54岁	食仓	右耳	法令	耳珠 须神 眉毫 灵阳	忌灵阳无气耳陷眉恶法令断乱防破败刑克	同上
	55岁	禄仓	左眉				
大运—家库	56岁	左法令	鼻	印堂	年寿 人中 准头 印光	忌鼻陷口恶印堂暗滞鼻口色恶防灾困刑克	眉有毫须有神耳有珠四宇口五岳朝拱主发老运
	57岁	右法令	口				
	58岁	左附耳	左耳	灵阳	眼神 垂珠	忌眼无神灵阳骨陷耳恶色滞本位气暗防奇灾大破败	
	59岁	右附耳	左眼				
	60岁	水星	额	垂珠	额色 印光 耳色 准头	忌额暗耳滞准下鉤防运蹇灾病刑克	
	61岁	承浆	右眉	法令	眉毫 耳色 眼神	忌法令困口眉未出毫两耳乾枯	
	62岁	左地库	右眼	柱阳	印光 眼神 耳色	忌耳气枯暗柱阳无气眼神衰弱印堂无光防促寿	
	63岁	右地库	右耳				
	64岁	陂池	左眉	人中	印光 眼神 耳色 唇色	忌耳枯眉落印室枯乾人中不明口唇暗黑眼神衰弱防促寿	
	65岁	鹅鸭	鼻				
大运—地库	66岁	左金缕	口	眉心	印光 年寿 准头 眼神 白毫 颈条 头皮 唇色	忌年寿准头暗色眼无神印堂眉心枯暗颈条不明防暗疾破败防促寿	天地相朝颐颏方圆神气色俱佳主老运弥坚
	67岁	右金缕	左耳				
	68岁	左归来	左眼	柱阳	印光 唇色 眼神 须神	忌印堂枯暗唇色恶须无神柱阳无气防促寿破败	
	69岁	右归来	额				
	70岁	颂堂	右眉	口水	眉毫 颈条 须神 眼神	忌须枯眉落神弱形倾颈无余皮	
	71岁	地阁	右眼	柱阳	唇齿 准头 眼神 须神	忌水欺土眼无神天地不朝防促寿	
	72岁	左奴仆	右耳	眉心	印光 人中 眼神 白毫 须神 两颧 耳毫 颈条	忌神气色不佳四水不通防促寿	
	73岁	右奴仆	左眉				
	74岁	左腮骨	鼻	气色	寿斑 唇色 眼神 地阁 耳色 唇色 印光 头皮	忌神气色不佳颐腮陷露防促寿	
	75岁	右腮骨	口				

(以上均男左女右)

面相十三部位总图

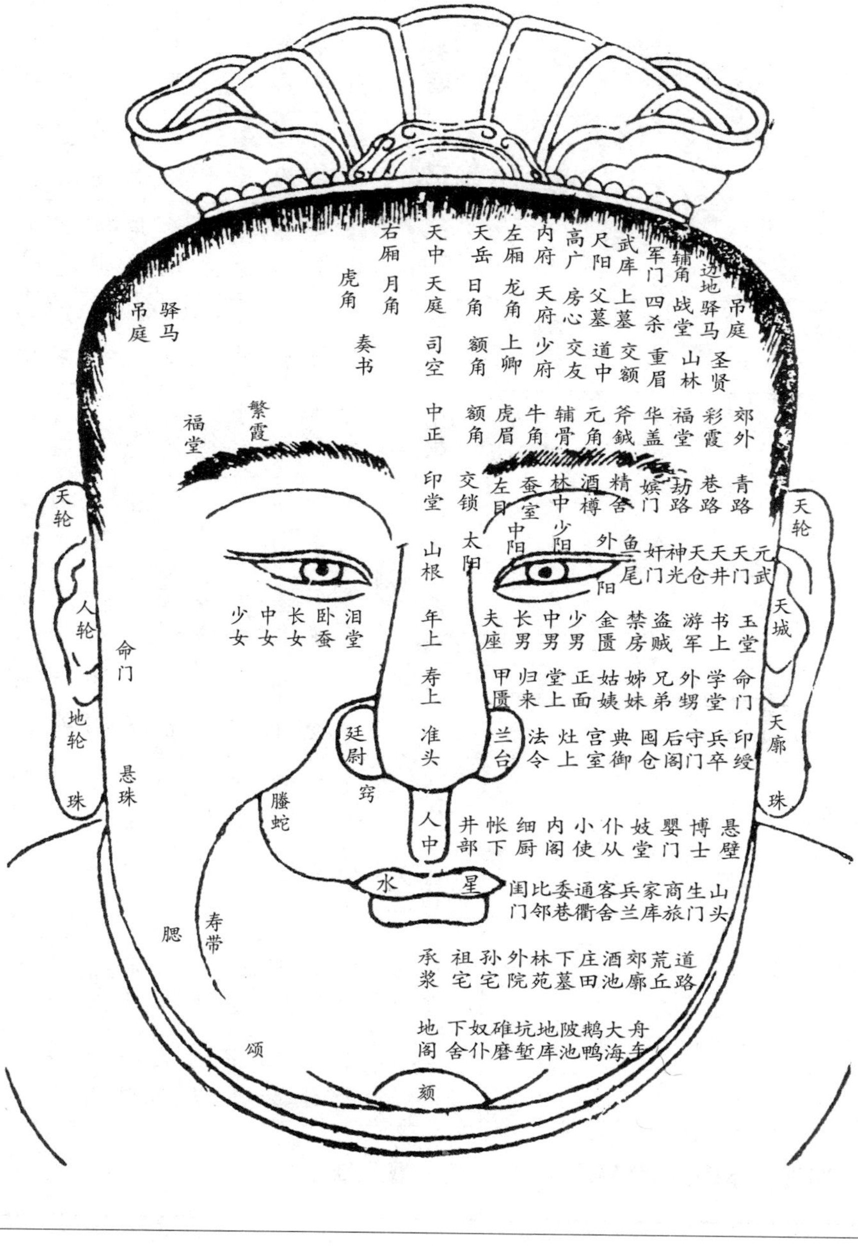

右厢
天中
天岳
左厢
内府
高广
尺阳
武库
军门
辅角
边地
虎角
月角
天庭
日角
龙角
天府
房心
父墓
上墓
四杀
战堂
驿马
吊庭
吊庭
驿马
奏书
司空
额角
上卿
少府
交友
道中
交额
重眉
山林
圣贤
福堂
繁霞
中正
额角
虎眉
牛角
辅骨
元角
斧钺
华盖
福堂
彩霞
郊外
印堂
交锁
左目
蚕室
林中
酒樽
精舍
嫔门
劫路
巷路
青路
天轮
天轮
山根
太阳
中阳
少阳
外阳
鱼尾
奸门
神光
天仓
天井
天门
元武
人轮
天城
命门
少女
中女
长女
卧蚕
泪堂
年上
夫座
长男
中男
少男
金匮
禁房
盗贼
游军
书上
玉堂
寿上
甲匮
归来
堂上
正面
姑姨
姊妹
兄弟
外甥
学堂
命门
地轮
天廓
廷尉
准头
兰台
法令
灶上
宫室
典御
园仓
后阁
守门
兵卒
印绶
悬珠
窍
珠
珠
螣蛇
人中
井部
帐下
细厨
内阁
小使
仆从
妓堂
婴门
博士
悬壁
水星
闺门
比邻
委巷
通衢
客舍
兵兰
家库
商旅
生门
山头
腮
寿带
承浆
祖宅
孙宅
外院
林苑
下墓
庄田
酒池
郊廓
荒丘
道路
颂
地阁
下舍
奴仆
碓磨
坑堑
地库
陂池
鹅鸭
大海
舟车
颏

面相十三部位总图名称表

右厢	天中	天岳 左厢 内府 高广 尺阳 武库 军门 辅角 边地
虎角 月角	天庭	日角 龙角 天府 房心 父墓 上墓 四杀 战堂 驿马 吊庭
奏书	司空	额角 上卿 少府 交友 道中 交额 重眉 山林 圣贤
繁霞	中正	额角 虎眉 牛角 辅骨 元角 斧钺 华盖 福堂 彩霞 郊外
右目 刑狱	印堂	交锁 左目 蚕室 林中 酒樽 精舍 嫔门 劫路 巷路 青路
少阴 中阴 太阴	山根	太阳 中阳 少阳 外阳 鱼尾 奸门 神光 天仓 天井 天门 元武
甲匮 少女 中女 长女 妻座	年上	夫座 长男 中男 少男 金匮 禁房 盗贼 游军 书上 玉堂
	寿上	甲匮 归来 堂上 正面 姑姨 姊妹 兄弟 外甥 学堂 命门
廷尉	准头	兰台 法令 灶上 宫室 典御 囤仓 后阁 守门 兵卒 印绶
	人中	井部 帐下 细厨 内阁 小使 仆从 妓堂 婴门 博士 悬壁
	水星	闺门 比邻 委巷 通衢 客舍 兵兰 家库 商旅 生门 山头
	承浆	祖宅 孙宅 外院 林苑 下墓 庄田 酒池 郊廓 荒丘 道路
	地阁	下舍 奴仆 碓磨 坑堑 地库 陂池 鹅鸭 大海 舟车

附注：本表所列名称以神相全编所载为准

面相七十五部位流年图

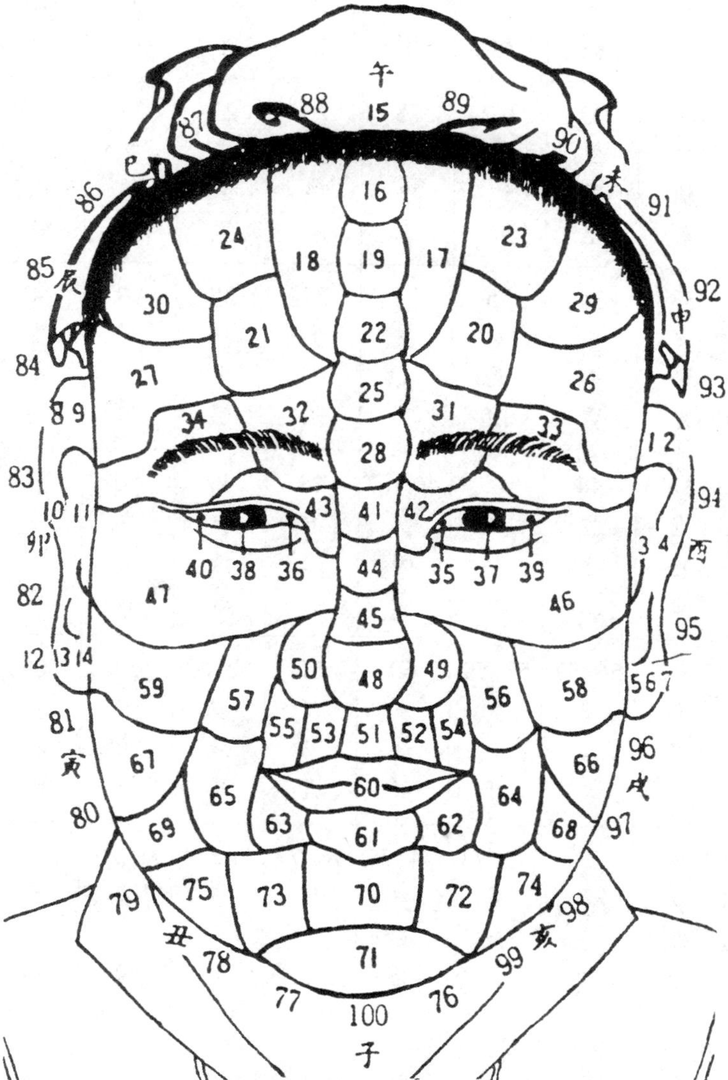

（男 左 女 右）

面相七十五部位名称表									
1、2岁天轮	3、4岁人轮	5、6、7岁地轮	8、9岁天轮	10、11岁人轮	12、13、14岁地轮	15岁火星	16岁天中	17岁日角	18岁月角
19岁天庭	20、21岁辅角	22岁司空	23、24岁边城	25岁中正	26岁邱陵	27岁冢墓	28岁印堂	29、30岁山林	31岁凌云
32岁紫气	33岁繁霞	34岁彩霞	35岁太阳	36岁太阴	37岁中阳	38岁中阴	39岁少阳	40岁少阴	41岁山根
42岁精舍	43岁光殿	44岁年上	45岁寿上	46、47岁颧骨	48岁准头	49岁谏台	50岁廷尉	51岁人中	52、53岁仙库
54岁食仓	55岁禄仓	56、57岁法令	58、59岁附耳	60岁水星	61岁承浆	62、63岁地库	64岁陂池	65岁鹅鸭	66、67岁金缕
68、69岁归来	70岁颂堂	71岁地阁	72、73岁奴仆	74、75岁腮骨	76、77岁子	78、79岁丑	80、81岁寅	82、83岁卯	84、85岁辰
86、87岁巳	88、89岁午	90、91岁未	92、93岁申	94、95岁酉	96、97岁戌	98、99岁亥			

面相三停六府图

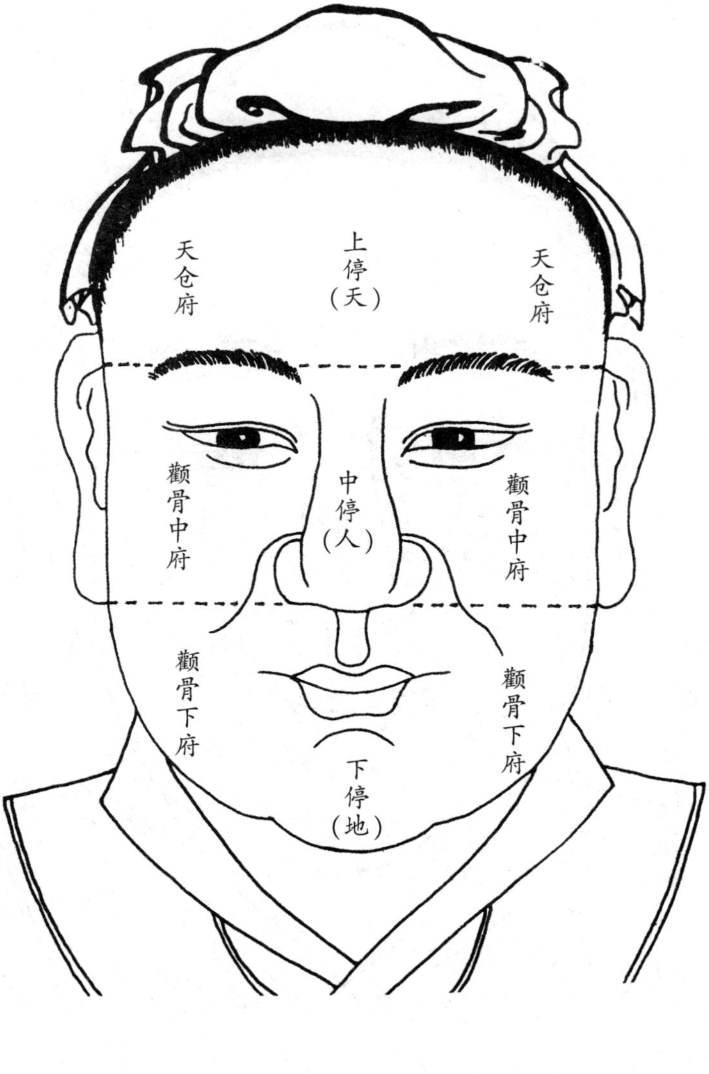

面相五官图

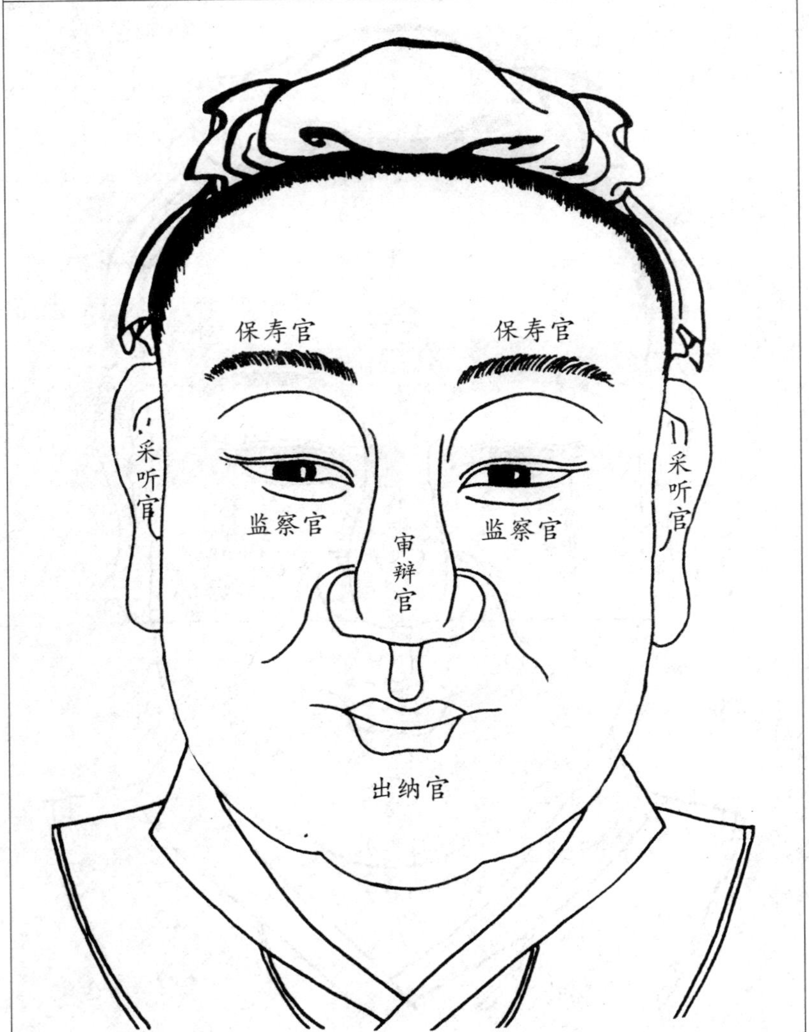

面相五岳四渎图

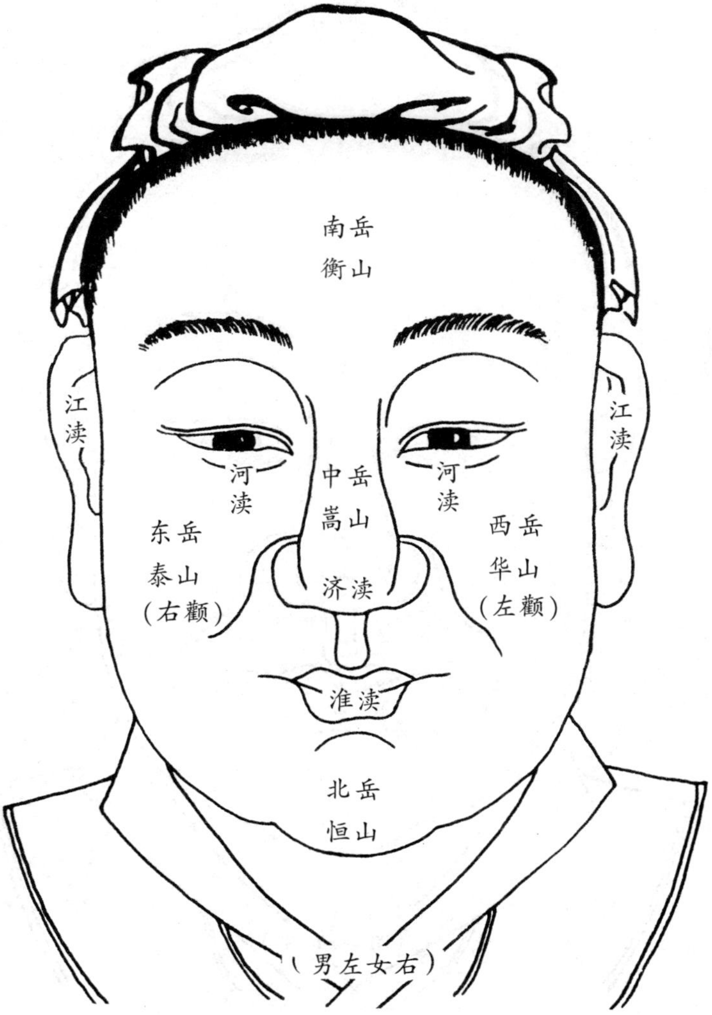

面相五星六曜图

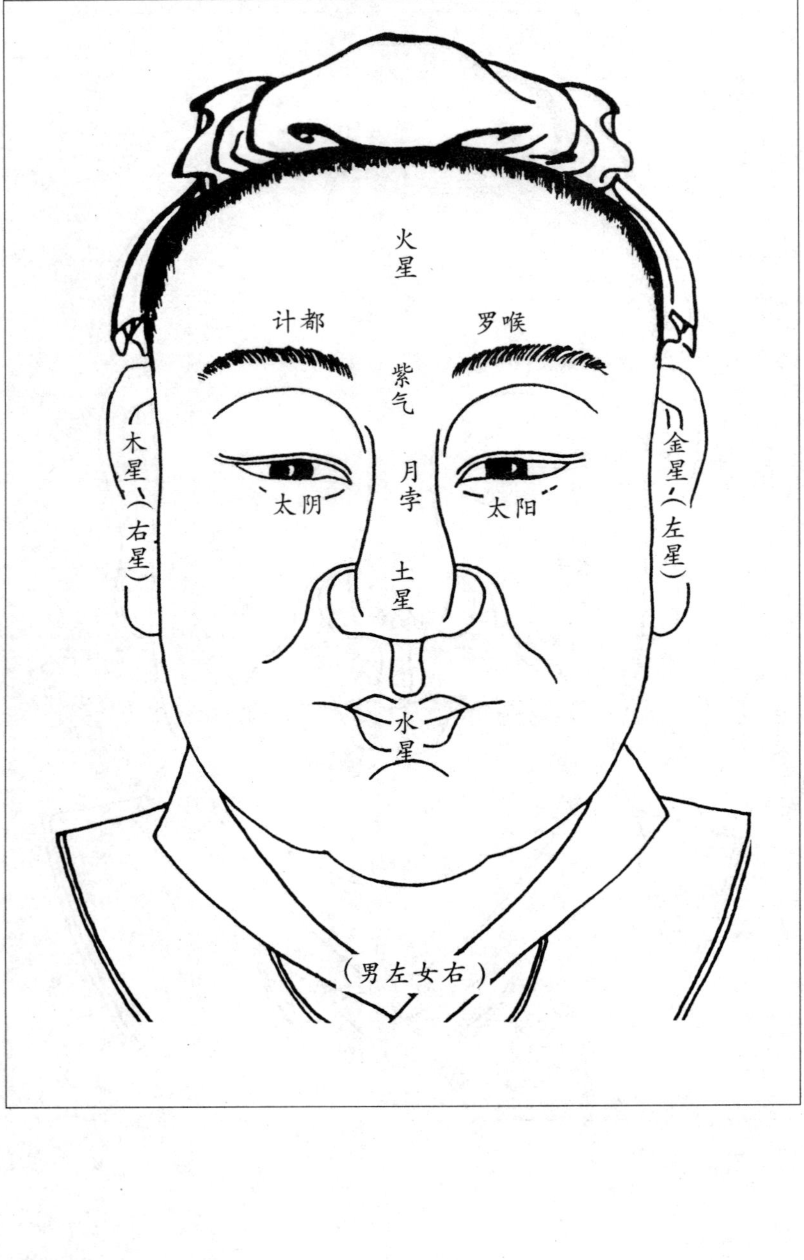

面相四学堂八学堂图

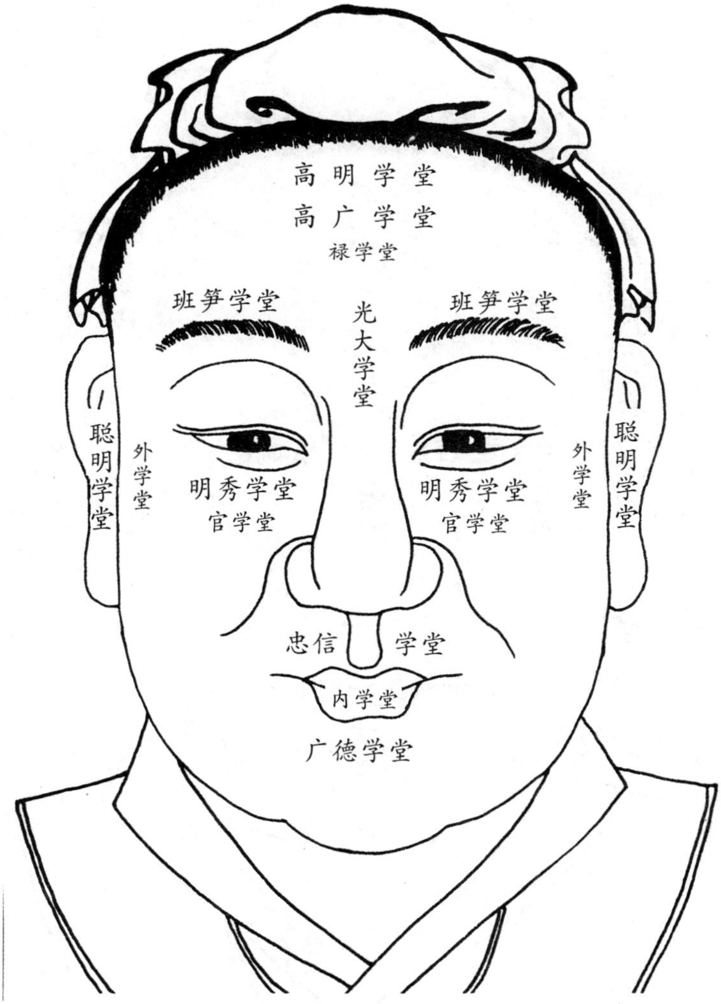
高明学堂
高广学堂
禄学堂
班笋学堂
光大学堂
班笋学堂
聪明学堂
外学堂
明秀学堂
官学堂
明秀学堂
官学堂
外学堂
聪明学堂
忠信学堂
内学堂
广德学堂

面相九州八卦图

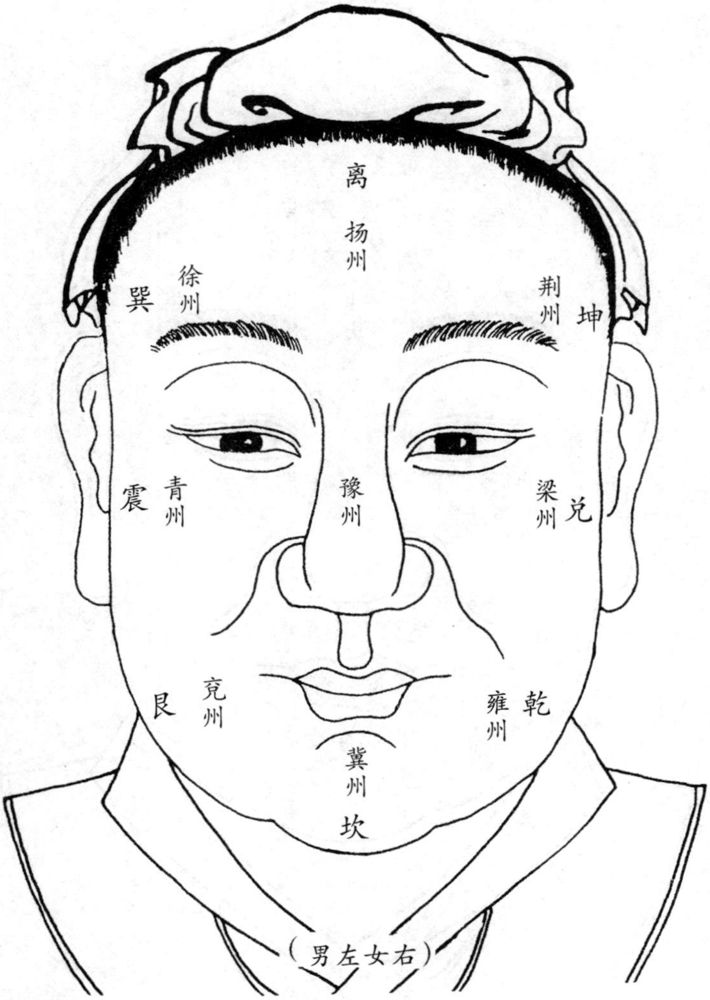

面相十二宫图

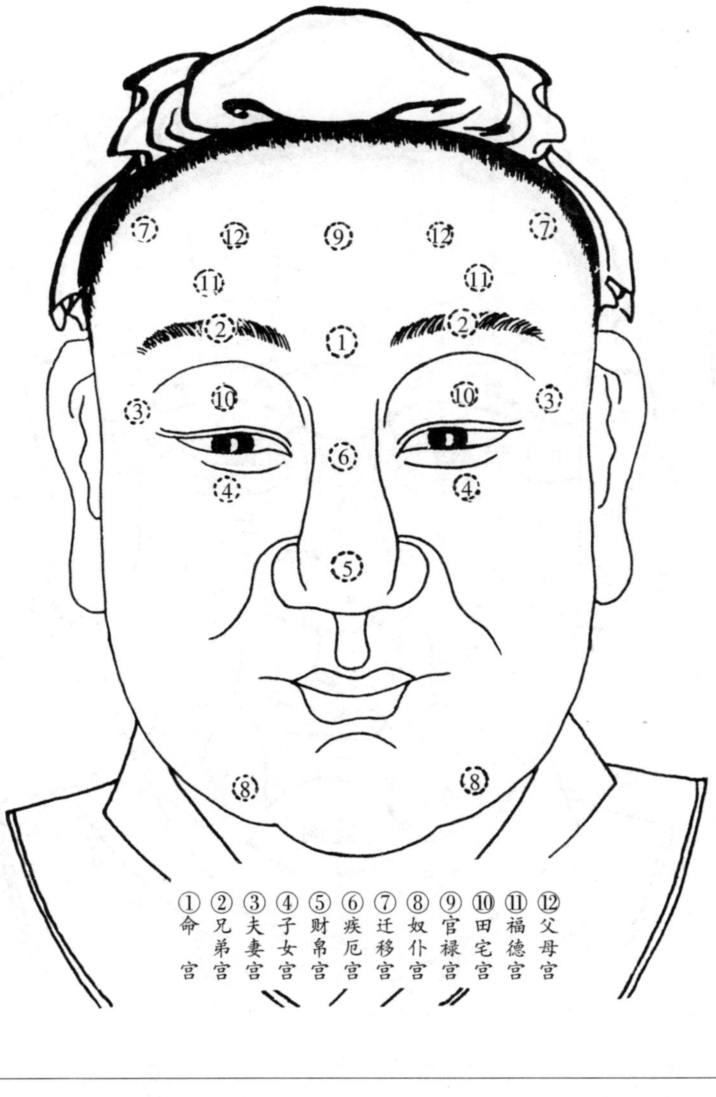

面相三十六宫图

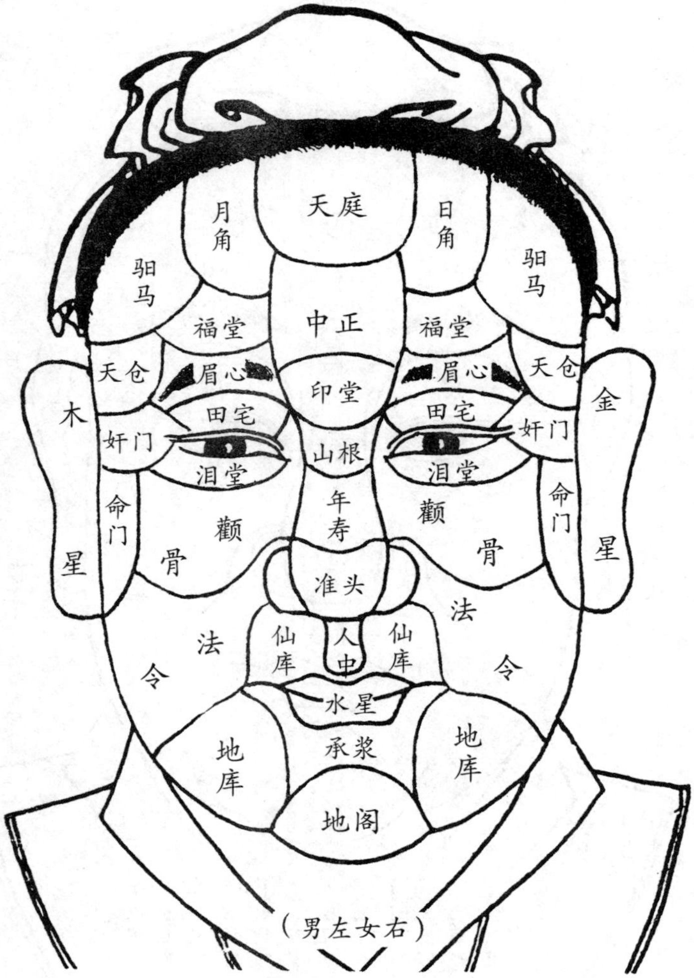

（男左女右）

萧湘居士
1982 年绘

面相内外五行联属图

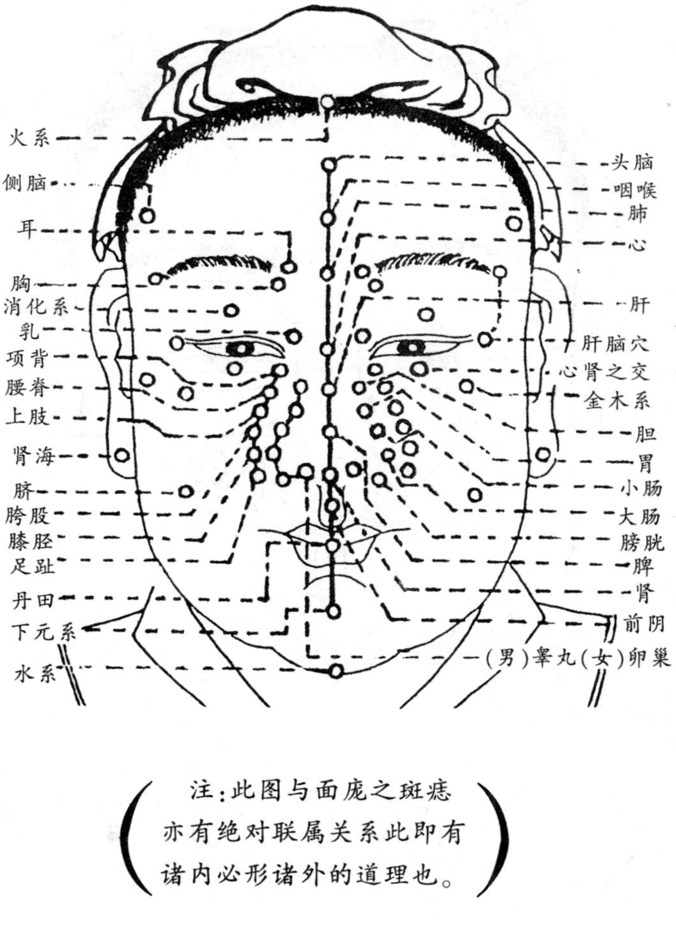

注:此图与面庞之斑痣亦有绝对联属关系此即有诸内必形诸外的道理也。

面相四季月令图

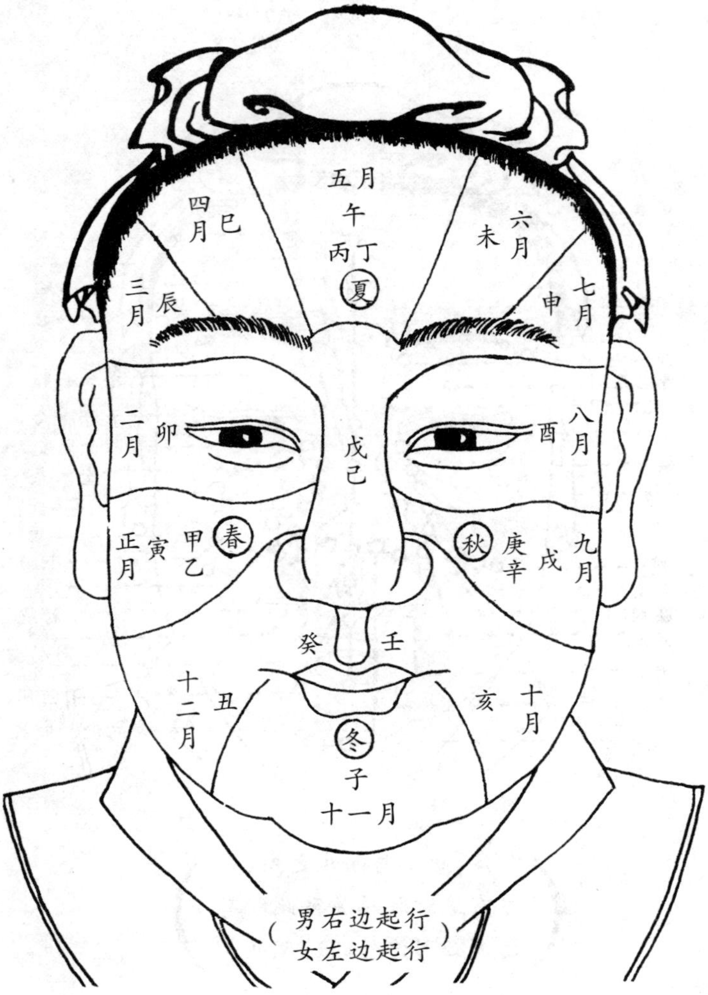
五月
午
丙丁
夏
四月
巳
六月
未
三月
辰
七月
申
二月
卯
戊己
八月
酉
正月
寅
甲乙
春
秋
庚辛
戌
九月
癸
壬
十二月
丑
亥
十月
冬
子
十一月
(男右边起行
女左边起行)

手相四季月令图

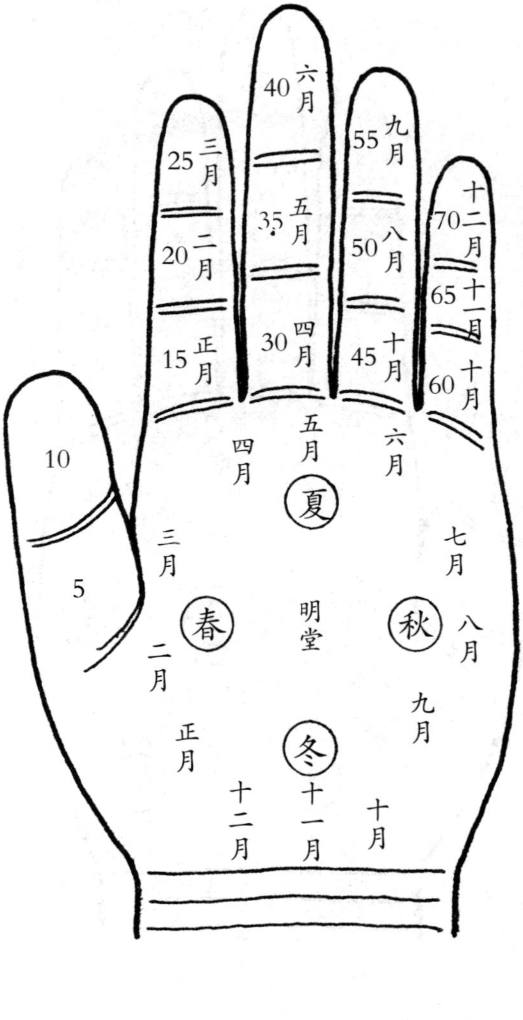
25 三月
20 二月
15 正月
40 六月
35 五月
30 四月
55 九月
50 八月
45 七月
70 十二月
65 十一月
60 十月
10
5
四月
五月
六月
夏
三月
七月
春
明堂
秋
二月
八月
九月
正月
冬
十二月
十一月
十月

手相八卦八门图

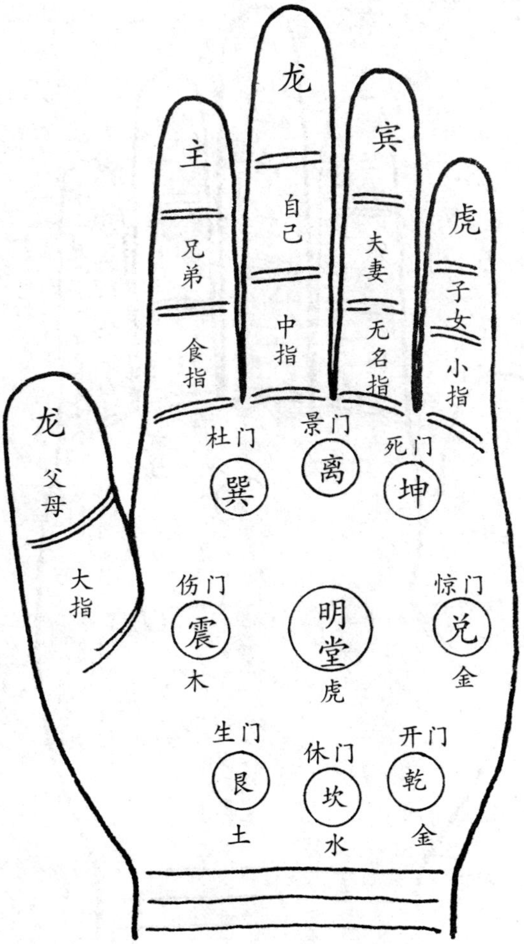
龙
主
兄弟
食指
龙
自己
中指
宾
夫妻
无名指
虎
子女
小指
龙
父母
大指
杜门
巽
景门
离
死门
坤
伤门
震
木
明堂
虎
惊门
兑
金
生门
艮
土
休门
坎
水
开门
乾
金

后　记

《气色大全》自 1982 年成书以来，迄今已在台湾出书十五版，平均每隔一年半即再版一次，每次再版亦均加以增订，俾内容更臻详尽完善，以符读者雅爱，并尽作者之良心责任。

惟其间曾被香港三间书商以原书照相手法盗印三次，五年前又被台湾不肖之徒以支解原文再以条目重现手法盗印一次。2004 年又被香港快泽有限公司之文抄公“白雪山人”剽窃《气色大全》之前半部出版名为《气色口诀》一书。余均以“吾道不孤”之心情面对之。但自忖《气色大全》仍有需要补充之处，足以除增添第七章二百三十部位气色之观看法则”，和第十五章“萧湘居士增订相门精义上卷”等两章外，其他各章亦就笔者二十余年之教学心得和阅人经验加以融入而均有相当程度之增删订正。同时又将全书重新排版，将字体缩小二级，将每页行数增加二行，俾将原容纳十六万字之版本，变为容纳二十四万字之版本。如仍有未尽完善之处，尚祈各位先进及读者指正之。

《气色大全》之外，笔者尚有拙著《萧湘相法上、下册》及《大富大贵相谱》等书。笔者兹郑重声明，在本人百年后，如有后人要翻印《萧湘相法上、下册》和《气色大全》三书，务请以台北中央图书馆本馆及分馆、北京国家图书馆本馆及分馆、香港中文大学图书馆、新加坡大学图书馆、美国国会图书馆，以及中国大陆各省市图书馆，各重点大学图书馆所典藏并经笔者亲笔签名盖章之 2002 年及以后各年出版的“精装本最终增订版”和《萧湘居士全集珍藏版》之内文为准，以免有误。另大陆也有不肖之徒盗我的著作，例如：“易经相人术”就是盗印本，待正版书出版发行后，全权委托广州市诚品文化传播有限公司全权查辑追诉。

读者们如有学术方面的交流与问题，可直接与我联系，通讯地址：台北市建国南路一段 286 巷 52 号 2 楼，电话：008862-27053518（中国台北）。

丙戌年农历六月十五日湘乡萧湘居士序于台北寓次